社会思想史事典

社会思想史学会 編

丸善出版

刊行にあたって

　社会思想史が過去の思想を検討の俎上に載せる営みなのだと聞けば，ずいぶんと後ろ向きの学問ではないかと思われるかもしれません．しかし実際には，社会思想史ほどアクチュアルな学問はない，といってもよいでしょう．冷戦構造の崩壊した20世紀末以降，グローバル化と情報テクノロジーの革新が加速度的に進むにつれ，人びとの活動は国境を越えて拡がり，コミュニケーションのありようも急速な勢いで変化し続けています．これまで自明とされてきた近代的な制度や思考の枠組みは根底から揺らいでおり，従来の常識から脱却して新しい仕組みを早急に整えることが喫緊の課題となっているともいえます．とはいえ，そうした課題に取り組むためには，これまで私たちがどのような社会の中で生きてきたのか，それはいかなる思考の枠組みに規定されていたのか，そこにはどのような問題が潜んでいたのか，こうした問いにまずは真剣に向き合う必要があるでしょう．つまり，現在を形づくってきた近代のさまざまな思考の枠組みを精査することなしには，未来への展望もまた開かれることはないだろう，ということです．社会思想史という学問の現代的な意義もまたそこにあります．

　もちろん社会思想史という学問の内実も，時代とともに大きく変わりつつあります．とりわけここ数十年のあいだに人文・社会系の学知に生じた大きな地殻変動は，社会思想史にとっても決して無縁なものではありませんでした．社会思想史研究はこれまでの知見の膨大な蓄積をふまえながら，最新の研究成果を不断に取り入れることで，その内実を日々刷新し続けています．本書『社会思想史事典』は，こうした現在進行形の知的営為の中で生み出された成果の一つだといえるでしょう．本事典の編集作業には編集幹事6名を含む19名の編集委員があたりましたが，編集委員はすべて「社会思想史学会」の会員であり，200名を優に超える執筆者もその大半が本学会の会員となります．社会思想史学会は1976年の創立以来，この分野に関して日本を代表する最大規模の学術団体として活動を重ねてきましたが，2016年に創立40周年を迎えたことを機に，本事典の刊行に学会を挙げて取り組むことになりました．社会思想史分野を扱った事典はこれまでもいくつか刊行されていますが，社会思想史学会が全面的に編纂に携わった企画として，本書『社会思想史事典』は本邦初の画期的な試みとなります．

本事典の特色を一言でいえば，「読む事典」を目指したところにあります．小項目が50音順で並べられている通常の事典のスタイルの場合，形式上の制約からどうしても知識の断片化に陥ってしまう嫌いがありますが，本事典では各項目に比較的大きな紙幅を割き，それを時系列とテーマに沿って配列し，社会思想史上の重要なトピックを共時的・通時的な連関の中で有機的に把握できるように編纂しました．大枠としては，ルネサンス期から21世紀の現在に至る〈近代〉の歴史的な展開を見通せるように，時系列に沿った5部構成としています．あるいは，これ自体が〈近代〉という「大きな物語」を前提とする発想にとらわれているのではないか，という異論もあるかもしれません．しかし，〈近代〉を根底から問い直すという今日的な課題に応えるためにも，〈近代〉を軸に構成されてきた社会思想史研究の到達点をふまえる必要があると考え，本事典では最もスタンダードと思われる社会思想史の枠組みを踏襲することにしました．

　もとより〈近代〉とはヨーロッパを唯一の範型とする単一の過程なのだという見方を，ここで前提としているわけではありません．なるほど，市場経済や主権国家といった社会システムにせよ，あるいは小説という文学形式や遠近法という絵画技法にせよ，こうした西洋近代に端を発する一連の社会的・文化的装置が現代世界の大きな枠組みを形づくったことは間違いありません．しかし西洋近代もその内部は一様ではなく，ましてや西洋近代を普遍的なモデルとして非西洋圏の近代を理解することは不可能だというべきでしょう．いずれにせよ，近代的な思考の枠組みが根底から揺らぎつつある現在，ここ数十年の学知にみられた近代批判の動向もふまえつつ，〈近代〉の可能性と限界を問い直すことは，必須の作業となっています．〈近代〉を軸に社会思想史を再構成しようとする本事典の試みは，そのための礎石となることでしょう．こうした意図を汲んでいただき，本事典が多くの方々にご活用いただけるのであれば，これに優る喜びはありません．

　「読む事典」を目指して構想された本書の基本的な骨組みは，丸善出版からの示唆をふまえて立案されました．大きな文脈の中で思想の意味内容を精査する作業が欠かせない社会思想史という学問にとって，これ以上に相応しい形はなかっただろうと思います．本事典の刊行を社会思想史学会に勧めてくださった丸善出版株式会社企画・編集部の小林秀一郎さん，編集実務にご尽力いただいた安部詩子さん，木村里見さん，藤村斉輝さんに，末筆ながら心より感謝を申し上げます．

2018年12月

『社会思想史事典』編集幹事一同

編集方針について

　社会思想史という学問の最大の特徴は，学際性（interdisciplinarity）にあるといえます．「社会」という語を冠する以上，政治学，経済学，社会学，人類学などの社会科学系の諸分野が関わってくるのは当然ですが，それに加えて哲学・倫理学，宗教学，美学・芸術学，文学，歴史学などの人文科学系の諸分野，さらには心理学や科学技術史といった領域なども含めて，およそ人間と社会に関わるありとあらゆる学問が社会思想史ときわめて密接に関連しています．

　このような学際性は何よりも社会思想史という学問の豊かな拡がりを表していますが，しかし同時にそれは，社会思想史がカバーする領域の全体像を見通すことを難しくさせている一因でもあります．その意味で社会思想史とは，さまざまな分野の知見を結集して綜合する作業，いわば「百科全書」的な共同作業が求められる学問だといってもよいでしょう．本書『社会思想史事典』は，まさにそうした共同作業の中から生み出されました．そしてこの共同作業を有機的なものにするべく，本事典は以下のような方針に沿って編集することを目指しました．

(1) 冒頭に「社会思想史への誘い——方法・視座・アクチュアリティ」を配置し，社会思想史という学問の輪郭について大きな見取り図を示したうえで，それに続く本編については以下のような5部構成とした．
・第Ⅰ部　近代の形成——ルネサンス期から17世紀へ
・第Ⅱ部　近代の確立——18世紀から19世紀初頭へ
・第Ⅲ部　近代の矛盾——19世紀前半から世紀後半へ
・第Ⅳ部　近代の危機——19世紀末から20世紀前半へ
・第Ⅴ部　近代の転換——20世紀後半から21世紀へ

(2) さらに五つの「部」のもとには関連するテーマごとに三つの「章」を設けた（例えば第Ⅰ部「近代の形成」については，第1章：ルネサンス，第2章：宗教と科学，第3章：近代国家の胎動，という3章構成とした）．本事典全体では330を超える重要な主題・概念・思潮・人物等を見出し項目として取り上げているが，それらをまずは時系列に沿って5部構成，次にテーマに沿って3章構成のもとに配列することによって，それぞれの時代の思潮の全体像を立体的に浮かび上がらせることを目指した．

(3) 330を超える見出し項目のうち人名項目についてはあえて1割程度に抑え，ともすると思想家列伝風になりがちだった従来の社会思想史のスタイルからの脱却を図った．一方，各項目には2頁（いくつかの最重要項目については4頁）という比較的大きな紙幅を割くことで，重要人物についての説明もその中にもれなく織り込みつつ，当該のトピックについて深く掘り下げた解説を提示することを目指した．これによって知識の断片化を斥け，思想内容を可能なかぎり有機的に把握できるようにした．

(4) 上に示したように，見出しとして収録する項目数を精選した一方，従来の（ないしは狭義の）社会思想史研究では手薄になりがちだった事項（例えば文化・芸術に関わる事項や非西洋地域に関わる事項など）についても，社会思想史研究の学際性に鑑みて，可能な範囲

で収録するように努めた．また，社会思想史研究のアクチュアリティという観点から，歴史的過去に属する事柄だけではなく，現在進行形で問題となっている今日的なトピックについても可能なかぎり取り上げるようにした（第Ⅴ部）．

(5) 見出し項目には対応する原語の表記を示したが，ローマ字以外を使用する言語についてはローマ字表記に転写した．主な言語名については次のように略記した．［英］：英語，［独］：ドイツ語，［仏］：フランス語，［伊］：イタリア語，［西］：スペイン語，［ポ］：ポルトガル語，［露］：ロシア語，［ギ］：ギリシア語，［ラ］：ラテン語．原則として当該の主題・概念・思潮が成立した地域の言語を優先的に掲げ，必要に応じて他の言語も併記したが，特段の配慮は必要ないと判断して英語のみを示した場合もある．

(6) 索引に収録する事項・人名については総数で 2000 項目ほどを精選し，見出しとして取り上げなかった重要事項ももれなく収載するように努めた．索引を積極的に活用することによって，多くの主題・概念・思潮が時代や地域を超えて有機的に関連していることが理解されるであろう．また，巻末には各項目で参照・引用した文献のリストに加えて，それぞれの事項に関する理解をより深めるための文献案内（リーダーズ・ガイド）も設け，必読の基本文献を精選して意欲的な読者のための便宜を図った．

　以上，編集方針について整理しましたが，一言でいえば「読む事典」を目指したところに本事典の特色があります．いかなる思想も同時代的な文脈や前史・後史も含めた影響関係を抜きに理解することはできません．こうした事情に鑑みて本事典では，社会思想史上の重要なトピックを共時的・通時的な連関の中で把握できるような構成とすることに意を注ぎました．また，20 世紀後半以降の思想の展開にも比較的大きな紙幅を割き，現代に比重を置いた点も本事典の特色の一つといえるかもしれません．「すべての歴史は『現代史』である」（B. クローチェ）のだとすれば，現代の問題関心に照らして過去を見ることは不可避であり，不可欠でもあるでしょう．本事典を縦横に活用していただくためにも，こうした編集方針とそこに込めた意図についてご理解いただくことをお願いする次第です．

［編集幹事代表：上野成利］

■編集委員一覧 (五十音順)

編集幹事

安藤　隆穂	名古屋大学 名誉教授
上野　成利	神戸大学大学院国際文化学研究科 教授　＊幹事代表
植村　邦彦	関西大学経済学部 教授
齋藤　純一	早稲田大学政治経済学術院 教授
坂本　達哉	慶應義塾大学経済学部 教授
三島　憲一	大阪大学 名誉教授

編集委員

犬塚　　元	法政大学法学部 教授
鵜飼　　哲	一橋大学大学院言語社会研究科 特任教授
宇野　重規	東京大学社会科学研究所 教授
梅森　直之	早稲田大学政治経済学術院 教授
大貫　敦子	学習院大学文学部 教授
奥田　　敬	甲南大学経済学部 教授
小田川大典	岡山大学大学院社会文化科学研究科 教授
後藤　浩子	法政大学経済学部 教授
中山智香子	東京外国語大学大学院総合国際学研究院 教授
野村　真理	金沢大学人間社会研究域 教授
細見　和之	京都大学大学院人間・環境学研究科 教授
森川　輝一	京都大学大学院法学研究科 教授
山岡　龍一	放送大学教養学部 教授

＊所属・肩書は 2018 年 10 月現在

■執筆者一覧（五十音順）

浅井　美智子　大阪府立大学 客員研究員	鵜飼　　　哲　一橋大学 特任教授
麻生　博之　東京経済大学	宇城　輝人　関西大学
厚見　恵一郎　早稲田大学	宇野　重規　東京大学
有江　大介　横浜国立大学 名誉教授	梅田　百合香　桃山学院大学
安藤　隆穂　名古屋大学 名誉教授	梅森　直之　早稲田大学
安藤　丈将　武蔵大学	遠藤　　乾　北海道大学
安藤　裕介　立教大学	遠藤　誠治　成蹊大学
井川　義次　筑波大学	遠藤　泰弘　松山大学
伊坂　青司　神奈川大学	大石　高久　拓殖大学
石井　一也　香川大学	大内　裕和　中京大学
石井　知章　明治大学	大久保　健晴　慶應義塾大学
石川　敬史　帝京大学	大倉　正雄　拓殖大学 名誉教授
石黒　盛久　金沢大学	太田　仁樹　岡山大学 名誉教授
石塚　正英　東京電機大学	大竹　弘二　南山大学
板井　広明　お茶の水女子大学 特任講師	大津　眞作　甲南大学 名誉教授
市田　良彦　神戸大学	大塚　昇三　北海道武蔵女子短期大学
市野川　容孝　東京大学	大塚　雄太　名古屋経済大学
伊藤　邦武　龍谷大学	大貫　敦子　学習院大学
伊藤　誠一郎　大月短期大学	岡野　八代　同志社大学
伊東　貴之　国際日本文化研究センター	隠岐　さや香　名古屋大学
稲井　　誠　龍谷大学 非常勤講師	奥田　　敬　甲南大学
犬塚　　元　法政大学	生越　利昭　兵庫県立大学 名誉教授
井上　　彰　東京大学	押村　　高　青山学院大学
井上　弘貴　神戸大学	小田川　大典　岡山大学
井野瀬　久美惠　甲南大学	小畑　俊太郎　甲南大学
今井　康雄　日本女子大学	重田　園江　明治大学
井柳　美紀　静岡大学	片岡　大右　東京大学
岩崎　　稔　東京外国語大学	片山　文雄　東北工業大学
上野　成利　神戸大学	加藤　哲理　名古屋大学
植村　邦彦　関西大学	金子　晃之　桜花学園大学
上村　忠男　東京外国語大学 名誉教授	鏑木　政彦　九州大学

執筆者一覧

鎌田 武治	横浜国立大学 名誉教授	
神里 達博	千葉大学	
上条 勇	金沢大学 名誉教授	
苅谷 千尋	立命館大学	
川合 全弘	京都産業大学	
川上 洋平	専修大学	
川越 修	同志社大学 名誉教授	
川坂 和義	デュッセルドルフ大学 ポスドク研究員	
川崎 修	立教大学	
川出 良枝	東京大学	
川名 隆史	東京国際大学	
川名 雄一郎	早稲田大学	
川本 隆史	国際基督教大学 特任教授	
菊池 理夫	三重中京大学 名誉教授	
岸川 富士夫	名城大学	
岸見 太一	早稲田大学	
木部 尚志	国際基督教大学	
金 友子	立命館大学	
金 慧	千葉大学	
久保 真	関西学院大学	
倉島 隆	日本大学 元教授	
栗原 彬	立教大学 名誉教授	
黒川 伊織	神戸大学 協力研究員	
黒滝 正昭	宮城学院女子大学 名誉教授	
桑島 秀樹	広島大学	
桑田 学	福山市立大学	
桑野 隆	早稲田大学 元教授	
河野 有理	首都大学東京	
古賀 秀男	山口大学 名誉教授	
後藤 浩子	法政大学	
小林 淑憲	北海学園大学	
古松 丈周	旭川大学	
小峯 敦	龍谷大学	

近藤 康史	筑波大学	
齋藤 純一	早稲田大学	
酒井 潔	学習院大学	
阪口 正二郎	一橋大学	
坂倉 裕治	早稲田大学	
坂本 達哉	慶應義塾大学	
崎山 政毅	立命館大学	
桜井 哲夫	東京経済大学 名誉教授	
佐々木 隆治	立教大学	
佐藤 貴史	北海学園大学	
佐藤 俊樹	東京大学	
佐藤 方宣	関西大学	
佐藤 嘉幸	筑波大学	
佐山 圭司	北海道教育大学	
澤井 啓一	恵泉女学園大学 名誉教授	
塩川 伸明	東京大学 名誉教授	
重森 臣広	立命館大学	
篠原 久	関西学院大学 名誉教授	
下川 潔	学習院大学	
下里 俊行	上越教育大学	
白川 俊介	関西学院大学	
新宮 一成	奈良大学	
杉本 貴志	関西大学	
杉本 隆司	明治大学	
壽里 竜	慶應義塾大学	
住友 陽文	大阪府立大学	
関谷 昇	千葉大学	
太子堂 正称	東洋大学	
髙田 宏史	岡山大学	
髙山 裕二	明治大学	
滝口 清栄	法政大学 非常勤講師	
只腰 親和	中央大学	
辰巳 伸知	佛教大学	
伊達 聖伸	上智大学	

執筆者一覧

田中 拓道	一橋大学
田中 智彦	東京医科歯科大学
田中 ひかる	明治大学
田中 秀夫	愛知学院大学
田上 雅徳	慶應義塾大学
田畑 真一	千葉大学 非常勤講師
田畑 稔	大阪経済大学 元教授
田村 信一	北星学園大学 名誉教授
田村 理	北海道大学 専門研究員
千野 貴裕	早稲田大学
千葉 眞	国際基督教大学 特任教授
廳 茂	神戸大学
塚原 史	早稲田大学
塚本 隆夫	日本大学 特任教授
柘植 尚則	慶應義塾大学
寺尾 範野	早稲田大学
寺田 元一	名古屋市立大学
遠山 隆淑	熊本高等専門学校
時安 邦治	学習院女子大学
徳永 恂	大阪大学 名誉教授
渡名喜 庸哲	慶應義塾大学
鳥山 淳	沖縄国際大学
直江 清隆	東北大学
長尾 伸一	名古屋大学
中金 聡	国士舘大学
中野 敏男	東京外国語大学 名誉教授
中村 勝己	中央大学 兼任講師
中村 寛	多摩美術大学
中山 智香子	東京外国語大学
鳴子 博子	中央大学
仁井田 崇	名城大学
新村 聡	岡山大学 名誉教授
西垣 通	東京大学 名誉教授
西谷 修	東京外国語大学 名誉教授
入谷 秀一	龍谷大学
野家 啓一	東北大学 総長特命教授
野口 雅弘	成蹊大学
野原 慎司	東京大学
野村 真理	金沢大学
箱田 徹	天理大学
橋本 直樹	鹿児島大学 名誉教授
服部 美樹	早稲田大学 特別研究員
初見 基	日本大学
林 直樹	尾道市立大学
原田 健二朗	慶應義塾大学 非常勤講師
日暮 雅夫	立命館大学
姫野 順一	長崎外国語大学 特任教授
深井 智朗	東洋英和女学院大学
深貝 保則	横浜国立大学
福田 名津子	法政大学 非常勤講師
藤田 祐	釧路公立大学
藤野 寛	國學院大学
古田 拓也	慶應義塾大学 非常勤講師
星野 彰男	関東学院大学 名誉教授
細見 和之	京都大学
堀田 新五郎	奈良県立大学
堀田 誠三	福山市立大学 名誉教授
前川 真行	大阪府立大学
前田 俊文	久留米大学
真島 一郎	東京外国語大学
松井 暁	専修大学
松澤 和宏	名古屋大学
松葉 祥一	同志社大学 嘱記講師
松本 礼二	早稲田大学 名誉教授
松森 奈津子	静岡県立大学
三島 憲一	大阪大学 名誉教授
水田 珠枝	名古屋経済大学 名誉教授
水田 洋	日本学士院

執筆者一覧

水溜 真由美	北海道大学
光永 雅明	神戸市外国語大学
美馬 達哉	立命館大学
宮本 真也	明治大学
村松 茂美	熊本学園大学
村松 正隆	北海道大学
森 直人	高知大学
森 政稔	東京大学
森岡 邦泰	大阪商業大学
森川 輝一	京都大学
柳父 圀近	東北大学 名誉教授
谷澤 正嗣	早稲田大学
矢嶋 直規	国際基督教大学
安川 悦子	名古屋市立大学 名誉教授
安田 常雄	神奈川大学 特任教授
安武 真隆	関西大学
柳沢 哲哉	埼玉大学
山内 進	一橋大学 名誉教授
山岡 龍一	放送大学
山崎 カヲル	東京経済大学 名誉教授
山上 浩嗣	大阪大学
山田 園子	広島大学 名誉教授
山田 正行	東海大学
山脇 直司	星槎大学
米田 昇平	大阪産業大学
米原 謙	中国人民大学
李 孝徳	東京外国語大学
若森 みどり	大阪市立大学
渡辺 恵一	京都学園大学
渡邊 孝次	松山大学

＊所属・肩書は 2018 年 10 月現在

目　次

社会思想史への誘い──方法・視座・アクチュアリティ

社会思想史の成立……………… 4
社会思想史の方法……………… 14
社会思想史の視座①…………… 22
社会思想史の視座②…………… 26
社会思想史のアクチュアリティ①… 32
社会思想史のアクチュアリティ②… 36

第Ⅰ部　近代の形成──ルネサンス期から17世紀へ

[編集担当：安藤隆穂・奥田 敬・山岡龍一]

概　説……………………… 42

第1章　ルネサンス

マキァヴェッリ………………… 46
ルター…………………………… 48
カルヴァン……………………… 50
ホッブズ………………………… 52
ロック…………………………… 54
スピノザ………………………… 56
ライプニッツ…………………… 58
ルネサンス……………………… 60
レトリック……………………… 62
人文主義………………………… 64
共和主義………………………… 66
文芸共和国……………………… 68
新プラトン主義………………… 70
ローマ法………………………… 72
大航海時代……………………… 74
儒教──東アジアでの展開……… 76
儒教──ヨーロッパへの影響…… 78

第2章　宗教と科学

宗教改革………………………… 82
対抗宗教改革…………………… 84
寛　容…………………………… 86
自由意志………………………… 88
経験主義………………………… 90
合理主義………………………… 92
懐疑主義………………………… 94
キリスト教共同体……………… 96
科学革命………………………… 98
新旧論争（古代・近代論争）…… 100
神秘主義………………………… 102

第3章　近代国家の胎動

- ユートピア思想……………… 106
- 主　権………………………… 108
- 国家理性……………………… 110
- 文明と野蛮…………………… 112
- エピクロス主義……………… 114
- 自然法………………………… 116
- 社会契約説…………………… 118
- 立憲主義……………………… 120
- 所有権………………………… 122
- 抵抗権………………………… 124
- 戦争と平和…………………… 126

第Ⅱ部　近代の確立──18世紀から19世紀初頭へ

[編集担当：坂本達哉・犬塚 元・後藤浩子]

- 概　説………………………… 130

第1章　文明社会の出現

- ヴォルテール………………… 134
- ハチソン……………………… 136
- マンデヴィル………………… 138
- 啓蒙とは何か………………… 140
- フランス啓蒙思想…………… 144
- スコットランド啓蒙………… 148
- イタリアの啓蒙……………… 152
- ドイツの啓蒙………………… 154
- 科学とアカデミー…………… 156
- 経験主義 対 合理主義……… 158
- 教会と啓蒙…………………… 160
- ミッション…………………… 162
- 理神論・自然神学…………… 164
- 啓蒙・無神論・懐疑主義…… 166
- 自然法学……………………… 168
- 情　念………………………… 170
- 利己心と社交性……………… 172
- 「富と徳」論争……………… 174
- 奢侈論争……………………… 176
- 政治算術……………………… 178
- 民兵論争……………………… 180

第2章　文明社会の擁護

- モンテスキュー……………… 184
- ヒューム……………………… 186
- スミス………………………… 188
- 百科全書……………………… 190
- フランス唯物論……………… 192
- 道徳感覚から共感・同感へ… 194
- スコットランド道徳哲学…… 196
- 良心と常識…………………… 198
- 言語起源論…………………… 200
- 推測的歴史…………………… 202

重商主義	204	人口論争	216
勢力均衡論	206	国民性・生活様式・風土	218
フィジオクラシー（重農主義）	208	名誉と騎士道	220
勤労・分業・生産力	210	啓蒙と野蛮	222
市民的公共圏	212	博物学	224
東アジアの公共圏	214		

第3章　文明社会の危機

ルソー	228	イギリス急進主義	248
カント	230	アメリカ革命をめぐる諸思想	250
18世紀の社会契約説	232	フェデラリスト	252
社会契約説批判	234	フランス革命をめぐる諸思想	254
ベンサム	236	保守主義	256
18世紀の共和主義	238	帝国と植民地	258
一般意志と人民主権	240	美と崇高	260
啓蒙専制	242	ジャコバン主義	262
古典派経済学の成立	244	官房学	264
18世紀の功利主義	246	女性解放思想	266

第Ⅲ部　近代の矛盾──19世紀前半から世紀後半へ

［編集担当：植村邦彦・宇野重規・小田川大典・野村真理］

概　説　　272

第1章　国家と社会

トクヴィル	276	イギリス観念論	294
ミル	278	ナショナリズム	296
個人主義	280	インターナショナリズム	298
イギリス自由主義	282	奴隷解放運動	300
フランス自由主義	284	ユダヤ人問題	302
功利主義	286	アメリカ問題	304
反革命・反動の思想	288	世論	306
プラグマティズムの形成	290	反ユダヤ主義の成立	308
チャーティスト	292	ナロードニキ	310

自由民権運動……………………312　ボナパルティズム……………………314

第2章　資本主義と社会主義

ヘーゲル…………………………318　疎外・疎外論…………………………348
マルクス…………………………320　物象化・物象化論……………………350
アソシアシオン…………………322　階　級…………………………………352
フーリエ主義……………………324　資本主義………………………………354
オーウェン主義…………………326　唯物史観………………………………356
協同組合運動・協同組合思想…328　赤　旗…………………………………358
サン=シモン主義………………330　プルードン主義………………………360
共産主義…………………………332　アナキズムの形成……………………362
私有財産制批判…………………334　産業化…………………………………364
社会問題…………………………336　労働運動………………………………366
社会主義…………………………338　連帯の思想……………………………368
リカード派社会主義……………340　貧　困…………………………………370
ブランキ主義……………………342　救貧法論争……………………………372
ドイツ観念論……………………344　キリスト教と社会主義………………374
青年ヘーゲル派…………………346

第3章　科学と芸術

デュルケーム……………………378　歴史主義………………………………404
イデオロギー……………………380　イギリス・ロマン主義………………406
インテリゲンツィア……………382　フランス・ロマン主義………………408
進化論……………………………384　ドイツ・ロマン派……………………410
社会進化論………………………386　生の哲学………………………………412
社会有機体論……………………388　超越主義………………………………414
優生学……………………………390　新カント派……………………………416
実証主義…………………………392　文明開化………………………………418
写実主義（リアリズム）………394　アーツ・アンド・クラフツ運動……420
フランス・スピリチュアリスム…396　統計革命………………………………422
ライシテ…………………………398　権利（日本の場合）…………………424
唯美主義・耽美主義……………400　グリム兄弟……………………………426
ドイツ歴史学派…………………402

第Ⅳ部　近代の危機——19世紀末から20世紀前半へ

［編集担当：三島憲一・中山智香子・細見和之］

概　説 …………………………… 430

第1章　イズム（主義）の時代

ガンディー…………………… 434	帝国主義……………………… 464
社会民主主義………………… 436	世界戦争と総力戦…………… 466
アナキズムの展開…………… 438	ヴェルサイユ体制…………… 470
人種主義……………………… 440	オーストロ・マルクス主義…… 472
ロシア革命…………………… 442	ディアスポラ………………… 474
中国革命……………………… 444	反戦運動・平和主義………… 476
植民地主義…………………… 446	自由主義の変容……………… 478
近代日本の植民地主義……… 448	ファシズム・全体主義……… 480
暴力論………………………… 450	国体論………………………… 484
反ユダヤ主義………………… 452	スラヴ主義…………………… 486
地政学………………………… 454	ジェノサイド………………… 488
保守革命……………………… 456	ホロコースト………………… 490
植民地解放運動……………… 458	シオニズム…………………… 492
明治維新論…………………… 460	原子爆弾……………………… 494
男女差別と男女平等思想…… 462	戦争責任・戦後責任………… 496

第2章　さまざまな社会理論の時代

ヴェーバー…………………… 500	開発・発展理論……………… 522
ケインズ……………………… 502	都　市………………………… 524
フォーディズム……………… 504	民俗学と考現学……………… 526
啓蒙の弁証法………………… 506	余暇・奢侈・有閑階級……… 528
プラグマティズムの展開…… 508	社会学の成立………………… 530
構造機能主義………………… 510	社会史………………………… 532
官僚制………………………… 512	エコロジー…………………… 534
マネジメント（経営管理）の思想……………………… 516	ジャーナリズム……………… 536
社会政策……………………… 518	大衆（群衆）・群衆心理学…… 538
恐慌と政策…………………… 520	金融資本主義………………… 540

第3章　危機の中の文化

ニーチェ……………………… 544	性科学………………………… 576
ハイデガー…………………… 546	歴史言語学…………………… 578
ベンヤミン…………………… 548	ユダヤ神秘主義……………… 580
フロイト……………………… 550	科学政策……………………… 582
ペシミズム…………………… 552	科学史の成立と展開………… 584
青年運動……………………… 554	オリンピック思想…………… 586
多元論・多元主義…………… 556	対外文化政策………………… 588
生活改革運動………………… 558	映像（イメージ）…………… 590
アール・ヌーヴォー，ユーゲント	プロパガンダ………………… 592
シュティール…………… 560	記号論………………………… 594
未来派，ダダ………………… 562	解釈学………………………… 596
シュルレアリスム…………… 564	精神分析……………………… 598
バウハウス…………………… 566	現象学………………………… 600
モダニズム…………………… 568	近代の超克…………………… 602
教育思想……………………… 572	人類学の思想………………… 604
否定神学・自由教会（無教会）運動	ポランニーと経済人類学……… 606
……………………………… 574	

第Ⅴ部　近代の転換——20世紀後半から21世紀へ

［編集担当：齋藤純一・鵜飼 哲・大貫敦子・森川輝一］

概　説………………………… 610

第1章　理性批判と規範の再／脱構築

アーレント…………………… 614	ポスト構造主義……………… 630
全体主義論…………………… 616	デリダ………………………… 632
実存主義……………………… 618	ディスクール，エクリチュール… 634
批判理論……………………… 620	言語論的転回………………… 636
20世紀のマルクス主義……… 622	ポストコロニアリズム……… 638
システム論…………………… 624	ヘゲモニー論………………… 640
構造主義……………………… 626	ポスト世俗社会……………… 642
フーコー……………………… 628	世界システム論……………… 646

ロールズ……………………… 648	公共圏………………………… 672
リベラリズムの現在…………… 650	現代の共和主義……………… 674
ハイエク……………………… 652	共同体・コミュニタリアニズム… 676
リバタリアニズム……………… 654	立憲主義の現在……………… 678
平等主義……………………… 656	カトリック社会思想…………… 680
デモクラシー論の展開………… 658	人権論の展開………………… 682
戦後民主主義………………… 660	フェミニズム・ジェンダー……… 684
戦後マルクス主義……………… 662	日本のフェミニズム…………… 688
合理化論……………………… 664	家　族………………………… 690
1968年の思想………………… 666	親密圏………………………… 692
日本人論・日本文化論………… 668	クィア（LGBT）・スタディーズ… 694
ハーバーマス………………… 670	

第2章　関係／秩序の変容と再編

福祉国家・社会国家…………… 698	ナショナリズム論の展開……… 728
グローバル化と市場の再編…… 702	移民問題……………………… 730
新自由主義…………………… 706	多文化主義…………………… 732
福祉社会の再編……………… 708	集団的記憶・歴史修正主義…… 734
ケ　ア………………………… 710	歴史認識と和解……………… 736
大衆社会論…………………… 712	先住諸民族…………………… 738
ポピュリズム………………… 714	沖　縄………………………… 740
消費社会論…………………… 716	解放の神学…………………… 742
市民社会……………………… 718	公民権運動…………………… 744
カルチュラル・スタディーズ…… 720	反戦平和運動………………… 746
教育・学校…………………… 722	市民運動・住民運動…………… 748
ポスト冷戦下の世界…………… 724	グローバル・ジャスティス運動… 750
国民国家の行方……………… 726	

第3章　環境の変化と権力の再編

リスク社会…………………… 754	生権力………………………… 764
安全保障……………………… 756	格差社会と隔離……………… 766
テロリズムと対テロ戦争……… 758	情報化とインターネット……… 768
災害と防災…………………… 760	公　害………………………… 770
伝染病と防疫………………… 762	環　境………………………… 772

テクノロジー	774	生命倫理	776

見出し語五十音索引	xix
参照引用文献	779
リーダーズ・ガイド	813
事項索引	821
人名索引	839

見出し語五十音索引

■アルファベット

LGBT，クィア・スタディーズ　694

■あ

アカデミー，科学と　156
赤　旗　358
アソシアシオン　322
アーツ・アンド・クラフツ運動　420
アナキズムの形成　362
アナキズムの展開　438
アメリカ革命をめぐる諸思想　250
アメリカ問題　304
アール・ヌーヴォー，ユーゲントシュティール　560
アーレント　614
安全保障　756

イギリス観念論　294
イギリス急進主義　248
イギリス自由主義　282
イギリス・ロマン主義　406
イタリアの啓蒙　152
一般意志と人民主権　240
イデオロギー　380
移民問題　730
イメージ，映像　590
インターナショナリズム　298
インターネット，情報化と　768
インテリゲンツィア　382

ヴェーバー　500
ヴェルサイユ体制　470
ヴォルテール　134

映像（イメージ）　590
エクリチュール，ディスクール　634

エコロジー　534
エピクロス主義　114

オーウェン主義　326
沖　縄　740
オーストロ・マルクス主義　472
オリンピック思想　586

■か

懐疑主義　94
懐疑主義，啓蒙・無神論　166
階　級　352
解釈学　596
開発・発展理論　522
解放の神学　742
科学革命　98
科学史の成立と展開　584
科学政策　582
科学とアカデミー　156
格差社会と隔離　766
家　族　690
学校，教育　722
カトリック社会思想　680
カルヴァン　50
カルチュラル・スタディーズ　720
環　境　772
ガンディー　434
カント　230
官房学　264
寛　容　86
官僚制　512

記号論　594
騎士道，名誉と　220
救貧法論争　372
教育・学校　722
教育思想　572

教会と啓蒙　160
共感・同感へ，道徳感覚から　194
恐慌と政策　520
共産主義　332
協同組合運動・協同組合思想　328
共同体・コミュニタリアニズム　676
共和主義　66
共和主義，現代の　674
共和主義，18世紀の　238
キリスト教共同体　96
キリスト教と社会主義　374
近代日本の植民地主義　448
近代の超克　602
金融資本主義　540
勤労・分業・生産力　210

クィア（LGBT）・スタディーズ　694
グリム兄弟　426
グローバル化と市場の再編　702
グローバル・ジャスティス運動　750
群衆心理学，大衆（群衆）　538

ケア　710
経営管理の思想，マネジメント　516
経験主義　90
経験主義 対 合理主義　158
経済人類学，ポランニーと　606
啓蒙，イタリアの　152
啓蒙，教会と　160
啓蒙専制　242
啓蒙，ドイツの　154
啓蒙とは何か　140
啓蒙と野蛮　222
啓蒙の弁証法　506
啓蒙・無神論・懐疑主義　166
ケインズ　502
言語起源論　200
言語論的転回　636
原子爆弾　494
現象学　600
現代の共和主義　674
権利（日本の場合）　424

公　害　770
公共圏　672

公共圏，東アジアの　214
考現学，民俗学と　526
構造機能主義　510
構造主義　626
公民権運動　744
功利主義　286
功利主義，18世紀の　246
合理化論　664
合理主義　92
合理主義，経験主義 対　158
国体論　484
国民国家の行方　726
国民性・生活様式・風土　218
個人主義　280
古代・近代論争，新旧論争　100
国家理性　110
古典派経済学の成立　244
コミュニタリアニズム，共同体　676

■さ

災害と防災　760
産業化　364
サン＝シモン主義　330

ジェノサイド　488
ジェンダー，フェミニズム　684
シオニズム　492
市場の再編，グローバル化と　702
システム論　624
自然神学，理神論　164
自然法　116
自然法学　168
実証主義　392
実存主義　618
資本主義　354
市民運動・住民運動　748
市民社会　718
市民的公共圏　212
社会学の成立　530
社会契約説　118
社会契約説，18世紀の　232
社会契約説批判　234
社会国家，福祉国家　698
社会史　532
社会思想史のアクチュアリティ①　32

見出し語五十音索引　　　　　　　　xxi

社会思想史のアクチュアリティ②　36
社会思想史の視座①　22
社会思想史の視座②　26
社会思想史の成立　4
社会思想史の方法　14
社会主義　338
社会主義，キリスト教と　374
社会進化論　386
社会政策　518
社会民主主義　436
社会問題　336
社会有機体論　388
社交性，利己心と　172
ジャコバン主義　262
写実主義（リアリズム）　394
奢侈・有閑階級，余暇　528
奢侈論争　176
ジャーナリズム　536
自由意志　88
自由教会（無教会）運動，否定神学　574
宗教改革　82
私有財産制批判　334
自由主義の変容　478
重商主義　204
集団的記憶・歴史修正主義　734
重農主義，フィジオクラシー　208
18世紀の共和主義　238
18世紀の功利主義　246
18世紀の社会契約説　232
自由民権運動　312
儒教――東アジアでの展開　76
儒教――ヨーロッパへの影響　78
主　権　108
シュルレアリスム　564
常識，良心と　198
情　念　170
消費社会論　716
情報化とインターネット　768
植民地解放運動　458
植民地主義　446
植民地主義，近代日本の　448
植民地，帝国と　258
女性解放思想　266
所有権　122
進化論　384

新カント派　416
新旧論争（古代・近代論争）　100
人権論の展開　682
人口論争　216
新自由主義　706
人種主義　440
神秘主義　102
新プラトン主義　70
人文主義　64
親密圏　692
人民主権，一般意志と　240
人類学の思想　604

推測的歴史　202
崇高，美と　260
スコットランド啓蒙　148
スコットランド道徳哲学　196
スピノザ　56
スミス　188
スラヴ主義　486

性科学　576
生活改革運動　558
生活様式・風土，国民性　218
生権力　764
政策，恐慌と　520
生産力，勤労・分業　210
政治算術　178
精神分析　598
青年運動　554
青年ヘーゲル派　346
生の哲学　412
生命倫理　776
勢力均衡論　206
世界システム論　646
世界戦争と総力戦　466
1968年の思想　666
戦後マルクス主義　662
戦後民主主義　660
先住諸民族　738
戦争責任・戦後責任　496
戦争と平和　126
全体主義，ファシズム　480
全体主義論　616

総力戦，世界戦争と　466
疎外・疎外論　348

■た

対外文化政策　588
大航海時代　74
対抗宗教改革　84
大衆（群衆）・群衆心理学　538
大衆社会論　712
対テロ戦争，テロリズムと　758
多元論・多元主義　556
ダダ，未来派　562
多文化主義　732
男女差別と男女平等思想　462
耽美主義，唯美主義　400

地政学　454
チャーティスト　292
中国革命　444
超越主義　414

ディアスポラ　474
抵抗権　124
帝国主義　464
帝国と植民地　258
ディスクール，エクリチュール　634
テクノロジー　774
デモクラシー論の展開　658
デュルケーム　378
デリダ　632
テロリズムと対テロ戦争　758
伝染病と防疫　762

ドイツ観念論　344
ドイツの啓蒙　154
ドイツ歴史学派　402
ドイツ・ロマン派　410
統計革命　422
道徳感覚から共感・同感へ　194
トクヴィル　276
都市　524
「富と徳」論争　174
奴隷解放運動　300

■な

ナショナリズム　296
ナショナリズム論の展開　728
ナロードニキ　310

20世紀のマルクス主義　622
ニーチェ　544
日本人論・日本文化論　668
日本のフェミニズム　688

■は

ハイエク　652
ハイデガー　546
バウハウス　566
博物学　224
ハチソン　136
ハーバーマス　670
反革命・反動の思想　288
反戦運動・平和主義　476
反戦平和運動　746
反ユダヤ主義　452
反ユダヤ主義の成立　308

東アジアでの展開，儒教　76
東アジアの公共圏　214
否定神学・自由教会（無教会）運動　574
美と崇高　260
批判理論　620
百科全書　190
ヒューム　186
平等主義　656
貧　困　370

ファシズム・全体主義　480
フィジオクラシー（重農主義）　208
風土，国民性・生活様式　218
フェデラリスト　252
フェミニズム・ジェンダー　684
フェミニズム，日本の　688
フォーディズム　504
福祉国家・社会国家　698
福祉社会の再編　708
フーコー　628
物象化・物象化論　350

プラグマティズムの形成　290
プラグマティズムの展開　508
ブランキ主義　342
フランス革命をめぐる諸思想　254
フランス啓蒙思想　144
フランス自由主義　284
フランス・スピリチュアリスム　396
フランス唯物論　192
フランス・ロマン主義　408
フーリエ主義　324
プルードン主義　360
フロイト　550
プロパガンダ　592
分業・生産力，勤労　210
文芸共和国　68
文明開化　418
文明と野蛮　112

平和，戦争と　126
平和主義，反戦運動　476
ヘゲモニー論　640
ヘーゲル　318
ペシミズム　552
ベンサム　236
ベンヤミン　548

防疫，伝染病と　762
防災，災害と　760
暴力論　450
保守革命　456
保守主義　256
ポスト構造主義　630
ポストコロニアリズム　638
ポスト世俗社会　642
ポスト冷戦下の世界　724
ホッブズ　52
ボナパルティズム　314
ポピュリズム　714
ポランニーと経済人類学　606
ホロコースト　490

■ま

マキァヴェッリ　46
マネジメント（経営管理）の思想　516
マルクス　320

マルクス主義，20世紀の　622
マンデヴィル　138

ミッション　162
未来派，ダダ　562
ミル　278
民俗学と考現学　526
民兵論争　180

無教会運動，否定神学・自由教会　574
無神論・懐疑主義，啓蒙　166

明治維新論　460
名誉と騎士道　220

モダニズム　568
モンテスキュー　184

■や

野蛮，啓蒙と　222
野蛮，文明と　112

唯美主義・耽美主義　400
唯物史観　356
有閑階級，余暇・奢侈　528
優生学　390
ユーゲントシュティール，アール・ヌーヴォー　560
ユダヤ神秘主義　580
ユダヤ人問題　302
ユートピア思想　106

余暇・奢侈・有閑階級　528
ヨーロッパへの影響，儒教　78
世　論　306

■ら

ライシテ　398
ライプニッツ　58

リアリズム，写実主義　394
リカード派社会主義　340
利己心と社交性　172
理神論・自然神学　164
リスク社会　754

立憲主義　120
立憲主義の現在　678
リバタリアニズム　654
リベラリズムの現在　650
良心と常識　198

ルソー　228
ルター　48
ルネサンス　60

歴史言語学　578
歴史修正主義，集団的記憶　734
歴史主義　404
歴史認識と和解　736

レトリック　62
連帯の思想　368

労働運動　366
ロシア革命　442
ロック　54
ローマ法　72
ロマン主義，イギリス　406
ロマン主義，フランス　408
ロマン派，ドイツ　410
ロールズ　648

■わ

和解，歴史認識と　736

社会思想史への誘い
方法・視座・アクチュアリティ

Contents

社会思想史の成立……………………………4
社会思想史の方法……………………………14
社会思想史の視座①…………………………22
社会思想史の視座②…………………………26
社会思想史のアクチュアリティ①…………32
社会思想史のアクチュアリティ②…………36

社会思想史の成立

[英]rise and progress of the history of social thought

　「社会思想史」とは，狭くは「社会観」あるいは「社会思想」の歴史を，広くは思想の社会的存在の歴史または思想の社会史を意味する．前の場合は，抽象度が高く体系性も備えた知識人の「社会観」の歴史をたどる傾向が強くなるが，後の場合は，複雑である．人間の社会的態度や思想は，「社会思想」という明確な形をとるとはかぎらず，経済的，法的，政治的，文学的に，さらには自然に対する態度というように，多様に表現されるのであって，素朴な生活表現も含めて，思想の社会史を把握することは，複雑にならざるをえない．

　このような事情もあって，「社会思想史」とは何かを明確に定義することは困難である．対象設定については，ルネサンスと宗教改革期に始まり，市民革命と産業革命の時代，19世紀の資本主義の発展と帝国主義への転化の時代，20世紀の二つの世界大戦，資本主義と社会主義による戦後冷戦体制期，その崩壊以降のグローバル化の時代というような区分がほぼ共有されているが，そこに組み込む思想もこれを把握する方法も，多様どころか混沌の内にあるというのが現状である．

　学問としての「社会思想史」に伴う混乱は，人文社会諸科学の専門化に伴う閉鎖性を越境横断しようという方法意識にも由来する．「社会思想史学会」が設立されたのは1976年であり，その創立宣言は「インターディシプリナリ」な性格を強調した．「社会思想史」は人文社会諸科学の分野に総合性と実践性とを吹き込もうという意欲にあふれ，そこに新学問分野としての創造的曖昧さを伴う．

　19世紀末以降の欧米において，近代の諸矛盾の激化を前に，その危機的事態を招来した知的歴史を批判的に振り返る態度が思想史として形成された．フランス・レジスタンスの文学と哲学，ドイツのヴェーバー・マルクシズムともいうべき批判理論が出現し，そうした背景から，戦後，イギリスのコンテクチュアリスム，フランスの心性史，ドイツのフランクフルト学派などの学問の展開が可能となった．日本での「社会思想史の成立」も，こうした世界史的動向と方法意識を共有しながら，地域特有の近代化過程を反映し可能となったと考えられる．

　日本では，「社会思想史」の前提となる「社会」についての意識は，明治以降の西欧化と近代化に伴い誕生した．当初，「社会」は，societyの訳語として，文明論，特に政治論の中で言及されるにとどまった．しかし，少なくとも，「大正デモクラシー」期までには，政治を動かす主体としての「民衆」の登場とともに，その生活秩序を規制する独自的領域として「社会」の存在が自覚された．「社会問題」「社会主義」「社会科学」などの言葉が錯綜しながら出現し，このとき，「社会」とともに「社会思想」の存在と意味も問われるようになった．

1930年代以降，日本資本主義の成熟と帝国主義化の中で，反体制運動を中心に，軍国主義への思想的抵抗拠点として「社会」概念が強化され，「社会主義」「社会科学」「社会思想」は，言論界の主役となった．他方で，体制側は，言論弾圧と統制を強化し，「社会主義」を弾圧し，「社会」を「国体」に，「社会科学」や「社会思想」を国家の文化に包括していった．この時代閉塞の中での「社会」をめぐる煩悶が，抵抗の思想を求めて，「社会思想史」の胎動を促した．

戦後，新制大学を中心に，「社会思想史」は，「社会科学」の概論あるいは方法論を担う重要科目として設置された．そこには，体制的抑圧への抵抗基盤として「社会」を再認識し，「社会科学」および「社会思想」を人間解放の思想として回復しようという意欲が，共通にみられた．「社会科学」の基礎理論として，「社会思想史」は認知され，若々しい歩みを開始したのである．

以上のような見通しをもとに，日本における広い意味での「社会思想史」の歴史を，1976年の「社会思想史学会」設立まで素描したい．明治以降の文明論や政治論から「社会思想」が自覚される過程をたどることにはじまり，次第に，「社会思想史」の学問としての成立の歴史を前景化する記述としたい．対象の性格上，前半は，できるかぎり幅広い分野の文献から「社会思想」の成立を検索するが，後半になるほど，「社会思想」の定着拡大を考慮して，「社会思想」あるいは「社会思想史」を題名に掲げる書物を中心に，検討範囲は集約的とせざるをえない．

● 「社会思想史」の萌芽時代——明治維新〜戦前・戦中期
(1) 「社会」の出現：「社会問題」「社会主義」「社会思想」 「社会」という言葉がsocietyの翻訳語として使用されはじめたのは，1870年代半ば頃といわれる．松島剛訳『社会平権論』(1881)，乗竹孝太郎訳『社会学之原理』(1882)など，表題に「社会」の語をもつ書物も出版された．しかし，これら二つもスペンサーの著作の翻訳であり，「社会」という観念が日本の現実に定着したわけではなかった．明治の自由民権運動でも「よしやシビルは不自由にても，ポリチカルさえ自由なら」と叫ばれたのであって，「社会」への自覚は幼弱であった．福沢諭吉は『文明論之概略』(1875)で，「日本には政府ありて国民（ネーション）なし」と述べたし，「政治と社会」をつなぎ言葉として用いるのを通例とした．文明開化の掛け声の中でも，「民」を「臣」に抱合する「臣民」という観念によって，「社会」は，「国家」あるいは「政府」に埋没していたのである．中江兆民による J.-J. ルソー『社会契約論』の翻訳も『民約訳解』(1882)であった．

日清戦争(1894年)と日露戦争(1904年)の頃より，産業革命が進行し，資本主義の発達による貧困問題が出現してきたとき，「社会」は，ようやく，国家秩序をはみ出す独立領域として意識されるようになった．さしあたり，「社会」とは，横山源之助『日本之下層社会』(1899)が描いたように，秩序に抱合されない不安定な領域であり，治安の対象としての「社会問題」を意味したが，大正デモクラ

シーの胎動は，民衆という観念を生み出し，「社会」の自律性の認識を強めた．吉野作造の民本主義が民衆の直接政治参加を退けたように，民衆に自治能力が認められたわけではない．それでも，「社会問題」への対処は，治安以上に政策の問題となり，「社会」という特有の領域への自覚が深まったのであって，桑田熊蔵，山崎覚次郎，小野塚喜平次，高野岩三郎らによって設立された「社会問題研究会」（1897年）においても，「ドイツ歴史学派」の強い影響下で，社会政策や社会学が学問としての歩みを始めていた．

また，日本資本主義の日露戦争後の急速な帝国主義への転化は，階級意識の目覚めを促し，民衆の秩序としての「社会」という観念を一層強化した．杉森孝次郎「社会の発見」（『中央公論』1921）のような論考が出現し，「社会思想」という言葉も時に使われた．「社会問題」も「社会改造問題」として主体化され，「社会主義」が輸入され，いわば「社会」的位相が明確に出現した．

「社会」の自律性の自覚への歩みは，社会政策や社会学における非ドイツ系特にイギリス自由主義経済学の影響拡大と「社会主義」への接近にみられる．もともとドイツ系であった福田徳三も『社会政策と階級闘争』（1922）で自由主義を強め，高田保馬『社会と国家』（1922）および『階級考』（1923）とともに，国家から自立する「社会」を視野に入れ，階級と「社会主義」にも対峙した．政治の分野でも，長谷川如是閑『現代国家批判』（1921），大山邦夫『政治の社会的基礎』（1923）は同様の傾向を示し，特に後者は「社会主義」の視点が色濃い．河上肇は『貧乏物語』（1917）で，イギリス経済学的自由主義に基づき福祉を論じたが，雑誌『社会問題研究』（1919-30）の刊行を続ける中で，マルクス主義に転じていく．

「社会主義」は，誕生時には，反体制思想の雑居状態にあり，1898年創設の「社会主義研究会」は秩序への反抗を研究し，幸徳秋水『社会主義神髄』（1903）もマルクス主義と無関係であった．しかし，堺利彦，幸徳秋水訳『共産党宣言』（1904），高畠素行完訳『資本論』（1919-25），『マルクス・エンゲルス全集』（1927-29）などの翻訳出版，雑誌『社会主義研究』（堺利彦・山川均，1920-33），『マルクス主義講座』（大山郁夫・河上肇，1927）の刊行も示すように，マルクス主義の優位が次第に確立し，それとともに，「社会」の自律性認識が進んだ．

マルクス主義は「社会」の科学的認識を主張したので，この時期，「社会」の観念も，「社会主義」および「社会科学」との結びつきを，とりわけ強めた．「社会問題」についての政策と学問のあらゆる分野で，マルクス主義の主導権が強化される中で，社会政策や社会学にかわって「社会科学」の優位が定着するとともに，「社会科学」と「社会主義」とが，ほぼ同義語に解されるようになっていく．帝国大学に「社会科学研究所」が設置され（東京1923年，京都1924年），さらに，「東京社会科学研究所」（所長：大塚金之助）の開設（1927年）につづき，雑誌『社会科学』（1925，改造社）が発刊されたが，いずれにおいても，「社会主義」と「社

会科学」とは，ほぼ同義に扱われていた．

　この「社会科学」の興隆と不即不離の関係で，「社会思想」への関心が飛躍的に拡大した．「社会」の観念と「科学」との結びつきが，「社会」と「思想」の接近も促したのだろう．「社会思想」を表題とする著作も，数多く出版された．平沼淑郎『社会思想及社会組織の研究』(1919)，米田庄太郎『近社会思想の研究』上巻 (1919)，小泉信三『経済学説と社会思想』(1920)，波多野鼎『近世社会思想史』(1923)，同『社会思想史』(1925)，松本悟朗『近代社会思想八講』(1924) などがあり，1922 年には平貞蔵編『社会思想』誌も出現した．論文についても同様で，櫛田民蔵「ゼ・エス・ミルの社会思想」(『国家学会雑誌』1919)，堺利彦「社会思想の進展」(『解放』1920) などをはじめとして，高橋誠一郎，加田哲二，森戸辰男，大熊信行などが，それぞれ，学術雑誌に，原始キリスト教，J. S. ミル，ラスキン，モリス，クロポトキンなどを「社会思想(家)」として紹介した．

　では，「社会思想」とは，何を意味したのか．今あげた文献でみるかぎり，「社会思想」とは，「社会」の改良を目指す思想一般であり，狭くは「社会主義」とその周辺の思想とみなされている．より具体的にいえば，原始キリスト教以来の弾圧経験をもつ思想，近代以降の社会改良思想，特にイギリス自由主義とドイツの社会政策学会(新カント派)の思想であり，無政府主義と社会主義であった．そうして，マルクス主義の勢力が拡大し，「社会思想」が弾圧されるにしたがって(例えば，1920 年の森戸辰男論文「筆禍事件」)，「社会思想」はますます「社会主義」と同義語化していき，さらに「社会科学」との混同も進んだ．『資本論』の翻訳者である高畠素行は『社会思想講話』(1928) で「人類社会生活に関する斯くの如き評価又は当為的の思想を総称したものが，即ち社会思想である．……社会思想あって後に社会学や社会科学が生まれて来たものである」と，両者の密接な関係を強調している．「社会思想」とは，「社会」を改良する思想であり科学であって，「社会主義」および「社会科学」とほぼ同義とする通念が生まれていたのである．

(2)「社会思想」から「社会思想史」へ　1930 年代以降，日本資本主義の体制矛盾の激化と反体制運動の急進化の中で，マルクス主義によって「社会思想」と「社会科学」の変革思想としての性格は一層強化された．また，1919 年に誕生した共産主義の国際組織コミンテルンが日本にもたらした革命への指針，特に 1932 年のいわゆる「32 年テーゼ」が，マルクス主義内に激しい論争を引き起こし，それが「社会思想」への接近態度を定型化していく．

　「32 年テーゼ」は，日本の革命を，ブルジョア革命から社会主義革命への二段階革命と規定した．その影響下，マルクス主義による日本資本主義分析において，「社会思想」および「社会科学」の中心課題は，明治維新以来の日本社会の近代化の特質把握とされた．野呂栄太郎編『日本資本主義発達史講座』(1932-33) を契機に激化したいわゆる「日本資本主義論争」においても，論争の焦点は日本近代

の特質把握に絞られた．『講座』の主要論点は，天皇制と日本資本主義の近代的未成熟と封建遺制の批判に置かれ，これに対して，雑誌『労農』に集ったマルクス主義者は日本資本主義の成熟と社会主義革命とを主張し，明治維新の近代性把握の対立を中心に，講座派と労農派とへのマルクス主義の分裂が深まった．

「日本資本主義論争」を通して，日本における「社会思想」の観念とこれへの接近方法との定型が確立した．総括的にいえば，その特徴は，第一に，「社会」「社会問題」「社会主義」「社会科学」「社会思想」の混同，とりわけ，「社会科学」と「社会思想」の一体的把握であり，第二に，「社会思想」の課題を「社会」の総体把握とし，その成果を現実変革に結びつける意欲であり，第三に，「社会」の近代性把握を核心問題し，「社会思想史」への傾斜を強化したことである．

こうして，「社会思想」は社会変革を語る概念として定着していった．しかし，その輝きは，弾圧によるマルクス主義の衰退とともに，瞬く間に消え去る．特に天皇制を批判する講座派への検閲と弾圧は激しく，二・二六事件の起きた1936年には講座派の大半が投獄，翌1937年には「人民戦線事件」で労農派も検挙された．社会主義の終焉は，「社会科学」および「社会思想」にも変容を迫る．国家あるいは国体による「社会」の包摂に連動して，「社会科学」の文化論や民族研究への解消が，権力的強制を伴って進行した．「社会思想」にも，国体の影は容赦なく圧しかかった．稲毛新『社会思想解説』（1929）が「右翼思想を以て其の重要なる対象と考へられる」といい，加田哲二『社会思想史』（1939）も「近代初期の民族主義」を冒頭に，「最近の日本における国粋社会思想」を結びとした．「社会科学」「社会思想」，その核心としての「近代」への攻撃は激しく，ついには，シンポジウム「知的協力会議」（1942年7月）での「近代の超克論」がこれに止めを刺す．

それでも「社会科学」と「社会思想」のすべてが窒息したわけではなかった．延命方法の一つはマルクスの経済学をその思想的源泉に戻して再考するという迂回的方向であり，高島善哉『経済社会学の根本問題　経済社会学者としてのスミスとリスト』（1941）はその典型であって，スミスとリストを再評価し「資本主義」を「市民社会」と呼びかえるなどして，「社会科学」の灯を点し続けた．社会政策や社会学でも，大道安次郎『スミス経済学の生成と発展』（1941），大河内一男『スミスとリスト　経済倫理と経済理論』（1943）などが，ドイツにおける「アダム・スミス問題」を取り上げ，戦時統制経済に近代的経済倫理を組み込む可能性を模索した．そして，この「社会科学」の源泉への回帰の旅こそが，「社会思想史」への視野拡大をもたらし，方法の彫琢と独自的成長も促していたのである．イギリス系の多元的国家論により国体から「社会」を救い出し，「社会思想」とその歴史に着目した河合栄治郎の自由主義も見落とせない．苦悩の時代が，かえって，思想を鍛え，「社会思想史」の道を踏み固めた．このとき，高島が思想の社会的存在性格を問題としたのに対し，河合は，「思想」の社会的日常からの独立を強調し

た．「社会思想史」の内容として，高島では思想の社会史が，河合では思想家の社会観の歴史が求められていたといってもよい．時代閉塞の中で，「社会思想史」への道は途絶えず，方法的緊張さえ生み出し，戦後への土壌を育んでいたのである．

　希望とともに「社会思想史」の限界も指摘しなければならない．文献史的反省が示すのは，民衆思想，女性解放思想，植民地解放思想への眼差しの弱さである．例えば，岸田俊子，平塚らいてう，菅野すがなどの思想的苦闘は，「社会思想史」に吸収されなかった．加えて，高島や河合の近代思想への迂回的後退は，民衆，女性，植民地などからの乖離も伴った．

●「社会思想史」の成立──戦後期
(1)「社会科学」と「社会思想史」の再構築に向かって　戦後改革の開始は，「社会」の近代化を中心課題とし，学問に「社会」の総体把握を目指す熱気を呼び戻し，「社会科学」と「社会思想」が復活した．多くの学会が再建または新設されたが，自然科学も含むどの分野も，丸山眞男が「悔恨共同体」と呼んだ，学問の戦争加担を悔いる意識を共有し，「社会」に向き合う新しい態度を問い，「社会思想」に関心を寄せた．1945年に「青年文化会議」「自由懇話会」が，翌46年に「民主主義科学者協会」「二十世紀研究所」『思想の科学』「社会思想研究会」などが続々と創設され，そのどれもが，「民主主義」および「近代」を再定義しようという意識を共有し，「社会思想」に着目していたのである．

　「社会思想史」の講座や科目も新制大学を中心に設置された．それらが経済学部，文学部，教養部など多くの学部に広がっていたのは，戦後，学問と教育の双方で，「社会思想史」が「社会科学」の基礎理論として期待されたことを意味する．

　関連著作も多く出版された．1950年代初頭までで「社会思想史」を表題とする著作に限っても，佐野学『西洋社会思想史』(1947)，社会思想研究会編『社会思想史十講』(1948)，矢島悦太郎『概説社会思想史』(1949)，松田勇『近代社会思想史序説』(1949)，平井新『社会思想概論』(1950)，新明正道・大道安次郎ほか編『社会思想史事典』(1950)，大塚金之助編『社会思想』(岩波小辞典，1951)，大河内一男『社会思想史』(正1951，続1954)，本田喜代治『社会思想史』(1951)，淡野安太郎『社会思想史』(1952)などがある．

　それでは，「社会思想史」の内容および方法は，どのようであったのだろうか．
　「社会思想史」の全体像を追求したものとして，「社会思想研究会」が編纂した『社会思想史十講』が，まず注目される．この著作は，戦前期の「社会」概念の混乱，「社会問題」「社会主義」「社会運動」などの混濁を批判し，「社会思想」を「社会改革を目的とする思想の体系の意味」に限定した．目次に，「ギリシア・ローマ思想」(村川堅太郎)，「中世思想」(高桑純夫)，「宗教改革」(大塚久雄)，「イギリス経験主義」(太田可夫)，「フランス啓蒙思想」(松平斉光)，「ドイツ観念論」(草薙正夫)，「十九世紀英国思想」(木村健康)，「マルクス主義思想」(猪木正道)，「英

国社会主義」(蠟山政道),「プラグマティズム」(南博)の項目を並べ,「社会思想史」の概要を提案した.「社会思想史」を,一方で,社会を改革する思想として実践的に把握しながら,他方で「社会思想」の対象を思想家の「社会観」に限定する傾向が強く表れている.つまり,思想の社会史への関心は弱く,「社会」の日常的意識は,「社会科学」の対象とみなされている.おそらく,これは,「社会思想研究会」を主導した河合栄治郎の系譜の戦前の教養主義的苦闘の反映だろう.

　戦争末期,河合と対照的な傾向を示した,高島善哉の系譜については,どうであったろうか.この周辺に顕著なのは,日本社会の近代化に向き合う「社会科学」の実践性を模索する中で,その方法的分野として,「社会思想史」を開拓拡大しようという動向である.その中心は,戦前の日本資本主義論争とりわけ講座派の民主主義論の洗礼を受けた系譜であり,高島善哉,大河内一男,大道安次郎などの戦前以来のスミス研究による「社会科学」の問い直しの継続にほかならない.高島『社会科学への道』(1950)は,「人間性の救済と確立のために人間でできるかぎりのことをしよう.これが社会科学の心情である」と述べた.この「社会科学の心情」を歴史的主体的に根拠づけるのが「社会思想史」であり,こちらでは,思想家の「社会観」以上に,思想の社会的存在形態を問題とした.

　このように戦後「社会思想史」は,河合と高島にそれぞれ代表される戦前の二つの対照的な接近方法を両者の緊張関係も含め遺産として吸収した.ほとんどの研究はこの二極の間で揺れていた.社会学分野でも,清水幾太郎『市民社会』(1951)は,「市民社会」への思想史的接近と近代の社会学的考察を複合している.

　こうした中で次第に主導権を握ったのは,高島の方向であった.高島『アダム・スミスの市民社会体系』(1946)は,市民社会を充実させ社会主義を準備する文脈に近代思想史を着地させようと試みたが,この方向で「市民社会青年」(内田義彦の命名)の新潮流が出現し,「市民」を主体とする「社会科学」の諸分野を開拓した.大河内一男の社会政策,大塚久雄の比較経済史,丸山眞男の政治思想史,川島武宜の法社会学,我妻栄の法学などが,封建制の解体と近代社会の樹立という課題に挑む「社会科学」を求め,近代思想の再認識を行う.ここに,思想の社会的存在形態の探求として,「社会思想史」への道が大きく拓かれたのである.

　この場合,「社会思想史」の焦点は戦前と同じく近代に置かれたが,その近代思想像は大きく転換する.戦後の思想史研究は,ナチズムを生んだドイツ近代への批判を強め,イギリス,フランス,ドイツの市民社会の比較,特にイギリス近代を方法的基準とした.高島,大河内,大道,大塚はイギリス近代を,高橋幸八郎はフランス革命を基準とした.これらの講座派を継ぐ近代像に反発し,桑原武夫編による二つの著作,『ルソー研究』(1951)と『フランス百科全書の研究』(1954)が刊行されるなど,論争のうちに,近代思想像の転換と変容が試みられた.

(2) 戦後「社会思想史」像の成立　戦後がこのように進めた西欧近代の再認識は,

その理想化とは程遠いものである．むしろ，根底に存在したのは，戦前の「近代の超克論」がみていたような近代像を克服するという，「悔恨共同体」の決意であった．例えば，高島，大河内，大道によるスミスへの戦争期以来の着目は，戦前のドイツ社会政策学会で起こった「アダム・スミス問題」を再吟味し，近代の矛盾に切り込むものであり，スミス『道徳感情論』の読み直しによって，日本のスミス研究を世界の先端に押し上げ，内田義彦『経済学の誕生』(1953)のような独特の成果を生み出した．大塚の近代像成立の背景には，「マルクスとヴェーバー」問題という現代的方法的論争があったし，丸山もまた，K. マンハイム，F. ボルケナウなどによるマルクス主義以後の近代認識と対峙した．

社会主義特にマルクス主義の思想史的相対化も進んだ．多彩な試論が出現し，文献をあげる余裕がないが，あえて要約すれば，ソヴィエト社会主義の現実がマルクス主義とレーニン主義への歴史的反省を迫り，一方で，西欧マルクス主義とその哲学的基礎としての新カント派の再認識が進み，他方で，マルクス主義とヒューマニズムの結合を求めて，初期マルクスさらにはその思想的源泉としての近代思想が注目を集めた．イギリス経済学，フランス社会主義，ドイツ古典哲学，特に，「ヘーゲルとマルクス」の関係についての思想史研究が活発となった．

戦後「社会思想史」研究の発展が，このように個別に多様化し，いわば生産的混乱を拡大していく中で，やがて，拡散する学問動向を整理し，「社会思想史」の全体的見取り図を提案する著作も現れた．その代表は，高島善哉・水田洋・平田清明『社会思想史概論』(1962)である．高島は同年に『社会科学講義——社会科学はいかに学ぶべきか』を編集・刊行しており，水田はすでに『社会思想小史』(1951)を出版していたが，『社会思想史概論』で，戦後が生み出した「社会思想」と「社会科学」への情熱を総括し，「社会思想史」の展望拡大を試みたのである．

『社会思想史概論』は，「社会思想とは人間の社会的解放の思想である」と定義し，この意味での「社会思想」を「三つの解放思想」に区分する．三つの解放の具体的内訳は，資本主義初期における人間解放，後発資本主義における民族解放，一般的には階級解放であって，それぞれの主体は，近代的個人，民族，階級であった．また，「社会思想史」の主要対象圏を，「ルネサンスと宗教改革」に始め，資本主義の発展過程の思想史を経て，帝国主義と社会主義の時代へと結んだ．社会主義とドイツ近代を中心とした戦前の状況を脱却し，個人，民族，階級という戦後近代化の根本問題との緊張関係で，西欧近代の比較思想史を軸に，「社会思想史」像を組み立てようとしていた．水田洋『近代人の形成』(1954)が，マキァヴェッリ，ホッブズ，スミスを結ぶ近代的社会観の新しい発展の道筋を開拓していたように，「社会思想史」も戦後独自の全体像を結び始めていたのである．

(3) 高度成長と「社会思想」像の変容　1960年安保闘争前後で，高度成長の成果が見え始めると，これを近代化の成功例とする「日本近代化論」とプラグマティ

ズムがアメリカより流入し,「大衆社会論」が流行した.随伴して,実証分析が「社会科学」の主要課題とされ,実証的学問の専門分化が進み,価値の点検と歴史への意識は希薄となった.「社会科学」は「社会」の総体把握への意欲を失い,「社会思想」と現実改革との緊張関係も弱体化していった.こうした新動向の中で「社会思想史」も戦後の立ち位置に動揺をきたし,一方で,「社会科学」との関係を不透明とし,他方で,現実認識への通路を見失った.

「社会思想史」の個別的研究それぞれにおいても,軸としての近代研究が拡散し,焦点は,従来の近代的人間解放から,資本主義的豊かさおよび人間疎外へと転換した.ルネサンス,宗教改革,自然権論から,18世紀思想以降の資本主義確立の時代へと主要対象が移動し,接近方法も大きく変化した.多様化を反映する文献を網羅する余裕がないが,例えば,『道徳感情論』研究で近代の困難に立ち向かうスミス像が求められ,ルソーに近代への懐疑と告発をみる傾向が強化された.さらに,資本主義と社会主義が対峙する冷戦体制が,東側のハンガリー動乱や西側のベトナム戦争によって大きく動揺し,旧植民地の解放と民族の独立,マイノリティと多様性承認の主張と運動が世界各地に活発となる中で,マルクス主義が退潮し,プラグマティズムに加えて,西欧の現代思想,特に,フランクフルト学派の社会哲学とフランスの実存主義さらには構造主義の影響が顕著になった.

1968年の世界的学生反乱に象徴される思想の地殻変動は,「近代」への懐疑をいっそう拡大し,戦後「社会科学」と「社会思想史」を激震させた.例えば,内田義彦『日本資本主義の思想像』(1967)は,日本近代思想史回顧の中で,歴史の科学としての「社会科学」再興の可能性を再捜索しようとした.良知力は『マルクスと批判者群像』(1971)から『向こう岸の世界史　一つの四八年革命史論』(1978)への歩みによって,民衆の視座を強調し近代像の修正を迫り,安丸良夫『日本の近代化と民衆思想』(1974)は日本近代思想を民衆の生活圏で問い直そうとした.水田珠枝『女性解放思想の歩み』(1973)は,女性の視点から戦後近代思想史像を批判し,「社会思想史」の課題,対象設定,方法の根本的再検証を迫った.民衆や女性を「社会思想史」の主体として明示できなかったような戦前以来の限界が,総体として暴露され始めたのである.

ところが,「社会科学」と「社会思想史」のこの新しい攪乱状況は,逆説的に,「社会思想史」に独立した学問分野としての成立を促した.「社会科学」の専門細分化が進むのに対応して,それぞれの独立分野で方法論的再点検が始まり,そこに生まれた新しい方法的意識が思想史研究に反映されたのである.例えば,社会学における「パーソンズとヴェーバー」の方法的対比問題,フランクフルト学派による社会心理学的方法の展開などが,近現代思想研究に衝撃を与えた.

(4) 学問としての「社会思想史」の成立　こうした新しい動向の中で,「社会科学」の体系としての総合と統一にこだわらず,人文社会諸科学のそれぞれの専門分野

の方法的問いを結び，越境的交流の上に「社会思想史」を位置づけるという方向が開拓された．城塚登『社会思想史入門』(1965)，出口勇蔵編『社会思想史』(1967)，水田洋編『社会思想史』(1968) などは，いずれも，それぞれの「社会思想」の概念に大きな違いがあることを自覚しつつ，相互対話を求めている．1971年に季刊『社会思想』が刊行開始され1974年まで続いたが，そこでも，「社会思想」研究の「インターディシプリナリ」な性格が強調された．

「社会思想」へのこのような新しい期待が沸き起こる中，ついに，1976年，「社会思想史学会」は創立された．「社会思想史学会の創立にあたって」は，「既存諸学の存在を前提した横断組織としての思想史研究者のあつまりであり，思想史の社会的性格への関心を核としたインターディシプリナリなものであります」と述べた．設立の中心メンバーは，代表幹事として水田洋（社会思想史），常任幹事として，山下肇（ドイツ文学），柴田三千雄（フランス史），横山寧夫（哲学），平井俊彦（社会思想史）などが名を連ね，学際性豊かな布陣となっている．「社会思想史」の学問分野としての独立には，人文社会諸科学さらには自然科学の（多様な）方法意識の対抗と結集の場所としての期待が込められていたのである．

学会誌『社会思想史研究』創刊号 (1977) を飾るのは，創立大会の二つの基調シンポジウムである．一つは，「社会思想の諸類型」であり，水田洋を司会者に，「社会思想の諸類型」（出口勇蔵），「ドイツロマン派の政治理論と実践」（竹原良文），「フランス思想について」（中村雄二郎）が報告され，思想史のみならず，社会科学，文学の多分野さらには自然科学の研究者が討論に参加した．学際性と比較思想の方法を駆使し，近代像と近代社会思想の諸類型を確定しようとしている．

今一つは，「1930年代の社会思想」であり，城塚登を司会に，「1930年代の経済学の状況」（早坂忠），「1930年代のドイツ社会哲学—M. ホルクハイマーの場合」（清水多吉），「バウハウスの解体」（佐藤康邦）の報告がある．こちらでは，戦前の「近代の超克論」の克服を念頭に置きながら，現代思想論さらには現代「社会思想史」の構築が模索された．

このように，戦後思想の基準としての近代の再検討を一方の軸に，冷戦体制以降を展望する現代思想の模索をもう一つの基準とし，「社会思想史」の新しい全体像模索の挑戦が始まっていた．これに，民衆思想史と社会史による「社会思想史」への衝撃，女性解放思想史の挑戦などが加わって，新しい混迷を活力源とし，学問としての「社会思想史」は制度（学会）としても成立したのである．

「社会思想史」は，社会科学が専門化することによって失いがちな価値の批判を引き受け，社会的存在としての人間の生き方の過去・現在・未来を根本から問い直すことを目指した．しかし，「社会思想史」の学問専門分野としての成立は，研究者が個別対象の実証的研究に沈潜し，現実社会への価値的批判意識を失うという危険をはらみ，波乱の中の船出であった． ［安藤隆穂］

社会思想史の方法
[英]methods of the history of the social thought

　社会思想史という学問分野は，政治思想史・経済思想史・哲学思想史などの個別領域に関わる思想史の存在を前提として，後発的に成立した．そのため，方法に関してもそれぞれの思想史の方法論からさまざまな影響を受けてきた．
　これらすべてに共通するのは，思想の歴史を研究する（あるいは思想を歴史的に研究する）ことで現代に生かそうという問題意識であり，そのうち対象領域がもっとも包括的なのが社会思想史なのである．他方，方法に関しては，どの領域の思想史にもその内部にはさまざまな立場の違いがある．したがって，社会思想史にもいくつかの方法の違いが存在する．
　●マルクスのイデオロギー分析　思想の歴史叙述それ自体は，哲学史や文学史のような形式も含めれば，古くから存在する．しかし，社会に関する思想の意味を一定の方法的自覚をもって批判的に明らかにしようとする試みは，19世紀半ばのK.マルクス（1818-83）に始まる．彼の独自性は，表明された思想や理念の背後には発言者の主観的な思惑や意図を超えた客観的な社会的諸関係が存在する，という確信をもっていたことにある．
　例えば1852年の論説でマルクスは，土地所有貴族，金融貴族，工場主，小商店主，小土地所有農民，労働者階級などを取り上げ，「所有の，生存条件の異なる形態の上に，独自に形作られた異なる感性，幻想，思考様式，人生観といった上部構造全体がそびえ立つ」ことを指摘している（マルクス 1852：62-63）．
　さらに1859年の『経済学批判』序言では，人間の「物質的生産諸力の一定の発展段階に対応する生産諸関係」の総体が「社会の経済的構造」を形成することを指摘した後に，マルクスはこう書いている．「これが実在的土台であり，その上に一つの法的・政治的上部構造がそびえたち，この土台に一定の社会的意識諸形態が対応する．物質的生活の生産様式が，社会的・政治的および精神的な生活過程一般の条件を与える．人間の意識が彼らの存在を規定するのではなく，逆に彼らの社会的存在が彼らの意識を規定するのである」（マルクス 1859：6-7）．
　つまり，「社会的意識」は「社会の経済的構造」に対応する一定の形態を受けとるのであって，特定の人物や集団の思想を判断する場合には，当事者の主観的思い込みとは独立に，彼らの社会的存在，つまり経済的構造の内部での社会的位置関係との対応を考えることが重要だ，ということになる．
　特に変革期においては，「経済的生産諸条件における物質的な変革」と，「人間がその中でこの衝突を意識し，それを闘い抜く形態である，法的，政治的，宗教的，芸術的あるいは哲学的な諸形態，簡単にいえばイデオロギー的な諸形態」と

を区別すべきだ，とマルクスはいう（同書：7）．
　このように歴史上のさまざまな「イデオロギー的諸形態」と「社会の経済的構造」とを明確に区別したうえで，後者から前者を説明しようとするのがマルクスのイデオロギー分析の方法である．マルクス自身にはまとまった形での思想史の著作はないが，このような方法に基づく思想史の古典として，F. エンゲルスの『空想から科学への社会主義の発展』（1880），K.J. カウツキーの『トマス・モアとユートピア』（1887）や『近代社会主義の先駆者』（1895）などをあげることができるだろう．ただし，これらは社会思想史というより社会主義思想史である．
　マルクスのイデオロギー分析の方法に依拠した本格的な社会思想史の古典としては，フランツ・ボルケナウの『封建的世界像から市民的世界像へ』が代表的なものである．これは，R. デカルトから P. ガッサンディと T. ホッブズを経て B. パスカルに至る「マニュファクチュア時代の科学」についての社会思想史研究であり，著者の序論によれば，「17世紀の数学的—機械論的世界観の根本的カテゴリーの成立を，当時の社会的闘争から実際に即して叙述する」（ボルケナウ 1934：16）ことを課題としたものであった．日本では，水田洋の『近代人の形成』（1954）にボルケナウからの大きな影響をみることができる．

●**知識社会学**　マルクスのイデオロギー分析に影響を受けながら，思想の「ユートピア性あるいはイデオロギー性」が党派的敵対者についてだけ指摘されてきたことを批判し，「ブルジョア的イデオロギー」を批判するマルクス主義そのものをも一つのイデオロギーとして分析対象に含む，より包括的な方法論を構築したのが，カール・マンハイム（1893-1947）である．彼は自らの立場を「思想史」とは区別して「知識社会学（Wissenssoziologie）」と名づけ，「あらゆる生きた思想は存在に拘束されている」と主張した．
　マンハイムによれば，ある「理念（とりわけ敵対者の理念）」を把握するためには，集団であれ個人であれ「その理念を言い立てる主体」が誰なのかを明確にしたうえで，その理念を「主体の存在位置の函数」として理解しなければならない（マンハイム 1929：112-113）．そのうえで彼は，敵対者の特定の理念や思想を疑う「部分的イデオロギー概念」と，ある時代なり集団なりの「全体としての意識構造」を表す「全体的イデオロギー概念」とを区別し，後者を「存在に拘束された思考」と定義し直すことによって，「イデオロギー概念の純粋に学問的な内容を，特殊な政治的・扇動家的包装から解放しよう」とした（同書：158）．
　問題は，思考を拘束する「存在」とはどのようなものか，そしてその「存在」がどのように意識や思想を「拘束する」のかということにあるはずだが，マンハイムは「存在と一致しない」意識としての「虚偽意識」の二類型としてイデオロギー的意識とユートピア的意識とを区別する．一方の「イデオロギー的な意識」が「その環境のとらえ方の面で新しい現実に追いつくことができなかったため

に，時代遅れのカテゴリーで新しい現実を本来的に覆い隠している意識」(同書：179) であるのに対して，他方の「ユートピア的意識」は逆に，「まだ実現されていない要素にのっとって，行動に方向づけを与える」(同書：345) という意味で「存在を追い越す」意識のことだとされる．そのような意味で，「自由主義＝人道主義」や「社会主義＝共産主義」は「ユートピア的意識」のうちに分類される．

このような分析を通してマンハイムが事実上求めているのは，マルクス主義者に限らず，あらゆる集団や個人が自分自身の思想内容を分析対象として，それがどのように「存在に拘束されているか」を明らかにし，自己相対化を行うことである．つまり，自らの階級的帰属や社会的な存在位置を自覚し，それがどのように自らの思想や理念を拘束し規定しているのかを認識することである．

しかし，それだけでは「純粋に学問的な」客観性を保障するには十分ではない．そこでマンハイムが想定したのが，階級的利害に拘束されない認識主体としての「知識人」だった．ブルジョア階級と労働者階級との「中間的位置」にある「自由に浮動する知識層」(同書：282) である．このような知識人には二つの選択肢がある．一つは，「主として自由な選択に基づいて，そのつど抗争してやまないさまざまな階級へみずから加担すること」であり，もう一つは，「自己の社会的位置とそこから生じる使命との具体的自覚」(同書：285) である．つまり，主要な階級利害にとらわれることなく社会全体のさまざまなイデオロギーの配置を俯瞰し，分析し，提示することである．

こうしてマンハイムの「知識社会学」は，その後の思想史の方法に対して二つの問題を提起することで一定の影響力をもった．一つは，他者の思想を批判的に分析する主体自身の思考の存在被拘束性という問題，もう一つは，それと重なり合うが，「知識人の役割」という問題である．日本では，丸山眞男 (1914-1996) が『日本政治思想史研究』の「あとがき」で，「私にとくに示唆を与えたヨーロッパの社会科学者」としてマンハイムの名前をあげている (丸山 1952：7)．

●観念の歴史　マンハイムやボルケナウとほぼ同時代のアメリカでは，特定の学派や主義を超えた思想の単位観念を分析することで，ヨーロッパの思想史の大きな流れとその変化を明らかにしようとする運動が起きていた．アメリカの哲学者アーサー・ラヴジョイ (1873-1962) は1923年に勤務先のジョンズ・ホプキンス大学に「観念の歴史クラブ」を設立し，1936年に「観念の歴史の一研究」という副題をもつ主著『存在の大いなる連鎖』を出版した．その後，1940年には『観念史雑誌 (*Journal of the History of Ideas*)』を創刊して自ら編集長も務めた．

ラヴジョイによれば「観念の歴史 (History of Ideas)」とは「思想の歴史」の特殊な一分野をなすもので，その方法に独自性がある．それは，さまざまな思想体系をその構成要素である「単位観念」に分割することで，どのような思想体系も諸要素の「複雑な集合体」あるいは「複合体」であることを明らかにしようとす

る．それによって，異なる思想体系の独自性はその要素にあるのではなく，「諸要素の織りなすパターン」の方にあることがわかるという（ラヴジョイ 1936：13-14）．

　ラヴジョイが対象とする観念史の「単位観念」とは，「個人または世代の思考の中で作用するものであるが暗黙のまたは十分に明示されない「仮定」または多かれ少なかれ「無意識の精神の習慣」」（同書：18）のことである．それは「哲学，科学，文学，芸術，宗教または政治」の別なく追求されるものであり，少なくともヨーロッパでは「国籍や言語」によっては分けられないものである．したがって観念史家の分析対象は，少数の思想家の思想よりもむしろ「人間の大きな集団の集合的思想の中にある単位観念の表出」であり，それが「ひとつの世界全体または場合によっては多くの世代を通じて教育のある階層に広まっている信念，先入観，信仰心，好み，憧れに対して持つ影響」なのである（同書：34）．

　言い換えれば，観念史の最終的課題は，「どのようにして「新しい」信念や知的な流行が導入され普及されるか」，あるいは「どうしてある世代において支配的であったり広く行き渡っていた観念が人の心を捉えなくなり別の観念に取って代わられるのか」（同書：36）を明らかにすることにある．

　こうしてラヴジョイは，1936年の主著では，古代ギリシア哲学から18世紀までに及ぶ「存在の連鎖」という観念を取り上げ，また1948年の『観念の歴史』では「自然」という観念を緻密に分析してみせることによって，ヨーロッパ思想における転換点としての「近代」の意味を明らかにしようとした．

　このような「単位観念」の分析に基づく思想史の具体的な方法として，その後の思想史研究に大きな影響を与えたのが，単位観念の織りなすパターンの叙述としての「観念のヒストリオグラフィー」論である．ラヴジョイは，J.ミルトンの『失楽園』を例にあげて次のように説明している．この作品はさまざまな観念で満たされているが，そこに「新奇な組み合わせ」があるとしても，個々の観念そのものはミルトンに固有なものではない．むしろ必要なのは，「彼の同時代人や，とりわけ彼がよく知っている，もしくは恐らく彼が知っていたであろうと思われる先人たちが様々な所で表明している同じような観念について，幅広く公平な態度で詳細に考察する」（ラヴジョイ 1948：3）ことである．

　したがって，「カテゴリーの様々な型，ありふれた経験の特定の側面についての見解，暗示的もしくは明示的な仮定，神聖な格言や標語，特殊な哲学的な定理もしくは仮説，様々な科学における総合的概念もしくは方法論的想定などといった多くの「単位観念」を分析するためには，「いくつかの分野の専門家たちの間で，今までそうであったよりも，より確固たる，またより信頼でき組織だった協働作業が緊急に必要」だということになる（同書：7-8）．

　再びミルトンの『失楽園』の例に即していえば，この作品を十分に理解するた

めには,「イギリス文学のたくさんの専門家だけではなく,たくさんの古典学の研究者,中世研究者,哲学者,ラビやその他のユダヤ文学の研究者,初期プロテスタント神学に精通している神学者,16世紀と17世紀のフランス文学とイタリア文学に特別に造詣が深い研究者,とりわけ近代初期の天文学に詳しい科学史家などの協力も必要」(同書:9) になってくる.

このようにラヴジョイは,思想史の対象を「単位観念」の「複雑な集合体・複合体」とみなし,その研究のためには分野横断的な研究者の協働作業が必要だと考え,その結果,協働作業の場としての学会誌を創刊したのである.

●**歴史的概念の歴史** 以上のような「単位観念」の分析に基づく観念史と部分的に問題意識を共有しながらも,歴史上の「言葉」や「言説」が意味するものを再び具体的な政治的・社会的状況に関連づけてとらえようとしたのが,ドイツにおける歴史的概念の研究である.この研究は,ドイツの歴史家が中心となって作成された『歴史的基本概念——ドイツにおける政治的・社会的言語の歴史事典』全8巻(1972-97)という形でその成果が示されている.

この『事典』が取り上げている項目は,「貴族」「農民」「労働者」「市民」「所有」「封建制」「資本/資本主義」などの歴史学の基本概念にとどまらず,「啓蒙」「民主主義」「自由主義」「共産主義」「マルクス主義」「ファシズム」などの思想にまで及んでいる.各項目は,その言葉がある時代にどのような意味で使われ始め,その意味がその後どう変化したかを,原典からの引用文(ドイツ語以外にギリシア語,ラテン語,フランス語などを含む)を示しながら時代を追って追跡している.したがって一つの項目が,それ自体で分量的に一大論文になっているだけでなく,質的にも優れた言説史的な思想史の研究論文となっている.

ラインハルト・コゼレク (1923-2006) による序文は,「歴史的基本概念」という言葉を「諸時代の経過の中で歴史研究の対象となる,歴史的運動の指導的概念」(Koselleck 1972:XIII) ととらえたうえで,「古代世界の解消と近代世界の成立を,その概念的把握の歴史の中で探求すること」を「主要な問題設定」と位置づけている.その「概念的把握の歴史」をたどるために「諸概念の言葉の歴史」(同書:XIV) が必要とされるのである.

ただし,コゼレクによれば,この概念史が用いるのはあくまでも「歴史的=批判的方法」であって,単なる「単語史」でも「観念史」でもない.「言葉の歴史」は入り口であって,テクスト分析がその言葉の意味内容を確定することになるが,重要なのはその先である.「たしかにその言葉には一つの意味が付着しているが,その意味は,この言葉が話されたコンテクストからも供給されており,同時にそれが関連する状況にも由来している」.したがって,必要となるのは,具体的状況に即した「言葉の使い方」の分析である.「社会的・政治的な意味は,その具体的状態に差し戻されることで,その状態から歴史的に導き出すことができる

のである」(同書：XX)．

　その例として，コゼレクは「市民 (Bürger)」という言葉をあげている．この言葉は，1700 年頃には「都市市民」，1800 年頃には「国家市民（公民）」，1900 年頃には「非プロレタリア」である「ブルジョア」を指して使われたが，「「市民」という言葉自体からは，この概念の身分的分類も，政治的分類あるいは――「ブルジョア」の場合のような――社会的分類も出てこない」（同書）．したがって，概念史が分析しなければならないのは，言葉が使われたコンテクスト（歴史的・社会的文脈）であり，それに関連する具体的な政治的・社会的状況なのである．

　なお，実際に「市民，公民，市民階層 (Bürger, Staatsbürger, Bürgertum)」という項目を執筆しているのはヘーゲル研究者のマンフレート・リーデルであり，彼がこの事典に執筆した合計四つの項目論文が『市民社会の概念史』という題名の単行本として翻訳出版されている（リーデル 1990）．

●ケンブリッジ学派のコンテクスト論　他方，このような意味での政治的・社会的なコンテクスト分析に基づく概念史や言説史という方法論を批判し，改めて作者の意図に即したコンテクスト分析の重要性を主張したのが，ケンブリッジ学派の「意味とコンテクスト」論である．

　この学派の中心的人物であるクエンティン・スキナー (1940-) は，思想史の「正統派学説」を二つに分類し，その両者を批判する．第一は，テクスト理解の「最終的枠組み」を提供するのは「宗教的，政治的，経済的な諸要因」のコンテクストだと主張する立場であり，第二は，テクストそれ自体の自律性を主張して「全体のコンテクスト」の構築を斥ける立場だという（スキナー 1988：47）．前者に関するスキナーの批判は，マルクスから観念史や歴史的概念史までを含む「コンテクスト主義的方法論」が社会的コンテクストを「言われたことに対する決定因として」扱っていることに向けられている（同書：103-104）．

　そのような「正統派」の方法を批判しながらスキナーが強調する「本質的な問題」は，「作者が，対象とすべく意図した読者のために書いたその時点で，書きながらこの所与の発言を発することによって実際に何を伝達しようと意図していたのか」という問題である．したがって，必要とされる思想史の方法は，「所与の場合に，所与の発言を発することによって，慣習上遂行されえたであろうコミュニケーションの全範囲を詳細に描き出すことであり，次いで，所与の作家の実際の意図を解読する手段として，所与の発言とこのより広い言語上のコンテクストとの関係を追跡すること」（同書：113）にある．

　スキナーが「言語上のコンテクスト」と呼ぶのは，第一に「テクストが扱っている論点や主題の論じ方を律している支配的な諸慣習」であり，第二に「著者の精神世界，すなわち著者が経験的に持っていた信条の世界」である（同書：161-162）．したがって，これはラヴジョイのいう「単位観念の複合体」に近い．ただ

し，それに加えてスキナーが重視するのが，ジョン・オースティンの言語行為論（オースティン 1978）に依拠した，発言の「意図」と「意味」の区別である．

スキナーの整理に従えば，オースティンの主張の核心は，発言の主体は「彼が言う事柄を言うことにおいて何事かをしている」（スキナー 1988：178）ということである．この場合，発言主体が何を言っているかだけではなく，何をしているのかを理解するためには，「所与の社会的状況の中での所与の類型の社会的行為の遂行を取り囲んでいる慣習」（同書：198）を理解しなければならない．

N. マキアヴェッリの『君主論』を例にあげれば，この時代には君主への忠言という「慣習化された著作のジャンル」が存在しており，「マキアヴェッリはそのジャンルもそこで通常適用されている慣習もともに知っていた」．したがって，『君主論』の意味を考える場合に必要なのは，「テクスト自体の集中的な研究からではなく，むしろ，そのテクストが同時代に存在したこうした慣習とどのような関係を持っているかを理解しようと試みること」（同書：199）なのである．

スキナーはこう述べている．「『君主論』の意図は一部分，国王への忠言書の道徳的確信に対する意識的攻撃であったという事実は，単にテクストに取り組むだけでは発見できない．というのは，これはテクストに含まれている事実ではないからである．しかしながら，マキアヴェッリのテクストに関するこの事実を理解しない者は誰も，マキアヴェッリのテクストを十分に理解したとは言えない，ということもまた明白である」（同書：200）．

観念史の生誕地ジョンズ・ホプキンス大学に勤めながら，イギリス留学を通してケンブリッジ学派の影響を受けたアメリカの思想史家ジョン・ポーコック（1924-）も，方法論に関してはほぼスキナーと同じ立場に立っている．ポーコックによれば，「歴史家の実践の主要部分は，政治言説の多様な慣用句を彼が研究している文化と時代において利用可能であったように読んで理解するようになること」であり，「それらの慣用句によって通常そのテクストの著者が提出または「言う」ことができたと思われることがらを知ること」である．したがって，そのために必要なのは，「その時代の文献を広範に読むこと」，そして「多様な慣用句の存在に意識的に敏感となること」である（ポーコック 1985：15）．

このように，ケンブリッジ学派の思想史の方法論は，観念の歴史を前提にしたうえで，オースティンの言語行為論を組み込むことによって，単に言語的慣習による無意識的な拘束性を明らかにするだけでなく，発話者が言語的慣習をどのように意識しつつ実際に何を意図して発言を行っているのかを明らかにしようとするものであった．ただし，スキナーは「社会的コンテクスト」研究を否定して，「言語上のコンテクスト」研究をそれに代わるものとして主張しているわけではない．彼自身の言葉によれば，「われわれ自身の社会がわれわれの創造力に対してそれとは自覚されない拘束を課すことは常識であり，その限りではわれわれは

すべてマルクス主義者である」（スキナー 1988：120）からである．

　ちなみに，スキナーは 2007 年にドイツで創刊された『思想史雑誌（*Zeitschrift für Ideengeschichte*）』の編集顧問に名を連ねているが，この雑誌の編集者による創刊の辞は，ラヴジョイの観念史と並んでコゼレクらの歴史的概念史の「伝統」を受け継ぐことを宣言している（Raulff et al. 2007：4）．

●**知の考古学**　他方，これまで述べてきたような思想史の方法論に対しては，強力な批判が存在する．ミシェル・フーコー（1926-84）の『知の考古学』である．彼がさまざまな著作で問題にしたのは，博物学や精神医学や経済学といった学問が一つの統一性をもった「言説（知の枠組み）」として成立し，それが一つの権力として機能する仕組みだった．それを解明する方法が，彼のいう「考古学」である．

　フーコーによれば，思想史は歴史の中に一貫性や影響関係，進歩や時代精神などを見出そうとするが，例えば「狂気」の意味を明らかにするには，精神医学の言説史だけではなく，その時代の文学作品や哲学，法律書，解剖記録，裁判記録，新聞記事など他の言説との関連の中でそれを把握しなければならない．そのような領域横断的な博捜を通しての「考古学的な比較は，統一化をもたらすものではなく，多数多様化をもたらすものなのである」（フーコー 1969：301-302）．

　例えばケンブリッジ学派は，同時代の思想的コンテクストを明らかにすることで，ある言説に込められた思想家の意図を明らかにできると考えるのに対して，フーコーが問題とするのは，意図よりもむしろその言説が形成される仕方や，言説領域と非言説的な実践領域との結びつきの規則なのである．しかし，それはもう思想史という枠組みそのものを越えた歴史研究の一方法というべきだろう．

●**社会思想史の意味**　ある言説をその歴史的・社会的コンテクストに即して内在的に検討し，その言説の同時代的意味を確認したうえで，現代的意義を明らかにすること，それが社会思想史の方法であり役割である．政治経済学者アルバート・ハーシュマンの言葉を借りれば，「思想史は，問題は解決しないとしても，議論のレベルを上げることはできる」のであり，「思想史に期待できるのはこれがすべてであろう」（ハーシュマン 1977：136）．

　社会思想史の研究者は，歴史上のある人物の言説を前にして，第一に，その人物が生きていた時代と社会，所属していた階級・政治的立場・社会的位置，それらと彼の言説との関連（社会的コンテクスト）を明らかにし，第二に，その時代のその社会における言葉の使い方や知的慣習（言語上のコンテクスト）を理解したうえで，その言説を発することにおいてその人物は実際に何をしていたのか，ということを広い文脈から考えなければならない．そのためには，その人物が語っていない言葉や考え方を「外挿」したり，現代の問題に対する解決策を性急に求めたりすることなく，テクストの読解とコンテクストの研究とを相互に深めていくこと，それ以外に近道はないだろう．

［植村邦彦］

社会思想史の視座①
[英]perspectives in the history of social thought（Ⅰ）

　「社会思想史」とは何か．政治思想史，経済思想史，哲学・倫理思想史といえばわかりやすいが，「社会思想史」という言葉はそのような一義的な意味内容を伝えない．政治思想史は政治学（思想）の歴史，経済思想史は経済学（思想）の歴史と考えられるが，社会思想史は社会学（思想）の歴史ではない．いうまでもなく，社会思想史は「社会学」思想の歴史よりもはるかに広い対象を扱う学問である．社会学を創始したM. ヴェーバー（1864-1920）やÉ. デュルケーム（1858-1917）は社会思想史の重要な登場人物ではあるが，その意味は社会学（思想）の歴史における取り上げ方とは異なる（詳細は［坂本 2014：序章］参照）．

　社会思想史固有の方法とは，哲学，倫理学，政治学，経済学，社会学，歴史学，文学等々の人文・社会諸科学を首尾一貫した人間論，社会論としてとらえ，これを専門諸学の境界を超えて，分野横断的に把握しようとする方法である．必然的にその研究対象は広大となり，個別諸学のテーマや問題が複雑に入り組んでくる．そこで，社会思想史には，広大・複雑な対象に切り込むための固有の分析方法と視点が要求されることになる．長い研究史の中で，さまざまな方法が提起されてきたが，以下では，社会思想史における，(1)「歴史の文脈」，(2)「思想の文脈」，(3)「思想家の問題」という三つの切り口から考えてみたい．以下では一典型としてのアダム・スミス（1723-90）の場合を取り上げ，スミス思想の形成過程を問うことを通じて，社会思想史研究独自の方法を考察してみよう．

●**「歴史」の文脈**　社会思想史の第一の切り口である「歴史の文脈」とは，ある思想家が生きた時代，あるいは，ある思想的な問題が広く共有された同時代の文脈のことである．スミスが生きた時代とは18世紀のイギリスであり，特にスコットランドであった．それは，1688年の名誉革命体制（立憲君主制）に編入されたスコットランドであるとともに，経済的，社会的に前近代的な遅れを多く残すスコットランドでもあった．独立国としての誇りを残しながら，大国イングランドに併合される運命を引き受けた祖国の現実が，スミスその人の思想課題を生み出した．それは「イングランドに追いつき追い越せ」という国民的課題でもあったが，スミスはその課題と，偏狭なナショナリズムの方向ではなく，イングランドを含むイギリス全体の真の近代化と文明化の道を模索するという方向で取り組んだ．当時のイギリスはイングランドが主導する重商主義体制の中にあり，北米大陸をはじめとする植民地体制を維持しつつ，富国強兵の政策を追求していた．その帰結が同様の国策を追求していたフランスとの度重なる戦争であり，その総決算が七年戦争（1756〜63年）であった．スミスが生きた「歴史の文脈」と

は，第一に，名誉革命体制という近代的政治体制の下にあるスコットランドおよびイギリスの現実であり，第二に，同じ近代的体制が重商主義政策の下に富国強兵政策を追求して海外との戦争を繰り返す現実であった．

●「思想」の文脈　しかし，スミスはこのような現実と素手で格闘したわけではない．彼の前には同様の問題と取り組んだ先駆者がいた．同郷の先輩 D. ヒューム（1711-76）とスイス（ジュネーヴ）生まれでパリで活躍した J.-J. ルソー（1712-78）である．彼らはスミス思想に決定的な影響を与えた二人であり，スミス思想を理解する第二の切り口である「思想の文脈」の象徴でもあった．一般的に，それは啓蒙思想の文脈であるが，より具体的には，ヒュームが属したスコットランド啓蒙の文脈と，ルソーを鬼子として生んだフランス啓蒙の文脈に分かれる．両者ともに，I. ニュートン（1642-1727），J. ロック（1632-1704）以来の近代科学と経験主義の哲学を理想として掲げ，立憲君主制と絶対王政という政治体制の差異はありながら，それを超える「法の支配」の原理を理想とし，その根底には市民生活の洗練と富裕化を中心とする「未開から文明へ」という歴史観と価値観があった．スミスを生み出した啓蒙思想の文脈を根底においてささえるもの，それが「文明社会」の価値理念であった．

●思想家の「問題」　スミスは，名誉革命体制下のイギリスとヨーロッパという歴史の文脈を生き，スコットランドとフランスの両啓蒙思想を武器として，かつて内田義彦が「文明社会の危機」（内田 1962, 1971）として特徴づけた問題群と格闘した．それは，名誉革命体制が植民地体制として内包した重商主義の問題であり，「代表なくして課税なし」を主張して立ち上がった北米植民地人や，より民主主義的な政治体制を要求する国内の急進主義運動．そして最後に，スミスの最晩年に起こったフランス革命前後の政治情勢であった．七年戦争以降に表面化する政治の激動の中で，スミスは自分自身の「問題」を学問的に分析する必要に迫られた．ヒュームもルソーも同じ時代を生き，同じ諸問題に直面していたが，彼らの思想はそれぞれ独自であり，後世への影響も大きく異なっていた．これが社会思想史における「思想家の問題」という第三の論点を構成する．

　スミスが自分の思想を展開するときに駆使した手段は啓蒙思想の遺産が提供する概念や理論であった．真の問題は，彼がそれをどのように消化し受け継いだかである．ヒュームもルソーも同じ思想伝統に棹さしていたが，スミスは先達とは異なる仕方で，自らの思想を組み立て表現した．啓蒙思想の基軸をなすのは H. グロティウス以来の近代自然法学の伝統である．3 人はともにこの思想伝統の中で思想家となったが，この伝統に対する態度は大きく異なっていた．ヒュームはその根底にキリスト教神学の宗教的基盤を察知し，これと対抗する徹底した非神学的・世俗的な社会思想を展開した．ルソーはこの伝統の中に文明社会（私有財産と国家権力）の正当化論を見出し，独自の文明社会批判を展開する．これに対

してスミスは，ヒュームの神学問題を棚上げして主題から外し，ルソーが批判した文明社会の矛盾や欺瞞という問題を認識しながらも，これにまったく別の角度から迫ることによって，ルソーの批判をも反駁するような文明社会擁護の思想を展開することになった．文明社会の擁護という点ではヒュームと同じ着地点ではあるが，実際にはスミス独自の道を行くものであった．

●**個別学問史と社会思想史**　スミスが慎重に選び取った独自な道の成果が『道徳感情論』(1759)と『国富論』(1776)というわずか2点の著作であった．内田義彦をはじめとして，第二次世界大戦後の日本のスミス研究の焦点は，なぜヒュームやルソーではなく，スミスの手によってのみ，『国富論』が書かれたのかという問題に置かれ，さらにそれとの関連で，『道徳感情論』が『国富論』の成立にどのように関わるのか，という問題に置かれた．結果として，スミスがヒュームやルソーから継承しつつ独自に展開した「共感 (sympathy)」の概念や「公平な観察者 (impartial spectator)」の理論が注目され，これらの概念によって展開されるスミスの道徳論が自由競争の道徳的基盤を説明（正当化）するものと把握されることにより，『国富論』の「見えざる手」の論理を準備したと主張された．内田はこの事態を「正義の実現による価値法則（一物一価の法則）の貫徹」というマルクス的表現で説明したが，これによって，スミスの道徳論が彼の経済学を生み出すべく展開されたという読解が自然と定着したのである．

内田に代表されるスミス論の伝統が貴重な業績であることに違いはないが，それは社会思想史研究というよりも経済学史研究としてのスミス研究であり，現代の国際的・学際的なスミス研究の最前線を視野に入れるとき，おのずと一定の方法的限界をもっていた．社会思想史の視点からスミスの全体像をとらえようとする場合，スミスの道徳論を『国富論』成立の準備段階とみるようなスミス研究の限界は明らかである．社会思想史研究としての日本のスミス研究をリードしてきた水田洋 (2009) や田中正司 (1997) がかねてより指摘していたように，『道徳感情論』の初版と生前最後の第六版とはほとんど別物であり，スミスは終生その改訂に心血を注いでいた．さらに，スミスが『道徳感情論』第六版の冒頭で述べたように，彼は最後まで『法学講義』の出版を期しており，スミスの真意はホッブズ以来の近代自然法学の伝統を継承し完成させることにあった．そうした視点からみた場合，スミス自身にとっての『国富論』は，『道徳感情論』と『法学講義』という主要目標を実現する過程に生まれた，いわば巨大な副産物にすぎなかったという見方もできるのである．

こうした見方こそ，経済学史研究の一環としてのスミス研究とは異なる，社会思想史研究としてのスミス研究の独自性である．スミスがヒュームやF.ケネー (1694-1774)，J.ステュアート (1713-80) といった有力な先駆者を差しおいて，「経済学の父」としての地位を広く認められていることの意義を認めたうえで，ス

ミス自身は決して現代的な意味の経済学者ではなく,『道徳感情論』の哲学者であり, 未完の『法学講義』の法学・政治学者であった. 経済学という学問規範を創出する以前に, スミスは何よりも道徳哲学者であり法学者であって,「経済学の父」となったスミス自身は経済学者ではなかった. 近年の欧米におけるスミス研究は経済学というよりも, 哲学や政治学の研究者によって推進され, 高い水準を示しているが (Fleischacker 2005 ; Hont 2015), 長らく経済学出身の研究者によって占められていた日本のスミス研究が, 現代の国際的スミス研究に大きく遅れをとっていることは, いわば当然の結果である.

●社会思想史研究の課題とは　もちろん, スミスの思想に哲学や倫理学, 法学や政治学の視点からアプローチすればそれでよいというわけではない. 経済学史的スミス研究の代わりに, 哲学史的スミス研究や政治学史的スミス研究を対置するだけでは, 問題は解決しない. これら個別諸学の視点からスミス思想に切り込むアプローチがいずれも有益であることはいうまでもないが, 社会思想史的スミス研究の真の意義と課題は, 哲学, 政治学, 経済学という主要な諸学が提供する分析装置や理論が, スミスその人の思想世界においていかにして内面的に統一されていたか (あるいは, されなかったか), その結果として, いかなるスミス独自の社会思想が構築されたのかを解明することである. この課題に取り組む方法はいろいろと考えられる. 例えば, 経済学史的なスミス研究や哲学史的なスミス研究において個別になされてきた「共感」や「正義」の概念を手がかりとする研究を, スミスにおける道徳と政治と経済の相互関連と重層的関係を原理的に解明する方向で本格的に展開すれば, そこに社会思想史的なスミス研究の新たな可能性がひらかれるであろう.

　アダム・スミスの思想を典型的な事例として, ある思想家に社会思想史的にアプローチするとはどういうことか, その方法論上の意味を検討してきた. 同様のことは, 社会思想史上に名を残すほとんどすべての思想家にも同様にあてはまる. 哲学, 政治学, 経済学, そして 20 世紀以降は社会学その他の新しい諸学を加え, これら人文・社会諸科学が個別に展開する学問の歴史とは別に, それら諸学に「歴史の文脈」「思想の文脈」「思想家の問題」という方法論的ないわば横串を通し, その生成過程に遡って, ある思想家や問題の歴史的意義を学際的・総合的に確定すること, ここに社会思想史研究の独自の役割がある. それはまた, 同様の歴史と思想の文脈にコミットしながら, まったく異なる「問題」を追求した同時代の思想家たち (19 世紀における J. S. ミルと K. マルクス, 20 世紀の F. ハイエクと J. M. ケインズ) の共通性と差異性をともに解明する一層の研究に道をひらき, 21 世紀の現実を生きる我々一人ひとりが, 現代の歴史と思想の文脈を自ら生き抜きながら, どのような自分自身の社会思想を獲得するか, その学問的試みを助ける強力な手段を提供してくれるのである.

［坂本達哉］

社会思想史の視座②
[英]perspectives in the history of social thought（Ⅱ）

すでに戦前に主としてマルクス主義の受容を通じてその前史はあった．しかし，「社会思想史」という専門がある一定の共通理解といくつかのスタンダードな教科書を通じて定着したのは，戦後のことである．特に戦後に大学の一般教養課程と多くの大学の経済学部の専門講義を通じて定着かつ発展し，1976年には同名の学会も発足した．

●**近代ヨーロッパの重み**　「ある一定の共通理解といくつかのスタンダードな教科書」といったが，水田洋，高島善哉，城塚登などの名前と結びついていたそうした標準書籍は，西欧の政治思想史や経済思想史の教科書の近代部分と類似していた．つまり，T. ホッブズ，J. ロック，D. ヒューム，A. スミス，J.-J. ルソー，G. W. F. ヘーゲル，K. マルクス，そして M. ヴェーバーといった思想家の祖述と解説が並び，場合によってはこれに N. マキァヴェッリが前史的につけ加わり，時にはヴォルテール，D. ディドロなどのフランス啓蒙も挿入されている．スコットランド啓蒙や19世紀の J. S. ミルなどが多少とも詳しく論じられることもあれば，マルクスの前史として，あるいは彼の同時代の敵として L. フォイエルバッハや M. シュティルナーが添えられることもある．研究もこうした思想家の個人研究に中心が置かれたが，同時に，相互の，あるいは前後の思想的関係についての語りも，それなりに重要であった．

もちろん，個人研究にも多彩な角度があった．ホッブズの『リヴァイアサン』をイギリスの内乱克服の提案としてみる角度もあれば，20世紀の独裁を受けて，ホッブズを国家という悪の始まりとみる H. アーレントの驥尾(きび)に付す読み方もあった．フォイエルバッハをキリスト教批判の側面から読む研究もあれば，官能の解放の宣教者とみる仕事もあった．ヘーゲルをマルクスによる批判的転倒の対象としかみない解釈もあれば，承認論のアクチュアリティを論じ直すこともあった．だが，共通して，ヨーロッパに実現した（と思われた）近代化を，その問題点や矛盾をふまえつつも，どことなく模範とする前提があった．1946年，南原繁は「ヨーロッパにおいてルネッサンスと同時にリフォーメーションがともに行われたことは，われわれの深く静思しなければならぬところである」（南原 2004：13）と，そうしたことが日本になかったのは欠如態であるかのような言辞を弄した．そして1964年，日高六郎は戦後の20年を振り返りながら「前近代的から近代的へ，封建的から民主的へ．日本のいたるところで，この合言葉はいく百万たび，いく千万たびくりかえされたことだろう」（日高 1964：25）と書いたが，まさにそうした参照枠が生きていた．

また，こうした「有名な」理論家という真珠をつなげる鎖もいろいろであった．近代国家の成立の観点から，また，資本主義の成立と変質の観点から，あるいは社会契約の観点から等々．さらには市民社会論に即して，あるいはもっと細かく道徳と法の分離の議論から，そして合理性の危機の問題から等々鎖のつなぎ方の工夫はいろいろとあった．だが，思想家という珠玉についての研究を何らかのナラティヴの鎖でつなげるという混合方式に変わりはなかった．そしてその二つは近代の理解とその実現という点で，戦後日本の知的議論において一定のアクチュアリティをもっていた．しかし，主体，市民，国家，契約といった基礎概念の意味変遷やその成り立ちに潜む問題性まではなかなか目が届かなかった．
　こうした暗黙のコンセプトの特徴は，そこであまり扱われなかった思想家や問題系をみると，さらにはっきりする．古いところでは，G. W. ライプニッツの哲学が，政治理論や社会理論の含みがあるにもかかわらずあまり論じられなかった．I. カントも哲学に傾いて理解されてきたためか，それほど論じられていない．F. ニーチェはその「反社会的」イメージのゆえだろうか，M. ハイデガーと並んで社会思想史のスターではなかった．カトリックとプロテスタントの両神学にも手が回らなかった．E. フッサールが無視されてきたのも，生活世界論を考えればおかしい．せいぜいが A. シュッツを通じての受容だった．G. バタイユや J.-P. サルトル，M. メルロ=ポンティ，そして M. フーコーや J. デリダもある時期まで，奇妙なことに社会思想史において無視の対象だった．全体的にフランス思想には縁遠いところがあったのは，不思議だ．ある時期まではアメリカの思想も層が薄かった．南米，アフリカ，インド，東南アジア，中国，韓国は，あたかもその地域に「社会思想」がないかのようだ．複雑な思想風景が展開した近代日本の社会思想も，当然のこととして扱われるには大分時間がかかった．

●**実質的多様化**　もちろんのこと，こうした暗黙のコンセプトと並んで，その枠に必ずしもすんなり収まらないテーマも当初から副流的に論じられていた．早くから M. ウルストンクラフトにかぎらずフェミニズムの問題はさまざまに論じられていた．また，『歴史と階級意識』（G. ルカーチ）や『イデオロギーとユートピア』（K. マンハイム）に発する知的刺激，さらには M. ホルクハイマー，Th. W. アドルノらの「フランクフルト学派」とされる知的潮流の研究も 1970 年代以降盛んになった．またフーコーの考古学的ないし系譜学的思考とともに，思想や理論を具体的な歴史の中で考えながら，テクストの裏の意味を，いわれていないことの意味を考える視線も共感を得られるようになってきた．そうしたテーマ群は，これまでの共通理解への批判やその転覆を目指すかたちではなく，相互の無関心に支えられながら，結果として知の豊饒化と問題意識の多様化をもたらしてきた．
　それには時代の進行による視野や視線の変化が何といっても大きい．思想の歴史，いや過去の思想の解釈や位置づけは，その営みを行う，そのつどの暗く哀し

い夢をはらんだ時代の文化や政治の枠が変化するとともに変わってくるのは当然である．それゆえ現在では，福沢諭吉，幸徳秋水，大杉栄から北一輝を経て丸山眞男，三島由紀夫，大江健三郎，吉本隆明，廣松渉などに至る近代日本思想も当然「社会思想史」の守備範囲に入れば，19世紀後半からの福祉政策の成立とその変化，ネオリベラリズムによって引き起こされた格差も，そして福祉の削減も「社会思想史」の枠内で論じるのに反対する声は少ないだろう．ウェストファリア条約に発する「ヨーロッパ公法の秩序」も，その解体のうえに暴威をふるったファシズムをめぐる議論も「社会思想史」の研究として認めえる．

　12世紀半ばのジェノヴァにおける国債の発行や江戸時代の金融制度は「社会思想史」にはいらないだろうが，江戸時代のセクシュアリティ意識や，マルクスが『共産党宣言』で皮肉っているブルジョア紳士による友人の妻の誘惑の実態などは，取り扱いようによって十分に「社会思想史」となるであろう．フーコーが，例えばアルサスにおけるカニバリズムの話で論じたとおりである．厳密にいえば，社会史と社会思想史とはまるで異なるのだが，社会思想史という制度ではその区別は当然，曖昧となる．「近代ヨーロッパの社会理論・経済理論・政治理論の思想史的検討」という初期の比較的固まった枠組みに比べて，時とともに，それなりの理由から「何でもあり」になってきたことがわかる．社会思想史なるもののこうした歴史的変化そのものが社会思想史の対象でもあるのだが，そのためにはこの「それなりの理由」について考える必要があろう．

●近代の破局の意識　「それなりの理由」をここでは二つだけあげておこう．第一は，20世紀における近代の破局ないし合理性の危機とともに，これまでの歴史の語りを続けるのが不可能になったことである．だが，この自覚は1945年とともに始まったのではない．1945年は，西欧においては古き良き伝統へたち戻る呼びかけとなり，日本においてもそうした立ち直る西欧をモデルにする傾きが強かった．先のスタンダードな書籍は多かれ少なかれ，そうした時代の産物である．20世紀前半の破局への知的な自覚が本当に始まったのは1968年の学生反乱とともにである．思想を扱うことの意義をあらためて問い直さざるをえなくなり，近代初頭の理論を，また18世紀啓蒙を，その後何も起きなかったかのように無邪気に歴史的に研究することは不可能ではないまでも，アクチュアリティを失い，関心を引かなくなった．ある種の自信喪失である．誰も読んでくれなくなったときに，読まない奴らが悪い，とふんぞり返っていても意味はない．

　この自信喪失がよく表れているのが，社会思想史がマルクス以降の思想についてはもてあまし気味だったことである．逆にこういってもいい．ヴェーバーやニーチェに関して一義的な解釈がほとんど不可能になってしまった．プロテスタンティズムと近代資本主義を論じるのが，近代の自己確認だったのか，合理性の逆転現象ゆえの深い懐疑のゆえだったのか．どちらの解釈にもそれを補強する箇

所や証言の引用が可能である．形而上学的価値の崩壊を暴露し，超人や力への意志，永遠回帰やニヒリズムを論じるのが，19世紀の欺瞞的ヒューマニズムへの抗議だったのか，あるいはファシズムの先取りだったのか，ニーチェの受容と解釈はドイツとフランスで，また読む人によってまるで異なり，右にも左にも受け止められてきた．ホルクハイマー／アドルノの『啓蒙の弁証法』は，マルクスよりニーチェの不快な棘を受け止める自虐的快楽に溢れている．さらには，テクストの読み方に関しても否定弁証法的思考，解釈学，記号論，神話研究，人類学の諸パラダイム，脱構築論やメディア論と多様なオファーが並列するようになった．

同時にホロコーストをめぐるこれも多様な議論も社会思想史は避けられなくなった．ドイツの特殊性なのか，近代の地獄（W. ベンヤミン）の顕在化なのか，官僚組織のもたらした「悪の陳腐さ」（アーレント）なのか，反ユダヤ主義とそれ以外の人種差別は同質なのか，違うのかをめぐってさまざまな見解が，歴史学，哲学，文学研究などの種々の分野の間で交わされ，およそこうした相反する見解の議論が続くことによって，問題へのセンシビリティを高めていると思えるほどだ．それ以外にも，平和構築，人権の思想，戦争犯罪，過去の記憶とその世代を超えた継承，さらには過去の記憶の恣意的選択についての批判的問いかけが続く．

ポストコロニアリズムからの批判も含まれる．ヨーロッパ近代の知的収穫が，その精緻な理論が何に依拠していたのかという問いが，理性や人権や所有というその基礎概念への反省を迫ることは間違いない．フランス革命とハイチ革命の関連を論じることと，従属理論から世界システム論を展開することが同一の仕事圏に属するI. ウォーラーステインの場合は，彼が扱う対象も，それを論じる彼自身のテクストも社会思想史の重要な主題となる．E. バリバールとの共著『人種，国民，階級』も同じである．グローバル・サウスの観点から西側のヘゲモニーを脱構築するホミ・バーバやガヤトリ・C. スピヴァクの議論を社会思想史と無関係という人は，その人自身が社会思想史と無関係であろう．近代の破局はファシズムとホロコーストに始まったのではなく，植民地化の歴史ですでに起きていたことをも自覚させてくれるからだ．マルクスも『資本論』の24章で18世紀前半のアメリカ東部でのインディアン狩りと原初的蓄積の関係について書いている．

●**多系的近代**　第二の要因は，近代化のプロセスそのものの多様化である．20世紀の歴史は，近代内部の分化（ヴェーバー，N. ルーマン，J. ハーバーマス）だけでなく，近代化のプロセスと形態そのものが多様であることを明らかにしてくれた．日本だけでなく，北米，ラテン・アメリカ諸国，朝鮮半島，中国，インド，アラブ世界，そしてアフリカ諸国それぞれにおいて多様な近代が展開している．かつてのようにヘーゲル的な意味での世界史的国民，つまりイギリス，フランス，ドイツの先発的近代化が唯一の近代化の方式であり，プロセスであるというわけではないことが歴史の事実として明らかになってきた．

浩瀚な日本文明論でも知られるイスラエルの社会学者S. N. アイゼンシュタットはこれを多系的近代化（multiple modernities）と呼んだ．彼は近代を何よりも権力をめぐっての中心と周縁の闘争の時代とみる．王権に対する市民の革命闘争もそうなら，宗教的マイノリティの戦いもそうである．何よりも資本と労働の戦いがそれであり，ヘゲモニー国家とそれに対する反抗（植民地独立運動も含めて）も含まれる．承認を求めるジェンダー間の闘争も言及せねばならない．近代は闘争と緊張の時代であるとする考えは，多くの近代論が傾きがちな調和主義的近代観と正反対である．こうした闘争と緊張の帰結はさまざまな形態をとりうる．

実際には，日本のように国家主導型で周辺を抑え込みながら，過去の生活形式を巧みに変形し組み込んだ近代化もあれば，宗教の力を近代化に組み入れたイスラーム圏の近代もある．政教分離でもドイツのように神学部を国立大学に温存し，学校で宗教教育が行われている近代もあれば，フランスのようにそういったことは憲法違反とする近代もある．比較的同じ時期の近代社会の政治理論でもヘーゲルの『法哲学』とアメリカ独立時の権利宣言その他は同じ近代国家の理論とは思えないほどに異なる．このような揺れ幅をみると，実はヨーロッパ内部でも近代は多様であり，可能な選択の一つがそれぞれの国において出現しているにすぎないことがわかる．近代のポテンシャルがいずこの場合でも選択的にしか実現していないという意味では，選択的近代化である．

そのうえ，先進国の近代化は，植民地の搾取にも大幅に依拠していること，いやすでに西欧の近代化は東欧スラブ諸民族の「遅れ」と相関的であることも視野に入ってくる．こうした事態をポストコロニアリズム的思考に依拠してインド出身の人類学者シャリーニ・ランデリアは錯綜した近代化（entangled modernities）という定式で有名になった．植民地もしくは従属地域があってこそ成り立つ先進国の嗜好品文化（例えばヨーロッパにおけるコーヒーや紅茶）が示すように，錯綜した近代化は日常生活にまで及んでいる．

●**錯綜の中での多系的抵抗**　こうした多系的近代化ないし複数の近代化を論じるときに忘れてならないのは，この議論が文化的自己主張，つまり多くの日本人論・日本文化論にみられる保守的な肯定論になってはならないことである．西欧の近代とは異なる別の近代，日本の近代でいいのだ，という梅棹忠夫や梅原猛などに典型的なエスノセントリズム，そして和辻哲郎や西田幾多郎に始まり，木村敏や西尾幹二に至る手前味噌の議論は，社会思想史とは無縁で，むしろ社会思想史による批判の対象であろう．

むしろ多系的近代化の考え方によれば，成功した近代化はどこにもないのだ．実際における選択的近代化はあくまで近代のポテンシャルの偏った実現であり，その意味で暴力と抑圧の連関，つまり蟻地獄である．そうした個々の「文化」内部での偽りの実現に対する抵抗と批判の現代への呼び返しこそ社会思想史の課題

となろう．それはカントの普遍主義でもあれば，キリスト教と仏教の伝統の自分なりの混合解釈によって足尾銅山の鉱毒と戦った田中正造の志操でもある．カント的な場合を除けば，そうした批判や抵抗は多くの場合，伝統の宿す意味論の再解釈によってなされる．石牟礼道子が「アニミズムとプレアニミズムの混合」によるチッソとの戦いを語るのも，そうした再解釈である．F. ファノンがそうであれば，マルクスの原初的蓄積論を読み替えて新たな抵抗の源泉とした R. ルクセンブルクもそうである．多系的近代化の理論は自己肯定の理論ではなく，多系的抵抗の理論でもある．

さらなる理論的進化が歴史社会学（historische Soziologie）ないし比較歴史社会学（vergleichende historische Soziologie）においてなされている．発端の一つは K. ヤスパースである．1949 年の『歴史の起源と目標』において彼は，中国（孔子，老子），インド（ブッダ），オリエント（イスラエルの預言者たち），ギリシア（イオニアの自然哲学者，ソクラテス，プラトン）において大きなスケールでみればほぼ同時期に（紀元前 800 年から 200 年，場合によってはだいぶ遅れてのイスラームの成立も含む），自然や政治体制の全体から距離をとって問題視する思考が，つまり宗教や哲学が誕生したことに注目する．それには農耕文化の定着と文字文化の成立が重要だ．昨日とは違う生活の可能性を考える思考である．世界史における「軸」ができた時代としてヤスパースはこの時代を軸時代（Achsenzeit）と名づけた．当然のことながら友人 M. ヴェーバーの研究がヒントとしてあったろう．軸時代の思想の世俗化のプロセスなども論じられているが，それは別にして，この発想は大きな影響を与え，批判も受け，精緻化され，先に触れた S. N. アイゼンシュタットの多系的近代化にも受け継がれている．

この考えは，もちろん「イスラームは所詮イスラーム」などとする文化本質主義とは無縁である．むしろ，重要なのは，当初の思想がそのつど，特に近代の経過の中でどのように再解釈され，一定の歴史的力をもってきたかである．さまざまな解釈の可能性の中で，そのつどいくつかの解釈が支配的となる．そして多様な近代化の形態をとるそのプロセス，そのつどの転轍機能と，時には働く逆説（ヴェーバーはプロテスタント倫理の文字どおり「逆説」という用語を使う）が社会思想史にとって重要である．したがって古びた東西文明比較論のようなものからの完全な決別である．それと同時に，歴史において経済や社会の形態だけではなく，文化や思想のもつ一定の意味を十分に吟味しうるということでもある．ヤスパースはこの意味で先の著作の中で「世界哲学」について語っている．多様性を不可欠とするコスモポリタニズムである．

これが伝統であると自明視されているものへの猜疑心，P. リクールとは違う意味での「疑惑の解釈学」こそが社会思想史を今後とも支えていく衝迫である．

[三島憲一]

社会思想史のアクチュアリティ①
[英]actuality of the history of social thought(Ⅰ)

　社会思想史研究は常に時代のアクチュアルな課題と対決してきた．もちろん，これは社会思想史研究に固有の事情とはいえない．例えば政治思想史・経済思想史・哲学思想史などの分野でも同じことがいわれるだろう．しかし誤解を恐れずにあえて差別化するならば，社会思想史研究の場合，アカデミアの周縁や外部にある言説をも視野に入れつつ，政治・経済・文化等々を含む〈社会〉の総体をラディカルに問い直そうとする姿勢を，より強く志向してきたともいえる．その意味で社会思想史研究のアクチュアリティは，何よりも社会批判のラディカリティにかかっているといってよい．社会思想史研究は時代のアクチュアルな課題を見定め，過去のさまざまな思想を手がかりにしながら，社会批判のための礎石を築くことを自らに課してきた．

● 〈近代〉のポテンシャル　こうした社会批判にとって決定的に重要な位置を占めてきたのは，自立的・自律的な主体が社会を理性的に編成するにはどうしたらよいか，という問いであった．例えば17世紀にT. ホッブズ（1588-1679）が近代的な主権国家の論理を基礎づけ，18世紀にJ.-J. ルソー（1712-78）が人民主権に基づく共和国の原理を提唱する一方，同じ18世紀にはA. スミス（1723-90）らが国家による市民社会への介入を批判し，19世紀にはK. マルクス（1818-83）が市民社会の矛盾を止揚して社会主義・共産主義への移行を望見する．彼らはそれぞれ自らの時代に応じた社会批判を試みており，その思想の内実はもとより一様ではない．ホッブズやスミスらにあっては〈近代〉の形成が，ルソーやマルクスにあっては〈近代〉の矛盾の克服こそが課題であり，これを簡単に一括りにすることはできないだろう．しかしこうした一連の試みに通底しているのは，自立的・自律的な主体が理性の行使を通じて社会を理性的に編成するという，近代的な思考の枠組みであった．〈近代〉のポテンシャルを最大限に引き出そうとする点で，彼らは軌を一にしていたのである．社会思想史研究もまた彼らの思想を参照しながら，〈近代〉のポテンシャルを汲み尽くそうと試みてきた．

　一方19世紀半ば以降になると，〈近代〉への懐疑もまた次第に大きくなってゆく．社会を構成する理性的な主体という前提が必ずしも成り立たないという見方が，徐々に前景化していったからだ．例えばA. トクヴィル（1805-59）やJ. S. ミル（1806-73）らのみるところ，民主化と諸条件の平等が進むにつれ，人びとは多数派の意見に流され非合理的に行動するようになるという．デモクラシーのもとで多数派による穏和な専制が生み出されているのではないか，というのである（トクヴィル 1835/40；ミル 1859）．こうした問いは20世紀に大衆社会論として

定式化されることにもなるが，ともあれ19世紀を通じて都市化が急速に進展していったことを背景に，大衆という存在が問題視されてゆく．自律的な主体が理性を行使して社会を理性的に編成するという〈近代〉のプロジェクトも，こうして19世紀後半以降には，その行く末に暗雲が立ちこめることになる．

●**合理化のパラドクス**　こうした大衆社会状況は20世紀に入るとますます拡大し，20世紀前半の社会思想にとってはこの状況をいかにして乗り越えるかがアクチュアルな課題として受け止められるようになる．そうした中で浮上してくるのが，ナチズムを含む広義のファシズムである．ファシズムとは何よりも大衆社会状況の突破を目論む，一種の急進的なモダニズム運動であったといってよい．しかしそれは「新しい秩序」の形成に向けて大衆の動員と強制的均質化を図り，それによって〈近代〉の限界を乗り越えようとする試みでもあった．つまり，大衆の画一化の批判を目論む運動が大衆のさらなる画一化を推し進めるという形をとったのである．ここにみられるのは，大衆社会状況という野蛮の克服を目指す試みがかえって新たな野蛮を再生産してしまうという，逆説的ともいうべき事態であろう．ここで重要なのは，〈近代〉の超克を目指すファシズムが〈近代〉からの逸脱では決してなく，むしろ〈近代〉そのものに内在する逼塞を示している，という点である．官僚制的な支配機構が貫徹するという点からみても，ファシズムはM. ヴェーバー（1864-1920）いうところの合理化のパラドクスを端的に指し示す，極限的ないし範例的な事例とみなすこともできよう．

　それでもヴェーバーにあっては合理化が「普遍的な意義と妥当性」をもつこと自体が疑われることはなかったが，M. ホルクハイマー（1895-1973）やTh. W. アドルノ（1903-69）らの世代になると，〈近代〉の原理そのものが新たな野蛮を惹き起こす元凶だと考えられるようになる（ホルクハイマー／アドルノ1947）．しかも彼らのみるところ，後期近代に表面化した新たな野蛮はファシズムだけにとどまらない．彼ら自身もある時期まで期待をかけていた社会主義にしても，社会全体を一元的に統制するスターリニズム（スターリン主義）がすでに権勢を振るっていた．さらに，ファシズムやスターリニズムの対極にあるとされた自由主義のもとであっても，大衆は高度に組織化されたシステムに全面的に組み込まれている．ホルクハイマーらからすれば，後期近代においては自由主義もまた，ファシズムやスターリニズムと同じく〈全体主義〉の変種にすぎなかった．

●**〈近代〉へのラディカルな批判**　ホルクハイマーとアドルノの道具的理性批判は，20世紀後半に拡大する近代批判の思潮の嚆矢とみてよいだろう．彼らによれば，理性とはそもそも人間が自らの自己保存のために用いる自然支配の道具にほかならない．つまり，理性とは個別具体的な存在者を概念の網の目の中に取り込んで均質化する道具なのであって，しかもこうした作用は世界全体を対象とする以上，理性を行使する当の主体自身もまた均質化・道具化を免れない．かくして

合理化の進展は全体主義的に統制された世界にいやおうなく逢着し、さらにそうしたシステムの運動は人間主体の手を離れて自走化してゆくことになる。

このように理性／主体を徹底的に脱神話化するラディカルな近代批判は、その後よりいっそう加速してゆく。アドルノらフランクフルト学派の議論は、理性的主体がその主体性を発揮しようとすればするほど自らが構築したはずのシステムに呑み込まれてしまうという論理、いわば弁証法的な逆転の構図で組み立てられていたが、構造主義の流れを汲む思潮では、そもそもシステムの方が主体に先立ち、主体とはむしろシステムの従属変数にすぎないものとみなされる。例えばL.アルチュセール（1918-90）やM.フーコー（1926-84）らによれば、自立的・自律的な主体（sujet）なるものは、いわば最初からイデオロギーなり権力関係の網の目なりに従属する臣民（sujet）なのであって、そうした従属はむしろ主体を構成する初期条件にほかならない（アルチュセール 1970；フーコー 1976）。このような視座はすでにアドルノらにあっても示唆されていたが、いずれにせよ自律的な主体という近代の理念は、こうして完膚なきまでに批判されるようになる。

とはいえ他方で、こうした一連の試みは、社会思想のアクチュアリティを担保していたはずの社会批判のポテンシャルを、自ら掘り崩しかねない危うさをはらんでいるようにもみえる。こうした思潮は総じてF. ニーチェ（1844-1900）の近代批判の衣鉢を継いでいるといってよいが、例えばフランクフルト学派の第二世代と目されるJ. ハーバーマス（1929- ）は、一連のニーチェ主義的な言説が社会批判を逼塞させかねないことに警戒の色を隠さない（ハーバーマス 1985）。

●**主権国家／全体主義の呪縛** もとより20世紀に拡がった近代批判の思潮も一枚岩であったわけでは決してない。争点はきわめて多岐にわたるが、ここではさしあたり一点だけ、近代の主権国家という枠組みをどのようにとらえるかという論点に焦点を絞って振り返っておこう。例えばフーコーのみるところ、国家に主権権力が局在するとみなす主権国家モデルだけでは、近代社会における権力の実相を十全にとらえることはできない。権力は人と人とのあいだ、人と制度とのあいだにネットワーク上に張り巡らされているのであって、国家に局在する権力が「上から下へ」意図的に働きかけるわけではないからだ（フーコー 1976）。なるほど、例えばフランクフルト学派にあっても権力はやはり非主観的・匿名的・自働的なものとみなされている。しかし彼らが国家資本主義を土台に据えた形で全体主義をとらえるとき、そこで主権国家という枠組みが暗黙の前提とされていたのも否めない。フーコー的な視座からみれば、そこにはホルクハイマーらの議論の狭隘さの一端がはからずも示されていることにもなるだろう。

〈近代〉へのラディカルな批判を目論む試みにあって、主権国家の呪縛がかくも根強いのはなぜなのか。おそらくここには全体主義の時代経験が影を落としている。フーコーも指摘するように、ファシズムやスターリニズムがグロテスクな形

であからさまにした「権力の過剰」は，20世紀半ばには決定的に重要な問題であった．だからこそ例えばH．アーレント（1906-75）も，ナチズムとスターリニズムとを一括りにしつつ全体主義を問題視したのだった（アーレント1951）．そこにみられるのは，国民国家が大衆社会へと溶解して全体主義へ転位するという視座である．大枠としてはホルクハイマーらと同型的な構図であろう．全体主義を批判しようとするからこそ，その前提に主権国家（国民国家）が置かれるわけである．「権力の過剰」という問題はそれだけ重みをもっていたともいえる．

● 〈批判〉のアクチュアリティ　とはいえ，20世紀後半にポストモダニズムが興隆し，ポストコロニアリズムやジェンダー論なども広く受容されるようになるにつれ，全体主義批判という主題は次第に後景に退き，20世紀末にグローバル化の進展にともなって「国家の退場」が前景化する頃には，その趨勢は決定的なものとなってゆく．いまや問題視されるのは，正常／異常，西洋／東洋，男性／女性のように，支配・抑圧を生み出す分割線は国境を超えていたるところに幾重にも引かれている，ということである．いわば「権力の過剰」よりもむしろ「権力の遍在」こそが，社会批判の主題として前景化するようになったのである．

もちろん主権国家は依然として圧倒的な重みをもっており，主権国家の枠組みをいかに超えるかという問いは今日的な課題の一つでもあろう．それはまた，異質な他者といかに向き合うかという問いにもつながっている．例えばハーバーマスが〈寛容〉の論理を，J．デリダ（1930-2004）が〈歓待〉の思想を持ち出すとき，彼らはこの課題にそれぞれの仕方で応答しようとしたのだった（ハーバーマス／デリダ他2003）．なるほど，ハーバーマスの場合は近代の再構築が，デリダの場合は近代の脱構築が目指されており，両者のあいだの懸隔は決して小さくはない．しかし，〈近代〉の可能性と限界を問い直そうとする点で彼らの志向は重なり合う．他方，グローバルな（脱中心的・脱領域的）主権という概念を立て，従来の主権モデルからの脱却を望見する試みなどもあるが（ネグリ／ハート2000），やはり主権という古い概念が参照されている点は注意しておいてよいだろう．こうした一連の試みは，寛容・歓待・主権といった過去の思想を手がかりにしながら〈近代〉のポテンシャルを汲み尽くし，それによって社会批判の礎石を築こうとする点で，社会思想史研究の流儀に沿っているともいえる．

いずれにせよ社会批判の視座は時代とともに大きく転回してきた．しかしその底に一貫して流れているのは，〈近代〉のポテンシャルへの問いである．自律的な主体による社会の理性的な編成という理念が，近代の再構築の試みの参照点となるのはいうまでもない．しかしラディカルな近代批判の試みが，例えばフーコーならば「権力への抵抗」を，アーレントならば「権力の創出」を探るための出発点となっていることもまた間違いない．社会批判のアクチュアリティは，依然として〈近代〉をどうとらえるかにかかっているといってよいだろう．　［上野成利］

社会思想史のアクチュアリティ②
[英]actuality of the history of social thought(Ⅱ)

　二度の世界大戦とそれに向けた動員の体制，そして全体主義のイデオロギーの席捲は，社会思想史のアクチュアリティを考えるうえで決定的な意味をもつ20世紀の経験だった．この経験は，社会の一元的な統合であれ，一義的な世界観であれ，多元的なものを抑圧するおそれのある規範や制度に対する警戒を思想に導き入れた．「一元的なもの」や「同一化するもの」はそれに抵抗する要素に対して，同化（assimilation），周辺化（marginalization），排除（exclusion）ないし廃棄（extinction）といった暴力を行使するからである．例えば，H. アーレント（1906-75）の「複数性（plurality）」，J. デリダ（1930-2004）の「差延（différance）」，そして J. ロールズのいう「理にかなった多元性の事実（the fact of reasonable pluralism）」は，違いは無視できないものの，自己完結的な同一化に抗する差異化・多元化を擁護しようとする思想を表す言葉である．近代はまた，直線的に延びる時間という側面をもってきたが，無限の拡張という意味での「進化」もまた問い直されるようになった（真木 1981）．そうした反省を導いたのは，何よりも，閉鎖系である地球の環境容量の限界に対する認識であり，この認識は「拡張」から「持続」への視座の転換を促してきた．

　このように，近代を成り立たせてきた規範や制度は，それが多元性を抑圧し，持続可能性を損なう仕方で作用してこなかったかどうかという観点から問い直されるようになった．西洋中心の秩序，男性中心の秩序，現世代中心の秩序，あるいは人間中心の秩序……．それを「ポスト・モダン」と呼ぶのが相応しいかどうかは措くとして，近代が自ら引き起こしてきた諸問題を反省し，そのある側面において方向転換を探ることが，近代を持続可能なものにするためには不可欠であるとの理解が，20世紀半ば以降の思想に組み入れられていった．

●**間主観性・言語・正当化**　フランクフルト学派第一世代は，近代の問題性を主観中心的な理性にみたが，自然，他者，内的自然を道具化する理性への反省は，主権的・排他的な主観（主体）ではなく人と人との間に形成される間主観的な理性への関心を促した．例えば，J. ハーバーマス（1929- ）は，それを「コミュニケーション的理性」と呼び，人びとが言語を媒体として相互の了解を図るコミュニケーション的行為に道具的ではない理性のポテンシャルを探った（ハーバーマス 1981）．ロールズが「合理性（rationality）」から区別する「道理性（reasonableness）」も人びとの相互性を重視する理性のあり方である．間主観性（相互性）への注目は，「複数性（plurality）」という人間の条件に対応する活動様式として「行為（action）」を位置づけ，それが労働や制作には還元されないことを強調

したアーレントの議論にもみられるが（アレント 1958），J. L. オースティン（1911-60）やJ. R. サール（1932- ）以降の言語行為論の展開は主観-客観の二元的構図から思想を解き放つうえで大きな影響を及ぼした．人びとの行動を制約する規範や制度を正当化するとき，相互行為から離れた何らかの超越的な源泉に訴えることは少なくとも無条件では不可能となった．利害関心や価値観を異にする他者に向けられた正当化は，言語を用いて，理由をあげて行われるほかはなく，理由を互いに検討する熟議／討議とその手続きが重視されるようになった．

●**国家・市場・市民社会**　戦時動員体制は，戦後の経済成長を背景として，ヨーロッパを中心に福祉国家の形成・確立を導いていった．完全雇用を図る経済政策を推進し，労働する機会ないし能力の喪失に対しては社会保険や社会扶助の制度をもって対応するという社会保障システムの整備である．思想史的にみれば，失業や貧困，健康の悪化などの「社会問題」への対応を国家の役割としたR. ホブハウス（1864-1929）らのニュー・リベラリズム，それを継承し完全雇用を促す政策を正当化したJ. M. ケインズ（1883-1946）らの思想がそのベースにある．再分配機能を拡充する福祉国家に対しては早くから異論も提起された．F. ハイエク（1899-1992）は国家主導の「設計主義的合理性」の問題を指摘し，M. フリードマン（1912-2006）はより直截に規制を排した市場の自律を擁護した．国家の正統な役割を「法と秩序」の維持に限定するリバタリアニズムは，国家による強制的な再分配それ自体を道徳的に正当化しえないものとして批判するR. ノジック（1938-2002）に継承されていく（ノージック 1974）．

　1973年の第一次オイルショックを転機とし，福祉国家は後退局面に入っていく．社会保険の制度化が1880年代に始まった事情に照らせば，再分配を支持する社会民主主義（リベラリズム）の思想は，一世紀を経て，現実の制度編成を主導する力において後退を強いられた．実際，70年末以降英米には，国家による市場の規制を緩め，生活保障の構築を自己責任に帰すM. サッチャー（1925-2013）やR. レーガン（1911-2004）らの政権が現れた．「ニュー・リベラリズム」とは対照的なこうした「ネオ・リベラリズム（新自由主義）」が台頭し，現実の政策に反映されるようになった背景には，70年代半ばから昂進したグローバル化の影響がある．グローバル化した市場で競争する企業や債券を保有する投資家は，資本逃避，国債売却などのサンクションをもって個々の国家を制御していくようになる．かつてG. W. F. ヘーゲル（1770-1831）は，国家が市場（「欲求の体系」）を制御するという構図を描いたが，市場が逆に国家を制御するような事態が現れたといっても過言ではない．

　他方，90年前後から国家および市場から相対的に自律した市民社会（civil society）に関心が寄せられるようになった．これは，かつてヘーゲルやK. マルクス（1818-83）が用いた意味での「市民社会」すなわちブルジョアジー（財産主

がヘゲモニーをもつ社会とは異なる．それは，多元的なアソシエーションやコミュニティからなる社会である．そうした集団は公共圏としても機能し，国境では閉じない情報や意見交換のネットワークを形成する．インターネットの登場により公共圏の言説を相互に媒介するメディアはマス・メディアだけではなくなったが，そうした新たなメディアが相互媒介の機能を担いうるかどうかには疑問も提起されている．

　グローバル化は，物の移動や情報の移動だけではなく人の移動にも拍車をかけた．欧米は成長期に移民を積極的に受け入れたが，移民問題は，近年，内戦の頻発に伴う難民の流入とも相まって政治的争点へと先鋭化しつつある．移民受け入れの拒否ないし排除という排外主義の特徴を帯びたポピュリズムの勢力も台頭しているが，それを主に支持しているのはグローバル化の中で没落しつつある中間層である．移民を送り出す要因としては，やはり貧困の問題がある．諸国は，いまグローバルな規模でWTOをはじめとする諸制度を共有しているが，そうした制度を通じて富裕国の市民は他国の人びとに貧困化という加害を与えてきたという認識がT. ポッゲ（1953- ）らによって示されている（ポッゲ2002）．

●リベラリズムの擁護と批判　ロールズが1971年に公刊した『正義論』，そして93年に公刊した『政治的リベラリズム』は，社会制度を評価する規範的規準を明示し，政治理論に限らず広範な影響を及ぼしてきた．両著作に共通するのは，制度が正義にかなっているかどうかを評価するためには合理性のみではなく，制度が相互に——最も不利な立場にたつ者にとっても——受容可能かどうかを検討する道理性の観点が不可欠であるという考え方である（ロールズ 1971, 1994）．ロールズは，19世紀以来制度編成を主導してきた功利主義を論駁すべく，J. ロック（1632-1704），J.-J. ルソー（1724-78），I. カント（1724-1804）らの契約論を再構成し，バイアスがはたらかない公正な選択状況のもとで契約当事者はどのような正義の構想を受け入れるかという正当化の手続きを示した．

　『正義論』が擁護したリベラリズム，すなわち「平等な自由」の保障を優先しつつ，その実効的な享受を可能にする財の再分配を正当化する思想にはさまざまな立場から批判が提起されてきた．（平均）効用の最大化を社会の集合的目的として正当化する功利主義，先に触れたリバタリアニズム，そしてリベラリズムの前提に諸関係から抽象された個人をみるコミュニタリアニズムなどからの批判である．『政治的リベラリズム』は，深い多元性の条件のもとでも「重なりあうコンセンサス」として支持される正義の諸構想を特定し，立憲民主主義の政治制度／政治文化を擁護した．これは，世俗の制度と宗教はどのように関係しあうのかという問い，そして多元性と安定性を両立させるためにどのような意味での「寛容」が求められるのかというJ. ロックやP. ベール（1647-1706）以来の問いを提起した．その背景には，世俗化の過程によって私事化されたとみなされてきた宗教が

公共的領域に回帰していることの再認識がある．

●**平等論とフェミニズム**　経済成長の鈍化に加え，新自由主義に沿った政策推進の影響もあり，80年代以降経済的不平等が拡大する傾向にあることは，多くの論者によって指摘されている．例えばT. ピケティ（1971- ）は，近年，所得よりも蓄積された資産とその運用益の違いが不平等を拡大する効果をもっていることを膨大な歴史的データをもとに実証した（ピケティ 2013）．貧困についてはそれを「基本的ケイパビリティ」の剝奪として再定義したA. セン（1933- ）などの議論も重要だが，貧困問題への対応と並行して，不平等がなぜ問題なのかを問う理論的研究も進められている．経済的不平等の政治的不平等への転換，社会関係における優位-劣位の固定化と自尊の毀損，生活空間の分断・隔離と連帯基盤の蚕食などがその理由としてあげられる．いずれにしても，社会思想が格差の昂進と社会の分断という19世紀の問題に再び直面するようになっていることは確かである．

　フェミニズムには男性との同権を求めたM. ウルンストンクラフト（1759-97）らに遡る前史があるが，「第二波」と呼ばれる60年代末以降のフェミニズムは，性別分業などミクロな権力関係を含めて男性優位のジェンダー秩序それ自体を問い直してきた．例えばJ. バトラー（1956- ）は，生物学的な性差によって規定されるとされてきたジェンダーが言説の反復を通じて文化的に構築されるものであることを明らかにし（バトラー 1990），社会的に受容されてきた諸規範には自明な（自然な）根拠がないことを指摘した．男女という対に沿って性的体制が編成されてきたことも同様に問題化され，異性愛中心の秩序の問い直しを促してきた．フェミニズムは，C. ギリガン（1937- ）らのケアの倫理とも結びつき，「自立」と「依存」の関係についても反省を迫ってきた．自立して生産する者との関係において，依存する者またその必要に応えてケアを提供する者には劣位の従属的な地位があてがわれてきたが，ケアの思想は，むしろ依存に対応する活動こそ人びとの「自立」を可能にしている事実を指摘し，自立した主体からなる秩序像に疑問を投げかけている．

●**科学技術の進展とリスク**　二度の世界大戦は，テクノロジーの革新をもたらすとともにそれに伴う深刻なリスクを社会に導き入れた．U. ベック（1994-2015）らは，近代化がそれ自身のあり方を問い直すよう迫る負の要因を自ら生み出していくことを「再帰的近代化」と呼び，自ら生み出したものがその存続の条件を危険にさらすという「リスク社会」の問題に注目を喚起した．対処すべきリスクは環境に限定されない社会的・文化的な拡がりをもつが，閉鎖系である地球にとっての環境リスクはやはり大きい．「種差別（speciesism）」を含む人間中心主義，現世代中心主義の合理性はいま根底から問い直されつつある．　　　　　［齋藤純一］

第 I 部

近代の形成
ルネサンス期から17世紀へ

概説：近代の形成──ルネサンス期から17世紀へ

[英]rise of modernity

　近代の開始を何時からとするかは，あまりにも多くの学説があるが，ここ第I部では，近代とは西欧近代であって，ルネサンスと宗教改革に始まり，資本主義の興隆を軸に近代の開始と発展を描く古典的枠組みを採用する．

　ルネサンスの文化は，イタリアの諸都市において，地中海および東方貿易による繁栄を背景に13～14世紀に花開いた．新興富裕層による芸術の保護や大学の発展のもと，古典古代文芸の文献学的研究，ダンテ，F. ペトラルカ，G. ボッカチオによるヒューマニズム的文学表現，L. ダ・ヴィンチ，ミケランジェロの絵画あるいは建築芸術，ガリレオを代表とする近代科学，N. マキァヴェッリによる近代政治学の開始など，新しい時代を表現する文化運動が出現した．

　イタリアのルネサンスは14～15世紀を絶頂期とするが，アメリカの「発見」による大西洋貿易圏の発展に押されイタリアの諸都市が世界経済の主導権を喪失するに従い，15世紀末には衰退を迎える．しかし，ルネサンス文化の息吹は，大航海時代の西欧世界拡大の波に乗って広く伝播し，諸地域の学問と文化の土壌に浸透していった．特に，バルト海沿岸諸地域，フランス，イギリスでは，宗教改革による新しい精神的雰囲気と対峙あるいは混淆しながら，北方ルネサンスといわれる独自の文化を生み出す．P. ブリューゲルやレンブラントの北欧絵画，オランダのD. エラスムス，フランスのF. ラブレーとM. モンテーニュ，イギリスのT. モアなどのヒューマニズムあるいはユマニスム文芸などが出現するのである．

　宗教改革は，12世紀南フランスのヴァルド派の反乱，14世紀イギリスのJ. ウィクリフ「貧乏説教団」の組織とローマ法王批判，15世紀初頭のフス派のプラハ地方での武装蜂起などを先駆とし，1517年のヴィッテンベルク教会でのM. ルターによる「95ヶ条の論題」発表によって本格的に開始された．宗教改革の波は，H. ツヴィングリによって増幅され，ジュネーヴでJ. カルヴァンによる神聖政治を一時実現し，オランダへ，さらにはフランスでの挫折はありながら，イギリスへと押し寄せて行った．諸教派に分裂し，深刻な内部対立も生まれたが，全体として，プロテスタントと呼ばれるキリスト教の新潮流として，カトリックに激しく対抗した．神を前にした個人の信仰を第一とし，聖書主義，万人司祭説を掲げ，カトリックの教会制度や身分制の腐敗を攻撃した．宗教改革の衝撃は，カトリックを動揺させ，I. ロヨラによるイエズス会の設立（1534年）などのように，対抗宗教改革を促した．だが，腐敗粛正で角逐した双方とも，ルネサンスが範とした古典古代文化の異教的な側面は警戒し，「宗教と科学」という思想的主題を前景化させる．宗教改革はカトリックと封建制による旧支配秩序を揺るがし，封建的収

第Ⅰ部　近代の形成
——ルネサンス期から17世紀へ

がいせつ：
きんだいのけいせい

奪に対する民衆の抗議行動を誘発した．ドイツ農民戦争，オランダの市民革命，イギリスのピューリタン革命（1642〜60年）などで，プロテスタントは革命運動の主力を担い，中世から近代への時代転換を主導した．

大航海による世界経済の拡大と農民戦争による封建的支配体制の動揺が進む中で，近代主権国家という政治秩序の確立への胎動が始まる．30年戦争（1618〜48年）を終結させたウェストファリア条約（1648年）によって，西欧主要諸地域の主権の自治が相互承認される国際秩序が成立した．多くは絶対王政という枠組みで諸地域の主権の具体化が図られ，その主権のもとで，自由権とその活動が発展し，公共圏の成立がみられた．17世紀には，フランス絶対王政は最盛期となったが，オランダさらにはイギリスで市民革命が相次いで起こり，中世的封建的支配秩序の終焉と近代国家による政治秩序の成立は，不可逆的趨勢となった．こうした歴史過程に連動し，主権と法をめぐる理論が多彩に出現する．マキァヴェッリを継いだJ. ボダン以降の主権論，H. グロティウス以降の自然法論の発展がみられ，自然法論は，T. ホッブズによって自然権論を軸に組み替えられ，J. ロックなどによって社会契約説や立憲主義の思考へと展開していった．

●第Ⅰ部の構成　第1章「ルネサンス」の中心主題は，封建制と宗教的抑圧と共同体的規制を脱却していく近代的個人の思想の発展である．マキァヴェッリ，ホッブズ，ロック，B. スピノザなど，近代国家の樹立と近代的個人の自立を同時模索する思想の系譜を中心に項目選定した．近代的個人の生きる技法と場の認識をめぐって，一方で，レトリック，共和主義，ローマ法をめぐる議論を配置し，他方で，大航海時代の非西欧圏との出会いを意識し，「儒教」を選定した．

第2章「宗教と科学」の中心軸は，宗教改革と対抗宗教改革の衝撃による思想史の新文脈の出現である．宗教改革は神とその秩序を信仰と個人の内面の問題とし，これによって，個人の自立を促した．M. ヴェーバーの指摘したように，「時は金なり」といった計量的な職業倫理（B. フランクリン）によって，資本主義の近代的発展の基礎を強化した．また，宗教改革はキリスト教再生を目指す宗教意識強化の運動でありながら，逆説的に，神の摂理と物理法則や自由意志との関連にも再考を迫った．したがって，本章は，「宗教と科学」という編成とし，宗教改革の時代を近代的思考と学問の発展という大きな枠組みの中で把握し，思想史的諸問題を把握しやすいように項目を選定し配列した．

第3章「近代国家の胎動」は，ウェストファリア条約を画期とする政治秩序の変容を扱う．主権と国家の理論の発展を中心に，その前提をなす自然法論から社会契約説までの法思想の展開のみならず，社会と文明認識をめぐる議論とその発展を，「ユートピア思想」「文明と野蛮」など，拡大する西欧を批判し相対化する論題も含め，この時代の多様性が理解しやすいように，項目として配置した．

［安藤隆穂・奥田　敬・山岡龍一］

第 1 章

ルネサンス

［編集担当：安藤隆穂・奥田 敬・山岡龍一］

マキァヴェッリ……………………46
ルター………………………………48
カルヴァン…………………………50
ホッブズ……………………………52
ロック………………………………54
スピノザ……………………………56
ライプニッツ………………………58
ルネサンス…………………………60
レトリック…………………………62

人文主義……………………………64
共和主義……………………………66
文芸共和国…………………………68
新プラトン主義……………………70
ローマ法……………………………72
大航海時代…………………………74
儒教——東アジアでの展開………76
儒教——ヨーロッパへの影響……78

マキァヴェッリ
Niccolò Machiavelli

ルネサンス期フィレンツェの政治家・著述家．1469 年，法律家の父ベルナルドと宗教詩をものした母との間に生まれる．父の手元には，リウィウス（59 頃 BC-17AD），マクロビウス，プリスキアヌス，ビオンド『ローマ帝国衰亡以降の歴史』，キケロ（106-43BC）『義務について』『雄弁家について』，アリストテレス（384-322BC）『倫理学』，プトレマイオス『アルマゲスト』，プリニウスなどの書物があった．こうした書物に囲まれてニッコロは幼少よりラテン語を学び，またプラトン（427-347BC），アリストテレス，クセノフォン（430-354BC），トゥキュディデス（460 頃-395BC），ポリュビオス（200 頃-120BC）らギリシアの著作にも，ラテン語訳を通して触れていた．喜劇作家や他の詩人たちに関心を抱くほか，ローマのエピクロス主義哲学者ルクレティウス（99-55BC）の詩を筆写し，余白に書き込みを残している．仏王シャルル 8 世のイタリア侵入とメディチ家追放，G. サヴォナローラ（1452-98）による神政とその失脚で揺れるフィレンツェ共和国政庁の第二書記官長と「軍事十人委員会」秘書官に 1498 年に就任し，外交使節として報告書や政策提言を執筆した．ピサ戦役に従事するも，1512 年メディチ家の政権復帰とともに官職を解かれ，メディチ家への陰謀の嫌疑で投獄された．1513 年に釈放後は政界復帰を願いつつも著述に専念し，『君主論』（1513-15 頃），『ディスコルシ』（1514 頃-17，『リウィウス論』や『ローマ史論』とも称される），『戦術論』（1519-20），『フィレンツェ史』（1520-25）といった政治論や歴史書に加えて，『マンドラーゴラ』（1518）や『クリツィア』（1525）のような喜劇，『黄金のロバ』（1517）や『十年史』（1506，1509）といった寓意詩も執筆した．1526 年「城砦委員会」に関わりフィレンツェ公務に復帰したのも束の間，翌 1527 年のメディチ家追放とともに再度失職し，同年死去した．

●思想的背景　マキァヴェッリの政治的諸著作は，市民による共和的自由の統治の伝統をもつフィレンツェが，有能な君主の権力をも動員しながらトスカナ地方でその支配権を維持し拡大していくための論理と方策を意識して書かれている．その意味では執筆時の都市フィレンツェを取り巻く政治状況への応答の書として読むことができるが，それだけでなく，そこには古代ローマ政治史についての分析，国家や政策についての一般的な規定や提言，さらには自然や歴史についての理念的考察までもが含まれている．マキァヴェッリ自身が，「近き世の事象については積年の経験で身につけ，また遠き世の事象については不断の読書によって自ら学んだ」（『君主論』献辞）と述べているように，マキァヴェッリの著作には，古代ローマ史解釈の諸潮流，プトレマイオス流のルネサンス占星術，ルクレティ

ウスの原子論，中世の「君主の鑑」，キケロ的レトリックの伝統，15 世紀前半のフィレンツェ書記官長職を特徴づけていた市民的人文主義の自由の理念，といったさまざまな思想的要素の影響に加えて，自身の経験から得た現実認識の反映として，権力や政治手段をめぐる世俗的・功利的視点も現れている．マキャヴェッリの著作を構成するこうした多面性が，共和主義，国家理性，政治的功利主義，権謀術数，愛国主義といった後代のさまざまな政治思想の系譜に彼の名が登場する一因となっている．マキャヴェッリ思想の理論的一貫性をめぐる諸問題——単一の権威と共和政体との関係をめぐる〈『君主論』／『ディスコルシ』問題〉，新秩序の提示と過去の模倣との関係をめぐる〈新旧問題〉，必然と自由意志との哲学的関係をめぐる〈フォルトゥナ (fortuna)／ヴィルトゥ (virtù) 問題〉など——の存在は，こうした多面性の現れであろう．

●**政治と統治術**　マキャヴェッリは，世界の空間的永続性および実体的運動の必然性を理論的前提としながら，秩序と無秩序との循環的往復（フォルトゥナ）に抗して人間の力（ヴィルトゥ）によって持続的作為秩序を形成しようとする営みとして政治をとらえる．神の摂理の代行者としての運命を意味した中世的フォルトゥナ概念は，マキャヴェッリにおいては，ルネサンス占星術などの影響下で，人間の意志力で半分は征服可能な女性的対象として表象される．ヴィルトゥも美徳を意味する用法だけでなく，意志力や技能，男性 (vir) 性のニュアンスを付与されている．秩序形成のためには「時流を見極める」必要があるが，そのための近道は，過去の歴史の教訓に学ぶことである．国家は，古代ローマ型の拡大的混合政体を採用しつつ，危急時には非道徳的な策略や強制力を伴う君主権力をも導入して，自己の存続と拡大を図らねばならない．『君主論』第 1 章冒頭における，共和国 (republica) と君主国 (principato) の両政体を包摂する統治体としての国家 (stato) の語法の導入は，公共空間や支配者の人格的存在とは区別された権力機構としての近代国家概念の萌芽をうかがわせる．

●**〈ローマ〉の両義性**　マキャヴェッリは，謙遜と彼岸的超越の強調によって政治の活動性を薄めてしまったとして教会とキリスト教を批判し，共和政ローマの祖国愛への回帰を主張する．しかしマキャヴェッリによれば，ローマ帝政の強大な軍事力を知った後では，政治は，法制度のみならずそれを支える軍事力の必要性をも理解しなければならない．また，ローマ帝国の公認宗教たるキリスト教の彼岸性が現世の政治に及ぼす逆説的な影響力の大きさを経験した後では，政治は，文化習俗的な異教の権威だけでなく，超越的権威をも利用できなければならない．マキャヴェッリの祖国 (patria) は，同時代史的には都市フィレンツェやトスカナ連合を超えなかったとしても，理念的にはリウィウスが描く共和政ローマを超えていくことになる．

［厚見恵一郎］

ルター
Martin Luther

　マルティン・ルター（1483-1546）は，ドイツのザクセン地方のアイスレーベンで生まれた．父親は，農民から身を起こして，ついには銅の精錬炉を経営するに至った実業家であった．エルフルト大学に入学して学士号と修士号を修めた後，父の希望にしたがって法学部に進む．だが，突如としてアウグスティヌス隠修士会に入り，修道士となった後に，ノミナリズムの影響のもと神学を勉強し，ヴィッテンベルク大学で神学博士を取得し，神学部教授になる．「神の義」の観念をめぐって苦悩し，いかに努力しようとも罪から完全に自由にならぬわが身と，人間の罪を裁く正義としての「神の義」の間の葛藤に悩んだ末，パウロのローマ書との取り組みの結果，人が神に義しいと認められるのは，善行によってではなくキリストの信仰によってである，という信仰義認論にたどり着く．これを背景に，1517年に「95ヶ条の論題」を公表し，ローマ・カトリック教会による贖宥状（免罪符）の販売とその思想的基盤である，ノミナリズムを含めたスコラ神学と行為義認論を厳しく問うた．この行為は，印刷技術の進歩がもたらした情報の拡大によって，熱烈な支持と猛烈な反発を含めた大きな反響を引き起こし，一連の出来事——カトリック教会による異端審査と破門，神聖ローマ帝国皇帝カール5世によるヴォルムス帝国議会への召喚と帝国追放刑令，ザクセン選帝侯による保護——の結果，宗教改革と呼ばれる大きな世界史的変革に結実した．

●**信仰義認論のさまざまな帰結**　信仰義認論は，行為義認論を軸とする神学思想に対置する形で，基本原理（「信仰のみ」「恩寵のみ」「キリストのみ」「聖書のみ」）を打ち立てた．これらの原理に基づくルターの思想は，贖宥状を批判しただけでなく，教会および政治社会に変革をもたらした．こうした変革は，1520年に集中的に出版された一連の宗教改革文書によって表明された．『ドイツのキリスト者に与える書』では，ルターは，ローマ教皇制を支える「三つの城壁」である(1)世俗権力に対する教会権威の優位，(2)聖書解釈権の独占，(3)公会議招集権の独占を無根拠であると宣言し，教会，社会，教育にまたがる社会改革プログラムの実行を貴族に訴えた．『教会のバビロン捕囚』では，神の恩寵のしるしである秘蹟を，カトリック教会によって七つ（洗礼，堅信，聖餐，悛悔，終油，叙階，結婚）と規定されていたのに対して，厳密には洗礼と聖餐の二つであると主張し，後のプロテスタント諸派の典礼の基礎をつくった．宗教性の新たな形成は，中世の宗教的実践（例えばマリア崇拝，聖人崇拝）との決別も意味するものであった．

●**中世的秩序の変容**　ルターの運動は，中世的秩序の解体のきっかけとなった．ローマ教皇制との決別，修道士的理想の拒否，世俗的生活（労働，結婚）の肯定

は，上に教権と下に俗権を置く階層的秩序を掘り崩すものであり，結果として領邦君主の権力の伸張をもたらした．ルターは，『この世の権威について』(1523) で展開した，「神の国」の霊的統治と「この世の国」の世俗的統治という二王国論によって，教会権威を媒介にしない形で世俗権力を基礎づけた．さらにルターは，ドイツの司教の多くが宗教改革に転じないという状況の中で，領邦君主が「緊急司教」として教会統治の重要な役割を担うことを要請し，それによって領主の宗派が領土の宗派を決めるという領邦教会制の決定的な端緒をつくることになった．

●**聖書的人文主義とドイツ語聖書の翻訳**　ルターの「神の義」の発見がパウロのローマ書との取り組みの中でなされたことが示唆し，また救いの契機が神の言葉との出会いにあるとするルターの「聖書のみ」の思想から明らかなように，宗教改革にとって聖書は大きな比重をもつものであった．ルターは，D. E. エラスムス（ギリシア語聖書）や J. ロイヒリン（ヘブライ語聖書）らが主導した聖書的人文主義の恩恵を享受するとともに，ギリシア語原典からの新約聖書のドイツ語への翻訳（後には P. メランヒトンの助力を得て，ヘブライ語原典からの旧約聖書の翻訳）を行うことで，聖書中心主義の立場を鮮明にし，なおかつ聖書を信仰生活の中心にするというプロテスタント的宗教性への大きな転換をもたらした．

●**急進主義，ユダヤ教，イスラーム**　ルターの改革運動は，カール 5 世に対する自説撤回の拒絶が示すように，宗教的真理の確信と堅持を核とするものであったがゆえに，神学上の妥協を排すのみならず，自らとは異なる教説や信仰への容赦ない批判を随伴させていた．こうした激しさは，H. ツヴィングリとの聖餐論争のように改革運動内部での異なる教説にも向けられたし，ドイツ農民戦争や T. ミュンツァーなどの急進化の動きに対しても如実に示された．ルターは，初期段階では農民側の要求の正当さを認め，領主の搾取を諫めていたが，農民側の武力行使が高じると，農民側を暴徒として，かつ福音を悪用する者としてみなし，徹底的に鎮圧することを主張し，民衆の深い失望を生んだ．ユダヤ教徒に対しても同様の激しさがみられる．ルターは，彼らがキリスト教に改宗する望みを当初は抱いていたが，そうした望みを放棄した晩年には――当時の神学者達にもみられたことだが――ユダヤ教を弾圧する種々の提案を行った．流血による弾圧でないとはいえ十分に過激な提案は，当時あまり注目されなかったものの，後にナチズムが大いに活用し，第二次世界大戦後にはホロコースト研究によって注目されるようになった．

　ルターの関心は，基本的にキリスト教内部に向けられており，それゆえイスラームとの取り組みは，主にオスマントルコの脅威をきっかけにしたものである．この脅威は，ローマ教皇とともにサタンの働きとして解釈され，ルターの終末論的な意識を強める方向で作用した．

［木部尚志］

カルヴァン
Jean Calvin

　ジャン・カルヴァン（1509-64）が生まれたのは，フランス北東部，ノワイヨンである．同市の司教座聖堂参事会主査の地位を得ることになる野心的な父によって，聖職者になることを期待された彼は，まず神学の初歩をパリで身につけた．しかし地元の教会当局と衝突した父は，法学を修めるよう息子に指示する．オルレアンおよびブールジュの各大学で古代ローマ法に親しむうちにカルヴァンは，古典古代の文芸に強く惹かれていく．彼は，国王フランソワ1世（1494-1547）の文化政策の一環として設立された王立教授団に列席する機会を得，古典研究の研鑽に本格的に励んだ．その成果が『セネカ「寛仁論」注解』（1532）である．後の聖書釈義に反映される古典読解の技量を，当時の権威者 D. エラスムス（1466-1536）に対する批判も織り交ぜながら，世に示したカルヴァンではあったが，本書は著者が期待していた反響を得られなかった．人文主義者としての華々しいデビューを飾ることのできなかった彼は，以前から関心を抱いていたプロテスタンティズムを改めて意識するようになり，いわゆる「突然の回心」を経て，宗教改革運動に身を投じてゆく．

●**亡命生活と主著『キリスト教綱要』**　プロテスタンティズムはフランスにおいて，パリ大学神学部を中心とする一派によって迫害の対象となっていた．身に迫る危険を察知したカルヴァンは，フランスを脱出する．そして，逃避行の旅程で一夜を過ごすために立ち寄ったジュネーヴにおいて，彼は，同市ですでに宗教改革運動を指導していたギヨーム・ファレル（1489-1565）に請われ，その協力者として働くこととなった．1536年のことである．

　ファレルがカルヴァンを引き留めたのは，後者が数か月前に公刊した『キリスト教綱要』が早くも得ていた名声のゆえである．『綱要』は，中世スコラ神学の悪影響とみなされるものを排し，聖書に基づいてキリスト教の教説を体系化しようとした著作であり，その後数回にわたる改訂をみる．だが，そこでの聖書理解は，A. アウグスティヌス（354-430）をはじめとする古代教父たちのそれに則るものでもあった．つまり，カルヴァンの意図は，キリスト教会で説かれる教えを，古典研究の成果に即して，教会史の初期に示されたものに戻すことにあったのであり，当時のカトリック教会は「新奇」であるがゆえに，批判されたのである．

●**予定説と自由の問題**　また，『綱要』で展開された予定説は，当時から多くの議論を引き起こした．人間は生まれる前から救いに選ばれた者と滅びに定められている者とに，神によって定められている．こう述べるカルヴァンの想定する神は，超越的な厳粛さそれ自体とでもいうべき存在だとされ，この教説を受けとめ

た人びとの間に，自身の救いに関わる無力感や孤立感を深めたであろう．この点に着目してマックス・ヴェーバー（1864-1920）が『プロテスタンティズムの倫理と資本主義の精神』（1904-05）を著したことは周知のとおりであるが，ここでは，カルヴァンその人が予定説の位置づけをめぐって逡巡したことを指摘しておく．『綱要』各版における章構成の変遷から浮かび上がるのは，この教説を神の属性をめぐる論点としてではなく，神の恩寵にもかかわらずそれを首肯しようとしない人間の存在をどう理解するかという宗教生活上の論点として扱おうとしていった，司牧者としての思惟構造の変化である．

さて，都市共和国ジュネーヴの宗教改革運動に乗り出していったカルヴァンであるが，世俗の生活の改変にも指導力を発揮したその手腕は，約200年後に同市に生まれるJ.-J. ルソー（1712-78）をして「カルヴァンを一人の神学者にすぎないとみるものは，彼の広大な天才を知らないのである」と称賛させることとなった．だが，その過程で彼が，数多くの困難に直面したことも確かである．隣国サヴォワの公家から任じられるカトリック司教の支配から独立して自由な都市生活を享受すべく宗教改革運動を支持した有力者たちと，社会が聖性を帯びることを目指して市民の規律化を図るカルヴァンとの対立は，不可避だったといえよう．また，過激な神学思想の持ち主だったミシェル・セルヴェ（1511頃-53）の火刑に晩年の彼が反対しなかったことは，当時からすでに，宗教改革運動が強調してやまない良心の自由をカルヴァンがご都合主義的に理解しているのではないか，との疑義を人びとに抱かせた．

●**教会形成とその意義**　最後に，社会思想史に特に関わる論点として，彼の宗教改革が自律的なプロテスタント教会の確立を目指していたことをあげておく．良心の自由という理念といわゆる組織の論理を無視できない教会形成との間に，いかなる整合性を成り立たせるか．この難問に対して，カルヴァンが最終回答を示したとはいえない．だが，彼は，教会は信徒を育む母であるとの古代教父の主張に依拠しつつ，ともすれば個人主義的になりやすいプロテスタントにとっての宗教共同体の重要性を強調した．そのうえでカルヴァンは，『教会規則』（1541）などの起草を通じて，組織性に秀でた教会の構築に着手する．ここで注目すべきは，彼の考える教会が，パンと葡萄酒を教会員が分かち合う聖餐という礼典を軽視しなかった点である．飲食という身体性を意識したセレモニーを，聖書や古代教会に倣う仕方で遂行する．そして，そのとき要請される教会員の聖性を，規律を課すことで陶冶していく．こうした教会観に，カルヴァンの中世性を見て取るのはたやすい．だが，宗教共同体の抽象化を回避しようとする彼の姿勢は，その衣鉢を継ぐ者たちに，国家に収斂されない共同体的生のヴィジョンを想起させ，絶対主義化の進行する西欧諸国にあって，宗教の論理に基づく政治的抵抗を可能にしたのである．

［田上雅徳］

ホッブズ
Thomas Hobbes

　トマス・ホッブズ（1588-1679）は，ウィルトシャーのマームズベリに牧師の子として生まれ，早くからラテン語などの古典語をマスターし，15歳でモードリンホール（オックスフォード大学）に進学した．卒業後はキャヴェンディッシュ家の「使用人」として子息の家庭教師となり，生涯同家に仕えた．3度にわたるグランドツアー同行を通じて，ヨーロッパ諸国の政治指導者，G. ガリレイ（1564-1642），M. メルセンヌ（1588-1648），P. ガッサンディ（1592-1655）といった知識人との交流がはじまり，当時の最先端の知的世界との接触の機会を得た．ピューリタン革命に際しては，ホッブズ自身，国王を擁護する側に身を置いていたこともあり，1640年11月から10年余の間，フランスでの亡命生活を余儀なくされた．

●**著作と生涯**　1629年，ホッブズはトゥキュディデスの『戦史』英語訳を出版した．ホッブズ自身の著作として最初に世に出たのは『法の原理』（1640）である．国王と議会の対立が激化する中，国王派の論戦を支援するために書かれたもので，執筆の動機はきわめて政治的であるが，ホッブズ哲学の輪郭がコンパクトに示されている．第1部で自然的人格としての人間，第2部で政治体（国家）が考察され，自然権，自然状態，自然法，主権といった国家理論の基本概念と骨格がすでに示されていた．このときすでに，ホッブズは自然・人間・国家を網羅する哲学体系（「哲学原論」）の構想をもっており，これらは後に『物体論』（1655），『人間論』（1658），『市民論』（1642）として出版された．主著である『リヴァイアサン』（1651）は，1649年にチャールズ1世が処刑された後，「共和制」が成立する激動の状況下で刊行された．4部から構成されるこの著作は，人間学および国家の一般理論を扱った第1部および第2部における自然法や代表人格論など，精緻化された部分はあるものの，基本的な枠組みは『法の原理』『市民論』における理論とそれほど大きな変化はない．ただし，その後半部分をなし，教会統治や神学を主題として扱った第3部，第4部は，旧約聖書に登場する海獣の名をとったそのタイトルとも相まって，国王派が堅持しようとしていた国教会体制を毀損する主張であるとみなされ，波紋をよんだ．『リヴァイアサン』刊行後にホッブズは亡命先から帰国するが，帰国後はかつての同志である国王派から「無神論者」「異端」といった非難を浴びせられた．特に1660年の王政復古後は，非難が迫害にまでエスカレートし，晩年はその恐怖を感じつつ，異端迫害の不当性を明らかにするために『哲学者と法学徒との対話』（1666頃執筆），『異端史論』（1668頃執筆）といった歴史論を執筆している．また，イングランドを内戦に至らしめた原因を歴史的に考察した『ビヒモス』（1668頃執筆）が書かれたのもこの頃である．

●**近代的な科学認識と国家理論の刷新**　ホッブズの思想史的な意義は，同時代ヨーロッパの哲学者たちと近代的な科学認識の探求という課題を共有しながら，その成果を政治学，国家理論に援用した点にある．人間は自己保存運動をなす生命体であることを前提に，感覚，想像力，言語能力，推論，知識，情念といった人間がもつ諸側面を記述し，その行動原理が明らかにされる．そして，人間を拘束するさまざまな社会的制約，規範が存在しなかった場合に，人間が直面せざるをえない「人間の自然的条件」すなわち自然状態が描かれる．「万人と万人との戦争状態」と要約されるこの状態は，財産，勤勉，発明などによる利便性を喪失した状態である．そして，信約による人間相互の結合を基礎にした国家の設立こそがこのような苦境からの離脱の唯一の道であることが明らかにされる．

　ホッブズのこうした思想は，さまざまな批判を浴びてきた．人間が自然によって残忍な戦争状態に至るという主張は反道徳的なものとみなされた．戦争状態を回避するために設立される国家の権力が絶対的でなければならないとする原理は，立憲主義者たちに不安と懸念を抱かせずにはいなかった．このような中で数々の反ホッブズ文献群が登場することになった．このような状況が変化するのは，功利主義者ジェイムズ・ミル（1773-1836）らがホッブズ哲学を再評価し，W. モールズワース（1810-55）によってホッブズの著作集（1839-45）が編集出版されてからのことである．しかし，これ以後に展開されるホッブズ研究史においても，ホッブズの思想はなお論争的であり続けた．

●**自然状態，自然法**　特に，自然状態＝戦争状態からの離脱のプロセスが議論の焦点となったように思われる．その人間学あるいは心理学の部分において，ホッブズは人間の記述に徹する一方，自然状態からの離脱と国家の設立に至るプロセスでは人間は行為主体として描かれる．相互不信と疑心暗鬼の中で，自己保存のために先制攻撃をさえいとわない人間には平和へと向かう意志が求められ，その意志を教導するのが理性の戒律たる自然法である．しかし，ホッブズのストーリーの最も大事な局面で現れる自然法をめぐって多様な解釈がなされてきた．平和を希求するための自然法として提示された諸事項が単なる仮説にすぎないという解釈，そうではなく自然法は神の力と命令を法原とする義務の体系であるとする解釈が代表的なものである．

●**多分野への影響**　自然状態は，ホッブズ思想の内在的な研究を超えた学問的想像力を刺激してきた．無政府状態としての自然状態は，H. モーゲンソー（1904-80）によって国際政治学における古典的リアリズムの基本的なモデルとして援用され，社会学者 T. パーソンズ（1902-79）は，社会秩序形成の根本問題を問う際にホッブズに言及している．「囚人のディレンマ」をホッブズのストーリー分析に用いるゲーム理論の焦点も，自然状態における利己的なプレイヤーが社会秩序形成へ至る可能性の問題と不可能性である．　　　　　　　　　　　［重森臣広］

ロック
John Locke

　ジョン・ロック（1632-1704）はイングランドの哲学者．主著『人間知性論』により経験論哲学の定礎者となる．生前匿名で公刊された『統治二論』と『寛容書簡』により，自由主義的な社会思想の基礎を築いた思想家とみなされるようになる．

●**オックスフォードからロンドンへ**　サマセットで生まれたロックは，ウェストミンスター・スクールに進学する．共和政下のこの学び舎のそばで，1649年にチャールズ1世の処刑がなされた．1652年，オックスフォードに入学した後，1661年にチューターとなり，学生の教育にも携わる．王政復古がなされた1660年から62年に書かれた『世俗権力二論』におけるロックの政治思想は保守的なもので，統治者による宗教的礼拝形式の統制を正当化するものであった．1663年から64年にロックは『自然法論』を書く．これはトマス・アクィナス（1225頃-74）やF. スアレス（1548-1617）の議論に依拠する伝統的な教説であったが，自然法の根拠を神の意志に置く主意主義を主張し，自然法の知識の基礎を生得的知識や人類の普遍的同意に求めず，理性と感覚経験のみに求めた点に特徴がある．聖職者ではなく医師を目指したロックは，R. ボイル（1627-91）やT. シドナム（1624-89）と交流し，化学や医学の知見を深めた．1666年にオックスフォードで偶然，後に初代シャフツベリ伯爵として大法官になるアシュリー卿と出会い，翌年からロンドンにあるアシュリーの家，エクセター・ハウスで，侍医兼秘書として仕えるようになる．

●**近代認識論哲学者**　1671年，ロンドンの自室でロックが友人たちと道徳の原理と啓示宗教の問題について論じたとき，そこに浮かんだ難問を解くために，自らの知性の能力を精査しその限界を明らかにしなければならない，という結論に至ったというのが，近代認識論を代表する著作『人間知性論』を構想するきっかけだとされている．ロックはその執筆にほぼ20年をかけ，死ぬまでその改訂に取り組んだ．その議論の特徴は，生得的知識を否定し，すべての知識は経験に由来するという経験論の主張にある．ロックは自らを，ボイル，シドナム，C. ホイヘンス（1629-95）やI. ニュートン（1642-1727）といった偉大な科学者の「下働き」だとみなし，真知への道を妨げる誤謬の除去にその哲学の主たる役割を求めた．言語使用にそのような誤謬の源泉の一つを認めた点で，ロックの哲学は後の分析哲学の先駆だとみなせる．1676年にP. ニコル（1625-95）の『道徳論』(1671)を翻訳したロックは，エピクロス主義的な快楽論をその倫理学に導入したが，道徳の立法者としての神の観念を中心に，諸観念を合理的に構成することで，道徳の論証学の構築が可能になると主張した．ただし，友人からの要請にもかかわらず，そのような論証的道徳科学を実際に展開することはできなかった．

●**ホイッグの政治理論家**　1667年に書かれた『寛容論』には，統治権力の役目は「人びとの平和，安全と保護」に限定されるべきという，リベラルな寛容論への展開がみられる．1673年以降，チャールズ2世とシャフツベリとの対立が深刻化すると，後にトーリーとホイッグと名づけられる党派争いがイングランド政界に生じ，シャフツベリは後者の指導者となる．1679年から81年にかけて，議会が3回開かれ，チャールズの弟ヨーク公（後のジェームズ2世）の王位排斥を企てる法案がホイッグにより提出され，そのすべてが国王大権によって潰される事態が生じる．ジェームズはカトリックであり，それはプロテスタントの自由を脅かす絶対君主となる危険性を表していた．1680年に（原稿は30年代に書かれていた）R. フィルマーの『家父長制君主論』がトーリーによって出版される．王権神授説と家父長制論によって絶対王政擁護をするフィルマーの論点は，(1)自然的自由，(2)同意に基づく統治，(3)抵抗権，の教説を完全に否定することにあった．ホイッグのために，フィルマー論駁として書かれた『統治二論』は，この三つの教説を奉じることになる．自然法によって，神の作品である人類は皆，自然的に自由で平等だとされた．かかる人類が共存する際の不都合を回避するために社会契約によって国家が設立される．国家政府は，契約によって結合した人民の共同体の信託によって統治をするのであり，課税のような統治には国民の同意が必要となる．そして公共善の実現という信託目的を継続的に侵害するとき，政府は暴政とみなされ，人民による政府への抵抗が正当化される．公共善の内容を人民の所有権の保護としたロックは，所有権の究極的な基礎を，個人の労働という前政治的な原理に求め，私的所有権を国王の下賜としたフィルマーの議論を否定しつつ，私的所有権に関する近代的な基礎づけ論を確立した．

●**寛容思想家**　1681年にシャフツベリが反逆罪に問われ，翌年オランダに逃亡すると，83年にロックもオランダに亡命し，偽名を使って隠れることになる．1685年，フランスではルイ14世によりナントの勅令が廃止され，ユグノーの暴力的迫害が激化した．このときアムステルダムにいたロックは『寛容書簡』をラテン語で書き，政教分離と信教の自由を主張したが，カトリックと無神論者をその寛容原則の適用外に置いた．寛容をめぐってロックは後に J. プロースト（1640-1710）と論争を交わし，未完となる『第四書簡』まで，合計4冊の寛容論を著した．

●**晩年**　名誉革命の翌年1689年，ロックはイングランドに戻り，『統治二論』『人間知性論』『寛容書簡』を公刊する．いわゆる「財政軍事国家」を建設中のイングランドで，通商植民地委員会委員を1696年から4年間務め，重商主義的政策を奉じるホイッグの重要人物として晩年を過ごす．1697年に書いた『救貧法論』では，浮浪者を罰し，就労学校において貧民を勤勉な労働者にする政策を展開した．晩年や没後に公刊された著作としては，『教育論』(1693) や『キリスト教の合理性』(1695)，『パウロ書簡釈義と注解』(1707) などがある．　　　　　〔山岡龍一〕

スピノザ
Baruch de Spinoza

　バルフ・デ・スピノザ（1632-77）は，オランダの哲学者，政治思想家，社会思想家である．ユダヤ系貿易商の息子としてアムステルダムに生まれ，ユダヤ人子弟のための学校で旧約聖書学などを学ぶ．正規の高等教育を受けることはなく，家業を手伝いながら F. ファン・デン・エンデン（1602-74）の主宰する私塾でラテン語を習得した．その過程で R. デカルト（1596-1650）の新科学・新哲学を摂取する．24 歳のときに「恐るべき異端思想」を理由にユダヤ教会から破門されたが，以後，特定の宗教や宗派に帰属することはなかった．『デカルトの哲学原理』（1663）の出版により，デカルト哲学の優れた紹介者として名声を博するものの，後にスピノチスムと呼ばれる，急進的啓蒙を代表する独自の思想体系を構築した．また，政治思想としては，N. マキァヴェッリ（1469-1527）や T. ホッブズ（1588-1679）の影響のもと，18 世紀の J.-J. ルソー（1712-78）の人民主権論につながるデモクラシー論を展開した．没後，『エチカ』（1677），『国家論』（絶筆 1677）が刊行された．

●**神すなわち自然**　ユダヤ・キリスト教の超越神に代わり，「神すなわち自然」という汎神論的思想を展開した．その無神論的傾向ゆえに長らく「死せる犬」として忘れられた思想家であったが，18 世紀に，G. E. レッシング（1729-81）の信仰をめぐり，F. H. ヤコービ（1743-1819）と M. メンデルスゾーン（1729-1876）が闘わせたいわゆるスピノザ論争のもとで復活する．その思想は，G. W. F. ヘーゲル（1770-1831），F. W. J. シェリング（1775-1854）らのドイツ観念論哲学形成に影響を与えた．

　スピノザの汎神論的思想は，形而上学的な存在論に基礎づけられているものの，神秘思想とは異なる．スピノザが神と同一視する「自然」とは，被造物としての自然（「所産的自然」）ではなく，それらを産出する「能産的自然」である．能産的自然とは，世界内でさまざまな現象や出来事（所産的自然）を生起させる諸法則の総体であり根源的な力である．「神すなわち自然」とは，ひとり一人の存在や活動を肯定し正当化する合理的な根拠である．

　こうして，あらゆる事物は神を原因として産出され，神のうちで存在し活動する．スピノザにとって神の認識とは，このような，根源的であらゆるものに最も共通な原因を認識することである．これが「必然性の認識」であり，事物をあるがままに肯定することである．とはいえ，必然性の認識は精神のみによる抽象的な認識を意味しない．スピノザにとって認識とは，外部との接触やそこからの刺激を通して自らの身体の変化状態を知ることであり，必然性の認識もこの過程を経て得られる．理性は事物の根拠を知ろうとする精神の能動であり，受動状態を

能動状態に転換する能力である．

●**コナトゥス**　それゆえ受動状態は単に否定されるべき状態ではない．個物には「自己の存在に固執しようとする努力」という本質すなわちコナトゥスがあり，人間では衝動や欲望として現れる．スピノザはこれを肯定する．もっとも，このような受動状態にあるときコナトゥスは利己的になりやすく，自分の能力や活動力を適切に発揮することが難しい．理性は，人間がものの原因を認識し精神的にも能動的に生活できるように方向づける役割を担う．理性の導きに従うとき人びとは理性の共通性のもとにあり，人びとは自己の利益を追求し自由であるままで，平和な共同性を形成する．しかしながら，これは現実にはありえないユートピアであり，人びとは実際には共通の感情にひきずられて結びつく．スピノザにとって政治の研究対象は歴史上存在し，また現に存在する国家や社会であり，有効な政治理論を形成することができるのは，哲学者ではなく政治家である．このような意味でスピノザはマキァヴェッリの継承者である．

●**デモクラシー論**　スピノザはコナトゥスを自然権と同一視する．したがってスピノザの自然権は事実上の力である．人間は単独では生きていけないので，共通の恐怖を回避し共通の利益を求めて自然権を結合し，そこに社会的権力関係が生じる．政治権力ないし国家は，このような民衆の自然権の集結を土台に形成される．だがスピノザによれば，国家成立後も自然権は各人の手元に留保されている．それゆえ民衆の自然権＝力は，国家成立時だけではなく成立後も現存政治権力の正統性根拠であり続ける．多数の民衆が現行国家体制を支持しない場合には，民衆の力は国家を正当化する方向ではなく転覆する方向に作動する．このように政治権力が徹底して民衆の力に基礎づけられ，しかも法的議論に還元しつくすことのできないスピノザのデモクラシー論は，1960年代のポストモダニズムの潮流と合流しつつ再評価されることになった．

●**宗教の必要性**　『神学政治論』(1670)は，(1)思考の自由を確保するために哲学と神学の分離の妥当性を証明し，(2)教会の政治への干渉を排除するとともに，(3)議会派による分権的な政治システムを理論的に支持するために執筆された．この書の刊行後スピノザ＝無神論者との評が定着したが，彼は必ずしも宗教を否定しているわけではない．すなわち，スピノザによれば，理性による確実な認識に属する哲学と，不確実な認識である表象に属する神学（宗教）とは無関係に並存する一方で，「神の愛」と「隣人愛」という二つの普遍的徳は，哲学を通しても，聖書の教えを通しても実践することができる．また，理性の導きにしたがって生きかつ他者を助けようとする「勇気」や「寛容」の実践も，哲学からだけではなく，宗教を通しても可能である．スピノザは，無神論者として批判されているにもかかわらず，個人の道徳的生き方や幸福にとっても，また社会や共同体の紐帯としても，宗教が必要であるとみている．

[服部美樹]

ライプニッツ
Gottfried Wilhelm Leibniz

　G. W. ライプニッツ（1646-1716）は，三十年戦争末期の1646年7月，スウェーデン軍に包囲されたライプツィヒ市内で生まれた．父は倫理学教授で大学行政も務め，母は法学教授を祖父にもち，親族も法学者や神学者が多く著名だった．

●**初期ライプニッツにおける法学思想の懐胎**　ライプツィヒ大学で法学と哲学を学び，アルトドルフ大学に博士論文『法における錯綜した諸事例（*De casibus perplexis in jure*）』を提出し，1667年2月法学博士となる．教授職を辞退し，同年末マインツ選帝侯宮廷顧問官に任用され，ローマ法改革事業の助手や最高裁判所判事を務めた．同時に，神学や自然学から社会福祉論に至る諸学の礎が築かれた．

　ライプニッツによれば，法学は単なる個別ケースへの適用の理論ではなく，正義と不正についての現実的な学問，つまり神と人間に関する知識として体系的に理解されねばならない．彼は「完全な法学」を釈義や歴史ではなく「実践」に見，法学学習のカリキュラムも示す．さらに自然法に「厳格法」「衡平」「敬虔」の三段階を区別し，当時優勢だったホッブズ説に注意は払いつつも，しかし敬虔を最高位の正義と位置づける（『法学を学習し教授する新方法［*Nova methodus discendae docendaeque jurisprudentiae*］』1667）．

　1672年4月ライプニッツは，当時ルイ14世によるドイツへの脅威に対しマインツ選帝侯がパリに派遣した外交使節団に加えられる．しかし選帝侯が急逝し，外交団は解散する．ライプニッツはパリに残り，数学，神学，哲学の当時最先端の研究成果を吸収する．1675年微積分計算を発見．1676年12月ハノーファー公爵の招きで宮廷顧問官として着任した（途中オランダでB. スピノザを訪問した）．

●**中期ライプニッツにおける形而上学の形成**　ハノーファーに着任したライプニッツは法務・行政改革，図書館司書，ハルツ鉱山改良事業等と並び，新旧教会再合同に向けて奔走する（教会再合同への努力は終生に及ぶ）．また数学，普遍記号法，認識論他の論文を精力的に執筆．自らの形而上学を37か条にまとめた1686年の論文（遺稿から発見され『形而上学叙説』との表題で1846年公刊）では，R. デカルトの実体概念，スコラや経験主義的な知覚論を批判し，活動的な「個体的実体」を主張．そして個体に関わる全述語を内包する「個体概念」説を提起した．「個体的実体」の思想はJ. G. ヘルダーや，19世紀歴史主義など多方面に影響を与えた．だが「個体概念」説は宿命論との批判を招き，ライプニッツは自説が「人間の自由」を否定しないと弁明に努めた．しかし改革派や敬虔主義者の中にはライプニッツに予定説との近さを認める向きもあった．恩寵対自由意志の論争を背景に，「個体概念」説の波紋は彼の死後に勃発する弟子C. ヴォルフのハ

レ追放事件(1723)にも微妙に及んでいく.

　ライプニッツは1696年以降,単純実体を「モナド(一なるもの)」とも呼ぶ.この頃経験論的な知覚論を説く J. ロックの『人間知性論』(1690)が流布,ライプニッツはそこに無神論の危険を看取し(特に J. トーランドら自由思想家を警戒した),1704年詳細な論駁書『人間知性新論』を執筆した.しかしロックが同年没し出版の機縁を失し遺稿となり,1765年刊行された.この中でライプニッツは知性自体は感覚に起源をもつ訳ではないとして生得観念を肯定し,批判哲学形成期の I. カントに影響を与えた.さらに「混合様態」の観念を名目化しようとするロックに反対し,「正義」「殺人」などの道徳的な観念は実在的な意味をもつとする主張は,そのまま生命や社会の倫理規範をめぐる今日的問題でもある.

●**後期ライプニッツにおける神学とモナド論の完成**　ホッブズの主意主義に対抗して主知主義的性格を鮮明にする.さらに自然法を現世に限局する S. プーフェンドルフを批判し,人間の内面的動機と外面的行為の,つまり道徳と正義の不可分の関係を主張する.P. ベールの信仰と理性の二重真理説にも反対する.『弁神論―神の善性,人間の自由,悪の起源について』は書名 *Théodicée*(語源:θεός+δίκη)が示すように「神の正義」という形での正義論にほかならない.その「最善世界」説は同時代の論敵から「オプティミスム」と揶揄され,1755年リスボン大地震後ヴォルテール『カンディード』で攻撃された.しかし正義の定義(知者の慈愛+普遍的善意)と妥当範囲とを問う政治哲学として,現代の J. ロールズ『正義論』や自由主義対共同体論の論争を先取りする面も有し,注目に値する.

　ライプニッツの哲学的遺著とも呼ばれる『モナドロジー』(1714)は短編ながら彼の体系を形而上学,認識論,生命論,道徳神学などの視点から描く総合書.死後独語訳とラテン語訳が流布したが,仏語原文は1840年公刊された.実在の真の要素は「モナド」と呼ばれ,単純でありながら内容の多を含む.それは外から作用を受容するのではなく,逆に全世界をそれ自身のうちに表出する.自発的主観のアプリオリな世界関係性は E. フッサールや M. ハイデガーに,モナドの無意識の「微小表象」は S. フロイトに刺激を与えた.また A. ショーペンハウアーや F. ニーチェはモナドの「欲求」に注目した.同著冒頭部の演繹的な論証形式は B. ラッセルらの汎論理主義にモデルを提供した.Th. W. アドルノの芸術論もモナドの「無窓性」抜きに考えることはできない.最近ではモナドを不可分の自由な主体と解し,同著全体を一種の正義論として読む可能性も提示されている(P. ライリー).

　長い間ライプニッツの法学や政治哲学は形而上学や数学の陰に隠れた感もあったが,それは膨大な遺稿のうち関連著作の刊行が遅れていたからである.しかし近年,アカデミー版全集第四系列「政治著作」,および第一系列「一般・政治・歴史書簡」の編纂・刊行とそのための調査・研究が飛躍的に進展し,社会思想史上のライプニッツの斬新で豊かな発想も次第に明らかになっている.　　　　[酒井　潔]

ルネサンス

［伊］Rinascimento ［英・仏・独］Renaissance

　ルネサンスとは「再生する」という意味のフランス語 renaître を語源とする，中世末期から近世初頭にかけてのヨーロッパにおける，古代学芸の復興を中心理念とした文化の刷新運動および，それが展開した時期のことを指す．その年代的規定は多少の異同があるが，概ね14世紀の後半から16世紀の後半に及んでいる．主に文化史的事象をめぐって用いられることが多いが，経済や政治の分野に関わる時代区分としても用いられる．

　このルネサンスという語彙の定着は，1860年に刊行されたスイスの歴史家 J. ブルクハルト（1818-97）の『イタリア・ルネサンスの文化』の成功による．だがブルクハルトに先立ちフランスの J. ミシュレ（1798-1874）が1855年，その著『フランス史』の第7巻に「ルネサンス」なる表題を付したことが，近代におけるかかる時代区分出現の嚆矢(こうし)となった．最も文化が高潮した一つの時期が15世紀イタリアを中心に存在し，それが全ヨーロッパに波及したという観念はこれを，ルネサンス理念の登場以前のヴォルテール（1674-1778）によるロレンツォ豪華公とレオ10世の世紀の礼賛や，さらには16世紀末ヴァザーリの『画人列伝』における古代芸術の「再生（rinascità）」理念の主張にまで遡ることができよう．

●**さまざまなルネサンス観**　ブルクハルト以来ルネサンスは，「世界と人間」の客観的把握に基づく，近代精神の曙の時代と目されてきた．だが聖フランチェスコの霊的刷新の運動を重視する K. ブールダッハのように，その起源を中世の文化的伝統に求めようとする，ルネサンスの「根堀り説」もまた根強く存在している．その結果12世紀ルネサンスや9世紀のカロリング・ルネサンスなど，ヨーロッパ中世には古代文化の復興を企図する複数のルネサンスが存在したとする説も登場してきた．他方でこのようにその概念が拡散し曖昧化してきた状況と対応しつつ，ルネサンス期を中世的側面と近代的側面の混淆する過渡期と規定したり，時代概念としてのルネサンス自体を否定する論者も少なくない．とはいえ美術史家 E. パノフスキー（1892-1968）も強調するように，14世紀初頭の素朴な絵画と16世紀初頭のレオナルドやラファエロの絵画の完成を比較してみれば，その間に人間精神の一大変革が生じたことを否定することは困難であろう．

●**ルネサンスと遠近法**　パノフスキーの強調するところによれば，この一大変革の背景にあるものこそ，時間と空間の両面における遠近法の獲得であった．この技法の獲得こそが，人間に世界の中における自他の位置の測定を，ひいては「世界と人間の発見」を可能とする原動力となった．ルネサンス精神の一特質としてよく指摘される，実践と理論の統合による世界の技術による改変の思想もまた，

このような遠近法的感覚の獲得を背景としている．かかる技術は絵画面ではチマブエ，ジョット，マザッチョさらにはウッチェロやヴェロッキオの努力を通じ完成されて行き，レオナルド，ラファエロ，ミケランジェロの出現において頂点に達した．ブレネレスキやドナテッロも彫刻や建築の側面からこうした技法の完成に少なからず寄与している．一方この遠近法を時間の側面に転用したのが，フィレンツェをはじめイタリア諸都市で活躍した人文主義者たちである．彼らがギリシア・ラテン語学の修練に基づく人文主義の理念を通じ高度な言語表現能力を身につけ，本格的歴史記述を成し遂げたこともまた注目されよう．ペトラルカに始まる古代語研究の伝統を継承したC. サルターティ，L. ブルーニ，P. ブラッチョリーニ，B. スカーラといった人びとはフィレンツェ政府書記官局を中心に，市民意識の高揚を支える実証的歴史叙述を創出した．こうした歴史叙述は市民的人文主義と称される，15世紀の政治色の強い思想文芸運動の濫觴となり，16世紀に至りN. マキャヴェッリの政治観・歴史観へ展開する．

●**政治社会思想におけるルネサンス**　こうした歴史観・政治観の出現の背景に見出されるのは，歴史の中で人間の手により形成される政治社会の人為性の意識にほかならない．それは自然秩序の鏡像として神から授与される中世的政治秩序の不動性と，明瞭に対立する意識である．こうした歴史的形成の意識を媒介に，『フィレンツェ史』（1532）の著者マキャヴェッリは『君主論』（1532）において，「力量（virtù）」を通じ「運命（fortuna）」を克服し新たな政治秩序を人為的に創出する，芸術家としての「新君主」のありようを描き出した．このような政治社会の人為性の意識はマキャヴェッリに先行し，公会議における討論により教会政治を決定しようとする，パドヴァのマルシリウスに代表される，15世紀前半のいわゆる公会議主義者の主張にもその濫觴がみられる．だがあるべき政治よりむしろ現実にある政治を直視したマキャヴェッリは，『君主論』第15章におけるその発言からもうかがえるように，自身の見解の革新性を明晰に自覚していた．

　13世紀後半イタリアに芽生えたルネサンスの動きは，16世紀にはフランスやドイツへ，さらにはイギリスへと展開し，F. ラブレーやW. シェイクスピアのごとき国民的著作家を輩出させた．だが本来闊達な都市社会を基盤とするイタリアのルネサンス文化に対し，北方におけるルネサンス文化は次第に，宮廷を舞台に中央集権的国家を荘厳する支配の道具へと転化し，その創造性を枯渇させていく．政治文化におけるルネサンスの主役は，無から自由自在に新国家を創設するマキャヴェッリの〈新君主〉から，自身の絶対権力を「王権神授説」を媒介に正当化する抑圧的世襲君主へと取って代わられつつあった．かくして16世紀末葉既に歴史は，多様な要素をはらみながら，それらが中心のダイナミックな力により強引にねじり伏せられ，統合されていくバロックの時代のとば口に立っていたのである．

［石黒盛久］

レトリック

［英］rhetoric ［仏］rhétorique ［独］Rhetorik

　レトリックという言葉を聞いて，一般的には何を連想するのであろうか．おそらく，言葉の綾や比喩などを用いる文章上の技法（修辞）の意味に理解すると思われる．実際，『広辞苑 第七版』では「①修辞法．修辞学．②修辞．美辞．巧言」とあり，そのような意味での技法②か学問①である．また，②として「巧言」もあるように，否定的な意味で使われることも多い．このような意味だけでは，社会思想史の概念としてレトリックが取り上げられているのは不思議に思われるかもしれない．

　ここでは「レトリック」とは，「弁論術」や「雄弁術」と訳される古代ギリシア語の「レートリケー（rhētoricē）」の意味であり，実践的な「総合的学芸」として論じていく．古代ギリシア・ローマの文化では「哲学」と「レトリック」が文化の覇権をめぐって争い，ルネサンス人文主義者が古代の学芸の中で「レトリック」を重視したのもこのような意味からである．

●**古代ギリシア・ローマのレトリック**　古代ギリシアのレトリックは，シシリアのシラクサスにおいて法廷や政治集会での民衆の弁論のための技術として始まったが，紀元前5世紀から4世紀のアテネで本格的な学芸に発展していった．それはまず市民に論争術を教える教師であるソフィストによって展開された．彼らの術は「白を黒とする」というような「詭弁術」の意味にもなったが，このような術が当時の直接民主政治の担い手である市民にとって必要とされたことも間違いない（菊池 1987）．

　ソフィストの主張はソクラテス（470/469-399BC）の「問答術（産婆術）」によって論破され，それを対話篇によって後世に伝えたプラトン（427-347BC）はレトリックのような言葉だけの術を否定して，イデアという超越的真理を探究する「哲学」の優位を説いた．しかし，このような「哲学」による「レトリック」の批判にもかかわらず，プラトンと同時代人であるイソクラテス（436-338BC）は，レトリックを教える学校をつくり，言論と正しい生活の一致を強調し，レトリックをとりわけ実践的な政治のための学芸とした．

　また，哲学者アリストテレス（384-22BC）は『弁論術』を書いて，哲学とレトリックとの対立を和解させ，真実らしいものを対象とする実践哲学（倫理学・政治学）の論理としての「弁証術」とともに，レトリックをとりわけ民衆の感情に訴える学芸として重視した．

　このギリシアのレトリックは古代ローマにも継承され，M. T. キケロ（106-43BC）によってより普遍化された．キケロにとって，哲学者の理想は雄弁家とし

ての政治家によって実行されることによって意味をもつ．キケロは「雄弁と英知」「レトリックと哲学」が結合して，国家の役に立つことを理想とした．キケロは実際の政治家としても多くの政治的弁論を残し，理論だけでなく，実践としても彼のレトリックは後世に大きな影響を及ぼしていく．とりわけキケロは共和政治の擁護者としても知られ，ルネサンス期の市民的人文主義にも影響を与えた．

共和政ローマから帝政ローマに変わることによって，レトリックは教育の中では最大の位置を占めるものの，レトリックの政治的意味は次第に喪失していく．そこでは現実から遊離した「模擬弁論」が中心となった．

●**ルネサンス期のレトリック** 古代ギリシア・ローマのレトリックはキリスト教にも説教のために受け入れられ，中世では自由七科の一つとして教育の中に位置づけられるが，13世紀以後のスコラ哲学の発展とともに，専門家の間での討論のための弁証術が優位するようになった．

しかし，12世紀頃からのイタリアでは都市国家の勃興とともに，弁論家や公証人の学芸として，レトリックの役割が重視されるようになる．14, 15世紀のイタリア人文主義者による古代ギリシア・ローマの学芸の復興は実践的な古代レトリックの復興でもあった．特に15世紀のフィレンツェではコルッチョ・サルターティ（1331-1406）やレオナルド・ブルーニ（1369-1444）のような人文主義者が書記官として政治的に活躍した．彼らは当時のフィレンツェ共和政を擁護する「市民的人文主義者」とも呼ばれる．16世紀のN.マキァヴェッリ（1469-1527）もこのような市民的人文主義者であり，彼の政治的著作は歴史や実例が豊富にあり，特定の読者を説得するための実践的なレトリック作品である．

このイタリア人文主義者に対して，16世紀のイタリア以外の北方人文主義者は，ギリシア・ローマの古典とともに，キリスト教古典の復興・研究にも専念したために，「キリスト教・人文主義者」とも呼ばれる．同時に，その学問の成果を社会改革のために応用していく市民的人文主義者の側面もある．彼らの学問の中心に古典古代の意味でのレトリックがある．彼らの代表的著作であるD.エラスムスの『痴愚神礼賛』（1509）やトマス・モアの『ユートピア』（1516）は哲学的作品ではなく，このようなレトリック的作品である．

●**現代のレトリック** このようなレトリックは近代科学の発達の中で否定されていくが，西洋では教育の中で「人文学」の一つとして継承されている．とりわけ政党政治に基づく議会政治や陪審員裁判があるアメリカでは，単なる文章上の技法ではない，弁論術としてのレトリックの伝統が「スピーチ」や「デベイト」教育として現在でも残っている．アメリカでは，政治学・法学・経済学・社会学・政策科学などの社会科学とレトリックとの関係を論じた著作がかなり出版されている．政治学では，熟議民主主義に関してレトリックとの関連性を論じたものもある．

[菊池理夫]

人文主義
[英]humanism

　主にギリシア，ローマを中心とした古典古代の文献の歴史的研究をレトリックや政治論に応用しようとする知的傾向を指す．「人文主義（Humanism, Humanismus）」の語自体は，1808年にドイツの教育学者 F. I. ニートハンマーが，古典語と古典文化の学習を通じた人間の普遍的教養を指して Humanismus の造語を用いたことによって刻印された．その後この語はルネサンス期のフマニタス（humanitas）研究の概念と結びつけられた．ここでは14〜16世紀のルネサンス・ヨーロッパを中心に人文主義の政治思想・社会思想の側面を一瞥する．

●**レトリックの伝統とイタリアのフマニタス研究**　社会思想史において重要なのは，古代ローマのキケロ（106-43BC）が自由市民の人間性育成にふさわしい技芸としての詩，音楽，幾何学，弁証術などを指すのに用いた studia humanitatis の概念――文法学・論理学・修辞学・幾何学・算術・天文学・音楽からなる中世の自由七科に引き継がれる――が，ルネサンス期に新たな展開をみせはじめたことである．キケロの書物を文体の教科書にとどまらない実践的教養の書とみる風潮は，すでに13世紀後半のレトリック教育においてはじまっていた．ルネサンス・イタリアにおける人文学研究とは，古典学を介した文法とレトリック，歴史，道徳哲学の研究を中心とする特定科目群の研究を指し，これらの研究者はウマニスタ（umanista＝人文主義者）と呼ばれた．古代写本の研究を通じてラテン語の純正化を訴えた F. ペトラルカ（1304-74）や，文献学的手法を用いて「コンスタンティヌスの寄進状」が偽書であることを証明したり，ギリシア語新約聖書をもとにウルガタ聖書を評釈したりした L. ヴァッラ（1407-57）は，こうした意味における人文主義者の嚆矢といえよう．ルネサンス・イタリア人文主義の第一のインパクトは，文献学的関心の高まりとともに古代ギリシアやローマの多数の文献が発掘され，東方などからヨーロッパに紹介・翻訳されたことである．M. フィチーノ（1433-99）によるプラトン全集のラテン語訳は新プラトン主義隆盛の土台となったし，ポッジョ・ブラッチョリーニ（1380-1459）による原子論者ルクレティウス（99頃-55BC）の詩の発見は N. マキァヴェッリ（1469-1527）らを介してその後の近代思想に隠然たる影響力を行使した．第二のインパクトは，こうした古典読解を政治的変革へと結合しようとするいわゆる「市民的人文主義（civic humanism）」の潮流がルネサンス期に登場したことである．フィレンツェの L. ブルーニ（1370頃-1444）は，アリストテレス（384-322BC）『政治学』をフィレンツェの共和政体を支持する市民的実践の書として復活させるべく，新たにラテン語訳を刊行した．古代ローマ史を共和政治に有利なように解釈する C. サル

ターティ（1331-1406），ブルーニ，M. パルミエーリは共和主義的な人文主義の代表といえよう．他方で，同じく古代の古典を君主政体や貴族政体の宮廷文化に引きつけて解釈する君主人文主義（princely humanism）や宮廷人文主義（courtly humanism）の潮流も存在した．ナポリ王国で仕えた G. ポンターノや，ミラノ公やウルビーノ公に仕えた B. カスティリオーネの名があげられよう．

●**アルプス以北の人文主義**　アルプス以北に目を転じると，15世紀半ば以降，イタリアの人文学研究（フマニタス）が，印刷機の導入やイタリアの大学への留学といったさまざまな経路を通じて，フランス，イングランド，ドイツにもたらされた．これら北方ルネサンスの人文主義には，イタリアのそれのような共和主義的自由への執着はさほど見られない．しかしプラトン（427-347BC），アリストテレス，キケロ，ユスティニアヌス法典への文献学的で歴史的な批判のアプローチにおいて，G. ビュデ（1467-1540）や T. リナカー，U. フッテンら北方人文主義たちの仕事はイタリアのそれに劣らなかった．加えて J. コレット，J. ロイヒリンそして D. エラスムス（1466-1536）らは，聖書の注釈においても，古代ギリシア語とヘブライ語の参照による聖書の正確な新訳とその歴史的文脈の回復に努め，聖書を「字義通りに」解釈する宗教改革の下地をつくっていった．また，北方人文主義は古典研究と統治原理との密接な結合を重視する点でもイタリア人文主義を踏襲する．中世以来の「君主の鑑」のジャンルをも利用しつつ，北方人文主義者たちは，善き統治と支配者や市民の有徳性とが不可分であることを強調する一連の統治進言書を，君主や市民に向けて著した．ビュデ『君主の教育』，A. ゲヴァラ『君主の指針盤』，T. エリオット『統治者のための本』，J. ヴィンプフェリング『良君の典型』，エラスムス『キリスト者君主の教育』など枚挙にいとまがない．政体論や社会改革構想を含む点でこうした進言書とは毛色を異にする T. モア（1478-1535）『ユートピア』（1516）は，同時代の政治の虚飾性と不正を摘発する人文主義的な風刺作品として，エラスムス『痴愚神礼賛』（1511）や F. ラブレー（1494頃-1553）『ガルガンチュア』『パンタグリュエル』と同じ系統に数えられうる．

●**共和主義から統治論へ**　16世紀に入ると，武装市民による共和主義的自治に価値を置く市民的人文主義は後退し，一方で平和の護持を説く思想（エラスムス『平和の訴え』）が，他方で功利的ないし現実主義的に国益を増大させようとする思想（G. ボッテーロ［1544頃-1617］『国家理性論』［1589］や J. リプシウス［1547-1606］『政治学六巻』［1589］）が，有力になっていった．前者の平和志向と後者の合理主義的な統治論は，17世紀のヨーロッパ内乱や科学革命による変質を経ながら，J. ボダン（1530-96）や T. ホッブズ（1588-1679）の主権論にも影響を及ぼしているといえよう．だがここに至ると，古典読解としての人文主義は政治的影響力を減退させ，代わって政策科学的な思考が統治論において前面に出るようになる．

［厚見恵一郎］

共和主義
［英］republicanism

　共和主義の最も簡潔な意味は，共和国やそこでの政治的実践の擁護である．その古典的な担い手とされた古代ローマ市民は，君主を追放し共和国（res publica）を建て，私的利益よりも共通利益や共通善を優先した自治を実践したとされる．このレスプブリカというラテン語は，古代ギリシア語の politeia（政治体）を翻訳するために使われた用語でもあったため，共和主義は，古代ギリシアのポリスとローマの共和国をめぐる政治理論と実践の再生としてもとらえられる．

●ポーコックの共和主義論　現代の共和主義研究興隆の嚆矢が，J. G. A. ポーコック（1924-）の『マキァヴェリアン・モーメント』（1975）である．彼は，ルネサンスの都市共和国に成立した言説が，初期近代のイギリスと建国期のアメリカの政治思想に登場したことを描いた．フィレンツェの人文主義者にとって自治的共和国の自由こそが，最も重要な政治的価値だとされ，祖国のためには自らの犠牲も厭わない市民的徳性が不可欠だとされた．つまり，古代の理論と実践に触発され，人が「政治行動の媒介によって自らの存在と徳性を確認する」とされたのである．ポーコックは，H. バロンらによって定式化された古代ギリシア・ローマの政治的再生である「市民的人文主義」を共和主義的伝統と重ねて理解した．N. マキァヴェッリ（1469-1527）やその後継者の M. ニーダム（1620-78），J. ハリントン（1611-77）といった思想家たちは，運命のように変転する政治を記述・制御する世俗的な言説を展開させるために，アリストテレス（384-322 BC）やキケロ（106-43 BC）などの議論を参照したとされる．ポーコックの共和主義解釈は，国家に抗して個人の自然権を擁護する社会契約論や自然法論といった自由主義的主張とは異なる，近代の政治思想の系譜を提示するものであった．

　ポーコックによれば共和主義の政治的実践には，本性的な脆さがあった．古代の共和国は，一般的利益を私益に優先させる有徳的市民を必要とした．他方，近代の共和国は，私益の追求を促進する商業の誘惑が生む腐敗の問題に直面した．こうした腐敗の傾向に抗して，共和主義的自由の維持のために，種々の対抗措置の必要性が論じられる．それは運命に徳性を対抗させるマキァヴェッリの解釈に由来する構図である．『リウィウス論』（1514 頃-17）において彼は，古代ギリシアの都市国家やヴェネツィアをモデルとした小規模現状維持の共和国と，市民の数と領土を拡大していくローマ型の共和国を区別し，後者を，伝統や信仰が機能せず運命に翻弄されるルネサンス期のイタリア・フィレンツェの改革モデルとした．そして戦争において傭兵に頼ることを諫め，民兵制の必要を説いた．

　イングランド革命期の王位空白期には議会派の論者が，時に自然権理論も交え

つつ，公的自由，市民的徳性，共通善という観念に訴えた．その中で，ハリントンの『オシアナ共和国』(1656) は，農地分配法，官職輪番制，二院制（相対的富裕層からなる審議する元老院と，一般民衆からなる決議する民会）を憲法として奉ずる「平等なコモンウェルス」を描いた．マキャヴェッリと同様民兵制を支持し，さらに公教育の必要を説いた彼は，適切な統治制度の樹立によって市民の徳性の維持を計ったといえる．ポーコックよれば，こうしたハリントンの思想は修正を経つつも，初期アメリカの思想家たちによって展開され，大西洋地域にわたる政治的伝統の核心に，マキャヴェッリ的ディレンマを刻むこととなった．

●**共和主義の多様性と拡散**　ポーコックの研究を契機として，古代の政治理論と実践の継承と読み替えへの関心が高まった．市民的徳性を中心にとらえる共和主義解釈に対しては，混合政体論のような制度機構論的要素を中心に解釈すべきだという異論もある．また Q. スキナーのように，ローマ法の伝統に注目し，隷属と対照される自由の観念こそ，反暴君イデオロギーとしての共和主義を理解する鍵とする者もいる．共和主義研究の進展によりその構成要素として，広範な政治参加や活動的市民の徳性，小規模な都市自治のほかに，顧問官の思想，中世の立憲主義，農地の均等な分配，官職の抽選・輪番制，二院制などへ注目する研究が相次いだ．どの要素に力点を置くかは，それぞれの時代の論者や，研究者によって異なり，君主政が主流であった初期近代を対象とした場合，暴君は批判しても君主は容認しつつ，そのほかの要素の擁護する論者を，共和主義者に分類することもある．このほか，スペインからの分離独立を果たしたオランダ共和国での実践にも関心が寄せられるようになった．共和主義の範囲は拡散傾向にあるといえよう．

●**共和主義と民主主義**　キケロが民衆的統治を批判したように，共和主義は必ずしも民主主義とは同じではない．しかし共和主義者が，一人支配，少数支配，多数支配の混合によって成立する混合政体論において，民会の決定権の重要性を強調する場合は，両者は接近する．マキャヴェッリは，古代ローマの経験に基づき，共和国の統治に民衆の声が反映されることを支持したが，こうした見方は，H. ネヴィル (1620-94) や，ニーダムの民衆主権論に影響を与えた．対してハリントンは，対内政策においてはヴェネツィアを支持し，マキャヴェッリがよしとした国内の党派対立を抑え込む制度を構想した点で，自然の貴族政を重視する傾向にあった．また，民衆の意思を直接問うのではなく選挙を通じた代表が意思決定をする議会政治も，かつては貴族主義的ないし共和主義的に理解されてきたが，後に普通選挙が導入されることで，民主主義と同一視されるようになった．

［倉島　隆］

※本項の執筆者は脱稿後に逝去されましたため，ご遺族同意の上で編集委員が修正・校正しました．謹んでご冥福をお祈り申し上げます．

文芸共和国

[仏]république des lettres　[英]republic of letters

　文芸共和国は通常，生まれや身分，宗教，国籍に関係なく，知識だけで構成員の地位が決まるような，真理の探究だけを目的とする，学者や文人によって構成された，世界市民的で民主的（自由かつ平等）な理念的世界共同体を意味する．それをI. カント（1724-1804）は『啓蒙とは何か』（1784）で「世界市民社会」と呼び，そこでは「理性の公的使用」，すなわち，国家のためではなく国家を超えて，「学者として，一般（全世界）の読者全体の前で彼自身の理性を使用すること」が求められるとする（カント 1784：11）．このように日本で文芸共和国は，カント的な「啓蒙」と二重写しのものとして理解されてきた面がある．

●**文芸共和国概念の生成・発展**　この言葉は最初ラテン語（respublica literaria）として15世紀に登場した．それが形をなしていくのは15世紀末以降で，その背景には宗教的分裂・戦争を和解と叡智の理想で超克せんとする，D. エラスムス（1466-1536）らユマニストの運動が介在した．エラスムスはプラトン・アカデミーを模範として，旧来の大学を超える学者の国際的共同体を構想し，キリスト教的一体性を回復させようとした．この運動がその後の文芸共和国の範型となった．

　宗教的，政治的，知的な次元で16世紀後半〜18世紀前半に文芸共和国は最盛期を迎える（ボーツ他 1997）．宗教的次元においては，「文芸的キリスト教的共和国」が宗教対立を超えて希求され，それは「合同運動」（エキュメニズム）と結びついた．政治的次元では，度重なる戦争に抗して，普遍的叡智に依拠した国際的秩序として文芸共和国を構想する計画も提示された．ただし，多くの学者は絶対権力の保証する秩序と平和のもとで非政治的に文芸共和国を守ろうとした．そこには民衆の情念や狂信を警戒して，自分たちの世界に閉じこもろうとする文芸共和国の閉鎖性もあった．知的次元では，古代のテクスト校訂を中心とする言語文献学的協働が，F. ベーコン（1561-1626）によって学者の協力による知の進歩・前進という理念となり，それが各国でアカデミーとして具体化された．

●**文芸共和国の分裂**　他方で，このような文芸共和国の多様な展開は，複雑な内部分裂・対立を生じさせてもいった．そこには以下のような事情が介在した．（1）ユマニスト的理想にしたがってキリスト教的一体性を求める運動として始まりながら，次第に古代人の権威やスコラ神学の真理性を批判し，新たな真理の基準——観察，実験，明晰判明性など——によって，自らの基盤である博学や歴史，スコラ的思考法を掘り崩していったこと．（2）数学や実験に依拠した「新科学」（近代科学）が知の主流になっていき，文芸共和国がユマニストたちを中心とする

理念的国家から，専門家が集団で科学的専門知を発見・蓄積・体系化する科学共和国（république des sciences）へと徐々に変貌していったこと．その結果，古代の知を復興しようとする言語文献学的協働と，実験や数学を使って新たな知を発見しようとする科学的協働が乖離していき，後者の協働が前者の協働に代わって文芸共和国の模範になっていった．(3) キリスト教的文芸共和国の協働の土台が近代科学へと移り，その結果，キリスト教と近代科学の緊張・対立が文芸共和国の理念を揺れ動かしたこと．近代科学の成果から，啓示や奇跡を否定する自然神学や無神論を導き出した学者・文人たちは，キリスト教を超えたところで文芸共和国を展望していく．その例として，D. ディドロ（1713-84）らの展開した百科全書運動があがる．項目「百科全書」でディドロは，『百科全書』(1751-72) が「それぞれ別個に各自の専門に専心しながら，同時に，人類共通の利害と相互の善意によって結ばれた文筆家・技芸家の結社」によってしか実現できないと語る（ディドロ 1755：91）．ディドロの協働の射程は，キリスト教共同体を超えて人類に拡張され，さらに技芸家まで包括している点が重要である．他方で，物理的秩序のうちに神を見出す物理神学によって，文芸共和国をキリスト教的科学共和国として構想する方向性も根強かった．(4) 文芸共和国に幅広い公衆（好事家，アマチュア，職人）が参入し，そのエリート性を動揺させたこと．17世紀後半以降の英仏では，ラテン語に代わり俗語が文芸や科学の共通語となり，また，新聞・雑誌を中心とするジャーナリズムの発達，小説や実用書の普及，公開実験などを通じた民衆科学の展開などもあって，平民層が文芸共和国に多数加わった．

●**文芸共和国の衰退**　18世紀後半になると，上述したような対立矛盾が飽和点に達し，文芸共和国は衰退へと向かう．ユマニスト的博学者は威信も数も低下し，専門職業化した「科学者」やアカデミーの威信・社会的有用性が増していく．神や人類に奉仕する方向性も根強い一方で，それに代わって市民として国家の公益に奉仕することが重視されていく．学者の「理性の公的使用」による人類益の実現に代わって，市民の意見，公論による公益（国家益）の実現や，個人の快楽の延長線上に世俗的幸福を展望すること（「最大多数の最大幸福」）が重要になる．他方で，作家，フィロゾーフ，「どぶ川のルソー」＝成功を夢見る下層三文文士（ダーントン 1982）といった種々の文人たちが影響力を増し，サロンの洗練された紳士と分裂していく．文人たちの間でも，功成り名を遂げた有名作家と「どぶ川のルソー」とは激しく反目するようになる．文芸共和国の市民として一部で認知された職人たちに対しては，自由学芸を旗印にする文人がそれに抵抗した．

　カントが「啓蒙」を文芸共和国の理念にしたがって展望したとき，すでにフランスでは，科学の専門化の進展，ナショナリズムの発達や世俗化，文人たちの階層分化が起きて，文芸共和国は内破され，「啓蒙」も質的転換を余儀なくされていた．

［寺田元一］

新プラトン主義
[英]neoplatonism

プラトン（427-347 BC）の教説をもとに，プロティノス（205 頃-270）を中心に3 世紀から 6 世紀の地中海世界で発展した思想潮流．その基本的考えは，知性界と感覚界の区別（二世界説）に基づき，全存在は世界の至高原理である「一者」から階層的に流出し，万物は観想において一者に還帰しこれと合一する，というものである．プラトンの神秘主義的解釈を示す「新プラトン主義」の語自体は，プラトンと後代の追随者の教説との相違が自覚されるようになった 19 世紀以降の造語である．本項目では，厳密な意味での新プラトン主義に限らず，プラトンに依拠する思想がどう展開したかについてルネサンス期を中心に説明する．

●**近世におけるプラトン復興**　西欧中世においてプラトン哲学は，キリスト教神学の体系的構築において重要な影響を及ぼしており（例えばオリゲネスやアウグスティヌス，偽ディオニュシオス・アレオパギテースにおいて），今日では中世＝アリストテレス主義，近世＝プラトン主義の時代だとする単純な図式は通用しない．ただしルネサンス期には，これまで西欧世界に伝えられていなかったプラトンの著作が東方より流入することにより，プラトンに基づく思想はそれ以前とは異なる特有の展開をみせることになる（14〜15 世紀イタリアにおける包括的なプラトン受容史としては，[Hankins 1990] 参照）．

新たな文献を用いた近世のプラトン復興を担った先駆は，（クザーヌスを除けば）F. ペトラルカ，L.C. サルターティ，L. ブルーニらフィレンツェの人文主義者たちである．彼らは『国家』（375BC 頃），『ゴルギアス』（380BC 頃）などの主に初期対話篇に依拠し，現世における実践的生活を送るうえでの道徳的導き手としてプラトンを評価した．15 世紀前半のフィレンツェにおいては，哲学と政治・社会生活への関心が不可分に結びついた，いわば共和主義的プラトン解釈が普及した．

●**ルネサンス・プラトン主義——フィチーノとピコ**　15 世紀後半には，東方の異教的プラトン学者プレトンの影響を受けたコジモ・デ・メディチに依頼され，M. フィチーノ（1433-99）がプラトンの全著作を初めてラテン語訳した．これによりプラトンの全貌が西欧に初めて伝わることになるが，その際，より宗教色の強い新プラトン主義の解釈枠組みが採られることになった（フィチーノはプロティノスの全著作とヘルメス文書の翻訳者でもある）．中世においては慎重に排除された異教的要素が大胆に取り入れられ，これとキリスト教との一致が説かれるようになる．プラトンは，ゾロアスター，モーセ，ヘルメスによって確証されてきた古来の神的真理に連なる存在として重視されることになる（ウォーカー 1972）．

フィチーノは『プラトン神学』（1482）において，キリスト教の核心を霊魂の不

滅に求め，理性的霊魂をもつ人間が観想において神と合一する上昇的力を強調した．彼の観想優位思想は，15世紀前半のプラトン解釈にも反映された，活動的生を賞揚するフィレンツェの市民的人文主義（civic humanism）の後退を表す——さらに，メディチ家の専制を正当化する理論としても用いられた——とする解釈もある．一方，フィチーノの主催するアカデミア・プラトニカに参加したG. ピコ・デッラ・ミランドラ（1463-94）は，プラトンのみならずアリストテレスやカバラー思想も含めた，より広範な混淆主義に基づく「哲学的平和（pax philosophica）」を求める思想を展開した．さらにピコは『人間の尊厳について』（1486）において，新プラトン主義において伝統的に規定されてきた存在の階層（ヒエラルキア）から自由な，特権的存在としての人間の地位をより大胆に認め，人間の主体性の確立というルネサンスの主題を推し進めた．

●プラトン主義のその後　フィレンツェにおける狭義のプラトン主義はメディチ家の失脚により衰退するが，一方でプラトンの思想は，アリストテレスの権威を低下させ，スコラ主義に代わる近代的な自然観を胚胎させるうえで重要な媒介的役割を果たした．クザーヌスの影響を受けたプラトン主義者G. ブルーノ（1548-1600）は，コペルニクスの地動説を受け入れ，地球中心の静的宇宙像に代わる太陽中心の無限的宇宙像を打ち立てた（なおコペルニクスとケプラーにも伺える太陽崇拝は，ヘルメス思想の一要素でもある）．ルネサンス期には，プラトン主義の影響を受けた魔術的・神秘的自然観が興隆するが，これは，そうした神秘的威力に満ちた自然に占星術，魔術，錬金術等をもって能動的に介入し，操作，統御するという半「経験科学的」態度を同時に生み出した（テレジオ，パトリッツィ，カンパネラ）．そして，自然の法則性が認識されることにより，自然の神秘性は逆説的に剝奪され，自然は一つの機械的秩序とみなされることになる（もちろんこれは17世紀において生じた事態である）．なおガリレオにおいても，世界の根本原理は数学によって説明できるとする数学主義的プラトン＝ピュタゴラス思想の影響がうかがえるとの説もある（コイレ 1939）．

　一方，北方ルネサンスの中でプラトン思想はJ. ロイヒリン，D. エラスムス，T. モア，J. コレットらに伝わり，17・18世紀以降のヨーロッパ哲学においてもB.D. スピノザ，ケンブリッジ・プラトン主義者，N. マルブランシュ，G.W. ライプニッツ，観念論者（J.G. フィヒテ，F.W.J. シェリング，G.W.F. ヘーゲル）やロマン主義者（W. ブレイク，S.T. コールリッジ，P.B. シェリー），H.-L. ベルクソン，A.N. ホワイトヘッドらに至るまで，プラトンは多様な形で影響を及ぼすことになる．プラトンは，政治哲学においてもその含意——全体主義との関連——が20世紀前半に激しく争われたように（佐々木 2000），現代においてもなお多面的な影響を残している．

[原田健二朗]

ローマ法
[英]Roman law

　ローマ法とは，古代ローマ時代に制定された法律や勅法などの総称であり，古くは十二表法から始まり，6 世紀には東ローマ帝国皇帝ユスティニアヌス 1 世 (483-565) により『ローマ法大全 (*Corpus juris civilis*)』として編纂された．ローマ帝国の経済的・商業的発展および領土的拡張を背景にローマ市民の市民生活を規制する市民法 (jus civile) と外国人の法的問題に対処するための万民法 (jus gentium) が形成された．ローマ法は「書かれた理性 (ratio scripta)」と称せられるように，ローマ帝国の市民にのみ通用する法ではなく，時代を超え普遍的に通用する，いわば自然法的なものであると理解する法学者たちも少なからず存在した．212 年にカラカラ帝 (188-217) がローマ帝国内の全自由民に市民権を付与したことにより，万民法が市民法に優位し，ローマ法は人類共通の普遍的な法＝自然法であるという考え方が受け入れられるようになった．古代に成立したローマ法ではあったが，その刮目すべき点はそれが中世・近代を通じて後世に継承され，現在の私法体系にまで影響を及ぼしていることにある．社会思想史上，特に重要なのが近代におけるローマ法の本継受であり，15〜16 世紀に中世イタリア普通法（『ローマ法大全』が改編されたもの）がヨーロッパ諸国へ継受された．政治的分裂状態にあったドイツでは統一的な法体系の不備が問題とされ，ローマ法を包括的に継受した．ドイツ以外にもオランダ，スコットランドなどが近代法を構築するうえでローマ法の影響を強く受けている．

●**近代自然法学とローマ法**　ここでは特に 17・18 世紀ヨーロッパにおいて発展した近代自然法学がローマ法に対してとった思想的対応について言及する．ローマ法を継受したヨーロッパにおいて，自然法とローマ法の融合あるいはローマ法を自然法として再編する作業に精力的に取り組んだのが大陸自然法学の代表的論者である H. グロティウス (1583-1645) と S. プーフェンドルフ (1632-94) であった．グロティウスは人間の社会的本性 (socialitas) を基軸として『戦争と平和の法』(1625) を著したが，体系的自然法学としてもローマ法の近代的再編としても十分といえるものではなく，その課題はプーフェンドルフに引き継がれた．プーフェンドルフは『自然法と万民法』(1672) とその梗概である『自然法にもとづく人間と市民の義務』(1673) において，グロティウスの試みを完成すべく，ホッブズの自己保存概念と近代科学的手法を新たに取り入れて体系的な自然法学を完成させた．プーフェンドルフの展開した自然法の内容は，実際にはローマ法の私法に該当する部分（所有権，契約など）の要約とキリスト教の倫理を融合させ，それに主権論や近代的な国家論を加えたものであった（プーフェンドルフ 1673）．

一方で，T. ホッブズ（1588-1679），J. ロック（1632-1704），J.-J. ルソー（1712-78）らの社会契約論者にはローマ法の影響はそれほど強くは見受けられない．ホッブズは『リヴァイアサン』（1651）第26章の中で，ここで論じられる市民法はローマ法のことではないと明言している．ロックとルソーは自然法の具体的内容そのものにはあまり関心がなく，ロックは『統治二論』（1690）の中で自然法の具体的内容の提示を事実上放棄し，ルソーは古代ギリシア・ローマ時代の政治共同体を理想のモデルとしつつも，その問題意識は，文明社会において人間の不平等や利己心を是認する近代人のモラル自体を問い直し，それが自然法に反していることを明らかにすることであった．ローマ法の受容という観点からみると，ローマ法を素材にしてそれを自然法として再編し普遍化を目指す大陸自然法学と，現実の政治体制や人間精神の変革・改革の理念として自然法に独自の内容をもたせようとする社会契約論との間には基本的な理論的性格の違いがあるといえよう．

●アダム・スミスの法学とローマ法　歴史的にヨーロッパ大陸との関係が深く，大陸自然法学を受容したスコットランド啓蒙思想（特にグラスゴウ大学「道徳哲学」講座）では，G. カーマイケル（1672-1729），F. ハチソン（1694-1746），A. スミス（1723-90）らに限定的ではあるがローマ法の影響が見受けられる．カーマイケルとハチソンはプーフェンドルフの自然法学をテクストとして使用し，それに自らの注釈を加える形で道徳哲学の講義を行ったとされる．彼らが構築しようとしたのは法学というよりも広義の社会哲学（倫理学・法学・政治学・経済学を含む）であった．法学と倫理学を分離したのが道徳哲学の講座継承者であるアダム・スミスである．スミスは法学（Jurisprudence）の四部門（司法の維持，ポリス［生活行政］，財政，軍備と国際法）を提示し，法学の対象を完全権（強制可能な正当な権利）に限定し，それまで自然法学に含まれていた慈悲（humanitas）・仁愛（benevolentia）などの不完全権（強制できない道徳的義務）を排除した．ローマ法の影響が見受けられるのは特に私法の部分である．スミスは私法体系としてのローマ法の構成と内容は維持しつつもそこに重大な変更を加えようとした．すなわち，観察者（spectator）による同感を通じての「状況に応じた適宜性」の追究である．実際に所有権，時効，契約，怠慢などにおいてその適用が試みられている．さらにはローマ法に起源をもつさまざまな制度が歴史的にどのような変遷を経て現在に至るかを法学講義の中で分析している（スミス1762-63）．スミス法学の課題は近代自然法学が含んでいた多岐にわたる主題の限定であり，法学を完全権の体系として倫理学から分離させ，独立させることであった．

以上は法制史上のローマ法の概略ではなく，特に近代ヨーロッパにおける社会思想史の文脈の中で，ローマ法に対して自然法学者たちがとった対応についての部分的な素描にすぎない．ローマ法は社会思想史のみならず法・政治・倫理思想史において甚大な影響を及ぼしてきたといえよう．　　　　　　　　　　　　［前田俊文］

大航海時代
［英］Age of Great Navigations

　15世紀初頭から17世紀半ばは，大航海時代として知られている．この呼称は，西欧中心主義的な「発見／探検の時代（Age of Discovery/Exploration）」に代わるものとして，1960年代以降日本を中心に提唱された．

　定義や展開については異同もあるが，この語を普及させた『大航海時代叢書』は，次のように整理している．それは，「ヨーロッパ地域の非ヨーロッパ地域に対する拡大と，その結果としておこった両者の接触」の時代であり，「モンゴル帝国時代の接触」を前史として，「ポルトガルのアフリカ航路開拓」，「コロン［コロンブスのスペイン語表記］のアメリカ大陸到着以後の西葡両勢力の発展」，「16世紀後半におこるオランダ，イングランド勢力の進展」の3期に分けられる（会田他 1970：［第Ⅰ期別巻］235）．

　ここでもこの理解に従い，ポルトガルのセウタ攻略（1415年）以降ウェストファリア条約（1648年）までを視野に入れている．

●**背景**　中世ヨーロッパは，戦争，巡礼，十字軍，布教，外交，学業，商業，迫害，物乞いなど，人びとの移動が多かったが，ほとんどはキリスト教共同体内部の移動であった（O'Doherty & Schmieder eds. 2015）．たしかに13世紀以降，「モンゴルの平和」の下でアジアを旅したプラノ・カルピニのヨハンネス（1180頃-1252）やマルコ・ポーロ（1254-1324），海上探索を試みたヴィヴァルディ兄弟（13世紀後半）やランチェロット・マロチェロ（1270-1336），「12世紀ルネサンス」を通じて知られるようになったアリストテレス（384-322 BC）やプトレマイオス（2世紀頃）に基づき，人の住める世界（オイクメネー）の概念は修正された．けれども，オイクメネーはヨーロッパ，アジア，アフリカの一部に限られており，外部については怪異的世界観が支配的であった．

●**展開**　この状況を一変させたのが，15世紀以降のポルトガル，スペインによる海外進出である．進出の動機については諸説あるが（Wallerstein 1974），とりわけ国土回復運動（レコンキスタ）精神と経済的・政治的危機による領土拡張の欲求，およびイスラーム圏の介在なく商業ネットワークや東方貿易を掌握しうる拠点・新航路開拓の要求，があげられる．ここに，海図，船，羅針盤，四分儀などの技術革新，地理学の進展，資本調達と王権強化の成功といった要因が加わった．

　地上平面説はすでに退けられていたので，海路で東方へ赴くには理論上，アフリカ大陸南端を北東に向かう航路と，大西洋を西に進む航路がありえた．前者を選択したポルトガルでは，1488年にバルトロメウ・ディアス（1450頃-1500）が喜望峰に，1498年にヴァスコ・ダ・ガマ（1460頃-1524）がインドに到達し，東

方航路を開拓した．後者を選択したスペインでは，1492年にクリストファー・コロンブス（1451頃-1506）がサン・サルバドル島に到達して西方航路を開拓し，1522年にフアン・セバスティアン・エルカノ（1476-1526）が世界周航に成功して球体説を証明した．以後，アルカソヴァス条約（1479年），トルデシリャス条約（1494年），サラゴサ条約（1529年）による領域圏画定のもと，ポルトガルはアフリカやアジア（フィリピン以外），スペインはラテンアメリカ（ブラジル以外）やオセアニアへと，征服・植民を進めることになる．

16世紀半ば以降，領土の拡大や経済政策の失敗に伴う財政悪化によって，ポルトガルとスペインの勢力が衰えると，オランダ，イングランド，フランスの海外進出が活発になった．その目的は，当初は東方貿易の追求，次いで海外覇権の獲得や入植であり，未開拓の四つのルートが探索された．ロシアを迂回する北東航路（カボット父子［1450頃-98, 1474頃-1557］，ヘンリー・ハドソン［16世紀後半］），北アメリカを迂回する北西航路（ジャック・カルティエ［1491-1557］，ロバート・バイロット［17世紀］），ラテンアメリカ南端を抜ける南西航路（ジョン・ホーキンズ［1532-95］，フランシス・ドレイク［1543頃-96］），アフリカ南端を西に抜ける南東航路（ジェイムズ・ランカスター［1554頃-1618］，ヤーコブ・ファン・ネック［1564-1638］）である．この過程で，オランダはインドネシアや南アフリカ，イングランドはアメリカやインド，フランスはカナダやカリブ海域へと，入植することになる．

この間，非ヨーロッパ地域に対する怪異的世界観は根強く残るものの，オイクーメネーは確実に広がり，西にも南にも別のオイクーメネーが存在することが明らかになってゆく．それは，後進地域であったヨーロッパが，物質的・精神的優位の下に「発見」された地域との関係を築いてゆく過程でもあった．

●**意義と問題点**　こうした大航海時代は，その後深化の一途をたどるグローバリゼーションの端緒として，注目される．ヨーロッパ諸国による航海，征服，植民事業を通じて，それまで別個に興亡してきた諸地域が結びつき，越境する経済・政治空間に対応しうる思考様式が模索されたからである．

もっとも，ヨーロッパの大多数の人びとにとって，真の秩序は「ラインのこちら側」，つまりヨーロッパにのみ存在し，「ラインのかなた」，つまり非ヨーロッパは，共通の法や道徳が及ばない地帯と考えられがちであった（シュミット訳1976：［上］83-89）．背景にあるのは，「文明」と「野蛮」という古来の問題系である．このため，海洋を縦横にまたぐ大規模な人的・物的交流は，「野蛮」な諸地域の崩壊や従属という結果をもたらした．その是非をめぐっては，バルトロメ・デ・ラス・カサス（1484/5-1566）とフアン・ヒネス・デ・セプルベダ（1489-1573）の間の論争（スペイン）や，ジョン・コットン（1585-1652）とロジャー・ウィリアムズ（1603-83）の間の論争（イングランド）などが生じた．　　　［松森奈津子］

儒教——東アジアでの展開

［英］Confucianism: influence in East Asia

　現在一般に儒教と呼ばれているものは，中国の北宋時代に登場した道学およびそれを南宋の朱熹（1130-1200）が集大成した朱子学を中心に，近世東アジアの各地で朱子学の受容と批判によって生産されたものを指している．欧米ではこれを古代儒教と区別して新儒教と呼ぶが，ここでは逆にこれを儒教と呼ぶことにする．古代儒教が儀礼を中心とした秩序維持の議論を展開し，古代・中世の東アジアの諸王朝を支える役割を果たしていたのに対して，こちらは古代に生産されたテキストに修正を施しながら，その解釈を大きく変容させたものである．儒教内部の言説では古代から連綿と継続されてきた固有の伝統思想とされているが，実際には古代末期に中国にもたらされて変容された仏教と，その衝撃を宗教的側面で受けとめて中世に土着的な材料を道教として再編成させたものから必要な議論を領有することによって成立してきた思想体系である．

●**儒教の特徴**　儒教は，世界に存在するあらゆる現象を陰陽という相反する働きをもつ「気」の運動によって説明することを道教から領有するとともに，仏教から現象の背後に根源的な原理が別に存在するという議論を領有することによって，「気」の運動それ自体とその方向づけをつかさどる「理」という原理をつくり出し，古代儒教とは大きく異なる思想体系を確立させた．もちろん古代儒教でも『論語』には人間の道徳性を重んじる議論があり，『易』には宇宙の不可思議な運動が人間を支配しているという理解もあったが，儒教はそうした個々バラバラの説明を「理」と「気」という概念装置を用いて解釈学的に再編成し，古代儒教の再利用に成功した．さらに重要なことは，仏教が中国的なものとして咀嚼される際に重要な働きをなした唯識論——人間の感覚機能でとらえられた事象はすべて虚偽であり，真の存在は心の認識的な働きでしか把握できないという議論——をも儒教が領有したことにある．これによって心の修養によって現象の背後にある真理を悟ることが聖人となるための唯一の方法であることが提唱された．古代儒教においても道徳性の涵養は重要な目標であったのだが，それが宇宙論と結びつけられて真理の覚醒と同義となったところに儒教の最大の特徴があった．ただし，その実践上の方法をめぐっては，静坐といった心の修養に特化された身体技法だけでよしとするのか，新しい解釈が施されたテキストを熟読して体得する必要があるとするのか，さらには人間以外の自然現象などをよく観察することに重きを置くのかなど，多様な提議がなされて標準化されるまでには至らなかった．

●**近世東アジアの儒教**　このことは中国化された仏教を代表する禅宗の「頓悟」と「漸修」の儒教版ともいえる問題であったが，近世になって儒教の大衆化が起

きると，社会の上層部（士大夫）に受け入れられていた膨大なテキストの修得を前提とした朱子学に代わって，「頓悟」的な，より簡便な修養によって真理へと到達できると主張する陽明学が中間階層（郷紳や商工業者）に広く受け入れられるようになる．この陽明学の一部には，これまた仏教でも主張されていたことだが，すべての人間はすでに悟った状態で生まれてきているから特別な修養は必要ないと主張する人びと（現成派・王学左派）も現れた．さらに朝鮮朝や徳川日本などの東アジア諸地域に朱子学が広がると，それぞれの地域に見合った儒教の生産（土着化）が行われる．朝鮮朝ではほぼ同時期に登場してきた陽明学への反発から，自分たちの生活習慣に根ざした朝鮮性理学が成立して主流を占めるようになり，さらにその社会的実践を求めた活動（朝鮮実学）も生まれた．徳川日本では，儒教の受容が遅かったために，朱子学と陽明学が折衷された明末の影響が大きく，それを受け入れた京学派（藤原惺窩・林羅山）が主流を占めた．これに対して陽明学を見直す者（中江藤樹）や朝鮮性理学を参考に朱子学をより純化しようとする者（山崎闇斎）も現れた．科挙が導入されなかった日本では儒教の標準化が必要とされず，儒学者が個々の動機に基づいて議論を述べることが許されたからである．また中国と日本との関係を相対化するために古代儒教への回帰を主張する議論，すなわち古義学（伊藤仁斎）や古文辞学（荻生徂徠）も登場するなど，多様な展開がみられた．

●**近代における評価**　近世末期の東アジアでは，それぞれの地域に適合した儒教に基づいて国家的な秩序を構想する方向も生まれていたが，それが十分に成熟する前に西欧近代国家による侵略に遭遇する．儒教は，西欧をモデルとする近代化に反対するために伝統的な思想の代表として持ち出されることが多かったが，近代化を受け入れるための例証としても利用された．特に陽明学（王学左派）・朝鮮実学・徂徠学は，それぞれの地域における内在的な近代化の可能性とその挫折を示す指標として取り上げられ，近代の東アジアにおける儒教理解の代表的な地位を占めている．もちろん宇宙論と切り離して人間の道徳性のみを追求する倫理思想として朱子学を再生産してきた近世後期における動向を継承して，儒教＝朱子学を東アジアあるいはそれぞれの地域に固有の道徳律とするような儒教理解も依然として大きな影響力を保っている．なお最近では，近世に東アジアを訪れた宣教師たちによって儒教が西欧に伝えられ，それが政治や道徳などを宗教的権威から独立させ世俗化させる動向の一助となったり，観念論的な哲学の発達を促したという議論も主張されている．これによれば，近代の東アジアで西欧の観念論が受け入れられ，とりわけ儒教の哲学的側面の説明に使用されたのも，それがもともとは儒教に由来するものであったからだということになる．これもまた近代における儒教の再評価の一つであるが，これまでの近代主義的な評価に代わって今後はこうした議論が盛んになる可能性もあろう．

［澤井啓一］

儒教――ヨーロッパへの影響

[英]Confucianism: influence in Europe

　16世紀以降，儒教情報がヨーロッパにもたらされ，ヨーロッパ人自身がこれを鑑として自己を顧みる機会が生じた．きっかけは，カトリック，イエズス会士たちの布教活動を通じての中国研究にあった．宗教改革に対抗して海外宣教を志すイエズス会（[ラ]Societatis Iesu）の創設者の一人F. ザビエル（1506-52）は日本到着早々，儒教について情報を得た．その後イエズス会は，中国布教の際，当地の文化の徹底研究を通じて布教の円滑化を図るようになる．これを現地への適応策（accomodation）という．こうした情報のヨーロッパへの送達が皮肉なことに，神なき理性の拡充を促す一契機となり，ひいては18世紀啓蒙の時代にかけて一定の影響を与えることとなった．

●**中国哲学有神論説と中国哲学無神論説**　中国布教最初期ミケーレ・ルッジェーリ（1543-1607）と，有名なマテオ・リッチ（1552-1610）は，儒教経典を習得して支配階級への宣教を試みた．特にリッチは文人たちに宣教すべく漢文教理書『天主実義』（1604）を著し中国はもとより，東アジア諸国にも伝えられた．他方，ヨーロッパへの中国情報の送付・紹介も試みられた．最古の「四書」の訳文としてはルッジェーリの『大学』ラテン語訳がある．文化適応策は，中国哲学にキリスト教の神的・霊的概念の対応するものがあると信じる，中国哲学有神論説派の宣教師に支持された．そのうちマルティノ・マルティーニ（1614-61）は『中国史』（1658）で，中国の初代帝王伏羲の国家創成を，ノアの大洪水発生前の，紀元前2952年であると述べた（これは西欧の歴史観に衝撃を与える）．さらにマルティーニは，中国には「神」に対応する「上帝」「天」への信仰が存在したと断言した．他方，妥協を嫌った純血主義者，中国哲学無神論説派の宣教師は当時の正統的儒教解釈，宋学（≡朱子学）による，万事を理法としての「理」と，能動的質料「気」から説明する「理気」説を根拠に儒教一般を無神論であるとして非難した（典礼論争）．こうした中国哲学無神論説の代表的著作がイエズス会士ニコラス・ロンゴバルディ（1559-1654）の『中国宗教に関する二三の論議』（スペイン語1668，仏訳1701）やフランシスコ会士サンタ・マリアの『中国伝道事業の主要点に関する二三の議論』（1668）である．

●**ライプニッツ哲学と儒教的世界観**　ところが哲学者ゴットフリート・ヴィルヘルム・ライプニッツ（1646-1716）は中国哲学批判書からさえも，新知見を得ようとした．彼はいまはの床で執筆した『中国自然神学論』（1716）の中で朱子学の理も気も神や霊的存在の合理面・積極性を表現するのだと，儒教の整合的世界観を好意的に評価していた．彼は50冊余りの中国関係書を所有してもいた．のみな

らず彼はそれに遡る50年も以前の20歳前後にドイツのゴットリープ・シュピツェル（1639-91）の『中国学芸論』（1660）を読んでいた．本書は上記のルッジェーリやマルティーニの『大学』訳文を提示するのみならず，中国史情報，漢字のシステム，儒教古典についての概説，伏羲に遡り陰（--）陽（-）原理の整合的な世界展開を説く『易経』，長き伝統を継承する哲人，孔子，孟子，また中国の計算手段（computandi modum），モナド（monade）の情報などについて詳述していた．それらの事例はライプニッツの創見とされる普遍記号論，二進法，充足理由律，モナド論の先行例ともいえる側面をもっていた．ちなみに彼は後に当のシュピツエル，マルティーニとも文通している．

●**合理的世界観としての儒教の受容**　ライプニッツはその後，「四書」の訳文を含む『中国の哲学者孔子』（1687）を熟読し，また可能性として『中華帝国の六古典』（1711）にも目を通していたらしい．前者はルイ14世に支援を受けたフィリップ・クプレ（1624-92）他複数の有神論説派イエズス会士らの手になる．後者はベルギーイエズス会士フランソワ・ノエル（1651-1729）の手になる．両書とも道徳面におけるキリスト教と儒教との類同性を説き，また理性の時代を背景とするためか，人間本性の普遍性の観点から，儒教を理解しようとするものであった．翻訳の際クプレ書は明代万暦帝時代の大政治家，文教行政の長，張居正（1525-82）の注釈『四書直解』（1573）を多用していた．その注釈には宋・元・明代に発達を遂げた整合的理気説が反映していた．ノエル書は張居正注のみならずストレートに朱子の『四書集註』の合理的世界観をふまえて訳出していた．周知のように『四書集註』には宋学的な天（自然・宇宙）の「理」と万物ないし人間の本性，「性」をつなぐ「性即理」説が説かれ，内外の理法を理解できる人間が，自己の心身を規制することで自律し，同時に他者や社会全体をも整合的で秩序だった状態にもたらすべきとの理念にあふれていた．とりわけ万民・官僚の上位に立つべき統治者は知徳の面でも民に優っていなければならない（徳治）．初期啓蒙主義のリーダーで，フリードリヒ大王やヴォルテールに尊敬されたクリスチャン・ヴォルフ（1679-1754）は，『中国実践哲学講演』（1721講演，1726出版）でこうした儒教の理念を高く評価していた．ヴォルフはクプレやノエルらの古典訳に基づいて儒教を世界最古の哲学であり，人格完成・社会完成を目的とするととらえ，「哲人王」の系譜を継承する孔子をイエスに比肩する道徳完成者として絶賛した．

　このほか18世紀フランスのヴォルテール，ディドロらが百科全書において儒教を神によらない人間理性重視の思想として称揚したり，1855年にイギリスが儒教に基づく科挙試験の情報を受け高等文官試験を行うなど，イエズス会士の伝えた儒教的世界観は18世紀を風靡することとなった．　　　　　　　　　　［井川義次］

第 2 章

宗教と科学

［編集担当：安藤隆穂・奥田　敬・山岡龍一］

宗教改革……………………………… 82
対抗宗教改革………………………… 84
寛　容………………………………… 86
自由意志……………………………… 88
経験主義……………………………… 90
合理主義……………………………… 92

懐疑主義……………………………… 94
キリスト教共同体…………………… 96
科学革命……………………………… 98
新旧論争（古代・近代論争）……… 100
神秘主義……………………………… 102

宗教改革
[英・独]Reformation [仏]Réforme

　宗教改革は，ヨーロッパのキリスト教世界にカトリックとプロテスタントという宗派上の分裂をもたらした歴史的な転換点である．宗教改革については狭い見方と広い見方がある．狭くみた場合，宗教改革は1517年のM.ルター（1483-1546）の「95ヶ条の論題」を始まりとする16世紀の出来事である．近年の研究動向となっている広い見方では，宗教改革は，中世後期から近世にかけての社会の大きな変容のプロセスを意味する．この場合，聖書中心主義を唱え，ローマ教皇制の絶対的権威を否定する点で共通するイギリスのJ.ウィクリフ（1320頃-84）やボヘミアのJ.フス（1369頃-1415），またフィレンツェで全面的な改革を展開したG.サヴォナローラ（1452-98）らの先駆的な改革運動，また印刷技術や世俗権力の伸張といった中世後期の状況が重視されるとともに，主権国家による宗教の管理を決定づけた17世紀中葉のウェストファリア条約も視野に入ることになる．さらに宗教改革は，カトリック側の対抗宗教改革も含めて，多様な形態と帰結をもつ「複数の宗教改革（Reformations）」として理解されつつある．ちなみに，「プロテスタント」の名称は，1529年のシュパイヤーの帝国議会がルター派弾圧の勅令を新たに決議したことに対する，宗教改革を支持する諸侯と都市による合同の「抗議（protestation）」の訴えに由来する．

●展開　先駆的改革運動は永続的な制度を確立できなかったが，ルターが開始した宗教改革はそれに成功した．無数の領邦からなる分権的な構造，神聖ローマ帝国皇帝およびハプスブルク家と諸侯の間の緊張関係などが幸いして，政治権力による支援が得られたことが大きい．ルターの場合，領邦君主から（H.ツヴィングリ（1484-1531）やJ.カルヴァン（1509-64）の場合，自治都市の市参事会から）支援を得た．領邦レベルでの制度化は，神聖ローマ帝国皇帝カール5世（1500-58）主導のシュマルカルデン戦争でのプロテスタント側の敗北にもかかわらず，もはや無効にすることはできず，最終的には1555年にアウグスブルクの宗教和議によって帝国レベルでの制度化を実現した．この制度は，ボヘミアの王位をめぐるハプスブルク家とプロテスタント諸侯の抗争から生まれた1618年の30年戦争に至るまで比較的安定した秩序を維持した．ルター派の伝播が顕著であったのは北欧で，スウェーデンとデンマークではルター派の国教会が成立した．

　展開の第二の源泉となったのは，ジュネーヴのカルヴァンである．カルヴィニズムは，ネーデルランド北部に浸透し，領主ハプスブルク家に対する80年戦争（オランダ独立戦争）を通じて北部の独立をもたらした．またカルヴィニズムは，ジョン・ノックスを経由して長老派と呼ばれる勢力を形成し，スコットランド国

教会を確立するに至る．カルヴィニズムは，ドイツにも部分的に広がり，ハンガリーやポーランドにもその影響が及んだ．フランスではカルヴァン派はユグノーと呼ばれ，一定の勢力を獲得し，ついには長期にわたる内戦（ユグノー戦争）が勃発した．アンリ4世によるナントの勅令で内戦は終結し，ユグノーは宗教上の寛容を得たものの，ルイ14世の治世では再び弾圧された．スイスのチューリッヒでは，ジュネーヴよりも早い時点でツヴィングリの指導のもと教会改革が進められただけでなく，急進化してツヴィングリから離反した再洗礼派も生まれた．イングランドでは，ヘンリー8世は，当初はルターを反駁する書を著したものの，自らの離婚問題をきっかけにイギリス国教会を確立させた．

●帰結　宗教改革は，宗教的分裂が政治的な緊張関係を生み出すことを如実に示した．こうした緊張関係は，政治的服従の限界を定める抵抗論や暴君放伐論の展開を——ルター派，カルヴァン派，カトリック派を問わず——促すとともに，根本的な解決策の模索を政治の重要課題にした．大まかにいえば二つの解決案が示された．一つは，政治権力が特定の宗派を国教として制定して，政治による宗教上の統一を図る道であり，いま一つは，異なる宗派の存在を認める宗教的寛容の道である．多くの場合，両者がともに採用されて，宗教的分裂の政治的解決が図られた．王は，宗教改革を導入して教会財産を没収することで，司教などの高位の聖職を占める貴族の力を弱め，王権を強化し，また領邦内での教会裁判権の停止によって，世俗権力による法の独占を貫徹していった．こうした一連の解決案を制度的に確定したのが，30年戦争を終結させたウェストファリア条約の体制であった．この体制が確立した国家の主権は，宗教的権威に対する政治権力の優位を意味するものでもあった．

　宗教改革の帰結は多岐にわたる．M.ヴェーバーやE.トレルチが，資本主義や人権思想の源泉を見出したことは有名である．貧困の問題も変化した．中世では貧困は，アッシジの聖フランチェスコが示したように，清貧として理想化されていただけでなく，善行の重要な対象であり，制度としては修道院が貧民救済を担っていた．ところが宗教改革によって，従来の貧困観と善行観は否定され，また救貧制度でもあった修道院は解散することになった．貧困は，もはや宗教的理想でも神に喜ばれる善行の対象でもなく，個人の道徳的資質の問題として，道徳的矯正の対象として浮上することになった．また貧困の問題は，政治権力の担当領域となった．

　宗教改革は家族観も変化させた．修道士的理想としての独身は否定され，聖職者の妻帯は公式に認められ，婚姻と愛情を核とする家族生活の道徳的価値は高められた．このことは，家族生活が教会の重要な関心事——よって道徳的な訓戒の対象——になったことを意味した．しかしながら宗教改革は，当時の家族制度を支配していた家父長制そのものを問題視しなかった．家族の価値を高めることは，女性の地位を高めることに直結しなかった．　　　　　　　　　　［木部尚志］

対抗宗教改革

［独］Gegenreformation ［英］Counter Reformation ［仏］Contre-réforme

　従来，14世紀以降活発化した教会制度，教義への批判的潮流は最終的に，マルティン・ルター（1483-1546）に代表される宗教改革に行きついたと理解されがちであった．しかし，硬直化したスコラ学や規律の緩んだ教会関係者に対する批判は，カトリシズムの枠組みを打破する運動とともに，その枠内で修正を試みる運動をも生み出した．後に前者が，元来の語意を離れてカトリック側からの非難のニュアンスを含んだ「抗議する者（Protestant）」と呼ばれたのと同じように，後者も，プロテスタント側からの改革を阻む動きというニュアンスを含んだ「対抗／反宗教改革」という用語で流布したが，実際には別の道をたどった改革運動であった．

　したがって対抗宗教改革は，宗教改革に刺激されて生じたものではなく，14世紀以来の改革志向とルネサンスの影響を受けてカトリック内部から発生し，トレント公会議（1545〜63年）で示された基本方針の下，30年戦争終結（1648年）まで続いたものである（Mullett 1999）．このため，カトリック改革（Catholic Reformation）という呼称が使われることも多い．

●**教会制度，修道院，教義の見直し**　対抗宗教改革の中心を担ったのは，カトリックの盟主を自負するスペインであった．スペインでは15世紀を通じ，頂点に達していた宗教関係者の腐敗に対して，各教区で改革を求める声が強まっていた．この要求に応える形で，15世紀後半にカトリック両王が教会制度と修道院の見直しに乗り出すのである．遂行者は，エルナンド・デ・タラベラ（1428-1507）やフランシスコ・ヒメネス・デ・シスネロス（1436-1517）であった．とりわけ後者は，聖職者と修道士の規律の強化，不在司教や聖職売買の禁止を定め，従わない者を追放するなど，改革を断行した．これにより，ルターの「95ヶ条の論題」が提示される頃までには，とりわけ改革の対象とされていたフランシスコ会コンベンツァル派をはじめ，多くの修道院，教会において改革の成果があがっていたのである（Abellán 1979：15-55）．

　このような改革は，スコラ学によって体系化された伝統的な教義を見直そうとする動きとも連動していた．改革者ヒメネス・デ・シスネロスはまた，フマニタス研究を奨励するアルカラ（現コンプルテンセ）大学をつくり，聖書をはじめとする教会の古典を原典に則して解釈することを通じ，スコラ学に新たな風を吹き込もうとした学者でもあった．彼の試みは，ルター派の教義がスペインにもたらされた後も，古典的要素を取り入れることによってプロテスタンティズムの批判にも耐えうるカトリック教義を再構築しようとしたフランシスコ・デ・ビトリア

(1492 頃-1546) らサラマンカ学派に受けつがれてゆく（田口監修 2000).

●トレント公会議　対抗宗教改革の基本的な方針が固まるのは，トレント公会議を通じてである．カトリックとプロテスタントの対立の解消を目的として教皇パウルス 3 世（1648-1549）によって召集されたこの会議は，最終的に両者の決別という形で終了した．公会議を通じてカトリック側は，「信仰のみ」，「聖書のみ」，「万人司祭」を基調とするプロテスタンティズムに対し，あらためて各人の信仰と神の橋渡しをする組織や制度，すなわち教会，聖職位階制，サクラメント，裁判機構，ウルガタ訳正典の保持を公にした．同時に，贖宥状，聖職売買，不在・重複司祭の禁止，聖職者および修道士の教育強化と職務権限の明確化，サクラメントの明示など，プロテスタント側から批判された諸問題の解決を試みる政策も打ち出した．

こうした基本方針の下，キリスト教共同体内部では，異端審問や禁書目録によって思想，行動が管理され，外部の異教世界に対しては，ミッションによるカトリシズムの普及が目指された．その過程で，教会の威信を表現するという目的に合致した荘厳なバロック様式が，美術，建築，音楽，文学において興隆した．とりわけ対抗宗教改革の中心地スペインとその海外領土において，プロテスタントへの弾圧と対抗は，この公会議以降厳しさを増してゆく．もっとも，スペインの支配圏で宗教改革の動きが広まらなかったのは，宗教統制制度のためだけでなく，それ以前からのカトリック内部改革がある程度効果をあげていたためでもある．

●イエズス会による世界宣教と文化融合　改革過程で重要な役割を果たしたのは修道会，特に 1534 年にイグナチオ・デ・ロヨラ（1491-1556）らによって創設されたイエズス会である．同会は，教皇に対する強い忠誠心の下，霊的指導や高等教育を通じての個々人の内的改心に基づく教会改革を推進した．その方針は，カルメル会のアビラのテレサ（1515-82）や十字架のヨハネ（1542-91）の言行とともに，神秘主義の興隆をもたらすことになる．

イエズス会士は，改革されたカトリシズムを擁護・普及するべく，ヨーロッパ内外に赴いた．とりわけ非キリスト教社会におけるミッションでは，適応（accommodatio）という方針をとり，先行するドミニコ会士やフランシスコ会士との間に軋轢を生んだ．つまり，キリスト教社会の慣習や価値観を強要するそれまでの布教方法を問題視し，現地の制度，風習を受け入れてそれぞれの地域に合わせたキリスト教教義の普及を目指したのである．

例えば，日本ではアレッサンドロ・ヴァリニャーノ（1539-1606），中国ではマテオ・リッチ（1552-1610），インドではロベルト・デ・ノビリ（1557-1656），ベトナムではアレクサンドル・ドゥ・ロード（1591-1660）が，各地域の言語，社会制度，学術，衣食住，礼儀作法にのっとったミッションを行い，現地支配階級の支持を得た．これにより，世界各地で文化融合が起こることになる． 　　　[松森奈津子]

寛　容

[英]toleration　[仏]tolérance　[独]Toleranz

　寛容は日常的な日本語では「他人のあやまちを寛容する」というように，人間の度量を表す．他方，歴史上の寛容は，自身の見解を正統・正論とみなし，かつ支配的な立場にある人びとが異論，異教，異端を耐忍する，という政策として具現化される．その一例は，1689年にイギリスで成立した「イングランド教会と意見を異にする陛下のプロテスタント臣民を刑罰諸法から免除する法」である．

●**古代・中世の寛容**　寛容という考え方や実践の起源等は不詳だが，それに類する主張として，ギリシアの哲学者プラトン（427-347頃BC）は，神々を信じる者は無神論者に対して「常軌を逸し」た行動をとらず，説得を心がけるよう注意した（プラトン 訳1993）．紀元前1世紀にはローマの政治家・哲学者セネカ（1BC-65AD）はネロ皇帝に，過ちや罪を犯した者には同情ではなく寛容・寛恕（clementia）で対応せよ，と進言した．同情は目前の事態への感情的反応であるが，寛容は原因を考慮した理性的対応を意味する（セネカ 55-56頃）．

　キリスト教の台頭の中で1世紀半ばに，ユダヤ教の律法学者ガマリエルはキリスト教伝道者への迫害を阻止しようとした．彼によれば，キリスト教が悪ならば神が放置するはずなく，神が手を出さない以上，迫害は人間が神と闘うことを意味した．キリスト教が4世紀にローマ帝国の国教になると，帝国の宗教統一を目指して，教義や教会組織をめぐる論争は暴力抗争にまで至る．そこで正統と異端とが峻別され，教会・宗教権力と皇帝・政治権力とのいわゆる政教一致が異端への迫害・世俗罰を可能にした．ローマ・カトリック教会は，おおよそ11世紀から15世紀まで，神の代理人である教皇が世俗為政者を支配する聖職者支配をヨーロッパ全土に布き，寛容とは無縁の中世キリスト教共同体を築いた．

●**ルネサンス，宗教改革と寛容**　中世キリスト教共同体を打破する契機となったのはルネサンスである．「キリスト教の再生」を目指したデジデリウス・エラスムス（1466-1536）は，自身がカトリック教会から異端視される中で，教会は異端撲滅のための強制権力をもたないと主張した．

　寛容の問題を先鋭化したのは宗教改革である．ドイツのマルティン・ルター（1483-1546）が16世紀初頭にカトリック教会を公然と非難して以降，改革の波はヨーロッパ全土に及ぶ．問題は，プロテスタントと総称される改革を目指す人びととの間で，教義や教会などをめぐる対立が生じ，ここでも正統・異端が問われたことである．例えば改革派のジャン・カルヴァン（1509-64）は，三位一体説を「絵空事」（セルヴェトゥス 1531）としたミカエル・セルヴェトゥス（1511-53）を1553年に火刑に処した．処刑に対して，セバスチャン・カステリョ（1515-63）は

「異端は迫害されるべきか」を著し，「不信心や異端は，……この世の前で咎むべきところがないかぎりは，福音そのものと，この世の生の後に続く神の審判に委ね奉るべきである」として，徹底した異端非処罰論を展開する（カステリョ1554：65）．

●**近代の寛容**　上述の寛容概念は二つの特色をもつ．まず，強制や暴力は人の見解を変更できないという認識に立ち，異端等に向けて説得といった理性的対応を説くこと．次に，神だけが真実を知るという観点から人間の真理認識に限界を置くこと．17世紀以降の近代的寛容論において不動の地位をもつジョン・ロックの議論は，これらの歴史的概念をふまえて個人の信仰の自由を強調する．さらに彼は，教会が世俗為政者を支配する聖職者支配を拒否し，教会権力と世俗権力の職掌分離，いわゆる政教分離を唱える．これにより，世俗為政者は社会秩序の維持のために宗教的な異論を耐忍すべきであり，それには世俗罰を科さない，という政策としての寛容が主張される．それに伴い，ロックは世俗為政者の権限や統治などを，宗教的救済や聖職者支配とは無縁の形で構想した（ロック1689）．

●**現代の寛容**　寛容は20世紀初頭に至るまで，個人の宗教信条に対して国家等の世俗権威は介入しない，という消極的な概念として運用された．20世紀中葉以降，寛容は他者の見解に耳を傾ける度量やアファーマティヴ・アクション（積極的差別是正措置）を支える積極的概念として重視され，これに伴い，寛容の対象は民族，人種，言語，ジェンダーなどにまで拡大する．その結果，寛容概念の多義化，曖昧化が生じた．ウェンディ・ブラウンはこの問題として「従属化の権力」としての寛容を指摘する（ブラウン2006）．それは，ハーバート・マルクーゼが1960年代に指摘した「抑圧的寛容」に通じ，「隷属を継続させ」「差別の機構を事実上守護」する機能を果たす（マルクーゼ1965）．寛容される者は，寛容する者から対等視されないまま，敵対的，逸脱的，周辺的，下位的なものとして差異化されたうえで，秩序維持などの政策的配慮から耐忍される．

　グローバルな紛擾の発生・拡大の原因となるこうした差異化に対抗しうる寛容を求めるとすれば，異論の政策的耐忍を超える，寛容の二つの潜在力に期待するしかない．第一に，寛容の歴史は人の見解を外部の力で変えることの困難，かつ神や真理についての不可知を人間に教えてきた．これらをふまえて差異を差別，抑圧や暴行の対象にしない寛容は，他者を対等視しない差異化の解体に不可欠である．第二に，寛容は「抑圧的」性格を超えて，人が自己自身や現状を見直し，他者との新たな共同性に道を拓く可能性を有する．ロックが不寛容な聖職者支配を拒否し，世俗統治のありように考究を加えたように，寛容が差異化の解体に及べば，その根底にある政治的抑圧，経済的格差，領土などの問題を明るみに出し，新たな社会原理の構築と実践を促すことになろう．　　　　　　　　［山田園子］

自由意志

[ラ]liberum arbitrium ［仏]libre arbitre ［英]free will

　人が強制を受けず自発的に選択したとみなされ，かつ自分自身自由に選択したという意識をもってある行為をなしたり控えたりするとき，その行為は自由意志による行為といい，人はその選択行為の責任を負うとされる．この意志の自由な判断に基づく行為という考え方と対照的な立場が決定論である．決定論は，人間の行為もあらゆる現象も無数の因果連関によって引き起こされ，世界を律する原理の必然性にしたがっているのであり，厳密にはあらかじめ決定されていると考える．

　自由意志と決定論は，自由と必然をめぐる問題として哲学や神学において古代から盛んに論争が行われてきた．自由意志論者は，自由の本質は外的な要因によって決定されていないという非決定性にあるとし，意志の自律性と一切の必然性からの自由を主張する．一方，自由意志を否定する立場は，決定論を受け入れ，意志的行為は因果的必然性の所産であり，それと両立する意味においてのみ選択の自由や行為の自由はありうると論じる．こうした両立論はT.ホッブズ（1588-1679），J.ロック（1632-1704），D.ヒューム（1711-76）にみられる．特に両陣営の間で重要な争点となったのが，行為の責任は誰にあるのかという問題である．なぜなら，もし人間の意志が因果連関の必然性に従属し何らかの外的要因によって決定され，行為はその結果生じるものだとするならば，行為の責任は結局のところ当該行為者にはなく，真の責任主体は外的な要因をつくった存在——突き詰めれば，あらゆる出来事の第一原因たる神ということになるからである．

●**自由意志論争**　キリスト教の歴史において，自由意志は人間の魂の救済をめぐって神の恩寵との関連で激しい論争を展開した．人間は神が与えた自由意志の力によって，神の前において救済されるにふさわしい存在へと自ら倫理的に高めていくことができるのか，それとも自由意志は存在せず，人間は己の力で自らの悪を克服することはできず，ただ神の一方的な恩寵によってのみ救われるのか．5世紀初頭，自由意志論争は，ペラギウス（354頃-418以後）とA.アウグスティヌス（354-430）との間で本格的に行われた．ペラギウスは，人間の意志の自由と行為に対する責任を強調し，人間は善行を積み重ねることで恩寵を得て独力で救済に至りうると説いた．アウグスティヌスは，神の全知全能と人間の不完全性を強調する恩寵論を形成し対抗した．アウグスティヌスによれば，人間の意志は自律的であり，個々の行為の責任は行為者に帰属する．原罪前のアダムは自由意志を有していたが，その自律性ゆえにアダムは神に従わず，自らの悪しき意志に従い原罪をもたらした．悪の原因は神ではなくアダム（人間）にある．したがって，原罪を犯したアダムの子孫である人間の意志は悪徳と罪に隷従しており，真の意

味で自由ではない．この世の人間の意志は無力であり，救済は神の恩寵なくしてはありえないのである（アウグスティヌス 388-395：315-316；大西 2014：60-65）．

宗教改革期にはD. エラスムス（1466-1536）とM. ルター（1483-1546）が自由意志論争を戦わせた．ルターは自由意志の存在を否定し，堕罪後の人間の意志は悪に囚われた奴隷意志であり，人間は自分の力で自分の意志を変えることができず，神の恩寵なしに救済されることはないと主張した．エラスムスは，自由意志をもつ存在として創造された人間の本性それ自体が神の恩寵の所産であり，堕落した人間の自由意志がなしうることはきわめて小さいとしても，道徳的善に向かう志向性としての自由意志が人間の中に残されているかぎり，恩寵の導きがあれば人間は救済に向かうことができるとルターに反駁した．

●ポール・ロワイヤル　パウロ（10頃-67頃）の『ローマの信徒への手紙』やアウグスティヌスの教説に基づくルターやカルヴァン（1509-64）の恩寵論は，宗教改革者だけでなくカトリック教会にも影響を及ぼした．フランスのアウグスティヌス主義者は，著書『アウグスティヌス』（1640）でアウグスティヌスの恩寵論と予定説を擁護したオランダのカトリック神学者C. ヤンセン（1585-1638）の思想を奉じてジャンセニスムを構想し，自由意志を高らかに謳う敵対者イエズス会に対抗した．

A. アルノー（1612-94）とヤンセンの友人でもあるサン＝シラン（1581-1643）は，ポール・ロワイヤル修道院を拠点として，恩寵の絶対的な力を強調するジャンセニスムを理論的支柱にフランスのカトリック改革運動を推進した．ポール・ロワイヤルは世俗権力と教会権力の双方から何度も弾圧され，1653年にはジャンセニスムの学説がローマ教皇から異端宣告を受け，アルノーとポール・ロワイヤルは窮地に追いやられた．ポール・ロワイヤルの改革運動に賛同したB. パスカル（1623-62）は，アルノーを擁護するために論争書簡『プロヴァンシアル』（1656-57）を執筆して世論の関心を喚起した．対抗宗教改革の中核を担うイエズス会は，恩寵は神の予知により神と協働して人間の自由な意志に拒否されない仕方で与えられるというモリナ（1535-1600）の学説を公認の恩寵論として掲げ，意志の自由の最大化を図った．これに対し，自らをアウグスティヌスの精神的弟子と自認するパスカルは（大西 2014：77），モリナの恩寵論は人間の選択を神に追認させる不遜なものであるとし，原罪後の人間の自由意志を否定して人間の神への絶対的な従属を確信とする厳格な恩寵論を展開し，イエズス会の自由意志論を徹底的に論駁した．

18世紀初頭にポール・ロワイヤル修道院は廃院に追い込まれたが，ジャンセニスムはオランダやイタリアにも波及した．自由意志は現代では脳科学分野でも取り組まれ，新たな地平を開いている．　　　　　　　　　　　　［梅田百合香］

経験主義
[英]empiricism

　経験主義（経験論）は通常，合理主義と対比される概念である．近代哲学の学派として経験主義は，大陸合理論と対比されるイギリス経験論を意味する．哲学的真理が経験に先立つ理性の演繹よって得られるとする立場が合理主義であるのに対し，理性の作用を二次的なものとみなし，知識は人間の感覚を通して得られるとする立場が経験主義である．しかしイギリス経験論，大陸合理論という呼び名は後代のものであり，必ずしもそれら学派を形成しているとみなされる個々の哲学者の自己認識を表すものではなかった．イギリス経験論の哲学は大陸合理論との密接な知的交流を通して展開した．

●ベーコン　イギリス経験論の完成者は 18 世紀の D. ヒューム（1711-76）とされるが，経験論的学問の基盤を据えたのは R. デカルト（1596-1650）と双璧をなす近代哲学の創始者 F. ベーコン（1561-1626）である．科学革命によって実験と観察に基づいた知識が宗教的権威よりも確実であるという認識が広まり，アリストテレスの哲学やスコラ学を批判する土壌が形成された．ベーコンは学問の方法を革新することが重要であると考え，実験的方法を哲学に導入した．ベーコンの学問論は中世から近代への移行期の学問全般の再編成に重大な役割を果たした．ベーコンはスコラ学が確実な知識の基準として依拠していたアリストテレスの論理学を批判し，個別的事実の観察に基づいてより一般的な命題を導出する学問の方法として帰納法を提示した．そして「知は力なり」というベーコンの言葉に表されるように，思弁ではなく実験や観察によって自然についての正確な知識を得ることで，人類の生活を改善しようと試みた．

　ベーコンは，帰納法が十分に機能するためには人間精神を歪める 4 種類の「イドラ（人びとを誤った認識へと導く幻像）」を消し去ることが必要であるとしている．4 種類のイドラとは，人間性そのものに根ざす「種族のイドラ」，個人的性質から生じる「洞窟のイドラ」，言語の不完全さから生じる「市場のイドラ」，哲学説から生じる「劇場のイドラ」である．それゆえベーコンの経験主義は無批判に経験を信奉する立場ではない．実験的方法の提唱者としてのベーコンの経験主義は，錬金術などのやみくもな実験を明確に批判し，人間精神と事物の本性の結合を目指すものである．「自然は服従することによって支配される」というベーコンの主張が示すように，人間は自然をありのままに理解することで自然の奴隷であることをやめて自然の主人となり，自然の力を十分に利用することができるとされる．またベーコンが提示した，理論と経験的実践の結合としての近代的な科学技術の概念は後世に重大な影響を与えた．ベーコン主義は R. ボイルや R. フッ

クに受け入れられ，ロンドン王立協会の設立に貢献した．学問的影響はイギリスだけでなく，デカルトらの大陸合理論や D. ディドロやダランベールをはじめとする百科全書派にも及んでいる．ベーコンは学者であっただけでなく，イングランドの大法官として政治的な活動も行った．

●**ロックの経験論**　J. ロック（1632-1704）は経験論的認識論をはじめて体系化した．ロックはベーコンの方法論に影響を受けデカルトの生得観念論を批判した．ロックが経験に先立つ生得観念を批判するのは，それを主張する者の支配の試みから各人の知性の独立を擁護するためであった．ベーコンにおいては人間精神がイドラによって歪められているとされたのに対し，ロックによれば精神は「白紙」であり，観念は感覚もしくは反省の経験を通して与えられるとされる．また感覚の観念は外的な原因のしるしとされる．物体は精神にその性質を示す「力」をもち，物体についての表象は精神と精神の外の実在の間の因果作用によって成立するとされる．この理論は精神と物体を二元的にとらえるものであり，デカルト哲学で問題にされた心身二元論の二領域を因果作用によってつなぐ立場である．ロックは我々の精神は経験から単純観念を受け取り，それを組み合わせて複雑観念を形成すると説明した．この考えに基づき，ロックはデカルトの実体観念を，単純観念を組み合わせた精神の想定に過ぎないと批判した．そして観察的事実を超えた実体の存在や対象の実在的本質については人間の無知を主張した．

　ロックによると経験から得られる個別観念を理性が比較し，個々の観念の特殊性を抽象して抽象観念が生み出されるとされる．概念の一般性は人間の理性がつくり出す抽象観念の一般的特徴によって成立する．ロックは直観，理性，判断力などの人間の知的能力を重視する．またロックにおいて神の存在は当然の前提とされており，無神論は反道徳的立場として厳しく批判される．ロックの知性論は，理性的主体としての個人が理性を正しく行使して自由な社会を形成すべきとする彼の社会契約説の基礎理論となっている．

●**18世紀の経験主義へ**　ロックの経験論はデカルトの生得観念の批判から出発したが，他方で人間の理性に重要な役割を認めており合理主義的な傾向をとどめている．ロックから直接教えを受けたシャフツベリはロックの合理主義を批判して道徳感覚に基づく道徳論を提示し，スコットランド啓蒙思想の祖である F. ハチソンにも影響を与えた．またロックの経験論をおし進めた G. バークリー（1685-1753）はロックにおける対象の客観的性質と主観的性質の認識の区別を無効とした．ヒュームでは精神から独立した物体の実在は前提とされず，精神の内部での観念の関係が探究の主題となる．ヒュームは習慣に基づく信念が重視し，因果信念も観念連合の習慣の産物であるとしている．学問的知識の対象として観念の外部の不可知の原因が排除されることで「人間の科学」と呼ばれる経験的道徳論が成立し，近代社会科学の発展の基礎となった．　　　　　　　　　　[矢嶋直規]

合理主義

[英]rationalism [独]Rationalismus [仏]rationalisme

語源はラテン語の ratio で，ギリシア語のλόγοςからキケロの時代に訳された．①理性，理性的推理，②理由，③比例，関係，④事物の本質，などの意味を含む．哲学史的には，②の理由律（理由を要求する認識），③の数学的意味，④の本質的意味が重要である．今日では①が一般であり，(1)認識論的には，感覚や想像ではなく理性に真理の基準を置こうとする立場，(2)実践的には，自らの理性により発見した原理を客観的原理と考え，それだけを尊重する生活態度を指す．

以上の原意から，理性に自分の判断を従わせ，物事を合理的，すなわち「理性に従って」生活する格率には，古代ギリシア以来種々のものがあり，中国の思想伝統にも見出される．しかしそうした「理性に従う認識態度・生活態度」としての広義の合理主義が，特に経験主義（empiricism）との対比を通じ，哲学的立場として先鋭化されるのは西洋近世である．「合理主義者（rationalistae）」という語はフランスで1539年に見出されるが，そこでは「経験主義者」への対抗が意識され，認識に対して純粋思惟を経験より重視する者を指した．

●**西洋近世哲学における合理主義** 合理主義に拠る近世最初の哲学者とされるのはR. デカルト (1596-1650) である．彼は人間には生来「良識（bon sens）」が備わり，自らの精神を指導することで，全知識と学問の土台となる真理に到達できるとする．そのため方法的懐疑を徹底して感覚や想像を排し，思惟によって我の，そして神と外界の存在を論証する．推論の規則としてあげられる明晰判明知，分析，総合，枚挙を通じて経験（観察，実験）に対する純粋思惟の自発性と優位が認められる．そしてそのような思惟のモデルとされるのは数学（ユークリッド幾何学における演繹法）である．これはλόγοςを語源とする ratio がもともと数学的意味を帯び，プラトニズムでも数学が重視されたことと関係している．

理性的思惟を真理基準とする合理主義は，続くB. スピノザ，G. W.ライプニッツ，C. ヴォルフ (1679-1754) の哲学にも異同を伴いつつ継承され，「大陸合理論」と称される．注目すべきは「生得観念」である．デカルトは「延長実体」「思惟実体」「神」を生得観念として形而上学体系の中軸に据えた．ライプニッツは知性が経験を要することは認めるが，「知性の規則そのものを除いては」と留保をつけ，生得観念を承認した（『人間知性新論』1704完成，1765）．そして論理学，数学，形而上学の認識は，概念の分析によって証明され必然的真理であるとした．合理主義は，自然学では決定論，キリスト教神学では理神論の形成に大きく関与した．

合理主義は経験主義，特にイギリス経験論との対立によって際立たされる．すでにF. ベーコン (1561-1626) は真理の基準として観察と実験，そして帰納法を重

視した．特に J. ロックは『人間知性論』において「生得観念」を明確に否定する．
●**合理主義のさまざまな意味**　しかし，理性と経験はそもそも排他的かといえば必ずしもそうではない．実際ライプニッツでも感覚所与を実在的性質として認めており，また逆にロックでも知覚には与えられない「物」という観念が初めから前提されている．つまり我々の認識は理性と経験の両方を必要とする．しかし知識において何を求めるのかが異なる．合理主義者が求めるのは客観的な原理に立つ普遍性と必然性（確実性）であるのに対し，経験主義者はむしろ現実性（個別性，特殊性）を認識しようとする．

　このように合理主義は認識の起源に関して経験より理性を，求める認識に関して事実性より必然性を重視するが，それを原意としつつ，さらに場面や対抗者によってさまざまな意味で用いられる（人間的認識の可能性の制約を問い，理性か経験か，合理主義か経験主義かという対立を綜合しようとしたのが I. カントの『純粋理性批判』[1781]）．17 世紀では，H. グロティウスのように自然法の拘束力の起源を理性に認める立場が出てくる．ライプニッツは，「正義」を上位者の意志と同一視する T. ホッブズに反対し，「知者の慈愛」・「普遍的善意」と定義する．さらに彼は，「自由」を「人が自分の欲することを妨げられずに為すことができる状態」とみなすロックに対し，「自由とは理性に従うことが出来るということである」と反論する．この主知主義的な議論は，感覚を排除するというよりは，意志を行動原理とする主意主義に対置されている．また 19 世紀の歴史主義に対して，合理主義がいわれる場合も，知覚経験と合理性が相反するのではなく，認識されるべきものが個性的で時間的・歴史的なものか一般的なものかが争われている．

●**合理主義と現代**　2 度の世界大戦，ホロコースト，原爆を経た戦後には，それらを（科学技術とその圧倒的な成果とともに）もたらした元凶として啓蒙の合理主義（目的合理主義）が断罪される（M. ホルクハイマー／Th. W. アドルノ『啓蒙の弁証法』1947）．さらにポストモダンの思潮では西洋の思想伝統そのものが，その同一化，現前化，ヨーロッパ中心主義などと形容され批判されるが，合理主義もまた同様である．1980 年代以降の政治哲学でも自由主義・自由至上主義の隆盛の中で，多少とも主意主義的な論調が強い．またマイケル・オークショット『政治における合理主義』（1962）のように，実践知や経験を伴わず，あらゆる人間の知識を定式化するとして，合理主義に拠る政治を批判する立場も知られる．

　しかしながら，地球温暖化，核の脅威，地球規模の飢餓，感染症・格差問題などに対し，唯一の解決策は，立場や意見の隔たりを熟議により克服し合意を形成することにしかないが，それは我々が人間として理性を有し理性によって判断できるはずであるという希望に基づくであろう．J. ハーバーマスの「コミュニケーション理性」も（批判理論を経た）理性復活の試みとみることができる．

[酒井　潔]

懐疑主義

［英］skepticism　［仏］scepticisme　［独］Skeptizismus

　ギリシア語 skepothomai（観察する，検証する）から派生した「懐疑主義（scepticisme）」は，ギリシアのピュロン（365-275 BC）を始祖とする哲学の流派を指す．その第一の特徴は，「独断主義」と呼ばれるあらゆる既存の哲学に対抗したことである．「存在するものは何か」「最高善とは何か」といった問いに対して，独断主義者とは異なり，懐疑主義者は判断を中止し，ひとつの答えを導くことを拒んだ．懐疑主義の第二の特徴は，教義ではなく，「方法（アゴゲー）」を基盤とする点にある．この方法について，セクストス・エンペイリコス（2-3 世紀頃）は，『ピュロン主義哲学の概要』の中で，次のように説明している．「懐疑主義とは，いかなる仕方においてであれ，現れるものと思惟されるものとを対置しうる能力であり，これによってわれわれは，対立［矛盾］する諸々の物事と諸々の言論の力の拮抗のゆえに，まずは判断保留にいたり，ついで無動揺［平静］にいたるのである」（セクストス 訳 1998：9）．

●「現れるもの」　「懐疑主義」の原則は，独断主義者たちの主張において「思惟されるもの」と，自分の目に「現れるもの」とを対置し，両者を比較することで，知識を検証することにある．「思惟されるもの」とは，対象の実際のあり方ではなく，感覚を介さずに知覚される対象のことである．一方，我々人間は，我々に「現れるもの」をもとに思考を行うのだが，その「現れるもの」とは，感じる主体と感じられた対象との出会いによる「混合」の産物であり，「相関物」，すなわち現象である．ところが，「現れるもの」は各人，感官，状況，場所などの違いによって変化し，対立するので，そのうちのどれひとつとして，真に対象の現れであるとみなしうるものはない．したがって，対象の本来のあり方について独断的に判断を行うことは不可能である．セクストスは，アイネシデモス（80 頃-130 頃）とアグリッパ（1 世紀頃）に従って，彼が「現れるものと思惟されるものとを対置しうるあらゆる仕方」と呼ぶものを，「方式（トロポス）」という用語のもとに整理した（セクストス 訳 1998：25-88）．

●判断の保留　こうして，懐疑（検証，スケプシス）という方法から，判断の保留（エポケー）が生じる．判断の保留とは，沈黙することではなく，「～である」を，「～のように見える」という動詞で置きかえることである．懐疑という方法は，命題の真偽を結論づけることではなく，一連のさまざまな操作を導くにとどまる（そうした操作の基盤となるのが「方式」である）．そして，判断の保留の先に，無動揺（アタラクシア），すなわち，魂の満足，葛藤の不在の状態が訪れる．判断の保留は，情態（パトス）を支えるさまざまな意見を滅ぼすことで，情態そ

のものを無化する（アパテイア）からだ（このような主張に対しては，ルキアノス [120頃-180頃] の短編「哲学諸派の売り立て」[『本当の話』に所収] や，ラブレー [1483または1494-1553]『第三の書』[1546] に，痛烈な批判と皮肉がみられる）．もっとも，判断保留は，活動の保留ではない．それは，現象（習慣，法律，身体の性向など）を受け入れて生きることである．セクストスはいう．「なぜなら，実際われわれは，現れに依拠しつつ，ある種の言論に従っており，その言論とは，父祖伝来の習慣と，法律と，生き方と，またわれわれ自身の諸情態に従って生きる道をわれわれに指し示すものだからである」(セクストス 訳1998: 15-16)．

●**モンテーニュ**　近代ヨーロッパにおける懐疑主義の復興は，セクストスの上掲書の，アンリ・エティエンヌ (1528-98) によるラテン語訳の刊行（1562年）がきっかけである．新たな懐疑主義の普及に際しては，M. ド・モンテーニュ (1533-92) が大きな役割を果たした．モンテーニュは『エセー』(1588) 第2巻第12章「レーモン・スボンの弁護」において，懐疑主義（特にピュロン主義）の影響のもとに，あらゆる人間の認識が相対的であるゆえ，知識がすべて誤謬と虚偽でしかないと断じるとともに，我々は絶えず動揺し変化してやまない現象の流れをとらえているにすぎないと説く．そのうえで彼は，信仰を神からの無償のたまものとみなし，宗教を理性の検証の対象外とした（信仰至上主義）．あらゆる断定を避ける彼の姿勢を象徴的に示す格言「私は何を知るのか？（Que sais-je?）」はよく知られている（モンテーニュ 1588: [三] 119-130, 244-247, 308-323）．

●**パスカル**　B. パスカル (1623-62) は，未完の『キリスト教護教論』の草稿を集めた『パンセ』(1670) の中で，一方で，我々は信仰と啓示によらないかぎりいかなる知識も確証できないという懐疑主義的主張をもって独断主義を批判するが，他方でまた，「空間，時間，運動，数が存在する」といった「第一原理」（我々が生来真として受け入れている命題のこと）を疑おうとする「ピュロン主義者」を，本心を偽る不誠実な輩として非難している．懐疑にはおのずと限界があると考えるからだ．パスカルはこうして，彼が哲学の二大流派とみなす懐疑主義と独断主義の双方を斥け，それらと真っ向から対立する原理を体現するキリスト教の正しさを結論づける（パスカル 1670: [上] 147-157）．パスカルはモンテーニュ以上に，信仰と理性とを区別する信仰至上主義を徹底した．

●**デカルト**　R. デカルト (1596-1650) は，「ほんの少しでも疑いをかけうるものは全部，絶対的に誤りとして廃棄すべきであり，その後で，わたしの信念のなかにまったく疑いえない何かが残るかどうかを見きわめねばならない」（デカルト 1637: 45）という「方法的懐疑」を通じて，それでも疑いえない「考える我」（コギト）の確実性を，すべての真理探究の基盤とした．以後，哲学探究の手続きとしての方法的懐疑は，D. ヒューム，I. カントを経て，イギリスの分析哲学者へと継承されていく．

［山上浩嗣］

キリスト教共同体
［ラ］respublica christiana ［英］christendom ［独］Christenheit

　キリスト教共同体は，最も広い意味では，イエスをキリスト・救世主と信じる人びとの集団である．その始まりはパレスチナにおいてキリスト教の創始者イエス（ナザレのイエス，7～3 BC-30～33 AD）に従う人びとである．彼らのうち，他地域への布教を担う人びとが使徒と呼ばれ，使徒はキリスト教を1世紀末までには地中海沿岸・東部地域へと伝えた．特に使徒パウロは，神の前での人間の平等と信仰による救いを説き，キリスト教を民族の枠を越える世界宗教に成長させた．

●**原始キリスト教と教父時代**　イエスの死後100年ほどの間の，使徒による布教とキリスト教の整備の時代を，原始キリスト教時代と呼ぶ．この時期には，アレキサンドリア，アンティオケアとカッパドキア周辺，そしてアフリカ西北部が拠点となり，教義などの整備にそれぞれ貢献した．諸説あるが，キリスト教共同体の土台文書となる新約聖書は1世紀末までに成立したとされている．

　教父時代は100年から451年のカルケドン教会会議までを指す．教父（patristic）という言葉はラテン語の父（pater）に由来し，キリスト教の初期に活躍し，キリスト教を体系化した神学者を指す．キリスト教共同体との関係で注目されるのは，教父アウグスティヌス（ヒッポのアウグスティヌス，354-430）とドナトゥス派との論争である．ローマ帝国は313年にキリスト教を公認するまでキリスト教徒を迫害していた．論争が問うたのは，そのさなかに棄教した者が公認後教会に復帰し，神の恩恵に関与する職務を遂行しうるのか，ということだった．ドナトゥス派は棄教者を裏切り者として彼らの復帰を拒否したが，アウグスティヌスは棄教の罪を悔い改めることを条件に復帰を認めた．この論争は5世紀初頭にアウグスティヌスの勝利に終わったが，教会というキリスト教共同体の考え方に決定的な影響を与える．ドナトゥス派にとって教会は聖徒のみの集団だが，アウグスティヌスは教会を聖徒と罪人が混在する集団とし，教会の権威や有効性を，そこに集った人びとにではなく，あくまで主イエスに求めた．

●**中世キリスト教共同体**　キリスト教公認後まもなく，ローマ帝国は民族大移動を契機に東西に分裂し476年に滅亡する．その後の戦乱を経て，11世紀にヨーロッパは安定期に入り，およそ15世紀まで，後の人びとから中世と呼ばれる時代が展開する．中世キリスト教共同体（corpus christianum）の特色は，神の恩恵と自然（人間を含める被造物）を峻別し，恩恵を上位に据えて，その下にある自然の役割を階層的に配分することにある．人間世界ではローマ・カトリック教会とその頂点に立つ教皇による聖職者支配を行い，教会が宗教的役割とともに，世俗

為政者に優位して政治的機能も担う政教一致の体制がとられた．これを象徴するのが，中世の神学者トマス・アクィナス（1225-74）の以下の言葉である．「かれ（教皇）に対して，キリスト教徒人民のすべての王はあたかも主イエス・キリストその人に対するように，服従しなければならない」（トマス・アクィナス 1267 頃）．

●**宗教改革と近代社会** 14 世紀になると，ジョン・ウィクリフ（1320 頃-84）らがローマ・カトリック教会への批判を開始した．教会への改革要求と実践は 16 世紀においてマルティン・ルターやジャン・カルヴァンらの宗教改革によって本格化する．中世キリスト教共同体の解体と近代社会の形成を促した要因を宗教改革に求めたのは，ドイツの神学者エルンスト・トレルチ（1865-1923）である．彼によれば，宗教改革は教会の単一支配を打破し，キリスト教的な要求を平等かつ厳格に個々人に求めた．それが宗教的個人主義を結果し，人権や良心の自由という近代社会の根本理念を育む（トレルチ 1906）．ただし実際には，聖職者支配や政教一致体制は宗教改革以降も継続し，地域や国によってはローマ・カトリック教会の支配は堅固だった．ローマ・カトリック教会と改革を求める側との対立は長期の戦乱を引き起こし，さらに改革を唱える者の間での紛擾も絶えなかった．

聖職者支配や政教一致体制に打撃を加え，中世のそれに代わるキリスト教共同体の概念を構築したのは，17 世紀イギリスの哲学者ジョン・ロック（1632-1704）である．イギリスは 16 世紀半ばにローマ・カトリック教会から独立したが，政教一致の国教会体制は継続した．だが，17 世紀半ばに勃発した内戦において，国教会体制の見直しが課題とされ，国教会を批判・拒否する非信従者・非国教徒への対応が迫られる．ロックは 17 世紀後半に聖職者支配を拒否して，いわゆる政教分離を唱え，教会を魂の救済のみを目的とする個人の自発的結社だと主張した．彼によればキリスト教共同体は，信仰を同じくする個々人が自発的に構成する，現代の会社のような結社だった．国教会すらその土台はあくまで個人の自発的結合にあり，その結合が「国全体によって受け入れられ」たならば，それが国教会になると考えられた（ロック 1681, 1689）．

●**現代** 20 世紀には，教派を超えたキリスト教徒の対話，和解，一致を目指すエキュメニズム（ecumenism）という考え方が登場する．これに伴い，ローマ・カトリック教会と，他方，宗教改革の流れを汲むプロテスタント諸派とが共同して聖書の翻訳と取り組み，日本では 1987 年に新共同訳聖書が刊行された．だが，現実的な諸問題への対応や見解の相違が教派間の対立に及ぶことは稀ではない．さらに，近代的な政教分離原則や宗教の私事化が，キリスト教文化帝国主義や人権侵害として，他宗教から疑問視または異議申立ての対象となっている．現代世界における公正かつ平和な社会形成に資するキリスト教共同体の再構築は，宗教，政治，経済，文化などの相互連関について，多種の差異を前提とした原理的・根本的な見直しを必至とする．

［山田園子］

科学革命
[英]scientific revolution

　通常「科学革命」は，アイザック・ニュートン（1642-1727）の『プリンキピア：自然哲学の数学的原理（*Principia Mathematica Philosophiæ Naturalis*）』（初版1687）の成立に頂点をみる，17世紀ヨーロッパで起きた科学の革新のことを指す．科学革命は科学史上で近代科学の出発点とされてきた．またそれは思想史上では，ルネサンスや宗教改革に続く「近代思想」の一つの画期とされる場合がある．さらには科学革命こそが現代世界を形づくった大文字の「近代」（モダニティ）の真の原点であるという見方もある．

●**科学革命論の問題点**　このような理解には，以下のような留保が必要である．第一に，この世紀に誕生した近代科学は天文学とニュートン力学だけだった．近代化学の成立は18世紀末から19世紀にまで遅れ，医学に至っては19世紀後半にようやく現代医学の基礎が築かれた．第二に，17世紀の科学の変革は「革命」的な過去との断絶ではなかった．G. ガリレオ，J. ケプラー，R. デカルト，C. ホイヘンス，ニュートンたちの業績には中世のスコラ学の自然研究を受け継いだ面があり，また科学革命の代表者たちが批判の的としたアリストテレス自然学の研究も大きな役割を果たしていた．第三に，科学が技術と結びついて社会を変える力をもったのは19世紀からだった．その点ではこの時期こそが真の「科学革命」の時代だともいえる．19世紀の科学では思想，文化的には進化論が重要だが，技術の面では化学，医学および電磁気学と熱力学の成立が人間生活を変え，20世紀前半の量子力学，後半の情報科学と分子生物学がそれらに続いた．18世紀までは科学は，このような大きな社会的役割を果たすことがなかった．第四に，科学革命を「近代の成立」と結びつける場合，合理的，世俗的な近代的知性の誕生が念頭に置かれる．しかし17世紀の科学的探究では，科学が真の信仰の基礎となるという考えが大きな動機だった．また17世紀に有神論と両立する形で復活した原子論，機械論に並んで，錬金術，占星術，生気論なども引き続き科学的探究の重要な文脈を構成していた．そのためこの時期の科学的思考が現代の世俗的，合理的な知性のあり方の原型だともいえない．これらの点で，17世紀の科学革命を人類の知的発展の決定的な転換点とみることは難しい．

●**バターフィールドの科学革命論**　『近代科学の誕生（*The Origins of Modern Science*）』（1949）で最初にこの概念を使った科学史家ハーバード・バターフィールド（1900-79）自身，17世紀における科学の革新は部分的で，中世の遺産に基づいており，思想的には宗教的な動機が大きく働いていて，世俗的な合理主義に基づいてはいなかったと述べている．彼はさらに18世紀の啓蒙の成立は主にフォ

ントネルなど自由思想や懐疑論的な傾向をもつ文人たちによるもので，17世紀の科学者の役割はあまり大きくないこと，17世紀末のヨーロッパには確かに大きな歴史的転換がみられるが，それは文化，社会，経済の同時的な変化であり，科学革命によるのではないことなどを指摘する．そのうえでバターフィールドが「科学革命」を提唱する理由は，それが固有の「西欧」の起源となったと考えるからである．近代西欧文化は知識と合理性のみに根拠を求める点で，地中海世界やローマ帝国から受け継いだヨーロッパ文明の要素である，古代文化やキリスト教から区別される．20世紀中葉の自由民主主義と社会主義はともにそれを受け継ぎ，科学的知識の発展による世俗的な進歩を目指す理想を掲げていた．バターフィールドはこのような歴史的状況の中で，彼が生きる「現代世界」の出発点を，17世紀の当事者たちの意識を超えて200年後の歴史的帰結からみる形で，科学革命に求めたのである．世界市場の深化とグローバルな環境・資源問題，宇宙探査，人工知能，生命科学などの科学技術の発展など，さまざまな面で現生人類が「人間」ではなく，種としての自覚を迫られている21世紀は，異なる視点で科学革命をみるべきだろう．

●**科学的知識のシステムと近・現代思想**　少なくとも17世紀は，従来人文的知と比べ下等な知識と考えられてきた「数学と観察・実験」が，技術と密接に結びついて，知の独自の領域を形づくり始めた時代だった．この操作的な知識の体系はロンドン王立協会，フランスの王立科学アカデミーのような組織の設立と公衆への普及に支えられて，徐々に影響を拡大していく．実用的な知識への知識人の関心の高まりと哲学，形而上学との結びつき，広範な社会への普及などは，ほぼ同時期の東アジアにもみられた．しかし『プリンキピア』のように，幾何学（後には方程式）と実験・観測の語彙のみによって記述され，自己完結した体系的な科学的知識の成立は，17世紀ヨーロッパの特徴である．それは19世紀から20世紀には知識を生産する巨大な分業システムへと発展し，技術や政策への転化を通じ功罪両面で，種としての人類の将来を左右する力をもつようになった．

18世紀に科学啓蒙家，文人，教会人の手によって，科学的知は宗教，政治，倫理思想と結びつけられ，比較的寛容な体制を支えるイデオロギーを構成した．また科学の言語の発展と成功は，それが記述する「現実」と，自然言語や表象に基づく「空想」との区別をもたらした．そのことは，日常世界の論理と経験から人間と社会をとらえ，その根底にある「人間本性」に基づいて文明を人間化，合理化する「啓蒙」の企てを正当化し，19世紀以後の近代社会・政治思想の成立を導いた．だがこの眼差しからは国家や宗教や社会を支えている，一見不合理にみえるが文明社会のメカニズムである，想像や表象に基づく権力のあり方が不可視となるため，W. G. F. ヘーゲル以後の哲学の転回が促され，現代に至る思想的課題が残されることになったのである．

[長尾伸一]

新旧論争（古代・近代論争）

［仏］Querelle des Anciens et des Modernes　［英］Ancient-Modern Controversy

　新旧論争（古代・近代論争）は，17・18世紀のフランスとイギリスを中心に行われた古代と近代のどちらが優位にあるかに関する論争である．

　古代 antiqui と近代 moderni（ともにラテン語）を対比させる発想は，中世神学者にもみられた．それと関連して，人文主義者（ユマニスト）のペトラルカ（1304-74）は，神学と当時の法学を「近代的」と形容するが，それは軽蔑的に用いられていた．モンテーニュ（1533-92）は，古代の偉大さを強調し，知性も言語も近代になり劣化したと考えた．

　新旧論争の始まりは，17世紀初頭に，イタリアであった．風刺家のトライアーノ・ボッカリーニ（1556-1613）は，1612年に『パルナッソス詳報』の第1巻をヴェネツィアで出版した．そこでは，イタリア・ルネサンスの優れた叙事詩家は，数において古代にはるかに勝っていることが主張されている．そして，彼はスペイン・ハプスブルクの脅威を感じていたヴェニス出身者であることから，イタリア・ルネサンスを生み出した自由の精神に対して，スペイン・ハプスブルクの普遍君主化がその脅威となることも示唆した．この書はヨーロッパ中で読まれることになった．加えて，イタリアの詩人アレッサンドロ・タッソーニ（1565-1635）は叙事詩『桶騒動』（1622）において，ホメロスにおける詩の完成というそれまでの定説に留保をつけるなど古代と同時代の叙事詩を比較し，フランスに影響を与えた．

　イタリアでの論争に触発されつつ展開されたのが，一般的に名高いフランスにおける新旧論争である．

●**フランスの新旧論争**　フランスにおける新旧論争の背景としては，17世紀フランスにおける学芸の発展がある．1635年にリシュリュー（1585-1642）がアカデミー・フランセーズを創設した．彼は，フランス語を単なるラテン語の補完的言語から普遍言語へと押し上げる目標を立てており，さまざまなラテン語やヨーロッパの古典・書籍をフランス語に翻訳した．デカルトはフランス語で哲学を書いた．これらにより，17世紀にはフランス語の地位向上が進んだ．それは，貴族のサロンなどを中心として，フランス語で書き・読む層の拡大を生んだ．結果として，フランスでは，詩，悲喜劇，哲学等の諸学芸が発展した．

　そのような背景のもとに，古代と近代の比較分析が進められたが，直接的な論争のきっかけは，詩人のシャルル・ペロー（1628-1703）により，ルイ14世に捧げられた『ルイ大王の世紀』（1687）であった．彼は，望遠鏡の発見が宇宙の見方を変え，顕微鏡の発明が自然哲学を変革したことに加えて，ギリシア・ローマの

古典に当時のフランスの著述家（モリエールやP. コルネーユら）が取って代わるだろうと主張する．ただ，イタリア・ルネサンスも意識していたペローは，フランスが古代よりもイタリアよりも優れた学芸を生んだと主張する．絵画では，シャルル・ルブラン（1619-90）が古代ギリシアのアペレスやイタリアのラファエロに，彫刻ではフランソワ・ジラルドン（1628-1715）が古代ギリシアのリュシッポスやイタリアのミケランジェロに取って代わるであろう．ウェルギリウスやホラティウスを生み出し，文芸の黄金時代として知られていた古代ローマのアウグストゥスの時代よりも，ルイ14世紀の時代の方が，文芸は優れている．アウグストゥスの時代もまた野蛮では決してなかったものの，その後の諸時代の良い例も悪い例も知っているので，ルイ14世紀の時代の方が文芸において進歩していると述べるのである．

対して，偽ロンギノス『崇高論』を翻訳したN. ボワロー（1636-1711）はペローを批判し，古代の文芸の優位を，詩を中核として主張した．当時進められていた絶対主義を標榜する国家体制に対して（実態は必ずしもその通りではないが），ボワローは批判的であることを背景として，古代にみられる英雄的偉大さは，近代では阿諛追従や偽善によって失われており，それが古代における文芸の偉大さが近代で損なわれる結果をもたらしたと考えた．J. ラシーヌ（1639-99）もまた古代の文芸の偉大さを擁護した．ルイ14世の治世の終末期には，論争は，詩の技法や方法から，論理学まで広がりをみせていたが，論争の焦点はホメロスの評価であった．ホメロスは，詩の父としてのみならず人間と自然についての最も深遠な知識人とみなされていたから，ホメロスを取り上げることで，古代と近代どちらが優越しているかを象徴的に論じることができるからであった．古代派はホメロスの優越性を，近代派は近代における良識の拡大を主張した．

この論争は，フランスの外にも拡大した．イタリアでは，ジャンバッティスタ・ヴィーコ（1668-1744）も古代と近代の比較を行ったし，イギリスでは，サー・ウィリアム・テンプル（1628-99）やジョン・ドライデン（1631-1700）もまた，ペローらに触発されて，古代と近代について論じた．

●**人口論争** フランスにおける新旧論争は，直接的には文芸（特に詩）が古代と近代における優劣を論じてはいたが，その背景として，政治制度や社会の違いもまた考察されていた．後者に焦点があてられたのが，新旧論争の第二幕である，18世紀中葉を中心とする古代・近代人口論争である．モンテスキューやロバート・ウォレス（1697-1771）らは古代の人口の方が近代よりも多いと主張し，ディヴィッド・ヒュームらは古代よりも近代の方が人口が多いと主張した．この論争は，人口をいかに計測し人口の法則をどうとらえるかに関する人口論争の一つのきっかけとなった．また，古代と近代の社会の構成原理の差異，および社会メカニズムの解明に大きく寄与した．　　　　　　　　　　　　　　　　　　［野原慎司］

神秘主義

［英］mysticism ［独］Mystik ［仏］mysticisme

　「神秘主義」と訳される mysticism（英）という言葉は，ギリシア語の myein（［目や口を］閉じること）を由来にするといわれる．その語源が示唆するように，そこで中心となるのは，形態や言語による表現を超越した究極的な絶対者との直接的な邂逅の体験である．この伝達不可能な「神秘体験」が神秘家たちの手によって言語化されるとき，そこから「神秘思想（哲学）」と総称されるテクスト群が生まれる．だが同時に神秘主義は，この文字を絶した体験へと探求者を導いていくための修行の階梯を，歴史の中で型として発展させているのが常であり，そうした「神秘道」の実践を含む不可分の全体として成立する．このような伝統は，洋の東西を問わずほとんどの宗教に普遍的に存在し，例えばイスラームにおけるスーフィズム，仏教における禅や密教，ユダヤ教におけるカバラーなど，人類史において多種多様な形態で現れているが，ここでは特にキリスト教神秘主義の伝統を中心に，その特徴と展開，思想史的意義を記述する．

●**一般的性格**　先に「道」としての性格について述べるならば，主としてキリスト教神秘主義では，修行者の歩むべき階梯として，以下の三つの段階が区別される．まず修行者は，外面的事物に囚われた日常生活の虚妄を離れて，自己の内面へと「離脱（excessus）」することを要求される．そこで修行者は，悔い改めや禁欲など，時に苦痛を伴う行によって，身体や魂に付着した利己心や欲望から清められなければならない＝「浄化の道（via purgativa）」．さらに瞑想や祈りなどの行を通して，徐々に修行者は自己の内に絶対者を観想し，自己の殻を破る「脱自（exstasis）」の経験を積み重ねていくことで，自らの霊性の自覚を深めていく＝「照明の道（via illuminativa）」．そうした霊的な格闘の果てに，自らが神によって「拉致（raptus）」されているという絶対的確信，自己と神との根底における一致の証得へと，やがて修行者は到達する．この見神の体験を経て神秘家たちは，それぞれの召命に応じ神の栄光を実現すべく，実践的生活へと還帰していくことになる＝「完成ならびに合一の道（via perfectiva sive unitiva）」．

　次に神秘家たちが自らの体験や境地を言葉として表現しようと試みるとき，神秘主義は「思想（哲学）」としての性格を帯びることになる．だが，文字を絶する真実在を言語で表現しようとする矛盾に満ちた挑戦として，あるいはロゴスの束縛を破らんとする後進たちの羅針盤たるべきものとして，そこでは論理的，概念的な理解を徹底して拒絶するような詩的で象徴的な表現法や，矛盾や逆説をはらんだ言葉が選択されることになる．その具体例は枚挙にいとまがないが，銘記されるべきは，一見して秘密に満ちた言葉の意味は，自己自身の霊的進化のうちに

おいて初めて，開示されてくる性格をもつことである．

●**古代から中世における神秘主義**　こうした神秘主義という精神運動が，しばしばある時代が完成から衰退へ向かう，その変換点において高揚をみせることは，注目に値する事実である．例えば古代から中世の移行期には，オリゲネスやニュッサのグレゴリウスなどの教父たち，プロティノス (205 頃-270) などに代表される新プラトン主義者などが現れ，アウグスティヌスによる綜合を経て，その遺産は中世へ継承される．さらに中世盛期から末期にかけても，スコラ哲学や神学体系の発展の背後には，クレルヴォーのベルナルドゥス，サン・ヴィクトールのフーゴーとリカルドゥスら神秘主義的傾向をもつ神学者や，女性神秘家のマグデブルクのメヒティルドやビンゲンのヒルデガルド (1098-1179)，フランチェスコ会やドミニコ会など修道会の活動が伴っており，それらは信仰の根源にある体験に遡行することで，形骸に堕落した信仰のあり方に，絶えず新たな活力をもたらす源泉の役割を果たしていた．

●**神秘主義と近代**　そして，この中世から近代への移行期における神秘主義の隆盛の頂点に位置するのが，14 世紀のマイスター・エックハルト (1260 頃-1328 頃) から 17 世紀のヤーコプ・ベーメ (1575-1624) に至る「ドイツ神秘主義 (Deutsche Mystik)」である．ヨハネス・タウラーやハインリヒ・ゾイゼらのエックハルトの直弟子，ニコラウス・クザーヌス (1401-64) など，この潮流に属する思想家はそれぞれに独自の特徴を有する神秘主義を展開しているが，特に彼らの思想史的意義として強調されるべきは，その近代性と反近代性である．

　一方で彼らはいずれも，個人的主体における「神秘的合一 (unio mystica)」にキリスト教の本質を求める点できわめて「近代」的である．ゆえにカトリック教会からは，彼らの教説は，教会の役割を軽視する危険な立場として異端視されることになるが，同時にまた宗教改革以前の改革運動として，ルターやその後進たちの思想に甚大な影響を与えていることが指摘される．だが他方で神秘主義は，それが根拠とする内面的な神秘体験の絶対性によって，近代社会という外面を批判するための契機を多くの哲学者たちに与えてきたことも見逃してはならない．この「反近代」的性格は，シュライエルマハーやノヴァーリスなどのロマン主義，シェリングやヘーゲルなどドイツ観念論を経て 20 世紀に至るまで，特にドイツ思想史の隠れた地下水脈として尽きせぬ近代批判の源泉ともなっているのである．

　また現代においてもなお，神秘主義の思想的命脈は失われることなく，むしろその意義は再発見されている．諸宗教間の接触が不可避となったグローバルな世界にあって，個々の歴史的，文化的属性を超越した宗教的体験の普遍性へと遡行する神秘主義は，諸宗教の対話可能性を開くとともに，越境的に思考し行動する多くの思想家にとって，尽きせぬ源泉であり続けている．　　　　　　　［加藤哲理］

第3章

近代国家の胎動

［編集担当：安藤隆穂・奥田 敬・山岡龍一］

ユートピア思想…………………106
主　権……………………………108
国家理性…………………………110
文明と野蛮………………………112
エピクロス主義…………………114
自然法……………………………116
社会契約説………………………118
立憲主義…………………………120
所有権……………………………122
抵抗権……………………………124
戦争と平和………………………126

ユートピア思想
［英］utopia ［独］Utopie ［仏］utopie

　ラテン語でどこでもないところを意味するこの言葉と観念を中心とする思想のことで，社会思想史の中に少なくとも三つの居場所をもった．最初はイギリスのルネサンス・ヒューマニスト，トマス・モア（1478-1535）の著書の題名としてであり，次は19世紀後半にドイツの指導的な社会主義者2人すなわちフリードリヒ・エンゲルス（1820-95）とカール・カウツキー（1854-1938）が，社会主義の実現と発展をユートピアの命運として論じたことによる．3度目はカール・マンハイム（1893-1947）が，著書『イデオロギーとウトーピー』（1929）で知識社会学を樹立したことによってである．

●モアとユートピア思想の成立　モアは自分の著書をユートピアと名づけて，この言葉の意味と用法を決定した．彼はロンドンの弁護士の家に生まれ，オックスフォード大学でルネサンス人文主義の教育を受けるとともに，大陸のヒューマニストたちと親交を結んだが，父の希望によってロンドンのリンカン法学院に転じて弁護士になった．イングランド諸州の治安判事を歴任して世情に通じる一方で，下院議長としてはロンドン市民の羊毛貿易上の利害を代表し，国王使節としてブリュージュで，スペイン側と交渉にあたった．大陸で宗教改革が始まるとモアはそれに反対してローマの法王と教会を守ろうとしたのだが，ヘンリ8世が国王至上令を出すに及んでこれにも反対し，反逆罪で処刑された．

　モアの主著となった『ユートピア』（1518）は，イギリスでは羊が人間を食い物にしているという社会批判によって衝撃を与えたが，その羊がモアのブリュージュでの交渉の主題なのだった．羊毛が高く売れると地主は牧場を拡大して農民を農地から追い出すから，農民は路頭に迷う．これは囲い込みといって，近代初期のイギリスでは牧羊のため，あるいは農業近代化のため大規模に行われた．モアは地主の貪欲を厳しく批判するとともに，それを支える制度としての私有財産制度と貨幣制度の廃止を主張した．彼のユートピアには貨幣がなく，貴金属は便器をつくるのに使用されたが，しかし彼が理想としたのは共産社会ではなく，独立自営小農民の社会であって，ラテン語版では，彼は貨幣のない社会について批判的であった．

●社会主義とユートピア　その後，架空の理想社会を描いて現実を批判することはたびたび行われたが，19世紀になって産業革命が社会主義の運動を生むと，ユートピアは実現すべき理想社会を教えるものとなった．19世紀後半にエンゲルスとカウツキーが，社会主義のユートピアから現実への転化について書いたのは，ほとんど同時だったが，そのことは誰がみても発展はそこまで来たというこ

とを意味するだろう．カウツキーが『トマス・モアとそのユートピア』(1887) を書いたとき，彼は当時西ヨーロッパ（特にイギリス）における資本主義の高度化とドイツでの労働者政党の拡大強化によって，マルクスが予測した社会主義ユートピアは実現可能だと考えていた．『空想から科学への社会主義の発展』として知られているエンゲルスのパンフレットは，1880年にフランスで労働運動の機関誌に書かれて，ドイツ語・英語に転訳普及されたのだが，もとはエンゲルスの大著『オイゲン・デューリング氏の科学の変革』からの抜粋であった．

　同じ頃イングランドでも，マルクスの娘エリナーなどを含む社会主義者集団が形成され，（社会）民主連盟のヘンリ・マイヤーズ・ハインドマン (1842-1921) は『ロンドンにコンミューンを』(1887) と訴えた．同じく連盟員として，ジョン・ラスキン (1819-1900) の影響下に生活の芸術化を主張していたにウィリアム・モリス (1834-96) は，テムズ河をさかのぼる船から書き送るという形で，共産主義社会を紹介し，まとめて『どこでもないところからの便り』として，『コモンウィール』紙 (1890) に1月から10月まで連載した．

●ユートピアと現代　労働は苦痛でなく喜びであるべきだというモリスの主張は，美術工芸での実践を超えて第一次世界大戦の廃墟の中からヴァイマル・ドイツの建築近代化運動バウハウスに継承された (1919年)．建築家ヴァルター・グロピウス (1883-1969) が提唱し，同じく建築家ミース・ファン・デル・ローエ (1886-1969) が代表したこの運動は，ヒトラーによって弾圧されたが，戦後活動目標に住宅建設・造園・都市計画をもって復活した．グロピウスがノーベル賞を受け，ミース・ファン・デル・ローエはそうではなかったのは，後者がローザ・ルクセンブルクとカール・リープクネヒト虐殺記念碑の設計者であったことによるのかどうか．この二人と帝国ホテルの設計者フランク・ロイド・ライト (1867-1959)，スイスの建築家ル・コルビュジエ (1887-1966) を合わせて，近代建築の四大巨匠という．

　同じく第一次世界大戦末期に，ロシアに続いてハンガリーの社会主義革命で，労働者の階級意識を革命的イデオロギーとして強調したルカーチ・ジョルジュ (1885-1971) の『歴史と階級意識』(1923) をうけて，その年少の同志であったカール・マンハイムは，最初の著書『イデオロギーとウト－ピー』(1929) で知識社会学の樹立を宣言したとき，イデオロギーについては「カール・マルクスの天才的な提起」以来の系譜をあげて，思想が階級意識に拘束されてイデオギーになることを説明しながら，ユートピアについては曖昧なままイギリスに亡命して，この運動主題に戻らなかった．その間人類は，二度の世界大戦によって夢を裏切られ，最良の場所（ユートピア）ではなく最悪の場所（逆トピア）に関心を示すようになった．20世紀のディストピア (dystopia) はオルダス・ハクスリー (1894-1963) の『素晴らしい新世界』(1932) とジョージ・オーウェル (1903-50) の『1984年』(1949) によって代表される．

［水田　洋］

主　権

[英]sovereignty　[仏]souveraineté　[独]Souveränität

　社会思想史上最も有名な主権の定義は「国家の絶対的かつ永久の権力」というJ. ボダン（1530-96）のものであり，それは「国家とは，いくつもの家族およびそれらが共有するものから成る，かつ主権を備えた正当な政体のことである」という定義と一体となっている（ボダン 1576：171-175）．

●ボダンの主権論　主権概念はラテン語の summa potestas に遡る．それはローマ法王の権威を正当化するものとして使われた．主権者（souveraineté）という言葉は，中世では君主を含むさまざまな統治者を指した．ボダンが主権概念を再定義した最大の理由は，宗教戦争により混乱した社会を，国家権力によって秩序づける理論の必要性の認識である．フランスではサン・バルテルミの虐殺以降，宗教的対立による内乱が激化し，ボダンの『国家論』(1576) はかかる危機への対応であった．主権の永久性を主張することでボダンは国家と政府を区別しており，そのことで絶対王政批判に利用されていた混合政体論を，国家の正統性の議論から切り離し，その効力を封じた．主権の権能としてボダンは，高位官吏の任命，宣戦布告，最終審，生殺与奪（例えば恩赦）などの権利を数えたが，それらはすべて究極的には立法権に存するとした．こうして主権とは，国家という一定の領域内における最高で唯一の立法権力を指すことになる．秩序の確立に配慮したボダンは，主権の不可分性を強調し，主権の主体として民衆の可能性を認めながらも，君主政こそが最も自然な政体であると主張した．君主は，唯一神の代理とみなせるという理由も，ボダンの君主政擁護に貢献した．こうして，ボダン流の主権論は，後に R. フィルマー（1588-1653）のような王権神授説論者に影響を与えていく．ただし，国家を「正当な政体」としたようにボダンは，主権者たる君主も，神の法たる自然法や，国家の基本法に反することはできないという，立憲主義ともとれる立場をとっていた．

●ホッブズの主権論　主権を国家の本質としたがボダンは，主として統治者たる主権者を問題にしていた．主権概念の抽象化を徹底したのは T. ホッブズ（1588-1679）である．『リヴァイアサン』(1651) において，自然状態では各個人がもつ自己保存の絶対的権利が不可避的に戦争状態を生み出すことを描いたホッブズは，その悲惨な情況からの唯一の脱出方法が，すべての人がその自然権の行使を一つの人格に委ね，その命令に従うことを例外なく相互に約束し，それを遵守することだとした．かかる人格は，一人の人間でも合議体でもかまわないとしながらホッブズは，この人格が主権者と呼ばれる「人為的な人格（artificial person）」であり，それはこの人格の下に結合する「自然的な人格（natural person）」

たる人びとの代表者であるとした．つまり，主権者の意志の下に結合された群衆が国家となり，そのことで臣下となった群衆は主権者の本人（author）として，代表者（actor）たる主権者の行為を自分のものとすることになる．それゆえ臣下は主権者の意志たる法律に逆らうことはできないとされた．なぜなら主権者の意志は自分の意志であるので，自分自身の意志に逆らうことは矛盾となるからである．こうしてホッブズは主権者を抽象的な職務（office）として思念し，それを国家の本質としながら，すべての個人が一定の領域内でその権威に従うことになるとした．こうした主権国家の役割は自己保存の不可欠の手段である平和の実現であり，そのためにはいかなる行為も許される．したがって主権国家同士は相変わらず互いに潜在的な敵対関係である戦争状態に置かれることになる．

●**国民主権の原理** 国家を「可死の神」と呼んだホッブズも，国家と政府の区別をしていた．この区別は J.-J. ルソー（1712-78）においてさらに徹底され，そこに人民主権論が加えられた．真の国家においてはすべての成員が同時に支配者かつ被支配者でなければならないと主張したルソーは，社会契約によって結合した以降も，全人民が国民として主権者であり続けるとした．こうした人民主権論は，アメリカ独立革命やフランス革命の後，国家の基本法として憲法を新たに打ち立てる際，その正統性の根拠として利用された．E. シィエス（1748-1836）は憲法制定権力と憲法被制定権力を区別し，前者を国民の意志に帰属させる．こうして権力分立などの，権力のさまざまな編制という課題を憲法の問題としながら，かかる憲法の唯一の正統性の源泉として，国民主権の概念が提示された．これは，国民主権を憲法の基盤とする議論を生むと同時に，憲法制定という特殊な次元に限定することで，国民主権の発動を潜在的なものにする議論ともなった．

●**主権国家システムへの挑戦** ボダン＝ホッブズ流の主権論は，論理的に近代主権国家システムを帰結した．国家に関して，国内的には最高権力が設定され，国外的には相互の独立が承認される．国家の重要な特徴は絶対的な支配権が及ぶ領域の保全となり，領域内での国家の自己決定権と，領土の相互不可侵の承認が国家システムの基本となる．これは国家間の関係性を規定する国際法に反映され，国際法は国家同士が承認した事項からなる慣習法だとされる．しかし，初期近代に確立された近代国家システムの理解には，さまざまな挑戦がなされている．アメリカ合衆国やスイス連邦などの連邦国家の存在は，中央政府と州政府の関係をめぐって，君主政をもともとのモデルとした主権論への修正を迫ることになった．そして国連や世界貿易機構などのさまざまな国際機構の確立は，国家主権の行使を実際に制約する種々の事例を生んできた．さらに欧州連合においては，主権の委譲と呼ばれるような現象が生じている．ただし，このような挑戦があっても，いまだに主権は国家概念の主要な要素となっているし，超国家的機関に国家を拘束する絶対的な立法権力を付与した事例もない． ［山岡龍一］

国家理性

[仏]raison d'État　[独]Staatsräson　[英]reason of state

　16世紀前半のイタリアに生まれ，その後ヨーロッパ全域に広まっていった概念で，国家理由と呼ばれることもある．統治者が国家の利益を第一に考え，信仰や倫理，道徳にそぐわない行為も許されるという際に，「非倫理的な行為も国家の利益を理由として許される」という意味で用いられる．

●**理念の始まり**　国家理性の理念を最初に明確に論じたのはN. マキァヴェッリ(1469-1527)であった．ルネサンス期の厳しい政争の中で，マキァヴェッリは『君主論』(1532)を記し，政治にリアリズムを求めた．彼にとって，重要なのは理想ではなく，事実だった．その観点から，彼は政治の格率をこう伝えた．人びとは，国家についても，実在しない姿を想像で論じてきた．しかし，いかに生きるべきかのみ考えて，人が生きている現実の姿を見逃すならば，人間は滅亡する．したがって，君主は，不善をなす術も知らねばならず，この術を「必要に応じて使ったり，使わなかったりしなくてはならない」(『君主論』第15章)と．

　マキァヴェッリが求めたのは神学や伝統的倫理からの，「必要」に応じた決別である．通例は善いとされることに従うとしても，「必要にせまられれば，悪にふみこんでいくこと」を辞してはならない．これは，それまで支配的だったキリスト教的政治倫理からの解放を意味した．政治の自律と状況を第一とする国家理性の理念がここに始まった．

●**言葉の始まり**　国家理性という言葉そのものは，マキァヴェッリによっては使われず，イタリアの歴史家F. グイッチャルディーニ(1483-1540)や詩人G. デッラ・カーサ(1503-56)によって用いられたのが最初である．しかし，国家理性を広く世に伝えたのは，その言葉を表題に掲げたG. ボッテーロ(1544頃-1617)の『国家理性論(*Della ragion di stato*)』(1589)であった．

　ボッテーロは聖職者であり，政治思想家であった．彼は，その立場から，マキァヴェッリの名を国家理性論の先駆者としてあげつつ，その誤りを否定した．「国家理性」は不道徳なものではなく，キリスト教的に和らげられた君主の正しい統治法でなければならない，というのが彼の考えだった．これは，ある意味では，伝統的倫理に回帰するものだった．だが，歴史的にみて重要なのは，彼がマキァヴェッリの『君主論』に新たに制度的要素を付加したことである．その定義によれば，「国家理性とは一つの領国を定礎し，保持しまた拡張するため適した手段に関する教えのことに他ならない」(『国家理性論』第1巻第1章)．重要なのは領国(dominio)の保持または拡張であった．

●**国家の安寧**　マキァヴェッリの教えは君主の生存のための準則にすぎなかった

が，ボッテーロは国家理性を領国あるいはそれと同義の国家（stato）の維持，拡張のための教えとみなした．大切なのは君主の利益そのものではなく，君主と臣民からなる制度としての国家だという発想がここにはある．

　このような発想をいっそう鮮明にして近世ヨーロッパ世界に大きな影響を与えたのが，『国家理性論』と同年に公刊されベストセラーとなった，リプシウス（1547-1606）の『政治学』（1589）だった．リプシウスはそこで公共善という概念を臣民の安寧もしくは国家の安寧と同義のものとして用い，そのために「必要」があれば，理性を備えた君主の「欺瞞」もまた許されると主張した．

●**国家間の生存競争**　国家理性の思想家たちの影響のもとに，現実政治で徹底して国家理性の理念に従ったのはフランスの宰相リシュリュー（1585-1642）だった．彼にとって重要なのはもはや君主の利害そのものではなく，主権の貫徹する国家の対内的かつ対外的利益だった．そのために必要なのはあくまで冷静な理性で，熱い情念ではない．一方，ドイツでは神聖ローマ帝国から独立性を強めていった領邦国家が独自の利益を追求し始めていた．その典型的担い手がプロイセンのフリードリヒ2世（大王，1712-86）である．生涯，戦争に明け暮れた大王を突き動かしたのは結局，国家の権力思想だった．国家の内部は法治国家に向かっていたが，外部は戦争状態ともいえる自然状態の中にあった．国家理性はマキャヴェッリのもとでは国内権力闘争に関するものだったが，リシュリューからフリードリヒ大王に至る過程で，それは主として国家間の生存競争の中で主張されるものへと変容していった．条約違反ははたして許されるか否かとフリードリヒは自問し，答えている．国民の安全と「大きな必要」があれば許される，と．

　国家理性は国際政治の舞台における国家行動の原則となった．しかし，それは依然として「大きな必要」を不可欠とした．表に出るものではなく，暗闇の中で発光するものだった．しかし，連綿と続いた国家理性のこの伝統に決定的ともいえる変化を与えた思想家が登場する．G. W. F. ヘーゲル（1770-1831）である．

●**魔神とその制御**　ヘーゲルにとって，現実の国家は理性的な国家にほかならなかった．「理性的なものは現実的であり，現実的なものは理性的である」．悪によって国家が保たれるとすれば，悪もまた有益である．ヘーゲルは政治と倫理とを対立させなかった．国家には自己を維持する以上に高い義務は存在しないからである．国家理性は倫理と一体化し，国家は最高の存在となった．

　19世紀から20世紀の初頭にかけて，ヨーロッパの国家は自由で無制約となり，戦争と帝国主義へと走った．しかし，国家理性は本来，臣民や国民の安全と幸福を守る手段だった．国家理性が統治者にとって「完全には手を切れない魔神」（F. マイネッケ）だとしても，これを倫理の観点から適切に抑制，統御することは，戦争が人びとに甚大な被害をもたらす現代においていっそう重要であろう．

[山内　進]

文明と野蛮
[英]civilization and barbarism

　文明は多義的な言葉だが，とりわけ文化との関連で二つの主要な意味をもつ（Kroeber & Kluckhohn 1963）．一つは，文明を文化の一形態とみなす，英米を中心とする文化／社会人類学の用法である．文化——各集団が獲得，伝達してきた物心両面にわたる活動の総体——のうち，都市化，技術化，職業分化，階層化を伴った複合的なものが文明と呼ばれる．いま一つは，文明を文化に対置する新カント学派の用法である．精神的活動の所産（学問，芸術，宗教）としての文化に対して，物質的活動の所産（生活用具の発明，科学技術の発達）が文明と呼ばれる．さらに，帝国主義時代以降この概念を受けいれた非西洋諸国においては，欧米化された状態というニュアンスが強調される．

　これらの語義は，文明を未開や野蛮を経た社会の到達状態とする点で共通している．長らくそれは，人類は非西洋的な蒙昧から西洋的な洗練に向けて進歩するという認識に裏づけられていた．文明は文化の連続体か対立物か，どの程度西洋的特性と同一視するかをめぐって生じた多義性は，こうした前提を共有したうえでのものである．

●**起源と展開**　Civilizationの語源は，ラテン語civis（市民）である．この語は，二重の意味でbarbarus（野蛮人）に対置された．ローマに住む自由人と，未開を脱して政治共同体を形成できる者である．市民を野蛮人と区別する基準は，理性に基づく言語操作能力であった．この認識は，自民族を外部の野蛮人（ヘッレーネス）と区別した古代ギリシアに遡る．両者の違いは当初，言語を異にする点にあったが（差異），やがて人間としての質も異なると考えられるに至る（優劣）．言語は，正・不正を判断し，究極目的としての国を形成するために不可欠の要素であり，人間を動物と区別する要素でもあったからである（アリストテレス　訳1961）．つづく中世キリスト教世界では，文明の基準として宗教が重視され，野蛮人は異教徒とほぼ同義になった．究極目的に行きつけるかどうかは，特定の言語を操るか否かよりも，キリスト教を信仰するか否かによると考えられたためである．

　こうした概念の背後には，アリストテレス（384-322 BC）やトマス・アクィナス（1225頃-74）が示した目的論的階層秩序観にのっとり，文明が野蛮を支配する構図があった．すべての存在は目的の優劣によって階層的に位置づけられており，人間の世界でも下位の者が上位の者に仕えることが有益だという認識である．

●**基準の転換**　大航海時代を通じ，人の住める世界（オイクーメネ）は飛躍的に拡大し，非キリスト教地域をも含めた世界秩序を構想する必要性が生じた．支配的だったのは，先住民族を劣った人間とみなし，「文明としての我々」が「野蛮な彼ら」を洗練され

た生活に導くという古来の文明概念にのっとった認識である．キリスト者が失ってしまった徳を保持しているとして先住民族を賛美する原始主義（クリストファー・コロンブス［1451 頃-1506］，ミシェル・ド・モンテーニュ［1533-92］）も存在したが，大多数の人にとって市民的なものは野蛮なものよりも優位にあった．また，文明と野蛮の二分法に存する差異と優劣の混在に対する批判（アロンソ・デ・ソリタ［1511 頃-85］，バルトロメ・デ・ラス・カサス［1484/5-1566］）もなされたが，それを問題視せずに先住民族を野蛮人と呼ぶ思想家の方が多かった．

　もっとも，この時代以降，文明の基準から宗教色が抜けてゆくことになる．例えばフランシスコ・デ・ビトリア（1492 頃-1546）は，非ヨーロッパ地域にも，「野蛮な教育」のために未熟ではあるが，理性を伴う社会様式が存在しており，キリスト教信仰の有無が市民性の有無を意味するわけではないと主張した（ビトリア 1539）．ここで示されている文明の基準は，特定の言語や信仰ではなく，教育に基づく洗練さである．こうした基準の移行は，社会契約説において一層明白なものとなる．例えばトマス・ホッブズ（1588-1679）にとって文明は，未開な自然状態に対置される政治社会，すなわち国家であった（ホッブズ 1651）．ここでの文明の基準は，自然状態の不安定さに気づき，主権者の下に優れた政治社会を形成しうるか否かである．

　このことは，文明の語義から差異（我々の集団に属すること）が除かれ，優越（未開を脱し人間らしい生活を送ること）のみが残されたと理解されるかもしれない．つまり，文明と野蛮の二分法に存する差異と優劣の混在は，ここに克服されたとみなされるかもしれない．けれども，ビトリアやホッブズにおいても，依然として優越（市民的）と差異（ヨーロッパ的）は不可分であった．

●**二分法の定着と克服**　こうした文明−野蛮概念は以後，啓蒙思想，社会進化論，初期文化／社会人類学を通じて堅固な理論体系を獲得し，国際社会に定着していった．この過程で西洋は，科学技術面での優位性を背景として，自らを頂点とみなす発展段階論的歴史観を精緻化，流布することに成功した．その歴史観とは，あらゆる集団は，非ヨーロッパ的・非近代的な未開（採集・漁労・狩猟社会）から，野蛮（牧畜・農耕社会）を経て，近代西洋的な文明（商工業社会）に到達するというものである．中華思想，イスラーム共同体（ウンマ），記紀における熊襲や蝦夷の記述など，文明−野蛮概念は西洋に固有のものではないが，西洋的二分法は，綿密な理論体系の下，世界進出とともにその枠を超えて国際社会を律する基準にゆきついた点で，他の地域のものとは区別される．この二分法にみられる西洋中心主義への批判は，20 世紀に入り，オスヴァルト・シュペングラー（1880-1936），アーノルド・トインビー（1889-1975），クロード・レヴィ＝ストロース（1908-2009），梅棹忠夫（1920-2010），伊東俊太郎（1930- ），エドワード・サイード（1935-2003）らによって試みられることになる．　　　　　　　　　　　　［松森奈津子］

エピクロス主義
[英]Epicureanism

　ヘレニズム期ギリシアの哲学者エピクロス（341頃-270頃BC）とその弟子たちの思想を総称してエピクロス主義という．享楽家や食道楽を俗に「エピキュリアン」と呼ぶのは，エピクロスが快楽の追求を人間の本性と主張したことからの転意である．本来のエピクロス主義は，この快楽主義倫理学に加えて，事物の最小単位である原子（アトモス）と原子が運動する空虚のみを実在とする唯物論形而上学，感覚の直接的明証性を真理の基準とする論理学と認識理論，人間相互の平和と安全を保証する契約に正義の起源をみる政治・社会理論からなる合理的な一哲学体系である．徹底した現世志向と科学的精神に基づき，神々や死後についての恐怖と迷信を退け，「心の平静（アタラクシア）」を保って幸福に生きることが人生の目的であると説いた．政治生活を重視した古代ギリシア哲学にあって，哲学的隠棲をよしとする「隠れて生きよ」の教えも特異である．

●**エピクロス主義の浸透・衰亡・復活**　共和政期ローマに伝播したエピクロス主義は，長編詩『事物の本性について』で始祖エピクロスの哲学を死の恐怖から人類を救う「真の理論」と称えて詳細に説明したルクレティウス（96頃-55頃BC）のような優れた継承者を輩出する一方，低劣な享楽生活の薦めへと通俗化されて流布し，ストア派をはじめとする哲学諸派との間で帰依者の数を争った．しかし帝政期にキリスト教が広まると，魂の不滅や死後を否定するエピクロス主義は忌避され，次第に退潮に向かう．エピクロスは生涯に300巻以上もの書物を著したと伝えられるが，3世紀のディオゲネス・ラエルティオスが『主要哲学者の生涯と意見』の第10巻に再録した書簡などを除き，大半は散逸してしまった．

　15世紀に教皇秘書で古代の書物を発掘する「ブック・ハンター」の一人であったポッジョ・ブラッチョリーニ（1380-1459）がドイツの僧院で偶然発見したルクレティウスの写本をイタリアに持ち帰ると，現世の生を肯定して宗教の権威を否定するエピクロス主義は瞬く間にヨーロッパの知識世界を席巻した．人文主義者のL.ヴァッラ（1407-57）やD.エラスムス（1466-1536）は快楽主義を積極的に摂取し，N.マキァヴェッリ（1469-1527）の作品にも若き日に接したルクレティウスの自然主義の影響が認められる．宗教改革期に「エピクロス主義者」という呼称が不道徳な無神論者の代名詞となっても，M.モンテーニュ（1533-92）は『エセー』（1580-88）でルクレティウスの詩句を多数引用し，エピクロス主義的な死生観への賛意を明らかにしている．

●**近代エピクロス主義の誕生**　近代におけるエピクロス主義復興の最大功労者は，フランスの哲学者・数学者P.ガッサンディ（1592-1655）である．自然科学革

命の渦中で，真空の実在や物体の慣性運動を説明する形而上学的原理を古代の原子論に見出したガッサンディは，『ディオゲネス・ラエルティオス第10巻注解』(1649)において，原子を万物の第二原因，その原子を創造した神を第一原因とする二重原因説を提起し，異教徒の自然哲学とキリスト教神学の調停を試みた．人文主義的な古典研究の体裁で危険な唯物論哲学の全容を明らかにしたこの書は，市民革命期を迎えたイギリスの思想界に隠然たる影響を及ぼしている．ガッサンディと親交のあった T. ホッブズ (1588-1679) は，恐怖と苦痛のない生を求めたエピクロスの快楽主義を政治化させ，自己保存を追求する各人の合理的計算の一致点に政治社会の成立をみる近代的な社会契約論を展開した．また原子論を物理学・化学の分野に応用した R. ボイル (1627-91) は，手製のエア・ポンプを使用した真空実験により気体の体積と圧力とが反比例することを証明し，J. ロック (1632-1704) は感覚主義的な認識の理論を経験論的認識論へと洗練させた．これら近代エピクロス主義の成果は来たる啓蒙の時代を準備することになった．

●**無神論のゆくえ** 恩寵や摂理によって人間に干渉する神と魂の不滅を否定するエピクロスの無神論は，神罰への恐怖がなくても道徳的な社会生活は維持できるという P. ベール (1647-1706) やヴォルテール (1694-1778) の「無神論者の社会」論に結実するが，彼らはそれぞれの立場から世界の創造主としての神の観念を堅持していた．これに対して唯物論哲学者たちは，神なしに世界がいかにして生成・運動するかを説明するためにエピクロス主義的原子論に訴えた．K. マルクス (1818-83) は学位論文『デモクリトスの自然哲学とエピクロスの自然哲学との差異』(1841) において，自己運動する原子が直線軌道から時おり外れて衝突するというエピクロスとルクレティウスの説に着目し，この「逸れ（クリナメン）」こそが原子という概念を現実化させ，自由意志・自己意識・他者との関係を含む世界の一切を産出すると解釈している．

●**偶然性の哲学へ** F. ニーチェ (1844-1900) もまた人事に無関心な神という観念に共感をおぼえ，『人間的，あまりに人間的』(1878) で知の孤塁を守ったエピクロスの自由精神を称揚したが，死の恐怖からの救いを知に求めるエピクロス主義にキリスト教と同じデカダンな「ロマン主義」を嗅ぎつけ，これを退けた．だが『ツァラトゥストラ』(1883) 以降のニーチェ作品には，神や存在のような形而上学的「背後世界」を取り除かれた世界は偶然の支配する無秩序に戻り，「力への意志」にとっての新たな創造の素材になるという思想がある．世界の始源を原子の「逸れ」という偶然にみたエピクロス主義は，自然界で観察されるさまざまな秩序の自発的生成を説明する自己組織化や散逸構造の理論，あるいは，既存社会の中で制度化された人間と事物の配置にはいかなる必然性もなく，それゆえにいかようにも変革されうるというラディカルな偶然性の哲学に形を変えて，今日もなお生きている．

[中金 聡]

自然法
[ラ]lex naturae　[英]law of nature　[独]Naturrecht　[仏]droit naturel

　ソクラテス（469-399 BC）とソフィストの論争以来，正義が自然的なものとして，地域や時代によって変化する慣習や法律とは独立に，客観的かつ絶対的な基準として存在するかどうかが論じられた．しかし，自然的正義を肯定するだけでなく，自然法こそが正義を定めるのであって，あらゆる道徳的行為は自然法の遵守として理解されるという立場をとったときに，自然法思想は誕生する．西洋の自然法思想がストア派に起源をもつといわれるのは，そのためである．ストア派の見解を西洋世界に広めた M. T. キケロ（106-43 BC）は，「真の法は，自然と調和する正しい理性である」といい，それは国境を越えて，永久不変の法として普遍的に通用すると述べた．ローマの拡大に伴い，ローマ人のみに適用される市民法のほかに，非ローマ人との関係を規制しすべての民族に適用される法として万民法が発達したが，この万民法は自然法と合致するとも考えられた．

●**中世自然法から近代初期自然法へ**　トマス・アクィナス（1225頃-74）は，法一般を，「共通善のための理性の指令」であり，「共同体を配慮する者が公布したもの」と考えた．彼は，神が被造物を調和させ統御するために定めた永遠法のうち，人間の自然的理性が分有し把握するものを「自然法」と呼んだ．近代初期にトマス・アクィナスの自然法体系を批判的に継承したのは，イエズス会の F. スアレス（1548-1617）である．彼は立法者と義務の観念を補充し，配分的正義の義務を強調したが，他方では，教皇の至上権を擁護するとともに，人民主権論を展開して暴君殺害を正当化し，オッカム主義的な権利概念も重視した．

●**近代自然法思想の成立**　通常，近代自然法思想の定礎者とみなされるのは，オランダの H. グロティウス（1583-1645）である．その中核には，近代特有の権利論がある．グロティウスは，自然法の基礎を人間の生まれながらの社交性（＝理性的人間が，自らと同じ種類の理性的人間と交わって社会をつくる傾向性）に求め，ストア派のオイケイオーシス（親近性）の概念を再生させた（グローチウス 1625：7-8）．彼は，自然法は神の自由意志によっても制定されるとつけ加えた．グロティウスによれば，この自然法の秩序は，強制力によって保護される各人の「完全権」（＝「本人のもの」），約束履行の義務，損害賠償請求権，処罰権を尊重する（同書：8-9）．彼は「正義」を他人の完全権を侵害しないこととして狭くとらえ，配分的正義を正義の領域から排除し，後の権利論の展開に影響を与えた．他方で，彼は抵抗権を認めず，国家の絶対権力を擁護する見解も表明した．グロティウスは「国際法の父」と呼ばれることもあるが，彼の「万民法」は，後に E. ヴァッテル（1714-67）が考えたような，主権国家の間の関係だけを規律する「国

際法」ではなく，諸個人，諸団体，諸国家からなる大結合体の共通法である．

●**近代自然法思想からの逸脱**　T. ホッブズ（1588-1679）も絶対権力の擁護者として知られるが，彼はグロティウスと違って，自然状態という装置を用いて，契約論によって政治権力を正当化した．彼は，グロティウスとは対照的に，正義と不正義の区別は自然の中には存在せず，人為的な契約（信約）によってつくられるというエピクロス主義の見解を採用した．彼の自然法は，目的論を否定する点でカトリックの自然法と対立するが，ストア的なグロティウスの自然法ともかけ離れている．ホッブズが「基本的自然法」と呼ぶのは，平和が得られる望みがあれば平和に向かって努力せよ，しかし平和が得られそうにないときには，あらゆる手段を用いて戦争をしてよい，という打算の法である（ホッブズ 1651：217）．自己の生命保存欲求と利益追求心をベースにして契約論を展開した彼の斬新な戦略は，強い反発を招くとともに，さらなる自然法体系の構築を促した．

●**近代自然法思想の展開**　S. プーフェンドルフ（1632-94）は，グロティウスとホッブズから思考の糧を得て，経済学的視点を取り込んだ自然法体系を展開した．彼の大著『自然法と万民法』（1688）によれば，「基本的自然法」は，万人に対して，自分にできるかぎり，人類の本性と目的に合致するような仕方で，「他の人びとに対して友好的な社交性を培い，保全するべし」（Pufendorf 1688：2.3.15）と命じる．グロティウスの自然的社交性は，培われ，保全される「べき」ものとして蘇る．プーフェンドルフは，単一の契約によるホッブズ国家論を斥け，二つの契約（結合契約と統治契約）によって権力制限の方向を打ち出した．

　J. ロック（1632-1704）は，グロティウスやプーフェンドルフから学びつつ，明確に自由主義的な政治権力制限論をつくり上げた．彼は，「完全権」を，イングランド人になじみ深い「所有権（property）」に読み替えた．神は全人類の保全と平和のために自然法を制定するが，その基本条項は，人びとが相互に危害を加えることを禁止し，「何人も，他人の生命，健康，自由，［生存に必要な］財産を傷つけてはならない」と命じる（ロック 1690：298）．これは，各人が自分の生命とその維持に役立つものに「所有権」をもつことをも示している．この「所有権」を保全し自然法を遵守させるために，万人は自然権として処罰権をもつ．諸個人がその処罰権を放棄して，一つの政治体として行為することに同意し合意を交わせば，正当な権力をもつ政治社会が誕生する．ただし，各人はその前に，自らの労働と貨幣使用によって外的な財産を正当に拡大しうる．それゆえ政治社会の目的は，各人の生命や健康や自由のほかに，拡大された財産の保全をも含む．実定法と公平な裁判官が，保全の手段である．ロックは，信託概念を用いて暴政に抵抗する権利を主張し，「天への訴え」を究極的な正義の訴えとして擁護した．彼の権利論は，アメリカの独立革命に大きな影響を及ぼした．　　　　　　　　［下川　潔］

社会契約説

[英]social contract theory ［仏］théorie du contrat sociale ［独］Vertragstheorie

　政治社会の成立を個人間の相互契約によって基礎づけ，それによって政治権力の正統性を導く理論をいう．政治的義務の根拠を個々人の同意に求め，絶対主義国家を被治者の自発的結社に組み換える近代国家の構成原理として，歴史的に大きな役割を果たした．

●**支配服従契約**　政治社会の成立を契約によって説明する理論は，古代ギリシアのソフィストの思想にみられるものの，中世において支配服従契約という形で本格的に展開された．封建制の下における支配と服従の関係は，保護と忠誠を基本とした双務契約であった．それゆえ，封主の契約違反は封臣の服従義務を解消させることにもなった．この考え方は，ローマ法や教会法の解釈と結びつきながら，16世紀の絶対王政の時代において，政治権力を人民の同意に求める思想へと発展していくことになる．それは，宗教改革以降，P. モルネ（1549-1623），T. ベーズ（1519-1605），F. オトマン（1524-90）らプロテスタントの抵抗思想や，サラマンカ学派（F. ビトリア，F. スアレスら）によるカトリックの抵抗思想，さらには J. ボダン（1529/30-96）に対抗した J. アルトジウス（1557-1638）の多層的秩序論において本格的に継承された．これらの契約説は，所与の政治秩序において支配服従の目的と条件を問うところに特徴があり，宗教的党派や政治権力の正統性をめぐる争いにおいて実践的意味を有するものであった．

●**社会契約**　これに対して T. ホッブズ（1588-1679）や J. ロック（1632-1704）に代表される社会契約説は，身分制を下敷きに人びとを統治の客体＝臣民として一方的に対象化する絶対主義擁護論を否定するとともに，統治者と被治者との間における垂直的な支配服従契約を払拭して，諸個人が相互に結ぶ水平的な契約に一本化することによって，所与の政治秩序を根源的に組み換えようとするものである．それは，政治社会や政治権力を構成する人間の認識能力や実践能力を人間本性から解き明かすとともに，自然権を個人主義的に理解する近代自然法学として，自己保存や私的所有を保障することを目的とする政治社会・政治権力の創出を構想するものである．その理論構成は，政治社会および政治権力が不在の状態を自然状態として描き，自由・平等であるがゆえに諸個人が直面する諸問題を確認することから始まる．そのうえで個々人は，自らの判断によって相互に契約を結んで政治社会を構築し，政治権力への服従を通じて自然状態における諸問題を解決するのである．近代社会契約説は，こうした理論構成の点では共通性をもっているが，しかしその人間観や権力観の違いは自然状態における問題の描き方や政治権力の役割をめぐる理解に大きな違いをもたらすことになっている．

●**ホッブズ**　ホッブズの社会契約説は，自然・人間・政治社会を最小単位（＝個人）から正しい推論を通じて導き出す新しい政治学を表すものである．彼は，人間の認識能力を自然科学の方法論から分析するとともに，感性的欲求に導かれる運動法則から人間の実践を読み解こうとするのである．人間は，作用と反作用の因果関係によって，善（＝快楽）を追求し，悪（＝苦痛）を回避するのであり，さらに他者との関係において比較優位に立つことを欲する力への意欲を有する存在である．その意欲は，平等な存在どうしであるがゆえに一層強まるのであって，自然状態は競争・不信・誇りを原因とする「万人の万人に対する闘争状態」に陥ることになる．しかし諸個人は，その中で死への恐怖という情念を通じて平和を求めるのであり，自然権行使の自己抑制を推論することになる．そこで各人は全員が一人または合議体に自然権を譲渡することに同意し，主権的秩序を創出するのである．この政治権力を独占する主権者（＝代理人）と個々人（＝本人）との間には同一人格が形成されるのであり，その一体性に基づく主権的統治こそが平和な秩序を保持しうるのである．

●**ロック**　これに対してロックの社会契約説は，ホッブズによって否定された法の支配を正面から継承し，個人の自由を徹底して擁護するものである．彼によれば，人間とは自然法の範囲内において自由で平等な存在であり，本来的には理性と良心を兼ね備えた自律的な存在である．そこでは，各人が自然法を漸次的に発見・解釈・体得していくことが想定されている．しかも，そうした自然法の解釈と実践は，具体的な生産労働を通じて獲得したものを自らの所有として自律的な生活を営む理性的で勤勉な人間像にも結びつけられる．したがって，自然状態は一定の平和な状態として理解されたが，ただ個々人の自由と権利を保障する法秩序が不在であることから，やはり政治権力が必要とされる．そこで各人は，自然法の解釈権と執行権を放棄して政治（市民）社会を創出することに同意するとともに，政治社会の多数派の意志に基づき，信託によって政府を設立する．この政治権力は，執行部に対して立法部が優位する形で構成される立憲主義に立脚するものであり，政府が信託に違反した場合，人民は抵抗権を行使し，政治権力を政治社会に取り戻すことができる．政治権力は，個々人の生命・自由・財産を保障し，各人の自律性を確実なものへと保障することに限定されているのである．

●**影響**　このように近代社会契約説は，自由・平等な個人を起点としながら政治社会および政治権力の成立根拠を新しく示した．それはさらに18世紀のJ.-J.ルソーにおいて受容され，一般意志に基づいて不平等な社会を根本的に変革する思想へと発展せられる．さらに現代においても，J. ロールズらによって，対立する諸価値の共存を求める公正としての正義の導出に再構成されている．そうした影響の持続からもうかがえるように，社会契約説は個人と共同体との関係を根源的にとらえ直す政治思想として豊かな源泉であり続けているのである．　　［関谷　昇］

立憲主義

[英]constitutionalism　[仏]constitutionnalisme

　立憲主義は，恣意的な統治の排除による市民の自由の保障という目的のために，憲法という法的制度によって統治＝公的権力を制御する政治を意味する．

●**古代の政体論**　憲法の古代ギリシア的概念であるポリテイアは，政体と訳せる．アリストテレス（384-322BC）は政体を，支配者の数（一人，少数，多数）にしたがって，王政，貴族政，ポリテイアに分け，各々の堕落形態を，僭主政，寡頭政，民主政と呼んだ．善き政体と悪しき政体の違いは共通善による統治の有無にある．寡頭政はその支配階層である富者の利益のみを，民主政は貧者の利益のみを追求するとしたアリストテレスは，寡頭政と民主政の混合形態をポリテイアと呼び，実現可能な善き政体とした．つまり，異なる階層の利害が反映される政体が，全体の利益を目指す穏当な統治を実現すると考えた．こうした政体論を継承したポリュビオス（200頃-118頃BC）は，古代共和政ローマの偉大さを，王政，貴族政，民主政を混合した政体を確立した点に求めた．各政体は，僭主政，寡頭政，衆愚政へと堕落する自然的傾向をもつが，ローマは，執政官，元老院，民会という三要素を一つの共和国に並存させることで，各々の利益追求の権力が抑制と均衡の関係を生み，より永続可能な政体を歴史的世界に実現したとされた．

●**近代立憲主義の形成**　古代の混合政体論は，政体（body politic）を字義どおりにとらえる有機体的社会観に基づく．善き統治が目指すものは政体の健康であり，その構成員である市民の幸福は，全体としての国家のそれと必然的に一致するとされた．こうした政体論が再構成される重要な契機となったのが，宗教改革期に跋扈した暴君放伐論である．暴君の殺害を正当化する思想は，古代ローマ期のM. T. キケロ（106-43BC）にまで遡れるが，旧教徒と新教徒との対立が蔓延した16・17世紀ヨーロッパでは，各陣営が他教徒の統治者を暴君とみなし，互いに抵抗権を主張しあう事態が発生した．これによる統治の危機を回避する方策として構想されたのが，宗教的権威を超えた最高権力を有する近代主権国家であった．しかしこの国家観が王権神授説のようなイデオロギーと結びつくと，恣意的な統治が出現する危険性が生じた．J. ロック（1632-1704）はこのイデオロギーを社会契約論で論駁し，正統な統治の存在理由を恣意的な支配からの自由だと主張した．そしてロックは，政府の解体と社会の解体を区別し，国民の自由を侵害する暴政と化した政府に国民が抵抗しても，それは国家（commonwealth）の基礎である共同体の解体とならないという，抵抗権論を提示した．そして正統な政府においては，立法権力と執行権力は分離されるべきとし，政府権力は国民の信託に基づくと主張した．こうして，恣意的統治からの自由は，国家政府の制御に

よって可能になると思念された．同じく自由な統治を論じたモンテスキュー（1689-1755）は，政体と国民のエートスの関連を論じる点で古代的な要素も残していたが，混合政体論の議論を，国家権力の機能に応じて，政府の三権分立論に仕上げた点で近代的な思想家である．近代フランスを意識して，政体を専制政，君主政，共和政（貴族政と民主政）に分けたモンテスキューは，ヨーロッパ近代国家のあるべき姿を君主政に求めながら，それが穏当で自由な統治を実現するためには，立法権と執行権の分離，そして司法権力の独立が不可欠だと主張した．

●**近代立憲主義の完成** ロックの社会契約論の基底には，すべての個人がもつ自然権の保全という思想があった．この思想がイデオロギーとして利用されたのが，アメリカ独立革命とフランス革命である．この近代市民革命が，憲法典に基づく統治という，近代立憲主義の政治を確立した．その端的な表現は，フランスの「人間と市民の権利の宣言」(1789) の第 16 条であり，「権利の保障が確保されず，権力の分立が規定されないすべての社会は，憲法をもつものでない」とされた．フランス革命に鼓舞された T. ペイン（1737-1809）は『人間の権利』(1791) において，憲法とは法典化された，統治の上位に位置し，統治を全般的に規定する基本法であり，「政府に先立つ存在」であるとした．イギリス議会の恣意的な支配から独立したアメリカの 13 邦が，一つの連邦国家になることを定めた合衆国憲法の批准を推奨するために書かれた『ザ・フェデラリスト』(1788) において J. マディソン（1751-1836）は，巨大国家ではさまざまな政治主体が互いに拮抗することで，権力の均衡が達成されるとし，同じく A. ハミルトン（1755-1804）は，独立した司法部を擁する連邦政府が，各州の立法権力の暴走を抑え，個人の権利を守るとした．憲法典による統治は，司法部による他権力の合憲性の審査という違憲審査（judicial review）の政治慣行を強化する．この考えは，第二次世界大戦後のドイツ連邦共和国基本法において，憲法裁判所という規定を生んだ．

●**政治的立憲主義** 憲法典に基づく統治は，法的立憲主義と呼べる．しかし，E. バーク（1729-97）は憲法を，現代人を祖先と子孫につなぐ限嗣相続財産だとみなしたし，G. W. F. ヘーゲル（1770-1831）は，憲法は民族精神と一致すべきだとした．合理主義的な憲法典作成の政治を批判するこうした思想は古代的な社会観と通底するが，ある時点で作成された法典がなぜ後世の国民を義務づけるのか，という政治的正統性の問題をついている．J. ベンサム（1748-1832）は，普通選挙制と権力の牽制装置に基づく代議政治を実現する憲法典を構想し，アカウンタビリティによって憲法とデモクラシーを結びつける政治的立憲主義を唱えた．しかし現代では一般に法的立憲主義が主流なため，立憲主義とデモクラシーの間には原理的な緊張関係がある．また，立憲主義の政治的な構想を，国家以外の統治，とりわけ国家を超えた統治に適用する試みが現在なされており，公正な国際関係を表象するグローバルな立憲主義という構想も追究されている． ［山岡龍一］

所有権
［英］property ［仏］propriété ［独］Eigentum

17世紀ヨーロッパでは，「所有権（［英］property, propriety［ラ］proprietas, dominium）」という語は，「排他的支配権」を意味した．H. グロティウス（1583-1645），T. ホッブズ（1588-1679），S. プーフェンドルフ（1632-94），J. ロック（1632-1704）など，17世紀を代表する理論家によれば，「所有権」は万人が共通にもつ権利ではなく，各人が独自にもつ「排他的」権利である．「排他的」とは，所有者本人の同意がないかぎり，他者はその所有権の対象にいかなる権利ももたないことを意味する．この所有権は，単なる使用権とは異なり，典型的には，所持，管理，開発，譲渡，破壊といったさまざまな支配形態を含む包括的支配権である．支配の程度は，支配される対象の性質によって異なり，自然法や実定法によって一定の制約を受けるが，包括的な支配権であることに変わりはない．

A（個人）が，X（対象）に所有権をもてば，Xは，Aの排他的で包括的な支配領域（なわばり）に属するもの，つまり「所有物」となる．多くの理論家はこの事態を言い表すのに，Xは「本人のもの（［英］what is one's own ［ラ］suum）」である，と表現した．この「本人のもの」は，各人の「財産」だけでなく，各人の「生命」「身体」「四肢」「行為」「健康」「貞操」「名誉」「評判」など，さまざまなアイテムを含みうる．歴史的に有名なのは，ロックが「所有物」に含めた三つのアイテム「生命，自由，財産」である．「本人のもの」は，社会生活において，法の強制力や実力を用いて他者の侵害から守られるべき本人固有の重要アイテムであり，多くの論者はこの「本人のもの」を力で平等に防御することを「正義」だと考えた．以上の所有権概念については，下川潔（2000：69-105）を参照．

●**財産所有権論の二つの系譜**　上記の17世紀的な所有権のうち，財産所有権は特に別個の正当化を必要とした．近代初期には，この正当化に関して，二つの理論の系譜があった．第一は，グロティウス，ホッブズ，プーフェンドルフから18世紀のD. ヒューム（1711-76）へとつながる合意論の系譜である．第二は，アメリカに入植したピューリタンを先駆者とし，ロックが理論化した労働所有権論の系譜である．ロック以降，G. カーマイケル（1672-1729）とJ. バルベイラック（1674-1744）がこれを継承し，18世紀のF. ハチソン（1694-1746）がそれを発展させた．第一の系譜は，財産所有権が人びとの間の何らかの合意や取り決めによって発生すると主張する（ホッブズの場合は，人びとの相互の信約が主権者を設立し，その主権者が法を制定し所有権を確定する，という間接的合意論である）．第二は，他人との合意を不要とする単独行動主義の系譜であり，個人がある条件のもとで単独で自然対象に労働を加えさえすれば，正当に財産所有権を獲得できるとする．

●**グロティウス** 第一の系譜では，グロティウスの財産所有権論が17世紀の財産所有権論のモデルとして機能し，プーフェンドルフのような大陸の思想家のみならず，J. セルデン（1584-1654），R. フィルマー（1588頃-1653），R. カンバーランド（1632-1718），J. ティレル（1642-1718），ロックなどのイングランドの思想家たちにも大きな影響を与えた．グロティウスは，草稿『捕獲法論』（当時は未刊，1868出版）やその12章であった『自由海洋論』（1609出版）で所有権の根拠を考察し，オランダの利益を弁護した．しかし，『戦争と平和の法』（1625）2巻2章2節では，より一般的な仕方で，私的所有権の発生メカニズムを聖書の歴史記述と整合的な仕方で説明した．神は万物を創造し，全人類に自然の恵みを与え，万人の下級被造物使用権を認めたが，やがて各人は，公平さや慈愛の感覚を十分にもちあわせておらず，共有制を維持する不便もあったため，粗野な生活から脱け出して，分業に基いた文明的で洗練された生活様式を採用するようになった．こうして原始共有制が崩れ，私的な財産所有権が導入されるが，これを正当化するのは，人びとが相互に交わす合意（［ラ］pactum）——分割の場合のように明示の合意，あるいは占有の場合のように暗黙の合意——である．これなしには，誰が何を欲しているかすらわからず，権利にとって必要な相互承認がなされない，とグロティウスは主張した（グローチウス 1625：269-272）．

●**ロック** 第二の系譜では，ロックの理論が後世に最も大きな影響を与え，今なお多くの論争を引き起こしている．『統治二論』2篇5章（ロック 1690：324-353）で，ロックは，神が万物を人類に共有のものとして与えたという前提から，明示の合意なしに，各人の財産所有権が労働によって発生することを示す．他人の同意を待っていたら，各人は食糧を所有することもできずに餓死してしまうが，これはすべての人間を生存させるという神の意志に反する．他者の同意は，他者への依存や他者の恣意への従属を含意するため，それは神の意志によって排除される．他方，自らの身体に所有権をもつ各人は，他人への危害が発生しえない豊富な資源の状況において，自らの労働力を外的自然資源に混入させることによって，正当に財産所有権を獲得できる，とされる．労働がなぜ根拠となるかについては，それが苦痛を伴い，努力を要することや，価値の大部分を生み出し自然環境を改善することがあげられる．ロックの理論は，労働者の所有権を擁護するようにみえるが，当時の土地囲い込みを正当化した．貨幣経済が発展した段階では，それは契約による賃労働をひそかに前提とし，資本家もしくは経営者の所有権獲得を正当化する．C. B. マクファーソンによれば，ロックは資本主義的な無制限の所有を正当化し，J. タリーや三浦永光によれば，ロックは先住民の土地の剥奪を正当化する植民地主義所有論を展開したとされる．これらの批判的解釈は刺激的であり，さらなる論争と研究が生まれている．近年の植民地主義的解釈については，Shimokawa（2013：563-586）を参照．　　　　　　　　　　　　［下川　潔］

抵抗権

［英］right of resistance ［仏］Résistance à l'oppression ［独］Widerstandsrecht

　暴君に対してどう振る舞うべきか．大雑把にいって，抵抗権論とはこの問いに対する一つの答えである．抵抗権論とは，既存の政治秩序を，別の基準にしたがって部分的に否定する理論であって，受動的服従論と革命論の中間に位置づけられる．一方で抵抗権論は，受動的服従論とは異なり，統治者に対する暴力的抵抗が許される場合もあると説く．だが他方で革命論とも違って，その暴力的抵抗は，基本的には正当な政治体を維持するための例外的措置であり，政治体制そのものの否定を主眼とはしていない．だが抵抗を認めるがゆえに，抵抗権論者は常に，それがアナーキーを引き起こすのではないかという，もう一つの――こちらは批判的な――問いにも答えるよう迫られていた．以下ではこの二つの問いを導きとして，主として近世における抵抗権論を説明する．

●**服従の理由**　ヨーロッパ社会思想史上，服従義務を論じるための出発点を提供したのは，「おおよそ存在している権威は，すべて神によって立てられたものだから」，それに服従すべしというパウロの言葉であった．この権力の神性と臣民の服従義務は，近世において，M. ルター（1483-1546）や J. カルヴァン（1509-64）といった宗教改革の先導者によって特に強調された．彼らは自分たちの神学上の教義が，世俗統治者に対する不服従の口実に使われる可能性を警戒していた．これは改革諸派の生き残り戦略の一部であった．改革諸派が生き延びるためには，世俗統治者からの保護が必要である．だがそうした保護をかちとるために，急進派の説いたような抵抗論は非常に都合が悪いものであった．抵抗権論とアナーキーを同義とみなす為政者たちに宗教改革の正当性を認めさせるために，彼らもまた，抵抗権をアナーキーとして退ける道を選んだのである．

●**抵抗権論の展開**　だが徐々に明らかになってきたのは，改革諸派は「真の宗教」を物理的に壊滅させようと試みる世俗統治者からも身を守らねばならぬということであった．こうした状況に合わせてまずはルター派が方向転換を図った．だが抵抗権論史上さらに重要なのは，フランス宗教戦争におけるカルヴァン派の動向である．単なる受動的服従では自派を守りえないと理解したカルヴァン派の理論家たちは，カルヴァンにではなく，中世後期に論じられた，教会における公会議主義や特定のローマ法解釈などに抵抗の根拠を求め，そうした材料を理論的に一貫した形態へとまとめあげた（スキナー 1978）．

　テオドール・ベーズ（1519-1605）はこの時期の代表的な抵抗権論者である．彼の作品を特徴づけているのは，団体論的な統治契約説を基礎とする「共同体的な抵抗論」である．彼は統治者の正当性を共同体全体の同意に基礎づけた．共同体

は一つの実体的団体であり,過去に人民と君主がなした契約は,現在の人民と君主を拘束しているのである.この契約説によって,彼らはアナーキーに陥らない抵抗権論を提示できると考えた.一方で,誤った宗教を押しつけるなどの理由で人民の同意を裏切った君主は,武力によって抵抗されうる.しかし他方,契約は個人と君主の間でなされたわけではないから,個々人が抵抗権行使の判断をしてはならない.その判断をするのは,総体としての人民を代表する下位為政者(例えば三部会)の役割であり,この限定によって,抵抗権は不必要な秩序の混乱をもたらすことなく行使されうるのである(佐々木1973).

次の世紀に宗教戦争はイギリスまで及び,同時に抵抗権論も新たな展開をみせた.その統合者がジョン・ロック(1632-1704)である.その急進的な抵抗権論の特徴は,抵抗権の主体を個々人に設定した点にある.ロックにとって,人間は自然法に基づく自然権を有する存在であり,その自然権をより良く活用するために政治体に加入する.加入の同意をするのは「共同体」ではなく個々人である.よって君主の是非は個々の被治者が評価せねばならない.一見するとアナーキーを引き起こしそうな抵抗権論であるが,実はそうではない.極端な場合を除いて,人民は抵抗より服従を優先する.したがって,逆説的であるが,そうした極端な暴君を承認する絶対主義的言説こそ,現実的効果としては,人民の反乱を生じさせる.逆に抵抗権論は,統治者に権力の限界を意識させることで,現実には安定した政治を可能にするのである.こうしてロックは抵抗権と立憲主義,そして政治的安定性をひとまとまりのセットとして提示したのである(Tully 1993).

●**ロックの遺産** ロック以後,抵抗権論という形での問題設定は急激に減ってゆく.政治的に安定したイギリスでは,急進的な抵抗権論が有害なものと感じられるようになり,フランスやアメリカでは,むしろ体制そのものの変革(革命)が論争の中心となったためである.そこでは君主制自体が問題視されるようになり,正しい政治体制があれば抵抗権は不要だとみなされた.イングランド内乱の標語が「王のために王と戦う」であったとすれば,フランス革命のそれは「人は罪なくして王たりえず」である.そうした革命論の展開に大いに貢献したJ.-J.ルソー(1712-78)が,抵抗権にほぼ無関心であったのも不思議ではない.

しかしこれは抵抗権が意味を失ったということではない.カール・シュミット(1888-1985)は,「抵抗権は,本質的に真正の基本権に属する」と指摘している(シュミット1928:204).どれほど人権を尊重した憲法であろうと,どれほど手厚い権利保障手続があろうと,人権を守るための構築物として国家をとらえるならば,抵抗権の存在は理論的に消去しえないということである.だが同時に忘れるべきではないのは,抵抗権はアナーキーを導くという歴史の中で繰り返された批判もまた,決して意味を失ったわけではないということである.真剣な抵抗権論は,やはりこちらの問いにもまた答えねばならないのである. 〔古田拓也〕

戦争と平和
［英］war and peace　［ラ］bellum et pax

　近代初期の思想家たちは，いかなる目的のために戦争と平和について論じたのか．17世紀の自然権・自然法の理論家に焦点を絞ってこの問いを考察したい．今日「戦争」といえば，国家間の戦争や，当事者の一方が国家であるような戦争を考えがちだが，彼らは，まず人間の本性に着目して私戦（私人同士の戦争）を考察し，そこから国家権力のあり方を論じ，国家間の公戦や平和にも言及した．

●**完全権とグロティウスの正戦論**　H. グロティウス（1583-1645）が『戦争と平和の法』を執筆したのは，諸個人，諸民族，諸国家に共通する法によって，当時の戦争とそれに伴う残虐行為を規制し，同時に，ある種の戦争を正義の戦争として正当化するためであった（グローチウス 1625：18）．キリスト教世界は，初期の平和主義を放棄して以来，正義の戦争とそうでない戦争とを区別し，前者の条件を検討する正戦論を展開した．正戦論は，アウグスティヌス（354-430）に始まり，教父哲学とローマ法，『グラティアヌス教令集』（1140頃）を経て発展した．グロティウス以前に，すでにトマス・アクィナス（1225頃-74）から F. スアレス（1548-1617）へと至るスコラ主義正戦論の伝統があった．グロティウスはこの伝統をふまえたうえで，各人の完全権と，それに基づく狭い正義概念によってそれを近代化した．

　グロティウスは，M. T. キケロ（106-43 BC）に従いつつ，戦争を「力によって争う人々の状態」（同書：45）として理解し，権利侵害に際しては，まず平和的な司法的解決を求め，司法的解決が尽きた場合に戦争を始めるべしと考えた．正義の戦争の成立条件は，権利侵害やその脅威に対する「防衛」，侵害された権利の「回復」，権利侵害者の「処罰」の三つである（同書：245）．ここでいう「権利」は，各人の生命，身体，四肢，行為，名誉，評判，財産のような「本人のもの」への権利，すなわち，法の力や実力によって保障される「完全権」である．これを防衛し，回復し，権利侵害者を罰することが，「正義」の実現であった．国家による戦争に関して，グロティウスは，自国民が危害を受けた場合にのみその統治者が刑罰戦争を行う権利をもつという F. ビトリア（1492頃-1546）らの主張を斥け，各人が自然的処罰権をもつという新説に基づいて，自国民の権利が侵害されていなくても，自然法に反する行為を処罰する戦争をしてよいと主張した（同書：744-746, 84-85）．戦争の抑制という本来の意図とは裏腹に，これは戦争の権利を拡大し，自然法違反（例えば，人肉食）を根拠としてアメリカ先住民への刑罰戦争を正当化した．

●**戦争とホッブズの主権国家論**　T. ホッブズが戦争を考察したのは，正戦論を

説くためではない．彼の自然状態では，「万人の万人に対する戦争」が発生し，誰もが他人の身体を含む「あらゆるものへの権利」をもち，誰がいつ殺害されるかもわからない．正義・不正義の区別は，そこには存在しえない（ホッブズ 1651：213）．ホッブズが戦争を考察したのは，内戦を回避する必要性を示すためであった．人びとが相互に契約を交わして自然権を譲渡し，分割不可能な，ほぼ絶対的な権力をもつ主権者（国王もしくは議会）を設立し，その主権者のもとで一つの意志と判断をもった統一人格としての国家を形成しないかぎり，内戦を回避することはできない．このことを彼は示そうとした．ホッブズの論理に従えば，国際社会で平和を樹立するには，世界統一主権国家が不可欠である．

●**戦争状態とロックの抵抗権論**　J. ロックは自然状態と戦争状態を峻別し，後者を独自の仕方で定義し考察することによって，緊急事態で行使される抵抗の諸権利を擁護した．Aという人物が，「冷静で確固とした意図をもって他人（B）の生命を狙うことを言葉あるいは行動で宣言すれば」，Aは，Bとの「戦争状態」に身を置くことになる（ロック 1690：312）．この戦争状態は，自然状態だけでなく政治社会でも発生する．Aは強盗かもしれないが，典型的には，絶対的恣意的な権力を行使する暴君である．AがBとの戦争状態にはいった場合，BはAを「滅ぼす権利」をもつ（同書：312）．戦争をしかけてきた侵略者を殺害するこの権利が，「戦争の権利（the Right of War）」である（同書：315）．各人がこの権利をもつのは，自然法はすべての人間の保全を命じるが，すべてが保全できないときには，罪のない人間の安全が優先されるべきだからである．

「戦争の権利」は，法廷に訴える余裕のない場合に，本人の生命権を守り，正義を実現する役割を担う．この緊急避難的性格ゆえに，それは国家の緊急事態である暴政への抵抗権の根拠となる．法も公共善も無視し，私的利益のみを追求し，各人の「生命・自由・財産」という広義の「所有権」を不当な力で侵害し，その中核にある生命をも狙ってくる国王は，戦争をしかけてくる侵略者であり，それゆえ，法的救済がもはや得られないのなら，人民は「その侵略者に抵抗する権利」をもつ（同書：572-573）とされる．この抵抗権とは別に，「天への訴え」という主張もある．すなわち，共通の裁判所が地上にない場合，各人あるいは人民は，（自らの行為の最終的判決を神の法廷に委ねて），良心にかけて，武力行使によって自らの権利を回復してよい（同書：317-318, 587-588）のである．

ロックは，人民が新たに立法権力を設定する権利をもつ（同書：561）と主張し，それが選挙によって平和的に実現する可能性も認めている．しかし，彼が考察した武力による抵抗は，今日の平和学の観点からみれば，暴力の連鎖を生み出し，構造的暴力を放置し，非暴力の組織的抵抗ほどの効果を生まないだろう．ロックはグロティウス的な自然的処罰権も受け入れたが，それはアメリカ先住民の殺戮を正当化しうる危険な装置でもあった．

［下川　潔］

第II部

近代の確立
18世紀から19世紀初頭へ

概説：近代の確立──18世紀から19世紀初頭へ
［英］making of modernity

　第Ⅱ部では，イギリスの名誉革命（1688年）から北米植民地の独立（1776年）を経てフランス革命（1789年）後に至る社会思想の展開を主な対象とする．それを政治史的，経済史的にみれば，資本主義の確立と国民国家の成立を準備し，部分的には実現した時代であった．第Ⅰ部や第Ⅲ部が対象とする時代と比較すると，18世紀を中心とするこの時代は，相対的に安定した時代のようにみえる一方，その底流においては，アメリカ合衆国の独立やフランス革命，各国における産業革命や政治的民主化に向かう歴史的な諸矛盾やエネルギーを蓄積させた時代でもあった．

　伝統的な思想史の枠組みでは，この時代を「啓蒙の世紀」として理解し，これをフランス革命を導いたフランス啓蒙を基準として評価する基本的な傾向があった．これに対して近年の諸研究（ゲイ 1969；ヴェントゥーリ 1971；ポーコック 1985）は，「啓蒙」を生み出した国や地域の多様性に着目し，古典古代の諸思想の影響や「啓蒙」内部の異質な諸要素間の緊張や対立を重視する．特にフランスに優るとも劣らない活発な思想運動を展開したスコットランド啓蒙に注目，保守的で穏健な改革思想としての性格を指摘するようになってきた．啓蒙の急進的・革命的本質をあらためて強調するJ. イスラエル（2010）の研究は，これに対する再反動といえる．

　このような「啓蒙」の多様性を前提とする第Ⅱ部全体の基本的な枠組みが「文明社会（civilized society）」論である．J. ロック（1632-1704）において，「政治社会」と等値された17世紀までの「市民社会（civil society）」論が政治と宗教を中心とする規範理論として展開されたとすれば，18世紀の「文明社会」論は，道徳，経済，歴史を中心とする「経験と観察」を重視する経験論的な方法を前面に押し出すものであった．多様な視点と問題意識に立つ文明社会論は近代西欧文明の一面的な擁護論ではなかったが，基調として，「近代の正当化」論としての歴史的役割をもっていた．

　18世紀初頭はマンデヴィル『蜂の寓話』（1714）をはじめとして，近代国家と市場経済と個人主義的な道徳論が生まれはじめた時代であり，当時の思想界や世論を二分した活発な論争が展開された．それらの歴史的総括として世紀後半にはA. スミス『国富論』（1776）に代表される近代的な経済学が誕生し，啓蒙思想と文明社会の視野が道徳，政治の領域から経済の領域へと飛躍的に拡大する．経済学が成立する時代は同時に，西欧諸国が非西欧圏を植民地化する帝国主義のはじまる時代でもあり，結果として西欧対非西欧をめぐる問題群が浮上し，非西欧圏の

第Ⅱ部　近代の確立
——18世紀から19世紀初頭へ
がいせつ：
きんだいのかくりつ

文化や思想に対する内在的な関心が生まれることにもなった．
　18世紀後半から19世紀はじめにかけて，イギリス産業革命の開始，北米植民地の独立，旧体制の崩壊であるフランス革命などの諸事件によって，各国の啓蒙思想と文明社会論は深刻な社会的・思想的危機に直面する．これに前後してJ.-J.ルソーは個人的自由と法の支配の理念を徹底させ，I.カントは後進国ドイツの立場から西欧近代の批判的総括を展開，文明社会思想の実現が最も順調に進んだイギリスでは，J.ベンサムによって功利主義思想の新たな定式化がなされた．19世紀から現代まで，近代批判のさまざまな理論や言説が出現することになるが，それらを通じて啓蒙と文明の理念は形を変えながら生き続けることになる．
●第Ⅱ部の構成　第1章「文明社会の出現」では，18世紀前半を中心として，啓蒙思想初期に登場した代表的な思想家たち（ヴォルテール，ハチソン，マンデヴィル）にはじまり，フランス，スコットランド，イタリア，ドイツの各「啓蒙」運動が，それぞれの国や地域の諸問題と取り組む中で，いかにして確立されたかを概観する．前近代的な制度や思想との複雑な関係において（科学とアカデミー，教会と啓蒙，ミッション），いかにして成立期の「文明社会」の政治的・経済的・思想的な正当性が問われたかが焦点となる（利己心と社交性，情念論）．さらに経験主義対合理主義，「富と徳」論争，奢侈論争，民兵論争を検討する中で，生成期の啓蒙思想と文明社会論がいかに多様な思想的文脈の中で展開したか（啓蒙とは何か）をみていく．
　第2章「文明社会の確立」では，18世紀中頃から後半にかけての時代を中心として，啓蒙思想確立期の思想家たち（フランス啓蒙のモンテスキュー，百科全書，スコットランド啓蒙のヒューム，スミス）にはじまり，旧制度の批判と改革精神にあふれた文明的諸制度（市民的公共圏）を母体として生まれた哲学や思想・理論の数々（フランス唯物論，18世紀の功利主義，スコットランド道徳哲学，推測的歴史）を概観する．勤労・分業・生産力，重商主義，フィジオクラシー（重農主義），人口論争によって代表される経済学の成立は西欧における近代国家と市場経済の確立であると同時に，非西欧への関心の高まりを生んだ（啓蒙と野蛮，国民性・生活様式・風土，博物学，東アジアの公共圏）．
　第3章「文明社会の危機」では，啓蒙主流の諸思想を一般意思と人民主権，ジャコバン主義，フランス革命をめぐる諸思想，啓蒙専制，官房学，フランス革命の影響を通じて概観し，イギリス急進主義とそれに対する保守主義の反動を軸に，名誉革命体制が棚上げにした政治的民主主義の問題が古典的な共和主義の復活や北米植民地の独立と連動する事態を描き出す（アメリカをめぐる諸思想，18世紀の共和主義，フェデラリスト）．最後に啓蒙主流の議論から抜け落ちた諸問題（女性解放思想，美と崇高，帝国と植民地）が19世紀に継承されることを確認する．

［坂本達哉・犬塚　元・後藤浩子］

第 1 章

文明社会の出現

［編集担当：坂本達哉・犬塚 元・後藤浩子］

ヴォルテール……………………………134
ハチソン…………………………………136
マンデヴィル……………………………138
啓蒙とは何か……………………………140
フランス啓蒙思想………………………144
スコットランド啓蒙……………………148
イタリアの啓蒙…………………………152
ドイツの啓蒙……………………………154
科学とアカデミー………………………156
経験主義 対 合理主義…………………158
教会と啓蒙………………………………160

ミッション………………………………162
理神論・自然神学………………………164
啓蒙・無神論・懐疑主義………………166
自然法学…………………………………168
情　念……………………………………170
利己心と社交性…………………………172
「富と徳」論争…………………………174
奢侈論争…………………………………176
政治算術…………………………………178
民兵論争…………………………………180

ヴォルテール
Voltaire（François-Marie Arouet）

　ヴォルテール（1694-1778），本名フランソワ＝マリー・アルウェは，「啓蒙の世紀」と呼ばれる18世紀のヨーロッパを代表する，フランスの思想家である．ヴォルテールはパリの公証人の家に生まれ，イエズス会経営のルイ・ル・グラン校に学び，文学者の道を志した．早くから才能を開花させ，詩，演劇，小説，自然学，形而上学，宗教，歴史，政治など幅広い分野で活躍する．特に注目すべきは，彼が封建的習慣や宗教的不合理に対し，理性や自由を掲げて実際に闘った点であり，思想家としてのみならず，思想に裏づけられたこれら実践によって名声を高めた点である．ただし，ヴォルテールは発言や行動の大胆さゆえに，ルイ15世（1710-74）の摂政オルレアン公に対する風刺詩を書いたとして1717年にはバスティーユに投獄されるなど，波乱万丈な人生を送る．

　貴族との諍いから1726～28年にはイギリスへの渡航・滞在を余儀なくされるが，滞在中，ヴォルテールはイギリスの信仰の自由，言論の自由，議会制度などに感銘を受け，このときに得た知見は後の『哲学書簡』(1734)の出版へとつながり，フランスの思想界にも多大な影響を与える．ただし，この著作は危険視され，彼はロレーヌ地方シレーに身を隠し，この地で詩や演劇に関する著作のほか，I. ニュートン（1642-1727）の自然学，歴史学，『聖書』批判などの研究を行う．パリへの帰還が許された後，ルイ15世の修史官，さらにはアカデミー・フランセーズの会員に任命されるが，彼の言動はルイ15世らとの確執を生む．

　そのような中で，ヴォルテールは，プロイセン王国のフリードリヒ2世（1712-86）の招きに応じ，1750年にパリを離れプロイセンの宮廷に滞在するが，結局，啓蒙思想家を庇護する「啓蒙専制君主」への一時の期待は裏切られ，間もなく彼のもとを去った．プロイセンを離れた後もパリへは戻れず，ジュネーヴへ滞在，このときの作品に，彼の作品の中でも最も有名なものの一つである『カンディード，あるいはオプティミズム』(1759)がある．さらにフェルネーを活動拠点とし，晩年には不正な裁判や社会的偏見などと精力的に闘い，意欲的に社会の改革を目指した．対立したルイ15世の死後，1778年にようやくパリへ戻り，市民の熱狂的な歓迎を受けるも，同年亡くなった．

●**イギリス経験論と『哲学書簡』**　ヴォルテールは，『哲学書簡』において，特にJ. ロック（1632-1704）やニュートンらの思想や自然学などをフランスに紹介し，神中心の世界から経験や感覚を通してのみ真理へと到達しうるという経験論へとフランスの思想潮流を転換するうえで大きな役割を果たした．この立場は，宗教的な偏見や熱狂と闘うヴォルテールら啓蒙思想家たちの理論的根拠となってい

く．また，イギリスの商業を，国民の繁栄を導いたものとして高く評価するとともに，商業と自由とが互いに好影響を与えるものとみて，商業や奢侈のもつ政治的効用を主張した．さらに，B. パスカル（1623-62）批判を展開し，原罪を強調するキリスト教的人間観に対して，自己愛を人間の自然的本性として積極的に肯定，社会形成の土台とみなし，18 世紀の文明社会論に道を切り開く．

●**理神論と『聖書』批判** ヴォルテールはシレーに滞在中，自然学の研究に没頭し，『ニュートン哲学要綱』（1738）を執筆，自然は万有引力の法則によって動くとするニュートンの機械論的な自然観をフランスに紹介し，普及させる．ヴォルテール自身も，創造主としての神を想定したうえで，いったん自然が創造された後は神の介入がなくとも一定の運動法則によって動く自然界の法則性を認める理神論の立場を示す．このような理性的な神を支持し，これに反した迷信や狂信には終始批判的であり，『哲学辞典』（1764）では，『聖書』の記述の矛盾や虚偽性を暴き，ユダヤ教，さらにユダヤ教を淵源にもつキリスト教への批判を展開し，キリスト教については，教会の歴史を権力闘争の歴史として描く．ただし，隣人愛の教えなど，宗教のもつ社会的効用については肯定する．

●**世界史と歴史叙述** ヴォルテールは歴史家としても活躍し，『ルイ 14 世の世紀』（1751）や『習俗試論』（1756）では，歴史叙述における新しい方法を提示する．当時，キリスト教の立場と接合するかたちでヨーロッパの世俗の歴史を描いた J.-B. ボシュエ（1627-1704）の『世界史論』（1681）に対抗して，ヴォルテールは『習俗試論』で，聖書や天地創造神話などを排した歴史叙述を試み，また非キリスト圏の文明の歴史も含め，世俗の歴史に即した歴史を描く．さらには，『習俗試論』では，英雄や政治家ではなく，習俗の歴史に着目して歴史を叙述し，『ルイ 14 世の世紀』では，ルイ 14 世の世紀について，芸術，学問，習俗などが開花した文化史上最も繁栄した世紀として描くなど，文化などを含め多角的に歴史を叙述した．

●**カラス事件と寛容論** 晩年は，寛容や自由はもとより，人間の普遍的価値としての人間性（ユマニテ）や正義を擁護すべく精力的に闘った．特に「カラス事件」での活躍は彼の名声を高める．宗教的抗争が激しかったトゥールーズで，1762 年にプロテスタントの一家の長男が不可解な死を遂げた事件についてヴォルテールは冤罪の疑いを抱き，3 年越しでカラスの名誉を回復した．ヴォルテールは冤罪の背後に人びとの狂信をみてとり，群衆の熱狂やそれに引き摺られた判事の判断の誤りを根気強く明らかにしていった．注目すべきはヴォルテールが，この事件を解決するに際して，言論や理性を用い，世論を動かすという新しい手法を用いて，国王顧問会議を味方につけ事件を再審理に持ち込んだ点である．不正な裁判，残忍な拷問や死刑制度などに対して彼が提起した問題は，その後のヨーロッパにも影響を与えることになる．

［井柳美紀］

ハチソン
Francis Hutcheson

フランシス・ハチソン（1694-1746）は 18 世紀前半のスコットランドを代表する哲学者・思想家である．「スコットランド啓蒙の父」と呼ばれ，D. ヒューム（1711-76），A. スミス（1723-90）への道を開いた．スコットランド西部から北アイルランドに移住したスコットランド長老教会牧師の孫として生まれ，地元の非国教徒向け学院で論理学や道徳哲学などを身につけた後，1710 年にグラスゴウ大学に入学，自然哲学や古典学を学んだ．引き続き長老派牧師養成課程で学んだ 6 年間，アルミニウス主義者として停職処分を受けた神学教授 J. シムソン（1668 頃-1740）の影響を受け，原罪と神の恩寵による救済，二重予定説などの正統的カルヴァン主義の教義に疑問をもち，人間の自然的善性，理性と自由を強調する肯定的な人間観を獲得した．

●**アイルランド時代のハチソン**　1718 年に北アイルランドに戻ったハチソンは，首都ダブリンの進歩的な牧師・知識人サークルに招かれ，非国教徒を対象とする開明的学塾を運営．この活動が評判となってシャフツベリ（1671-1713）の盟友でサークルの指導者であった共和主義的政治家・思想家 R. モールズワース（1656-1725）の支援を受け，『美と徳の観念の起源』（1725）を出版する．この書物でハチソンは，J. ロック（1632-1704）の経験主義哲学を継承しつつ，美と徳の観念が「外部感覚（五感）」とは異なる「内部感覚」の産物であると主張，美を認識する「美的感覚」とならび，行為の道徳的性質を認識する能力を「道徳感覚（モラル・センス）」と呼んだ．ハチソンの道徳感覚論はシャフツベリの類似の理論がもつ貴族主義的傾向を是正して道徳感覚を人類共通の普遍的能力とするとともに，徳を自愛心・利己心に還元した T. ホッブズ（1588-1679）と B. マンデヴィル（1670-1733）を批判して，道徳性の本質を社会全体の幸福を願う人類普遍の「仁愛」にあるとした．行為の道徳性は仁愛動機の強さと行為が生み出す幸福の総量の積として定義され，道徳性の規準は「普遍的仁愛（universal benevolence）」を動機とする「最大多数の最大幸福」にあるとされた．次いで出版した『情念と情動の行動に関する試論および道徳感覚例解』（1728）では，S. クラーク（1675-1729）らの理性主義者を感情主義の立場から批判し，道徳感覚理論を補強した．

●**グラスゴウ大学のハチソン**　上記二著の出版によって道徳哲学者としての評価を確立したハチソンは 1729 年，恩師 G. カーマイケル（1672-1729）の後任としてグラスゴウ大学の道徳哲学教授に任命される．当時の同大学は，順調な近代化を進めていたエディンバラ大学とは異なり，正統的なカルヴァン主義「福音派」の

支配が強力で，開明的な「穏健派」が弱体であった．ハチソンの着任は穏健派を強化する文明化戦略の一環であり，彼の使命はスコットランド社会の近代化・文明化を指導するエリート知識人（政治家・官僚・経済人）の育成であった．その学問的手段が I. ニュートン（1642-1727）とロックに代表される近代的な学問による道徳哲学（moral philosophy）の確立であり，道徳哲学講義の使用言語をラテン語から英語に変え，一般市民向けに講義を開放するなど，1730年代のハチソンは，急速に発展しつつあった商工業都市グラスゴウを象徴するスコットランド啓蒙の「父」となった．穏健なカルヴァン主義を土台としながら道徳感覚論と普遍的仁愛論の公共性を力説するハチソンの情熱あふれる名講義は，正統派の教会人や大学人から批判されながらも，イングランド，アイルランドから数多くの優秀な非国教徒の子弟を集め，全イギリス的な評価を確立した．

●**ハチソンの道徳哲学体系**　1730年代のハチソンの講義は『道徳哲学要綱』（ラテン語版1742，英語版『道徳哲学序説』1747）において簡潔に示され，『道徳哲学体系』（1755）において体系化された．後者は700頁を超える大著であるが，ハチソン自身が十分に満足できず，息子の手による死後出版となった．同書は近代自然法学の批判的継承として展開されたが，(1) 自然神学，(2) 倫理学，(3) 法学の三部門からなる構成は，ヒュームを例外として，スコットランド啓蒙の道徳哲学の基本的性格を決定した．ハチソンの自然神学は穏健なカルヴィニズムを基調としながらもキケロ（106-43BC）やマルクス=アウレリウス（121-180）のストア主義の影響を色濃く受け，恵み深い神の「摂理（providence）」による個人と全体の利益の一致を説いた．倫理学は，「内部感覚」を「道徳感覚」「名誉感覚」「公共感覚」の三種に区別し，行為の道徳性の本質を「普遍的仁愛」にもとめ，これを識別する能力としての「道徳感覚」の中心的役割を再確認する．法学は H. グロティウス（1583-1645）以降の自然法学を継承する一方，その利己主義的側面を仁愛論と道徳感覚論によって是正，伝統社会の解体と急速な経済発展を背景として，価値論，価格論，分業論などの経済学的議論に及んだ．古典古代の政治論やロックの社会契約説の継承はハチソンの政治思想に急進的な共和主義・民主主義の色彩をあたえ，北米植民地の独立運動に影響した．

●**ハチソン思想の影響**　ハチソンと交流のあったヒュームは道徳感覚論から多くを学びながらその神学的枠組みを批判，ハチソンを人間本性を優美に描く「画家」，自分を冷徹な「解剖学者」と対比した．グラスゴウ大学講座の後継者であるスミスの『道徳感情論』（1759）はハチソンの仁愛原理とヒュームの効用原理の両面批判を目指した．ハチソンの諸著作は北米植民地の諸大学でひろく読まれ，独立運動や奴隷制批判などにおける政治的影響はロックのそれを上回り，ハチソンが初期の著作で用いた「最大多数の最大幸福」という表現から J. ベンサム（1748-1832）らの功利主義の先駆とみなされることもある．　　　　　［坂本達哉］

マンデヴィル
Bernard Mandeville

　バーナード・マンデヴィル（1670-1733）はオランダ・ロッテルダムの生まれで，祖先は 16 世紀にフランスから移住したユグノーだといわれている．当地のライデン大学で医学と哲学を専攻し，1691 年に卒業と同時に神経科および消化器系統の開業医となる．まもなくロンドンに渡り，帰化してイギリス市民となる．1733 年にロンドンで生涯を終えるまで，『蜂の寓話　私悪すなわち公益』（1714）などの問題作を次々と世に問うた．それが巻き起こしたセンセーションの全ヨーロッパ的な影響を考えれば意外にも思えるが，イギリスに移住後の彼の伝記的資料はほとんど残されていない．当時，イギリスは海洋帝国の形成に向かって伸張を続ける一方で，国内では，商業社会の到来，さらには消費革命によって消費社会の誕生を迎えていた．社会の著しい変貌は，世俗の生活を律してきた伝統的な価値観の空洞化をもたらす．悪徳・腐敗がはびこり，公共的徳の喪失が疑われる状況にあって，公共善のために自己抑制を求める伝統的な徳の観念と，神への信仰や他者への愛徳に根ざすキリスト教の徳の観念とが一体となって，社会のありようへの道徳的批判を導いていく．例えば，R. スティール（1672-1729）の『タトラー』（1709-11）やスティールと J. アディソン（1672-1719）の『スペクテーター』（1711-12）は，このような時代にあってなお期待される人間像，すなわち「立派なジェントルマン」としての理想像を示して大きな成功を収めた．

● 「人間の最も低劣で忌まわしい性質」が繁栄をもたらす　マンデヴィルは匿名の小冊子『ブンブン不平を鳴らす蜂の巣，または悪漢変じて正直者となる』（1705）を著して，このような啓発活動の欺瞞性を告発する．この批判を敷衍して，彼が世に問うたのが，刺激的な逆説を副題に掲げる『蜂の寓話　私悪すなわち公益』であった．誰もが期待する「幸福で繁栄した社会」は，公共的徳からではなく，「人間の最も低劣で忌まわしい性質」からもたらされる．それゆえ，彼によれば，豊かな繁栄した暮らしを享受しながら，悪徳を非難し，伝統的ないしキリスト教的な徳を求めるのは自家撞着にほかならない．彼は，人間存在の原罪性を強調するアウグスティヌス主義の悲観的な人間理解に基づいて，人間は「諸情念の複合体」であり，生得的な諸情念を理性が制御することは不可能に近いと考える．彼によれば，人間の行動を導いているのは，自己保存に向かう「自己愛」と，自分への過大評価によって他者との差別化を求める「自愛心」，さらには人間本性の最も奥深いところ（「中心」）から発する欲求の満足への希求である．

● 欲求の体系　欲求の満足を求める利己的情念は，人間を勤勉と精励へと促すとともに，さまざまな学芸や職業を生み出す．いわば「足る」を知ることで精励へ

の動機は消滅してしまうが，変化への不断の希求を伴う人間の境遇改善欲求が満たされることは決してないから，その欲求は人びとを精励へと導く原動力であり続ける．こうして，社会は人びとの多様な欲求を土台とし，その欲求に応じるための相互的奉仕を上部構造とする「欲求の体系」として形成される．相互的奉仕は分業労働によって行われるから，この「欲求の体系」は欲求と労働の二重のシステムからなり，欲求の拡大とともに社会的分業・相互依存の関係が拡大し，社会の構成は高度化し，文明化が進む．

●**私悪は公益** マンデヴィルは，本性的に堕落した人間には，自己抑制としての「真の徳」を実践することは困難であり，世間で徳とみなされているものは，大抵の場合，利己的な本当の動機が隠蔽された偽りの徳にすぎないとして，その欺瞞性を暴露する．しかし彼によれば，この偽りの徳は一定の秩序維持機能を果たしうる．例えば，自負心や恥辱の情念が，もっと危険な排他的情念を抑制することにより，ある種の欺瞞的な道徳的秩序が成立しうるからである．人は他人の称賛を求める自負心から自己抑制に至るのと同じように，恥辱という苦痛を回避するためなら，どのような強力な情念をも克服する．このように「人間の本性の衝動」に従う悪徳的行為は，しかし，社会秩序の一原因となる一方で，社会の構成を高度化し社会を繁栄へ導いていく動因となりうる．「政治家の巧みな管理」にも導かれて，私悪は公益をもたらすのである．

●**奢侈と消費** このことは，消費・消費欲求の主導性に着目する彼の経済認識によって，いわば経済学的に論証されていく．「欲求の体系」を根底から支えているのは，人びとの消費・消費欲求であり，社会の生産と流通のシステムが維持されるためには，消費欲求を満たすために旺盛な支出が行われ，貨幣の循環的流通が順調に持続しなければならない．もし消費・消費欲求の減退によってこの循環が収縮すれば，このシステムは立ち行かなくなる．倹約は購買力を減退させ，この体系を支える貨幣の循環的流通を阻害する（倹約のパラドクス）．このような消費主導論は奢侈の論点に収斂し，奢侈容認論として表明される．奢侈の欲求は，勤勉や精励のインセンティブとなって人間の活動水準を高めるとともに，消費需要に転化して産業活動の水準を高めていく．言い換えれば，奢侈の欲求は羨望に基づく果てしない消費競争をもたらし，これに応じて分業労働の高度化を導いていくのである．マンデヴィルの逆説が成立する根拠は，端的にいえば，このような奢侈の二重の機能にあった．A. スミス（1723-90）が批判したように，自己愛を悪徳とみる彼の厳格主義の見方は，強い批判を浴びる．しかし社会の繁栄に必要なのは，貪欲な蜂であって有徳な蜂ではないという彼の刺激的な問題提起は，啓蒙の時代にあって，世俗化がもたらした社会の変容をどのように評価するかという本質的問題に関わっていたから，ヨーロッパの思想界に大きな反響を呼び起こした．奢侈論争の広がりがそのことを示している． ［米田昇平］

啓蒙とは何か

[英]What is Enlightenment?　[独]Was ist Aufklärung?

　啓蒙とは光で闇を照らし，物事を解明するという意味のドイツ語に由来する．フランス語では，啓蒙は「光」の複数形で表現される．これらのことは，自然の光のもとで活動する人間理性が啓蒙の思想的動因であることを示す．啓蒙は人間理性を行使して客観世界から諸法則を導き出し，それらをもとに学問と技芸を完成し，人びとに安楽と便益をもたらそうとする進歩的，科学的な考え方を指す．

●**理神論から啓蒙へ**　歴史的に啓蒙は，宗教改革を経て世俗化がすすむ17世紀末イギリスで理神論として興った．奇蹟批判と共和主義を展開したJ.トーランド（1670-1722）がその代表者である．理神論はハンブルクの東洋学者H.S.ライマールス（1694-1768）に受け継がれた．彼の綿密で科学的な聖書批判は，死後，G.E.レッシング（1729-81）の手で公開され，ドイツ啓蒙の発展に寄与した．

　厳密な意味での啓蒙は，1685年にナント勅令を廃止したフランスで，絶対王政と宗教的偏見に対する批判思想として誕生した．啓蒙は，神話や伝承や種々の奇蹟や既成宗教の教義に理性の光をあて，迷信と偏見を暴き出したP.ベール（1647-1706）やB.フォントネル（1657-1757）と君主の徳を人民の福祉への貢献ととらえ，絶対王政を批判したF.フェヌロン（1651-1715）を思想的先駆としつつ，摂政時代に流行したイギリス趣味と旅行記ブームの中で成長した．啓蒙は，18世紀半ばには，人間理性によって自由な文明社会を実現しようとする思想運動となり，宗教勢力と世俗権力との矛盾，封建制の桎梏など共通した問題を抱えたヨーロッパ諸国に伝播し，各国の啓蒙との活発な相互関係に入った．

●**デカルトからロック，ニュートンへ**　啓蒙の哲学的淵源は，前世紀に理性と感覚的な思考対象の心身対立から生まれた二つの哲学思想である．一つはR.デカルト（1596-1650）に発し，B.スピノザ（1632-77）が一元論的にまとめあげた理性主義で，ほかの一つは，T.ホッブズ（1588-1679）に発し，J.ロック（1632-1704），I.ニュートン（1643-1727）に引き継がれる経験論である．

　啓蒙には，デカルトの知的王国からロック，ニュートンのそれへの転換がみられる．ヴォルテール（1694-1778）は，『哲学書簡』（1734）でイギリス経験論を評価し，デカルトを夢想家として斥けた．コンディヤック（1714-80）も感覚論の立場からデカルトを『体系論』（1749）で批判した．しかし『百科全書』序論でダランベール（1717-83）は感覚を知識全体の原理としつつも，渦動説の創見を賞賛し，偏見と野蛮を払いのけた哲学者としてデカルトを評価した．また啓蒙の初期からスピノザの神即自然の汎神論と共和主義が全欧に与えた影響も無視しえない．

●**新しい思想家集団**　啓蒙の思想運動をつくり出し，担った知的集団は世俗の知

識階級に属し，フィロゾーフと呼ばれた．彼らは，オランダやスイスやイギリスで出版業が発展したことにより形成された公共世論の場で，啓蒙思想の拡大に努めた．ヴォルテール，ダランベール，D. ディドロ (1713-84)，P.H.-T. ドルバック (1723-89)，C.A. エルヴェシウス (1715-71)，F. ガリアーニ (1728-87)，G.B. マブリ (1709-85) などがフィロゾーフの陣営に属した．彼らは貴族のサロンやカフェに集まり，意見を戦わせ，『文芸通信』(1753-90) のような国際的学芸雑誌を創刊したほか，さまざまな形で外国のパトロンから知遇を得，各国のアカデミーで重要な役割を果たした．

●**大胆に知れ**　I. カントは，18世紀啓蒙を回顧して，ホラティウス (65-8 BC) の標語を借りて，大胆に知れが「啓蒙のモットー」とした．知識獲得を前提とする経験論を受け入れた啓蒙は，エルヴェシウスが主張したように，教育や環境との関係で人間には発達段階があると考える．カントによれば，啓蒙の世紀に人間は「未成年状態から抜け出」(カント 1784：7) て，成熟した段階に達した．だから人間は自らの理性を使って，地上のいたるところでみられる無知蒙昧と偏見を打ち破る「大胆さ」をもたなければならない．啓蒙は，書物の出版国こそ異なるが，いずれも啓蒙の共通語であったフランス語で書かれた以下の三つの大規模な著作の中に，この理性の「大胆に知る」営みの軌跡を残している．

●**『歴史批評辞典』**　ナント勅令廃止によるプロテスタント迫害の直前オランダに亡命したベールは「無神論の武器庫」との異名をもつ『歴史批評辞典』(1697) を独力で編纂し，宗教や神話や歴史に関わる人名・事項の項目に注を付し，定説の批判を通じて宗教的権威を打ち崩した．彼はスピノザを例に取り，無神論者でも有徳であれば，社会の成員となりうるということを示唆し，社会を宗教道徳から解放した．彼の思想は経済発展の動因として悪徳をも許容する B. マンデヴィル (1670-1733) の『蜂の寓話』(1714) に描かれた商業世界擁護論へと受け継がれる一方，辞典の抜粋版を編集したフリードリヒ2世 (1712-86) が信教の自由を認めたように，良心の自由の確立にも寄与した．ベールの辞典は，各国宮廷の蔵書に選ばれたほか，縮小版も含めて，各国語に訳され，啓蒙思想のグローバルな形成に大きな役割を果たした．

●**『百科全書』**　ディドロ，ダランベールの共同編集になる『百科全書』(1751-72) は，ディドロがフランスへの導入に努めた「近代科学の先駆者にして英雄」F. ベーコン (1561-1626) の「知識の樹」の構想に由来する．ベーコンとの違いは，ダランベールがいうように，「理性を想像力のうしろに置かなかった」(ヴェントゥーリ 1946：115-121) 点にある．それは，哲学を出発点として，文芸諸学，自然諸科学，マニュファクチュアに応用された機械学と技芸，それに学際領域の人類学，博物誌を加えた文字どおり人知のあらゆる分野で，人間理性が果敢な活動を繰り広げていることを示す知的記念碑である．この百科事典の周辺には，200

人を優に超える執筆者が存在した．百科全書派と呼ばれた彼らは，テクノクラートというよりはむしろ改革者で，それぞれの領域で古い社会組織を改革する実践的な役割を果たした．『百科全書』（本文 17 巻，図版 11 巻）は，検閲当局の度重なる弾圧にもかかわらず，全欧で初版だけでも 4000 部を突破する売れ行きを示した．この成功をもとに同じ出版者の Ch.-J. パンクック（1736-98）は学問分野別の『方法的百科全書』（1782-1832）の刊行にも着手した．

●『両インド史』　啓蒙末期に G.-T. レーナル（1713-96）が編集した『両インドにおけるヨーロッパ人の植民と貿易の哲学的・政治的歴史』（1780）は大航海時代から始まるヨーロッパの世界進出を記述した歴史書である．数十人に及ぶ執筆協力者と大勢の内外の情報提供者がこの卓越した編集者のまわりに結集した．『両インド史』への最も重要な寄稿者は晩年のディドロで，彼は本書で奴隷制から黒人を解放する不滅の人物を，J.-J. ルソー（1712-78）の弟子 L. S. メルシエ（1740-1814）の『二四四〇年』（1770）の表現を借りて「黒いスパルタクス」として描くとともに，植民地の自立とアメリカ合衆国の独立を訴えた．また，最終編に『ヨーロッパ総覧』（1774）を書いた A. ドレール（1726-97）は急進的啓蒙主義者で，フランス革命でも反専制の論陣を張る．本書は宗教道徳と秩序にとって最も恐るべき書として禁圧されたにもかかわらず，初版刊行後 3 年間で 20 版を超えて増刷されるベストセラーとなった．レーナルはその後内容を拡大し，1780 年には四折版全 5 巻の『両インド史』を完成させた．本書は 10 か国以上の言葉に訳され，国外でも多くの読者を獲得した．

●啓蒙とユートピア　ヨーロッパ精神は，啓蒙初期にヨーロッパの文明社会よりも，素朴な自然主義的未開社会や穏和な東洋的専制社会の方が好ましいとする心理の激変を経験するが，この激変をもたらしたものは旅行記ブームである．旅行記の持ち味は未知の世界の探求だから，読者の興味を引こうとして，その記述には，決まってユートピアの描写が盛り込まれた．文明を知らない「善良な未開人」は，ユートピアの住人として定番である．また，『自然の法典』（1755）の E. J. モレリ（1717-78）のように，財貨共同体という古典的なユートピアを描いた著作家もいる．これらの作品は啓蒙とユートピア思想が対概念であり，啓蒙の理性主義が非合理的なユートピア的要素をも含むことを示している．

●啓蒙の改革と政治　社会改革を唱えた啓蒙の政治権力観は，改革の主体をめぐって二つに分かれる．一つは F. ケネー（1694-1774）や A.-R.J. チュルゴ（1727-81）に代表される啓蒙専制主義で，上からの改革思想である．実際，フリードリヒ 2 世が理想とした啓蒙専制は，君主を「臣民の至福の手段」（フリードリヒ二世 1740：33）と規定していた．もう一つは，『百科全書』第 1 巻（1751）にディドロが寄稿した「政治的権威」の項目にみられる社会契約と人民主権の思想で，この政治思想はルソーの『人間不平等起源論』（1753）や『社会契約論』（1762）

を通じて共和主義と直接民主制の方向に進化し，フランス革命の言説を用意する．

法律や社会の分野では，モンテスキュー（1689-1755）が風土と人間社会の法則的結合という自然主義に立脚した『法の精神』（1748）を著して，権力分立と制限王政を主張した．経済理論面で啓蒙は，重農主義を唱えて成功を収めた．『経済表』（1759）を完成したケネーは「享有に適した諸物に対して持つ権利」（ケネー 1765：53）を人間の自然権として定義し，私的所有権の概念を確立した．彼の弟子 P.F. メルシエ・ド・ラ・リヴィエール（1719-1801）は『政治社会の自然的・本質的秩序』（1767）を公刊し，自然循環に基づく自由経済を主張し，A. スミス（1723-90）にも影響を与えた．

●反啓蒙，啓蒙の終焉と継承　啓蒙は，哲学分野では，平等と一般意志の尊重から利己主義的文明化社会を批判したルソーの反啓蒙的言説と，D. ヒューム（1711-76）の懐疑論を受け継いだカントによる理性批判で終焉を迎える．経済学と政治学の分野では，啓蒙は人間活動の自由を唱えたが，しかし同時に S.-N.-H. ランゲ（1736-94）のように，人間の一般的自由に対して疑念を突きつけ，文明化社会では「従属，奴隷制，卑しさが人類の四分の三の運命」（ランゲ 1768：731）になると主張する反啓蒙思想を生んだ．社会の根本原理を批判する彼の『市民法理論』（1768）は時代にマッチしていたために，世紀のベストセラーとなった．

フランス啓蒙は，財務総監に任命されたチュルゴが穀物取引自由化をはじめとする一連の反封建的経済政策を強行したために都市細民の暴動を招き 1776 年に失脚した後，一部は過激化し，フランス革命の火種となる．革命を経て，啓蒙は，反近代と中世復興を唱えたドイツ・ロマン派や自然復興と科学主義を融合したイギリスのロマン主義や理性の過激化に対する国際的非難とともに影響力を失うが，しかしロシアに波及した啓蒙は，A. ラジシチェフ（1749-1802）の『ペテルブルクからシベリアへの旅』（1790）における専制ロシアに対するルソー的批判と結びつき，デカブリストの反専制思想の形成に貢献した．

啓蒙はフランスで観念学派（イデオローグ）を成立させ，心理学や生理学に影響を及ぼしたほか，社会数学を提唱したコンドルセ（1743-94）に代表される楽天主義的な合理主義を遺産として残した．しかし科学主義に傾斜した啓蒙はその道具主義的功利性ゆえに，『啓蒙の弁証法』（1947）の例証としてフランクフルト学派の批判を招いた．一方，公共性が失われつつある現代において，啓蒙は公共圏の創設者として新たに高い評価を J. ハーバーマスから受け，その評価の延長線上に M. フーコーも啓蒙的理性が公共空間に変革をもたらすとして従来の見解に修正を施した．さらに啓蒙の地下文書などにスピノザの影響を読み取る J. イスラエルも，スピノザ主義を基軸とした全欧的な急進的啓蒙の概念を提唱するに至っている．

[大津眞作]

フランス啓蒙思想
［英］French Enlightenment ［仏］Lumières

　啓蒙思想とは，理性によってあらゆる偏見と旧習を批判し，合理的な世界と社会を樹立しようとした知的運動であって，ルネサンス以来の人間中心主義を発展させ，18世紀に，主としてイギリス（スコットランド），フランス，ドイツで，相互交流する知識人集団が出現し成立と展開をみた.
　フランス啓蒙思想は，16世紀以来の科学革命の流れとP. ベールやB. フォントネルなどの先駆的啓蒙活動を継承し，デカルト的大陸合理主義の土壌に，F. ベーコン，J. ロック，I. ニュートンなどのイギリス経験論を吸収したことによって成立した．モンテスキュー『ペルシャ人の手紙』（匿名，1721）やヴォルテール『イギリスだより』（1733, 増補フランス版『哲学書簡』1734）が，主にイギリスとの対比によって，フランス絶対王政下の人間と社会を批判したあたりを胎動期とし，1750年前後に，新世代とその著作群が出現し，本格的活動が展開された.
　哲学的にはイギリス経験論を感覚論の立場へと徹底し，事実の観察と分析を主張した．相対主義と合理主義を発展させ，無神論または理神論により神の支配と形而上学を退けた．宗教的偏見と封建的圧政を攻撃し，寛容を説き自由な社会を求め，合法的絶対王政を支持した．多くの場合，理性と人間精神と文明の進歩を確信し漸進的政治改革を主張したが，J.-J. ルソーの文明告発のような異端も生まれた.
　七年戦争（1756～63年）の敗北後，絶対王政の諸矛盾が深まる中で，フランス啓蒙の実践化が進み，宗教的冤罪事件に対する抗議運動，王政の諸改革などを主導する．「アメリカ独立宣言」（1776年）の影響もあり，全体として急進化するが，啓蒙思想は革命までは求めず，フランス革命の到来とともに終焉を迎えた.

●**先駆者──モンテスキューとヴォルテール**　モンテスキューは『ペルシャ人の手紙』で，異邦人の目を借りる形で，フランスの政治と社会を批判した．身分制と特権層の腐敗を冷笑し，「三位一体論」の滑稽さを揶揄するなどキリスト教を批判し，寛容を説き，自由の擁護と法の支配を提案した．当時，『永久平和論』（1713）のアベ・ド・サン＝ピエールを中心とした「中二階クラブ」といわれる英仏開明的貴族の知的交流集会があり，モンテスキューは，ここでイギリスの最新の思想動向に触れていたが，さらに，自身のイギリス滞在の経験を生かし，経験論的考察を強化していった．『法の精神』（1748）になると，「商業精神」を擁護し，権力分立を主張して，近代の政治と社会の構造の分析を展開し，生活様式と政体の多様性を風土との関係に求める地理的相対主義に道を開いた．ヴォルテールは，『哲学書簡』にイギリス滞在時の観察を適宜盛り込み，イギリスにおける宗教

的寛容の存在と平民階層の自立と合法的体制の成立を賛美し，フランス社会の宗教的政治的腐敗を攻撃した．哲学的には，ロックとニュートンの経験論を賛美し，B. パスカル『パンセ』(1669)の「利己心」についての考察を再吟味した．「利己心」が空虚であり秩序を解体させるというパスカルの議論を批判し，自己の利益を知ることが他人の利益の尊重に結びつくと述べて，「利己心」の活動の自由と法の支配を結びつける合法的王政を求めた．

●**フランス啓蒙思想の主力と思想**　1750年前後から，モンテスキューとヴォルテールの衝撃を受けた若い世代が，活発に活動を始める．宗教的寛容や商業の自由を日常経験としてもたないフランスでは，経験論の方法的・哲学的再吟味が問題となり，その格闘から独特な感覚論や唯物論が成立した．ラ・メトリ『人間機械論』(1748)，E. B. コンディヤック『感覚論』(1754)などが出現し，人間の認識と行動は感覚と理性によって導かれると主張し，人間精神を宗教意識から切断し，「利己心」の活動とこれに基づく社会秩序を是認した．C.-A. エルヴェシウス『精神論』(1758)，P.-A. T. ドルバック『キリスト教暴露』(1761)などがこれに続き，さらに激しく宗教を批判し，「利己心」の自由な活動とりわけ商業を擁護した．

　D. ディドロと J. ダランベールは，ドルバックや L. ジョクールなどによる強固な協力体制のもとで事典編集を企て，フランス啓蒙思想を担う知識人集団を「百科全書派」として可視化した．弾圧に耐え抜き刊行された『百科全書』(全28巻，1751-72)は，前世紀末からのイギリスの百科事典刊行に学んだもので，経験的知識への信頼と合理主義を基調とし，狂信と専制を批判し，自然，技術，社会に関する最新の実用的知識を編集した．アルファベット順の項目配列という事典形式は，神と王を最高序列とする旧価値秩序の否定でもあり，これに伴う体系性の不透明は，多様な思想の編集に有利であった．穏健派から急進派まで含む知識の雑居性は，理性の働きと論争を活発にする触媒となった．一方に，検察官マルゼルブのような王政権力側に擁護者を生み出し，他方で，技術関連項目への職人の参加など，学問と技術の合流，つまりは知識人と社会との接近を促進し，「公論」と「公共圏」の成長に寄与した．

　『百科全書』に示されるように，フランス啓蒙思想は，非宗教的な人間理性を信じ，人間の「利己心」の活動を承認し，政治，経済，社会の自由を主張するという共通性をもちながら，その社会的態度は，多様であった．コンディヤックは『商業と政府』(1776)で経済学的効用価値論を説き，エルヴェシウスは『人間論』(1772，死後出版)で功利主義の先駆的議論を残したが，ともに抽象的哲学論にとどまり，現実社会の分析に鋭さを欠いた．これに比べて，ディドロは経験論と実証を重んじ，マニュファクチュアの発展，小麦取引の自由の実現，公教育の具体化などを提案した．ダランベールも合理主義の担い手を求めて，アカデミー改革を手がけた．経済分野では，V. グルネによるイギリス経済学の受容があり，F.

フォルボネ『商業要論』(1765) の重商主義が生まれただけでなく,「経済表」(1758) を書いた F. ケネーによって, 大陸自然法論の枠組みで農業を中心とする資本主義の秩序を演繹する独特の経済学が出現し, フィジオクラシー (重農主義) と呼ばれた. モンテスキューの相対主義と権力分立権は, 王政権力を規制する理論として, 貴族の自由派に支持された. ただし,『法の精神』とエルヴェシウス『精神論』がともに, 商業の発展が道徳を穏健にするという議論をイギリスの D. ヒュームに近いかたちで展開しているように, 権力分立権は『百科全書』主力の合法的王政論からそれほど離れていたわけではない.

『学問芸術論』(1750) で登場したルソーは, 当初は, ディドロに依頼され『百科全書』に「経済」項目を寄稿し, 啓蒙思想集団に属した. しかし, もともと文明に否定的であったルソーは,『人間不平等起源論』(1755) で産業と財産の発展を否定し,『社会契約論』(1762) で社会の革命を,『エミールあるいは教育について』(1762) で教育による人間革命を,『ジュリまたは新エロイーズ』(1761) で感情の解放を訴え, 啓蒙思想の異端となっていく.

●**啓蒙思想と王政改革** 七年戦争敗北後, フランスの王政と社会の閉塞状況が深まる中で, フランス啓蒙思想は, さらに若い世代を加えながら, 積極的に体制改革運動に参加した. ヴォルテールは健在であり,『カンディード』(1759) で「自分の畑は耕さねばならない」と述べて, 啓蒙思想の実践化を促していたが, 彼自身, 一方で, カラス事件, ラ・バール事件などの宗教的冤罪事件を告発し, 知識人を組織し再審請求運動を指揮し, 他方で,『哲学事典』(1764) などで, 経済の自由化を主張し, 王政改革の機運を醸成した. 啓蒙的知識人の多くは王政官僚となり, 合法的王政の樹立を目指した. 1774〜76 年に財務総監となった J. チュルゴの場合が有名である. チュルゴの改革は, 市場の自由 (レッセ・フェール) を掲げ, デュポン・ド・ヌムールを登用したことから, 重農主義の具体化の試みとされることもあるが, ヴォルテールおよびダランベールの支持と N. コンドルセの参加にみられるように, 啓蒙思想の総力を結集したものであった. チュルゴは, ケネーのみならずグルネの影響を強く受け, コンドルセはアダム・スミス『国富論』(1776) を受容しようとしていた. チュルゴとコンドルセは「進歩の観念」の主張でも知られるが, それは, P.-L. モーペルチュイや G.-L. ビュフォンが提出していた自然と生物の進化の議論を社会に広げるものでもあって, ここにも, 啓蒙思想の実践化が示されているのである.

チュルゴの改革は挫折に追い込まれるが, 続いて財務総監となった J. ネッケルは重商主義者であり, 時に激しく内部対立を繰り返しながら啓蒙思想による改革は継続した. 改革の方向は多様化し, 大きくいって, 重農主義者 (フィジオクラート) の「合法的専制」, モンテスキューの貴族による制限君主政, ディドロなどの共和主義的傾向をもつ合法的王政の主張に分化した. けれども, 法による支

配の確立については共通の合意が存在し，その法の正当性の根拠は「公論」に求められた．こうして，フランスにおいて，「公論」が，啓蒙思想の社会的存在形態というべきものとして，出版やアカデミーの諸制度の改革を伴いながら，1770年代に，啓蒙思想の主導によって「政治的に創造」されていくのである．

●**急進化と終焉** チュルゴの挫折以後，啓蒙思想の思想と運動は，むしろ，拡大しかつ急進化した．アメリカの独立運動を支持し，文明と人間の多様性への認識を深め，ドイツやロシア圏を含む外国との知的協同を拡大強化した．ディドロは共和主義に接近するだけでなく，G.-T. レナル『両インドにおけるヨーロッパ人の植民地と商業の哲学的政治的歴史』(1770) への助力，L. A. ブーガンヴィル『世界一周航海記』(1771) への「補遺」の執筆などによって，未開を収奪する文明を告発した．また，『ラモーの甥』(遺稿)でも，文明人の金銭欲を攻撃した．財産や産業を否定したわけではないが，啓蒙思想の人間主義を際立たせた．この遺稿は，後にゲーテによって発見され，ドイツ思想に大きな影響力を及ぼす．コンドルセも，アメリカの独立を支持し，イギリスでの地主と貴族の温存を批判するなど急進化し，封建制と宗教の迫害を告発し，植民地と黒人奴隷の解放を主張した．

　文明の告発をさらに徹底したのは，ルソーとその賛同者たちである．ルソー自身による『告白』(1770) や『孤独な散歩者の夢想』(1778) の出版は，文明による疎外への激しい抗議として迎えられ，A. マブリ『立法論または法の諸原理』(1776) や S. N. A. ランゲの自然法論も，ルソーの共和政論の補強と受け止められた．『新エロイーズ』はベストセラーとなり，若い世代の文学者気取りによるルソーの模倣も盛んとなって，革命の主張は，浸透力を増していった．

　啓蒙主力とルソーとの対立も深まった．コンドルセは，ルソーの共和政が古代の模倣であり，近代の個人的自由を無視する時代錯誤を犯していると批判した．そこには，すでに，フランス革命期に勃発するジロンド派とジャコバン派との抗争が準備されていた．両派の二つの共和主義にモンテスキュー系譜の制限王政論が，革命派の諸潮流を構成するだろう．しかし，これらの諸対立よりも重要なのは，その論戦が切り拓いた主題と問題の射程の大きさである．例えば，ディドロやコンドルセの文明擁護と人間理性の進歩への信頼は，理性が自己批判能力をもつことへの確信でもあり，それは，文明批判と植民地解放論に結びついた．逆に，ルソーによる文明の告発と未開の賛美は，植民地の現実を見逃しがちであった．『エミール』の自由教育には女性蔑視が持ち込まれたが，コンドルセは教育における男女の平等と女性の政治的権利を主張した．このように，啓蒙思想は，激しい論争と異端を生み，政治，社会，宗教，思想，人間，女性をめぐる多様な問題に期待の地平を開きながら，フランス革命の思想へと道を譲っていくのである．コンドルセ『人間精神進歩史』(1795，死後出版) が啓蒙思想の遺書といわれる．

[安藤隆穂]

スコットランド啓蒙
[英]Scottish Enlightenment

　スコットランド啓蒙とは 18 世紀スコットランドにおける多くの思想家の華々しい知的運動の展開を意味する包括的な概念で，1970 年頃に使われ始め，I. ホント，M. イグナティエフ編『富と徳――スコットランド啓蒙における経済学の形成』(1983) などの有力な研究で市民権を確立した．スコットランド啓蒙の特徴は，道徳哲学を母体として，いち早く文明社会史が登場し，政治経済学を含む，歴史的視野をもつ社会の学問が成立した点にある．スコットランドの啓蒙思想家は包括的な著作を書き，イングランドの 18 世紀前半の文明社会論（商業や奢侈，金融，常備軍は徳や社会を腐敗させないかを争ったオーガスタン論争）や世紀中葉のフランス啓蒙思想に批判的省察を加えた．人間本性の学を基礎として，仁愛と利己心，富裕と徳，正義，商業と自由，未開と文明，古代と近代，自然法と共和主義，文明と腐敗，民兵軍，修辞学，技芸と美などが徹底的に検討された．

●啓蒙の担い手と主要著作　啓蒙の担い手は大学教授，法曹，穏健派長老派牧師であった．穏健派は『エディンバラ評論』(1755-56) を刊行したが，守旧派の攻撃を受け 2 号で終わる．道徳哲学としては D. ヒューム (1711-76)『人間本性論』(1739-40)，『道徳原理研究』(1751)，F. ハチソン (1694-1746)『道徳哲学序説』(1747，ラテン語版は 1742)，『道徳哲学体系』(1755)，G. ターンブル (1698-1748)『道徳哲学原理』(1740)，ケイムズ卿 (1696-1782)『道徳と自然宗教の原理』(1751)，A. スミス (1723-90)『道徳感情論』(1759)，T. リード (1710-96)『人間精神研究』(1764，邦訳『心の哲学』)，『知的力能』(1785)，『能動的力能』(1788)，D. ステュアート (1753-1828)『道徳哲学概要』(1793)，『人間精神哲学綱要』(1792-1827) など，歴史的な法・社会理論，政治経済論，文明社会史としては，ヒューム『政治論集』(1752) や『イングランド史』(1756-61)，ケイムズ『法史論集』(1764) や『人間史素描』(1774)，A. ファーガソン (1723-1816)『市民社会史論』(1767)，スミス『国富論』(1776)，W. ロバートソン (1721-93)『カール 5 世史』(1769) や『アメリカ史』(1777)，J. ミラー (1735-1801)『階級区分の起源』(1771) と『イングランド統治史論』(1787)，J.B. モンボド (1714-99)『言語の起源と進歩』(1773-93) などがあげられる．スミス『道徳感情論』は社会の柱としての正義を同感に基礎づけたが，ケイムズとリードは同感では主観的すぎるとして正義を共通感覚（common sense）に基礎づけた．『国富論』は J. ステュアート (1713-80)『経済の原理』(1767) とともに経済学の成立を画すが，スミスはステュアートの為政者による重商主義的な経済統制を批判し，ヒュームの農工分業論を継承した経済的自由（分業，市場，資本蓄積），勤労による富裕への道を主張した．

彼らは商業が自由をもたらすと説いた．

●**起源と背景** なぜ人口100万人の小国スコットランドで啓蒙思想の華々しい開花がみられたのか．それにはいくつかの事情がある．まずルネサンス以来の人文学の厚い伝統があり，そこにJ. ノックスやG. ブキャナンの宗教改革が加わった．スコットランドのジェームズ6世がイングランド国王ジェームズとなり（1603年同君連合），チャールズ1世はイングランドで上層身分と激しく対立した．権利請願を経て，ピューリタン革命・内戦となる中で，イングランドではT. ホッブズ，W. ペティ，J. ハリントン，J. ロック，A. シドニー，I. ニュートンといった天才が活躍した．スコットランドには愛国者A. フレッチャー（1655-1716）が登場した．戦乱でスコットランドは貧しくなり，1690年代には気候不順による不作が続き飢餓に喘いだ．苦境からの脱出策としてのダリエン遠征も失敗し，結局はイングランドとの議会合同が模索され両国は1707年に合邦した．合邦は法，教会，大学の伝統を温存し，経済発展に刺激を与えた．イングランドの危機の17世紀は天才の世紀となったが，スコットランドでは18世紀が天才の世紀となる．合邦が経済的効果を発揮し，改良運動（improvement）によって産業が発展し，民富が蓄積され，学問・技芸（arts and sciences）の発展を可能にした．W. カーステアズ（1649-1715）はオランダの大学に倣ってエディンバラ大学に教授制度を導入した．伝統的なクラス制度（regenting system）は廃止され，グラスゴウ大学とアバディーン大学も踏襲した．グラスゴウ大学の初代道徳哲学教授はG. カーマイケル（1672-1729）で，S. プーフェンドルフ『自然法に基づく人間と市民の義務』を注釈して講義した．その後継者がスミスの師のハチソンで，彼はダブリンで共和主義者R. モールズワースと交流していた．

ステュアート家の復位を狙って蜂起した王位僭称者とジャコバイトには広い民衆の支持があったが，名誉革命政権との戦いに敗れる．1745年の敗北は決定的で，厳罰を受けた（ハイランド清掃）．スコットランド平定にはアーガイル家の功績が大きい．ハイランド西部を支配した開明的なアーガイル家は改良家であった．公爵に庇護された穏健派長老派，大学教授，法曹の中に自由主義精神が生まれた．彼らは協会やクラブ（哲学協会，選良協会，知識改良協会，文学協会，経済学クラブ，アバディーン哲学協会など）で交流した．出版業者も活躍した．スコットランドをイングランド人に愚弄されぬ豊かな文明と洗練の国にし，人びとを有徳にするにはどうすればよいか．イングランド，フランス，イタリアなどから優れた制度や成果を広く学び，人間研究と歴史研究を通じて社交性を育み，文明化を推進しようと考えた彼らは，啓蒙の中核を担った．エディンバラにニュータウンが形成され，建築家アダム兄弟が活躍した．ケイムズやA. コバーンはジェントルマン・ファーマーとして農業改良を推進した．共和主義の精神も漲っていた．ハリントン，フレッチャーとハチソンの共和主義の遺産を継承した彼ら

は，国防は常備軍だけでは不十分と考え，民兵運動を展開した．

●**自然法思想，経験主義，歴史的視点**　思想的には，伝統的な神授権説に依拠したジャコバイトと対抗するために啓蒙思想家は自然法思想を洗練し，同意に基づく統治（正義論），統治の基礎としての権威の原理と功利の原理，忠誠の根拠としての公益（功利）の原理と抵抗権を明確にし，また社会の歴史的発展という新機軸を導入して経験主義と思想の近代化を推進した．ハチソンは社会契約論者であったが，ヒュームは社会契約をフィクションとし，試行錯誤の結果としての慣習・制度の進化思想を説いた．スコットランドの啓蒙思想家は，モンテスキューの影響を受けてさまざまな社会を比較し，野蛮・未開から洗練・文明への発展という歴史の趨勢を析出した．さらには生活様式の採取・狩猟生活から，遊牧，農耕，商業への高度化・発展を描いたが，この生活様式の4段階説は思想のパラダイム転換であった．彼らは発展段階認識に立脚してスコットランドに適切な改革を探究した．ケイムズが限嗣相続制の廃止に取り組んだのは一例である．法曹の中には J. ダルリンプル（1726-1810）のような反対派もいた．スミスは，重商主義政策は別として，イングランドの制度が最先端と認識しており，スコットランドをイングランドに近づけようと考えていた．思想と学問が発展するためには平穏も必要だが，政治的軋轢や新旧イデオロギーの相克に刺激される側面もある．そういう意味では，当時のスコットランドには思想の坩堝となる条件があった．自然科学の発展も目覚ましく，W. カレンの化学，J. プリングルや W. ハンターなどの医学，J. ハットンの地質学，グレゴリー一族の数学など優れた業績が生まれ，エディンバラ大学の医学はヨーロッパやアメリカからも医学生を集めた．J. ワットはグラスゴウ大学に仕事場を与えられ実験に専念した．

●**スコットランド啓蒙の父**　スコットランド啓蒙の父はハチソン説が通説かもしれないが，アーガイル公爵説も有力である．公爵の家臣にミルトン卿（フレッチャーの甥），その部下にケイムズがいるが，この3人の重要性は大きい．兄の第2代アーガイル公爵を継承した第3代アーガイル公爵（1682-1761）は，R. ウォルポールの盟友として40年間，スコットランドの最高権力を握り，4万人に職を与えた．法曹で啓蒙思想家でもあれば役人ともなったケイムズは，歴史家 C. マコーリ（女ツキジデス）や B. フランクリンを自宅に招いたり，スミスやミラーを支援したりしながら，限嗣相続制の廃止や農地改良，新農法の導入などスコットランドの近代化と改革に活躍した．

●**国際的契機**　スコットランド啓蒙にとってアイルランドとの関係も重要である．アイルランドの G. バークリー（1685-1753）は経験主義的な『人知原理論』（1710）で知られるが，エディンバラの若者サークル（ランケニアン・クラブ）に影響を与えた．オランダ，フランス，アメリカとの関係も重要であり，ロシア人留学生もいた．スコットランド啓蒙は自由化，近代化，イングランド化の思想で

あり，閉ざされたローカルな運動ではなかった．名誉革命と合邦に敵対したジャコバイトは，ブルボン朝のフランスによって，大ブリテンに反革命を起こす道具として利用される可能性があった．ジャコバイトもインターナショナルであったが，啓蒙派も閉鎖的ではなかった．植民地郵政副長官としてフランクリンはロンドンに長くいたが，スコットランドに2度滞在し，ヒュームやケイムズ，スミスなどと交流した．ハチソン，スミス，ミラーの講義に出席したアイルランド人は多数いた．W. S. ディクスンはスミスとミラーの講義を聴き，国に帰ってユナイテッド・アイリッシュメンを結成し，改革運動を推進した．ヒュームやスミスはフランスの思想に深く学び，フランスで啓蒙知識人と交際したが，I. カントなど多くの人びとへの影響を含めてヨーロッパ啓蒙の人でもある．ヒュームはモンテスキューを批判したが，スミスはルソーに注目し，ヴォルテールとF. ケネーを尊敬し，モンテスキューを論駁しようとした．

　大学はオランダとの関係以外に，イングランドの非国教徒学院，アメリカの大学との関係もある．ハーバード大学ではハチソン『道徳哲学序説』が教科書として使われた．J. ウィザスプーン（1723-94）はニュージャージー・カレッジの道徳哲学の講義で，スコットランド啓蒙の多くの著作を古典文献とともに学生に勧めた．医学生のB. ラッシュはエディンバラに留学し，コモン・センス哲学をアメリカに持ち帰った．アメリカ啓蒙への影響ではハチソン，ヒューム，スミス，ミラーなども重要だが，アメリカは懐疑主義には警戒した．ケイムズ，リードに始まるコモン・センス哲学を歓迎し，D. ステュアート『道徳哲学概要』『人間精神哲学綱要』が幅広く受容されるようになる．

●**スコットランド啓蒙の終焉**　アメリカ革命期にスコットランドの知識人が政府の御用知識人としてビュート卿，マンスフィールド卿，ダンダス父子に仕え，アメリカの弾劾に加わった．思想の保守化が生じた．フランス革命期には急進派が弾圧された．大革命の勃発を歓迎した多くが1794年までに反対に回った．ミラーの弟子のトマス・ミュアは扇動罪でボタニー湾に流刑となり，ミラーの息子は優れた法学者であったが職がなく，カレンの娘と結婚してペンシルヴァニアに入植し，熱病に倒れた．

　大革命への熱狂が冷め，産業革命の時代になると，人びとの関心は科学技術に向かった．若者はますますロンドンとブリテン帝国（British Empire）を目指した．ジェイムズ・ミルはD. ステュアートの講義に学び，ロンドンに出て東インド会社に勤務する傍ら，J. ベンサムと知り合い，哲学的急進派，ウィッグとして社会改革運動に関与する．スコットランドの啓蒙の時代は終焉を迎え，科学技術と帝国へのディアスポラ（離散）の時代となるが，スコットランド人の活躍は目を見張るものであった．スコットランドは帝国に何よりも人材を供給したのである．

〔田中秀夫〕

イタリアの啓蒙

［伊］illuminismo italiano　［英］Italian Enlightenment

　イタリア啓蒙はルネサンスと対抗宗教改革の地に生まれたので，教会権力からの世俗権力の独立を要求する国権主義（giurisdizionalismo）を思想史的前提として成立する．イタリアの啓蒙主義者たちは欧米の諸思想の動向に敏感に反応しつつ，イタリア諸国の改革という課題に取り組んだ．このようなコスモポリタニズムとローカリズムの結合がイタリア啓蒙の特徴をなす．

●**国権主義から啓蒙へ**　対抗宗教改革のイタリアでは，ローマ教皇庁の世俗的支配領域である教皇国家が 17 世紀にその支配権を強め，イタリア半島の中央部にあって南と北を分断していた．南のナポリ王国はローマ教皇庁によってその封土とみなされていたから，そこでは国家と教会の対立は直接的であり，国権主義を代表する P. ジャンノーネ（1676-1748）の『ナポリ王国市民史』（1721）が出現した．北ではモデナ公国の L. A. ムラトーリ（1672-1750）が，神聖ローマ帝国（オーストリア）と教皇庁との対抗の中で，皇帝派として論陣をはった．18 世紀前半における皇帝派の再生は，世紀後半の啓蒙主義へと受け継がれる．

　1748 年にオーストリア継承戦争が終結すると，イタリア半島に平和がもたらされた．イタリアの諸国家は世紀前半の戦乱の打撃からの再生を試みる．そのさい動因は外からやってきた．南では長く副王に支配下されていたナポリが，スペイン・ブルボン家の出身ながら「自分たちの王」をいただいて政治的自立性を回復しようとしていたし，北ではミラノ公国がハプスブルク家（オーストリア）の直轄領となっていた．外来の勢力は直接的統治の実をあげるためイタリア諸国の支配体制に手を入れ，ここに啓蒙主義者との協力関係が成立する．

●**法学から経済学へ**　教皇国家をはさんで，ナポリでは A. ジェノヴェージ（1713-69）や G. フィランジェーリ（1753-88）ら，ミラノでは P. ヴェッリ（1728-97）や C. ベッカリーア（1738-94）らによって，ムラトーリの遺産を継承しつつイタリア啓蒙の前線が形成される．

　ムラトーリは『法律学の欠陥について』（1742）で旧体制の腐敗を擁護する法解釈の恣意性を突き，『公共の福祉について』（1749）では貧困問題を解決すべき生産力の育成という課題を提示して，イタリア啓蒙における法学から経済学へという思考の枠組みの転換を準備した．

　1754 年にナポリ大学に新設された「商業と機械」の講座の教授となったのはジェノヴェージであった．彼はナポリ王国の経済的繁栄の回復という課題に取り組み，そこでの講義が『商業すなわち市民経済の講義』（1765-67）に結実した．ジェノヴェージは英仏の経済学を受容しつつ，生産力の基礎となる自立的な農民

経営の形成に対立する封建的大土地所有を批判し，在地の開明小地主に農業改良と商業化への期待をかけた．ジェノヴェージの影響力のもとにナポリ啓蒙が成立するのである．

ミラノ啓蒙は，貴族の青年たちが「拳の会」に集まることで形成された．彼らはイギリスの商人文化にあこがれて『スペクテーター』(1711-12) を模範に，旬刊雑誌『コーヒー店』(1764-66) を刊行し，そこから，罪刑法定主義と死刑廃止の主張によって名高いベッカリーアの『犯罪と刑罰』(1764) が生まれる．この書において，社会契約説を基礎に立法の目的として功利主義の最大幸福原理が掲げられる．ここに国権主義の課題を継承して，世俗権力が教会権力から独立するための理論的基礎が与えられた，といえる．彼は 1768 年にミラノ帝室学校の経済学（官房学）教授に就任，その講義録『公共経済学の原理』(1804) は，D. ヒューム (1711-76) を受容しつつ，農工分業の進展を軸とする近代社会形成への歴史的展望を示している．

「拳の会」の指導的立場にあったヴェッリは，ハプスブルク家主導の関税改革にも参画した．こうした啓蒙的改革の理論的基礎をあたえるのが『政治経済学にかんする省察』(1771) であり，彼はこの著作で貿易差額論を前期的資本（特に高利貸資本）の批判に結びつけ，貿易差額のプラスによって流入する貨幣の社会各層への浸透が経済成長の動因であると論じた．

●**百科全書とアメリカ革命**　ミラノの啓蒙主義者たちが，著書の出版を通じてかかわりをもった半島中部トスカナのルッカとリヴォルノでは，『百科全書』の異本版であるルッカ版 (1758-76) とリヴォルノ版 (1770-79) が刊行された．

ルッカ共和国では，対抗宗教改革の時代に上層の商人貴族の間でプロテスタントの信仰がひろまった．教皇庁はこれを見逃さず，彼らの多くはジュネーヴへ逃れたが，ルッカ版を企画したのは，そうした家門の子孫であった．リヴォルノはトスカナ大公国の海港都市であり，海路によって，ロンドンはもとより北海・バルト海の商圏とつながり，ロシア艦隊の寄港地ともなった．リヴォルノ版の刊行は，啓蒙専制君主トスカナ大公レオポルド (1747-92) の庇護のもとにフランス出身の出版人によって行われた．

これらの企画が終わろうとする頃，アメリカ革命の衝撃がイタリアにも達した．ノルマン建国にまで遡るナポリ王国の有力な貴族の家門に生まれたフィランジェーリは B. フランクリン (1706-90) と文通があり，彼にとって憧れの地はイギリスでもフランスでもなく，アメリカ合衆国であった．彼は『立法の科学』(1780-91) で，封建制によって引き起こされる社会の分断と腐敗を論難し，旧体制の社会の根底的な変革の構想を示そうとした．その中で生産力育成のための改革プランに加え，新しい社会の主体形成の基盤として公教育が提唱され，世論という法廷を支える出版の自由が強調されることになる．　　　　　　　　　　［堀田誠三］

ドイツの啓蒙
［独］Aufklärung im Deutschland

　「18 世紀ドイツ哲学者の生涯と思想に関するいかなる仕事も，誰をドイツの哲学者に含めるかを決めかねる事態に直面せざるをえない．特に 18 世紀中は『ドイツの哲学者』や『ドイツ哲学』の明確な定義がないのである」(Klemme & Kuehn eds. 2010：vii)．啓蒙の世紀のドイツ的実像をとらえようとするとき，社会思想史もまた，上の『18 世紀ドイツ哲学者事典』の巻頭言と，そこに含まれる約 660 の哲学者の群像を受け止めねばならない．多様かつ豊かな啓蒙の遺産を前史としてドイツ観念論で清算するような思想史の構図は，すでに通用しなくなっている．日本の社会思想通史では，I. カント（1724-1804）への集約による啓蒙概念の硬直化と理性主義なる概括とによって，啓蒙の実像は極度に簡素化され，大きな捨象を伴うのが常であった．ここでは啓蒙的理念への昇華をあえて目指さず，ドイツ啓蒙の広大な領野を展望することとしよう．

●**大学と啓蒙**　ドイツ啓蒙は C. トマージウス（1655-1728）に始まる．1687 年に彼は，スコラ学に立脚するルター派正統主義の牙城であったライプツィヒ大学において，ラテン語ではなく当時は世俗言語でしかなかったドイツ語で初めて講義を行った．それはいわば大学，あるいは哲学と社会の接続の試みであり，この実践への志向は彼の最初期の著作『宮廷哲学入門』（1688）にもみられる（ヴァイグル 1997）．しかし，これに対する大学側の反発は大きく，当地を追われることになった彼は，ハレ大学の創設（1694 年）に携わり，自然法論を講じる法学部教授として，啓蒙の拠点大学の主翼を担った．折衷主義と呼ばれるトマージウスの方法は，断片的思考の集合を旨としたものではなく，自らの批判的理性のもとに既存のあらゆる権威や体系をさらすことを意味する．

　いまだ下級学部の地位にあった哲学部に C. ヴォルフ（1679-1754）が赴任したのは，1706 年のことであった．すでにハレ大学には，正統主義と対峙する敬虔主義の中心であった神学部に，P. J. シュペーナー（1635-1705）の影響を強く受けた A. H. フランケ（1663-1727）がいた．意志の人間的自由を重視する敬虔主義陣営は，ヴォルフの機械論的世界観が決定論に帰結するとみて国王を動かし，彼をハレから追放するが，後にフリードリヒ 2 世（1712-86）が呼び戻している．充足理由律に基づいて経験的事実の論証を試みたヴォルフは，とりわけ数学的厳密性にしたがう点でトマージウスともすれ違ったが，権威や宗教が生み出す偏見を退け，哲学する自由をもって真理を追究した啓蒙の哲学者であった．ラテン語とドイツ語あわせて 60 巻近くからなるヴォルフ著作群の影響力は絶大であり，それは A. G. バウムガルテン（1714-62）による美学の誕生を用意し，J. C. ゴット

シェート（1700-66）の芸術理論の支柱ともなった．ケーニヒスベルクにいた若きカントもまた，師 F. A. シュルツ（1692-1763）と M. クヌッツェン（1713-51）を介して，敬虔主義とヴォルフ哲学から多くを学んでいたのである．

●「啓蒙」への問い　カントが『ベルリン月報』に「啓蒙とは何か」を発表したのは 1784 年 12 月であったが，M. メンデルスゾーン（1729-86）はすでに同年 9 月に同じテーマの論考を発表していた．これらの導火線は，同誌ですでに展開されていた，結婚への宗教的介入の是非をめぐる論争にあった．その中で J. F. ツェルナー（1753-1804）は，宗教の既存体制に破壊的に作用する啓蒙の本質は何か，そしてその正当性はどこにあるのかという疑問を投げかけたのである．そこに示されたのは，社会的現実を足場とするがゆえの啓蒙の急進性に対する警戒であって，啓蒙の定義や理念の追究姿勢ではない．メンデルスゾーンの論考も，基本的には啓蒙と社会の調和に帰結している．こうした時流にあってカントの論考は，啓蒙とは何かという問いそのものを引き受けた点で，むしろ特異な位置を占めている．啓蒙には長い時間を要するという現状認識に立って主張される「理性の公的使用」（カント 1784：27）は，啓蒙の内実を支える公論空間の成立とその持続のための基本条件であった．啓蒙への問いはメディアの興隆によっても支えられ，ベルリン水曜会周辺に限られない広がりをみせた．例えば C. M. ヴィーラント（1733-1815）主宰の『ドイツ・メルクーア』には，K. L. ラインホルト（1757-1823）が「啓蒙についての見解」（1784）を寄せている．

　カントの論考が異彩を放つのは，啓蒙の公論空間を頓挫させまいとする啓蒙推進派としての姿勢が明瞭に示されるからであるが，一方で彼と同郷の J. G. ハーマン（1730-88）は，そこに潜む高慢を鋭く指摘した．ハーマンによれば，カント自身は知識人として「未成年者」の自己責任を問いただす後見人の側に立っており，彼ら一般民衆の声に傾ける耳をもたない．皮肉なことにカント的啓蒙は，社会的現実に対して蒙いのである．それゆえに啓蒙の具体的方法もまた，同時代人による模索と補塡とを必要とした．『世間のための哲学者』の編集者エンゲル（1741-1802）や文筆家としても活動した出版業者 C. F. ニコライ（1733-1811）らの通俗哲学の一潮流にも，ハーマンと同様の問題意識を読み取ることができるだろう．

●啓蒙の国際的伝播　ドイツ啓蒙の展開は内発的なものではなかった．それはフリードリヒ 2 世の啓蒙絶対主義の思想的基礎にフランス啓蒙思想があったことからも明らかだが，中でも 18 世紀後半におけるスコットランド啓蒙の影響力は無視できない．例えば，F. ハチソン『道徳哲学体系』のレッシング訳（1756），A. スミス『道徳感情論』のラウテンベルク訳（1770），A. ファーガソン『道徳哲学綱要』のガルヴェ訳（1772）などといった近代思想の最重要作品の翻訳は，当時のドイツ人文・社会科学にひろく浸透していたのである．　　　　　　［大塚雄太］

科学とアカデミー

[英]sciences and academies

　17世紀半ばから18世紀にかけて，欧州では「アカデミー（academy）」あるいは「ソサエティ（society）」と呼ばれる組織が諸科学および芸術の探求と交流の場を担っていた．特に，当時の大学の枠組みからはずれる諸分野，例えばラテン語ではなく俗語による文芸や世俗の歴史，自然科学，芸術などがその営みの対象となっていた．18世紀末までに，国家や地方自治体が認定した公的なものでも70あまり，各地の貴族や富裕層が支援した私的なものもあわせれば200近いアカデミーや協会が設立されている．

　アカデミーの伝統は，紀元前4世紀頃，古代ギリシアの哲学者プラトンの学校である「アカデメイア」に由来するが，初期近代におけるそれはルネサンス期以降の宮廷文化を背景とする文化的・学術的交流実践に多くを負っている．立場にかかわらず，ある分野に秀でた成人（ただし当初は基本的に男性のみ）の集いであることが「アカデミー」活動の中核をなしており，学校的な要素は副次的である．「ソサエティ」は「協会」と訳されることもあるが，やはり人の集いを意味する語である．

●**王権による知の制度化**　ルネサンス期には文芸復興の潮流から，イタリアを中心に既存の大学の外に私的な会合が開催されるようになっていたが，17世紀になると各国で王権による制度化が進んだ．1635年にフランス国王が文芸と言語のために創設したアカデミー・フランセーズは文人を囲い込むとともに，絶対王制国家の一部として永続的に運営されるアカデミーのモデルをつくった．

　17世紀初頭にはイギリスのフランシス・ベーコン（1561-1626）が遺著『ニュー・アトランティス』で示した学者の共同体「ソロモンの舘」による学問の発展という理念が自然科学愛好者に刺激を与え，1660年代にロンドンで王権の認可を得てロイヤル・ソサエティ（王立協会）が成立した．それに触発されてフランスでも1666年に自然科学のみを扱うパリ王立科学アカデミーが成立した．この二者をモデルに18世紀の間，各国に文芸や歴史と並んで自然科学を扱う多くのアカデミーが設立されることになった．

●**アカデミー型とソサエティ型**　ロイヤル・ソサエティが比較的緩やかな愛好者の共同体で水平的な組織であり続けたのに対し，パリ王立科学アカデミーは会則や運営のための役員をもち，選抜された会員から構成され，頂点に王侯貴族のパトロンを頂く垂直型のヒエラルキー構造を有していた．主に商業文化の発展したイギリスおよび北米大陸の植民地およびオランダなどには前者の「ソサエティ」型が，封建諸制度の残る欧州大陸諸国には後者の「アカデミー」型が多かったと

いわれる．なお，文系・理系の区分は当時一般化していなかったので，自然科学のみを扱うアカデミーはむしろ稀であった．

「アカデミー」型の組織では，少数の選ばれた学者が王からの報奨金として「年金」を得ながら特定領域の探求に没頭し，大学とは異なる知的空間を形づくった．「ソサエティ」型の組織だと，会員は基本として経済的に自立した愛好家であり，大学人も多かったため，大学との役割分担はさほど生じなかった．なお，研究・作業用施設などを備えた組織は少なく，会合と交流，出版事業がその活動の中心であった．

各国の地方にもアカデミーやソサエティが存在した．これらの中には中世に起源をもつものや，ルネサンス期から存在したものもあったが，首都で王立のアカデミー（あるいはソサエティ）が発展するに従い，必要に応じて王権から団体としての法的な承認を求めるようになった．

●諸科学とアカデミー　自然科学・数学の領域に関していえば，「ソサエティ」型よりは少数精鋭を擁した「アカデミー型」の方が成果を上げる傾向にあった．17世紀の段階では，ロイヤル・ソサエティのアイザック・ニュートン（1642-1727）が絶大な存在感をもったが，18世紀後半になるとパリ王立科学アカデミーやベルリン王立科学文芸アカデミーの関係者として，オイラー，ベルヌーイ一族，ダランベール，P.-S. ラプラス，J.-L. ラグランジュ，A. ラヴォワジエなどが現れ，業績を上げた．また，パリ王立科学アカデミーの場合，教会および国家による言論統制が強固であったがゆえに，逆説的にも，宗教には言及しない論文著述スタイルの徹底があり，結果として近代的な自然科学論文の原型が構築された．

18世紀は社会思想や社会科学の萌芽があった時代だが，言論の自由度が高い新教国の「ソサエティ」型組織や，言論統制はあるがやはり新教国であるプロイセンのアカデミーなどは新しい社会的な主題を積極的に取り扱った．例えば，ストックホルム科学アカデミー，ロンドンロイヤル・ソサエティ，ベルリン王立科学文芸アカデミーの関係者により，人口，農業，商業を対象に，自然科学と道徳哲学的議論を交えた形で社会科学的な探求の発展がみられる．対して，カトリック国にあるパリ王立科学アカデミーでは取り組みが遅れたが，1780年代にはコンドルセ（1743-1794）などにより数理的な社会科学の萌芽がみられた．

●フランス革命期以降　フランス革命を境に各国でアカデミーや協会のうち半数近くが消滅した．残った組織も次第に，学術振興・後援組織としての役割のみ果たすものとなっていった．西欧諸国では研究活動の中心が近代化された大学，もしくは新たに出現した工学系の高等教育機関に移り，研究交流も専門学会で担われるようになったからである．ただし例外もありロシアの科学アカデミーは発展を続け，ソヴィエト連邦時代の20世紀にも科学研究の中心であり続けた．

［隠岐さや香］

経験主義 対 合理主義
［英］empiricism vs. rationalism

　経験主義対合理主義といえば17世紀のヨーロッパの哲学における定番のテーマだが，本項目の課題は18世紀以降のこれら二つの主義の関係なので，経済学の視点から問題を考えてみたい．
●**経験主義からの演繹法の成立**　イギリスにおいて思潮として経験主義が主流であったことは周知であるが，そのイギリスで19世紀初頭に，経済学の方法論的立場が一定の確立をみたのは演繹法というかたちにおいてであった．経験主義の土壌の下で，方法論的にみて合理主義と密接な関連をもつ演繹法が，経済学において主流的立場を占めるに至った逆説的な連関を考察するのが，以下を先取りした内容である．
●**D. ステュアートによる政治算術家批判**　そうした潮流でまず注目されるのが，経済学における「経験」の問題に常識哲学の立場から論を展開しているデュガルド・ステュアート（1753-1828）である．彼は，経験が「人間の知識の唯一の堅固な基礎である」（Stewart 1814：322）とする経験主義者であるが，にもかかわらず経済学における経験について批判的な省察を行っている．彼は，同時代の影響力ある医学者（内科医）であったW. カレン（1710-90）の，「世の中には誤った理論よりも誤った事実の方が多い」（同書：327）という意見を導きの糸としながら，経験批判を試みている．
　ステュアートによれば，医学と並んで経済学は科学的知識の根拠として経験が重んじられる分野だが，そこでは，経験という語が必ずしも正確に使用されているわけではない．彼は，経済学のそれまでの担い手を，政治算術家（political arithmetician）と政治経済学者（political economist）の2種類に分けて，経験概念の異なった用法を論じている．政治算術家は，F. ベーコンのひそみに倣うと僭称し，経験という証拠を味方につけていると目されているが，現実には他者が検証できないような特殊な事実を収集しているにすぎない．それに対して一般に空論家とみなされる政治経済学者が経験の証拠として提出する事実は，万人の吟味に耐えうるような信憑性を有している．ステュアートは彼のいう政治経済学者の例としてスミスをあげているが，ステュアートが経験概念の中身に関して政治算術家との対比で政治経済学者を肯定的に評価するのは，後者が物理学の法則に類比される，「人間社会の営みの経過を規制する一般法則」（同書：331）に立脚していて，前者がそれに対してたとえ反証的な特殊な事実を提起しても顧慮するに値せず，「世界のあらゆる時代の人類の経験」（同書：333）によって是認される政治経済学者による経験的検証の確実さを認めるからであった．結論は常識哲学に基

づく平凡なものといえるが，政治算術家と政治経済学者の峻別に基づいて経験概念にある意味で批判的検討を加えた点は，経験科学である経済学の内部から素朴な経験主義への批判が一歩踏み出されたものととらえることができる．

　ステュアートが道徳哲学を講じたエディンバラ大学出身の経済学者 J. マカロク（1789-1864）も，医学者カレンの方法論的発言に関心を示している．経済学において，理論家（theorist）と対置される通常の観察者（ordinary observers）（McCulloch 1824：16）によって提示される事実は自分自身の限られた経験に基づくものにすぎず，「人類の一般的な経験」に依拠する「一般的定理」（同書：17）を論駁することはできないとして，カレンの「世の中には誤った理論よりも誤った事実の方が多い」という，経験主義への批判的言辞を是認しているのであった．

●**ウェイトリにおける演繹法の確立**　イギリスで経済学教授ポストが最初につくられたオックスフォード大学の第2代教授 R. ウェイトリ（1787-1863）も，医学の事例を引きながら経験批判をしている．ウェイトリの場合，カレン個人の名前は出していないが，「内科医たちによって述べられてきた」（Whately 1832：68）こととして，看護婦が患者の病状を医師に報告する際，本人は感覚に映じた経験を如実に叙述しているつもりでも，現実には理論が介在しているという，教訓的情報を紹介しているが，これは，ステュアートやマカロクもカレンに関して述べていたことであった（Stewart 1814：328；McCulloch 1824：15）．

　医学をめぐるうえの教訓から，人が「経験や常識」（Whately 1832：70）とみなすことの内実には相違があるという知見を導出し，経済学においてほど，経験や常識と理論とが分かちがたく混じりあい，理屈にあわない理論が経験の一部としてまかり通っている分野はないと，ウェイトリは考える．彼によれば，経済学の分野で経験や常識に立脚して議論を展開するのは実務家（practical man）であったが，経済的事柄に関する実務家の「日々の実務や観察」（同書：61）による事実の集積は，ウェイトリの時点での経済学には必要ではない．必要とされるのは，多くの事実を集積することではなく，既知の個別諸事実を一定のパースペクティブの中で正確に把握し，それら諸事実を的確に結合することである．すなわち一言で表せば，経済学には「論理的諸過程における正確さ」（同書：237）が要求されている．こうして具体的には，基礎的概念の厳密な定義，それらからの「一般的な諸原理の正しい演繹と応用」（同書：236）といった，演繹法の手法が唱道されている．

　ステュアート，マカロク，ウェイトリは，いずれもカレンの発言を手引きとして一つの系譜をなし，経済学における経験にそれぞれ批判的検討を加えていた．明確な経験主義者ステュアートから出発しつつ，ウェイトリに至って経験主義のいわば対立物といえる合理主義の一標識としての演繹法に転化するかたちで経済学方法論はこの段階での確立をみたのであった．

[只腰親和]

教会と啓蒙
[英]church and Enlightenment

　5世紀から15世に及ぶ中世ヨーロッパキリスト教社会の精神史は，信仰共同体としての教会を土台とした宗教（神学）と哲学との絡み合い過程ともみなしうる．西ローマ帝国没落後数世紀の教会は，プラトン哲学を取り入れたアウグスティヌス主義の影響を受けていたが，12世紀にアラビア経由のアリストテレス哲学の全貌に接するに及んで，この新たな哲学とキリスト教との総合が13世紀にトマス・アクィナス（1225頃-74）によって企てられる．神学と哲学との峻別を強調する14世紀の新しい動向を経た16世紀の宗教改革には，トマス主義神学への反発とアウグスティヌス主義への回帰という側面がみられるが，この回帰には（15世紀半ばの東ローマ帝国没落期の）ビザンツ学者のフィレンツェ亡命に起因するプラトン哲学の西欧への新たな導入という背景があった．神学からの哲学の独立過程の産物が17世紀の「科学革命」であって，18世紀の啓蒙思想は，中世スコラ神学への反発という共通点を保持しつつ，この「科学」の成果を新しい哲学として取り入れたものであった．各国の啓蒙思想の特徴は，それぞれの国での神学の伝統の濃淡（およびそれへの対応）を反映したものとなるが，18世紀の啓蒙思想家アダム・スミス（1723-90）は，文明思想史の枠組みを取り込んだ『国富論』において，教育論（および教師像）の観点から教会論を展開し，フランス，イングランド，およびスコットランドの教会制度における大学（教授）と教会（聖職者）との交流の有無という視点に注目した．

●フランスの場合　「恥知らずを粉砕せよ」という標語に代表される「フランス啓蒙」においてはキリスト教（および教会人）の不寛容への攻撃が前面に押し出される．フランス教会自体は，伝統的にローマ教皇庁から独立したガリカン教会のもとで君主の世俗的権威を高める方向に向かったが，カトリックの立場からの王権によるプロテスタント（ユグノー）の追放が，亡命者たちによる外国での絶対王政批判を生み出し，内部対立としてのジャンセニスト（アウグスティヌス主義）とイエズス会士（トマス主義）との抗争は，ともに不毛な独善主義として啓蒙知識人から批判されるに至る．フランス啓蒙知識人は大学外の文筆家で，教会所属のその他の知識人との交流が皆無であったというのが特徴で，スミスによれば，当時のフランスでの大学における知識人の皆無状態の原因は，（カトリック国に共通の）高額な聖職給による，文筆家の教会への吸引に求められるのであった（スミス1776：[Ⅳ]105-106）．

●イングランドの場合　イングランドの宗教改革はヘンリー8世（1491-1547）の離婚問題に端を発し，教皇庁への反発からローマ教会との断絶の道を歩んだが，

伝統的な主教制に基づいて教父と教会の伝承を重んじつつ，大陸の宗教改革の思想（信仰義認）をも受け入れるという「中間の途(ヴィア・メディア)」を選択した（塚田 2006：3）．国王至上法（1534 年）に基づくこのイングランド国教会のもとで，時の国王によってカトリックとプロテスタントの間を揺れ動く傾向がみられたが，17 世紀後半には両宗派の弊害を克服しようとする「ラティテュディネリアン」(寛容的立場の一種の「教会内穏健派」）が登場するようになる．一世代前の「ケンブリッジ・プラトニスト」の影響を受けた彼らの（理性と道徳を重視する）説教は後のスコットランド教会の穏健派牧師にも影響を与えることになるのだが，「ローマ教会に次いでキリスト教世界でずばぬけて豊かな寄付財産を保有している」イングランド教会自体は，「大学から最も優れた有能な構成員を引き抜いていく」ことになるので，大学には優れた学者（熱心な指導教授）が見出されなくなることを，スミスは青年時代のオックスフォードでの 6 年間の体験によって確認したのである（スミス 1776：［Ⅳ］17，106-107）．

●**スコットランドの場合** イングランドの宗教改革から 25 年後に，スコットランドにおいてはカルヴィニズムに基づく宗教改革が断行され，その後の市民革命期の内乱と王政復古という政治的情勢に付随して，長老制と主教制が交互に樹立されることになるが，名誉革命によって，教区民が牧師を選ぶという（本来の）長老制が確立する．この制度は 1707 年のイングランドとの合邦によっても保持されていくが，スコットランド教会のカルヴィニズムの中に寛容と穏健化の傾向が芽生えるようになるのは，1712 年の牧師推薦権法の是非をめぐる論争の中においてであった．従来の民主的方法に固執する民衆派に対して，社会的秩序の尊重と法への服従を重視する「教会内の穏健派」が 18 世紀半ばに登場し，偏狭な教義よりも，社会内の実践道徳を強調する「洗練された」学者タイプの教会人が「総会」(教会の最高会議）の多数派を占めるようになる．後に長年にわたって総会議長とエディンバラ大学学長を務めることになるウィリアム・ロバートソン（1721-93）を指導者とする穏健派知識人集団が「スコットランド啓蒙」の一翼を担い，啓蒙期の重要な著作を発表するに至るのである．長老制のスコットランドでは「大学の教授職は一般に教会の聖職職よりも定収入の多い地位である」ので，「大学はその構成員を，その国のすべての教会人から引き抜くことができ」，彼らは教会人でありながら，大学人としての教育にも専念し得たのである（スミス 1776：［Ⅳ］105）．スミスは『国富論』第 5 編の教会経費論において，聖職者の「怠惰を買収する」ために提案された D. ヒューム（1711-76）による教会政策（国家による定収入の確保）を批判しつつ，諸宗派の自由競争（スミス自身の奨励策）に伴いがちな弊害（熱狂と迷信）に対しては，その解毒剤として「科学と哲学の研究」を教会の教師たちに義務づけたのである（スミス 1776：［Ⅳ］65-77）．

［篠原 久］

ミッション
［英］missionary

　普通名詞としては，一般に使命とか天職とかを意味し，日本では，キリスト教系の学校をミッション・スクールと呼んでいるが，歴史的に固有の名称としては，16世紀以降，ローマ・カトリックの諸宗派が，新興プロテスタントに対抗して行った海外異教徒への宣教活動を指し，それに従事した神父たちを「宣教師」と呼んでいる．その主役を担ったのは，16世紀半ばに，スペインのイグナチウス・ロヨラ（1491-1556）によって創始された修道会の一派「イエズス会（ジェスイット）」であり，当時ポルトガルのエンリケ航海王子に主導された「大航海時代」の波に乗って，世界中に布教活動の輪を拡げていった．その先頭に立ち，ゴアを起点にして，日本を含む東洋地方の宣教に一身を捧げたのがフランシスコ・ザビエル（1491-1552）だったことは，よく知られているだろう．

●**海外布教の二面性**　一般に宗教が，信者の数を増やすために，異教徒の改宗，非信者への布教に熱意をもつとは限らない．ユダヤ教のようにむしろ信徒集団の純粋性を保つために閉鎖性を守ろうとするものもある．しかしイエズス会の基本方針は，プロテスタントへの対抗という路線に添って，第一に教皇権至上主義の擁護であり，第二には，宗教改革の渦中にあるヨーロッパの外に，新しく発見・到達された世界への海外布教であった．それがイエズス会のミッションだったといえよう．歴史のもつ近代化の方向からすれば，第一の点はむしろ保守的であるが，逆に第二の点は，新世界の扉を開く尖兵の役割を担うものだった．こういう二面性はイエズス会の基本性格であり，それは第二の布教活動自体にもつきまとっていた．

　つまり一方では，キリスト教の海外布教はヨーロッパによる他世界の侵略，植民地化活動と分かちがたく連動しており，その面で，イエズス会帝国主義などと呼ばれたこともある．日本におけるキリシタン禁教令や鎖国政策も，純粋に宗教的というよりは，そういう政治的な疑念によるところが大きい．しかしその反面，ヨーロッパが新世界から学び，目を開かれることも多かった．海外に進んで派遣された宣教師たちは，本部への詳しい調査報告を義務づけられていて，彼らがもたらす情報は，当時普及してきた活版印刷を通じて弘められ，封権性，貴族制の残影濃いヨーロッパの社会秩序を内側から揺るがすような新鮮な刺激をもたらす，そういう面ももっていた．宣教師たちは，布教という本来の宗教的意図とは別に，異文化間交流使節という想定外の役割を果たしたといえよう．

　当時ヨーロッパが抱いていた一般的なオリエントイメージは，モンゴル軍が残した「アジア的野蛮」ではないとすれば，マルコ・ポーロの伝聞に基づく「黄金

郷ジパング」か，イスラーム圏の背後にあるというキリスト教国「プレスター・ジョン」伝説などに限られていた．

●**大航海時代** こういうイメージをないまぜにして西へ向かったコロンブス，東へ向かったバスコ・ダ・ガマが，現実に到達した土地で出会ったのは，未開の野蛮人であり，彼らは人間であるか，と一宣教師は真面目に疑問を記している．しかし，スペインとポルトガルに布教分担地域を二分した法王令「トルデシラス条約」(1494年)に基いてポルトガルが極東地域に進出してきたとき，マテオ・リッチらイエズス会宣教師たちは，野蛮国ではなく，古くから独自の宗教文化，商圏などを展開してきた中国文化圏に遭遇する．文化の未発達地域での宣教師たちの仕事が，いわば一方的な教化であったとすれば，ここではむしろ洗練された土着宗教，文化の学習が，それに基づく融合と協調の努力が求められる．具体的には祖先崇拝や孔子崇拝と天主教信仰との両立，融合が図られる．

こういうイエズス会の布教のための協調路線は，時には，いわゆる「典礼問題」などで，限界を超えた妥協ではないか，という他宗派からの非難の的となり，18世紀後半から20世紀初頭まで，南欧カトリック諸国やローマ法皇庁から破門・禁止されることにもなる．しかしこれは，日本におけるキリシタン禁令がキリシタン大名たちの政争に関わるのと同じく，純粋な宗教問題というより政治的情勢に左右されるところが大きいと考えられ，いずれにせよ宣教師団の「異文化間交流使節」として果たした役割は無視できない．イエズス会士たちの文化史的功績は，前に記した多くの報告書簡ばかりではない．17世紀中には，『大学』『中庸』をはじめとする中国古典の欧文翻訳も進み，孔子の伝記なども出版されている．非キリスト教団中国の儒教古典，そこにみられる道徳，教育，政治理念などを，イエズス会士が賞讃したことは，18世紀西欧の啓蒙思想家たちにとって，アンシヤン・レジームと戦ううえで，このうえない援軍にみえた．例えばヴォルテール(1694-1778)にとって，儒教のもつ奇蹟を信じない合理性，教会ではなく道徳に基づく社会，世襲的貴族特権階級に依存しない行政府，などの政治理念は，フランスの現実を批判する武器となりモデルとなった．彼は中国に「新しい道徳と自然法に基づく社会」を発見したと信じたのである．これと同形的な中国礼讃は，重農主義者F. ケネー(1694-1774)にも，革命家H. ミラボーにも，ドイツの哲学者G. ライプニッツにもみられ，19世紀以後のG. W. F. ヘーゲルなど，中国に家父長制とアジア的停滞社会をみるヨーロッパの通念とは，対照的である．

イエズス会が，法皇の地位，原罪観などで保守的路線をとりながら，他方ジャンセニズムに共感するB. パスカルに忌避されるような現実主義的な寛容を示し，D. ディドロの『百科全書』を評価し，新世界に対してヨーロッパを開くことで，逆に「啓蒙」に寄与したとすれば，ここにも歴史のアイロニーがみられるだろうか．

［德永　恂］

理神論・自然神学
［英］deism ［独］Deismus ［仏］déisme／［英］natural theology

　自然や人間世界をつくり，その外にありつつそれらを統御する知的な存在という構想は世界のほとんどの宗教にみられる．その際，奇跡や啓示は創造者への信仰を担保する必須の要素である．西欧キリスト教の歴史において，17世紀以降18世紀中盤にかけて，キリスト教のもつ啓示宗教性の排除を強く志向したのが理神論であり，その神学的な基盤の一つが自然神学である．前者は人間理性の認識の範囲内での合理主義的宗教を主張し，後者は奇跡や啓示ではなく眼にみえる自然の中から創造主の存在を理性により推論する．ただし，前者がイエスの神格を否定するなどキリスト教批判に直結するのに対し，後者は当時の自然科学的知見の普及に対応して，自然界の現象に見出される秩序や合目的性を示すことで超越者の存在を推論するデザイン論証（argument from design）により，むしろキリスト教護教論としての役割を果たし，現在につながる．

●**理神論**　deismとは神を意味するラテン語Deusに語源をもつ創造神信仰の一形態であり，イングランドで最も典型的に展開し，フランスのヴォルテール（1694-1778）の自然神学批判やドイツのG. E. レッシング（1729-81）やI. カント（1724-1804）の宗教論にも影響を与えた．イングランド理神論の祖といわれるチャーベリーのハーバート（1583-1648）が『真理論』（1624）によって『聖書』や啓示に依らない宗教をいち早く提案した．ハーバートや同時代の理神論者第一世代は，普遍的信仰としての自然宗教は人間の生得的観念としてある神の観念や霊魂不滅などにより成り立つと考えていた．理神論が大きな影響を与え始めたのは名誉革命後であり，新政府による寛容な出版政策などにより，M. ティンダル（1653/57-1733），J. トーランド（1670-1722），A. コリンズ（1675-1725）ら理神論第二世代の多くが輩出した．J. ロック（1632-1704）の認識論の影響を受けた彼らは，生得観念ではなくロック的な経験論に依拠して，人間理性の普遍的な理解力と観察能力により啓示などの非合理的要素を排除した宗教を構想した．

　創造者と被造物である世界や自然や人間との関係を，理神論では完全な神による完璧な天地創造以降は神が啓示や奇跡を通じて世界に介入する必要がないと考えた．自然的世界との接点を失ったこうした神観念は，イングランド国教会からはとうてい容認されるものではなかった．1690年代の理神論の高揚の中で，T. ウールストン（1668-1733）の瀆神罪での告発・収監に示されるように国教会側からの反撃は激しく，多数の理神論批判の印刷物が出版された．なお，合理主義的な立場を理神論と共有するソッツィーニ主義が啓示の合理性と理解可能性を前提するのに対し，理神論は啓示そのもの合理性を認めない．この点において，イエ

スへの信仰を承認し理性を超越するものが啓示であるとして信仰と理性的認識との妥協を図ったロックとも理神論は異なっている．

1730年代以降，聖書の奇跡は歴史的に真実ではないという点に理神論の主張が収斂したことに呼応し，ダラム主教 J. バトラー（1692-1752）は『宗教の類比』（1736）において蓋然性論で理神論に対抗した．バトラーは人間理性による認識はすべて蓋然的なものであり，奇跡も極度に蓋然性の低い事象にみえるにすぎずその存在を否定できないと主張する．つまり，聖書の奇跡の否定や神の創造した世界は理性で理解できる合理的秩序をもつという理神論者の主張も，類比に基づく蓋然的な推測にすぎないというのである．バトラーの蓋然性論に有効に反論できなかった理神論は，1740年頃から衰退を始める．

●**自然神学**　淵源はストア派の摂理論などのギリシア自然哲学，あるいは自然賛美の中に神性を見出すキケロ『神々の本性』に遡れる．しかし，ここでの自然神学は，啓示神学と対をなす，理性に依拠して神を論ずるキリスト教神学の一領域のことである．『新訳聖書』の中でパウロは，人間は神の創造した宇宙の中の眼にみえる諸物から神の本質をとらえると「ローマ人への手紙」（1章20節）で述べている．つまり，自然神学は当初，キリスト教の啓示を受容しない異教徒に対し，自然の秩序や美の意味を異教徒の理性に訴えることでキリスト教の啓示の正しさを示すという，護教論としての役割を担っていた．自然宗教との異同に注意．

ルネサンス以降の自然や宇宙の理解の進展は，当然にも自然神学との接点を強くもつことになる．とりわけ王政復古期から18世紀初頭にかけてのイングランドでは，I. ニュートン（1642-1727）の科学的探求と結びついた．すなわち，万有引力の法則やそれによる日・月食の予想などを，超越的な存在者のデザインによって自然や宇宙の中につくられた秩序と法則性の発見とみなす．そして，そのことが秩序ある世界を創造した神の存在証明と考える．以降，D. ヒューム（1711-76）らの批判がありつつも，デザイン論証は自然神学の中核的な位置を占めることになる．W. ペイリー（1743-1805）『自然神学』（1802）の時計の比喩はその典型である．現代の科学的創造論（ID理論）もここに源泉をもつ．

●**理神論と自然神学の社会思想史的意味**　イエスの神性を否定する理神論は，イエスの磔刑から連続する信仰による来世での救済ではなく，神が不在の現世での個々人による利得と幸福追求を含意することになる．それは歴史的にも共和主義的な志向をもつ反国教会の急進思想にほかならない．一方，静態的・固定的自然観，世界観をもつデザイン論証を基軸とした自然神学の体制擁護的性格は，名誉革命以降の広教主義者の穏健な政治姿勢のイデオロギー的基盤となるのである．いずれも，18世紀以降のブリテン社会の経済社会化という変化に対応した宗教的イデオロギーの展開といえよう．大陸では18世紀に影響力を失った自然神学は，ブリテンでは Ch. ダーウィンの登場まで生きながらえた．　　　　　　　［有江大介］

啓蒙・無神論・懐疑主義
［英］Enlightenment / atheism / scepticism

　ここで扱う啓蒙とは17世紀中頃から18世紀の西洋の思想と文化の転換期の思想運動の総称である．啓蒙は歴史的には宗教改革に続くイギリス革命やフランス革命に象徴される中世以来の政治的社会的秩序の大転換に伴い展開した．科学革命の結果成立した新しい科学による自然の合理的な説明は，アリストテレス的目的論に基づく中世以来の教会による世界観を転覆させた．R. デカルト（1596-1650）を嚆矢とする近代哲学は神学の婢女としての役割を終え，人間を中心とする世界観を成立させる重要な役割を担った．また啓蒙期には，カトリック教会を批判したプロテスタント宗派の内部でも党派対立が生じ，それぞれの立場を正当化しようとする神学論争を伴った．啓蒙期の神学的立場は，啓示神学と自然神学の関係をめぐり多岐にわたる．D. ヒューム（1711-76）は宗教を人間にとって自然なものととらえる見方を示し，自然神学への懐疑論を展開した．

●啓蒙と無神論　啓蒙は中世までのカトリック教会による神を中心とした世界観の刷新を目指す思想運動であるため，キリスト教をどのように位置づけるかが中心的な課題となった．啓蒙を特徴づける宗教理論はしばしば反宗教と結びつけられるが，啓蒙思想が概して反宗教的であったとはいえない．むしろ啓蒙期の哲学者の課題は，党派対立に由来する社会不和の思想的克服に向けられていた．無神論は啓蒙思想において問題にされた重要な宗教思想であるが，無神論もしくは無神論者という用語はしばしば正統派に属さない宗教理論や論敵を非難する際の蔑称としても用いられた．啓蒙期を通して自分自身を無神論者と称する哲学者は少なかった．ただしフランス啓蒙においてはJ. O. ラ・メトリ（1709-51）らが積極的な無神論を唱えた．スコットランド啓蒙およびドイツ啓蒙においては無神論が主張される支配的傾向はみられず，むしろ無神論の克服と「真の宗教」の探究が課題とされた．

　科学革命の影響のもとで成立した最初の道徳哲学体系はT. ホッブズ（1588-1679）のものである．ホッブズは自然と道徳の説明に神を用いない機械論的な理論を提示し無神論者とみなされた．しかしホッブズは内面の信仰は不可侵であるから，外的な礼拝の形式のみ主権者の定めるものに従うべきであるとも主張している．B. スピノザ（1632-77）は最も悪名高い無神論者とみなされた．スピノザはユダヤ教徒であったが異端と審判され破門された．死後出版された主著『エチカ』（1677）において幾何学的と称する合理主義的方法で，神と自然を同一視する一元論に基づく道徳論を提示し人格神を否定した．合理主義が信頼する理性能力に対して重大な懐疑論を示したのはP. ベール（1647-1706）であった．ベールは

カルヴァン派の信仰に基づき，懐疑主義によって人間の理性の無力さを論証し，信仰至上主義と宗教的寛容を主張した．ベールの浩瀚な『歴史批評辞典』(1696)は広く読まれ，彼自身の理論だけでなくスピノザをはじめとする哲学思想の浸透に大きな役割を果たした．

●**理性と信仰** 啓蒙において最も盛んに論じられた宗教理論は自然神学と理神論である．キリスト教信仰は聖書の権威によって得られるとする啓示神学に対して，自然神学は理性だけを行使することでキリスト教の説く神の存在と，神による世界の創造や統治を知ることができるとする立場である．自然神学の理性主義は自然科学の世界観と一致し，キリスト教の各宗派を統合しうる合理的基礎とされた．またその立場を徹底することで三位一体など神の存在以外のキリスト教の教義をすべて批判する理神論が生じた．I. ニュートン(1643-1727)は理神論者ではなかったが，世界の秩序と美の原因として創造主の存在を論証する考えを提示した．J. ロック(1632-1704)は『キリスト教の合理性』(1695)を著し，無神論と理神論を論駁しキリスト教の啓示を理性で擁護しようとした．しかしロック自身の意図に反して，イングランドではロックの影響を受けてJ. トーランド(1670-1722)らの理神論が発展した．彼らの目的は神学理論の主張だけでなく，むしろ既存の権威としての教会の支配を批判することでもあった．J. バトラー(1692-1752)は啓示宗教を擁護するために理神論を批判し，啓示宗教も自然宗教と同様に自然からの類比によって理解可能であるとした．バトラーは，ヒュームによって人間の科学を新しい基礎の上に置いた一人として評価されている．

●**ヒュームの宗教的懐疑論** スコットランド啓蒙の中心的思想家の多くは教会牧師であり，彼らは道徳の基礎として宗教が有用であると考えた．しかしイギリス経験論を完成させたヒュームは主著『人間本性論』(1739-40)で理性能力と感覚能力に対する懐疑論を展開した．また宗教に関する論文では奇跡を批判する議論を行った．『宗教の自然史』(1757)においてヒュームは，宗教の根源にあるのは将来に対する無知と不安，世界の事象への好奇心であり，多神教が人類の原初的宗教であったと論じている．そして自然の経過の規則性と均一性の発見や，至高の存在を求めようとする傾向から一神教が成立するとする．また多神教は一神教よりも寛容であるともされる．しかしヒュームは同書の最後で宗教が「解きえない神秘」であると述べている．ヒュームの懐疑論は無神論の積極的主張ではなく，熱狂と迷信に対する解毒剤であり自己の主張をも相対化する立場である．死後出版された『自然宗教に関する対話』(1779)は，自然界に存在する秩序から人間を超えた知的な設計者・創造者としての神の存在を推論する論証への懐疑論を中心とした自然神学論争自体の哲学的描写でもある．有神論と無神論の両方の独断にむけられるヒュームの懐疑論はその影響力の大きさと永続性において啓蒙の宗教思想の最終的到達点といえる．

[矢嶋直規]

自然法学
［英］natural jurisprudence

　実定法の規範的妥当性を判断する基準となる超実定法的な法規範が自然法として存在するという思想は古代から現代に至るまで広くみられる．近代には自然法思想に基づいて法原理を体系化する学問として自然法学が成立した．以下では主要な論者の見解を概説する．

●グロティウス　近代自然法の父といわれるフーゴー・グロティウス（1583-1645）は，アリストテレス（384-322 BC）とトマス・アクィナス（1225-74）の伝統を継承して，自然法を理性的かつ社会的な人間本性から基礎づけた．彼は，生命・身体・自由に関する普遍的権利と特定の時代に導入された歴史的権利としての私的所有権とを区別したうえで，いずれの侵害も自然法によって禁止されるという．「現在行われている所有権は人間の意志によって導入された．しかしそれがいったん導入されると，自然法は，私があなたの所有権に属するものをあなたの意志に反して取り去ることを悪として指示する」（グローチウス 1625：53）．神は人間に万物の共有権を与えたが，人間は質素な生活様式を離れて洗練された生活様式を選んだために労働が必要となり，労働の成果をめぐる争いを避けるために私的所有権を導入することに合意したのである．グロティウスによる普遍的権利に関する自然法と私的所有権に関する自然法との区別は，多くの自然法学者に継承される．

●ホッブズ　グロティウスは人間の社会的本性に基づいて平和な社会が形成されると考えた．しかしトマス・ホッブズ（1588-1679）は社会的本性の存在を否定し，利己的人間本性が追求する自己保存の手段としてのみ平和な社会が形成されると主張する．ホッブズは，自然法が認識されず市民的統治が存在しない自然状態を仮定し，そこではすべてのものに対する自然権が存在するために万人の万人に対する戦いが生じることを示す．それゆえ人びとは，自己保存のために平和を求めることを命ずる基本的自然法をまず認識し，次にそれに基づいて 19 の特定自然法を認識する．人びとは第一の特定自然法（『リヴァイアサン』［1651］では第二自然法）に従い，他人の生命・身体・自由・労働成果に対する自然権を相互に放棄し，自己の生命・身体・自由・労働成果に対する権利だけを放棄せずに留保する契約を結ぶ．さらに人びとは，留保された各人の権利を確実なものとするために，新たな契約によって国家を設立するのである．ホッブズによる基本的自然法と特定自然法の二分法と，個人的権利と市民的統治の起源を 2 回の仮説的契約によって示す方法はプーフェンドルフなど，多くの思想家に影響を与えた（新村 1994, 2017）．

●プーフェンドルフ　ザムエル・フォン・プーフェンドルフ（1632-94）はグロティウスによる普遍的権利と私的所有権の区別と，ホッブズによる基本的自然法

と特定自然法の二分法を総合して，基本的自然法，絶対的自然法，相対的自然法という自然法の三分法を確立する．プーフェンドルフは，ホッブズと同様に人間の社会性は自己保存の手段であると考える．人間は孤立した悲惨な自然状態を離れて協働と相互扶助を持続させるために「社会性を涵養し維持する」ことを基本的自然法によって命じられる．特定自然法は二つに分けられ，他人の生命・身体・自由の侵害を禁ずる絶対的自然法はあらゆる状態におけるすべての人間を義務づけるのに対して，所有権に関する相対的自然法は人びとの合意（コンベンション）によって導入する所有権の制度に依存している．人口が増加して労働が必要になったときに，人びとは労働成果に対する所有権の導入に合意し，さらに生命・身体・自由・所有権を守る市民的統治の設立にも合意するのである．

●**ロック**　グロティウス，ホッブズ，プーフェンドルフらが所有権と統治のいずれの起源も契約または合意によって説明したのに対して，ジョン・ロック（1632-1704）は統治の起源だけに契約を認め，所有権の起源には契約を否定する．彼は「神が人類に与えた共有物のある部分に対して，全共有者のどんな明示的な契約もなしに人々がいかにして所有権を持つに至ったかを示すように努めたい」（ロック 1689：325）と述べて，労働所有論を提示する．プーフェンドルフは人びとの合意によって労働が所有権を生むようになると論じたのに対して，ロックは合意や契約がなくても労働は所有権を生むと主張するのである．

●**スミス**　アダム・スミス（1723-90）は先行する自然法学者たちの社会契約論を批判し，所有権と市民的統治のいずれの起源も人びとの契約や合意によらずに説明している．スミスは『道徳感情論』において，不正を処罰する第一の根拠は正義がもたらす公共的利益の考慮ではなく人びとの罪悪の感覚（正義感）であり，その内実は公平な観察者による加害者の動機に対する反感と被害者の報復心に対する共感の複合感情であると主張する．そして公平な観察者の共感による正義と不正の判断が反復される中で，理性によって自然的正義の規則（自然法）が帰納され，その意図しない結果として公共の利益が実現するのである．スミスがグラスゴウ大学で行った自然法学の講義を記録した『法学講義』は，正義（私法・家族法・公法），行政，歳入，軍備，国際法の5部に分かれている（スミス 1766）．このうち私法論では，経済発展の4段階（狩猟・牧畜・農業・商業）を基礎として，公平な観察者が共感する所有権の起源と歴史的発展を論じている．また公法論では，社会契約論を批判して，市民的統治の起源と発展を，人びとの為政者に対する共感に基づく権威原理と，統治の公共的効用の認識に基づく効用原理の二つの原理によって説明している．こうしてグロティウス以来の近代自然法学において中核的な理論であった社会契約論による所有権と市民的統治の起源の説明はスミスによって完全に放棄され，共感に基づく所有権と市民的統治の歴史理論に置き換えられるのである（新村 1994）．

［新村　聡］

情　念
［英・仏］passion　［独］Affekt, Leidenschaft

　近代のヨーロッパでは，科学の進展や宗教の後退などを背景として，自然のままの人間について考察する「人間本性」論が興隆した．そして，その中で，魂における受動とされ，理性による統制の対象とされてきた「情念（情動）」が重視されるようになり，人間本性における情念の働きや位置づけに関して，さまざまな議論が展開された．特に，イギリスでは，あらゆる情念を利己的なものとして説明するT. ホッブズ（1588-1679）の議論が出発点となり，シャフツベリ（1671-1713），B. マンデヴィル（1670-1733），F. ハチソン（1694-1746）をはじめ，多くの思想家が情念の利己性や利他性をめぐって活発な論争を繰り広げた．

●シャフツベリ　シャフツベリは，『人間，風習，意見，時代の諸特徴』（1711）で，ホッブズなどの利己主義者を批判している．そのうえで，人間の情動を，公共の善を導く「自然的な情動」，個人の善を導く「自己情動」，いずれの善にも向かわず，悪に向かう「反自然的な情動」の3種類に分類している．公共の善を導く情動を自然的と呼ぶことから明らかなように，シャフツベリは，利他的な情念を人間にとって自然なものと考えている．そして，男女，親子，近親者の間には自然的な情動が存在し，それによって，人間は自然に群れをなし，仲間意識をもち，社会を形成するとして，その存在や重要性を主張している．

　ただし，シャフツベリは利己的な情念を否定しているわけではない．過度の自己情動は社会にとっても個人にとっても悪となるが，自己情動そのものは必要である．なぜなら，自己情動がなければ，個人は自己を保存することができず，個人がいなくなれば，社会は存続することができないからである．それゆえ，自己情動は，公共の善に貢献するのであれば，必要なものとして認められなければならない．シャフツベリはこのように論じて，社会という観点から利己的な情念の必要性も主張している．

●マンデヴィル　次に，マンデヴィルは，『蜂の寓話』（1714，第二版1723）で，ホッブズと同じく，あらゆる情念を利己的なものとして説明している．人間はさまざまな情念からなっているが，それらはすべて自己保存という本能に通じている．言い換えれば，あらゆる情念は「自己愛」に帰される．そして，マンデヴィルは，シャフツベリを批判して，情念のうちでも下劣なものが人間を社会的にすると主張している．人間を社会的な動物にするのは，交際への欲求，善良さ，憐れみ，温厚さといった，愛すべき性質ではない．飢えや渇き，自尊心，野心といった，憎むべき性質こそ，人間を社会に適応させるのに必要なものである．マンデヴィルの考えでは，人間は利己的であるがゆえに社会的になるのである．

さらに，マンデヴィルは，一般に悪徳とされる個人の情念が社会の利益をもたらすと主張している（「私悪すなわち公益」）．例えば，貪欲は需要を促し，奢侈や高慢は雇用を生み出し，嫉妬や虚栄は勤労を推し進め，気まぐれは商業を盛んにする．これらの情念によって，社会は繁栄するのである（ただし，そうなるためには，政治による「巧みな管理」が必要である）．マンデヴィルはこのように論じて，悪徳とされる情念の社会的な有用性を強調している．

●ハチソン　続いて，ハチソンは，『美と徳の観念の起源の探究』（1725，第四版1738）で，マンデヴィルに反対し，シャフツベリを擁護している．具体的には，「道徳感覚」に関する議論をもとに，利他的な情念の存在を論証している．

ハチソンによれば，人間は生まれつき道徳感覚を有しており，それによって徳や悪徳を知覚する．もし道徳感覚がないとすれば，有徳な人物に対する評価は有益な事物に対する評価と同じものになってしまうだろう．道徳感覚は利害の知覚とはまったく異なる．それは，利益や損害に対する評価に先立って，徳や悪徳を知覚するのである．そして，その道徳感覚が知覚する徳は，自分の利害を離れて他人の幸福を目指す「仁愛」のうちに存する．それゆえ，人間本性のうちには，自己愛だけでなく，そのような仁愛も存在しているのである．

さらに，ハチソンは，仁愛が徳の真の起源であり，節制，勇気，慎慮，正義といった徳はすべて仁愛に帰されるとして，利他的な情念にきわめて高い地位を与えている．他方，利己的な情念については，野心や名誉心，自己満足や義務感は人を真に有徳にすることができず，また，仁愛に自己愛が伴うときには，徳はそれだけ損なわれるとして，その価値をほとんど認めていない．

●バトラー，ヒューム　近代のイギリスでは，シャフツベリ，マンデヴィル，ハチソンのほかにも，多くの思想家が情念について論じているが，特に重要なのは，J. バトラー（1692-1752）『説教集』（1726，第二版 1729）と D. ヒューム（1711-76）『人間本性論』（1739-40）の議論である．

まず，バトラーは情念と自己愛を区別している．自己愛は人間本性における一般的な原理であり，それが求めるのは自分の幸福である．それに対して，情念は人間本性における個別的な原理であり，それが目指すのはあくまで個々の対象である．それゆえ，両者はまったく異なる．バトラーは，この区別をもとに，あらゆる情念を利己的なものとして説明する利己主義者を批判している．

次に，ヒュームは，理性に対する情念の優位を唱えつつも，利己的な情念をいくらか反省的で自制的なものと考えている．利己的な情念を抑えることができるのは，まさにその情念だけである．それは，反省を介して向きを変えることによって，自らを抑えるのである．ヒュームの利己的な情念は「啓蒙された利己心」と呼ばれるものであるが，このような考え方が後世では主流となった．

[柘植尚則]

利己心と社交性

［英］self-love and sociability ［仏］amour propre

　英仏など西ヨーロッパで利己心と社交性の関係性をめぐる議論が活発になるのは，概ね 17・18 世紀であり，19 世紀になるとこれらの術語は思想史の表舞台から姿を消していく．人間本性の中核に利己心（自己保存と幸福への欲求）を認めた T. ホッブズ以来の多くの思想家たちは，人間たちが利己的な存在であるままに，いかにして一定の社会秩序を生み出し，維持するかという課題と向き合った．解決策は思想家によって多少の差異が認められるものの，多くの思想家に共通して，何らかの形で利己心の発動に量的な制限を加えようと試みられている．社交性の概念は，一定の社会秩序を創出・維持しうるように利己心の現れ方をいかに統御するかという問題との関連でとらえ直された．

　キリスト教の影響のもとで，他の動植物に対する人間の優位という自尊感情が強調されるとともに，この感情がもたらす害悪の危険性も強く意識されるようになった．もとより，古代ギリシア以来のヘレニズムとヘブライズムを貫いて，不死なる者，完全なる者と比べて自らを卑下することに道徳の基盤をみる強固な伝統が存在する．それゆえ，利己心のさまざまな現れ方とみなされる諸情念は，西洋の思想史を全体としてみれば，消極的否定的に評価される傾向にあった．それゆえ，17・18 世紀を通じて，利己心を積極的に評価し，利用しようと試みられたことは，一大転機だった．このような評価の転換の背後には，教育（個人の能力の開発）と統治（社会秩序の創出・維持と社会の繁栄）の技術を完全なものに向けて改善していこうとする強い意志が認められる．

●**利己心の効用と弊害**　人間を行為へと駆り立てる原動力となるほとんどすべての情念，欲求，欲望が，自己保存と幸福の追求に根をもっているとみる，17・18 世紀に広く展開された人間本性論は，「人間の自己認識」という古代以来の思想的伝統を引き継いでいる．快を求め，不快を避ける利己心が求めるのは，生存に必要不可欠な，身体的生理的基盤をもった欲求とは限らない．C. A. エルヴェシウス（1715-71）は，賞賛を欲する欲望（名誉心），他人よりも優越したいという欲望（競争心）といった形でも利己心が現れることを重視する．他人が自分に対して向けるまなざしに特段の関心をもつ人は，好意的な，高い評価を伴ったまなざし（評判，名声，栄光，名誉）を受けると格別に快く感じることがある．生理的生存を越えた野心，虚栄心，顕示的消費の誇示は，本人が意図しようとしまいと，間接的に社会に進歩と繁栄をもたらすのだ，という主張が現れた．このような逆説的な事象の説明としては，富への欲望に名誉心を対抗させて力を相殺させるモンテスキュー（1689-1755）や，隣人の共感や市場での評価への顧慮から利己心の

現れ方を和らげる配慮に注目したA.スミス（1723-90）の論が有名である．
　名誉心や競争心は，死をも恐れない高邁な行動へと人間を駆り立てうる一方，自分よりも優れた人を妬んで害したり，自分の能力や価値を過大評価する傲慢に陥る危険性もはらんでいる．もとより，自分の幸福と快楽しか考慮に入れない人びとと，皆の幸福のために自らの幸福や快楽を犠牲にする人びとの2種類を分かつ議論は，古代にも存在した．実は第一の部類でありながら，表面上は，第二の部類であるかのようにみせかける偽善も断罪されてきた．17・18世紀の思想家たちは，自分を例外的に偏愛する傾向，他人に対する自分の優越を求める欲望，競争心などが招きうる弊害に警戒する．さらに，他人の敵意を買いかねない賞賛を求める欲望を巧みに偽装し，隠す術をみがく，みせかけの社交術にも注目する．利己心が招く不誠実を強く断罪したJ.-J.ルソー（1712-78）は，生存と幸福に不可欠な身体的・生理的欲求を自己愛として利己心一般から区別したうえで，自他の比較，競争心，特定の社会でのみ意味をもつ文化的欲望は，人間本性にかなっていない，と主張した．

●**利己心の統御**　利己心の積極的な評価に関わる18世紀の思想家たちの言葉づかいには，17・18世紀の神学論争を通じて洗練された諸概念が，文脈をずらした形で援用されていることも見逃せない．例えば，公共の利益に重大な害を及ぼさない範囲で利己心を是認し，積極的に評価する際に18世紀の思想家たちが好んで用いた「啓蒙された利己心」や「理にかなった利己心」は，神への愛と一致するかぎりで利己心を是認したJ.アバディー（1654-1727）ら神学者たちが用い，洗練させた術語だった．すなわち，魂の救済が与えられるという「利害関心」に基礎を置くかぎりで，利己心は必ずしも否定的なものではないという．神学者たちが重んじた「霊的な幸福」を，「現世的幸福」や「名声」や「富」に読み替えることによって，18世紀の思想家たちは，社会の繁栄や社会秩序と一定の調和を保った範囲の中で，利己心を是認したことになる．果てしない欲望を自力で満たすことができないという意味で弱い人間にとって，相互的な援助が必要不可欠であり，それゆえ社交性は人間本性に根ざすものだとされた．功利主義が確立する19世紀には，利己心の統御をめぐる議論は姿を消していく．

●**今日的意義**　「賞賛に値する行為」を認定する基準は，時代や地域によりさまざまに変化してきた．最高度の完全性の追究は，道徳の神学的基盤をめぐる議論の蓄積に刻まれている．「人間のあるべき姿」の範例として神を参照することなく，個人の能力の開発と社会の進歩を実現しながら，なお一定の社会秩序を構築することこそ，西欧近代の課題であった．個人の能力と技術の革新による社会の進歩を追求する利己心は，新たな技芸を生み出すとともに，必需品や便宜品を越えた奢侈品をさらに洗練させ，不可避的に不平等を拡大した．その副作用がいたるところで認められる今日，利己心について真摯な再考が求められている．　［坂倉裕治］

「富と徳」論争
［英］wealth-and-virtue debate

　「富と徳」論争とは，イギリスの王政復古期から初期ハノーヴァー朝に至る，いわゆるオーガスタン時代に，共和主義者によって提起された「富」と「徳」の両立可能性をめぐって争われたテーマである．古典的共和主義のモデルとされる古代ギリシアやローマでは，「富」の増大は市民の「徳」を腐敗堕落させ，都市国家（ポリス）を解体に導く要因として批判の対象とされた．「富」と「徳」の二律背反を説くこうした古典的共和主義の伝統は，14世紀に始まるイタリア・ルネサンスを経て，商業的「富」と貨幣の支配に対抗する近代の言説として復活するが，やがて「富」の追求をも是認する商業社会の新たな「作法 (manners)」，すなわち「市民的諸徳 (civil virtues)」へと変容を遂げてゆく．D. ヒューム (1711-76) とA. スミス (1723-90) に代表されるスコットランドの政治経済学は，このようにして近代に受け継がれた共和主義の伝統的テーマである，「富と徳」問題の解決を目指す新たな学問として構想されたと考えることができる．

●ジョン・ポーコックの共和主義研究　J.G.A. ポーコック（1924- ）の『マキァヴェリアン・モーメント』(1975) は，今日の共和主義研究を隆盛に導いた古典ともいえる作品である．彼は，「富と徳」問題を重要な要素とする共和主義思想の伝統を，「市民的人文主義 (civic humanism)」と定義する．この用語は，ハンス・バロンの『初期イタリア・ルネサンスの危機』(1966) から借用されたものであるが，本書のシナリオは，マキァヴェッリによって復興された古典的共和主義の伝統が，市民革命期イングランドのJ. ハリントン (1611-77) に引き継がれ，オーガスタン時代における共和主義思想とスコットランド啓蒙思想の形成に寄与する一方，さらに大西洋を越えて革命期および建国期アメリカの政治思想へと継承されるまでを描く，壮大な言語の政治史である．

　同じくQ. スキナー（1940- ）の『近代政治思想の基礎』(1976) もバロンから示唆を受けた共和主義研究の名著であるが，スキナーが「市民的自由」を，共和政ローマを範とする「非支配」に求めるのに対して，ポーコックが強調するのは，マキァヴェッリによってアリストテレスから受け継がれた「能動的な市民生活」の言説，特に武器の保有を伴う市民の自律的かつ能動的な自由である．共和主義の伝統におけるマキァヴェッリ的契機は，イギリスのオーガスタン時代に「民兵軍の賛美と行政府の腐敗への慨嘆とを結びつける」新ハリントン主義へと大きく旋回する．スコットランドにおいてこの新ハリントン主義＝新マキァヴェッリ主義を代表する人物が，「スコットランド啓蒙の父」と呼ばれた A. フレッチャー (1653-1716) である．

● 「合邦」論争とスコットランド啓蒙　「富と徳」論争について語る場合，I. ホント（1947-2013）と M. イグナティエフ（1947- ）がそれをタイトルに掲げた論文集『富と徳——スコットランド啓蒙における経済学の形成』(1983) への言及を逸することはできない．寄稿した両編者と各執筆者間の問題意識に必ずしも整合性があるとはいえないが，スコットランド啓蒙思想の起源を明らかにするうえで二つのケンブリッジ・パラダイム（市民的人文主義と自然法学）の関係を問うことの重要性を論じたポーコックの論考が，研究上の指針となっている．

　18世紀後半のスコットランドにフランスやイングランドとは異なる独自の啓蒙思想が開花するに至った歴史的背景に，1707年のイングランドとの「合邦」問題がある．合邦推進派は，議会が廃止され政治的独立を失う代償を，イングランド市場（富）への参入に求め，貿易振興策による国内経済の発展を図ろうとした．それに対して合邦反対派の急先鋒であったフレッチャーは，「合邦」は危機の根源であるイングランド宮廷への政治的従属を強化し，スコットランドに伝統的な独立と武勇の精神（徳）を腐敗させる，と主張した．フレッチャーが「合邦」論争で用いた言説が，「富と徳」の二律背反を説く共和主義の伝統に立脚していることは明らかであろう．スコットランド啓蒙は，「合邦」論争でフレッチャーが提起した「富と徳」問題の両立可能性を追求する思想運動として展開されたのである．

● スコットランド啓蒙と政治経済学の成立　スコットランド啓蒙の思想家たちは，経済発展によってスコットランドの近代化を推進しようとする合邦推進派の立場を継承する一方，フレッチャーが提起した「富と徳」という共和主義の基本問題への関心を放棄しなかった．スコットランド啓蒙思想の中核となる道徳哲学は，自然神学，倫理学，法学および政治学，さらには経済論をも含む壮大な学問体系であったが，その課題は近代社会における「富と徳」の両立可能性を追求するものであったからである．

　この点については，一般に文明論者の最右翼に位置づけられるヒュームとスミスも例外ではない．ヒュームは『政治論集』(1752) で「公信用」の危険性を鋭く分析しているし，1760年に発表された論考では，「貿易の嫉妬」による近代戦争の不可避性を説いている．また，K. マルクスが着目したように，スミスは『国富論』において，「富裕」の原因である分業の進展が労働に従事する国民大衆の精神的腐敗を惹起する，と指摘している．それゆえ，「武勇の精神」が失われる近代社会の防衛のために常備軍が必要になるのだが，しかし同時にスミスが，共和主義の伝統である「近代の民兵制」の重要性を強調していることも忘れてはならない．

　したがって，スコットランド啓蒙における政治経済学の成立を問う場合，「富と徳」論争において提起された共和主義的伝統が，もう一つのケンブリッジ・パラダイムである自然法学の伝統とともに決定的に重要であったとする，ポーコックの問題提起の有効性は今日なお失われていない．　　　　　　　　　　〔渡辺恵一〕

奢侈論争
［英］luxury debate

　バーナード・マンデヴィル（1670-1733）の『蜂の寓話　私悪すなわち公益』（1714）の出版を契機に生じた奢侈の是非をめぐる論争．イギリスのみならず，フランスやイタリアなど，啓蒙期のヨーロッパの思想界を巻き込む大きな論争となった．18世紀を通じて世俗化の進展とそれに伴う商業社会・消費社会への社会の変容が顕著となっていく．この新時代の現実を受け入れるかどうか，受け入れるとして，富をめぐる新しい状況と伝統的な宗教道徳や市民的徳・公共的精神との折り合いをどのように考えるべきか．こうした問題は，文明化の証しであり社会の変容の象徴とみなされた奢侈の是非をめぐる論点に集約され，文学，哲学，宗教，道徳など多くの知の領域を巻き込んで大規模な論争を引き起こしたのである．多くの著作家はこの論点を通じて，変貌著しい社会の現況をどうみるべきか，この本質的問題について，いわば態度表明を迫られることになった．

●**マンデヴィル**　マンデヴィルは，人間を，原罪を背負った堕落した存在とみるアウグスティヌス主義の影響下にあって，人間を支配する自己愛を悪徳とみなし，しかもこの悪徳が社会の繁栄あるいは文明化を導く原因であると考えた．この逆説は奢侈の論点に集約され，奢侈容認論として表明される．奢侈の欲求は，一方で勤勉や精励のインセンティブとなって人間の活動水準を高め，他方で消費需要に転化して産業活動の水準を高めていく．したがって，文明の果実を享受しながら，市民的徳やキリスト教の愛徳を求めてモラルの退廃を非難するのは自家撞着であると，シャフツベリ（1671-1713）などの道徳家や宗教家を厳しく批判している．

●**イギリスにおける奢侈論争**　このような彼の言説は当然ながら激しい反発を招いた．1723年の『蜂の寓話』増補版に含まれていた彼の慈善学校批判の論説に対するミドルセックス州大陪審による告発を契機に，各方面から非難の嵐が巻き起こる．フランシス・ハチソン（1694-1746），ジョージ・バークリー（1685-1753），ウイリアム・ロー（1686-1761）などは宗教的，道徳的観点からマンデヴィルを批判した．しかし，商業社会を生きる「人間の現実の姿」に即した彼の問題提起が，そのような批判によって無効となったわけでは決してない．人間の功利的行動を社会の繁栄の原因とみる言説それ自体は，世俗的価値に立脚しようとするこの啓蒙の時代にあって，影響力を持ち続けた．アウグスティヌス主義とは無縁のD. ヒューム（1711-76）は，奢侈を道徳的に有害な奢侈と無害な奢侈とに区別し，道徳的に無害な奢侈だけが社会的に有益であるとし，A. スミス（1723-90）は独自の徳の観念に立脚して，マンデヴィルの「放縦の体系」を「悪徳と徳との区別をまっ

たく取り去る」ものであると厳しく批判した．彼らは徳の観念の転換によって，マンデヴィルの逆説がはらんでいた地上の幸福と徳との緊張関係を解消し，商業社会の新しい現実と調和的な新たな市民的倫理を構築しようとしたといえる．

●**フランスにおける奢侈論争（1）——奢侈容認論**　『蜂の寓話』増補版（1723）が巻き起こしたセンセーションは，フランスにおいて，18世紀を通じて，イギリス以上に活発な論争を引き起こし，論壇をにぎわすことになる．商業精神を推奨し奢侈を積極的に容認したのが，J. F. ムロン（1675-1738），モンテスキュー（1689-1755），ヴォルテール（1694-1778），さらに F. V.-D. フォルボネ（1722-1800）である．彼らは皆，個人的利益の追求は世俗の幸福を求める人びととの真っ当な願望に基づくものとみなし，その実現に向かう文明社会の晴れやかな展望を描いてみせた．ヴォルテールは『蜂の寓話』に触発されて同じように刺激的な詩編（『俗人』1736）をものしたが，そこで彼がアダムとイブの「楽園」を未開社会になぞらえて，これを嘲弄し，古代の質素の美徳は貧困ゆえにすぎないとしてその幻想性を暴きつつ「私のいるこの場所こそが地上の楽園」と，自らの奢侈的生活を高々と謳いあげているのは，その典型である．このような容認論は，経済学の知見を組み込んだフォルボネの「国民の奢侈」の構想に収斂していく．フォルボネは，この構想により，人びとの見果てぬ幻想に駆り立てられて進展する「相互的欲求」の体系としての商業社会の一本質を，見事に抉りだした．

●**フランスにおける奢侈論争（2）——奢侈批判論**　18世紀の中葉以降には，パリなどで大衆的奢侈が広まりをみせる一方で，言論の世界では，ミラボ（1715-89）や J.-J. ルソー（1712-78）に先導されつつ，商業社会批判に相伴って奢侈批判の声が高まっていく．奢侈の普及による身分の混淆を恐れたミラボの批判は，不平等な身分制秩序を維持しようとする復古的な色調を帯びていたが，逆にルソーは商業社会・奢侈を不平等の源泉とみなしてこれを厳しく批判した．両者の向いている方向は正反対であるが，彼らは道徳的な批判では共通してる．それは公共善のために私欲を抑制する徳の観点に立つものであり，農村社会を徳の源泉として賛美し，農業の再生を企図する農本主義というべき一傾向と結び合っていた．これは独自の理論体系によってフランス農業の再生への道を示した F. ケネー（1694-1774）の重農主義とも重なり合う．重農主義の経済学は資本の重要性に着目して奢侈を批判し，富の生産を規定する条件は奢侈による消費需要か，節約による資本蓄積かという経済学上の重要な論点を浮き彫りにした．スミスの資本蓄積論はこの奢侈論争の文脈で理解することができる．ところで，一般には，容認論と批判論とで明確に線引きすることは難しい．しかし批判論が伝統的な市民的徳の観念を拠り所の一つとし，容認論の方も商業社会における新たな徳の成立に着目したから，両者の対立は，一面では，商業社会の出現に伴う徳の観念の変容ないし対立の反映でもあった．

[米田昇平]

政治算術
[英]political arithmetic

　政治算術とは，17世紀末から18世紀にかけて使われた，統計データによる経済・社会の分析およびその方法であり，今日でいう経済統計や計量経済学の初期のものともいえる．この名称は17世紀のウィリアム・ペティ（1623-87）によってつけられたものであり，彼はこれを政治体を考察するのに際して「数，量または尺度をもちいて表現し，感覚にうったえる議論」（ペティ1690：24）と定義づけている．今日この言葉を歴史家が使う場合，政治算術という言葉を用いた思想家それぞれの意図を考慮しながら用いる場合と，そうした用語の思想史的文脈にかならずしもとらわれず，単に統計データを利用した社会分析という意味で使われる場合がある．ここでは，政治算術という方法に込められた思想史的意味を中心に説明する．

●ペティの政治算術　ペティは，もともと船乗りであったが，フランスとオランダで数学や自然科学を学び，その後イングランドにもどり，サミュエル・ハートリブ（1600頃-62）のグループでフランシス・ベーコン（1561-1626）の実験哲学に触れ，その後ロンドン王立協会の創立メンバーになり，実験と観察に基づく知識獲得のプロジェクトを推進する．こうした主に「自然体」の解明のために利用されたベーコン主義の方法を，ペティは，社会，当時の言葉でいう「政治体」の分析に応用した．これを彼は政治算術と名づけた．彼の死後に出版された『政治算術』（1690）や『アイルランドの政治的解剖』（1691）は，こうしたベーコン主義の実験哲学のプロジェクトの一部として生まれたが，他方これは，当時イングランドと緊張関係にあったフランスやオランダへの対抗措置を考える，統治のための道具としての利用を意図されてもいた．特にこの時代，人口の増加は一国の経済的繁栄，国力の増強において最も必要なことであり，それを政策的に推進するためのデータ収集の方法として政治算術は必要だと考えられたともいえる．

●政治算術の利用　そもそもベーコンの実験哲学の目的は社会の改良にあり，そのプロジェクトをさらに推し進めたハートリブ・サークルやロンドン王立協会もその目的を引き継いでいたのであり，ペティの政治算術の目的がより良き統治のためであったのも当然である．ペティの影響を受けて『死亡表に関する自然的および政治的諸観察』（1662）を書いたとされるジョン・グラント（1620-74）も王立協会のメンバーであり，この著作でのロンドンの人口の考察にも同じくベーコン主義的な目的があったといえよう．他方，グレゴリー・キング（1648-1712）は，1670年代初頭に測量技師として，ロバート・フックやクリストファー・レンといった王立協会の中心メンバーと関わっているが，統計資料を作成したのは，名

誉革命後であり，それはベーコン主義者としてというよりも政府の政策遂行のための基本データを提供するためであった．2番目の妻が彼の墓碑に「政治算術に熟達していた」と書かせたとしても，彼が自らの仕事をベーコン主義者たちのプロジェクトの一部としての政治算術として意識していたとは必ずしもいえない．彼の仕事が「政治算術」として言及されるのは，その資料がチャールズ・ダヴナント（1656-1714）の政治算術の基礎資料として利用されたからともいえる．

●ダヴナントの政治算術　ダヴナントは，健全財政と貿易の振興こそが国を豊かにすることを社会統計データを用いながら説いた．特に消費税を効率的に徴収し，それを累積する公債の償還にあてて国家の負債を減らし，そのことによって，当時通貨として流通していた割符（短期債の一種）の信用を回復すれば，それは貨幣不足を補い，交易を推進すると主張した．ダヴナントは自らの方法論である政治算術を「統治に関わることを，数値にもとづいて論ずる方法」（Davenant 1771：[I] 128）と定義しているが，それはベーコンの実験哲学というよりは，むしろ政治思想の文脈の中にあった．ダヴナントにとって，国を豊かにするには有徳な為政者による統治が必要であり，その徳とは正確な知識の取得であるという．そのためには為政者は自らの周りに，お世辞を使わない正直な，真実の情報に基づく助言をする有能な廷臣を置くことが必要であり，彼らによって提供される知識こそが政治算術であるという．ダヴナントは，ペティは為政者に気にいられるように嘘のデータを作成しており，これは間違った政治算術であるという．為政者には正直な助言者が必要だという考えをダヴナントは，リシュリュー卿の『政治的遺言』（1688）や，N. マキァヴェッリの『君主論』（1532）から学び，彼の時代に当てはめ，彼にとっては名誉革命後のウイッグは悪しき助言者ということになる．

●政治算術のその後　多くの経済思想史家は18世紀に政治算術は衰退したといっているが，政治算術を社会統計と考えた場合，政府内外において統計資料は多くつくられ，また議会もこれをしばしば求めた．フランスでも，J. F. ムロン（1675-1738）の『商業に関する政治的試論』の増補版（1742）で「政治算術」と題する章を設け，ペティから多く引用しながら，経済の発展において「算術」，つまり統計がいかに重要であるかを説いている．全国を旅して多くの情報・資料を集め，自ら見聞を多くの書物にして記した農業改良家 A. ヤング（1741-1820）もその著作の一つに『政治算術』（1774）というタイトルをつけている．いずれの場合も当初のベーコン主義の意図は明確でなくなってはいるが．

　アダム・スミス（1723-90）が『国富論』（1776）でいった「私は政治算術をあまり信用していない」という言葉は，政治算術を埋葬するに十分な威力があったが，彼の意図は，利用した統計資料を信用していないという意味であり，政治算術が意図してきたものに正面から異議を唱えようとしていたわけではない．

［伊藤誠一郎］

民兵論争
[英]militia controversy

　イギリスにおける二期にわたる民兵論争は，民兵と常備軍が「国防」「美徳」「自由」にいかなる作用を及ぼすか，この問題をめぐる論争である．常備軍（standing army）とは，平時・戦時を問わず，国家によって常時維持される軍隊である．民兵（militia）とは市民によって構成される軍隊である．議会制定法に基づいて，教区ごとに適格者の名簿が作成され，平時には，輪番で一定の期間と頻度で軍事訓練への参加が義務づけられる．戦時には，国土の防衛が主な任務であり，海外に派兵されることはない．論争時，ほかに，貴族の世襲的特権によって借地人を招集して編成される防備軍（fencible men）が存在した．

●**第1期民兵論争**　この論争は，アウグスブルク同盟戦争終結後，国王ウィリアムが平時においても常備軍を保持することを要求したことに端を発する．J. トレンチャード（1668/9-1723）とW. モイル（1672-1721）の論考『常備軍は自由な統治に反する』（1697）によれば，イングランドの国制（混合君主制）は，「統治の構造」と「軍隊の構造」との「均衡」を基礎とする．この「均衡」は，民兵が「財産ある人びと」から構成される以外に維持されない．常備軍がその「均衡」を破壊し，専制政治をもたらす．土地を保有せず，生活を国王にのみ依存する人びとからなる軍隊は，戦争を職業とし，国王の利害に従い，その「均衡」を覆すからである．

　しかし，この論争において最も重要な議論は，A. フレッチャー（1653-1716）とD. デフォー（1660-1731）のそれである．両者は商業文明の発展の中に問題を位置づける．フレッチャー『統治論―民兵との関連で』（1698）によれば，かっては，国王の軍隊とバロンの軍隊は均衡し，「統治の自由」が保証されていた．商業文明は奢侈をもたらし，バロンは奢侈的生活のために領臣たちの軍役奉仕を貨幣へと転換した．こうして国王の軍隊に均衡する軍隊は失われ，「統治の自由」も失われた．民兵こそ「統治の自由」を復活するものであった．彼の構想する民兵キャンプは，商業文明から遮断された「美徳の学校」であった．また，民兵は合邦体制下でスコットランドの権利を守るものでもあった（『議会演説』1703）．

　他方，デフォー『議会の同意があれば，常備軍は自由な統治に反せず』（1698）によれば，フレッチャーの理解は商業文明の作用の一面をとらえたものにすぎない．商業文明の発展は，国王とバロンの争いの犠牲者である「庶民」の興隆をもたらし，庶民院の成立に導いた．庶民院の「財布の権力」は，国王の「剣の権力」（常備軍）を抑制し，「国民の自由と安全」を保障する．この民兵論争は常備軍論争とも呼ばれる．

●**第2期民兵論争**　七年戦争の勃発によって，イギリスの海岸線はフランスの軍

船によって脅かされ，時には「海賊」船による略奪にさらされた．それに備えて，1757年に民兵法案が議会を通過する．しかしこの法律の適用からスコットランドは除外された．それは1745～46年のジャコバイトの反乱によって，イングランド側がスコットランド人の武装を危険視したからである．政府は，信頼できる貴族指揮下の防備軍を承認したにすぎなかった．こうして，スコットランド教会穏健派知識人A.ファーガソン（1723-1816）やA.カーライル（1722-1805）らが中心となり，民兵制の設立を目指す「ポーカー・クラブ」が1762年エディンバラに創設される．これと前後して多くの論考が公刊される．民兵法成立の前年には，ファーガソン『民兵創設に先立つ諸考察』が匿名で出版される．商業文明の発展によって，個人は法の保護のもとで安全となり，武器の所有と使用も無用となり，「尚武の精神」も失われた．民兵制によって「尚武の精神」の復活と武器操作習熟が可能となる．カーライル『スコットランド民兵問題の考察』(1760)もスコットランド民兵の設立を訴える．民兵制は，「尚武の精神」と商業文明の「混合」を可能とする．さらに彼はフレッチャーの議会演説を引用し，合邦体制下のスコットランドの従属的地位を問題とする．ファーガソンの著作とされる『妹ペグ』(1761)はこの文脈で読むことができる．

　アメリカ植民地の反乱によって，1776年3月，民兵法案が議会に再び上程される．その法案は否決されるが，その審議中にA.スミス（1723-90）の『国富論』(1776)が公刊される．「戦争の技術」の改良は，他の技術と同様，分業によってのみ可能である．「近代の戦争」では，兵士の「武器操作の技量」ではなく「規律と服従」がその帰趨を決する．この「規律と服従」は，常備軍によってのみ育成される．「アメリカの民兵」も長期の戦闘の中で常備軍に匹敵するものとなる．「共和主義の人びと」のいだく常備軍に対する不信感は，「主権者自身が将軍で，国の主要な貴族・郷士層が軍の主要な将校であるところ」では根拠はない．この議論は，モイルらの「統治の構造と軍隊の構造の均衡」の理論の言い換えである．スミスの民兵論に対して，ファーガソンは批判の立場を表明した（1776年4月18日付スミス宛書簡）．また著者不詳『バクルー公宛書簡』(1778)は，スミスを民兵の「恐るべき敵」と呼んだ．スミスの反論は，「私の本を最後まで読んでいない」「私は民兵を否定していない」（1780年10月26日付A.ホルト［1729-84］宛書簡）にとどまるものであった．スコットランドの民兵制は，革命フランスの侵攻に備えて1797年に設立された．

●**民兵論争の意義**　商業文明は人間と社会にどのような変化をもたらしたか．これが両時期の民兵論争の根底にあった問題である．この問題こそスコットランド啓蒙が真正面から取り組む問題であった．この意味で，民兵論争は，啓蒙思想形成の一つの土壌となった．また，合邦体制下のイングランドとスコットランドの関係の問題は現在もくすぶり続けている．

［村松茂美］

第 2 章

文明社会の擁護

[編集担当：坂本達哉・犬塚 元・後藤浩子]

モンテスキュー……………………184
ヒューム……………………………186
スミス………………………………188
百科全書……………………………190
フランス唯物論……………………192
道徳感覚から共感・同感へ………194
スコットランド道徳哲学…………196
良心と常識…………………………198
言語起源論…………………………200
推測的歴史…………………………202
重商主義……………………………204
勢力均衡論…………………………206
フィジオクラシー（重農主義）…208
勤労・分業・生産力………………210
市民的公共圏………………………212
東アジアの公共圏…………………214
人口論争……………………………216
国民性・生活様式・風土…………218
名誉と騎士道………………………220
啓蒙と野蛮…………………………222
博物学………………………………224

モンテスキュー

Charles-Louis de Secondat, baron de la Brède et de Montesquieu

　モンテスキュー（1689-1755）は，旧貴族の地方領主の長男として，ボルドー近郊のラ・ブレード城に生まれ「シャルル=ルイ」と命名される．ボルドー大学で法律を学び，1714年に高等法院の参事官職を相続．その一年後には，ユグノー商人の娘と巨額の持参金付きで結婚した．1716年，伯父の死によってモンテスキュー男爵の地位とボルドー高等法院の副院長の官職を相続し「モンテスキュー」と呼ばれるようになった．

　ルイ14世（1638-1715）亡き後の摂政期，アムステルダムから匿名出版した『ペルシャ人の手紙』（1721）では，二人のムスリムのペルシャ人が滞在中のフランスの風俗や出来事を風刺するという書簡体形式を採用．本書の成功により，パリ社交界に本格的に参入し，1728年にアカデミー・フランセーズの会員に選出されると，同年から31年にかけてヨーロッパ各地を旅行した．『ローマ人盛衰原因論』（1734）では，古代ローマにおける急激な領土拡大による自由の喪失過程を描写．当初併せて公刊予定であった論文「ヨーロッパにおける世界君主政についての省察」とともに，ルイ14世が主導した軍事的な対外拡張政策が，技芸と商業活動の発達・普及，諸国家間の相互依存関係の進展により，遂行困難となり，古代ローマ帝国型の領土拡大の経験が時代遅れとなったことを示唆した．その後1748年に主著『法の精神』をジュネーヴから匿名出版．

●**『法の精神』（1748）**　本書の中でも第11編6章「イングランドの国制」では，立法権力，裁判権力，執行権力の相互抑制と均衡によって自由が確保される，との近代的な権力分立論を展開したとして名高い．そこでは国王，貴族院と庶民院の三身分間の相互抑制も検討されており，古代のポリュビオスに由来する「混合政体」論の影響もうかがえる．この章は，執筆時期を勘案すると，本国フランス君主政の「法の精神」を考察する際の出発点に位置づけられる．

　モンテスキューによれば，「法」は「事物の本性に由来する必然的関係」であり，気候や地理，統治形態，住民の数やその宗教，習俗，富の程度など，多岐にわたる諸要素相互の絶妙な均衡（「穏和の精神」）のうえに「法の精神」が成立している．これらは，国ごとの習俗や風土などの諸条件の違いに応じて異なるため，個別事情を越えた普遍的・抽象的原理から秩序を演繹し，既存の秩序の組み替えようとする試みに対して，モンテスキューは懐疑的である．

●**政体分類論**　モンテスキューは多様な統治形態を，専制，君主政，共和政に分ける．この三者は，国家の規模の大中小に対応するとともに，主権の帰属が人民かただ一人か，その権力行使が確立された法にしたがっているか否かで区別さ

れ，統治形態を駆動させるのに必要な構成員の資質（政体の「原理」）として，専制には「恐怖」，君主政には「名誉」，共和政には「徳」が必要とされる．

　専制は，オリエントでの支配をモデルとし，広大な領土を一人の君主が法に基づかず「恐怖」で支配する体制で，権力の濫用を阻止する機構がないため自由も存在しない．これは当時の王権の強大化に対する牽制でもある．他方で，共和政（民主政と貴族政）は，古典古代のポリスが典型で，「自己放棄」「法と祖国への愛」という意味での市民の「徳」によって歴史的模範とされてきたが，手工製造業・商業・財政・富・奢侈が話題となる当時の商業社会の実態とは懸け離れていることが示唆される．また権力の相互抑制が不十分なため「人民の権力」が濫用されがちで「万人による専制」に陥る危険性もある．かかる認識の背景には，前世紀のイングランドでの革命の失敗がある．

　モンテスキューの定義する君主政は，国王主権を絶対視する王権側の理解とは異なり，ただ一人が法に基づいて統治する政体で，ゲルマン諸民族によって打ち立てられた「ゴシック政体」に由来する．そこでは，平民，貴族と聖職者，君主の各身分がそれぞれ固有の役割を担い，三者の相互対抗により均衡が生じ「穏和の精神」が達成されてきた．その中で貴族階級は，「中間的，従属的そして依存的な諸権力」を構成し「中間の水路」として君主と人民を媒介し，君主の気紛れや権力の恣意性を除去する．また，高等法院が「法の保管所」として君主が従うべき基本法を確立し，「熟慮」と「ゆっくりとした歩調」によって，君主の決定の拙速さを阻止し，君主政の中に一定の秩序と自由を確保する．

　各人に公共精神を求める共和政とは異なり，君主政では，一種の利己心であり，「虚栄心」に近い「名誉」を「原理」とする．貴族にとっては，君主の宮廷に寄生・屈服しないことが「名誉」である．また貴族の「虚栄心」によって，奢侈品の消費が促され，聖職者や貴族以外の平民における生産・商業活動が活性化し，その結果，土地所有の不平等に由来する人口減少が緩和され，勤勉，技芸，流行，慇懃さ，趣味などが開花する．商業で財を成した第三身分は，売官制を通じて貴族階級へと上昇し，商業活動から決別することが期待されている．

●**公刊後の影響**　ローマの教皇庁やソルボンヌ神学部などの教会関係者は反発．『百科全書』の公刊に際して，ダランベールが「民主政」と「専制」について執筆を依頼し，モンテスキューは「嗜好」の執筆を申し出るも1755年の死去によって未完に終わる．J.-J. ルソーは，「存在すべきもの」を探究せず「無用な学問をつくり出した」と批判．フランス革命では中間権力を擁護する立論が「貴族的反動」として糾弾される．商業社会の記述が，フィジオクラートや，D. ヒューム，アダム・スミス，A. ファーガソンなどスコットランド啓蒙へと批判的に受け継がれ，A. コントや É. デュルケームなどの社会学の形成にもヒントを与えた．

[安武真隆]

ヒューム
David Hume

　ディヴィッド・ヒューム（1711-76）は18世紀イギリスを代表する哲学者，歴史家であり，スコットランド啓蒙を代表する思想家の一人である．哲学上の主著『人間本性論』（1739-40．以下，『本性論』）は英語で書かれた最も重要な哲学書とされている．法曹地主の次男として生まれ，エディンバラ大学で古典語，スコラ哲学，自然哲学等を学ぶも親が期待した法曹の道を歩まず，読書三昧の生活を続ける．18歳頃に「思想の新視界」が開けるが慢性的な心身症を経験，ブリストルでの商人修行を経て心機一転，1734年にフランス行きを決意する．

●**哲学者ヒューム**　パリとランスを経てR. デカルト（1596-1650）が学んだイエズス会図書館のあるラ・フレーシに2年間滞在，『本性論』の草稿を書き始め，1737年に帰国し1739年に第1編「知性論」と第2編「情念論」を，1740年に第3編「道徳論」を出版した．第1編の冒頭，「論理学」「道徳学」「政治学」「批評学」からなる「人間学」構想を表明，「論理学」前半の第1編はJ. ロック（1632-1704）の経験主義を徹底，一切の観念を感覚と反省の「印象（impression）」に還元し自我や外界存在を疑う懐疑主義を展開する一方，それらの実在を素朴に信じる自然主義をも表明，両者あわせて神学に依拠しない経験主義の独立宣言となった．「論理学」後半の第2編では「理性は情念の奴隷」と断じ，愛・憎・自尊・卑下の社会的情念の相互作用が「共感（sympathy）」によって分析される．「道徳学」の第3編はT. ホッブズ（1588-1679）の利己主義とF. ハチソン（1694-1746）の利他主義を両面批判，普遍的な「自然的徳」と歴史的な「人為的徳」（「正義」）の二分法を展開し，前者を関係者の「効用」への共感で，後者を利己心に基づく「コンヴェンション（黙約）」と「公益への共感」によって説明した．

●**社会科学者ヒューム**　『本性論』の売れ行き不振を反省したヒュームは，都市の洗練された中産層向けの論説集というスタイルで「人間学」の再構築を企てる．『本性論』の「知性論」と「道徳論」は『人間知性研究』（1748）と『道徳原理研究』（1751）に書き直され，前記「政治学」の応用として『道徳・政治論集』（1741-42）が書かれた．同書では伝統的なウィッグ対トーリーの対立を超える「懐疑的ウィッグ主義」（フォーブズ1975）の政治論を展開，フランスなどの絶対王政諸国に「法の支配」を認める「開明君主制」論を提示し，ロックらの社会契約説を批判，政治的支配の正当性を国民の「世論」にもとめる経験主義の政治論を展開した．さらに大陸諸国の現実を従軍秘書官として観察，気候風土や政治体制の差異を重視するモンテスキュー（1689-1755）とは異なり，「勤労，知識，人間性」の連鎖に象徴される「生活様式」を軸とする文明論を展開，その成果が『政

治論集』(1752)に結実した．特に「勤労」の原理が奢侈，貿易差額，租税・公債などの分析に体系的に適用され，同書を重農主義とA.スミスに先立つ自由主義経済思想の古典とする一方，「勢力均衡」や「連邦共和国」をめぐる考察は七年戦争(1756-63)や北米植民地の独立(1776)を先取りする科学的政治学の先駆となった(坂本1995, 2011)．

●歴史家ヒューム　『政治論集』の評判によってヨーロッパ中に知られる存在となったヒュームは念願の経済的独立を達成，エディンバラ中心部に居を構え，大学にも教会にも属さない自由な知識人として，スコットランド啓蒙の中心的存在となった．1754年にはエディンバラ法曹会図書館の司書となり，充実した蔵書を利用できる地位を獲得，その最大の成果が英語による最初の学問的英国史となる『イングランド史』であった．『大ブリテン史』と題された2巻(1754, 1757)はジェームズ1世即位から名誉革命までの立憲君主制の確立史であり，議会派(ウィッグ)対王党派(トーリー)の善悪二元論に立つ「古来の国制」論を批判，ピューリタンの熱狂により処刑されたチャールズ1世に共感しつつ，王政復古を経て名誉革命体制の確立に至る政治史を懐疑的ウィッグ主義の立場から記述した．『イングランド史』と改名された次の2巻(1759)は，「近代史」の起点たるテューダー朝史を展開，最後の2巻(1762)はカエサル侵入からテューダー朝成立までを啓蒙主義的な文明社会史として論じた．『イングランド史』の意義は，文明社会史の基軸である「法の支配」の起源を「生活様式」の視点から統一的に説明し，政治，宗教，経済の絡み合いから「自由」と「権威」の均衡に基づく名誉革命体制が成立する歴史の動態を，学問的に描き出した点にある(犬塚2004；Susato 2016)．

●名声の確立と後世への影響　『イングランド史』によって名声と富を手に入れたヒュームは，1763年から約2年半，駐仏大使秘書としてパリに滞在，臨時大使も務めた．C.-A.エルベシウス，ダランベール，ドルバック，D.ディドロ，チュルゴらの啓蒙思想家と交流，社交界の寵児となるが，イギリス亡命を助けながら決裂したJ.-J.ルソー(1712-78)との確執もあった(山崎・串田2014)．北米植民地独立の報を聞きながらストア的賢人の平静さで最期を迎えたヒュームは「人間の弱さの限界内で最も有徳な人物」(スミス)といわれたが，その分野横断的な影響は巨大かつ多面的・永続的である．哲学ではT.リードら常識哲学者の攻撃にもかかわらずI.カント(1724-1804)を「独断の夢」から醒ませた因果論に始まり，現象学や論理実証主義の祖とされる．経済学ではスミスを超える貨幣理論家として評価され，政治学では民主主義と共和主義の融合がアメリカ合衆国憲法の一源流とされる．F.A.ハイエクやM.J.オークショットの保守的自由主義の原点としても知られ，死後出版の『自殺論・霊魂不滅論』(1777)，『自然宗教に関する対話』(1779)は現代の宗教学や尊厳死論の基本文献とされる．

[坂本達哉]

スミス
Adam Smith

　古典派経済学の創始者．経済学の父．アダム・スミス（1723-90）は，スコットランドの港町カーコーディに税関吏の子として生まれる．14歳でグラスゴウ大学に入学し，F. ハチソン（1694-1746）から道徳哲学を学ぶ．40年にオックスフォード大学に入学し，古典と近代の哲学・文学の読書に励む．46年にスコットランドへ戻り，48～51年にエディンバラで文学・修辞学と法学を主題とする公開講義を行う．51年にグラスゴウ大学論理学教授に就任，翌年道徳哲学の講座に移る．スミスの道徳哲学講義は，自然神学，倫理学，正義論（狭義の法学），行政論（経済学）の4部門に分かれており，このうち倫理学が『道徳感情論』（1758）として刊行され，行政論が後に『国富論』（1776）へ発展した．64年にグラスゴウ大学教授を辞任し，青年貴族バックルー侯爵の旅行つきそい教師として大陸へ渡り，パリでF. ケネー（1694-1774），A. R. J. チュルゴ（1727-81）らと交流した．66年に帰国後，『国富論』執筆に専念して76年に刊行，重商主義政策を批判して自由貿易政策を主張した．78年にスコットランドの関税委員となり，90年没．上記の二大主著のほか，スミスが若い頃に執筆したと推測される「天文学史」「模倣芸術論」「外部感覚論」などを収録した『哲学論文集』（1795）が没後に刊行．またグラスゴウ大学におけるスミスの講義に出席した学生のノートが発見されて『法学講義』『文学・修辞学講義』として刊行されている．

●『道徳感情論』の倫理思想と正義論　スミスは師のハチソンや友人のD. ヒューム（1711-76）と同様に，人間が道徳的善悪を判断する能力は利己心や理性ではなく道徳感情という特殊な感情であると主張し，その源泉を共感から説明する．ハチソンが道徳感情の起源を道徳感覚という単一の感覚によって説明したことを批判して，スミスは道徳感情の4源泉すなわち(1)適正［適宜性］の感覚，(2)功績と罪悪の感覚，(3)道徳の一般規則の顧慮，(4)効用の知覚を区別し，それぞれを『道徳感情論』第1～4部で論じている．適正は，道徳判断の対象となる当事者の感情の程度が，その人物の状況または感情を引き起こす原因に対して適切でふさわしいことである．適正の感覚は共感（同感, sympathy）に基づき，観察者が当事者と想像上で立場を交換したときに当事者の実際の感情と同じ程度の共感感情を感じるならば完全な共感が成立して当事者の感情は適正として是認される．当事者の感情それ自体は善でも悪でもなく，観察者に共感されるときにだけ適正と判断されるのである．例えば小さな不幸には小さな悲しみが，大きな不幸には大きな悲しみが適正であり，小さすぎる悲しみと大きすぎる悲しみは観察者に共感されず不適正と判断される．不正を判断する罪悪の感覚は，加害者と被害

者のどちらにも特別の関係をもたない公平な観察者が，加害者の動機に反感をいだき，被害者の報復心に共感する場合の複合感情である．S. プーフェンドルフ (1632-94) やヒュームらは，正義の規則はその公共的効用を考える人びとの合意 (convention) によって形成されると主張した．これに対してスミスは，道徳の一般規則（正義の一般規則を含む）は，人びとが公共的効用を考えずに共感による判断を反復する中で理性によって帰納されると考える．万物の創造主である賢明な神は，公平な観察者の共感する利己的行為が行為者の意図しない公共的効用を実現するように，世界と人間本性を創造したからである．それゆえ公平な観察者が共感する利己的経済活動を自由に放任すれば，創造主である神の見えない手 (invisible hand) に導かれて人びとの意図しない公共的利益が実現される．この過程を論証したものが『国富論』である．

● **『国富論』の経済思想**　富とは，重商主義者の Th. マン (1571-1641) が主張するような一国に貯えられた貨幣ではなく，国民各人が年々に消費する生活必需品と便益品である．国民一人あたりの富の大きさを決定する原因の第一は労働生産力，第二は生産的労働者が国民全体に占める比率である．労働生産力は分業 (division of labour) によって，生産的労働者比率は生産的労働者を雇用する資本の蓄積によって決定される．それゆえ政府が自由と安全を保障すれば，各人の利己的経済活動によって交換と分業が発展して労働生産力が上昇し，貯蓄によって資本蓄積が進んで生産的労働者の雇用が増加するので，意図しない結果として国民の最大の富が実現されるのである．したがって政府は自由と安全を保障するだけでよく，重商主義的介入政策は有害無益であるとスミスは主張する．

　ただしスミスは見えない手を全面的に信頼したわけではなかった．彼は 1760 年代前半のスコットランド為替危機後には，銀行券発行の自然的自由を公益のために制限する法律を支持するようになる．さらに 72 年のエア銀行倒産によって引き起こされた金融恐慌の後には，大株主のバックルー侯爵に依頼されて倒産原因を詳細に調査し，銀行と投機的業者に無制限な自由が許されていたために，放漫な貸付と無謀な投機が繰り返されて不良債権が累積し金融恐慌が発生したことを知る．そこでスミスは原稿をほぼ書き終えていた『国富論』の刊行を延期して銀行論と利子論に加筆し，銀行が資本融資を自制するとともに，政府が高利禁止法によって投機を抑制することを提案するのである．

　またスミスは『道徳感情論』で土地所有の不平等を見えない手の理論によって容認し，『法学講義』では平等で貧困な未開社会よりも不平等で富裕な文明社会を高く評価して貧富の格差拡大を肯定していた．しかし『国富論』では，資本蓄積がもたらす賃金率上昇と利潤・利子率低下による平等化を支持するようになり，政府が地代・利子と奢侈品消費だけに課税して労働者に安価な公教育を実施するという所得再分配政策を主張するのである． 　　　　　　　　　　　　［新村　聡］

百科全書
［英］encyclopedia　［仏］Encyclopédie

　ここでは，D. ディドロ（1713-84）とダランベール（1717-83）が監修者として関わったフォリオ版本文全17巻（1751-65），図版全11巻（1762-71）からなる『百科全書』に限定して，その内容，成立過程，影響を論じることにする．その後補遺を含めた増補版や『系統別百科全書（*Encyclopédie méthodique*）』が，出版者 Ch.-J. パンクック（1736-98）らを中心に出版されるが，それらは論及対象とはしない．

●**生成**　まず，二つの基本的事実を押さえておく必要がある．（1）ヴォルテール（1694-1778）『哲学書簡』（1734）の出版によって，フランスでイギリスに対する関心に火がつき，イギリスの最新の科学・技術的成果の翻訳出版が本格化し，F. ベーコン（1561-1626），J. ロック（1632-1704），I. ニュートン（1642-1727）も紹介されたこと，（2）当時は剽窃に対する法的規制はなく，辞典づくりに際しては，それ以前に出版された辞典や概説書・専門論文などの記述を往々にしてそのまま借用したり一部に改変を施したりして，転用することが当然とされ，『百科全書』もまたその例に漏れないこと．それゆえ，『百科全書』の生成を論述するにあたっては，イギリスの影響と，過去のテクストの転用・再編集に最大限留意する必要がある．前者はすでによく知られていた事実であるが，後者は近年の研究によって明らかになった（逸見・小関編 2018）．

　以上2点をふまえ，『百科全書』がいかに生成したかを述べる．それは独自の百科事典編集の産物ではなく，E. チェンバーズ（1680頃-1740）『サイクロペディア』の仏訳としてスタートした．この事典は自然科学関係中心の百科事典で，立場的にはニュートン主義に立っている．その後，企画は次第に拡大し，J. ハリス（1666-1719）『レキシコン・テクニクム』（1704-10）や T. ダイチ（?-1733頃）『新英語辞典』（1735）なども翻訳対象に加え，さらにそれがより包括的になり，万学を対象とする現行の『百科全書』となった．それに際し，イギリスの辞典だけでなく，フランスの辞典なども典拠として多数転用された．それらの中心的なものだけをあげれば，イエズス会の出していた『トレヴー辞典』（第四版1743），サヴァリ・デ・ブリュロン（1657-1716）『万有商業事典』（1723-30），パリ王立科学アカデミー『年報と論集』などがある．図版についても同様であり，レオミュール（1683-1757）が中心となってパリ王立科学アカデミーが収集した技芸関係の図版を，『百科全書』は転用している．『百科全書』の多くの項目はこのように，使い回された過去のテクストのパッチワーク的転用・再編集からなっており，それを正確に解読するには典拠に関する精緻な知識が必要である．

　このパッチワークをつなぐ形で，項目執筆者が項目に介入し，内容に『百科全

書』らしい更新を施している．さらにそれに，主監修者ディドロが介入し，問題のある項目に訂正や補足を加えている．それもまたパッチワークになっていることもあり，これをそのままディドロの発言とするのは危険である．さらに項目には，他の項目への参照が施されている．それは，読者の引く便宜を考え採用されたアルファベット順で分断された，学問要素（項目）間をつなぐだけでなく，ときに項目間の対立・批判・諷刺も担っている（ディドロ 1751-65）．

●**構成と執筆者**　『百科全書』の扱う学問と技芸は当時の百科に及んでおり，ダランベールが執筆した『百科全書序論』末尾の「人間知識の体系図解」が，それらを包括的に示している．これはベーコンの学問分類をもとにつくられ，学問技芸を人間の3能力，記憶力・理性・想像力の下に分類している．項目見出しのすぐ後に，それがどの学問と関わるかが（化学 chimie）のような分類符号で示され，項目ごとに断片化された知識を関連づけ，当該学問の諸要素を総合し，さらにそれを百科と結ぶ構成となっている（ディドロ，ダランベール編 1751-65）．

　執筆者総数は名前がわかっているだけで140人を超え，1759年に出版禁止になる前までに出版された7巻分については，ほぼすべての項目に略号で執筆者名が記載されている．初期には4出版社の周囲にいたディドロやJ.-J.ルソー（1712-78）などの若手文士が執筆の中心を担ったが，本格的に百科事典化し著名になるにつれ，多くの専門家や著名文士（ヴォルテールやモンテスキュー[1689-1755]ら）が参画していく．ただし，出版禁止以後出版された残り10巻分については，その3分の1ほどを執筆したジョクールなど一部の執筆者を除いて匿名化し，執筆者同定問題を生じさせた（プルースト 1965）．

　執筆者は百科全書派と呼ばれ，みなが「啓蒙」を担った「哲学者（フィロゾーフ）」と思われがちである．たしかに『百科全書』は全体として，経験的知識や技芸を重視し，自由検討の精神によって人類の公益を実現しようとしたが，内部には多様な立場の学者・文士を抱えていた．また，能力的に問題のある執筆者もおり，ディドロ自身も項目の「玉石混淆」を嘆いたほどである．その意味でも，出版禁止やダランベールの脱落を乗り越えて，総ページ数1万6142，項目数7万1709にも上る本文を完成させたディドロの監修者としてのリーダーシップと膂力（りょりょく）は特筆されるべきである．

●**波及**　ディドロたちのパリ版『百科全書』は予約購読者が4000だったが，その後その再版であるジュネーヴ版や四折版，八折版などがスイスで出版され，総数としては2万5000部もの『百科全書』が出版された．その意味でこの高価で大部の著作は，18世紀後半のヨーロッパ規模の大ベストセラーだった．その人気の理由は，経験的で実用的な知や技芸を重視し，既存の知を折衷し批判的自由検討に付す精神にあったと思われる．それはサロンやカフェ，劇場といった市民的公共圏に集った市民たちが，論議を通じて形成した精神でもあった．　　　　［寺田元一］

フランス唯物論

[仏]matérialisme français ［英］French materialism

　フランス唯物論が開花したのは，18世紀である．ラ・メトリ（1709-51），D. ディドロ（1713-84），ドルバック（1723-89），エルヴェシウス（1715-71）などである．物質とその運動こそが世界の根本原理であって，精神とか魂なるものは独自に存在する実体ではなく，物質に還元可能だという唯物論の考え方自体は，古代ギリシアから存在し，17世紀には「マテリアリズム」という用語がつくられ，18世紀フランスの啓蒙思想において大いなる発展をみた．後に K. マルクス（1818-83）がその弁証法的唯物論の先駆者とみなしたものである．フランス唯物論は，身体と精神がどう関係しているかを問う心身問題と関連していて，これはすなわち精神とは何かという問題にほかならない．これは古代ギリシア以来の古くて新しい問題であるが，R. デカルト（1596-1650）は物心二元論をとり，身体と精神は，それぞれ延長実体，思惟実体として別の存在だとした．それに対して，精神を別個の実体とは認めず，物質一元論に立つのが唯物論である．

●**近代科学**　これは近代科学とも密接に関係している．近代科学を切り開いた物理学は，世界を数学的に記述することで成立した．世界は機械論哲学で記述されることになったのである．デカルトは生気論を排して，物質のみの機械論的な運動記述への道を開いた．他方，機械論的な記述と相容れない精神活動は，考える自我の中に押し込められることになった．その一方で，啓蒙思想家は J. ロック（1632-1704）の経験論哲学を受容し，感覚論哲学を発展させた．

　この問題はまた，生命とは何かという問題とも関係している．もし唯物論のいうように，すべてが物質から成り立っているとすれば，生命現象をどう説明したらよいかという難問がつきまとうからである．デカルトは，動物機械論を主張し，同様に人間の身体構造も機械だとしてこの問題の解決を図った．しかし当時，化学，生理学，医学などの知見が増えたこともあり，フランスの啓蒙思想家の中には，それが十分な解答だとは思わない者もいた．したがって唯物論には，いかに物質から生命を構成するか，また物質たる身体からいかに精神を構成するかという問題がある．そして精神を物質の何らかの仕組みに還元できれば，不滅な魂というキリスト教の教義と抵触し，宗教批判の可能性をはらむものとなった．

　またこれは精神の自由とも関連している．物質世界が自然科学法則の必然性に従うことは自明であったので，物質から構成される精神が，どのようにしてそうした必然性から逃れられるのかという問題が生じるからである．これらの問題にフランス唯物論がどう取り組んだのかをいくつかの例でみてみよう．

●**ラ・メトリ**　「人間はきわめて複雑な機械である」と『人間機械論』（1747）で述

ベラ・メトリは，物質から生命を構成する問題については，『霊魂論』(1745)で感受能力を物質の属性として認めていたが，『人間機械論』では「有機組織を持った物質は一つの原動力を具有しており，これのみが有機組織をもつ物質としからざる物質との差異をつくるものであることを認めていただきたい」(ラ・メトリ 1747：47)と簡単に済ませた．精神については，感覚器官が何らかの対象によって刺激を受けると，感覚器官の中の神経が振動し，変容した動物精気の運動から観念は生じるとした．

●ディドロ　唯物論は『ダランベールの夢』(1769)などの著作で展開された．その冒頭で次のようにデカルトの二元論を批判した．「物質と別の実体の精神はどこかに実在しているのに，空間中のどの点にも対応しないもの．……物質の動きにつきしたがいながら，自分は動かずに物質を動かし，物質にたいして働きかけながら，逆に物質からあらゆる変化をこうむるもの．……僕はそんなものを少しも心に描くことができない」(ディドロ 1769：10)と，つまり精神を物質とは別の実体だとは認められないと唯物論の立場を述べたのである．ディドロはまず生命の構成については，分子に普遍的感性という仮説を提示して解決を図った．次いで精神の構成については，感性ある分子から構成された蜘蛛の巣のような網状組織を考え，「蜘蛛の巣の比喩」で，理性，判断力，想像力から，精神錯乱，本能といったものまで，「すべて束の根源とその枝葉との間の，本来のあるいは習慣によって結ばれた関係の帰結にほかならない」(同書：89)と，精神活動の説明を試みた．

ディドロは生物の繊維網を構成する分子の働きが力学的な作用と反作用を土台とするものと考えたが，すると生物の活動も，物質の因果関係を免れないことになる．そこでディドロは，人間は何らかの先行する原因によって行動を決定しており，その限りで人間に意志の自由はなく，因果則に拘束されているとした．

●ドルバック　ドルバックは，『自然の体系』(1770)で，物体の運動から精神作用まで運動という単一の原理で説明しようとした．物体を構成している分子の本質，結合，作用・反作用．この運動からパンが醗酵したり，植物・動物が成長したり，人体が強健になったりする．さらに生理現象だけでなく，知的能力，思想，感情，意志という精神作用が生じるとする．

自由については，人間の行動は人間に作用する諸々の原因の結果であり，人間は，行動の仕方がどうであれ，振る舞いを決定する動機によって必然的に行動するのであり，人間における自由とは，彼自身のうちに含まれる必然性にほかならないという．これは今日の柔らかい決定論に近い立場である．

●エルヴェシウス　『精神論』(1758)で，物質たる肉体の感受性から思考能力まで導き出した．さらに思考と意志のすべては，受け取る印象の必然的な結果であり，外的対象により行動が決定されるという意味で決定論に傾いた．しかし同時に受け手の精神能力の違いは教育によるとした．

［森岡邦泰］

道徳感覚から共感・同感へ
［英］from moral sense to sympathy

　近代イギリスの道徳哲学では，道徳判断の起源（能力）をめぐって，それを理性や知性とする「合理主義」と感覚や感情とする「感情主義」が対立した．R. カドワース（1617-88），S. クラーク（1675-1729），R. プライス（1723-91），T. リード（1710-96）など，多くの思想家が合理主義を唱えたのに対して，シャフツベリ（1671-1713）を先駆として，F. ハチソン（1694-1746），D. ヒューム（1711-76），アダム・スミス（1723-90）は感情主義を唱えた．感情主義は「道徳感覚学派」とも呼ばれる．

●**ハチソン**　ハチソンは，『美と徳の観念の起源の探究』（1725，第四版 1738）や『情念と情動の本性と作用についての試論／道徳感覚についての例証』（1728）で，道徳判断を感覚的な知覚とするシャフツベリの考えを発展させて，徳や悪徳は「道徳感覚」によって知覚されると主張している．

　そのことを明らかにするために，ハチソンはまず，徳の知覚が利益の知覚と異なることを強調している．寛大な人や高貴な人に対して抱く感情は，肥沃な土地や便利な住居に対して抱く感情とは違う．また，ある人が仁愛から，別の人が自己愛から同じ利益を与えたとすれば，利益を受けた人は二人に対して違う感情を抱くだろう．それゆえ，利益の知覚とは異なる，徳の知覚があるはずである．

　そのうえで，ハチソンは，この徳の知覚が「感覚」によるものであると主張している．人間は，有徳な行為をみるとすぐに，自分の意志とは独立して，理性による反省なしに，自分の利害についての意見に先立って，徳の観念を受け取る．このように，徳の知覚は直接的で受動的であり，それゆえ，感覚によるものと考えられる．この感覚を，ハチソンは道徳感覚と名づけている．

　では，道徳感覚はどのように働くのか．ハチソンによれば，人間は，ある行為をみると，道徳感覚によって，その行為の動機や行為者の性格から，徳や悪徳の観念を受け取り，快楽や不快を感じる．この快楽が行為に対する是認や称賛の感情であり，不快が否認や非難の感情である．さらに，人間は，是認や称賛，否認や非難を感じるだけでなく，行為者に対する愛や憎しみも抱くようになる．道徳感覚はこのように人間を規定するのである．

●**ヒューム**　次に，ヒュームは，『人間本性論』（1739-40）で，ハチソンの考えを継承して，徳と悪徳の区別は感覚に由来すると主張している．そのうえで，道徳的区別をさらに「共感（同感）」から説明している．

　ヒュームはまず，道徳的区別は理性ではなく感覚から引き出されると論じている．道徳は行為に対して影響力をもっており，行為を生み出したり，妨げたりす

る．だが，推論や判断の能力である理性はそのような影響力をもっていない．だとすれば，徳は感覚によって知られるはずである．そして，徳の感覚をもつことは，ある性格を眺めて，特定の満足を感じることにほかならない．その感情が称賛にほかならない．我々は，ある性格が快楽を与えるがゆえに，それが有徳であると推論するのではない．ある性格が特定の仕方で快楽を与えるのを感じることが，まさに，それを有徳であると感じることなのである．

　そして，ヒュームは，道徳的区別において共感が重要な働きをすると論じている．共感とは感情が人から人に移ることである．まず，他人の感情は顔つきや会話に表れる外的な印によって知られ，それらの印が感情の観念を伝える．次に，この観念はただちに印象に変えられ，活気を得て，感情そのものになる．共感とはこのような心の作用である．そして，共感は道徳的区別において必要不可欠である．例えば，正義という徳が称賛されるのは，公共の善をもたらすからであるが，公共の善は，共感によって関心をもたれないかぎり，我々にとって重要ではない．我々が正義を称賛するのは，正義から利益を受ける人びとに共感するからである．その意味で，共感は道徳的区別の主要な源泉なのである．

●**スミス**　続いて，スミスは，『道徳感情論』(1759，第六版1790) で，是認や否認，称賛や非難などの「道徳感情」を，ヒュームと同じく，共感から説明している．ただし，スミスの考える共感は，ヒュームのものと大きく異なる．

　スミスによれば，共感とは「同胞感情」をもつことであり，さらに，その同胞感情がもとの感情と一致することである．共感は「想像上の立場の交換」から生じる．人は，他人の感情をじかに知ることができない．そこで，想像によって，他人の立場に身を置き，他人がどう感じているかを考えることで，他人と同じような感情をもつ．このようにして生じた同胞感情を他人の感情と比較し，両者が一致するときには，他人の感情を適正なものとして是認する．この是認の感情が道徳感情にほかならない．このように，道徳感情は共感に基づいている．

　そのうえで，スミスは「公平な観察者」という考えを唱えている．公平な観察者とは，特定の利害に関わらない第三者のことである．人は，対立する利害を適切に比較するために，第三者の立場から利害を眺めなければならない．このような公平な観察者の典型として，スミスは「見知らぬ人」をあげている．

　さらに，スミスは，ハチソンやヒュームと異なり，他人に関する道徳判断だけでなく，自分に関する道徳判断についても論じている．人が自分の感情や行為を是認したり否認したりするやり方は，他人の場合と同じである．人は，他人の立場から自分の感情や行為を是認したり否認したりする．さらに，自分のうちに公平な観察者を想定し，その立場から自分の感情や行為を是認したり否認したりする．この想定された公平な観察者を，スミスは「良心」と呼んでいる．

[柘植尚則]

スコットランド道徳哲学
［英］Scottish moral philosophy

　道徳哲学とは今日，倫理学体系を指す．18世紀スコットランドの文脈でも道徳哲学は倫理学と同義とされるが，実際の内容は人文・社会科学全般に及ぶ．E.チェンバーズ編『サイクロペディア』(1728) では，習俗を育み，行為の性質と原因を説明し，人間本性が志向する幸福を得るための学問とされ，『ブリタニカ百科事典』(1771) では，習俗あるいは義務に関する学問，義務と幸福に関する知識，有徳で幸福になるための術と定義されている．

　スコットランド道徳哲学は，神および人間の精神を扱う部門を基盤とした倫理学体系であり，実践的側面において諸社会科学と接点をもつ．そのためこの学問は，現代でいう，心理学・キリスト教学・認識論・形而上学・論理学・倫理学・修辞学・文芸批評・歴史哲学・歴史学・法学・政治学・経済学・社会学などと重なる領域を指した．また，道徳哲学は「自然哲学」の対概念としてある．自然哲学は物理学と同義とされ，物体の力と性質，物体の相互作用を追究する学問をいう．実際には，力学・光学・天文学・流体静力学・気体力学などを含んでいた．

　スコットランドでは18世紀の大学改革を機に全科担当教授（リージェント）制が廃止され科目別教制が導入される際に，道徳哲学講座が開設された．エディンバラ大学では1708年，グラスゴウ大学では1727年，セント・アンドルーズ大学では1747年，アバディーン大学マーシャル・カレッジでは1753年，同キングズ・カレッジでは1800年のことであった．

●**共通の基盤**　スコットランド道徳哲学には，共通の基盤というべき立場がある．第一に，哲学的立場では，大陸型合理論に対抗して経験主義を採り，道徳哲学を含む学問は観察的事実を積み上げることで成立するとされた．このとき自然哲学・博物誌の方法が模範となった．第二に，倫理学的立場では，道徳的判断は法や理性でなく，知覚や情念によるとした．第三に，人間観では，利己心よりも利他心を強調する．仁愛に満ちた人間観は，トマス・ホッブズ (1588-1679) やバーナード・マンデヴィル (1670-1733) の利己的で争いあう人間観を乗り越えるべく提示され，第3代シャフツベリ伯 (1671-1713) やフランシス・ハチソン (1694-1746) に端を発する．第四に，社会観は，ホッブズ流の社会契約説を否定，マンデヴィルの私悪・公益一致説とは距離を置き，徳や善行は幸福ないし公益と一致するという確信から組み立てられた．第五に，宗教的立場では，自然神学が支持され，道徳哲学者たちはウィッグ長老派に属した．第六に，道徳哲学講義の目的には，学術性の追求に加え，青少年の道徳教育も含まれていた．ただし例外もある．トマス・リード (1710-96) とアダム・ファーガソン (1723-1816) は第二の立場と異なり，

ディヴィッド・ヒューム（1711-76）は第三・五・六の立場に与しない．

●**徳の本質，道徳判断**　上記の立場を共有しつつ，徳と道徳判断をめぐる見解には各哲学者の相違が際立つ．1730 年から 1746 年までグラスゴウ大学道徳哲学教授を務め，講義方式をラテン語の書き取りから英語の口述に切り替えて学生を魅了したハチソンは，徳の本質を「仁愛」に見出し，道徳的是認の原理をシャフツベリと同じく「道徳感覚」に求めた．美と徳の観念は類似しており，それが知覚されると，快い感情と是認をもたらす．道徳的是認は知覚によるため，観察者の利害とは無関係である．

大学に職を得ることはなかったがスコットランド知識人のサークルに加わり，その蓋然論と懐疑論によって哲学者たちの格好の論敵を演じたヒュームは，徳の本質を「有用さ，快適さ」に見出し，道徳的是認の原理を「共感」に求めた．共感は，1 本の弦の振動が共鳴を起こして別の弦に同様の振動を伝達するのと似ており，相手から伝わる共感が快苦のいずれであるかが道徳的是認の基準となる．共感は観察者の個別的事情に影響を受けるという不安定さを補うため，ヒュームは「不動の一般的な観点（steady and general points of view）」という概念を持ち込み，道徳的是認と観察者の利害を切り離しただけでなく，そこに客観性を与えた．

ハチソンの弟子で，1752 年から 1764 年までグラスゴウ大学道徳哲学教授を務めたアダム・スミス（1723-90）は，徳の本質を「適宜性」に見出し，道徳的是認の原理をヒュームと同じく「共感」に求めた．スミスの共感は，観察者が他者の置かれている立場を想像するときに生じる感情をいい，観察者からみて他者の態度が「適宜性」に適っているかどうかが道徳的是認の基準となる．道徳的是認の客観性は，「公平無私な観察者（impartial spectator）」という概念によって保証される．

スミスの後任として 1764 年から 1780 年までグラスゴウ大学道徳哲学教授を務めたリードは，知覚は判断を含み，あらゆる人間は内なる感覚として「常識（common sense）」を備えているとした．彼は徳の本質を「良心」に見出し，道徳的是認の原理を「道徳的力能（moral faculty）」に求めた．この力能は生得的かつ直接的で，行為における善悪・功罪・性格の価値を判断するとされた．

1764 年から 1785 年までエディンバラ大学道徳哲学教授を務め，開設以来長期の低迷状態に陥っていた同講座をグラスゴウ大学と比較して遜色のないほど活性化したファーガソンは，徳の本質をハチソンと同じく「仁愛」に見出し，道徳的是認の原理を「識別するという知的力能（discriminating power of intelligence）」に求めた．この力能は生得的かつ直接的であり，美醜・洗練と粗野・完全と不完全・卓越性と欠陥を識別するのだが，このとき，知覚と判断は同時に起こっている．ファーガソンは感覚の可謬性を理由に，道徳的是認を感覚に任せなかった．

［福田名津子］

良心と常識
[英]conscience and common sense

　16世紀前半，当時の世俗権威（ヴォルムス国会）において自著の取り消しを迫られた際のM. ルター（1483-1546）の発言（「私の良心は神の言葉に縛られている．私は取り消すことができないし，またそうしようとも思わない．良心に反して行動することは確実でなく得策でないからだ」との反論）が宗教改革への方向を確定することになったのだが，この種の「良心」の独善化傾向に対する批判が17世紀半ばのイングランド内乱期のT. ホッブズ（1588-1679）による独自の良心解釈であった．「二人かそれ以上の人々が同一の事実を知っている場合，彼らはお互いにそれを意識している（Conscious）といわれる．それはそのことを共に知っている，というのと同じである．そしてそうした人びととはお互いの事実や第三者の事実について最適の証人であるから，だれでも，自分の共知（Conscience）に反して語ることや，そうするように他人を堕落させたり強制させたりすることは，非常に邪悪な行為と評価されたし，これからもそうだろう．……のちに人々は，これと同じ言葉［共知］を，自分自身の秘密の事実と秘密の思考についての知識に比喩的に使用した．……そしてついには，自分たちの新しい意見……に激しい愛着をもち，それを頑固に保持しようとする場合にも，自分の意見に共知（Conscience）というあの尊敬された名称を与えたのである」（ホッブズ 1651：［Ⅰ］119）．「私的な意見」にすぎない良心が絶対的なものになることにホッブズは異を唱えたのであるが（柘植 2003：10），この「共に知る」良心に関してルターは，「社会的良心（他者意識）」から「倫理的良心（自律意識）」を経て，（神の前に立つ）「宗教的良心」に至るという「良心の三形態」論を示していた（金子 2001：213-216）．「倫理と宗教」の関係における良心論はその後の道徳論においても重要な主題となるが，「共に知る」という意味をも含みうる「コモン・センス（常識・通念）」との関係では，18世紀の二人の道徳哲学者の見解を対比しうる．

●トマス・リードの場合　『常識原理に基づく人間精神の研究』を1764年に刊行することにより「スコットランド常識哲学」の方向を確立したT. リード（1710-96）は，その年にアダム・スミス（1723-90）の後任としてグラスゴウ大学「道徳哲学」教授に就任し，教壇から前任者の（「道徳感覚（モラル・センス）」を前提としない）倫理学の批判を展開した．その成果の一端が1788年刊行の『人間の能動的力能論（アクティブ・パワーズ）』に示された．そこでは人間の行動原理は，（本能と習慣としての）「機械的行動原理」，（欲求，願望，意向，情念などの）「動物的行動原理」，（利害感と義務感からなる）「理性的行動原理」に区分され，最後の義務感を補強する力能としての「良心」（もしくは「道徳感覚」）が最高の統率原理として（創造主から）賦与されていること

が強調された．理性的被造物としての人間はその享受する諸能力の始末書を神に提出する責任がある存在（道徳的行為者）だとみなされていたのである（Reid [1788] 2010：174-195, 226-227）．「われわれの本性の構造によって信じるように導かれ，日常生活の関心事において理由を与えられないまま当然視せざるをえないような諸原理」を「 常識 の諸原理」とみなしたリードは（リード 1764：31），何よりも D. ヒューム（1711-76）の懐疑主義によって「力能」概念が危うくなるのを危惧していた．『人間精神の研究』で「感覚（sensations）」の「証言」の確かさを強調したのも，力能の根源としての「創造主」への彼の信頼に基づいていた．

●アダム・スミスの場合　「中立的（公平）な観察者」の共感（道徳感情）を道徳是認の原理としたスミスは，同じ原理を自己是認にも適用し，「想定された中立的な観察者」としての「内部の人」を「良心（自己愛への対抗原理）」としてとらえ，人類愛や慈愛という優しい力や弱い火花ではなく，「われわれ自身の性格の偉大，尊厳，卓越への愛」という「より強力な動機」としての「良心」によってこそ，われわれが自分の「本当の小ささを学び」，われわれが「大衆のなかの一人」にすぎないことを悟るのだと主張する．この良心は「外部の人」に圧倒され「自己欺瞞」に陥るという欠点をも示すことがあるが，個々の具体的事例の積み重ねに由来する「道徳性の一般的規則」への顧慮としての「義務感」によって，われわれは日常の行為を規制することができるのである（スミス 1759：[上] 314-315, 336）．問題は「誤った良心」に基づく「間違った義務感」である．スミスによれば，この唯一の原因は「宗教についての虚偽の意見」であり，「分派と狂信（faction and fanaticism）が道徳感情を腐敗させるあらゆるもののうちで，つねに格段に最大」であって，道徳感情の適宜性（propriety）は，「偏愛的な観察者が手近にいて，利害関心がなく中立的な観察者が非常に遠くにいるときほど，腐敗させられる可能性が大きいことはけっしてない」のであった（スミス 1759：[上] 373-374, 444-448）．この同じ観点の延長として，「胸中の人」としての良心は，「現実の観察者」によって呼び起こされ，自らの義務（利害関心のない他者との交流）を思い出させられる必要があるのだという主張が強調されたのである（スミス 1759：[上] 373-374, 443-448．この重ねての「強調」は 1790 年の第六版のもの）．これは従来の「通念」としての「良心」論の代案であるが，スミスはこの代案が今後の社会の「コミュニケーション」において新たな通念となりうるとの展望をもっていた．学問的コミュニケーションにおける「通念（学説体系）」の変遷（代替）過程の探究，これはスミスが青年時代に着手し遺言執行人によって出版させた遺稿，すなわち「哲学研究指導原理（天文学史その他による例証）」のテーマでもあった．

[篠原　久]

言語起源論
[英]origin of languages　[仏]origin du langage

　言語の起源をめぐる論説については，聖書（「初めに言があった．言は神と共にあった．言は神であった」『ヨハネによる福音書』）のそれを含む世界各地の神話に取材するところから筆を起こすのが本来であろうが，ここでは初期近代の英仏に時代および地域を限定する．言語起源論は，特定の（諸）国・地域における使用言語の変遷を史実に即して論じるものと，言語そのものの成り立ちを論じるものの，2種類に大別できるだろう．前者の例としては，イングランドの聖職者・数学者の J. ウォリス（1616-1703）著『英文法』（1653，補訂第五版 1699）をあげることができる．同書は，大陸におけるアングリカン（英国教会）神学修得の需要に応えるために英語の起源や構成を解説したものである．かたや推測的歴史のジャンルに属する後者の筆頭には，歴史家 G. B. マブリ（1709-85）の弟でフランス啓蒙の立役者の一人 É. B. コンディヤック（1715-80）著『人間認識起源論』（1746）をあげねばならない．同書は J.-J. ルソー（1712-78）という啓蒙の異端児を間に挟み，スコットランド啓蒙の中心にその座を占める A. スミス（1723-90）の言語起源論に影響を及ぼした．

●コンディヤック『人間認識起源論』　コンディヤックはイングランドの聖職者 W. ウォーバートン（1698-1779）著『象形文字考』（1737-41，仏訳 1744）にならってむしろ後天的な言語習得を唱え，A. アウグスティヌスやポール・ロワイヤル派の神授・生得起源説を批判する．J. ロック（1632-1704）著『人間知性論』（1690）の経験主義哲学を援用した彼は，自らの欲求を動機とする人間が感覚を通じて外的対象の観念を得，それに固有名詞を付与することによって言語は発生したと説く．初めは名詞を身振りで接合していたが，まもなく動詞が導入されて音声言語化が加速する．形容詞の導入は名詞と同様に早い．接続詞・前置詞の出現は遅れ，代名詞は最後に考案される．感覚からの精神の分離は緩慢に進み，品詞が指示する対象の抽象化と一般化は徐々にしかもたらされなかった．言語生成の漸進的過程をこう記述したうえで，コンディヤックは言語にも進歩と退歩があると論じる．文字が次第に明晰さを失って装飾化や神秘化の過程を歩みがちなように，珍妙で奇抜な表現が追求されるようになると言語は退廃に向かう．言語の発展とは，語が指し示す対象を縦横に結合しうる表現上の技法を豊富に蓄えていくことにほかならないからである．類比ないし類推関係を示唆する表現のストックが一定水準に達すると想像と記憶が飛躍的に向上し，観念連合が活性化して天才叢生の条件が整う．詩人の J.-B. ルソー（1671-1741）はもちろん，I. ニュートン（1642-1727）さえもそのおかげを被ったという．

●**ルソーのコンディヤック継受**　ルソーは『人間不平等起源論』(1755) においてコンディヤックの議論を再説した．言語の抽象には時間を要するため，個別経験に即応する名辞がおびただしく生じた未開時代の方が語彙は多かったが，その反動からやがて性急なカテゴライズが横行した．類や種などの一般観念を緻密に言語化するには，さらに時間をかけて経験を蓄積せねばならなかったとする．

●**スミスの言語起源論**　スミス著「諸言語の起源に関する論文」(1761) は『道徳感情論』第三版 (1767) に収録された．コンディヤックと同様，言語は固有名詞に端を発し，抽象化一般化はきわめて緩やかにしか進まなかったと説く．スミスの見立てでは，ルソーのいう語彙の性急なカテゴライズに伴う混乱や不便を取り除くためにこそ，対象の性質について分析する形容詞と，対象同士の関係について分析する前置詞がつくり出された．それ以前は名詞の語尾変化で性質を，格で関係を指示する努力がなされた．性質の観念は感覚を直接媒介するぶん関係の観念よりも抽象度が低いため，前者の出現は後者に先行しただろう．性質や関係自体が抽象観念化する（緑の⇒緑／上の⇒優越）のはさらに後代である．動詞の出現は名詞と並んで古く，ある対象の指示に特化した無人称動詞に始まり，指示内容が一般化した人称動詞へと発展する．最後に出現する品詞は人称代名詞で，それ以前は動詞の語尾変化で人称を区別した．数の観念も抽象度が高く，したがってギリシア語に代表される古代言語においては単数・両数 (2)・複数 (3 以上) の素朴な区分にとどまりがちだったが，これらの数詞を上述の語尾変化や格と組み合わせたせいで，活用はきわめて面倒複雑にならざるをえなかった．

　スミスによれば，歴史上，言語の発展は征服などで異言語が合成された際に互いの文字・格・語尾変化の複雑さに直面し，その衝撃が抽象化と一般化，例えば補助動詞の導入による動詞活用の単純化を促進することで生じてきた．活用の複雑さはそれゆえギリシア語を頂点に，ラテン語（＝ギリシア語＋トスカナ語）＞フランス語（＝ラテン語＋フランク語）＝イタリア語（＝ラテン語＋ロンバルディア語）＞英語（＝フランス語＋サクソン語）の順となる．古代言語のように特殊な語彙が林立し活用が面倒で要素が複雑なほど品詞は少なく構成が単純で，逆に，近代言語のように語彙が通約されて活用に乏しく要素が単純なほど品詞は多く構成が複雑である．それは象形・表意文字を経て単純化した表音文字の複雑な結合で一語を表現するに至る文字の発展過程にも現れており，機械が各部の原理において単純化するほど構成において複雑化するのに似ている．ただし機械の場合には進歩であり洗練であることが，言語の場合には必ずしもそうではない．近代言語は品詞が多く冗長で簡潔さの美を欠き，また語順の拘束がかかるため音韻が失われて発音の心地よさが奪われる．音韻への愛好が文法規則の圧倒的大部分の基礎であり，そこから意図せざる帰結として言語は発展してきたとみるスミスにとって，この過程は常に両義的な価値を帯びていた．　　　　　　　　　［林 直樹］

推測的歴史
［英］conjectural history

　推測的歴史（conjectural history）は，哲学的歴史（philosophical history）とも呼ばれ，18世紀の啓蒙主義者によって創出された歴史叙述の新しい形態であり，単なる出来事の叙述としての歴史叙述にとどまることなく，典拠・根拠のない部分は推測で埋めつつ，哲学的に歴史の大きな流れと構造を抽出した歴史叙述の形態のことである．

　（A. D. モミリアーノの研究をふまえると），古典的意味における歴史とは，影響力ある諸個人の模範的行動や望ましくない行動，およびそれら諸個人が属する政治体の盛衰や構造を述べる叙述的歴史を意味した．啓蒙主義の時代にも影響を与えたこの意味での歴史についての考えでは，その時代に住んでいた人および住んでいた人から直接話を聞くことができる歴史家の叙述が最も確かな典拠とみなされた．ただ，ルネサンス期に入ると，文献学者は，過去の社会の状態を調査するという意味での歴史研究を行い始めた．そこから，そこで示されたさまざまな時代の諸状態を，どう一つの大きな歴史の流れにまとめあげるかという課題が生じた．F. ベーコンやH. グロティウスやJ. ロックやI. ニュートンにより提示された，神とその属性を物体の観察された運動や社会道徳の法則として示す近代的な意味での「哲学」の手法に基づきつつ，この課題を遂行したのが推測的歴史であった．

　●**啓蒙主義の時代**　推測的歴史は，大航海時代以降，ヨーロッパ人は世界中を旅行し，多数の旅行記が執筆された時代を背景としていた．これらの旅行記を通じて，聖書や古典古代の書物を典拠・根拠とする世界観から，啓蒙主義者が脱却する際用いられたのが，推測的歴史であった．

　推測的歴史は，早くは，G. ヴィーコ（1668-1744）によって示されたものであったが，大量に登場するのは啓蒙主義期においてである．フランスにおいては，A.-R.-J. チュルゴ（1727-81）は，諸国は盛衰を繰り返すが，その中でも人間精神とその産物は発展・進歩しているという進歩史観を打ち立て，哲学的推測により歴史の流れを考察した．この点で進歩史観は推測的歴史の系論といえよう．チュルゴの進歩史観は，コンドルセ（1743-94）『人間精神進歩史』（1795）に継承・発展される．ヴォルテール（1694-1778）は『習俗論』（1756）で，アジアをも含む世界の歴史と社会を叙述する．そこでは，法ではなく習俗が社会考察の鍵概念となっており，俗世界と聖なる世界の対立によって世界を叙述する旧来からある聖職者の世界観に代わるものとして，生活様式が社会を全体的にとらえうるものとして考えられている．

推測的歴史それ自体が顕著にみられるのは，スコットランドにおける啓蒙主義（スコットランド啓蒙）の知識人においてである．D. ヒューム（1711-76）『宗教の自然史』（1757）や，A. ファーガソン（1723-1816）『市民社会史』（1767）に，推測的歴史がみられる．

●**四段階理論**　スコットランド啓蒙において顕著な推測的歴史の形態は四段階理論である．四段階理論とは，世界における諸社会は一般に，狩猟社会，牧畜社会，農業社会，商業社会と四段階の段階を経て発展するという社会発展の理論のことである．社会が段階的に発展するという見方そのものは，17世紀の自然法学者（グロティウス，S. プーフェンドルフ）らが，所有権の起源とその発展を述べた際にみられる．スコットランド啓蒙における四段階理論もまた，それに影響を受けた．ほかには，J. B. ボシュエ『普遍史論』（1681）からも影響を受けた．その書とは，神が人類の歴史的発展を支配したとする点では四段階理論は異なりつつも，神は奇跡によって介入せず，人間の事象それ自体の相互の因果の法則により歴史は進展するとする点では，四段階理論の発展に寄与した．さらに，新旧論争（古代・近代論争）における古代と近代の社会の比較からも影響を受けている．

これらの影響に基づきつつ，四段階理論は，A. スミス（1723-90）により最初に提示されたとR. ミークは主張する（フランスのチュルゴが，スミスとともに四段階理論の先駆者とミークは主張したが，I. ホントはプーフェンドルフがその先駆者と主張した．C. ベリーはチュルゴには明瞭な四段階理論がないとし，かつホント説にも反論した）．出版物での四段階理論の最初の提示はサー・ジョン・ダルリンプル（1757年）とケイムズ卿（1758年）によるものであったが，彼らは，それ以前になされていたスミスの大学での講義における四段階理論の提示に影響を受けたのだろうとミークは推定する．スミスの四段階理論の枠組みは，『法学講義』に散見されるほか，『国富論』の第5編にもみられる．ただ，法学的枠組みに基づくこれらの四段階理論への言及と異なり，スミスの経済理論の中核を示した『国富論』の第1編と第2編に四段階理論はみられず，「未開」社会と「商業（文明）社会」の対比の方をスミスは好んでいる．同時代ヨーロッパ文明社会の富裕を可能にした社会・経済メカニズムを解明するためには，四段階理論よりも未開社会と対比した方が，鮮やかにその特質を明らかにできるからであろう．

四段階理論は，J. ミラー，W. ブラックストーン，H. ブレアらによって展開・発展された．また，ドイツのJ. G. フォン・ヘルダーにも影響を与えた．こうして，推測的歴史は，19世紀ドイツの歴史哲学を生み出す一つのきっかけとなった．また，文明を社会発展の頂点に据える近代の世界観・歴史観に多大な影響を与えた．さらに，マルクスの資本主義社会観へとつらなるものでもあった．マルクスもまた，資本主義社会に至る人類の段階的発展を，哲学的に推測した歴史により考察した．

［野原慎司］

重商主義
[英]mercantilism

　重商主義はE. ヘクシャー（1879-1952）の解釈にしたがって，「国力の体系」およびこの体系を擁護する理論・思想であると理解される．ここにいう「国力の体系」とは，国力（政治・軍事力）の強化を最高目標とする，国家の政策体系の意である．重商主義は16～18世紀の西ヨーロッパ世界において支配的であり，その国力強化策は当時の列強によって推進された．この政策を推進した為政者とそれを主導した思想家（主に経済学者）は，重商主義者（マーカンティリスト）と呼ばれる．重商主義は一般的に国力強化策として，経済力の強化を通じて国力を強化する方法を採った．したがってその政策は，外国貿易や農・工業の発達を促す経済政策として推進された．この政策は国力強化が究極の目的であったから，国民の富裕（福祉・厚生）の増大は重視されなかったばかりか，国力強化のためには犠牲にされるべきであるとされた．また，この政策はナショナリズムの立場から推進され，自国の国力の強化が目的であったから，ライバル国の利益（経済力・国力）は考慮に値しないどころか，犠牲にされねばならないとされた．黒字の貿易差額は，流通・生産の拡大に不可欠な貴金属貨幣を獲得する必要性から重視された．

●**二つの類型**　重商主義は具体的には，主に(1) 16・17世紀にイギリス絶対王権，(2) 17・18世紀にフランス絶対王権，(3) 17世紀末〜18世紀にイギリス市民政府により推進された．これらのうち，(1)(2)は王室的重商主義，(3)は議会的重商主義として区分される．(1)は，国王が前期的資本（特権的商人）と癒着しながら，外国貿易の拡大を促すことを通じて経済力・国力の強化を図るとともに，王権の財政的基盤を固めることを目的とした．東インド会社（1600年設立）などの富裕な商人に特許状を付与して，東インド貿易などの主要な海外貿易を独占して営むことを認める独占貿易政策であった．なお，当の貿易の是非をめぐって，これを擁護するTh. マン（1571-1641），J. チャイルド（1630-99），C. ダヴナント（1656-1714）と，非難する保護主義者G. マリーンズ（?-?），J. ポレックスフェン（?），J. ケアリー（?-1720頃）との間で論争が行われた．(2)は，特権マニュファクチュールや貿易独占会社などの創設や育成を通じて経済力・国力を強化するとともに，王権の財政を支えることを目的とした．ルイ14世（1638-1715）の財務総監J. B. コルベール（1619-83）が推進したのでコルベルティスムと呼ばれる．なおフランス革命以降には，(3)に類似した保護主義的産業育成策が行われた．(3)は，名誉革命（1688年）以降の政府が，近代的産業資本（農・工業資本家）と金融資本（金融資本家）の利益を擁護しながら，国内産業（農・工業）の発達を促すことを通じて，経済力・国力の強化を図った．この政策は，16世紀

以降に成長しつつあった近代的農業・製造業を，三つの制度を用いて保護・育成するという，保護主義の経済政策であった．したがって，これは保護主義的重商主義（また固有の重商主義）とも，この政策を体系的に整えた首相に因んでウォルポール・システムとも呼ばれる．

●固有の重商主義　三つの制度とは，①保護制度，②旧植民地制度，③租税・国債制度である．①は貿易政策における保護制度で，これに基づいて保護貿易政策が推進された．これは，輸出奨励・輸入制限・輸出制限・輸入奨励という貿易統制策からなる．輸出奨励は国内生産物（穀物）が対象で，輸出奨励金の付与と戻税によって実施された．輸入制限は，インド産綿織物，アイルランド産毛織物，フランス産毛・麻・絹織物，ワイン・ブランデーなどの外国産生産物と小麦とが対象で，高輸入関税の賦課や絶対的禁止によって実施された．農業は穀物法（1846 年まで施行）により保護された．輸出制限は国産工業原料（羊毛）が対象で，高輸出関税の賦課によって実施された．輸入奨励は外国産工業原料（アイルランド産羊毛・アメリカ産鉄）が対象であったが，実際には②を用いて実施された．なお，対仏貿易の是非をめぐって 1713 年に，保護主義者 C. キング（?-?），J. ジー（?-?）と自由貿易論者 D. デフォー（1660/61?-1731）との間で論争が行われた．②は，①を帝国（母国とアイルランド・西インド諸島・北アメリカ植民地）の規模に拡大した制度であり，「航海法」によって支えられた．この制度に基づいて，母国イギリスの製造業（毛織物・金属工業）の発達のために，植民地を原料供給地と販売市場として利用する植民地政策が推進された．③は，当の政策を推進する政府の財政基盤を支えることを目的とした．実際には主に戦費を調達した．租税制度は地租・関税・内国消費税（エクサイズ）からなった．国債制度は，当の政策の推進がもたらした対仏（植民地争奪）戦争を遂行するのに必要な戦費を調達した．二つの制度は有機的に連関していた．国債発行に必要な国債費（利払い金）は主に当初は地租で，1715 年以降はエクサイズで調達された．国債発行業務はイングランド銀行に移譲された．国債には短期・長期債があった．しかし R. ウォルポール（1676-1745）の時代には国債は大部分が永久債となり，利子は，エクサイズが永久税として繰り入れられた永久基金で支払われた．この基金制度の確立によって，公信用は安定した．またこの制度を基礎に据えて，この国は大規模な長期戦を遂行できる「財政・軍事国家」に成長した．

●成果と矛盾　(3) は国内産業を保護する政策であったから，それにより毛織物などの製造業は発達した．特に毛織物工業は多数の国民が従事する「国民的産業」であったから，この政策は「国民的利益」をもたらすとされた．ところが他方で，ライバル国の利益と対立し，植民地と国民大衆との利益を犠牲にする要因をはらんでいた．この国民的・階級的利己主義という矛盾は，対仏戦争，アメリカ独立（1776 年），「エクサイズ危機」（1733 年）となって爆発した．　［大倉正雄］

勢力均衡論
[英]discourses on the balance of power

　国際政治における勢力均衡の中心的な意味内容は，優勢な，そしてしばしば拡張的な国家に対し，他の諸国が国力の増強ないし同盟の締結をもって対抗する，という点にある．このことからさらに勢力均衡には，その時点での勢力の配分（領土，植民地，軍事力など）と国際秩序を維持し，これを通じて諸国の独立，特に小国の独立を可能にする，という意味が見出される．さらには，拡張的な行動が諸国の同盟による掣肘（せいちゅう）を受けるという予測から，起こりうる戦争を限定的・局地的なものへととどめる，一定の平和維持作用が見出されることもある．

　しかし以上が最大公約数的な理解であるとしても，この概念の具体的な内容は，時代と論者によって大きく異なる．優勢な勢力への対抗とはある種の自然法則的な原理なのか，それとも実現の不確かな為政者の政策の格率にすぎないのか．そうした均衡は，常に秩序の維持と小国の独立につながるか，それともかえって国際秩序を組み替え小国の独立を脅かすのか．それは相対的な平和をもたらすのか，むしろ過剰な戦争を引き起こすのか．こうした多義性に注意を払いつつ，この概念の歴史と用法をたどってみよう．

●**近世ヨーロッパ——勢力均衡の概念化とその含意**　勢力均衡は，いつ，どこで明確に概念化されたのだろうか．岸野（2015）によれば，古典古代にはその萌芽がみられ（トゥキディデスやデモステネス），ルネサンス期のイタリアには相当に明確な表現も登場する（F. グイッチャルディーニ [1483-1540] など）．後者の時期には，すでに勢力均衡の内容は十分認識されていたとする研究もある．しかしヨーロッパ諸国が互いに一つの相互作用の体系を形成するものととらえられ，その体系を議論する共通の基盤として勢力均衡の語が広まるのは17世紀以降である．そこでは，単一のラテン・キリスト教共同体の崩壊と宗教戦争の惨禍から，一群の主権国家が出現しつつあった．勢力均衡の概念は，近世ヨーロッパの宗教と政治がせめぎ合う現実の中で，諸国間の関係を把握するべくつくられたのであり，その意味で常に歴史的状況と照らし合わせながら理解する必要がある．

　その当初，勢力均衡の主たる内容は，「普遍君主政」への対抗にあった．普遍君主政とは，キリスト教共同体としてのヨーロッパを政治的にも単一の君主政の下に統合しようとする思想であり，神聖ローマ皇帝カール5世，次いでその子スペイン国王フェリペ2世，やがてフランス国王ルイ14世によって追求された（あるいはそうみなされた）．ここでの勢力均衡は，普遍君主政を志向する国家に同盟と戦争をもって対抗し，その野望を挫くことを目的としている．岸野によればフェヌロン（1651-1715）は，勢力均衡をこの意味で定式化したうえで，さらに

ヨーロッパの諸国の勢力均衡が，(諸国間の通商と相まって) 一定の秩序と，状況によっては均衡を通じた平和をもたらしうると論じる．ここからは，ヨーロッパ諸国を，均衡を通じて独立・自由・相対的な平和を追求する巨大な共和国ととらえる理解も生まれてくる（ヴォルテール［1694-1778］など）．

　しかし近世の勢力均衡には，別の含意もある．例えば D. ヒューム（1711-76）においては，歴史を通じて勢力均衡はむしろ同盟の破棄や対抗戦争を不可避とし，秩序と平和と引き換えに諸国の独立を求める政策であるとの理解がみられ，勢力均衡の大義が過剰な戦争を誘発している当時のイギリスへの危惧も示される（ヒューム 1758）．さらに彼の歴史叙述によれば，勢力均衡に有利な条件が整った 17 世紀においてさえ，イングランド王たちはたびたび勢力均衡に反する政策を取っていた．実際に，この時期の勢力均衡は秩序や平和を内生的に生み出すものではなく，むしろ当時ヨーロッパに共通していた外在的な条件（国際的な正義や国際法といった規範，深まりつつあった商業の紐帯，諸国の支配層に共通の血縁，宮廷作法，外交上の慣例など）が，潜在的な無秩序を抑制していたという現代からの指摘もある．これらは，勢力均衡がもつ不確実性を示すものといえる．

●**近代以降の世界で——勢力均衡の拡張，機能不全，今後の可能性**　それにもかかわらず勢力均衡は，長く国際社会を支える基盤の一つとみなされ，現代でも現実主義的な国際政治学の潮流に影響を与えている．その一つの理由として，近代ヨーロッパにおいて勢力均衡が有効な秩序として相当程度機能したことがあげられる．勢力は主要な強国にある程度均等に配分され，その均衡が乱されるたび，諸勢力は協調して均衡の回復に努めた．しかし 20 世紀の国際政治学者 H. J. モーゲンソー（1904-80）は，（上にみたようなヨーロッパ共通の諸条件に加え）ヨーロッパ域外の植民地の分割・交換により勢力の調整が可能であったという事情が，この時期の均衡の成功に寄与したことを指摘する（モーゲンソー 1978）．モーゲンソーによれば，こうした条件の大半は次第に，特に第一次世界大戦以降急速に，崩壊する．

　19 世紀以降，ナショナリズムの台頭と民主主義の広まりは，ヨーロッパ諸国の支配層の間で共有された規範や慣習を掘り崩し，また限定戦争は総力戦に変容する．ヨーロッパ域外への勢力の移動と世界規模に拡大して戦われた二つの大戦は，近代におけるような勢力の調整を不可能とし，やがて米ソの超大国を中心に世界は二極化される．かつて特定の領域と規範の下で多数の勢力が一致して追求した均衡は，冷戦期，世界規模で敵対する二つの陣営の間での飽くなき力の追求へと変貌する．こうしたモーゲンソーの診断は，冷戦終結を経てもなお現実性を失わず，むしろ新たな勢力や対立の様相が生じる中で，近世ないし近代における意味での勢力均衡が，後に機能不全に陥る姿をさらに浮き彫りにしている．

［森　直人］

フィジオクラシー（重農主義）

[仏]physiocratie　[英]physiocracy

　ルイ15世の宮廷医であったフランソワ・ケネー（1694-1774）を指導者として形成された学派の思想であり，その名は「自然の支配」を意味する．「土地のみが富の源泉である」という命題を掲げたことから，「重農主義」と訳されることもあるが，彼らの思想には土地の純生産物論や農業資本の重視だけに還元できない統治の学としての幅広い要素が含まれている．1764〜66年に渡仏してケネーとも交流のあったアダム・スミス（1723-90）は，フィジオクラシーについて「これまで政治経済学を主題として発表された中で，おそらく最も真理に迫った」学説であり，「諸国民の富の性質と原因」だけでなく「国内統治組織の他のすべての部門をも扱っている」と評価している．デモクラシーやアリストクラシーという言葉からも連想されるように，フィジオクラシーという名称はまさに一つの統治形態を指すものであった．

●**穀物取引論争**　18世紀半ばのフランスにおいて大きな反響を呼んだ話題の一つに穀物取引の自由化をめぐる論争がある．政府高官から市井の民衆までを巻き込んだこの論争を背景として，フィジオクラシーの思想は登場した．そこでは，人びとの生存基盤を支える穀物の供給は政府の規制に基づくべきか，あるいは他の商品と同じように自由な商業活動に委ねるべきか，が争われた．折しも隣国イギリスの経済的繁栄に追いつくため，農業王国フランスの再建方策が問われていたのである．穀物取引の完全なる自由化を求めたケネーの学派は，公権力の裁量や介入から独立した「自然的秩序」の存在を説き，その構成要素として利己心の肯定，私的所有権の保障，自由貿易や自由競争の徹底を掲げた．これらの点が『国富論』（1776）を書いたスミスに高く評価されることになる．

●**『経済表』**　しかし，他方でスミスは，ケネーの学説があまりにも厳密な正義と完全なる自由を求めており，妥協の余地がないことに苦言を呈している．これは，穀物取引の自由化をめぐるフィジオクラシーの主張がケネーの代表作『経済表』（1758-59）に基づくことに関連する．『経済表』とは，政治体が存続するための秩序（エコノミー）を厳密な数理モデルとして可視化した一枚の図表であり，経済機能で区分された三階級（地主層，農業部門，商工業部門）の間を財貨が循環しながら年々の富が再生産する総体的過程が描かれている．弟子たちのうち，N. ボードーはこの表による「算術的証明」が「道徳・政治科学をその完成に向けて大きく前進させた」と語り，デュポン・ド・ヌムールは「政治社会が繁栄し豊かになる」ための「厳密な科学」がついに確立したと豪語した．それまで曖昧で不確実だった統治の知識と原理が科学化された点こそ，彼らにとってフィジオク

ラシーの思想運動が成し遂げた画期的な業績だったのである．また，これによって農業王国フランスの再建も可能になると期待された．

●反モンテスキューの政治権力論　さらにケネーとその弟子たちは，自由な交換の前提となる私的所有権の安全や個人単位でなされる自由競争を確実にするため，強力で一元的な政治権力が必要であると考えた．彼らはモンテスキュー（1689-1755）が唱えた権力分立の仕組みや中間団体の特権に強く反対し，ばらばらの個人と中央集権化された政府が直接対峙する中国の統治体制を理想化した．ケネーの指導により『政治社会の自然的・本質的秩序』（1767）を著したル・メルシエ・ド・ラ・リヴィエール（1719-1801）は，こうした統治体制を「合法的専制」と呼んだ．そこでは「自然的秩序」の「明証的な知識」に則った賢明な専制君主の支配のみが正当化され，議会制の可能性は完全に排除される．また，国内単一市場の形成という観点から地方の独立性も否定的にとらえられた．地方独自の利害を反映して各地の高等法院（パルルマン）が王令の登録を拒否する事態が当時はあちこちでみられたが，穀物取引自由化の全国一律実施のため，こうした地方の独立性は否定されるべきだと考えられた．フィジオクラシーの思想運動においては，自由化と集権化の要素が同時に存在することになったのである．

●反フィジオクラシーの動き　このようなフィジオクラシーの思想には同時代人たちから多くの批判が寄せられた．J.-J. ルソー（1712-78）は「合法的専制」の概念が「矛盾した二つの言葉」の寄せ集めでしかないと激しい怒りを表明し，G. B. マブリ（1709-85）は物質的な欲求充足が政治学上の重要な主題に「格上げ」されていると不満を述べた．他方で F. ガリアーニ（1728-87）からは，フィジオクラートの穀物取引自由化論には諸国民の地理的・歴史的諸条件への考慮が欠けており，抽象の次元のみで思考しているという批判がなされた．同様の立場から J. ネッケル（1732-1804）は，統治を「厳密な科学」の視点からとらえるのではなく，世論という形で表明される民衆の声にも為政者は耳を傾けるべきだと説いている．

●フランス革命期への影響　1770年代後半の穀物取引自由化の挫折とともに衰退の途をたどっていくフィジオクラシーの思想運動だが，統治の科学をめぐる領域においてはフランス革命期の言説にまで影響を及ぼしている．ボードーが発案した「社会技術」という言葉は，シィエスやコンドルセが中心となって設立した「1789年協会」の趣意書や革命初期に発行された数々の雑誌類にも頻繁に登場する．また，フィジオクラートの機関誌『市民日誌』（1767-72）の副題に使われていた「道徳・政治科学」という言葉は，フランス学士院・第二部門の名称として採用された．さらに，彼らの掲げた土地単一税の構想は，革命期の選挙人資格をめぐる土地所有者の優越的地位の主張とも結びつき，その後の参政権論争にまで少なからぬ影響を及ぼしていく．

［安藤裕介］

勤労・分業・生産力
［英］industry / division of labour / productive powers

　「勤労・分業・生産力」をめぐる代表的論者としては，A. スミス（1723-90），特に「勤労」については，D. ヒューム（1711-76），「分業」に関しては，A. ファーガソン（1723-1816）の名があげられる．この三者は，当時のスコットランド道徳哲学，推測的歴史論の中心的担い手たちで，その観点は，近代自然法思想をふまえつつ，それと異なる情念論や経験主義に特徴がある．特にヒュームとスミスは，17 世紀の科学革命の観点を人間・社会論に適用して，古典派経済学を生成させた．

●勤労　「勤労（industry）」という語は，勤勉と同義で，その働きを意味する．ただし 19 世紀以降には「産業」の意でも用いられる．労働は肉体的で不快感を伴うが，「勤労」は技術・知識を含む積極的な生活様式（manners）を表す．ヒューム『政治論集』（1752）は，その意味の「勤労」の洗練化を主題とした．スミスも『道徳感情論』の「慎慮（prudence）」の徳をふまえて，『国富論』（1776）で「勤労」を多用したが，理論的にはこれを「労働の生産力」に一元化した．

●分業と生産力　この両者は歴史の経過をふまえて富裕化の根拠を探り，これをヒュームは「勤労の増進（increase）」に，スミスは「労働の生産力の改良」に認めた．これにより両者とも，物量的増大だけでなく，労働能力（生産性）の一人当たり「増進」を主題としていた．これは，後の T. R. マルサス『人口論』（1798）での過剰人口化への警鐘に照らして注目される．

　ヒュームは，自営農家だけの農業社会よりも，商業が介在する農・工分業による商業社会の方がはるかに富裕化するという．それは，独立商品生産者間の専業化（分業）により，熟練・技術・知識等の「勤労」が著しく「増進」するからだとする．スミスによるピン製造業の「分業（division of labour）」の例示では，工場内の 10 人の同じ手作業が別個に細分化され，流れ作業化されるだけでも，その分担作業の単純化・迅速化により生産効率が極度に高まる．またその単純化に応じて機械化が容易になり，機械の発明を可能にする科学知識（その担い手）も，同様の分業（専門化）によってはるかに増進し，機械化が促進される．こうして「労働の生産力」が大幅に「改良」される．ここに，「分業」が物的富裕化の原動力とされたが，そこには二大課題が残された．一つは富（貨幣）増加の問題，もう一つは人間性が損なわれることによる退廃の問題である．

●富（貨幣）の増加　「分業」は生産物の量を大幅に増加させたが，それが貨幣（商品の代表物）の量をどのように増加させたかは，わかりにくい．ヒュームは，16 世紀の中南米大陸での新銀山発掘により，ヨーロッパへの銀流入が当初 10

年ごとにかつての貨幣量を倍加させるほどだったのに，物価上昇が3〜4倍にとどまったのはなぜかと考えた．その答えは，流入した銀が銀貨として，この間の増加生産物（商品）の流通の必要のために充てられたからで，その必要量を超えた銀貨量に比例して先の物価上昇が生じた，とみなした．スミスはこれを受けて，諸商品の価格の前提としての「交換価値」を認めて，その量の流通に必要なだけの貨幣量が各国ごとに決まるとした．その貨幣量の増加を，両者は「勤労の増進」「労働の生産力の改良」の所産だと解した．その場合，流入貨幣量の増加は，その流通必要量の限度内では個別商品価格を上昇させない．両者はこの視点から重商主義の貨幣増加政策を退け，古典派経済学の自由貿易説を生成させた．この見方は新古典派経済学に受け継がれ，近年はその動態論が注目されている（坂本2011；星野2018）．

●**分業による退廃論**　ファーガソン『市民社会史』(1767)は，技術の発達を受け止め，それに伴う「分業（separation）」を担う文明人の退廃を危惧していう．

「国民能力の程度が技術の発達とともに進むものかどうかは問題だろう．実際，機械的技術の多くのものは，何ら能力を必要としない．それらは感情と理性がまったく抑圧された場合に，最もよく功を収める．そして無知は迷信の母であるとともに勤労の母でもある．……だから製造業は，精神の働く余地が最も少ないところで，また，……仕事場が機械のように人間を部分品と考えられるようなところで，最も盛んなのである」(ファーガスン1767：[下]9)．

これはK.マルクスが『資本論』などに引用した個所で，主に「製造業（manufacture）」の分業で生じがちな退廃現象である．ファーガソンは，これを「民兵論」（パンフレット，1756）以来の持論として提起したように，この解決策を民兵制度の普及化に求めていた．

スミスも先のファーガソン著以前に「法学講義」(1763)で，分業による退廃，それを防ぐ教育制度，民兵論批判（常備軍の優位）を説いていた．これをふまえた『国富論』では，その退廃原因を分業に伴う「熟練・技量・判断力」の「技量（dexterity）」面に絞り，工場制手工業での工程細分化に従事する労働者の知的・道徳的退廃の不可避性を指摘した．ただし，スミスはそれを機械誕生のための陣痛のようにとらえて，機械化をその退廃の救済とみなしつつ，退廃の解決策を初等教育制度での全人教育に託した．それ以前のファーガソンの分業批判論には素朴さもあるが，その直観的な批判は，機械化以後の過程をも射程に収めたものと受け止められ，特にドイツの社会学やロマン派から注目・評価されるに至る．分業の弊害は，スミスによって一応の解決が図られたが，後のG.W.F.ヘーゲルやマルクスは，その経過をふまえたうえで，改めて分業退廃論や生産力論に着目し，疎外論や唯物史観としてとらえ返すことになる（天羽1993）．　　　　[星野彰男]

市民的公共圏

[英]public sphere ［独］bürgerliche Öffentlichkeit ［仏］sphère publique

J. ハーバーマス（1929-）が『公共性の構造転換』(1962)において，自由主義的な民主主義観に立ち，論議する公衆が公論を形成する場として，18世紀西欧社会をモデルに理念型として歴史社会学的に打ち立てた概念．図1に示すように，それは私的（民間）領域——市民社会と小家族的内部空間——に元来定位している．しかし，教養と財産を有する私人たちは私的領域の延長に公共圏——サロン・クラブ・新聞など——を開き，そこで批判的論議を交わし，意見（opinion）を，正義や公益を追求する理性的公論（public opinion）に転換する．この公論は国家や宮廷といった公権力を動かす力となり，それに依拠して法の制定や政策決定がなされる．

そこには，以下のような共通の制度的基準が想定されている．(1)「社会的地位の平等性」．論理の権威が位階の権威に優る．(2) 神聖不可侵な領域の排除，タブーの公論化．(3) 公衆の非閉鎖性．情報市場は原理的に公開（ハーバーマス1962）．このように市民的公共圏は，公権力を公衆の眼にさらし，その権威や暴力に代えて，議論する私人たちの論理の権威を置こうとするものである．

図1　ハーバーマスによる市民的公共性の図

●**自由主義と市民的公共圏**　その根底には，民衆や労働者と区別された，教養と財産を有する市民（ブルジョア）からなる公共圏だけが，他の公共圏と異なり，理性的論議を通じて私人を公衆へと変え，意見を公論へと転換し，公論による政治を実現するとする，自由主義的理念がある．この政治的公共圏像は18世紀に早くも議会を発展させたイギリスから抽出された．議会が存在しなかったフランスやドイツでは，このような自由主義的政治も政治的公共圏も発達しなかった．しかし，それに代わってフランスでは，文芸的公共圏がサロンやカフェ，劇場という形で展開された．そこでは，財産と教養のある私人（貴族やブルジョア）が，文芸・道徳・宗教をめぐって，対等に自由で理性的な議論を交わし，その結果として真正で公的な価値判断を形成するとされる．ここでもやはり自由主義モデルに従って，私的領域の自由な意見交換が公的判断（公論）を形成するわけである．

●**市民的公共圏の構造転換**　それゆえ，こうした自由主義が通用しなくなるところで，市民的公共圏の構造転換は起きる．それは，福祉国家がつくられ官僚制が

発達して，国家と市民社会（私的領域）が融合してしまい，私人が自律した市民であることをやめ，公共圏も公論形成の場でなくなる形で起きる．市民は国家やマスメディアに依存する受動的で消費的な大衆となり，公共圏もまた，新聞のPRや政党のプロパガンダに応じて，単に人気・威信の確認の場になり変わる．

●**ハーバーマスに対する批判** 以上の市民的公共圏論は多くの批判にさらされた．他方で各国に実在した種々の公共圏に関する歴史的思想史的研究を多数生み出す，一種のパラダイムともなった．まず，ハーバーマスに対する批判から示そう（キャルホーン 1992）．(1) 市民的公共圏が，教育や財産のある男性のみから構成されている．これは民衆的公共圏を無視するものと批判され，またフェミニズムからは，その家父長制や男性中心主義が問題視された．(2) 18世紀公共圏での討議の，公権力に対する解放的な潜勢力を過大評価し，その結果，後期資本主義の政治的公共圏を，国家やマスメディアに侵食されたものとして否定的に評価した．(3) 宗教やナショナリズムなどを無視した．(4) 市民的公共圏が形成する公論にも，M. フーコー（1926-84）がいう，排除を生む権力性が内在しており，公共圏論を権力問題を組み込んで再構成する必要がある．

●**市民的公共圏研究の深化・発展** しかし，このような批判にもかかわらず，市民的公共圏は多くの歴史・思想史研究の対象となった．とりわけ1989年の『公共性の構造転換』英訳が一大転機となり，近代民主主義の成立を，論議する公衆が公論を形成する政治文化空間や媒体，過程からとらえ直していった．イギリス関係では，18世紀の出版・書物・新聞雑誌の研究が盛んになり，公共圏の歴史的形成，変化も研究されている．公共圏が議会の下で複雑に分節化され，同じ言説がその内部で意味を変えること，民間団体の自律的活動が公論形成と議会の立法活動に重大な役割を演じたことなど，多様な市民的公共圏のありようが具体的に分析されている（大野編 2009）．フランス関係では，フランス自由主義の成立・発展と関連させた「公共圏の思想史」研究が出版された（安藤 2007）．その特徴は，18世紀に「論議する公衆」が，多様な公共圏や思想的回路を通じて，公論を政治的に創出し，それがフランス革命につながっていくとする点にある．その主要な回路は，高等法院を重視するモンテスキュー（1689-1755）的方向，公権力を「啓蒙された公衆」の支配下に置くフィジオクラートとエコノミストの方向，公共性の社会的活性化に活路をみる百科全書派的方向，公共性の政治的創造を目指すJ.-J. ルソー（1712-78）の方向である．それら回路の複雑な連携・対立・錯綜が「公共圏の思想史」を構成する．ドイツ語圏では特に読書協会が公共圏として重要である．マインツの「学識者読書協会」などは貴族・聖職者が中心で，宗教や良俗に沿う議論を展開した．それ以外に産業の促進を目的とする農業=経済協会などもつくられ，スイスのベルン経済協会は都市貴族，牧師，医師，教授，商人などを会員として，公共的討議を行った．（イム・ホーフ 1993）． ［寺田元一］

東アジアの公共圏
［英］public sphere in East Asia

　東アジアにおける公共性や公共圏をめぐる諸問題について考える際には，その理念的な前提として，何よりも中国における伝統的な「公私」観について，まずはふまえておく必要がある．

●**中国における「公」と「私」**　中国における「公」は，日本における伝統的な含意とは異なり，第一義的には単なる政治力学上の上位概念や首長・共同体的な概念などではなく，古来，ある種の道義的な概念として観念され，しばしば道徳的・倫理的な色彩を帯びて用いられた．そのため例えば「公私」という対概念もまた，領域的な概念や政治・社会秩序における支配・被支配，ないしは上下の関係を意味することは，むしろ稀であり，通常，多くは何らかの道義的な背反的対立が前提とされた．「公私」の原義は，共通部分の「ム」が囲い込む意とされ，「私」（禾は穀物）は利己的な独占状態を意味するのに対して，「公」はそれを外側へと向けて開くことを表現したものとされる．『韓非子』五蠹篇では「私」＝「自環」，「公」＝「背私」と定義され，許慎の『説文解字』に「公」を「平分」，「私」を「姦邪」と規定しているが，そこでの価値判断は明瞭であろう．他方，『荀子』では，統治者に関わる事象を意味する，むしろ古くからの「公」の含意をふまえつつ，「公私」を積極的に対立概念としてとらえている．すなわち「公」に関しては，「公平」「公道」「公義」「公正」など，倫理的な色彩を帯びて用いられているのに対し，「私」の方は，「私曲」「姦私」「私邪」「曲私」など，一貫して排他的な反倫理性が含意されているが，基本的には君主権の拡大やその正当化という意図とも相まって，統治者や公権力の側からの利害という観点に基づき，それを阻害する要因や個別的な欲望などを倫理的に否定して，斥けたものとみられる．やがてこうした「公」観念は，戦国末期の『呂氏春秋』（「天下は一人の天下に非ず，天下の天下なり」「天に私覆無く，地に私載無し」））から，『礼記』礼運篇に象徴されるユートピア的な大同思想など，むしろ道家系の諸思想を経て，「天」「理」「道」などの伝統的な諸概念とも結びつきつつ，「自然」の調和的な秩序や「天」の公平無私性（無私不偏性），万物の共在性などの含意を担うようになる．それは社会的には，公正・公平・均平などの規範に結びついて理解され，翻って「私」は，そうした理想状態からの逸脱を示唆するに至った．宋代の道学の興起とともに，「公私」概念は，より道徳的・倫理的な色彩を帯びる．すなわち『礼記』楽記篇に依拠して，人間の欲望を原理的に考察しつつ，「天理の公」「人欲の私」が二律背反的にとらえられ，「天理を存して人欲を去る」ことが，その後の朱子学，陽明学を一貫する当為法則とされた．しかし，明代中葉以降，偏私や私欲に陥らないかぎりでの個人の

生存欲や所有欲は，むしろ積極的に肯定されるようになり，「公」や「仁」はその相互的かつ全体的な充足状態とされた（溝口 1995, 1996；山田 2001）．

●**中国的なネットワークと関係主義**　溝口雄三（1995）によれば，伝統的な中国社会においては，「つながりとしての公」とでもいうべき公共性が存在しており，「公・平・均」などを眼目とする道徳主義的な特質は，清末革命思想や孫文（1866-1925）の三民主義などの基本的な性格を規定したとされる．もちろん，そこでは逆に「個人」や「他者」の問題が等閑視されてきた傾向は否めず，価値の同質性への高い要求も，現代では問題視せざるをえないが，「天下」的な共同性を志向する議論からは，国家的な「公」を絶対視する近代的なナショナリズムを超克する方途を見出すこともできよう．なお，伝統的な中国社会においては，特に近世以降，民間でも，多様で自発的な公共性や公共圏の発現がみられた．具体的には，義倉や社倉といった救荒対策，善会・善堂などの慈善事業があげられる．しかるに，そこでは，国家権力に対抗する民間社会といった構図はまったくあてはまらず，その双方に立脚しつつ，互酬関係とは異質な「約」と呼ばれるフレクシブルなネットワークを共有していたとされる（夫馬 1997）．また，中国仏教に目を転ずれば，概ね一貫して鎮護国家としての性格が強かったものの，東晋の慧遠（334-416）の『沙門不敬王者論』のように，世俗権力に屈しない超国家的な立場もあるほか，白蓮教の弥勒下生信仰のように反体制運動と結びつく事例も存在した．

●**日本における「公(おおやけ)」の展開**　日本の古代においては，「公」は，共同的・公共的な含意のみならず，基本的には，共同体の首長やより上位の共同性が「公」の名の下に意識化されることが多く，したがって「公私」概念もまた，政治的・社会的な上下関係に比擬されることが普通であった．日本の「公」観念は，伝統的に国家や公権力との結びつきが強く，「公田」「公家」「公儀」などの語彙は，こうした事態を象徴している．他方，中世以降の日本においても，村落共同体の内部や一揆集団，文芸的なサロン（俳諧・連歌など）やある種のアジール（無縁・公界）などの限定的なかたちではあれ，公正・平等の原理や公共性の萌芽がみられたとされる（歴史と方法編集委員会編 1996）．江戸期に入り，荻生徂徠（1666-1728）が，政治的領域と私的・個人的領域を分離する「公私」理解を提示したと規定し，そこに福沢諭吉（1835-1901）らへとつながる近代的な政治的思惟の成立を見出す議論を展開したのは丸山眞男（1952）だが，こうした解釈はまた，後に一定の批判や修正を被ることになった．一方，江戸期においても，儒学塾などでは平等で相互的な議論が育まれ，幕末・維新期には，むしろ伝統的な儒教の普遍主義を媒介としつつ，「公議」「公論」を通じた公共的視点の確立を企図する試み（横井小楠ら）もあり，それが「処士横議」などと呼ばれる風潮を醸成し，さらには明治期の政治的な公共性や自由民権運動などを準備したとの見方がある（三谷編 2004；前田 2012）．

［伊東貴之］

人口論争
[英]population debate

　17, 18世紀の重商主義者たちにとって，人口は富や軍事力の主要な源泉であり，また繁栄の指標でもあった．18世紀になると，人口に着目して古代と近代の優劣を論じる人口論争が新旧論争（古代・近代論争）から派生した．人口統計が未整備だったこともあり，長期的な人口の増減が主要な論争のテーマであったが，それにとどまらず人口をキーワードにして，当時の経済体制や政策の是非，貧困の原因が論じられ，さらにユートピアの可能性を論じる論争へと発展していく．18世紀末にT.R.マルサス（1766-1834）の『人口論』（1798）が登場することで，人口論争は『人口論』をめぐる論争へと姿を変えていく．

●**人口論争の経過**　人口論争の起源は，人口減少論のモンテスキュー（1689-1755），F.ケネー（1694-1774）らと，それを批判するヴォルテール（1694-1778）らの論争に求めることができる．例えば，モンテスキューは土地所有の不平等や悪政が原因で，近代の人口は古代の50分の1まで減少したと論じた．1750年代になるとスコットランドのロバート・ウォレス（1697-1771）とD.ヒューム（1711-76）が論争を本格化させた．ウォレスは農業に従事すべき人口が奢侈的商工業に吸収され，食料生産が減少したために近代の方が人口は少ないと論じた．ウォレスの狙いは，奢侈的商工業の抑制と農業振興による小農の保護にあった．モンテスキューやウォレスを批判するヒュームは，古代の奴隷制や商工業の未発達を人口増加の阻害要因とした．ヒュームによれば，農業から奢侈的商工業が分離することで，奢侈的製造品を需要する農業者の生産を刺激し，人口増加を伴いながら農業と工業の分離が進行してきた．この経済発展の構図はジェームズ・ステュアート（1713-80）により経済学の出発点として継承されていく．

　1760年代から顕著となってきた第二次囲い込みと大農経営の進展を背景として，70年代には小農を支持する急進主義者リチャード・プライス（1723-91）を中心として大規模な論争が行われた．プライスは，洗礼数や埋葬数，家屋数などを根拠に，名誉革命以降，人口が減少してきたと推測した．プライスが指摘した人口減少の原因は，商業の繁栄と奢侈の増大，農業から不健康な職業への移動，都市の放蕩，小農の没落と大農経営の広まりである．大農経営は，雇用の減少に加え，穀物生産から牧草地への転換も伴ったので，人口減少に拍車をかけると考えられた．これに対して，囲い込みを支持するアーサー・ヤング（1741-1820）は，大農経営により土地が効率的に使用されるようになっただけでなく，休耕地の廃止により実質的に耕作を増大させることで雇用も増加させてきたと反論した．ヒュームと同様に，奢侈や商工業の発展は農業の発展にとって必要であり，商工

業も含めた雇用の増大が賃金を上昇させ，それが人口増加の要因であるとヤングは主張した．さらに，家屋数に着目したフレデリック・モートン・イーデン（1766-1809），洗礼数や埋葬数，窓税に着目したジョン・ハウレット（1731-1804）からもプライスは批判され，人口増加論が優勢になる．

●**ユートピアと『人口論』**　人口論争は人口増加に最も有利な社会，すなわちユートピアをめぐる議論に道を開いた．ウォレスはユートピアについても言及している．そこでは労働とその成果が公正に分配され，子どもにも配慮が行き届いているために，家族をもつ障害が存在しない．その結果，土地の限界を越えて人口が増加してしまい，ユートピアは必然的に崩壊する．コンドルセ（1743-94）が描く進歩の極限としての未来社会でも，増加した人口は環境の制約にぶつかり，増加と停止を繰り返すことで，幸福と不幸の振動から免れないとされた．これに対して，理性の進歩を信じ，理性による情念の統御可能性を主張したウィリアム・ゴドウィン（1756-1836）は，ユートピアの難点も人口の人為的コントロールで克服可能であると主張した．

　ユートピアの考察は，人口増加に妨げがない状態の人口増加率，すなわち潜在的人口増加率と環境の制約とに光をあてることになった．マルサスはそこから，潜在的人口増加率が食料増加率を上回るとする普遍的な人口原理を導いた．アメリカの事例から人口が倍加する期間を25年とする潜在的人口増加率を用いたが，マルサスをアメリカの事例に着目させたのはプライスである．現実の人口増加率は，窮乏や悪徳によって食料増加率と合致するように制限されなければならない．それゆえ，窮乏や悪徳は人口原理の必然的な帰結である．このような窮乏と悪徳の説明もプライスに触発されたものである（永井 2000）．マルサスによれば，文明社会における人口原理は人口の増加と停止を繰り返す振動として現れるが，それはコンドルセが未来社会の問題として語った振動論を現実の問題に適応したものにほかならない（マルサス 1798）．人口原理を用いたユートピアの崩壊論はウォレスを踏襲したものである．このように人口論争とユートピア論はマルサス『人口論』の主要な源流である．

　マルサスは人口原理を用いて，私有財産制度と結婚制度を基礎とする文明社会を擁護し，救貧法などの政策が貧困解消に有効でないと論じた．下層階級が道徳的抑制（禁欲）を実行し，人口が調節されることで貧困が緩和されることにマルサスは期待をかけた．これに対して，道徳的抑制の普及を非現実的であるとするJ.S.ミル（1806-73）らは，人口調節の方法として避妊の普及を図ろうとした（新マルサス主義）．また，貧困の原因を制度に求めた初期社会主義者たちはマルサスを批判し，人口調節によるのではなく，協同組合による分配の改善といった方策を追求していく．　　　　　　　　　　　　　　　　　　　［柳沢哲哉］

国民性・生活様式・風土
［英］national characters / manners / climate

　国民性の違いを気候風土から説明するという試みは，アリストテレス（384-322BC）の『政治学』にもみられるように，古代に遡る．このような試みがしばしば自国・自民族の優位性を正当化するものであった点も，古代から近代に至るまで変わらない．とはいえ，このような議論が活発になるのは17～18世紀の西洋社会においてである．その理由の一つは，遠隔地との交流の発達により，非西洋圏の生活様式に関する情報が蓄積されていったためである．もう一つの契機としては，17世紀の「新旧論争（古代・近代論争）」にみられるように，すぐれた芸術作品や芸術家を生み出した西洋内部の歴史的・文化的背景への関心の高まりがあった（J.-B. デュボス［1670-1742］の『詩画論』［1719］など）．前者は西洋と非西洋という空間的な対比，後者は古代と近代という時間的な対比を通じて，西洋人は自らの到達した文明の原因を探ろうとしたのである．

●**物理的原因と道徳的原因**　18世紀を通じて，古代・近代論争という文芸上の論争が文明論へと展開するにつれ，文芸における天才を生み出した環境への関心が，生活様式と国民性をめぐる議論へと発展していく．その過程で，物理的原因と道徳的原因という二つの観点（この区分はすでにデュボスにみられる）から国民性の多様性が議論されるようになる．物理的原因を強調した代表的な思想家は，フランスのモンテスキュー（1689-1755）である．気候風土が国民性に及ぼす影響に着目したことから，その主張は「風土理論」ともいわれる．彼は『法の精神』（1748）において，熱帯地方ではその気候により人間の神経が弛緩し，人びとはより怠惰となると論じている．他方，適度に寒冷なヨーロッパに暮らす人びとは敏捷・活発であり，それゆえ西洋で文明が発達したのだと説明した．ここで強調されているのは，気候風土が人間行動に及ぼす生理学的影響である．

　それに対して道徳的原因を強調したのがスコットランドの思想家 D. ヒューム（1711-76）である．ここでいう「道徳的（moral）」とは社会的・人間的という意味であり，道徳的原因論とは社会環境要因を強調する議論である．ヒュームは論説「国民性について」（1748）において，ほぼ同じ自然環境にある西洋諸国で，国境を跨いだだけで国民性が大きく異なる理由を，各国の社会制度，とりわけ統治形態に求めた．ただし，ヒュームの強調点は単に制度への着目にあったのではない．彼は，国民性の違いを筋肉や神経系統の働きではなく，人間の心理や行動の観点から説明しているのである．例えば熱帯地域に暮らす人びとは筋肉や神経の働きが弛緩するから怠惰なのではなく，恵まれた自然環境のために動植物の生育のスピードが速く，労働する必要がないため怠惰になる．他方，ヨーロッパでは

土地が痩せているために，そこに暮らす人びとは勤勉になる，というわけである．ここでヒュームは，西洋と非西洋における自然環境の違いを認めつつ，それらが人びとの行動に及ぼす社会心理学的な影響を重視しているのである．

だが，モンテスキューは道徳的原因を無視したわけではなく，ヒュームも物理的原因を軽視したわけではない．例えばモンテスキューは，古代と比べると近代において人口が減少していると考えている（☞「人口論争」）が，物理的原因としてのペストの猛威に加え，カトリックにおける離婚の禁止や修道僧の存在も人口減少に拍車をかけていると述べ，宗教という道徳的原因の影響を考慮している．ヒュームも，論説「古代人口の稠密について」（1752）では物理的原因を自身の考察の対象外としているが，それは天変地異や疫病の原因に関する知識が十分ではなく，それらを論じるよりも検証可能な社会制度の影響に議論を限定すべきだと考えたからであった．いずれにせよ，啓蒙思想家としての彼らの関心は，西洋に生じた近代文明の原因を，非西洋との対比で分析することにあったといえる．

●**包括的な分析枠組みとしての生活様式**　啓蒙期における国民性や生活様式（習俗）への関心の高まりは，以上に尽きるものではない．古今東西の多様な国民性・生活様式への関心は，西洋文明を相対化する機能をも担っていた．多くの啓蒙思想家たちは，中国を停滞しつつも一定の発展を遂げた社会として描いており，その国民性を西洋のそれよりも秩序ある，穏健なものと評価する思想家もいた（ヴォルテール［1664-1778］の『習俗論』［1756］など）．このような非西洋文明への肯定的な評価には，西洋社会においてキリスト教が生み出してきた宗教的な分裂や内乱への批判がこめられている．

また，J.-J. ルソー（1712-1778）の『人間不平等起源論』（1755）のように，未開とされる非西洋の民族の生活様式に対する好意的な評価もある．もちろんここにはオリエンタリズムの問題（☞「植民地主義」）があるのだが，18世紀の啓蒙思想家の間では，国民性や生活様式という用語は古代と近代，西洋と非西洋を比較検討するための包括的な分析枠組みを与えていたといえる．

●**19世紀以降の展開**　文化的多様性への関心は，19世紀以降も受け継がれていく．モンテスキュー的な物理的原因を強調する議論は，より医学的・科学的な装いのもと，F. J. ガル（1758-1828）の骨相学やA. ゴビノー（1816-82）の人種学へと発展していったと考えられる．他方，道徳的原因を強調する議論は，J. S. ミル（1806-73）の「国民性格論」へと発展していく．ただし，どちらの立場にしても，帝国主義の時代においては西洋圏による非西洋圏の植民地支配を正当化する議論として機能せざるをえなかった．脱亜入欧を目指す明治日本においてこの問題が他人事ではなかったことは，森鷗外（1862-1922）の「黄禍論梗概」（1904）にも表れている．

［壽里　竜］

名誉と騎士道
[英]honor and chivalry

　近代の思想家たちは、古代において名誉と道徳は切り離されていなかった、と理解している。スコットランドの思想家・歴史家であるD. ヒューム（1711-76）は『道徳・政治論集』（1741-42）に収められた論説「技芸と学問の生成・発展について」の（後に削除された）注において「古代の人びとにとっては、名誉を徳と区別して考えるということなど決してなかったことは確かである」と述べている（ヒューム 1777：123）。以下にみるように、17・18世紀のイギリス道徳哲学の展開では、名誉は道徳から切り離されつつも、道徳を補強する重要な役割を担わされることになる。

●ホッブズ　その重要な契機となったのが、T. ホッブズ（1588-1679）の人間観である。彼は『リヴァイアサン』（1651）において「名誉（を与えること）」をその人に対する高い評価の表明と定義し、「名誉を与えることについての、これらすべてのやり方は、自然的なものであって、コモンウェルスの中でも外でも同じである」と述べている（ホッブズ 1651：[I] 156）。ホッブズにとって、人間は自然状態においてすら、生命維持活動としての自己保存だけでなく、他人からの高い評価を求める存在であった。ただし彼にとっての課題は、権力闘争にあけくれる人間をいかに押さえ込み、秩序ある社会を実現するかということであり、名誉を社会秩序の安定に援用しようという発想はなかった。

●マンデヴィル　ホッブズ的な人間観を受け継ぎつつも、名誉とは一部の政治家と道徳家が社会秩序の安定のためにつくり上げたものだと主張したのが、『蜂の寓話』（1714、第二版 1723）で知られるオランダ出身の医師・著述家B. マンデヴィル（1670-1733）である。後に『蜂の寓話　第二巻（続・蜂の寓話）』（1729）で彼自身が明確にするように、彼の人間観には、自己保存を求める「利己心（self-love）」とは異なる「自己愛（self-liking）」の原理がある。名誉とは、他者からの危害に対する怒りとともに、後者の自己愛から生じてくるものであった。後にジュネーヴ出身の思想家、J.-J. ルソー（1712-78）がこのマンデヴィルの人間観を批判的に摂取しつつ、「自愛心（amour de soi）」と「自尊心（amour-propre）」とを区別したことからも明らかなように、この「自己愛」とは要するにプライド（自負心）のことをいっているのである。この『蜂の寓話　第二巻』に至ってはじめて、ホッブズと『蜂の寓話』においては十分に、かつ明示的に分離されていなかった自己保存とプライドとが明確に分離されることになる。マンデヴィルは続く『名誉の起源』（1732）において、いかにして寛容を説くキリスト教と、敵に対する勇敢さと名誉を重んじる騎士道とが十字軍の時代に結びついたかを詳述してい

る．名誉を道徳と同様に一つの社会制度と考えるマンデヴィルは，騎士道の歴史に着目することで，キリスト教的人間観の欺瞞性を暴きつつ，名誉という世評に振り回される人間観と，その政治的有用性を指摘したのである．

●ハチソン　このようなマンデヴィルの人間観・道徳観を鋭く批判したのは，F. ハチソン（1694-1746）であった．ハチソンは『美と徳の観念の起源』（1725）において，人間には利己心のみならず，中立的・客観的な道徳判断を下せる「道徳感覚」が備わっていると主張した．彼は美的感覚（「内的感覚」と呼ばれる）になぞらえて道徳感覚の存在を強調したのだが，興味深いのは，道徳感覚に加えて——それとは別個の感覚として——「名誉感覚」も人間には備わっていると考えた点である．道徳を人間の生来の感覚に基礎づけようとするハチソンは，名誉を感じる感覚をも人間に内在するものとみなし，道徳を補強するものとして積極的に活用しようとしたのである（ただし，決闘は名誉感覚の歪んだ表れとして批判した）．ホッブズやマンデヴィルの道徳論は「利己心論」，ハチソンの道徳論は「道徳感覚派」「利他心論」などといわれ，しばしば対比されるが，どちらも名誉を道徳と切り離しつつ，前者に後者を支える重要な役割を認めていたのである．

●スコットランド啓蒙における展開　ハチソンの次の世代にあたるヒュームは，マンデヴィルの影響のもと，『人間本性論』（1739-40）第三編において，正義のみならず「名誉に関わること（沽券，point of honour）」を人為的徳の一つとみなしている．未公刊の論説「騎士道と近代的名誉に関する歴史的論考」（執筆年不詳）は，マンデヴィルの『名誉の起源』の強い影響をうかがわせる．また『イングランド史』では，絶対王政期の宮廷において，個人の名誉が過度に重視され決闘が広まっていった様子と，本来は武勇を意味した「ギャラントリ（gallantry）」という概念が，忠誠を誓った女性への丁重な態度，さらには派手な女性関係をも意味するようになる過程が，折に触れて語られている．冒頭に引用したヒューム自身の言は，こうした近代における名誉と道徳の関係と，名誉の位置づけの変化とを指摘したものと考えられる．A. スミス（1723-90）は名誉と騎士道の問題について明示的に論じていないが，その他スコットランド啓蒙の思想家たちはスミス的な発展段階説（☞「推測的歴史」）を敷衍する中で，中世の騎士道の時代を，身分制度に基づく厳格な主従関係が確立すると同時に，女性への丁重な扱いが生じた時代として描き出している（例えば J. ミラー［1735-1801］の『階級区分の起源』［1778］など）．ヒュームを含むスコットランド啓蒙の思想家たちの間では，女性への丁重な扱い（ギャラントリ）は，古代にはみられない近代独自の特徴であり，騎士道はその歴史的出発点とみなされているのである．騎士道が生まれた中世は一般に「暗黒の時代」ともいわれ，宗教的迷信に批判的な目を向けた啓蒙思想においては否定的なものととらえられがちであるが，同時に騎士道は洗練（ポライトネス）の起源としても認められていたと考えられる．

［壽里　竜］

啓蒙と野蛮
[英]Enlightenment and barbarism

　啓蒙とは，主にヨーロッパにおける17世紀後半から18世紀に展開された社会進歩や文明化を推進しようとする知的活動全体を表現する歴史概念である．この概念は，他の地域や時代の類似した活動を表現する際にも適用されることがある（例えば，「アメリカ啓蒙」「明治啓蒙」など）．原義は，自然の光（lumen natural）の隠喩を用いた「理性ないし知性の光によって世界を照らす（蒙を啓く）こと」（仏語 lumière，伊語 lume，独語 Aufkläurung）である．それは，超自然的力（魔術）への信仰（神話的世界）から脱却し，人間独自の理性の力によって世界を解明し，自ら主体的に生きる合理的世界を構築する運動を意味する．啓蒙は「暗闇」の克服を課題とし，圧政や戦争，無知と誤謬，迷信・狂信や神学的ドグマなどと対決する．この暗闇をもたらす行為が，野蛮とされる．

　ディドロ／ダランベール編『百科全書』によると，啓蒙の担い手であるフィロゾーフとは「偏見と伝統と社会の通念と権威，一言でいえば大方の人びとの精神を隷属させている物を踏み越え，自分の頭で考えてみようとする」人のことである．この「精神を隷属させるもの」が野蛮である．I. カント（1724-1804）によれば，啓蒙とは「自分の未成年状態から抜け出ること」であり，そのために理性を閉じ込めている足枷からの解放が必要である．この足枷こそが野蛮の象徴であり，解放は宗教的な「魔術からの解放」と政治的専制からの解放を意味している．

●**文明と野蛮**　この対比は，文明と野蛮の対比とも重なっている．人間の原始状態を無知と野蛮と結びつけ，人類史を進歩と文明化過程とみなす見方は，古代ギリシア・ローマ以来みられた土着的未開人対ポリス的文明人という対比に始まり，15世紀からの大航海時代以後に，ヨーロッパ人の遭遇した新世界の人びとを未開人・野生人とみなし，その文明化・キリスト教化を使命とする植民地支配を正当化した．インディオのカニバリズムが野蛮のイメージを定着させ，一部「高貴な野蛮人」の見方も生まれたものの，啓蒙思想家の多くは，未開・野蛮から文明への発展を論じ，スコットランドにおいては歴史の四段階理論を生み出した．この歴史観は，普遍的な「人間本性」が文明化とともに開花していくというものであり，ビュフォン（1707-88）が，インディアンを生物学上未発達な人種とみなしたように，人間の差異を発達段階の差に還元する．ただし，E. ギボン（1737-94）が『ローマ帝国衰亡史』で，ローマ帝国滅亡を文明の退廃が招いた結果として，蛮族のキリスト教化と文明化による「宗教と野蛮の勝利」と表現したように，この対比は単純ではない．J.-J. ルソー（1712-78）は，未開状態に人間の根源的崇高さを見出し，文明の腐敗を批判したし，D. ディドロ（1713-84）も『ブーガン

ヴィル航海記補遺』やG.-T. レーナル編『両インド史』増補で，啓蒙の歴史観の見直しを展開した．また，十字軍や千年王国論は，啓蒙期には狂信的な蛮行と批判されたが，19世紀になると野蛮に対する文明の戦いとして再評価されるに至る（E. サイードのいうオリエンタリズムの系譜）．

啓蒙と対比される野蛮は，知的・合理的思考に反する人間精神の粗暴さや野性的感情を指すことが多い．そのため，教育や陶冶による精神的自律化や感情の洗練が，啓蒙の主要課題となる．F. ベーコン（1561-1626）は，学問研究が古典的徳に潜む野蛮（熱狂や残酷）を和らげ温和さを実現すると論じ，この延長上に，シャフツベリ（1671-1713），F. ハチソン（1694-1746），D. ヒューム（1711-76），A. スミス（1723-90）などの，自律的個人が自己観察を徹底させ，共感と社交によって他者と共存するという，感情分析を駆使した市民的徳の倫理学が登場する．

●**啓蒙の光と影**　啓蒙の主体は独立した自由な個人であるから，生存に必要な物の個人的所有の確立こそ啓蒙の基盤となる．J. ロック（1632-1704）の「労働による所有の理論」はその画期をなす．所有権を侵害する専制・圧政が野蛮の象徴とされるだけでなく，自然や大地と一体化した専有のない遊牧民や土着民の共有状態も未開・野蛮とみなされる．A. ファーガソン（1723-1816）は，人間は，私有財産がなければ努力もなく，野蛮人のままだと論じた．しかし，未開な荒蕪地の占有・開墾を名分とした植民地支配は，奴隷制という新たな野蛮をつくり出した．この現実を乗り越えるのに，啓蒙は，私有財産所有者同士の自由・対等な関係を前提にした分業・交換システムの発展が，豊かな社会を実現するという経済認識を展開する．スミスの経済学は，その実態を資本・賃労働関係を基盤とする資本制蓄積として解明した．

この資本・賃労働体制を「富者による貧者の奴隷化」と喝破したのはS.-N.-H. ランゲ（1736-94）であり，この観点を継承し，西欧近代の文明化過程を暴力的な「資本の文明化作用」ととらえたのはK. マルクス（1818-83）である．マルクスは一面で，それが未開野蛮な社会を解体し歴史的進歩に導く一定の役割（社会革命）を果たしたという肯定的評価を示したが，『インド評論』では「ブルジョア文明のもつ深い偽善と固有の野蛮性」として徹底的に弾劾する．ホルクハイマー／アドルノ『啓蒙の弁証法』（1947）は，文明を発展させた啓蒙が逆に人びとの主体的思考を解体させ，野蛮に転化すると解釈する．すなわち，啓蒙は神話を否定した中から新たな神話をつくり上げ，人びとは「新しい野蛮状態」に落ち込み，「自分たちを奴隷にするイデオロギー」にしがみつく消費者となる．「文明の道は服従と労働の道」であり，「啓蒙の弁証法は客観的に狂気へと転化する」．M. フーコー（1926-84）もまた，啓蒙を理性的なるものを社会規範として非理性的人間に有罪宣告を科す新たな暴力・抑圧装置とみなし，「施療院」「感化院」「労役場」などを「古典主義時代の狂気意識」が創出した監禁施設ととらえる．　　　　　　［生越利昭］

博物学
[英]natural history ［仏］histoire naturelle

　「博物学」とは natural history の訳語の一つであり，history が意味する「事物の記述」という意味を伝えるために，「博物誌」もしくは「自然誌」とも訳される．このように natural history に複数の訳語が適用されているのは，natural と history という言葉が，現代の我々が「自然」や「歴史」の下に理解している意味とは異なる意味を伴っているからであって，しかもこの違いの背景には時代による知の形式の変容がある．漢語としての「博物」は自然と人為を含む広範な領域の事物についての知の集成を意味し，西晋の張華の著書『博物志』に由来している．こうして自然と人為（文化）の区別なき知の対象を意味するために「博物」という語が充てられ，また事物の記述という意味を伝えるために「誌」という語が用いられてきた．したがって，natural history の源とされる古代ローマ時代のプリニウス（23-79）の 37 巻からなる百科全書的な著作 *Naturalis Historia* は，通常『博物誌』と訳される．この著作の対象が自然物に限られていないゆえに「博物」であり，しかも対象自体がいかなるものかという事実と，それに関する伝説，物語，評価など世間で語られていること，そしてそれから得られる薬剤や食品などとしての利用法の記録が混淆されて記述されているゆえに「誌」なのである．

● **18 世紀の博物学**　このような記述の傾向は 17 世紀半ばまで続いたが，次第に伝説，物語，評価などその対象に纏わる意味の記述が抜け落ち，対象自体の観察，とりわけ視覚によって得られる明証な要素を記述するものになった．そして，18 世紀前半に C. リンネ（1707-78）が，そのような記述をもとに，万物を分類し，配列し，名づける試みを開始したことによって，これ以降の natural history は体系性を志向するという意味で「博物学」という訳語が充てられる場合が多い．すでに 17 世紀末から薬学を修めた医学者が植物の薬効に関心をもち，パリの王立植物園などを拠点に植物学研究を行うようになっていたが，彼らの興味関心は植物にとどまらず，遠方の珍しい動植物や鉱物の標本の収集にまで及んだ．英国博物館開設の基礎となったコレクションをつくり上げた H. スローン卿（1660-1753）はその典型である．

　スウェーデンのウプサラ大学の植物学者であったリンネは，『自然の体系』初版（1735）で動物界，植物界，鉱物界という自然の三界に存在する自然物を綱，目，属，種という階層化された分類区分を用いて体系的に配置しようとした．そして『植物の種』初版（1753）と『自然の体系』第十版（1758-59）において，属名と種小名の組み合わせでその自然物を命名する二名法を採用した．しかし，パリの王立植物園長であったビュフォン（1707-88）は，このリンネの体系化を批判し，

個々の自然物の正確な記述を第一目的として1749年から1789年まで『一般と個別の博物誌』全36巻を王立陳列室管理者のL.J.-M.ドバントン（1716-1800）などの協力を得つつ刊行した．体系化を批判するビュフォンとは異なり，ドバントンは「王立陳列室の解説」（『博物誌』第3巻所収［1749］）において①自然の秩序を反映した体系的分類，②体系的分類を反映したキャビネットと展示物の配置，③観覧者が体系的自然認識を習得できるような教育的効果への配慮，④蒐集物の保全技術の必要などを説いた．そしてJ.L.R.ダランベール（1717-83）は『百科全書』でこれらの点を満たすための特別な大展示施設の必要を唱えた．18世紀後半には，自然と文化を問わず，このように体系的分類に沿って展示物が配置された施設を表現する言葉としてmuseumが用いられるようになった．

●**博物学の思想史的意味**　M.フーコー（1926-84）は『言葉と物』において，博物学を18世紀啓蒙の認識論的特徴を具現する古典主義時代のエピステーメの一領域と位置づけた．色彩さえも排除し，観察を通して数，形，比率，位置を記述するに十分な明晰判明さをもつ可視的表象だけを獲得し，これに名を与え一覧表の中に位置づける作業が博物学なのであり，それが観察の対象とするのは生命なき標本化された生物であった．つまり博物学は「経験性の一領域全体を，《記述しうる》と同時に《秩序づけうる》ものとして成立させる」（フーコー 1966：181）のである．したがって標本陳列場としての博物館をフーコーは「墓場」であると形容する．「《博物学》にとって《自然の歴史》を考えることはまったく不可能であり，表と連続体とによって定められた認識論的配置がきわめて基本的なものであるため，生成というものは，ただこの総体の要請に正確に対応するだけの中間的地位しかもちえない」（フーコー 1966：180）．

フーコーは，静的分類を志向する博物学と，生命という動的生成を把握しうる生物学の登場の間には，18世紀末に生じた古典主義時代のエピステーメの切断があるとする．この切断をもたらしたのは，フランス革命期に王立植物園から改組されたパリ自然史博物館に集った科学者達，J.-B.ラマルク（1744-1829），É.ジョフロワ＝サンティレール（1772-1844），G.キュヴィエ（1769-1832）であった．博物学は表の中に三界の全存在を位置づけるために，単純から複雑へと階層化された《自然の階梯》という単一の系列に沿ってそれら存在が漸進的に変移してきたと前提していた．フーコーは，進化論の先駆と評価されてきたラマルクの生物変移説はこのような博物学の前提から導出されたものであって，そこにエピステーメの切断に至るほどの革新性はないと指摘し，比較解剖学のアプローチから機能という不可視のものに準じて器官の類似関係を考察し，諸生物間の根源的不連続性を主張して系統の複数性を表示するために門（分岐）という項目を創設したキュヴィエに転換点を見出している．またG.ドゥルーズ（1925-95）は『差異と反復』（1968）においてジョフロワ＝サンティレールの発生学を賞賛している．　［後藤浩子］

第3章

文明社会の危機

［編集担当：坂本達哉・犬塚 元・後藤浩子］

ルソー……………………………228	イギリス急進主義……………………248
カント……………………………230	アメリカ革命をめぐる諸思想……………250
18世紀の社会契約説……………232	フェデラリスト…………………………252
社会契約説批判…………………234	フランス革命をめぐる諸思想…………254
ベンサム…………………………236	保守主義…………………………………256
18世紀の共和主義………………238	帝国と植民地……………………………258
一般意志と人民主権……………240	美と崇高…………………………………260
啓蒙専制…………………………242	ジャコバン主義…………………………262
古典派経済学の成立……………244	官房学……………………………………264
18世紀の功利主義………………246	女性解放思想……………………………266

ルソー
Jean-Jacques Rousseau

　時計職人の次男としてジュネーヴ共和国に生まれた．15歳の春，ジュネーヴを去り，その後はほとんどフランスで生活した．ヴァランス夫人はじめ貴族宅での小間使い，家庭教師などを経験する．音楽家を目指してパリにのぼり，D. ディドロ（1713-84）らと知り合う．J.-J. ルソー（1712-78）が受けた知的訓練は，父の仕事場やヴァランス夫人宅での読書を主とする独学にあった．読書の中心はギリシア・ローマの古典文学や歴史，モラリスト文学，自然法学などにあった．

●**二つの懸賞論文と人間の本来的無垢**　1749年の秋，ディジョン・アカデミーの懸賞論題「学問・技芸の復興は習俗の純化に寄与したかどうか」を知って，人間は本来は無垢であって，邪悪になるのは社会に原因があると自覚する．ルソーはこの論題に「否」で応えて当選し，一躍ヨーロッパ中にその名が知れ渡る．論文は『学問技芸論』（1750）として出版される．この本はまず学問技芸が習俗を堕落させ，人びとから徳を奪っていることを歴史に照合することによって訴える．次いで学問技芸の起源を論じ，またそれが野心や追従，誤謬，無為，奢侈などの悪徳を育てると主張する．このセンセーショナルな議論は多くの知識人から批判を受けた．ルソーはそのいくつかに反批判を試み，それがまた反論を引き起こした．
　1753年にディジョン・アカデミーは懸賞論題「人びとの間における不平等の源泉は何か，そしてそれは自然法によって正当化されるか」を募集したが，ルソーは上記の自覚を検証すべく論題に応えて応募する．1755年に『人間不平等起源論』として刊行されたこの論文は，T. ホッブズ（1588-1679, ☞「ホッブズ」）やS. プーフェンドルフ（1632-94）などの先達とは異なる，絶対的に孤立した無垢な人間の自然状態を描いた．やがて人間が農業や冶金を発明することで，いかにして社会性を獲得して，相互関係を重層化させ堕落したかを論じ，最後に究極の不平等の状態として専制社会を批判している．

●**自由で正当な国家の建設と維持**　ルソーは本来無垢な人間が，外部からの影響によって悪徳を獲得していくとする見地から，さまざまな問題を解決しようとする．それは一つには，そうした無垢の状態をできるだけ維持するための教育の方法の問題として，『エミール』（1762）で解決が試みられる．また当時，理想的共和国とされたヴェネツィアのありようをみて，一般にすべては統治のなせるもの以外ではありえないとの見解を抱いた．この問題は，すでに無垢ではなくなった現実の人間が，いかにして正義と利益の両立した共同体を建設し，それを維持できるかという問題に集約される．これが『社会契約論』（1762）の問題である．
　ルソーは自由で正当な国家の理論的根拠を，王権神授説や力による実効的支

配，統治契約説などではなく，独自の社会契約説に据え（☞「社会契約説」），譲渡も分割もできず代表すらできない人民主権に正当性の根拠を与えた．国家の運営は，その構成員全員の共通利益としての一般意志に基づいて行われる（☞「一般意志と人民主権」）．一般意志を行使する手立てとしては法が必要であるが，ルソーはこれを天才的な立法者に委ねる．立法者は法を与える国のさまざまな条件を勘案し，適切な統治形態を選択してこれを人民に与える．しかし国家は為政者による主権の簒奪や人民自身の公共精神の減退などによって，堕落することが不可避であるため，ルソーは人民集会や護民府，監察官制度，市民宗教などの必要性を訴えた．ルソーがこのように理想的な国家を提示したのは，基本的には祖国ジュネーヴの堕落を阻止するためであろう．

●『エミール』とその同時代批判　「造物主の手から離れたときすべては善であるが，人間の手の中ですべては堕落する」（ルソー 1762b：[上]23）という有名な一節で始まるこの教育論は，「私」という教師が架空の孤児エミールを，彼が青年になるまで一対一で育てていく物語である．「私」が払う配慮は，社会の害悪が子どもに及ぶのを回避するため，社会からほぼ隔絶された状況の中で，発達状態に応じた必要なことがらをエミールに悟らせるという方法である．特に人間の欲望を過度に刺激すれば，それは際限なく増大しうるので，これをいかに抑制するかという点に意識が注がれる．この作品の衝撃は，宗教教育の一環として論じられた「サヴォワ人助任司祭の信仰告白」において，一方で無神論および唯物論に対する，他方で現実の聖職者や教会，とりわけ啓示に対する痛烈な批判によってもたらされた．この批判はほかの啓蒙思想家のそれと異なり，単に理性のみならず良心にも基づいている．無神論と唯物論とに対する批判は，18世紀の大ベストセラーでもあった書簡体の小説『新エロイーズ』（1761）のモチーフの一つでもある．

●孤高の後半生と後世の受容　『エミール』での厳しい同時代批判と，政府転覆を企図したとの『社会契約論』への嫌疑によって，ルソーはフランスのみならず祖国ジュネーヴからも弾劾・忌避された．このため彼はその後半生を自己の言動の弁明と，孤高を持することで得られる幸福の追求とに費やさねばならなかった．その所産が『山からの手紙』や『ボーモンへの手紙』，『告白』，『孤独な散歩者の夢想』などである．著作活動が多岐にわたったルソーは，その受容のされ方も，フランス革命の諸思想，ドイツ観念論，ロマン主義，社会主義思想，文化人類学，19世紀のロシア文学とさまざまである．とりわけ第二次世界大戦後には，プラトンとともに全体主義思想の祖とされる一方，そうした解釈に対する反論が展開された．近年では特に共和主義の伝統に位置づける試みや，ルソーの思想の受容そのものを扱う研究が顕著である．明治期の日本では中江兆民がその政治思想を，島崎藤村や森鴎外がその文学を主として受容した．　　　　　　　　　　　　［小林淑憲］

カント
Immanuel Kant

　東プロイセンの首都ケーニヒスベルク（現在のロシア連邦のカリーニングラード）に生まれたI. カント（1724-1804）は，ケーニヒスベルク大学に学び，その後同大学で論理学，形而上学，物理学などを教えた．カントの著述活動の主題は認識論，道徳哲学，法哲学，歴史哲学，判断力論など多岐に及び，そのいずれもが後世に多大な影響を与えた．

●**認識と道徳**　主著とされる『純粋理性批判』が出版されたのは1781年，カントが57歳の頃であった．カントは，経験とは無関係に真理を獲得しようとする合理論と，経験を超えた認識の妥当性を一切否定する経験論をともに批判し，両者の問題を克服する認識論を確立した．こうしたカントの立場は，「あらゆる認識は経験とともに始まるが，だからといってあらゆる認識がみな経験から生じるわけではない」（『純粋理性批判』）という文章に端的に表されている．カントは，感覚を通じて対象の表象を受け取る能力である「感性」と，思考の能力である「悟性」の協働作業によって，普遍性と必然性を備えた認識が獲得されると考えた．カントはこのような認識を「アプリオリ」な認識と呼んだ．

　カントが認識論で主題としたのが，人間は「何を知りうるか」であったのに対して，道徳哲学においては「何をすべきか」を問題とした．カントは『人倫の形而上学の基礎づけ』（1785）において，義務という概念の分析から出発して，道徳の最高原理である「道徳法則」を導出した．カントに従えば，道徳的な行為は義務の遂行というかたちをとるため，人間にとって道徳法則は無条件に従うべき命令として，すなわち「定言命法」として与えられる．現代の倫理学では，定言命法にしたがっているか否かによって行為の道徳性を判定するカントの立場は，行為の帰結によって行為の善悪を判断する功利主義などの他の道徳についての学説から区別され義務論と呼ばれることがある．

●**法と政治**　カントが法と政治の構想を体系的に展開したのは『人倫の形而上学』（1797）の中の「法論」においてである．カントの法哲学は，T. ホッブズ（1588-1679）やJ. ロック（1632-1704）と同様に自然状態から契約によって法的状態へと移行するという社会契約論の構成をとっている．カントの社会契約論に従えば，自然状態においては権利の衝突を調停する権力が存在しないため，人びとは契約によって各人の権利が保障される法的状態，すなわち国家を創設するべきであるとされる．J.-J. ルソー（1712-78）の「一般意志」の概念から多大な影響を受けたカントは，法的状態において市民が自ら立法した法にのみ従うことを自由と呼び，ここに法的状態への移行の義務の根拠を見出すのである．

カントは『永遠平和のために』(1795)の中で，国家の理想的な統治形式として共和制をあげている．ここで共和制と呼ばれているのは，立法権と執行権が分離され，市民の自由と平等が保障された国家のことである．これとは逆に，同一の人物が立法権と執行権を掌握し，恣意的に法が運用される危険性のある統治形式が専制である．カントは君主による上からの制度改革を通じた専制から共和制への移行を期待していたものの，それと同時に『啓蒙とは何か』(1784) や『理論と実践』(1793)で述べられているように，市民に言論の自由が認められるべきであるという議論を展開することによって，法や政治をいわば下から改善するための道筋を準備していたことにも注意する必要がある．

カントの『永遠平和のために』を社会思想史における一級の古典たらしめているのは，何よりもそこで展開される国際社会の平和構想である．カントによれば，主権国家の併存状態としての国際社会は自然状態であり，そこから法的状態へと移行するべきである．カントは移行するべき理想状態として世界共和国という選択肢を否定し，国家間の紛争を裁判によって解決するための「国家連盟」と，地表のあらゆる場所への訪問の権利を定めた「世界市民法」の構想を提示した．カントが国際社会の秩序構想として，世界共和国ではなく上記のような構想を提示した点に関しては現在でもその論理の妥当性をめぐって論争が続けられている．

●**歴史と進歩** カントにとって上述のような移行あるいは進歩は歴史哲学の主題であった．『世界市民的見地における普遍史の理念』(1784)や『永遠平和のために』では，人間の道徳的改善にまったく依存することなく，人間に備わる利己心あるいは自然が人間をして「市民的体制」へと向かわせる行程が描かれている．諸国家を不可避的に平和的共存へと導く人間の「非社交的社交性」や，悟性を備えてさえいれば悪魔であっても国家の設立が可能であるとする「悪魔の民族」をめぐる議論にそうした発想が顕著に現れている．H. アーレント (1906-75) が指摘したように，カントの道徳哲学において焦点があてられているのが個々の人間の行為であるのに対して，歴史哲学の主役を演じているのは，個々の行為の集積あるいは人類という集合体である．カントの歴史哲学からは，利己的な諸個人が互いに敵対しながらも，そうした敵対を原動力としながら「人間の素質」の展開に向けて徐々に進歩するという，道徳哲学で描かれた人間像とはまったく異なる人間の姿が浮かび上がってくる．しかしこうした歴史哲学の構想は，人間の行為の自由と両立しないばかりか，独断的でもあるという批判がこれまでしばしばなされてきた．こうした理解に反して，例えばJ. ハーバーマス (1929-) は『公共性の構造転換』(1962)において，カントの歴史記述の中に，歴史の歩みを啓蒙の進展として提示することによって歴史の歩みそのものに影響を及ぼそうとするカントの実践的関心を読み取っている．

[金 慧]

18 世紀の社会契約説

[英]social contract theory in the eighteenth century

　政治社会の成立を個人間の相互契約によって基礎づけ，それによって政治権力の正統性を導いた T. ホッブズ（1588-1679）や J. ロック（1632-1704）の社会契約説を継承するとともに，その理論構成を政治社会の究極的理念の導出に用いることによって，所与の社会や権力のあり方を評価する規範理論に定式化されたものをいう．

●**所与化する文明社会**　18 世紀のヨーロッパは豊かな文明社会の時代であり，もはや政治社会を根源的なところからとらえ直して新たな政治秩序を構築するという発想は後景に退いていた．政治的秩序の不在に伴う自然権の不安定化を自然状態として描き，その状態から脱却するために個々人が相互に社会契約を結んで政治社会や政治権力を創出すると考えることは，人間理性の抽象的で合理的な産物にすぎないのであり，社会契約説の歴史的実在を疑う D. ヒューム（1711-76）の批判はそのことを象徴している．社会とは人類の長い歴史を通じて維持されてきた自生的秩序であり，利己心と自己利益の追求が織りなす自然の秩序として理解されていくようになる．18 世紀の社会契約説は，こうした所与化する文明社会に対して，改めて理想としての政治社会を構想し，その変革を求めていくのである．

●**ルソー**　J.-J. ルソー（1712-78）は，こうした文明社会と対峙しながら，その時代精神と社会制度をトータルに批判していくことを試みる．彼は，高度に文明化した社会におけるさまざまな営みの中に人間の堕落を見出し，利己心・欲望・奢侈が人びとの徳を喪失させているととらえる．富者が社会的な富を，為政者が権力を独占し続け，学問芸術もそうした現実に迎合的な態度であるとするならば，社会は専制状態に陥ると警告したのである．そこで彼は，社会契約説の伝統を受け継ぎながら，人間と社会の変革の必要性を訴える．もっとも，そこで描かれた自然状態は，ホッブズにみられたような，社会状態によってもたらされた情念や争いを反映させたものではなく，社会的強者によってつくられた政治社会の人為性のすべてを剝ぎ取るところに見出される人間の自然であった．そこに見出される自己愛と憐憫の情が，人類の発展の歴史を通じていかに覆い隠され，強者に都合のよい社会がつくり出されてきたかを解き明かすことがルソーの狙いであった．相互依存の人間関係や他者に優越しようとする利己心は，やがて不平等社会と専制政治を帰結する以上，そこには人間と社会のあり方を根本的に変革することが求められる．そこに改めて社会契約説が用いられるのである．政治社会を構成することになる個々人は，すべての権利と自分自身を共同体全体に全面的に譲渡するという社会契約を相互に結び，個別的な人格に代わる一つの精神的で集合的な人格を成立させる．こうして各人は共同の自我としての一般意志に服すること

になるが，それは自分自身に従うことと同じであり，人民が主権者であることによって各人は完全に自由となるのである．一般意志は共通の利益を志向する究極的な理念であり，法として具現化される．個別意志やその総和としての全員意志は不平等をもたらすものである以上，政府はそれらの意志によってではなく，一般意志＝主権者の意志に一方的に服従しなければならない．それを人民が定期的に確認する場が人民集会であり，そこにおいて人民が政府活動を検証していくのである．

●**カント** こうしたルソーの社会契約説は，所与の政治社会に対して変革を迫る規範理論としてフランス革命に大きな影響を与えたが，それをさらに哲学的に発展させたのがI. カント（1724-1804）の社会契約説である．カントは，まず理性そのものに対する批判的省察から出発し，自然の因果法則に囚われる経験的存在としての人間と区別された叡智的存在としての人間をとらえる．そのうえで，理性の普遍的道徳法則に無条件に服すること，つまり自らの意志を常に普遍的立法の原理に適合させ，自己と他者の人格を互いに尊重しあうように行為するところに人間の自由を見出すのである．しかし自然状態においては，他者に強制されない自由と権利があるとしても，裁判や法的強制の機関が存在しないために，法の確実性は見出しえず，各人の権利も不安定なままである．しかも，各人は自分にとって正しいと思われることを行為することから，権利を貫徹する手段としての実力も不可欠なものとなり権力争いにもつながる．それゆえ，自然状態から脱却して国家を創出するという社会契約が必要となる．しかもそれは，法的な実践理性の根本的な要請として考えられているところが特徴的な点である．各人は外的な自由（無法則な自由）を普遍的な主権者に全面譲渡することによって理性的法秩序の下に入り，国民の意志の結合体としての主権者が定める法に服することによって，自由を享受する．こうした社会契約は自己立法という理念を意味しており，国家の歴史的起源や存在根拠ではなく，現実の国家やその権力作用の正当性を問う判断基準を意味している．そこで国家は，その構成員が人間としての自由，国民としての平等，そして市民として独立しているというアプリオリな諸原理に基づくことが問われるのである．

●**影響** こうした規範理論としての社会契約説は，現代においてもJ. ロールズらによって再構成されている．それは，個々人が政治社会を構成する主体であり，政治権力は共通の利益を求めるものであるとしたホッブズ，ロック，ルソーらの近代社会契約説とは異なり，対立しうる諸利益や諸価値が公正さの下に秩序づけられることを要請する規範原理である．特定の善に対する正義の優先という義務論に立脚するものであり，政治権力が存在する公共的な理由を問うものとして再構成されているのである．その意味では，カントのような普遍主義の観点から個人の自由を擁護するという側面を継承しているといえるであろう． ［関谷 昇］

社会契約説批判
[英]criticism of the social contract theory

　社会契約説は，政治権力（統治）や政治共同体の起源を，構成員の契約に求める議論の総称である．社会契約説は，政治権力の正統性（政治権力に対する服従義務の正しさ）の根拠を被治者の同意に求める政治思想の一つであるが，契約や権利などの法学的概念を用いながら，起源論・歴史論の次元で同意を論じ，過去の同意を規準にして現在の政治権力の正統性を判定する理論構成を採る点に最大の特色がある．社会契約説は，宗派対立の中で統治の正統性が厳しく問われた16世紀以降のヨーロッパで盛んに論じられたが（17世紀のホッブズやロックの社会契約説もそうした宗派対立の歴史的文脈に位置する），18世紀から19世紀初頭にかけて，理論的にも歴史学的にも批判にさらされて衰退した．

●**社会契約論の修正**　しかし当初からさまざまな批判にさらされた社会契約説は，批判に応答するかたちで変容・修正を遂げていた．非契約当事者の服従義務をめぐる理論的問題，つまり，社会契約に参画せず同意を表明していない構成員や世代がなぜ社会契約に拘束されるのかという論点について，J. ロック (1632-1704) は，「暗黙の同意」概念を持ち出し，領域内の土地を享有する行為は同意の表明を意味すると論じた（『統治論』1690）．F. ハチソン (1694-1746) はさらに，ローマ法に由来する「準契約」（当事者の同意を欠くにもかかわらず法律上存在していると擬制される契約）の概念を援用し，社会契約はその利益ゆえに同意がなくとも子孫世代を拘束するとした（『道徳哲学序説』1747）．

　社会契約の歴史的実在性をめぐって，例えば R. フィルマー『パトリアーカ』(1680) は，F. スアレスや R. ベラルミーノを批判する中で，被治者の全体集会は人類史に存在したことはないと主張した．18世紀啓蒙期の歴史叙述は，未開・野蛮から文明社会に至る人類の進歩を描いて，社会契約説とは別様のかたちで統治や政治共同体の起源を提示した．こうした議論をふまえて18世紀には，J.-J. ルソー『社会契約論』(1762) のように，社会契約論を，正統性をめぐる政治理論として純化していく動向がみられる．I. カント (1724-1804) は，起源論・歴史論としての社会契約論を退けたうえで，社会契約（「根源的契約」）をアプリオリな理念として再定位して，国家の正統性を判定する規準とした（『理論と実践』1793，『人倫の形而上学』1797）．

●**ヒュームの批判**　18世紀における社会契約説批判を代表するのは D. ヒューム (1711-76) である．ヒュームは，ロックを明示的に標的としながら，大きく三つの観点から社会契約説を批判した（「原始契約について」1748，『人間本性論』1740）．第一は，歴史学的な批判であり，社会契約は人類史に実在していないとい

う事実に基づく批判である．ヒュームは代わって，実力や征服の契機や対外戦争という状況を重視して，政治権力の発生・起源を説明する．

　ヒューム自身が強調したのは第二の，政治哲学的な批判である．ヒュームは，社会契約説の理論的難点（過去の契約は現在の世代を拘束しえない，選択の自由がない状況では暗黙の同意を推定できない）を指摘しながら，政治権力への服従義務をめぐっては，「一般的で明白な利益の観察」から形成されたとする，社会契約説とは別様の説明を提示した．ヒュームは，社会の基本的ルール（「正義」）の成立と，政治権力の成立を区別する（社会契約説が契約によって根拠づけたのは前者でなく後者である）．契約履行（約束遵守）と政治的服従義務は二つの別個の規範であり，前者を所与の前提とすることはできず，むしろ前者を確固とするために後者がつくられるのであるから，契約によって服従義務を基礎づけることは不可能である，というのがヒュームによる契約説批判の核心部である．

　第三は，政治理論としての難点をめぐる批判である．社会契約説は，人びとの日常的な意識（「一般的意見」）においても，さらには政治理論としても受容されておらず，人間や社会の学に必要な経験的な根拠を欠くというのである．

●**普遍的原理と有機体説に基づく批判**　政治権力の正統性の基礎を利益に求めたヒュームと同様に，J. ベンサム（1748-1832）は，ヒュームに明示的に依拠しながら社会契約をフィクションとして退け，代わって「効用の原理」を統治の基礎とした（『統治論断片』1776）．政治権力の正統性を過去の契約ではなく，非歴史的な普遍的概念に置き換えたのは功利主義だけではない．18世紀末の急進主義は，普遍的人権の概念に依拠して統治の正統性を論じるようになった．

　反対に，共同体を個人に優先させる思想系譜の側も，社会契約説を批判した．E. バーク（1729-97）は『フランス革命の省察』（1790）において，社会契約説の語彙を使用しながらも同意の契機を捨象して，政治共同体を時間・空間を超えたパートナーシップとして位置づけた．G. W. F. ヘーゲル（1770-1831）は，恣意的意志の共通にすぎない契約によって国家を基礎づける社会契約説を批判し，人間は，その意志によらず本性において国家の市民であると論じた（『法哲学』1821）．こうした批判を経て，社会契約説は19世紀以降衰退した．

●**20世紀における再生と批判**　しかし，20世紀には，社会契約説の歴史的意義を強調する西洋政治思想史理解が一定の影響力をもつとともに（C. E. ヴォーン，J. W. ガフ，福田歓一），政治理論・政治哲学の分野では，J. ロールズや R. ノージックがそれぞれ社会契約説を理論的に再生した．

　これに対して，自由主義の公私二元論を批判した第二派フェミニズムは，ロックの社会契約説について，フィルマーの政治的家父長主義を退けたものの，家長による社会契約を対置したにとどまり，家庭における家父長主義を残したと批判した（C. ペイトマン）．

［犬塚　元］

ベンサム
Jeremy Bentham

　近代の功利主義を提示した人物として知られるジェレミー・ベンサム(1748-1832)は早熟で，12歳半ばにオックスフォード大学クイーンズ・カレッジに入学し，在学後半にはロンドンにある法曹学院のひとつ，リンカーンズ・インにも籍を置いた．コモン・ローの体系的考察を進める W. ブラックストンの講義を聴いたもののベンサムは納得せず，ブラックストンの『英法釈義』(1765-69)に対しての批判を書きためた．この著述は20世紀になって『釈義評注』として刊行される．法曹の道に進むようにという父の願いに反してベンサムは，法と統治のあり方をめぐる思索と著述に精力を注いだ．匿名の『統治論断片』(1776)の序文にはC. ベッカリーアによる「最大多数の最大幸福」という表現が1回だけ登場するが，ベンサム自身がこの語を好んで用いたのは時を経て1820年前後のことであった．1780年までに書かれた『道徳および立法の諸原理序説』(1789)を起点に法の体系的な著作を目指したが，自ら公刊したのはその一部にすぎない．その全体は，ジュネーヴ出身のE. デュモンが編んだフランス語版『立法の原理』(1802)などにより広く知られるようになり，後にJ. バウリングにより11巻本『著作集』(1838-43)も編まれたが，膨大な草稿をもとに新『著作集』の編纂が1960年代以降開始され，いまも継続中である．

●**功利性の原理**　C.-A. エルヴェシウスやベッカリーアら大陸の思想家をも見渡したベンサムは，コモン・ローによる刑罰の運用は恣意的で過酷になりがちだとみていた．そこで恣意性を排するために，法を一義的に明文化された形で制定することが必要であるとし，『序説』で基礎原理として，幸福は快の増大と苦の回避によりもたらされると論じた．ベンサムによると多くの人びとは，自分の快についてはよく判断できるけれどもその快をもたらす行為が他の人びとに及ぼす苦痛・危害については必ずしも判断できない．そこで，他者に害悪を及ぼすような行為を予防することが重要だというのである．さらにベンサムは各人の幸福の可能性について，特定の人に偏りが出ないようにという意味での平等にも配慮を及ぼした．ベンサムは『序説』などでこの考えを「功利性の原理」と名づけ，晩年には「最大幸福の原理」とも呼んだ．

●**パノプティコンと「間接立法」**　ベンサムは原理としては，自分の幸福を判断できるのは当の自分自身だと想定したが，実際には判断能力を育み，あるいは矯正しなければならないという領域もある．ベンサムは，当時の刑罰はむやみに厳罰に処するばかりで当事者の判断能力を育むことに役立っていないとみて，代替案を提示した．ドーム型の建物の外周に独房を配置し，囚人にとっては看守が見

守っているかもしれないと思わせる工夫を凝らすことによって作業を習慣づけようとの，パノプティコンの構想である．同様にベンサムは救貧院にもこの仕組みを導入し，社会において自覚的に働きうるようなより多くの人材を育てることを提唱したのである．M. フーコーが『監獄の誕生』(1975) の中で論じたことを契機に，パノプティコンは監視の仕組みの象徴としてみなされるようになった．しかし，近年では，公衆が統治者・立法者を見守るヴェクトルをも備えたベンサムの「間接立法」論と併せてとらえるという，新しい解釈が生まれつつある．

●**法と統治の改革へ**　ベンサムは『序説』執筆当初，統治者たちの手により「功利性の原理」に則った立法が行われることを期待していた．しかしパノプティコンの提案が受け入れられないなどのことが重なって，1810 年前後になるとベンサムは，現実の政治が「邪悪な利益（シニスター・インタレスト）」によって支配されているとの批判を強めていく．ベンサムの影響を受けた人びとは，「功利性の原理」という理屈に基づいて法や統治の改革を求める勢力となり，やがて「哲学的急進派」と呼ばれた．名誉革命から時を経た議会では，買収を伴う腐敗選挙区が横行するなどといった様相で社会の利益を適える機能を果たしていないというわけで，1832 年の議会改革に至る経緯においてもこの動きは大きな要因を占めることとなった．とはいえベンサムは，その議会改革の法案通過の直前に没した．

●**ベンサムをめぐる反発と普及**　コモン・ローに替わる立法の原理を対置するというベンサムの議論はイギリスではにわかに受け入れられるものではなかったが，デュモン編のフランス語版著作のおかげで南欧や中南米では好意的に受け止められ，これらの国のために『憲法典』の提案を行ったりもした．1820 年代にはグァテマラのある政治家から「世界の立法者」という讃辞を贈られたほどである．しかし，およそ幸福を快楽の増大，苦痛の回避として論じるその議論に対しては，当時から批判が飛び交った．幸福と快楽との同一視は人間の陶冶の可能性を考えていないとのロマン主義的な批判，あるいは「損益計算の哲学」だとの T. カーライルによるレッテル貼りなどはその典型で，これについては J. S. ミルの功利主義論がある程度の応答を行った．20 世紀後半の批判のうちの一つは，功利主義の立場は正義の問題をうまく説明できていないというものだが，その批判は多分に，「最大多数の最大幸福」という標語を念頭になされており，ベンサムの著作の仔細と照合して検討することも必要であろう．

　日本では開国後ほどなく，ベンサムの考えは小野梓などによって摂取され，1870 年代には近代的な立法を模索するための資料として，デュモン編をもとにした R. ヒルドレスの英訳『立法の原理』などからの重訳もなされた．また，『序説』は陸奥宗光により『利学正宗』(1883-84) として訳された．しかしドイツ流の統治へと推移していく中で，19 世紀末以降にはベンサムへの関心は薄らいだ．

〔深貝保則〕

18 世紀の共和主義
[英]republicanism in the eighteenth century

　20世紀の第4四半世紀の思想史研究では，共和主義に関心が集まり，18世紀ヨーロッパについても，共和主義の存在やその影響がさまざまに指摘された．その結果，かつては，社会契約説と功利主義の狭間に位置して不毛の世紀とされた18世紀ヨーロッパの社会思想史は，大きく書き直された．共和主義は，最広義には「共和政を志向する政治思想」として定式化できるが，しかし，そもそも共和政とは何かをめぐって，過去（思想史）においても，現在（思想史研究）においても理解は多様である．つまり，共和主義はきわめて論争的な概念であり，18世紀の共和主義にもさまざまな系譜や理解を指摘できる．

●**「自由な国家」としての共和政**　ここでは，目指すべき理念としての共和政の用例に注目して共和主義の系譜をたどる．共和政（republic, commonwealth）は，古代の語源（res publica）からすでに多義的であり，国家（政治共同体）一般を意味する場合もあった．18世紀には，共和政に新しい用例・定義が加わって，共和主義の新しい潮流を観察できる．

　18世紀における第一の理解は，共和政を「自由な国家」の意味で用いる．目指す価値は，政治権力の抑制，恣意的権力行使の排除であり，この対抗概念は絶対主義（「絶対的政府」「専制政」）である．この共和政は，政治の私物化を防いで公共善の実現を目指し，政治的自由を保持する政治体制を意味する．

　この系譜の共和主義は，18世紀には以下の特徴を備えた．(1) 多くの場合に，権力抑制の制度的保障とみなされたのは混合政体（二院制立法機関を中核とする多元的権力機構）であり，共和政は，君主政・貴族政・民主政の各要素を混合してそれらの均衡によって成り立つと考えられた．(2) したがって共和政は，君主政や君主と両立可能とされた．『カトーの手紙』(1720-23) はイギリスを「頭に王を抱く共和政」と表現した．(3) 共和政が混合政体として理解され，古代ローマと並んで18世紀イギリスがその典型とされたことが示すように，身分制議会を備えた伝統的な制限君主政（「ゴシック王政」）も共和政として理解可能だった．それゆえ共和主義は，古き良き「古来の国制」を擁護する思想にもなった．

　(4) これとは別に，権力抑制や恣意的権力排除の理念を，（前世紀のJ. ハリントンと同じように）「人の支配」ではない「法の支配」として表現する思想系譜があり，J.-J. ルソー (1712-78) や I. カント (1724-1804) は共和政をそう定義した．彼らはこうした定義を通じて共和政を，君主政・貴族政・民主政の区分とは別の次元に位置づけて，共和政は君主政とも両立可能であるとやはり明言した．

●**代議政体としての共和政，非君主政としての共和政**　ところが18世紀の後半

になると，共和政の本質を代議制（代表制）に求めるまったく別の理解が登場した．T. ペイン（1737-1809）や J. マディソン（1751-1836）がその代表である．

この意味での共和政の対抗概念は民主政であり，代表制を採用した大きな共和政は，古代ギリシアの騒乱的な小さな直接民主政と対置された（ただし，この定義では，民主政の側も代表制によって定義された後には，共和政と民主政の関係が不明確となった）．広大な版図，代表制，経済活動に敵対的ではないことに注目して，このタイプの共和政理解や共和主義を「近代型」と呼び，反対に，それまでの共和政理解や共和主義については，古代ローマの制度と理論を模範としたことから「古代型（古典的）」と呼ぶ解釈がある．この解釈によれば，18 世紀は，古代型共和主義が近代型共和主義に移行する歴史的転換期であった．

さらに第三に，共和政を王のいない政治体制として，つまり君主政の対抗概念とする理解があり，特に大革命以後のフランスではもっぱらこの意味で共和政や共和主義が理解された．こうした理解は，一人支配ではない貴族政と民主政を共和政としてひとまとめにしたモンテスキュー（1689-1755）の『法の精神』（1748）にみられる．モンテスキューによれば，特定の個人に政治を任せずに市民が政治に従事する共和政は，無私の公共精神（「徳」）を必要とするため，経済活動が盛んになった近代世界ではもはや維持不可能であった．

●**現代のさまざまな解釈**　18 世紀の共和主義について，現代の解釈の出発点となっているのは，J. G. A. ポーコックの研究である．ポーコックは，「コモンウェルスマン」（急進ウィッグ派）の思想をたどった C. ロビンズの研究を継承しながら，18 世紀前半のイギリスのカントリー派（政権批判派）の思想を共和主義とした．財政軍事改革による行政府の強力化，国債を原資とする職業軍（常備軍）整備を，カントリー派は「腐敗」として指弾し，混合政体や民兵制に立脚した「自由な国家」を対置した．ここにみられるのは，社会的相互依存や経済活動の進展（人間の社会化）によって，共和主義の政治的自律が脅かされた歴史過程（富と徳の対立）であり，この延長上にルソーの文明批判が位置した．

さらにポーコックは，18 世紀後半に共和主義はアメリカやアイルランドの独立運動，イングランド急進主義に継承されたと解釈した．これは，アメリカ革命史・建国史において，J. ロックの自由主義でなく，共和主義の影響を重視した B. ベイリンや G. S. ウッドの研究をふまえた解釈である．

アングロ・アメリカ世界での系譜に焦点を絞って 18 世紀の共和主義をとらえたポーコックに対して，F. ヴェントーリは，17 世紀イングランドの共和主義が 18 世紀のヨーロッパ各国の啓蒙の改革思想に連続したとの歴史理解を採った．近年では，各国の初期近代のさまざまな社会思想・政治思想に共和主義の影響を見出して，共和主義を「ヨーロッパの共有遺産」とみなす観点が有力だが，その反面，そこでは共和主義の定義はさらに曖昧になっている．　　　　　[犬塚 元]

一般意志と人民主権

［仏］volonté générale et souveraineté populaire　［英］general will and popular sovereignty

　神学的概念から世俗的概念への一般意志の変容は，人民主権概念の刷新と深く結びついている．一般意志の意味転換の道程にはN. マルブランシュ（1638-1715）やD. ディドロ（1713-84）が位置づけられる．一般意志は「神においてすべての事物を見る」マルブランシュにあっては神の一般意志として記述され，ディドロにおいては自然法と結びつけられ，普遍的理性と近接した人類の一般意志ととらえられた．こうした一般意志の観念を刷新したのがJ.-J. ルソー（1712-78）である．

●**一般意志とは何か**　ルソーによれば，一般意志とは正義と有用性（権利と利益）の一致を実現させる場（政治体）に結合した，人民の意志のことである．社会契約とは，人びとが誰一人，何者かに服従する奴隷に転落せず，自由であり続けるために，国家でありアソシエーションでもある政治体をつくり出す約束，合意である．この政治体の創出行為は「人民が，それによって人民となる行為」（ルソー 1762a：28）であるが，この合意だけは全員一致でなければならず，何者かに従属してきた自分自身と決別するために，自己をすべての権利とともに共同体全体に全面譲渡することが前提とされる．このような政治体を主導する意志こそがルソーの一般意志である．「我われの各々は人格（personne）とすべての力を共同のものとして一般意志の最高の指導の下におく」（同書：31）．一般意志は，全市民が足を運んで法をつくる人民集会で，政府の提出する法案に対して，各市民が独立して個別意志を表明することで導出される政治体の共同意志である．ルソーは，一般意志が個別意志を集めただけの全体意志とは異なることに注意を喚起して「これらの個別意志（個別意志の総和）から，相殺し合う過不足を除くと，相違の総和として，一般意志が残ることになる」（同書：47）と述べ，一般意志導出の二条件として，全市民が十分な情報をもっていること，市民が互いに意志を伝え合わないことを提示する．

　ルソーの一般意志は難解とされ，解釈もさまざまだが，市民の同質性を強調するものが多い．しかしテクストに従えば，ルソーが前提とするのは，市民の利害の対立や差異であり，政治は，利害対立や差異ある人びとの中から共同の意志を見出す「技術」「完成された人為」ととらえられる．「市民が自分自身の意見だけをいう」（同書：48）とは，人民集会の討議で市民が雄弁に意見を述べることではなく，政府法案に対して市民が独立して一票を投じる行為を指す．人民集会における「長い討論や紛争や騒々しさは個人的利害の擡頭と国家の衰退とを告げるものである」（同書：147）とルソーは断言する．立法に参画する時，市民は当事者であり裁判官であることが求められる．「ある法が人民の集会に提出される時，人民に問われている

ことは，正確には，彼らが提案を可決するか，否決するかということではなくて，それが人民の意志，すなわち，一般意志に一致しているか否か，ということである．各人は投票によって，それについての自らの意見を述べる」(同書：149-150)．

ところが，ルソー以後の時代に起こったことは，ルソー的な一般意志観念の受容ではなく，そこからの変容であった．フランス革命期の「法律は，一般意志の表明である」とする人権宣言第6条は，立法は市民自身またはその代表者によると並記する．さらに，M. ロベスピエール (1758-94) が主唱した「議会の一般意志の支配」は，直接民主制ならぬ代議制の肯定であり，ジャコバン独裁期には，それは事実上，ロベスピエール派の意志にまで縮減される運命をたどった．

●**人民主権** 人民主権とは，国内的には国家の最高権力であり対外的には国家の内政外交についての独立権である主権が，人民に存することをいう．主権概念の歴史において，まず，J. ボダン (1530-96) は宗教戦争の時代に『国家論』(1576) において国家の絶対的，永続的な権力としての主権概念を提示し理論化を進めた．絶対王政末期に，ルソーは『社会契約論』(1762) において先行する H. グロティウス (1583-1645)，T. ホッブズ (1588-1679) への批判を通して人民主権論を練り上げる．『戦争と平和の法』(1625) においてグロティウスは，アリストテレスに依拠し，人間が自己の自由を譲渡して主人の奴隷になりうることを根拠に，人民が自由を譲渡して君主に服従する臣民になることを肯定した．ルソーはグロティウスの奴隷権の肯定を批判し，君主の絶対的支配権を否定する．ルソーにとって自由の放棄は，人間たる資格の放棄にほかならないからである．ホッブズは『リヴァイアサン』(1651) において，死への恐怖という情念が「万人の万人に対する闘争」下にある人びとを平和に向かわせ，国内平和を実現する国家＝コモンウェルスを樹立させると説いた．ルソーは，ホッブズの国家創設の理論枠組みを受容する一方，国家の創設が全員一致の合意ではなく，多数者側の合意にすぎないこと，創設された国家において，人びとが絶対的な主権をもつ主権者に服従しなければならないことを批判する．自由を誰にも譲渡しない自己が，他者とともに主権者となって発見する政治体の一般意志にしたがってしか主権は行使しえないとするルソーの徹底した人民主権の理論は，こうした先行理論への批判を通して完成された．

しかし以後の歴史は，ルソー的な理念の現実化の難しさを物語っている．フランス革命期に民衆側，議会側から人民主権的な構想が示された．前者のパリのサン＝キュロット運動から命令的委任論を提起した J. ヴァルレ (1764-1832) の構想は，敗北を余儀なくされた．後者の国民公会によって採択された93年憲法は，憲法史上，人民主権の憲法，半直接制の憲法とみなされるが，施行されることはなかった．結局，フランス革命期に，人民とは異質の，抽象的，観念的存在としての国民に主権が存するとする，代表制と結びつく国民主権の観念が確立され，現代に至っても多数の国家で国民主権が基本原理とされている． ［鳴子博子］

啓蒙専制

[英]enlightened despotism　[独]aufgeklärter Herrscher　[仏]desportisme éclairé

　「啓蒙の世紀」と呼ばれた18世紀のヨーロッパにおいて，各国の君主たちはその積極的な権力行使を通じて「上から」の社会改革プログラムを構想し，さらにはその実現に努めた．その代表的人物として，プロイセンのフリードリヒ2世（1712-86），オーストリアのヨーゼフ2世（1741-90），ロシアのエカテリーナ2世（1729-96）の名が知られている．彼らは，国家統治の究極目標として「臣民の幸福」を最大限に実現することを謳い，行政や税制の合理化と効率化，学問的知識に基づいた経済・財政運営，寛容論に基づいた宗教政策，反人道的な刑罰制度の廃止などを次々と打ち出した．こうした潮流の背後には，各国の君主に招聘されるか，あるいは自ら君主への積極的な働きかけを行った啓蒙思想家たちの影響がみられる．

●**新たな君主像**　王太子時代から啓蒙思想家のヴォルテール（1694-1778）と親しく交流したフリードリヒ2世は，「理性の時代」にふさわしい新たな君主像を打ち出すべく，前者の助言と校閲を容れながら『反マキアヴェッリ論』（1740）を著した．「君主は国家第一の下僕」という有名な文句を生んだ本書では，「臣民の幸福」のため君主がいかに粉骨砕身して統治にあたるべきかが説かれている．マキアヴェッリの『君主論』（1532）とは異なり，君主の被治者に対する義務や責任がしきりに強調される．また軍事や外交の方面だけでなく，人口・財政・貿易収支・農業や産業の振興・司法・税制・貧民対策・宗教的寛容など内政面の充実を訴えている点でも本書は画期的な内容をもっていた．フリードリヒ2世は，特にこうした内政および軍事・外交の諸方策が「正確かつ精緻な知識」と「確固とした体系」に基づくべきであり，君主は日夜その研究と思索に励むべきだと主張した．

●**官房学の体系化**　こうした『反マキアヴェッリ論』の主張と足並みを揃えるかのごとく進展したのが，当時のドイツやオーストリアで「官房学」あるいは「国家学」と呼ばれた学問の体系化である．学問的関心と行政の実践を結びつけて国民の物質的幸福の向上を目指したこの学問は，大学講座の設置など君主からの優遇措置によって大きく発展していく．J. H. G. フォン・ユスティ（1717-71）は，ドイツやオーストリアの各地で教授職を歴任し，数多くの著作を公表して官房学の体系的基礎を築いた．特に彼が貢献したのは財政と税制の分野であり，課税は臣民の間で公正均等に，産業に負荷をかけず，簡便に安定して徴収されるべきであると説いた．さらに J. F. フォン・ゾネンフェルス（1733-1817）は，マリア・テレジアやヨーゼフ2世の政策顧問を務めながら，オーストリアの官房学体系を大きく発展させた．多くの官房学者がそうであったように，彼もまた人口を国力の中

心的要素とみなし，対外的安全・経済発展・財政運営の分野との相互連関を考察した．また，「統計学の父」と呼ばれる G. アッヘンヴァル（1719-72）は，各国の産業・天然資源・人口・軍事などに関する各種のデータ収集を重んじることで官房学のいっそうの発展に貢献した．

●**中国の理想化**　他方フランスでは，F. ケネー（1694-1774）の率いるフィジオクラシーの思想運動が，統治機構を集権化・合理化するための模範をアジアの一大帝国である中国に見出していた．そこでは国をあげて教育が重視され，国家統治の要職を担う人材が一般公開の資格試験（科挙制度）によって身分に関係なく選抜されている．このように学問的能力を重視する中国の官吏登用法は，世襲貴族の身分特権や金銭にものを言わせた売官制が横行するフランスにあって，非常に先進的な制度として称賛されることになる．特にケネーは，フランスでも類似の官僚組織を早急に整備して君主統治のサポートにあたらせ，恣意的税制や国内・国外交易への規制が改革されるべきだと説いた．こうしたケネーの思想を受け継いだ弟子のうち，デュポン・ド・ヌムールはオーストリアのヨーゼフ2世の下へ，ル・メルシエ・ド・ラ・リヴィエールはロシアのエカテリーナ2世の下へ助言と協力を請われて赴くことになる．

●**ディドロの抱いた不安**　特にエカテリーナ2世は『百科全書』（1751-72）の編集者として知られる D. ディドロ（1713-84）をも彼女の下へ招き寄せた．当時のディドロはフィジオクラートの唱えた「合法的専制」の概念に強い賛同を示しており，ル・メルシエ・ド・ラ・リヴィエールについても「モンテスキューの死を慰めてくれる人物」とまで称賛している．しかし，現実の啓蒙専制君主との対話や接触の機会を得たディドロに，大きな政治観の転換が訪れる．公正で賢明な専制君主による優れた統治が何世代も続くとすれば，いつしか被治者は「自由に関する不安」を喪失し，物質的繁栄に満足するだけの「動物なみ」の状態に陥るのではないか，そうした不安と懐疑の念を彼は抱くようになる．人びとが自ら討議し，選択し，場合によっては反対する権利をもつことがディドロの考えた「自由」の眼目であった．英明で過つことのない専制君主の支配は，究極的にこの自由を脅かすものと彼には思われたのである．

●**歴史学上の論争**　ところで，最後に付言しておかねばならないが，「啓蒙専制（君主）」という用語は歴史学上大いに論争の余地がある概念である．19世紀の歴史家たちによって持ち出されたこの概念は，たびたび批判や疑念に曝されてきた．いわゆる啓蒙専制君主と呼ばれる各国の支配者たちは同時代を生き，啓蒙思想家たちと交流し，衆目をひく画期的な改革プランにも着手したことは確かである．にもかかわらず，貴族のような特権層への態度や農奴解放への取り組みにおいて，彼らの間には著しい相違もみられ，一括りに啓蒙専制君主という名称を与えていいものか，現在の研究水準では多くの疑問も呈されている．　　［安藤裕介］

古典派経済学の成立

［英］making of classical political economy

　古典派経済学によって意味されるものは，初めてその用語を使用した K. マルクス以来，論者によってさまざまであったが，今日では通説的な使用法がみられる．すなわち，A. スミス（1723-90）『国富論』（1776）から D. リカード（1772-1823）『経済学および課税の原理』（1817）を経て J. S. ミル（1806-73）『経済学原理』（1848）へと継承展開された体系的な経済思想，あるいは，18世紀末もしくは19世紀初頭より第3四半期までイギリスで主流（その広狭をどの程度認めるにせよ）を占めた経済学を指す．経済現象を解明せんとする最初期の記述的かつ体系的試みであるがゆえに「古典」であるのみならず，とりわけその後主流となる新古典派経済学との断絶もしくは対照を示唆して「古典派」と称される．

●**経済認識，モデル，展望**　『国富論』で繰り返し語られるメッセージは，社会を構成する諸個人の私的利害に基づく行為が，意図することなしに，社会全般における望ましさを究極的には実現する，というものである．これに基づいて，『国富論』は目先のことにとらわれがちだが合理的な人びとがいかに社会的秩序を生成するかという T. ホッブズ以来の政治学上の難問を経済という舞台へ移し替えたのだ，との解釈も存在する．が，そうした解釈は古典派経済学という枠組みに収まりが悪い．というのも，同時代のフランス経済学や後の新古典派経済学と異なり，個人が合理的選択をどのように行うかについての記述的分析に，古典派経済学が関心を示すことはほとんどなかったからだ．

　経済認識における基底たる費用概念が端的にそれを物語る．古典派経済学は，費用を経済主体の選択に影響を与えるという意味で主観的に定義するのではなく，それを何らかの形ですでに支出されたものとして客観的にとらえようとした．このことは何よりも，その特徴的な経済認識，より具体的にいえば，同時代のイギリスにおいて勃興する資本主義経済の総体を実物的かつ動態的に把握しようという問題関心と関わる．それによれば，資本家・労働者・地主という三階級からなる経済の動態は，資本家が資本（固定資本だけでなく労働者の賃金も含む）を種々の産業部門において「前払」つまり投入することで始まる．一定の生産期間の後産出された種々の生産物は社会的総生産を構成するが，来期以降の再生産を保証すべく資本を維持するための費用——客観的な費用——を社会的総生産から控除した剰余だけが，社会にとって自由に処分（すなわち，消費または貯蓄）できる部分をなす．この剰余部分は，所得分配上，資本家への利潤および地主への地代を構成するが，上のような経済動態において資本蓄積こそが経済成長の経路を大きく左右するのであるから，まずもって資本家がいかに貯蓄（したがって

純投資）に励むかに関心が払われた．価格現象に接近する際にも，古典派経済学は，再生産を保証するという条件の下での価格形成に関心を寄せ，価格は当該財を市場にもたらすのに支出された何ものかに依存すると想定した．

　こうした経済認識が新たな体系性をもって提示され，同時代人からも経済学が科学として承認されるに至ったのは，対仏戦争（1793-1815）を背景に生じた種々の経済政策論争を経てのことである．これに資するところ大であったのがリカードだが，それは『人口論』（1798）の著者としてすでに知られていた T. R. マルサス（1766-1834）との理論的対峙抜きにはありえなかった．というのも，土地という資源が稀少であることにより農業部門が収穫逓減を余儀なくされるというマルサス的な仮定を分析の基礎に置いたことで，リカードは経済学的なモデルとも呼びうる理論装置を得て，そこから顕著な実践的系論を引き出したからだ．すなわち，費用を要しないにもかかわらず土地が地代を要求するのは肥沃な土地の相対的稀少性ゆえである（差額地代説）と論じ，地主階級の利害が社会全般のそれと対立すると指摘した．また，国内における食糧供給の悲観的見通しから過剰人口へ警鐘を鳴らし，労働者階級における婚姻についての慎慮の普及を妨げる救貧制度を批判した．さらに，同様の見通しから食糧輸入の必要性（穀物法廃止）を説き，自由貿易による工業立国イギリスという展望を提示したのであった．

●**思想的位相**　1821 年にロンドンで発足した経済学クラブは，そうした経済認識や系論を何ほどか共有する多彩な顔ぶれからなり，古典派経済学の確立を象徴する．実際，古典派経済学は，同時代のさまざまな思潮と交錯しながら「改革の時代」のイギリス社会に大きな影響を与えていく．ここでは，その関連で重要な思潮を三つ指摘しよう．一つは哲学的急進主義であって，中心人物ジェイムズ・ミル（1773-1836）は，ベンサム流功利主義に強く影響を受け，地主寡頭制と国教会に基礎を置くイギリスの旧体制を打破すべく急進的な改革を唱道する一方で，リカードに『原理』執筆を勧め，さらには政界へと押し上げた．第二は，ウィッグの事実上の機関誌『エディンバラ評論』を主たる媒体とした，名誉革命以来の体制を維持しつつ漸進的な改革を志向するという比較的穏健な思潮である．『評論』寄稿者たちには，スミスの謦咳（けいがい）に接した D. ステュアート（1753-1828）に学んだ者も多く，リカードの最も忠実な弟子と評された J. R. マカロク（1789-1864）は，階級間の利害対立よりも調和を強調することとなる．第三は，当時国教会内外で急速に台頭した福音主義に鼓吹された思潮であって，自由主義経済を現世の試練の場として肯定的にとらえるという想念を生み出し，自由主義派トーリーの形成に欠くべからざるものとなった．

　こうした思想的展開の中で，スミスは「フリートレードの原理」を確立した「経済学のニュートン」として偶像化されていったのである．　　　　［久保　真］

18世紀の功利主義

[英]utilitarianism in the eighteenth century

　功利主義とは，簡潔にいえば，個人の行為や政府の政策を評価する場合に，それらが社会全体の幸福にもたらす帰結を考慮して判断する道徳政治哲学である．しかし，そもそも「幸福」とは何か，それはいかにして実現可能なのかといった根本的問題について，功利主義者の見解が一致しているわけではない．ここでは18世紀の功利主義の多様性とその関係について，三つに分類して整理する．

●**神学的功利主義**　18世紀のイギリスでは，宗教的な立場から展開された神学的功利主義が大きな影響力をもった．J. ゲイ（1699-1745），J. ブラウン（1715-66），A. タッカー（1705-74），そして W. ペイリー（1743-1805）などがその中心的存在である．中でも，イングランド国教会の聖職者であるペイリーの『道徳政治哲学の原理』（1785）は，神学的功利主義の代表的著作として大いに注目を集め，ケンブリッジ大学の倫理学の教科書として採用され続けた．

　ペイリーは本書で，人間の「徳」について，「永続的な幸福のために，神の意思に従って人類に善を為すこと」と定義する．ペイリーによれば，真の幸福とは，具体的には隣人愛としての社会的情愛の涵養，自らの置かれた立場にふさわしい社会的義務の遂行，善き習慣への服従，健康の増進などを意味する．これら以外の「感覚の快楽」については，身体的快楽だけでなく，音楽，絵画，建築，造園，演劇，各種のスポーツなどを含めて，持続性を欠いているがゆえに，真の幸福に値しないものとして除外される．人間は，これらの特定の幸福を人類にもたらすために，積極的に行為しなければならない．

　しかし，ペイリーは同時に，人間には他人の幸福よりも，自己の快楽を優先する利己的傾向性が根深く存在することを認める．それでは，利己的人間はいかにして他人の幸福を積極的に追求しうるのか．ペイリーによれば，来世における神の「褒賞と刑罰」こそが，利己的人間が「利他的」に行為する動機を提供する．現世で悪徳な人間は，来世で神によって「地獄の苦痛」を科せられることになるだろう．このように現世は，来世において神の「褒賞と刑罰」が差配されるための試練の場として意味づけられる．

●**大陸啓蒙の功利主義**　18世紀の大陸ヨーロッパでは，功利主義は反宗教的な特徴をもった．フランスでは，C.-A. エルヴェシウス（1715-71）が『精神論』（1758）を刊行し，人間の真の「徳」を「公共の福利に貢献したいという願望」と定義した．しかし，エルヴェシウスは「公共の福利」の観念から一切の宗教的要素を排除する．彼にとって，死後には身体とともに霊魂も消滅すると考えられる以上，来世における神の賞罰を想定することは無意味かつ有害であった．

そこでエルヴェシウスは，利己的人間を「有徳な行為」へと導く動機として，宗教的賞罰の代わりに立法者の「褒賞と刑罰」に着目する．この場合，立法者が褒賞として付与するのは「名誉」である．すなわち，公共の福利を増大させる行為に対しては名誉が付与され，減少させる行為に対しては刑罰が科せられる．エルヴェシウスによれば，こうした立法者による適切な「褒賞と刑罰」の配分が，人間を有徳な行為へと駆り立てる確実な動機を提供するのである．

イタリアでは，C.B. ベッカリーア（1738-94）の『犯罪と刑罰』（1764）が反響を呼んだ．彼は本書で，立法の目的として「より多くの者たちの間に分けられた最大の幸福」を掲げる．そのためには，罪刑法定主義，罪刑均衡や推定無罪の原則，人身の自由の保障，死刑と拷問の廃止などのさまざまな法制度改革が必要とされた．彼はまた，刑罰以外の犯罪予防策として，立法者が人びとの名誉心を利用して「美徳に対して褒賞を与える」ことを提唱した．エルヴェシウスと同様，立法者による名誉の適切な配分は有徳な行為を増大させると思われたのである．

●**ベンサムの功利主義** J. ベンサム（1748-1832）は『統治論断片』（1776）において，個人の行為や政府の政策の評価基準を「最大多数の最大幸福」と定めた．この場合，ベンサムが「幸福」として意味するのは「快楽」の増大と「苦痛」の減少である．ただし，そこには身体的物質的な性質の快苦だけでなく，「敬虔」や「名声」など多様な精神的快苦も含まれていることに注意が必要である．

ベンサムは，『道徳および立法の原理序説』（1789）において，宗教的サンクションという神の賞罰と，道徳的サンクションという人びとの評判が，ともに利己的個人に対して「社会的動機」を提供しうることを認めた．宗教や他人の評判は，利己的人間が他人の幸福のために有徳に行為する動機を提供しうると考えられたのである．しかし，ペイリーやエルヴェシウスとは異なって，ベンサムは，これらが国教会や立法者によって管理されるべきだとは考えなかった．来世における神の褒賞や他人から得られる名声は，国家が制度的に管理すべきではなく，諸個人が自発的に追求すべき事柄であるとされたのである．

社会全体の幸福の最大化のためには，諸個人の自由と自発性が不可欠であるとするベンサムの思考は，政治的サンクション，すなわち立法の果たすべき役割についても一貫している．ベンサムの考えでは，諸個人は原則として，自らの幸福について最も適切に判断しうる立場にある．したがって，立法者が諸個人の多様な幸福を一義的に定義することは困難であり，抑圧的でもあった．立法者の果たすべき主な役割は，諸個人の幸福追求に直接的に介入するのではなく，諸個人の自由な幸福追求を可能にするための基盤の整備に限定されたのである．

18世紀のイギリスでは，政治や宗教など多方面において，諸個人の自由な幸福追求を妨げるさまざまな制約が存在していた．ベンサムが提起した改革案は，その後19世紀のイギリスにおいて大きな影響を及ぼすことになる． ［小畑俊太郎］

イギリス急進主義
[英]British radicalism

　18世紀後半の政治改革運動に端を発し，フランス革命に賛意を表したイギリスの政治改革者やオピニオンリーダーの思想を指す．急進主義とは本来政治制度の根本的な改革を目指すという意味であるが，イギリス思想においては名誉革命の原則に適ったイギリス国制の護持というホイッグ的原則を超え出る改革志向を指示するために用いられてきた．具体的には議席の売買が行われている腐敗選挙区を一掃し，代議制民主主義の実現を目指す政治改革において，自然権を根拠にして人民主権や普通選挙権を要求する思潮である．ただし，アメリカ独立戦争やフランス革命を経る中で，名誉革命で打ち建てられたイギリス国制の原則そのものの民主主義的あるいは共和主義的読み替えが行われたため，イギリス国制の遵守を唱導する一見ホイッグ的な主張であっても，急進主義の枠内に入りうる．したがって急進主義という言葉がホイッグ的改革路線を越えた諸思潮をひとまとめにグルーピングする符丁として使われる場合は，明確に定義できるある共通の特徴をもつものではない．通常思想家として急進主義のカテゴリーに入れられるのは，T. ペイン（1737-1809），R. プライス（1723-91），J. プリーストリ（1733-1804），J. ホーン=トゥック（1736-1812），T. ハーディ（1752-1832），J. セルウォール（1764-1834），W. ゴドウィン（1756-1836），M. ウルストンクラフト（1759-97），T. アースキン（1750-1823），F. プレイス（1771-1854），F. バーデット（1770-1844），A. オコナー（1763-1852）などである．彼らが関わった政治改革の急進主義的結社は A. グッドウィン（Goodwin 1979）や H. T. ディキンソンの研究（Dickinson 1985）が示すように数多くあるが最も著名なものはロンドン通信協会である．

●**イギリス急進主義の構成要素**　M. フィルプが，急進主義者達は互いに「ある種の共感と政治と社会の変革への欲求を持っていたにせよ，言語，パラダイム，そして綱領さえ共有してはいなかった」（Philp 2014：127）と表現するように，上記の急進主義者たちの思想は一様ではない．しかし，少なくともそれらを構成している主たる要素としては，コート（中央の宮廷）派の寡頭支配を批判するために18世紀を通して形成されてきたカントリー（地方の在野）派の共和主義，スコットランド政治経済学に由来する分業と交換で結ばれた互恵的商業社会観，そして便宜性・有用性の語彙，市民法学の権利の語彙，ホッブズ的あるいはロック的自然権論と社会契約説，混合政体論，などがあげられる．このような要素の混淆はまさにこの時期のイギリス思想の特色を現している．

　プリーストリとプライスは非国教徒の聖職者であり，前者の『統治の第一原理

(1768)は急進主義の起点とされる．フランス革命支持を表明したことにより，当時バーミンガムに住んでいたプリーストリは暴徒に襲撃された．また，プライスはフランス革命後に名誉革命記念協会の講演で，良心の自由と抵抗権，そして，統治者を選定し罷免する権利と自らが統治を構成する権利を民衆がもつことが名誉革命の原理であると主張したが，これはE. バークの名誉革命観と真っ向から対立し『フランス革命の省察』(1790)において名指しで論難されるに至った．プリーストリとプライスは基本的にロックの自然権論と社会契約説を援用してイギリス国制の民主主義的解釈を推し進める路線であった．

これに対して，ペインの思想は分業と交換で結ばれた互恵的社会観に依拠し，政治制度をむしろ市民社会を補完するものとして位置づけている点に特徴がある．ペインは『コモン・センス』(1776)において，イギリス国制の巧妙な共和主義的読み替えを行った．代議制に基づく庶民院を混合政体であるイギリス国制の共和政的部分であると称することで，現行のイギリス国制の枠内での真の代議制の実現を共和主義に結びつけたのである．このパンフレットの普及によって，人びとは共和主義とイギリス国制は共存しうるものと認識するようになった．

ところが，同じ急進主義に入るとはいえ，ゴドウィンはペインが受容したような分業と交換で成り立つ社会関係を否定する．分業によって人は他の人間を手段として扱うことになるからである．代わって，個人的判断の自由において個々人が自発的に有徳で公共善に適った行為を選ぶことが志向される．彼にとって社会とは必要に基づく絆で結ばれるべきものではなく，個々人が享楽のために自発的に参加する社交の場なのである．

●**フーコーからみたイギリス急進主義**　このように，個々の思想家に接近してみるとその急進主義の内容はかなり異なっているが，M. フーコーは『生政治の誕生』において，肥大した政治権力をいかに制限するかという18世紀末に生じた問題に対するフランス共和主義とは別種の解法として，イギリス急進主義を位置づけた．フランス共和主義が，根源的な法権利をもつ主体として人間を価値づけることで，新たな主権者を誕生させ，既存の政治権力を解体したのに対して，イギリス急進主義は，統治のあらゆる側面の有用性を問い直すことで，政治権力を抑え込もうとした．統治というものが何にとって，いかなる条件のもとで有用なのかを根本的に問い，もっぱら有用性を是認の基準とする点にこそ，フーコーはその急進性があるとする（フーコー 2004：50）．この急進主義は，人間を法権利の主体ではなく利害関心の主体として前提し，共通の利益のために，個々人が自分の利益を理解し，「原子論的で無条件に主体自身に準拠する選択の原理」（フーコー 2004：336）に障害なく従うことができるような制度構築を目指すとされる．ほぼ同様の点をフィルプもまた1790年代のイギリス共和主義の商業的なものへの変容として指摘している．

[後藤浩子]

アメリカ革命をめぐる諸思想
［英］intelectual contexts of the American Revolution

　アメリカ革命とは，18世紀後半に，イギリス領北アメリカ植民地13邦が，イギリス王政から自らを分離し，共和政体の独立国家を創設するに至った法的・政治的・社会的変革の総体である．

　17世紀初頭より本格化したイギリス人移住者による北アメリカ東岸への入植事業は，厳しい困難を経ながらも，1660年に王政復古議会で新たな航海法が制定される頃には軌道に乗り始め，ヴァージニア，マサチューセッツといった自立性をもつ13邦の植民地を形成した．イギリス領北アメリカ植民地の政治文化の特徴を列挙すると次のようになるだろう．(1) 移住者の中核を構成したのは，ステュアート朝イングランド（1620～30年代）の人びとであった．(2) 彼らの思考様式は，旧約聖書の文言，コモン・ローおよびマグナ・カルタの言語が渾然一体となったものであった．(3) イングランド革命の影響を本国より相対的に小さく受けていた．(4) イングランド国教会から遠く離れた地に存在する会衆主義的風土であり，身分制度が存在していなかった．(5) 勅許状および後の王領化を通して，国王との独自の紐帯を認識していた．(6) こうしたイギリス人社会が，1730年代から1740年代の信仰復興運動（大覚醒）および入植以来約160年間の共和主義的自治の経験を通して，アメリカ的個性を緩やかに形成していた．

　この時期のヨーロッパで展開されていた啓蒙主義思想は，北アメリカ植民地においても普及していたが，イギリス本国から地理的に遠く離れていたため，本国の宗教内乱の影響は相対的に小さく，また身分制という旧体制を象徴する制度がほぼ完全に存在していなかったため，それがもたらした社会的・政治的な葛藤は限定的であったというべきであろう．

●**イギリス人の自由**　ヨーロッパで七年戦争（1756～63年）が勃発すると，北アメリカ植民地においても，イギリス領植民地とフランス領植民地の間で戦闘が展開される．これをフレンチ・インディアン戦争という．この戦争の結果，イギリスはフランスからルイジアナ領地を，スペインからフロリダ領地を獲得するが，これら新たに獲得した領地を統治するのに必要な費用をイギリス議会は，印紙税法（1765年）に示されるように，北アメリカ植民地住民への課税でまかなうことにした．これに対して，北アメリカ植民地の人びとは，自分たちが代表者を送っていない議会が制定した法に従うべきではないと主張し，印紙税法反対決議をはじめとして各地で激しい抵抗運動を展開した．北アメリカ植民地の人びとは，被治者側の同意をイギリス国制における権利，すなわち「イギリス人の自由」の意味内容と考えたが，名誉革命（1688年）を経て，すでに議会主権が成立していた

イギリス本国がこれを受け入れることはなかった．印紙税法自体は，翌年撤回されたものの，それと同時に宣言法（1766年）が制定された．これは，印紙税法の撤回は行政上の必要性からなされたのであって，植民地に対する課税権については，あくまでイギリス議会が至上の権威をもつことを宣言するものであった．

●**議会内の国王**　イギリス本国の立場に立つならば，名誉革命以降の国王は，「議会内の国王」であった．イギリス議会はイギリス人すべてを代表するものであり，個々のイギリス人の同意の有無が，制定法の有効性を左右することなどあってはならない．大西洋両岸のイギリス人社会の間に生じた統治をめぐる理解の亀裂は，皮肉なことに，フレンチ・インディアン戦争に勝利したことによって，明らかとなったのである．そしてイギリス本国と北アメリカ植民地の相容れない憲法的立場が自覚されたとき，それまでそれぞれが自立的に存在してきた北アメリカ植民地13邦は，共通の運命を理解する．1774年に大陸会議が召集され，植民地13邦は，イギリス本国政府への抗議を植民地一体のものであると宣言する．そして，翌年のレキシントン・コンコードの戦い，バンカーヒルの戦いという武力衝突を受けて大陸会議は，大陸軍という常備軍を創設し，ヴァージニアのジョージ・ワシントン（1732-99）を総司令官に任命する．

●**独立宣言**　しかし，イギリス本国に対する抵抗の手段として大陸軍を創設したことは，必ずしも独立を主張するものではなかった．ニューヨークをはじめとして，イギリス王政からの分離をためらう意見は少なくなかったのである．こうした北アメリカ植民地の世論を大きく独立に向かわせた原動力の一つとなったのが，トマス・ペイン（1737-1809）の『コモン・センス』（1776）という政治パンフレットであった．ペインによれば，政府というものは，人間の自然権を擁護するための手段であり必要悪にすぎず，もしそれが自然権を侵害するのなら，それを廃し改めるのは人民の権利であるとする．すなわち，ペインが説く「常識（コモン・センス）」とは，北アメリカ植民地の人びとは，自らの権利を保全することをイギリス本国政府には期待せず，ジョン・ロックの『統治論』第二論文に記される社会契約説に基づき，革命権を行使すべきであるということであった．

歴史的には，イギリス本国からの独立が北アメリカ植民地の意志となったが，それはイギリス王政からの分離であり，革命にほかならない．「我々は，次のような真理をごく当たり前のことだと考えている．全ての人間は神によって平等につくられ，一定の譲り渡すことのできない権利を与えられており，その権利の中には，生命，自由，幸福の追求が含まれている」という，「独立宣言（1776年7月4日，大陸会議における13のアメリカ連合諸邦の一致した宣言）」前段の言葉に示されるように，北アメリカ植民地の人びとは，自分たちの享受してきた自由を正当化するために，啓蒙主義思想の論理を用いる政治的必要性に迫られたのである．

［石川敬史］

フェデラリスト
〔英〕Federalist

　『ザ・フェデラリスト』は建国期アメリカ合州国の 3 人の政治家，アレグザンダー・ハミルトン（1755-1804），ジェイムズ・マディソン（1751-1836），ジョン・ジェイ（1745-1829）が，合州国憲法（連邦憲法）の批准を読者に訴えるため，「パブリウス」名義で執筆した著作．1787 年 10 月から翌年 8 月にかけてニューヨークの新聞に掲載された論考を中心に，全 85 篇からなる．51 篇がハミルトン，29 篇がマディソン（両者の共著 3 篇を含む），5 篇がジェイの筆によると推定されている．
　短期間で書かれた政治パンフレットであり，矛盾や繰り返しを含む．しかし制定者自身による権威ある憲法コメンタリーとして，さらに政治権力，連邦制などを深く検討したアメリカ政治理論の古典として，高く評価される．
　●執筆者　ハミルトンは西インド諸島の小商人の家に生まれ，独立戦争中はワシントンの副官を務めた．ニューヨークで弁護士・政治家として活躍，強い連邦権力を切望し，二人を誘い同書を執筆した．のち合州国初代財務長官として財政制度を確立，フェデラリスト党を率いる．マディソンはヴァージニアのプランターで，憲法制定会議で議論をリードし連邦憲法の父と称される．のち同郷の T. ジェファーソン（1743-1826）らとリパブリカン党を組織，第 4 代大統領となる．ジェイはニューヨークの法律家で，B. フランクリン（1706-90）とともにパリ講和条約締結などに関わった．のち連邦最高裁判所長官，ニューヨーク州知事となる．
　●連邦憲法批准論争　イギリスから独立した北米の 13 植民地はそれぞれ主権国家たる邦 State となり，United States of America という国家連合を形成，憲法として「連合規約」を制定した．しかし商工業者やプランターらは強い不満を抱いた．理由は，(1) 主権が各邦にあり，連合政府の権力が弱いこと．課税権がないため公債価値は下落，条約の履行を各邦に強制できず欧州諸国からの信頼は失墜，邦際通商は不調，西部領有地をめぐる諸邦の争いは解決不能．(2) 独立革命期に勢力を増した中小農民らが各邦議会を掌握し，「民主主義の行きすぎ」が生じていること．富裕層の利益が脅かされ，暴動が生じるなど秩序が不穏化．
　各邦の代表者が集った 1787 年夏のフィラデルフィア会議で，13 邦を統合し新たな国家とする連邦憲法案が起草された．案は各邦での批准論争を惹起した．賛成派は「フェデラリスト（連邦主義者）」を自称して体制の連続性を装いつつ，強力な連邦政府の必要を説いた．「アンチ・フェデラリスト」と呼ばれた反対派は，身近なタウンやカウンティなどでの自治こそ自由である，遠い中央政府は専制に陥りやすい（モンテスキュー［1689-1755］の「小共和国論」），邦の自律が損なわれる，などの理由で反対した．1788 年 6 月，13 邦のうち 9 邦の批准が成り，アメ

リカ合州国憲法は発効する．

●**権力の設計**　『ザ・フェデラリスト』の狙いは，連邦憲法案の内容の解説を通して，連邦政府が活動力と実効性を備えており，かつ，専制を生まないよう緻密に設計されていることを具体的に示すことである（前者は主にハミルトンの，後者は主にマディソンの問題関心であった）．その説得力は，ローマ史やモンテスキューらの古典への言及もさることながら，植民地期の自治の経験，独立革命期の多様な政治的実験への徹底した分析によって支えられている．

連邦政府は防衛や通商に関する権限を有し，直接に市民を規律する（第23篇，ハミルトン）．しかし権限は憲法に列挙されたものに限られ，それ以外は州に留保される．新国家はもはや国家連合ではないが単一国家でもなく，連邦国家であり（第39篇，マディソン），連邦制という権力分立原理に基づいて構成されている．

次に連邦憲法はもう一つの権力分立，つまり権力の三部門を複雑に関連・混合させる三権分立により専制を防ごうとしている．人民主権の下では立法部こそ専制に陥りやすく（第47, 48篇，マディソン），これを上院・下院に分割し立法部内での均衡を図る．さらに立法部に対抗するため，選挙人に選ばれる一人の大統領を中心とする行政部（第68篇，ハミルトン），大統領により指名され上院により承認される，司法審査権を有す司法部（第22, 78篇，ハミルトン）が置かれる．

●**共和政と抑制均衡**　マディソンが最も危惧したのは党派の弊害である．党派は社会を分裂させるだけでなく，直接民主政の下では（人びとの意見が一つになりやすいため）多数派による少数派の抑圧を生む．しかし不平等などを主な原因として党派は必ず生じるものである．ゆえに連邦憲法は，党派の弊害を抑制するため，直接民主政でなく共和政（代議政を意味する）を採用し（第10篇），「野望には，野望をもって対抗させる」工夫，つまり公職につく者の利害心を互いに衝突させ続けて結果的にバランスをとる抑制均衡の仕組を備えている（第51篇）．また人びとが一党派にまとまれない分裂状態こそ安全だとして，合州国の領域の広大さ，人びとの多様性を称揚する（「大共和国論」，第10篇，マディソン．また第60編，ハミルトン）．ここには，多数派農民から富裕層を守るという党派的関心を超えて，多様な利害の衝突と均衡により諸個人の自由を守ることができるというメタレヴェルの洞察があり，多様性を擁護するため権力をコントロールしようとする立憲主義の精髄が示されているといえる．

●**その後**　批准論争では賛成派として協力したハミルトンとマディソンだが，商工業者とプランターとの利害が分岐すると，それぞれフェデラリスト党，リパブリカン党を率いて敵対する．しかし両党とも（実は批准論争における反対派も）みな共通の前提の上に立っていたことも想起すべきであろう．西方領有地の確保，そのためのインディアン掃討の必要，南部奴隷制プランテーションの存続などである．

[片山文雄]

フランス革命をめぐる諸思想
［英］intellectual contexts of the French Revolution

　革命はいくつかの段階をふみ，各段階において主導的役割を果たした思想も変化した．以下，革命前夜から共和制成立まで，ジャコバン独裁期，総裁政府期の三つに分け，その特質を示す．

●**革命初期**　アンシャン・レジーム末期の王権は深刻な財政難に見舞われ，ネッケル等改革派大臣は貴族への課税を含む財政再建策を模索，高等法院の強い要求もあり，1615年以降開催されなかった全国三部会の召集が約束された．だが，不平等な身分制議会に飽き足らず，E. J. シィエス（1748-1836）は，『第三身分とは何か』において，新しく召集される議会は，身分別ではなく頭数で投票する一院制の「国民議会」であるべきとした．第三身分は「一個の完全な国民（nation）」であり，何ら生産活動を行わず，公共の職務の遂行においても無能な特権身分は国民の一員とはいえないからである．アダム・スミスやF. ケネーに影響を受け，分業と交換に基づく勤労者からなる社会を理想とした．特権を温存する名誉革命後のイギリスの憲法体制を模倣すべきではないとし，これをモデルとし，二院制と王の拒否権からなる王政への漸進的改革を目指すJ. J. ムーニエ（1758-1806）とは対立，参政権については，税をおさめる「能動的市民」に限るとした．憲法制定権力と通常の立法権を区別したのも憲法理論上の重要な貢献である．彼の構想通り，革命後は財産による制限選挙で選ばれる一院制の国民議会が実現した．

　革命初期に影響力があったのは，自由主義者や立憲王政派であった．アメリカ独立にも参加した改革派貴族のラファイエット（1757-1834）らが起草した「人間と市民の権利の宣言（人権宣言）」（1789）は，人間の生まれながらの自由と権利における平等，国民主権，一般意志の表現としての法，表現の自由，権力分立，所有権の神聖などを定めた．アメリカの独立宣言やヴァージニア権利章典からの影響が強いが，一般意志の概念にみられるように，一部，J.-J. ルソーの影響もうかがわれる．91年憲法では，議会，国王および大臣，裁判所の三権分立体制が成立した．また，ル・シャプリエ法（1791年）などの反結社法が制定されたが，これは，特権的団体を解体し，経済活動の自由を促進することを目的としたが，その背後には，労働組合や宗教団体を含む一切の中間団体を共通利益の導出を妨げる党派利益の温床とみなす考えがあり，その後長く影響を与えた．

●**ジャコバン独裁期**　対オーストリア戦争と国王の逃走事件をきっかけに王家の権威は地に落ち，立憲王政派は失墜，92年に共和政が成立した．翌年，同じ共和派のジロンド派を弾圧し，ジャコバン独裁が開始される．93年憲法は，成人男子普通選挙やレファレンダムのような直接民主政的制度を導入したが，戦争を理由

に実施は延期された．ジャコバン派を率いたロベスピエール（1758-94）は，ルソーの『社会契約論』に依拠しつつ，主権は単一にして不可分であり，共和政を支えるものは徳であると主張した．徳ある市民の範型は，しばしば古代ギリシア・ローマの英雄に求められた．国民の道徳化のためにキリスト教に代わる市民宗教の必要を説き，「最高存在の祭典」を推進した．男子普通選挙制度導入など，民主政の徹底化を唱えたが，他方で，自派に対する異議を封殺するために議会（国民公会）の意志が人民の一般意志そのものであり，公共の自由は個人の自由に優先するという論理を用い，独裁と反対派の粛清（「恐怖政治」）を正当化した．

　ジロンド派に属したコンドルセ（1743-94）は，数学者でもあり，革命前にはA.-R.J. チュルゴを補佐，身分的区別を撤廃した地方議会構想を提言した．社会に関する合理的な科学の必要を説き，蓋然性を含む領域に確率論を適用すべきとした．革命後は，真理を会得し，合理的に行動する個人は代議制を通して正しい決定を行うという展望をいだき，知育中心で無償の国民教育制度の導入を提案した．民衆の直接行動には批判的で，身近な地域から全国に積み上げる形で制度的に民意を表明する仕組みをジロンド派の憲法草案の形で提言するが，弾圧され獄中で死亡．逃走中に理性の進歩を説く『人間精神進歩の歴史』（1795）を執筆した．

　物価高騰に苦しむパリの貧しい民衆の不満を背景に，サン・キュロットと呼ばれる活動家が92年頃より勢力を拡大する．彼らの直接行動を伴う激しい要求を受け，ジャコバン政府は，食料，生活必需品，賃金の最高価格を定める価格統制を行い，所有権の不可侵の原則を修正する．社会問題への関心は，F.-N. バブーフ（1760-97）に引き継がれる．彼は，私有財産制度を厳しく批判し，共和国は共有財産制度を基礎とすべきだと主張した．共和政ローマの崩壊は富者による貧者の抑圧が原因であり，フランスも同様の危機にある．共和国救済のために必要なのは農地の完全な共有化と必要に応じての分配だとされる．総裁政府期に支持者とともに武装蜂起を計画（「バブーフの陰謀」），事前に発覚して処刑される．

●**総裁政府期**　テルミドールのクーデター後，95年憲法が成立．財産制限選挙が復活し，二院制と5人の総裁からなる総裁政府が開始される．シィエス，B. コンスタン（1767-1830），スタール夫人（1766-1817）らは革命の終結を目指し，共和国の安定的存続のための方途を模索．彼らの特徴は89年の諸原理とジャコバン独裁とを理論的に切り離そうとした点にある．コンスタンは社会がその構成員に無制限の権力を行使できるという誤った幻想が恐怖政治をもたらしたとみる．平等で文明化した商業社会においては，古代の共和国とは異なる共和国，すなわち法の支配・人権や所有権の保障・代表制に基づく共和国が適合するとした．だが，総裁政府も短命に終わる．対外戦争の勝利により共和国の英雄として国民の支持を集めたナポレオンが統領政府を樹立，ここに革命は終結した（☞「ジャコバン主義」）．

[川出良枝]

保守主義

[英]conservatism　[仏]concervatisme　[独]Konservatismus

　保守主義は，近代以降に生じた変化あるいは進歩に対して，過去と現在の継続性を強調することによって応答，適応しようとする思考様式である．特定の共同体（多くの場合，国民国家）を前提に，過去は，保守すべき価値に則して，自覚的，選択的に再構成され，現在に接続される．保守主義が変化に対して常に敵対的な態度をとるとは限らず，現状を改革する態度を促すこともある．保守主義が嫌悪するのは断絶である．保守主義は，何を保守すべきかをその語り手に委ねることで他の多くの思想との連携を可能にする．この連携によって保守主義は，柔軟な変容を遂げる一方，常に曖昧さを伴う．保守主義について積極的に論じる論者は，一般に，保守主義を，単なる現状（status quo）維持，反動主義，懐古主義，あるいは変化を嫌うなどの人間の心的性向と区別する．

●**保守主義の人間観・社会観**　保守主義は，人間の理性が万能ではないことを認め，とりわけ，人間の社会的，政治的な推論能力に懐疑的である．したがって，個々人の理性によって導出された社会的な原理や法則，またそれが約束する結果を疑う．加えて保守主義は，抽象的原理に基づく改革は，それが意図しない諸結果を招くと警告し，現状の優位性を説く．保守主義が信を置くのは，時間による検証を経て定着した経験的事実（多様な形をとりうるが，慣習や伝統によって表現されやすい）であり，その中に実践的合理性や妥当性を見出す．保守主義が過去と現在の継続性を重視するのは，このためである．また，同じく理性の有限性を理由に社会の一元的な把握を拒む保守主義は，社会の複雑性を強調し，そこに積極的な意味を見出す．社会は複数の異なる要素で構成され，かつ，それらが有機的に連関しているとみなされる．保守主義が，19世紀において革命の原理と，20世紀においては社会主義の原理と対抗したのは，こうした理由による．

●**保守主義の起源と展開，その政治風景**　保守主義という語彙が政治的な呼称として採用された初出は，政治的，教会的な王政復古の理念を掲げた，フランソワ＝ルネ・シャトーブリアンらが創刊した週刊誌『保守主義者（*Le Conservateur*）』とされる（1818年）．イギリスでは，1830年代に，議会改革を含む社会改革と自由貿易を掲げた改革派トーリー，ロバート・ピールに賛同する者を指す語彙として用いられた（トーリーと保守党は今なお互換的に用いられるが，当初は旧来のトーリーとの決別を意味した）．保守主義は，その政治的起源において，一種の反動的性格を伴いながらも，改革志向を明確に内在させていたのである．イギリスの保守党は，19世紀末にはアイルランド自治（ホーム・ルール）問題，議会改革運動に，20世紀初頭には労働運動，階級分断への対応に追われる中，歴史的，思想的に確かなド

クトリンが必要だと認識し始めた．第3代ソールズベリ侯爵は「わが党の目的は物事をあるがままに単純に保つことにあるのではないし，そうあるべきではない」と述べた（1883年）．改革志向を強めた保守派は，保守主義の理論化を試みる過程で，それまで保守派とは縁遠かったエドマンド・バークの『フランス革命の省察』（1790）に出会う．彼の「何らかの変更の手段を持たない国家には，自らを保守する手段がありません」（訳1978：29）といった言葉が好んで引用され始めたのはこの時である．保守党議員ヒュー・セシルの『保守主義とは何か』（1912）はこうした潮流の集大成であり，彼は『省察』から，歴史的過去との持続性や漸進的変化など保守主義の信条を再構成した．このように保守主義は，政治の実践の場において発展してきたのである（Jones 2017）．

●**保守主義の学問的探究** K.マンハイムの「保守主義的思考」（1927）は，フランス革命以降の改革に対するドイツ旧支配層の対抗言説に保守主義の特徴を見出し，学問的探究の対象とした．保守主義は，進歩主義と対峙する，独立の近代的な思考様式とみなされるようになった．多くの知識人は，20世紀の社会変化の中で保守主義を解した．一つの潮流は，保守主義を，計画主義と対置して理解する研究群で，F. A. ハイエクはその代表である．保守主義を自由主義と社会主義との関係の中で理解する彼は，保守主義の抽象的理論の拒否へ共感を示す．だが，彼にとって保守主義は，代替案を提示する理念に欠け，変化へのブレーキ以上の役割をもたない．それどころか，パターナリズム，ナショナリズムと親和的な危うい思想であった（「なぜ私は保守主義者ではないのか」1960）．二つ目の潮流においては，保守主義に前近代的要素を見出すかどうかが問われた．一方は，保守主義の中の伝統的あるいは宗教的比重を下げ，個人の生活レベルにおける保守的な実感を元に論じ，他方は逆に，伝統や宗教が果たす役割を強調した．前者を代表するM.オークショットは「慣れ親しんだもの」という感覚を起点に保守主義を論じる（「保守的であるということ」1956）．彼にとって統治者の責務は「慣れ親しんだ」規則の維持であり，特定の価値を権威的に強要することではない．後者を代表するR.ニスベットは，封建制や宗教などの社会装置に力点を置き，保守主義を，個人主義と国家主義に対抗する思想と解する（『保守主義』1986）．

●**保守主義の今後** このように保守主義の思想群は，理性の有限性と，時間を軸に社会を構想するという点で緩やかに理解を共有しつつも，各々の論者が対峙するもの，守るべきものに応じて多様な言説を生む．20世紀末，進歩に対する楽観的態度が萎え，対抗者を失ったことで，保守主義の言説は拡散傾向にある．また，グローバル化の進展，国民国家の揺らぎは，伝統に過剰に訴求する者を生み出す一方，共有する過去が縮小化するゆえに，伝統の再構成を困難にする．保守主義は，これまでのように，過去と現在を紡ぐことで現状に何らかの不満や不安をもつ者を包摂できるのかが問われている．

［苅谷千尋］

帝国と植民地
[英]empires and colonies

　初期近代のヨーロッパにおける「帝国」と，それ以降に登場する「帝国主義」とは区別しなければならない．後者が，国内の資本蓄積の限界を打破するために国外の植民地獲得を求める領土拡大政策だとすれば，17・18世紀にしばしば諸論者によって語られた帝国はそれとは同じものではなく，むしろ古代ローマの「インペリウム」の概念に通ずるものであった．古代ローマにおいてインペリウムとは，ローマの領域内での内政・軍事に関する制約のない権威を意味し，ローマ市はその植民地や属州とともに領土的統一体となった．これがローマ「帝国」であった．こうした，権威のもとでの領土的統一体という意味での帝国概念は，中・近世のヨーロッパにおいても引き継がれたが，それは領土という点においては非拡張的であり，複数の領域からなる複合君主国としての帝国は，それ自体としては領域の拡大への欲求は含んでいなかった．

●**植民地支配の理由づけ**　初期近代においてブリテン帝国はこうした意味で，イングランド，スコットランド，アイルランドからなる「帝国」を目指したが，他方でさまざまな根拠づけによって，海外植民地への拡大を求めた．例えば，二人の聖職者がそれぞれ植民地支配の根拠について論じていた．R. ハクルート（1552頃-1616）にとって最善の国家の核心はアリストテレスの自給の構想であり，植民地はそのために必要であった．S. パーチャス（1577頃-1626）は，教皇の権限としての領有権を根拠とするスペイン君主によるアメリカ植民地支配を否定した．

●**海洋帝国**　17世紀のイングランド，スコットランド，そしてオランダにとって重要であったのは海洋の支配と領有をめぐる問題であった．イングランド王室は16世紀には自由海洋論を支持していたが，世紀末に，エリザベスのアドバイザーでもあったジョン・ディー（1527-1609）はすでに北大西洋諸島のみならず北アメリカの大洋の海洋管轄権を主張するかたちで閉鎖海洋論を唱えた．スコットランドは漁業への依存度が高く，沿岸における閉鎖海洋論の原則を主張したが，スコットランド王ジェームズが1603年にイングランド王になると，ブリテン島沿岸全域にこの政策をとり始めた．1609年にオランダのフーゴ・グロティウス（1583-1645）は『自由海洋論』で海上の自由航行権を主張したが，同年，ジェームズは無許可の外国人（オランダ人を意図）がブリテン島とアイルランドの沿岸で漁業をすることを禁ずる布告をした．英蘭の漁業問題への対応を意図して1618年に草稿が書かれ，1635年に出版された『閉鎖海洋論』でジョン・セルデン（1584-1654）は，ブリテンの海洋帝国はその周辺海域の支配権と領有権を保持することを主張した．この主張は，大空位期にサー・ジョン・バラズ（?-1643）や，

王政復古期にサー・ウィリアム・ペティ (1623-87) によって繰り返された.

●**帝国と自由**　マキァヴェッリ (1469-1527) ら人文主義者たちは，自由は国家を繁栄させ領土を拡張するがそれは軍事指揮権を必然的に拡大させやがて民衆は自由を失うというローマの失敗を指摘していたが，17世紀のイングランドにおける共和制とその失敗は，まさにこのローマの失敗の再現だと考えられた．これに対しイングランド人は，国家の繁栄には商業が不可欠だと認識し，チャールズ・ダヴナント (1656-1714) やニコラス・バーボン (1637-98) は，帝国を海洋的で商業的なものと再定義することによって，それが自由と両立すると考えた．

　18世紀になってもブリテン帝国の中心となる要素は，海事，商業，自由であったが，世紀後半になると，植民地の自治の問題がより前面に出てきた．そして，それとともに自由と帝国の問題も変容した．例えば，アダム・スミス (1723-90) は経済的利害の観点からアメリカ植民地を論じた．エドマンド・バーク (1729-97) は，帝国とは一つの共通の主張のもとに集合する国家群のことであり，植民地はみな本国に従属しなければならないが，両者の共通の目的にかなっているかぎり本国は植民地の立法活動には介入すべきでないとし，植民地議会が独自の権威をもつこと，すなわち植民地自治を擁護した．

●**新しいブリテン史**　このようにブリテン帝国の問題は初期近代においては帝国と自由の問題でもあり，それへの複合君主国の対応の問題でもあった．ジョン・ポーコック (1924-) は，これまで，ブリテン島からアメリカ，そしてオーストラリアやニュージーランドまで含む広義のブリテンについてのイングランド中心の歴史が描かれてきたことを指摘した．そこでは，ウェストミンスターの「キング・イン・パーラメント」が主権を行使しており，これに従わなかったのがアメリカ合衆国であった．こうした「新しいブリテン史」の視点からすると，イギリスのヨーロッパ共同体への加盟はブリテンの主権をめぐる歴史を無視しているという．複合君主国としての帝国や植民地の問題はこのように，歴史の問題でもあり現代の問題でもある．

●**両インド植民地と本国**　西インド，つまりカリブ海の植民地と，東インドでは，本国，つまりイングランドとの関係は互いに異なる性格をもっていた．西インドにはプロテスタントを中心に多くが移民をし，そこでプランテーションを営んだり，私掠船など規制に従わない自由貿易商人となって富を蓄え，多くが本国に戻ってきた．例えば17世紀イングランドにおける内乱はそうした人びとによって先導された．また，西インドとアフリカをつなぐ奴隷貿易は本国の政治状況に大きく影響された．他方で，東インドでは，東インド会社が国家主権と同等の強い権限をもって規制を課さなければ，交易や植民地経営をうまく続けることは不可能であった．したがって，名誉革命後にウィッグ主導で自由貿易をすすめるために行われた東インド会社の改編もうまくいかなかった．　　　　　［伊藤誠一郎］

美と崇高

［英］the beautiful and the sublime ［独］das Schöne und das Erhabene

　昨今「崇高」は，テクノロジー，ジェンダー，ユダヤ人などの問題と関わりつつ，ポスト資本主義・ポスト植民地主義の時代の文明批判語となっている．文化・歴史事象一般の「表象不可能性」に切り込む鍵概念だといってよい．ただし思想史的には，美学（aesthetics）における「美的範疇（カテゴリー）論」のうちで論じられてきた．美的範疇論とは「個々の質を論じるのではなく少なくとも二つ以上の美的概念を相互に関係づけつつ体系的に展開するときに，初めて成立する」（佐々木 1995：158）ものである．以下では，「美」とは区別された美的範疇たる「崇高」の展開史に焦点をあてる．具体的には，二人の主要な崇高論者たるE. バーク（1729-97）とI. カント（1724-1804）の思索を概観する．

●バーク以前の「崇高」をめぐる言説の歴史　「崇高」をめぐる前史としては，ローマのギリシア人偽ロンギノスの詩作技法書『崇高について』（1世紀頃）がある．ルネサンスから初期近代まで，この書は修辞学の文脈で時折参照されてきた．その画期は，1674年のフランス古典主義者N. ボアローによる近代仏訳の登場である（『ロンギノス考』1694）．ボアローが，新旧論争（古代・近代論争）の中，古代の偉大さを示すためロンギノスを紹介すると，「崇高」は逆説的にも「近代」自体の象徴概念となり，ヨーロッパ全域にひろまった．18世紀イギリスでも，ボアロー訳に影響を受けたW. スミスのロンギノス近代英訳（初版1739）が版を重ねた．当時のイギリスには，M. H. ニコルソン（1959）もいうように，アルプス越えを含むグランドツアーのような，知的階層が「崇高」を血肉化して，ジャーナリスティックに叙述・議論する下地も整っていた．

●最初の体系的な崇高美学――バーク『崇高と美の観念の起原』　アイルランド生まれの美学者で後の政治哲学者バークは，その後半生の大ブリテンの国会議員としての活動（東インド会社総督弾劾，反フランス革命論など）でつとに有名である．しかし，故国アイルランドでの中等・高等教育期の関心を反映して，まず美学者としてロンドンで名を馳せた．きっかけは，1757年，若干28歳にてR. ドッズリの書肆より（当初匿名で）刊行した『崇高と美をめぐる我々の観念の起原に関する哲学的探究』（1757，第二版1759）である．これは，イギリス経験論哲学を支柱に，「崇高（the sublime）」と「美（the beautiful）」という二つの観念の導出原理を説く，最初の美的範疇論だった．そこでは，I. ニュートンの力学，J. ロックの観念説が採用され，感覚主義的な「趣味の論理学」の構築が図られた．「自己保存（self-preservation）」本能に依拠して「苦（pain）」「恐怖（terror/horror）」と結びつく「巨大で」「恐ろしく」「苦々しい」観念をもたらす――ただし「苦」「恐

怖」の除去により「歓喜 (delight)」と結びつく——対象は「崇高」を，一方，「社交」本能に依拠し単なる「快 (pleasure)」と結びつく「小さく」「愛すべき」「甘やかな」観念をもたらす対象は「美」を惹起する．なお，五感と想像力に基づくバーク美学では，均整美や美徳との関係も否定されており，古典的なプラトニズムに与する直観主義的・善美一致（カロカガティア）的性格との決別も指摘できる．

●カントにおける「崇高」の精緻化と人倫主義——第三批判書『判断力批判』
1724年プロイセンの国際港湾都市ケーニヒスベルクに生まれたカントは，生涯この町を離れなかった．晩年の三批判書の高い構築性から厳格な哲学者を思わせるが，若き日にはしなやかな感性をもつサロンの社交的文化人だった．このことは，1764年の小品エセー『美と崇高の感情に関する諸観察』に端的に表れている．「婦人の化粧台に置かれてもよい」と謳われたほど人気を博し，カント存命中最も読まれた著作の一つだった（坂部 1976）．だがこの段階では，「崇高 (das Erhabene)」を，男女間・国民間の気質・文化の差異を特徴づける流行語として扱うにとどまっていた．「崇高」が理論的精緻化をみたのは，第三批判である『判断力批判』（初版 1790）の第23～54節「崇高の分析論」においてである．満天の星空，ピラミッドなど計測不可能な圧倒的な「数」と関わるものが「数学的崇高 (das Mathematisch-Erhabene)」と，他方，峨々たる山塊，嵐に逆巻く海原など没形式的で圧倒的な「力」と関わるものが「力学的崇高／動勢的崇高 (das Dynamisch-Erhanene)」と規定される．カントによれば，「構想力 (Einbildungskraft)」と「悟性 (Verstand)」の自由遊戯的な調和のもたらす「美 (das Schöne)」とは違って，「崇高」の惹起は絶対的な数・力に直面して，感性的把捉が破綻することに帰せられる．この感性的挫折が，自己維持機能を発動させ，精神内奥の「理性 (Vernunft)」に救いを求める．その際の理性の覚醒こそ人間性の確認であり，カント崇高論のもつ人倫主義的・啓蒙主義的性格を示している．カントの「崇高」とは，こうした精神内作用のあり方を根拠とするものであり，正確にいえば，外的対象そのものが「崇高」なのではない．外的対象を「崇高」と呼びうるのは，感情投影たる「すり替え (Subreption)」作用の結果なのだ．この点は，「美」の規定と決定的に異なっている．カントにおける「美」の判定は，いまだ対象の感性形式と関係を保つものであったからだ．

●バーク，カント以降の崇高論の展開　カント美学は，F. シラー (1759-1805) に引き継がれた．シラーには「美しき魂」と「崇高な魂」の対比がある．だが，彼の『優美と品位』(1793)，『人間の美的教育』(1795) での「美しき魂」の前景化は，「崇高」の美的人格形成論への統合を許す．「崇高」の復権は，事態の「未規定性」への不安——ユダヤ人や抽象表現主義絵画——をめぐる，J.-F. リオタール (1924-98) ら20世紀ポストモダン思想家の議論をまたねばならなかった．

[桑島秀樹]

ジャコバン主義
［仏］jacobinisme

　ジャコバン主義は，フランス革命の時の政治党派の一つ，ジャコバン派の政治理念，政治的立場を意味する．しかしジャコバン・クラブを支配する政治勢力は，革命の進展につれて変化していった．もともとはブルターニュ人の第三身分市民の若干の議員の私的な集まりであったが，その後拡大し，地方に支部をもつ全国組織になった．1792年9月まで「憲法友の会」と名乗り，その後「自由・平等の友なるジャコバン協会」と改称した．1790年3月に立憲派が脱退し，1791年7月には三頭派が脱退．脱退した二つの党派がフイヤン・クラブを結成，次いで1792年秋ジロンド派が脱退し，モンターニュ派の院外組織となった．そして議会におけるジロンド派からモンターニュ派への指導権の移行は，1793年5月31日から6月2日のクーデターによって行われた．普通，ジャコバン主義とは，ロベスピエール（1758-94）を中心とするモンターニュ派が権力を手中に収め，1794年テルミドール9日（テルミドールの反動）でロベスピエールが失脚するまで，革命政府を主導したジャコバン派の政治理念を指す（モンターニュ派の多数はジャコバン・クラブの会員）．それは「単一不可分の共和国」という理念のもとに国民統一を目指して，公安委員会を中心とする革命政府による中央集権的な独裁体制を敷き，反対勢力を，人民の敵として断罪し処刑する恐怖政治であり，同時に，後の時代の人びとがそこに共和主義的，民主的な遺産もしくは社会主義的な淵源を見出すことのできた体制であった．

　●ジャコバン主義の性格　これはロベスピエールの「政治道徳の諸原理について」（94年2月5日）という演説で次のように示された．「平時における人民政府の活力が徳であるとすれば，革命時における人民政府の活力は，徳と恐怖の双方である．徳なくしては恐怖は有害であり，恐怖なくしては徳は無力である」と．恐怖は正義であり，緊急の必要に適用される民主政の一般的原理の帰結だとして，革命独裁の正当化がはかられたのである（河野編 1989：415）．それは徳の名の下に自由を抑圧するものであり，近代思想で社会と国家が区別されるようになったとすれば，社会を国家に解消するものであった．また「恐怖政治の大天使」と呼ばれた L. A. L. サン=ジュスト（1767-94）は，国民公会への報告で，「裏切り者だけでなく，無関心な者も罰しなければならない．……人民と人民の敵の間には，剣以外に共通なものはない」（同書：397）と述べ，反革命の徒だけでなく無関心な者の粛正も主張した．

　このような徳と結びついた恐怖政治のほかに，この時期の革命政府の政策がジャコバン主義のイメージを形成するのに貢献したとみることができる．93年7

月17日，封建的諸権利の無条件廃止が決定された．これにより革命初期から段階的に行われてきた領主権の廃止が完成し，封建制が完全に廃止され，近代的土地所有関係に移行した．また革命政府は最高価格法（93年9月29日）にみられる統制経済を試みた．これは現実には実行が困難で，94年12月24日には廃止されたが，革命的下層民衆であるサン＝キュロットの要望に応えるものであった．

中でも影響力が大きかったのは，93年のモンターニュ派憲法であろう．これは，ジロンド派憲法草案を引き継いだもので，実際には施行されることはなかったとはいえ，後の時代まで民主派の聖典であり続けた．1796年にはF.-N. バブーフ（1760-97）がこれを称賛し，1848年の第二共和制憲法にも影響を与えたとされる．この憲法の冒頭に付された「人間と市民の権利の宣言」の第21条で「公共の救済は，一つの神聖な負債である．社会は不幸な市民に労働を供与し，あるいは労働し得ない者に生活の手段を保証することによって，不幸な市民の生計を引き受けなければならない」（同書：435）と規定し，生存権を主張した．これに先だつロベスピエールの人権宣言私案（1793年4月24日）では，生存権の思想だけでなく，所有権の社会的制約も述べられていた．

●**後世への影響** ジャコバン主義への追憶は，19世紀を通じてみられる．それは，民衆革命を希求する人たちの脳裏に去来するものであった．「モンターニュの記憶はバブーフ主義を通して展開を遂げ，さらに王政復古と七月王政の秘密結社を征服することができた．そこでは勇敢なモンターニュ派の肖像画がばらまかれ，1793年の憲法への信仰が保持される（フュレ／オズーフ編 1988：566）．そして1848年がやってくると「左翼の潮流の議員たちはまったく自然に自らモンターニュ党を名のることになる」19世紀のあらゆる傾向の社会主義にとって，山岳派は革命の先駆者だった（同書：567）．

そして1870年のパリ・コミューン成立以前の政治勢力の中でも，シャルル＝ドレクリューズ（1809-71）らのジャコバン派が一定の勢力をもち，パリ・コミューン議会では多数派を占めた．さらに第二次世界大戦後でも，1946年憲法四月草案の審議に際して，ロベスピエールの名前がしばしばあげられ，四月草案人権宣言の所有権規定にロベスピエールの影響がみられた（中村 1997：150-51）．

今日ジャコバン主義はどのようなイメージをもっているのだろうか．フュレによれば，「ジャコバン主義あるいはジャコバンは，そこでは場合によって，きわめて多様な好みを指すことができる．すなわち国民主権の不可分性，社会を変革する国家の使命，政府と行政の集権化，法の均一性によって保証された市民の平等，共和主義の学校による人間の再生，あるいは単に国民の独立を気づかう好みなどである」（フュレ／オズーフ編 1988：567）という．ジャコバン主義はさまざまなイメージを伴って今日なお生き続けている（☞「フランス革命をめぐる諸思想」）．

［森岡邦泰］

官房学

[英]Kameralistik, Kameralwissenschaft

　官房学（カメラリズム）とは，16世紀半ばから19世紀初頭にかけて神聖ローマ帝国諸領邦に生成し，国家運営のあらゆる局面を対象とした実践的知見の総称である．しばしばドイツ版重商主義と換言される官房学であるが，その射程は経済的言説の枠内にとどまらない．ウェストファリア条約（1648年）以降の神聖ローマ帝国は，皇帝の権威が大幅に縮小し，領邦高権が帝国等族に認められた結果，大小さまざまな領邦国家が林立する状態にあった．三十年戦争の戦禍を背負い，フランスやオスマン帝国の脅威にさらされ，諸領邦の思惑が帝国内外に交錯する中で，領邦君主は国家間の平和維持機能をなお帝国に託しつつ，自国の統治体制の整備と国力増強に腐心した．そこには領邦の存立を確保するべく，国家運営に関する体系的な政策提言の必要が生じていたのであり，これに応えたのがカメラリストであったから，いきおい考察は多岐に及んだ．官房学関連文献数は実に1万点以上に達しており，官房学の裾野の広さを物語っている．

●**官房学の起源と理念**　官房という語の淵源は，丸天井の部屋を意味したラテン語のカメラ（camera）にあるが，ここでは君侯の財産を収蔵管理する財庫を想像すればよい．財庫の収支管理と一対をなす行財政の健全化と合理化とが時代を経るごとに重要視され，16世紀には官庁が成立し，官僚制が整備されていく．1727年にプロイセン国王フリードリヒ・ヴィルヘルム1世（1688-1740）によってハレとフランクフルト・アン・デア・オーダーに官房学講座が新設されたのは，官職実務に資する実践的知見を備えた官僚養成への期待からであった．官房学は経済・行政（ポリツァイ）・財政（狭義の官房学）の3分野が学問制度化されたこの1727年を画期として，前後期および広狭二義に区分される．

　プロイセンやオーストリアといった大領邦と中小領邦の戦略的方向性とは当然異なっており，官房諸学説の具体的形態も多様であったが，輸入抑制など重商主義的傾向を有し，キリスト教的自然法に立脚するにせよ絶対主義的国家観に基づくにせよ，共同の至善や共同の幸福を理念に掲げ，君侯による領民の後見を発想源とする点で一致している．カメラリストにとって社会は国家と同義であり，市民社会の独立性は観念されえなかった．

●**前期官房学**　最初期には，神を基礎に置く世襲君主制の統治体系を描いたM. v. オッセ（1506-57）や，J. ボダン（1530-1596）『国家論』（1576）の影響を受けたG. オプレヒト（1547-1612）らがいるが（川又 2009；リハ 1985），大学も含め絶大な影響力を誇ったのはV. L. v. ゼッケンドルフ（1626-92）であった．その他，主としてオーストリアの政治的舞台で活躍したP. W. v. ヘルニク（1640-1714）の『オー

ストリアは望みさえすれば何ものにも勝る』(1684)に示された経済主要 9 原則に基づく優越策や，ヘルニクの義弟 J. J. ベッヒャー (1635-82) の経済分析も名高い．

ゼッケンドルフはエアランゲン近郊の町に生まれ，ストラスブールに学び，J. H. ベークラー (1611-72) を介してリプシウス『政治学』を吸収した（シュトライス 1987）．その後，ザクセン゠ゴータ公エルンスト 1 世 (1601-75) の侍従にはじまるさまざまな役職を歴任し，晩年にはハレ大学総長に抜擢されるも開学前に死去している．国家学講義の礎ともなった主著『ドイツ君主国』(1656) は前期官房学の代表作であり，小邦ゴータでの官職経験が生かされた．『キリスト教徒国』(1685) の著者でもある彼は，統治の究極目標を神の栄光におき，公共の福祉と法秩序形成とを敬虔な君主の責務に据え，顧問官室をはじめ三つの重要官庁がそれを補佐する統治体系を描いた．ツンフト（同業組合）制廃止と生業の自由および国内産業の保護育成といった経済産業政策，人口増加のための社会政策さらには初等教育の充実などが広く提言され，財政面では直轄地とレガーリエンを収入軸とする均衡財政の必要が説かれた．当初，租税は臨時手段に位置づけられたが，後の増補では生業増に資するとみてアクツィーゼ（消費税）が推奨されている．

●後期官房学　後期官房学の代表者 J. H. G. v. ユスティ (1720 頃-71) と J. v. ゾンネンフェルス (1733-1817) は官房学講座開設以降，学問的体系化を進め，行政官僚の教育的基礎を確立した．ユスティはウィーンやゲッティンゲンの教授職にあったほか，プロイセンで鉱山局長やガラス・鉄鋼工場の監督官なども務めた．著書『国家経済学』(1755)，『行政学原理』(1756)，さらにはモンテスキューの影響が強くみられる『国家の本質』(1760)，『財政体系』(1766) を貫く統治の究極目標は共同の幸福であり，この実現のために，人口増加，国外への貨幣流出抑制や鉱業の自由化および鉱山開発の必要などが説かれる（川又 2009）．ドメーネンとレガーリエンからの収入を中心に均衡財政が目指され，租税は不足補填手段として位置づけられた．彼はゼッケンドルフと異なって間接税には批判的であり，国家による保護を根拠に，とりわけ営業収益への直接税を推奨した．またユスティの租税 6 原則は，A. スミスの租税 4 原則に著しく類似する（池田・大川 1982）．

ゾンネンフェルスはウィーンで行政・官房学教授を務めたほか，オーストリア宮廷の重要官職を占めた．主著『行政・商業・財政の諸原理』(1765-76) は，長らくオーストリアにおける公的な大学教科書であった．彼は政治・行政・経済・財政の 4 分野からなる国家学を構想し，福祉促進の駆動力に人口増加を据えた．政治・行政学が保証すべき対外的安全と国内の安定，また経済・財政学が旨とすべき流通拡大，産業活発化および税負担の軽減などは，すべて人口増加に関連付けられている．いかなる形であれ，共同の至善を国家の使命とする点において，官房学の後見的思想はゾンネンフェルスまで貫かれたのである（☞「啓蒙専制」）．

[大塚雄太]

女性解放思想
[英]emancipation of women

女性が男性と比較して差別された状態に置かれていることを認識し，そこからの脱却を求めて女性解放という思想を提起したのは，近代に入ってからであった．封建的秩序からの人間の解放を説き，理性と人権を基礎とする自由・平等という原理を掲げた近代思想は，女性に解放の論拠を与えた．しかし近代思想を担った思想家たちの諸理論は，男性中心に構成され，女性は解放の対象にされなかった．人間の解放を説きながら男女差別を肯定した近代の思想家たちの理論は，このような矛盾をはらんでいたのであり，その根底には家族の変化という現実が存在した．前近代社会でも男女の性差を理由とする性差別は存在したが，近代社会ではその性差別を引き継いだ形態をとりながら，家族の新しい状況のもとで，性差別が再構成された．大農経営の進展と機械制工業の発達による社会の近代化は，従来，生産と再生産（出産，育児，家事，介護など生命の維持・継続）が一体となっていた農民家族を変質させ，生産は社会に移り，再生産は家族に残った．男性は社会化された生産に従事し，一家の経済の担い手として家長という権威を保持し，女性は個別化された家族内で支払われない再生産に従事し，経済的には自立できない存在として家長に従属するという性役割が固定化された．社会と家族をめぐるこのような性差別は，近代社会のあらゆる部分に浸透し，近代の思想家たちは性差別の現実を受容し，近代国家は性差別の上に樹立された．近代社会では性差別を維持するために，無償の再生産を担うことが天職であり幸福であるという意識が女性に刷り込まれ，また多くの女性がそれを内面化した．しかし，近代思想の自由・平等という原理と日常生活から社会生活全般に至るまで浸透した性差別との乖離を感じ取り，原理を根拠に性差別の現実を批判する女性が登場した．近代思想の不合理性の暴露，女性の従属的意識の変革，性差別の現実の克服という課題を抱えつつ，女性解放思想は形成された．

●**市民革命と女性の権利** 市民革命は，絶対王政を転覆して市民社会への道を開いたが，その革命によって成立した政府は，市民の資格を一定の所得のある男性に限定し，低所得の男性と女性全体を排除した．18世紀末のフランス革命で発表された「人権宣言」(1789) が，文字どおりに読めば男性と男性市民の権利の宣言であることに反発したオランプ・ドゥ・グージュ (1748-93) は，「女性と女性市民の権利宣言」(1791) を書いて男女平等の権利を主張した．内容は，基本的には「人権宣言」の男性 (homme) という言葉を女性 (femme) と言い換えたものだが，中には，父子関係確認の権利は女性の権利だとして，男性の権利を否認する条項もあった．
17世紀に清教徒革命と名誉革命という二つの革命を経験したイギリスでは，啓

蒙思想の影響を受け，女性解放思想も理性の育成という形態をとった．メアリ・アステル（1666-1731）は『淑女への重大な提言』（1694），『結婚についての考察』（1700）を書き，女性のための高等教育プランを発表し，合理的教育を欠いた女性の結婚の不幸に警鐘を鳴らした．フランス革命の衝撃を受けたメアリ・ウルストンクラフト（1759-97）も，こうした流れの中にいた．彼女は没落中産階級出身で，塾の開設や貴族の家庭教師をして働きながら弟妹を援助し，ロンドンに出て急進的思想家たちと接触，文筆業で生計を維持した．彼女の主著『女性の権利の擁護』（1792）の基調も，理性の覚醒による男女平等の実現である．この本の批判の対象は，ジャン＝ジャック・ルソー（1712-78）が代表する当時の女子教育論であった．男性については自由・独立・理性の行使が説かれたが，女性についてはそれらは非難の対象とされ，従順・迎合・依存が推奨された．男女は本質的に異なり，女性は男性より精神的・身体的に劣等で，男性に奉仕するためにつくられたと考えられた．ウルストンクラフトは，身体的力の優位が支配する時代はもう終わったのだといい，男女の生物学的差異を根拠とする性差別論を拒否し，理性をもつことが人間の資格であり理性を行使することが人間の権利であり義務であるという立場から，女子教育の改善を要求した．彼女は，女性が理性的教育を受けるようになればさまざまな職業が開かれ，女性の経済的独立も可能だとし，さらに女性参政権の実現も示唆している．男女差異論を理性の普遍性という論理で切り捨て，劣等視された女性は教育によってつくられたのであり，つくりかえることができるという彼女の主張は，男女平等論の基本的主張であり，その意味で彼女の思想は女性解放思想の原点である．

●**功利主義と女性参政権**　19世紀初頭のイギリスでは，新興の産業資本家階級による政治権力拡大の要求が強まり，選挙法改正運動が高揚した．この運動を支えたのが功利主義者ジェレミー・ベンサムを中心とする哲学的急進主義と呼ばれる人びとであった．彼らの間で女性参政権の賛否が論じられ，ジェイムズ・ミルは，女性の利益は父親か夫の利益に含まれるという理由で女性参政権に反対した．これに対してウィリアム・トンプソン（1775-1833）は，父親と娘，夫と妻との間に利益の一致はありえないことを主張した『人類の半数である女性の訴え』（1825）を書いて反論した．さらにトンプソンは，アイルランド出身の女性アンナ・ウィラー（1780頃-1848）からフランスのサン＝シモン主義者やシャルル・フーリエの女性解放運動を伝えられ，男女労働者による協同組合社会のプラン『実践的指針』（1830）を発表した．そこでは，従来女性が不払い労働として担ってきた再生産労働が社会の手に移され，男性家長が権力を握っていた家族という枠組みが外される．彼は，再生産を社会化することによって男女平等を実現しようとした．

　もう一人の功利主義者ジョン・ステュアート・ミル（1806-73）にも，トンプソンと同様に有力な女性協力者ハリエット・テイラー（1807-58）がいて，女性に不

利な結婚制度の不合理性を論じあった．ハリエットの死後，下院議員に当選したミルは，女性グループの要請を受け，イギリス史上初めて女性参政権の請願を下院に提出し（男女平等の参政権が実現したのは1928年），その後『女性の従属』(1869) を発表した．早くに『論理学体系』(1843) を書いたミルは，女性の解放を論じるにあたって，女性の従属は虚偽であり不正であることの論証から始めた．彼は，その課題を歴史研究と性格学の二面から取り上げ，人類の歴史は抑圧から解放へと向かっているので，女性解放も歴史の必然であり，男性にくらべて女性の解放が遅れたのは，女性は同盟をつくらず個々に男性に従属させられてきたからだという．また性格学については，性格は環境によってつくられ，従属的地位にある女性は支配的男性の利益になるようにつくられたので，それを自然的なもの，本性であるとはいえないという．では男女の本性とは何か，性によって本性は異なるのか否かについて，彼は現在の段階では誰にもわからないという立場をとっている．そのうえで彼は，男女平等が実現することは人類の能力が倍増することであり，社会にとって有益であると主張した．

●**マルクス主義の女性論（性差別と階級差別）** 19世紀には参政権をはじめ女性運動が多面的に展開し，マルクス主義でも女性解放への発言が課題となった．フリードリヒ・エンゲルス（1820-95）の『家族・私有財産・国家の起源』(1884) は，マルクス主義の史的唯物論の公式では生産力を歴史の発展の起動力としたのに対して，近代社会における生産と再生産の分離を人類史に適用し，歴史は生産と再生産およびその組織である社会と家族の発展とみる．生産力の低い段階では血縁関係が支配的であったが，生産力が上昇するにつれて私有財産と交換が発生し，所有する階級と所有しない階級が対立する社会へ移行した．他方，家族は結婚形態が群婚から一夫一婦婚へと変化したが，その家族も私有財産を握る男性が支配し女性は排除された．私有財産の成立が階級差別と性差別共通の原因だとしている．大工業が発生するとプロレタリア女性だけが社会的生産に従事する道を開いたが，彼女たちは社会的生産労働と無償の再生産労働の二重の負担にあえいだ．女性の解放は，生産手段が個人ではなく社会的所有となり，全女性が公的産業に参加し，社会の経済的単位としての家族が消滅する社会の成立によって実現するのだと，彼は未来を展望する．

　アウグスト・ベーベル（1840-1913）の著書『女性と社会主義』(1879，改訂版1909) は，過去・現代・未来の女性の状態を描いた女性の通史である．ベーベルの意図は，女性解放運動を，社会主義を目指す労働運動に結びつけることであった．女性の通史を描くことによって，従属状態は自然であると思い込んでいる女性に，社会は変化するのであり，女性も歴史をもっていることを示し，女性の覚醒を促した．また男性の間に階級対立があるように，女性の間にも階級対立が存在し，ブルジョア女性の運動のように資本主義の枠内での権利の平等や就労の要

求では限界があり，それを乗り越えるためにプロレタリア女性の運動への結集を呼びかけた．さらにまた，未来の社会主義社会では共同炊事，共同洗濯，集中暖房など再生産労働の社会化・共同化が実現し，女性も男性と同等の教養を身に着けて研究や娯楽も享受できるようになるといい，階級支配の終了とともに女性に対する男性の支配も終わりを告げるという明るい未来を語った．

●**世界大戦の衝撃（政治の家族への介入）** 20世紀前半の二つの世界大戦は総力戦となり，各国政府は戦争遂行の必要から再生産の場である家族に介入した．一家の経済の担い手である男性を戦場に送り出し，一家の再生産の担い手である女性を労働力として社会に引き出した．このような政策は家族の弱体化をもたらしたから，政府は健全な国民を育成し国民生活の安定を図るために家族に社会福祉政策の導入を試み，特に第二次世界大戦中のイギリスでは，ベヴァリッジ報告といわれる『社会保険と関連サービス』（1942）を発表した．世界大戦による女性労働の増大，社会福祉政策による家族への介入（再生産の社会化）を，女性解放の一歩前進とみることもできるだろう．しかし，戦後には男性が復員して従来の男性家長が権威をもつ家族が復活し，社会福祉政策も男女の差別を解消するものではなく男性家長中心の家族の強化としても作用した．両大戦後に女性が獲得した最大の収穫は，諸国で実現した女性参政権であった．政治が家族に介入するようになったのとは対照的に，女性は政治への発言権をもつようになった．

●**女性解放運動の高揚からジェンダー平等へ** 第二次世界大戦後，男性社会科学者の成果を取り入れた女性思想家による「女らしさ」批判が発表された．オーストリアからイギリスに亡命したヴァイオラ・クライン（1908-73）は，知識社会学者カール・マンハイムに師事し，『女性の性格　イデオロギーの歴史』（1946）を書き，従来の社会科学者による女性像を列挙して，それらが彼らの置かれた環境の産物，すなわちイデオロギーであることを示した．フランスではシモーヌ・ドゥ・ボーヴォワール（1908-86）が実存主義に依拠して『第二の性』（1949）を発表し，女性が男性の他者としてつくられる状態を暴露した．家族も批判の対象とされ，アメリカ合衆国のベティ・フリーダン（1921-2006）は『女らしさの神話』（1963）で中産階級の主婦の不安感を指摘し，日本でも主婦の家事労働がなぜ経済価値を生まないかをめぐって主婦論争が闘わされた．

　こうした思想を引き継いで，1970年代には第二波フェミニズム（第一波は女性参政権運動の時代）がアメリカ合衆国から世界中に波及した．そこでは女性の意識変革，性の権利の主張，性別役割分業批判などが論じられ，運動が展開された．1980年代の政治の保守化，新自由主義の台頭，生殖技術の発展を背景とする家族重視の男女差異論が復活する中で，女性解放思想にジェンダーという言葉が取り入れられた．この言葉は，男女の生物学的性と区別された社会的性を意味し，それに平等という言葉を付与し「ジェンダー平等」として使われている． ［水田珠枝］

第Ⅲ部

近代の矛盾
19世紀前半から世紀後半へ

概説：近代の矛盾──19世紀前半から世紀後半へ
[英]contradictions of modernity

　「近代」の出発点は，一般に，15世紀末から16世紀にかけての大航海と新大陸「発見」の時代とみなされている．この時代に「西インド＝アメリカ」と「東インド」がヨーロッパを中心とする世界システムに包摂され，植民地帝国が形成されていくからである．19世紀は，そのようなヨーロッパ世界システムが文字どおり地球を一周するグローバルな「世界システム」へと拡大された時代だった．年表風に記すなら，1839～42年のアヘン戦争，1854年の日本開国，1857～58年のインド大反乱とその結果としてのブリテンによる直轄支配の開始，1880年代に始まるアフリカ分割，などがその里程標である．

　西ヨーロッパ諸国のこのような勢力拡大を支えたのは，資本主義的生産様式の確立（産業革命）と自由主義的国民国家の成立（市民革命）であり，そのような経済的・政治的社会モデルとしての「文明」の布教を基礎づけるヨーロッパ中心主義思想の成立だった．それが，例えば中国では1860年代以降の洋務運動（自強運動）を生み出し，日本では尊皇攘夷運動の屈折の後に文明開化の思想と西洋化を生み出した．しかし同時にヨーロッパの内部では，19世紀は近代「文明」の構造とその矛盾が意識され，露呈していく時代でもあった．

　かつて歴史家エリック・ホブズボーム（1917-2012）は，1789年から1914年に至る期間を「長い19世紀」と規定したうえで，それを三つの時代に区分し，1789年から1848年までを「革命の時代」，1848年から1875年までを「資本の時代」，そして1875年から1914年までを「帝国の時代」と名づけた（ホブズボーム 1962, 1975, 1987）．他方，イマニュエル・ウォーラーステイン（1930-）は，同じ1789年から1914年までの「長い19世紀」を「中道自由主義の勝利」とそれに対抗する「反システム運動」の勃興の時代と特徴づけている（ウォーラーステイン 2011）．

　時間的な意味でも思想史的な意味でも，このような19世紀のちょうど中核に位置するのが，1848年の諸革命である．この年の2月にパリで勃発した労働者の武装蜂起（二月革命）は，王政に反対する共和主義的革命であると同時に，金融ブルジョアジーの支配に反対する社会主義的革命でもあった．この革命は3月にはウィーン，ブダペスト，ベルリン，ミラノ，ヴェネツィアなどに波及するが，東欧諸地域では共和主義だけでなく，オーストリア帝国の支配に対抗するナショナリズムの要素も加わる．いわゆる「諸民族の春」である（河野 1982）．19世紀の思想家は，多かれ少なかれ，このような諸革命のいくつかを目撃し，あるいは自ら参加し，そこから思想の構成要素を引き出している．

第Ⅲ部　近代の矛盾
——19世紀前半から世紀後半へ

個々の人間の生活に即してみれば，19世紀は個人がさまざまな組織に包摂され，その集団的リズムを律する機械的時計に拘束されていく過程でもあった．工場，学校，監獄などにおける「規律・訓練」（フーコー 1975）を通して従順な身体が形成されていく過程は，同時に「国民」としての身体が形成される過程でもあった．「自由主義的」な国家と社会が個々人の身体動作と精神を強制的に「洗練」させていくという矛盾に満ちた「文明化」の進行は，他方でそれに対する批判や反発，逸脱など，さまざまな形の反システム的思想表現を生み出していく．18世紀の「啓蒙」を源泉とする思想がさまざまに分岐し多様化する状況が，思想史からみた19世紀の独自性でもある．

●**第Ⅲ部の構成**　第1章「国家と社会」の中心となるのは，個人と国家，あるいは個人と社会という二項対立的な社会認識の成立であり，それを代表するのが，A. d. トクヴィルの『アメリカのデモクラシー』(1835-40) と J. S. ミルの『自由論』(1859) である．ヨーロッパで成立した個人主義や自由主義という思想は，世界システムの中心部では主流派のイデオロギーとなり，周辺部でも奴隷解放運動や自由民権運動を生み出すが，他方ではそれと対抗する反革命の思想をも生み出した．また，ナショナリズムがインターナショナリズムを生み出し，ユダヤ人問題の自由主義的解決が人種主義的な反ユダヤ主義を生み出すなど，複雑な対抗運動もみられる．

第2章「資本主義と社会主義」の中心となるのは，確立した資本主義に代わる別の選択肢を示す思想としての社会主義や共産主義の成立である．19世紀初頭には，イギリスで協同組合運動を推進したオーウェン主義や，フランスでさまざまな形態のアソシアシオンを構想したフーリエ主義とサン＝シモン主義が生まれる．1830年代以降は，「ブルジョアジー」による「プロレタリアート」の「搾取」という概念を用いて現体制を批判し，武装蜂起による共産主義の樹立を唱えるブランキ主義も一定の影響力をもった．その中で K. マルクスの『資本論』(1867) は一つの画期をなすが，それ以後の国際的な労働運動においては，マルクス主義とプルードン主義やアナキズムとの対抗関係が先鋭に現れることになる．

第3章「科学と芸術」の中心となるのは，自然科学をモデルとした新しい学問体系や思想の成立と，それに対抗するさまざまな思想表現の成立である．社会を生物有機体とのアナロジーによって説明する発想は17世紀からみられるが，それが社会有機体論や社会進化論という形で確立するのが19世紀だった．また，社会諸科学は，実証主義や統計学の手法を取り入れることで「客観性」を主張するようになるが，他方では，個人的な生活実感に依拠して「美」や「感性」を重視する思想もさまざまな意匠をまとって登場した．É. デュルケムが経験科学としての社会学を確立するのも，W. モリスがケルムスコット・プレスを設立するのも，ともに19世紀末のことである．　　［植村邦彦・宇野重規・小田川大典・野村真理］

第1章

国家と社会

［編集担当：植村邦彦・宇野重規・小田川大典・野村真理］

トクヴィル……………………276
ミル…………………………278
個人主義……………………280
イギリス自由主義……………282
フランス自由主義……………284
功利主義……………………286
反革命・反動の思想…………288
プラグマティズムの形成……290
チャーティスト………………292
イギリス観念論………………294

ナショナリズム………………296
インターナショナリズム……298
奴隷解放運動…………………300
ユダヤ人問題…………………302
アメリカ問題…………………304
世　論………………………306
反ユダヤ主義の成立…………308
ナロードニキ…………………310
自由民権運動…………………312
ボナパルティズム……………314

トクヴィル
Alexis de Tocqueville

　『アメリカのデモクラシー』(1835/40) や『旧体制と革命』(1856) などの著作で知られる 19 世紀フランスの思想家トクヴィル (1805-59) は，歴史の発展を平等化を中核とする民主化としてとらえ，新たな民主的社会を支える仕組みや精神，あるいは習俗を模索した人物である．と同時に，トクヴィルはフランス革命の原因を旧体制の変容に探って，ヨーロッパ諸国の近代化のあり方を比較検討した．その影響は狭義の政治学にとどまらず，哲学や歴史学，社会学など幅広い分野に及んでいる．

●**生涯**　トクヴィルはノルマンディーの古い貴族の家に生まれたが，早くからヴォルテール (1694-1778) らの著作に親しみ，兄弟が選んだ軍人の道ではなく，法曹の道に進んでいる．ソルボンヌ大学では F. ギゾー (1787-1874) の講義に参加し，フランス自由主義の思想的影響を強く受けた．

　やがて 1830 年の七月革命によって成立した新王朝と家族の間の軋轢に苦しんだトクヴィルは，刑務所視察を口実に，アメリカ合衆国視察の旅に出かけた．その成果は『アメリカのデモクラシー』に結実する．この著作により「19 世紀のモンテスキュー」の名声を得たトクヴィルはやがて政界に進出し，1848 年の二月革命後には憲法起草委員会に加わり，バロ内閣の外相も務めた．その早い晩年，二月革命の回想録を執筆したトクヴィルは，続いて旧体制期の行政文書を渉猟し，もう一つの大著である『旧体制と革命』を刊行している．J. S. ミル (1806-73) との交流を含め，時代の知的ネットワークを生きた人生であった．

●**『アメリカのデモクラシー』**　アメリカに旅立ったトクヴィルの問題意識は，民主的共和国の可能性を問うことにあった．フランス自由主義の思想家の多くがイギリスをモデルにしたのに対し，トクヴィルはむしろアメリカに人類の未来を見出した．背景にあったのは，平等化の進展の認識である．人類の未来が不可逆の平等化にあるとすれば，もはや英国貴族のような新たな統治エリートの創出は難しい．むしろ，一般の市民が日常的な地域自治への参加を通じて公共的意識に目覚め，結社や陪審の活動によって実践的な政治的知識を獲得していく可能性にこそ注目すべきではないか．このように考えたトクヴィルにとって，特に重要だったのが，ボストンを中心とするニューイングランド地方におけるタウンシップの観察であった．この地にあって，人びとが自らの地域の問題を自らの力で解決していく姿をみることで，トクヴィルは初めて民主的社会の自己統治能力についての展望を得たのである．

　『アメリカのデモクラシー』においてトクヴィルは，デモクラシーを単に政治制

度としてみるだけでなく，むしろ背後にある社会状態や人びとの習俗を含むものとして論じている．同時にデモクラシーは，不平等に支えられる貴族的な社会から，平等に基礎を置く民主的社会への移行を意味した．

とはいえ，トクヴィルはデモクラシーに内在する問題も指摘している．それは何よりも，人びとの思考が「いま・ここ」に限定され，長期的な視野をもちにくいこと，物質的な利害だけが人びとを動かす誘因となり，自由な社会を支える情熱に欠けることにあった．個人と個人の関係が希薄化する個人主義の傾向を指摘するトクヴィルは，これを乗り越えるために，自治や陪審，結社の活動を通じて，人びとが日常から接触し，公共的課題をともに解決する機会をもつことに期待した．また人びとの時間的感覚を拡大し，人間の平等な自由の理念を支えるものとしての宗教の役割にも言及している．

トクヴィルは，民主的社会に固有な多数の意見に対する同調傾向を「多数の暴政」，自治能力を失った諸個人がすべてを中央政府に依存し，結果として生じる中央集権を「民主的専制」と呼んだ．このような民主的社会に固有な専制化に対し，トクヴィルはアメリカで発達した連邦制を含む地方分権，司法審査制度に代表される三権分立の意義を強調した．政治的集権と行政的集権を区別したトクヴィルは，国家の統合や軍事・外交の一体化を重視しつつ，地域の問題までも中央政府が決定することは，むしろ弊害が大きいと考えたのである．

● **『旧体制と革命』**　トクヴィルの政治生活を終わらせたのはルイ＝ナポレオン（ナポレオン3世，1808-73）によるクーデタである．その経験は，トクヴィルをして，フランス社会に内在する中央集権化の流れへの反省へと向かわせた．その思考の集大成が『旧体制と革命』である．この著作でトクヴィルは，イギリス，フランス，ドイツが同じような出発点をもちつつ，封建社会からの移行に際して大きな違いを経験し，結果として異なった政治的近代化を迎えたことを強調する．

同じく王権が強大化したイギリスとフランスであるが，人民と連合した貴族が議会を舞台に王権に対抗したイギリスに対して，フランスではむしろ王権が人民と結びつき，特権階級である貴族を排撃することとなった．その原因としてトクヴィルは，地域に根を下ろした貴族が地方自治を担ったイギリスに対し，フランスでは貴族が早くから地域とのつながりを失い，パリに集められて不在地主化したことを指摘する．地方行政はもっぱら中央から派遣された官僚が行い，貴族が特権階級化したことが人びとの憤激を引き起こしたのである．同時に，パリに集まった知識人たちは抽象的な政治理論を弄び，それが政治的・行政的・文化的な中央集権化と相まって，パリ発の革命を可能にした．革命における政治社会的要因に着目するトクヴィルのフランス革命論は現代，あらためて再評価の対象となっている．

［宇野重規］

ミ　ル
John Stuart Mill

　ジョン・スチュアート・ミル（1806-73）は，ジェイムズ・ミル（1773-1836）の長男としてロンドンに生まれ，ジェレミー・ベンサム（1748-1832）や父の思想的後継者となるべく，父から徹底的な早期教育を受けた．大規模な政治・社会改革が進んでいた1820年代から1830年代のイギリスにおいて，ミルは，ベンサムの弟子たちを中心とした急進的改革を主張する哲学的急進派の一人として活発な言論活動を行った．1830年代末に政治運動の一線から身を引いて以降は，『論理学体系』（1843）や『経済学原理』（1848），『自由論』（1859）をはじめとする多くの著作を公刊し，晩年には下院議員も務めるなど，ヴィクトリア時代を代表する知識人であった．また，1823年に父が勤めていた東インド会社に採用され，1858年に同会社が廃止されるまで勤務しており，東インド会社員としてインド植民地統治に実際に関与していた．

●**精神の危機**　3歳でギリシア語を学び始めて以来の父による早期教育の過程は，『自伝』（1873）に詳しく述べられている．ミルは，この厳格な教育の結果として知的にきわめて早熟な少年として成長したが，1826〜27年に「精神の危機」と称される意気阻喪状態に陥った．この危機の原因は複合的なものであったが，教育と習慣づけを通じた快苦操作によって自らを意のままに育てようとした父の圧倒的な権威からの人格的独立の契機となったこの経験は，彼の思想形成にとっても決定的な転機であった．危機後のミルはそれまで無批判に信奉していたベンサムや父の人間観や政治観への懐疑を深め，絶対的に信奉していた父の『政府論』（1820）の普遍的妥当性を否定するようになり，ロマン主義や歴史主義の思想を積極的に摂取するようになった．ミルは快楽を幸福とみなすベンサム的な快楽主義（hedonism）の幸福観を放棄することはなかったけれども，同時に有徳性を幸福の要素として重視するアリストテレス的・徳倫理的な幸福観にも深くコミットするようになり，重層的な幸福観をもつようになった．

●**性格学**　ミルが当代を代表する思想家としての地位を確立したのは最初の著作『論理学体系』によってである．あらゆる推論を帰納によって基礎づけるという理論的目的をもった本書は，後にクリプキ（1940-　）にも影響を与えた固有名の指示説や，帰納法の定式化といった言語哲学・科学哲学に関する議論のほか，「道徳科学の論理」と題された最終篇では，道徳科学（社会科学）体系の構想が提示されるとともに，道徳科学を科学たらしめるための方法論が吟味された．ミルの道徳科学体系構想の中でとりわけユニークなのが性格学（ethology）である．これは，人間本性の科学としての観念連合心理学に基づきながら性格が現実の環境

下でどのように形成されるのかを明らかにすることを目的としたものであった．そしてこれは，父による教育の理論的基礎となっていたオーウェン主義（環境決定論）と，ミルが道徳科学構想に関して大きな影響を受けていた A. コント (1798-1857) が支持していた骨相学（生理学的決定論）という，二つの宿命論的決定論に対する反論であった．この性格学の構想は未完に終わったが，そこで示された問題意識は彼の多くの著作に反映されている．

●**功利主義** 1821 年冬に初めてベンサムの著作を読んで以来，ベンサムに対する評価は揺れつつも，『自伝』などで述べられているように，ミルは生涯にわたって功利主義者であり続けた．ミルが「ヒューウェルの道徳哲学」(1852) や『功利主義』(1863) によって功利主義擁護論を積極的に展開した 19 世紀半ばには，利己主義的で狭隘な人間理解に基づいた「豚の哲学」という T. カーライル (1795-1881) などのロマン主義からの批判や，道徳感情を軽視しているという W. ヒューウェル (1794-1866) などの直観主義からの批判がみられていた．ミルはベンサムの議論を補完する形で，功利性を判断する際には行為がもたらす快楽の量だけでなく，その質も考慮するべきだと考え（質的功利主義），性格を陶冶することも幸福の一要素として重視したり，通常の行為に際しては既存の道徳感情や規則に依拠し，それらが相互に対立する時に究極原理としての功利性の原理に訴えるという間接功利主義的なアイデアを提示したりした．

●**自由論** 出版当時，「ノアの洪水の中で『火事だ』と叫んでいる」と評された『自由論』は，一見すると自由を謳歌しているようにみえながら，大衆民主主義の到来にともなって，社会の進歩や幸福にとって不可欠な個人の自由や個性を抑圧する「支配的な世論や感情の専制」（社会的専制）という新たな脅威にさらされつつあった社会に対する警世の書であった．『自由論』でミルは，功利性の原理による自由の正当化の議論を試みるとともに，行為者自身のみに関わり他人に危害を与えない行為については，それが愚行であっても社会は個人に干渉することは許されないという自由原理（危害原理）を提示した．

ただし，ミルは社会の進歩や幸福のためには個人の精神的陶冶が必要であり，そのためには自由が不可欠であると考えた一方で，その自由を正しく行使するためには一定の精神的陶冶が前提とされるとも考えていた．とりわけ 1848 年のフランス二月革命以降のミルは労働者階級による社会主義的主張に理解を示すようになり，『経済学原理』などで国家権力の強制によらない協同組合（アソシエーション）方式の社会主義の実現可能性を論じるようになっていた．しかし，労働者階級の政治参加によって階級対立が先鋭化し階級立法の危険性が顕在化するようになり，『代議政治論』(1861) において，自由を維持し民主主義を機能させるために政治参加を通じて公共精神を涵養していくことの重要性をますます強調するようになった．

［川名雄一郎］

個人主義
［英］individualism

　個人主義は，19世紀フランスに生まれた概念で，フランス革命後に生じた社会現象を言い表すためにつくられた用語である．その後，個人主義についてはさまざまな議論がなされてきたが，ここでは主にフランスで歴史的概念として登場した当時の用法に焦点をあてて説明する．
　では，それ以前に個人主義はなかっただろうか．例えば，16世紀に「個人」が析出されたという議論がある．もともと中世社会には，国（中央政府）と人，神と人を媒介する種々の中間集団が存在した．家族，村落共同体，同業組合（ギルド），教会等々．しかし宗教改革を一つの起点に，こうした中間集団はすでに弱体化し，独立した単位としての「個人」が登場したという（作田 1981）．仮にその通りだとしても，その過程の頂点にフランス革命が生じたという理解は成り立つだろう．実際，旧体制の社会の構成原理を解体した革命の効果は劇的だった．それゆえ，その反動として，新しい社会に生まれた病状を診断する道具として「個人主義」という用語が発明されたのである．この事実を見落としてはならない．

● **19世紀初頭の三つの用法**　個人主義が用いられた文脈とその意味は便宜上，政治的・経済的・文学的の三つに分類できる（Swart 1962：77-90）．
　(1) 個人主義に最初に注目したのは反革命の保守主義者たちだった．ジョゼフ・ド・メーストル（1753-1821）やボナルド（1754-1840），そして初期ラムネ（1782-1854）は，フランス革命によって生まれた個人の権利，これを擁護する自由主義が共同体の紐帯（ちゅうたい）を解体すると論難した．彼らは当初個人主義という概念を用いることこそなかった——メーストルは晩年に同概念を会話で使ったとされる——が，「利己主義」や「孤立化」といった言葉を用いてその現象を批判した．彼らカトリック思想家にとって，それは政治版プロテスタンティズムでもあった．
　(2) 実際に個人主義という言葉を最初に用いたのは，サン＝シモン主義者たちだった．彼らは，機関誌『生産者（プロデュクトゥール）』（1826）において経済的自由主義を批判，「自分だけに従って考え行動する」極端な自由を個人主義と称して痛罵（つうば）したのである．それは，孤立化と無秩序を生じさせ社会統合を破壊する．こうした議論は，フランス革命と18世紀の批判（啓蒙）哲学，さらに遡って宗教改革を批判した点で保守主義の議論と同根だが，普遍的な協同（アソシアシオン）を対置した点で独自だった．
　これに対して，個人主義を擁護したのが当時のリベラルである．バンジャマン・コンスタン（1767-1830）は，個人は意見や信仰を誰にも強制されることもなく，「自らの能力をできるかぎり発達させる」ことが当然に認められるべきだとし，それに相応しい政治システムの必要を主張した．またコンスタンは，ある学派に

よれば，モノの開発を目的にしない哲学は無意味で，(個人の権利の) 政治的保障は無駄だとされると断じ，サン=シモン主義者を暗に論難した (Piguet 2008)．

　(3) フランス革命への反動で用いられるようになった個人主義の否定的なニュアンスは 19 世紀を通じて色濃く残るが，その中にあってそれを積極的意味で用いる用法も存在した．その際，しばしば「個性 (individualité)」と互換的に用いられた．ヴィクトル・ユゴー (1802-85) などのロマン派作家がドイツ・ロマン主義に淵源があるとされる同概念を用いて，個人の多様性や独創性の発揮を称揚したのである．またコンスタンも，批判者の息のかかった個人主義の概念ではなく，「個性」を専制と呼ばれる権威主義に対置して用いたことは特筆に値する．

　社会主義者の中でも，早くからこの点に目を向けていた思想家がいる．ピエール・ルルー (1797-1871) は，論説「個人主義と社会主義」(1833) の中で，イギリス由来の (経済的) 個人主義とともに，個人を抑圧する「絶対的社会主義」を退け，「個性」を救い出すような種類の社会主義を構想しようとしたのだった．

●**トクヴィルの伝言**　アレクシ・ド・トクヴィル (1805-59) が『アメリカのデモクラシー』第 2 巻 (1840) で，個人主義について論じたのはよく知られるが，その意味は以上のように新語が用いられた文脈をふまえるとより明確になる．トクヴィルは，そこで個人主義を「市民をそれぞれ同胞集団から孤立させ，離れたところに家族や友人と引きこもらせる静穏で思慮ある感情」(トクヴィル 1840：175) と定義している．もちろん，彼がこの新語を用いたこと自体に独自性があるわけではない．トクヴィルの議論は，民主化（平等化）が個人を孤立させていったことを問題視する点で (1)(2) の論者に一見近いが，人間が利己的な存在であることを認めたうえで，個人の（政治的）自由や権利，すなわちある種の個人主義を擁護した点で特徴的だった．同書ではこれを（彼のいう）個人主義と区別して「個性」と呼んでいる箇所もあるが，それは政治的自由の行使，すなわち市民による公共活動への参加を通じて初めて保障されるものだと論じている．これがトクヴィルの伝言（メッセージ）だった（髙山 2015）．その主眼は，(3) のような各人の唯一性や本来性の発現というよりも，むしろ個人の政治的・社会的自由を抑圧する専制を阻止することにあった．個人主義はやがて行政の集権を生み，民主的専制を招来しかねない，同書はそう警鐘を鳴らして締め括られる．

●**「私の個人主義」と日本**　翻って 19 世紀の日本でも，「個人主義」が新語としてつくられるが，西欧における否定的ニュアンスを負荷されてきた面がある．今日も，当時の保守主義者のように，「利己主義（エゴイズム）」との区別が曖昧に使用されることが多い．その実状に対して，当初から警鐘を鳴らした作家が日本にもいた．夏目漱石である．彼は講演「私の個人主義」(1915) で，個人主義を利己主義と区別する一方，これを「個性」と言い換え擁護した．実際，20 世紀の西欧では，これが「質的個人主義」(G. ジンメル) として積極的に評価されるようになる．　　[髙山裕二]

イギリス自由主義
[英]British liberalism

　F. A. ハイエクは『自由の条件』(1976) において「フランス的伝統」と「イギリス的伝統」という二つの自由主義を区別している．「思弁的で合理主義的」な前者が「ユートピアの建設」を目指すものであるのに対し，「経験的で非体系的」な後者は「自生的に成長してきたが，不完全にしか理解されてこなかった伝統と制度の解釈」を基礎としていた．だが 19 世紀以降，イギリスの自由主義は，「思弁的で合理主義的」な伝統の影響の下，変貌を遂げる．このハイエクの見立ては，やや正確さを欠いてはいるものの，イギリス自由主義の展開を大づかみにするうえで今なお有効である．実際，イギリスの自由主義は，M. フリーデンのいう自由主義の五つの層（政治権力抑制，自由市場，個人の成長，大きな政府，価値多元論）をそれに近いかたちで積み上げて，現在に至っている．

●**政治権力抑制と自由市場**　ジョン・ロック (1632-1704) がしばしば「自由主義の父」と呼ばれる理由は，激烈な政治的対立が続いていた王政復古後のイングランドにおいて，君主の「臣民の生命，自由，財産」に対する「絶対的で，恣意的で，無制限で，制約不可能な権力」を擁護するロバート・フィルマー (1588-1653) に対する批判を通じて，画期的な政治権力論を提示したことにある．カトリックであることが知られていたヨーク公ジェームズの王位継承を阻止するための排斥運動の中で執筆された『統治二論』(1689) においてロックは，政治権力の目的を，社会が成立する以前から存在する自然法にしたがって社会の成員の「生命，自由，財産」というプロパティ（固有権）を保全することに限定し，『寛容書簡』(1689) では，為政者の権限は「世俗的利益」の範囲にとどまるものであるから，政治権力の配慮はそうした利益の増進だけに向けるべきであって，「魂の救済」に及んではならないと述べ，政治権力の目的と権限に世俗的な制約を課した．

　S. ウォーリンによれば，ロックの最大の功績は，自然的＝前政治的なプロパティを基盤とする社会の存在を前提に，政治権力を単なるプロパティ保全のための物理的強制力へと格下げすることによって，「自律的な社会システムこそが，政治的意思決定に先立って存在し，政治のありようを方向づける」と考える「社会についての非政治的モデル」に道を開いたことにあった．そして社会の成員によるプロパティの自由な行使すなわち市場における経済活動を通して紡がれる自生的な秩序の構想を練り上げたのが，アダム・スミス (1723-90) に代表されるスコットランド啓蒙の思想家たちである．彼らの「自由放任」の経済思想は，19 世紀になると，リチャード・コブデン (1804-65) やジョン・ブライト (1811-89) らの反穀物法同盟による自由貿易運動（いわゆるマンチェスター学派）に決定的

な影響を与え，イギリス自由党の成立をも促すことになった．

●**個人の成長と大きな政府**　19世紀の自由主義は，政治権力の抑制と社会の自律的繁栄に加え，個人の成長という新たな課題を担うことになった．この問題を最も詳細に論じたのがジョン・スチュアート・ミル（1806-73）の『自由論』（1859）である．「人間がその最も豊かな多様性において発展することが，絶対的にまた本質的に重要である」というヴィルヘルム・フォン・フンボルトの思想に影響を受けつつも，個人の成長と社会全体の繁栄との緊張関係を強く意識していたミルは，個人の成長が，あくまでも他者に危害を与えない「自分自身にだけ関係する領域」における「さまざまな生活の実験」を通じて，もっぱら間接的に社会全体の繁栄を促進すると述べている．そして，個人の成長と社会の繁栄とを政治権力が積極的に媒介すべきであると考えるパターナリズムを批判し，個々人の「自分自身にだけ関係する領域」への政治権力の介入を拒否した．

ミルの危惧に反して，19世紀のイギリスでは，個人の成長と社会全体の繁栄を連続したものととらえる，いわゆる社会有機体論が強い影響力をもっていた．代表的なものとしては，ダーウィンの進化論やコントの社会学の影響下で形成されたハーバート・スペンサー（1820-1903）の社会進化論と，ドイツ観念論の影響を受けたトマス・ヒル・グリーン（1836-82）のイギリス観念論をあげることができる．個々人の道徳的義務の自覚と人格の完成が社会における「永遠意識」の顕現と調和すると考えるグリーンの影響の下，レナード・ホブハウス（1864-1929）やジョン・ホブスン（1858-1940）は，個々人の「人格の自己を導く力」と社会全体の「共通善」の「調和」を実現するために「一般意志」の遂行機関としての国家が果たすべき積極的役割の重要性を説いた．彼らの介入主義的なニュー・リベラリズムの思想は，社会全体の成長のためには「適者生存」が必要であると考え，「生存に一番適しない人びとを大量に生み出し，その結果として，生存に一番適した人びとの繁殖を妨げる」政府の介入を「純然たる害」であると批判したスペンサーの自由放任主義的な思想とは対照的である．

●**価値多元論**　フリーデンによれば，自由主義の五つ目の層は，現代のデモクラシーにおいて合意や相互理解を困難にしている「互いに相容れない包括的教説の穏健な多元性という事実」（ジョン・ロールズ）をふまえたうえで，そうした価値観やライフスタイルの違いを互いに承認し，多元的で寛容な社会の実現を目指す価値多元論である．イギリスの代表的な価値多元論者としては，生涯を通じて一元論批判を試み続けてきたアイザイア・バーリン（1909-97）をあげることができる．だが，自由主義が多元的で通約不可能な複数の価値の共存を可能にする共通の枠組みたりうるのか，あるいはJ.グレイが指摘するように，自由主義もまたそうした通約不可能な価値の一つにすぎないのかという問題については，残念ながら，まだ決着がついていない．

［小田川大典］

フランス自由主義
[英]French liberalism　[仏]Libéralisme français

　フランス自由主義という用語は，必ずしも確立された概念ではない．たしかに18世紀の終わりから19世紀前半にかけて，フランスではスタール夫人（1766-1817），B. コンスタン（1767-1830），F. ギゾー（1787-1874），A. トクヴィル（1805-59）といった思想家が活躍し，彼らの思想を指して「自由主義」と呼ぶことがある．とはいえ，彼らの思想は必ずしも一致するわけではなく，総体として，イギリスやドイツなどと異なる独自の「自由主義」思想を形成しているといえるかについても自明ではない．何より，左右の思想的対立の厳しいフランス政治思想の歴史において，しばしば「自由主義」の存在は埋没しがちであり，19世紀後半以降現代に至るまで，誰を自由主義思想家と呼ぶかについては議論がある．

●フランス革命の衝撃　それにもかかわらず，フランス革命後のある時期に，多くの問題意識を共有した一群の思想家が現れたことは否定できない．その問題意識を端的に表現するのが，スタール夫人の「革命を終わらせる」という言葉である（Madame de Staël 1979）．この言葉は，さらなる革命の継続・展開を目指す急進的な立場とも，革命を否定し革命以前の社会への復帰を目指す復古的勢力とも区別される独自の政治的立場を示すものである．革命の意義を強調しつつも，革命の行き過ぎに警戒的な点に，その思想的特色がみられる．

　フランス自由主義の思想家たちは，ナポレオンの帝政に続く反動的な復古王政の時代にあって，歴史が決して後戻りはせず，中産階級の台頭こそが歴史の基本的趨勢であると論じた．新たな民主的社会状態を前提に政治制度を構想すべきであり，社会状態を無視した反動的政策は決して立ち行かないことを強調したのである．このような考え方は，「古代人の自由」と「近代人の自由」を比較し，「ペルフェクテビリテ（進歩の可能性）」を強調したコンスタンにも，封建社会の解体と個人の自由の発展を軸に文明史を構想したギゾーにも共通してみられる．何より，人間の不平等に基礎を置くアリストクラシー社会から，人間の基本的平等を核とするデモクラシー社会への移行を神の「摂理」と呼んだトクヴィルにおいて，歴史の不可逆性に対する確信が最も雄弁に語られたといえるだろう．

●反専制の思想　フランス自由主義の思想のもう一つの特色は，反専制の思想にある．その精神的父祖はモンテスキュー（1689-1755）に見出せる．ブルボン王朝の絶対主義化に対し，モンテスキューは高等法院と呼ばれる組織を拠点に対抗した．このようなモンテスキューの立場はしばしば貴族の立場からの王権への対抗としてとらえられるが，中央集権化を専制として批判し，分権と自治を重視して社会の多元性を擁護する視点は，フランス革命後の社会においても継承された．

革命によって主権が君主から人民へと移ったとしても，その主権の範囲が無限定であるならば，個人の自由や権利が脅かされる点において違いはない．あるいはむしろ，革命を通じて権力の中央集権化は進行したのではないかという疑念が，以後のフランス自由主義を貫く問題意識となった．

　このようなフランス自由主義の思想は，J.-J. ルソー（1712-78）による一般意志の理念を継承し，「単一不可分の共和国」を強調するジャコバン主義の思想と厳しく対立することになる．1791 年に制定されたル・シャプリエ法は，伝統的な同業組合のみならず，労働者の団結までを禁止した．このような反結社的な考え方はジャコバン主義以来の中央集権の強調に根ざすものであり，その意味では，フランスにおいて，地方分権と結社活動を重視した自由主義の思想潮流は，長く抑圧されることになったといえる．その伝統が本格的に再評価の対象となったのは，20 世紀も後半になってからのことである．

●**フランス自由主義の意義**　フランス自由主義の思想は，政治を論じる際に，制度ばかりではなく，その背後にある社会状態や人びとの習俗などに着目する点に特色がある．このような特色は，モンテスキュー以来の伝統を継承するものであり，哲学者・社会学者であった R. アロン（1905-83）は，モンテスキューからトクヴィルに至る知的系譜を「社会学的思考の流れ」と呼んでいる．自由主義の思想家たちは，復古王政期の反動勢力と対抗するためにも，歴史の不可逆性を強調する必要があった．社会のあり方の客観的変化を分析する彼らの思考法は，そのような政治的動機とも結びついていたのである．

　このようなフランス自由主義の思考は，専制を批判し，分権や自治とともに社会における多元性を重視する視点と相まって，単にフランスのみならず，世界の他の地域に対しても影響を及ぼすことになった．例えば，トクヴィルの『アメリカのデモクラシー』（1835/40）にいち早く着目した J.S. ミル（1806-73）は，トクヴィルをはじめとするフランス自由主義の思想をイギリスに紹介し，専制を批判し，政治参加を重視する発想を，自らの『自由論』の構想へと発展させていった．また，日本においても福沢諭吉（1835-1901）が，ギゾーやトクヴィルの著作を読み，大きな影響を受けていることが知られている．

　政治的には，1830 年の七月革命によって成立した七月王朝体制において，ギゾーを中心とする人びとが与党的立場につく．このことは結果として，自由主義勢力の体制化とブルジョア政治との接近をもたらした．さらに，1848 年の二月革命以降，自由主義と保守主義の政治勢力は完全に合流して，「秩序派」を形成するに至った．このような経緯もあって，政治的な集団としてのフランス自由主義は，19 世紀後半にかけて次第に後退していったが，思想的な意味でのフランス自由主義の影響はフランスのみならず，英米圏を中心に，世界的な影響を持ち続けたといえるだろう．

[宇野重規]

功利主義
[英]utilitarianism

　功利主義は社会の幸福最大化を目的にして既存の道徳や統治を刷新しようとする思想である．快苦に基づく道徳哲学ととらえれば，古代ギリシアのプラトンやエピクロスにまで遡れるが，道徳判断の根拠として結果を重視する帰結主義，結果で考慮すべき価値を幸福に置く福利主義，できるかぎり多くの幸福を達成すべしとする最大化を特徴とする功利主義の思想は J. ベンサム（1748-1832）に始まる．

　功利主義，功利主義者（utilitarian），最大化（maximization）はベンサムの造語で，「功利主義者」の初出は 1781 年 8 月 24 日の G. ウィルソン宛書簡で J. タウンゼントを評した言葉である．1802 年 6 月 28 日の E. デュモン宛書簡では自身の思想的立場として言及している．「功利主義」は『行為の動機表』（1815 印刷，1817 出版）などで使われているが，晩年は「功利性」ではなく，端的に「幸福」ないし「最大幸福」を使うようになった．そして，1829 年 6 月 2 日の草稿では，自身の思想的立場を表す言葉として功利主義は不適切であるとしている．

●**最大幸福・世俗性・帰結主義**　功利主義の標語として有名なのは，ベンサム『統治論断片』（1776）での「最大多数の最大幸福」である（永井 1982：158）．この標語の意図は，少数の特権層の利益を規準とせず，単なる多数でもなく，あらゆる人びとの幸福増大を目的にして社会的決定が行われるべきだというものであった．それは普遍的に適用されるべき「公理」であり，正義の規準でもあった．

　ベンサムに始まる功利主義では，W. ペイリーの神学的功利主義のような神学的基盤は消失し，世俗的な色彩をもつに至った．これを，F. ローゼンは社会の幸福を重視する近代エピクロス主義の系譜にあるものと指摘し，M. ヴェーバーはプロテスタント的隣人愛の精神が世俗的なものへと転化したものだと指摘している．

　世俗的な功利主義は，社会の成立を社会契約に求めるのはフィクションだとして退けた D. ヒュームを継承し，自然法などに社会秩序の合理的・規範的根拠を求める議論を徹底的に批判した．社会は諸個人の集合であり，それ以外の実体を持たないので，社会の利益は個々の社会構成員の利益以外にない．いわゆる社会有機体説に対して，徹底的に個人主義的である理由はこのような特徴にある．

　またベンサムなどの古典的功利主義は快楽主義に基づいていた．幸福の最大化は人びとが感受する快苦に依拠しており，社会的な決定を行う場面では幸福を感受する人数や量が重要であった．H. シジウィックなど，その後の功利主義では快苦ではなく選好が重視されるようになるが，行為や政策は結果によってその正不正が判断されるべきという帰結主義は同様であった．もっとも，社会の幸福最大化が，社会全体の幸福総量の最大化を意味するのか，それとも社会全体の平均

の最大化を意味するのかなど，功利主義者においても議論がある．

●**平等・自由・漸進主義**　功利主義は，女性を含むすべての人間を成人男性と同じ快苦感受主体とみなした．「あらゆる人間は一人として数えられ，誰も一人以上には数えない」として，カント的義務論とは異なる枠組みで個人を平等に尊重する．さらに個々人の自由も重視され，ベンサムは，救貧法などの政策的介入によって最低限の生活保障を行いつつ，『高利の擁護』でA. スミス以上に経済的自由主義を主張した．J. S. ミルは個人の自由が多数に抑圧されずに保障されることを『自由論』で訴え，共同体や集団による抑圧に抵抗する思想的拠点を提供している．

功利主義の帰結主義かつ個人主義的要素と，幸福や利益を重視して物事を冷静に考量する特徴からは既存の制度や習慣を再吟味する姿勢が生まれる．再吟味する際の規準は現存の快苦感受主体にとってであり，現在が最も重要な時点となるため，歴史は教訓としてのみ有用で，伝統による権威づけを批判する特徴がある．

人びとの現実的な幸福や利益を重視するため，高邁な理念が抑圧へと転化することを警戒する点も特徴である．習慣による偏見の強化，熱狂や詩的表現による幻惑化を理性によって批判し忌避しようとする点は功利主義の真骨頂である．

ただし財産を維持したいといった人びとの期待も考慮するため，社会を構成する人びとの幸福を主張しつつも，不合理な状況を改革する思想としては漸進主義・社会工学的特徴をもち，社会全体を一挙に変革しようとする革命思想とは異なる．

●**功利主義への批判と社会改革の精神**　ベンサムが考慮した快苦は肉体的快苦のほかに友情などに基づく精神的快苦も含んでいたが，T. カーライルやC. ディケンズらは，感覚的快楽や世俗的な物質的財産を追求するのが功利主義であると誤解して批判を行った（ハート訳 1987：50）．功利主義が享楽主義・物質主義・利己主義を意味する浅薄なものだという批判は，日本でも保守派やマルクス主義者にみられる典型的なものである．

また行為や政策の帰結を重視する功利主義は，個々人の動機づけや親密圏の人間関係を考慮しないとして，ロマン主義や共和主義，社会契約論やケアの倫理，フェミニズムから批判されてきた．しかしJ. S. ミルが幸福の質や内面的陶冶を重視したように，功利主義が動機づけや人間関係を度外視したわけではない．

功利主義を批判しつつもA. センは，ベンサムやミル父子など多くの功利主義者が実際の社会改革に情熱を燃やした点を高く評価した．18世紀末にはベンサムが監獄改革や植民地の解放，女性の権利擁護，同性愛行為の非犯罪化を主張し，19世紀前半にはE. チャドウィックが公衆衛生改革を提言した．19世紀後半にはJ. S. ミルが『女性の隷従』(1869)を公刊し，女性選挙権の実現を議会で訴えたし，20世紀後半以降では，動物実験や工場畜産反対などの「動物の解放」や貧困削減のための「効果的な利他主義」という社会変革を実践するものとしての功利主義をP. シンガーが主張し，大きな影響を与えている．　　　　　　　　　　［板井広明］

反革命・反動の思想

［仏］contre-révolution réaction

　反革命とは，広義には革命に反対する理論的ないし実践的運動全般を指すが，厳密にいうならこの「反対」という概念には二つの意味が存在しうる．一つは革命によって生まれた政体を覆し，旧来の体制へと復するための「反対の革命」という意味であり，もう一つは革命という政治的行為そのものの反対物（「革命の反対」）という意味である．歴史上さまざまな革命と反革命が存在するが，反革命概念がこの両義性において理論的に深められ，それが一つの社会思想にまで昇華したのは，フランス革命に対する反革命思想においてであった．

●**コンスタンの反革命・反動論**　18世紀の末に旧体制を覆し共和政を樹立したフランスにおける革命は，いわゆる「人権宣言」などの成果を残しながらもやがて恐怖政治へと急進化し，さらにはそれへの報復としての王党派の白色テロを招くなど，きわめて不安定な混乱状況を生み出した．恐怖政治の瓦解後の1795年憲法とそれに基づく総裁政府は，革命のこの紛争を終わらせ共和政を安定化させるものとして成立したが，それはなおも左右両極からの強い批判の中での綱渡りの統治を強いられた．反革命の概念は，この政治状況においてまず共和派のバンジャマン・コンスタン（1767-1830）によって，共和政の思想的擁護のための戦略の一環として否定的にその内容を規定された．すなわち彼によれば，王党派の唱道する反革命とは，ようやく成立した新秩序を転覆し再び暴力の只中へと人びとを招き入れる，それ自体が危険に満ちた「一つの新たな革命」の企てにほかならないのである．

　コンスタンは，さらに『政治的反動論』（1797）において，反革命を「反動（réaction）」として理解する視点を，ある歴史観に基づいて提示する．そもそも革命とは，時代精神に適合した「理念」が，現行の「制度」以上に進んだときに起きる．だが，制度はしばしば理念より先へと行き過ぎる．そしてこれを補正して制度を理念へと一致させるべきところを，理念以前の状態へと戻してしまうのが「反動」である．ここでは，革命が実現すべき理念（自由な共和政）に照らしての行き過ぎとしての恐怖政治に，そこからのいわば戻り過ぎ（反動）としての王政復古が重ね合わされ，そのいずれもが時代に適った安定的な秩序からの逸脱として断罪されているのである（丸山 2015：337-349；堤林 2009：166-168）．

●**メーストルの反革命思想**　共和派のこの反革命批判に抗して，同時期に王党派の反革命概念を宗教的視座に立って彫琢したのがジョゼフ・ド・メーストル（1753-1821）である．彼は『フランスについての考察』（1797）において，革命によって生み出された混乱状況を，宗教改革から啓蒙思想を経て革命へと受け継が

れたヨーロッパの傲慢な試みそのものの破局として理解する．すなわち彼によれば，そもそも人間とは神の秩序に支配される「自由な奴隷」であって，自ら秩序を生み出すことはできない．にもかかわらず，フランス革命は，君主政とカトリシズムを否定し，自分たちの意志によって秩序を築こうとした．革命の苦境は，自己を過信し神に叛逆を企てたフランスに対するいわば神罰である．

　だが，メーストルの革命論の眼目は，この罰を救いへと転化するところにある．罰とはそもそも罪を贖わせ更生させるものであるごとく，神に罰せられたフランスは革命の罪をすでに浄化され，この苦境の後に「再生」を待つのみである．メーストルは，フランスの王政への回帰を，このような摂理による再生の過程として叙述する．いまや反革命の概念には，政治的闘争に倦んだフランス人を治癒する宗教的救済としての意味が与えられるのである．ただし，革命をめぐる政治的論争の渦中において，反革命をあえて政治的革命の「対極」としての宗教性においてとらえる言説を提示すること自体，反対革命への道を実践的に促そうとする政治的行為にほかならない．その限りでは，メーストルの反革命思想は，反革命概念における「反対」の両義性をそのまま体現するものである．

●**反革命の社会思想とその影響**　秩序への回帰を神の摂理においてとらえるこの反革命論の視点は，メーストルと，同時代のもう一人の反革命論者ルイ・ド・ボナルド（1754-1840）によって，人間の秩序そのものを宗教的視点においてとらえる独自の社会思想として展開されていく．その根幹をなすのが，個々人の熟議と意志によって秩序を創出しうるとする社会契約論的発想への攻撃であり，人民はむしろ自らに相応しい国制をただ「神の作品」として受け入れることができるのみであるとする秩序観である．これは一見してエドマンド・バーク（1729-97）の保守主義を思わせるが，バークにおいて国制が歴史の連続性の中で継承された人間自身の叡智の産物としてとらえられているとすれば，フランスにおいてすでに破壊された国制の再生をこそ主題とする反革命派は，人間の秩序破壊力と対比された神の秩序生成力を徹底して強調せざるをえない．そしてそれはおのずと，世俗的秩序の維持における宗教的権威の枢要さの訴えへと結びついていく．晩年のメーストルによる，ヨーロッパ秩序の最後の拠り所としての「教皇権」再興の主唱は，その典型的な現れである．

　反革命思想は，今日，法学者カール・シュミット（1888-1985）の『政治的ロマン主義』および『政治神学』における言及を通して知られるが，そこでは主として革命に抗するその政治的思想としての側面が強調されている．他方，反革命思想のもう一つの側面である政治そのものの相対化の視点は，19世紀の社会学者オーギュスト・コント（1798-1857）や詩人ボードレール（1821-67）へと受け継がれていく．反革命という思想の多様な継承のあり方それ自体に，その政治的実践性と宗教的世界観との両義性が映しだされているといえよう．　　　　　[川上洋平]

プラグマティズムの形成
［英］making of pragmatism

　プラグマティズムは19世紀の後半にアメリカで形成された哲学思想であるが，その後の息の長い展開によって，今日では世界の哲学界において最も広い支持を受ける思想の一つになった．この哲学思想はアメリカ文化の揺籃期に生まれたが，この誕生の状況において感じられていた精神的困難や危機意識が，今日の我々の世界のさまざまな局面での問題意識とも結びついており，そのことがこの思想の今日的な意義や価値を生み出しているといえるだろう．

●**プラグマティズムの誕生**　プラグマティズムは1870年代に，ハーバード大学の若い研究者のグループ「形而上学クラブ」の会合において，その中心人物であったチャールズ・サンダース・パース（1839-1914）によって提唱され，はじめて日の目をみた．そしてその約20年後の19世紀末に，パースの思想的盟友のウィリアム・ジェイムズ（1942-10）が，カリフォルニア大学バークリー校で「哲学の諸概念と実際的効果」という講演を行い，この思想の輪郭とその革新的性格とを強く聴衆に訴えることによって，アメリカ内外の思想界に独自の思想としての地位を認められるようになった．

　パースが誕生を宣言したこの思想の最初の性格と，ジェイムズが継承してその啓蒙に務めたその後のこの思想の内容とは，微妙にずれた側面をもっている．しかしこうした二面性は，ある意味ではこの思想を生み出したアメリカという国家の「自己意識」が含む，二重の側面を反映したものであったともいえる．ここでいうアメリカという国家の自己意識とは，一方では旧世界に対する新世界という意味での，対他的な角度から認められる自己意識であり，他方では，自己の内なる統一の有無への不安，懸念という意味での，対自的な角度からみられた自己意識である．簡単にいえば，最初にパースが提唱したプラグマティズムは前者の意味でのアメリカの自己意識の哲学的な表現であり，次いでこれを拡大解釈し，独特のひねりを加えて形成されたジェイムズのプラグマティズムは，後者の意味でのアメリカという国家の自己意識の哲学的表現である．

●**パースの反デカルト主義**　パースは西洋近代哲学における認識論の根本的な図式が，「精神の内なる観念の知覚」というモデルによって組み立てられていることに疑問を感じ，同時に，このモデルの下で構想された科学的知識の「確実性の基礎づけ」という企てに，鋭い批判を加えた．パースによれば，我々の認識の基本的性格が内なる観念の知覚，すなわち表象であるという発想は，R.デカルトからI.カントまでの近代の哲学者たちに等しく共有されたモデルであった．しかし，このモデルは心理学的事実の観点からも，概念的な整合性の観点からも，まった

く不十分な図式である．さらに，知識の確実性を何らかの特権的な経験や知覚によって基礎づけようとする「基礎づけ主義」も，観念説同様にデカルト以来カントに至る西洋近代の共通の問題関心であるが，この問題設定は我々の認識活動が「懐疑と信念の連鎖のダイナミックな変換」という性質をもつことを見損なった，誤った認識論的企てである．科学的知識の信頼性は，その基礎となる命題の確実性ではなく，実践上の有効性において問われなければならない．これが，人間の認識を行為と実践（プラグマ）に結びつけて考える，プラグマティズム思想の根本的発想である．

●**ジェイムズの多元主義**　パースの哲学はこうして，デカルト主義的認識論批判を通じた西洋近代の哲学のパラダイムへの批判，という性格をもったが，これはまさしく，旧世界としてのヨーロッパと決別しようとした新世界アメリカの対外的な自己意識の哲学的表現である．一方，彼の盟友ジェイムズは，この思想が科学的事実と道徳的・宗教的価値との両立を認め，その多様な有効性を保証するという点に着目し，それが「真理にかんする多元主義」を導くことを強調した．これはいわば，アメリカ合衆国という特殊な政治形態，すなわち個々の州政府の独立を容認しつつ，その連合をもって大きな結びつきを生み出そうとする，アメリカ社会に特有の自己意識を哲学的に反省し直したものにほかならない．

ジェイムズはパースのプラグマティズムを，認識の内面的確実性ではなく行為における有効性を目指す思想であると理解した．彼はそこから，この思想が内包する真理概念の意味は，伝統的な「命題と事実の一致」でもなければ，ヘーゲル的な「命題どうしの整合性」でもなく，信念の道具的な有用性，実践における信頼性を指す，と考えた．これが彼のいう「プラグマティックな真理」の理論であり，この思想の独創性が世界に広く認められ，その支持と批判を集めたのも，この真理論によってである．

●**デューイの民主主義**　プラグマティズムは，アメリカという国家の誕生のドラマに付随する自己意識と密接に結びついていた．そしてこのように一個の哲学思想でありながら，それが共同体の存立の原理と結びつきうるということは，パースやジェイムズの後にこの思想を継承した人びとが強く意識した点であり，それが今日の世界のさまざまな領域——伝統との関係に悩み，価値の多元性に目を開きつつある諸領域——に対して，この思想が強いアピールをもつ理由である．そのことを真っ先に指摘して，「哲学の改造＝再構築」という目標を前面に掲げつつ，その達成が「民主主義という新しい経験のスタイル」の確立を意味すると説いたのが，パースとジェイムズに続くプラグマティズム第三の代表的な思想家，ジョン・デューイ（1859-1952）であった．ある意味では彼こそが，その民主主義の意味の解釈において，最もアメリカ的思想家であったとともに，今日の世界の状況に最も関連性をもつ思想家であるともいえるであろう．　　　　［伊藤邦武］

チャーティスト
[英]Chartist

　1838年から1850年代初期のイギリスで，成人男子普通選挙を要求して大規模な政治運動を起こした活動家たちを指し，この運動はチャーティズムまたはチャーティスト運動と呼ばれる．労働者が主体となった最初の大衆政治運動として，民主主義史で記念碑的位置を占めており，イギリスでは学校教育で熱心に教えられ，現在もこの主題の研究書が相次いで刊行されている．チャーティストの呼称は，成人男子普通選挙，無記名投票，議員の財産資格の撤廃，議会の毎年改選，選挙区の平等，議員への給与支給の6項目要求を盛り込んだピープルズ・チャーター（人民憲章）を綱領に掲げたことによる．彼らは各地で集会を催し，署名を集め，代議員を選出して代議員大会（コンヴェンション）を開催し，議会に請願を行い要求実現に努めた．運動は弾圧を受け挫折しが，その要求は議会の毎年改選を除いて，20世紀には世界の民主国家の基本的制度として定着した．

●**人民憲章と請願運動の発端**　ピープルズ・チャーターは，W.ラヴェット（1800-77）らのロンドン労働者協会（1836年結成）が改革派議員の協力を得て議会法案の形式で作成し，38年に公表した．当時は工業化と社会発展に伴う人口増加・移動と新興社会階級の急増により，議会改革（選挙区の改正と選挙権の拡張）が切迫した課題であった．32年の第1次選挙法改正はこの課題に部分的に答えたものの，選挙区の不平等は依然として大きく，普通選挙を要求して運動した労働者階級は参政権から排除されていた．その後34年に労働組合運動が抑圧され，新救貧法によって生活が脅かされるようになると，急進派の労働者は再び政治運動に向かった．38年夏には人民憲章が運動のスローガンになり，議会への請願が提唱された．同年8月，バーミンガムで各地の代表も参集した大集会が開催され，これを契機に国民請願運動に発展し，チャーティストの呼称も生まれた．指導者F.オコナー（1794-1855）が前年に発刊した週刊『ノーザン・スター』がその主要メディアになり，論客オブライエンが健筆を振るい，熱心な活動家たちが各地に誕生した．女性や夫婦の活動家も現れた．

●**請願運動の展開**　運動の最初のピークは，39年2月，議会開会日に合わせてロンドンで開催した代議員大会をもって始まる．チャーティストは，人民代表が集うこの代議員大会を，議会（parliament）に対峙する対抗議会（anti-parliament）と位置づけようとさえした．運動は高揚し，請願署名者は120万を超えたが，議会が承認するとは考えにくく，大会では請願が否決された場合に取るべき「次の手段」が焦点となり，1か月間の神聖な月（国民休日，ストライキ）の決行などが提案された．7月になって請願を検証する委員会の設置という提案が，議会で圧

倒的多数で否決されたため，代議員大会は混迷に陥った．弾圧が始まりラヴェット，オコナー，J. オブライエンら多くの指導者が逮捕，収監された．

　一時沈滞した後，労働者，職人からなるチャーティストの組織として全国憲章協会が 40 年 7 月に結成され，明確な労働者の運動として復活した．一方，中産階級や反穀物法同盟との協調を図るグループも現れ，運動の分裂も生じた．全国憲章協会は 42 年 4 月には 4 万人の会員を擁する組織になり，再度署名を集め請願に乗り出した．再び代議員大会が開かれ，5 月に 331 万もの署名を集めた請願書が議会に運び込まれたが，議会は翌日，チャーティストの代表が請願の趣旨説明を行うという提案を圧倒的多数で否決した．

　42 年夏は不況の真只中にあり，ランカシアとその周辺では賃金カットに対する抗議運動が起こっていた．労働者たちは蒸気機関のプラグを引き抜いて仲間を誘い出し，大規模な職場放棄を行い，あたかも地域ゼネストの状態になった．そのうえ組合代表者の集会は「人民憲章実現まで仕事に戻らない」と決議し，マンチェスターで代議員大会を開催中のチャーティストに決断を迫った．しかし人民憲章を実現させる展望はなく，労働者は職場に帰らざるをえなかった．

●**最後の高揚**　消滅したかにみえた運動は，オコナーが提唱した労働者を土地に入植させる「土地計画」運動の発展とともに，45 年以降復活する．他の指導者から本来の運動をそらすという厳しい批判も出たが，48 年初頭までは多くの支持者を結集し，その力でオコナーは庶民院議員になっていた．

　47 年の深刻な不況が重なり，翌年春には 3 回目の国民請願に乗り出し，膨大な署名を集めて代議員大会を開催，4 月 10 日ロンドンのケニントン・コモンで大集会を行い，請願書を議会に運び込んだ．オコナーは署名数を 570 万と豪語したが，ヴィクトリア女王，ウェリントン公など不当な名前が多数含まれており，調査官の精査の結果 197 万余りと確認され，結局この請願は取り下げられた．請願挫折後も，46 年に運動に加わりマルクスとも交流した E. ジョーンズらが活動を続けた．しかし 48 年 8 月までにジョーンズを含む主要な活動家の大部分が逮捕拘禁され，運動は沈静化した．「飢餓の 40 年代」が過ぎ去るとチャーティストは少数派となり，労働者の多数は労働組合や協同組合の運動に向かい，より現実的な生活改善を目指すようになった．チャーティストの旗印は 1858 年に消滅した．

●**言語論的転回**　1980 年代に歴史家 G. S. ジョーンズによって，運動はその実体ではなく表現された言語，言説を考察の対象にして言語論的に解明すべき，という見解が提唱された．労働者「階級」も実体としては存在せず，言説だとも主張する．これが言語論的転回と呼ばれ，学会に一旋風を巻き起こしたが，歴史研究にとっては自殺的という批判も出た．「階級」を外した民衆史，民衆運動史といったアプローチが盛行するなど，その影響は大きいが，チャーティスト運動の時代については階級的アプローチが不可欠という意見は研究者に根強い．　　［古賀秀男］

イギリス観念論
[英]British idealism

　イギリス観念論は，T. H. グリーン（1836-82），E. ケアード（1835-1908），F. H. ブラッドリー（1846-1924），B. ボザンケ（1848-1923），D. G. リッチー（1853-1903）らオックスフォードとスコットランドの哲学者を中心として，1870年代から1920年代にかけてイギリスの哲学，倫理学，政治哲学，社会思想，社会改革の諸分野に大きな影響を及ぼした思想潮流である．ドイツ観念論哲学と古代ギリシア政治哲学を統合し，それまで経験論，直観主義，功利主義が主流であったイギリスの哲学・倫理学界において，二世代にわたり観念論ブームを巻き起こした．その哲学の基本的特徴は，(1) 原子論的存在論と感覚論的認識論の否定，(2) 有機的統一体としての実在（reality）を想定した全体論的存在論，および (3) 理性を介してのみ実在を認識しうるとする観念論的認識論，の３点である．「永遠意識」（グリーン）や「絶対的なもの」（ボザンケ）などの全体性（＝有機的統一）の観念に基づき，イギリス観念論は共通善，国家，社会有機体，社会改革をめぐって独自の思想を展開した．邦語では「イギリス理想主義」とも訳される．

●**共通善・国家・社会有機体**　イギリス観念論は，J. ベンサム（1748-1832）やJ. S. ミル（1806-73）の功利主義を快楽偏重主義と批判し，共通善概念に基づく卓越主義的な倫理学を唱えた．共通善は共同社会のすべての成員にとっての道徳的善であり，第一に個性と潜在能力の発揮・向上としての人格の陶冶を，第二に道徳的権利の相互承認に基づくシティズンシップの獲得を，それぞれ指している．

　政治哲学と社会思想の分野においても，共通善は国家，社会，権利，社会改革の正当性を測る基礎原理として，イギリス観念論の最重要概念となっている．国家論においては，イギリス観念論はT. ホッブズ（1588-1679）の絶対的主権論を批判し，主権に対する国家成員の政治的義務の根拠を，共通善を目指す国家の道徳的意志に見出した．国家は有機的に統一された現存する最上位の共同社会（「諸社会の社会」[Green 1886 : 452]）であり，道徳的共同体としての倫理的側面と，権利・義務の調整機関としての政治的側面をもつ．また権利論においては，イギリス観念論は自然権概念を退けつつ，国家と個別社会による承認を権利の存在条件とし，共通善への貢献の有無を権利正当化の条件とした．

　有機的統一体としての実在への視座は，イギリス観念論の社会有機体説の認識論的基礎ともなった．個人は社会的存在として，社会（国家と個別社会）の中で市民としての普遍性を獲得し，他方で社会は，個々の成員を介して具体性を獲得する．かかる個人と社会の相互依存性に基づき，観念論はH. スペンサー（1820-1903）の社会有機体説に対して，原子論的個人主義と機械的社会観という

誤った個人観・社会観に依拠しているとの批判を展開した．また19世紀後半は，Ch. ダーウィン（1809-82）の進化論を筆頭に社会思想における生物学の影響力が増大した時代でもあったが，リッチーやヘンリー・ジョーンズ（1852-1922）は，観念論と社会進化論を節合させることで，自然科学的思考との対立の回避を試みた．

●**社会改革**　19世紀後半の都市部で顕在化した貧困，失業，スラム，犯罪，飲酒，無知，虚弱体質などの「社会問題」に対するミドルクラスの危機感を背景に，多くのイギリス観念論者も社会改革の理論と実践に深く携わった．グリーンは禁酒運動に尽力し，イギリス禁酒同盟副会長や，オックスフォード禁酒同盟会長を務めた．社会改革を個人の自由への不当な干渉とみなすスペンサーら自由放任主義者の批判に反対して，グリーンは，自由を外的抑制の欠如という消極的概念としてのみならず，道徳的に価値あること（＝共通善への貢献）をなしうる能力とその実践を意味する積極的概念としてもとらえた．グリーンはまた，国家と個別社会には積極的自由の実現に必要な外的条件を整備する道徳的義務があるとして，国家による社会立法の増大を正当化した．

ただし，「外的条件の整備」と「自由への不当な干渉」を区別する境界線の位置は，観念論者によって異なっていた．特に貧困問題をめぐっては，困窮者の性格や生活習慣の改善を重視し，私的慈善とソーシャルワークによる救貧を重視したボザンケと，医療，年金，学校給食などの福祉国家的社会サービスを重視したリッチーのあいだには，国家福祉や富の再分配の程度をめぐる見解の隔たりが存在した．一方，オックスフォードでグリーンの薫陶を受けたサミュエル・バーネット（1844-1913）はトインビー・ホールの初代館長となり，セツルメントによる救貧運動を展開した．こうした社会改革への関わりを通して，観念論はイギリス福祉国家の思想的基礎の重要な一端を形成した．

●**イギリス観念論の衰退**　第一次世界大戦を契機にイギリス国内の思想状況は大きく変化し，戦間期以降，イギリス観念論の衰退がみられた．ヘーゲルとボザンケの政治哲学を国家主義的と攻撃した自由主義者L. T. ホブハウス（1864-1929）の『形而上学的国家論』（1918）は，多分に不正確な観念論批判の書であったが，反ドイツの国内世論と相まって広く読者を獲得した．観念論の前提であった倫理的・有機的社会への漸進的接近という楽観的な進歩観も，労働運動の激化など大戦後の社会的混乱の中で説得力を失っていった．ブラッドリーやボザンケなど主要な観念論者が世を去った後のイギリス哲学界では，B. ラッセル（1872-1970）とG. E. ムア（1873-1958）が先達をつけた分析哲学が観念論を凌駕した．以後イギリス哲学は，論理と言語の形式的分析に注力し，観念論が重視した倫理・政治・社会改革とのつながりを絶っていった．その後の観念論の思想的影響は，R. G. コリングウッド（1889-1943）の歴史哲学や，R. H. トーニー（1880-1962）の倫理的社会主義の政治思想の中に最もよく見出すことができる．　　　　　　［寺尾範野］

ナショナリズム
[英]nationalism

　内容的にも多義的で，評価も大きく分かれる論争的な概念である．とりあえずはネイションを重要視する思想や運動といえるだろうが，そのネイションという概念自体が一義的ではない．特に重要なのは，エスニシティとの関連においてネイションをどうとらえるかである．大まかにいって，ネイションの基礎にエスニックな共同性があるとする考え方と，ネイションはエスニシティを超えた存在だとする考えがある．南北アメリカやオセアニアのように移民が建国を主導した地域においては，ネイションとエスニシティを切り離してとらえる発想が優勢だが，いわゆる旧大陸では両概念の距離はより近い．日本語の場合，ネイションは「民族」「国民」両様に訳されるが，前者はエスニシティと近い語感をもつのに対し，後者はエスニシティと切れたネイション観を示唆する．

●**ネイションの形成**　歴史的にいえば，18世紀以降の西ヨーロッパ諸国でいわゆるネイション=ステイト（国民国家）が形成されたことが重要な画期をなす．それら諸国は，特定の領域での出版・教育・通信・輸送網などの濃密化を通して国民を形成し，またそうした国民が国家の主人公だとの観念およびそれと関連する政治制度を通して，国民の間に一体感を創出した．他面で，そうした一体感を共有しないとみなされる集団に対しては，同化か排除かが迫られた．そのようにして形成された国民国家が経済・軍事などの領域で強いヘゲモニーをふるったことから，他の地域でもそれを模倣する動きが高まり，19世紀半ば以降には，世界の多くの地域でネイションづくりが進められるようになった．

　各地のネイションがどのように形成されるかは個々の場合によって異なるが，それが特定の領域を基礎とした政治的単位として成立する以上，他のネイションとの競合ということを意識しないわけにはいかない．いまだ国家をもたない集団が自前の国家をつくろうとしたり，既存の国家からの分離あるいは統合によって新しい国家をつくろうとしたり，現に存在する国家の中での一体性を強めようとしたり，等々である．ナショナリズムとはこうした動きの基礎にあり，それを鼓吹する理念として機能する．それは一面では国民の間の平等化や連帯を促進するが，その裏面として，他者――外国であれ「内なる他者」であれ――との対抗関係を強める．そうした二面性のため，ナショナリズムは民主主義と結びつくこともあれば，非リベラルで反民主的な性格を帯びることもあり，その評価も肯定的なものと否定的なものとが並存する．

●**ナショナリズムの分類とその困難性**　ナショナリズム評価のアンビヴァレンスと関連して，「よいナショナリズム」と「悪いナショナリズム」を区別しようとす

る議論が古くから多数提起されてきた．その中でも比較的優勢な議論として，「シヴィック・ナショナリズム」と「エスニック・ナショナリズム」を対置する議論がある．エスニック・ナショナリズムは「余所者」への排他的な政策や強引な同化政策を伴い，多様性や自由を尊重しない権威主義に傾くのに対し，シヴィック・ナショナリズムはエスニックな多様性や個人の自由を尊重し，自由主義・民主主義と結びつきやすいとされる．このような区分は直観的にある種の妥当性をもつかにみえ，多くの人びとに強い影響を及ぼしている．

しかし，この議論にはいくつかの疑問がある．多くの人の抱く一般的イメージとして，「西」ではシヴィック・ナショナリズムが優勢なのに対し，「東」ではエスニック・ナショナリズムが優勢だとされるが，このような見方はややもすれば「西」を理想化し，「東」を蔑視するオリエンタリズム的発想の一種となりやすい．ネイションの語がシヴィックな意味で使われることの多い西欧でも，現実には，ネイション統合の基礎には言語・文化の一定程度の均質性が前提されており，しかもそれは「自然に」形成されたのではなく，長期にわたる「上からの」政策を必要とした．つまり，シヴィック・ナショナリズムはエスニックな共通性に基づかないものだという建前にもかかわらず，実は何ほどかエスニックな共通性を暗黙に前提しているのではないかという疑問がある．

●**現代におけるナショナリズム**　19世紀から20世紀半ばにかけての世界が「ネイション＝ステイトの時代」「ナショナリズムの時代」とされるのに対し，20世紀末葉以降の世界ではグローバル化が強力な趨勢となっており，ネイション＝ステイトはその役割が引き下げられようとしているかにみえる．国境を超えるヒト・モノ・カネ・情報等々の移動の飛躍的増大は，国境を完全に無意味にするとまではいえないにしても，少なくともその意義を従来ほど絶対的なものではなくしつつある．しかし，逆に，だからこそ，そのことに対する反撥や抵抗が各地に生まれ，新たな条件下でのナショナリズム再生の基盤となっている．

グローバル化とは，それ自体としていえば，国境の敷居が低くなることを意味するが，他面では，むしろだからこそ垣根を改めて強めようとする動きも進行している．グローバルな規模での経済競争の激化が各国の経済ナショナリズムをあおっているのはその一例である．多国籍企業は「国民国家」に関わらない活動を増大させ，国際経済環境の圧力は各国政府の経済政策選択の余地を狭めているが，それでも各国政府はそうした環境の中で自己の地位の確保に躍起とならざるをえない．もう一つには，新自由主義的経済政策の世界的広まりの中で福祉が切りつめられ，各国内での社会的・経済的格差が拡大しているが，そのようにして追いつめられた社会的弱者が自己の苦境の原因を「余所者」や隣国の行動に求め，幻想的な「国民的一体性」に救いを求める傾向があり，そのことが新たなナショナリズムを強める要因となっている．

［塩川伸明］

インターナショナリズム
［英］internationalism

　労働者階級が国際的に連帯しようとする動きの総称である．思想的には，1848年に出版された『共産党宣言』の「万国のプロレタリア団結せよ！」にすでに示されていたが，実際の運動としては，1864年に結成された第一インターナショナル以降の動きを指す．

●**第一インターの創立と分裂**　第一インターナショナル（正式名称「国際労働者協会」）は，労働者による史上初の国際組織として，1864年9月にロンドンで創立された．英仏の労働者たちは，1862年のロンドン万博や，翌63年7月にロンドンで開かれたポーランド支援集会で会い，友好関係を築いた．またイギリスの労働組合（TUC）は，スト破りを防ぐために他国の労働者と連帯する必要性を痛感していた．

　創立大会でマルクスは創立宣言と暫定規約の起草を任され，まもなく組織の主導権を握った．1866年から，毎年9月に年次大会を開催した（ジュネーヴ，出席60人，67年ローザンヌ，64人，68年ブリュッセル，99人）．69年9月のバーゼル大会（78人）では，土地共有が決議され，プルードン派は力を失った．70年，71年の大会は普仏戦争とパリ・コミューンにより見送られたが，71年9月にロンドンで協議会が開かれ，K. マルクス（1818-83）らがまったく新しい方針を打ち出した．それをめぐって論争が起こり，72年9月のハーグ大会（65人）で組織は分裂した．その後，ニューヨークに移転された総評議会は76年に，反総評議会派は78年に解散した．

　第一インター内の対立は，従来は，60年代末にM. バクーニン（1814-76）が加わり，マルクスの指導権を脅かしたために起こったと説明されてきた．しかしこのような，二人の思想家の争いにすべてを帰す説明は不十分である．マルクス=バクーニン抗争において主役を演じたのは，実はスイスのジュラ地方の時計労働者たちであった．彼らがバクーニンを支持した理由抜きには，対立と分裂は説明できない．

●**原点としてのロマン連合の内紛と分裂**　ジュラ諸支部は，1869年早春にバクーニンの訪問を受けて以来，彼の思想に強く共鳴した．理由は(1)長期的には，背後にあった次のような事情のため，ジュラの労働者たちの間に国家への警戒心と少数派としての自治意識が強かったためである．まず，①フランス語民がスイスにおいて少数派であること．加えて，②ヌーシャテルが長い間プロイセンの所領であったこと，さらに③「ベルナージュラ」はウィーン会議の決定により，意に反してドイツ語のベルンに組み入れられたこと．(2)短期的には，地元の急進派と

決別することを模索する中で，選挙に期待しないという「政治的棄権主義」に彼らが 1868 年に到達したことがあげられる．この方針はバクーニンの思想にきわめて近く，逆に，国家権力を労働者階級が奪うことを目指すマルクスらとは対立した．

　政治活動の位置づけをめぐってジュラ諸支部は，選挙を重んじたジュネーヴの諸支部とも対立した．またバクーニンが結成した「社会民主同盟」の受け入れをめぐっても，ジュネーヴ（拒否）とジュラ（受入）では完全に意見が分かれ，70 年 4 月にロマン連合は分裂した．そこで総評議会が裁定したが，ジュラ代表が多数を占めた事実を無視して，ジュネーヴこそがロマン連合の正統な後継者であると通告した．反発したジュラ諸支部は機関誌『連帯』紙上で，総評議会がロマン連合の規約を無視して権威主義的に内部干渉したと抗議した．

　スイスのフランス語圏における内紛は 1870 年の前半に生じ，総評議会との対立に発展するかに思われた．しかし普仏戦争，翌年にはパリ・コミューンという大事件が起こり棚上げされた．しかし 71 年夏頃にコミューンが失敗すると論争は再燃した．マルクスらは，パリ・コミューンは史上初の労働者の政府であるととらえた．他方バクーニンらは，プルードン的連合主義こそコミューンの掲げた理想であったと主張した．コミューン敗北の理由を指導力の弱さにみたマルクスは，この教訓を協会運営に活かそうとし，71 年 9 月に開かれたロンドン協議会で，組織の集権化と総評議会の権限強化という新方針を打ち出した．しかし多くの支部は，同年 11 月にジュラ連合が発した，ゆるい連合体というあり方こそが創立理念のはずだとする「ソンヴィリエ回状」を支持した．劣勢となったマルクスらは，72 年秋のハーグ大会で勝ち抜くために手段を選ばぬ工作を行い，①総評議会の権限強化，②政治活動の強調，③総評議会のニューヨーク移転，④バクーニンと J. ギヨーム（1844-1916）の除名を勝ち取った．しかし，ジュラ連合は，1 週間後にジュラ地方のサン・ティミエにイタリア，スペインなどの代表を集め，今後は総評議会抜きで連絡を取り合うと決めた．これにより，分裂は決定的となった．

●**第一インターの歴史的意義**　第一インターは，史上初の労働者の国際組織として，その後の国際社会主義運動に大きな影響を及ぼした．後に第二インター・第三インター（コミンテルン）が結成されたことがそれを物語る．支部の自治権を守ることで組織の集権化を避け，労働者階級による国家権力の奪取ではなく，国家権力からの自由を目指し，労働運動の主導権を政党ではなく労働組合が握ろうとしたジュラの労働者たちの姿勢は，第二インター以降は退けられた．しかし 20 世紀初めにフランスで支持された革命的サンディカリズムで，この理念は復活した．またかなり隔たるが，1960 年代に登場したニューレフトにも受け継がれたと考えることができる．

[渡邊孝次]

奴隷解放運動

[英]abolitionism

　奴隷解放運動とは，いかなる事情があるにせよ奴隷制の正当性を否認し，その境遇にある人びとを解放し自由人となすことを目的とする運動である．注意すべきは，人類社会から一律に奴隷制を追放することが究極目標となっている点である．ゆえにそれは，特定の人びとが奴隷とされることに抗議する運動とは似て非なるものである．後者については，古今東西の奴隷反乱があげられるが，それらにおいてはまず例外なく，一時的に自由を勝ち取った反徒たちが，新たな社会を建設する際，捕虜や被誘拐者を奴隷として使役した．

●イギリスと奴隷制　それら先例とは明確に区別される真の奴隷解放運動は，大西洋奴隷貿易とともにイギリスで発生した．同貿易は，欧州諸国・西アフリカ・新大陸の3地点を，工業製品・奴隷・農産物の3「商品」が行き交う複合的な特徴を備えていた．17世紀末以降，同貿易に本格参入したイギリスは，フランスやオランダなどの競争相手を抑えつつ営業利益を蓄積した．ただし同国は中世後期以降，人間を財物のように所有したり，売買や抵当の対象にしたりする行為を禁忌としていた．有用な土地が人間に比して不足がちな社会であったために，前者を財物として扱い，後者を雇用関係の下に置くことが，経済合理的かつ公序良俗に資するとみなされたのである．つまり強者が土地を占有すれば，それを欠いた弱者は，労働力の提供を申し出る以外に生存の余地がなくなるから，その代価たる賃金は，強制労働に付随する諸経費を下回ったのである．対照的に西アフリカは，人間が有用な土地に比して不足がちな社会であった．ゆえにそこでは，土地に価値がほとんど見出されなかった代わりに，古来より人間が財物と同様に取引されたのである．

　いずれにせよ，イギリス人は奴隷制禁忌を有していたにもかかわらず，西アフリカを訪問しては奴隷を購入し，新大陸に連行し，サトウキビ農園などで労働に服させた．この行為は何も自己矛盾ではなく，イギリス本土には奴隷制が導入されていないから，禁忌には抵触しなかった．むしろ「郷に入れば郷に従え」のことわざどおり，イギリス商人は，故地の規範に拘泥して利益を逸失するよりは，在地の慣習にしたがって商売を繁盛させたのである．

●運動の発生　ところがアメリカ独立戦争（1775～83年）の敗北を契機として，イギリス本土の規範を，植民地はもちろん海外の取引相手にも強制適用しようとする風潮が強まった．さもなければ，イギリスの権威がますます低下し，第二，第三の反乱の発生が懸念されたのである．かかる世論に便乗しようと，(a) 宗教倫理に基づいて，(b) 理性と経験に照らして，人類平等を標榜し，奴隷制を批判

する集団が現れた．前者は福音主義であり，政治家 W. ウィルバフォース（1759-1833）の指導の下，南部の保守的な農村地帯に浸透した．後者は啓蒙主義であり，北部の進歩的な新興都市で支持を集めた．両者は原理的には相容れなかったが，聖職者 T. クラークソン（1760-1846）の卓越した組織力もあって連携に成功し，1788年に始まる奴隷貿易廃止運動を盛り上げた．かくてイギリスでは1807年と33年に，奴隷貿易，および植民地の奴隷制がそれぞれ廃止された．

●**運動の影響力と功罪**　イギリスは産業革命を達成し，ナポレオン戦争（1802～15年）にも勝利して覇権を握ると，かかる傾向を顕著に強めた．政府は今や，植民地や従属地域のみならず，地球全体から奴隷制を一掃すると称して喝采を浴びた．彼らは外交的圧力を駆使し，ウィーン会議（1814～15年）において奴隷貿易の非難決議を行わせたほか，西アフリカ沖に軍艦を配備して，実際にそれを摘発した．奴隷制の経済的な貢献度の低い諸国（欧州の大半，ブラジル以外の南米など）は，そうしたイギリスの姿勢に追随して見返りを得ようとした．かくてイギリスは「郷に入れば郷に従え」の指針を捨て，代わりに自国の奴隷制禁忌を世界に強制することを通じて権威を高め，国際政治をリードした．

他方で奴隷制の収益性の高い諸国は当惑した．サトウキビ農園が高度に発達したキューバやブラジルは，国際世論の中で四面楚歌となる1880年代まで奴隷制を温存した．またアメリカでは，奴隷制の貢献度が，産業革命を達成した北部において低く，綿花農園が拡大した南部において高かった．北部はイギリスとは経済的に競争しつつも，生産手段（土地・工場・原料・機械など）を財物とし，人間を雇用関係に置いた方が有利であった．南部はイギリスには経済的に従属しながら，土地に比して労働力の少ない環境で農園経営を実施せざるをえなかったため，奴隷制を手放さなかった．両者の衝突は南北戦争（1861～65年）に帰結したが，北部の勝利に終わり，1863年の A. リンカーン（1809-65）大統領による奴隷解放宣言が全土で適用された．

以上のとおり奴隷解放運動はイギリスの世界戦略に利用された側面が強く，同国はアジア・アフリカなどを侵略する際，奴隷制の温存という事実から現地人の統治能力の欠如を推定し，自らの植民地支配を正当化した．いわゆる「人道帝国主義」である．しかもそうした場合，肝心の奴隷解放自体は不徹底であり，20世紀になっても，英領ナイジェリアでは人身売買や強制労働が根絶されなかった．アメリカ南部においても，悪名高い黒人差別諸法の下，リンカーンの宣言が実質的に無効化された．とはいえ，奴隷解放運動が基本的人権の擁護規範を無制限に浸透させ，そのことを通じて，人身売買や強制労働を根絶しようとする努力を不断に産出したことは事実である．「世界人権宣言」（1948年）第4条においても，あらゆる形態の奴隷制に対する非寛容が明記されている．当該運動の功罪を吟味しつつ，将来の人権擁護に資する道を模索することが肝要であろう．　　［田村　理］

ユダヤ人問題
［独］Judenfrage　［英］Jewish question

　一般に「ユダヤ人」と訳されるヨーロッパ諸語（Jew, Juif, Jude）は，19世紀には主として「ユダヤ教徒」を意味する言葉だった．彼らは，キリスト教的ヨーロッパにおける宗教的少数者であり，西ヨーロッパでは18世紀の啓蒙時代以降それぞれの居住地の社会に同化し統合されていくが，とりわけプロイセン王国をはじめとするドイツ諸国では，「キリスト教国家」という国家原理の下で，その宗教的信条を理由に市民的・政治的諸権利が法的に制限されていた．

　●**ユダヤ教徒の解放**　18世紀末以降になると，ユダヤ教徒の「解放」が問題になる．解放とは，国内の宗教的少数者の法的無権利状態を解消して，キリスト教徒と同等の権利を付与することである．しかし，解放の実現には現地社会への文化的同化の要求が伴っており，ユダヤ教徒が伝統的な生活習慣を脱して近代的な市民になること，形成されつつある国民国家に国民として統合されることが，解放の条件とされた．1781年にプロイセン王国で解放政策をはじめて提起したクリスチャン・ヴィルヘルム・フォン・ドーム（1751-1820）の著書が『ユダヤ教徒の市民的改善について』と題されていることが，それを象徴している．

　フランス革命が起きると，1789年の「人間と市民の権利の宣言」で表明された法と宗教との分離という啓蒙的原則に従った1791年の解放令が，ヨーロッパではじめてユダヤ教徒の市民的同権を実現した．しかし，1808年にはナポレオンの布告によってユダヤ教徒は再び特別法の適用下に置かれた．この法は，2000人以上のユダヤ教徒住民を含む県ごとに一つの「宗務局（consistoire）」を設けてそれらをパリの中央宗務局が掌握することを定め，また，ユダヤ教徒による融資や負債取り立てを統制し，商業の営業には毎年特別許可を受けるよう要求した．ナポレオン法典の一般規定と矛盾する後者の特別規定は10年間の時限立法だったが，宗務局は1905年に政教分離法（ライシテ法）が成立するまで存続した．

　プロイセン王国では1812年の解放勅令によってユダヤ教徒にプロイセン国籍を認定し，その市民的同権が実現したが，官職登用や政治参加は制限されていた．完全な市民的・政治的同権が実現するのは1871年のドイツ帝国の成立に伴う帝国法によってであるが，宗教問題の解決は，民族・人種問題としての新たなユダヤ人問題の出発点となった．

　●**「ユダヤ人問題」論争**　「ユダヤ人問題」は1830年代以後のドイツで使われはじめた言葉であり，1840年代に入るとユダヤ教徒の解放条件をめぐって活発な論争が行われた．基本的な対立は，ドイツ文化への同化とキリスト教への改宗を完全な同権付与の条件とする政府および保守派と，信仰の自由の保障という啓蒙的

国家原理の実施を要求する自由主義派との間にあったが，自由主義派の内部にも，ユダヤ教徒が伝統的な宗教的生活習慣を保持したままで近代国家の市民たりうるかをめぐって，路線の対立が存在した．ただし，それは程度の差であって，一定の同化が解放の条件だという点では自由主義派は一致していた．

　急進派の哲学者ブルーノ・バウアー (1809-82) は，1843 年に出版した『ユダヤ人問題』で「キリスト教国家」原理を批判したが，他方でユダヤ教の「偏狭さ」や「排他性」を批判し，ユダヤ教徒に対してはユダヤ教の放棄を解放の条件として要求した．そのため，自由主義派と急進派との間でだけでなく，保守派も巻き込んで広範な論争が行われることになる（良知・廣松 1986）．この論争の中で K. マルクス (1818-83) は，バウアーが「政治的解放」と「人間的解放」とを混同していると批判し，事実上自由主義派の解放論を支持する立場を取った（マルクス 1844）．

　他方，ユダヤ教徒の内部でも，同化に反対して伝統に固執する保守派と，解放を要求して自ら積極的に生活習慣と宗教の近代化を推進する改革派とが対立したが，官職に就くために洗礼を受けてキリスト教に改宗する者も少なくなかった．その中で現実に解放運動を担ったのは，自らを「ユダヤ教を信仰するドイツ人」と規定したユダヤ教改革派と自由主義派主流との連帯だった．

●**民族・人種問題への転換**　このような意味での「ユダヤ人問題」は，1848 年革命期のドイツ国憲法論争を経て，1869 年の北ドイツ連邦法に明記された「信仰の自由」原則が 1871 年にドイツ帝国全土に適用され，ユダヤ教徒の同権が実現されたことで，いったん解決をみる．しかし，1870 年代後半になると，同権撤回を求める保守派が，「ゲルマン民族国家」における民族的・人種的少数者の処遇問題という新たな意味を込めて「ユダヤ人問題」という言葉を使うようになる．

　かつては青年ドイツ派の活動家だったヴィルヘルム・マル (1819-1904) が 1879 年 3 月に『ゲルマンに対するユダヤの勝利』を出版して「ユダヤ人支配」を警告し，9 月に「反セム主義同盟 (Antisemiten-Liga)」を結成すると，11 月にはベルリン大学の歴史学教授ハインリヒ・フォン・トライチュケ (1834-96) が『プロイセン年報』に掲載した論説でユダヤ人を「異民族」と断定して，反ユダヤ主義への理解を表明するに至る．その結果，再び広範な論争が引き起こされた (Boehlich 1988)．1881 年には労働者に人気のあった社会主義者オイゲン・デューリンク (1833-1921) が『人種・習俗・文化問題としてのユダヤ人問題』を出版して「ユダヤ人種」の経済的独占を批判したが，この本は 1930 年の第 6 版まで版を重ねる影響力をもった．

　このような状況の中で，「ユダヤ人」は，宗教的少数派という立場は変わらないまま，新たに「異民族・異人種」という表象を押しつけられ，それが差別の新しい理由を提供することになる．「ユダヤ人問題」の意味内容は，こうして解放の問題から社会的排除（市民的・政治的権利の剥奪）の問題へと反転し，20 世紀に持ち越されることになるのである．

［植村邦彦］

アメリカ問題
[英]problem of America

アメリカの自然や風土，先住民の社会や文化についての知見は，新大陸発見から時をおかずにヨーロッパの思想に反響しているが，アメリカが思想史の問題となるのは，アメリカ独立革命と合衆国建国以後である．ヨーロッパからの移住者が，自由，平等というヨーロッパ近代の理念を掲げて新しい国をつくったからである．ヨーロッパにとってアメリカは他者ではなく，自らの胎内から出て別に育った独特の存在，自分自身をそこに映し出す鏡，「他我（alter-ego）」となった．

●**アメリカ革命とフランス革命** アメリカ独立の報はヨーロッパに波紋を呼び，レナル（1713-96），マブリ（1709-85），コンドルセ（1743-94）などフランスの啓蒙思想家は競ってアメリカを論じた．身分制と絶対主義のヨーロッパとの対比で，自由と寛容，共和政の理念をそこに投影しえたからである．クレヴクール（1735-1813）の伝えるアメリカの農夫の姿は，封建制の桎梏にあえぐフランスの農民と対照的であった．ワシントン（1732-99）はリクルゴスに擬され，フランクリン（1706-90）はフランスの知的社会に熱狂的に迎えられる．ラファイエット（1757-1834）を筆頭に，アメリカ独立の戦いに身を投じたフランス人も少なくない．アメリカ熱はフランス革命の知的起源の一部をなし，ラファイエットやブリッソー（1754-93）はアメリカをモデルに革命を導こうとした．第三共和政期における自由の女神贈呈に至るまで，アメリカとの連帯はフランス共和主義の政治文化に生きている．

●**19世紀アメリカの発展とヨーロッパ** アメリカ革命は18世紀北大西洋世界の変動の一部であったが，ルイジアナ買収とそれが促した西漸運動に始まる19世紀アメリカの発展は，ヨーロッパ世界からの離脱を意味した．第7代ジャクソン大統領（1767-1845）の登場は建国期と異なるアメリカ，「コモンマン」のアメリカの誕生を告げる．ジャクソン期はアメリカ史の画期であると同時に，ヨーロッパのアメリカ論の転換点でもあった．トロロープ夫人（1779-1863），ハリエット・マーティノー（1802-76），ディッケンズ（1812-70）など，イギリスの作家はアメリカ人の生活習慣に焦点を合わせ，イギリスと異なるアメリカの文化を批判的に描き出した．トクヴィル（1805-59）の『アメリカのデモクラシー』（1835-40）はアメリカ社会の転換を意識しつつ，ピューリタニズムの原点に遡ってアメリカ文明をトータルに論じ，今日に残るアメリカ論の古典となった．キリスト教世界の普遍的傾向たる平等化の趨勢の中にアメリカを位置づけ，「アメリカの中にアメリカを超えるものをみた」トクヴィルとともに，アメリカは近代の行末を占う試金石となる．

ところが，19世紀後半のヨーロッパはアメリカに対する切実な関心を失う．1848年の危機を乗り越えて，資本主義が安定軌道に乗り，ヨーロッパが繁栄を享受する一方，アメリカは南北戦争の破局を迎えるからである．再建期以後，アメリカ資本主義は目覚ましい発展を遂げるが，ヨーロッパとの相違も大きい．社会主義や労働運動が成長し，資本主義修正の底流をなしていくヨーロッパに対して，機会の平等と成功の夢が大衆をとらえ，社会進化論が猛威をふるったアメリカでは，社会主義はドイツ系など特定移民集団の運動にとどまり，大きく展開しなかったからである．ゾンバルト（1863-1941）はアメリカにおける社会主義の不在を論じて，アメリカ例外論の発想に出発点を与えた．恋愛と社会主義不毛の地アメリカという，スタンダール（1783-1842）とゾンバルトの合作になるステレオタイプはビジネス一辺倒のアメリカというもう一つのイメージと表裏をなす．

●**戦間期ヨーロッパのアメリカ論**　第一次世界大戦を通じてアメリカのプレゼンスが増大したことは状況を一変させ，アメリカへの関心をいやが上にも高めた．大戦の帰結はヨーロッパの没落とその二つの鬼子，ソヴィエト・ロシアとアメリカ合衆国の台頭をもたらしたからである．アメリカ外交はウィルソン主義から孤立主義へ回帰するが，1920年代アメリカの未曾有の繁栄はヨーロッパの耳目を聳たせるに十分であった．ヨーロッパ精神文化の危機を背景にアメリカの物質文明や大衆文化に警鐘を鳴らす論調が生まれ，これを主導したのは，またしてもフランスの知識人であった．ジョルジュ・デュアメル（1884-1966）の『未来の生活光景』（1930）は『アメリカ，脅威』の題で英訳され，アメリカ文明を癌と呼ぶ本も書かれる．アンドレ・シーグフリート（1875-1959）の『今日の合衆国』（英訳題名は『アメリカ成年に達す』）（1927）は人種，移民問題を詳細に論じ，新移民の増大に対するワスプの神経症的反応としてアメリカの病理を解剖し，一時期，アメリカ論の準拠枠となった．啓蒙の哲学者がアメリカにモデルをみたのと対照的に，アメリカは今やヨーロッパにとって脅威となったのである．ただし，科学技術にしろ，資本主義経済にしろ，アメリカ文明の基礎はヨーロッパ近代の産物であったから，ヨーロッパ知識人の目に，アメリカ人は自らの所業を制御する術を知らぬ「魔法使いの弟子」と映じた．

●**グローバル化の中のアメリカ**　第二次世界大戦とその後の冷戦を通じて，アメリカ合衆国が自由世界の盟主としての地位を確立したことは，世界のあらゆる国々，地域に親米，反米の態度決定を迫り，アメリカの消費文明と大衆文化の世界化はアメリカ文明抜きに現代は論じえないことを意識させた．冷戦の終結とアメリカ主導のグローバル化はこの傾向を加速したが，反面，アメリカ社会自体は多文化主義の影響もあって分裂が進み，「二つのアメリカ」への分極が著しい．今日，アメリカは世界の問題であると同時に，アメリカ人自身にとっての難問でもある．

[松本礼二]

世　論
[英]public opinion　[仏]opinion publique

　世論は，現代では特に，統計的調査に基づき数量的に把握される人びとの意見の全体的布置として理解されるが，ここでは世論調査が開始される 1930 年代より前の，主に 19 世紀イギリスの知識人や政治家たち統治エリートに共有された世論観を説明する．世論は，国政運営上の判断材料の一つである多数者の意見，いわば「民衆の世論」と，政治目的との適合性からエリートにより見出され，民衆支配の権威として機能した「真の世論」という二つの観点から論じられた．

●**世論の出現と隆盛**　支配の正統性根拠を民衆の支持に求める考えは，古代ローマの格言「民の声は神の声」を神学者アルクィン（732 頃-804）も使用したように，古代や中世にもあった．しかし，近世の強力な王権が「民の声」を聞く必要はなく，18 世紀後半，フランスの啓蒙的知識人が，絶対王政が従わねばならない理性的権威として，同種の考えを「世論」という言葉を用い再び論じるようになる．ただし，その使用は，政治体制と社会状態との乖離を，法を通じ調整する必要性を論じたスコットランド啓蒙の継承者である 19 世紀イギリスの知識人たちにおいて本格化する．進歩する「文明社会」の側からイギリス国制との乖離を判断し解決策を提示する際の権威として，世論が注目されたためである．特に，社会の実態から乖離した非歴史的な政治手法の問題性をフランス革命にみたイギリスでは，1820 年前後を中心に，世論に対する信頼が絶頂に達する．

　この信頼については，ラディカルの中心人物ジェイムズ・ミル（1773-1836）の『政府論』（1820）末尾の中流階級礼賛論が有名である．第 1 次選挙法改正（1832 年）以前，世論を担う役割が期待された階級は，その徳性や知性を通じて労働者階級を指導し，腐敗した地主階級の「部分的で邪悪な利益」を抑制する「究極の裁定者」に相応しいとされた，いまだ選挙権をもたない中流階級であった．進歩する社会の代弁者として，中流階級の世論が政治的権威となる中，世論との交渉を最重要の政治課題とした統治エリートがリベラルを名乗っていく．

●**「民衆の世論」と「真の世論」**　しかし，選挙権付与により中流階級の世論の実体化が進むにつれ，自己満足に浸る中流階級の政治的無関心や投票行動の利己性や非理性的性格が判明し，統治エリートは次第に世論に幻滅することになる．その幻滅の大きさに比例して，典型的イギリス人の表象である「ジョン・ブル」の腹回りが，世紀中葉に向けて次第に大きく描かれるようになった．

　さらに 19 世紀を通じた政治的民主化の急速な進展は，ジョン・ステュアート・ミル（1806-73）が論じたように，中流階級の世論の抑圧的性格から「世論の専制」に対する不安をかき立て，その熱狂的性格や暴力性から「民衆の世論」に対する

警戒感が強まった.

　とはいえ，世論という概念自体が政治的権威の地位から転落したわけではない．統治エリートは，世論を民衆から回収することで，民衆支配の道具とした．ただし，この民衆支配は一方向的なものではなく，数において圧倒する民衆に政治支配権を渡すことなく，統治エリートが実権を握り続けるための方策を見出すという，いわゆる「指導者と民衆 (brains and numbers)」問題がここに浮上し，19世紀後半のイギリス政治思想の基調をなすこととなる．この課題に最も意欲的に取り組んだ一人ウォルター・バジョット (1826-77) によれば，「民衆の世論」は，政策決定のために参照に値するが，国政の方針を決定づけるほどの枢要な意見ではない．統治エリートが依拠すべきは，選挙やマスコミを通じて表出される多様な意見を，イギリス議会におけるエリート自らの討論によって集約した結果立ち現れる「真の世論」である．こうして「指導者と民衆」問題の中で，ウォルター・リップマン (1889-1974) の『世論』(1922) の登場を待つまでもなく，世論は統治のための権威としての「真の世論」と統治の参考要素にすぎない「民衆の世論」とに区別されることとなった．

　バジョットは，「民衆の世論」とは，『タイムズ』の読者であり，「乗合馬車の隅に座ったはげ頭」の意見だとした．ここには，ジョン・ブル同様，世論の担い手が中流階級の「中年男性」だという当時の一般認識が表現されている．選挙権がさらに拡大した世紀末には，階級的要素のより希薄な「通りの男」が一般的になり，20世紀初頭には「地下鉄の男」とも表現された．ここからは，物質文明が発展する中，「民衆の世論」は，政治的合意形成の素材としてよりもむしろ，国民経済の担い手の意見として期待されていたことがうかがえる．こうした経済活動に従事する独立した戸主のみが「リスペクタブル」であるがゆえに世論の構成者として認められ，未熟練労働者など無産者は世論の部外者として排除された．

●**世論と指導**　「民衆の世論」は一枚岩ではない．膨大な数の政治課題それぞれに多種多様な意見が存在する．ただし，すべての意見が公的な性格を有するわけではない．意見が公共性を獲得するためには，長い時間の中で形成された農村や工業都市など地域社会の歴史性が染みついた住民全体に承認される必要がある．そのような歴史のテストを経て国民に共有された多様な「民衆の世論」を「真の世論」へとまとめ上げる統治エリートには，国民とのコミュニケーションを可能にする「コモン・センス」ならびにイギリスの過去を適切に読み解く歴史感覚と，多様な意見から未来を見通す深慮とが要請される．当時，政治的自由の獲得と自由貿易体制とを実現した歴史を讃えるいわゆるウィッグ史観が有力だったため，これに沿った未来構想が深慮に値する政治的判断だとされた．こうした政治的資質に裏打ちされてこそ，多様な「民衆の世論」を素材に，民衆を正しく指導するための「真の世論」による政治支配が可能となると考えられた．　　　　　[遠山隆淑]

反ユダヤ主義の成立

[独]Entstehung des Antisemitismus　[英]rise of anti-Semitism

　近代以前のヨーロッパ世界において，イエスを殺害したユダヤ人に対する憎悪や迫害はキリスト教神学によって正当化され，世俗の統治者により，特別税の賦課，居住地や職業制限などの差別的制度として具体化された．しかし，他方で教会も世俗の統治者も，ユダヤ人のコミュニティ内部の問題には原則的に干渉せず，したがってそこは，ユダヤ法と彼らの言語，風俗・習慣に従い，自治的に生活が営まれるユダヤ人独自の世界であった．この関係は，絶対君主制下でユダヤ人の法的・文化的自治が徐々に掘り崩され，最終的には近代国民国家の成立によって根本的に変化する．宗教と政治を分離した国民国家において，ユダヤ教徒とキリスト教徒はともに同一の法の下で平等な国民として国家に統合された．

　反ユダヤ主義は，ユダヤ教徒差別が法的に封じられた後，ユダヤ人を国民国家の正統な国民とは異質な民族あるいは人種と規定し，それを根拠にユダヤ人に対する政治的，社会・経済的権利の制限を求めるイデオロギーをいう．とりわけ人種的反ユダヤ主義において，人種は改宗や言語的，文化的同化によっては変更不可能な生得的特性とされ，ユダヤ人との混血は人種の劣等化を招くとされた．

●ドイツの反ユダヤ主義　ドイツでは，1871年のドイツ帝国憲法制定でユダヤ教徒の法的平等が実現した後，反ユダヤ主義の顕著な台頭がみられた．その特徴は，第一に，18世紀末よりユダヤ自治の解体とユダヤ人のドイツ人社会への言語的，文化的同化が急速に進行した結果，ユダヤ民族なるものがまさしく不可視となりつつあった時期に台頭したこと（☞「ユダヤ人問題」），第二に，ドイツ人＝ゲルマン民族が血族共同体であるゲルマン人種と意識され，それとは異質なセム人種とされたユダヤ人の排斥は人種的反ユダヤ主義の色彩をおびるが，そのさい第一の特徴と関連して，ユダヤ人のみに特有な言語や肌の色といった民族的，人種的特徴は存在せず，そのためゲルマンとユダヤの対照はもっぱら両者の精神的気質に求められたこと，第三に，反ユダヤ主義によってユダヤ人に帰せられた精神的気質は，貨幣欲など，ユダヤ人に対する伝統的偏見の寄せ集めでありながらも，そこには自由主義市場経済の苛酷な現状に対する不満や不安の表出が読みとれることである．

●愚か者の社会主義　ジャーナリスト，ヴィルヘルム・マル（1819-1904）の『ゲルマンに対するユダヤの勝利――非宗教的立場からの考察』（Marr 1879）は，副題が示すとおり，ドイツにおいて宗教的ユダヤ人憎悪から反ユダヤ主義への転換を端的に宣言した一書である．通説では，セム人種に対する反感を表す新造語「反（anti）セム（Semite）主義（ism）」を創案したのはマルだといわれる．19世

紀後半より自由主義市場経済が順調に進展したドイツでは，1870/71年の普仏戦争勝利で巨額の賠償金が流れ込み，景気は一気にバブルの様相を呈すが，73年，株式相場が暴落し，以後，ドイツは20年に及ぶ不況期に突入した．マルや同じくジャーナリストのオットー・グラガウ（1834-92）らは，人びとの不満のはけ口を自由主義のおかげで解放を手に入れた成り上がりのユダヤ人に求め，バブル経済を演出したのは自由放任の市場経済での投機に適合的な民族的・人種的気質をもつユダヤ人であり，その崩壊で損害を被った犠牲者ドイツ人は，いまや金儲けをこととするユダヤ化された社会から解放されねばならないと主張した．

同時期，不況で困窮する労働者が社会主義政党に向かうことを懸念したプロテスタント牧師アードルフ・シュテッカー（1835-1909）は，1878年，キリスト教社会労働者党を立ち上げ，キリスト教精神の復興，国家による労働者保護政策の必要を唱えるも，労働者は共鳴しなかった．ところが翌79年，マルやグラガウ同様ユダヤ人の経済支配を攻撃する一連の演説（Stöcker 1880）を行うや，工業化と市場経済化で没落感を強める手工業者や小営業者など中間層の支持を集め，81年，シュテッカーは党名をキリスト教社会党と改めた．

アウグスト・ベーベル（1840-1913）ら社会主義者は，資本主義社会の諸矛盾の元凶をユダヤ人に帰し，似非社会主義的社会改革を求める反ユダヤ主義を「愚か者の社会主義」と呼んだ．

●ベルリン反ユダヤ主義論争とポーランド・ユダヤ人　一方，知識人の間に「ベルリン反ユダヤ主義論争」（Boehlich 1988）を引き起こしたのが，ベルリン大学教授で歴史家のハインリヒ・フォン・トライチュケ（1834-96）である．トライチュケは1879年末の『プロイセン年報』に掲載された論文「われわれの展望」（Treitschke 1879）において，ユダヤ人が政府批判のリベラル派に与するのはドイツ人になろうとする善意の欠如ゆえであるとし，彼らに「ドイツ人になれ」と要求するが，他方で彼は，ドイツの東方に300万人規模で存在するポーランド・ユダヤ人の危険に注意を喚起しつつ，彼らのドイツ流入があるかぎり，ユダヤ人のドイツへの同化は永遠に未完であることを示唆した．

トライチュケに反論を試みたユダヤ人のうち，ドイツ国民であると同時に自らのユダヤ的アイデンティティも譲らなかったハインリヒ・グレーツ（1817-91）は例外的である．ユダヤ教を信仰するドイツ人を自認する多くの者たちは，いまさら彼らの同化の完了に疑問符がつけられたことに動揺し，彼らがポーランド・ユダヤ人と同一民族に括られることを心外とした．東方のユダヤ的ユダヤ人に対する彼らの蔑視は，ユダヤ人の反ユダヤ主義ともいえるが，やがてナチがすべてのユダヤ人を区別なく人種として迫害するに及び，彼らは深刻なアイデンティティの葛藤に陥る．反ユダヤ主義は，ユダヤ人の間に，ユダヤ人とは何者かという深刻な問いを発生させずにはおかなかった．

[野村真理]

ナロードニキ
[露]narodniki

　一般的にナロードニキとは，19世紀半ばからはじまるロシアの急進的，革命的な社会改革運動に関わった人びとを指し，その思想を表す場合はナロードニキ主義（народничество）と表記される．ナロードニキ主義は1874年におけるヴ・ナロード（в народ，人民の中へ）運動において歴史の前面へと現れてくるが，誰をもってナロードニキと称し，何をもってナロードニキの思想とみなすべきかについては現在に至るまで多くの議論が存在する．

●ロシアの近代化とヴ・ナロード運動　クリミア戦争における敗北と開明的な皇帝アレクサンドル2世の即位を受け，ロシアでは社会的諸制度の大規模な改革が始まった．その象徴ともいえるのが1861年における農奴解放令である．これら一連の改革はロシアの近代化を強く志向したものであったが，それに飽き足りない思いをしていたのが，西欧的な知識と思考様式を身につけつつあった学生たちであった．彼らは専制的なツァーリ体制に批判のまなざしを向けつつも，同時に自らがまさにその体制の庇護により学生として存在しているという矛盾の中に生きていた．

　このような鬱屈した状況にあった学生たちに一つの示唆を与えることになったのが，ピョートル・ラヴローフ（1823-1900）の『歴史書簡』である．知識人は民衆に対する「未払いの債務」を支払うべきだという彼の主張は学生たちの心をとらえ，ついに1874年，「ヴ・ナロード」をスローガンとした大規模な運動が発生した．自らの西欧的な知識と思考様式を農村へ伝え，農民をより良い生へと導くとともに専制的なツァーリ体制を改革することこそが，「未払いの債務」を返済することにつながると信じた多くの学生が農村へと出向いた．しかし農民の反応は概して冷淡であり，当局の厳しい弾圧も相まって，運動は志半ばのままいったんは収束していく．

●運動の過激化と分裂　この反省から生まれたのが「（第二次）土地と自由（Земля и Воля）」であり，この結社は農村に浸透することにある程度成功する．しかしながらツァーリを神聖化する農民と当局の激しい弾圧は，次第に彼らをテロによる体制打倒へと駆り立てることになった．1878年のヴェーラ・ザスーリチ（1849-1919）による政府高官暗殺未遂事件は国外でも大きな反響を呼んだが，これを機にさらなる「直接闘争」をすべきとするグループと，農民の支持拡大を優先させるべきとするグループの亀裂が拡大する．

　その結果，「土地と自由」は「直接闘争」を強く志向する「人民の意志（народная воля）」派と，農民のさらなる獲得を目指す「土地総割替（чёрный передел）」派に分裂した．「人民の意志」派は度重なるテロ事件を起こし，1881年には皇帝

アレクサンドル2世を暗殺することに成功した．しかしながらこの事件は当局の激烈な弾圧を呼び起こすこととなり，「人民の意志」派は事実上，壊滅状態に陥る．これに対し「直接闘争」に否定的だった「土地総割替」派の多くは，次第にマルクス主義へ接近していくことになった．

その代表的な人物がゲオルギー・プレハーノフ（1856-1918）である．彼はマルクス主義者としての立場を次第に強く打ち出しはじめ，資本主義の進展という歴史的潮流の中でなお農民の役割を過大に評価するナロードニキ主義を批判した．

このような動向に対してニコライ・ミハイロフスキー（1842-1904）は，マルクス主義は歴史の発展法則を絶対視するあまりに農民を切り捨て，人間を歴史法則に操られるだけの存在としかみていないのではないかと批判を加えた．農民にあくまで寄り添うというナロードニキの立場を維持しつつマルクス主義に対して自覚的に距離をとる彼の思想は，後の社会革命党（エスエル）へと受け継がれていくことになった．

●ナロードニキ主義とは何だったか　ナロードニキ主義とは，前資本主義的なあり方をいまだ残している村落共同体を軸に，資本主義を一気に飛び越えて社会主義を実現しようとするロシア独特の非資本主義的発展理論であるとしばしば述べられる．しかしながら，こうした理解に対する疑義がリチャード・パイプスによって示された．R. パイプス（Pipes 1964）は「教養あるエリートに対するナロードのヘゲモニーを唱道する理論」と「ロシアの非資本主義的発展の理論」は区別されるべきであるとし，そのうえで前者を重視するのであれば，エリートによる「直接闘争」を志向した「人民の意志」派はナロードニキ主義からの完全な逸脱であり，ここにおいて歴史的な意味でのナロードニキ主義はすでに終わっていたのだと主張した．

批判も多いものの，パイプスの指摘はナロードニキ主義とは何かを改めて問い直す契機となった．「ナロード」はしばしば people と英訳されるが，ここから想起されるのは知識人と大衆の緊張をはらんだ関係性である．しかしながら「ナロード」という語は他方で nation とも英訳される．ここから想起されるのは村落共同体を軸とし西欧化（資本主義化）ではないロシア固有の道を模索するという思想である．注意すべきことはこの場合，必ずしも知識人はナロードのヘゲモニーに従属する必要はないということだ．極端にいえば，知識人主導によるロシア的なるものを軸とした社会統合という道さえナロードニキ主義に包含されうる可能性があるのである．

従来のナロードニキ主義理解はポピュリズムの契機とナショナリズムの契機を一体的にとらえてきたといえるが，矛盾しうるこの二つの契機をどのように理解すべきなのか．この問題についてはパイプスの指摘以来，さまざまな角度から再検討が進められ，そして今なお活発に議論が続けられているのである．

［仁井田　崇］

自由民権運動
[英]freedom and people's rights movement

　国会開設の要求を中心とする明治前半期の反政府運動．一般に明治6年の政変で下野した板垣退助・後藤象二郎・江藤新平らが，小室信夫・古沢滋らの知識人を誘って左院に提出した「民撰議院設立建白書」（1874年1月）の発表を始期とし，帝国憲法発布（1889年）と翌年の帝国議会開会をもって終わると考えられている．

　この15年ほどの期間のうち，西南戦争終結（1877年9月）までは士族の武装反乱の時期である．西南戦争が始まったとき，土佐の立志社では鹿児島に呼応しての挙兵と国会開設の建白という二つの動きがあったが，挙兵の失敗と西郷隆盛の敗北によって，国会開設を要求する運動が西南戦争後に始まった．この運動は翌年の愛国社再興大会から国会期成同盟結成（1880年）へと発展し，さらに明治14年の政変で国会開設の勅諭が出て，自由党と立憲改進党が相次いで結成される．国会期成同盟の請願書（1880年4月提出）の請願人は8万7000人で，2府22県総代97人には士族以外にかなりの「平民」が含まれており，運動が農村の名望家層に広がっていたことがわかる（板垣監修 1900：[上] 281-306）．維新後の待遇に不満をもつ士族の運動に，地租軽減を望む地主層が参加したのである．

　運動は政府の激しい弾圧とデフレ政策による農村の窮乏によって，1884年以後，各地での一揆的な蜂起となっていったん壊滅した．しかし1886年に星亨・中江兆民らの呼びかけで全国有志懇談会が開催され，翌年，後藤象二郎が大同団結を呼びかけて，言論集会の自由・条約改正中止・地租軽減を要求する三大事件建白運動に発展し，その後，帝国議会での民党の活動に引き継がれていった．

●**運動の思想史的意義**　「自由民権」という4字熟語は，「民権自由」という語とともに1880年代初めからすでに使われていた．「民権」「自由」「権利」「幸福」などの語は従来の儒学の語彙にはない新語で，いずれも西欧政治思想の翻訳語として採用されたものである．「自由」について「浴場に自由湯，自由温泉あり，菓子に自由糖あり，薬舗に自由丸あり，割烹店に自由亭あり」（板垣監修 1900：[中] 206）と評されていることでもわかるように，自由民権運動の第一の歴史的意義は近代的な政治概念を社会に普及させたことである．「経世済民」「仁政」「安民」などの語でわかるように，儒教の政治概念では治者と被治者の間に絶対的な隔壁があり，政治は治者の任務で，人民は統治の対象でしかなかった．新しい政治概念では，一般の人民も統治に参入する「権利」があると意識され，また政治の良否は人民自身が判断すべきものと考えられるに至った．

　こうした変化が起こったのは，ペリー来航以後，旧来の政治体制が動揺して

「匹夫匹婦」にまで開放された政治空間が出現し，さらに明治維新以後，さまざまな雑誌新聞が発行されて，自由な思想表現の場が出現したことによる．松本三之介によれば，幕末から1881年の間に発行された新聞は約270タイトル，雑誌は約530タイトルという（松本・山室校注 1990：112）．泡沫的なメディアの星雲状況は，政治意識に目覚めた青年たちが投書を通じて言論空間に登場していた状況を裏書きするものである．植木枝盛（1857-92）は東京に遊学していたときに新聞への投書で頭角を現し，自由民権運動の活動家として全国に名を知られるようになって，衆議院議員に当選したが，これは全国の多くの知識青年たちの典型的な例とみるべきである．

　自由民権期に発達したのは活字メディアだけではない．福沢諭吉が『会議弁』を執筆して自ら演説を始めたことで，1874年頃から演説や討論が思想表現の方法として意識されるようになった．馬場辰猪らが結成した国友会の機関誌『国友雑誌』の冒頭には「知識ヲ交換シ文明ヲ誘導スルノ器具ハ，新聞雑誌ト演説討論トノ二者ニ過グルハ無シ」（松本・山室校注 1990：209）と書かれている．

　植木枝盛の日記（1877年6月23日）によれば，立志社の演説会で出席者2000人，入場できずに帰った者2000人で，混雑のために演説会は中途で閉会したという（植木 1990：125）．また1881年9月10日に大阪戎（えびす）座で開催された板垣退助の演説会には「五千有余の聴衆」がつめかけた（板垣監修 1900：[中] 64）．国立国会図書館憲政資料室に所蔵されている植木の『演説日記』という稿本によれば，彼が1890年2月18日までに行った演説の回数は503回である．植木は南は熊本から，北は能登の奥地や盛岡まで全国を行脚して遊説を繰り返した．全国各地に政治熱が高まり，政治意識の下への拡大が生じたことを示している．伊藤博文を中心に大日本帝国憲法が構想される前に，全国各地の政治結社や個人が多数の私擬憲法を作成していたことが知られている（家永他 1967）．地方に住む無名の有志による精力的な研究と討論の結果だった．

●言論空間の閉塞　自由民権運動の全国的な展開は，政治空間の下への拡大に伴う新しい政治意識の誕生と不可分だった．人民の「自由」や「権利」に基づいて権力が行使されるべきだという意識が生じたことは，政治が個々人の内面に基礎づけられたことを意味する．それは国民個々人の国家への動員と表裏一体をなしている．つまり個人の内面の自立と，それを国家に回収する過程が同時に進行するのである．これが国民国家形成期に普遍的に出現する二重奏である．自由民権の思想に大きな影響を与えた福沢諭吉をはじめとする啓蒙知識人たちは，すでに下からの民衆運動に政治秩序崩壊の悪夢をみて，国民意識を包摂するナショナル・アイデンティティ形成に力を注いでいた．帝国憲法とともに，帝国議会開会を前に政府が発表した教育勅語もこうした危機感の現れだった．　　　[米原　謙]

ボナパルティズム

［仏］bonapartisme　［英］Bonapartism

　ボナパルティズムは，フランスの初代皇帝ナポレオン 1 世（1769-1821）の家族名ボナパルトに由来する言葉で，本来は 1814 年の第一帝政崩壊後にナポレオンまたは彼の一族を再びフランスの支配者に据えようとする思想と運動を指す．ナポレオン存命中には彼の流刑地からの帰還と帝政復興を待望し，1821 年のナポレオン死後にはオーストリアに暮らすナポレオンの嫡男ライヒシュタット公フランツを支持する者たちが，ボナパルト主義者（Bonapartiste）と呼ばれた．

　彼らの思想は，人間の基本的権利（自由と平等）の保障というフランス革命の成果を守りながら，革命の混乱を終わらせて国内秩序を安定させ，対外的な軍事的勝利を重ねることで国民的自尊心を満たしたナポレオン 1 世の統治時代を再現しようとするものである．それは，中央集権的な近代的国民国家を既成の前提とすることで，旧体制の復古を主張する王党派と対立し，他方，強力なカリスマ的指導者としての皇帝を待望することで，共和主義者と対立するものだった．

　1832 年にライヒシュタット公が死去した後，ボナパルト主義者の期待は 1 世の弟の息子であるルイ゠ナポレオン（1808-73）に向けられる．七月王政下での 1836 年（ストラスブール）と 1840 年（ブローニュ）の権力奪取の試みは失敗に終わるが，ボナパルト主義者の運動は「ナポレオン伝説」を積極的に利用することで，第二共和政下で 1848 年のルイ゠ナポレオンの大統領当選と 1851 年のクーデタを支え，1852 年 12 月のナポレオン 3 世としての即位（第二帝政）を実現させた．政治運動としてのボナパルティズムは，この時期に頂点を迎えたことになる．

　1870 年に対プロイセン戦争の敗北によって第二帝政が崩壊し，イギリスに亡命したナポレオン 3 世が 1873 年に死去した後，第三共和政下のボナパルト主義者は 3 世の息子ルイ皇太子を支持して，ブルボン王朝の復古を目指す正統王朝派や傍系のオルレアン王朝を支持するオルレアン派と競合した．しかし 1879 年にルイ皇太子が南アフリカで急死した後，政治勢力としては力を失った．

●「ナポレオン的観念」をめぐって　ボナパルティズムの思想をまとまった形で表明したものとして，ルイ゠ナポレオン自身が 1839 年に出版した『ナポレオン的観念』がある．彼はそこでナポレオンを「革命の遺言執行人」（Bonaparte 1839：11-12）と位置づけて「皇帝の使命」を論じ，内政については「融和，平等，秩序，正義の原理」，外交に関しては「国家の栄光と利益」を実現することが「ナポレオン的観念」だと論じた．このように皇帝の政策を継承して「秩序と平和と繁栄の保証」（同書：117）を実現することがボナパルティズムの目標となる．

　1851 年のクーデタの後，ナポレオン崇拝者だった V.-M. ユゴー（1802-85）は

1852年の『小ナポレオン』でルイ＝ナポレオンを「きわめて悪辣な犯罪人」（Hugo 1852：23）と呼び，彼の「権威主義の政府と命令の政体」（同書：112）を厳しく批判した．P.-J.プルードン（1809-65）は1852年の『12月2日のクーデタによって証明された社会革命』で「ボナパルトに好意的な運動」を「ボナパルティズム」と呼んでいるが（Proudhon 1852：70），ルイ＝ナポレオンの独裁権力の性格を「カエサル主義（césarisme）」と表現し，社会連帯主義的な「無政府（anarchie）」をそれに対置した（同書：276-277）．

他方，K.マルクス（1818-83）は1852年の『ルイ・ボナパルトのブリュメール18日』で「ナポレオン的観念」そのものを批判の対象とし，その社会的成立根拠を分析した．彼によれば，「ナポレオン的観念」の基盤は，小土地所有農民，強力な無制限の政府，肥大化した中央集権的官僚制，聖職者の支配，軍隊の優位であり，国民投票での農民層の圧倒的支持がルイ＝ナポレオンの権力掌握を可能にした．しかし，現在では負債を負った分割地農民の経済的没落が彼らを「ナポレオン幻想」（マルクス1852：180）から解放しつつある，というのがマルクスの結論だった．

●マルクス主義的政体概念の成立と消失　以上の同時代分析の中で，マルクスはルイ＝ナポレオンの支持者を「ボナパルティスト」と呼んでいるが，思想についても政体概念としてもボナパルティズムという言葉は使っていない．マルクスは農民層の思想を「帝政主義（Imperialismus）」（同書：180）と呼んでおり，この言葉はその後，第二帝政の国家形態を特徴づける際にも使われているが，それはあくまでもイギリスと同様の「ブルジョア的国家」の一形態とみなされている．

それに対して，ボナパルティズムをフランスの文脈から切り離して一般化可能な政体概念として使用したのは，F.エンゲルス（1820-95）である．彼は1865年の『プロイセンの軍事問題とドイツ労働者党』で，「ボナパルティズムは，都市においては高度の発展段階に到達しているが，農村では数のうえで小農民に圧倒されている労働者階級が，革命的大闘争において資本家階級と小ブルジョアジーと軍隊とに敗れた国における，必然的な国家形態である」と定義した（エンゲルス1865：68）．

エンゲルスがそうしたのは，この概念をプロイセンのビスマルク体制にも適用するためである．彼は1884年の『家族，私有財産および国家の起源』でも，「ビスマルク国民の新ドイツ帝国」が「この種の最新の作品」だと述べている（エンゲルス1884：171）．その結果，後のマルクス主義者の間ではこの概念がさらに抽象化され，1920年代以降の日本資本主義論争でみられたように，明治維新後の天皇制国家はボナパルティズムか否かといった不毛な議論が行われることになった．日本でそのような用語法が姿を消すのは1980年代になってからである．

なお現在のフランスでは，第一帝政と第二帝政の政治形態を特徴づける場合には，国民投票によって正当化された独裁的帝政という意味で「民主的カエサル主義」という言葉が一般に使われている．

［植村邦彦］

第2章
資本主義と社会主義

[編集担当：植村邦彦・宇野重規・小田川大典・野村真理]

- ヘーゲル……………………………318
- マルクス……………………………320
- アソシアシオン……………………322
- フーリエ主義………………………324
- オーウェン主義……………………326
- 協同組合運動・協同組合思想……328
- サン＝シモン主義…………………330
- 共産主義……………………………332
- 私有財産制批判……………………334
- 社会問題……………………………336
- 社会主義……………………………338
- リカード派社会主義………………340
- ブランキ主義………………………342
- ドイツ観念論………………………344
- 青年ヘーゲル派……………………346
- 疎外・疎外論………………………348
- 物象化・物象化論…………………350
- 階　級………………………………352
- 資本主義……………………………354
- 唯物史観……………………………356
- 赤　旗………………………………358
- プルードン主義……………………360
- アナキズムの形成…………………362
- 産業化………………………………364
- 労働運動……………………………366
- 連帯の思想…………………………368
- 貧　困………………………………370
- 救貧法論争…………………………372
- キリスト教と社会主義……………374

ヘーゲル
Georg Wilhelm Friedrich Hegel

　ゲオルク・ヴィルヘルム・フリードリヒ・ヘーゲル (1770-1831) は，ヴュルテンベルク公国の首都シュトゥットガルトに生まれた．ケーニヒスベルクに生まれ，一生の間故郷とその近郊にとどまった I. カント (1724-1804) とは対照的に，ヘーゲルは，ドイツ語圏のさまざまな都市に移り住んだ．移住による環境の変化が，彼の人生や思考に少なからぬ影響を与えたため，ヘーゲルの人生の各段階は，居住した都市名で呼ばれるのが一般的であり，ここでもその慣例に従う．

●**フランス革命とカント**　シュトゥットガルトのギムナジウムを卒業したヘーゲルは，テュービンゲンの神学校に進み，このテュービンゲン時代 (1788-93) に，J.C.F. ヘルダーリン (1770-1843) や F.W.J. シェリング (1775-1854) と出会う．J.-J. ルソー (1712-78) を愛読する一方で，カント哲学の洗礼を受ける．当時の多くの若者同様，フランス革命の理念に心酔していた青年ヘーゲルは，革命を歓迎してシェリングとともに郊外の野原に「自由の樹」を植えたと伝えられている．神学校卒業後は，スイスのベルンで家庭教師をしながら，ひきつづき宗教の研究を続ける．ベルン時代 (1793～96 年) には，カントの道徳論・宗教論や古代ギリシアの宗教観を手がかりに，ドイツの民衆を道徳的に教化し，「地上における神の国」を実現する宗教を構想する．イエスが，カント的な徳の教師として理解される一方で，イエスの教えに反した形で発展を遂げたキリスト教は，道徳的他律に基づく「実定宗教」として厳しく批判されている．

●**「愛」と「生」の哲学**　旧友ヘルダーリンの勧めで家庭教師として移り住んだフランクフルトでの 4 年間 (1797～1800 年) は，近年の研究が明らかにしたように，ヘーゲルの発展にとって決定的な意味をもつ．ヘルダーリンやその友人たちとの刺激的な交流によって，彼の思想は大きく変貌する．「愛」「美」「存在」「生」が新たなキーワードとなり，キリスト教もこの立場から再解釈される．ベルン時代のカント主義は影を潜め，F.H. ヤコービ (1743-1819) を通じて学んだスピノザ (1632-77) 主義的な世界観が登場する．その一方で，政治的・経済的問題にも精力的に取り組み，1798 年には，ベルンの寡頭政治を批判した J.-J. カルの『親書』の翻訳と解説を匿名で出版し，これが処女出版となる．さらに 1799 年には，J. ステュアートの『経済学原理』を読んで批評的注解を作成している．

●**哲学体系の構想と『精神現象学』**　父の死により遺産を相続し，経済的に余裕のできたヘーゲルは，すでに哲学者として活躍していたシェリングを頼ってイェーナに移る．イェーナ時代 (1801～07 年) は，哲学体系を構築するための試行錯誤の時期で，例えばプラトンやアリストテレスの政治学をモデルにして構想されて

いた人倫（国家）論は，J. G. フィヒテ（1762-1814）の知識学，T. ホッブズ（1588-1679）やルソーの近代自然法論，A. スミス（1723-90）の経済学の批判的受容により，個別的意識の承認をめぐる闘争によって国家の形成を説く精神哲学へとつくり替えられる．その一方で，『ドイツ国制批判（ドイツ憲法論）』（1799-1803）で，神聖ローマ帝国崩壊前のドイツの現状を厳しく批判するなど，政治的関心は一貫して続いている．ナポレオン軍がイェーナに迫る中で執筆した『精神現象学』は，直接的意識から絶対知に至る精神の運動を，弁証法の論理を用いて具体的に展開しており，自己意識章の「主人と奴隷」の有名な一節にみられるように，意識がさまざまな段階で，疎外（自己分裂）を通じて自己を形成（陶冶）するプロセスを生き生きとした筆致で描いている（ヘーゲル 1807）．ナポレオン軍の侵攻でイェーナ大学が閉鎖されると，バンベルクで新聞編集者として生計を立てた（1807〜08年）後，ニュルンベルクのギムナジウムの校長兼教授に就任する（1808〜16年）．1811年に結婚し，ギムナジウムでのさまざまな職務をこなしながら，「存在論」「本質論」「概念論」の三部からなる『論理学』（1812-13, 1816）を完成させている．

●**哲学体系の確立と学派の形成**　46歳でハイデルベルク大学の正規の教授に就任したヘーゲルは，ハイデルベルク時代（1816〜18年）に，自らの哲学体系の概略を提示した『哲学的諸学のエンチュクロペディー概説』（1817）を公刊する．その後，プロイセンに新設されたベルリン大学にフィヒテの後任として招聘され，ベルリン時代（1818〜31年）に，論理学・形而上学をはじめ，哲学史，法哲学，歴史哲学，美学，宗教哲学を精力的に講義し，『学的批判年報』を刊行して学派を形成する．法哲学講義のために書かれた『法哲学要綱』は，序文の「理性的なものは現実的であり，現実的なものは理性的である」という一文ゆえに，現状肯定の御用哲学と批判されるが，この著作には近代の市民社会の歴史的意義と限界に関する深い洞察も含まれている（ヘーゲル 1821）．

●**批判と歪曲の影響史**　彼の死後，学派は分裂・解体し，L. フォイエルバッハ（1804-72）や K. マルクス（1818-83），S. キルケゴール（1813-55）は，ヘーゲル哲学との対決を通じて，独自の立場を築き上げた．20世紀においても，差異を同一性へと回収する哲学，あるいは他者を自己に収斂する哲学として，Th. W. アドルノや E. レヴィナスらに厳しく批判されているが，これはヘーゲル哲学がなお「乗り越えられるべき存在」として強く意識されていることの証ともいえる．ヘーゲルは，これまでナショナリズムの台頭やマルクス主義の興隆など時代状況から解釈（時に歪曲）されることが多かったが，20世紀前半に青年時代やイェーナ時代の草稿が公刊され，さらに20世紀後半からは厳密な文献考証に基づく歴史的・批判的全集や講義録などが公刊され，彼が生きた時代の思想的コンテクストに定位した新たなヘーゲル像が確立しつつある．　　　　　　［佐山圭司］

マルクス
Karl Heinrich Marx

　カール・マルクス（1818-83）はドイツのプロイセン王国西部の都市トリーアに生まれた思想家で，資本主義を批判的に分析した『資本論』（1867）の著者として知られている．また，彼の名を冠した思想体系としての「マルクス主義」は，19世紀末以降ヨーロッパの労働運動や社会運動に大きな影響を与えただけでなく，1917年のロシア革命の成功をもたらし，以後1991年にソヴィエト連邦が解体するまでの間，20世紀の「社会主義」国家群の大義として掲げられていた．

●**疎外と経済学批判**　マルクスはベルリン大学で法律学を学んだ後，ジャーナリストの道に進み，ケルンの『ライン新聞』編集部に職を得て社会問題に遭遇する．それが，貴族の所有地に入り込んで枯れ枝を集める貧民に窃盗罪を適用するかどうかをめぐる州議会の討論だった．彼は社説で「貧民階級」の慣習上の権利としての入会権を擁護し，それを認めないというなら，私有財産それ自体が「第三者の所有権を侵害している」のではないかと論じた（マルクス 1843a：131）．

　この新聞が発行禁止処分を受けた後，マルクスはパリに移住して，1830年代以降普及しつつあった社会主義や共産主義の思想と運動に出会う．彼は『経済学・哲学草稿』で，「プロレタリア」の置かれた状態を「疎外」という言葉で表現し，それは「労働が彼自身のものではなくて他人のものであること，それが彼に属していないこと，彼が労働において自己自身にではなく他人に従属するということに現れる」（マルクス 1844b：92）と記した．労働者が資本家に従属しているのは，労働生産物と労働諸条件が資本家の私的所有になっているからである．そのような「疎外された労働」を強いられる「労働者の解放の中にこそ人間全体の解放が含まれている」（同書：104）．その実現が彼の終生の課題となる．

　マルクスは，アダム・スミス以来の経済学がこの「疎外された労働」を正当化していると考え，経済学をその成立根拠に即して批判する必要があると考えた．彼は『経済学批判』序言で，社会を建物にたとえれば，人間の生産諸関係の総体からなる経済的構造が建物の「土台」であり，法律や政治体制などは「上部構造」で，人間の社会的意識もこの「土台」に対応している，と説明し，その土台を「解剖」することが自分の課題だと表明した（マルクス 1859：7）．『資本論』では，「その時々の現実の生活諸関係からその天国化された諸形態を展開すること」が「唯一の唯物論的な，したがって科学的な方法」だと説明している（マルクス 1867：487）．この方法は，F. エンゲルスによって唯物史観または史的唯物論と呼ばれ，後にはマルクス主義の思想的基礎と位置づけられた．

●**資本主義の批判的分析**　『資本論』は「資本主義的生産様式」の構造を明らかに

するとともに，それを歴史的に位置づけようとした著作である．マルクスは，「資本主義的な私的所有」は「諸個人自身の労働に基づいた分散的な私的所有」を剥奪し，「生産者自身の労働」と彼の「私的所有」を分離することで成立したものだと説明した（マルクス 1867：995）．資本主義的生産様式の下では，雇用労働者が受けとるのは，自分の「労働力」の価値相当分，つまり労働者とその家族が人並みに生活できる費用としての賃金であり，実際には労働者の生産物の一部分に相当する金額にすぎない．他方，従来の経済学は，賃金を労働者が実際に遂行した「労働」への対価だと説明することで資本家の私的所有を正当化している（同書：997）．しかし，資本主義的生産様式が発展すると，労働者の「協業」と事実上の「生産手段の共有」が成立し，それを前提として，「事実上すでに社会的な生産経営に基づいている資本主義的私的所有から社会的所有への転化」（同書：995）を実現することができる，というのが『資本論』第1巻の結論だった．

その後，マルクスは『資本論』第2部「資本の流通過程」と第3部「総過程の姿態」を完成させることなく1883年に死去し，残された膨大な草稿の処理はエンゲルスに委ねられた．現行の普及版『資本論』はエンゲルスが手を加えた編集版だが，もとの原稿は現在刊行中の国際版マルクス・エンゲルス全集（通称MEGA）に収録されている．

●**協同組合的社会と共産主義**　19世紀半ばのヨーロッパには貨幣や私的所有の即時廃止による財産共有制を目指す共産主義の思想が成立していたが，マルクスは『共産党宣言』で同時代の共産主義者を批判し，共産主義の実現を資本主義が世界的に普及した後の歴史的未来に展望した．『資本論』執筆以降は，資本主義社会ではすでに労働の社会化が実現しているのだから，資本主義的私的所有が否定されれば，社会的労働が社会的所有を基礎づける社会が実現すると論じた．

マルクスは1871年のパリ・コミューンの試みを高く評価し，労働者が自主管理する生産協同組合の全国的連合体による共同的計画経済こそが「可能な共産主義」（マルクス 1871：320）だと宣言し，また高度に発展した「協同組合的社会」が実現すれば，価値や貨幣が不要になると主張した．彼の最終目標は，「各人はその能力に応じて，各人にはその必要に応じて！」（マルクス 1875：39）という標語に基づく共産主義社会の実現だった．

マルクスの思想は19世紀末のドイツで社会民主党に影響を与え，20世紀に入ると各国で共産主義政党が設立された．マルクスの著作が日本で最初に紹介されたのは，1904年の『平民新聞』第53号に発表された幸徳秋水と堺利彦による『共産党宣言』第1章・第2章の翻訳であり，その後1990年代までにマルクスの著作のほぼすべてが翻訳されている．また1945年の敗戦後から冷戦体制終了までの間，日本の多くの大学で「マルクス経済学」の授業が行われ，マルクスの思想は大きな知的影響力を持ち続けた．

［植村邦彦］

アソシアシオン
[仏]association

　アソシアシオン[仏]，アソシエーション[英]は，協同組織とか協同社会と訳される場合が多い．法律用語では結社が定訳となっている．本来は「仲間になること」を意味し，派生的に「仲間になった状態」を意味する．ただし「仲間」といっても語源のsociare[ラ]は「結ぶ」という意味で，漢字の「仲間（中間）」のような「うち／そと」イメージとはまったく異なる．この点，留意を要する．

●**ルソーのアソシアシオン**　社会思想でアソシアシオンが注目されたのは18世紀からであろう．J.-J. ルソー（1712-78）は『社会契約論』（1762）の「根本問題」を次のように定式化している．「すべての共同の力でもって，各アソシエの人身と財を守り保護するような，またそれによって各人は万人に結びつき，にもかかわらず自分自身にしか服従せず，従来同様自由であるような，アソシアシオンの一形態を発見すること．これこそ社会契約が解を与えるべき根本問題である」．
　ここに端的に語られているように，アソシアシオンが21世紀の現在まで，さまざまな解放論的構想と実践の核心を占め続けている理由は明らかである．一方で共同の目的のための共同の力の組織化，他方で各人の自己決定や自由な個人性の展開，この両面をともに生かす社会形態が実践的に探求されているのである．
　ルソーは「社会契約」を「アソシアシオン契約」とも呼び，人民主権，総会（直接参加）による決定などを提案，後世に大きな影響を与えた．アソシアシオンとしての「政治体」にあって諸個人が服従するのは「一般意志」にのみである．権力者の「特殊意志」への服従，大衆の「多数意志」への服従は自由の放棄に等しい．そのためにルソーは特殊意志の過剰ともいえる制限を求めている．「部分的アソシアシオン（党派）」も特殊意志の跋扈をもたらすものとして禁じた．また彼は私的所有の否定的意味を自覚していたものの，アソシアシオンによる不平等や貧困の克服という社会主義的構想を持つことはなかった．

●**仏英米社会主義とアソシアシオン**　19世紀前半にはアソシアシオンを原理として，サン＝シモン（1760-1825）やサン＝シモン主義，Ch. フーリエ（1772-1837）やフーリエ主義，R. オーウェン（1771-1858）やオーウェン主義など仏英米で社会主義の思想や実験が活発に展開された．アソシアシオンは貧困や敵対を克服する社会再組織構想であったが，人類史が「対立状態」を過程的に克服する歴史哲学的原理でもあった（『サン＝シモンの学説・解義』[1828]ほか）．実験的実践としてはオーウェンの「ニューハーモニー村」（アメリカのインディアナ州で1826年設立），彼がイギリスで行った「労働交換所」（1832年設立），P.-J. プルードン（1809-65）が企てた（逮捕で中断）「人民銀行」（1849），フーリエの高弟V. コン

シデラン（1808-93）がテキサスで行った「ファランジュ」（1852）などがある．しかしこれらの実験は，新しい歴史の課題を告示するものであったが，総じていえば個別アソシエーションの枠組みを超えて，諸アソシエーション間調整の問題や市場との併存の問題をどう実践的にクリアするのかという点で基本的弱点を抱えていたため，短期で失敗に終わった．

●**アメリカ民主主義とアソシエーション**　19世紀前半のアソシアシオン論のもう一つの焦点は民主主義におけるアソシアシオンの意義に関わっている．1831〜32年にアメリカを調査したトクヴィル（1805-59）は『アメリカのデモクラシー』（第1巻1835, 第2巻1840）で，当時のアメリカにおける政治的アソシエーションや無数の市民的アソシエーションの活躍に注目した．彼の観察では，平等の増大に応じて各人の個性や個人の力は弱まり，平準化，同調志向も強まって「多数者の暴政」を招来しやすくなる．だからこそ市民が「互いにアソシエートする技（わざ）」を身につけることが不可欠である．それを学ばないかぎり「平等とともに暴政（tyranny）の増大は避けがたい」．こうトクヴィルはみた．民主主義におけるアソシエーションの核心的重要性は21世紀の現在も真剣に論じられるべきテーマである（イギリスの政治学者P. ハースト［1946-2003］の『アソシエーティヴ・デモクラシー』［1994］など）．

●**マルクスとアソシエーション**　K. マルクス（1818-83）の思想は，主にロシア経由でマルクス・レーニン主義の形式をとって世界に普及したこともあり，しばしば国家集権主義として解釈されてきた．しかし近年，彼の思想の中心にもアソシエーションがあることが確認されている．

『ドイツ・イデオロギー』（1845/46）の「諸個人の連合化」論でその原型がつくられ，『共産党宣言』（1848）の結語は「各人の自由な展開が万人の自由な展開の条件であるような一つのアソシエーション」であった．彼が思想面でリードした「国際労働者アソシエーション（IWA）」は「自由で平等な労働者たちのアソシエーション」を目指した．『資本論』や関連草稿でも未来社会について「アソシエートした労働の生産様式」が語られ，経済調整を担うのは「生産者たちのアソシエートした知性」であるとされている．彼の「個人的所有再建」の構想，「人格的依存」や「物件的依存」を克服した「自由な個人性」の実現の構想は周知のところであるが，これらがアソシエーション論と一体のものであることはあまり知られていない．『フランスの内乱』（1871）では，未来社会は概ね，政治についてはコミューン連合，経済については協同組合連合として構想された．

マルクスのアソシエーション論は19世紀後半の産業資本主義の本格展開，大衆的労働者運動や社会主義政党の進出などを受けたものであって，もはや教義に基づく実験の実践などではありえない．むしろ脱アソシエーション過程を含む歴史過程の中でアソシエーション過程の前進が問われるのである．　　　［田畑　稔］

フーリエ主義
［仏］Fouriérisme

　シャルル・フーリエ（1772-1837）が実験的試みを呼びかけた農業協同体の構想を弟子たちが公開講座，機関紙や書籍で普及させる活動と，実際に資金を募ってこの協同体を建設する実験的試みを指す．

●**フーリエの思想**　フーリエは『四運動の理論』（1808）で「情念引力の理論」と農業協同体の研究から「運命の理論」を前進させたという．彼は5km四方ほどの敷地にファランステールと呼ばれる共同住宅と農場や家内工業的な作業場を備え，約400家族，厳密には1620人の人員で，株式会社形態で運営される農業協同体を構想し，これをファランジュと呼ぶ．成員らは情念にしたがって短時間ごとに仕事場を移動したり，複数の配偶者を周期的に替えたりする．協同体では持ち株による財産の段階づけが堅持されるが，身分や職業，性差や奇癖による差別はない．協同体での労働や性愛は，血縁者以外の成員の間に濃密な絆を育み，それで相続が分散される．世界中で300万のファランジュが相互に交流し，情念の調和が実現される．生きている惑星は8万年の寿命をもち，その間に新生物も創造され，7万年にわたり人類の調和が続く．惑星が寿命を終える際，人間の魂は惑星の魂と融合して他の若い惑星に宿って転生し，そこでまた新たに8万年を生きる．一方，フーリエは，現行の家族制度がもたらす家族エゴイズム，婚姻制度下での間男の生態，商業の生産的産業への寄生などを批判するが，それらはみな惑星の生涯の8万年の始めと終わりの5000年に生起する社会の批判であった．

●**フーリエの弟子たち**　最初の弟子はフーリエの生地ブザンソンの県庁の役人のミュイロンで，1814年，27才のときフーリエの『四運動の理論』と出会った．フーリエ思想を学ぶブザンソンの集まりに1825年に17才のV.コンシデラン（1808-93）が加わった．翌年彼はパリの理工科学校に入学し，卒業後はメスの工兵学校に派遣され，将校仲間の間でフーリエの支持者を増やしている．

　1830年代に都市貧困層への関心が増し，社会の再組織を訴えるサン＝シモン主義が注目された．1829年にはフーリエもその公開講座を聴講し，後の教父アンファンタンに自著『産業の新世界』（1829）をおくる．サン＝シモン主義者らは1831年に分裂し，J.ルシュヴァリエとA.トランソンがフーリエ主義に転向した．

　1832年に弟子らはエコール・ソシエテール（協同体学派）を名のり，ルシュヴァリエやコンシデランらが『ファランステール，労働と家事が協同化された農業と手工業のファランジュ創立のための新聞』を創刊した．その目的はフーリエ思想の討論の場の提供と，協同体実験の資金集めである．弟子らは寄稿の際，師の宇宙論や性愛論への言及をひかえ，産業思想に焦点を合わせる．頑固な師と弟

子らは次第に対立し，同紙は 1834 年に廃刊になった．同年にコンシデランは，弟子らのバイブルとなる『社会の運命』第 1 巻を公刊する．この頃，パリ近郊のコンデ＝シュル＝ヴェグル村にソシエテール・コロニーという協同体の建設が進む．セーヌ・エ・オワーズ県代議士のボーデ＝デュラリーが出資し，農学者のドヴェーが協力する．結局資金不足で 1836 年に失敗した（ビーチャー 1986）．

●**アメリカのフーリエ主義**　フーリエ主義の協同体は 1840 年代にアメリカ合衆国で 30 余りが建設されたが，当地でフーリエ主義を宣伝したのはアルバート・ブリズベン（1809-90）である．彼は 18 歳でパリに留学し，1831 年にルシュヴァリエを介してフーリエ思想に出会った．1834 年に帰国し，ニューヨーク・フーリエ協会を立ち上げる．師の性愛論などを排して 1840 年に『人類の社会的運命』を公刊し，フーリエの協同体論を紹介する．ブリズベンらは自らをアソシエーショニストと呼び，フーリエの良俗に反する主張と一線を画した．

フーリエ主義に共感したジョージ・リプリーは 1841 年にボストン近郊のウェスト・ロクスベリーに超絶主義の信仰でブルック・ファームを設立し，1845 年に名称をブルック・ファーム・ファランクスに変更する．90 人規模だったが，1845 年に収入源の学校経営が行き詰まり，共同住宅も焼失し 1847 年に消滅した．1843 年にチャールズ・シアーズらは，ブリズベンが「ノース・アメリカン・ファランクス」と名づけた協同体の提案を受け入れ，ニュージャージー州モンマス群のレッド・バンク近くで建設した．120 人規模で続いたが，製粉工場の焼失や教育施設の不足，労働の過酷さなどで 1856 年に失敗した．合衆国では 1840 年代に北東部全域からアイオワ州まで協同体が設立されたが，その背景には 1830 年代の鉄道バブルの破綻による農業労働の再評価と，ファランクスを，地方分権の再組織を目指すタウンシップの理想とする気運があった（宇賀 1995a, 1995b）．

パリでは 1843 年に『ラ・ファランジュ』紙を『平和的民主主義』紙に変え，コンシデランは政界で労働権や労働の組織，進歩省設置，協同体の実験を主張した．1848 年の六月蜂起の後，1852 年に彼はブリズベンからテキサス視察を要請される．1855 年，パリで入植者を募って再度渡米し，テキサス州トリニティ河の西部支流域で数百人で実験に取り組むが失敗し，大きな協同体事業は終息する．

●**フーリエと現代**　フーリエ主義協同体の実験とは別に，フーリエの思想はさまざまな思想観点から再評価されていく．20 世紀に入ると W. ベンヤミンがフーリエの全体像に注目し，シュール・レアリストの A. ブルトンは「シャルル・フーリエへのオード」を謳った．フランス五月革命の頃，S. ドゥブーはアントロポ版シャルル・フーリエ全集で未刊草稿『愛の新世界』を公刊する．1971 年にはロラン・バルトがフーリエを「言語設立者（ロゴテート）」と位置づけ，1993 年にはルネ・シェレールが「歓待」から論じている．

［大塚昇三］

オーウェン主義
[英]Owenism

　オーウェン主義とは，オーウェンのコミュニティ構想に一定程度の共感を示してその影響を受けていた，1820年代からの協同組合，労働組合，失業対策としての小規模コミュニティ創設，全国労働衡平交換所における生産品と労働紙幣との交換等の思想，理論，活動に携わった者を広く指している．

●オーウェン　ロバート・オーウェン（1771-1858）はウェールズに生まれ，18歳から綿紡績を始め，やがてニューラナーク紡績工場の経営者として成功する．その経験をもとにして渡米し，所有の共同を目指したコミュニティ実践を行うが失敗して帰国する．その後は，自らの思想とコミュニティ構想の普及に尽力した．

　人間が性格形成において環境から多大な影響を受け，自らの性格を自らがつくる自由意志をもたないというのが，オーウェンのいう「性格形成原理」＝「人間性に関する原理」である．これを人間本性上の絶対の真理だととらえて，当時の社会問題の原因を分析し，その解決策を体系的な形で表したのがオーウェンの思想である．オーウェンの思想の基本的構造は，この性格形成原理に規定されており，人間本性への意図的かつ計画的な介入を徹底して行うという方法的側面をもつ．

　オーウェンは人間性として先天的に備わっている利己心と，社会の中で獲得される利己心とを分けて考えた．そして本性としての利己心を全体の利益へつなげるために，「隣人愛」を意図的に創出することを，幼児期，児童期の学校教育や成人教育で行った．オーウェンはこの隣人愛について，キリスト教的隣人愛を例としてあげながらも，それを教会や宗教活動でつくるのではなく，性格形成原理に基づいた教育によって創出しようとした．

●ニューラナーク　労働環境や生活環境を整え，性格形成原理に基づく教育を子どもから成人に対して行うことで，高い生産性と収益率，秩序ある労働者育成につながり，多くの見学者が来訪した．オーウェンはこのことを，単なる工場経営の成功と解釈したのではなく，この原理に基づかない「旧社会」から，この原理に基づく「新社会」へ向かう契機となる，人類史上の発見であると解釈した．「旧社会」は，党派や宗派の対立をもたらし「隣人愛」を創出できないという点から批判される．それを1813年に表したものが「社会にかんする新見解」である．その後，オーウェンは，さらに既存の宗教全体の否定へと向かう．

　また1815年以降，資本主義批判を展開し，機械の導入による人間労働の価値の下落への対応を構想した．機械の恩恵を生かすことが，市場から労働者を締め出すことへとつながることの解決策としてオーウェンが構想したのは，失業者が農

業と製造工業とに交互に従事し，食料と工業製品を自給自足する所有の共同のコミュニティを設立して，失業者の生存を保障するというものだった．それが1820年の『ラナーク州への報告』のコミュニティ構想に結実する．その構想を土台としてオーウェンは，1825年，前所有者であるラップ派からアメリカ，インディアナ州のハーモニー・コミュニティを購入し，ニュー・ハーモニー準備社会を開設した．所有の共同のコミュニティ社会への移行は，性格形成原理に基づく隣人愛創出など2〜3年間の改革を経て行われる予定であったが，これを1年間としたことや生産の問題などで失敗し，1828年に閉鎖となった．

●**新しい社会** オーウェンの新社会の構想は，1820年代以降，同時代の人びとに大きな影響を与えた．コミュニティ構想は，共同出資によるコミュニティ創設へのヒントとなり，職人層を中心とした労働者階級の失業対策や生活の質の向上への希望となった．

オーウェン主義とされる代表的なものは，ジョージ・ミューディーによる協同経済協会（機関誌『エコノミスト』），オービストン・コミュニティ，ニュー・ハーモニー・コミュニティ（機関誌『ニュー・ハーモニー・ガゼット』『フリーエンクワイアラー』），協同組合会議，全国労働衡平交換所，オーウェン主催の機関誌『クライシス』，全国労働組合大連合（機関誌『パイオニア』），万国全階級協会（機関誌『ニュー・モラル・ワールド』）があり，ウィリアム・ラヴェット（1800-77）のような，チャーティストも合流している．

しかしオーウェンは，自己の性格形成原理を絶対唯一の新社会形成の原理とすることで，オーウェン主義者たちとの乖離も大きかった．

1830年代に協同組合会議を主催したラヴェットは，オーウェンの専制主義的側面，および同一労働と所有の共同によるコミュニティ構想を批判した．ウィリアム・キング（1786-1865）やウィリアム・トンプソン（1775-1833）は，当初から大規模なコミュニティを建設するというオーウェンの戦略に対して，自由競争の恩恵を認め，小売店舗を経営して資本を蓄積した後に小規模なコミュニティを漸次に建設するという戦略を唱えた．1825〜27年のオービストン・コミュニティの創設者エイブラム・クーム（1785-1827），A. J. ハミルトン（1793-1834）は，労働に対する個人的報酬を採用した小規模コミュニティを志向した．多くのオーウェン主義者が採るこの路線に対してオーウェンは，コミュニティ社会の成員の資質形成，つまり隣人愛の創出が十分に想定されていない計画だと批判した．

1834年の全国労働組合大連合においてもオーウェンは，労資間の協調と自らのコミュニティ構想の有効性を唱えたが，組合側が意図したことは，組合の統一，労働と職業の自主管理であり，オーウェンと対立した．その後オーウェンは，万国全階級協会を設立して自身の考えの普及に努め，1848年革命に対しても同様の姿勢を貫き，その新社会構想は亡くなるまで堅持された． ［金子晃之］

協同組合運動・協同組合思想

[英]co-operative movement / co-operative thought

　一般に協同組合のルーツはイギリスにもとめられる．相互扶助による生活や生業の防衛を目的として経済社会における弱者が協同組織を結成することは世界各地で古くから自然発生的にみられる現象であるが，現存する協同組合の大多数が「国際協同組合同盟」（ICA，1895年創立）の定める「協同組合原則」に準拠していることから，協同組合原則の源である「ロッチデール原則」を運営原理としていた「ロッチデール公正先駆者組合」（1844年創立）こそが現代協同組合運動共通の祖とされるのである．そしてこのロッチデールの協同組合は，ロバート・オーウェン（1771-1858）とその賛同者であるオーウェン派の運動に大きく影響され，その後を継ぐものだった．

●オーウェン派と初期協同組合運動　競争経済を批判し，協同経済の樹立を目指したロバート・オーウェンの協同体建設計画は多額の資金を要するものであり，オーウェンの計画に賛同した人びとは，その資金調達のために，まずは自力で協同の店をつくり，そこから一歩一歩，協同体の建設を進めようという段階的な戦略を考えた．その代表者がリカード派社会主義者として知られるウィリアム・トンプソン（1775-1833）である．オーウェン自身はこうした計画に異議を唱えていたが，ここから今日の生活協同組合の先駆ともいえる協同組合店舗の建設運動が始まる．1820～30年代にイギリス全土で300を超える協同組合店舗が設立されたが，それらはオーウェンからの思想面での影響とともに，ウィリアム・キング（1786-1865）からも直接的な影響を受けていた．キングは自らが執筆・編集した月刊雑誌『協同組合人』（1828-30）において，当面の目標を少額で始められる消費協同組合の設立とし，それを発展させて生産協同組合の設立を導き，究極的には協同のコミュニティを樹立することを目的とすべきだと説いている．わずかな例外を除いて，こうした初期協同組合運動の店舗は1840年代までにほとんどが崩壊してしまったが，店舗から始めて生産にも進出し，ゆくゆくはコミュニティを目指すという19世紀前半の協同組合運動の戦略は，現代協同組合運動の祖といわれるロッチデール公正先駆者組合にも引き継がれることになる．

●ロッチデール原則　初期協同組合運動の失敗を受けて1844年にロッチデールの町で再び設立された協同組合は，奇跡的な成功をおさめ，全世界に協同組合運動を波及させた．その成功の鍵とされるのが，彼らが順守した協同組合の理念と経営手法，いわゆる「ロッチデール原則」である．ICAは1937年，ロッチデール原則とは以下の七つであると定式化した．(1) 開かれた組合員制度，(2) 民主的な管理（1人1票），(3) 取引高に応じた剰余の分配，(4) 出資に対する利子の制

限，(5) 政治的・宗教的中立，(6) 現金取引，(7) 教育の促進．これはあらゆる協同組合に共通する原則を定めようという ICA による解釈であって，先駆者組合ではこのほかにも「純良な品質の品物を提供する」「目方はたっぷりとる」といった消費協同組合としての原則を掲げていた．先駆者たちは，1844 年夏の段階では，まず衣料品や食料品を提供する店舗をつくり，次に組合員に住居を提供，さらには工場での製造や農場での耕作を通して雇用も確保することによりコミュニティの建設を段階的に進めるという初期協同組合運動と同様のプランを示していたが，店舗の経営的な成功は協同組合運動の性格を実質的に変えていく．競争社会に代わる協同のコミュニティをつくりあげることではなく，消費者の生活を向上させること，具体的には剰余金を買い物額に応じて組合員に分配することが協同組合店舗の使命だと理解されるようになるのである．20 世紀の生活協同組合は，「より良いものをより安く」提供する消費者の協同組合として，ヨーロッパや日本で多くの消費者を集めて大発展を遂げることになる．

●利潤分配論争と 20 世紀型協同組合　その中で忘れられていったのが協同組合で働く労働者の問題である．もともと労働者の解放や地位向上を目指して創始された協同組合運動では，労働者への利潤分配制が採用されるなど，競争経済下の労働者問題を自らの運動の重要課題としており，その国際組織である ICA も，そもそもは労働者利潤分配制を社会に広めるために結成された組織であった．しかし，協同組合で生じた剰余は組合員のものなのか，それとも労働者のものなのかという大論争を経て，運動の母国イギリスでも，国際組織 ICA でも，協同組合は組合員主権の組織であるという路線が確立し，組合員の利益を追求することが協同組合の使命だとされる．もちろんイギリスの協同組合で女性組合員によって結成された「女性協同組合ギルド」や，日本の生協で組織された「班」のように，消費者の直接的利益の追求にとどまらない活発な組合員活動・社会運動も存在したが，20 世紀後半以降，生協のような既存協同組合は概して大規模化するとともに企業化し，社会運動としての性格を薄めていったと評されている．

●その他の協同組合思想　ロッチデール系以外の協同組合の思想的な系譜としては，ヘルマン・シュルツェ＝デーリッチュ（1808-83）やフリードリヒ・ベルヘレム・ライファイゼン（1818-88）の影響を受けて設立された信用協同組合が有名である．戦前日本の産業組合も，これを範として政策的に移入されたものであり，現在の JA（農協）はロッチデールとともにその流れも汲んでいる．しかし ICA が「コミュニティへの関与」を協同組合原則に新たに追加したことにも影響されて，21 世紀に入ると，そうした既存協同組合の枠を超えたコミュニティ協同組合など新タイプの協同組合が，注目されるに至っている．競争経済に対抗する「非営利・協同セクター」や「社会的経済」の維持・拡大にいかに貢献できるのかという視点から，新たな協同組合が模索されているのである． ［杉本貴志］

サン=シモン主義
［仏］Saint-Simonisme

　多彩な才能から「思想の産婆役」(F. ハイエク) と呼ばれたサン=シモン (1760-1825) は四つの思想を生んだ．A. コントの実証主義，フランス社会主義，É. デュルケームの社会学，そして弟子たちのサン=シモン主義（以下，S-S 主義）である．各潮流は相互に影響関係を有し，特に運動の分裂を繰り返した S-S 主義に一義的な定義があるわけではない．弟子たちは時に師の思想を改変したが，サン=シモンの名を後世の思想家に広めたのは彼らの功績である．一般に S-S 主義の歴史は師の死去 (1825 年) から教団の解散 (1832 年) までを思想の喧伝期，1833 年から第二帝政期までをその実践期として区別される．

●喧伝期　「サン=シモン主義者の歴史はサン=シモンの死とともに始まる」(S. シャルレティ)．師の葬儀の5か月後，1825 年 10 月に最後の弟子 O. ロドリーグと P. アンファンタン (1796-1864) は師が生前に企画した雑誌『生産者』を創刊する．L. アレヴィ，A. バザールと P. J. ビュシェほか生前に師と別れたコントも当初そこに加わった．この雑誌は「人間性の新しい理解に基づく哲学原理」の普及と「外的自然の最も効果的な開発」(第1巻「序文」) を目的に，人間の「物質的・知的・道徳的能力」を最大限に発揮させ，各々に対応する産業・科学・芸術の結合こそ社会変革の鍵とした．富の物的生産と，必要と能力に応じた分配を目的に交通網（運河，鉄道）と信用制度（銀行）の研究に力を注ぎ，J. B. セーの自由主義経済学に組織の原理＝「協同」を対置させた．それは「全個別労働の社会的利益への結集」を意味し，「共通の目的〔自然開発〕に個別の努力を結集させる法則の探究」こそ経済学の役割とした．この時点で S-S 主義はまだ「一つの精神状態」(シャルレティ) だったとはいえ，その後の産業と科学に関する問題意識はここに出揃う．1826 年秋に『生産者』は廃刊するが，幹部らは理工科学校と鉱山学校で M. シュヴァリエ (1806-79)，J. レイノー，H. フルネルら若い技術者を勧誘し，2年の沈黙を破りバザール主導で公開講演を行う．「社会主義の最も重要な記念碑」(C. メンガー) と称されたその記録『サン=シモン学説解義』(1830) は思想的に深化を遂げ，師の産業思想の社会主義的読解を提供した．(1) 人類の各期を「組織」と「批判」の交互運動史とする師の歴史哲学の強調，(2) 師にはない生産手段の共有と相続廃止の主張，(3)「最貧困階級の福祉の増大」を唱えた師の「新キリスト教」の道徳的・宗教的傾向の拡大である．宗教を「組織」時代の社会紐帯とみた彼らは，精神と物質の調停を通じて家族から国家へ漸進する「協同」の拡大として人類＝宗教史を描き，現代の使命は地球規模の人間関係を結ぶ「世界的協同」にあるとした．

●**運動の分裂** この間，その中心機関となるべく「学派」は「教会」に変貌する．1829年末にバザールとアンファンタンが「教父」となり，位階制が敷かれるとビュシェら数人が離脱した．だがエリート層への説教会は数百人の聴衆を集め，ベルギーやドイツ（H. ハイネら青年ドイツ派の活動）でも支持を広げた．29年に雑誌『組織者』を発行，翌年には自由派『グローブ』を発行人 P. ルルー（1797-1871）とともに転向させた．だが31年にアンファンタンが活動方針を教義（理論）から礼讃（実践）へ転換し，教父（精神）を補う女性メシア（物質・肉体）の到来と女性解放を唱えると，片方の教父バザールはこれを錯乱とみなし11月に19人と離教した．この分裂の遠因は七月革命後に頻発した労働運動（特に分裂一月前のリヨンの絹織物工蜂起）の対応の違いにすでにあった．世界的協同の産業的実現を目指す理工科学校出のアンファンタン，シュヴァリエら S-S 主義"右派"は政治闘争と距離を取ったのに対し，民衆・労働者側に立った元炭焼党のバザールやビュシェら"左派"は社会主義的路線を唱えたのである．後者の排除はその後の S-S 主義の実践的性格を規定することになる（Musso 1999；阪上1981）．

●**実践期** 1832年4月の『グローブ』廃刊後，「教父」は「使徒」40人とメニルモンタンに隠遁，半年間共同生活を送った後，良俗違反でシュヴァリエとともに1年の禁固刑を受け，教派としての S-S 主義はここで終わる．獄中で二人は袂を分かつが，出所後「教父」は E. バローらとスエズ運河案を携えエジプトに，シュヴァリエは北米に産業交通網の研究に発ち，洋の東西を結ぶ世界的協同をともに追求した．後者は鉄道を「世界的協同の完璧な象徴」（『地中海体制論』1832）とみなし，交通網の発展と社会改革を同一視した．「交通(コミュニケーション)の改善とは……平等と民主主義をつくることである．移動手段を改善すれば，ある地点と他の地点の距離だけでなく，ある階級と他の階級の距離を縮める効果がある」（『北米書簡』1836）．35年に帰国した彼は元使徒ペレール兄弟と鉄道会社を設立，各地に鉄道網を敷く一方，40年にはコレージュ・ド・フランスの政治経済学講座に就いた．

他方，バザールの死後（32年），細々と活動していた S-S 主義"左派"は48年の二月革命時に一時期表舞台に出る．ルルーが政界に進出し，臨時政府の公教育大臣 H. カルノーほかレイノーと É. シャルトンも要職に就き，シュヴァリエの講座は停止された．だがアンファンタンを含む"右派"は51年のルイ=ナポレオン（1808-73）のクーデタを是認し，左右の立場が逆転する．皇帝の経済顧問になったシュヴァリエ，動産銀行(クレディ・モビリエ)創業者ペレール兄弟を筆頭に第二帝政期の技術官僚(テクノクラート)的な経済改革や万博の成功は元使徒たちに負うところが大きい．アンファンタンの晩年の著作『人間の科学』（1858）も皇帝に献呈された．64年の「教父」の死と帝政の崩壊により S-S 主義は終焉するが，時代や論者ごとに多様なその思想は政治体制を超えて後世に影響を与えている． ［杉本隆司］

共産主義

[英]communism [独]Kommunismus [仏]communisme

　現在，共産主義は，労働者階級（プロレタリアート）およびその思想的代弁者マルクスが起草した共産主義者同盟の綱領『共産党宣言』(1848)に由来する，資本主義後の理想社会を目指す革新的思想とみなす場合が多い．しかしながら，長い歴史をもつ共産主義という言葉には多くのねじれが含まれている．

●**共産主義と社会主義**　商品貨幣経済，特に資本主義経済の発展は共同体を解体する．血縁や地縁の絆を失い不安定化した人びとはかつての共同体を理想化し憧憬追慕する．共産主義とは本来そこから生まれ出た反動的な思想であり，それに基づく運動や制度であった．特に本源的蓄積によって生産手段を収奪され都市生活を強いられた人びとの中から共産主義の運動を担う手工業職人や日雇い労働者が生まれた．

　一方，共同体が解体し個人の属する枠組みが社会として認識される近代以降に生じた，資本主義後の枠組みを展望模索する思想とそれに伴う運動や制度は社会主義と呼ばれた．ユートピア社会主義や真正社会主義などであり，総じて前者は資本家（ブルジョア）階級に，後者は小資本家階級に根ざす．K. マルクス／F. エンゲルスの思想も，後に科学的社会主義と自称するとおり，もっぱらユートピア社会主義を継承発展させた社会主義である．他方，私有財産制を廃止して財貨共有制を展望するなど，労働者に根差す思想は共産主義と呼ばれた．マルクスらは47年1月義人同盟（正義者同盟）に加盟する．同盟は6月の大会で共産主義者同盟に改組され，11～12月の第2回大会で彼らは綱領の起草を委ねられ，『共産党宣言』が無署名で刊行された．表題前半部の「共産主義の党の」は彼らが自らの思想内容に合致した名よりも労働者の実際の運動を尊重したためである．後半部の「宣言」は，エンゲルスが47年11月23・24日のマルクス宛手紙（エンゲルス1847：100-101）で，彼が筆記した「共産主義信条表明草案」や自ら執筆した「共産主義の諸原理」など，先立つ草案の問答体は歴史叙述に不適と考え，フーリエ派に倣い「共産主義の宣言」を提案したことによる（Andréas 1963：3）．

●**『共産党宣言』の思想**　『共産党宣言』における共産主義は，同盟の綱領討議を総まとめした革命戦略であるとともに，青年時のマルクス／エンゲルスの思想と政治・組織活動の集大成である．彼らは，ドイツ古典哲学の流れに属して得た疎外論によって資本主義社会における労働の辛さや人間の自己疎外を深く分析し，フランス王政復古期の歴史学者たちから得た階級闘争史観を基礎としつつ，イギリス古典経済学から学び，経済的要素が社会全体を大きく動かす原動力になっているとする唯物論的な社会や歴史の見方を初めて打ち建て，資本主義社会の歴

史，現状および未来を把握した．「歴史においてきわめて革命的な役割を演じた」ブルジョアジーが「自分自身の姿に似せて世界をつく」り，「すべての過去の諸世代を合わせたよりもいっそう大量かつ巨大な生産諸力をつくりだし」「もはや制御することができなくなった」結果，欧米では各恐慌を分かつ好況期が失われ，近代社会の存立の手段が「ブルジョアジーが……生み出した近代的労働者，プロレタリア」の行う革命にしか見出せない時期が到来しつつあるというのである．その期間は，17・18世紀の英仏の革命史から，政権掌握階級の転変する永続革命として展望され，その過程で少数者革命が多数者革命に推転する可能性も見込まれた．特にドイツについては，経済的土台はすでに英仏のような資本主義だが，政治体制は日本の幕末の各藩と同様，各邦国である．そのため，資本家を主人公としたフランス大革命のような，資本主義経済体制に見合う政治制度に移行する政治的変革の前夜にある．この移行の後の「近代的国家権力は，ブルジョア階級全体の共同の諸事務を管理する一委員会」にすぎず，再度，労働者たちが資本主義の成果のうえに立ち，その後の社会制度である社会主義や共産主義を目指す革命を早晩行うことになる．その「労働者革命における第一歩は，プロレタリアートを支配階級に高めること，民主主義をたたかいとることであ」り，「一個人の他の個人による搾取が廃棄されるのに応じて，一国民の他国民による搾取が廃棄される」と見通した（マルクス／エンゲルス 1848：52, 56-58, 60, 84）．

●『共産党宣言』以降の展開　マルクスが著した『資本論』(1867)はこの見通しを，当時の支配的経済学であったイギリス古典経済学の労働価値論に内在し，剰余価値論に発展させて理論的に証明しようとした試みである．彼の学術的立場は，科学は現実を，矛盾をはらむ運動体としてその発展傾向のみ正確に描出すべきで，それを越えてはならないというものであったから，ユートピア社会主義のように将来社会像を空想で描き上げることはなかった．多くはない彼の将来社会像の中で，Ch. フーリエに倣う「労働そのものが生活の第一欲求となる」(マルクス 1875：30) も，その実現条件を特別剰余価値・相対的剰余価値の生産と労働日の短縮闘争のうちに見出し，「自由時間」論として経済学的に位置づけたうえでの展望であった．19世紀半ば以降は社会主義と共産主義の区別は曖昧になる．20世紀に入ると第一次世界大戦勃発時，第二インターナショナル所属の各国労働者党の態度が割れ，V. I. レーニンらロシア社会民主労働党（ボリシェヴィキ）は自国政府の敗北を目指すが，多くの諸党は域内平和を図り自国の戦争を支持する．前者はロシア革命の翌18年ロシア共産党と改称，19年に共産主義インターナショナル（コミンテルン）を創設，その支部として各国共産党を組織し，指導する．その後，I. V. スターリンは共産主義を名目に自国の覇権のために各国諸党を利用した．一方，後者の潮流は23年に社会主義労働者インターナショナルを結成，一般に社会主義と呼ばれるに至っている．

［橋本直樹］

私有財産制批判
[独]Kritik des Privateigentums

　私有財産を廃止し財貨が共有される共同体を展望，私有財産制に対置する，ドイツ三月前期に特有の批判がある．『共産党宣言』を出版した共産主義者同盟の前身，義人同盟の綱領的文書，マクデブルク出身の遍歴仕立職人ウィルヘルム・ヴァイトリング著『人類，その現状と未来像』（以下『人類』と略記）に見出される．

●義人同盟　ウィーン体制下，ドイツでは1815年のブルシェンシャフト以来，祖国の統一と民主主義的憲法を求める運動が続いた．33年のフランクフルト蜂起事件に関わったJ. フェネダイ，K. シャッパーらは逃れて36年までにパリに至り，34年結社禁止法下，ドイツ人秘密結社，亡命者同盟を設立する．政治的革命だけでは不十分で，社会の全体的変革の必要性を主張する労働者は当時共産主義を自称していたが，Th. シュスターの指導下，シャッパー，ヴァイトリングらは38年までに宣伝を重視し多少とも民主的組織形態をもつ義人同盟を創設する．その綱領への希求は刊行直後の新バブーフ主義者 A. ラポヌレ『民主主義の教義問答』を独訳し討論するほどだったが，結局ヴァイトリングに委ねられ，同盟員の印刷・販売等の協力も得，『人類』が完成する．主に Ch. フーリエ，さらに F.-N. バブーフ，P.-J. プルードン，F.R. ラムネらフランスの社会主義・共産主義から借用，愛の掟が基調のキリスト教色が濃い，独自性ももつ大略次の計画である．

●財貨共有制構想　1000家族の家族団の共同住宅は各棟1600人が住み5棟で五角形を形づくる．中央には家族団所轄局職員の住居と勤務室，教育施設，貯蔵倉庫，郵便・輸送関係施設，旅行者と産業軍の宿泊施設，演壇付の集会場，劇場，気象台，電信局，共同庭園がある．各棟に集会所，ダンス・食堂のホール（共同食事は1600人分を三つのかまどで調理），図書館，電信室，技術・職業学校，貯蔵倉庫，陳列室があり，各棟間の通路は風雨を避けるガラス張りで，涼をとる通気窓がある．20kmほど離れた他家族団との間には鉄道が敷かれ所要30分である．

　消費・生産・行政の各組織は系統樹様に編成される．消費は各地域ごとに1000家族が家族団とその所轄局を，10家族団で家族群とその所轄局を選出する．各群所轄局は代議員を選出し大家族同盟議会を形成し，この議会で最高立法機関である評議員会が選出される．生産は農業・工業・教育の3部門に分かれ，労働全般を担う産業軍がある．農業では，10人の農民に1人の小隊長，隊長10人で1人の農業幹事，幹事10人で1人の農業委員，委員100人で1人の農業理事を選出する．農業理事会は穀物・ブドウ・ホップ・果樹・養蜂・畜産などの各部門ごとに1人の議長を選出し大同盟の行政執行機関である本省に送る．工業でも農業と同様の人口割で，作業班長→職長→作業委員→技能者会議→工業理事・理事会が選

出され，手工業・技術・機械・工場・化学等の各部門から1人の議長を選出し本省に送る．教育では，家族団ごとに若干の技術・職業学校と高校を，100万人ごとに大学を設ける．大学では各分野で1人の議長を本省へ送るとともに，各大学は10人を学識委員会に送る．産業軍は軍隊式に組織され，鉱業，鉄道・ダム・運河・道路・橋梁の建設，森林開拓，湿地干拓，不毛地の開墾，車両・生産物の運輸，港湾・道路・建造物の整備，遠隔地の植民を行う．子どもは6歳まで家庭にいるが，その後は学校施設に移り，15～18歳の3年間産業軍に所属して，授業施設での任意の職業知識の修得や学校で訓練した仕事の一層の完成を目指し，半年ごとに移転要求のできる各隊に分属，各々の仕事に就く．志願者不足の隊があれば他の隊からの抽選と委譲でまかない，困難な仕事を担う特設隊で1年勤務すれば後の2年は免除される．この義務の終了者が成人となり参政権が認められる．産業軍の指導委員は100人以内で，適宜教育部門から補われる．

家族群の監事は地区の需要と生産の明細を大家族同盟議会→評議会，と上部組織に伝え，全成員の必需品（食糧・住居・衣服；芸術・学問・娯楽など）の量と質が正確に判明し，行うべき仕事が計画され，本省に渡り，評議員会が選出する生産の各職業部門の管理担当者を通じて下部組織に分けられ，全成員が平等に労働し，管理もなされる．また評議員会は農業理事会から人口100万に1人の備蓄物資管理指導官・監督官を，工業理事会から大工業地の管理官および書記官を選出する．

各人は好みの仕事（複数可）に就き，1日6時間労働するが，2時間ごとに仕事を変える．共有制が5～20年も経てば生産性は2～3倍化し，1日3時間労働となる．これを越える時間の利用は各人自由で，その素質に応じて種々の知識を体得し高度の学問的教養が達成される．そこでの発明などはさらに時短を生むことにもなる．かくて労働は重荷ではなく楽しみに変わる．全製品は労働時間によって計算される．金銀は鋳溶かされ製品の原材料となるだけなので，貨幣はなく，交易も労働時間を基準に行われる．所定の生産物以外の需要のある場合，既定の時間を越えて労働し，交易時間として身分証明書を兼ねる交易帳簿に記入する．製品は交易品として陳列所や陳列室に置かれ，各人手持ちの対応する交易時間と引き換えで入手，贅沢品などへの自分独自の願いや好みが満たされる．これらの需要が片寄ったり，特定業種への労働者の集中が生じた場合は，その職場の業務を停止し，均衡が維持され，社会的平等の原則と個人的自由の原則とが両立する．

●**評価** シャッパーも同時期「財貨共有制」と題する問答体の断片を書く．財貨共有制は手工業労働者共産主義の特殊な一変種であり，貧富の階級対立など現存社会の欠陥の認識とその批判はあるが，構想を可能とする歴史的経済的条件，その前提の現状での有無，不可避の革命の内容や主体いかんなどの考察を欠く．この欠はK.マルクスらが持ち込む唯物論的歴史観と結合し克服される． ［橋本直樹］

社会問題
[仏]question sociale　[英]social question

　歴史的にみると，社会問題は貧困問題を契機に浮上してきたこと，次いで社会の存立の危機を招くと認識された貧困は絶えず統治の対象となったことを，ミシェル・フーコー（1926-84）によって提起された「統治性」という概念と関連づけて述べる．

●「社会問題」としての貧困　「社会問題」は，歴史的に振り返るならば，近代以前の社会においても存在したとみなすこともできるが，それに対する認識が深まり，種々の体系的な対策が打ち出されるようになるのは近代以降のことであろう．このことは，近代社会における「社会的な」という言葉の浸透とその意味の変容に関連している．フランス語では「社会的な」という語は，元来，他人と交わり，結びつく能力に関わるものであったが，1830年以降「政治的な」および「経済的な」ものとは区別され，社会における諸階級の間に関係するという意味を帯びるようなり，「社会運動」「社会平和」「社会革命」「社会正義」ととともに「社会問題」が語られるようになる．どのような問題が「社会問題」となるかをあらかじめ述べるのは困難である．例えば飲酒問題は，純然たる個人的な嗜好とみなされる場合もあるが，社会改良運動の対象になったり，飲酒を禁じる法が制定されたりする場合もある．しかし近代社会における「社会問題」の認識にとって決定的な役割を果たしたのは貧困問題であろう．貧困は，近代以前の社会にも存在したが，それは周縁的なものであり，慈善や近隣や家族の扶助あるいは国家の抑圧・監禁などの貧困対策によって不十分ながらも対処されてきた．貧困問題が「社会問題」として認識される端緒は，フランス革命期に求めることができる．そこでは貧民の救済に関わる委員会が形成され，旧来の慈善が批判されるとともに，貧民の生存権が議論され，貧民を自立した市民として社会に包摂することが図られた．

　貧困が政治的あるいは道徳的な秩序の危機，つまり社会の存立の危機に関わる深刻な「社会問題」として認識されたのは，1830年代においての「大衆的貧困（paupérisme）」の出現を契機とする．大衆的貧困とは，産業や近代文明の最も進んだ段階において，周縁的な集団が陥る旧来の貧困とは区別され，周期的に住民全体を襲う「新たな貧困」として当時の人びとに認識され，さまざまな立場から解決策が提案された．この貧困は，決して偶然的なものではなく，発達しつつある産業や新たな労働編成に原因が求められた．大衆的貧困によって問題となるのは「近代とは何か，そして近代がもたらす根本的な脅威と何か」であり，大衆的貧困とは「社会問題が結晶化する地点」にほかならない（カステル 1995：246-247）．

● **「統治」の対象としての貧困**　貧困は放置されれば社会の存続にとっての脅威となることから，その実態が調査・研究され，認識が深められるとともに，さまざまな対策が講じられてきた，つまり貧困は統治の対象であった．このような統治のあり方の変遷と統治と知の結びつきを考える際，フーコーが提示した，「統治性」という概念を参照することが有効であろう．

　フーコーによれば，「統治性」とは，17世紀〜18世紀に出現した新たな権力のありようを表現した概念である．それは個人を超えた人口に働きかけ，国家理性や政治経済学といった知と結びついた権力の諸制度であるとともに，近代社会を理解する際に中心におかれる傾向である．国家理性とは，現世の国家以外には何ら関心をもたず，国家の安全を確保するための技法であり，法の知識ではなく事物の認識を重視し，人口に関する認識や死亡率や出生率などを計量する統計学を生み出した．国家理性は，対外的には諸国家の勢力の均衡を目指すとともに，国内的にはポリスと呼ばれる統治の形式を取った．ポリスとは「人間たちの共存の形式全体」に対して，統制，勅令，禁止令などを用いて介入して，人間がよく生きることと国力の増強を結びつけるものである（フーコー 2004：403-404）．ポリスによる統治の対象は，人口，生活必需品，健康，流通などとともに貧民の管理が設定される．物乞いを救済院や物乞い収容所に監禁するといった処遇がポリスによる統治を示すものである．しかし食料難に際し制限・強制を課し経済の流れに妨害を加えようとするポリスは，「事物自体の流れを出発点として，その流れに応じてなされる調整」を主張する「政治経済学」からの批判に直面する（同書：426）．この立場においては，人口の数はおのずと調整されそれ自体として固有の法則をもったものとして認識され，国家は統制を試みるのではなく，調整の内的メカニズムを備えたものとして人口を引き受けることが主張される．この統治においては，貧困それ自体として焦点化されることはなく，事物自体の流れによる調整によって解消されるとされ，貧困に対する統治は後景化することになる．

　この統治が問題とされるのは19世紀の初頭の大衆的貧困を通してであり，常に貧困にさらされている労働者階級は危険な階級と認識され，放置しておくと社会が危機に陥るととらえられた．そこでは，細部に対する詳細な観察に基づき，個々人の身体の細やかな管理や組織の規則の遵守などを目指す「規律権力」を確立し，労働者を秩序の中に統合することが問題となる．工場，さらには労働者の居住空間や生活空間においての労働者の振る舞いが詳細に観察調査され，その改善が強く要求された．健全な家族の形成や宗教・道徳教育の重要性が叫ばれ，労働者の規律化に関しては資本家の果たす役割も強調された．さらに自由放任を旨とする「政治経済学」を批判し，私的慈善が不十分であることを認識し，政府の一定領域の介入を認めるような「社会経済学」と呼びうる潮流が誕生し，貧困をめぐる新たな統治が模索された．

［稲井　誠］

社会主義

[英]socialism　[独]Sozialismus　[仏]socialisme

　社会主義はきわめて広汎な内容を含み，この概念を定義することは困難である．20世紀においては，社会主義を標榜する国家の多くがソヴィエト連邦をはじめとして，マルクス主義（いわゆるマルクス＝レーニン主義）を信奉したため，マルクス主義が社会主義を代表するかの印象を与えた．しかし，西側の社会民主主義のように，マルクス主義に必ずしも依拠しない社会主義の流派も有力に存在してきたわけであり，マルクス主義国家体制の崩壊が社会主義の終焉を意味するものでないことは明らかである．その関連で，社会主義と共産主義の概念の区別がなされる必要がある．

　これまでの社会主義思想に含まれる契機は，経済の公的なコントロール，生産手段の共有，労働者階級の参加と権利の拡大，平等な再配分など多様である．また社会主義を実現する方法についても，一方では暴力革命とプロレタリアートの独裁から，サンディカリズム，議会制を通した平和的な変革，あるいは相互扶助の漸進的な拡大に至るまで，相対立する多様な立場が存在してきた．社会主義を支える世界観についても，マルクス主義が世俗的で無神論的であるのに対して，キリスト教の隣人愛などの思想に基づく社会主義も大きな役割を果たしてきた．近代日本の社会主義の黎明期を考えるとき，こうした非マルクス主義的社会主義の役割が大きいことに気づく．

●**社会主義と共産主義**　社会主義は19世紀の産物である．社会学者É.デュルケーム（1858-1917）によれば，社会主義は19世紀の所産であって，産業化がそれをもたらした．18世紀までの人類史において，プラトンやトマス・モアに代表されるような，財産の共有，共同食事，農地の均分など一見社会主義を連想させるような思想がみられるが，これらは「消費の共同」を目的にする思想であって，デュルケームはこれらを「共産主義」と呼び，「社会主義」とは明確に区別する．「社会主義」は生産に関連し，生産を私的領域に放置するのではなく，これを公的権力と結びつけるとともに道徳化する発想である．それゆえ社会主義は産業化とそれに伴う分業の進展，社会の複雑化を前提するとされる．デュルケームの社会主義の定義にあっては，階級闘争的要素は含まれず，複雑に分化した社会における再組織化といった，彼の「有機的連帯」概念の一つの例を社会主義に見出しているともいえる（なおデュルケームによれば，マルクスの共産主義は旧来の共産主義とは関係なく，社会主義に含まれるとされる）．

　こうした定義は，フランスを中心に始まった初期社会主義の系譜の中のかなりの部分に適合的である．まずサン＝シモン（1760-1825）は，産業者の結合と能力

に応じた社会の組織化を説き，経営思想を通して資本主義にも継承される面を有していた．一方 Ch. フーリエ（1772-1837）のファランステール共同体の構想は，反商業的で自給自足的であるが，競争的な情念を取り込む点がユニークであった．サン=シモンやフーリエに影響を受けた社会主義者たちは，労働者のアソシアシオン的結合をもとに，1848年の二月革命へ向かって高まっていく社会主義運動を展開した．これらは次第に資本家に対立する労働者の利害を意識するようにはなるが，イギリスのロバート・オーウェン（1771-1858）のような開明的経営者に主導された組合運動も社会主義の有力な流派を形成するなど，二大階級の対立図式は社会主義の必須の要件ではなかった．

●マルクス以後の展開　これらの初期社会主義の潮流をまとめて「空想（ユートピア）的社会主義」として退け，「科学的社会主義」を対置したのはマルクスの協力者エンゲルスだった．しかし，K. マルクスと F. エンゲルスにおける，社会主義と共産主義の概念の区別は必ずしも一定したものではない．初期の『経済学・哲学草稿』では，社会主義の前段階に「粗野な共産主義」が置かれ，真の社会主義は人間的解放の実現した状態であるとされた．一方，『経済学批判・序文』では，社会主義は共産主義への移行期であるとされる．社会主義段階では革命後も階級闘争が継続するため，ブルジョア階級抑圧のための独裁が必要とされ，また労働時間が分配の尺度となるなど，まだブルジョア社会との連続性を残しているとされる．

　マルクス／エンゲルスの『共産党宣言』（『共産主義者宣言』と訳すべきだという意見もある）以後，共産主義という言葉はあまり用いられず，その後ヨーロッパに浸透していくマルクス主義の運動を指し示す言葉としては「社会民主主義」が主として用いられた．議会制民主主義を含むこの語から，自らの運動を区別して，「共産主義」の用語を復活させたのは，ロシアの V.I. レーニン（1870-1924）らボルシェヴィキたちだった．一方ドイツの E. ベルンシュタインらは，議会制とイギリス流のプラグマティックな改良主義に社会主義の可能性を見出し，この方向が第二次世界大戦後のヨーロッパ左翼の主流となった．

　第二次世界大戦後のヨーロッパの政治体制は，戦中の動員体制から継承された面もあるが，資本主義が大幅に修正され，私有財産への公的な規制が強められた．また社会主義政党が政権へ参加し，福祉国家が構築されていく．社会主義の影響力が強まったが，同時にそれは社会主義の国家化ともいえる面を有していた．

　1968年をピークとするニューレフトの社会運動は，資本主義だけでなく旧来の国家的で官僚的となった社会主義に対する挑戦でもあった．この運動に関わっていた立場も多様であり，不毛なセクト闘争やテロ戦術に終わることも多かったが，他方では参加民主主義，エコロジー，フェミニズム，多文化主義といった「新しい社会運動」の諸要素が社会主義的思想に持ち込まれるようになり，資本に対する労働者の団結だけで社会主義を定義することはできなくなった．　　［森　政稔］

リカード派社会主義
[英]Ricardian socialism

　イギリスで名誉革命（1688年）といわれている市民革命によって土地囲い込みを推進し，農村共同体を解体して，多数の農民が土地を収奪され，ルンペン・プロレタリアートあるいは浮浪者・ホームレスとなり，都市の工業地帯への移動を余儀なくされた．また18世紀後半期から19世紀前四半期に及ぶ産業革命による大規模機械制工場＝近代的産業資本の生成にともなって家内手工業の衰退を招き，いわゆる資本の本源的蓄積過程の進展につれて独立小生産者の没落，一方に産業資本家階級，他方に労働者階級と人口を両極分解し，構造的失業を必然化し，都市の工業地帯に産業予備軍を産出し，各地で機械打ちこわし運動が起こり，対仏戦後恐慌と団結禁止法撤廃運動などにより階級意識が高揚し，貧富の格差拡大と人口過剰が大きな社会問題になった．

　イギリス古典派経済学の始祖A. スミス（1723-90）は『国富論』（1776）の中で，「資本の蓄積と土地の占有との双方にさきだつ社会の初期未開の状態にあっては」，つまり資本と土地が私有財産になる前の社会では，「労働の全生産物は労働者のものとなった」といい，また「ある商品の獲得あるいは生産に通常使用される労働の量が，その商品が通常購買し，支配し，あるいは交換されるべき労働の量を，規制しうる唯一の事情である」（スミス1776，訳2000：[1]91-92）ともいう．前者が全労働収益権説であり，後者が労働価値説である．この両者が相まって，労働者階級の立場にたって自由と平等の見地から上記の社会問題と対決したのがイギリス学派の社会主義であり，特に古典派経済学の労働価値説を投下労働価値説に厳密化したD. リカード（1772-1823）の名にあやかりリカード派の名称が冠された．リカード派社会主義者としては，T. ホジスキン（1787-1869），W. トンプソン（1775-1833），J. グレイ（1799-1883）のほか，T. R. エドモンズ（1803-89），J. F. ブレイ（1809-97）などがあげられる．

●**リカード派社会主義における自由**　ホジスキンは12歳にして海軍志願兵として軍艦に乗り込み対仏戦争を体験し，海軍規律の専制統治にならされてきたが，それに反抗して軍事裁判の結果1812年に退役処分に付され，一時失業の憂き目にあい，エディンバラ大学生時代にF. プレイスの知遇を得てジェイムズ・ミル（1773-1836）やJ. ベンサム（1748-1832）とも知り合い，『モーニング・クロニクル』紙の議会詰記者となって政治の機微に触れ，あるいは労働者教育に関心をもち『メカニクス・マガジン（*Mechanics' Magazine*）』誌の創刊やロンドン機械工学校（London Mechanics' Institution）創設に尽力し，また定収入のない不安定な文筆一本の生活を強いられ，労働者の個としての自由主義＝所有の自然権を渇望

し，覇権としての政治権力を否定する無政府主義に傾倒した．主著『労働擁護論』(1825) は自然権としての全労働収益権の主張で当時の労働運動に一定の影響を与えたが，政治制度改革論であっても社会制度改革論とはいえない．

●リカード派社会主義における平等　一方，トンプソンはアイルランドのコーク在住の大地主で貿易商を営む富裕なイングランド人名望家の家庭に生まれたが，不在地主の苛斂誅求や大飢饉で農民の苦難を目撃し，フランス革命に感銘を受けて，労働生産物たる富の分配の不平等に留目した．1814年父の死後，遺産相続とともにコーク・インスティチューション理事の地位をも引き継ぎ，教育への関心を深めた．市民の幸福増進に役立つ教育との理念から，自然諸科学および政治経済学を含む道徳諸科学を重視した教育体系を模索し，1818年に『南アイルランドのための実用教育』を著してベンサムと文通の機会をもった．1822～23年に招待に応じてベンサム邸に滞在中，女性解放論者アンナ・ウィーラー (1785-？ [1848-51]) の面識を得て，ジェイムズ・ミルの家父長制家族観に基づいた統治論を批判した事実上の共著『男性にたいする女性の抗議』(1825) を出版．時あたかも R. オーウェン (1771-1858) がニュー・ラナークで合資会社組織として性格形成学院から社会改革へと協同組合思想をひろめていた頃，彼は共鳴して特に協働取引基金協会 (co-operative trading-fund associations) や共済組合 (friendly societies) の進展をバックにしてメンバー全員が究極的には平等な共同出資者になる合資会社形式の共同社会を想定し，相互協働 (mutual co-operation) と平等な分配＝所有の共同・社会実現のために理論的にも実践的にも精力的に活動した．そしてこの運動が普及して1831年以降春秋2回，全国協同組合会議 (General Co-operative Congress) が開催されることになった．しかし彼の共同社会構想では平等な安全を保障する代議制統治および個人的競争市場経済の止揚，つまり生産物の個人的効用＝必要に応じた分配と交換の消滅とが想定され，私的所有と遺産相続が否定され，オーウェン流の労働交換所 (labour exchange) や労働紙券 (labour-note) も無視された．主著『富の分配の諸原理』(1824) は当時の協同組合運動家から協働社会の政治経済学と称された．

グレイは初等教育を受けた後ロンドンの製造・卸売商館に就職し，対仏戦後恐慌を経験し，その原因を国債と不換紙幣に帰し，需要が生産を制約するのではなく，生産が需要を創出する社会制度への改革，つまりオーウェンの協同組合社会と労働紙券との構想に同調し，労働者層自らの資金や土地を統合して運用しうるようになったあかつきには，国民資本の形成をふまえて国民銀行発行の労働紙券と交換に全労働生産物を国民倉庫に集中管理して，配給する計画経済的社会システムを主張した．彼の思想は協同組合運動家から一定の評価を受けたが，トンプソンから実現不可能な案として退けられた．一方，ブレイは全労働収益権と労働権を保障する相互協働社会を志向し，後半生はアメリカで活動した．　　［鎌田武治］

ブランキ主義
[英]Blanquism

　フランス南部アルプ・マリティーム県の小村ピュジェ・テニエールに生まれたルイ・オーギュスト・ブランキ（1805-81）は，その生涯において，七月革命，リヨン暴動，二月革命，パリ・コミューンを経験し，共和主義者から共産主義者へ成長し，武装蜂起による権力奪取，全人民の武装，革命的独裁を3本の柱とする革命論を打ち出す．その際，ブランキの眼目は，フランス革命期にF.-N.バブーフ（1760-97）が考えたのと同様，プロレタリアの解放だった．政治的平等でなく，所有の廃止を通じての社会的平等だった．

●**計画としての陰謀**　だがブランキは，プロレタリアに対して「無知」と表現する．「貧しき者は彼の惨禍の根源を知らない．隷従の娘たる無知は，彼を特権階級の従順な道具にしている」（ブランキ 1834：［上］45）．

　ところで，人民を「無知」と判断するところからは，2通りの結論が引き出される．一つは，まずもって人民大衆を啓蒙し，何が善で何が悪かの判断規準を彼らに与えよ，という方向である．いま一つは，盲目的な大衆運動に組織性と目的意識性を与えるために，まずもって自覚せる革命家の計画的な陰謀を準備せよ，という方向である．ブランキは後者に属する．「無知」の群れが，自らを解放する方法を知らない場合，にもかかわらず，飢餓という現実を拒否しそこから這い上がろうとするとき，彼らのエネルギーは四方八方に散ってしまう．ブランキの考えでは，革命に死をかけた者（当然訓練された少数）が，まったく権力に探知されることなく（当然秘密活動が原則），周到な準備の後，時期を選んで決起することこそ（当然にも奇襲），共和政実現への第一歩なのである．それが少数の革命家による一発的な蜂起で終結しないためには，圧倒的多数の貧民群・労働者群が必要であり，それも彼らの「知識」以上に「飢餓」が不可欠なのであった．こうした意識のもとに，彼は30年代半ばに至って「四季協会」という秘密結社をつくった．

●**ブランキ主義**　1839年5月12日，四季協会はパリで武装蜂起を決行した．しかし，住民が関心を示さないままに，また蜂起参加者の力量不足（数百人）から，それはほんのわずかな戦闘の後，鎮圧されてしまった．

　フリードリヒ・エンゲルス（1820-95）は，ずっと後の1874年，次のようにブランキを批評している．「ブランキは，がんらい政治革命家であり，人民の苦しみに同情をいだく，感情のうえだけの社会主義者であるが，彼は社会主義的理論ももたなければ，社会救済の一定の実際的提案ももっていない．その政治活動の面では，彼は元来『行動の人』であり，適当な時期に革命的急襲をこころみる，すぐれた組織をもつわずかな少数者が，最初の二，三回の成功によって人民大衆を

ひきつけ，こうして革命を成功させることができるという信念をいだく人であった」(エンゲルス 1874：522).

エンゲルスによる批判は，大方のブランキ批判の模範となっている．批判は，圧倒的多数の「無知」の群れと少数の革命家との結合が，どのような段階で，またいかなる手段でなされるのかということを解決せぬまま，暴動即革命としてしまうところから出てくる．しかし，ブランキの眼目は，人民の大衆運動と同時並行的に進行する，革命組織の計画的な陰謀が必要なのだ，という点にあった．

●蜂起の技術　少数革命家の陰謀が大衆と結合しえない時点での蜂起，またもっと悪くは，およそ計画としての陰謀を持ちえないままの自然発生的な一揆，それらは国家権力にとって致命的な打撃とはならない．時に国家権力は，自らそれを人民大衆に誘発させ，エネルギーを消耗させもする．ところが，国家権力が最も恐れる点は，少数革命家の陰謀が大衆と結びつき，その支持を獲得し，蜂起を組織しうることであり，またそれを不断に指向する革命結社が存在することである．陰謀が終始陰謀としてとどまるのでなく，絶えず大衆蜂起を意識し，それに従属し，政治情勢の客観的推移の中で自らを大衆蜂起に結合させること，これは国家暴力に対する革命的暴力の勝利を保証する．この計画としての陰謀は，ブランキによって大胆に実践された．だが，逆立ちされてであった．そこで後世の革命（研究）家たちは，逆立ちをブランキ主義のすべてとみなして批判したのである．K. マルクス (1818-83) はこの逆立ちをブランキの中にみた．エンゲルスはそれを大げさに宣伝した．だから，陰謀ですべてを解決しょうとする人間，というレッテルが，ブランキの独占するところとなったのである．けれどもマルクスは，計画としての陰謀を，同時にブランキにみていた．だから，大衆の自然発生的な運動とは別個に，国家に対し陰謀をめぐらす革命結社の運動を重視したのである．マルクス（主義者）は，己れと異なる部分をブランキに負わせたのだった．ブランキとマルクスの共通点が，両者の相違点によって相殺された場合，ブランキは「ブランキ主義者」として抹殺されるのだった．

ブランキ思想の真髄は何か．それは，バブーフ以来現代にまで続く革命的リアリズムを，計画としての陰謀の中に提起し，発展させた点にあるのであって，エンゲルス自身からして，個人名とは無関係にブランキ思想の真髄を継承している．以上の観点から，レフ・トロツキーによる次の含蓄ある指摘を引用する．

「ブランキの通則は，軍事-革命的リアリズムの要求であった．ブランキの誤謬は，かれの直接の定理にあったのではなくて，かれの逆の定理にあったのである．戦術的無力さは蜂起を敗北させるという事実から，ブランキは反乱の技術を遵守しさえすれば，勝利は保証されると結論した．ただこの点でだけ，ブランキズムをマルクス主義と対照させることは妥当である」(トロツキー 1933：310).

[石塚正英]

ドイツ観念論
[独]Deutscher Idealismus

　ドイツ観念論とは，一般的には，I. カント（1724-1804）の『純粋理性批判』(1781) の刊行から，J. G. フィヒテ（1762-1814），F. W. J. シェリング（1775-1854）を経て，G. W. F. ヘーゲル（1770-1831）の死に至るまでの約50年に，ドイツにおいて展開された観念論哲学の総称である．とはいえ，彼らが自分たちの立場を表現するためにこの言葉を用いたわけではなく，ヘーゲルの死以降に観念論を批判する唯物論者によって使われ始めた．用語として一般的に定着したのは20世紀前半だが，その範囲をめぐっては諸説があり，N. ハルトマンのようにフィヒテ以降の哲学に限定する立場や，W. シュルツのように後期シェリングにその完成をみる立場もある．さらに，この言葉が用いられた思想的・歴史的背景（観念論と唯物論との対立，あるいはドイツ・ナショナリズムの高揚）から，「ドイツ古典哲学」という呼び方を好む論者もいる．なお20世紀後半以降は，かつてR. クローナーが描いたような「カントからヘーゲルへ」の単線的発展ではなく，F. H. ヤコービ（1743-1819），J. C. F. ヘルダーリン（1770-1843），Fr. シュレーゲル（1772-1829）らを含めたさまざまな立場の思想家の相互関係（コンステラツィオーン）からドイツ観念論を理解する研究が主流となっている．

●**ドイツ観念論の起点――カント哲学とスピノザ復興**　18世紀末ドイツの思想界に決定的な影響を与えたのは，フランス革命とカント哲学であった．政治的に遅れたドイツにおいて隣国フランスの革命を歓迎した若き哲学者たちは，認識論においてコペルニクス的転回をもたらし，人間の自由と尊厳に哲学的基礎を与えたカント哲学を，フランス革命に対応する思考上の革命として理解し，この革命を推し進め，完成させることを自らの課題とした．しかし，難解なカント哲学が，K. L. ラインホルトの解説のおかげで広く浸透していくにつれ，その問題点も明らかになり，例えばヤコービは，物自体の想定がカント自身の体系と整合的ではないと指摘し，さらに徹底した観念論が必要だと批判した．かくしてカントの先に進むためには，物自体と現象，悟性と感性といったカント的二元論を乗り越え，カントが認識不可能と考えた神（絶対者）を哲学的に基礎づける「最強の観念論」を構築する必要に迫られた．こうした問題状況の中で登場したのが，ヤコービの『スピノザ書簡』(1785, 第二版 1789) である．亡きG. E. レッシングを「スピノザ主義者」として告発したこの本は，思想界に一大センセーションを巻き起こし，無神論者として弾劾されてきたスピノザ（1632-77）への強い関心を呼び覚ました．スピノザは，カントが問題とした認識主体ではなく，唯一無限の実体（神＝自然）から出発する．こうしてフィヒテ以降の観念論者は，カントとスピノザと

の間を揺れ動きながら独自の道を模索していく．

●**ドイツ観念論の展開——自我・自然・精神**　フィヒテは，カント哲学を主観性の側で徹底し，自己を端的に措定する絶対的自我を第一原理とすることで，カントの二元論を克服しようとした．自我から出発し，自我に対立する自然を自我でないもの＝非我とみなすフィヒテにおいては，自然は自我を否定・制約するものであり，人間の自由は，こうした制約を克服することに見出される．知識学（Wissenschaftslehre）を自称するフィヒテの哲学は，自然から出発するスピノザ哲学の対極にあり，彼自身もそれを強く自覚していた（フィヒテ 1794）．青年シェリングは，フィヒテの知識学をいち早く受容し，フィヒテの協力者として思想界に登場した．しかし，「自然は目に見える精神であり，精神は目に見えない自然である」という立場から，G. W. ライプニッツ（1646-1716）を手がかりに自然を有機体原理から説明する自然哲学を構想し始めた（シェリング 1797）．さらに『私の哲学体系の叙述』（1801）において，スピノザにならって，精神と自然との対立の根底にある絶対的同一性から出発する同一哲学を積極的に打ち出すと，フィヒテからの離反は決定的となった．ヘーゲルは，はじめシェリングとともにフィヒテに対抗していたが，やがてシェリングが絶対者から排除した差異や対立こそ，生命や精神を発展させる原動力と考えて，否定を通じての精神の自己実現という立場に到達した．シェリングの絶対的同一性を「すべての牛を黒くする闇夜」と揶揄し，彼との決別の書となった『精神現象学』（1807）は，精神（意識）が，自己を疎外し，他者のうちに自己を見出すことで，自己を実現する過程を描いている（ヘーゲル 1807）．ヘーゲルによれば，実体はスピノザがいうような自然＝客体ではなく，他者としての自然に自己を見出しながら形成（陶冶）する精神＝主体である．

●**ドイツ観念論への批判から生まれた諸潮流**　ドイツ観念論への批判は，その完成形とみなされるヘーゲルの思弁哲学を継承・発展させようとするヘーゲル学派の内部から生じた．まず L. フォイエルバッハ（1804-72）が，唯物論の立場から，ヘーゲルにあっては，精神や概念といった思考の産物が主語（主体）とされ，現実の存在が述語に貶められていると批判し，彼の影響を受けた若き K. マルクス（1818-83）は，経済学研究を通じて，哲学一般と決別し，問題は世界の解釈（＝哲学）ではなく，その変革であるとの認識に至った．その一方で S. キルケゴール（1813-55）は，ドイツ観念論が軽視した人間存在（実存）に目を向け，独自の実存思想を展開した．しかし，ドイツ観念論に対するこうした批判は，カントの論敵 J. G. ハーマン（1730-88）やヤコービといった同時代人だけでなく，ほかならぬドイツ観念論の哲学者自身（フランクフルト期ヘーゲルや後期シェリングの積極哲学など）によって部分的には先取りされていた．したがって，こうした多様性・複雑性を含んだ総体としてドイツ観念論を理解する必要がある．　　　　　　　［佐山圭司］

青年ヘーゲル派
[独]Junghegelianer

　青年ヘーゲル派はヘーゲル左派ともいわれる．カール・ミシュレ（1801-93）はヘーゲルの理性-現実性テーゼを念頭において，現実的なものを理性的とする右派，理性的なものの現実化を目指す左派，この二つを調停しようとする中央派という後世に残る区分を行った（Michelet 1843）．当時，新たな時代を切り開こうとする運動は，ハインリヒ・ハイネ（1797-1856）などによる文芸批評「青年ドイツ」運動にみられるように「青年」を冠していた．青年ヘーゲル派の呼称もこの事情による．青年ヘーゲル派は学祖ヘーゲルでは曖昧であったものを明確にして，首尾一貫した展開を目指そうとした．時局が変化する中で，青年ヘーゲル派はヘーゲル哲学の継承という枠を超えて，宗教，国家，社会の批判へと急激な展開をみせて，1848年革命を前にして解体していく．

●揺籃期——ヘーゲルの哲学の継承と批判をめぐって　歴史哲学方面でアオグスト・チェシコフスキ（1814-94）がいち早く，ヘーゲルの歴史哲学が現在で完結する点を見咎めて，未来認識と行為の重要性を説く（チェシコフスキ 1838）．世界史は未来も含めて初めて世界史といえる．世界精神の普遍的な経過を有機的にとらえて，人類に生きた協働をもたらすことが歴史哲学の課題であるという．同じ頃アーノルト・ルーゲ（1820-80）は E. T. エヒターマイヤ（1805-44）と，現代の諸問題を正確に記述し学問的な批判を行うことを目指して，執筆陣を広く募りながら，『ハレ年誌—ドイツの学問と芸術のために』（1838年発刊．1841年に『ドイツ年誌』と改題．43年，発禁処分）を刊行した．カトリックのケルン司教区での異宗婚問題などへの対応の中で，キリスト教批判の立場に立つものと目されるようになり，またルートビヒ・フォイエルバッハ（1804-72）やベルリン青年ヘーゲル派から寄稿が相次いで，伝統的勢力そして老ヘーゲル派からも年誌への反発が強まった．ハインリヒ・レオ（1799-1878）は，青年ヘーゲル派の罪状として，人格神の否定，福音書の神話的解釈，世俗的宗教の教示，独特の用語法によるカモフラージュをあげる（Leo 1838）．

　このような揺籃期を経て，時局が変化する中で（プロイセン国王の死去，ヘーゲル学派を擁護した文相アルテンシュタインの死去，新王の即位と新文相の就任，復古的政策の展開），青年ヘーゲル派は急激な展開をみせる．ヘーゲル主義を一掃すべく，老 F. シェリング（1775-1854）がベルリン大学に招かれたのもこの時期である（1841年）．1841年に，フォイエルバッハ『キリスト教の本質』，ブルノー・バウアー（1809-82）『ヘーゲルを裁く最後の審判ラッパ』，モーゼス・ヘス（1812-75）『ヨーロッパの三頭政治』などが一斉に現れて，青年ヘーゲル派の論調

が明確になる．厳しい検閲の中で，ルーゲは年誌の出版地をドレスデンに移して，年誌を継続する（『ドイツ年誌』と改題）．その紙面ははっきりと無神論的そして共和主義的色調を帯びるようになる．バクーニンもこの年誌ではじめてドイツ思想界に登場する（バクーニン 1842）．マルクスが編集長を務める「ライン新聞」は 1842 年に登場するが，いずれも翌年発禁処分を受ける．国家に対する幻想が潰える中で，さらに思想的分化が進むことになる．

●展開そして現代への端緒　ルーゲは，ヘーゲル法哲学を，歴史的規定を論理的規定に高めて現にある国家と宥和するものと批判する．歴史的批判を通して現在をとらえ返し，現在を未来への展開の契機としてとらえ，共和制を主張する．それは宗教批判から進んで政治批判へ先鞭をつけるものであった．バウアーは，宗教を，歴史の中で発展する自己意識が，その特定の段階で自分を疎外した姿として厳しく批判し，さらに宗教と癒着した国家体制を批判する．またフォイエルバッハは，ヘーゲル哲学にあった神人一体の理念を，類的人間の側から解釈して，神を人間の類的本質の外化・対象化としてとらえ直し，キリスト教への批判を行う．さらに感性と自然に立ち，我と汝の区別に基づく人間学を新たに構想するに至る．この類的人間の立場からの宗教批判ならびに類的本質の実現という立論は，ルーゲ，カール・グリュン（1813-87），ヘス，カール・マルクス（1818-83），フリードリヒ・エンゲルス（1820-95）などにインパクトを与えて，国家批判の論理から社会-経済批判の論理へと拡張された．ヘスは，フォイエルバッハの類的本質を「諸個人の協働」と規定して，人間主義と社会主義の結合を掲げ，貨幣-私有財産を類的協働の外的な疎外態としてとらえ批判する．マルクスも類的存在としての人間を労働の主体としてとらえ返し，人間の自然からの疎外，類からの疎外，疎外された労働，私有財産制を解き明かし，その止揚の道筋を探ろうとする．

検閲体制が強化され，反動の度合いが強まる中で（1843 年），青年ヘーゲル派の思想的，実践的総括をめぐる機運が高まる．バウアーの「1842 年—急進的批判の批判」（1844），ルーゲ『最近のわれわれの 10 年』（1845），ヘス『最後の哲学者たち』（1845）は，この総括を強く意識している．マックス・シュティルナー（1806-56）『唯一者とその所有』（1844）はヘーゲルならびに青年ヘーゲル派の思想圏を総括的に批判し，一大論争を引き起こした．そこにはこの思想圏を越えるというテーマが示されている．マルクス／エンゲルス『ドイツ・イデオロギー』（1845-46 執筆）はこの論争を意識した応答でもある．

ヘーゲルが解決に努めた人間-自然，自由-共同，自己-他者，市民社会-国家などの問題を新たな土俵で問い返そうとした青年ヘーゲル派は，思想空間を現代へと開く端緒となる．またそこには，現実とは何かという強い問いかけの中で，伝統的哲学のフレームワークそのものを問い返す端緒がある．　　　　　　［滝口清栄］

疎外・疎外論
[独]Entfremdung／Theorie der Entfremdung　[英]theory of alienation

　この概念が注目されたのは，K. マルクス（1818-83）『経済学・哲学草稿』（1844. 以下，『草稿』と略記し，岩波文庫の頁を記す）による．ソ連型社会主義に批判的な研究者たちが「真のマルクス」と重視したのに対して，ソヴィエト・マルクス主義は「未熟な時代の観念論的残滓」として，この概念を葬ろうとした．今日では，「中期マルクス」（『1857-58年草稿』いわゆる『経済学批判要綱』）や「後期マルクス」（『資本論』段階）においても重要な概念，と認められている．

●『草稿』「疎外」論のポイント　この概念が頻出する〔第一草稿　後段〕（〔疎外された労働〕部分）は，経済学者たちの方法を批判した箇所であるから，経済学批判の文脈で理解すること．ここでは触れられないが，G. W. F. ヘーゲル（1770-1831）の人類史把握との関係，経済学批判・哲学批判・社会主義批判の関係を理解すること．

●マルクスの時代的課題　『経済学批判』「序言」（1859）は「私自身の経済学研究への歩み」として，「いわゆる物質的利害関係」と「フランスの社会主義および共産主義」に直面したことをあげている．前者は生まれつつある近代的所有と封建的土地所有の軋轢問題であり，近代的所有「成立の必然性」問題である．後者はその「止揚」問題である．人類史における近代的所有の「成立」と「止揚」の「二重の必然性問題」，これが彼の時代的課題であった．

●ヘーゲル批判と経済学批判　そのために，ドイツで唯一近代の水準にあるヘーゲル哲学，特に「市民社会と国家の関係」の批判的研究から始める．A. スミス（1723-90）の『国富論』（1776）を読んでいるヘーゲルは，当然にも「市民社会」を「労働と生産物を通した人間の相互補完関係」ととらえており，L. A. フォイエルバッハ（1804-72）は，人間を「感性」においてとらえるべきこと，を教えていた．したがって，マルクスの哲学から経済学への歩みは，哲学から経済学への転向ではない．現実の人間をとらえ，国家と市民社会の現実的関係を解明する歩みであり，市民社会を分析しているものが経済学だった．哲学批判の内実が経済学批判なのである．

●『草稿』の「疎外」論　〔第一草稿　後段〕（〔疎外された労働〕部分）では，経済学者たちの著作から明らかになった経済諸法則（〔第一草稿　前段〕）を要約した後，彼らの方法の欠陥を批判する．彼らは「私的所有権という事実から出発する」が，「この事実を解明してくれない」，「これらの諸法則がどのようにして私的所有権の本質から生まれて来るかを確証しない」（pp.84-85）．対するマルクスは，彼らが明らかにした「現に存在する事実」（p.86），「労働者は，彼が富をより

多く生産すればするほど，彼の生産の力と範囲がより増大すればするほど，それだけますます貧しくなる」(p.86) という事実を「疎外された労働」に概念化する.

(1)「事物の疎外」.「この事実の概念」であり,「労働者の対象化すなわち生産と,その中での対象の,すなわち労働者の生産物の,疎外,喪失」(p.88). (2) と (3) は，(1) をさらに分析したもの (pp.98-99). (2)「自己疎外」(p.93). (1) の原因である,「生産行為」ないし「生産活動」に対する労働者の疎遠な関係. (3)「類的本質からの疎外」. 生産活動と生産物は，人間の「類的本質」を実証する「類生活」だが，(1) と (2) は，その「類生活」が「個人的生存の手段」としてのみ現れる (p.95) こと. (4)「人間からの人間の疎外」(p.98). (1)～(3) の疎外は，現実においては「生産物が労働者以外の他の人間に属する」という形で現れざるをえず，「労働者は疎外された，外化された労働を通じて，労働にとって疎遠で，労働の外部に立つ人間の，この労働に対する関係を生み出す」(pp.101-102).

こうしてマルクスは，経済学者たちが説明することなく前提し，そこから出発する「私的所有権」を，「疎外された労働の……産物，成果，必然的帰結」(p.102) として説明する.「私的所有権の一般的本質」(pp.106, 166) とか「私的所有権の主体的本質」(p.119) とも記されているように，「疎外された労働」とは「私的所有権の一般的本質」である. しかも，「私的所有の発展の最後の頂点」(p.102) たる「資本」の分析から獲得された「私的所有権の一般的本質」である. したがって，「疎外」は単なる思想ではない. 資本を，「他人労働の領有」により「自己増殖する価値」として把握させるものである（マルクス 1857-58a）.

「時代的課題」も，「私的所有の起源に関する問題を，人類の発展工程に対する外化された労働の関係という問題に置き換え」(p.105) られ，「この新しい問題提起は，すでにその解決を含んでいる」(p.105) と展望される. 例えば，土地所有に対する「資本の文明的勝利」(p.116)，資本の「世界史的な力」(p.125)，重商主義から重農主義を経て古典派に至る経済学の発展 (pp.119-125) 等々.

●**分業と交換**　〔分業と交換〕（〔第 2 草稿〕への「付論」）では，分業を「生産内部における労働の相互補完関係」の，交換を「生産物を通した人間労働の相互補完関係」の疎外形態として把握し，「時代的課題」にも高次の解答を与える.

「分業と交換が私的所有の形態化であるということ，まさにこのことの中に次のような二重の証明が存している. すなわち一方では，人間的な生活がその実現のために私的所有を必要としたこと，他方では，それが今や私的所有の止揚をしているということ，の証明が存している」(p.176).

〔私的所有と共産主義〕（〔第 2 草稿〕への「付論」）でも，「労働の社会性」の発展が必要なことが指摘されており (p.133)，「ユダヤ人問題によせて　一」末尾（マルクス 1843b：53）と合わせて，従来の「個体的所有」(『資本論』) 理解に反省を迫っている.　　　　　　　　　　　　　　　　　　　　　　　[大石高久]

物象化・物象化論

［独］Versachlichung / Theorie der Versachlichung　［英］theory of reification

　概して，人間たちによって産出された諸関係が人間たちから自立化して物象的 sachlich なものとなり，人間たちの行為を規制するようになるという転倒した事態を表す概念．K. マルクス（1818-83）が経済学批判の文脈で用いたのが端緒であり，後にマックス・ヴェーバー（1864-1920）らによってより広い文脈で使用された．I. カント（1724-1804）や G. W. F. ヘーゲル（1770-1831）における人格 Person と物件 Sache との対立構図を前提とした概念であるため，物件化と翻訳されることもある．邦文献では Verdinglichung を物化ではなく物象化と訳す場合があり，これを多用したジョルジ・ルカーチ（1885-1971）やテオドール・アドルノ（1903-69），マックス・ホルクハイマー（1895-1973）らの議論も物象化論として位置づけられることが多い．

●マルクスの物象化論　マルクス自身は物象化という概念を多用しておらず，主著である『資本論』第1巻でも一度しか登場しない．だが，マルクスが，人格 Person と物象 Sache との対立構図を繰り返し用いて資本主義的生産様式に固有な関係を展開していることからもわかるように，物象化論が理論的重要性をもつことは明らかである．典型的なのは以下のような文章である．「あらゆる個別的な個人にとって生活条件となってしまっている，活動と生産物の一般的交換，それらの相互的な連関は，彼ら自身に対して疎遠で，独立したものとして，ひとつの物象として現れる．交換価値においては，諸人格の社会的連関が物象の社会的振る舞いに転化しており，人格的力能が物象的力能に転化している」（マルクス 1857-58a：137）．すなわち，共同体が解体した近代において，私的個人の人格が直接に社会的力をもつのではなく，むしろ彼らの生産物が社会的力を獲得し，単なる物 Ding から物象 Sache となり，彼らの活動がこの物象の運動によって制御されるという事態を，物象化という概念を用いて表現しようとしたのである．

●生産関係の物象化　マルクスは上記の物象化論を『資本論』において非常に精緻に展開している．共同体的な人格的紐帯を喪失した近代の私的個人は，自らの私的労働を直接に社会的なものとして通用させることができない．それゆえ彼らは，社会的諸条件に強制されて無意識のうちに，自分たちの労働がもつ共通の社会的性格を生産物の「価値」として表し（「幻のような対象性」である価値は一般的等価形態にまで発展する価値形態によって可視化される），生産物を，価値を基準として交換することによって社会的分業を成立させる．ここでは，人格ではなく，生産物を通じて社会的関係を取り結ぶのだから，生産関係が人格と人格との関係としてではなく物象と物象の関係として現れ，人間たちが生産物を制御す

るのではなく，生産物の運動が人間たちを制御するという転倒した関係が成立するのである．このような転倒は，賃労働者を剰余価値生産のための手段として扱う資本主義的生産においていっそう深化する．「人間は，宗教において自分自身の頭脳の産物によって支配されるのと同じように，資本主義的生産においては自分自身の手の産物によって支配される」（マルクス 1867：811）．さらに，物象化された関係においては，人間の社会的関係は常に物象の社会的関係として現象するので，この外観が固定化され，生産物がその自然属性として価値という力をもっていると考える転倒した認識が生まれてくる．これを物神崇拝という．なお，疎外論から物象化論への転換を主張した廣松渉（1933-94）の「物象化」概念は物神崇拝に局限されており，超歴史的な関係主義的視角によって基礎づけられている．

●**物象の人格化**　物象化された生産関係のもとでは，人間たちは商品や貨幣などの物象の人格の担い手としてしか互いに社会的関係を取り結ぶことができない．だが，他方で人間たちが自らの意志と欲望に基づいて主体的に行為することなしには物象的関係が成立することはない．このように，物象が自らの担い手を必要とし，人間たちがその人格的担い手として行為する事態をマルクスは物象の人格化と呼んだ（なお，物象の人格化は物象の主体化という物象化とほぼ同じ意味でも使用される）．人間たちは物象の人格化として行為することにより，占有の社会的承認としての所有のあり方（物象の人格的担い手としての相互承認），欲望のあり方（価値への欲望），ひいては人格性をも変質させてしまう．物象の人格化は，物象化が物神崇拝を生み出すように，物象の人格化としての振る舞いが超歴史的なものであるかのような認識を生み出す．「自由競争を人間的発展の究極の発展とみなし，また自由競争の否定は個人的自由と個人的自由に基づく社会的生産との否定とイコールだとみなす，愚劣な観念が生じてくる」（マルクス 1857-58b：410）．

●**物象化論の展開**　ヴェーバーは，経済領域にとどまらず，官僚制などを含む，近代社会における合理化，脱人格化というより広い文脈で物象化概念を用いた．ルカーチは『歴史と階級意識』においてヴェーバーの発想を継承しつつも，『資本論』に基づいて物化の根源を商品経済に見出し，商品経済に特有な対象性形式の普遍化として物化を把握した．ヴェーバーやルカーチの議論は，物象化の発生そのものではなく，その類型やプロセスに焦点をあてるものであったから，マルクスの概念を用いれば，いわば物象の人格化論であったいえよう．フランクフルト学派は，ルカーチの物化概念を継承し，物象化論を展開した．アドルノやホルクハイマーは，資本主義社会での文化やイデオロギーなどの領域の物化を鋭く指摘しながらも，物化を商品経済に還元せず，啓蒙的理性の道具的性格にその根源を求めた．近年ではアクセル・ホネット（1949- ）がルカーチを批判し，世界や自己に対する承認の優位性という視角から物化を「承認の忘却」として規定する議論を展開している．

［佐々木隆治］

階　級
[英]class　[仏]classe　[独]Klasse

　西欧中世までは「身分」の観念は存在したが，社会構成上の概念としての「階級」という観念は存在しなかった．階級が概念として規定されるのは，17世紀以降の啓蒙思想を待たねばならない．とはいえ，階級を明示的に規定したフランスの『百科全書』では，まず生物学的な概念として考えられた．階級は，種や科といった下位概念を含むヒエラルキーを表すものであるとともに，「綱」として説明されている（Diderot & d'Alembert 1751：505-507）．

　重農主義者フランソワ・ケネー（1694-1774）は，階級間交易を介した資本の再生産過程を分析した結果として，生産的階級（土地耕作によって年々国家の富を更新し，経営資本を前払いして土地所有者に毎年収入を支払う者たち）・土地所有者階級（国王，地主，聖職者）・不毛階級（土地耕作以外の職に従事して生活する者たち）を区分した．アダム・スミス（1723-90）は，ケネーらを批判しつつ，社会的生産物を地代・賃金・資本からの利潤の3種に分け，各々を収入とする地代所得生活者・賃金所得生活者・利潤所得生活者が，文明化された諸社会の主要で基本的かつ本来的な3階級とした（スミス 1776：431-435）．スミスに対して，デイヴィッド・リカード（1772-1823）は，賃金と利潤との対立を確認するとともに，土地所有者と他階級の利害が矛盾すると主張した（リカードウ 1821 [第三版]：159-171）．

　フランスの初期社会主義者，例えばサン＝シモン（1760-1825）は，ルネサンス期以降18世紀までの西欧史を封建領主対産業家の階級闘争ととらえ（Saint-Simon 1816），シャルル・フーリエ（1772-1837）は国家を背景とした産業資本主義下での商業を鋭く告発し，労働者を擁護した（フーリエ 1808：[下] 55-143）．

●マルクスの階級論　これらの思想家を批判的に継承したカール・マルクス（1818-83）の学説は，しばしば図式的な階級闘争史観に還元されるが，この認識は正確ではない．彼の階級論の大略は，アメリカ亡命中のドイツ系ジャーナリスト，ヨーゼフ・ヴァイデマイヤーに宛てた1852年3月5日付け書簡中で，次のように述べられている．「……私が新たに行ったのは，以下のことを証明したことです．(1) 階級の存在は，生産の特定の歴史的発展段階だけにむすびついたものであること，(2) 階級闘争は，必然的にプロレタリアートの独裁に導かれること，(3) この独裁それ自体は，あらゆる階級の廃絶と無階級社会とに至る過渡をなすにすぎないこと」（マルクス 1852a：405）．この書簡は前年末月のルイ・ボナパルトによるクーデタの影響下で書かれたものであり，強まる圧政に対する批判意識が読み取れる．その階級論の端的な表現として，政治情勢の激動に介入する力強

さを備えた『ルイ・ボナパルトのブリュメール18日』(マルクス1852b) がある. 同書でマルクスはボナパルティズム下での具体的な諸階級のダイナミズムを活写しており，それは単純な二大階級の図式的な「史観」にとどまるものではない.

●『資本論』における階級論　その後，欧州大陸での政治的迫害を逃れてイギリスにわたったマルクスは，1857～58年の商業恐慌と1859年の株式パニックを目の当たりにした．その歴史的経緯を受けとめた彼は，一国の政治的側面を強調する階級観 (より正確にいえば，植民地問題を置き去りにした国民的労働者革命史観) よりも，資本主義によるプロレタリアートの経済的隷属を批判的に解明する「解剖学」に取り組むようになった．その結実が『資本論』である．

『資本論』の初版は1867年に上梓された．だがその叙述方法や構成は，パリ・コミューン (1871年) が敗北した後のフランス語版 (1872年第1巻第1分冊発行)・ドイツ語第二版 (1872年付で第1分冊刊行となっているが，実際には1873年初頭)，そしてマルクス死没の直後にエンゲルスが編纂した第1巻ドイツ語第三版をもとに全三部で「完成」した，いわゆる「現行版」につながる第四版 (1890-94) で，大きく変わっている．とはいえ，いずれの版においても，資本主義的生産様式が支配的な社会において資本家階級とプロレタリアートの間の社会的支配-従属関係が客観的かつシステマティックにいかに生み出され再生産されるのか，が理論的に解明されている．階級論が前景化される叙述は多くはなく，初版では第6章，第二版以降では第24章第7節，フランス語版の第32章，いずれも資本蓄積論における以下の文章が代表的なものである．「……いっさいの利益を横領し独占する大資本家の数が絶えず減ってゆくにつれて，貧困や抑圧や隷属や堕落や搾取の度合いが増大するが，ますます膨張を続けながら資本主義的生産過程そのものの機構によって訓練され結合され組織化される労働者階級の反抗もまた，増大してゆく．資本独占は，それとともに開花しそれのもとで開花したこの生産様式の桎梏になる．生産手段の集中と労働の社会化は，それらの資本主義的な外皮と相容れない時点に到達する．この外皮が爆破される．資本主義的私有の最期を告げる鐘が鳴る．収奪者たちが収奪される」(マルクス1867: 858).

●マルクスからレーニンへ　マルクス没後に合法化されたドイツの労働者党とは質を異にするロシアにあっては，事情は大きく違っている．ウラジーミル・レーニン (1870-1924) は，1905年の「第1革命」をふまえて，彼が率いるロシア社会民主労働党ボリシェヴィキに対抗する党内集団メンシェヴィキを徹底的に批判した (レーニン 1905: 3-135)．彼は「プロレタリアートと貧農の革命的民主主義的同盟」を戦術として認めつつも，プロレタリアートこそが主要な革命主体だと断言している．レーニンにとっては，ロシアの歴史的・社会的な状況の下において，自説の範例としたマルクスの理論・思想と決定的に異なる理路での階級論が求められたのである．

[崎山政毅]

資本主義

［英］capitalism　［独］Kapitalismus　［仏］capitalisme

　中世西欧では「資本」は動産の意味で用いられ，アナール派のフェルナン・ブローデル（1902-85）は，『物質文明・経済・資本主義』の第2巻において，17世紀には動産所有者の意味で capitalist という語が使われたと述べている（ブローデル 1972：294）．この語は，デイヴィッド・リカード（1772-1823）の『経済学および課税の諸原理』（初版1817）中に多出している．

　現代的な意味でのこの語の使用は，社会主義者ルイ・ブラン（1811-82）が1850年の演説で用いたほか，ピエール＝ジョゼフ・プルードン（1809-65）が政治パンフレット『12月10日のクーデタによって示された社会革命』（1852）の注で触れた1852年8月7日付の私信中で，〈capitaliste〉および〈capitalisme〉の2語を使用している．

　しかし，彼らの用語は厳密な概念としては定立されていなかった．「資本」と「資本主義」という言葉を厳密に規定したのは，1859年の『経済学批判』以降のカール・マルクス（1818-83）の著述（『資本論』準備労作と『資本論』）である．

●マルクスの資本主義規定　マルクスの叙述では，『資本論』本文冒頭での「資本主義的生産様式が支配的に行われている諸社会の富は，一つの『膨大な商品集積物』として現れ，一つ一つの商品は，こういった富の要素を形成する形態として現れている」というフレーズに顕著なように，「資本主義的」といった特殊歴史規定的な形容概念として用いられることがほとんどである（マルクス 1867：17）．「資本」については，「資本が生ずるのは，生産手段および生活手段の所持者が，自分の売り手としての自由な労働者を，市場で見出す場合に限られており，そして，こういった一つの歴史的条件が，一つの世界を包括しているのである」と述べられている（同書：174）．ここでは労働力商品，すなわち人間がさまざまなものを生産する活動能力が商品となって，賃金と引き換えに，生産手段を専有している資本家の指揮権の下に組み込まれる様態が端的に描かれている．

　このようなマルクスの理論に対するに，オイゲン・フォン・ベーム＝バヴェルク（1851-1914）は，ウィーンでカール・メンガー（1840-1921）の指導を受け，レオン・ワルラス（1834-1910）にも通じるメンガーの限界効用説の基礎の上で『資本と利子』全3巻（1884, 1889, 1921）および『マルクス体系の終焉』（1896）などで精力的にマルクス批判を展開した．ベーム＝バヴェルクによる批判の眼目は，資本家が労働者を搾取することで利潤（その一部が利子）を得るのではなく，労働者が提供した労働生産物から取得される収入の内から資本家が十分な前貸し所得を分け与えるという剰余価値生産に基づく搾取論の否定や，『資本論』第3巻（現

行版）が述べる利潤率逓減の法則と生産物の価格についてのマルクスの理論は，『資本論』第1巻と矛盾をきたしている，というものである．彼の弟子には，ヨーゼフ・シュンペーター（1883-1950）や，フリードリヒ・ハイエク（1899-1992）が師事したルートヴィヒ・フォン・ミーゼス（1881-1973）がいるが，いずれの論者も，マルクスを批判しつつも，その資本主義概念を継承している．

● **ヴェーバーの資本主義論**　ベーム=バヴェルクと同時期に，マックス・ヴェーバー（1864-1920）の『プロテスタンティズムの倫理と資本主義の精神』（1904-05）が書かれているのも，世界市場の成立とアフリカ分割による近代植民地支配を原動力の一つとして，産業資本主義が飛躍的に発展してきたことと密接に関係している．彼は，後発資本主義国家としてのドイツ帝国の急速な産業化を可能にした社会的要因を，プロテスタントの厳格な時間管理と世俗主義に拠る科学的合理主義にまずは求める．そうした社会の傾向が，結果として利潤追求につながり，プロテスタントの禁欲的エートスが資本主義の「精神」に適合したために，イギリス・アメリカ・オランダ（そしてユグノーの投資によって成長を続け帝政ドイツの中核をなしたプロイセン）などは，大いに資本主義的発展を遂げた，という．ここで彼が用いている「資本主義」という概念は，マルクスのそれを，ドイツで展開している産業資本主義の側面において平易化したものといってもよいだろう．

● **20世紀のマルクス派資本主義論**　マルクス主義にあっては，マルクスの理論を土台に，一方では当時の最先端の実証的研究であるJ. A. ホブスン（1858-1940）の『帝国主義論』（1902）を，他方では「組織された資本主義」という概念を提起して20世紀初頭の資本主義を理論的に把握しようとしたルドルフ・ヒルファーディング（1877-1941）の労作『金融資本論』（1910）を巧みに取り込んで，欧州列強諸国の一大戦争を理論的に裏づけた，ウラジーミル・レーニン（1870-1924）の『資本主義の最高段階としての帝国主義』（1917）をあげなければならない．

レーニンは，五つの指標をあげて当時の資本主義を「帝国主義」と規定している．①株式資本を槓桿とした生産の集積と集中，およびそれに基づく独占の形成，②銀行資本と産業資本の融合による金融資本の成立と金融寡頭体制の確立，③商品輸出にかわる資本輸出の決定的意義，④資本家による国際的独占団体の形成とそれらによる世界の分割，⑤資本主義諸列強国による領土的分割の完了，である．彼の理論は，現代資本主義の考察に今もなお意義を有するものといえる．

現代では，「グローバル資本主義」「金融資本主義」「金融化資本主義」などの表現がみられるが，いずれも明確な指標を欠いており，概念として未熟な規定にとどまっている．この事実は，利子生み資本商品とその派生物（金融デリヴァティヴ）を基軸とするグローバル金融市場が圧倒的な支配力をふるうに至った事態を対象として措定しなおし，「資本主義」そのものを社会思想史研究の視座からとらえかえすことが重要性を増している，ということにほかならない．　　　［崎山政毅］

唯物史観
［独］die materialistische Geschichtsauffassung　［英］materialist view of history

　K. マルクス（1818-83）自身は「唯物史観（唯物論的歴史観）」という言葉を用いていない．盟友 F. エンゲルス（1820-95）はマルクス『経済学批判』（1859）の書評で「このドイツ［マルクス］経済学は本質的に唯物史観に基づいており」，その根本は『経済学批判』「序言」に書かれてあると確認している．

●「導きの糸」vs「歴史哲学」　マルクスがいくつか暫定的定式を残した新しい歴史の見方は，マルクスの死後，「唯物史観」とか「史的唯物論（歴史的唯物論）」などの呼称のもと，晩年のエンゲルス，その弟子の K. カウツキー（1854-1938），イタリアの哲学者 A. ラブリオーラ（1843-1904），ロシアの G. プレハーノフ（1857-1918）などにより体系化された．またロシア革命の指導者 V. I. レーニン（1870-1924）はマルクス主義の「党哲学」化を進めたが，レーニンの死後，I. スターリン（1879-1953）のもとで「弁証法的唯物論と史的唯物論」が〈国家哲学でもある党哲学〉に祀り上げられるに至った．

　マルクス自身にとって眼目は〈実際の〉社会研究・歴史研究である．彼は先行した自分の研究から「一般的帰結」の若干を定式化したが，それは以降の研究に「導きの糸」として役立てる，いわゆる発見法的（heuristic）性格のものであった．だから『経済学批判』「序言」の「定式」の暫定的性格は自明の前提である．晩年には彼は自分の社会・歴史研究が「その最大の長所が超歴史的であるような，普遍的歴史哲学的理論の万能の合鍵」と混同されることに強い警戒を示している．実際「ザスーリッチへの手紙草稿」（1881）を読むと，その時期のマルクスは，歴史空間における新層（資本主義）と古層（農民共同体）との「並存」という問題，資本主義を経由しない「オルタナティヴ（選択肢）」の問題に直面していた．

　以下，『経済学批判』「序言」の「定式」の解釈上のポイントを確認しておこう．

●土台と上部構造　人びとが生産において入り込む「生産諸関係」の「総体」，これが社会の「経済構造」「実在的土台」をなしている．そのうえに「法律的政治的上部構造」がそびえ立ち，また一定の「社会的意識諸形態」もこの「土台」に照応している．これに続けて次の定式も書かれてある．「物質的生活の生産の様式が社会的［生活過程］，政治的［生活過程］，精神的生活過程一般を条件づける」．

　前半の定式は「土台-上部構造」モデルである．この建築学的比喩は経済，法・政治制度，社会的意識諸形態が静止状態で相互に空間的に分離してあるイメージを与え，多くの誤解を生んだ．これに対して後半の定式は「生活過程」モデルである．近代における人間たちの生活総過程が，一方で物質的生活過程，社会的生活過程，政治的生活過程，精神的生活過程に四分節化しつつ，他方で物質的生活

過程による強い「条件づけ」の下で諸過程が活動的に相互媒介する．こういう総過程の姿を示唆している．こちらの方がマルクスの実像に近いだろう．

●**生産諸力と生産諸関係**　人間たちは「生産諸関係」を自由に選べない．それらは社会の「生産諸力」の発展段階に照応したものでしかありえない．ところが「現存の生産諸関係」が「生産諸力の発展（のための）形態」から「その桎梏」に転化するときがくる．そのとき「社会変革の時代」の到来となる．

この「定式」だけ読むとマルクスは「生産力発展」の超楽観論者であるように聞こえる．しかしそうではない．発展する生産諸力は既存の資本主義的生産諸関係の枠内では「破壊力」「物件的権力」「敵対的諸力」となって労働する人間たちに対峙する．「生産諸力の発展」が自由時間の拡大を通して「自由の国」への道につながるには，「自由で平等な生産者たちのアソシエーション」へと生産諸関係を変革することが不可欠になる．否定的媒介なしの生産力賛美ではない．

●**変革運動とその意味の解読**　歴史的変革の「課題」が自覚されるのは，その解決の物質的諸条件がすでに現存するか生成過程にある場合である（歴史運動を支える集合的構想力の形成条件）．人間たちが生産諸力と現存生産諸関係とのこの「衝突」を意識し，これを「戦い抜く（ausfechten）」のは，「法的，政治的，宗教的，芸術的，そして哲学的な，要するにイデオロギー的な形式」においてである．歴史変革運動の意味や価値を「判定」し解読するためには，当事者たちの信念に密着するだけではだめで，経済構造上の矛盾に目を向けておかねばならない．

この箇所も誤解が多い．変革当事者の自己了解には無数のイデオロギー（観念学）的一面化や倒錯が伴う．だからこそ変革の意味の解読には，経済構造上の衝突の客観的分析視点が不可欠なのである．けれども変革は経済の自己運動ではありえない．まったく逆に，社会的，政治的，精神的生活過程が極度に活性化し，「闘い決する」過程の進展を介してのみ歴史的「課題」の解決がなされるのである．つまり変革的実践が無意味ということでなく，それへの対話的介入の方向性を示唆しようとしているのである．

●**「経済的社会構成体」の人類史**　「大略すれば，アジア的［生産様式］，古代的［生産様式］，封建的［生産様式］，そして近代ブルジョア的生産様式が，経済的社会構成体の進歩する諸段階と呼ぶことができる」．ブルジョア的生産諸関係は「社会的生産の最後の敵対的形態」であり，「この社会構成体とともに人間社会の前史が閉じる」．

近代以前の生産様式についてのマルクスの研究は『経済学批判要綱』（1857/58）の「資本主義生産に先行する諸形態」などで確認できる．しかし欧米全体でも古代史，周辺部研究，人類学などの新研究の刊行本格化はマルクス晩年の1870年代をまたねばならない．マルクスはこれらについて膨大な抜粋ノートを残しているが，1859年の「定式」を更新する作業はなされずに終わっている．　　　［田畑　稔］

赤　旗
［仏］drapeau rouge

　赤旗は，現在では共産主義を掲げる国の国旗，あるいは労働組合の旗として広く使われているが，赤色の旗にそのような思想的意味が付着したのは19世紀のことである．ここでは，赤旗の記号的意味の歴史的変遷について説明する．

　血の色や太陽を連想させる赤い旗そのものは，世界各地で古くから広く使われてきたと思われるが，ヨーロッパで赤旗に明確な法的意味が付与されたのは，フランス革命の最中のことである．パンを要求するパリの民衆が王と王妃をヴェルサイユからパリに連れ戻した1789年の十月事件の後，10月21日に国民議会は戒厳令を規定した軍法を可決した．

　この軍法は，第1条で「公共の治安が脅かされる」場合には市政担当者は軍事力行使の必要を布告する義務を負うと定め，第2条で「この布告は，市内の建物の主要な窓とすべての通りに赤旗を掲げるものとし，同時に市政担当者は国民衛兵，正規軍，憲兵隊の指揮官に協力を要請するものとする」としている．この布告が出たら街頭の群衆は解散しなければならず，3回の解散命令にも応じない場合には，発砲して実力で群衆を解散させることが命じられる．そして第12条によれば，「平穏が回復した時には，市政担当者は戒厳令の終了を布告し，赤旗は取り外して白旗に取り替え，8日間掲揚する」（Dommanget 2006：21）．

　この戒厳令布告の合図としての赤旗が実際に掲げられたのが，1791年7月17日の「シャン・ド・マルス事件」だった．この日，共和主義結社コルドリエ・クラブの呼びかけに応じて王の廃位を要求する請願に署名するためにパリの練兵場広場に集まった約5万人の群衆に対して，赤旗を掲げた国民衛兵が出動して解散命令を発し，発砲した事件である．50人以上の死者が出たとされている．

●**共和制の軍旗**　この事件は，赤旗の意味を大きく転換させた．1792年3月には，パリの労働民衆運動の機関紙『デュシェーヌ親父』が，「デュシェーヌ親父は，腹立たしい3回の解散命令が行われた後に，集合した主権者たる民衆の名において世論という大きな赤旗を広げる」という論説を掲載した．同年6月にはコルドリエ・クラブの集会で，「宮廷の反乱に対する民衆の戒厳令」という文字が書き込まれた赤旗が製作された．そして，パリの民衆と連盟兵がテュイルリ宮殿を武装攻撃した8月10日の蜂起の際に掲げられた赤旗には，「執行権力の反逆に対する主権者民衆の戒厳令」，あるいは「抑圧への抵抗．執行権力の反逆に対する戒厳令」という文字が書き込まれていた（Dommanget 2006：29-30）．

　こうして赤旗は，王政に反対し，人民主権を主張する共和主義者が掲げる旗となった．つまり，現在の執行権力に対する民衆の抵抗や反乱を正当化する，対抗

権力の象徴となったのである．しかも，それは同時に，富裕な市民層（国民衛兵の担い手）ではない労働民衆の掲げる旗，という重層的な意味を帯び始める．

そのような意味をもつ赤旗は，ジャコバン独裁下で1794年に民衆運動指導者が処刑された後，いったんフランスの歴史から姿を消す．赤旗が再び掲げられるのは，19世紀に入ってナポレオン帝国と王政復古を経験した後のことである．

1830年の七月革命では，バリケードに掲げられたのは三色旗だったが，オルレアン王朝に反対して1832年6月5日にパリで起きた民衆反乱が掲げたのは赤旗だった．ヴィクトル・ユゴー（1802-85）の小説『レ・ミゼラブル』ではこの反乱が後半の山場となるが，彼はバリケードの赤旗を守る戦闘を「革命万歳！ 共和国万歳！ 友愛！ 平等！」という叫び声とともに描いている（ユゴー 1862：555）．

この反乱から16年後の1848年2月24日，七月王政に反対するパリの民衆の武装蜂起が再び勃発する．蜂起した民衆は赤旗を掲げたが，臨時政府は三色旗を国旗として採用した．それに対して革命家オーギュスト・ブランキ（1805-81）は「赤旗のために」と題する演説を行い，「三色旗は共和制の旗ではない」と断定し，赤旗を「共和制の軍旗」と呼んでいる（ブランキ 1848：58-59）．

この三色旗のブルジョア共和制の成立は，16年前と同様に労働民衆の反乱を引き起こす．それが，1848年6月23日から26日にかけてパリ市全体をほぼ東西に二分する形で闘われた六月蜂起であった．カール・マルクス（1818-83）はその直後の『新ライン新聞』の論説記事の中で，この蜂起は「三色旗の共和制」と「赤色の共和制」との戦いだったと述べている（マルクス 1848：128）．

●**労働者の共和制**　こうして赤旗の意味は再び転回する．問題は，もはや共和制か君主制かという政体の違いではなく，共和制の社会的内容であり，それを担う階級なのである．「所有者の共和制＝三色旗の共和制」か，それとも「労働者の共和制＝赤旗の共和制」か．1832年6月には共和主義的な民衆の旗だった赤旗は，1848年6月以降，労働者の階級闘争を象徴するものとなっていくのである．

その結果，まずはドイツで労働運動の旗として赤旗が採用される．1863年5月にフェルディナント・ラサール（1825-64）がライプツィヒで創設した「全ドイツ労働者協会ADAV」（ドイツ社会民主党の前身の一つ）の赤旗には，上段に「自由，平等，友愛！」，下段に「団結すれば強くなる！」という文字が刺繍されており，中央の月桂樹の輪の中に，握手する手が描かれている（2013年にドイツ郵便が発行した「ADAV創設150周年記念切手」にこの赤旗が描かれている）．

フランスでは，1871年3月に成立したパリ・コミューンが市庁舎に赤旗を掲げたが，労働組合が赤旗を掲げたのは，1886年10月にリヨンで結成された「労働組合全国連合FNS」がはじめてである．こうして赤旗は「労働者の共和国」の旗，労働者の階級闘争の旗印となって，20世紀に引き継がれることになる．

［植村邦彦］

プルードン主義
[英]Proudhonism

　ピエール=ジョゼフ・プルードン（1809-65）は，19世紀半ばのフランスで活動した思想家・社会運動家である．プルードンの立場を一言で表現するのは困難であるが，通例アナキズム思想の始祖の一人として扱われている．
　プルードンはブザンソン近郊に生まれ，後パリに出て印刷工として身を立てる一方で，旧約聖書学などを独学で学ぶとともに，社会運動家となる．1848年の二月革命にも関与し，雑誌『人民』『人民の声』を刊行したが，革命の主流派に属するルイ・ブランらに対しては終始批判的だった．また K. マルクスがプルードンを批判して『哲学の貧困』を書いたことは有名であるが，これはプルードンの意図を理解したものではなくプルードン側からの応答はごく限られたものだった．
●**私的所有と人民主権の批判**　初期のプルードンの著作『所有とは何か』（1840）は，私的所有権とは「盗み」であるとして有名になった．これは私的所有権の諸々の正当化理論（先占，同意，労働に基づく）に根拠が欠けていることを論証するものであり，文字どおりの私的所有権の否定とはやや異なる．プルードンは私的所有権が正義であることを前提として，同時にそれが貧困を生み出す元凶でもあることを読者に問いかけることで，私的所有権の矛盾や両義性を明らかにすることを狙った．プルードンは私的所有権を批判する一方で，共産主義（共有制）をも拡大した私的所有権にすぎないと批判する．プルードンは所有に代えて，占有を正義にかなう関係としてとらえている．
　プルードンの人民主権批判は，彼の私的所有権批判とパラレルな論理をもつ．人民主権とは君主政の対立物というよりは，人民を君主の座につける「人民-王」の設立にほかならず，絶対的である点で何も変わらない．二月革命の社会主義思想に対する批判として書かれた『19世紀における革命の一般理念』において，プルードンは，国家権力の社会への解消を説いている．
　プルードンはまた，ジャコバン的な個人と国家の二極化に反対して，中間集団の意義を説いた人物とされることが多い．たしかに文脈によっては結社に期待をしたこともあるプルードンであったが，『一般理念』においては，サン=シモンやフーリエの弟子たちによって展開されていたアソシアシオン運動に対して，それが熱狂へと包み込み個人の自由を脅かすものとして，概して批判的であった．
　1848年の革命政治は失敗に終わり，権威的独裁に取って替わられていくが，この経験を経て，プルードンの政治についての見方は悲観的になっていく．プルードンによれば，政治の原理は「自由」と「権威」のいずれかに帰着する（『連合の原理』）．しかしこの二つの原理は融合し，ナポレオンに代表される「権威的民主

主義」と，七月王政のような比較的リベラルだが既得権益による腐敗した支配にすぎない政体との交代となり，不毛な政体循環を繰り返すとされる．

●**連合主義と分権の構想** このような不毛から脱出するには政治の分権化，連合（federation）以外しかない，とプルードンは主張する．当時イタリア統一（リソルジメント）の機運とともにナショナリズムが高揚していたが，プルードンはG. マッツィーニ（1805-72）のイタリア統一の運動を厳しく批判した．またプルードンは，マルクスが農民を反革命として嫌悪したのとは対照的に，都市と農村の連合を説いた．プルードンの連合（連邦制）のモデルはスイス連邦にあり，アメリカの連邦制に対しては集権化が進むとして批判的だった．

プルードンはアナキズムの先駆的理論家だとされるが，彼自身はアナキズム運動を組織したわけではないし，アナキズムという語を用いることは比較的少なく，その場合もアイロニーが込められていることが多い．後年の彼は「連合主義」の語を多用し，国家の存在を単純に否定したわけではない．

イタリアのリソルジメントが一応終わるとともに，マッツィーニのナショナリズムに代わってイタリアではアナキズムの運動が進展していく．ここにはロシア出身のアナキスト，M. A. バクーニン（1814-76）の影響も大きい．バクーニンには，プルードンの思考はあまりに抽象的で思弁的に映ったが，その自由に対する情熱には多大に共感したとされる．バクーニンによって，マルクス主義は権威的社会主義として批判され，これに対抗する思想としてアナキズムが位置づけられる．しかしプルードンとバクーニンとの相違は，通常指摘されるような個人主義か集産主義か，ということ以上に大きい．

●**後世への影響** フランスの普仏戦争敗戦後に成立したパリ・コミューンで，プルードン主義者たちは考えの大きく異なるブランキ主義者たちとともに革命に参加した．その後，第三共和政下のフランスにおいても工場生産の規模が拡大し，アナルコ・サンディカリズムのような集産主義的な社会運動が中心となる．個人主義的性格の強いプルードンの思想は，そのままでは適用が困難となっていくが，それでも G. ソレル（1847-1922）などの思想に影響を与え続けた．またプルードンが嫌ったアメリカにおいても，ベンジャミン・タッカー（1854-1939）のような個人主義的アナキストによってプルードンの思想が継承された一面もある．

一方，フランス第三共和政のもとでの，右翼思想にもプルードンは影響を与えており，「セルクル・プルードン」を名乗る結社の活動がみられた．プルードンの思想の中には，反フェミニズム，ユダヤ人嫌いなど，右翼的な面も含まれることはたしかである．またプルードンはカトリック教会を批判したが，プロテスタントを嫌悪し，その社会的思考にはむしろカトリックと相通じるものがある．第二次世界大戦後，プルードンの考え方はマルクス主義とは異なる社会主義の可能性を示すものとして，左傾化したカトリック思想家に影響を与えた．　　［森　政稔］

アナキズムの形成
［英］making of anarchism

　アナキズムという語は，アナーキー（＝支配がない状態）という理想を抱く人びと，あるいはその実現を目指す人びととの考え方や行動，さらにはさまざまな場面での態度を指し，19世紀末から欧米でアナキストたちが用いるようになり今日に至っている．ただし，「支配」およびその不在によって実現される「自由」のとらえ方は多様である．そのため，アナキズムは，社会主義から個人主義に至る相互に対立し矛盾する多様な思考や態度から構成されている．他方，アナキストと自称していない人物をアナキストと呼び，その人物の思想や行動をアナキズムと呼ぶこともある．例えば，アナキストたちは，老荘思想やM.シュティルナー（1806-56）に至るまで，歴史上のさまざまな人物や思想や運動をアナキズムという思想の系譜に位置づけてきた．近年では，M.フーコーやG.ドゥルーズ／P.-F.ガタリなどの思想がポストモダン・アナキズムなどと呼ばれ，あるいは，グローバル・ジャスティス運動における一部の担い手が「新しいアナキスト」と呼ばれている．さらに国家に依存しない人間集団にアナキズムを見出す文化人類学的アナキズム論もある．このように，今日アナキズムは，きわめて多様な思考と実践からなり，また，発見的／分析的な概念になっているが，それは19世紀以来アナキストたちが繰り広げた無数の議論や行動なしには成立し得なかったものである．

●**語源・成立・伝播**　アナーキーという語は，古代ギリシア語のアルケー（存在，支配）と否定の接頭辞であるア（母音の前で「アン」となる）から成る合成語アナルキア／アナルコスを語源とし，これらの語は，軍隊における指揮官の不在，統治者の不在，あるいは統治者の命令に対する不服従といった比較的幅のある意味で用いられた．近代になるとアナーキーという語には，大きく分けると二通りの解釈が生まれる．第一に，統治者の不在などから混乱とカオスが生まれた状態，という否定的なものである．この解釈が前提としているのは，権力や法律によって人間の自由を規制しなければ，利己的な諸個人の行動によって社会は混乱に陥る，という考えである．この理解に基づいて，アナーキーという語は混乱や無秩序という意味で用いられ，特にフランス革命以降，「アナキスト」という語が，無秩序を社会にもたらす悪しき人びとという政治的な意味で用いられることになる．これと真逆の発想に基づくもう一つの解釈を示したのが，P.-J.プルードン（1809-65）のようなアナキストである．彼らによれば，支配や権威が弱まればそれだけ人間の広範な自由が実現する．そのような諸個人の自由を通じて生まれる支配なき秩序がアナーキーである．このような解釈の背景には，J.モスト（1846-1906）が述べたような，人は自由になればなるほど相互に尊重し合うこと

で連帯が強まり，支配と抑圧のない秩序が生まれる，という考え方がある．こういった発想のもと，アナーキーとは，あらゆる権力と支配がない理想的な状態であり，アナキストとは，そういった理想を追求する人びとであるという主張が生まれ，アナキストたちの理想を表現する語としてアナキズムが使われるようになった．統一的な組織や体系的なイデオロギーがないにもかかわらず，移民や国際的な手紙，出版物などのやりとりによるヒト・モノ・情報の流れに乗ってアナキズムは世界のあらゆる場所に伝播し，国境を越えたネットワークを通じて世界中のアナキストが結びついた．このような現象は今でもみられ，フィリピンやインドネシアでは21世紀になってからアナキズムへの支持者が多数現れている．

●「いま・ここで」と直接行動　19世紀に支配の象徴とされていたのは国家とそれを支えるさまざまな機構や人びととからなる政治的権威，地主や資本家などからなる経済的な権威，そして聖職者などによる宗教的な権威であり，さらにM. バクーニン(1814-76)は科学者もこのような権威の担い手とみなしていた．当時アナキストの間では，民衆蜂起による暴力的な革命を通じてこれらすべての権威を破壊することで理想社会を実現できる，という主張が最も支持されていた．これに対して，既存の社会の枠組みの中でさまざまな実践を通じて理想社会を実現することを目指す人びとも，プルードン以来アナキズムの潮流の一つとして存在した．この潮流においては，自分たちが将来実現したい理想的な状態を「いま・ここで」つくり，自分たちが未来社会の「萌芽」となることこそが，将来建設する理想社会を成功させる上で不可欠である，という考えがみられた．こういった発想は，P. クロポトキン(1842-1921)の相互扶助論をはじめとする思想にもみられ，またG. ランダウアー(1870-1919)による主張にも結びついている．彼によれば，民衆を抑圧する権力を支えているのは，それに服従する民衆自身である．したがって，民衆が「いま・ここで」別の行動を取れば，それが支配なき社会の「萌芽」となる．こういった「いま・ここで」という発想は，自発的な直接行動という実践にも関わっている．また，そのような直接行動は，政府や資本家などの権力に自らの自由を譲り渡して従属しないためのものでもある．

●日常生活　日常生活において存在する権力関係についてもアナキストは批判的にとらえ，私的な人間関係をフラットでオープンなものにすることを重視してきた．E. ゴールドマン(1869-1936)は，生活の中で創造される新しい状況がアナキズムである，と述べている．このような考え方に連なっているのが，アナキズムを生活における「方法」として論じた鶴見俊輔の議論である．今日に至るまで，日常と接している絵画・文学・音楽などアートの領域でもアナキズムの影響がみられてきたが，これは，アナキズムが「自由」という，「生」にとって根源的に重要な問題の一つに向き合っていることによって生じた現象である．アナキズムが動物解放やヴィーガンの運動に関わる理由もそこにある．　　　　［田中ひかる］

産業化
[英]industrialization

　産業化とは，「農業社会」から「産業社会（工業社会）」への移行を指す．一般には工業化と訳されることが多く，その場合には現代まで続く工業を中心とした社会への歴史過程を意味する．これに対して，あえて産業化と訳される場合は，1770年代，80年代にイギリスを起点にヨーロッパ各国に広がった「産業革命」と呼ばれる一連の現象を指す．近年では，「革命」というほど劇的な変化はなかったという説（この間の国内総生産成長率は低水準であったという主張）もあるが，社会構造が大きく変容したことについては多くの論者の見解が一致している．

●**近代社会の光と影**　イギリスで産業化が開始された時期については諸説あるが（産業革命は中世以降数度起こったという説も！），それは主な新技術が立て続けに発明された1770年代前後だと考えるのが通説である．蒸気機関や紡績機械など新技術の発明によって，動物・植物に依存する土地に根ざした「農業社会」から，石炭のような無生物的資源に依存した「工業社会」への移行が開始されたのである．これはエネルギー革命を中心に，交通革命や農業革命をもたらしただけでなく，「生活革命」（後述）と呼ばれるような生活スタイルや価値観の大きな変容をも生じさせた．

　産業化は，人間生活を飛躍的に「ゆたか」なものにしただけではない．文明の勝利の影で，圧倒的多数の犠牲者（貧困者）を生み出したのである．近代の社会思想は，この負の側面に光をあてることから出発したといっても過言ではない．そのことは「産業革命」という言葉が18世紀末にフランス人によって最初に使われたとされることとも無縁ではないかもしれない（OEDによれば英語のindustrializationの初出も，仏語の1847年の後の1892年）．1789年の「革命」を連想させるこの造語には，産業化が社会経済構造に与えた衝撃が刻印されており，フランスの初期社会主義者たちはそれがもたらす「社会問題（貧困問題）」への告発を開始したのだ．イギリスでも，ドイツ人のフリードリヒ・エンゲルス（1820-95）が『イギリス労働者階級の状態』（1845）で，労働者の劣悪な労働環境と貧窮状態を生々しく報告したことはよく知られる．それを産業化ないし資本主義そのものの矛盾として描き出したところに同書の斬新さがあった．

●**サン＝シモンと「産業主義」**　フランスの思想家も，産業化の影ばかりに注目したわけではない．エンゲルスが「空想的社会主義者」と評したサン＝シモン（1760-1825）自身，産業のもつ生産力に注目し，これに基づく共同社会を構想した代表的な思想家である．彼は産業とその将来について悲観するどころか，産業化が徹底されていないところに現代の危機があり，産業＝生産の発展とそれを中

心に据えた社会の組織化が必要だと唱えた（「産業主義」）．他方で，サン＝シモンは（経済的）自由主義とは一線を画し，自由はそれ自体として目的になりえないと主張．「なぜなら自由は活動目的を前提とするからである」（サン＝シモン 1821：30）．彼にとって，その目的は産業であり生産の増大だった．そして，この共同の目的のために個人は社会に統合され，最終的には内的メカニズムによって管理される社会，「ヒトの統治からモノの管理へ」の移行の実現が理想とされた．

　産業化の行き着く先を見通せない当時のフランスにあって，それを肯定した人物が社会主義思想の源泉になりえたのは，彼が産業に基づく協同（アソシアシオン）の必要を強調し，最晩年の『新キリスト教』（1825）では最も貧しい階級のための社会の組織化とそのための宗教的原理（友愛）を説いたからだ．サン＝シモンの死後，この点をスローガンに彼の思想を「教義」として普及させようと学派（サン＝シモン主義）が形成され，「教会」まで設立されるに至る．それがアンファンタン（1796-1864）に指導された奇矯な宗教運動に変質する以前に脱退した者の中には，フィリップ・ビュシェ（1796-1865）やピエール・ルルー（1797-1871）のような，産業化の負の側面に光をあてて連帯を説くことになる初期社会主義者がいた．

●ボナパルティズムとその後　1848年，パリで初めて労働者を主体とした二月革命が勃発するが，ルイ＝ナポレオン（1808-73）の登場によって社会的共和国の理想は挫折，ナポレオン3世による人民投票に依拠した執行権力への集権（ボナパルティズム）が進展していった．これはカール・マルクス（1818-83）によって階級対立を一時的に調停する，いわば産業化の負の側面を隠蔽する権力として描かれた．とはいえ，こうした描写で過小評価されるのは，分割地農民だけではない大多数の国民が――騙されたかはともかく――ナポレオン3世を支持したという事実である．その理由は，「馬上のサン＝シモン」と呼ばれた皇帝が産業化（生産の増大）を目指し，国民もそれを望んだからだ．これに対して，社会思想史研究は産業化の負の側面に偏重してきたことは否めない．

　その後，産業化は貿易自由化によって世界中に伝播していくと，その光の部分によって各国民を魅了していく．産業＝生産の増大によって貧困も解決されると信じられたのだ．ただ，経済成長が自己目的化されるまでになると，産業の自由に比して政治的自由が軽んじられる傾向が生まれたのも確かである．産業を発展させてくれるのであれば，ある程度パターナリスティックな支配形態も許容されるのか，これは産業化に通底する今なお有意な問いであろう．

●「生活革命」と禁欲倫理　ところで，各国民が産業化の光の側面に幻惑されたのは，人より多く働いて贅沢品を買い，少しでも「上流を気取って」生活したいという欲求が彼らにはあったからだとされる（角山他 2014）．それは生活の維持，貧困の脱出のためでも，マックス・ヴェーバー（1864-1920）が提唱したようなプロテスタンティズムの禁欲倫理のためでも必ずしもなかったのだ．　　［髙山裕二］

労働運動
［英］labour movement

　労働運動は，広い意味で自分の労働力を提供して雇用主から賃金を得ることで生計を立てる，あるいは立てざるをえなくなった人たち（賃金労働者）が行う社会的運動であり，資本主義的な経済システムの広がりをその成立要件としている．一般には，賃金や労働時間などの問題をめぐって労働者が雇用主と交渉する「労働組合運動」を意味するとされてきたが，歴史的にみれば，労働組合運動だけでなく生活に困窮した「労働貧民」や政治的人権を求めて集団行動をする人たちが展開する民衆的な社会運動や政治運動も含まれる．

●**労働運動の歴史的展開**　労働力の売買を基軸にした資本主義生産システムをどこよりも早い時期に生み出したイギリスは労働運動の母国でもあった．このイギリスを例にとると，労働運動には歴史的にみて三つのパターンがある．

　第一のパターンは，民衆的な社会運動である．18世紀末イギリス産業革命の荒波の中で，新しく導入された機械によって職を奪われていく熟練職人たちの機械破壊運動（ラダイツ運動）は，その代表である．この運動を，焦点のない逆上した産業上のジャクリの反乱とみるか，あるいは労働者たちの戦術的なかけひきであったとみるかは別にして，当時，多くの人たちの共感を得た社会運動であり，労働運動の原初的な形態の一つであった．伝統的な農業社会に資本主義経済システムが侵入して，そこに暮らしていた人たちの生活が脅かされはじめるとき，人びとは，さまざまな形で時には古風な形で抵抗する．19世紀中頃イタリアやスペインの伝統的な農村社会でおきた「素朴な反逆者たち」もこうした社会運動の一つとみることができる．

　「働く人たち（labouring men）」の賃金労働者化が急速に進んでいく19世紀前半，イギリスでは，労働貧民を含めた「働く人たち」が，結社をつくって運動する自由を求めて立ちあがり（「団結禁止法」の廃止運動），参政権を求めて「人民憲章」を掲げて運動した（チャーティズム運動）．いずれもイギリス社会を揺り動かすほどの大衆的社会運動となった．

　労働運動の第二のパターンは労働組合運動である．19世紀後半，世界市場を独占するイギリス資本主義経済の繁栄を背景にして，労働組合運動が形を整え力を発揮した．熟練や技能を楯に強い団結力を誇った「労働貴族」と呼ばれる人たちの組合は，労働者の相互扶助システムや，ストライキをはじめとする雇用主との交渉戦術（トレード・ユニオニズム）を生み出した．この労働組合運動は20世紀に入ると国際的な拡がりをみせ，ILO（国際労働機関，International Labour Organization）などが創設されている．

労働運動の第三のパターンは，1880年代末から90年代にかけてロンドンの不熟練労働者たち，半分失業している港湾やガス会社で働く人たちが「一般組合」を結成しはじめた．技能や職能には関係なく失業者も含めてだれでも加入できる「一般組合」は，居住する地域ごとに組織され，それを地区の労働協議会（トレーズ・カウンシル）がまとめるというシステムであった．これは，不熟練労働者の「反乱」として労働貴族たちの労働組合運動に衝撃を与え，後に「労働の転換点」(Hobsbawm 1948)だと評価される歴史的事件となった．「働く人たち」が一つの階級として組織され，資本を代表する国家と対峙するようになる．この一般労働組合の拡がりを背景に，後に労働党となる独立労働党が結成され（1893年），20世紀に入って女性を含めて普通選挙権が確立するようになると，資本を代表する保守政党に対峙する労働者政党として力をもつようになる．労働運動は国政をめぐる政治運動となる．

●**社会思想史における労働運動**　これらの運動に参加した「働く人たち」に共通していたのは，労働力の売買を通してのみ人は生きることができるという資本主義的システムへの漠然とした不満であった．この不満をどう意識化し，資本-賃労働システムそのものを変えていくのか．この問題をいち早く提起したのは，ロシア革命の課題を抱えてイギリスに亡命していたV. I. レーニン (1870-1924) であった．彼は，20世紀はじめの転換しつつあるイギリス労働運動を目の当たりにして，この運動に欠けているのは資本-賃労働システムそのものの変革を問う「社会民主主義的意識」であると説いた（レーニン 1902）．

　この「社会民主主義的意識」はどこで形成され鍛えあげられるのか．そしてそれはどのように労働運動に働きかけ，どのように作用するのか．こう問いかけてイギリス労働運動史研究の刷新を提起したのは，1960年「労働史研究協会」に集まったイギリスのニューレフトたちであった．彼らは，トマス・ペイン(1737-1809)やロバート・オーウェン(1771-1858)をはじめとするイギリス労働者階級の非宗教的急進主義の思想や運動，そして1880年代から世紀末にかけて大きな盛り上がりをみせるイギリス・マルクス主義者たちの思想や運動の研究を通して，労働運動を支える思想の意味と役割に光をあてた．あるべき「協働社会」の構想とともに社会変革の道筋を見通すことが，労働運動研究の共通課題とされた．

　しかし二つの世界戦争と福祉国家の世紀を経た21世紀の今日，賃労働システムはグローバルに拡がり，地球規模での自然破壊が進む中で，労働運動は，ナショナルな枠組みを超えて，一方ではグローバルな地球環境の持続可能性を，他方ではローカルな地域社会の生活環境の持続可能性を，どう維持し，どう取り戻していくのかという問題に直面している．21世紀の労働運動とその思想に新たに付託された課題である．

［安川悦子］

連帯の思想
［仏］solidalité

　連帯（英 solidarity，仏 solidarité，独 Solidarität）の語源は，ラテン語の sodalitas（仲間，連帯）あるいは solidium（固体）に見出せる．19世紀はじめのフランス語では，ローマ法における民法上の連帯責任に関係する用例に限定されていた．その後フランスでは，中間団体を再興し脱宗教的な社会の紐帯を見出そうとする過程で，連帯は政治的・社会的に独自の意味を獲得していく．これに対して，イギリスでは連帯の語はあまり用いられず，一方で友愛協会（friendly society）から社会主義に至る「社会」をめぐる語（society, social）が，他方で16世紀以来の救貧行政の伝統を負った「福祉国家」につながる福祉（welfare）の語が，連帯と似た役割を果たした．ドイツでは，「社会国家（Sozialstaat）」という用例に表れるように，よき生＝福祉と民主的な政治社会の実現を同時に志向するという意味で，社会的（sozial）という語が連帯に近い意味で用いられてきた．

●**政治的意味を獲得する歴史的経緯**　大きな背景として，ヨーロッパ社会全体がキリスト教に代わる新たな統合原理を求めていた点がある．宗教戦争以来，カトリック教会は神の国と地の国を統べる頂点から凋落していく．18世紀以降の人びとは，それに代わる統合原理を見出せないまま秩序の空白を埋めようと苦闘した．
　そうした中，国民，民主主義，人権，ヒューマニズムなど，政治的・倫理的なさまざまな理念が登場し，近代国民国家に内実を与えていく．しかし，政治参加やナショナリティ，人間としての尊厳などと異なり，人びとの日常生活と社会的な生，あるいは職業生活に関わる新たな統合原理を見出すことは困難をきわめた．産業革命を経てヨーロッパの人口は爆発的に増え，都市化や産業構造の変化による生活様式の激変が起こったが，団結禁止の原則によって新旧二つの社会組織（同業組合と労働組合）は同時に否定されたままだったからだ．
　人びとは寄り添い，つながり，協力しあわなければ生きていくことはできない．中世社会には，都市の同業者集団，農村の地縁共同体があり，それらは宗教的な絆によって活力を与えられていた．だが近代以降，仕事を求めて農村から都市に出てきた人びとは，これらすべてから切り離された．彼らは「浮浪者」として無秩序と疫病の原因，恐怖の的となり，また暴動を起こす「危険な階級」として弾圧された．こうして秩序の空白地帯が広がり，急激な産業化による雇用主と労働者の敵対は，暴力的な様相を呈するようになった．

●**連帯の思想家たち**　代表的な理論家である É. デュルケーム（1858-1917）は，こうした状況の原因を，分業が広がった近代がそれに見合った新しい組織原理を見出せていないことに求め，解決策を模索した．そこで彼があげたキーワードが

連帯である．デュルケームは有機体の比喩を用いて，分業の下で誰もが他者の働きなしに生きることができない社会を，「有機的連帯」の社会と呼んだ．そして，そこにふさわしい道徳あるいは社会組織を見出すために，新たな職業的紐帯，すなわち新しい連帯が必要であると指摘した．

19世紀末から20世紀初頭のフランスで「連帯主義者」と呼ばれた人たちには，ほかにも政治家のL. ブルジョア（1851-1925），協同組合論者のCh. ジッド（1847-1932）などがいる．だが彼らは特定の党派をつくらず，あるのは連帯をキーワードに新しい社会的紐帯を語ったという共通点だけである．では，彼らが共有する，あるいはより広く連帯による社会統合を目指す思想・運動にみられる特徴は何か．

●**友愛と連帯**　連帯の語は，フランスでは友愛（fraternité）に代わって19世紀半ば以降用いられた．友愛には，友だち関係のような対等性を維持しながら，互いに思いやり助け合うという意味がある．ここには，古代ギリシア以来の友愛とキリスト教信者の兄弟愛が混合している．また，中世のコンフレリィ（兄弟団）のように，同一身分内での上下関係を越えた相互扶助の意味を含んでいる．友愛には一方で，家族の情などの「自然な」つながりを越えて，助ける義務や必然性のない者同士が助け合う自発的な相互支援への志向がある．他方で，相互性は外部の排除と表裏一体であり，メンバーの同質性や共通性を不可欠の条件とする．

連帯は友愛の狭さと排他性を乗り越えるためにその範囲を社会全体へと広げるが，福祉国家の制度化の過程で，実際には「国民」あるいは納税者・社会保険料負担者という限界を設けていた．このことが最も助けを必要とする弱者に連帯の手が届かないという矛盾と，社会保障における負担と給付の適正な関係を見出すという終わりのない課題をもたらした．

しかし，友だち関係におけるような絆を意識しそこに道義的コミットメントを行うことと，境界や狭さを越えていくことの両立ほど難しいことはない．連帯はその理念と制度化において，二つの契機を同時に模索するという難題に挑んだ．

●**最近の用例**　近年この語は，福祉や社会保障など，物質的生活を保障する制度にとどまらない意味を含んでいる．一党独裁型共産主義の終わりを象徴したポーランドの自主管理労組「連帯（Solidarność）」は，民主主義と多元性，自助と自治の原則を追求した．また，哲学ではA. ホネットやJ. ハーバーマスが，連帯を「承認（Anerkennung）」という人間が尊厳をもって生きるうえで不可欠な他者関係の契機を示す原理として重視している．

連帯の思想が再度注目を浴びているのは，雇用の非正規化，格差，貧困，社会的分断と憎悪と排除の政治の出現など，現代が19世紀末と似たような社会状況下にあるからだろう．これらの課題に，敵探しや諦念ではなく新たな社会的紐帯を模索することで応じた連帯の思想は勇気とヒントを与えてくれる．　［重田園江］

貧　困
[英]poverty　[仏]pauvreté　[独]Armut

　貧困は人類の歴史とともにみられるが，その定義は時と場所に応じて異なる．貧困とは何らかの必要物が「欠如」した状態であり，統治層・エリート層の秩序認識を裏面から示す概念といえる．近代より以前のヨーロッパでは主に宗教的な意味づけがなされてきたが，世俗化が進む16世紀以降，貧困は労働能力や道徳規律の欠如した状態として，さらには秩序を脅かすリスクとして把握されるようになった．20世紀に入ると貧民への最低生活保障が国家の役割とみなされていくが，近年では福祉国家の変容とともに貧困への新たな表象が登場している．

●**工業化以前の貧困認識**　工業化以前の社会において，貧困はごくありふれた現象であった．『新約聖書』で「貧しい人びとは幸いである．神の国はあなたたちのものである」(「ルカによる福音書」：6-20) と説かれているように，カトリシズムにおいて貧困は清貧や禁欲と結びつけられ，富者による貧民への施しや慈善は神への信仰を表現する行為とされた．一方，16世紀に現れるプロテスタンティズムでは労働が人間の道徳的義務とされ，貧困・物乞いは怠惰や不摂生と結びつけられた．17世紀に入ると貧困への宗教的意味づけは徐々に失われ，M.フーコーが「大いなる閉じ込め」と称したように，行政権力による貧民・浮浪者の施設への収監，道徳的教化が広がっていく (『狂気の歴史』第2章)．17世紀イングランドの救貧法と労役所の設置，18世紀フランスでの総合救貧院の設置などである．

●**19世紀の貧困認識**　18世紀後半からの商工業の発展を背景として，貧困認識に大きな転換が起こる．(1) 18世紀後半から19世紀の政治経済学者は，自由な市場の確立によって貧困の大部分が消失すると考えた．アダム・スミス (1723-90) は市場の自由を阻害する同業組合や関税が貧困を拡大させたと主張し，T. R. マルサス (1766-1834) は救貧法が労働意欲と道徳を堕落させ，貧民の数を増大させた，と主張した．彼らの思想は1834年改正救貧法での「労働能力のある (able-bodied)」貧民に対する抑圧的な劣等処遇へと結びつく．(2) イギリスの新救貧法を批判したフランスのヴィルヌーヴ＝バルジュモン (1784-1850)，ユジェーヌ・ビュレ (1810-42) など社会カトリシズムに近い論者たちは，貧困に関する統計調査を活用し，商工業の発展がエゴイズムを蔓延させ，家族・同業組合・宗教共同体などの中間集団を弱体化させることで「大衆的貧困 (paupérisme)」をもたらした，と批判した．彼らは商工業の規制と中間集団の再建を訴えた．(3) 19世紀半ばの社会主義者ルイ・ブラン (1811-82) や P.-J. プルードン (1809-65) は，無規制な産業競争こそが労働者を困窮状態に陥れていると論じた．こうした認識を最も体系的に展開したのはドイツの共産主義者 K. マルクス (1818-83)，F. エンゲ

ルス (1820-95) である．彼らは資本制的生産様式のもとで労働者階級が資本家階級に搾取され，賃金が引き下げられることで構造的に窮乏化していくと論じた．

以上の貧困認識を調停し，20世紀の福祉国家へと媒介する役割を果たしたのが19世紀末から20世紀初頭の社会思想である．イギリスではチャールズ・ブース (1840-1916) らの社会調査を経て，貧困が工業化・都市化により必然的に生み出された「社会問題」と認識されるようになる．ジョン・アトキンソン・ホブソン (1858-1940)，レオナルド・ホブハウス (1864-1929) など新自由主義 (new liberalism) と称される論者は，社会を個々人の相互依存からなる有機体ととらえ，個人の実質的自由を保障するため，働けない人への最低保障のみならず労働者への失業対策，最低賃金，老齢年金を国家の役割とみなした．フランスではレオン・ブルジョア (1851-1925) に代表される連帯主義 (solidarisme) が新たな貧困認識を導いた．ブルジョアは社会を分業化された労働を担う人びとの相互依存の体系ととらえると同時に，個人の身体的・道徳的自由を目的として生成発展する集合としてとらえた．障害，労働事故，病気，失業，老齢に起因する貧困は社会秩序を脅かす「リスク」として把握され，リスクへの補償責任を社会全体で相互に担うべきとされる．以上の論理から導かれたのが，働けない人への国家による最低生活保障と，労働者に対する強制的な社会保険（労災，失業，病気，老齢）であった．

●**20世紀の貧困認識**　第二次世界大戦を経て，働けない人への公的扶助，労働者とその家族の蒙るリスクへの社会保険を通じて貧困を防止する福祉国家が一般化していく．イギリスの社会学者ピーター・タウンゼントが『イギリスにおける貧困』(1979) の中で，最低生活水準に満たない絶対的貧困と，所得のみならず文化・社会生活において他の人より著しく劣位な状態にある「相対的剥奪 (relative deprivation)」を区別したように，貧困をどこまで多次元的に拡張してとらえるかが論点となった．一方，経済停滞を背景として福祉国家の見直しが進むと，1980年代のイギリスやアメリカでは，貧困を個人・集団（家族・エスニック）の道徳的欠落，就労意欲の欠如の問題としてとらえる「アンダークラス」論が広く受けいれられた．

1990年代以降の先進国では貧困に代わって「社会的排除 (social exclusion)」という概念を用いることが一般的となっている．社会的排除とは，所得，社会参加，権利を含む多次元的，かつ貧困に陥るプロセスと結果の両者を含む動態的な概念とされる．ただし排除を生み出す構造的な要因に関して論じられることは少なく，その要因はしばしば個人や特定階層の道徳的欠落，就労能力の欠如に見出されている．このように貧困への視座は統治層・エリート層の秩序認識に規定されて揺れ動いており，その定義のみならず要因をめぐっても，今日まで論争が続いている．

［田中拓道］

救貧法論争
[英]Poor Law Controversy

　封建社会から資本主義社会への変革期を経験した16世紀以降のイギリスでは，貧困者が増大して従来の私的慈善では救済が困難になった．そこで登場したのが，貧困救済に必要な費用を課税によって調達する，公的な貧困対策法としての救貧法である．その救貧行政の主たる単位は教区であった．救貧法の初期の基本骨格は1601年のエリザベス救貧法で体系化され，その後，公的な貧困救済をめぐる激しい論争と重要な法改正を繰り返しながら1948年に福祉国家が成立するまで，それはイギリスの社会福祉政策の中心的役割を果たした．

●**救貧法の展開**　1601年のエリザベス救貧法は，労働能力を有するすべての貧困者には仕事を与えて就労義務を課し（仕事をしない貧民には刑務所に収容するなど罰則を科す），労働能力のない老齢者や疾病者や年少者などの貧困者を保護の対象にする，と定めた．貧困者が集中する教区の救貧税負担の問題が争点となった1662年には，年家賃10ポンド未満の借家に滞在する移住者を40日以内に送還する権限を治安判事に与えた居住法が施行された．公的な貧困対策費用をいかに抑えるかが問題となり，1722年には貧困者をワークハウスに収容して救済する条件を定めたナッチブル法が制定された．だが，それが必ずしも経済的効果をもたらさなかったことから，ワークハウス外での救済を認める1782年のギルバート法や，就業者の賃金を補填する1795年のスピーナムランド制の施行など，救貧政策は揺れ動いた．

　1790～1830年代初頭の産業革命期には貧困者が増大して救貧税が膨張したため，貧困問題が重要な「社会問題」として注目され，公的救済をめぐるさまざまな議論がわき起こった．18世紀末から19世紀前半に経済的な大転換――商業革命と産業革命――を経験したイギリスでは，産業都市にスラム街ができるほど人びとが各地から移動し，工場から失業者が追い出される不況時には，救貧法による救済を求めて押し寄せる教区で救貧税が跳ね上がった．さらに，繰り返される天災による食糧事情の悪化やフランス革命の衝撃をかわす政治的対応として救貧法の運用基準を緩めたことが，救貧税の高騰に拍車をかけた．

●**救貧法論争と新救貧法**　1834年に新救貧法が成立するまでの約40年間にわたって，(1)貧民が救済を受ける権利を認めて従来どおり救貧法を擁護する，(2)公的救済の効率化に向けて抜本的な改革を求める，(3)公的救済がその本来の意図とは反対に，労働者の自立心や節約心を弱めたり貧困者の結婚を促したりしてさらなる貧困をつくり出すから，救貧法を廃止する，といった諸見解がぶつかり合って，救貧法論争が世論や議会を巻き込んで繰り広げられた．例えば，(1)の論

客として道徳哲学者で神学者のW.ペイリー（1743-1805），(2)の論客として功利主義者J.ベンサム（1748-1832），(3)の論客として古典派経済学者のT.R.マルサス（1766-1834）があげられる．救貧法論争は，上記(1)を退けて(2)と(3)を反映した救貧法特別委員会報告（1817年）に基づく，従来の救貧法の抜本的見直しを伴う新救貧法の成立に帰結する．同委員会報告が強調した要点は，①公的な救貧制度は受給貧民のモラルに有害な作用をもたらし貧困者の福祉依存をつくり出す，②救貧税の負担は労働維持ファンドを減少させて労働者全体の賃金を低下させる，という2点である．同報告書はとりわけ，賃金補填制度などの労働能力者に対する院外救済（給付手当）がもたらす労働市場への有害な作用を強調した．新救貧法には，救貧法委員会や教区救貧委員会の設置，教区連合の推進，公的救済は主に収容施設内で実施され，そこでの処遇は公的救済を受けていない労働者の最低生活水準よりも低い水準とする，劣等原則が盛り込まれた．施設では，入所する家族構成員を男女別に大人と子どもを分けて収容したり，入所者と一目でわかる髪形や服装を強要したり，入所者の死別に際して尊厳を伴った葬儀をしないなど，人間的な生活を否定するような扱いがなされた．新救貧法は，冷酷で厳しい処遇内容とすることで，労働能力者の公的救済への依存度を下げる試みでもあった．

●**公的扶助における劣等処遇の原則とスティグマ（恥辱）の刻印**　救貧法論争の争点は，いかに公的救済にアクセスする人を制限して公的救済にかかる費用を抑えるか，という問題だった．だが，産業革命期に成立した新救貧法が突きつけた本質は，資本主義と両立可能な公的救済の諸条件に関する厳しい制限であった．旧来の救貧法は，公的救済が過剰であって資本主義や市場経済の発展を邪魔し妨げている，と非難された．この論争の重要な帰結は三つにまとめられる．第一は，会社の倒産や解雇による失業であれ，自分や家族の病気や障がい，あるいは老齢が理由であれ，または不慮の事故によるものだったとしても，貧困な状況に陥って経済的な自立ができないのは，いずれもその当人（個人）のせい（責任）である，という「道徳的・個人的貧困観」の確立である．第二は，公的救済を受ける人びとの暮らしに「劣等処遇の原則」を課して，公的扶助の対象となることに「スティグマ（恥辱）」の刻印を押したことである．第三は，不正受給を防止するための受給資格審査（資産や親族に関する調査）や行政による受給者の生活態度の管理・指導などを正当化したことである．これらの帰結は，ベヴァリッジ＝ケインズ主義的な福祉国家の繁栄期には後景に退いていた．だが，1970年代には「租税国家」から債務国家に転落して，現在，W.シュトレーク（1946-）が『時間かせぎの資本主義』（2013）で述べているように，新自由主義的な抜本的改革が進行中の財政再建国家である先進資本主義諸国では，18世紀末から19世紀前半にかけての救貧法論争の三つの帰結がよみがえり，社会福祉政策のあり方に救貧法論争の「暗い影」が投げかけられている．

　　　　　　　　　　　　　　　　　　　　　　　　　　　　［若森みどり］

キリスト教と社会主義
〔英〕Christianity and socialism

　M. ルター（1483-1546）は，修道院生活を否定し，世俗内の職業(ベルーフ)によって隣人愛に生きる人生を説いた．また J. カルヴァン（1509-64）は，市民的に有用な職業の内に生きるのが真の隣人愛実践であると説いて，暴利を排した市場経済の発展に道を開いた．ところがこの「合理的資本主義」は次第に自己目的化して人間疎外の世界をもたらした．19 世紀後半にはルター派でもカルヴァン派でも，「キリスト教社会主義」ないし「キリスト教的な社会政策」が追及されることになった（カトリックについては☞「カトリック社会思想」参照）．

●ドイツなどの場合　当初，ルターには封建制と暴利への批判がみられた．が，自分の宗教改革に触発された再洗礼派の運動と結びついた「ドイツ農民戦争」が亢進すると，彼は封建的秩序の側にルター派教会の保護を求めた．爾来ルター派では，究極の支配者としての神は，教会により人の内面を指導し，世俗社会は国家権力（王権）を通して支配すると説かれた（「二王国説」）．ドイツで封建制の克服が遅れた理由の半は，このルター派の政治的な保守性にあったとされる．ようやく 1871 年に成立した「ドイツ帝国」でも，特に中心となったプロイセンには，濃厚に封建的・権威主義的な性格が残っていた．封建的な大地主層が「ユンカー経営」を営み，その二，三男は将校を含む中央官庁の官僚になった．ビスマルク（1815-98）が推し進めた西部の工業化が，急激に農村人口を移動させ，都市部の「労働問題」が深刻化すると，彼は，不十分な労働保険政策と「社会主義者鎮圧法」（1878 年）によってこれに対応した．この事態に民間からも A. ヴァーグナー（1835-1917）や，G. シュモラー（1838-1917）らの「講壇社会主義者」たちが「社会政策学会」を設立した．シュモラーはルター派的な政治意識に立って，ドイツ伝来の保守的な Sittlichikeit（社会通念・社会倫理）にふさわしい社会政策の必要を説いた．またヴァーグナーの慈恵主義的な「国家社会主義」に連携してルター派の宮廷牧師 A. シュテッカー（1835-1909）は「キリスト教社会労働者党」を設立（1878 年）した．後年には若い世代の F. ナウマン（1860-1919）牧師が，よりリベラルな「福音主義社会会議」を組織した．シュモラーらの「家父長主義」を批判し，ドイツのプロレタリアの「自立化」を希望していた M. ヴェーバー（1864-1920）がこれを応援したが，同時に「国家理性」的なリアリズムの導入をナウマンに要求した．その影響でナウマンはむしろ「社会的帝政」や「中欧」政策などを提唱するようになった．

　半ば封建的だったドイツの 19 世紀後半に急速に拡大したプロレタリアを組織化しえたのは，社会民主党のみであり，そのマルクス主義がドイツの階級闘争を

指導した．キリスト教的な「社会主義」思想は，大衆的影響力をもつに至らなかった．またスイスでは20世紀初めに「神の国」理念を掲げるクッターやラガツの「宗教的社会主義」が現れ，その後ドイツでもP. ティリッヒ（1886-1966）が，マルクスとニーチェにも学んで資本主義下の人間の疎外を超えようという「宗教的社会主義」運動を提唱した．しかしその理論の一部はむしろ親ナチ（国民社会主義）の「ドイツ的キリスト教」運動に利用された．

●**イギリスなどの場合** カルヴァンは，上述の職業論に加えて，政治については，中世以来の「立憲主義」による絶対主義への抵抗を擁護したので，後代のカルヴァン派には「抵抗権」の思想が広がった．カルヴァン派はフランスの北西部やイギリス，オランダなどに広がった．特にイギリスでは早く農民解放が行われ，そこに広範に生じた小商品生産者層が，後代にはカルヴァン派を中心とする「ピューリタニズム」の共鳴盤となった．このイギリスの「産業的中産層」は，「ピューリタン革命」を起こして絶対王政を倒し，その後の政治と経済の近代化・合理化の基礎をつくった（J. ロック［1632-1704］の政治理論はこの基礎の上に立っている）．

当時のピューリタン牧師 R. バクスター（1615-91）は，市民社会の common good の増加に貢献する 職業（コーリング）を良い職業とし，common weal の増加に何ら貢献しない営利活動（特権や奢侈品取引による）をきびしく退け，また相互の奉仕（サービス）と生活の合理化（自制）を隣人愛の実践として説き広めた．このような初期近代の村や町の健全な市民の社会（civil society）のイメージは，産業革命以後のイギリスの「社会主義」思想にとっても，大きな意味をもった．

いち早く産業革命を経た後の19世紀イギリスでは，国教会内部から F. D. モーリス，C. キングスレー（1819-75）らの「キリスト教社会主義」が生じた．さらに一般の知識人層を中心にウェッブ夫妻の「フェビアン協会」がつくられ（1884年），後に労働運動などと合流してイギリス労働党（1906年）に参加した．労働党は巨大組織への発展を見，生産力の公有化と教育の民主化を要求し，第二次世界大戦後には福祉国家を相当実現した．党内のプロテスタントで経済学者の R. H. トーニー（1880-1962）は，生産手段の公有化以上に，無益な富の蓄積を排除し，イギリス的な civil society にとって有効な機能的経営の発展を図ることが社会主義（ソーシャリズム）の眼目であると論じ，また society を損なう官僚制化の進展を厳しく批判した．同じく政治学の A. D. リンゼイ（1879-1952）も，ピューリタン革命期以来の，個人の見解表明の自由と，忌憚ない討論の慣習こそが「イギリス民主主義」の基礎だとして，国家と社会と党内の「官僚制化」に抵抗した．彼らの思想は，同党の G. D. H. コール（1889-1959）や H. ラスキ（1893-1950）の「多元的国家論」とともに，社会主義思想の展開に貢献した．なおアメリカではラウシェンブッシュや Rh. ニーバー（1892-1971）が，日本では木下尚江（1869-1938），賀川豊彦（1888-1960）らがキリスト教的社会主義を追求した．　　　　　　　　　　［柳父圀近］

第3章

科学と芸術

［編集担当：植村邦彦・宇野重規・小田川大典・野村真理］

デュルケーム……………………378
イデオロギー……………………380
インテリゲンツィア……………382
進化論……………………………384
社会進化論………………………386
社会有機体論……………………388
優生学……………………………390
実証主義…………………………392
写実主義（リアリズム）………394
フランス・スピリチュアリスム…396
ライシテ…………………………398
唯美主義・耽美主義……………400
ドイツ歴史学派…………………402

歴史主義…………………………404
イギリス・ロマン主義…………406
フランス・ロマン主義…………408
ドイツ・ロマン派………………410
生の哲学…………………………412
超越主義…………………………414
新カント派………………………416
文明開化…………………………418
アーツ・アンド・クラフツ運動…420
統計革命…………………………422
権利（日本の場合）……………424
グリム兄弟………………………426

デュルケーム
Émile Durkheim

　K. マルクス，M. ヴェーバーと並び，近代社会学の創始者と目されるフランス人の学者．フランス北東部のロレーヌ地方でユダヤ人ラビ（律法学者）の家に生まれる．高等師範学校では唯心論哲学者エミール・ブトルー（1845-1921），歴史学者フュステル・ド・クーランジュ（1830-89），とりわけ在野の哲学者シャルル・ルヌーヴィエ（1815-1903）に強い影響を受けた．卒業後に国費でドイツに留学し，アルベルト・シェフレ（1831-1903）ら「講壇社会主義」の潮流に接することで，「社会」を独立した対象として考察する新たな学に確信を抱く．帰国後，1887年からはボルドー大学で社会科学と教育学の講座を，1902年からはパリ大学ソルボンヌで教育学（後に社会学）の講座を担当する．1898年からは『社会学年報（*Année sociologique*）』を主催し，多数の協力者を組織して「デュルケーム学派」を形成，アカデミズムの世界で社会学を制度化するうえで大きな役割を果たした．

●**社会的分業と道徳的個人主義**　デュルケームが活躍した第三共和政は，カトリックと結びついた王党派，労働者階級に浸透する社会主義という両勢力の間で共和体制をいかに安定化させるか，という課題を抱えていた．デュルケームは学生時代から「個人主義と社会主義」を研究テーマとし，非宗教的な道徳（社会的紐帯）を発見することで共和政の確立に寄与するという関心を抱いていた．その思想的源泉として主に三つがあげられる．第一はオーギュスト・コント（1798-1857），ハーバート・スペンサー（1820-1923）らの実証主義であるが，彼らが厳密な方法論をもたず，壮大な観念に依拠していた点は批判された．第二は生物学を社会思想へと応用したアンリ・ミルヌ=エドワール（1800-85），アルフレッド・エスピナス（1844-1922）らの有機体論である．第三は新カント派のルヌーヴィエから引き継がれた個人人格の尊厳という観念である．

　初期の主著『社会分業論』（1893）では，分業とともに現れる新たな社会的紐帯が主題とされた．分業の乏しい伝統社会では人びとが共通の意識をもつことによりお互いが結びついていた（機械的連帯）．一方分業が進む近代社会では，人びとが個別の役割（機能）を担うようになり，諸機能の間により強い結びつきが生まれる（有機的連帯）．ただしこの段階では，分業に伴う機能的な結びつきと個人人格の尊厳という道徳意識との関係は必ずしも明確ではなかった．

　中期の『社会学的方法の規準』（1895）から『自殺論』（1897）にかけて，「社会」は人びとに抱かれた集合意識として明確に把握されるようになる．『方法の基準』では「社会的な事実」が「集合的なものとして把握された集団の諸信念，諸傾向，諸慣行」と定義され，それは個人の心理現象に還元できず，個人に外在しその思

考やふるまいを拘束する「一種独特の実在」とされた．したがって，社会現象は「物（chose）のように」考察されなければならない．『自殺論』では，ある社会において自殺率が毎年一定に保たれている要因として集合意識のあり方があげられた．特に現代社会では，商工業の発達とともに，自己利益のみを追求し集合意識の拘束から逃れて「アノミー（規範の無規制状態）」に陥る個人が多数生み出されており，それが自殺の主たる要因となっている．アノミーを抑止するために唱えられたのが「道徳的個人主義」である．ドレフュス事件のさなかにユダヤ人将校ドレフュスの人権を擁護するために書かれた論文「個人主義と知識人」(1898)では，理性にしたがってあらゆる権威を吟味する個人「人格（personne humaine）」の尊厳こそが現代社会の唯一の紐帯となる，と主張された．「道徳的個人主義」を根づかせるため，公教育の重要性が説かれるとともに，特に経済的領域での利益対立や不安定に対処し，お互いの連帯感覚を養う場として，同じ職種の使用者・労働者からなる職業組合の再建が唱えられた．

●**原始宗教の探究**　「社会」が集合意識ととらえられるのと並行して，人びとを結びつける力の源泉へと関心が向かうと，世紀末にはロバートソン・スミス(1846-94)の影響を受け，原始宗教の研究に取り組む．その集大成が晩年の主著『宗教生活の原初形態』(1912)である．そこでは宗教の本質が，儀礼や祝祭を通じて人びとを結びつける「聖なるもの」の観念をつくり出すことにあるとされた．この観念の権威は，宗教的儀式によって人びとの集合意識が高揚し凝固することからもたらされる．宗教とは集合意識の結晶体であり，同時に世界を説明する観念体系でもある．デュルケームは時間・空間・数・因果性などの認識のカテゴリーだけでなく，近代科学の諸概念もまた宗教を起源とする，と主張した．

●**後世への影響**　『社会学年報』には人類学者マルセル・モース(1872-1950)，社会学者セレスタン・ブグレ(1870-1940)，人類学者リュシアン・レヴィ＝ブリュール(1857-1939)などの俊英が集結し，幅広い実証研究が集められたため，模倣論を唱えるガブリエル・タルド(1843-1904)らに対してデュルケーム学派が社会学の主流としての地位を確立した．ただし個人心理や個々人の相互行為から切り離された実在として「社会」をとらえる方法論（社会学主義）は批判の対象ともなり，第二次世界大戦前に学派の一体性は失われていった．戦後，T. パーソンズによってデュルケームの方法が実証主義，反個人主義の代表と位置づけられたこともあり，それは社会秩序を静態的に説明する理論とみなされた．しかし1970年代以降，デュルケームの講義録を中心に社会主義論，国家論へと注目が集まり，その思想を社会変動や社会改革と結びつける「デュルケーム・ルネサンス」と称される研究潮流が現れた．近年ではその延長上に「集合的沸騰」などの宗教論が研究されることも多く，手紙の発掘が進むことでデュルケームと協力者との交流による思想形成の過程も解明されつつある．　　　　　　　　　　　　［田中拓道］

イデオロギー
[独]Ideologie

　「イデオロギー」というドイツ語の原語はフランス語の「イデオロジー」であり，観念（イデア）を分析する理論（ロゴス）という意味でこの用語を発案したのはデステュ・ド・トラシー（1754-1834）である．彼は貴族出身だがフランス革命期の国民議会議員となり，後に学士院会員として近代的な高等教育制度の確立に尽力した．主著に，観念は感覚に由来するとする感覚主義の立場で哲学から政治経済学までを論じた『観念学要論（*Éléments d'idéologie*）』全5部（1801-15）がある．

　トラシーを中心とする「観念学者（ideologue）」は，観念が社会生活の根底にあると考え，自由と合理的な政治を実現するためには科学的知識を教授する体系的な教育が必要だとして，高等師範学校や理工科学校などのエリート教育機関を創設した．ナポレオン（1769-1821）は当初彼らに好意的だったが，後に彼らが帝政を批判するようになると観念学を危険視し，軽蔑的な意味を込めて「イデオローグどもの教理」を「空理空論」と批判した．こうして，懐疑的で分析的な学問を指す用語が，抽象的で非現実的な「学者の空論」を指す非難語へと転換するのである．

●**マルクスのイデオロギー論**　この用語の現代的な意味はK.マルクス（1818-83）に始まる．彼は1844年夏にトラシーの『観念学要論』第4部・第5部を読んでおり，その翌年からF.エンゲルス（1820-95）と共同で『ドイツ・イデオロギー』と題した草稿を執筆した．ここでは当時のヘーゲル学派が「ドイツのイデオローグたち」，ドイツ観念論哲学が「イデオロギー」と呼ばれており，「ほとんどすべてのイデオロギーは人間の歴史の歪んだ把握か，あるいは人間の歴史からのまったくの抽象か，どちらかに帰着する」のに対して，分析すべき歴史の現実的な諸前提は「物質的な生活諸条件」だとされる．したがって，ここで問題なのは「唯物論的な見方と観念論的な見方との対立」（マルクス／エンゲルス 1845-46：202）であり，後者がイデオロギーと名指されているのである．この用法は「学者の空論」に近い．

　しかし，『経済学批判』序言では，マルクスは，社会を建物にたとえれば，人間の生産諸関係の総体からなる経済的構造が建物の「土台」であり，法律や政治体制などは「上部構造」で，人間の社会的意識もこの「土台」に対応している，と説明する．そして，社会変革の時代には「経済的生産諸条件における物質的な変革」と「人間がその中でこの衝突を意識し，それを闘い抜く形態である，法的，政治的，宗教的，芸術的あるいは哲学的な諸形態，簡単にいえばイデオロギー的な諸形態」とを区別しなければならない，と述べている（マルクス 1859：6-7）．したがって，ここでは観念論的な見方に限らず，経済的諸条件に対応した「一定の社会的意識諸形態」そのものがイデオロギーだとされている．しかも，それは

人間の客観的な社会的存在を常に認識し損なうものだと想定されている．
　具体的に同時代のフランスを分析した『ルイ・ボナパルトのブリュメール18日』では，マルクスは，土地所有貴族や金融貴族，工場経営者や小商店主，分割地農民や賃金労働者などを取り上げ，「所有の，生存条件の異なる形態の上に，独自に形作られた異なる感性，幻想，思考様式，人生観といった上部構造全体がそびえ立つ」（マルクス 1852：62-63）と述べていた．つまり，イデオロギーは特定の階級ごとに異なるのである．
　こうしてマルクスは，特定の階級や党派が表明する言説としてのイデオロギーと，彼らが物質的生活諸条件に規定されてせざるをえない実際の行動とを区別し，後者の分析を自らの課題とした．さらにマルクス以後のマルクス主義は，敵対する階級や党派の考え方や主張が彼らの現実の利害関心を隠蔽する「偽りの意識」であることを強調する批判語として，イデオロギーという言葉を多用した．

●**階級意識とイデオロギー**　20世紀に入って，ルカーチ・ジェルジ（1885-1971）は1923年の『歴史と階級意識』で，「自分の社会的・歴史的な経済状態についての，階級的に規定された無意識」である「階級意識」が，どのようにして「事実上の心理学的意識状態」を超えて意識されるようになるか，という問題を提起した．彼によれば，労働者の意識は資本主義的物象化の中で「商品の自己意識」となっており，現在の経済的環境を「自然な」ものだと思いこんでいる．この事態を彼は「プロレタリアートのイデオロギー的な危機」（ルカーチ 1923：506）と呼んだ．
　それを受けて，「ブルジョア的イデオロギー」を批判するマルクス主義そのものを一つのイデオロギーとして分析対象とする，より包括的なイデオロギー論を構築したのが，カール・マンハイム（1893-1947）である．彼は1929年の『イデオロギーとユートピア』で自らの立場を「知識社会学」と名づけ，「あらゆる生きた思想は存在に拘束されている」と主張して，イデオロギーを「存在に拘束された思考」（マンハイム 1929：158）と再定義した．そして，さまざまな理念を「主体の存在位置の函数」とみなすことで，イデオロギーの主要な類型の分類を行った．
　そのような相対主義的分類を超えてイデオロギーをめぐる階級間の力関係を改めて問題にしたのが，ルイ・アルチュセール（1918-90）である．彼は1970年の論文で「イデオロギーは物質的存在をもつ」と主張し，アントニオ・グラムシ（1891-1937）が1931年に書き残した「支配階級の政治的・文化的ヘゲモニー装置」という概念を「国家のイデオロギー諸装置」と言い換えた（アルチュセール 1970）．彼によれば，支配階級のイデオロギーは，学校，家族，宗教組織，政治組織，組合，メディア機関などの諸装置を通して個々人に教え込まれている．しかし，そこには常に抵抗が存在するのであり，そこに階級闘争の反響をみることができるという．こうしてイデオロギーという概念は，「無意識」の問題や，広い意味での教育やメディアを通した「アイデンティティ」形成の問題に接続することになる．

［植村邦彦］

インテリゲンツィア
［露］intelligentsiya

　一般に，(1)自立的に思考する人びとを指し，広義には，(2)階層・職業とは無関係に価値・規範・文化の創造と継承に携わる人びと，または(3)職業として知的労働，芸術的創作により報酬を得る社会層，(4)狭義の歴史用語として，19世紀後半のロシア帝国で高等教育を受けた者たちの中で，権力に抗して民衆（人民・民族）の利益の代弁者・庇護者の役割を引き受けると自任した人びとを指す．西欧での類義語は intellectuals で，いずれも知識人,知識階級と訳される．

●**知的な社会集団**　ラテン語の動詞「知る」から派生し，原義は理解，理性，知識，理念を指し，ロシア語でも高度な知的能力という意味で用いられた．18世紀後半にはフリーメイソンのI.G. シュワルツが不死なる霊魂（肉体から解放された知性の最高状態）という意味で用い，19世紀初頭には哲学用語としてF. シェリングの理性的精神を指した．1836年には詩人B. A. ジュコフスキーが首都ペテルブルクの最上級の貴族層を「全ロシアのヨーロッパ的インテリゲンツィア」と呼んだが，そこには高度な西欧的知性をもちながらも目の前の民衆の不幸に共感を示そうとしない不道徳な貴族層に対する皮肉が込められており，この概念の本来的な倫理性が強調された．この用法は，その後，理念・理想のために生きる選ばれた人びとというイメージとして引き継がれていく．1844年にポーランドの哲学者K. リベルトは「高等教育を修めて学者・官吏・教師・聖職者・産業人として民族を先導する者」と定義した．ロシアでは1860年代初頭にスラブ派のI. S. アクサーコフが，民衆から遊離して外来の西欧的価値を志向する西欧派知識人に対して否定的な意味で用いた．従来，この用語の創始者とされてきた作家P. D. ボボルィキンが1866年に最初に用いたときの語義は，社会集団というよりも知性を指しており，知的な社会集団という意味でのこの用語法が普及したのは，実は1870年代以降で，初めて見出し語として採用した『ダーリ大ロシア語詳解辞典第2版』(1881)は，この語を「理性的で教養があり知的に発達した住民層」と定義した．当初，貴族・聖職者身分出身者が多数を占めていたが，19世紀後半から20世紀初頭にかけて，町人・商人・農民身分出身が増大した結果，彼らは雑階級インテリゲンツィアとも呼ばれ，職業として技師・専門技術者・医師・教師・大学教員・地方自治体職員・統計学者・農学者・弁護士・編集者・新聞記者・画家・作家などがこの範疇とされた．人口規模でいえば，1860年代初頭には高等教育修了者が約2万人（ロシアの総人口約7400万人）であったが，19世紀末には知識労働従事者が約73万人（ロシアの総人口約1億2900万人）で，生産労働人口の約2.7%を占めるまでに増大した．また1870年代以降に高等教育を受けた女性たち

が主として教育・医療・文化に関わる職業に進出したことを背景に，1917年には150万人を超えた．その思想信条は，君主主義者，自由主義者からナロードニキやマルクス主義者に至るまで多様であったが，20世紀初頭にかけて次第に，反政府的で革命思想・運動に親近感を抱く批判的な知識人というロシア特有の語義が強まった．例えば，P. L. ラヴローフは，知識人の知性は民衆の労働の犠牲のうえに成り立っているという思想を説き，V. イヴァーノフ=ラズームニクは，個人の身体的・知的・社会的・人格的な解放を目指し新しい理想を創造してその実現に取り組む超階級的集団として定義した．1905年革命後には論集『道標』(1909)の論者 (N. A. ベルジャーエフ，S. N. ブルガーコフら) が，現実社会に対して無責任な政治的急進派という意味で批判的に用いたところ，これに反対して立憲民主党から社会革命党やボリシェヴィキまで広範な政治的立場の論者たちが民衆の解放を目指す社会・政治活動家という肯定的な意味でその役割を擁護し，さらには革命派のV. I. レーニンやV. M. チェルノーフは職業革命家という積極的なイメージを提起しA. I. ゲルツェンやN. G. チェルヌィシェフスキーが理想化された．文学の分野では保守・反動に反対しブルジョア精神やプチブル的俗物主義を拒否する高い知性と倫理観を備えた人びととして描かれた．このような特殊ロシア的な用語法は欧米や第三世界に波及した．またM. ヴェーバーはインテリゲンツィアを，共通の信仰をもつ宗教に類する知識層の最後の大きな運動体とみなした．

●**ソ連時代以降の情況**　1917年以降，ボリシェヴィキ (ソ連共産党) 政権下では，I. F. ストラヴィンスキーなど多くの芸術家・作家・学者が亡命し，ネップ開始に関連して1922年には225人の著名な学者 (ベルジャーエフ，P. A. ソローキン，S. L. フランクなど) を含む医師・大学教授・経済学者・農学者・協同組合活動家・作家・法律家などが強制的に国外や辺境諸県へと追放された．知的社会集団としては，1920年代末には革命前の大学・研究所の学者の約60％，産業分野の熟練専門家の約80％が国内に残留したが，1920年代末から30年代初頭にかけて共産党による思想統制が強化され，1930～40年代には約60万人が犠牲になった大テロルなど大規模な粛正がなされ，P. A. フロレンスキーなど多くの著名な学者が収容所に送られ処刑された．他方，亡命思想家たちはロシア知識人の問題点として，その無国籍的な反逆精神を批判し (G. P. フェドートフ)，現実を無視した教条主義を克服することが必要だと訴えた (I. A. イリイーン)．I. V. スターリンが批判された1950年代後半以降のソ連では，公式イデオロギーとは異なる政治見解を表明するA. D. サハロフなど異論派と呼ばれる人びとが登場して人権擁護活動を展開し，東欧でもプラハの春やポーランドの連帯などの反体制運動を支えた．ノーベル賞作家A. I. ソルジェニーツィンは，高い倫理的価値観をもたずに，ただ権力に奉仕する人びとを知識中心主義だと批判し，この語の道徳的含意を強調した．

［下里俊行］

進化論
［英］evolution theory

　進化という事象を説明する進化論は，キリスト教圏における創造論への対抗理論として興隆した．一方，日常用語では，単なる変化や変形から成長や進歩まで，「進化」という言葉で語られている．逆に，「evolution」という言葉が19世紀後半に英語圏で広まる以前は，変化や発展を意味する複数の言葉が進化という事象を指し示すのに使われていた．成長や進歩とは異なる進化という概念が科学的に確立していく過程が現代進化論への道ともいえる．

● **自然史研究の進展とラマルク**　18世紀に確立した分類学を受けた自然史研究では，化石研究と結びつくかたちで古生物学や比較解剖学が発展した．特にイギリスでは，自然に神の摂理を見出す自然神学の枠組みで研究されていた．キリスト教の世界観では，自然の秩序を構成する種は神が創造した不変の実在であり，存在の連鎖というかたちで序列化されているとも考えられていた．このような世界観に対する異論も啓蒙思想の興隆とともに唱えられるようになる．

　種の不変性という考え方に対して本格的に異を唱えたのがJ.-B.ラマルク（1744-1829）である．主著『動物哲学』（1809）では，動物分類の人為性が強調され，種が環境の影響で変化する原理が定式化されている．第一法則は，環境に対応するために使われた器官が発達する一方で使われなかった器官が縮小するという用不用説である．第二法則は，環境の影響による変化が生殖を通じて子孫に伝わるという獲得形質の遺伝である．このようなメカニズムによる枝分かれ進化が説明される一方で，『動物哲学』では序列化された生物分類が展開され，自然発生する原生生物から高等な生物へと自然の秩序を上昇する進化の道筋が提起される．ラマルク進化論は，19世紀を通じて大きな影響を及ぼすことになる．

　フランスでは進化論が徹底的に排撃されたが，19世紀前半までに古生物学と地質学が相伴って進展したことで，神が一度に全生物を創造したという世界観を維持するのは困難になっていた．特定の地層から発見される化石の種類が地質年代によって異なっていたからである．同時に，地球の歴史が数千年から地質年代の奥深くまで拡張された．キリスト教信仰との調和を目指す人びとは神による段階的な創造という考え方で妥協したが，イギリスでも急進派はラマルク進化論を受容した．1844年に匿名で出版された『創造の自然史の痕跡』など，下等な生物から高等な生物への進化という理論は，正統信仰だけでなく階層秩序も脅かすとして危険視された．一方，キリスト教の枠内での自然研究も一枚岩ではなく，天変地異という自然に対する神の介入を強調する立場から神の摂理を表す自然法則の探究を重視する立場までさまざまであった．このような対立構図の中で，自然の

斉一性を地質学研究の原則に据えた Ch. ライエル（1797-1875）の『地質学原理』が公刊される．地球上の大きな変化も長い時間をかけた小さな変化の積み重ねとして説明するライエルの地質学は，ダーウィン進化論の誕生を後押しする触媒の役割を果たすことになる．

●ダーウィン進化論以降　長年秘かに進化理論と格闘していた Ch. ダーウィン（1809-82）は，標本採集のためマレー諸島に滞在していた A. R. ウォレス（1823-1913）から自らの自然選択（自然淘汰）と酷似する種の変化メカニズムを提起した論文が送られてきたことをきっかけに，自らの進化論を公表する．1859年11月に出版された『種の起源』は，自然神学の枠組みで地質学を学んだダーウィンが執筆した自然神学書ともいえるが，神の計画による創造という自然神学の基本原理を否定する革命的な理論を提起している．生物種が生息環境に適応しているのは，神のデザインに基づいて創造されたからではなく，自然のメカニズムを通じて環境に適応するように進化してきたからだと説明しているのだ．その二本柱は，通常，共通起源説と自然選択説だといわれている．前者は，類縁関係にある種は共通の祖先から枝分かれして進化してきたために類似しているというものであり，「存在の連鎖」に代表される序列化された自然秩序という考え方を無効化するものである．しかし，ダーウィンの著作にも，生物の序列や人種の優劣を示す図式や表現が散見される．後者は，人口増加の圧力による食料不足がもたらす生存のための競争という T. R. マルサス（1766-1834）が『人口論』で提起した概念を自然界に適用し，生存競争の結果，環境に適応した個体が多く生き残って子孫を多く残すことで種の形質が変化するという進化メカニズムである．ほかにも，繁殖につながる形質や本能が繁殖のパートナー選びの際に選択されて子孫に受け継がれることで種が進化するという性選択メカニズムが提起されている．『種の起源』の出版後，人類の進化をめぐってさまざまな人びとが論争し，特に人間独自の属性と考えられた道徳性をめぐって，ダーウィン，A. ウォレス，T. H. ハクスリー（1825-95）などが議論を展開した．自然選択を通じた個体の変化が種の進化につながるという理論が，不変の実在という種概念を刷新することになり，個体の性質に規定される種の性質をどのように規定するのかという問題が，優生学的な関心と結びついて統計学の進展を促すことになった．また，枝分かれ進化を説明する分岐の原理で鍵となる概念である「自然の秩序（エコノミー）」や「自然の機構（統治機構）」は，後の生態系につながる発想といえる．

　19世紀末になると，獲得形質の遺伝による進化というネオラマルキズムに対抗しながら，獲得形質の遺伝を否定して選択のみを進化の原動力とするネオダーウィニズムが勃興する．メンデル再発見から集団遺伝学に至る20世紀初頭の流れと結びつくことで1940年前後に「現代的総合」が起こり，現在の主流派進化論につながっていく．

［藤田　祐］

社会進化論
[英]social evolutionism

　チャールズ・ダーウィン（1809-82）の進化論を受けて発展したため社会ダーウィニズムとも呼ぶ．社会進化論は多義的で定義しにくいが，19世紀半ばから20世紀初頭にかけて最小限，次の三つの要素が結びついて登場したといえるだろう．(1) あらゆる人間社会が同じ一つの法則にしたがって単線的な歴史をたどると考える発展段階論的な要素．(2) そのような社会変化が自然界を統べる進化のメカニズムによって駆動されると考える進化論的な要素．(3) 自然過程である進化の帰結を規範的尺度とし，人間と社会の価値を測ろうとする自然主義的な要素．多義的な理解を許す範疇のもと社会哲学，人類学，倫理学にかかる多様な思潮が展開された．

　典型的にはハーバート・スペンサー（1820-1903）が『生物学原理』（1864）で着想し，ダーウィンも採用した用語「最適者生存」で表現されるように，市場経済の自由競争を称揚する．強い主張をする場合には非白人，女性，下層階級を劣等視するのを正当化し，本来淘汰されるべき劣等因子を生き延びさせるとして社会政策を否定した．極端な場合には優生学や人種主義に論拠を与えた．しかし基本的には，個人の自助を重んじる19世紀自由主義思想の変種とみるべきであろう．また，遺伝現象を基盤に自然科学と社会科学の統一という係争問題をつくった．

●**発展段階と社会有機体**　社会進化論の萌芽を18世紀進歩思想に見出すこともできるが，オーギュスト・コント（1798-1857）の実証哲学が重要である．「三段階の法則」によれば人間精神には想像力と観察の組み合わせによって三つの段階（神学的，形而上学的，実証的）がある．この法則をもとに，奴隷制を主要制度とする軍事的社会の「神学・軍事的時代」，批判と議論の時代である過渡期の「形而上学的・法曹的時代」，産業を土台に社会が再組織される「科学的・産業的時代」と，社会編成が軍事から産業へと徐々に交代してゆく過程として歴史をとらえた．

　スペンサーはコントの影響を否定するが，社会は「軍事型」から「産業型」へ進化すると述べ，それぞれの特徴を「強制的協同」と「自発的協同」に求める．この図式は，社会の進化を生物の個体発生のように，同質的で単純な社会が異質な要素に分化し複雑化しつつ，それら異質な要素間により高次の秩序を実現してゆく過程ととらえる進化概念による．社会有機論は古くからあるがスペンサーのそれは，生物有機体と社会に相似性をみるだけでなく，宇宙全体を統べる同じ一つの進化の帰結とみなす．重要なのは，生物有機体との差異に社会有機体の鍵が求められる点である．生物有機体はその全体に生命と意識が宿っており分割すると死んでしまうが，社会有機体は構成要素たる個人にこそ生命も意識も存する．「社

会はその構成員の利益のために存在するのであり，社会の利益のために構成員が存在するのではない」(Spencer 1966a：[Ⅵ] 449-450) と書くように，社会有機体の進化は個人の社会的権力からの解放と同じである．機能主義の先駆であるこの社会有機体論を乗り越えることで現代的な社会学の地平が形づくられるだろう．

●**進化論的人類学**　進化は単なる分類でも歴史記述でもないカテゴリーを人類学にもたらした．ルイス・H. モーガン (1818-81) は，アメリカ原住民やギリシア・ローマの部族を研究して，人類社会は「野蛮」，次いで「未開」の段階を経て「文明」に到達すると定式化した．その際，直系親族と傍系親族を区別する記述的呼称の優越（両者を区別しない類別的呼称に対する）が私的所有と国家の発達に対応すると指摘し，乱婚から一夫一婦制家族に至る五段階の家族の進化図式を導き出す（モルガン 1877）．注目すべきは，従来，社会の起源とされてきた一夫一婦制を最高度の位置においたこと，乱婚や中間的諸形態を確たる証拠によらず演繹したことである．現在では否定されるモーガンの説だが，原始共産制から共産主義による国家と階級の廃絶を展望するマルクス主義の唯物史観に影響を与えた．

●**複数の進化**　上のスペンサーの進化概念がダーウィンとは独立につくられたことはよく知られている．ダーウィンの進化の本質は，マルサス的前提（高い繁殖率と資源の希少性）に基づく抑制と均衡のメカニズム「自然選択」である．自然選択は確率的で偶然的だから目的も方向性も価値判断も含意しない．これはラマルクの目的論的な進化論に連なるスペンサー説と相容れないし，優勝劣敗のような強者の論理とも必然的にはつながらない．だが自然選択も前進的発展も優勝劣敗も渾然と「進化」として受容された．慎重なダーウィンでさえ『人間の由来』(1871) が示すように人種，性別，階級にかかる時代の観念から自由でなかった．

　生存競争に反対する進化理解もある．ピョートル・クロポトキン (1842-1921) は，相互扶助が自然選択の帰結（本能）であると強調する．「非社交的な種は衰退する運命にある」（クロポトキン 1902：299）．中央集権国家が村落共同体やギルドなどの社会的機能を吸収し個人主義が支配的になったのに，近代的社会組織の中から相互扶助と協同が自生してくるのは人類の本能の表れだと主張する．生物学に根拠をおくアナキズムは，社会進化論の見過ごされがちな一面といえる．

●**自然主義的誤謬と現代的意義**　スペンサーもクロポトキンも倫理学の大著を物した．両者は進化の理解を異にするが，自然に倫理の基礎を求める点で同じである．「我々が善と名づける行動は，相対的により進化した行動である」(Spencer 1966b：[Ⅸ] 25) との立場は，事実から価値を導く自然主義的誤謬であり，社会進化論の挫折を示している．突き詰めれば優生学や人種主義の誤りもここに起因する．しかし，世紀転換期の社会学者たちやベルクソンに取り組むべき問題を示した意義は大きい．現代では進化心理学が「遺伝的基礎をもつ人間」の課題を洗練した形で受け継いでいる．

[宇城輝人]

社会有機体論

［英］theory of social organism　［独］Organismustheorie der Gesellschaft　［仏］théorie du organisme social

　人間社会を生物有機体のアナロジーでとらえる社会論の総称．社会を個人の総和とみる原子論的・機械論的なとらえ方に反対し，社会を個人の総和以上のものととらえ，社会全体と個々人の密接な結びつきを重視する傾向をもつ．

　例えばドイツにおいては，歴史主義やロマン主義と交差しながら，啓蒙思想やフランス革命へのアンチテーゼという形で展開された．ユストゥス・メーザー（1720-94）は，理性的な法の画一性は絶対主義を招来すると批判し，ギルドや職能団体といった多様な中間権力の足場を確保する多層的な有機体論的君主政を主張した．フリードリヒ・フォン・シュレーゲル（1772-1829）やアダム・ミュラー（1779-1829）も，伝統的なものに対する合理的なものの専制として啓蒙思想における法の形式性を厳しく批判し，法を歴史的形成物ととらえ，中世以来の諸団体の分権的均衡関係を維持する有機体論的君主政の構築を訴えた．これらの議論は，多かれ少なかれヨーロッパ中世への郷愁を伴うものであったため，反動思想と特徴づけられることも多いが，社会有機体論を一概に反動思想と決めつけるのは早計である．

●**ゲルマニストの社会有機体論**　このことは，その後の展開をふまえるとき，より明確になる．すなわち歴史法学派のゲルマニストたちによる議論である．ゲルマニスト派の創始者とされるカール・フリードリヒ・アイヒホルン（1781-1854）は，ローマ法継受以前のドイツ社会を，ゲルマン法による法と政治の有機的な統一体とみて，ローマ法の導入がその有機的関係を引き裂いたと批判した．国民自由主義の「政治的教授」ゲオルグ・ベーゼラー（1809-88）は，絶対主義的集権化を帰結する継受ローマ法に対して，継受以前の民衆の共同体に根ざす「民衆法」を擁護し，他者との有機的な結合を志向するゲルマン的理念を強調した．ベーゼラーにとり，国家はさまざまな仲間団体（ゲノッセンシャフト）間の合意に基づく相互行為によって生み出された法秩序であり，さまざまな成員の意思の生きた統一体であった．

　同様に，ヨハン・カスパール・ブルンチュリ（1808-81）は，有機的で本源的な国民共同体に基づく立憲君主政をドイツ固有の型として英仏の君主政と区別し，政治参加や自由権だけでなく，自由と秩序の調和をも重視した穏健な自由主義を唱えた．そしてゲルマニストの有機体論を最も明確に示したのが，オットー・フォン・ギールケ（1841-1921）であった．「人間が人間であるゆえんは，人間と人間のつながりにある」（Gierke 1868：1）とするギールケは，個々人を原子化し相互対立を増幅させるものとして，継受ローマ法に由来する法実証主義者の人格概念を拒否し，個別利益の追求にみえる行為も，有機体的共同体の一員としての

共同利益の追求の一環であるととらえうるゲルマン的な「全体人格（Gesamtperson）」概念（Gierke 1883：1127）を導入する．社会を構成する公民は，支配の対象であると同時に，国家を構成する有機体の自主的な構成員でもあり，国家は単なる支配装置ではなく，統一と自由を両立させる有機体的共同体なのである．ギールケは，法実証主義者が国家とそれを制限する法を対峙的にとらえて国家と社会の分断をもたらしたと批判し，部分の行為を同時に全体の行為として把握しうる「機関（Organschaft）」概念（Gierke 1880：224-225）を，立法・行政・司法の権力分立論と結合することにより，国家の形式的全能性と国家に対する実定的な法的拘束力の両立を期した．このような考え方は，国家と法の二律背反を克服するうえでは一定の説得力をもつが，他方，権力の責任主体の拡散という難問を生んだ．

　ギールケの有機体論を民主主義的な方向で徹底させたのが，その弟子にして，ワイマール憲法の起草者であるフーゴー・プロイス（1860-1925）であった．プロイスの理解では，ギールケは一方で仲間団体（ゲノッセンシャフト）を積み上げていく重層的な政治秩序構想を提示しながら，他方ドイツ帝国の国家性を弁証する際には，国家の概念規定に主権概念を導入したために，その理論的な貫徹が阻まれる結果となっていた．プロイスは，主権概念をロマニスト的でドイツに合わないものとして拒否し，上位の団体が下位の団体を重層的かつ有機的に組み込むことを可能とする「領域団体（Gebietskörperschaft）」（Preuß 1889：289）概念に加えて，自治体と国家の概念的区分を可能とする「領域高権（Gebietshoheit）」（Preuß 1889：406）概念を導入することにより，自治原理に基づいて仲間団体（ゲノッセンシャフト）を重層的に積み上げる有機体的法治国家論を完成させた．プロイスの有機体的法治国家論は，きわめて不完全な形ではあるが，実際のヴァイマル共和国の国制に反映されることともなった．

　一方，ナチ期においては，ナチス体制を正当化するための極端な民族共同体の説明に歪曲的に利用されたために，後世からの厳しい批判の対象ともなった．

●日本への影響　日本では，明治初期にブルンチュリを翻訳した加藤弘之（1836-1916）らによって受容されたが，家族主義と結合して歪曲され，天皇制国家を正当化する家族的国家観に変質し，終戦まで大きな影響力をもった．他方，「国家を一の協同体」とみる我妻栄（1897-1973）を筆頭に，民法学でも受け入れられ，戦後の生存権の確立につながった．

　社会有機体論は反動思想と解されることも多いが，必ずしも反動思想を帰結するとは限らない．人間社会を有機体アナロジーでとらえる点で共通性があるとしても，その理論的帰結は多様である．なお19世紀イギリスにおいては，ハーバート・スペンサー（1820-1903）を中心に，社会進化論と密に絡み合いながら独自の展開をみせた（☞「社会進化論」）．

［遠藤泰弘］

優生学

[英]eugenics　[独]Eugenik, Rassenhygiene

　「優れた生命」と「劣った生命」を何らかの基準で峻別したうえで，前者を「肯定」し後者を「否定」するという古くからあった優生思想が，新たに時代の先端科学として登場するのは，19世紀から20世紀への世紀転換期のヨーロッパにおいてであった．

●**優生学と近代社会**　この時期のヨーロッパでは，18世紀後半のイギリス産業革命を起点とする工業化がヨーロッパ内外へと波及し，さらには一段と高度化するに伴い，社会が大きく変化しつつあった．農村中心社会から都市中心社会への転換が現実のものとなったのである．そして都市においては生活水準の上昇，乳幼児死亡率の低下，伝統的な大家族から夫婦と少数の子どもによって構成される近代家族への転換といった動きが労働者層にまで及び，出生率の低下がはじめて大きな社会問題となり始めていた．こうした変化を促したのは，都市交通網や上下水道の整備をもたらした種々の工学部門や新たな産業を生み出した化学，さらには細菌学に代表される医学といった自然科学の飛躍的発展であった．私たちが生きる近代社会の原型を形づくったともいえるこれら一連の社会変化の中で，優生思想は当時の進化論や遺伝学を取り込んで，科学を装い社会の支持を集めるという意味での「科学化」の道を歩んだ．さらに優生学が社会に受容されていく背景には，国民国家が内には国民を守る福祉国家，外に向かっては植民地獲得に走る帝国主義的な国家として強化される一方で，国民の大多数を占める労働者層がこうした発展の恩恵を受けることによって相対的に数を増すことへのエリート層や市民層の漠然とした不安があった．それによって社会の退化（進化論でいう優勝劣敗の法則に反する「逆淘汰」現象）が起き，ロシアが日本に敗れたように，ヨーロッパ文明そのものが衰退に向かうのではないかと恐れられたのである．

●**優生学と優生政策の展開**　こうした時代状況にあって優生学の「科学化」の起点となったのは，Ch. ダーウィン（1809-82）の従兄弟にあたるイギリスのF. ゴルトン（1822-1911）であった．彼はダーウィンの『種の起源』（1859）の影響の下で，人間の「品種改良」を目指す科学を1883年に優生学（ギリシア語の「良き血統 [eugene]」が語源）と命名した．その後イギリスでは1907年に優生学を啓蒙する運動体として優生教育協会が設立されるが，同じ頃ドイツでも，在野の医師であったA. プレッツ（1860-1940）やW. シャルマイヤー（1857-1919）によって優生学運動が展開され，1905年には世界初の優生学会である人種衛生学会（プレッツが命名したドイツ版優生学）が設立された．またアメリカにおいては，優生学をリードしていた遺伝学者Ch.B. ダベンポート（1866-1944）を中心に，遺伝

的に問題のある家系を調査する目的で優生記録局が設立された（1910年）．このように優生学は，1900年前後の「メンデルの法則」の再発見といった遺伝学の新展開を背景に，種々の国際会議を通じて各国の優生学者のネットワークを強化する一方で，当時社会問題化されつつあった障がい者や精神病者，さらにはアルコール中毒患者などの増加を阻み社会改良を図るという幅広い社会ダーウィン主義的な思潮と結びつくことで，影響力を強めていった．イギリスではウエッブ夫妻（S. ウエッブ［1859-1947］，B. ウエッブ［1858-1943］），H. G. ウエルズ（1866-1946），J. M. ケインズ（1883-1946）ら，ドイツでも F. ニーチェ（1844-1900）や G. ハウプトマン（1862-1946）をはじめ，左右を問わず多くの知識人・文化人がこの思潮に共鳴していたとされている．

　優生学は第一次世界大戦前後から各国で新たな政策や法律として具現化されるようになる．社会的に「劣等」と判断された人間の生殖を制限する「断種法」はその典型である．最初に断種法が成立したのは 1907 年のアメリカ（インディアナ州）であり，その後 1923 年までにアメリカでは 32 州で立法化された．ドイツでは 1933 年に遺伝病子孫予防法が制定されたが，プレッツから F. レンツ（1887-1976）や E. フィッシャー（1874-1967）を経てナチズムに流れ込んだドイツ人種衛生学の動きは，アメリカの優生学者から先進的と評価された（キュール 1994）．優生学がナチス・ドイツの専売特許ではないことは，1934 年に制定されたスウェーデンの断種法が 1997 年に至るまで強制断種規定を残したまま効力を有していたことからも明らかになる．日本においては 1940 年に断種法の色彩の強い国民優生法が成立し，第二次世界大戦後の 1948 年施行の優生保護法（この法律に基づく強制不妊手術をめぐり，国の責任を問う訴訟が 2018 年になって起された）によって優生規定が強化されるが，翌 49 年に改正され経済的理由による人工妊娠中絶が承認されると，人口抑制機能をも果たすこととなった．

●**優生学と現代社会**　世紀転換期のヨーロッパやアメリカにおいて「科学化」を通じて幅広い支持を得た優生学をめぐる動きは，ナチス・ドイツによる安楽死やホロコーストに直結した克服されるべき過去の問題にとどまらず，すぐれて現代的な問題でもあり続けている．すなわち，20 世紀後半になって飛躍的な発展を遂げた生命科学が文字どおりの先端科学として脚光を浴びる中で，着床・出生前診断や遺伝子治療，さらにはデザイナーベイビーの可能性などによって，自由意志による自分自身の「改良」や，「望まれない」または「望ましい」生命の選別の是非が改めて問われる状況に我々は直面しているのである．他者の尊厳を損なうことなく生命科学の成果を享受することは可能か，それはそもそも許されるのか，自由意志による選択の帰結に誰が責任を負うのか．現代社会は先端の生命科学が新たに呼び覚ます優生学の問題と向き合い続けることを求められている．（アダムズ編 1990；米本他 2000；松原 2002）

［川越 修］

実証主義

[仏]positivisme [英]positivism [独]Positivismus

　実証主義とは知識の根拠を形而上学ではなく科学に求め，知的・社会的統一の実現を目指す思想的立場を指す．歴史的には19世紀のオーギュスト・コント（1798-1857）を起点にJ. S. ミル（1806-73），É. デュルケーム（1858-1917）の社会科学方法論を経て，20世紀の論理実証主義に至る思想潮流をいう．Positivisme概念の初出は，サン=シモン主義者の講演記録『サン=シモン学説解義―初年』（1830）だが，そこでの用法は近代科学の進歩による「実証的な思考の習慣」ほどの意味で，しかも宗教的色彩を強めていた彼らは軽蔑的に用いていた．「主義」としてのpositivismeはコントを待たねばならないが，この言葉のもととなった「実証」はすでに長い概念史を有している．

●概念の変遷　元来ラテン語のpositivusは神や人間の同意により確定された事柄を指し，実定法／自然法のように「自然な（naturalis）」に対立した．だが16世紀のF. ベーコン，17世紀のスピノザ汎神論，イギリス理神論の影響で神の摂理の研究は自然法則のそれと重なり，実証概念は「自然」と親近性を深める．「実証的真理は神の意向から自然へ与えられた法則であり，神に依存する」（G. W. ライプニッツ『弁神論』1710）．だがこの過程で法則の敷設者（poseur）たる神が徐々に脱落し，事物の相互関係は自然界にすでに「設置された」ものとされ，法則の生成や事物の本質把握は断念される．事物の現象だけを頼りに自然法則を築くこの考えは近代科学の方法論としてイギリス経験主義に，フランスでも18世紀後半の百科全書派やコンドルセ，P.-S. ラプラスの数学的自然研究に受継がれた．
　19世紀にコンドルセの感化を受け，フランス革命後の社会再建のために実証科学の構想を唱えたサン=シモン（1760-1825）において，実証概念は特殊経験諸科学を総合した「実証的一般科学」という社会の再組織を担う学問計画と結びつく．それを後に「社会学」の形で実現する弟子のコントは「哲学」概念に実証を冠する意義を「観察された事実の整合的な秩序づけ」（『実証哲学講義』第1巻，1830）におき，自然諸科学から社会学までの知の統合を企てた．社会は観念の共同体であり，社会現象の観念体系の分裂（神学vs.形而上学）が社会的無秩序の元凶だとすれば，科学による知の体系化こそ秩序回復の鍵とされた．

●実証主義の誕生　コントは『実証精神論』（1844）で実証概念に現実，有用，確実，正確，組織，相対という六定義を与えるが，後者の二定義は当時の辞典にはなく，18世紀形而上学の批判精神と絶対精神（反歴史主義）にそれぞれ対置された彼の独自の思想を表している．組織概念は社会秩序と諸科学に対する実証哲学の組織的精神を，相対概念は人類史の三状態（神学状態・形而上学状態・実証状態）

を人間精神の正当な歩みとみなす，各時代の世界認識の相対性を表している．この両概念は「秩序と進歩」というコント思想の要諦を示しており，後に第七定義に加わる共感概念により彼が晩年に創始する人類教の精神が表される．

ただコントが自らの思想を positivisme と称するのは比較的遅い．言葉の初出は『講義』第2巻（1835）だが，全6巻の計6回の用法は肯定的な意味とはいえ，概ねかつてのサン=シモン主義者のそれと変わりない．初めて固有の意味が与えられるのは人類教を宣言した翌年の『実証主義総論』（1848）以降である．「実証主義は主に哲学と政治からなる．前者は知性と社会性が結合する同じ一つの普遍的体系の基礎にして後者はその目的をなす」．政治とは人類教の創設による社会（ポリス）の再建を意味し，前期の実証哲学はこの実践目的の理論的基礎にすぎない．青年期からコントの究極目的は社会再組織化にあり，彼によれば前期（実証哲学）と後期（人類教）の思想に断絶はないとされる．

●**コント以後** 実証哲学=実証主義の通念を定着させたのは人類教から離れた友人や弟子たちである．ミルは「三状態法則」を高く評価し，コントを財政的にも支援したが，『コントと実証主義』（1865）では法則研究から社会の組織化という目的を排し，その宗教的旋回を「哲学的堕落」と断じた．『コントと実証哲学』（1863）の著者エミール・リトレ（1801-81）もコント思想の嚆矢を『講義』に認め，実証哲学の宗教化に反対し，両者はコントと生前から袂を分かった．すでに著名だった彼らは一部の知識人以外には無名だったコントの名を雑誌や協会を通じて国内外に喧伝する一方，実証主義=科学主義のイメージの伝播者となった．

実際，J. フェリー，L. ガンベッタら共和主義者が反教権主義と世俗教育に尽力した第三共和政期，「実証主義」は E. ルナンの文献学やモノーの歴史学，デュルケーム社会学から唯心論哲学（スピリチュアリスム）（F. ラヴェッソン，E. ルロワ）まで共和派知識人の流行語となる．当時の辞典項目もこの共和主義精神を反映し，リトレ自身の『リトレ辞典』（1876-78）は「実証哲学の体系」とのみ記し，この言葉を正式に仏語に登録した『アカデミー辞典』（1878）もこれを踏襲した．『19世紀ラルース事典』（1874）はミルとリトレの権威を盾に，人類教を支持した正統派の弟子たちに忠告している．「神学の敵たちは驚くべき矛盾に陥った．新たな神学を創始したのだ．……師のドグマ主義に麻痺した連中はこの事態をよく考えたまえ」．

ただ正統派の弟子たちも一部は反議会主義やサンディカリスムに流れたが，政治的立場は共和主義を大きく超えるものではない．リトレの死後，フェリーに接近した P. ラフィット（1823-1903）はコレージュ・ド・フランスの初代科学史講座に就き，フェリーの植民地政策を支持さえした．彼以後，本国で下火になった道徳的・実践活動は欧米各国（特にイギリス）のほか，南米で大きく開花した．ブラジル国旗の標語「秩序と進歩」は，リオの実証主義者協会の創始者たちが1889年の共和政建国時に指導的な役割を果たしたことを今に伝えている．　　　　［杉本隆司］

写実主義（リアリズム）

［英］realism　［仏］réalisme　［独］Realismus

　写実主義という用語は，広い意味では主観的な理想化を排して，現実を忠実に模写・再現しようとする文学上および美術上の立場，作風に関して用いられるが，狭義の写実主義は，19世紀中葉のフランスを中心に起こった文学および美術の運動を指す．19世紀のリトレ辞典では「写実主義．新語．芸術と文学の用語で，理想を抱かずに自然の再現に執着すること」と定義されている．近代市民社会の発達，産業の機械化，都市人口の飛躍的増大，交通の発達などを歴史的背景として，18世紀にはイギリスのS. リチャードソン（1689-1761），H. フィールディング（1707-54），フランスのアベ・プレヴォー（1697-1763）などの作家が当時の社会の特徴を描いている．19世紀前半にはスタンダール（1783-1842）の『赤と黒』（1830）や『パルムの僧院』（1839），「戸籍簿と競合する」と豪語したH. de バルザック（1799-1850）の壮大な『人間喜劇』の作品群が金銭が宰領し欺瞞が蔓延する同時代の社会との葛藤を抱えながら生きる個人を生彩に富んだ筆致で描いており，すでに写実主義の傑作と呼んで差し支えない小説が刊行されている．

●クールベ　写実主義にとって記念すべき年は，1855年である．G. クールベ（1819-77）は，この年の万国博覧会に《オルナンの埋葬》（1850）を出品したものの落選してしまう．そこで彼は個展を開いて，写実主義を「生きた芸術をつくること」であると高らかに宣言したことが，写実主義論争の発火点となった．片田舎の無名の一市民の埋葬を描いた《オルナンの埋葬》が物議を醸したのはなぜであろうか．クールベは，黒い喪服で身を包んだ見栄えのしない田舎の幾人ものブルジョアを等身大で描いたこの風俗画をあえて英雄を描いた歴史画として提示した．この作品は「絵画における階層秩序への決然たる侵犯の意志」（阿部 1975：111）の所産として官展派に受け止められ拒否されたのである．ジャンルや画題における貴賎の階層秩序を侵犯する平準化は，A. de トクヴィル（1805-59）が注目していた近代民主主義社会において進行する平等化と明らかに軌を一にする動きである．ロマン主義は文学における自由主義だと喝破したのはV. ユゴー（1802-85）であったが，クールベは写実主義は民主主義の芸術であると述べ，パリ・コンミューンに参加して投獄され，晩年はスイスへの亡命を余儀なくされた．

●フローベール　もともと官展派がクールベの「オルナンの埋葬」に浴びせた嘲罵の言葉であった「写実主義」という言葉を文学の世界に持ち込んだのは，クールベの友人シャンフルーリ（1821-89）と雑誌「写実主義」を主宰したL.-E.-E. デュランティ（1833-80）である．1851年のルイ=ナポレオンによるクーデタと第二帝政の幕開け，検閲の強化を背景として，T. ゴーティエ（1811-72）などの作家が同時

代の政治的社会的現実に背を向けて「芸術のための芸術」に沈潜していく中で，写実主義の主張が芸術至上主義への反措定であったことは注意に値する．シャンフルーリは『マリエット嬢の恋愛遍歴』(1853)などを発表したが，写実主義が第二帝政期の主要な潮流となるのは，皮肉なことにもこの流派を嫌悪していたG. フローベール(1821-80)の『ボヴァリー夫人』(1857)によってであった．19世紀前半のバルザックやスタンダールの小説では，野心を抱くことは貴族の出自や傑出した才能や財力をもつ者にしか許されず，階級差を超えることは政治的社会的ドラマを生んだ．しかし『ボヴァリー夫人』では，地方の一寒村の農民の娘がパリの社交界の貴婦人との格差を耐え難い不公平であると感じ，民主主義的羨望を募らせるが，不倫の末の自殺はもはや劇的事件になりえず，日常の中に回収されてしまう．フローベールは，平等の観念がフランス全土のあらゆる階層に浸透し，画一化と凡庸化の進むブルジョア社会を，語り手の説明を控え，アイロニーを潜めながら，田舎風俗の額縁の中にきっちりと収めて描き切ったのである（松澤2004）．この作品は一見するといかなる教訓も含んでいないことから，価値不在の「民主主義的小説」であると非難され，良俗を害したとして起訴されることにもなった．フローベールは，クールベとは異なって民主主義には懐疑的であったが，意に反して写実主義の巨匠と仰がれることになった．写実主義的手法は，ゴンクール兄弟（兄エドモンド［1822-96］, 弟ジュール［1830-70］）やG. モーパッサン(1850-93)に引き継がれ，第三共和制になると自然科学や実証主義の影響のもとで，É. ゾラ(1840-1902)に代表される自然主義の文学を生むことになる．美術の領域でも風刺版画家 H. ドーミエ(1808-79)，農村生活を描いた J. F. ミレー(1814-75)，静物画の F. ボンヴァン(1817-87)などに写実主義が認められよう．

●**写実主義の拡がり**　こうした写実主義の展開は，流派の形成には至らなくても，フランス以外の国にもみられる．ヴィクトリア朝のイギリスには，C. ディッケンズ(1812-70)，W. M. サッカレー(1811-63)などが写実主義的な作品を発表し，ドイツでは，T. フォンターネ(1819-98)，劇作家 C. F. ヘッベル(1813-63)らによって「詩的写実主義」が開花した．ロシアでは，N. ゴーゴリ(1809-52)の写実主義は，フランス文学の影響を受けた I. ツルゲーネフ(1818-83)，L. トルストイ(1828-1910)，F. ドストエフスキー(1821-81)を経て，社会主義リアリズムの創始者 M. ゴーリキー(1868-1936)に至る．

日本においては，坪内逍遙(1859-1935)が『小説神髄』(1885-86)で述べた世態人情を描くべきとの理論を実践した二葉亭四迷(1864-1908)の『浮雲』(1887-88)が日本最初の本格的写実小説であり，当時の社会の風潮に疑問を抱く主人公の姿が描かれている．しかし写実主義は，田山花袋(1871-1930)の『蒲団』(1907)以後，作者の私生活を赤裸々に描く私小説へと変貌しながら，日本独自の自然主義文学を築き上げるに至った．

［松澤和宏］

フランス・スピリチュアリスム
［仏］spiritualisme français　［英］French spiritualism

　一般に，メーヌ・ド・ビラン（1766-1824）からフェリックス・ラヴェッソン（1813-1900）を経て，アンリ・ベルクソン（1858-1941）ならびにその周辺の哲学者に至る哲学的潮流を指す用語である．19世紀以降フランスにおいて広まりつつあった実証主義や科学至上主義（あるいはその源泉たる18世紀啓蒙主義）に抗しつつ，人間の精神活動の独自性を主張し，かつその機構の解明を通じて，形而上学的思索——絶対者の把握——の可能性を探究した思想傾向ということができる．この一連の思想は，実証科学の進展を無視して精神の独自性を主張するのではなく，生理学の成果などを受け容れつつ，これと整合する形で精神の独自性を主張しようとしたが，この点に，その独自性を見出すことができるだろう．

　「フランス・スピリチュアリスム」という用語自体は，哲学者ポール・ジャネ（1823-99）が1860年代に用い始めたといわれる．これはラヴェッソンが，パリ万国博覧会に際して執筆した『19世紀フランス哲学史』で，当時姿を現しつつあるとして賞揚した「実証的スピリチュアリスム」（実質的にラヴェッソンの哲学的立場を指す）を受けつつ用いられたものである．この点からして，ナショナリズム的な傾向をもつ用語であることは間違いない．

　もっとも，社会思想という観点からみた場合，この思想の内実は評価し難い．メーヌ・ド・ビランが上院議員として政治活動にかなり従事し，あるいはベルクソンが，第一次世界大戦に際して外交上の使命を果たした，といった事実があるにせよ，またベルクソンが『道徳と宗教の二つの源泉』を著しているにせよ，フランス・スピリチュアリスムに体系的な社会思想を見出すことは難しい．

　社会思想という観点からいえば，哲学史上本流とされる「フランス・スピリチュアリスム」よりも，ラヴェッソンが上の著作で「半端なスピリチュアリスム（demi-spiritualisme）」という蔑称を投げかけた，ヴィクトール・クーザン（1792-1867）ならびに彼の弟子たちの一派に注意を払うことで，19世紀フランスにおける「知」と「社会」をめぐるさまざまなトピックがみえてくるようになる．

●「半端なスピリチュアリスム」，あるいはエクレクティスム　フランスにおける近代的な哲学教育確立の立役者であり，文部大臣を務めたこともあるクーザン，ならびに彼の弟子たちは，自分たちの哲学を，「スピリチュアリスム」，あるいは「エクレクティスム」と呼んでいた（「半端なスピリチュアリスム」という語は当然ながらクーザンたちが受け入れたものではない）．彼らは自由，平等といったフランス革命以後の諸価値を尊重し，それらが見出される「場」として内面的意識を特権化するがゆえに（その所作はそのまま唯物論の否定へとつながる），「ス

ピリチュアリスム」を名乗り，また，その正当化の為に一種の哲学史的折衷主義とでもいうべき方法に訴えたがゆえに，「エクレクティスム」を名乗るのである．

　彼らの実践的目標は，フランス革命における自由・平等・博愛といった社会的諸価値はそのまま引き継ぎつつ，ジャコバン主義の行きすぎを避けることを可能とする中庸ある社会体制の設立と存続だったが，彼らによれば，「哲学」こそが，その理念に貢献するのである．彼らによれば，尊重されるべき諸価値は，内面的意識を細密に観察すれば，ちょうど外的観察によって自然法則が見出されるように，否定し難く認められるものだが，内面の観察に長けた哲学者こそが，その観察に従事する．他方で彼らの考えでは，哲学史上に現れる諸思想は，何かしらの真理は含むものであり，それらのうちの採るべきところを採ることで（「折衷主義」とも訳しうる「エクレクティスム」の名はこれに由来する），「内的観察」によって見出された諸価値は，哲学史研究によって改めて正当化されることになる．「内的観察」と「哲学史研究」の両者が結びついて，人間の普遍的な価値と秩序の重要性が明らかになる，というのが彼らの「スピリチュアリスム」を支える根本的図式である．そして，「内的観察」と「哲学史」の専門家である哲学者が，教育を通じてこの価値と秩序の擁護に貢献するのである．

●**歴史の中の変貌**　こうして彼らは，フランス革命の成果を行きすぎることのない権威が守る，と彼ら自身が評価した七月王政において活躍することになる．この際特筆するべきは，彼らが，教育における宗教的中立性を，カトリックと時に争いつつ厳守しようとした点である．彼らの思想は良かれあしかれ穏当，かつ社会主義には批判的であるため，カール・マルクスからも揶揄されているが，フランス革命で実現された諸価値を穏当に推進したという点で，然るべき評価を与えられてよいだろう．

　1848年の二月革命とその後の展開は状況を大きく変える．1851年に帝政への宣誓が教員に求められたとき，後に第三共和政期に首相を務めるジュール・シモン（1814-96）など，多数の哲学関係者が宣誓を拒否している（またこれ以降，「哲学」はしばらく教育科目としては弾圧される）．彼らは一度教職を離れて，共和的思想のためにさまざまな立場から活躍することになるが，こうした活動が第三共和政の基礎をつくるものの一つだったといっても差し支えはないだろう．

　もっとも，より良き社会秩序を見出すために内的観察や哲学史に訴える，という方法は，19世紀中期から興隆してくる社会学の激しく攻撃するところとなった（A. コントも É. デュルケームもクーザンについて否定的な評価を残している）．そうしたこともあり，「半端なスピリチュアリスム」に属する人びとの社会思想は，現代に持続的な影響を残しているとは言い難い．もっとも彼らが，「フランス・スピリチュアリスム」に属する人びとと同様に，実践的活動を通じて19世紀フランス社会に影響を与え続けていたこともまた事実である．　　　　［村松正隆］

ライシテ
[仏]laïcité

　ライシテとは，宗教から自律した政治権力が，諸宗教に中立的な立場から，宗教的自由を保障する制度，またはその理念である．それは基本的には，世俗国家の政教関係を政治と宗教の分離によって規定する法制度の問題であるが，世俗社会を生きる人間の思考方法や行動様式をも規定する基層文化の問題でもある．

●**フランス革命からコンコルダート体制へ**　「ライシテ」という語がフランス語に登場するのは 19 世紀後半だが，ライシテの歴史においてはフランス革命が特権的な起点とされることが多い．実際，市民の一般意志による政治権力の構築を目指したフランス革命は，宗教からの政治権力の自律の獲得を決定づける出来事だった．カトリックは国教の地位を失い，革命期には短期間ながら政教分離も実現された．ナポレオン（1769-1821）のコンコルダート体制下においては，「国民の大多数の宗教」として復権したカトリックと並んでプロテスタントとユダヤ教が公認された．このコンコルダート体制は，国家の宗教的中立性と宗教的自由を保障しライシテの方向へと歩みを進めた「複数型公認宗教体制」と評価することができる（ボベロ　2008：39-41）．

　19 世紀のフランスにおいて，カトリックは依然として圧倒的な力を誇っていた．また，コンコルダートは宗教を管理統制する面ももっていた．ライシテは，共和派とカトリックの「二つのフランスの争い」を通じ，前者が後者から覇権を奪う中で形成された．その際，共和派はカトリックに対して優位に立ちつつ，カトリック（および諸宗派）に礼拝の自由を保障しようとした．例えばジュール・フェリー（1832-93）は，1881 年および翌年に制定した法律で，初等教育を義務づけ，公立初等教育の無償とライシテを確立したが，それは私教育や宗教的なものに配慮する側面ももっていた．このように，形成期のライシテには，共和派とカトリックの対決構図と，共和国が宗教に自由を与える構図の両面があった．

　ジョルジュ・ヴェイユは，ライシテを生み出した 19 世紀の思想として，ガリカニスム（ローマに対しフランスの自律性を強調するカトリック），自由主義的プロテスタント，理神論者，自由思想家・無神論者の四つの系譜をあげる（Weill 2004）．フランスの利害を守るカトリック思想，リベラルな宗教思想，宗教に敵対的な思想が，いずれもライシテの思想へと流れ込んでいることに注意したい．

●**政教分離法の成立**　1898 年のドレフュス事件再審を一つの契機として，20 世紀初頭には「二つのフランスの争い」がかつてない激しさで再燃し，エミール・コンブ（1835-1921）は修道院の認可申請を組織的に却下し，修道会による教育を全面的に禁止するなど，苛烈な反教権主義的政策を推進したが，1905 年の政教分

離法はコンブの失脚後に審議および採択されたもので，良心の自由と礼拝の自由の保障を明確に謳っている．フランスの政教分離法は非常に厳格なものといわれることが多いが，宗教の自由を保障するものでもあることを見落とさないようにしたい．

　政教分離法の課題は，公認宗教として社会的な重みをもっていたカトリック，プロテスタント，ユダヤ教を国家から分離し，私的なもの（民間のもの）と位置づけ直し，その枠組みにおいて自由を与えることであった．「私的領域に封じ込める」というと，公共性を奪う印象を与えるかもしれないが，要諦は国家や地方自治体のような「官との分離」であって，礼拝の自由が保障されているわけだから，宗教の公共的・社会的役割は承認されている（レモン 2005）．

　一方，私的領域における宗教の自由を保障したライシテは，単に政教関係の法的枠組みを提供したにとどまらず，公的な領域で覇権を握った世俗主義的な価値観でもあった．公教育を通じて子どもたちを道徳化・社会化し，科学や合理主義の威信を高め，より良い未来への希望を抱かせる「宗教性」さえもっていた．世俗的な科学と共和国の思想には強い親和性があった（Nicolet 1982）．

●**現代のライシテ**　ところが20世紀後半になると，このようなライシテの姿が揺らぎ始める．近代合理主義への懐疑の芽生え，1968年5月に象徴される新旧の価値観の衝突，ポストコロニアリズムが提起する問題など理由は複合的だが，それまでのライシテの影響力が後退し，宗教の動きが再び目につくようになってきた．

　現代のライシテは，諸教会と国家の分離を維持しながら宗教の公共的役割をどのように位置づけ直すかという課題の前に立たされている．ライシテは，宗教再編の枠組みにして，宗教的なものを再構成するベクトルとして機能している．このような局面において，近代的な世俗と宗教の二分法は再強化される一方，両者の境界は揺らぎ相互浸透している．いずれにしても，ライシテの矢面に立たされる宗教は，かつてのカトリックからイスラームへと変化している．

　1989年のスカーフ事件は，ライシテの問題がイスラームとの関係において提起される契機となった象徴的事件である．その後，1990年代のアルジェリア内戦激化，2001年の9.11はイスラモフォビアを助長し，2004年には公立校における宗教的標章の着用が禁止された．2010年にはブルカやニカブのように全身を覆うヴェールの着用が公共空間全般で禁止された．このような経緯は，ライシテがイスラームの挑戦を受けている，またはイスラームがライシテに抑圧されているという印象を助長するかもしれない．たしかに，ヴェール問題は現代のライシテの試金石である．キリスト教文明圏において生成してきたライシテは，イスラームには馴染みにくいという語りは存在する．だが，対立を永遠化するような本質主義的な表象の仕方を退ける試みもなされてきている．　　　　　　　　［伊達聖伸］

唯美主義・耽美主義
［英］aesthecism

「役に立つこと」を要求する社会，その有用性志向に背いて，ひたすら美への陶酔を追求する作家，芸術家，工芸作家の思想や運動，特に19世紀後半から20世紀にかけてのそれを現す．美の追求はしかし，政治的かつ社会的帰結をもつ．

●反抗としての美・美の自立　「こうした硬質の，宝石さながらの炎でたえず燃え続けること，このエクスタシーを保つこと，これこそが人生における成功にほかならない」．ウォルター・ペイター（1839-94）の『ルネサンス論』（1873）のこの有名な文は唯美主義の宣言である．産業経済の中心イギリスを離れ，イタリア・ルネサンスの芸術作品を堪能した彼は，有用性や金儲けとは無縁の美の世界を強調する．その観点から，ウィリアム・モリス（1834-96）らの美術工芸運動を支持する．

しかし，「芸術のための芸術」ともいわれる唯美主義の源泉はフランスでも花咲いた．ペイターに先立つテオフィル・ゴーチェ（1851-1872）の小説『モーパン嬢』（1835）の序文（1845）も唯美主義宣言である．「真に美しいものは，何の役にも立たないものに限られる」．登場人物も「ぼくは美しか求めない．ただし，完璧な美でなければならない」「ギリシア人が美に捧げる途方もない情熱に僕は深く共感する」と書く．この立場は序文にもあるとおり，「貞潔なクリスチャン」の「偽善」が大手を振るう「昨今の傾向」，つまり芸術の道徳化への批判でもあった．19世紀におけるいわゆる再キリスト教化への反抗である．少し遅れて，Ch. ボードレール（1821-67）は，近代性の定義と美の自立を結びつける．彼の「美への賛歌」には，「美よ！　お前の悪魔的かつ神々しい眼差しからは，暗い混沌のうちに美徳と犯罪が溢れ出す」とある．「絶えずモダンでなければならない」と断言する彼が追求するのは，モダニティにおける美，時には悪の中の美である．『職業としての学問』（1919）でボードレールを借りて，美の自立を論じるM. ヴェーバーの筆法でいえば，悪の中にも美は認められる，いや悪だからこそ美である．さらに1890年オスカー・ワイルド（1854-1900）の『ドリアン・グレイの肖像』（1890-91）の序文は，こうした唯美主義の最終宣言として，美と倫理のいっさいの絆を断ち切る．「美しいものに醜い意味を見いだす者は，汚れていて魅力がない．その行為は間違っている．美しいものに美しい意味を見いだす者には，教養があり，彼らには希望がある」．ちなみにこのワイルドは，オックスフォード大学でペイターの弟子であった．

●美による統一　都会の退廃を賛美するフランス19世紀の耽美主義と比べて，イギリスの批評家にして芸術理論家のJ. ラスキン（1819-1900）は，反都会主義であるとともに，明確に美による社会改革を追求する．ペイターはラスキンの『近

代の画家』を読んで，美の世界に目覚めたほどに，ラスキンの影響力は強かった．彼は他方で，労働者のための学校を唱え，後にイギリスに始まりヨーロッパ中に広がったガーデン・シティ運動の先駆けともなった．資本主義の矛盾を美とライフスタイルによって緩和しようという運動でもある．芸術と政治と経済の統一というドイツ・ロマン主義以来の志向を，具体的に19世紀後半のイギリス社会に実現しようと企てた．日本にも影響を与えた美術工芸運動の先鞭もつけている．ダンテ・ガブリエル・ロセッティ（1828-82）らのラファエル前派の画家や，自然描写を重視するジェームズ・ターナー（1775-1851）の絵画への思い入れなども，こうした志向が背景にある．

　こうした流れは，やがてユーゲントシュティール（アール・ヌーヴォー）へと発展するが，その経過を思想的に伴奏したのが『悲劇の誕生』と『ツァラトゥストラ』のニーチェである．「世界は美的現象としてのみ是認できる」と宣言し，「美による救済」を唱えたニーチェは，生命とワインとセクシュアリティの象徴である酒神ディオニュソスを介した生命と美の賛歌を奏でる．ペイターの『ギリシア研究』にもディオニュソス論がある．「ワインはいっさいの生命の流れの象徴」とディオニュソスへのオマージュがある（1897年版，p.6）．相互に連絡のないままに，こうした19世紀の市民層内部の反ブルジョア志向が，ディオニュソスを呼び出したところが，重要である．

●**政治的社会的帰結**　反ブルジョアの生活態度は実生活にも明らかで，ニーチェは一所不住の漂泊の生活，ボードレールはダンディ気取りの放蕩生活で梅毒に感染，ラスキンは結婚した妻の美しさを嘆賞こそすれ，生身の女性として扱うことなく，離婚されている．ワイルドは男色事件で投獄され，梅毒で没している．

　20世紀に入ると耽美主義は社会的・政治的に問題的な帰結をもちやすくなった．ボードレールが崇拝したヴァーグナーも，ボードレールの熱烈な読者であったニーチェもナチスに悪用される．ニーチェを崇拝した究極の唯美主義者ダヌンツィオ（1863-1938）は，多彩な女性遍歴もさることながら，1919年には自らの美の理想と政治を結びつけるべく手兵を引き連れてフィウメに乗り込み，同市のセルビア人・クロアチア人・スロヴェニア人王国からイタリアへの編入を企てている．いろいろな意味でダヌンツィオを理想とする三島由紀夫も，その耽美主義と不可視の天皇主義の結合を私兵組織「楯の会」を使って企てた．ともに内面の幻想が多くの人命被害に至った例である．こうして19世紀的な耽美主義は崩壊するが，その遺産は一方で，アール・ヌヴォーやバウハウスを通じて，日常用品への広く行き渡った美的態度，デザイン重視として生き残り，他方で，ゴーチェに発する「芸術のための芸術」のラテン語版の ars gratia artis は映画会社メトロ・ゴールドウィン・メイヤーのライオンの周りの映画フィルムを飾る標語となり，大衆娯楽のキャッチ・コピーとして変わり果てた姿で生きながらえた．　　　［三島憲一］

ドイツ歴史学派

［独］Historische Schule der deutschen Nationalökonomie

　ドイツ歴史学派とは，19世紀半ば以降のドイツにおいて，抽象的理論研究ではなく，歴史的研究に重点を置く国民経済学者が数多く出現し，C. メンガー（1840-1921）が G. シュモラー（1838-1917）との方法論争の渦中で批判的な呼称として用いたことから一般化した．後に批判された側も「歴史学派」を名乗るようになり，多様な心理的・制度的側面から経済現象の歴史的研究を遂行し，経済史や社会学を開拓することになった．

●**ドイツ国民経済学と方法論争**　ドイツ語圏の経済学（国民経済学）は，領邦国家の政策学である官房学を土台に，ドイツ古典派と呼ばれる経済学者によって導入された英仏の古典派経済学が接続され，その代表者 K. H. ラウが『政治経済学教本』（全3巻，国民経済学原理・国民経済政策原理・財政学，1826-37）として体系化し，これがその後の経済学体系と大学における経済学教育のモデルとなった．理論的部分である「国民経済学原理」には，教義の経済理論と国民経済の発展論が含まれており，前者の彫琢をメンガーが，後者の革新を W. ロッシャー（1817-94）が企て，それらをふまえてラウの体系の改訂を試みたのが A. ヴァーグナーである．

　ロッシャーは『歴史的方法による国家経済学講義要綱』（1843）において「歴史的方法」を提唱し，自然科学をモデルとして歴史的比較から国民経済の発展法則を帰納しようとしたが，実際には政策と制度の歴史的な事例収集にとどまった．他方1870年頃に国家的社会政策の展開を求めた「講壇社会主義者」は，大部の実証的・歴史的専門研究によって一世を風靡した．その代表が，手工業者の過剰の原因を追究したシュモラーの『19世紀ドイツ小営業史』（1870）と労働組合の意義と歴史を分析した L. ブレンターノ（1844-1931）の『現代の労働者ギルド』（1871-72）である．シュモラーはこれらの研究を「精密な歴史研究」と呼び，経済学を部分として含む社会学の構想によってラウの刷新を企てた．

　ドイツにおけるこうした歴史研究の優位に危機感を抱いたメンガーは，『社会科学，とくに政治経済学の方法に関する研究』（1873）において彼らを「ドイツ国民経済学の歴史学派」と呼び，理論的国民経済学を，経済現象の特殊な一面を厳密に法則化する「精密的方向」と実際の現象を類型化し，「経験的法則」として把握する「経験的・現実主義的方向」とに分け，前者に優位をおきつつ歴史学派に後者を割り当てた．シュモラーは本書の書評で法則の二元論的構成に反発し，実証主義的立場から「個別的なものの学問」を「一般理論のための準備作業」と主張して，論争それ自体はすれ違いに終わった．これが方法論争である．

●**歴史学派の成立** その後メンガーはブレンターノとの論争を経て歴史学派の研究方向を独自の「形態学的経済学」として格上げし，他方シュモラーも「歴史学派」の呼称を受け入れて，分業の歴史的発展と家族からの企業の分離・成立を軸とする経済制度の巨視的な歴史的・社会学的研究に向かった．こうして1890年代から20世紀にかけてドイツ語圏の経済学は，オーストリア理論学派とドイツ歴史学派の対立と共存という構図が定着したのである．これにともなって「歴史学派」は，ロッシャーらの先行者の「旧歴史学派」，シュモラーらの「新歴史学派」，その後の新しい世代が「最新歴史学派」として記述されることが一般的となり，場合によってはF. リストが開拓者として位置づけられることもある．

ロッシャー以外に旧歴史学派に属するとされるのは，B. ヒルデブラント（1812-78）とK. クニース（1821-98）である．ヒルデブラントは『現在と将来の国民経済学』（1848）において，自然科学に範をとったロッシャーの歴史的方法を批判し，経済発展を人間に内在する勤勉・企業精神・共同善への献身といった「倫理的力」としての「国民の精神的資本」の発展過程として法則を構想したが，現実には実物経済・貨幣経済・信用経済という段階論の提示にとどまった．他方クニースは『歴史的方法の立場からの政治経済学』（1853）で両者を批判し，国民経済の歴史的発展においては，その条件の多様性によって「独自性」こそが問題であり，「国民経済法則」を求めようとする「理論の絶対主義」を論難した．新歴史学派には，シュモラーとブレンターノ以外に，『国民経済の成立』（1893）を表したK. ビューヒャー（1847-1930）がいる．彼はむしろメンガーの方法論を評価し，歴史的事象の概念的分類とその因果的関連を問題とする立場から，資本主義的企業の段階論を工業の経営形態の発展や労働編成のシステムと結びつけて精緻化した．

●**最新歴史学派** 1890年代以降社会政策学会の調査研究から育った新世代の歴史学派は，J. シュンペーターによって「最新歴史学派」と呼ばれた．彼らの共通の問題関心は理論と歴史が対立した方法論争の克服であった．その代表者W. ゾンバルト（1863-1941）は，大著『近代資本主義』（初版1902，第二版1916-28）によって手工業経済から資本主義の成立・展開を歴史的・理論的に解明しようと試みた．さらにM. ヴェーバー（1864-1920）は，歴史的因果関係を探索するための理論的装置として「理念型」を提示しつつ，「プロテスタンティズムの倫理と資本主義の精神」（1904-05）において，ゾンバルトの構成を批判する「資本主義の精神」概念を提起し，やがて「世界宗教の経済倫理」や「経済と社会」といった社会学の古典的大著を残すことになった．ドイツ歴史学派はナチス期に解体したが，資本主義の全体史を構想したF. ブローデルや世界システム論のI. ウォーラースティン，歴史的・統計的に格差を論じたT. ピケティなどの研究は歴史学派の精神を継承するものといえる．　　　　　　　　　　　　　　　［田村信一］

歴史主義
[独]Historismus

　狭義には，19世紀ドイツで発展した歴史学や歴史法学，歴史学派経済学などにおける，人間世界の現象を歴史から解明しようとする学問の方法や実践を指す．広義には，人間世界を，その基盤にあるとされる法則や規則をも含めて，根本から歴史的に変化するものとしてとらえ，人間を知ることはただ歴史を通してのみ可能であるとする思考形式や世界観を意味する．

●**歴史主義の誕生**　歴史主義は，啓蒙主義が発見した歴史的な思考を，啓蒙主義との対抗において活用する中から誕生した．その先駆的な思想家としては G. ヴィーコ（1668-1744）と J.G. ヘルダー（1744-1803）があげられるが，後に歴史主義とよばれる学問の方法が生み出されたのは，19世紀前半のドイツにおいてであった．F.C. サヴィニー（1779-1861）の歴史法学，F. リスト（1789-1846）の歴史学派経済学，L. ランケ（1795-1886）の歴史学がその代表である．彼らは，フランス革命とナポレオンによって広まった普遍的理念の支配に対し，民族の特殊性の擁護を動機として，歴史を重視する学問を確立しようとした．この歴史学派の業績に学びながら，その学問的方法論の欠如を憂慮し，哲学的な基礎づけを試みたのが W. ディルタイ（1833-1911）である．彼は，歴史的世界に関する学問の基礎を，自然科学とは異なる歴史的生の体験の理解に求めたが，注意すべきはディルタイが自ら歴史主義者とは名乗っていないことである．歴史主義という用語の起源は18世紀末に遡ることができるが，この言葉を頻繁に使用したのは，歴史主義を糾弾する側であり，特に1880年代から1930年代にかけてであった．

●**歴史主義への批判**　歴史主義への批判は，ディルタイが懸念した，歴史学派の学問的方法論の不十分さに対して向けられた．経済学では C. メンガーが『ドイツ国民経済学における歴史主義の誤謬』（1884）において，G. シュモラー（1838-1917）らの歴史学派国民経済学を，理論と歴史を混同する「歴史主義の誤謬」だとして非難した．キリスト教神学では M. ケーラー（1835-1912）が『いわゆる史的イエスと歴史的聖書的キリスト』（1892）において，史的イエスは活けるキリストを覆い隠すものだとして歴史主義を攻撃した．さらに哲学では E. フッサール（1859-1938）が『厳密学としての哲学』（1911）においてディルタイを取り上げ，歴史主義とその帰結である「歴史主義的な懐疑的態度」を批判した．

　ところで，歴史主義批判の嚆矢となったのは，『生に対する歴史の利害について』（1874）を書いた F. ニーチェ（1844-1900）であった．彼は「歴史主義的な時代傾向」と「歴史的教養」を取り上げ，歴史が生に奉仕するのではなく，生が歴史に奉仕させられるような時代状況を批判した．ニーチェによれば，このような

事態は，歴史を学問たらしめようとしたことによって生じたのであり，これにより自分では何も創造できない「活ける百科事典」のような近代人が誕生した．後に繰り返されるニーチェの歴史主義批判の要点は次のとおりである．歴史主義は，(1) ただ知識を累積させるだけで，新たな生を創造できない，(2) 歴史的過程を客観的なものとし，人間の主体性を考えない，(3) 際限のない事実の中で，相対主義に陥る．このような批判に対して，歴史主義の意義を積極的に弁証しようと試みたのが E. トレルチ(1865-1923)と F. マイネッケ (1862-1954) であった．

●**歴史主義の自己主張**　キリスト教神学者トレルチは，第一次世界大戦の直前，自然主義的決定論と歴史的相対主義の重荷を負っている歴史研究は，現在と未来の形成に役立つような歴史的自己認識をもはや提示できず，現存する過去の教養の相対主義的な再生に陥っていると述べていた．ところが，戦後に刊行する『歴史主義とその諸問題』(1922) では，相対主義という「悪しき歴史主義」をふまえつつ「歴史主義という言葉は，その悪しき側面的な意味から完全に引き離され，人間とその文化や諸価値に関するあらゆるわれわれの思惟の根本的歴史化という意味において理解されなければならない」とする（トレルチ 1922：157-158）．トレルチは歴史主義を自然科学と並ぶ近代の偉大な科学的創造であるとし，それが野放図な相対主義に陥らないために，自然主義と歴史主義の相互の限界づけと，歴史哲学の再興が必要であるとした．また，歴史家のマイネッケは『歴史主義の成立』(1936) において，歴史主義を「西欧の思考が経験した最大の精神革命」であり，「人間の事柄の理解に関するこれまで到達した最高の段階」であるととらえ，これこそが「価値の相対化によってあたえられた傷を癒す力をもっている」とした（マイネッケ 1936：7）．歴史主義がそのような力をもちうる理由は，歴史主義の鍵概念である個性と発展においてこそ，人間の生そのものをとらえることができるからである．こうしてマイネッケは，生を疎外する歴史主義というニーチェによる批判に抗して，歴史主義こそ生を促進しうると考えた．

●**歴史主義をめぐる課題**　トレルチとマイネッケの仕事は，歴史主義批判に答えるものというよりも，むしろ歴史主義が直面していた問題状況を示すものというべきである．人間的思惟の根本的な歴史化により，人間の生が概念によって把握されるものから，歴史的個性の生き生きとした発展としてとらえられるものとなった意義は大きい．しかし，そのような歴史化のもとでどのようにして相対主義や恣意的な歴史像に基づいた実践の正当化を克服できるのか，その答えは明解ではない．その意味で，トレルチが求めた歴史哲学の再興は，現代においてもなお課題であり続けているといえる．戦後ドイツの歴史学では，アナール学派や構造史学派の登場によって伝統的な歴史学の力が弱まり，歴史主義は時代遅れとみなされるようになったとされるが，しかしそれは歴史主義をめぐる問題が解決されたことを意味するわけではない．

［鏑木政彦］

イギリス・ロマン主義
［英］British romanticism

　現在「古典主義的／ロマン主義的」というシュレーゲル兄弟の用語法にしたがってイギリスのロマン派と位置づけられている代表的な思想家としては，18世紀末から19世紀の前半にかけて活躍した，ウィリアム・ワーズワース（1770-1850），サミュエル・テイラー・コールリッジ（1772-1834），ジョージ・ゴードン・バイロン（1788-1824），パーシー・シェリー（1792-1822）らをあげることができる．G. ウェイリーが指摘するように，この用語法がイギリスで定着したのは19世紀末であり，彼らが自らをロマン派と呼ぶことはなかった．しかしながら，例えばワーズワースとコールリッジが『抒情歌謡集』（1798-1802）に付した，「叙事的」ではなく「抒情的」であり，庶民の日常の言葉で書かれた「歌謡集」という題名には，18世紀の古典主義に対する根本的な批判が込められており，加えて，ワーズワースによるその「序文」は，M. エイブラムズがいうように，まさしく「ロマン派宣言」と呼ぶべきものであった．

●**第一世代と第二世代**　同じロマン派といっても，多感な時期にウィリアム・ゴドウィン（1756-1836）の急進主義やフランス革命の理念にひとたびは心酔したものの，革命後の暴動や恐怖政治を同時代で目の当たりにし，革命そのものに幻滅するに至ったワーズワースやコールリッジら第一世代の作風が内省的で抒情的であったのに対し，そうした転向体験を経ることなくはじめから反動の時代の中で啓蒙と革命の理念に魅せられた第二世代のバイロンやシェリーは，政治的に過激な行動を好み，作風も急進主義的だった．W. トーマスによれば，功利主義者のジェレミー・ベンサム（1748-1832）の率いる哲学的急進派は，進歩的なバイロンやシェリーの方を好んでいた．実際，ジョン・スチュアート・ミル（1806-73）の『自伝』（1873）には，「バイロンの詩は人生を語るが，ワーズワースは花鳥風月を謳うだけだ」とバイロンを讃え，ワーズワースを批判する哲学的急進派のジョン・アーサー・ローバック（1802-79）が登場する．いわゆる精神の危機の直後からワーズワースを愛読するようになっていたミルは，こうした功利主義陣営のロマン派第一世代に対する批判への反駁を試みることになるが，まさにそうしたミルの第一世代についての研究が発端となって，第二世代が忘却したイギリス・ロマン主義の思想の重要な側面が次第に明らかにされていくことになる．

●**表現主義理論と自然的超自然主義**　第一世代の最も大きな功績は，古典主義のそれとは異なるロマン主義の芸術理論を提示したことであろう．『抒情歌謡集』の「序文」においてワーズワースは，詩を「力強い感情がおのずから溢れ出たもの」と定義し，古典古代以来の芸術理論が重視してきた外なる世界・自然の「模倣」とは

異なる，内なるものの「表現」という新しい役割を文学作品に付与した．エイブラムズは，こうした古典主義からロマン主義への転換を，世界をありのままに映す「鏡」から，自己の内なる炎を燃え上がらせる「ランプ」への移行として論じている（『鏡とランプ』1953）．ワーズワースが定式化した表現主義理論は，ミルの『自由論』（1859）における自発性の陶冶という考え方のみならず，真理の対応説（模写説）に代表される「自然の鏡」的知識観を批判し，想像力の行使と際限のない再定義を通じた自己創造の重要性を説くリチャード・ローティ（1931-2007）のプラグマティズムにも影響を与えている．

また，ワーズワースは『逍遥』（1814）の「序文」の結語である「プロスペクタス」において，楽園喪失から黙示録的結婚に至るキリスト教神話を，精神と自然の分裂と再結合という弁証法的な過程へと世俗化し，個人が自らを苦しめる世界と和解していく成長の物語として描いている．エイブラムズによれば，こうした弁証法的な自然的超自然主義は，イギリスとドイツのロマン派に広く共有されていたものだが（『自然と超自然主義』1971），P. ソスレフによれば，第二世代は，このように第一世代がフランス革命以後に再興した有機体論的哲学の伝統を，継承することなく，革命以前の素朴な進歩主義に回帰してしまったのである．

●**教養知識人論とイギリスにおける「大陸哲学」の受容**　J. モロウによれば，コールリッジは『教会と国家の構成原理』（1829）において，経済活動による政治生活の侵食を危惧する市民的人文主義と，政治生活による経済活動の抑圧を危惧する商業ヒューマニズムの両者の影響の下，国家と市場の両方から独立した財源をもち，物質主義的な「文明」とは異なる高尚な「文化」の普及を使命とする「公職知識人」としての「教職者（clerisy）」の組織である「国民教会」がイギリスの国家の構成原理に組み込まれていると論じている．B. ナイツによれば，コールリッジの教養知識人としての「教職者」論は，ヴィクトリア期において，トマス・カーライル（1795-1881），マシュー・アーノルド（1822-88），ミル，ジョン・ヘンリー・ニューマン（1801-90）らによって発展的に継承されている．

こうしたロマン派の思想を，ミルはベンサムの功利主義と対比している．ミルによれば，ベンサムは「自意識，すなわちワーズワースからバイロンに至り，ゲーテからシャトーブリアンに至るまでの我々の時代の天才たちを苦しめたあの悪魔，そして現代がその喜々たる英知とその陰鬱な英知の多くを負うているあの悪魔」に覚醒することのないまま「少年」として生涯を終えた（「ベンサム論」1838）．そして，「それは果たして真であるか」を問うベンサムの「批判的」哲学は，コールリッジの「それは一体どういう意味をもつのか」を問う「大陸的」哲学とは別物であった（「コールリッジ論」1840）．S. クリッチリーによれば，この対比は，イギリスにおける功利主義とロマン主義の対立が，現代の「分析系哲学」と「大陸系哲学」の対立の萌芽であったことを示唆している．　　　［小田川大典］

フランス・ロマン主義
［仏］romantisme français

　今日のフランスでは，かつて重宝された「プレロマン主義」の語が廃れ，「本来的なロマン主義の概念を18世紀中葉にまで拡張する傾向」（Löwy & Sayre 1992：67）が強まる一方，「19世紀を通して何が起ったのかをよりよく理解するには，ロマン主義／レアリスム／象徴主義の三つ組からなる継起的展開を厄介払いしなければならない」（Vaillant 2016：16）ことが意識されて，世紀後半，さらには20世紀以降にまで及ぶその存続が語られる．ロマン主義は，古典主義の形式的束縛への反逆という狭い文学的次元を超えて，より広範な歴史状況と社会経済的現実に呼応する，社会思想史上の重大な文化現象の相貌を露呈しつつある．

●**近代性の批判**　この観点からして第一に参照すべきは，M. レヴィとR. セールによる一般的定義の試みだ．二人の社会学者はロマン主義を，「ある全般化された社会経済的システムに対する包括的な応答」（Löwy & Sayre 1992：69）としてとらえる．経済的なものが「自己調整的システム」（K. ポランニー）として自律するに至った18世紀中葉以降の「近代性」への反抗のうちにこそ——その発現形態は「復元主義的」「保守的」「ファシズム的」「断念的」「改革的」「革命的そして／あるいはユートピア的」とさまざまであれ（同書：83-116）——，ロマン主義の統一性は見出される．この意味で，ロマン主義は19世紀前半の一文化現象であるにとどまらず，「そのヴィジョンは資本主義それ自体と共外延的」（同書：30）だ．しかしその反資本主義は，過去の理想化を手段とするという限定的性格をもつ．「ロマン主義は近代性の批判，つまり近代資本主義文明の批判の一つの表れであり，その批判は，（前資本主義的，前近代的な）過去の諸理想の名のもとになされる．いわばロマン主義はその誕生以来，二重の光に照らされていた．反逆の星に，そしてまた，「憂鬱の黒い太陽」（G. ネルヴァル）に」（同書：30）．「世界の脱魔術化」「世界の量化」「世界の機械化」「合理主義的抽象化」「社会的紐帯の解体」（同書：46-64）——これら近代性の諸帰結に反対し，失われたものの探求と回復を企てるものとしてロマン主義を定義する著者らは，そこに見出されるユートピア的契機を評価しつつも，過去の理想化につきまとう不都合を指摘して，それと近代性の「弁証法的止揚の試み」（同書：137）として理解されたマルクス主義による総合を展望する．このような展望を受け入れるかどうかとは別に，問題とすべきは，ここではロマン主義の反資本主義がいわば純粋なものと想定されていることだ．L. ボルタンスキーとE. シャペロ（1999）は資本主義に対する「社会的批判」と「芸術家的批判」を峻別し，19世紀中葉にあってボヘミアン的芸術家の形象により体現された後者がやがて「資本主義の新たな精神」の触媒となる次

第を論じた．反ブルジョア的身振りのこうした両義的性格が，レヴィとセールにあってはほとんど視野の外に置かれているように思われる．

●**補完的イデオロギー**　A. ヴァイヤンは対照的に，ブルジョア世界と近代資本主義の展開を支え補完するものとしてロマン主義を定義する．なるほど，フランスのロマン主義的想像力は〈ブルジョア〉と〈詩人〉ないし〈芸術家〉の対立によって構造化されていたのだし，それゆえ七月王政期から二月革命以後にかけての反資本主義的傾向が生じることにもなった．しかしこのフランス文学者によれば，ロマン主義の反資本主義は，19世紀的な産業資本主義に対する限定的な告発であるにすぎない．「マルクス主義が物象化という示唆的概念のもとに包括するものすべて」を前に憤慨し，産業資本主義による「主体の自由のはなはだしい変質，そして物質的現実へのその従属」を非難することで，「ロマン主義はブルジョアジーを出自としつつも，資本主義の疚しい良心を体現してきた」(Vaillant 2016：41)．こうしてヴァイヤンにあって，ロマン主義の全冒険は，「ブルジョアジーの聖別」(同書：36) に付随する一文化現象へと還元される．「ブルジョアジーの覇権そのものが，周辺部分において，反ブルジョア的異議申し立てを引き起こすことになったのは当然である．そうした異議申し立ては，ブルジョアジーの成功の指標となるとともに，ブルジョアジーの行き過ぎを予防するのに役だった．ロマン主義は，この補完的イデオロギーの役割を果たしてきたのである」(同書：38)．

●**不安定な聖別**　ヴァイヤンはここで，P. ベニシューの名高い「作家の」あるいは「詩人の聖別」の議論をふまえつつ，ブルジョアを（も）主役に据えて物語を再編している．もちろん，ロマン主義を議会制民主主義確立に向かう精神的動揺の一時期に固有の文化現象とみなす前者の観点は，後者の観点と多少とも重なり合う．詩人たちによる「新たな精神的権力」探究の企図は，F. フュレが指摘するように，「第三共和政が半世紀後に制度的次元で行うことになるものを，文学という形態のもとで実現」(ベニシュー 1973：661) したものとして，いわば共和主義的秩序確立の前史を構成しているからである．とはいえ，王党派と自由主義者の合流により1820年代後半に成立した「ロマン主義的統一」(同書：359) の階級超越性を主張し，社会の「連帯者にして離脱者，擁護者にして批判者」(同書：381) の両義的性格を強調するベニシューは，彼が「世俗の祭司職」と呼ぶものの逆説的で不安定な聖別のうちに，既成の秩序には還元不能な不穏さの次元をとらえているといいうる．制度安定に寄与する補完性も，純粋な反逆性も，この曖昧な境域に発する一つの効果とみなすべきだろう．20世紀以降の多様な存続形態を見定めるに際しても──「火はいまだ燃えている」(Löwy & Sayre 1992：203-240) として変革への動力を期待するのであれ，全般化した消費社会のうちなる「残余的ロマン主義」(Vaillant 2016：53) を語るのであれ──，ロマン主義的モーメントのこの深い曖昧さの認識を欠くことがあってはなるまい．　　　　　　［片岡大右］

ドイツ・ロマン派
［独］Deutsche Romantik

　近代ヨーロッパの啓蒙的理性や古典主義という既成の価値に対する批判によって，ドイツ近代（18世紀末から19世紀前半）に興隆した総合的な精神運動で，文学・哲学・宗教・芸術・社会思想など広範な分野に及んだ．狭義にはイェーナに形成された初期ロマン派のグループを意味し，その運動は当初は既成の体制からの解放の原理として働いたが，グループ解体後は時代の変化の中で中期のナショナリズムの覚醒から後期のカトリシズムへと変容していった．

●**文学と哲学**　ドイツの理想主義的な若者にとって憧憬の対象であったフランス革命は，その混乱から失望に転じた．その中から初期ロマン派のグループがイェーナ大学の哲学者J. G. フィヒテ（1762-1814）を中心に形成され，その中心メンバーはシュレーゲル兄弟，ノヴァーリス（1772-1801），L. ティーク（1773-1853）らで，そこにF. W. J. シェリング（1775-1854）も加わることになる．彼らは自我の自己定立を原理とするフィヒテの知識学に依拠して，既成の体制からの自我の解放と自由を目指した．機関誌『アテネウム』（1798創刊）の中で，フリードリヒ・シュレーゲル（1772-1829）は時代の最大傾向として「フランス革命，フィヒテの知識学，ゲーテのマイスター」（断章216）をあげてその時代認識を示したが，それらは同時に初期ロマン派が乗り越えるべき対象でもあった．

　初期ロマン派の文学理論の特徴は，詩的な想像力を文学創造の源泉とすることにある．ゲーテの教養小説『ヴィルヘルム・マイスターの修業時代』（1796）の散文性に対して，シュレーゲルはポエジーを対置してロマン主義の理念を打ち出し，『アテネウム』誌上で「自己創造と自己破壊の絶え間ない交替」というロマン的イロニー論を展開した．ノヴァーリスは恋人ゾフィーの死から霊感を受けた『夜の讃歌』（1800）や，ポエジーによって内面世界を形象化した『青い花』（1801）などの文学作品を創作した．フィヒテが無神論論争によって1799年にイェーナ大学を去った後，『アテネウム』は1800年で廃刊になり，また1801年のノヴァーリスの死によって初期ロマン派のグループは解体することになる．その後，ナポレオンのドイツ侵攻に対するドイツの国民意識の覚醒によって，L. A. アルニム（1781-1831）とC. ブレンターノ（1778-1842）による民衆歌謡詩集『少年の魔法の角笛』（1808）や，またグリム兄弟によって編纂されたメルヘン集『グリム童話』（1812-15）などの中期ロマン派の文学作品が生み出された．

　哲学の分野では，フィヒテの自我哲学に次いで初期ロマン派のもう一つの哲学的中核をなしたのはシェリングの自然哲学である．シェリングは「生命」を中心概念とした『自然哲学考案』（1797）や『世界霊魂』（1798）によって初期ロマン

派の自然観に影響を与えた．その特徴は，近代科学の機械論的自然観に対して，スピノザ汎神論の「神すなわち自然」「産出する自然」を継承しつつ，生命の自己産出力を「有機体」論として展開するものであった．ほぼ同時期に F. X. バーダー（1765-1841）も，イギリス産業革命の視察から帰国後，『基礎生理学論考』（1797）において燃焼理論をもとに人間身体の「根源力エネルギー」を空気の元素と結びつけて論じた．いずれもフィヒテの自我哲学と近代科学の機械論的な自然観を批判し，人間の生命と身体を有機的な自然全体の中で考察するところに，ロマン主義的な自然哲学の特徴がある．

●**宗教と社会思想** 初期ロマン派の宗教意識は，F. H. ヤコービ（1743-1819）の『スピノザの学説について』（1785）によって惹起された汎神論論争を歴史的背景に，スピノザの唯一実体としての神についての G. E. レッシング（1729-81）による「ヘン・カイ・パーン（一にして全）」という理解から形成された．他方で初期ロマン派は，信仰を内面的感情に据えるヤコービの「信の哲学」によっても影響された．このような宗教的背景から，シュレーゲルは「新しい神話」構想の源泉をスピノザ汎神論と精神の内面におけるポエジーに求め，またノヴァーリスは信仰を個人の敬虔主義的な内面感情に求める一方で，『キリスト教世界あるいはヨーロッパ』（1799）で宗教改革以前のカトリック世界を理想化した．また敬虔主義的傾向の強い F. E. D. シュライアマハー（1768-1834）は，ヤコービ研究によって信仰を感情に基づけ，シュレーゲルとの交流から『宗教論』（1799）を執筆した．シェリングは『私の哲学体系の叙述』（1801）において，スピノザの唯一実体としての神から絶対者を無差別の「絶対同一性」として解釈した．これに対して G. W. F. ヘーゲル（1770-1831）は『精神現象学』（1807）において，絶対的同一性の空無さを批判して，絶対者を実体としてではなく動的な主体として解釈するとともに，初期ロマン派の主観的内面性の脆弱さを批判した．その後パリに移ったシュレーゲルは，古代サンスクリット語の研究によって『インド人の言語と知恵』（1808）を公刊する一方で，カトリックに改宗して活動の場をカトリシズムの強いオーストリア帝国のウィーンに求めることになる．

　1806 年のナポレオン軍によるドイツ侵攻に対して，ベルリンでフィヒテが「ドイツ国民に告ぐ」（1808 年）を講演するなど，ナショナリズムの意識が醸成された．さらにナポレオン失脚後のウィーン体制下では，オーストリア帝国のメッテルニヒがドイツ・ブルシェンシャフトの自由主義的運動に対して抑圧的な政策をとったが，その思想的バックボーンをなしたのがウィーンに集結した後期ロマン派である．シュレーゲルは雑誌『コンコルディア』でカトリシズムを掲げて保守主義の論陣を張り，またアダム・ミュラー（1779-1829）は『国家学綱要』（1809）などによって，カトリシズムを背景にした家族的な共同体としての国家を構想した．　　　　　　　　　　　　　　　　　　　　　　　　　　［伊坂青司］

生の哲学
［独］Lebensphilosophie

　生の全体的な形態を生み出す過程や，それを引き起こすエネルギーや力を，人間を理解するためにそれ以上遡ることのできない根源的な生の次元とみなし，そこから世界をとらえ直そうとする哲学的な潮流を指す．生概念の具体的な内容は多様であり，生の哲学を一義的に定義することはできない．ここでは19世紀後半から20世紀初頭のドイツを中心に展開した生の哲学を説明する．

●**生が問題となる背景**　「生の哲学」の前提となるのは，生という概念の精神史上における登場である．18世紀末ドイツではヘルダーやゲーテらのシュトゥルム・ウント・ドラングの世代において，哲学と生，思考と詩作とを同じものとみる考え方が生まれた．彼らは慣習の保守性や悟性による抽象的な思考に対して，人間の内面にある非合理的な力である生を強調した．Fr. シュレーゲル（1772-1829）は，哲学の対象は「内的な精神的な生」であり，そこに「生の哲学と講壇哲学との違い」があるとして「生の哲学」の講義を行った．ノヴァーリス（1772-1801）も「哲学をすることを知るものは人生が何であるかを知っている．その逆も然り」と述べ，哲学を生と結びつけた．彼らは近代の変化の中で，人間の生が破壊されていく危機を敏感に感じ，それに抵抗しようとしたのである．このように生を問題化する歴史的文脈から，19世紀の後半以降，生の哲学が展開した．その代表者は，F. ニーチェ（1844-1900）とW. ディルタイ（1833-1911）である．

●**生きようとする意志と力への意志**　ニーチェは青年期にA. ショーペンハウアー（1788-1860）の哲学に熱狂する．ショーペンハウアーは『意志と表象としての世界』において，表象としての世界の根源に「生きようとする意志」の存在を認めた．この意志は非理性的で盲目であるために，いくら求めても不満や欠乏を脱することはできず，そのため人生は厭うべき苦悩となる．この苦悩からの救いは，芸術的な生の観照と宗教的な禁欲による意志からの解脱にあるとされた．

　ニーチェはショーペンハウアー哲学から生の根源に意志を置く考え方を受け継いだが，生の中身のとらえ方は異なっていた．ニーチェは生の中に，欠乏の苦悩だけでなく，充実や過剰ゆえの苦悩と歓喜を見出し，生の根源において働いているのは，尽きることなく生み出そうとする「力への意志」であるとした．ニーチェからみると，ショーペンハウアーの生きようとする意志は生から逃避しようとする無内容の意志でしかない．ニーチェはこの生逃避的な意志を，西洋思想の起源であるプラトン哲学とキリスト教の中に嗅ぎつけ，これらを徹底的に批判する．ニーチェによれば，学問や道徳における真理への意志も善への意志も，その根底においては力への意志が働いている．ところが，力への意志から生まれたは

ずの学問や道徳は，真偽や善悪という基準を持ち出して，否ということだけを創造的とするルサンチマンにとらわれ，生を衰退せしめる．ニーチェは，当時の近代国家や近代的学問も生を抑圧する装置とみなして厳しく批判し，徹底的に生を肯定し，力への意志がもたらす創造と破壊の中を生き抜くことを求めた．

●**歴史的な生の理解** ディルタイは，以上のようなニーチェの考えを，人間の生の歴史性を無視した試みであるとみなした．ディルタイは生を，個人や集団の間の相互作用の連関としてとらえ，新たな生の創造は，生の歴史的連関を理解したうえで新たな一歩を踏み出すことにより可能になるとした．そこで彼は歴史的な生の理解の理論のために，精神科学の哲学的基礎づけに取り組み，その認識構造を主観客観の二元論ではなく，生の「体験-表現-理解」という解釈学的な連関としてとらえた．すなわち，歴史的な生は「体験」の「表現」として自己を示しており，歴史的な生を知るとは，体験の表現の追体験を通じた「理解」である．このようにして理解された歴史的な生は，個々の歴史的条件に制約された相対的なものであるが，そのような歴史的相対性を自覚する意識からこそ，人間は「人間を拘束できるような哲学や信仰の体系など存しないかのように，率直に体験に没頭しきる至高の権利を手に入れる」ことができるという（ディルタイ 1958：292）．歴史的意識は相対主義を導くのではなく，むしろ歴史における創造する力の核心であるとディルタイは考えた．

●**生と生を超えるもの** フランスでは H.-L. ベルクソン（1859-1941）が生物学的知見を基礎に独自に生の哲学を展開し，知性的認識を超える生の持続を，「生の躍動」としてとらえた．ベルクソンに影響を受けた G. ジンメル（1858-1918）は，「生」の中に既成の文化を乗り越えて新たな文化を生み出す創造的なエネルギーを見出した．彼にとって哲学とは，学という形式そのものを自己超越する試みでなければならなかった．その彼からみると，ベルクソンはなお生を知性の枠組みでとらえるものでしかなく，ディルタイは歴史と一体化してしまい，歴史を超える生のエネルギーをとらえることができていない．ジンメルは生をとらえるために，死を生の形式であるとする．死が生の形式であるとは，生の外部として現れる死こそ，生を形成する内部であるということである．同じように文化も，生の外部として現れることにより，生を形成する内部となる．このようにしてジンメルは，生が「生より以上のもの」（生の外部としての死や文化）を生の中に取り込みつつ，「より以上の生」へと自己を超越するという形で，生の創造性をとらえた．

　生の哲学はしばしば非合理主義的とみなされるが，それは正確ではない．生の哲学は，もともと生が生み出したものにほかならない論理的形式によって生そのものをとらえようとする知の転倒を批判し，それによってこれまでにない哲学の深みを開拓した．だがそれは内容の多様性とともに，哲学としては致命的な曖昧さをも伴った．現代哲学はこれを課題として出立することとなる． ［鏑木政彦］

超越主義
［英］transcendentalism

　超越主義は，1830年代から1840年代にかけてアメリカのニューイングランドの知識人たちによって担われた知的運動である．建国の父祖たちがこの世を去った当時，自分たちは新しい若い世代であるという意識に満ちあふれた彼らは，イギリス的な思考様式からの知的独立を目指した．イマヌエル・カントから着想を得つつ，感覚経験を超越する，真理をつかむ精神の力を模索したがゆえに，彼らは超越主義者と呼ばれた．ラルフ・ウォルドー・エマーソン（1803-82），ヘンリー・デイヴィッド・ソロー（1817-62），マーガレット・フラー（1810-50）がこの運動の代表的人物である．超越主義者としてはそのほかに，ジョージ・リプリー，エリザベス・ピーボディ，フレデリック・ヘンリー・ヘッジ，セオドア・パーカーらがいる．女性の知識人が一定の割合を占めていることは，この運動の特徴としてあげられる．1836年9月にヘッジ，エマーソン，リプリーらが，哲学と神学について定期的に議論をする集まりをもった．この集まりは当初，「ヘッジ・クラブ」という名で知られたが，後に「超越クラブ」と呼ばれるようになり，さらに多くの若き知識人たちが参加するようになった．1840年には，このクラブを母体として『ダイアル』誌が創刊され，フラーが編集人となった．また，短期間で失敗に終わったものの，リプリーはフランスのフーリエの影響を受け，ブルック・ファームという共同体生活を営む実験農場を1840年代に試みた．

●**超越主義の思想的源泉**　1832年までエマーソンがユニテリアン派の牧師の職にあったことが象徴的に示すように，超越主義は当時のニューイングランドにおけるプロテスタントの宗教潮流であったユニテリアニズムを出自として形成された．ユニテリアニズムは，キリスト教の正統な教えの核にある三位一体説を否定するだけでなく，人間は生まれながらにして堕落しているというカルヴァン主義の全的堕落の教義を拒絶した．超越主義者たちに大きな影響を与えたユニテリアン派の牧師であるウィリアム・E. チャニング（1780-1842）は「人間の神との近似」（1828）の中で，人間は神性をもっている証拠を自らの内側に有しているが，それは経験によってのみ知ることができると主張した．

　ユニテリアニズムが宗教を経験と知性に基づかせたのに対して，超越主義者たちは，イギリスのロマン主義者であるサミュエル・T. コールリッジによる知性と理性との峻別をアメリカで紹介したジェイムズ・マーシュを経由して，超越的真理を直観的に把握することのできる，人間の魂の力として理性を構想した．超越主義者たちは，イギリスにドイツ・ロマン主義を紹介したトマス・カーライル，あるいはフランスにそれを導入したヴィクトル・クーザンといったヨーロッパの

同時代の知識人たちからも影響を受けた．

●**エマーソンの「自己信頼」**　人間の内にある神性という考えは，エマーソンによって超越主義の中に継承されていった．エマーソンは自己信頼という言葉でもってして，各々の個人が孤立を恐れることなく，高次の存在ないしは大文字の真理との結びつきをもった内なる魂を尊重すべきことを説いた．スウェーデンの神秘主義者であるエマニュエル・スウェーデンボルグの思想的影響を受けたエマーソンは，そのような魂を有するすべての自己が，その根底において究極的につながっている大文字の自己を「大霊」と呼んだ．自己信頼へと踏み出す人間は，実際には少数であるかもしれない．しかしエマーソンは，たとえそうであっても，すべての諸個人は神と自己との霊的なつながりを自覚する潜在的可能性を，平等にもっていることを疑わなかった．その意味でエマーソンの超越主義は，個人主義に貫かれたものであると同時に，民主主義にも根本的に開かれた思想であった．

●**超越主義者の政治的主張**　超越主義の思想は，建国からそれほど長い年月を経ていたわけではなかった19世紀前半のアメリカにおいて，折々の政治的出来事への反応というかたちをとって展開をみせた．例えばアンドリュー・ジャクソンが署名した「インディアン移住法」に基づいてチェロキー族の強制移住が実行に移されることになった1838年，エマーソンはヴァン・ビューレン大統領に書簡を送って抗議の意思を示した．そのエマーソンは1830年代から1840年代の初頭にかけては，積極的な奴隷制廃止論を表明するには至っていなかった．だが，西インド諸島のイギリス植民地での奴隷解放10周年にあたる1844年8月，フレデリック・ダグラスも同席してマサチューセッツ州コンコードでなされた講演の中で，エマーソンは自由と奴隷制とは両立不可能であることを語った．『ウォールデン―森の生活』(1854)で知られるソローは1846年6月，その2か月前に勃発したアメリカ・メキシコ戦争（米墨戦争）が帯びている帝国主義的な領土拡張の野心，ならびにその野心の根底にある奴隷制に抗議して人頭税の支払いを拒否したことで投獄された．この投獄は結果的に一夜かぎりのものになったが，この経験に基づいてソローがコンコードのライシーアムで行った講演は，後に「市民政府への抵抗」(1849)と題され，今日では「市民的不服従」を説く代表的な論考として知られる．自由州の法執行官や住民も逃亡奴隷の逮捕に協力しなければ処罰されることが規定された1850年の逃亡奴隷法が制定されると，エマーソンも奴隷制廃止論を明確に訴えるに至った．1859年10月，奴隷制廃止論者のジョン・ブラウンがヴァージニア州（現在のウェスト・ヴァージニア州）ハーパーズ・フェリーの連邦軍武器庫を襲撃するも失敗し処刑された際には，ソローはブラウンを「光の天使」と呼んで称賛した．超越主義は各々の内なる魂を強調するがゆえに，奴隷制に集約される当時のアメリカを二分した道徳的問題を前にして，市民的不服従を貫くラディカルな批判の力を発揮しえたといえる．　　　　　　　［井上弘貴］

新カント派
[独]Neukantianismus　[英]neokantianism

　ヘーゲル主義の形而上学的哲学体系の退歩，産業主義と科学・技術の進展，唯物論的思考の高揚という思想状況の中から，19世紀後半に「カントに還れ」の標語に象徴される新カント派（新カント主義）と呼ばれる思想潮流が起こった．やがて，カント的超越論哲学の時代適合的な展開という明確な方向づけをもつ，マールブルク学派と西南ドイツ（バーデン）学派の二つの学派が形成された．マールブルク学派を主導したのは1876年にマールブルク大学正教授となったH. コーエン（1842-1918）であり，P. ナトルプ（1854-1924），E. カッシーラー（1874-1945）などがこの学派に属し，さらには，F. ローゼンツヴァイク（1886-1929）はコーエン晩年の弟子である．西南ドイツ学派はシュトラースブルク大学やハイデルベルク大学で教授職に就いて活動したW. ヴィンデルバント（1848-1915）によって代表され，H. リッケルト（1863-1936），E. ラスク（1875-1915）などが続いた．

●ランゲ　マールブルク学派の成立に大きな影響を与えたのは，1872年にマールブルク大学の教授となり，ユダヤ人教授コーエンの誕生に寄与したF. A. ランゲ（1828-75）である．ランゲはその主著『唯物論の歴史とその現代における意義の批判』（1866）においてカント評価を展開し，それによって新カント派の先駆者と呼ばれている．しかも，『唯物論の歴史』はF. ニーチェが「真の宝庫」と評するような内容豊かな作品だった．『唯物論の歴史』は，観念論との相克の中で唯物論がたどった歴史的展開を再構成し，自然科学の発展，資本主義経済の進展という「現代」の全体像を，唯物論的世界観の支配として，解明している．特にランゲが批判の目を向けるのは，利己的個人の物質的欲望の追求を原理とする「倫理的唯物論」である．なぜなら，この唯物論からは「現代」への信奉，さらに，ランゲが『労働者問題』（1865）で取り組んだ社会問題（労働者の貧困）への無反省が，必然的に生じるからである．ランゲはI. カントの「体系における不変なるもの」として『純粋理性批判』を最重要視した．『純粋理性批判』においてカントが展開した認識のアプリオリについての理論は，形而上学と理論的唯物論の克服をランゲに可能にしてくれるものであり，ランゲはこのアプリオリを「類としての人間」の自然的素質の上に根拠づけるために，「感覚器官の生理学」を主張した．さらに，ランゲは，「現代」の克服を目指して，F. シラーの哲学詩を模範とする「理想の立場」の可能性を追求した．

●コーエン　コーエンは，純粋直観の重視，感覚的所与および物自体の概念に対する批判の不徹底に，カント理論哲学の不十分さを認識し，それを克服するような超越論的理想主義の哲学体系を構築しようとした．それは，ランゲ的カント理

解がもつ自然主義的傾向を払拭することでもあった．この超越論的哲学の中核をなすのが，純粋思惟の「根拠づける」という働きである．存在とはこの働きを通して産出されるものであり，認識のアプリオリは純粋思惟の働きそのものなのである．コーエンの哲学体系は，純粋思惟による根拠づけの学問である論理学を基礎とし，純粋意志の倫理学，純粋感情の美学，さらには，科学，倫理，芸術という人間の文化意識の統一化を対象とする心理学によって構成された．

　特に倫理学は，カント実践哲学に依拠しつつも，時代の課題に答えるために，さらなる展開を示している．倫理学の原理は自律性と人格性である．そして倫理学的現実の本質をなすのは当為であり，そこにはいつの日か道徳世界が現実になることへの信仰が存在しなければならない．こうして，「救済の理念」が倫理学の中に置き入れられ，道徳法則の貫徹は「救済の理念」に導かれて初めて可能となるのである．コーエンの倫理学は，H. トライチュケなどによる反ユダヤ主義思想に対する理性的な対応であった．さらに，コーエンは資本主義経済の根本矛盾を人格の物格化として認識し，その克服を目指すことが社会主義の課題であると主張した．コーエンを通して，社会主義は唯物論と無神論から解放され，理念としての社会の実現を目的とする理想主義によって基礎づけられることになる．

●**ヴィンデルバントとリッケルト**　西南ドイツ学派は，価値の妥当を問うことが哲学の本質であるとみなし，この新たな哲学の体系の確立，さらには，歴史・文化の科学の目的論的論拠づけを試みた．ヴィンデルバントは，対象と意識におけるその表象との一致という真理観を転換して，意識における表象結合の規則に真理生成の根拠を求めたことがカントの批判的方法の意義だとみなした．そして，ヴィンデルバントは，この規則の本質とは真理価値の普遍的妥当の請求であり，我々がこの規則にしたがってある命題を真であると表明することは，この表明が他のすべての者に対して真なるものとして妥当すべきだと請求することを意味すると主張した．このような普遍的妥当の請求は，真理価値だけではなく，善と美の価値についても成り立つのであり，したがって，真理への規範的思惟，善への規範的意欲，美への規範的感情が，「普遍妥当的諸価値の批判的学」としての哲学の対象となる．さらに，リッケルトは「認識論的に超個人的なる評価主体」の概念を構成し，判断における「承認か否認か」をこの主体のうちに存する絶対的当為としてとらえた．このことによって，客観的実在は当為によって根拠づけられることになった．これは「自然科学的概念構成」の基礎を崩すことを意味した．

　新カント派の思想圏は，M. ヴェーバーの思想形成の土壌となった．さらに，認識のアプリオリの理論は，オーストロ・マルクス主義者の M. アードラー（1873-1937）によって，K. マルクスの「社会化されている人間」の概念と結び合わされ，社会のアプリオリ（「超越論的―社会的なるもの」）の理論へと転成した．それはやがて J. ハーバーマスをひきつけることになる．　　　　　［岸川富士夫］

文明開化
［英］civilization and enlightenment

　「文明開化」とは幕末から明治初年にかけての流行語である．Civilization という西洋語の翻訳語であり，「文明」と「開化」というそれ自体は従来から存在した語をかけあわせた造語でもある．流行の当時は，以下に説明するように，さまざまなニュアンスを含んでいたこの語であるが，後の時代になると，狭くは明治初年からいわゆる鹿鳴館外交の時期までを，広くは「日本の近代」全体の時代精神を総称する言葉として用いられるようになった．その際には，「文明開化といふのは，明治維新後に於けるヨーロッパ文化の採用と，その結果としてのヨーロッパへの屈服である」（林房雄）など，また，「文明開化とは実用品文化であって，その中に文化の根源的なものはありません」（同）など，総じて「皮相の開化」（夏目漱石）「浅薄な西洋模倣」という否定的な意味合いを伴うことが多かった．年表的な時代区分の意味で用いられる場合を除くと，「日本に必要なのは「真の近代化（西洋化）」なのだ」という主張や，反対に，「非西洋的な「アジア」への回帰が必要なのだ」という主張，あるいは，「西洋的な「近代」自体の超克が必要だ」などといった主張が展開される際の，いわば藁人形として使用されることの多い言葉である．以下では，この語が流行した当時に立ち返り，後の議論では忘れられがちになるこの語のニュアンスの復原を試みる．

●大君のモナルキ・絶対主義・啓蒙　明治初年の流行という印象の強いこの語であるが，初出は幕末に遡る．その普及を決定的にした福沢諭吉著『西洋事情　外編』巻之一「世の文明開化」は，イギリスの J. H. バートン（1809-81）による教科書『政治経済学（*Political Economy: for Use in Schools and for Private Instruction*）』（1852）を参考にしつつ，慶應 4（1868）年に刊行された．福澤によるこの語の使用の初出はさらにその 2 年前に遡り，しかもそれが当時の政治体制に関わる議論，とりわけその「大君のモナルキ」構想に関連して出現した点には注意が必要である．「同盟の説行われ候わば，随分国はフリーに相成るべく候らへども，This freedom is, I know, the freedom to fight among Japanese. いかように相考へ候とも，大君のモナルキにこれ無く候ては，ただただ大名同士のカジリヤイにて，我国の文明開化は進み申さず」（慶応 2［1866］年 11 月 7 日，和田慎次郎宛）．ここで福澤は有力大名による合議制という分権的な「公議政体」モデルを否定し，徳川将軍を中心とする集権的な政治体制（「大君のモナルキ」）を擁護しているが，その根拠としてまさに「文明開化」の進展があげられるのである．講座派マルクス主義の系譜に属する歴史家たちが，「文明開化」を明治政府における「富国強兵」の機能的等価物としての徳川政府の「絶対主義」的な傾向，その「啓蒙専制」

による「上からの改革」を代表するスローガンとみなしてきたのは、もっぱらこの点をとらえてのことである．「絶対主義」や「啓蒙専制」という用語やその背景にある史観を踏襲するかどうかはともかく，「文明開化」がある種の集権的な政治モデル（当時の用語に即していえば「郡県」モデル）と対応していたこと自体は確かであろう．

●国民国家論・ナショナリズム・規律化　他方で，この語の流行の最盛期が明治初年であった点を強調するのは，その後の「国民国家」論（批判）の潮流に属する歴史家であった．その際には，「ざんぎり天蓋（あたま）をたたいて見たら，文明開化の音がする」（加藤祐一『文明開化』，明治6年）という都都逸に示されるような，生活様式の西洋化・近代化にその焦点が合わされた．さらにはそうした生活様式の変化が，衛生観念の普及や身体の規律化の進展といった現象を伴いつつ，「国民」の創出やナショナリズムの構築に向かっていくプロセスに特に注意が払われることになったのである．「絶対主義」「啓蒙専制」との連関でこの語を把握する前記の潮流に対していえば，いわゆる〈想像の共同体〉としての国民国家との関連の下にこの語を考えようとする点に大きな特徴があるといえよう．また，そうしたプロセスに，いわば「下からの」「自発的な」改革としての性格が読み取られがちである点（それが「真の」自発性か否かについての批判的な意識を伴いつつ）にも留意する必要があろう．

●西洋＝中国複合体験　「上から」か「下から」かはともかくとして，歴史学がこの語のある種のプロパガンダとしての性格を強調してきたとすれば，思想史研究は主としてその理念としての性格に着目してきた．そのうえで，単なる「西洋」の輸入としてではなく，それがいわば「西洋＝中国」「西洋＝江戸」複合体験であった点を重視するのである．もともとは「郁郁乎文哉」（『論語』八佾篇）など，儒学的な古典古代のイメージを含意する「文明」の語は，幕末の洋学者たちにとっては，同時代のヨーロッパの社会制度，とりわけ学校や病院，救貧院といった施設を「仁」なる「文明」という儒学的理念に合致するものとして把握することを促した．他方，「開化」とは，これも江戸期以来，市場社会の進展に伴う風俗の奢侈化・自由化を含意して長く用いられてきた「ひらけ」を意識させる語であった．例えば成島柳北の辛辣な同時代批判（「世は開化に進みしか，曰く然り．世は文明に進みしか，曰く否」『柳北遺稿』）も，これが批判として成立する前提には，「文明開化」の語が「文明」と「開化」という必ずしも順接的な関係にあるとは限らない二つの概念から構成されているという意識がそれなりに広く共有されていたという事情があろう．「文明開化」を明治初期における官民あげてのプロジェクトとしてではなく，ある種の「理念」や思想として理解するに際しては，その発話者の議論の文脈のみならず，Civilization という洋文脈，その受容の前提となる漢文脈また和文脈についての丁寧な理解が必要となる．　　　［河野有理］

アーツ・アンド・クラフツ運動
[英]Arts and Crafts Movement

　アーツ・アンド・クラフツ運動は，19世紀末から第一次世界大戦前にかけてイギリスと欧米諸国で盛んとなり，1920年代以降は日本にも及んだ国際的な芸術運動を緩やかに指す言葉である（Livingstone & Parry 2005：10；リヴィングストン2008：10）．関係する時代や国等も多様なため，その概括的な説明は容易ではない．それでも近年の研究（Livingstone & Parry 2005：10-14；リヴィングストン2008：10-12）からは，それは，装飾芸術の地位向上と制作の改善を目指す運動として始まり，生活や労働に関する「新しく民主的な倫理」を通じた芸術の改善を目指すとともに，実践的な技術の重視，家庭内のデザインの改善，デザイン・生産工程の簡素さといった遺産を今日の装飾芸術に引き継いだ運動，と述べることも許されよう．また社会思想史との関連については，ジョン・ラスキン（1819-1900）とウィリアム・モリス（1834-96）の影響がしばしば指摘される．

●運動の歴史　ヴィクトリア時代のイギリスでは，装飾芸術の改善を目指す議論が高まり，1880年代には，装飾芸術に携わる人びとが，その地位向上や制作の改善のために「センチュリー・ギルド」「アート・ワーカーズ・ギルド」などの団体を設立していった．その一つが，1887年にロンドンで設立され，「応用デザインおよび手工芸」の展覧会の開催を目指した「アーツ・アンド・クラフツ展覧会協会」であった．同協会の設立と，第1回展覧会の実施（1888年）が，アーツ・アンド・クラフツと名がつく運動の直接の出発点といえよう．後年の会長にはモリスが就任し，「アーツ・アンド・クラフツ」の名を冠する独自の協会も国内各地で設立された．それと前後してイギリスでは，陶磁器・家具等の多くの分野で，装飾芸術に携わる人びとと産業との協力関係も進んだ（Livingstone & Parry 2005；リヴィングストン 2008；ネイラー 1990）．運動は第一次世界大戦前にかけて国外にも広がり，アメリカ合衆国，ドイツ，オーストリア，中欧諸国，スカンディナビア諸国，オランダ，ロシアなどで特に発展したとされる．また1920年代から世紀半ばにかけて日本で興った民芸運動も，国際的なアーツ・アンド・クラフツ運動の一部とする見方が広がっている（Livingstone & Parry 2005；リヴィングストン 2008；デザイン史フォーラム編 2004）．

●ラスキンとモリス　以上の運動に対しイギリスを中心に大きな影響を与えたとされるのがラスキンとモリスである．まずラスキンが訴えたのが職人による創意あふれる仕事の復権であった．ラスキンは主著『ヴェネツィアの石』の第2巻（1853）に収められた「ゴシックの本質」において，ゴシック建築論のかたちをとって，創意あふれる職人が制作の全過程に関わることの意義を説き，かかる労

働こそが人びとに喜びをもたらすと主張した．この主張を，19世紀のイギリスにおける社会経済体制への批判と結びつけたのも，ラスキンの特色である．すなわちラスキンは，このような労働が現在不可能なのは分業原理ゆえと論じ，後年にはより詳細な政治経済学批判（『この後の者にも』1862）も展開したのである（ネイラー 1990）．

職人的な労働に関するラスキンの理想を引き継いだのが，「ゴシックの本質」に学生時代から傾倒していた（Naylor 1990, 訳 2013）モリスであった．加えてモリスは 1882 年の講演集『芸術の希望と不安』において，現在分離している「大芸術（絵画・彫刻・建築）」と「小芸術（装飾芸術）」は，ゴシックの大聖堂においてそうであったように再統合されるべきだと論じ，アーツ・アンド・クラフツ運動の誕生に大きな役割を果たした（藤田 1996）．1880 年代以降は社会主義運動にも加わり（藤田 1996），ラスキンとは異なった角度からであるが，社会経済体制への批判を強めた．装飾芸術におけるモリスの実践が運動に与えた影響も大きい．例えば 1890 年にモリスが設立した私家版印刷所ケルムスコット・プレスは，それ自体アーツ・アンド・クラフツ運動の結実であるとともに，それ以降の書物製作やタイポグラフィを革新したとされる（ネイラー 1990）．

●**多様な展開** 急進的なラスキンやモリスの影響が強かったこともあって，同運動と，機械化や商業化，さらには近代的な工業化との関係は葛藤をはらむ複雑なものとなった（モリス自身も機械の単純な全面否定論者ではなかった）．例えば運動の一方では，工芸家 C. R. アシュビーが一時期，イングランドの村落で職人的生産の理想を追求していた．他方でドイツでは，「ドイツ工作連盟」（1907 年結成）を中心として，アーツ・アンド・クラフツ運動の理想と 20 世紀的な科学・技術・機械の発展との融合を求める動きも生じ，アシュビーも後年，機械と大量生産への関心を示していったのである（ネイラー 1990）

かつては，このドイツでの展開に特に注目し，バウハウスで開花するモダン・デザインの先駆者の中にモリスとアーツ・アンド・クラフツ運動を位置づけるニコラウス・ペヴスナーの見解が有力であったとされる．しかしこの見方には近年，批判や留保も寄せられてきた（例えばモリスに関しては，藤田 1996）．むしろ現在は各国・各地域でのアーツ・アンド・クラフツ運動の実証研究が拡大・深化しており，その中で，例えばモリス受容の内実にも立ち入って同運動と日本との関係が洗いなおされるなど（デザイン史フォーラム編 2004），ラスキンやモリスの思想が果たした役割も再考が進みつつある．また中欧諸国・スカンディナビア諸国・ロシアにおけるナショナル・アイデンティティとの関係（Livingstone & Parry 2005；リヴィングストン 2008）など，同運動の多様な側面の解明も進んでおり，社会思想との関係にも新たな光があてられてゆく可能性があるといえよう．

［光永雅明］

統計革命
[英]statistic revolution

　統計（[英]statistics，[独]Statistik）がこの世界のさまざまな事象の理解のために用いられるようになったのは，近代以降である．このことによって社会や自然の把握のされ方や統治のあり方，人びとのふるまいに大きな変化が生じたとするなら，それを「統計革命」と呼ぶことができるだろう．

　もっとも，統計がいつ始まったかをいうのは簡単ではない．住民の数え上げの記録としては古代中国にすでに戸籍制度が存在し，国勢調査のもとであるセンサスという言葉はラテン語の戸口監察制度から来る．だが，系統立った人口データの収集が始まったのは，18世紀以降のことである（I.ハッキングは，イタリア都市国家とスペイン植民地の例はこれより古いとしている）．継続的なデータ収集がなされるには，それを管理する中央官庁が必要となる．こうした部局の提案は，W.ペティやG.W.ライプニッツによって17世紀後半には行われたが，実際にヨーロッパの諸都市で統計局が制度化されたのは，19世紀後半だった．

　統計の広範な使用が近代以前に行われなかったのは，思想的な支えが欠けていたからだ．こうした思想的基盤として，次の二つをあげることができる．一つは国家理性論以降の国家学の展開であり，もう一つは確率の統計への適用である．

　●**国家理性と統計学**　一つ目は，近代国家の理論的・制度的な成立に関わる．帝国と教会の権威が同時に揺らぎはじめた際，その空白を埋めたのは領域国家だった．国家の本質と目的を問う国家理性の学が16世紀イタリアに生まれ，ヨーロッパ各地へと広がった．ここから，国家の現実の力を計測し強めるための手段としての統計への着目が出てくる．統計学を生み出したタイプの国家理性論は，しばしば国家理性の祖とされるN.マキァヴェッリとは無関係で，むしろ反マキァヴェッリ的な文献のうちに，統計と国家の保全・繁栄を関連づける認識が顕著にみられた．なお，国家の仕事として統計調査（センサス）を位置づけた嚆矢とされるのは，J.ボダン『国家論六篇』（1576）の第六篇第一章である．統計学という言葉自体は，1749年ゲッティンゲン大学のG.アッヘンワル（国情学の代表的論者）がドイツ語で用いたのが最初とされる．

　ウェストファリア条約（1648年）以降姿を現す諸国家の競合空間において国力を強化するため，統計は王権，大学，産業界などと関わりをもちながら展開する．イギリスではペティ『政治算術』（1690）とJ.グラント『死亡表』（1662），ドイツではJ.P.ジュースミルヒ『神の秩序』（1741）などを代表として，人間の数と男女比，出生，病気，死亡などの人口統計，そして土地や生産物，商品流通に関する統計が，国家の現状を掌握する手段として広がっていった．

●**確率と統計** もう一つは，確率的な数学手法の統計への適用である．ハッキングは確率という考え方自体が1660年前後に狭い知的サークルの中から突如現れたとしている．膨大な統計データの中に何らかの規則性を見出す営みが成り立つためには，蓋然的な事象にも規則があるという，世界認識の転換が必要であった．17世紀にイタリアで発明され各国に広まったトンチン年金における出資金と配当の計算，ペティとグラントによる平均寿命の算出など，統計データを数学的に処理し社会状況の把握や将来予測に用いる試みが相次いだ．だが18世紀まで，確率数学の洗練そのものは統計データの蓄積とは別々に進められた．

　事態が変化するのは1820年代だというのが，確率統計史家の一致するところである．この時期に「印刷された数字の洪水」（ハッキング）が始まり，公的統計のみならず私的な統計も盛んに取られた．物理学者ジョセフ・フーリエの名は人口と死亡率を分析した『パリ市およびセーヌ県の統計的研究』（1821-）で知られ，イギリスではロンドン統計協会が設立された（1834年）．裁判記録や貧民調査，また病気の種類や自殺の原因を分類した膨大な統計データが収集された．

●**大数と正規分布** こうした統計は，当時フランスでは「道徳統計（statistique morale）」と総称された．裁判記録を用いてコンドルセやP.-S. ラプラスは確率計算をもとに適切な陪審制度を設計しようと試みた．陪審の信頼性の問題に関連して，1835年にはS. D. ポアソンが「大数の法則」という言葉を用いた．この語は，世界に生起する一見ランダムな事象も，大量回観察されると何らかの規則性を示すことを意味している．ここでの規則性には，事象が生起する頻度（客観確率）と生起への信念の度合い（主観確率）の二つの側面があるが，以後長きにわたって，頻度に注目する形で統計データに規則性を探る試みが続いた（主観確率は18世紀のT. ベイズに遡るが，再び注目されたのは20世紀半ば頃からである）．

　確率数学の社会的な統計への適用は，ベルギーの天文学者A. ケトレーに象徴される．彼は正規分布（ベルカーブ）に注目し，またさまざまな統計的平均からなる人間像を「平均人」として賛美した．人間の属性に確率統計計算を適用する試みは，生物測定学的手法を用い優生学という語をつくったイギリスのF. ゴルトン，分散の測定を行ったW. レクシスをはじめとするドイツ統計学派によっても行われた．

●**自然科学への普及** 統計と確率の関連づけは，データの中の規則性だけでなく変異やずれに着目する方向でも洗練されていく．それによって，統計的確率の手法は自然科学の分野にも応用されはじめる．最初の試みは気体運動論で，J. C. マクスウェル，L. E. ボルツマンらによって展開された．自然科学への確率統計の応用は決定論的世界観との不整合により科学者に拒絶反応を引き起こした．だが結局，医学，生物学，化学，そして物理学や力学そしてコンピュータサイエンスなど，ほぼすべての分野で統計は用いられ，現代科学を統計ぬきに語ることは不可能となっている．

〔重田園江〕

権利（日本の場合）
[英]the concept of rights in modern Japan

　現代日本において，「権利」はきわめて重要な価値をもつ法・政治概念である．福沢諭吉（1835-1901）が明治3（1870）年の『西洋事情二篇』で「妥当の訳字なく」と記すように，それはright, droit, recht (regt) などの翻訳語として，西洋世界との出会いを通じて導入された．それゆえ開国以来，この西洋語をどう訳し理解するか，さまざまな議論が展開された．

　漢語の「権利」はもともと中国の古典『荀子』や『史記』にみられ，権威・権力と利益を指す．right の意味ではない．そこで従来の研究では次の指摘がなされてきた．西洋では，recht や droit など法と権利とが同じ言葉で表され，権利の観念は法社会に深く根ざしてきた．特に近代になると，right は道徳的価値を含む自然法に基礎づけられ，恣意的な権力 power の行使から諸個人の right を守ることが重んじられた．right は power と対立する要素をもつ．ところが近代日本では，right と power に，ともに「権」の訳字をあてた．そのため，正しい理解が欠落したまま，「権利（right）」は時に「権力（power）」と混同されてきた，と．

　この指摘は大変に貴重だが，しかし問題は複雑である．日本が開国した同時代19世紀のヨーロッパでは，むしろフランス革命を準備した自然権論を批判する，功利主義や歴史法学が興隆し，それが日本にも流れ込んでいたからである．

●**西洋国際法の導入と「国権」**　天保期に完成した蘭和辞典『道訳法児馬』をみると，regt の項目に「政法又法律」や「真の」と並び，「或ることに主となるべき筋を持てをる」とある．近世日本で西洋の権利概念を紹介した最初期の例である．

　「権」という訳語の早い用例は，アヘン戦争後，中国で編纂された『海国図志』や，黒船来航後の下田条約第6条にみられる．その訳語の普及に大きく寄与したのが，ホィートン著マーティン漢訳『万国公法』である．同書は北京で公刊され，1865年に江戸開成所より翻刻が出された．そこでは，right が「権」「権利」と訳されるとともに，sovereignty は「自主之権」「主権」「国権」，the State itself も「国権」と訳され，power の訳語にも「権」が使われた．これら「権」の多義的使用は，主権国家として対等な権利を行使するには，国内を統治する権力と，諸外国に匹敵する国力をもつ必要がある，という19世紀ヨーロッパ国際法の実態と結びついていた．「国権」の語は，中国の古典『管子』などに由来する．

●**西と津田のオランダ留学**　近代日本の西洋法学受容の先駆をなすのが，蕃書調所に勤め，後に明六社で活躍した，津田真道（1829-1903）と西周（1829-97）のオランダ留学である．1863年からライデン大学教授 S. フィッセリング（1818-88）に学んだ彼らは，帰国後，講義筆記の翻訳を通じて，上記の『万国公法』な

ど参照しつつ，国際法上だけでなく，人民の regt にも「権」「権利」の語をあてた．津田は西洋の立憲政体を解明した翻訳『泰西国法論』(1868) の中で，「自身自主の権」や信教・出版の自由，法の下の平等などの「通権」とともに，参政権を「国民の公権」「民権」と定め，「人権」意識の欠落した日本の政治文化を批判した．

●**権利の基礎づけをめぐって**　オランダ留学を通じて実証主義などに触れた西周は帰国後，J. S. ミル (1806-73) の功利主義論を『利学』として翻訳．「利」を求める人びとの能動的精神を重んじ，「利」を原理とする「権利」意識の確立を試みた．

他方，福沢諭吉は維新期に『西洋事情二篇』の中で，むしろ一世代前，18 世紀イギリスの法学者 W. ブラックストン (1723-80) の自然法論に遡り，right を「通義」と訳した．人は生まれながらに広義の Rights「正理」に依拠した right「通義」をもつ．ただし福沢も後に功利主義に触れ，「権理」とともに「権利」の語を用いた．

それに対して，「力は権利を生みださない」と説く J.-J. ルソー (1712-78) の社会契約論と格闘した中江兆民 (1847-1901) は，儒学の「義利の弁」を援用し，功利主義を批判．「利」ではなく「理義」による「民権」の規範的基礎づけを図った．

●**天賦人権論争と明治憲法**　津田や西の蕃書調所の同僚・加藤弘之 (1836-1916) は，維新後，ドイツ国家学に取り組み，思想や信教など「私事の自由」を「天賦」の権利と定める一方，「公権」参政権に関わる民撰議院設立は時期尚早と唱えた．対照的に植木枝盛 (1857-92) は，加藤や津田の作品から学びつつも，「天賦の人権」を守るには，国会の早期開設と抵抗権の確立が必要と説いた．

明治 14 (1881) 年，加藤弘之は天賦人権論を破棄すると宣言．Ch. ダーウィン (1809-82) や R. v. イェーリング (1818-92) らの学説を独自に解釈し，「権利」とは，「優勝劣敗」の摂理のもと「最大優者」が「権力」により定めたものと喝破した．植木ら民権論者はそれに対し，加藤は規範としての権利と，事実としての権力を混同していると非難した．これが，いわゆる天賦人権論争である．

他方で民権論者の小野梓 (1852-86) は，権利意識の形成を歴史の内側から根拠づけようと試みた．同時代西洋の歴史法学を学び，ローマ法学に触れた小野は，私擬憲法案『国憲汎論』の中で，『日本書紀』や中世武家法など日本の歴史のうちに「民権の命脈」を探索し，そこに明治期に連なる「立憲の萌芽」を見出した．

明治 22 (1889) 年，「臣民権利義務」を定めた大日本帝国憲法が公布される．ただしその過程でも激しい議論が戦わされた．前年の枢密院の審議で，森有礼 (1847-89) は，天皇に対して臣民が有するのは「権利」ではなく「分際」であると主張．伊藤博文 (1841-1909) はそれを批判し，「抑憲法を創設するの精神は，第一君権を制限し，第二臣民の権利を保護するにあり」と訴えた．

権利とは何かという問いは，非西洋圏の日本でいかに立憲主義を実現するかという思想課題と深く結びついた，現代まで続く論争的な主題である．［大久保健晴］

グリム兄弟
[独]Brüder Grimm

　カルヴァン派牧師の曾祖父と祖父，下級官吏の父をもち，神聖ローマ帝国内ヘッセンのハーナウで生まれ，成人した6人きょうだいのうちの長兄，言語学・法学者のヤーコプ・グリム（1785-1863）と，次兄で言語学・文芸学・文献学者のヴィルヘルム・グリム（1786-1859）を指す．それぞれの単独の仕事と並んで，兄弟の共同作業によるドイツ語辞典，メールヒェン・伝説などの編纂で知られ，ゲルマニスティク（ドイツ学）確立の一翼を担った．また三月革命前後の時期には若い世代に対して一定の政治的影響力をももつ．末弟の画家ルートヴィヒ（1790-1863）は，兄たちのメールヒェン集の挿画も描いた．

●知的経歴　ヤーコプ，ヴィルヘルムともにマールブルク大学で法学を学び，F. C. サヴィニー（1779-1861）のローマ法制史研究に影響を受けつつも，師とは異なりゲルマン法・ゲルマン語研究に向かう．またサヴィニーを通じてアヒム・フォン・アルニム（1781-1831），C. ブレンターノ（1778-1842）らロマン主義文学者と交友し，中世文学や民謡・民話など民俗学への関心を深める．とはいえグリム兄弟自身は狭義のロマン主義者となっていない．ヤーコプは，1806年にヘッセンを占領したナポレオン軍のもとで司書として勤務，また1815年のウィーン会議に随行．こうした外的な条件も，兄弟の「民族」意識を強める遠因と考えられる．1829年にハノーファ王国にあるゲッティンゲン大学に移り，やがて教授となる．この国では自由主義的な内容をもつイングランド流の憲法が33年に制定されていたが，37年王位についた新王がこれを破棄したことに対して大学教授が抗議，彼らが追放される結果に終わるという「ゲッティンゲン7教授事件」が起き，兄弟はこれに連座．失職した二人への救済策として『ドイツ語辞典』が計画される．ヤーコプのカッセル亡命を経て，41年には兄弟ともにプロイセン王国のベルリン大学に招聘され，晩年は比較的落ち着いた研究生活を送る．ヤーコプは1846～47年に開催された第1・2回ゲルマニスト会議で中心的立場にあり，48年フランクフルト国民議会にはプロイセンの代議員として出席した．

●その研究　グリム兄弟の仕事を端的に述べるなら，現在の根源を求めるための歴史研究ということになる．言語，伝説やメールヒェン，古文書，文学作品など扱う対象は広範にわたり，またドイツ語のみに限局したわけではなくスラヴやスカンジナヴィアの言語・文化をも研究している．基本的に言語そのものおよび言語によって媒介された形成物を対象とした．

　二人の研究は，職匠歌人の歌，ミンネザングや英雄を歌った詩・バラード，「エッダ」「ライネケ・フクス」などの中世の文学作品にはじまり，対象を拡げて

いった．ヤーコプによる『ドイツ法故事集成』(1828) にあっては，収集した多数の法的文書からゲルマン族の法律関係にとどまらずその習俗，生活様式をもうかがい知りうるもので，民俗学研究にまで踏み込んでいる．また彼の『ドイツ神話学』(1835) では，キリスト教以前の宗教的形象がキリスト教伝説と対比された．ヴィルヘルムは主としてドイツの他にデンマークの古代・中世のミンネザングや英雄叙事詩の研究に携わり，『ドイツ・ルーネ文字について』(1821) も公刊している．

　言語学研究にあっては，ヤーコプによる『ドイツ語文法』(1819-34) はゲルマン諸言語の歴史的発展を跡づけたもので，その第 2 巻 (1822) では今日「グリムの法則」と称される，ゲルマン語における子音の音韻推移が体系的に説明されている．これはインド・ヨーロッパ語族における比較言語学，ひいては諸現代言語研究の基礎となっている．1838 年より兄弟によって編集作業が開始された『ドイツ語辞典』では，16 世紀以降のドイツ語の語形，語義，用法の歴史的発展が記述されており，ドイツ語の規範を示すことが目指された．1854 年に第 1 巻が刊行され，ヤーコプ存命中に F の項目途中まで執筆され，その後代々の後継者たちの手により全 33 巻が完結するのは 1961 年になる．

●メールヒェンなどの収集　兄弟の仕事で一般に最も知られているのは，すでに 1806 年に開始されている，伝説，メールヒェンの収集・研究だ．「グリム童話」とも呼ばれる『子どもと家庭のメールヒェン』は，1812 年に初版第 1 巻，15 年に第 2 巻が刊行されているが，この時点では注目を集めず，以後 1857 年に第 7 版が刊行されるまで改訂が続けられる．ヤーコプは口承の素材を極力生のままに採集する基本方針であるのに対して，ヴィルヘルムは読みやすさを考慮して表現などに手を加え整序した．版を重ねる際の改訂は主としてヴィルヘルムが行っている．またそれにとどまらず，後の研究からは，採集の際の重要な情報源の一人はユグノー亡命者家系出身で，ヘッセンあるいはドイツ語圏の民間伝承ではなくフランス経由の話も含まれていると判明している．口承の素材により近い『ドイツ伝説集』(第 1 巻 1816，第 2 巻 1818) はメールヒェンほどには読者を得られなかった．兄弟のこれらの仕事は，J. G. ヘルダー (1744-1803) による民謡収集 (彼の没後『諸国民の声』として知られる) やアルニムとブレンターノによる『子どもの魔法の角笛』(1806-08) と並んで，民俗的なもの，キリスト教文化が支配する以前の層の「発見」に寄与をして，同時代の H. ハイネ (1797-1856) や R. ヴァーグナー (1813-83) にもすでに影響を与えている．

　グリム兄弟自身は政治活動に深入りせず，また頑迷なナショナリストだったわけではないが，言語 (ドイツ語) を求心軸として「ゲルマン」的なものの「古層」を追究した営みの結果は，19 世紀後半のドイツ・ナショナリズムの中で一定の役割を果たした．

[初見 基]

第Ⅳ部

近代の危機
19世紀末から20世紀前半へ

概説：近代の危機──19世紀末から20世紀前半へ
[英]crisis of modernity

　19世紀末のヨーロッパはいわゆるベル・エポックだったが，それに続く20世紀前半は，とてつもない悲惨と残酷の時代だった．ポーランド出身のロシアの詩人マンドルシュタムのいう「狼の世紀」だった．文明の影での悲惨や残酷は植民地化の歴史が示すように以前からあったが，世界史の中心と自他ともに思っていたヨーロッパで，そしてヨーロッパの世紀といわれ，「いまだ野蛮な」地域と異なり「文明化した」19世紀の総決算として破局が起きたことが，その中心にいる文化の代表者や社会・経済についての思想家や理論家に巨大な衝撃を与えた．

　たしかに代表制民主主義に依拠した政治体制が西欧の多くの国々に定着し，資本主義や男女差別に伴う問題を抱えていたとはいえ，第一次世界大戦前のヨーロッパはそれなりの豊かさと安定を享受し始めていた．ブルジョアジーの「再封建化」，労働者の「市民化」も顕著だった．産業の発展に伴う文明の利器の恩典に人びとは浴しはじめていた．しかし，そのヨーロッパで未曾有の戦争が2回にわたって起き，莫大な犠牲者を出し，それのみか戦場以外でも巨大な殺戮が起きたことは，文明の驕りを根底から揺さぶった．第一次世界大戦はドイツで200万人，フランスで130万人，ロシアで185万人，世界中では1000万人近くが戦死している．負傷者の数はその数倍にも及び，その中にはこれまで知られなかったほどの顔面損傷や歩行不能者が膨大に存在していた．そのうえ，トルコによるアルメニア人虐殺，トルコでのギリシア人への，ギリシアでのトルコ人への蛮行，そして膨大な数の難民の発生があった．第二次世界大戦の死者は民間人も含めてこの数倍に及ぶ．ドイツによる侵攻だけでロシアでは2000万人が殺されている．難民も，旧ドイツ帝国の東方部を追われた者だけで1500万とも1600万ともいわれる．何よりもナチスによる600万人は下らないユダヤ人の計画的大量虐殺が行われた．戦争もかつての国際法上のステータスを事実上失い，総力戦と化した．ウェストファリア体制ともいわれるヨーロッパ公法の秩序の崩壊である．

　20世紀の惨禍へと煽る思想が19世紀にあったこともたしかだ．ナショナリズムもその大きな要因であった．帝国主義も思想的にも経済政策上も第一次世界大戦へ突き進む動力であった．植民地獲得競争も悲惨の拡大に寄与していた．また資本主義固有の階級矛盾を糊塗する機能を戦争がもっていた．第一次世界大戦直前までは国際主義と平和主義を標榜していた社会民主主義が開戦とともにナショナリズムに統合されていった．「私はドイツ人しか知らない」というヴィルヘルム2世皇帝の演説に多くの労働者もさらわれてしまった．開戦とともにドビュシーですら「フランスの作曲家ドビュシー」とサインする始末だった．

とはいえ，マックス・ヴェーバーのような冷徹な理論家でも志願する雰囲気の中で絶対に戦争に反対する人びともいた．ヘルマン・ヘッセがそうであるし，ロマン・ロランも声を上げた．バートランド・ラッセルも反戦を説き，投獄された．ローザ・ルクセンブルクの戦争拒否も重要だ．そしてチューリヒで始まったダダの運動をはじめ，新たな芸術運動は，こうした暴力の徹底的拒否の新たな方法の開発でもあった．しかし，そうした声は結局はかき消されてしまった．その後，非暴力の思想は植民地独立闘争の中でガンディーによって体現される．

●**第Ⅳ部の構成** こうした背景を受けて第1章「イズム（主義）の時代」では，反戦や平和の思想にも重点を置きつつ，ファシズムや反ユダヤ主義，保守革命や国体論といったイズムの時代の相貌を浮き立たせようとした．一切の規範性を欠いた局地的な社会統合の思想とそれに対峙する平和主義といった構図である．

第2章「さまざまな社会理論の時代」では，合理性の究極状況での「神々の闘争」を予感していたともいえるヴェーバーの議論に始まり，資本主義の立て直しに成功したケインズの診断と処方箋，さらには20世紀の悲惨を，野蛮への理性の逆転ととらえながらなお，そうとらえる理性の能力に固執するホルクハイマー／アドルノの『啓蒙の弁証法』などさまざまな理論に重点を置いた．彼らによるヴェーバーを継承した道具的理性批判は，手段が目的を越えて自走している状況の批判として20世紀後半に継承される．もちろんその中には新しい大衆社会や消費・奢侈や都市，そしてジャーナリズムについての議論，フォーディズムといった生産体制，そして金融資本主義についての種々の議論も含まれる．

第3章「危機の中の文化」では，文化に中心を置き，こうした現代史の激動の発端から頂点の間で合理性が思ったほどの合理性でないことをK.マルクスに続いて暴いたS.フロイトやF.ニーチェを論じる．その中で知的に苦闘し，シニシズムに陥ったハイデガー，絶望の中で死を選んだW.ベンヤミンらの思想，時代を鋭敏に受け止めて新たな表現や生活様式にもたらそうとした青年運動やダダ，シュルレアリスム，バウハウスらの運動，そして文化が国家に取り込まれていく過程も見ねばならない以上，科学政策，文化政策，そしてプロパガンダにも焦点をあてた．この動きの中で戦後の人文科学に大きな足跡を残す記号論や解釈学その他の知的プログラムも見過ごすわけにはいかない．

そうした知的反抗が吹き出したのが1968年の反乱である．その年の2月にマーティン・ルーサー・キングは次のように演説した．「我々が生きるために使う道具が，我々が生きる目的とのバランスをどこかで失って強くなりすぎているのを我々が許している気がします．目的を失った手段だけの社会は，魂なき社会です」．「精神なき専門人，魂なき享楽人」とヴェーバーが世紀の冒頭に皮肉な嘆きを発した道具的理性批判は，キング牧師にも語り継がれている．差別批判はやがて20世紀後半の課題となる． ［三島憲一・中山智香子・細見和之］

第1章

イズム（主義）の時代

[編集担当：三島憲一・中山智香子・細見和之]

- ガンディー……………………………434
- 社会民主主義…………………………436
- アナキズムの展開……………………438
- 人種主義………………………………440
- ロシア革命……………………………442
- 中国革命………………………………444
- 植民地主義……………………………446
- 近代日本の植民地主義………………448
- 暴力論…………………………………450
- 反ユダヤ主義…………………………452
- 地政学…………………………………454
- 保守革命………………………………456
- 植民地解放運動………………………458
- 明治維新論……………………………460
- 男女差別と男女平等思想……………462
- 帝国主義………………………………464
- 世界戦争と総力戦……………………466
- ヴェルサイユ体制……………………470
- オーストロ・マルクス主義…………472
- ディアスポラ…………………………474
- 反戦運動・平和主義…………………476
- 自由主義の変容………………………478
- ファシズム・全体主義………………480
- 国体論…………………………………484
- スラヴ主義……………………………486
- ジェノサイド…………………………488
- ホロコースト…………………………490
- シオニズム……………………………492
- 原子爆弾………………………………494
- 戦争責任・戦後責任…………………496

ガンディー
Mohandās Karamchand Gāndhī

　モーハンダース・カラムチャンド・ガンディー（1869-1948）は，カーティヤーワール地方ポールバンダルにて，敬虔なヴァイシュナヴァ派ヒンドゥー教徒の両親のもとに生まれた．弁護士の資格を取得するためにイギリスに留学，その後南アフリカで在留インド人の地位向上を目的としたサッティヤーグラハ運動（非暴力抵抗運動）を展開する．彼が南アフリカで編み出した非暴力の思想は，後にインドにおいて，1919年のハルタール（一斉休業）や1921年の外国製衣服焼き払い運動，1930年の塩の行進，1942年のクイット・インディア（インドを撤退せよ）決議などのかたちで表現されてゆく．イギリスの植民地支配から非暴力でインドの独立を勝ち取ると同時に，インド社会内部においては，コミュナル統一（主としてヒンドゥー＝ムスリムを基軸とする統一），不可触民差別，手紡ぎ・手織りなどの課題に取り組み，さまざまな集団に属する人びとの間にコンヴィヴィアリティ（自立共生的関係）を築こうと努めた．植民地インドは，ガンディーの悲願に反して1947年に新生インドとパキスタンに分離独立，彼はその翌年，ヒンドゥー至上主義者に暗殺される．

●**思想と実践**　ガンディーは，インド独立運動と不可分のこうした人生を通じて，政治，経済，宗教，社会，教育，国際関係，環境など，人間生活のおよそあらゆる領域に関わる壮大な思想を実践的に紡ぎ上げていった．彼は，『ヒンドゥ・スワラージ』（初版1909）において，「インドを踏みにじっているのは，イギリス人の踵ではなく，近代文明のそれである」との認識を示し，インドの貧困の原因を「近代文明」の象徴としての「機械」に求めている（Gandhi 1922：39, 105）．こうした考えは，後のインド独立運動におけるカーディー（手織綿布）普及の事業などに反映されてゆく．彼にとって「真の意味での文明」とは，「必要物」の「拡大」ではなく「削減」によるもので，物質的に豊かな社会を標榜した「近代」の自由主義的経済学やマルクス主義的社会主義とは，大きく異なる方向を向くものであった（石井 2014）．

　インド国民会議派による建設的プログラムは，カーディー，不可触民差別廃止，コミュナル統一を含む社会経済綱領で，非暴力（愛）に基づくインド社会の再構築というガンディーの理想を端的に表している．ガンディーが1921年に腰布でインド総督レディング卿（1860-1935）と会見したことは，多くの人びとがカーディーを身に着けて独立運動を参加していた事実とともに，運動の文化的インパクトを象徴するものであった．もっとも，カーディー運動は，外国製綿布の輸入を大幅に減少させたものの，インド民族資本による機械製綿布が国内市場を席巻

するなかで困難な道のりをたどった.

　他方，ガンディーは，1932年の首相裁定に基づくコミュニティごとの分離選挙が，不可触民の地位を固定化するものと恐れて，これに「死に至る断食」によって反対した．カースト・ヒンドゥーの改心によって不可触民差別撤廃を目指した彼の手法は，不可触民解放のためにはカースト制度そのものの廃止が不可欠だとするビムラーオ・アンベードカル（1891-1956）の主張と激しく対立した．ガンディーは，この頃から不可触民を「ハリジャン（神の子）」と呼び，1933年にハリジャン奉仕協会を創立するなど，以後彼らの解放のために心血を注いでゆく．

　ガンディーは，南アフリカ時代よりヒンドゥーとムスリムの間に純粋の友情がないことに気づいていたが，インド最大のこれら二つの宗派の融和を軸として「独立」を構想していた．このため，1919年からはじまる第一次非暴力的非協力運動においては，ヒラーファト運動（トルコにおけるカリフの地位の擁護を求めるムスリムの運動）にヒンドゥーの協力を取りつけつつ，スワラージ（自治）を両宗派を含む全インド的目標と位置づけてコミュナル統一を図ろうとした．1924年にヒラーファト運動が失効し，人びとが殺戮を伴う抗争に明け暮れるようになると，彼は21日間におよぶ断食をもってコミュナル紛争を抑えようとする．全インド・ムスリム連盟は，後にムハンマド・ジンナー（1876-1948）の指導のもと，多数派ヒンドゥーによる支配を恐れて，ムスリムによる「直接行動」を前提とするパキスタン建国へとつき進んでゆく．ガンディーは，宗派間の融和を求めてヒンドゥーとムスリム双方のコミュナリズム（宗派主義）に対抗しようとするものの，植民地インドの分離独立を阻止することはできなかった．

●**現代的意義**　ガンディーのコンヴィヴィアリティは，何よりもまずイギリス人を「友人」としてインドから送り出そうとしたことに表れている．しかし，同時に彼は，国内においては都市ではなく村落を中心として，人びとが経済的，社会的，そして宗教的属性を超えて共生するインド社会を理想としていた．その壮大な未完のプロジェクトは，その後，ヴィノーバー・バーヴェー（1895-1982）やジャヤープラカーシュ・ナーラーヤン（1902-79）らのサルヴォーダヤ運動に，また，経済学においてはエルンスト・F・シューマッハー（1911-77）の「スモール・イズ・ビューティフル」思想に引き継がれてゆく．現在でも，サティシュ・クマール（1936-　）が主宰するシューマッハー・カレッジ（イギリス）や，ヴァンダナ・シヴァ（1952-　）によるチプコ運動（森林保全運動）および種子保存の活動などは，まさにガンディー思想に基づくものである．それはさらに，スリランカ・サルヴォーダヤ運動の指導者アリヤラトネ（1931-　）や，タイ仏教思想家スラック・シワラク（1933-　）らの思想や実践に息づいており，インド社会の枠を超えてすそ野の広がりをみせている．その意義は，紛争や環境破壊の絶えない21世紀の世界においていっそう重要な意義をもつといえる．　　　　　　　　　　［石井一也］

社会民主主義

[英]social democracy　[独]Sozialdemokratie　[仏]social-démocratie

　社会民主主義は，レーニン主義と対比されながら，革命を嫌う軟弱な思想として時に侮蔑されてきたが，第一次世界大戦ならびにロシア革命までは，むしろそのラディカリティに注目すべきである（市野川 2006）．

●**社会民主主義の始まり**　革命の最中の1849年1月にフランスで「社会民主党」が誕生しているが，社会民主主義はドイツにおいて，より重要な役割を果たした．「社会主義」という言葉は，ドイツ語圏でも1848年の革命以前から流通していたが，フランス革命のような民主化が未達成だったドイツでは，それに民主主義を加えた「社会民主主義」の方が，政治的にはよりラディカルな主張だった．急進的な民主主義者のF. ヘッカーは，1848年3月に次のように述べた．「私が望むのは，万人に対する十全な自由である．……特権階級のためだけの自由，富裕者のためだけの自由では決してない．私が何者かを一言でいうなら，私は社会民主主義者（Social-Demokrat）である」（Schieder 1984：971）．ここで「社会的」という言葉は，排除なき万人の参加と包摂という意味を強くもってる．

　社会主義者鎮圧法と称される，ビスマルクが1878年に成立させた法律の正式名は「社会民主主義の反公共的活動に抗する法律」である．他方，ビスマルクは，A. ヴァーグナー（1835-1917）らの説く「国家社会主義（Staatssozialismus）」には，終始，肯定的だった．同法による弾圧の対象は，社会主義ではなく，あくまで社会民主主義であって，ゆえにまた，ドイツで「社会民主党」という党名が許されるのは，この法律失効後の1891年である．社会民主主義はまた，君主制を擁護し，国民という枠組みに固執したヴァーグナーらの国家社会主義と異なり，共和主義（君主制廃止）と国際主義を強く志向した．

　日本初の社会主義政党が「社会民主党」として結成されたのは1901年5月18日だが，同党はその2日後に早くも禁止された．太田雅夫によれば，その際，「当時の政府が最も危険視したのは，社会主義よりも，むしろ民主主義であった」「政府は……社会主義の主張よりも，民主主義の主張に対して，身近な脅威を感じていたのである」（太田 2001：63）．1945年までの日本では，社会民衆党や社会大衆党は存在し得たが，「民主」という言葉を冠して認められた政党は一つもない．

　社会民主主義は社会主義と混同されがちだが，前者から後者を引き算して立ち現れる「民主」という言葉の重みを再認識する必要がある．

●**その後の分裂と対立**　1864年の第一インターナショナル設立以降，国際的な社会主義運動はマルクス主義がリードすることとなった．そのような状況の中で，社会民主主義はそのままマルクス主義と大きく重なった．V. I. レーニン

(1870-1924) も自らの立場を長らく社会民主主義と表現した.

しかし，状況は，20 世紀冒頭のドイツ社民党内の修正主義論争，そして 1914 年 7 月末の第一次世界大戦勃発によって大きく変わる．まず，各国の社会民主主義者が，それまでの国際主義・平和主義を捨てて，自国の参戦を支持することで，第二インターナショナルが崩壊する．次に，1917 年のロシア革命とこれに続くドイツ革命の挫折によって，社会民主主義とマルクス－レーニン主義は，厳しい対立関係に入る．それが最も深刻にみられたのはドイツで，政権の座に就きつつ，革命を議会主義の枠内に押し止めようとしたドイツ社民党主流派と，これに異を唱えた R. ルクセンブルク (1871-1919) らの共産党は，文字どおり，血まみれの抗争に陥り，それがナチの台頭にもつながった．社会民主主義と共産主義の対立は，コミンテルンの指導も一因となって，ドイツ以外の各国にも広がってゆく．

革命による社会主義の実現を放棄し，議会主義に閉じこもる社会民主主義という理解が，自他ともに，こうしてできあがった．

●**社会民主主義の変容**　これ以降の社会民主主義を特徴づけるものとしては，第一に，議会主義，すなわち議会政治による社会変革の優先があげられる．

第二に，社会民主主義は，当初，共和主義（君主制の廃止）を強く志向していたが，20 世紀に入って，立憲君主制をとる国の多い北欧で社会民主党が勢力を伸ばしたり，日本の社会党が天皇制を肯定し続けたりすることで，共和主義はもはや社民主義の構成要件とはいえなくなった．

第三に，社会主義的主張だが，これも弱まってきている．西側諸国の社民主義政党は，1945 年以降も，産業の社会化（国有化）を重要な政策目標の一つとして掲げたが，その後，この目標を撤回するものが相次いだ．また，労働組合を基盤とした産業の民主化要求も弱まった．サッチャー時代のイギリスの労働党のように，労組からその力が大きく奪われつつも，国民の支持を回復するため，新保守主義や新自由主義との妥協を余儀なくされるケースが少なくなかった．加えて，1990 年代以降の日本では，本来なら自他ともに，社会民主主義と呼ばれ（続け）てよいものが「リベラル」と言い直されるようなった．

今日の社会民主主義に残っているのは，第四に，所得の再分配や社会保障の維持・強化である．社会民主主義の存在理由と役割はここに集約されつつある．と同時に，フェミニズムやエコロジーなどの新しい社会運動からの問題提起に応えることも，社会民主主義の課題となっている．

État national-social（国民的かつ社会的な国家）としての福祉国家という E. バリバールの指摘は（バリバール 1998），社会民主主義がネイションの枠組みや場合によっては排外主義と結びつくという側面をも照らしだす．経済等のグローバル化とともに，社会民主主義をグローバルに構想する途について考える必要があろう．

[市野川容孝]

アナキズムの展開
[英]development of anarchism

　1872年，国際労働者協会（第一インターナショナル）ハーグ大会で除名処分を受けたM.バクーニンが中心となってサン＝ティミエで開催された大会に結集したアナキストたちは，政治活動の意義を強調するマルクスら総務委員会派に対抗して，政治活動からの脱退を確認するとともに，P.クロポトキンとエッリーコ・マラテスタ (1853-1932) の唱道する「行為による宣伝」へと傾斜していく．そして1877年にはイタリア南部ベネヴェント地方でマラテスタらによって農民の蜂起が企てられたほか，スペイン，ロシア，フランスなどでアナキストによるテロ活動が激化する．しかし，こうして直接行動を繰り返す中で各国の政府や治安当局による弾圧も強まり，アナキストたちの運動は袋小路に迷いこんでいく．

●**戦闘的労働組合運動への参加**　そうした中，フランスでは，労働組合全国連盟 (Féderation Nationale des Syndicats, 1886年結成) に所属するパリの組合が，1887年，雇用者側の利益のために活動していた職業紹介所に対抗して労働取引所 (Bourse de Travail) を設立する．と，その動きはたちまち多くの地方都市にも広まり，1892年には労働取引所連盟 (Féderation des Bourses de Travail) が結成されるに至るのだが，この労働取引所の反中央集権的で絶対自由主義的（リベルテール）な性格に着目したアナキストたちは労働組合に積極的に参加する．1895年に労働取引所連盟の書記長になったフェルナン・ペルーティエ (1867-1901) によると，労働組合は「選挙のための競争から離れ，ゼネ・ストとそのあらゆる結果に好意的な，アナキズム的に運営される，経済闘争の実験室」なのであった．

　こうしてフランスで労働取引所の活動に新たな活路を見出したアナキズムの潮流は革命的サンディカリズムを標榜しつつ，1902年から1908年にかけて最盛期を迎える．そして，知識人の間からも，この戦闘的労働者たちの動きに呼応する者が出てくる．中でもジョルジュ・ソレル (1847-1922) は，1898年の論考「労働組合の社会主義的将来」において革命的サンディカリズムへの期待を表明したのを嚆矢に，1906年には『社会主義運動 (Le Mouvement Socialiste)』誌に「暴力にかんする省察」と題した論考を連載し，ゼネ・ストの意義を力説する（1908年に単行本化）．またイタリアでも，ソレルの影響を受けたアルトゥーロ・ラブリオーラ (1873-1959) ら『社会主義的前衛 (Avanguardia Socialista)』紙によるグループが1904年4月のイタリア社会党第8回ボローニャ大会で革命的サンディカリズムを主張し，同年9月にイタリア全土でゼネ・ストが打たれた際には主導的役割を演じている．

●**ロシア革命とアナキズム**　さらにロシアでは，1905年革命のとき，ソヴィエト

と呼ばれる労働者評議会組織がゼネ・ストの期間中, サンクト・ペテルブルクの諸工場で誕生する. そして, やがて1917年の十月革命で政権を奪取することとなるボリシェヴィキも「すべての権力をソヴィエトへ！」のスローガンを掲げる. ただ, ソヴィエトはもともとアナーキー的な色彩の濃い組織であった. そこで, 中央集権的な権力の確立を目指すボリシェヴィキは, 政権奪取後ただちにソヴィエトを中央政府の意志の単なる執行機関にしてしまおうとする. と同時に, アナキストたちへの容赦ない弾圧に乗りだす. それでも, アナキズムの精神は, 十月革命の直後, ウクライナ南部でパルチザン部隊を率いて反革命軍と戦ったネストル・マフノー (1889-1935) が同地域に組織した農民大衆からなる自治運動の中で, その強靱な生命力を実証することとなる.

●**トリーノ工場評議会運動** ロシアでは, ソヴィエトは十月革命で政権を奪取したボリシェヴィキによって骨抜きにされてしまう. しかし, 第一次世界大戦の終結とともに, ソヴィエトが体現していた労働者民主主義の理念を実現しようとする評議会共産主義の運動がドイツやオランダなどで起こる. その運動はレーニン主義を権威主義的であるとして前衛党の概念を拒絶したため, アナキズムとも親和的であった. 実際にも, イタリアでは1919～20年, トリーノのフィアット工場などでアントニオ・グラムシ (1891-1937) ら『オルディネ・ヌオーヴォ (新しい秩序, *L'Ordine Nuovo*)』紙グループが中心となって工場評議会運動が展開されたが, この運動にはイタリア金属労働者連合 (Federazione Italiana Operai Metallurgici, 1901年創設) トリーノ支部に所属する二人のアナキスト, ピエトロ・フェッレーロ (1892-1922) とマウリツィオ・ガリーノ (1892-1977) が積極的に協力している.

●**スペインにおける集産化と自主管理の実験** 両大戦間期には, アナキストたちは, スペインでも, 1923年にクーデターによって権力を掌握したプリモ・デ・リベーラ将軍の独裁政権が1930年に倒され, 翌年には国王も亡命して, 共和主義革命が実現をみる過程で, 労働者と農民が接収した工場や土地の集産化を推進した. そして労働者と農民による自主管理の実験を行って成功をおさめた. もっとも, アナキストたちによる集産化と自主管理の実験は, 1936年に共和国軍がフランコ将軍の率いる反乱軍との内戦状態に入るとともに, 共産党の主導する中央政府によって強権的に挫折させられる. しかし, それが「世界における主要なアナキズム運動の最後にして最大の名誉が与えられてしかるべき成果」(G. ウドコック) であることに疑いの余地はないだろう.

●**日本の場合** なお, 日本でも, 社会主義者の幸徳秋水 (1871-1911) は, 1905年新聞紙条例で入獄中, クロポトキンを知り, アナキズムに傾いている. また同じくアナルコ・サンディカリズム運動の指導者の一人であった大杉栄 (1885-1923) にも, 『クロポトキン研究』(1920) という著作がある　　　　　　　　　［上村忠男］

人種主義

[英]racism

　人種主義という言葉は多義的かつ多様に使われるが，ここでは支配的権力をもつエスニック集団や歴史的に形成された集団が別な集団に対して，否定的に認知される身体的・文化的な集団的差異を共約不可能で不変であると規定して本質化し，優劣による人種秩序をつくり上げたうえで下位へと位置づけ，その劣位性を社会悪とみなして差別，周縁化，支配，排除，殲滅（せんめつ）といった暴力を合理化しつつ，対蹠的（たいしょてき）に優越者としての自己同一性を獲得するための社会的実践と定義する．この意味で，人種主義とは人間がある種本能的に抱く異質なものへの偏見・嫌悪一般とは異なり，そうしたものに依拠しつつ社会的に構築されたもので，他者に対する社会的な暴力の合理化と実行が，制度化される点にこそ特徴がある．

●**人種主義という分節化**　人間の系統的な範疇化自体はヨーロッパに古くから存在したが，race という言葉の初出は 15 世紀のスペイン語文献だとされる．ただし宗教や神話に基づく他者理解から離脱し，純粋な観察に基づく体系的な範疇化が始まったのは博物学の進展する 18 世紀の啓蒙時代である（Hannaford 1996）．諸言語を系統化する分類法が肉眼解剖学的な身体的特徴（表現型（フェノタイプ））を人間の種差として解釈する人種学へと流用され，近代自然科学が発展すると，人種学は生物世界の多様性を原型からの通時的かつ共時的な変異とする理論的な説明（進化論と遺伝学）に結びつき，表現型は文明度の尺度として解釈されて，人種秩序の根拠として利用された．大航海時代には福音の伝道を理由に進められたヨーロッパ諸国による非ヨーロッパ地域の侵略は，帝国主義時代には人種秩序に基づいた文明の賜与というイデオロギーによって合理化された．一方で，近代自然科学の発展は人種秩序の恣意性や無根拠性を暴くことにもなり，1920 年代に既存の人種論をイデオロギーとして批判するために人種主義（racism）という言葉が使われ，1930 年代にナチス・ドイツの人種政策をイデオロギーとして批判するために人種主義という用語が明示的に使われた（フレドリクソン 2002）．ただしこの時点では人種秩序のイデオロギー性は批判されても，表現型に基づく人種論それ自体は否定されず，人種主義は積極的な優生思想の文脈で理解されていたため，今日では人種主義の典型とされる奴隷制の遺制としての肌の色（カラー・ライン）に基づく人種差別は人種主義とみなされていなかった（フレドリクソン 2002）．

●**人種主義の普遍化と世界化**　第二次世界大戦後，ユダヤ人虐殺（ショアー）が世界に衝撃を与えると，欧米諸国は反セム主義の温床であってきたことや第二次世界大戦が人種戦争として戦われた反省から，1948 年に国連で大量虐殺を防止・処罰するためのジェノサイド条約が採択された．こうした流れの中，1946 年に設立された国際

連合教育科学文化機関（ユネスコ）は，米国の人類学者 A. モンタギュー（1905-99）ら著名な学者を招集し，1950 年に「人種に関する声明」を，51 年にその改定版「人種の本質と人種の違いに関する声明」を作成して，人種は人類の遺伝的ストックから個々人において発現した表現型を恣意的に分類した生物学的根拠のない概念で，科学的に誤謬であると世界に向けて宣言した．以後，このユネスコの声明は反人種主義思想の決定的な橋頭保になっていく．権威ある国際機関によって人種概念を否定する論理が提示され，仏国の人類学者 C. レヴィ=ストロース（1908-2009）がこの反人種主義キャンペーンに携わって啓蒙書『人種と歴史』（1952）を刊行するなど，メディアと教育を通じて国際社会に広がることで，人種偏見や人種差別一般を人種主義として批判する道が開かれたのである．実際，二つの声明の主眼は人種論の非科学性を公式化することだったが，67 年の「人種及び人種的偏見に関する声明」では，人種的偏見・差別・迫害への批判に人種主義という言葉が初めて用いられ，その歴史的・社会的な原因として黒人奴隷制や西洋の植民地主義が言及され，諸国の民族的少数者（エスニック・マイノリティ）に対する差別・迫害も人種主義として問題化された．人種差別の廃絶には人種概念の無効性を指摘するだけでは不十分で，人種主義を生み出す経済的・社会的構造を変革する必要性が言明されたのである．以後，人種差別・人種偏見の問題は人種論や人種概念の無効性から，人種主義を生み出す原因へと論点がシフトし，その起源（歴史），機序と類型（理論），対象（外延）を拡大しながら現在に至っている（Miles & Brown 1989）．

●**人種主義の更新**　戦後の反人種主義啓蒙は一定程度成功し，現在では人種主義が公認されることはないし，人種主義者と名乗る者は皆無といってよい．にもかかわらず反人種主義を標榜してきた先進諸国で，移民や異教徒，民族的少数者（エスニック・マイノリティ）に対して文化的差異を理由にした排外主義（新人種主義）が昂じている現実がある．この背景には近代社会の範型である国民国家の構築において，個々人の属性の差異を超えて想像的に人間集団の同一性を本質化して自然化する人種主義が政治集団としての国民（ネイション）／民族に必要な凝集力と持続性に重要な役割を果たしてきたことがある．市民権（国民権）を平等かつ無条件に付与して保証する国家の擬制的な超越性を内面化し，国民国家形成過程で構築された人種主義的な社会秩序を所与とする人びとが，人権意識の昂進を受けて創発化した国家の下位集団による社会的承認要求を自らの社会的位置（ステイタス）の転覆行為と受け取り，グローバリゼーションや EU のような国権を減殺させる超地域的統合をこれまで享受しえた社会サービスを劣化させる国民主体の侵襲と感じて，その不安を自己同一性の確認によって防衛すべく，帰属する文化の排他性と本質性を感覚のレベルで確認できる「他者」を見出し，新たな装いの人種主義のもとに排外主義を実践しているのである．

［李　孝徳］

ロシア革命
[英]Russian Revolution

　1917年の「二月革命」により，ロシア帝国のツァーリ政権が打倒され，1922年12月に「ソヴィエト社会主義共和国連邦」が樹立される．広い意味で，この過程がロシア革命と呼ばれる．狭い意味では，「十月革命」によるボリシェヴィキの政権奪取を意味する．

●**ロシアの近代化と社会的矛盾**　ロシア帝国が，資本主義世界システムの内部で重要な役割を果たすようになったのは比較的新しい．ウィーン会議後のヨーロッパ政治で神聖同盟の主将として登場した19世紀前半といえる．ロシアはすでに大国であったが，封建制度を歴史的な前提とする西欧列強とは社会体制において異質なものがあり，統治の基盤は脆弱であった．

　19世紀後半，ロシアの工業化は，外国資本と国家主導を特徴として一定の成果をもたらしたが，工場労働者の増加は，都市における秩序維持にとって脅威となった．地主層の抑圧のもとに呻吟する農民の暮らしは，1861年の農奴解放令の公布後も実質的な向上に向かうことはなかった．東欧のナショナリズムの高まりは，ロシア帝国内部，特にヨーロッパ・ロシアにおける被抑圧民族の活発な民族運動を刺激していた．

●**反体制運動と「第一次革命」**　深刻な社会的亀裂の存在を目の前にして，ロシアの知識人の中には，ツァーリ体制そのものの転覆を目指す志向が生まれた．農民共同体を将来社会の基礎と考えたナロードニキ運動は，1881年のアレクサンドル2世暗殺後の弾圧により衰退したが，この系統の運動は，20世紀になるとエス・エル党として復活する．1890年代には，G. V. プレハーノフ（1856-1918）の思想的影響のもと，革命主体を工場労働者に求めるマルクス主義運動が登場する．マルクス主義者が組織としての形を整えたのは，1903年のロシア社会民主労働党第2回大会においてであった．この党の指導部内には，メニシェヴィキとボリシェヴィキの対立があったが，分岐は下部組織には及んでいなかった．

　日露戦争（1904〜05年）を契機に，ロシア帝国の統治は動揺をみせる．ツァーリの支配に対する反抗は，都市労働者の資本に対する運動，農村における反地主運動，被抑圧民族の帝国からの離脱運動があったが，自由主義者の政治的な民主主義を求める運動も活発化した．1905年1月，「血の日曜日」事件を契機に，都市，農村，被抑圧民族地域で活発な反政府運動が展開された．ツァーリ政府は，「十月宣言」によって，議会の開設などの譲歩をするとともに，革命派を武力で弾圧した．この「第一次革命」は，ツァーリ政府の弾圧の前に挫折するが，ソヴィエト（評議会）という民衆の自治組織が形成され，その経験は革命派にとって本

格的な革命の下稽古となった.

●**世界大戦と「二月革命」** 第一次革命の後も，政情不安が続いたが，1907年以降は，反体制派の活動の封殺に成功した政府は，工業発展と農村における個人農の創設などの政策を推し進めることができた．だが，第一次世界大戦への参戦とその長期化は，ツァーリ政権の寿命を縮めた．労働者，農民，被抑圧民族の運動は復活し，ドゥーマ（議会）における改革派の運動も活性化した．1917年2月，兵士の反乱が起こり，ペトログラードでソヴィエトが結成された．3月にはニコライ2世が退位し，カデットを中心とする臨時政府が政権を引き継いだ（「二月革命」）．臨時政府は対独戦争を継続する意思をみせ，協商諸国もそれを承認した．だが，民衆の中には，厭戦気分が広がり，即時和平の要求が盛り上がっていった．臨時政府は動揺し，5月にはA.F.ケレンスキー（1881-1970）を首班とする連立政権が成立し，エス・エルとメニシェヴィキも入閣した．

　即時和平を唱えて反政権の立場を鮮明にしたのは，ボリシェヴィキであった．4月にスイスから帰国したV.I.レーニン（1870-1940）は，全権力をソヴィエトへ移行するとの方針を掲げ，ソヴィエトの多数派となる工作に専念した．軍の最高司令官コルニーロフの反乱による連立政権の動揺を機に，ボリシェヴィキは，ソヴィエト内部での支持を急速に拡大し，ペトログラードとモスクワのソヴィエトの執行部を握ると，武装蜂起による政権奪取の方針を固めた．

●**「十月革命」からソ連邦の成立へ** 10月25日，軍事革命委員会は要所を占拠し，ケレンスキーは冬宮から脱出した．26日全国労働者・兵士代表ソヴィエト大会は，権力のソヴィエトへの移行を宣言し，「平和に関する布告」と「土地に関する布告」を採択し，レーニンを議長とする「ソヴナルコム（人民委員会議）」を設立した．モスクワでもソヴィエト権力の樹立が宣言された．エス・エル党の左派は，左翼エス・エルとして独立し，ソヴィエト政権に参加した．

　1918年1月に開催された憲法制定会議においては，エス・エルが多数の議席を占め，ボリシェヴィキは2割強の議席獲得にとどまった．ソヴナルコムは憲法制定会議を解散させた．多党制の議会はボリシェヴィキの支配の下では存在し得なかった．各政治勢力は武装集団＝軍隊を組織し，旧ロシア帝国全土に及ぶ内戦が勃発した．1919年には，戦局はボリシェヴィキ優位に転換した．

　1922年12月，「ロシア連邦共和国」「ウクライナ社会主義ソヴィエト共和国」「ベラルーシ社会主義ソヴィエト共和国」「ザカフカース社会主義連邦ソヴィエト共和国」の4ソヴィエト共和国が対等な立場で参加するという建前の「ソヴィエト社会主義共和国連邦」（ソ連邦）が成立した．独立国の体裁をとった従属諸国を含めて，ボリシェヴィキの支配は，地元の民衆の意志によって成立した主権国家という体裁をとったが，中央集権主義を原則とするボリシェヴィキの支部が指導する各共和国のモスクワに対する従属性は明らかであった．　　　〔太田仁樹〕

中国革命

[英]Chinese Revolution

　近代以前の中国革命とは，徳を失った王朝に天が見切りをつけて革命（天命を革める）が起き，新たな王朝へと交替するという易姓革命のことを意味している．それは皇帝をその頂点とする支配層の交替を指しており，被支配層が支配層に転じていく近代以降の革命のことを意味しない．これを明治期の日本人が西欧近代におけるrevolutionの訳語としてあてたことで，やがて近代的革命の概念が中国語として定着していった．このため，中国革命とは，孫文（1866-1925）が伝統的中国社会を象徴する王朝体制に終止符を打った1911年の辛亥革命にはじまり，毛沢東（1893-1976）が社会主義（新民主主義）体制を打ち立てた1949年の社会主義革命へと至る一連の政治過程のことを指す．ここでは中国共産党と国民党による2回にわたる統一戦線（1924〜27年，37〜45年）から中華人民共和国成立へと至る歴史過程について，K.マルクス（1818-83）の革命思想の観点から述べる．

●ブルジョア革命としての中国革命　前近代的社会体制を克服する「ブルジョア（民主主義）革命」の課題と，近代市民社会の諸条件を前提として社会主義が開花するとした「社会主義革命」の課題とは，中国の場合，マルクス・レーニン主義のいわゆる「二段階革命」論によって一つの線で結びつけられていた．これに対して，L.トロツキー（1879-1940）によれば，中国社会にはすでに十分に発達した資本主義が支配しており，「封建的」（マルクスのいう「アジア的」）諸関係があってもそれは残存にすぎず，したがってここでの中国革命とはプロレタリア（社会主義）革命を，そして民族運動も中国ブルジョアジーによる運動を意味しており，民族解放闘争におけるブルジョアジーとの「合作」とは，労働者階級による「永続革命」の放棄であると理解された．だが，もう一つの対極にいる孫文にとって，その政治理念である「三民主義」の重要な構成要素の一つである「民権主義」とは，マルクス・レーニン主義の「ブルジョア民主主義」論にきわめて近い．それゆえ，その革命論は，伝統的村落共同体と専制国家とによって成り立つ前近代的社会構造を，近代ブルジョア的なそれへと根本的に転換させることを意味していた．しかも，このブルジョア革命としての中国革命は，反軍閥・反帝国主義というモメント以上に，民族解放闘争（統一戦線）の契機としての「民族主義革命」を共通目標としつつ，主にコミンテルンを媒介にして，共産党と国民党とがともに手を結んでいたことに大きな特徴がある．

　1919年の五四運動から1925年の五・三〇運動へと至る過程で政治闘争の舞台に現れた労働者階級は，孫文が死去した25年から27年の「大革命」という国民革命期の反帝国主義民族解放闘争において目覚しい発展をとげる．この中国革命

の発展と規模は，民族＝植民地革命におけるコミンテルンの戦略・戦術の作成と実現に密接に結合したものである．とりわけ五・三〇以降の国民革命の政治過程は，北伐（26年）を軸にして展開され，この政治過程で軍事的指導権を握った蒋介石が軍事力を背景に革命の指導権奪取に至った．1927年3月の国民革命軍の上海占領は，労働者の武装蜂起・市民政府の樹立を生み出す一方，蒋介石（1887-1975）を代表とする国民党右派の「全民族的連合戦線」（I. V. スターリン）からの離脱をもたらした．

●「労農同盟」から「農労同盟」へ　1927年4月の上海クーデタを経た中国の政治過程では，労働者を中心とする本来の労農同盟の理念がすでに根本的に崩壊していたからこそ，「プロレタリアート」という名を借りたコミュニストらに指導された「農民の戦争」は新たな領域に拡大し，やがて政治的，工業的中心部を占領するという革命戦略の提示が可能になった．実際，コミンテルンの中央委員会政治局は1930年7月，すでに革命の主体を労働者にではなく，農民に求めはじめている．毛沢東は1928年10月，中国のブルジョア民主主義革命が，「プロレタリアートの指導の下においてのみ完成される」としつつ，農村の根拠地こそが，究極的には全国的な政治権力を獲得するとの展望を表明した．つまり，毛沢東は，本来の「労農同盟」の理念とはまったく逆に，やがて労働者の「指導権」を農民に与えることによって，農民を中心とする「プロレタリアの指導」を「農労同盟」として正当化していったことになる．

●毛沢東と「新民主主義」論　毛沢東は「新民主主義論」（1940）において，なお国民党政府と同盟する立場をとっていたが，はっきりと「ブルジョア的」でなく，「社会主義的」特徴をもつ新民主主義を目指すと考えていた．その後も，反帝国主義闘争における国民党の指導権を認めていたものの，毛沢東は抗日闘争をコミュニストの指導権を伴う「ブルジョア民主主義革命」に結びつけた．かくして毛沢東は，いまや中国共産党が国内発展の主導権をとろうと努めていること，さらにブルジョア民主主義共和国は，社会主義とプロレタリア独裁への道の単なる「途中下車駅」にすぎないという主張を掲げていった．毛沢東は，孫文の綱領とマルクス・レーニン主義の主張との類似性を説いたばかりでなく，同時に両者の相違点を指摘しつつ，孫文が「耕す者に土地を」与える政策で，前の土地所有者に対して「補償する」計画を立てたのに対して，毛沢東は「地主の土地」の「没収」を模索していた．いまや中国のブルジョアジーは厳しい批判の対象となり，その党である国民党との対立が1938年10月を境に強調されていった．ソ連が1941年3月，日本と不可侵条約を締結する間際になると，その政治的基本姿勢としては，むしろ「新民主主義」の理念とは反対の方向へと歩んでいた．これ以降，1945年の抗日戦争の終結から1949年の中華人民共和国成立までの国共内戦へと至る政治過程の背後にあったのは，一貫してスターリンのソ連であった．　［石井知章］

植民地主義
［英］colonialism

　「植民地主義」という用語はいまだ十分に概念規定されていないため，ここでは下記のように規定する．植民地主義とは，政治的・軍事的侵略あるいは経済的制圧による，他国・他地域の実質的占領に基づいて，現地住民との間に一定の支配－従属のヘゲモニックな社会的諸関係を樹立し，その諸関係が，侵略者・征服者である植民者と被侵略者・被征服者たる被植民者双方の，国家から私的生活に至るまでの政治・経済・社会・文化等多面にわたる領域に及ぼす多大な権力効果と，その結果として生じ，維持・再生産される諸事象・事物の総体(アンサンブル)を指す．

●**大航海時代から啓蒙の世紀へ**　大航海時代初期のカトリック神学・法学者フランシスコ・デ・ビトリア（1492頃-1546）は，世界の諸民族の交通（貿易・航海・旅行）の自由を主張することで，エスパーニャ王国のインディアス征服・支配を法理的に根拠づける一方で，異教徒を含む人間一般の権利を自然法として根拠づけ，インディオの諸権利を擁護した（ビトリア1539：193-291）．これは後のサラマンカ学派の基礎をなす思想となった．続いて重要なのは，植民地主義の正統性をめぐる，18〜19世紀に欧州の哲学者たちの思想である．D. ディドロ（1713-84）は，次のような二つの主張を展開する（Diderot 1770）．第一のものは，「ヨーロッパ人植民者たちは文明化されていない輩である．……植民地帝国は，植民者たちが法を逸脱して自己制御の慣習を弱め，不当な制裁を被植民者に加えるような極端に残忍な場となることがしばしばである」という内容である．第二のものは，「ヨーロッパ人商人たちは，現地住民にとって『客人としては危険』であることが明らかになったので，無人地域を植民地化することのみが許される」とする．A. スミス（1723-90）やI. カント（1724-1804）も，ディドロほどではないにせよ，植民地支配に批判的であった（スミス1759；カント1795）．

●**植民地主義の展開**　同時期のE. バーク（1729-97）は，合法的だが残虐な統治を行った初代インド総督の弾劾を行った（Burke 1781）．さらに彼は東インド会社による植民地経営の杜撰さを批判し，イギリス人の道徳こそが植民地帝国運営の保証となると主張した（バーク1783：457-534）．一方，イギリスのアメリカ植民地については，「ボストン茶会事件」を受けて「アメリカへの課税について」（バーク1774：87-150）で重税を批判したが，独立革命に対しては「和平条約」を提案するにとどまり，植民地支配そのものの批判は行っていない（バーク1775：167-237）．19世紀になると，東インド会社の高級幹部を務めたJ. ミル（1773-1836）は，「野蛮人」は自由に対する過剰な愛のために自己統治能力をもたないとし，イギリスのような文明国が「専制的な統治」によって「文明化」を現

地住民へと輸出し，自己統治をなさしめることを主張した（Mill 1826）．他民族による専制的統治が社会的な不正と経済的搾取に陥りがちであることを，ミルは認識しており，そうした圧政が抑制されない場合，イギリスの帝国運営事業が一頓挫をきたすと考えていた．近年の研究では，ミルの思想は植民地支配を擁護したバークに反対するものであったとされる．他方，A. トクヴィル（1805-59）は奴隷制に反対したが，フランスによるアルジェリアの植民地化には積極的に加担した．彼はアルジェリア征服戦争を，「我々はアラブ人よりもはるかに野蛮に戦っているが，文明を思い知るのは，アラブ人の側なのだ」と称賛し，「私が信ずるところでは，正義の戦争が，アルジェリアに押し入り征服する権威を我々に付与するのである」という強硬な姿勢を保ち続けた（Tocqueville 1837）．

●**植民地主義の批判に向けて**　K. マルクス（1818-83）は，『共産党宣言』（1848）以来，一貫して植民地支配を批判しつづけた．「国際労働者協会」ジュネーヴ大会への「指示書」では植民地ポーランドを「ヨーロッパにおけるこの大問題」と位置づけ（マルクス 1866：[16] 198），1870年にはアイルランドの解放が「イギリス労働者階級の解放の前提条件である」（マルクス 1870：[16] 383）としている．それらに通底しているのは，被植民者のうちで最も苦難を生きる人びとの解放なくして，植民者社会（本国および植民地の双方）での労働者階級の解放はない，という思想である．

　マルクス以降では，20世紀のR. ルクセンブルク（1871-1919）によるドイツ領南西アフリカに対する批判や『資本蓄積論』（1913）の最末尾の叙述（ルクセンブルク 1913：218）をはじめ，V. レーニン（1807-1924），A. セゼール（1913-2008），E. チェ・ゲバラ（1928-67），P. ルムンバ（1925-61），K. ンクルマ（1909-72），A. カブラル（1924-73），F. ファノン（1925-61），ホー・チ・ミン（1890-1969）といった，マルクス主義の系譜に属した思想家たちのテクストが不可欠である．

　また，M.K. ガンディー（1869-1948）の『ヒンド・スワラージあるいはインドの真の法』（1909）および『南アフリカでのサッティヤーグラハの歴史』（1928），J. ネルー（1889-1964）の『インドの発見』（1946）や，東ティモールのロイ・パクパハン『東ティモール―独立への道』（1999）なども重要である．最後に，日本による朝鮮・台湾の植民地化，傀儡国家・満洲国（後に満洲帝国）の「樹立」，「南洋群島」の委任統治領化，アメリカの植民地であったフィリピンの日本軍政支配（1942〜45年），および北海道（旧松前藩領から道北・道東・道南のアイヌ・モシリに至る）と樺太南部や琉球（沖縄）の内的植民地化を見落とすことはできない．特に琉球列島すなわち沖縄と南西諸島については，1945年の敗戦で区切ることなく，戦後の米軍政下での統治と「復帰」をめぐる，日本政府をはじめとする種々の言説も併せてとらえる必要があるだろう．

[崎山政毅]

近代日本の植民地主義

［英］colonialism in modern Japan

　近代日本の植民地主義は，一般的に，日清戦争により割譲された台湾（1905年），日露戦争により租借地となった関東州（1905年），韓国併合により支配下に編入された朝鮮半島（1910年），第一次世界大戦を通じて委任統治領となった南洋群島（1922年）に加え，満洲事変の結果建国された「満洲国」（1932年）における日本人の統治活動と，それに影響を与えた，もしくはそこから生み出された思想と実践を意味している．19世紀は，欧米列強による植民地獲得競争が加速度的に進展した時代であった．日本の近代化は，こうした世界の植民地分割の只中で，それへの対抗ならびに順応として展開された．近代日本の植民地主義は，欧米列強の植民地主義をモデルにしたものであったが，その歴史的・地理的条件は，近代日本の植民地主義に，種々の特異性を与えることになった．

●**国民国家形成と植民地支配の交錯**　日本の植民地主義の第一の特質は，国民国家の形成と植民地主義の発展が，ほとんどタイムラグなく進行したことである．大日本帝国が最初の植民地である台湾を獲得したのは，1895年のことであるが，これは1868年の明治維新を起点とする近代国家形成の開始から30年弱のことである．その第二の特質は，その植民地主義が，南洋群島を例外とし，もっぱら台湾，朝鮮半島，中国東北部という地理的に近接した地域の，文化的にも外見的にも類似した住民を対象としたことである．国民国家形成の開始と植民地主義の発動との時間的な近接性，ならびに植民地化を行う主体と植民地化される対象との地理的・文化的近接性が，近代日本の植民地主義を構成する基本的条件をなしている．

　こうした時間的・空間的な近接性は，植民地主義の発展において，国民化の論理と植民地化の論理が，絶えず複雑に交錯するという状況を生み出した．1853年のペリー来航は，武力を背景とする西欧列強の清国分割の情報と相まって，当時のエリート層を中心に深刻な危機意識を植えつけた．当初「攘夷」という形をとって噴出したこの危機意識は，やがて体制そのものへの全面的な批判へと発展し，明治維新という巨大な体制変動を惹起するに至った．文明開化・富国強兵を旗印として行われた維新以後の近代国民国家形成も，一面ではこうした西洋列強による植民地主義の脅威をテコに推進されたものであった．こうした西洋の植民地主義への批判・対抗は，日清・日露の両戦役を経て，自ら非西洋圏における唯一の植民地帝国となった後も，西洋の帝国主義を批判し，アジアとの連帯，アジアの解放を模索するさまざまな言説を生産し続けた．こうした一群の思想は，「アジア主義」と総称され，アジア・太平洋戦争期には，皇民化政策や大東亜共栄

圏のイデオロギー的基盤となる一方，自国の植民地主義に対する一定の自己批判を生み出す契機ともなった．

　明治維新後の国民国家化のプロセスは，中央政府の直接支配の強化を伴い進展したが，それは「辺境」において，（北海道）開拓史の設置（1869年）や琉球処分（1879年）を経て，アイヌ人や琉球人に対する強制的「同化」政策を帰結していった．こうした大日本帝国憲法公布以前の領土拡張とその住民に対する統治の性格に関しては，今日「内国植民地」という視座から問題化されている．大日本帝国憲法の公布（1889年）以後獲得された「外地」としての植民地に対する統治は，これら「内国植民地」と法域的には区別されながら，実践的にはそうした国民国家の形成過程と連続して行われた．近代日本の植民地主義は，一面で，国民国家の拡張でもあり，また本国統治にも直接的な影響を及ぼす現場でもあった．

●**植民地を否定する植民地主義**　近代日本の植民地主義は，こうした時間的・空間的な近接性によって，植民地を否定する植民地主義とでもいうべき特異な思想傾向を生み出した．例えば，台湾総督府の初代民政局長として植民地支配の基礎を築いた後藤新平（1857-1929）は，台湾統治が，西洋の植民地モデルに基づき，本国の統治と異なる原理によって行われるべきこと（特別統治主義）を主張したが，こうした主張は，日本の植民地主義は西洋の植民地主義とは異なり，本国と同じ恩恵を植民地にもたらす制度である（べきだ）という主張（同化主義）の頑強な抵抗に逢着した．この結果，近代日本の植民地主義は，文化や言語の面では，本国との同化が理念的に喧伝される一方，政治や法律の面では，種々の差別が現実的に温存されるという二重構造によって特徴づけられるものとなった．こうした日本統治の矛盾をつき，朝鮮と台湾では，三・一独立運動（1919年）や台湾議会設置運動（1921年）などの民族運動が勃興したが，日本政府は，これらの政治運動を弾圧する一方で，「文化政治」などの融和政策を推進した．1932年に成立した満洲国は，こうした近代日本の植民地主義の二重構造の極点であった．満洲国は，「五族協和」をスローガンとし，欧米の植民地主義に対抗する「王道楽土」の建設を目指す「独立国」として建国された．国家元首には皇帝として溥儀が即位し，あわせて国務院，法院，立法院などの国家機関も整備された．しかしながら，実際の政治運営は，関東軍司令官の指導下に置かれ，公務員の約半分が日本内地人で占められるなど，植民地国家としての性格を色濃く残してもいた．

　植民地を否定する植民地主義という思想傾向は，戦後において，旧植民地に対する責任意識の希薄化・脱植民地化の不徹底という問題を残した．1960年の安保闘争に典型的にあらわれているように，戦後日本の思想課題として，アメリカ帝国主義からの脱却が強調される一方，かつての植民地に対する支配責任は，後景に退いていた．それはまた，東アジアにおける歴史認識をめぐる対立の，根本的な条件の一つとして，今日もなお思想的な課題であり続けている．　　　［梅森直之］

暴力論
[英]reflections on violence

　社会思想の歴史を振り返るならば，暴力は多くの場合，国家と組み合わせて語られてきた．国家の本質的な機能を正統な物理的暴力行使の独占という点にみようとする M. ヴェーバー (1864-1920) の見解などは，その典型であろう（ヴェーバー 1919）．一方，マルクス主義の標榜する暴力革命は国家の廃絶を目指しており，一見するとヴェーバーの対極に位置するようにもみえるが，しかし暴力を政治的な目的に奉仕する手段とみなす点で，両者はむしろ軌を一にしてもいる．その意味では，社会思想の伝統の根底に横たわっているのは，物理的暴力を政治的な目的に奉仕する手段とみなす思想，道具的暴力観ともいうべき思考だといってよい．しかし20世紀初頭には，暴力を物理的な意味合いに限定せず，暴力という事象に単なる手段・道具以上の意味を見出し，暴力そのものの創造的なポテンシャルを探ろうとする著作が，マルクス主義の系譜に連なる思潮の中から登場する．ジョルジュ・ソレル (1847-1922) の『暴力論』(1908)，およびヴァルター・ベンヤミン (1892-1940) の「暴力批判論」(1921) がそれである．

●**ソレル——暴力と神話の絡み合い**　ソレルはまず自らが肯定的に論じようとする〈暴力 violence〉を〈強制力 force〉から区別する．ソレルによれば強制力とは，社会の少数派が特定の社会秩序の組織化と維持を強制することを目的とするものであり，近代社会にあってはブルジョアジーが自らの支配を確立するために行使してきたものであった．それに対してプロレタリアートの暴力は，むしろそうした社会秩序を破壊し，ブルジョアジーが強制力でもって組織した国家を廃絶することを目指すものであるという．英雄的なパトスに溢れた暴力の行使を通じて，プロレタリアートは道徳的に堕落した既存秩序からの解放を目指すというのである．こうした議論は 生の躍動 を称揚する生の哲学の系譜に属するものでもあり，政治的にはアナルコ・サンディカリズム（無政府組合主義）に結びつくものであった．そしてこうした道徳的な暴力へとプロレタリアートを駆り立てるうえで，英雄叙事詩のような〈神話〉が不可欠だとされたのである．

　こうしたソレルの議論はファシズムのイデオロギーに利用され，危険視されたりもしたが，同時にベンヤミンら左翼的思想家たちに独特のかたちで受容されることにもなった．ベンヤミンについていえば，暴力のうちにユートピアへの通路を見出し，既存秩序の破壊という破局のうちに解放の契機を望見するという点で，彼はある種の黙示録的な関心をソレルと共有していたともいえよう．

●**ベンヤミン——神話的暴力と神的暴力**　とはいえソレルとベンヤミンとの違いも決して小さくはない．〈暴力 Gewalt〉と〈神話〉の絡み合いをベンヤミンはむ

しろ批判的に論じようとするからだ．ベンヤミンによれば，暴力の本質とは第一に，新たな秩序（支配関係）を正統な法として措定するところにある（＝法措定的暴力）．このとき法はその正統性の根拠を知らないまま信奉せざるをえない神秘のヴェールをまとった掟として措定される．そして新たな支配関係が法として措定されるや否や，今度は法を維持するための暴力（＝法維持的暴力）が作動し，かくして人は暴力が永遠に回帰する循環の中に封じ込められてゆく．こうした暴力の一連の作用をベンヤミンは〈神話的暴力〉と呼び，法／暴力／神話の絡み合いを批判的にとらえるわけである（こうした議論は，法の支配が合法性への信仰に支えられているとするヴェーバーの議論にも通じていよう）．

　他方でベンヤミンは，神話的暴力の呪縛を断ち切って一切の暴力を根絶する，もう一つの暴力の可能性についても言及する．〈神的暴力〉の観念がそれである．ここでベンヤミンは神という絶対的な真理の圧倒的な力による救済を希求し，この力によって神話的暴力からの解放を望見するのである．暴力を根絶する暴力というこの謎めいた観念の背後にはユダヤ神秘主義思想があるといってよいが，しかしベンヤミン自身がこれについて委曲を尽くして説明していないこともあって，神的暴力という観念はその後さまざまな解釈を呼び起こすことにもなる．

● 〈暴力〉の可能性をめぐって　ソレルとベンヤミンの暴力論には戦争と革命の嵐が吹き荒れた時代の影が刻印されているが，その命脈は20世紀前半で尽きたわけではない．例えばF. ファノン（1925-61）は，暴力の解放的な機能を救い出そうとしたソレルからの影響も受けつつ，植民地主義に対抗する暴力の必要性を説いている（ファノン 1961）．とはいえ，ソレル流の暴力論に政治を破壊する危険な徴候を読み取ったH. アーレント（1906-75）にみられるように，ソレルに対する批判的な見方も依然として根強く存在したことは否めない（アーレント 1969）．一方，ベンヤミンの暴力批判論は20世紀後半以降，彼の思想全体への関心の高まりとも相まって，以前にもまして積極的に論じられるようになる．例えばJ. デリダ（1930-2004）は，法措定的／法維持的暴力を「行為遂行的（performative）な暴力」としてとらえ直し，ベンヤミンの議論のもつアクチュアリティに改めて光をあてようとする（デリダ 1994）．しかしその一方でデリダは，一切の暴力を根絶するとされる神的暴力にはホロコーストの浄化作用に通じる側面があると指摘し，ベンヤミンのメシアニズム的志向に潜む危うさに注意を促してもいる．

　20世紀はしばしば「暴力の世紀」ともいわれる．それは同時に，M. K. ガンディー（1869-1948）の唱えた非暴力の思想なども含め，暴力をめぐる言説に満ち溢れた時代でもあった．いずれにせよ，〈暴力〉は人間存在と社会の存立に必ずついてまわるものであり，それゆえ簡単に否定も肯定もできない性格をもっているのは間違いない．ソレルとベンヤミンが切り開いた〈暴力〉の可能性をめぐる問いは，いまもなお論争の的であり続けているというべきだろう．　　　　［上野成利］

反ユダヤ主義

[英]anti-Semitism　[独]Antisemitismus　[仏]antisémitisme

　広義には，有史以来のユダヤに対する嫌悪，敵視，迫害などの総称として定着しているが，狭義には，「反セム主義」ということばのとおり，ヨーロッパ内のセム人に向けられた，ナショナリズム，人種主義に基礎をおく反ユダヤ的イデオロギー，運動として19世紀後半に成立した．1879年にドイツ人のヴィルヘルム・マル（1819-1904）が用い，ドイツから急速に広まったとされている．フランス革命以降，啓蒙思想の下でユダヤ教徒の政治的解放が実現し，ユダヤ教徒の同化と社会進出が進む中，宗教的な反ユダヤに代わり，人種としてのユダヤ人から権利を剝奪し，ユダヤ人を隔離，迫害することを意図して政治的に組織化される．反ユダヤ主義を中心的な政策に掲げるナチス党は，政権を掌握するとユダヤ人から権利を剝奪し，財産を没収し，強制収容所に収容，隔離し，ユダヤ人問題の最終解決，つまり種としての絶滅政策にまで及んだ．

●**反ユダヤ主義分析**　反ユダヤ主義を分析するとき，ユダヤ人の社会的地位や性質にその原因を求める議論が多い．しかし，ユダヤ人の定義は，曖昧なままである．宗教的には改宗によりユダヤ教徒ではなくなる．国民としては，同化によりユダヤ人でなくなることは可能である．しかし，改宗や同化によりユダヤに対する敵意がなくなることはなく，ユダヤの境界は恣意的に変更されてきた．他方で，「人種的融合」にまで及ぶ同化も存在するものの，疑似科学的な人種としてのユダヤ人は変更不可能なものとなる．しかし，そのユダヤ人を定義することは困難であり，ニュルンベルク法では宗教と国民，血統が曖昧に結合してユダヤ人を定義していた．このような状況に対し，反ユダヤ主義を総体として分析し，そのメカニズムを解明しつつ転換を図ったのがフランクフルト学派であり，1940年代に権威主義モデルを用い，反ユダヤ主義の原因を，反ユダヤ主義者を生み出す社会へと転換した．またジャン＝ポール・サルトル（1905-80）は「ユダヤ人とは，他の人びとが，ユダヤ人と考えている人間」とし，「反ユダヤ主義者がユダヤ人をつくる」と喝破した．その後，ヨーロッパにおける多様な反ユダヤ主義の歴史について，その政治的，社会的，文化的コンテクストが実証的に明らかにされてきた．

●**反ユダヤ主義の重層性**　中世ヨーロッパ世界のユダヤ教徒は，その宗教ゆえに，身分的に隔離されていた．土地をもつことを許されず，共同体から排除され，キリスト教徒が忌避する商業，金融業を営み，ゲットーとよばれる居住区に住むことを強要され，身分制社会の最底辺に組み込まれていた．その一方で，租税と司法を中心に一定の自治を認められることもあり，初期近代のアシュケナージ・ユダヤ人は，「国家内国家」ともいえる自律性を獲得することもあった．フランス

革命，啓蒙思想の影響でユダヤ教徒が同権を獲得し政治的に解放されると，同化と社会進出は目覚ましく進む．しかし，金融業，流通業，ジャーナリズムなどで成功するようになると，解体する農村共同体の農民，さらに競合する資本家，中産階級の反発を招くようになった．1873年から1896に大不況がヨーロッパ全体を襲うと，ユダヤ系の大資本に象徴されるユダヤ人の社会進出は脅威と感じられるに至る．他方で，ナショナリズムの隆盛，優生学に基づいた人種主義の浸透とともに，ユダヤ人は国民統合を脅かす異国民，さらには異人種，劣等人種と位置づけられるようになる．ロシア，東欧からポグロムを逃れ流入した東方ユダヤ人は，昔ながらの同化していないユダヤ人イメージを体現していた．人種主義的な反ユダヤ主義は，資本主義への反発，さらに国民国家の理想に相容れないものへの反発など，近代社会に対する多様な不満を都合良く詰め込んだものとなり，近代以前からの宗教的なユダヤ教徒嫌悪，敵視と重なりながら，人口のあらゆる層に蔓延した．

●**反ユダヤ主義の展開**　広く蔓延した反ユダヤ的感情に訴えるべく，1880年前後から，反ユダヤ主義が政治的に主張され，組織化されるようになる．マルは，「ゲルマン人に対するユダヤ人の勝利」を著して人種としてのユダヤ人を批判，反ユダヤ主義者連盟を創設し，大衆運動を展開した．宮廷説教師アドルフ・シュテッカー（1835-1909）は，「キリスト教社会主義労働者党」を結成し，反ユダヤ主義運動を議会政治に持ち込んだ．また，ベルリン大学の歴史学教授ハインリヒ・フォン・トライチュケ（1834-96）は，「われわれの見通し」を発表し，反ユダヤ主義を学識者の議論に持ち込んだ．反ユダヤ主義は一つの世界観となり，さまざまな層に広がったが，過激なセクト的反ユダヤ主義にとどまり，現実的な影響は限定的であった．しかし，1894年のドレフェス事件ではスパイとしてのユダヤ人，ロシアで作成され広範に広まった偽書『シオン賢者の議定書』での世界征服を企む陰謀団としてのユダヤ人，ロシア革命後の共産主義と結びついたユダヤ人など，強力な反ユダヤ主義のモチーフが広まっていく．ついに第一次世界大戦のドイツの敗北と贖罪の山羊探しの中で，反ユダヤ主義は大きな支持を獲得し，ヒトラーに至って反ユダヤ主義は一貫した形で体系化された．

　アウシュヴィッツ以後，公式の場で，反ユダヤ主義を唱えることはタブー視されるようになった．しかし反ユダヤ主義は根強く存続し，新たな要素を加えて現在に至っている．新たに加わった要素として，執拗にホロコーストの責任を追及するユダヤ人に対する反感がある．とりわけドイツにおいては，持続する批判に対して，被害者意識をもってユダヤ人に批判が向けられ，政治家の「失言」のたびに問題化している．さらにイスラエルの成立に伴い反シオニズムが盛り上がっている．その中で，ヨーロッパの反ユダヤ主義のモチーフが，イスラーム世界においても広範に広がっている．

〔古松丈周〕

地政学

[独]Geopolitik　[英]geopolitics

　ドイツ語の地理（Geographie）と政治（Politik）という二つの言葉を合成した略称で，直訳すれば，政治地理学とでもいうことになろうが，アカデミックな学問の専門分野というよりは，広い意味での政治，つまり国家・外交・戦争・交易などの諸現象を，地理ないし環境的諸条件との関わりで理解・説明しようとする考え方ないし方法と解すべきだろう．そういうものとして，その形態や課題も歴史的にさまざまの形をもつ．

　地政学という言葉の名づけ親は，スウェーデンの一地理学者だったといわれているが，政治を地理と関係づける考え方自体は，ドイツのF.ラッツェル，イギリスのH.マッキンダー，アメリカのA. T.マハンらによって，20世紀初頭から展開されてきたが，とりわけ第一次世界大戦後，ミュンヘン大学地理学教授だったカール・ハウスホーファー（1869-1946）を通じて一般に知られるようになった．彼は軍人・外交官として，日本をはじめアジア各地を訪れ，第一次世界大戦の経験をもとに，戦後のヴェルサイユ体制を批判し，『地政学』という雑誌を創刊して，単なる観察科学ではない，アクチュアルな実践的学としての地政学を確立した．地域的にも，日本や太平洋など考察の幅は広く，その「生存圏」といったキーワードは，広く国境問題，植民地主義，戦争・侵略の正当化にも応用され，最終的にはヒトラーと対立して自殺したとはいえ，一時期は，ナチスのイデオローグという役割を果たした．地政学のもつ高度のアクチュアリティは，何に応用されるかによって，ある面では，こういうリスクを背負っているといえよう．

●**国境問題**　かつて世界が平面図に現される一次元的空間であった頃，島国国家では海が，内陸国家では山や川が国境とされた．ローマ帝国にとっては，北はライン・ドナウ河の線，南はサハラ砂漠が版図の境界だったし，フランスにとっては，アルプスでイタリーとピレネーでスペインと，山脈で一線を画していた．つまり地理的自然条件が，そのまま国境という政治基準になりえたのである．それに対して中欧の内陸諸国，例えば常に10か国以上の隣国と境を接しなければならなかったドイツやロシアにとっては，国境とは，固定された自然条件ではなく，歴史的に変化する政治的流動性に委ねられる．第一次グローバリゼーションが，大航海時代にマゼランの世界一周によって達成され，やがて地球上の植民地分割が一応完結した後では，対立し合う国家が自己の領土を拡大しようとすれば，外交取引きの余地も尽き果て，隣国との国境紛争と領地の争奪戦は不可避となる．そしてその結果，地図は書き換えられる．それは不変の自然条件ではない．

　最後の帝国主義戦争といわれた「第一次世界大戦」は，ヨーロッパによる植民

地支配で染め分けられた世界地図を一変させた．敗北した同盟側のうち，ドイツ帝国は，19世紀末以後獲得してきたアフリカ，太平洋地域の海外植民地のすべてを失い，それまでヨーロッパ中部を支配してきたハプスブルク朝オーストリアは，多民族国家としての統一性を解体され細分化されて中欧の一小国に転落．中近東から地中海岸にわたって数百年間支配を続けてきたトルコは，わずかにバルカン半島にイスタンブールの一部を残すだけで，アナトリア半島だけのアジアの西端の一小国に押し込められた．太平洋ミクロネシアのドイツ植民地は日本に，トルコ支配下のパレスチナを含む中近東は英・仏に，それぞれ国際連盟の委任統治という美名の下に分譲された．ロシアやトルコでは革命が起きて政体が変わり，中近東では，イギリスの二枚舌外交に由来するイスラエルとアラブ諸国との間に，いわゆるパレスチナ紛争の種が撒かれた．ロシア革命への干渉を名目とするシベリア出兵，西欧列強の利権にとって代ろうとする日本の大陸進出等々．以後，世界地図は一変した．

●**現代の地政学** 前にあげた各国の地理学者たちが，いっせいにこの時期に活動を示したのは，こういう画期的な歴史の変動に対応したからであり，ヴェルサイユ条約前後の各国の領土所有関係を批判するか正当化するかという共通の課題を感じとっていたからであろう．ハウスホーファーの『地政学』が第一次世界大戦での失地回復を目指し，新しい内陸植民地の獲得をドイツの「生命線」とするナチスの御用イデオロギーとなったのも偶然ではない．

そのゆえもあって地政学は第二次世界大戦後まで，一種タブーのようにみなされ，公共の論議では影をひそめていたといっていい．それが再び姿を現し，21世紀の現在では，出版ブームといっていいほど論議の的となっているのは，やはり現在が，劇的な世界地図の塗り代えの危機に直面しているからであろう．新しいグローバリゼーションの波は，一方で交通，情報，市場などを一元的な普遍的なネットで包むと同時に，他方では，その内部での細分化と新しいブロックの再編成を要求する．東西冷戦の二元的図式が消失した後，アメリカの一極的な支配下にパクス・アメリカーナが保たれたようにみえながら，21世紀にはイスラーム過激派によるそれへの反撃，欧州連合（EU）の拡大とイスラーム諸国からの難民の流入，イギリスの離脱．環太平洋経済協定（TPP）のトランプ・アメリカの不参加による解体等々．作用と反作用の波が一次元的平面を揺るがしているだけではない．第一次世界大戦以来の科学・技術の発達，航空機，大陸間弾道弾，人工衛星などの開発は，平面図だけでなく，三次元的な空間構成をも劇的に変化させた．地政学が，地理と政治の関わりをめぐる学だとすれば，今はもう地勢など不変の環境条件ばかりではなく，拡がりゆく三次元空間での活動や，グローバルなテクノロジーやコミュニケーション手段の発達，そこに働くヘゲモニーの遠近法にまで，考察の目を拡げてゆくのを避けるわけにはいかないだろう． ［徳永　恂］

保守革命

[独]konservative Revolution

　ここでいう保守革命は，1980年代の英米で顕在化した保守主義の新動向を指すものでなく，むしろ第一次世界大戦後のドイツにみられたある急進的な政治思潮を指す．それは，特定の政党に代表されたわけでなく，むしろ，敗戦と帝政崩壊の経験を背景とし，次のようないくつかの特徴を共有する政治的知識人とその主張に与えられた総称である．すなわち，第一に西欧による支配体制としてのヴェルサイユ条約に対する反発とドイツ主導の欧州国際秩序への希求，第二にドイツの現在（ヴァイマル共和国）と過去（ヴィルヘルム帝政）をともに堕落した国家形式とみて拒絶し，ドイツ国家のあるべき姿を未来に求める急進的姿勢，第三に青年期における大戦体験とその英雄主義的な解釈とへの執心，第四に国民ないし民族に最高の政治的価値をみるナショナリスト的政治観と労働者層の国民統合への強い関心，第五に世紀末のネオ・ロマン主義的な文化思潮を継承し，物量戦の経験を通じてより尖鋭化した近代文明批判がそれである．これらの特徴は，ナチズムもまた大なり小なり共有したものであったから，保守革命とナチズムとは，思想面でも実践面でも複雑に交錯した．それゆえ従来，ナチズムの前史という観点から保守革命に関心が寄せられ，両者の関係をどう読み解くかが，保守革命の研究史における最大の論点を成してきた．

　●モーラーによる概念化　保守革命の研究史は，文字どおりA.モーラー（1920-2003）とともに始まる．彼の著作（Mohler 1950）は，第一に，Th.マンやH. v.ホーフマンスタールなどの作家によって当時の文芸思潮を指す隠喩として用いられ，またE. J.ユング（1894-1934）など青年保守派の一部によって標語として唱道されるにすぎなかった保守革命の語を，初めて上述の政治思潮全体を包括する概念として用い，今日に至る用語法の基礎を築いた．第二にそれは，保守革命をさらに五つの小類型へと分類し，その後の研究史に参照枠組みを提供した．それによれば，保守革命は，(1)血統や神話にドイツ的なものの古ゲルマン的起源を求めるフェルキッシュ派，(2)今日の条件下で帝国とキリスト教の中世的伝統の再生を求める青年保守派，(3)動態化した今日の生活に見合う主意主義的な世界像を掲げる国民革命派，(4)S.ゲオルゲやW.フレックスなどに感化され，第一次大戦後の男性同盟的な青年運動に集った盟約派，(5)地方の急進化した農民運動たるラントフォルクの五派からなる．(5)を別として，残りの四派を保守革命に数え入れることは，その後の研究史における慣例となった．第三にそれは，これら五派に関する詳細な書誌学的研究を通じて，保守革命研究に不可欠の資料集となった．第四にそれは，保守革命とナチズムとの区別によって，第二次

大戦後における「ドイツの過去」に対する一絡げの非難から保守革命を救出し，保守革命を範として西独保守主義の非キリスト教的な基礎づけを行うという，モーラー自身の実践的な動機によって導かれた綱領書でもあった．第五にそれは，保守革命に一貫する中心表象を F. ニーチェ（1844-1900）と国民革命派とに由来する「永劫回帰」の円環的で反キリスト教的な時間像に求める一方で，総称としては，キリスト教的性格が最も濃厚な青年保守派由来の，保守革命の語を選択した．この選択は，保守革命の名称と実質との間に離齬をもたらすものであった．モーラーが保守革命の代表的論者と位置づけた E. ユンガー（1895-1998）は，実は皮肉なことに，すでに当時，保守革命の標語を「破れかぶれ」なものとみなしさえしていた（ユンガー 1932：329）．

●その後の研究史　上述の第四の事柄は，保守革命研究を，現代政治の方向づけを狙う政治的，教育論的な主張と直結させる，左右両翼から生じた研究動向に先鞭をつけた．K. v. クレンペラーは，君主制崩壊後におけるドイツ保守主義のあるべき姿の模索という観点から，保守革命と F. マイネッケや E. トレルチなどの理性的共和派とをともに「ドイツの新保守主義」と総称しつつ，後者の立場から前者を新保守主義の失敗事例と批判し（Klemperer 1957），他方 K. ゾントハイマーは，共和国を担うべき市民の政治教育の観点から，ナチズムとともに保守革命を，ヴァイマル期に市民の政治意識を毒した反民主主義思想と総括した（ゾントハイマー 1962, 訳 1976）．また J. ハーフは，保守革命を総じて政治的反動の今日的形式と目しつつ，近代産業技術の受容の可否という基準で保守革命を二分する独自の視点を導入し，ユンガーを筆頭として受容を可とした一派（反動的モダニスト）を，その立場の根底に推測される反動性を理由に論難した（ハーフ 1984）．

また上述の第五の事情は，モーラーの保守革命概念にもともと孕まれていた無理をどう解きほぐすべきかという，学問的な難題を研究史に残した．S. ブロイアーは，モーラーがいう保守革命の五派の解剖学的分析を通じて，五派すべてを統一する要素が存在しないこと，保守革命が保守や復古でなく実は近代の現象形式であることを論じ，保守主義との歴史的連続性を誤認させる保守革命の語に代えて，外延をやや狭めたうえで「新ナショナリズム」の概念を新たに構成すべきである，という画期的な問題提起を行った（Breuer 1993）．他方小野清美は，保守革命の概念を継承しつつ，その適用対象をそれの実際の唱道者たるユングに絞り，その内包を「穏健フェルキッシュ・ナショナリズム」と定め直すことで，それを，当時の歴史過程の分析に有効な認識手段へと巧みに再構成した（小野 2004）．

保守革命という用語は，ヴァイマル期ドイツの，左右が渾然となった政治状況と歴史の刷新を求める急進的な知的雰囲気とを彷彿させる，豊かな表象性の点で，捨てがたい魅力をもつ．しかしそこには，これと裏腹の，概念性の弱さも存在する．学問的な概念として用いるためには，慎重さが必要である．　　［川合全弘］

植民地解放運動
［英］colonial liberation movements

　古代ローマ帝国は，軍事的に制圧した地域に入植地（colonia）を建設しており，それが植民地の語源となった．だが，ここで問題になるのは，近代帝国主義の支配下で被抑圧民族が居住する地域である．そこでの抑圧や搾取からの解放を求める運動は，はじめは個別の暴動や反乱といった即時的な形式を取ったが，次第に民族意識が浸透し，ギリシアの独立（1832年）などにあっては，民族的色彩が濃厚になる．19世紀中葉のインド大反乱（セポイの乱）のように，多様な要求の中に民族的なものが色濃く反映した例もある．こうした植民地での闘争は，多くの場合，フランス革命以降，自由・平等・人権といった西洋的普遍主義を一方では目指しながら，それが地域的な民族＝国民（nation）という限定された単位を基礎に展開されてきた．民族解放を求める運動は，その他さまざまな希求を包み込みながらも，民族としての抑圧・搾取から自由になることを中心課題にしていたといえる．

　植民地独立は，民族としてのそれが基本となっている．民族の定義は多様だが，主にそれを言語や領土といった客観指標で把握する立場と，主観的な文化単位とみなす立場とに分かれる．近年ではアンダーソンのように，民族が「想像された共同体」だとして，共同主観的な実体とする議論が主流になりつつある．いずれにしても，近代における民族は国家という枠組みの問題であると同時に，独立した際に国家の内部でなお存続するマイノリティ集団に関わっており，常に複合的な課題を抱えている．いずれにしても，民族としての解放がマイノリティ集団，階級，女性といった諸課題と隣接しながら展開されるようになったのは，近年に属している．

●**帝国主義と植民地**　植民地支配を帝国主義支配との関連で系統的に把握する態度は，特に社会主義思想において顕著である．すでに第二インターナショナル時代に開始されていたが，それがはっきりと理論化されたのはV.I.レーニンの『帝国主義論』（1917）においてであった．そこでレーニンは先進諸国における過剰資本の形成，資本輸出，そのための植民地確保と争奪戦，結果としての世界戦争と世界革命という一連の流れを整理し，さらに植民地での超過利潤の一部が本国において労働者階級に再分配された結果である労働運動の停滞をも明らかにしている．第二インターでの議論では民族問題は中東欧とユダヤ人を中心に議論されていたが，レーニンはアジア・アフリカを含む植民地支配へと，視座を拡げたのである．第一次世界大戦後の民族自立運動の昂揚と，レーニンたちの提唱への対抗言説として，アメリカのウィルソンが民族自決論を提唱したが，中東欧地域に限

定されており，アジアなどに及ぶものではなかった．

●**コミンテルン** レーニンの主張はコミンテルン（共産主義インターナショナル）の第二回世界大会（1920年）で明確になった．そこでは世界的な植民地解放の重要性が確認され，先進諸国での革命運動と関連させられたが，階級闘争と民族解放との関係に関して，整合的な展開がなされてはいなかった．階級の解放と民族の自立がどう関係性をもつのかは，いまも問題として残っている．さらに第二回大会では，インド出身のM. N. ロイ（1887-1954）の補足テーゼが採択されており，そこでは植民地搾取が宗主国の労働運動に与える負の影響が強調されている．それは植民地搾取からの超過利潤が本国で再分配され，労働者階級の「買い取り」に使われているという議論であって，レーニンの主張を先鋭化したものである．このロイの見解は，後にフランツ・ファノン（1925-61）やエルネスト・チェ・ゲバラ（1928-67）による第三世界革命論や，ラテンアメリカの従属理論に流れ込んでいる主張であり，そこでは植民地解放の先行性にまで及んでいる．

コミンテルンではやがて，植民地解放がまずはブルジョア的な枠組みの中での民族民主革命として成立すべきであって，社会主義への移行はその後の課題となるという二段階革命論が公式化されて支配的になった．しかし，解放から社会主義への直接的な移行を主張する少数派の見解も存在していた．

●**第二次世界大戦以降** 第二次世界大戦は，特にアジアとアラブ地域において植民地解放勢力を促進し，中国やベトナムでの革命をはじめとして，インド，インドネシア，エジプト，シリアなど多くの地域で独立が達成された．これら諸国は深まりつつあった東西冷戦と距離を置いて，第三の勢力として国際政治に登場し，バンドン会議（1955年）を経てやがて第三世界と呼ばれるようになる．1960年前後のアフリカ諸国の独立も，それに寄与した．とはいえ，第三世界は冷戦に有効な介入ができず，また，相互対立や内部での諸紛争などのために，統一的に行動することが困難となり，次第にその力を喪失する．こうした中で，一民族だけではなく，アフリカ大陸全体の解放と，社会主義への直接的移行，解放闘争によるトータルな人間変革を唱えるフランツ・ファノンや，同様な主張をラテンアメリカで展開したエルネスト・チェ・ゲバラといった存在が準備された．

今日では政治的独立の達成という意味での民族自立は，世界のほとんどで達成されている．しかし，独立以降の国内での経済的・社会的な諸問題には多大な解決努力が要請されており，とりわけ，宗教的な対立を抱えたエスニックな分裂は容易な克服を許さない．このため，新植民地主義，ポスト植民地主義といった概念を使った模索が続けられている．また，メキシコのサパティスタ民族解放軍のように，解放を独立と直結させず，強い自治を国内で要求する勢力も台頭している．

[山崎カヲル]

明治維新論
[英]discourses on the Meiji Restoration

　明治維新とは，徳川政権の崩壊から明治新政府の確立に至る歴史的変動を指す．明治維新の時期区分に関しては，多様な立場が存在しうるが，一般的には，1853年のペリー来航から1877年の西南戦争までの時期が，その中核とみなされることが多い．明治維新論とは，そうした歴史的変動を対象とする言説の束であるが，それは概ね以下の二つのレベルによって構成される．その第一が，明治維新という歴史的な事件の要因を特定し，その意義を明らかにすることである．この視座においては，徳川体制に対して批判的な立場をとった個人または集団を特定し，彼らの思想や行動と，そこに影響を与えた構造的・偶発的要因とを解明することが主要な課題となる．そうした維新の主体としては，通常，下級武士などの知識層が想定されることが多いが，百姓一揆や民間信仰など，広く「民衆」をその主題とする努力も重ねられてきた．それに対し，第二のレベルは，特定の時代において，明治維新がどのように論じられたかを分析し，それを手がかりにその時代精神を明らかにすることを試みるものである．明治維新がとりわけ問題化された時代としては，例えば，明治後半の天皇制イデオロギー形成期，モダニズムとマルクシズムの流行をみた1920年代の後半，明治百年をめぐる論争が勃発した1960年代末などをあげることができる．それらの時代に生み出された明治維新論は，特定の時代状況の刻印を有し，日本思想そのものの特質とその変遷を明らかにする重要な指標たり得ている．

●**明治維新という名称と思想**　明治維新という事象に対する関心は，おそらくその事象そのものと同じくらい古い．しかしながら，その事象に，明治維新という名称が与えられ，その原因に対する意識的な考察がはじめられたのは，1880年代も半ばを過ぎてからのことである．徳川幕府の崩壊と明治新政府の成立を経験した同時代人は，この歴史的変動を「御一新」と表現したが，やがてそれは「革命」と「復古」の相反するニュアンスを伴った「維新」という用語によって置き換えられていった．例えば『大政三遷史』（小中村　1888）では，明治維新が，「徳川幕府滅ひて，王政復古の業成り．維新政府を立てられしこと」と定義され，その原因を，徳川光圀の大日本史の編纂などにみられる「歴史学」の発展と，頼山陽や国学思想により醸成された「志士の議論」に，ペリー来航による「外部の刺激」が加わったことに求めている．こうした明治維新論の背景にあったのは，明治国家の制度化とともに一般化しつつあったナショナリズムの意識である．同書で著者は，「今我維新の民」が，「泰西の美を取るに汲々」としている現状を嘆き，「国に尽す精神をおこす」手段として，「わが国家進歩の再著明なる事蹟として」明治

維新の歴史を理解する必要が強調されていた．

●**モダニズムと明治維新**　1923年の関東大震災とその復興の経験，ならびにそれと軌を一にするモダニズムの流行は，あらためて自国の近代化に対する関心を惹起することとなった．1924年に，吉野作造（1878-1933）らは，「明治初期以来の社会万般の事相を研究し之れを我が国民史の資料として発表すること」を目的に，「明治文化研究会」を結成した．同会の活動は，大正デモクラシーの展開の中で芽生えた明治憲政史への関心，ならびに民間の研究者が多く参加したことによる民衆の生活や風俗への関心などによって特徴づけられ，1927年から32年にかけて，明治期の重要史料・文献を網羅した『明治文化全集』を刊行した．またこの時期は，アカデミズムやジャーナリズムにおいて，マルクス主義が一世を風靡した時代でもあった．マルクス主義者たちは，歴史の社会科学的把握を旗印に，明治維新に関して，激しい論争を繰り広げた．1927年頃から約10年にわたり展開されたいわゆる日本資本主義論争である．野呂栄太郎（1900-34）は，日本における資本主義の前近代的性格を強調し，日本国家の民主主義化のためには，天皇制に象徴される封建遺制の打倒が不可欠であると論じた．これに対し，猪俣津南雄（1889-1942）は，現状日本の資本主義は，すでに帝国主義の段階にあり，社会主義革命の実現こそが目指されるべき戦略であることを主張した．前者の立場を支持するグループは，もっぱら1933年から翌年にかけて刊行された『日本資本主義発達史講座』によって，明治維新を絶対主義革命と規定する分析を行った．これに対し，後者の立場に立つグループは，1927年創刊の雑誌『労農』により，明治維新をブルジョア革命とみなす分析を行った．この論争は，歴史が，単に過去の事実をめぐる認識にとどまるものでなく，むしろどれほど社会の現状認識とそれに対する変革の方向性によって特徴づけられるものであるかを示す格好の事例となっている．

●**戦後における解釈と論争**　1945年の敗戦は，日本の近代史の総体に関する深刻な反省をもたらした．一方荒廃した社会の復興のために新しい精神的よりどころが求められ，その主要なモデルとして，明治期の思想を「健全なナショナリズム」として再評価する動きが現れた．1968年に，日本政府は，「明治という時期を画して，……近代国家への方向を確execした偉業を高く評価し，……その所産である事蹟に感謝」することを目的に，明治百年記念式典を主催した．これに対し安丸良夫（1934-2016）らは，その狙いを，戦前の天皇制イデオロギーにかわる新たな支配の体制を樹立することにあると批判し，肯定的な明治維新論を，近代化論をふまえた新たな国家主義と規定し，広汎な民衆の実践のうちに明治維新の可能性と限界を探る民衆思想史の立場を確立していった．明治維新をめぐって行われたこれらの論争は，歴史が現在において果たすべき役割について，今日に続く重要な課題を提起している．

［梅森直之］

男女差別と男女平等思想
[英]gender discrimination and equality

　男女差別（男女不平等）は，「法の前における万人の平等」「政治参加の権利」「基本的人権」原則を謳った近代市民革命と同時に自覚された．市民とは財産をもつ成人男性であり，女性（および無産労働者，民族や人種の少数者など）は含まれていなかったからである．ここから女性解放思想——男女平等思想，女権拡張主義，男女同権主義などと呼ばれてきた——と運動が展開されていく．まず，1789年勃発したフランス革命において宣言された『人権宣言』に女性が含まれていないことから，オランプ・ド・グージュ（1748-93）が『女性および女性市民の権利宣言』を発表した．次いで，イギリスではメアリ・ウルストンクラフト（1759-97）が『女性の権利の擁護』を著した．両者はともにブルジョア的合理主義の域をでるものではなかったが，近代自然法思想に依拠した人間解放が男性の解放であることを喝破し，以降の女性解放思想に先鞭をつけた．

●**ブルジョア的女性解放思想**　特に，ウルストンクラフトは，近代民主主義思想家として名高いJ.-J. ルソー，伝統と世襲を重んじてフランス革命を批判したE. バーク，両者の思想をともに「女性を男性に従属させる」として批判した．たしかに，彼らは女性を理性的存在ではなく感覚的存在であるという理由によって政治的権利から排除している．実際，女性を男性に従属する性と位置づけたブルジョア的近代国家は，議会制度開始期にはその構成員から女性を強固に排除していった．そこで，男女平等思想は理性を獲得するための女子教育の充実，女性の市民権や参政権，さらには財産権の確立を目指す運動へと連なっていくことになる．イギリスでは，自由主義者 J. S. ミル（1806-73）が『女性の解放（*The Subjection of Women*）』を著し，男女の性格の生物学的決定論を批判し，男女は自由と功利（幸福）を追求する同等の権利を有すると主張した．また，彼は女性参政権の実現を訴え，その請願書を下院議会に提出している．

●**女性解放論の対立——経済的自立か母性か**　その後，ブルジョア民主主義に依拠する女性解放思想は二極化された．一方には母性保護を訴えるエレン・ケイ（1849-1926）が，他方には女性の経済的自立を主張するオリーブ・シュライナー（1855-1920）とシャーロット・ギルマン（1860-1935）がいる．両者はその出発点にある両性の身体的差異の理解が異なっている．両性の差を最小限にみる後者は，女性が男性と対等になれないのは自ら労働をせずに男性に依存した生活をしてきた結果であるとし，女性が労働することを主張する．他方，ケイは男女間の差異，とりわけ子産み・育児を女性の特質として評価する．彼女は女性の最大の社会的任務と幸福が「母性」の中にあるとし，女性解放の先に良き伴侶（男性）

との恋愛と母性保護をみた．20世紀初頭，ケイに影響を受けた平塚らいてう（1886-1971）と女性の個としての自立を主張する与謝野晶子（1878-1942）の間で論争が展開された．苛酷な婦人の労働状態による母性破壊を問題にして母性保護を説くらいてうに対し，晶子はそれを依頼主義として批判した．ケイの『児童の世紀』『恋愛と結婚』を通して，「わたしたちは女性から解放されるのではなく真の女性として解放されねばならない」と主張するらいてうを日本の女性解放思想はいまだ乗り越えていない．その後も日本の女性解放思想は母性か自立かをめぐり論争・対立を繰り返している．

●**社会主義女性解放論** 近代市民社会は階級闘争の場でもあった．産業革命以来の近代資本主義の展開は貧富の差を増大させ，格差是正や階級廃絶を求める社会主義思想を生み出した．社会主義女性解放論の前史には，Ch. フーリエやサン゠シモンらの空想社会主義思想があり，初期資本主義社会における女性や子どもの労働が隷従状態にあることを指摘した．その後，F. エンゲルス（1820-95）が『家族・私有財産・国家の起源』を，また，A. ベーベル（1840-1913）が『婦人論』を著し，マルクス主義の立場から女性問題の解決を展望した．これらの女性解放理論は，女性が従属的状況にあるのは階級差別が原因であるとし，社会主義革命によるその撤廃が女性の格差や隷従を是正すると主張する．先の女性参政権を求める思想と運動の展開とを併せて「第一波フェミニズム」ともいう．日本では，山川菊栄（1890-1980）が社会主義女性解放論者とされてきた．しかし，彼女は女性抑圧の根源を性支配と階級支配の二重支配にあることを把握しており，60年代に男性支配＝家父長制を告発するラディカル・フェミニズムを経て再評価された．

●**近代家父長制（性支配）の発見** 20世紀半ばまでにはほとんどの西欧諸国では女性の参政権が認められた．しかし，政治的権利の平等を勝ち取ってなお，女性は男性の下位に置かれたままであった．それはなぜか．この問いに明確に応えたのは，J.-P. サルトルとともに戦後フランスの実存主義思想を担ったシモーヌ・ド・ボーヴォワールである．その代表的女性論『第二の性』の冒頭には，「人は女に生まれるのではない，女になるのだ」と記されている．彼女は女性の本性とされてきた生物学的条件・精神分析・史的唯物論を検証し，いずれも女性が男性の劣位に置かれる根拠にはならないことを明らかにした．また，家父長制と「女の神話」が不可分に結びつけられ，男性による女性支配があたかも自然であるかのように正当化されているという指摘は重要である．ボーヴォワール以降のウーマン・リブ（women's liberation, lib）運動，そこから生まれた女性解放理論であるラディカル・フェミニズムやマルクス主義フェミニズムは明確に「性支配」を問題化している．今日，性支配は政治や労働の場だけでなく，結婚，強制的異性愛，母性という制度として私的領域に広く及んでいるだけでなく，中立を装う理論や実践の中で貫徹されており，女性解放思想の射程は拡大している．　［浅井美智子］

帝国主義
[英]imperialism

　帝国主義という用語は，広い意味では，大民族あるいは大国が，武力をもって，小民族や小国に対して行使する抑圧的な対外政策，およびそれに付随する強権的な対内政策を指して用いられ，特定の時代，特定の諸国に限定されるものではない．しかし，この用語がしばしば用いられるのは，19世紀末以降である．帝国主義政策に対する批判的な議論は「帝国主義論」と呼ばれるが，帝国主義論の成立をまって，帝国主義という用語の意味が確定してきたということができる．帝国主義論は，社会自由主義帝国主義論，マルクス主義的帝国主義論，世界システム論的帝国主義論の三類型に区分することができる．

●**社会自由主義からの帝国主義論**　社会自由主義の観点からの帝国主義論は19世紀末のイギリスにおいて現れた．18世紀の数次にわたるフランスとの植民地戦争に勝利して，19世紀前半には覇権国として「自由貿易の帝国主義」という盤石な体制を築いたイギリスであったが，19世紀後半には，挑戦国のアメリカやドイツの台頭によって，産業的優位を徐々に失いつつあった．列強間の競争を熾烈なものとする世界システムの再編の兆しが感じられ，自由貿易体制に行き詰まりが感じられた．世紀末の主要国には，保護貿易派が台頭し，植民地獲得競争が拍車をかけられた．国内政治においても，寡頭支配の傾向がみられ，「帝国主義政策」を肯定的な意味で用いるキャンペーンも展開されるに至った．

　このような帝国主義の風潮の高まりを批判する議論は，社会自由主義（「ニューリベラリズム」）の流れから現れた．これは，自由放任の経済政策を掲げる伝統的な自由主義に対し，19世紀の末に，労働者保護・年金制度等の社会政策および土地の国有化を掲げた潮流であり，J.M.ロバートソン（1856-1933），J.A.ホブスン（1858-1940），L.T.ホブハウス（1864-1929）たちが，代表的な人物で，帝国主義政策に対する批判を繰り広げた．彼らの帝国主義論の特徴は，本国における貧富の差の拡大が，対外的な拡張政策の原因であると考えたことである．その意味では，帝国主義政策は資本主義の本来の道からの逸脱であり，その是正は資本主義の枠内で可能であるとされた．

　日露戦争前夜の日本における，幸徳秋水（1871-1911），山口孤剣（1883-1920）の帝国主義批判の論理も，彼ら自身が社会主義者を名乗っているにもかかわらず，イギリスの社会自由主義と同様な特徴をもっている．特に幸徳の処女作『廿世紀之怪物帝国主義』（1901）は，ロバートソンの『愛国主義と帝国』（1899）から，直接のインスピレーションのもとに書かれたものである．山口の処女作『破帝国主義論』（1903）も，キリスト教社会主義の立場から当時の日本の対露開戦論を批判した．

●**マルクス主義の古典的帝国主義論**　マルクス主義運動の中では，第二インターナショナルの大会などで，1890年代から帝国主義的な政策に対する批判が展開されていたが，帝国主義批判とK.マルクス (1818-83)『資本論』の資本主義発展段階論を結びつけた特徴的な帝国主義論が確立したのは，20世紀に入ってからである．

R.ヒルファーディング (1877-1941)『金融資本論』(1910) は，マルクス『資本論』第1巻の「資本主義的蓄積の歴史的傾向」の自由競争から独占への論理を援用して，独占資本主義・金融資本主義段階の資本主義の形成を理論的に明らかにし，この新段階が対外的拡張政策と国内的な政治反動とを必然的にもたらすと説いた．帝国主義政策を，資本主義的発展からの逸脱ではなく，資本主義的発展の必然的帰結とする認識の成立である．

この論理はN.I.ブハーリン (1888-1938)『世界経済と帝国主義』(1917) やV.I.レーニン (1870-1924)『帝国主義論』(1917) によって，世界的体制としての資本主義世界の再編としての世界大戦という議論に発展させられた．帝国主義と帝国主義戦争を押しとどめることは，資本主義の即時の転覆という政治的方針と結びつけられることになった．レーニンは，ホブスン『帝国主義論』(1902) をも援用して，資本主義打倒を唱えない平和主義の議論に対して，買収された労働貴族の議論であると論難した．

『資本論』の「原蓄論」の延長上に帝国主義論を展開するというこの論法はロシア革命の成功という政治的事情により，帝国主義論のスタンダードとして受け入れられ，資本主義的発展の一段階としての帝国主義という認識は，非マルクス主義者の間にも広まった．帝国主義が資本主義発展の特殊の段階であるという認識によって，ある国が帝国主義国であるか否かは，その国の経済発展の段階を規定することによって明らかにすることができるという主張さえも現れた．この論理でもう一つ注意すべき点は，資本主義の独占段階以前の時期は，自由競争の時期であり，その時期には，資本主義は平和愛好的であり，国内的には民主主義化が進む過程にあったという非歴史的な理解を内包していたことであった．

マルクス主義的な帝国主義批判の先鞭をつけたA.パルヴス (1867-1924) やK.カウツキー (1854-1938) は，帝国主義を資本主義の取りうる選択可能な複数の政策のうちの一つであると考え，経済発展と政治との多様な関連を見据えていた．またローザ・ルクセンブルク (1871-1919) は，資本主義経済発展の通時的な侵略性を指摘していたが，彼らの議論は，マルクス主義的帝国主義論の中では顧みられることが少なかった．

●**世界システム論の帝国主義論**　S.アミンやI.ウォーラーステインの「資本主義世界システム論」は，経済的発展段階によって一義的に政策が決定されるというマルクス主義の古典的帝国主義論の弱点を克服するものとなっている (☞「世界システム論」).

［太田仁樹］

世界戦争と総力戦
［英］world war and total war

　歴史的には，20世紀前半に二度にわたって起こった世界規模の戦争を，第一次世界大戦（1914～18年），第二次世界大戦（1939～45年）と区別する．しかし長期的にみた場合，これは近代世界の構成原理の展開の果てに起こった20世紀を規定する根本的な出来事だったと考えることができる．つまり17世紀に主権国家を単位として組織されたヨーロッパ国家間秩序が，その世界的拡大によって臨界点に達し，世界の全体性を戦争というかたちで現実化したということだ．その駆動力となったのは，社会を技術，科学，経済によって組織した諸国家の競合であり，そのすべてが国家を主体とする戦争遂行に投入されて，戦争は規模として拡大しただけでなく，哲学的意味でも世界の全体を巻き込むものとなった．そのためこの戦争は事象として総力戦（全面戦争）と性格づけられ，近代思想全般の土台をも揺るがす出来事となり，その轍は戦後の世界再編に深く刻まれることになる．

●**二波の世界戦争**　第一次大戦はサラエボで起きたオーストリア皇太子暗殺をきっかけに，オーストリア・セルビア間で開かれた戦端が一気にヨーロッパ諸国に広がり，これにアジアの新興国日本や，後にはモンロー主義のアメリカ合衆国も参戦して，世界規模の戦争になった．当初は短期の見通しだったが，拡大長期化して敵対する両陣営（英仏露などと独墺土など）の植民地も巻き込んだ戦いとなり，折から産業科学の急速な進展もあって兵器は次々に更新され，死傷者の数も激増，戦いは一方の国家崩壊に至るまで止むことがなかった．

　結局この戦争は，ドイツ・オーストリア・トルコの三帝国の崩壊，それにロシア革命によって終結した（ベルサイユ講和会議）．ヨーロッパ中に戦火を広げ1600万人の死者を出してO. シュペングラー（1880-1936）に「西洋の没落」を語らせたこの大惨事は，戦後も安定的な秩序を生み出すことができず，国際連盟の設立（1920年）やパリ不戦条約（1928年）さらに数次の軍縮会議の試みはあったものの，主要国はむしろ現代戦の性格を把握して，予測される次の破綻に身構え，今度は自覚的に国家をあげた総力戦の準備を進めることになった．

　戦後，莫大な負担を負わされたドイツでは社会不安が深化してナチスが台頭，繁栄を謳歌したアメリカで1929年に大恐慌が始まると，各国が保護主義態勢に入り，ドイツ・イタリア・日本などの後発国では国家主義傾向が強まって，いわゆる民主主義陣営との対立が先鋭化した．1939年9月「生存圏」を主張するドイツのポーランド侵攻を機に英仏が対独宣戦，やがてヒトラーがソ連に侵攻し再び大戦の火蓋が切られた．アジアではすでに満洲国問題（1932年）以来日本の大陸侵攻が続いていたが，その延長線上で41年には日米両国が太平洋をはさんで開

戦，これが世界戦争の第二幕となった．
●**西洋的秩序と戦争**　14年からの戦争は"Great War"とか"European War"と呼ばれたが，当時は西洋以外の地球上の陸地の大半がヨーロッパ諸国の支配下にあり，その意味ではヨーロッパが世界だった．そのヨーロッパは17世紀前半にウェストファリアの名で呼ばれる主権国家間体制をつくっていた．カール・シュミット（1888-1985）がヨーロッパ公法秩序と呼んだ広域圏である．そしてこれが，その後のヨーロッパ諸国の世界進出，植民地領有に伴って世界大に拡張され，20世紀の国際秩序の基本的枠組みになっていた．日本が明治維新を経て近代国家体制を整備したのも，この拡大ウェストファリア体制に主権国家として参入するという意味をもっていた．

この秩序は30年戦争（1718〜48年）に行き着いた西洋キリスト教世界の混乱を収束するものだった．この体制の下で戦争の権限は主権国家に制限され，それまでのキリスト教時代のような目的の正しさ（聖戦）ではなく，形式の正しさ（正戦）のみが戦争を制約するとされた．戦争をするのは自由だが（無差別戦争観），諸国家は安全確保のため同盟を求め，勢力均衡で相互牽制を図るという仕組みである．アナーキーのようにみえても，力の論理が逆に戦争を起こしにくくするという，これもひとつの戦争抑止体制ではあった．しかしその抑止メカニズムは，連鎖による引火を止めることはできず，反転して戦争を世界大に広げることになった．

最初のヨーロッパ大戦ともいわれる30年戦争から3世紀，ヨーロッパの世界展開が飽和点に達し，英仏に対するドイツなど新興諸国による植民地の再分割要求を背景に起こった1914年から45年の戦争は，こうして西洋的世界秩序の臨界を画する出来事になったのである．19世紀初頭の「諸国民戦争」を機に近代の戦争を原理的に考察したカール・フォン・クラウゼヴィッツ（1780-1831）は，「現実の戦争」を政治的理性の下におきながら，抗争の論理が政治の枠を破って剝き出しになる状況を「絶対的戦争」として想定した．世界戦争では，その状況が国家間秩序を超えて露呈したのだともいえる．事実，第一次大戦はそれと知らずに起こった世界戦争，そして第二次大戦は初めからそのつもりで行われた世界戦争だったのであり，始めから自覚的ではなかった．E.ルーデンドルフ（1865-1937）が「総力戦」を記述したのは大戦間のことである．この戦争の変質は知的にも多様なかたちで反映され，M.ハイデガー（1889-1976）の哲学や，戦争と文明をめぐって交わされたフロイト・アインシュタインの書簡（1932年），ハイゼンベルグの不確定性原理（1927年）などが登場するのもこの時期である．

●**戦争と産業技術**　19世紀ヨーロッパでは産業革命が進行し，社会は人びとの生活形態を含めて産業的に組織されるようになった（それを「文明化」とも呼ぶ）．人びとは因習から解放されて自由を得た反面，かつての地縁的紐帯を失って孤立し，それを埋め合わせる国家への帰属という想像的紐帯がつくられる．それが国

民意識であり，その触媒がほかならぬメディアだった．国民からなる国家という近代国家の理念は人びとに内面化され，国民が国家を支えるという義務感が，徴税とともに徴兵制を正当化する．そのことは戦争の基本条件を大きく変えた．傭兵中心の軍は「国民軍」となり，兵士の調達規模をはるかに拡大するとともに，王家の財政に規定されていた戦費も，国家予算の規模にまで拡大されることになった．

他方，産業化は兵器の大量生産を可能にし，技術的進歩がその破壊力を日進月歩で増大させる．火器は改良され，連射銃から機関銃が開発されると（最初の登場はアメリカ南北戦争），砲弾の消費量や死傷者数は一気に増え，鉄道や自動車が兵器の輸送規模を拡大すると，やがてダイナマイト（1875年）が登場する．さらに戦車が開発されると，それに対抗するために塹壕が掘られ，双方の持久戦で戦争が長期化する．すると今度は航空機が登場し，空からの爆撃が可能になると同時に，塹壕の兵士を無力化するために化学兵器（毒ガス）が使われる．それが第一次大戦だったが，第二次大戦では潜水艦，航空母艦の発達もあり，戦争は陸海空を覆うようになった．

産業化はまた，西洋先進国による植民地支配の構造を変え，植民地は単なる領有や通商の拠点ではなく，本国の原料供給や製品販売市場として組み込まれ，各国の経済展開の主要な足場となる．世界の産業経済化は先進国の国民経済を枠組みに，こうして国家の武力を後ろ盾に広域化してゆく．この経済システムの仕組みを明らかにしたのが K. マルクス（1818-83）の『資本論』で，それ以後このシステムは資本主義と呼ばれるようになるが，そのシステムが国家主導で領土獲得を軸に展開してゆく段階を V. レーニン（1870-1924）は「帝国主義」と規定した．

19世紀末には大陸の内部展開を終えて世界最大の産業国家となったアメリカ合衆国が海外展開を開始し，東アジアでは日本が台頭する頃には世界の分割は終わろうとしており，ヨーロッパでも後発のドイツの要求で植民地の再分割が課題となる．1884年から翌年にかけて開かれたベルリン会議はアフリカ分割を課題としていた．要するに，社会の近代化と産業経済の国民的かつ国際的展開が世界を飽和させ，その推進諸国の相互利害の対立がもはやはけ口を失ったとき，主権国家間の勢力均衡は反転して世界大の戦争の導火線となったのである．

●総力戦と核兵器　国民国家体制と社会の産業化が，この戦争を国力のすべてを動員しての総力戦とした．誰一人戦争の外にいることはできず，人びとの生活のあらゆる局面が国家の戦争に投入されるという状況になり，戦争はもはや戦場での戦いに限定されることなく，社会生活のあらゆる場面が戦争遂行に動員され，兵士と市民との区別もなく誰もが戦争に参加している状態になる．要するに，世界戦争の「世界」とは，地理的広がりを意味するだけでなく，人間の生きる環界のすべてを含む「世界」でもあり，その両方の意味で世界が戦争化したのである．

第一次大戦を経験した E. ユンガー（1895-1998）は，古典的な兵力の総動員に

対して国民全体を動員する全動員（total mobilization）を語り，機械戦の時代における戦士のあり方を産業国家の労働者のあり方に重ねて，現代の無名戦士の集合的英雄神話を語ろうとした．しかしそれは，国家権力を強化した国でも，個々人の自由を組織した国でも実質的には同様だった．一方では国家による国民の統合，他方では効率を目指した社会のシステム化と全面的マネージメント，それが国家運営の枠組みとして刻まれることになる．日本の「総力戦」論や，サイバネティクスを念頭においたハイデガーの「技術論」をこの文脈で読むことができる．

　そのことを文明的に象徴するのが核兵器だった．この兵器は戦場で使う道具ではなく，人間の生存世界そのものを消滅させるものであり，総力戦が包摂した社会空間のすべてを一挙に破壊することをねらっていた．相互の破壊を競り上げるという戦争に内在する論理が，敵の屈服を求めるというより，他者の純然たる抹消を実現するという意味で，それは原理的にもはや政治を成り立たせない．あるいは戦争から政治的目的を没却させる．まさにクラウゼヴィッツの「絶対的戦争」の現実化ともいえるが，人類の破滅を望見させるこの兵器の登場によって，もはや戦争はいかなる意味でも正当化できないものとなり，原理的に「不可能」になった．それでも国家の軍事的優位を維持するために，核対峙で戦争ができないことをテコとした「抑止力」理論がつくり出されることになる．ついでにいえば，科学技術の急進は，科学者を集団化するとともに，そのまま戦争遂行に統合し，それが以後の科学技術のレジームを規定している．

●**冷戦からテロとの戦争へ**　自覚的に世界戦争が戦われた後には，国際規範として戦争は基本的に禁止され，国際連合（1945年）が組織されて世界は集団安全保障体制のもとにおかれるようになった．また，とりわけナチズムによる民族殲滅の経験を経て，人種・国籍・出自などによる区別なく人間はみな生きる権利をもつとする普遍的人権の観念が，戦後各国が守るべき秩序の大原則として打ち出された（「世界人権宣言」1948）．もちろん，その後の世界が直ちに核兵器による二大陣営の対峙に入ってゆくように，その原則はそのまま生かされたわけではないが，西洋諸国がアジア・アフリカの植民地独立を認め，世界が基本的には独立国家の連合体になり，その後の世界秩序の後戻りできない方向を刻んだ．

　冷戦はある意味で凍結された世界戦争の第三幕でもあったが，その構造が瓦解したとき，世界はグローバル化した新しい段階に入った．軍事という巨大なファクターは国家間戦争の枠組みを無化して，文明と非文明とのみえない対立を軸に「テロとの戦争」という名の無限定な戦争態勢を再編することになった．

　いずれにせよ世界戦争は，主権国家という政治共同体を戦争主体と規定し，社会を技術・科学・経済のシステムとして組み上げて，その効率性によって世界化した一文明のかたちが，内破によって政治を廃絶することになった状況であり，その後の世界は実はその廃墟からの再生を不可避の課題としていたのである．［西谷　修］

ヴェルサイユ体制
［英］Treaty of Versailles　［独］Versailler Gesellschaft

　1918年11月11日に第一次世界大戦が休戦すると，その戦後処理のために翌1919年1月18日からパリ講和会議が開催され，同年6月28日に対独講和条約，いわゆるヴェルサイユ条約が調印される．こうして成立した第一次世界大戦後の新たな世界秩序をヴェルサイユ体制と呼ぶ．この新世界秩序の基礎となったのが，1918年1月8日にアメリカ大統領T. W. ウィルソン（1856-1924）が発表した十四か条の平和原則である．この十四か条はパリ講和会議でも交渉の重要な前提となり，当初ドイツなどではウィルソンの理念に基づく「公正な講和」への期待もみられた（牧野 2009）．しかし講和会議では，ほぼすべての事項が「四巨頭（Big Four）」と呼ばれる米英仏伊の首脳の会談で決められ，とりわけイギリスとフランスが自らの個別利害を貫徹したことで，ウィルソンの理想主義は旧来型の権力政治によって大きく損なわれた．結果的にドイツは敗戦国として扱われ，領土割譲や多額の賠償支払いなどの厳しい条件を課せられることになる．また，十四か条で提起された民族自決についても，ヨーロッパの植民地であったアジアやアフリカでは認められることがなかった．民族自決が認められたのは，オーストリア＝ハンガリー帝国やオスマン帝国が解体した後の東欧地域のみであったが，それはロシア革命の波及を防ぐ緩衝地帯として東欧の新興諸国を利用するという西欧列強の利害関心にかなうものだったからである．さらに，国際連盟規約に人種平等を明記することを求めた日本の提案も，米英仏の反対により実現しなかった．このようにヴェルサイユ体制は，欧米の戦勝列強にとって都合の良い現状を維持するという面があったが，しかし他方，国際連盟の設立などにより，旧来の国際秩序が大きく変容したこともまた見逃されてはならない．

●**国際連盟と戦争違法化**　ウィルソンが十四か条で提案した国際連盟は，ヴェルサイユ条約の一部である国際連盟規約（同条約第1篇第1条～第26条）の採択を経て，1920年1月に発足する．それによって，主権国家同士の勢力均衡と同盟政策によって成り立っていた旧来の国際体制とは一線を画すような，史上初の集団安全保障体制が構築された．国際連盟規約では，戦争はその当事国だけでなく連盟全体の利害関係事項とされ（第11条），紛争を平和的に解決するための仲裁裁判等の手続き（第12～15条）や，規約に違反して戦争に訴えた国への制裁（第16条）が規定された．こうしてすべての連盟構成国は，従来の国家が保持していた自由な戦争遂行権に制限を加えるような一つの国際共同体に組み込まれることになった．主権国家を唯一の正当な国際法主体とみなしてきた17世紀以来のウェストファリア体制は，国際連盟とともに解体に向かうのである．

同時にヴェルサイユ体制下では，戦争の違法化に向けて国際法が発展していく（藤田 1995）．旧来のウェストファリア体制で支配的だったのは，法学者 E. ヴァッテル（1714-67）などに代表される無差別戦争の思想であり，そこでは「正しい戦争」と「不正な戦争」は区別できないという前提のうえで，あらゆる戦争が国家の正当な政策手段として容認された．C. シュミット（1888-1985）が「ヨーロッパ公法」と呼んだこの国際秩序では，交戦国は一方が正，他方が不正として差別化されることなく，互いに同権の主体として等しく尊重された（シュミット 1950）．しかしヴェルサイユ条約では，前ドイツ皇帝ヴィルヘルム 2 世を戦犯として国際裁判にかけることを求めるカイザー訴追条項（第 227 条）や，賠償義務を伴った戦争責任をドイツに負わせる戦争責任条項（第 231 条）など，不当な理由に基づく開戦の責任を問う条項が設けられ，戦争を国際犯罪とするための一歩が踏み出された．国際法のこうした発展を明確に示すのが，1928 年 8 月 27 日に締結された不戦条約（ケロッグ＝ブリアン条約）である．国際紛争解決のために戦争に訴えることを非とし，国家の政策手段としての戦争を放棄することを宣言したこの条約とともに，無差別戦争観は戦争違法観に取って代わられるのである．

●**ヴェルサイユ体制の限界と崩壊**　だが先述のように，戦勝列強の利害関心の手段という性格を十分払拭できなかったことから，ヴェルサイユ体制の信頼性は損なわれることになった．戦争責任条項に基づいてドイツに科された多額の賠償金は，イギリス代表団の一員としてパリ講和会議に参加した J. M. ケインズ（1883-1946）でさえそれを非難するほど，公正とは言い難いものであった（ケインズ 1919）．それはドイツ国内で「戦争責任という嘘」を喧伝する右翼勢力を跋扈させ，ヴェルサイユ体制の打破を訴えるナチスの台頭を招く一因となった（Kolb 2005）．

またヴェルサイユ体制の支柱であった国際連盟は，提唱国アメリカの不参加に加え，社会主義国家のソ連が異質な存在として当初排除された．1934 年にソ連が加盟したときには，すでに前年に日本やドイツが連盟から脱退しており，それは結局，すべての国を集団安全保障の枠組みに組み込んだ真の国際共同体にはならなかった．さらに，1931 年の日本軍による満洲事変や 1935 年のイタリアのエチオピア侵略の際には，制裁措置の不十分さから集団安全保障がほとんど機能せず，ファシズム諸国による武力での現状変更を防ぐことができなかった．

とはいえ，国際連盟とともに成立した集団安全保障体制は，より実効性のあるかたちで今日の国際連合に引き継がれた．また，ヴェルサイユ体制下で進んだ戦争違法化は，第二次世界大戦後のニュルンベルク裁判や極東国際軍事裁判で「平和に対する罪」という新たな国際法概念を生み出し，侵略戦争を犯罪として裁くことを可能とした．その限りでヴェルサイユ体制は，さまざまな欠陥にもかかわらず，国際秩序に画期的な発展をもたらしたことは確かである．　　　［大竹弘二］

オーストロ・マルクス主義
［独］Austromarxismus

　オーストロ・マルクス主義は，19世紀末から第一次世界大戦までの時期ハプスブルク帝国の首都ウィーンで活躍した若きマルクス主義者のグループとその思想として生まれた．カール・レンナー（1870-1950），マックス・アードラー（1873-1937），ルドルフ・ヒルファーディング（1877-1941），オットー・バウアー（1881-1938）らが，その代表的な人物をなす．この言葉は，第一次世界大戦前アメリカの社会主義者ルイス・B・ブーダンが，彼らをオーストロ・マルクス主義者と呼んだことに由来する．

●**オーストロ・マルクス主義とは何か**　ハプスブルク帝国は10を超える民族からなる中欧の多民族国家であったが，19世紀に入って資本主義化を急速に進めた．それとともに，労働運動と民族運動が発展した．1888年12月30日に開催されたハインフェルト党大会で，オーストリア社会民主党（以下，SPÖ）が創立されたが，この労働者政党は民族対立に悩まされた．ウィーンは輝かしい学問と文化の都市であったが，労働運動の中心であり，民族運動の舞台ともなった．

　このウィーンで，オーストロ・マルクス主義者は，社会主義的学生組織の活動から育ち，互いに強い精神的絆を結んだ．彼らは，社会主義知識人の使命として，マルクス研究と労働者教育に取り組んだ．まず1903年に最初のウィーン労働者学校である『ツークンフト（未来）』を創設し，本格的に活動し始めた．1904年に『マルクス研究』を創刊し，次々と自らの重要な作品をこれに発表した．1907年にはSPÖ理論誌『カンプ（闘争）』を創刊した．彼らは，ウィーンの中心街のカフェ・ツェントラルに集まり，熱心に議論を交わした．19世紀末にドイツで生じた修正主義論争が，彼らの関心を呼んだ．また，彼らは，当時の大学のアカデミックな「精神的諸潮流」との対決において，マルクス主義の発展を試みた．新カント派，エルンスト・マッハ，経済学の分野ではオーストリア学派が彼らの対象となった．

　彼らは，当時の「精神的諸潮流」に対して，科学としての社会主義への展望の否定には批判したが，方法論的には新カント派とマッハの影響を受けた．マルクス理論をカントを使用して認識論的に発展させることが，アードラーの哲学の課題をなした．バウアーは，マルクスの経済学と歴史観を科学とみなす一方で，社会主義変革における倫理と人間の意識的活動の役割を強調した．

　経済学の分野では，ヒルファーディングはオーストリア学派の巨匠ベーム＝バヴェルク（1851-1914）によるマルクス批判に反論し，さらに『金融資本論』（1910）で19世紀末からの資本主義の変貌をとらえ，独自の帝国主義論を形成した．

また，労働運動をも巻き込んだハプスブルク帝国の民族対立に対処するために，レンナーは国法学的な観点から，バウアーが社会学・経済学の観点から，民族問題に関して優れた著作を残した．
　若きオーストロ・マルクス主義者たちは，当時の時代と社会の状況に応じてマルクス理論を発展させることに腐心した．この積極的な研究姿勢と「方法論的な柔軟さ」が彼らを特徴づけた．彼らは，最初は研究・教育活動から出発したが，次第にSPÖの政治活動に深く関わっていった．1907年バウアーはSPÖ帝国議会議員団の書記に就任し，レンナーはその議員となった．第一次世界大戦末期には，レンナーは右派，バウアーは左派の立場から激しい政治的路線対立に陥った．こうしてオーストロ・マルクス主義は精神的絆を失い，解体されていった．

●**戦間期オーストロ・マルクス主義**　ところが，1920年代にオーストロ・マルクス主義という言葉が盛んに使われるようになった．つまり，それは，第一次世界大戦後共産主義と社会民主主義に労働者諸政党が分裂する中で，党の統一を維持することに成功したSPÖの「特性」を表す言葉として用いられた．バウアーによれば，この統一の力は，「冷静な現実的政策と革命的情熱の総合」で，これはどんな日常的闘争をも現実主義に適応させるが，労働者階級の権力獲得と社会主義といった目標に結びつける．1926年のSPÖリンツ綱領は，この統一路線のもとに議会主義的変革路線を打ち出し，議会で多数議席を獲得するために改良闘争を重視した．「赤いウィーン」の名で知られているウィーンの革新的自治体政策は，この改良活動の成果である．戦間期のオーストロ・マルクス主義は，バウアーの指導下リンツ綱領に結晶したSPÖの政治路線を意味するに至った．
　しかし，バウアーらは，1930年代の世界大不況下ファシズムが勢いを得る中で，1934年の「二月蜂起」において敗北するに至った．バウアーは，この敗北の責任をとらされた．そして，第二次世界大戦後のオーストリアでオーストロ・マルクス主義は一時ほとんど忘れられた存在となった．

●**オーストロ・マルクス主義の再評価の動き**　バウアーとオーストロ・マルクス主義が再び注目を集めたのは，1968年のバウアー没後30周年の頃である．この年に今日もなお研究の基準文献をなすN・レーザーの『改良主義とボリシェヴィズムの間に』が出版されている．もっとも，この著書は，バウアーらが左翼的言辞を弄し，民主主義における妥協と和解の道を閉ざし，また革命を口にしながら客観的諸条件の困難を口実にして革命闘争にも改良活動にも徹しきれなかったと否定的に評価するものであった．オーストロ・マルクス主義の再評価は1970年代に入ってから強まった．1975年から全9巻のバウアー著作集が刊行された．バウアーの没後40周年の1978年，生誕100年記念の1981年の折には，バウアーらとユーロコミュニズムの結びつきを示す試み，彼らが改良主義でもコミュニズムでもない「第三の道」の可能性を示したという評価が勢いを得た．　　［上条 勇］

ディアスポラ
［英］diaspora

　ディアスポラ（diaspora）という用語は，ギリシア語の動詞 speiro に由来する．speiro は（種を）撒く，植えつける，散りばめるという意味で，dia は一面にわたる，越える状態を指す前置詞であり，この二つを合わせて「離散」や「分散」を意味する．この用語は，ある民族集団の成員のうち大規模な数の人が，何世代かにわたってその故郷ないし起源の地の外に暮らし，かつ，その地とのつながりを維持している状態・現象またはそういった人びとを指す．

●**由来**　かつてはユダヤ人，ギリシア人，アルメニア人の分散を指していたが，いまや移民，国外に追放された難民，移住労働者，亡命者，少数民族共同体のような人びとを指して使用されてもいる．

　歴史的に遡ると，この用語は帝国主義の拡張政策と結びついている．古代ギリシア人たちは，小アジアと地中海沿岸を武力で征服して植民地にし，自国民を移住させて勢力を拡大した．このときディアスポラは，征服する側にとって移住と植民地建設を意味する能動的で肯定的な意味をもっていた．その後ディアスポラはユダヤ人の流浪を意味する言葉として使われることで，否定的な意味をもつようになった．

　1960年代に入り，この用語を奴隷化によって分散したアフリカ人に適用する研究が現れた．1990年代には，冷戦の崩壊とグローバル化が進展する中で，国境を越えた民族集団に属する人びとや，特定の民族集団が国境を越えて存在している現象を指して使用され始めた．以降，ディアスポラを冠した研究は活発化し，ディアスポラはユダヤ人の経験のみではなく，他の諸民族の国境をまたがる離散にともなって生成する文化的差異，アイデンティティなどを含む包括的な概念として流通している．

●**論争**　ある名がつくような人口集団が空間的に散逸している状態を表す語としてこの概念が広く使われるにつれ，定義と使用法について多様な議論が起こるようになった．

　まず定義に関しては，ディアスポラの条件が何なのかに対する議論が学者たちの間で起こった．W. サフラン（Safran 1991）は，ディアスポラの特性として①起源の地から二つあるいは二つ以上の場所に分散，②起源の地（homeland）に対する集合的な記憶ないし神話の共有，③居住地（hostland）での疎外，④起源の地にいつか帰還することを理念化，⑤起源の地に対する政治的，経済的献身，⑥起源の地に対する持続的な関係維持の六つをあげた．これは狭義のディアスポラといえるが，サフラン自身も自覚しているように，この条件をすべて満たす集団はいない．

大多数の論者が認めるディアスポラの特徴をまとめれば，大きく三つに分けることができる．一つ目は，起源の地を去った後に行く先が二つ以上あるという点．これは，ディアスポラという用語自体が，一つの場所から他の一つの場所へと移動すること (transfer) ではなく，「散らばる (scatter)」ということを暗示しているからでもある．二つ目に，実在的あるいは想像上の起源である地に対して何らかの関係があるという点．三つ目に，集団のアイデンティティに対する自覚がなければならない．この意識は分散した人びとを起源の地だけではなく，分散した人びと同士とも結びつける．この特徴に，K. D. バトラー (Butler 2001) は，もう一つの特徴を追加している．それは，彼らの存在が，少なくとも2世代以上続いているという点である．個人的な移動の経験を分散という集団的な歴史へと連結させること，居住地への同化への拒否感情からディアスポラ意識が芽生えていくからである．

他方，ディアスポラを離散や分散といった人間集団の状態を表わす用語というよりは流動的アイデンティティととらえる方向性がある．主に文化的アイデンティティに焦点をあて，「超国家主義(トランスナショナリズム)」「異種混淆性(ハイブリディティ)」といった用語をキーワードとし，起源への回帰・帰還やこだわりに対しては批判的な見解をとりつつ，既存の国民国家の中でとらえられてきた民族性やアイデンティティ，固定的な文化を超えて，ネイションや人種の境界を破壊する可能性をディアスポラに見出している．

●**批判**　多くの論者はディアスポラに均質化された国民国家を越える解放のポテンシャルを見出しているが，一方ではディアスポラと起源の地，そして居住国の間の不均衡な権力関係が見過ごされ，ディアスポラの概念そのものはむしろ本質主義的なアイデンティティを活性化させるべく機能し，エスニシティ，人種，ジェンダー，階級といった本質 (entities) を越えることはできないという批判もある (Hübinette 2006)．

例えば，フェミニズムの視点を導入すると，ディアスポラ共同体を想定する際の重要な条件である「共通の起源」は，異性愛主義的な世代継承と血統 (lineage) を土台としていることが指摘される．さらに，世代継承は何よりも生物学的再生産を前提とし，その中で女性は再生産の道具とみなされるうえに，ディアスポラの境界は自然化される．

すなわち，ディアスポラ言説はジェンダーや階級そして世代といった問題への，そしてグループ間およびグループ内部の分断への注意に欠けている．さらにナショナリズムの強烈な構成要素である血と紐帯に対する批判がディアスポラ言説には不在であり，それゆえ「起源 (origin)」や「真の所属 (true belongings)」といった観念の絶対性を強化し，本質主義に陥る危険性を内包していると指摘されている．

［金　友子］

反戦運動・平和主義
［英］anti-war movement / pacifism

　植民地争奪が本格化した世紀転換期の世界では，国家間の武力衝突を回避するための戦争違法化体制の構築が帝国主義列強により試みられる一方，植民地支配を批判する労働者階級の国際連帯に基づく反戦運動がはじまった．前者は国際連盟や不戦条約の，後者は単一世界政党としての第三インターナショナル（コミンテルン）の源流となる．

●第二インターナショナルから第三インターナショナルへ　1899 年の第 1 回ハーグ万国平和会議では，はじめての戦時国際法となったハーグ陸戦条約が締結され，交戦者の資格，捕虜・傷病者の取り扱い，降伏規定などを取り決めた．一方，列強が義和団事件に際し共同出兵を行った直後の 1900 年 9 月，第二インターナショナルの中核をなすドイツ社会民主党は，列強の中国侵略を批判し，反戦の旗幟を鮮明にした．1907 年，第二インターナショナル第 7 回シュトゥットガルト大会は，「軍国主義と国際紛争」に関する特別委員会を設けて，「戦争勃発の恐れが生じた際，関係諸国の労働者階級の義務は，……適当と思われる手段により，戦争阻止のためにあらゆる努力をすることにある．それにもかかわらず戦争が勃発した場合には，労働者階級は，その即時中止のために介入する義務がある．そして，戦争によって生じた経済的・政治的危機を全力をあげて利用して人民層を根底から揺り動かし，資本家の支配の没落を早めねばならない」と決議した．帝国主義戦争を革命へと転化させようとするこの決議には，ローザ・ルクセンブルク（1871-1919）や V. レーニン（1870-1924）の意向が働いていた．

　1914 年 8 月，第一次世界大戦が勃発すると，第二インターナショナルの多数派は「城内平和」を掲げて自国の帝国主義戦争を支持し，第二インターナショナルは空中分解した．戦端をひらいたドイツでは，後にスパルタクス・ブントに結集するローザ・ルクセンブルクらドイツ社会民主党左派が，戦争を支持した主流派の責任を問うた．1915 年 9 月，スイスで開かれたツィンメルヴァルト会議は，第二インターナショナル主流派を批判し，無併合・無賠償を原則とする即時講和を求めた．『帝国主義』において大戦を帝国主義戦争と把握することになるレーニンらツィンメルヴァルト左派は，1919 年 3 月のコミンテルン結成の前提となった．また，大戦の参戦国では，ロマン・ロラン（1866-1944），バートランド・ラッセル（1872-1970）らの影響を受けた反戦運動が生まれ，英米では兵役拒否が，インドでは非暴力・不服従を掲げた M. K. ガンディー（1869-1948）の抵抗があった．大戦に従軍したアンリ・バルビュス（1873-1935）は『クラルテ』を著し，1923 年にはフランス共産党に入党している．

●「平和に関する布告」「14カ条」と国際協調体制　レーニンは，十月革命によって権力を掌握すると，即時停戦，無併合・無賠償，民族自決を掲げた「平和に関する布告」を発表し，1918年3月には単独でドイツと講和した．一方，米大統領T.ウィルソン（1856-1924）は，レーニンの「平和に関する布告」に対抗して，1918年1月，秘密外交の廃止・民族自決などを謳った「14カ条」を発表した．1918年11月のドイツ革命で大戦が終わりを告げ，1919年1月にはパリ講和会議が開催されるが，ウィルソンの「新外交」は英仏の主張する旧来の外交原則とは相容れず，「14カ条」の理想は限定的に実現されるにとどまった．

　「14カ条」で提案された国際連盟は，集団安全保障体制による国際平和の維持を一義的目的として，1920年1月に成立した．しかし，孤立主義をとるアメリカの不参加，ソ連・ドイツの排除，全会一致の決議原則などのため，国際連盟の実行力は限定的だった．1920年代の協調外交のもと，国際連盟が実現した最大の成果が，1928年に締結された「戦争放棄に関する条約」（不戦条約，ケロッグ・ブリアン条約）である．国際紛争の解決手段としての戦争を放棄し，国際紛争を平和的手段で解決するという不戦条約の理念は，戦争を国家の主権的自由とする無差別戦争観を否定した．しかし，条約は国家の自衛権を否定しなかったため，世界恐慌後の軍備増強の歯止めにはならなかった．一方，1928年8月の第6回大会で社民主要打撃論を採用したコミンテルンは，帝国主義戦争への反対は掲げつつも，資本主義諸国の平和運動に対しては否定的な立場をとった．

●反ファシズムと人民戦線運動　世界恐慌後にファシズムが台頭すると，ロマン・ロラン，バルビュスの呼びかけで，1932年にはアムステルダム，翌年にはパリで反戦大会が開催され，反戦世論の喚起が試みられた（アムステルダム＝プレイエル運動）．かつてレーニンと行動をともにしたドイツ共産党員・ミュンツェンベルグの指導は，この運動を急速に拡大させた．その後コミンテルンは，1935年7月の第7回大会で社会民主主義を敵視する従来の立場を改め反ファシズム人民戦線の形成を打ち出した．この路線転換は，フランスやスペインにおける人民戦線内閣の成立や，中国における第二次国共合作につながったが，ソ連は1939年8月に独ソ不可侵条約を締結するなど一貫しなかった．第一次世界大戦の勃発による第二インターナショナルの崩壊や，ソ連による独ソ不可侵条約の締結は，一国的利害を超えて反戦・平和を追求することの難しさを示しているといえる．

　社会主義からは距離のあった知識人の重要な例として，イギリスのバートランド・ラッセルについてみておくと，ラッセルは，第一次世界大戦には反対したが，第二次世界大戦（ナチスとの戦い）には反対しなかった．しかし，核時代が訪れるとラッセル＝アインシュタイン宣言（1955年）を発して核兵器の廃絶を求め，ベトナム戦争下ではいわゆるラッセル法廷（アメリカの戦争犯罪を裁く民衆法廷，1967年）を提唱するなど，平和主義に貢献した．　　　　　　　　　　　　［黒川伊織］

自由主義の変容
［英］tranceformation of liberalism

　自由思想が自由主義として政治・経済・社会のイデオロギーとなり，社会全体に影響を与えるのは啓蒙思想が隆盛する18世紀からである．ジョン・ロック（1632-1704）は，イギリスの著しい産業発展の中で，寛容に基づく生命・自由・財産を議会と立法の基礎とした．19世紀になると，J.S.ミル（1806-73）は，個性の尊重，合理的選択による善追求，表現の自由，自己発展をコアとし，一般的利益，制限された責任ある権力による民主主義，少数意見の尊重，社会主義を付帯する古典的自由主義のグランド・デザインを示した．19世紀末になると，ロックおよびミルに代表されるイギリスの古典的自由主義は，国家の役割を重視する新自由主義に変容する．また大陸のドイツとフランスでは，国家の役割が自由思想に組み込まれた新自由主義が発達する．

●**イギリスの新自由主義**　19世紀後半，大企業の発展と都市・社会問題の発生，労働組合の登場や帝国主義的な海外膨張を背景に，自由主義は，個人的自由という古典的なコアを継承しながら，社会福祉を促す「自己発展の権利」を新しいコアとする新自由主義に変容する．T.H.グリーン（1836-82）の理想的自由主義は，その先駆けであった．グリーンは，功利主義者のように個人を冷徹な自律体の原子と考えるのではなく，自由な意思をもち，抑制して完全（＝善）を求める，自己発展の主体と考えた．また真の国家と現実の国家を区別し，真の国家では，自由で合理的な市民（citizen）が共通善を追求し，このような政治的な義務に基づく立法と道徳により，共同体は国民の権利を実現すると構想した．

　19世紀末から20世紀の初頭，倫理の感覚と科学的理論に影響された社会的思考の中で，国家の福祉を目指す社会改革をめぐって，新自由主義はさらに変容する．D.G.リチー（1853-1903）は，進歩と功利が理想に融合する自由主義を進化論に結びつけた．J.A.ホブスン（1858-1940）とL.T.ホブハウス（1864-1929）は，社会有機体の進化のアナロジーを用いて，国家が社会の人間福祉に貢献することを主張した．保守的なバーナード・ボザンケ（1848-1923）は，市民の人格的成長に支えられた公民的国家の強制力に注目する．

　ホブスンは，過少消費説に基づき古典的自由主義の限界を指摘し，国家の役割を，「夜警」から社会民主的な「再分配」機能に変容させた．自由主義の核心である個人の発展を合理的な社会性ととらえ，自由の権利の保証には「制限された責任を持つ権力」による「機会の平等」の実現が必要と考えた．この社会的な人間福祉の概念は，20世紀の初めに自由党に受け入れられ，失業保険，健康保険，最低の生活保障，老齢年金，累進課税といった社会福祉制度として実現した．20世

紀にイギリスの新自由主義が，国家をコアとして容認したとはいえ，イギリスで共同主義はなお自由主義の外縁にあり，他方で社会主義者はこれに共感した．

●**大陸の新自由主義──(1)ドイツ**　大陸における自由主義の発展と変容は，イギリスとコンテクストが異なる．産業の発展が遅れたドイツで，自由放任は自由主義のコアとならなかった．権利（Rechte）と法（Recht）が一体として認識される法治国家（Rechtsstaat）の制度や，理想化された統合，その解放のメカニズムが自由主義の関心であった．人格発展を促す自由・進歩・個人主義の形式的合理性を目指すドイツ自由主義のコアは，国家の「制限され責任をもつ権力」であった．I. カントと G. W. F. ヘーゲルにおける自律した個人の自由で平等な意思は，法に表現される．社会と個人の普遍は一体となり，参加する市民（Bürger）の教育と文化を支える道徳的啓蒙という教養に融合する．国家と国民が区別される場合，民族が非党派的な一般利害を実現する合理的組織となる．民族の不合理な衝撃を制限する官僚制は，自由主義のコアに昇格する．ドイツ自由主義において民主主義は周辺化され，法と区別される大衆政治は拒絶される．社会民主主義に対抗した中道右派のハインリッヒ・フォン・トライチュケ（1834-96）は，個人の競争と経済的自由を原理化して主張したが，国家の全体性が強調される思想の性格は，自由主義よりもネオ・リベラリズムのリバタリアニズムに近い．

　第二帝政期のドイツ自由主義を代表するフリードリッヒ・ナウマン（1860-1919）は，ホブスンと同様に，人格発展による社会性の回復を，計画による効率的な組織化にみる共同主義者であった．このように国家の計画により社会的市場経済の育成を図るドイツの新自由主義は，L. ミーゼスや F. ハイエクらオーストリア学派のリバタリアニズムから影響を受けた．ヴァルター・オイケン（1891-1959）やフランツ・ベーム（1895-1977）ら，フライブルク学派の自然的秩序を主唱するオルドー自由主義や，社会市場経済の精神的父と評されるウィルヘルム・レプケ（1899-1966）の社会学的ネオ・リベラリズムに引き継がれる．

●**大陸の新自由主義──(2)フランス**　19 世紀のフランス自由主義は，法権力をめぐるものではなかったが，自由・個性・合理の自由主義のコアは自律体としての共同体に結びつけられた．第三共和制の自由主義者アルフレッド・フイエ（1838-1912），レオン・デュギー（1859-1928），レオン・ブルジョア（1851-1925）らの社会連帯主義は，オーギュスト・コント（1798-1857）の有機的な社会進化の思想に根ざし，不平等に対する国家の規制を根拠づける．総合社会学の提唱者エミール・デュルケーム（1858-1917）も，相互に連関して社会を進化させる個人の有機的連帯を理論化した．ここで国家は，専制から個人の権利を守る自由主義のコアとなり，そこでは民主化され，道徳化された社会的個人が，社会的規範を遵守し，国家の道具としての機能を果たすことになる．　　　　　　　　　　　［姫野順一］

ファシズム・全体主義
［英］fascism / totalitarianism

　ファシズムは,「束」とか「山」を意味するイタリア語ファッショ (fascio) が比喩的に「団結」とか「共闘」という意味に転じたことに由来する造語であった．元来ファッショはイタリアの左翼勢力によって使われていた言葉だった．イタリアのファシズムは,第一次世界大戦のオーストリア戦線で白兵戦を闘った特別編成の突撃隊（アルディーティ）の元隊員たち,大戦前から戦争賛美とナショナリズムを鼓吹したフィリッポ・トンマーゾ・マリネッティ (1876-1944) を中心とする芸術運動の未来派,そして大戦勃発後に参戦論へと急旋回したベニート・ムッソリーニ (1883-1945) ら元社会党員や革命的サンディカリストたちが戦後に合流して形成された (1919年3月ミラノにおける「イタリア戦士のファッシ」結成).

　全体主義とは,第一次世界大戦が総力戦（全体戦争）として戦われた後,イタリアでムッソリーニが政権を掌握した1922年以降,これを批判するために反ファシズム勢力により使われ始めたが,本格的な使用はムッソリーニ体制自体によるものだった．ファシズム体制の代表的イデオローグとなった哲学者ジョヴァンニ・ジェンティーレ (1875-1944) とムッソリーニは共同で次のように書く．「ファシズムにとって,すべては国家の内にあり,国家の外には,人間的あるいは精神的な何ものも存在せず,いかなる価値もない．このような意味で,ファシズムは全体主義なのである」(Mussolini 1932).

●**イタリアのファシズム**　イタリアは,第一次世界大戦後の普通選挙制を導入した最初の総選挙 (1919年11月) で社会党と人民党が大勝したことにより,本格的な大衆民主主義の時代に入る．「戦士のファッシ」も2回目の総選挙 (1921年5月) で30人を超える候補者を当選させた．1922年10月下旬には一大デモンストレーションの「ローマ進軍」を敢行し,ムッソリーニが国王により首相に指名され,社会党,共産党を除くほとんどすべての政党が閣僚を出す連立政権が誕生した．ムッソリーニ政権は,1924年の国会空転（国会議員ジャコモ・マッテオッティ［1885-1924］殺害により生じた政治危機）を契機にして,25年初頭より独裁体制へと移行した．この体制は,反ファシズム諸勢力を抑圧するハードな側面と同時に,ドーポラヴォーロ（余暇組織）や教育などを通じて大衆を順応主義的に統合するソフトな側面をもった．1930年代に入りラジオや映画の普及を通じて体制のプロパガンダがなされた．ムッソリーニ自身に反ユダヤ主義のイデオロギーはみられなかったが,ナチス・ドイツとの同盟関係を模索する過程で,ユダヤ系国民の公職追放を定めた人種法を1938年に制定した．第二次世界大戦での戦況が苦しくなったことからムッソリーニは失脚し,イタリア国民は北イタリア

を占領したナチス・ドイツと20か月にわたり「国民解放の抵抗闘争(レジステンツァ)」を敢行し勝利した．これにより，反ファシズムが戦後イタリア国民のナショナル・アイデンティティの核心に組み込まれた．

　解放後にファシズムを総括する議論が盛り上がる．哲学者ベネデット・クローチェ（1866-1952）は，ファシズムとは第一次世界大戦後の「自由の意識の低迷期に照応するひとつの〈脱線期間(パレンテシ)〉であった」とした．こうしたいわば「ヨーロッパのモラルの病としてのファシズム」観（R. デ・フェリーチェ『ファシズム論』）に対して，後続世代に属する戦闘的リベラルのピエロ・ゴベッティ（1901-26）は，すでにファシズム台頭期の時点で「ファシズムはイタリア国民の自叙伝である」として国家統一以後の自由主義期イタリアの民主主義の脆弱性にファシズム体制成立の根拠を見出す分析を明らかにしていた（Gobetti 1924）．マルクス主義者のアントニオ・グラムシ（1891-1937）は，『獄中ノート』（1929-35 執筆）においてファシズムをカエサル主義と呼びながら，ムッソリーニ独裁体制が軍事クーデタを必要とせずに成立し，その後も全国ファシスト党および組合諸組織などを通じて同意を調達するヘゲモニー型の独裁であると分析した．この洞察を承け戦後のムッソリーニ支配体制の研究は，合意の組織化に光をあてるようになった（ファシズム研究会編 1985）．

●ソ連のスターリニズム　イタリアには，ファシズム台頭の当初から，ファシズムとボリシェヴィズムとの共通性を指摘する自由主義の論者がいた．実際，革命ロシアは，戦時共産主義と呼ばれた激しい内戦を経て，1924 年の V. レーニン（1870-1924）の死去と 1926 年頃の「ソヴィエト・テルミドール」（L. トロツキー［1879-1940］『裏切られた革命』［1936 執筆］）の成立以降，I. スターリン（1878-1953）を頂点とする官僚主義的体制へと急速に変質した．一党独裁，そして農村の集団化を目指した第一次五か年計画（1929 年 5 月から），さらには政治犯を収監する強制収容所（ラーゲリ）などが，その後のトロツキー派によりソ連を全体主義とみなすことのできる指標とされた．ラーゲリ自体は帝政時代から政治犯を流刑に処すための国家装置としてロシアに存在したが，スターリン体制下での強制収容所は，反対派の思想改造を迫るものとして過酷を極めた．1919 年 3 月に結成された共産主義インターナショナル（コミンテルン）も，レーニン死去後は各国共産党の「ボリシェヴィキ化」（1924 年夏以降）により統制を強め，反対派を排除していった．スペイン内戦（1936〜39 年）では人民戦線派をソ連が，反乱軍側をドイツ・イタリアが支援したが，ソ連から派遣された軍事顧問が人民戦線内部のアナキストやトロツキー派を粛清するなど，スペイン革命を歪め圧殺する役割を演じた．スペイン内戦のさなか，ソ連では大粛清が進行していた．100万人以上が反革命の罪で有罪とされ約半数は処刑，半数はラーゲリや刑務所に送られた．メキシコに亡命したトロツキーも暗殺された（1940 年）．ラーゲリはス

ターリン死去後も存続し，異論派のメドヴェージェフ兄弟（1925- ）や作家の A. I. ソルジェニーツィン（1918-2008）らにより告発された．

●**ドイツのナチズム**　ナチズムも，第一次世界大戦後の混乱期に生まれ，敗戦国ドイツが置かれた厳しい環境（ヴェルサイユ条約による武装解除やハイパーインフレ，後には世界恐慌など）の下で国会議員を獲得し，政権を掌握するまでに成長した．政権獲得以降，ナチス・ドイツは，国会放火事件を口実として共産党を弾圧し国内に独裁体制を敷き（1933 年），次いでドイツ=オーストリア合邦（1938 年）を皮切りに，独ソによるポーランド分割（1939 年），フランス占領（1940 年），対ソ開戦（1941 年）と電撃的に戦線を拡大しヨーロッパ全域の占領を目指した．国内的にはさまざまな中間団体を破壊して個人をアトム化し体制へと動員・組織化する「強制的同質化（グライヒシャルトゥンク）」がなされた（これに対してイタリアのファシズムは，市民の生活を必要以上には統制せず，危険性がないと判断したサークルやクラブを放置していた．体制はイタリア社会の特定の領域を選んで集中的に全体主義化を推進する一方，その他の領域では強引な全体主義化には着手しなかった．この説を述べたヴィクトリア・デ・グラツィア（1946- ）『柔らかいファシズム』は，ムッソリーニ体制を「選択的全体主義」と呼び「同意の組織化」に注目している）．

　ドイツ・ナチズムには，イタリア・ファシズムやソ連スターリニズムとは異なる特徴として，人種主義のイデオロギー（反ユダヤ主義）がある．これは，19 世紀後半から台頭する反ユダヤ主義の風潮を背景としつつ，リーダーのアドルフ・ヒトラー（1889-1945）の特異なパーソナリティと反ユダヤ主義思想に大きく規定されていた．反ユダヤ主義は，ユダヤ人迫害と絶滅収容所建設とにより，ナチズムの政権掌握の当初から大きな特徴となっている．ヨーロッパ占領に伴って，ホロコーストを目的に絶滅収容所の建設が進められ，六つの収容所が稼働した．ソ連兵士やパルチザンの捕虜，障がい者，同性愛者，ロマ族なども収容され殺された．被害者の正確な総数は証明の仕様がないが，ユダヤ人だけでも 600 万人が犠牲となったとみなされている．ナチスは，政治支配のためのプロパガンダに力を入れた．ベルリン・オリンピックの開催（1936 年夏）および記録映画《民族の祭典》《美の祭典》（レニ・リーフェンシュタール監督）の公開（1938 年）は，その表れである．

●**ファシズム論**　多くの論者のファシズム論は，強制と同意のさまざまな均衡のパターンにより体制としてのファシズムを分析・分類する点で共通性がある．エーリヒ・フロム（1900-80）は，『自由からの逃走』（1941）において「自由の発展過程の弁証法的性格」を指摘した．西洋の人間はルネサンスと宗教改革以降の数百年をかけて「第一次的絆」からの自己の解放を実現してきた．それは，母子の絆や未開社会における共同体の絆や自然による制約からの解放であり，中世における教会や身分の束縛からの解放である．これは自然の征服，理性の発達，他の人間との連帯性が進む過程であった．しかし個人の解放の進展により「孤独や不

安がまし，ひいては世界における自分の役割や人生の意味にたいする疑惑が高まり（中略），個人としての無力さと無意味さの感情がつのっていく」．個人の自立化，自由の拡大の過程を推し進めてきた経済的，社会的，政治的諸条件が失業や戦争の脅威によりその過程の実現を妨げるならば，かつて人びとに安定を与えていた絆はすでに失われているから，自由はかえって重荷となる．「こうして，たとえ自由を失っても，このような自由から逃れ，不安から救い出してくれるような人間や外界に服従し，それらと関係を結ぼうとする，強力な傾向が生まれてくる」．それが自由からの逃走であり，ファシズムの成立根拠なのだとフロムは説いた．

ハンナ・アーレント（1906-75）は，『全体主義の起源』（初版1951）のとりわけ第三部において，それまで人びとを組織していた政党や自治組織，利益団体などが解体し（階級社会の崩壊），人びとがバラバラなアトム（根無し草）となる大衆社会が成立して初めて全体主義が登場するとした．全体主義とは，暴政，圧制，独裁制のようなこれまで知られてきた抑圧的政治の形式とは本質的に異なり，アトム化した人びとの内面にまで強制力を行使し私生活を破壊する点で前例がなく，そうした破壊の手段としてテロルがある．その点でイタリア・ファシズムは不徹底であり，アーレントの考える全体主義の範例はドイツのナチズムとソ連のスターリニズムだったのである．

丸山眞男（1914-96）は，後に『現代政治の思想と行動』（初版1956-57）に収録される諸論稿において，日本のファシズムの特徴を次のように指摘した．まず，日本では下からのファシズム運動がヘゲモニーを掌握せず，軍部を中心とする上からのファシズム化により旧来の支配勢力が「ずるずるべったりに」ファシズム体制に吸収された事実を指摘して，「民主主義革命を経ていないところでは，典型的なファシズム運動の下からの成長もまたありえない」とした．また，ファシズム運動の支持基盤として中間層（小ブルジョア層）に着目し，その中に（1）疑似インテリゲンツィアと（2）本来のインテリゲンツィアを区別しつつ，前者を「亜インテリ階級」と呼び日本ファシズムの積極的な担い手（支配層と大衆との媒介者）とした．次に，日本ファシズムを第一の「神輿」，第二の「役人」，第三の「無法者」という三層構造からなる「無責任の体系」と把握した．また，ナチスの最高幹部たちの多くが「無法者」の類型に分類されるのに対して，日本ファシズムの指導者たちは立身出世したエリートではあったが，既成事実に屈服し決断の責任を引き受けることのできない「弱い精神」であるとした．さらに，ドイツ・ファシズムに典型的にみられた「強制的同質化」に注目し，ファシズム的抑圧の特質は「およそ市民の自発的活動の拠点やとりでとなるグループ形成を妨げ，こうして社会的紐帯からきり離されて類型化されたバラバラな個人を「マス」に再組織する」点にあるとした．また，第二次世界大戦後の自由主義諸国にもファシズム化の傾向を見出して警告を発した（「ファシズムの現代的状況」1953年発表）．［中村勝己］

国体論

[英]discourses on *Kokutai*

　日本の国体に関する言説や議論のことを指す．国体の字義としては，国家の体面・体裁，建国の基本，主権の所在，政治体制，国柄などがある．戦前の国民や天皇を強く拘束したにもかかわらず，その内容は空疎であった．国体は国体論としてしか存在しないので，以下，その歴史的変遷について説明していく．

●**国体論の誕生**　国体は古くは，中国の『管子』君臣編下や『漢書』成帝紀と日本の「出雲国造神賀詞（いずもくにのみやつこのかむよごと）」（『延喜式』巻八）にみられる．イデオロギーをもって語られるのは後期水戸学からである．会沢正志斎（せいしさい）（1782-1863）の『新論』（1825）は対外的危機感から国体を論じ，祭政一致による億兆一心を説いた．横井小楠（1809-69）は政教一致の理念を表し，教育勅語の起草者に影響を与えた．

　幕府を否定して国威挽回のために，国家の基礎の範型を「神武創業之始」に求めたのが王政復古の大号令（1867 年）であった．そこには，社会の底辺に身を寄せる存在として天皇を位置づけるという，国体論の特徴である君民一体論があった．この頃から西欧近代思想との調和を図るため，国体と政体とが区別された．

●**立憲制と国体論**　1889 年制定の大日本帝国憲法は，憲法は祖宗の遺訓という国体論に基づき，天皇を憲法によって制限できるという原理を有していた．

　国体論が大衆の世界に拡散する契機となったのが教育勅語の発布（1890 年）であった．そこで示された「国体の精華」とは，君民双方の祖先が共同一致して忠孝倫理を保持してきた姿であった．起草者の井上毅（こわし）（1844-95）は，立憲制原則から区別された，天皇の社会的意見広告が教育勅語であると述べている．

　国体論が社会に拡散すると，天皇の神聖性の根拠が疑われだす．1892 年の久米邦武筆禍事件や北一輝（1883-1937）の『国体論及び純正社会主義』（1906）の発禁は，天壌無窮（てんじょうむきゅう）の神勅に疑問が向けられた結果起きた事件であった．

　1912 年の主権論争は国体論争でもあった．天皇主権説の穂積八束（1860-1912）と上杉慎吉（1878-1929）は，統治権の主体の別を国体，統治権運用の形態の別を政体とする国体政体二元論を主張した．上杉は，君民一致で天皇統治を助けるのが「国体の精華」であると主張した．他方，美濃部達吉（1873-1948）は国体を法概念から排して，教育勅語の国体概念と同じく歴史的・倫理的観念と位置づけ，憲法を政体一元論でとらえた．そして国体概念を不文憲法に位置づけ，そこから憲法を自由に解釈しようとした．ただし国体が国民道徳に基づくとする点では，穂積・上杉・美濃部らは共通していた．その点は，井上哲次郎（1855-1944）や「惟神（かんながら）の道」を説いた筧克彦（かけい）（1872-1961）らの君民一体論も同様であった．

●**大正デモクラシー期の国体論**　吉野作造（1878-1933）は，君民関係を命令服従

関係ではなく道徳的関係としてみて，この関係こそが日本の国体であると述べた．大正デモクラットたちはこのように，君民一致を強調する観点（象徴天皇論も同様）から世論政治としての政党内閣制を正当化した．

　君民一体論は自由民権家も理念的には説いていたが，現実との関わりでそれを説いたのは大正期の特徴である．内務省神社局編『国体論史』（1921）は，皇統と国体の維持は社会的要請によるという国体論を紹介している．大川周明（1886-1957）も神代と歴史とを区別し，君民一体の関係を国体と考えようとした．

　国体という言葉が初めて法令に現れたのは新聞紙発行条目（1873年）だが，法律では大正後期の治安維持法（1925年）が初めてであった．同条文に国体と私有財産制度とが並置されていたが，批判を受け，1928年改正で両者は分けられた．

●**国体明徴と国体護持**　1935年の天皇機関説事件では，国体それ自体の無謬性を擁護する蓑田胸喜（1894-1946）らが美濃部の天皇機関説を排撃した．天皇機関説撲滅を主張した者たちの国体論は万世一系の皇統と君民一体の道徳的関係性が基本にある点で，美濃部の国体論と変わりはなかった．国体明徴運動に影響を与えた里見岸雄（1897-1974）も国体は主権の所在ではなく，民族結合の姿にあるとして，美濃部説に近い政体一元論を展開した．しかし政府は「国体明徴声明」を出して，天皇機関説が国体に反し，天皇主権説が国体に適合することを明言し，文部省編『国体の本義』（1937）で，天壌無窮の神勅に始まる万古不易の国体論を公式見解とした．皇国史観の代表格とみなされる平泉澄（1895-1984）などは，天壌無窮の神勅を自明視する静態的な国体論を批判し，文部省は『臣民の道』（1941）を発表して，国体を主体的に創出し続ける国民を要請することとなった．

　「国体護持」に固執して降伏した日本だが，その国体とは国民の主体性を取り入れた君民一体論であった．法制史家の牧健二（1892-1989）は，対英米開戦前に君民関係は仁愛と畏敬との精神的結合であると述べ，「人間宣言」（1946年）での，天皇と国民の信頼と敬愛の相互関係論を先取りしていた．敗戦時の内閣書記官長であった迫水久常（1902-77）も，護持する国体とは，天皇と国民との精神的関係であると述べていた．日本国憲法で国民主権が確立したとき，国体を法概念ととらえれば衝撃的であり，だからこそ憲法学者の宮沢俊義（1899-1976）はそれを「八月革命」と呼んだが，国体を君民の道徳的関係であるとそれを法外の観念としてとらえれば，国体は変わらなかったことになる．尾高朝雄（1899-1956）は君民一体が「国体の精華」であるという観点から，その国体を担保している法の根本原理としてのノモスに注目し，主権とはこのようなノモスにこそあると提唱した．大正期以降の国体論は，右翼の排撃を受けながら統治権を越える法外の存在として潜在化し，敗戦後に日本国憲法が制定された後も，完全に消滅することはなかった．2016年の譲位に関する天皇談話とその国民的反応がそれを示唆する．

［住友陽文］

スラヴ主義

[露]slavyanofil'stvo　[英]slavofilism

　スラヴ主義は，19〜20世紀にロシアおよび東欧のスラヴ人の間で，スラヴ的要素を重視し，それを未来の歴史発展の中心に据えようとした一連の思想を指す．ロシアでは1825年のデカブリストの乱が鎮圧され，ロシアの将来に悲観的になったインテリゲンツィアの中から，独特の歴史哲学に立脚して西欧の影響から脱したロシア独自の発展の道を模索する思想が生まれ（スラヴ派），古い制度を廃し西欧を模範としてロシア国家の改編を目指す思想（西欧派）との論争が起った．東欧ではヘルダーの言語哲学の影響のもと，言語研究を緒にスラヴ学が発展し，オーストリア帝国やバルカンのスラヴ人の民族覚醒を促した．両者とも当初は言語的，文学的な潮流であったが，次第にパン・スラヴ主義などの政治的イデオロギーとなっていった．

　●**ロシアのスラヴ主義（スラヴ派）**　スラヴ派の思想は，P. チャアダーエフ（1794-1856）の『哲学書簡』をめぐる論争から生じた．彼は，ロシアが普遍的原理を担うカトリック教会から切り離され，伝統を欠き未来もなく人類から孤立してしまったと断じた．この見方を批判されたチャアダーエフは，伝統を欠いたことはむしろ特権であり，ロシアは過去という重荷から解放され合理的に未来を構築できるとし，自身の歴史哲学を転倒させた．これが I. キレーエフスキー（1806-56）や A. ホミャコーフ（1804-60）らによって引き継がれ，スラヴ派の思想が形づくられた．

　それによれば西欧社会は，古代ローマの遺産すなわち合理主義と個人主義に毒され，不治の病に犯されている．カトリック教会は，その合理主義で教義を変え，本来のキリスト教から離れてしまった．それが宗教改革を生み，西欧社会は個人主義に還元され，個人は内面的に分裂してしまった．西欧では個人は共通の信仰をもたず，個人の利益で党派的に結合しているだけで，真の共同社会は存在しない．一方ロシアには，正教信仰を介して結びついた農村共同体ミールがある．正教は古代ローマの遺産を受け継がなかったため，キリスト教の本来の教えを純粋なままに保っており，正教に基づく信仰共同体こそロシアが向かうべき目標と位置づけられた．その理想が，土地の共同所有と共通の慣習，伝統，信仰を維持してきた自由で自治的なミールに投影されたのである．

　このスラヴ派の思想は哲学論争の結果生じたもので，理想の実現に向けてツァーリ専制体制と直接対峙する革命思想ではない．しかし西欧とは異なるロシア独自の歴史発展の可能性を展望する姿勢は A. I. ゲルツェンやナロードニキに影響を与え，また穏健な自由主義の潮流をなして1861年の農奴解放に参画する

など一定の影響力をもっていた.

●**東欧のスラヴ主義** ロシアのスラヴ派の文明論的な議論とは別に,東欧ではスラヴ主義の思考が,とりわけチェコ人とスロヴァキア人の民族覚醒の動きと連動して展開された.チェコの言語学者 J. ドブロフスキー(1753-1829)のチェコ語研究,スロヴァキア文芸を再発見した J. コラール(1793-1852)らの業績に先導され,両民族の覚醒が進展した.コラールの提唱したスラヴ諸民族の文化的相互交流の思想は徐々に政治的な色彩を帯び,1848 年革命のさなかにプラハで開かれたスラヴ人会議に結実した.この会議を主導した F. パラツキー(1798-1876)は,チェコ人の民族運動の高まりを背景に,オーストリア帝国を諸民族の自由で平等な連邦に改編するオーストリア・スラヴ主義を提唱した.

●**パン・スラヴ主義** 名称自体は 1820 年代にチェコで生まれスラヴ諸民族の言語的統合を意味するものだったが,後に多義的に用いられ,一般的には 1860〜70 年代のロシアが主導するスラヴ人統合のイデオロギーとして理解されている.クリミア戦争敗北後のロシアで,民族主義的気運が高まる中,ロシアの優位性を謳うスラヴ派の思想が政治性を強めて再生した.ロシアが先頭に立ってバルカンやオーストリア・ハンガリー帝国のスラヴ人を解放し,統合することがロシアの歴史的使命であるという,大ロシア主義的なパン・スラヴ主義のイデオロギーが現れた.『ロシアとヨーロッパ』を著した N. ダニレフスキー(1822-85)がその典型とされる.パン・スラヴ主義は東欧のスラヴ人の一部に期待を抱かせ,1867 年にはモスクワでスラヴ人会議が開かれた.パン・スラヴ主義はロシア政府によって支持され,1870 年代のロシアの拡張主義を後押しするイデオロギーとして露土戦争の時に絶頂を迎えるが,ベルリン会議の後,急速に意義を失った.

●**ネオ・スラヴ主義** 19 世紀末からスラヴ人を敵視するパン・ゲルマン主義が広まり,20 世紀に入ると反ドイツ感情を背景にロシアおよび東欧のスラヴ人同士の文化的,経済的相互協力でこれに対抗しようとするネオ・スラヴ主義の運動が生まれた.代表的な指導者はチェコの K. クラマーシュ(1860-37)で,1908 年にプラハでスラヴ人会議が開催された.ネオ・スラヴ主義は,正教とロシア語の優位を否定し,スラヴ人相互の自由で平等な協力関係を模索した.しかし国際関係の変動や,ロシア・ポーランド関係での確執などから内部対立が深まり,1910 年のソフィアの大会を境に意義を失った.

●**現代のスラヴ主義** スラヴ主義の運動は,個々のスラヴ民族のナショナリズムと交錯する中で進展した.このためスラヴ諸民族の統合を志向する広義の意味でのスラヴ主義の現れ方は多様であった.いずれも最終的には解体したが,第一次世界大戦後に南スラヴ諸民族の統一国家として生まれたユーゴスラヴィア,T.G. マサリクなどによる西スラヴ系のチェコ人とスロヴァキア人を統合したチェコスロヴァキアの建国もその現れとみることができよう. [川名隆史]

ジェノサイド

[英]genocide

　ジェノサイドは特定の民族，集団などに対する大量殺戮を指す言葉として用いられる．この言葉は，ギリシア語で人種を意味する genos とラテン語で殺人を意味する caedere の派生語 cide から，ポーランド出身のユダヤ系の法律家，R. レムキン（1901-59）が 1943 年につくり，翌年に刊行した著書で用いたものである．彼がジェノサイドに関心をもつきっかけは，トルコ（オスマン帝国）で 1915 年に生じたアルメニア人に対する大量殺戮だった．ただし，レムキンがこの言葉を著書で用いた際には，ドイツ占領地におけるユダヤ人に対する迫害および大量殺戮を指していた．家族をポーランドに残したままアメリカ合衆国に亡命した彼は，ナチス支配下で何が行われているか，情報収集に努めていたのである．戦後，ナチスの犯罪を裁く国際法廷ニュルンベルク裁判（1945 年 11 月〜1946 年 10 月）において，この言葉は「人道に対する罪」を構成するものとして公式に用いられ，さらに 1948 年 12 月，国連総会において「集団殺害罪（the Crime of Genocide）の防止および処罰に関する条約」（通称「ジェノサイド条約」）が採択されるに至る．この条約では，殺戮のみならず，「集団構成員に重大な肉体的または精神的な危害を加えること」もジェノサイドと定義されており，さらに集団殺害の「共同謀議」や「公然の教唆」も処罰の対象とされている．これ以降，ジェノサイドは大量殺戮に対する名称として一般的に用いられるようになった．

●憎悪の時代としての 20 世紀　歴史学者 N. ファーガソン（1964-　）は 20 世紀を端的に「憎悪の時代」と呼んでいる（ファーガソン 2006：［上］54）．ファーガソンはその際，第一次世界大戦，第二次世界大戦におけるおびただしい戦死者だけではなく，ホロコーストなど，戦闘行為とは関わりのない形で殺戮されていった膨大な死者のことをも念頭においている．実際，ホロコースト以外にも，前述のとおり，レムキンにジェノサイドへの関心を引き起こしたアルメニア人に対する大量殺戮，1932 年から翌年にかけての当時のソ連領ウクライナにおける I. V. スターリン（1879-1953）による自作農に対する人為的な餓死を含めた殺戮と追放，1960 年代から 70 年代にかけての中国における毛沢東（1893-1976）による文化大革命時の粛清・迫害，1970 年代後半のカンボジアのポル・ポト（1925-98）政権による大量殺戮，東ティモール，グアテマラでの軍と民兵による殺戮と迫害，南アフリカにおけるアパルトヘイト（人種隔離政策）のもとでの持続的な暴力等々，実に枚挙にいとまがない．さらに，冷戦崩壊後の 1990 年代にはボスニア・ヘルツェゴヴィナ，ルワンダで大規模な民族殺戮が起こった．1923 年 9 月，日本における関東大震災に際しての朝鮮人に対する大量虐殺，日中戦争下での南京大

虐殺をはじめとした中国の民間人に対する大量殺戮も，まぎれもないジェノサイドだった．また，日本が韓国，中国をはじめアジア諸国から問われ続けている「従軍慰安婦」問題も，ジェノサイド条約の定義によれば十分ジェノサイドと呼べる．そして，このジェノサイドの流れは21世紀にまで引き継がれてしまっている．いずれのジェノサイドにおいても，加害者側の過剰なまでの暴力性が際立っている．主要なターゲットは男性だが，同時に多くは女性に対する執拗なレイプ，子どもに対する凄惨な暴力さえも伴っていることが特徴的である．ついこの間までごく普通の隣人であった相手が，不意に「劣等民族」「野蛮人」「虫けら」「階級敵」などと怒号して武器を振りかざして襲撃してくる光景が世界のいたるところで繰り広げられた．まさしく「憎悪の時代」である．

●**隠蔽されるジェノサイド**　ジェノサイドが抱えている大きな問題に，加害者が罰せられにくいということがある．ジェノサイドはたいてい国家や指導者の指示ないし容認のもとに行われている．国家主権を前提にするかぎり，そういう犯罪を裁く場が成立しにくいのである．あるいは，グアテマラにおけるように，ジェノサイドの加害者たちは「内戦」という口実のもとに他国の干渉を拒否してきた．また，特定の民族・集団が丸ごと殺戮された場合，そのことを訴える被害者自体が存在しないことになる．被害者が生き延びたときにも，深いトラウマを背負って被害の事実を語りにくい場合がしばしば起こる．こういったことから，南アフリカでは「真実和解委員会」を立ち上げ，恩赦を与えることを条件に加害者に事実を証言させたうえで，破壊されたコミュニティを再建してゆく知恵が編み上げられていった――もとよりそこには，明らかな犯罪者に処罰を何一つ科すことができないというジレンマが内包されてもいる．

●**平和学の必要性**　今では，歴史上確認しうる最初のものである紀元前146年のローマによるカルタゴ人の大量殺戮，また15世紀から19世紀にかけての奴隷貿易によるアフリカ人の大量殺戮，同じく15世紀から19世紀にかけての南北アメリカ大陸における先住民の大量殺戮にも，ジェノサイドは適用されている．こうしてみると，20世紀のみならず，人類の歴史それ自体があたかも「憎悪の時代」であったように思われてくる．私たちは人間本性の中に存在している攻撃本能に目を向けざるをえないような気持ちに駆られる．

　しかし，ジェノサイドが発生するメカニズムに冷静に向き合う必要がある．そこには必ず特定の政治的・経済的・文化的文脈があるはずだ．その点で，直接的暴力に対して構造的暴力の概念を打ち出し，さらにはこの二つの暴力を隠蔽するものとして文化的暴力の概念を提唱して，各地の紛争解決の道を模索してきたJ.ガルトゥング（1930-　）の平和学の提起は十分に示唆的である．ホロコーストをはじめとしたジェノサイドを，私たちはなによりも平和学の観点から探究する必要がある．

〔細見和之〕

ホロコースト
[独]Holocaust

　ホロコーストはギリシア語で「全燔祭（ぜんはんさい）」を意味する言葉に由来し，A. ヒトラー（1889-1945）支配下のドイツによってユダヤ人を中心に，ロマ人，障害者，同性愛者などが大量殺戮された事態を指す．典型的な事例は，アウシュヴィッツをはじめ，ナチスが占領下のポーランドに設置していた絶滅収容所のガス室における殺戮である．1939年9月，ドイツ軍はポーランドに侵攻し，各都市にゲットーを設立して，そこにユダヤ人や少数民族を押し込めてゆく．この動きは，ポーランド以外のドイツ軍の占領地でも同様に推し進められた．さらに1941年6月から親衛隊と警察からなる部隊（移動殺戮部隊）がソ連領に派遣され，各地でユダヤ系住民を殺戮していった．これがホロコーストのはじまりだが，その時点での殺害形態は銃殺だった．しかし，1941年12月には絶滅収容所の一つヘウムノでガス殺が開始される．1942年1月20日，ベルリンのヴァンゼーでの会議において，ユダヤ人問題の「最終的解決」がナチ党の幹部によって決定される．以降，次々と稼動しはじめた絶滅収容所のガス室に向けて，ドイツの占領地からユダヤ人らが移送されていった．犠牲者の数として600万人という数字がしばしばあげられるが，その規模があまりに膨大であり，対象地域もきわめて広く，また殺戮形態も多様であったため，被害者の数を正確に特定することは困難である．それでも総計で500万人から600万人に上ることは確かとされている．

　●**いくつかの論争**　ソ連の赤軍が絶滅収容所を解放してゆくにつれて，大量殺戮の衝撃が世界中に伝わっていった．しかし，ホロコーストがひときわ大きな関心を呼んだのは，エルサレムでアイヒマン裁判が行われたときだった．A. アイヒマン（1906-62）はゲシュタポのユダヤ人課の課長としてユダヤ人を絶滅収容所へ移送する作戦計画の指揮者だった人物であり，戦後アルゼンチンに逃亡していたが，イスラエルの秘密警察によって拘束され，エルサレムで公開裁判を受けたのである．多くの証言者が登場したその裁判は大きな反響を引き起こした．同時に，その裁判のレポートとして書かれた政治学者H. アーレント（1906-75）の『イェルサレムのアイヒマン』は，ホロコーストという問題がひと筋縄ではゆかないことを示すことにもなった．彼女は，アイヒマンを怪物的な悪魔ではなく凡庸な役人として描き，当時のユダヤ人指導層のナチへの対応をも批判の俎上に乗せた．そのことによって彼女は世界中のユダヤ人からの批判の嵐にさらされた．

　他方で，1987年には，ホロコーストの加害国として最も真摯に反省を積み重ねてきたはずのドイツ（当時は西ドイツ）で，歴史家たちの間でヒトラーの犯罪をスターリンの犯罪と並べて相対化しようとする動きが現れる．これに対しては哲

学者 J. ハーバーマス（1929- ）を中心にして批判が展開され「歴史家論争」と呼ばれることになる．また，ホロコースト研究の内部でも，絶滅作戦をヒトラーの最初からの計画の実現とする「意図派」と，なし崩し的に行き着いた帰結とする「機能派」が，論争を続けて来た．また現在では，1985 年に公開された C. ランズマン（1925- ）監督の長篇ドキュメンタリー《ショアー》をきっかけにして，ホロコーストという呼称にかえて「ショアー（災厄）」というヘブライ語の名称も定着することになった．背景として，最初に記したとおりホロコーストは「全燔祭」を意味するユダヤ教の用語であって，あの出来事をどうして宗教用語で呼ぶのか，という疑問がある．同時にそこには，ホロコーストがギリシア語起源であるという問題も伏在しているだろう．あの出来事を何語で呼ぶのかという問題は，あの出来事は誰のものなのかという問いと不可分であるからだ．

　他方で，1948 年のイスラエル建国によって，70〜80 万人のパレスチナ人が故郷を追われた．その出来事はアラビア語で「ナクバ」と呼ばれるが，その意味もまた「災厄」である．ショアーとナクバという二つの「災厄」の関係をどのように理解し解決することができるのか，それが 21 世紀の私たちに持ち越された大きな課題であることは確かである．

●**近代社会の出来事として**　ユダヤ人を被害者の中心とする悲劇であったとはいえ，当時のドイツ人だけを加害者とする，私たちとは縁遠い野蛮な出来事としてホロコーストを理解するのは，決定的な誤りである．ホロコーストはあくまで高度なヨーロッパ文明の只中で生じたのだからである．自らユダヤ系知識人としてヒトラーに大学職を奪われ，アメリカ合衆国に亡命することになった Th. W. アドルノ（1903-69）は「アウシュヴィッツ以後，詩を書くことは野蛮である」（アドルノ 1955：36）という痛切な言葉でそのことを簡潔に表した．アドルノは「アウシュヴィッツ」をホロコースト全体のシンボルとして用いている．彼の一文には，ホロコーストを単にナチスやヒトラーの蛮行として片づけてはならないとする彼の批判的な姿勢がよく示されている．彼が M. ホルクハイマー（1895-1973）との共著として刊行した『啓蒙の弁証法』には，その中心的な問いかけがこう記されている．「何故に人類は，真に人間的な状態に踏み入っていく代りに，一種の新しい野蛮状態に落ち込んでいくのか」（ホルクハイマー／アドルノ 1947：7）．このような視点を引き継ぎながら，近代とホロコーストの関係をさらに踏み込んで考察した，ポーランド出身でユダヤ系の社会学者 Z. バウマン（1925-2017）は，その著書『近代とホロコースト』においてこう述べている．「ホロコーストは単純にユダヤ人だけの問題でも，ユダヤ人の歴史だけの出来事でもない．ホロコーストは近代合理社会のなかで，文明が高い段階に達し，人類の文化的達成が頂点にいたったときに起こったのであるから，それは，社会，文明，文化の問題である」（バウマン 1989：XV）．

〔細見和之〕

シオニズム

［英］Zionism　［独］Zionismus　［仏］sionisme

　ユダヤ人たちが故郷パレスチナの地に故国を再建しようとする思想ないし運動．シオンとは，もともとエルサレムの旧市街を取り巻く城壁の一角をなす小高い丘の名で，ダビテの墓があり，ユダヤ人にとって故郷のシンボルとみなされている．19世紀末，ドレフュース事件を契機に，同化路線の限界を意識したウィーンのジャーナリスト，テオドール・ヘルツル（1860-1904）が，ユダヤ人国家再建運動を起こすにあたりこのシンボルを使って，それを「シオニズム」と名づけた．1896年に『ユダヤ人国家』を出版．翌年からバーゼルで「世界シオニスト会議」を開催して，その宣伝につとめた．それはイギリスの政界，ロスチャイルド財閥など経済界にもかなりの反響を呼び，一定の成果をあげたが，ナショナリズムに由来する近代反ユダヤ主義に，同じ次元で対抗しようとするものであり，そこにさまざまの問題が生じることになった．

　ユダヤ人側からすれば，元来シオニズムとは国を喪って離散・流浪する者としての望郷の想いであり，止宿先にうまく同化できず，迫害された者として安住の地を求める帰郷願望の表現であった．しかしイスラエル国家独立後の先住パレスチナ・アラブ人側からみれば，シオニズムとは，イスラエル国家の領土拡張主義のイデオロギーであり，自分たちの土地を奪う列強帝国主義の手先とさえみられることにもなる．そこで形式的な定義をするよりも，歴史的背景を省みることにしよう．

　●**歴史的変遷**　紀元後しばらくして，最終的にローマとの戦いに敗れたユダヤ人たちは，国を喪って各方面に「離散」していった．しかし国を喪っても，故郷パレスチナの土地，特に神殿のあったエルサレムの宗教的求心力は根強く，巡礼は絶えることなく続いた．彼らがやってくる方向に合わせて，離散したユダヤ人たちは，定住地ごとに，アルプスの北＝アシュケナージ，イベリア半島＝セファルディ，中近東＝ミズラヒムに分類されるようになる．つまり宗教的中心としてのエルサレムが国なきユダヤ人たちのアイデンティティのシンボルとされたのだ．

　しかし4世紀以後，もともとユダヤ教内部の革新運動として始まったキリスト教が，ローマ帝国の国教として制定されることになると，ユダヤ教徒は，宗教的だけでなく政治的にも異端として差別，迫害されるようになる．職業の自由を奪われ，土地所有を禁じられてやむなく両替え，金融などに活路を見出したユダヤ人は，一部特権層に成り上がる者もいたが，強欲非道な金貸し，シャイロック・イメージを生んだ．一般のユダヤ人は居住の自由もなく，西欧の都市では「ゲットー」と呼ばれる閉鎖的居住区に隔離され，東欧の農村では「シュテートル」と

呼ばれる小村に閉じ込められ，ドイツ方面にやってくる古着売りの行商人の話す「イディッシュ」語は，そのまま卑語＝ジャルゴンと受け取られた．ペストが流行したりすれば，それはユダヤ人が毒を流すからだとして「集団虐殺＝ポグローム」が起こった．こういう宗教に根ざしながらも，政治，経済，迷信などの複雑にからみ合った「伝統的反ユダヤ主義」の習性は，しかし自由，平等，博愛を謳う「啓蒙」の理念の前に姿を消し，「同化」の波は，18世紀から19世紀にかけてヨーロッパの西から東へと届くかにみえた．しかしそうではなかったのだ．新しく，イデオロギーとしての近代的反ユダヤ主義が登場してくる．いわゆる国民国家がせめぎ合うナショナリズムの時代，愛国心をもたないユダヤ人は「非国民」であり，彼らのインターナショナリズムは——『シオンの議定書』のような偽書のように——世界征服の陰謀に通じるとされる．前記ヘルツルがシオニズムを立ち上げる契機となったのは，ドレフュース事件にみられるナショナリズム的反ユダヤ主義であり，それへの対抗イデオロギーとしてシオニズムが発想された．

●**パレスチナの地** そこは周囲の中近東地域を含め第一次世界大戦まで，数百年間，オスマン・トルコの支配下にあった．ドイツ側についたトルコを攻撃するために，イギリスは，勝利の暁には，その地をアラブ，ユダヤにそれぞれ提供するという二枚舌の約束をしながら，戦後には，国際連盟の委任という美名の下に傘下に治め，後のいわゆるパレスチナ問題の紛争する種をまいた．

パレスチナ問題とは，基本的には，宗教問題ではなく，土地問題だといえるだろう．シオニズムが，単なる巡礼や帰郷の問題でなく，国家の建設を目指すものであり，国家とは，領地の独占的所有の上にのみ成り立つとすれば，当然パレスチナの土地の所有関係をめぐる問題，具体的には，先住アラブ系住民との権利の衝突が起こってくる．1920年代までは，ロスチャイルドらユダヤ資本による土地の買収，海外からの移民，社会主義シオニストたちの「キブツ」の開拓などを含めても，ユダヤ対アラブの役割は，まだ一定のバランスを保っていたが，30年代のナチスの台頭以後，難民の急増によってそれも崩れ，第二次世界大戦後のイスラエル国家独立後は逆転する．数次にわたる中東戦争を経て多くのパレスチナ難民を生み，その後のヨルダン河右岸への入植，ガザ封鎖などを経た後では，かつてユダヤ人側から避難，安全の地とみなされたシオンは，アラブ人側からは，イスラエルの領土拡張主義の旗印となった．

変化はそればかりではない．シオニズムは20世紀初頭には，先行する同化世代に対する若い世代の精神的アイデンティティを求める革新運動であった．今やそういう理想主義的色彩は薄れ，宗教面でも，真の救済は国家には依存しないとするユダヤ教正統派は，反シオニズムを唱えている．シオニズムが，イスラエル国家の強化を目指すナショナリズムのイデオロギーであるかぎりは，内外のこういう問題を避けることはできない． 〔徳永 恂〕

原子爆弾
[英]atomic bomb

　1945年8月に広島および長崎に投下された原子爆弾は，戦後の思想にもさまざまな衝撃を与えた．「アウシュヴィッツ」に比べ「ヒロシマ」についての思想的考察は質量ともに十分とは言い難いが，いくつかの重要な議論がなくはない．

●**原子力時代の思想**　原子爆弾投下直後，A. カミュ，J.-P. サルトル，G. バタイユ，J. デューイ，B. ブレヒトといった作家や思想家は即座の応答をみせたが，原子爆弾についての本格的な哲学的な省察が現れるのは50年代からである．ソ連の原爆実験，アメリカの水爆実験を経て東西で核実験が加速する中，54年の第五福竜丸事件は原水爆禁止世界大会をはじめ反核運動のきっかけとなった．他方，アイゼンハワー米大統領の国連演説以来，原子力の「平和利用」の動きが各国で進む．

　「原子力時代」という表現が普及してゆくこの時期に原子爆弾を論じた哲学者として，まずバートランド・ラッセル（1872-1970）をあげるべきだろう．ラッセルは，戦後すぐから原子爆弾の危険性を指摘し，55年には世界の科学者とともにラッセル＝アインシュタイン宣言およびパグウォッシュ会議を主導し，核兵器廃絶と科学技術の平和利用を訴えた．著作としても『常識と核戦争』や『人類に未来はあるか』を上梓し，核廃絶のための提言を行った．

　同時期の原子爆弾に関する哲学的考察には，ドイツ語圏の哲学者・思想家らの貢献が大きい．カール・ヤスパース（1883-1969）は『現代の政治意識―原爆と人間の未来』において，原子爆弾について政治的・現実主義的考察にとどまらない哲学的・道徳的考察を展開した．しかし，ヤスパースをはじめ，当時は全体主義支配か原子爆弾の使用かという冷戦構造が前提とされ，また原子力の軍事使用を平和利用とを別個に論じる傾向があった．これに対し，マルティン・ハイデガー（1889-1976）による原子爆弾と原子力発電の双方を基礎づける原子力エネルギーの文明史的意味に着目する存在論的解釈を提示した．ハイデガーは原子力そのものについての省察を深めていないが，その路線で原子爆弾の本質に哲学的な省察を加えた哲学者にギュンター・アンダース（1902-92）がいる．アンダースは，原子爆弾の問題性に早くから着目し，『時代おくれの人間』では人間の技術的可能性と想像力の落差を指摘する．広島・長崎訪問記『橋の上の男』および原爆投下に関わった米空軍パイロットのクロード・イーザリーとの往復書簡『ヒロシマわが罪と罰』では，原爆の犠牲者および加害者における「憎悪」や「責任」の不在を指摘し，核時代における「道徳」概念の変容を説いた．「アウシュヴィッツとヒロシマ以後の哲学的考察」という観点から科学技術文明論やエコロジー論を展開し

たドイツの哲学者としては，さらにゲオルグ・ピヒト（1913-82）がいる．また，ジャーナリストのロベルト・ユンク（1913-94）は，原子力爆弾の開発に携わった科学者への取材を経て，『原子力帝国』を著し，原子力の推進によるリスク管理体制の強化が監視社会を形成し全体主義国家の形成につながるとの警鐘を鳴らした．

●**日本語・英語圏での反応**　日本では，原水禁議長を務めた森滝市郎を筆頭に，古在由重，飯島宗享らの哲学者が原水爆禁止運動に積極的に参加している．また雑誌『思想の科学』も幾度も原子爆弾問題を取り上げている．とはいえ，原水爆実験の可否にせよ核抑止にせよ，原子爆弾の問題が冷戦体制に基づく国内外の政治動向と結びついていたためか，総じて哲学的・思想的考察は少ない．むしろ，峠三吉や原民喜らの原爆詩，医学者の永井隆の随筆などで原子爆弾の問題が主題化される．中でも，小説家の大江健三郎（1935-　）が，広島訪問を機会とし，『ヒロシマ・ノート』や『核時代の想像力』など一連の著作で展開した道徳的考察は傾聴に値する．被爆者との接触を契機にした「原爆体験の思想化」の問題は，さらに石田忠をはじめとする被爆者への社会学的・生活史的調査においても主題化されてゆく．1970年代以降，とりわけ芝田進午によって，マルクス主義哲学の立場から核兵器による人類絶滅の危機に対し警鐘を鳴らしたアメリカの哲学者ジョン・サマヴィルの紹介が進む．

　英語圏では，歴史学の分野で，原子爆弾の使用の正当化を主張する正統主義解釈に対し，その使用はアメリカの外交戦略の一環としてとらえるべきとする修正主義解釈がガー・アルペロヴィッツを中心に提示された．哲学・倫理学の分野においても，原子爆弾の使用の正当化をめぐる倫理学的な争点が提示されている．イギリスの哲学者エリザベス・アンスコム（1919-2001）は，1957年の論文で，オックスフォード大学のトルーマン元大統領への名誉博士号に反対し，原子爆弾正当論を検討し「無実な人びと」をも犠牲にする無差別攻撃への倫理学的批判を行った．さらに，マイケル・ウォルツァー（1935-　）やジョン・ロールズ（1921-2002）は，いずれも道徳理論・政治哲学の見地から，原爆投下肯定論を批判的に検証している．また，英語圏の倫理学においては，国際政治学や平和学の分野で論じられることが多い核抑止の問題にも検討が加えられている．とりわけグレゴリー・カヴカやダグラス・ラッキーらによって道徳理論的な見地からの検討がなされている．

　1990年代以降，冷戦の崩壊とともに，核戦争という想定が現実味を減じてゆくのに応じて原子爆弾をめぐる思想的な考察は少なくなってゆく．2011年3月の東日本大震災および東京電力福島第一原発事故以降，原子力全般についてさまざまな思想的省察が引き起こされた．とりわけ，フランスの哲学者 J.-P. デュピュイ（1941-　）の「カタストロフィー」をめぐる哲学的考察は，原子爆弾と原子力エネルギーをつなぐものとして特筆に値する．　　　　　　　　　　　　［渡名喜庸哲］

戦争責任・戦後責任
[英]war responsibility / postwar war responsibility　[独]Kriegsschuld

　戦争の責任を問う，戦争に責任を問うという思想は，それが生まれ，力となって作動を開始するためには，戦争のもたらす悲惨が戦争を始める当事者にまでしっかり感得されることが必要であった．ヨーロッパ諸国が帝国主義の覇権を争って国民軍を対峙させた第一次世界大戦は，近代的な生産力と国民を総動員した初めての「総力戦」となり，そこでは泥沼の悲惨な消耗戦が繰り広げられた．そこで，その講和を取り決めたヴェルサイユ条約は，まずは敗者が負うべき義務として戦争責任のことを初めて明記する．戦争責任の思想はここから，20世紀の世界戦争の時代に，曲折しつつも一歩ずつ普遍化の道をたどることになった．

●**戦争犯罪と戦争の違法化**　もっとも，破壊と殺傷をもっぱらとする戦争を回避しようということだけなら，三十年戦争など戦乱を経験したヨーロッパで16, 17世紀に生成する国際法学がすでに課題と意識していた．とはいえその議論は，戦争の否定ではなく，国際社会に法的秩序を生む「力」の存在を是認する「正戦」論が軸であり，やがてそれはすべての主権国家に「平等」に戦争の権利を認める「無差別戦争観」にすり替わる．これは実際には「文明国」の力の支配を意味した．

　そこで，19世紀を通じ戦争の悲惨が亢進するにつれて，そんな戦争の違法化を求める主張が強まってくる．それはまずは武力紛争中の非道な犯罪行為を禁止する戦争法規の作成に進み，1899年と1907年のハーグ平和会議において「陸戦の法規慣例に関する条約」と付属する「陸戦規則」として法典化された．ここには，無差別的破壊の禁止，不必要な苦痛を与える害敵手段・方法の禁止，傷病者・捕虜・文民の保護などが含まれており，これにより初めて戦争犯罪の基本要件が形を成した．そして第一次世界大戦を経て，1920年に「戦争に訴えない義務を受諾する」と宣言する国際連盟が発足し，1928年には「国家政策の手段としての戦争の放棄」を明記したパリ不戦条約が締結されるに至った．これらは，その実効性からみれば，いまだ侵略の定義が確定せず，自衛戦争は禁止されていないとの解釈が可能で，しかも違反制裁の強制力をもたなかったので，なお限界を抱えていたが，それでも戦争の違法化にとっては重要な一歩であり，戦争責任を問う前提を大きく変化させて，第二次世界大戦後の国際連合に引き継がれている．

●**戦犯裁判と戦争責任**　もっとも，ユダヤ民族絶滅まで企図するに至ったナチス犯罪，大規模な住民虐殺を重ねた占領支配や軍性奴隷制・強制徴用を実行した日本軍国主義，そして都市無差別爆撃と原爆投下にまで帰結した第二次世界大戦は，そのような国際法上の展開をも超えて戦争責任の問題をさらに鋭く突き出した．1945年に敗戦国ドイツにいたK. T. ヤスパース（1883-1969）は，そこで負う

べき罪を，(1)(国際・国内の)法に違反した「刑法上の罪」，(2)国家が犯した行為について公民ゆえ負うべき「政治上の罪」，(3)私自身の政治的・軍事的行為に関わる「道徳上の罪」，(4)不正に居合わせた者に不可避に問われる「形而上的な罪」の，四つに区別し広げている．これはこの時点で戦争責任の問題を最も原理的に提起したと認められるが，実際にその罪の追及を主導したのは戦犯裁判である．

1945年11月に始まるニュルンベルク裁判と1946年5月に始まる極東国際軍事裁判（東京裁判）は，第二次世界大戦の敗戦国ドイツと日本の戦争犯罪を裁く軍事法廷であり，1945年8月に成立した国際軍事裁判所憲章とそれを踏襲した極東国際軍事裁判所条例に基づき実施された．そこで戦争犯罪とは，(A)平和に対する罪，(B)通例の戦争犯罪，(C)人道に対する罪の三種であったが，政府・軍の指導者28人を被告とした東京裁判では，A項とB項を訴因として死刑7人，終身禁錮16人などの判決が下された．他方，戦場だった各地で開かれたBC級戦犯裁判では，一般兵士・軍属を含む約5700人が有罪となり（死刑984人），その内には植民地出身の朝鮮人148人（死刑23人），台湾人173人（死刑26人）が含まれる．これら日本の裁判では，いずれでもC項訴因は適用されなかった．

このような戦犯裁判から始まった戦争責任への問い，とりわけ戦後日本でのそれは，同時期の冷戦状況に規定されたアメリカ主導の東京裁判が，アジアからの声に配慮が弱く，天皇を免責し陸軍首脳らの一部のみに罪を集中させたこともあって，実際の責任と問われた罪を考えてみるとはなはだ公平性を欠いたものになった．旧軍人，政財界を中心とした公職追放があり，財閥解体があり，知識人やマスメディアなどの戦争協力を問う議論はあったが，戦争政策の遂行に責任のある多くの政治家，官僚たちは生き残り，銀行中心に資本系列も温存され，公職追放さえ占領終結とともに解除された．また，植民地支配は問われなかった．

●**戦後責任と植民地責任** このような敗戦直後の戦争責任への問いの不備は，多くの責任者を温存して総力戦体制の核を社会に残しただけでなく，虐殺や強制労働など戦争体制の暴力の被害者たちの訴えを謝罪や補償なしに封じ込めて，その被害の痛みを持続させている．それが，1990年代になって冷戦体制の縛りが緩むと，日本軍「慰安婦」制度の被害者をはじめとして，それまで封殺されてきた被害者たちの告発の声が次々とあがるようになり，持続してきたこの被害についての責任が「戦後責任」として問われることになった．そしてそれとともに，戦争責任への問いは，その基底にまで視野を広げていく．すなわち，そもそも帝国主義戦争による覇権争奪の前提になっていた植民地支配，それが生み出した奴隷制・性奴隷制，そこから現在に続く支配・人種主義・暴力についてまでを問う「植民地責任」への問いがそれである．2001年8月に国連は南アフリカのダーバンで「人種主義，人種差別，排外主義，および関連する不寛容に反対する世界会議（ダーバン会議）」を開き，その問いに大きく道を開いている． ［中野敏男］

第2章
さまざまな社会理論の時代

[編集担当：三島憲一・中山智香子・細見和之]

ヴェーバー……………………500
ケインズ………………………502
フォーディズム………………504
啓蒙の弁証法…………………506
プラグマティズムの展開……508
構造機能主義…………………510
官僚制…………………………512
マネジメント（経営管理）の思想……516
社会政策………………………518
恐慌と政策……………………520

開発・発展理論………………522
都　市…………………………524
民俗学と考現学………………526
余暇・奢侈・有閑階級………528
社会学の成立…………………530
社会史…………………………532
エコロジー……………………534
ジャーナリズム………………536
大衆（群衆）・群衆心理学……538
金融資本主義…………………540

ヴェーバー
Max Weber

　マックス・ヴェーバー（1864-1920）は，自らの社会学を「社会的行為を解明しつつ理解し，それによりその経過と働きについて因果的に説明しようとする学問」と定義し，「理解社会学」と名づけている．ヴェーバーといえば，これまではとかく「資本主義の起源」論や「合理化」論などを焦点に「近代化」の教導者か批判者かという対比軸で論じられてきたが，社会思想史という観点からみるなら，この理解社会学という性格づけが最も明確にその学問の個性的な位置価をとらえている．

●**理解社会学——行為理解という方法と歴史認識の革新**　ヴェーバーは，論文「中世商事会社史」によりベルリン大学で学位を取得し，1894 年にフライブルク大学の国民経済学担当教授に就任，97 年にはハイデルベルク大学に転出するが，父との確執もあって 98 年頃からひどい神経疾患に悩まされ，1900 年には大学に退任願を提出する．この病気療養の時期から彼は，学問の方法論・認識論への理論的な考察に集中して取り組み，「ロッシャーとクニース」（1903-06），「社会科学，社会政策的認識の「客観性」」（1904），「文化科学の論理の領域での批判的研究」（1906）などの論文を発表して，独自な理解社会学の論理的基礎を固めている．

　このヴェーバーの方法論議で特に留意すべきは，行為の「解明的理解」の可能性を探求する認識論的議論と，歴史学派国民経済学の歴史認識への批判とが一体的に進められていることだ．そこでヴェーバーが批判するのは，「民族」を基体としてそこからの「流出」のごとくその興隆や衰退の歴史を語る歴史学派の歴史観であり，この批判の射程は「精神」や「社会構成体」を同様に歴史の基体とみるヘーゲル歴史哲学やマルクス主義の唯物史観にまで及んでいる．この批判とともに進められる行為の解明的理解という方法の精錬は，それゆえ，「民族」や「国家」を含むあらゆる集合形象の実体化を棄却し，社会的行為とその秩序の基層から歴史と社会の動態的認識を構築する社会理論の根本的な革新作業だったのである．

　この批判を起点に彼は，実体概念を廃する「理念型」という概念構成，行為の動機理解に即して見通される「合理性」への多元的な視野，認識関心の構成的意義の自覚に立つ「価値自由」という学問態度を整備しつつ，人間行為の解明的理解を方法の軸とする新しい学問として理解社会学を創設していくこととなった．

●**世界宗教の経済倫理と資本主義の生活態度**　ヴェーバーをこのような理解社会学に向かわせた内的動機の一つに，彼に職業労働への専心を強いて神経疾患の一因ともなったとされる宗教倫理と生活態度の問題がある．彼はここから禁欲的プロテスタンティズムの職業倫理と資本主義の精神への問いを始動させている．その信仰の核にある「二重予定説」が自分は救われているかという不安を生み，そ

こに生じる「確証」への強い希求が信徒に「世俗内禁欲」の宗教倫理を課して，この「禁欲」が，営利を自己目的とする近代の経営資本主義に適合的な生活態度を生む．こうした宗教倫理の逆説を解明する論文「プロテスタンティズムの倫理と資本主義の精神」(1904-05) は，資本主義の起源論と誤解されたが，むしろ近代ヨーロッパ文化世界の精神的核を凝視し，そこにある倒錯を解明する理解社会学の最初の精華であった．ここから問いは世界宗教の経済倫理に広がっている．

「儒教と道教」(1915)，「ヒンドゥー教と仏教」(1916-17)，「古代ユダヤ教」(1917-19) と続く「世界宗教の経済倫理」は，全体が一連のテーマ研究として理解社会学の達成を示しており，それは後代のユダヤ教，イスラーム，西洋キリスト教へと討究が及ぶさらに大きな研究計画に続いていた．この連作については，諸宗教の社会学的基礎や歴史的条件の考察がきわめて詳細かつ包括的ゆえに，各論考が中国やインドや古代イスラエルに関する独立した歴史研究と読まれることが多い．しかし，これはあくまで比較宗教社会学の研究であり，考察の焦点に宗教倫理の主たる担い手を置き（「儒教と道教」では読書人層，「ヒンドゥー教と仏教」では知識人層，「古代ユダヤ教」では預言者と祭司），その倫理の解明的理解を通じて，彼らの生活態度の特質を対比的に論じたものである．理解社会学に独特なこの問題構成こそが，緊密に連関して壮大な比較研究を可能にしたのである．

●**行為と秩序形成の文化意義──理解社会学の構想と構成**　1913 年に発表された論文「理解社会学のカテゴリー」は，『経済と社会』としてまとめられてきた「宗教社会学」「法社会学」「支配の社会学」「都市の諸類型」など個別社会学諸編の冒頭に置かれて，それら全体の方法と基礎概念を語った「序章」とみなされるべき論考である．ここでは，〈行為〉と〈秩序〉という基本的な概念枠組みが提示され，〈行為〉を行為者自身に抱かれた意味（動機）に即して解明的に理解しつつ，それが連鎖してつくり出す〈社会的秩序〉がどのような文化意義をもつことになるかを究明するという，理解社会学の基本構想が示されている．この視点からみると，「救済方法と生活態度」のこと，「正当的支配の三類型」のこと，「官僚制」のことなど，それ自体として豊かな内容を含む個別社会学の諸編は，それぞれ宗教，法，支配の領域で行為と秩序とが織りなす社会的関係の動態を一般的な経験知としてまとめた概念的道具箱であり，これは歴史と社会の事実に即した社会的秩序形成の文化意義への問いに取り組む基礎作業だと理解できる．「世界宗教の経済倫理」という作品は，この基礎研究を基盤にしてどれほどの実質研究がなされうるかという，理解社会学の絶大な力量を示していると認めることができよう．

ヴェーバーは最晩年になって，第一次世界大戦終結後の世界の大きな変容を予感しつつ，この理解社会学のカテゴリーのさらなる精錬に着手し，「社会学の基礎概念」(1921) を冒頭に据えた諸概念の再構成を進めている．かくてヴェーバーの学問はなお未完成のまま発展途上の形で残されることになった．　　　　　［中野敏男］

ケインズ
John Maynard Keynes

　J. M. ケインズ（1883-1946）は，大学教員および（後の）市長の長男として生まれ，名門イートン校およびケンブリッジ大学キングズ・カレッジで学ぶ．使徒会やブルームズベリー・グループに所属するなど，哲学者・芸術家とも交流した．貨幣と情報の集積地ロンドン，学究のケンブリッジ，郊外ティルトンという3か所を行き来しながら，大英帝国とヨーロッパ文明を再建する思想を提供した．賠償・通貨・貨幣と専門領域を広げ，ついには『雇用・利子および貨幣の一般理論』（1936）によって，全体としての経済学そのものを刷新した（マクロ経済学の誕生）．その影響力は単に政策的な領域（市場の失敗を補正するための裁量主義）にとどまらず，修正資本主義（福祉国家）を正当化する思想的な領域にまで及んだ．

●**西洋の没落**　ケインズがまず直面したのは，「世界の工場・銀行」として七つの海を支配した大英帝国が，後期ヴィクトリア時代に衰退の兆しをみせつつ，第一次世界大戦（1914-18）によって決定的な没落や喪失感を露呈させた時代である．この喪失感は，やがて世界大恐慌やナチス台頭によって，民主主義と資本主義の危殆という「西洋の没落」そのものにつながっていく．この危機はさらに第二次世界大戦という破滅を導くが，ケインズはこの絶望的な状況にあって「理性と人間性」あるいは「分析的かつ即実的」（師 A. マーシャルの標語）という対の概念に導かれ，国内にあっては社会保障と完全雇用の合体，国外にあっては国際協調体制という二重の青写真を示したことで，今日でもその洞察力をくみ取るべき思想的源泉となった．

　ケインズが敵視したのは，彼が理解するところの「ベンサム主義」および「リカード的悪弊」であった．前者は経済的基準を過大評価し，確実で計算可能な世界しかみていないという致命的欠陥を意味している．後者はあたかも貨幣が透明な存在として描かれ，複雑な現象を単純な因果関係に還元し，抽象的な理論をそのまま現実の政策に応用してしまうという悪弊を意味している．ケインズはイギリス経験論の伝統（例えば D. ヒュームやアダム・スミス）に基づき，この両者をきっぱりと拒絶し，経済学の本質はモラル・サイエンスであり，内省と価値判断を扱う点にあると宣言した．

　しかし経験論の伝統だけでは，ケインズの持続的な影響力の謎をとらえることはできない．実際，「管理的な（経営者の）革命」（J. バーナム）と呼ばれる世界的潮流（社会主義政権の誕生，ファシズムの台頭，福祉国家の生成など）において，資本家に代わって経営者・管理者（官僚）が支配権を握ったのである．第一次世界大戦において多くの経済学者が政府の内部に入り，管理経済を実行したという

実績にも支えられ，積極的な官吏の役割（＝管理）が不可欠となったのである．当時，この潮流は「集産主義」と呼ばれ，個別の企業や労働者ではなく集団的な組織が，経済・政治・社会に実体的な影響を及ぼしていた．ベンサム主義とは違った意味で，計算や管理がケインズの社会思想に内包されていた．

「ケインズ主義」が何であるかについて，常に論争がある．理解の鍵は「新しい（社会的）自由主義（New Liberalism）」という歴史的用語である．ここでは個性や多様性という個人の自由は堅持しながら，社会的連帯・公共財・自治組織を促進するための国家介入を積極的に認める立場ととらえておく．つまり目的としての「自由の完成」「文明の可能性」（跳躍台），手段としての「最低限度の国家介入」（安全網）を峻別すればおのずから，「赤字財政主義」なる単純化された「ケインズ主義」理解が狭隘であることがわかる．

●**正統と異端の思想** ケインズの考えが経済思想にとどまらず，社会思想としてなぜ広範な影響力を保っているのだろうか．彼が正統的側面と異端的側面を同時に有しているため，という回答があり得る．正統的側面とは，マクロ経済学の創始によって経済学の信頼性を回復させ，さらに社会工学的な見方を図らずも植えつけた．ケインズが少数の変数間に重大な（時に因果的な）関係を見出したことを契機として，消費関数・投資関数などの推計，名目賃金・物価と失業率（フィリップス曲線）や産出量と失業率（オーケン法則）などの間の経験的な法則が発見され，マクロ計量経済モデルによる景気予測など，第二次世界大戦後，主にアメリカで――「社会科学の女王」という自称につながる――多大な理論的発展が促された．つまり，戦後の経済学に関して，「通常科学（normal science）」の出発点となった．

しかし同時に，ケインズは主流派に忌避される異端的な側面も備えている．本質的な貨幣経済の考察である．人間は計算可能なリスクに還元されない真の不確実性にさらされ，未来に投げ出された存在である．大概は慣行や制度に守られて安寧を得るが，それでも例外的に血気に導かれて能動的に決意する時もある．この社会において貨幣はいつでも何物かに交換可能な象徴となり，ゆえに雇用という実体経済に圧倒的な影響力を与えてしまう．この側面は「異常・変則（anomaly）」として経済学の本流からは唾棄されているが，逆に多くの人びとを惹きつけてきた．

ケインズは経済学に立脚しながら，そこにとどまらない強靭な人間観・社会観・歴史観をもっている．その人間観は，歴史と慣行に翻弄されながら，なお未来への可能性を求める能動性である．その社会観は，私的利益と公的利益の――市場では埋められない――乖離を架け橋する，多様で重層的な半自治組織・多様体である．その歴史観は，欠乏（貧困）・豊穣（遊休資源）から安定（わが孫たちの経済的可能性）へという過渡期としての混乱状態である． ［小峯 敦］

フォーディズム
[英]Fordism

　第二次世界大戦が終結してから1970年代初頭まで主要先進資本主義国では空前の経済成長が成し遂げられた．西側資本主義の「黄金の30年」と呼ばれるこの時期の経済成長と繁栄を支え，推進した社会経済体制をフォーディズムという．
　アメリカの巨大自動車メーカーのフォード社に由来するこの言葉は，アントニオ・グラムシ (1891-1937) によって，アメリカ資本主義を特徴づける概念として用いられた．その後1970年代に，マルクス主義経済学と新古典派経済学双方の視野の狭さを乗り越え，資本主義の「黄金の30年」とその後の現在に至るまでの停滞と危機をトータルに説明すべく登場したフランスの「レギュラシオン学派」によって，戦後の経済成長と繁栄の礎となった大量生産－大量消費体制を指し示す概念として駆使された．レギュラシオン学派のフォーディズム概念は，戦後の高度経済成長を説明するだけでなく，1970年代半ば以降のフォーディズム以後（ポストフォーディズム）の時代への展望や課題を示唆するものとなっている．

●**フォード社と大量生産－大量消費**　1903年に設立されたフォード社が急成長したのは，1908年に発売された車種のT型フォード車がきっかけであった．軽さや強度，馬力，扱いやすさをアピールするT型車の最大の売りは，大衆にも手が届く値段の安さであった．このようにT型車を安価に製造・販売できた理由は，1910年にフォード社がT型以外のモデルを放棄することによって一品種大量生産に伴うコスト・カットを可能にしたことと，1913年の移動式組立ラインの導入によって作業工程を単純化，効率化したことにある．
　しかし，後者のテイラー主義的な「構想と実行の分離」に基づくフォード的労働編成は，労働の単調化や労働者の自律性の剥奪を招き，労働者のきわめて高い離職率をもたらした．その対策としてフォード社は，1914年に労働者の日給を2ドル34セントから5ドルに引き上げ，労働時間も1日9時間から8時間に短縮することを発表する．それにより，労働者のつなぎ止めや確保を可能にするとともに，高い賃金による労働者の購買力向上にともなって消費市場の拡大も期待することができるようになった．

●**蓄積体制と調整様式**　個別企業の生産体制や労働編成を越えて，グラムシはフォーディズムをマクロな政治経済体制を特徴づけるものとして用いたが，それはあくまでアメリカ資本主義の特性や卓越性を強調するためであった．フォーディズムの概念をアメリカに限らない資本主義の黄金時代をとらえるために用いたのは，ミシェル・アグリエッタ (1940-) やロベール・ボワイエ (1943-) らのレギュラシオン学派である．

レギュラシオン学派は，資本主義の歴史的変容を構造的・動態的に解明するために「蓄積体制」と「調整（レギュラシオン）様式」という二つの概念を駆使する．蓄積体制とは，生産性や賃金，利潤，消費，投資，雇用，需要といった経済成長（蓄積）を決定するマクロな諸変数のことである．19世紀後半のイギリスにおいて典型的であった蓄積体制は「外延的蓄積体制」と呼ばれ，そこでの経済成長は主として外延的方法（労働時間の延長や労働人口の増大による雇用の外的拡大）に依存しており，投資財生産が主たる部門を占め，生産性の上昇も限定的である．これに対してフォーディズムにおいて典型的であった蓄積体制は「内包的蓄積体制」と呼ばれ，そこでの経済成長は生産過程の細分化と単純化をもたらす科学的労務管理（テイラー主義）を通じての高い生産性の向上に基づいており，耐久消費財生産を軸とする大量生産が実現した．

　しかし，フォーディズムの蓄積体制はそれだけで自律的に成立・発展することができるのではなく，特定のマクロな経済的回路をコントロールする特定の制度的な調整様式を必要とする．19世紀後半や20世紀前半の市場原理一辺倒の調整様式とは異なって，フォーディズムにおいては市場外的な調整の果たす役割が重要となる．フォーディズムの蓄積体制を可能にしたのは，「構想と実行の分離」に基づくテイラー主義であったが，このような労働編成は労働の非人間化に異を唱える労働者からの反発や抵抗をもたらす．すでに20世紀前半にフォード社という一企業内で発生した問題に対する対処策が，形を変えて戦後のフォーディズムにおいてはマクロな政治経済体制に組み込まれる．それは，労働者の団結権に基づく団体交渉制度を通じて生産性にインデックス（連動，スライド）させられた実質賃金の保証であり，そのような「生産性インデックス賃金」および国家による最低賃金制度や社会保障制度との引き替えに労働者はテイラー主義を受容するという「フォーディズム的妥協」が，フォーディズムの「賃上げ→消費拡大→総需要・投資の伸び→生産性向上→賃上げ」という好循環を可能にした．

●ポストフォーディズム　1970年代半ば以降，高い賃金水準に見合う生産性の上昇が見込めなくなり，一品種大量生産から多品種少量生産を余儀なくさせる需要動向の変化にも影響されて，フォーディズムのマクロ的回路は機能不全に陥る．この危機を打開すべく，一方ではアメリカやイギリスを中心として生産性インデックス賃金や社会保障制度の縮減・解体を指向する新自由主義や新保守主義が台頭する．

　他方では日本（トヨティズム）やスウェーデン（ボルボイズム）の自動車産業の中にフォーディズムにかわる「ポストフォーディズム」の可能性を見出す議論が存在したり，民主主義やエコロジーと両立できる蓄積体制の模索がなされたりはしているが，明確で大方の同意が得られそうなフォーディズムのオルタナティヴは提示できていないのが実情である．

［辰巳伸知］

啓蒙の弁証法

［独］Dialektik der Aufklärung ［英］dialectics of Enlightenment

　フランクフルト学派の第一世代を代表する M. ホルクハイマー（1895-1973）と Th. W. アドルノ（1903-69）による共著の題名，および，同書で展開された社会哲学的・歴史哲学的な概念．ここで「啓蒙」は，18 世紀の啓蒙思想よりもずっと広く，理性に基づく人間の営み，またそれによる文明化の過程を，「弁証法」は，何かがそれと対立するはずのものに反転・逆転することを意味する．つまり，啓蒙の弁証法とは，自然を統御し，神話的世界を解体してきた理性的な文明化の過程が，逆説的にも「新たな野蛮状態」へと反転する事態，いわば合理化の歩みが神話的・非合理的なものへ，自然支配の進展が自然による支配へと逆転する事態をさす．ここでは，20 世紀の古典といえる『啓蒙の弁証法』の概要を中心に述べる．

●『啓蒙の弁証法』の背景　同書が著述されたのは，1930 年代末から 40 年代前半にかけてであった．それは，1933 年のナチスの権力簒奪後，ドイツから脱出したホルクハイマーとアドルノが，アメリカでの亡命生活を余儀なくされていた時期にあたる．ドイツにおけるナチズムの跳梁，アメリカにおける商業化された画一的な大衆文化の隆盛といった事態のうちに「新たな野蛮状態」の出現をみた彼らは，その根源について，M. ヴェーバー（1864-1920）の合理化論，G. ルカーチ（1885-1971）の物象化論，F. ニーチェ（1844-1900）の理性批判，S. フロイト（1856-1939）の精神分析理論などもふまえながら，啓蒙の過程そのものに内在する問題としてラディカルに考察を加えようとした．それが同書である．

●自己保存と自然支配　同書を貫くモチーフは，序文の一節に集約されている．「人類はなぜ，真に人間的な状態に踏み入っていくかわりに，一種の新たな野蛮状態に落ち込んでゆくのか」（ホルクハイマー／アドルノ 1947：7）．彼らはこの事態の動因を特に，人間の「自己保存」に向けた「自然支配」のあり方のもとに見出す．自然支配とは，一方で，外部の自然への実践的な働きかけであり，またそのための合理的な認識の働きを意味する．自然の脅威に打ち克ち，自己保存を貫くためには，しかし外的自然を支配するだけでなく，他方ではいわば自己自身に打ち克つことが，つまり人間の内なる自然としての多様な衝動や感情（とりわけ「ミメーシス」という，外部の何かに繊細に感応・共鳴するあり方へと向かう衝動）を抑制することができなければならない．ただし，そうした自然支配と自己保存のあり方には，一種の逆説が伴われている．自己保存を貫く主体は，外的自然の支配をおし進め，自らの内的自然を絶えず抑制しようとするがゆえに，本来保存されるべき「生けるもの」としての自らを抑圧し，生の目的を不透明なものとしてしまう可能性につきまとわれている．生の手段であるはずの自然支配をむ

しろ目的として自立させるこの事態は，やがて近代以降の啓蒙の展開によって全面化される．自然支配の営みは，次第に自己目的と化し，合理的な思考や実践の徹底というみかけのもとで，実は非合理的なかたちで，つまり反復強迫のようにやみくものかたちで遂行されることになる．そしてさらに，厳しく抑圧される内的自然は，むしろ暴力となって，すなわち他者（特に主体が自らに禁じるミメーシス的衝動を体現する者）に対する憎悪と攻撃となって解放されるに至る．

●**啓蒙の自己省察** こうした啓蒙の弁証法をめぐり，ホルクハイマーとアドルノは，自然支配的な主体性の原史を古代ギリシアの叙事詩『オデュッセイア』のうちに，また道徳に関わる啓蒙の自己崩壊のありさまを I. カントの厳格主義的倫理とサディズムとの連動のうちに読み解きながら，アメリカにおける「文化産業」の拡大，ドイツにおける「反ユダヤ主義」の諸相のうちに現代の野蛮状態を考察する．そこに貫かれているのは，「文明はその究極の結果として恐るべき自然に逆戻りする」（ホルクハイマー／アドルノ 1947：230）という暗澹たる洞察である．ただし彼らは，破局の不可避性を説こうとするのではない．彼らが意図するのは，啓蒙と神話，合理性と自然との分かちがたい絡みあいを洞察するそのことのうちに，「啓蒙の積極的概念」をつかみ出すことであった．それはすなわち，啓蒙の「自己省察」である．自然支配をおし進める啓蒙の営みは，それが自己目的となることにより，非合理的で暴力的なあり方へと反転する．まさにそのことを理性的な思考の力で省察し，自らの成り立ちに反省を加えること，そこに彼らは，啓蒙の自己破壊的な暴力性を停止させる可能性を見出そうとしたのである．

●**受容** 当初『哲学的断章』という題で小部数がタイプ印刷された同書は，大戦後の 1947 年，若干の改訂と増補を行い，題を改めて出版された．同書は 69 年まで再版されなかったが，ドイツでは海賊版が出回り，エコロジーやフェミニズムなどさまざまな思想潮流，政治運動の一つの源泉となった．また「文化産業」についての考察がカルチュラル・スタディーズに与えた影響，理性と支配の関わりをめぐる同書と M. フーコー（1926-84）の視点の親近性なども知られている．一方で，同書には，ペシミズムへの傾斜，特定の時代への視野の制限，分析方法の不十分さなど，多様な疑念が示されてもきた．フランクフルト学派第二世代にあたる J. ハーバーマス（1929- ）も，「コミュニケーション論的転回」後は同書に対し，理性の潜在力を見落としたゆえの批判の全面化，「遂行的矛盾」という致命的アポリアへの逢着，理論からの退行などを批判した（ハーバーマス 1985）．ただし，こうした批判にもかかわらず，同書は絶えず新たな視点から読み直され，A. ホネット（1949- ）らの論者により，またエコロジーなどの多様な領域において，その意義や積極的可能性を救い出す試みがなされている．啓蒙の弁証法をめぐる同書の視座は，自然支配を進める理性の暴力性を，また自然への人間の関わり方そのものを考えるうえで，現在も問いを提起し続けているものといえる．　　　［麻生博之］

プラグマティズムの展開
［英］development of pragmatism

　チャールズ・サンダース・パース（1839-1914）とウィリアム・ジェイムズ（1842-1910）の見解には根本的な相違がみられるとはいえ，この両者によって確立されたプラグマティズムは，後続の世代によって狭義の哲学あるいは心理学を越え出て，同時代のアメリカで形成されつつあった社会という新しい関係性を把握し，それに能動的に働きかけていくための視座へと練り上げられていった．そうした取り組みは，ジョン・デューイ（1859-1952），ジョージ・ハーバート・ミード（1863-1931），ジェーン・アダムズ（1860-1935）といった，急成長を遂げた中西部の大都市シカゴで活躍した一群の人びとによって担われた．

●デューイとシカゴ・プラグマティズム　例えばデューイにとって，人間が生命として受け継いだ動物的資質である衝動は，否定的なものとして抑圧されるべきではなかった．デューイは衝動を再構成することの必要を説きつつ，そうした衝動に先立って人びとの行為を導いている，パースもかつて指摘した習慣を重視した．デューイは，新しい状況がもたらす目的に適応できるように習慣を柔軟に変えていく，そのような習慣の調整による環境の反省的なコントロールの拡大こそ，倫理の名にふさわしいととらえた．それゆえにデューイにとって，物理学の発達と同様に，心理学の発達が今や急務であると思われた．反省能力の拡大と社会的習慣の調整という課題に向けて，心理学が社会と個人との関係の解明に発展的に応用されたなら，それは倫理学と政治学の双方を包摂しつつ，それらを代替する学になりうるとデューイはみなした．

　社会的環境の統御という，デューイに代表されるシカゴ・プラグマティズムの基本構想は，工業化と都市化に加えて，都市への新移民の流入によって生じたさまざまな諸問題の改革に乗り出す人びとに知的視座をもたらし，プラグマティズムは社会改革の実践との連携の中でさらに練り上げられていった．シカゴの第19区にハルハウスを開設し，移民たちと暮らしをともにしつつ，さまざまな都市問題の解決や改善に取り組む，いわゆるソーシャル・セツルメントのアメリカにおける代表的な実践家となったアダムズはデューイと親交を深め，デューイもまたしばしばハルハウスの活動に積極的に関わった．

●第一次世界大戦という転機　プラグマティズムの展開にとって一つの転機となったのが，ヨーロッパでの第一次世界大戦の勃発と，その後のアメリカの参戦だった．この大戦の勃発に先立つ時期，例えばジェイムズは，アメリカの対外侵出にとって一つの画期となった米西戦争に反対の立場をとり，マーク・トウェインらとともに反帝国主義連盟に参加した．ジェイムズはこの連盟の副総裁に就い

て，1910年に亡くなるまでその立場にとどまった．1907年に刊行した『平和の新しい理想』の中でアダムズは，粗野な勇ましさでは今日の都市の諸問題を解決することはできないことを訴え，戦争や破壊と結びついた従来の英雄主義や軍国主義に代わり，貧困や疾病をなくし，人間の生を育んでいくための国際的な取り組みとして，新しい人道主義を構想した．ミードもまた，自らの社会学の理論的枠組みをふまえて国際主義を積極的に唱えた．

　第一次世界大戦へのアメリカの参戦を熱烈に支持したのはデューイだった．この戦争は国際的な規模での社会の再組織化をもたらすだろうという見通しのもと，デューイはアメリカがこの再組織化の世界的な過程に能動的に関わることを求めた．デューイは，アメリカが現下の大戦に参戦せず，受動的な立場にとどまることをセオドア・ローズヴェルトのような政治家と同様に恐れた．加えてデューイは1915年に『ドイツ哲学と政治』を著し，ドイツの反民主的な国民性の起源をカント哲学に見出そうとする一方で，共同の検証に観念を委ねる実験的な哲学の優位性，さらにはこの実験的哲学を生み出したアメリカのナショナリズムの理念的優位性を弁証しようとした．

●デューイの参戦支持とアダムズの平和主義　ミードもまた，デューイほどに目立つことはなかったものの，アメリカの参戦を支持する立場に舵を切った．このようなデューイやミードの肯定的な戦争理解ならびにアメリカの参戦支持に対して，アダムズは平和主義の立場を堅持した．1915年にハーグで開催された婦人国際会議にアダムズはエミリー・グリーン・バルチらとともに参加し，戦争の即時終結を求めた．期待をかけていたウィルソン大統領が最終的に参戦を決断した後，アダムズはヨーロッパに対する食糧支援にアメリカの役割を見出そうとした．戦後，婦人国際会議が1919年に婦人国際平和自由連盟（WILPF）として発展的に改組された際に，アダムズは総裁に選出され，1931年にはノーベル平和賞を授与された．だが，アメリカ国内においてアダムズは戦時中に激しい非難にさらされ，戦後もその名声は戦前の水準まで回復しなかった．

　アメリカの参戦をめぐるデューイの主張は，ランドルフ・ボーン（1886-1918）によって批判された．ボーンはデューイがシカゴ大学からコロンビア大学に移籍した後，コロンビアでデューイの薫陶を受けた弟子だった．デューイの哲学は単なる結果を成果と混同し，それが到達すべき望ましいものであるかを問うことなく，どこかに到達するというただそのことだけで満足している．ボーンは「偶像のたそがれ」の中でそのようにデューイを批判した．ボーンの批判は，社会的環境の統御を目的かつ手段としてみなすプラグマティズムが，目的をめぐる批判的考察という点で脆弱であるばかりか，ナショナリズムとの無批判な結びつきを許容してしまう，そのような可能性を胚胎していることを明るみに出すものだった．

[井上弘貴]

構造機能主義
［英］structural-functionalism

1940〜50年代にアメリカのT. パーソンズ（1902-79）やR. K. マートン（1910-2003）などによって提唱・展開された社会学理論の立場で，一時期は社会学の一般理論として大きな影響力をもち，この立場に立つ構造=機能分析は社会学を超えたさまざまな学問分野で応用が試みられ，そこから数多の実証研究も生まれている．もっともこの理論には，それが行為者と社会というミクロ現象とマクロ現象とを適切に関連づけ，そこに生起する社会変動を十分にとらえうるのかという観点からの批判が当初よりあり，その点をめぐってさまざまに理論的彫琢が試みられ，またそこから別様な社会システム理論などの展開もあって今日に続いている．

●機能主義からの問題構成　主唱者であるパーソンズの理論的出発点は，『社会的行為の構造』（1937）に示されているように，V. パレート（1848-1923）からM. ヴェーバー（1864-1920）に至る先行の行為理論の影響を受けて展開された「主意主義的行為理論」であった．しかしパーソンズは，そこで提示した「行為の準拠枠」という考えを手がかりにしつつ，『社会システム論』（1951）になると，行為システムの構造と機能という理論構成に進んでいく．その際に先行理論として念頭に置かれたのは，社会学のÉ. デュルケーム（1858-1917）や人類学のB. マリノフスキー（1884-1942）らがすでに切り開いていた機能主義の立場である．これは，生物有機体とその器官という関係からのアナロジーに発した思考様式であり，全体（構造）の存立に対する部分（器官）の貢献を〈機能〉としてとらえ，その働きを分析する．パーソンズはこの〈機能〉理解を，システムが持続的な秩序を確立・維持し，また整然とした発展的変動を遂げていく際に充足されねばならないところの，「機能的先行要件（functional prerequisites）」と一般化して基礎概念とし，個人行為者のパーソナリティシステム，文化システム，相互行為システムと，異なったレベルに応じて構造化される社会的行為システムにとっての統合の条件として類型化し，その作用を論ずる．ここを起点に，構造機能主義に立つ社会システム論は出発し，一般理論としての体系化も進められた．

●AGIL図式と構造=機能分析の隘路　このようにして精緻化が始まったパーソンズの理論作業は，『経済と社会』（1956）に至ると，経済学理論と社会学理論の統合という観点から社会の機能的分化の議論にまで立ち入り，より一般的な社会システム理論となるべく，下位システムの分化と連関を説明するAGIL図式を提示して，それにより分化した下位システムの機能を統一的に説くようになっている．これは，環境の中で社会システムが均衡を保ち，持続が保証されるために必要な機能的要件を整理して理論化したもので，まず外部環境との関係において，

(1)外界にシステムが「適応（A：adaptation）」するという機能と，(2)その環境の中でシステムが「目標達成（G：goal attainment）」するという機能，そして内部における問題処理の場面で，(3)内部の連帯を維持する「統合（I：integration）」という機能と，(4)制度化された価値体系の安定性を保証する「潜在的パターンの維持（L：latent-pattern maintenance）」という機能の，四つから成り立っている．パーソンズのみるところ「経済」と「政治」は，それぞれ「適応」と「目標達成」という機能に即して分化した第一次下位体系としてこの理論のうちに位置づけられる．そのようにこの社会システム論では，システムが下位システムに機能分化していく理由と，それにより成立するシステムの構造まで，統一的な理論による説明が可能になり，まさに「構造機能主義」と呼ばれるにふさわしい体系性をもつに至るのである．こうした理論の明快で包括的な体系性ゆえに，これはまた実際に安定した実証研究の基盤にもなって，ある一時期には社会学の一般理論とまで目されることになったといってよい．

　もっとも，このような理論の一貫した体系化は，それの弱点をもかえってわかりやすく明示することになった．というのもこの理論によると，社会システムは，いかなる環境変化にも適切に適応しながら，自ら価値体系を安定させ統合を維持してその目標を達成していくという，きわめて安定的な自己維持の仕組みをもつと理解されてしまうからである．これでは，実質的には保守主義のイデオロギーと化すことになろう．それに対してパーソンズ門下から出たマートンは，そのように構造が環境に適応し維持されていく場面での機能要件だけではなく，むしろその構造が揺らぎ変容していく場面にも注目して機能分析概念の精緻化に考察を進め，順機能・逆機能，顕在的機能・潜在的機能，機能的等価などの下位区分を提案して，システム変動をとらえうる方向にこの理論を開いていこうと努めている．このような提案は，構造機能主義の立場から出発してそれを受け継ぎながら，しかもそれをより柔軟で普遍性のある理論図式に洗練することに寄与した．

●**以後の社会システム理論の展開**　このような構造機能主義の理論展開をふまえると，その後の社会理論，とりわけ社会システム理論は，「全体の存立」にとっての要素の機能を問うという議論の枠組み，それゆえ構造とそれへの機能という枠組みから反転して，事象の生成そのものを諸要素の相互関係から力動的に問うという方向に，次第に転換してきているとみることができる．とりわけ，システムの要素となる行為やコミュニケーションの生成それ自体の自己準拠性を明示し，そこから創発するシステムの別様でもありうるあり方（Kontingenz）をむしろその主題とするN. ルーマン（1927-98）のオートポイエーシス的システム理論は，そうした対極に出てきているということができる．このような社会システム理論の理論史をずっと見通して振り返ってみるときに，構造機能主義の意義とその限界についても，あらためてしっかり精査が可能になると考えられる．　［中野敏男］

官僚制

[英]bureaucracy　[独]Bürokratie

　官僚制は18世紀末につくられた新造語であり，フランスの重農主義者V. グルネ (1712-59) が最初に用いたとされている．bureauは机にかける布に由来する．それから転じて事務机，そして事務室を意味するようになった．官僚制という語は，こうした事務室が権力をもっている組織やそのような組織をとるピラミッド型の支配形態を指す．狭義には，官庁，公務員組織を意味するが，銀行やメーカーなど大規模な民間企業も含めてそのような形態の組織一般に用いられることも多い．

　大規模な組織は分業・専門分化を必要とし，同時にそれらを統一的かつ効率的にマネジメントする必要をもつ．官僚制はこうした必要に対応して発達した．頂点部分にいて決定権をもつ少数者から，規則に従いながら現場で働く多数者へと至る，末広がりに大きくなるピラミッド型の組織形態はこの当然の帰結である．モンテスキュー (1689-1755) はオリエントの専制国家を引き合いに出して，当時のフランス絶対王政を批判的に考察したが，官僚制という語はまさにその絶対王政における権力の集中と拡大を名指すためにつくられた．常備軍とともに官僚制がそうした支配を支えたのである．

●**ヴェーバーの官僚制論**　社会思想史において官僚制の理論化に最も貢献したのはマックス・ヴェーバー (1864-1920) だった．彼は官庁組織だけでなく，民間企業なども含めて，大規模組織全般の組織原理としてこの語を用いる．そして，規則による規律，明確な権限，階層性，所有と経営の分離，文書主義，資格任用制などを，官僚制のメルクマールとした．

　ヴェーバーが官僚制の社会理論の第一人者になったのは，彼が生きた時代の歴史的な背景ゆえであった．彼は大規模生産で有名なアメリカの自動車会社を設立したヘンリー・フォード (1863-1947) と同世代であり，また急速に組織の拡大に成功した結果，非民主的な「寡頭制」になっていくドイツ社会民主党の状況を，『政党の社会学』を書いたロベルト・ミヘルス (1876-1936) から聞いていた．そして何より，かつての夜警国家・消極国家から福祉国家・積極国家に転換する中で，政府はより多くの機能と，したがってより多くの公務員をもつようになっていた．ヴェーバーはビスマルク体制における政府組織の増大を目の当たりにしていた．彼が生きた20世紀初頭はまさに組織化の時代だった．このような時代背景のもと，彼は官僚制的組織の専門性，効率性，(特殊的・恣意的な判断基準を排除することで成り立つ) 形式合理性を強調することになる．

●**官僚制批判**　このようにヴェーバーは主として官僚制の「合理的」側面を強調

する．しかし，私たちの日常的な感覚からすると，官僚制はむしろマイナスのイメージと結びつく．非効率，無責任，形式主義，杓子定規，大勢順応，事なかれ主義，セクショナリズム，役人根性などが，官僚制の描写にはついて回る．社会学者のロバート・マートン（1910-2003）は「官僚制の逆機能」として，こうした官僚制的な組織の負の側面を論じている．そしてとりわけ文学者の関心を引きつけてきたのも，官僚制のこうした側面だった．バルザック（1799-1850）の『役人の生理学』は書類書きばかりしている役人を風刺して人びとの喝采を浴びた．また，自ら役所で働いていたフランツ・カフカ（1883-1924）の『城』などの作品には合理的な体裁のもとでの非合理が描かれている．

　官僚制を否定的にとらえてきたのは，文学者だけではない．社会思想史上の多くの研究は官僚や官僚制的な組織に批判的な考察を加えてきた．そもそも啓蒙主義に対する対抗運動として登場したロマン主義にとって，画一的で，冷たく，非人間的な「工場のような国家」（ノヴァーリス［1772-1801］）は最も唾棄すべきものだった．こうしたロマン主義的な反官僚制の情念は，さまざまな思想と結びつくことになる．「人間は自然によってポリス的動物である」というアリストテレス（384-322BC）のゾーン・ポリティコンを近代の条件のもとで再評価しようとする人たちは官僚制的な行政やテクノクラート支配に批判的にならざるをえない．ボランティアや自発的結社，あるいはソーシャル・キャピタルに注目する論者も同じである．また，大学，病院，職場における管理や監視についての考察の多くは，基本的に官僚制批判である．ジョージ・オーウェル（1903-50）の『1984年』やイヴァン・イリイチ（1926-2002）の『脱学校の社会』などをこうした系譜に入れることができる．

　役人が合法性を持ち出し，それを隠れ蓑にして自らの不正な行為を正当化するというのも，近代の官僚制につきまとう問題である．ここにみられる「無思想性（思考の停止）」は「陳腐」ではあるが，ホロコーストのような巨大な「悪」につながると，『イェルサレムのアイヒマン』でハンナ・アーレント（1906-75）は論じている．またユルゲン・ハーバーマス（1929- ）が「生活世界の植民地化」について論じるとき，私たちの日常の生きられた世界を侵食するシステムには，いうまでもなく官僚制的な組織が含まれる．このように考えると，官僚制の合理性について論じたヴェーバーはむしろ少数派であり，社会理論の多数派は官僚制批判に傾いていることがわかる．そしてそもそもヴェーバーにおいても，「鉄の檻」（より正確には「鋼鉄のように硬い殻」）というメタファーを使っていることからもわかるように，官僚制の評価は両義的である．

●**社会主義体制と官僚制**　G. W. F. ヘーゲル（1770-1831）はさまざまな私的利害を超越した「普遍的身分」としての官僚層をとらえた．これに対してカール・マルクス（1818-83）は，官僚が「普遍」を偽装しながら，ブルジョアの利益に奉仕

することを見抜いた．しかし，そのマルクスにおいても，資本主義が克服されたあとの官僚主義への警戒は強くはなかった．

20世紀の文脈において，ロマン主義以降，広範に認められるアンチ官僚制の傾向は，しばしば社会主義体制への批判と結びついた．市場における競争と複数政党制を否定して計画経済と一党独裁を採用すると，特権官僚層が絶大な権力を握り，彼らの特権や腐敗，そして非効率が批判の対象になった．実際，ソ連ではノーメンクラツーラと呼ばれる「赤い貴族」が形成された．冷戦構造の中で，西側の資本主義陣営は，社会主義陣営の官僚主義と非民主性をしばしば激しく非難した．そして特権官僚層の問題はミハイル・ゴルバチョフ（1931- ）のペレストロイカ，さらにはベルリンの壁の崩壊につながっていく．

●**新自由主義における官僚制批判** 冷戦構造下での官僚制批判は，西側陣営による社会主義体制批判という形をとったが，類似の構図は西側陣営の内部でも展開されることになる．オイルショック以後の経済の低成長と財政赤字への応答として登場した，「小さな政府」を志向する新自由主義による公務員バッシングである．マーガレット・サッチャー（1925-2013）英国首相らは，公務行政が肥大化し，非効率で，腐敗の温床となっているとし，これを削減しスリム化するために，市場原理を導入することを求めた．民営化，規制緩和，競争原理，自己責任がキーワードとなるが，これらはすべて福祉国家を支える官僚制的な行政組織への攻撃のために使われた．こうした新自由主義的な「改革」を求める言説は，現存社会主義体制の崩壊とグローバル化の進展の中で，ますます大きな力をもった．社会主義というユートピアの喪失は，この傾向に拍車をかけることになった．そして，既得権をもつ官僚制組織と戦うカリスマ的なリーダーが多くの支持を集め，エリートに対して「人民」を押し出すポピュリズムと結びつく．

現代の官僚制的な組織への懐疑は，社会主義批判に尽きるわけではない．ヴェーバーの時代がそうであったように，官僚制が宿命的な意味をもったのは，大量生産，大量消費，大規模組織，スケール・メリットなどによって特徴づけられる時代だった．しかし今日，IT技術の発展やグローバル化の中で，むしろ「リキッド・モダニティ」（ジグムント・バウマン［1925-2017］）という社会イメージが説得力をもつようになっている．このような液状化した社会状況では，巨大で，重厚なピラミッド型の組織ではなく，フラットで，ネットワーク型で，フレキシブルな組織形態の方が適しているともいえる．新自由主義による官僚制批判はこうした社会の変容とも無関係ではない．

●**日本における官僚制についての言説** 明治以来，西洋列強にキャッチ・アップするための「上からの近代化」において，主たる担い手はモデルとなる西洋近代国家についての知識をもつ官僚層であった．エリート官僚主導の政治という型は，その後，戦時動員，戦後復興，そして高度経済成長期にも貫かれていく．こ

の点において戦前・戦後は連続しているとする論者もいる．

チャーマーズ・ジョンソン（1931-2010）『通産省と日本の奇跡』や城山三郎（1927- ）『官僚たちの夏』などにおいて，こうした役人の使命感の高さと功績が一定のリスペクトとともに描かれる．バブル崩壊以後，とりわけ日本で官僚制批判が高まったが，その一因はこうした「神話」にあった．

●**官僚制とデモクラシー**　官僚主導政治はデモクラシーという視点からすると当然，批判の対象になる．ヴェーバーはビスマルク体制における官僚主導が議会を無力化し，国民の政治的未成熟を招いたと論じている．テクノクラートに「お任せ」する心性は民主化を阻害する．価値の対立の中で決断するのは政治家の仕事であり，官僚が代替することはできない，と彼は強調した．

これとパラレルに日本の文脈でも，市民参加を論じた政治学者松下圭一（1929-2015）による官僚主導体制への批判がある．彼によれば，日本は議院内閣制ではなくて，キャリア官僚が過大な影響力をもつ「官僚内閣制」であるという．官僚主導から政治主導への転換なくして，市民自治の展望は開けない，と松下は考えた．また政権交替のない自民党一党優位体制が長く続く中での官僚主導政治は「天下り」などの形をとって癒着や汚職を生み，利権政治の温床になってきた．こうした利権の構造は，もちろん官僚制への不信を増長させ，それへのバッシングを激しくする．

専門知識に基づき，現場から離れた事務室で行われる官僚制的な行政がデモクラシーの理念と対立し，その敵となるという論点は今後も重要であり続けるだろう．しかし注意が必要なのは，今日，デモクラシーを根拠にした官僚制批判はしばしば新自由主義的な公務員バッシングと結びつき，後者によって絡め取られていることである．官僚制的な組織や官僚主導政治を批判するあまり，ヴェーバーがその中に見出した恣意性の排除，中立性，公平で平等な扱いなどの価値が損なわれるとしたら，それは問題だろう．新自由主義的な改革が進む中で，格差が拡大し，貧困が深刻になっている．そのような状況で平等な条件を確保するためには，「社会国家」の理念や，それを実現する組織や人員が必要である．フリードリヒ・ハイエクにしても，フランクフルト学派にしても，社会思想史上の官僚制についての研究を学ぶほどに，こうした組織やそれが主導する体制に批判的になりやすい．しかし官僚制や公務員を叩けばそれでおのずと問題が解決するわけではない．官僚制はしばしばデモクラシーの敵として現れる．しかし新自由主義以後の状況においては，官僚制にはデモクラシーの条件をつくるという側面もあるという方を強調すべきかもしれない．

いずれにしても社会思想史において官僚制を論じるときには，それがデモクラシーにとって敵でもあり，友でもあるという両義性をふまえなければならない．

［野口雅弘］

マネジメント（経営管理）の思想
[英]theories of management

　マネジメント（経営管理）の思想とは，狭義には20世紀以降のアメリカの現場的実践に由来する労務管理の考え方を指す．フレデリック・テイラー（1856-1915）が『科学的管理法』（1911）を著して労働の科学的に適切な管理を提唱し，ヘンリー・フォード（1863-1947）が自社の従業員の労働と賃金に関する実践で影響を与えるなど，労働は企業を組織する側から計画・整備し維持する対象となった．また労務管理は生産コスト全体の計算・管理にも結びついており，administration的な側面も含んでいる．なお経営者が資本家と同義であるとすれば，経営思想は広義には資本主義思想全般ともなりうる．ドイツ語圏ではマックス・ヴェーバー（1864-1920）らが資本主義経済における合理性の問題を論じ，第一次世界大戦後のオーストリアでは，相前後したソ連の成立や経済復興の必要などから，社会主義計算論争と呼ばれる論争において，市場と計画に関する根本的な議論が交わされたこともあり，マネジメント的発想は次第にこの時代の思想的潮流となった．

●**思想的源泉**　英語のmanagementは経営管理だが，ドイツ語のBetriebは他に企業や事業の意味を含む．これを論じる学問Betriebswirtschaftslehre（経営学）の歴史は，20世紀をはるかに遡る（Schneider 1981）．そもそもエコノミー（経済）という言葉は，ギリシア語で家を意味するオイコスのノモス（規範）としてのオイコノミアに由来し，現代のように効率的とか節約的という意味をもつようになったのは近代以降である．それ以前には家政Haushaltつまり家の切り盛りとBetriebの一体となったものが経済であった．ここでBetriebは当初主に農業であったが，次第に商取引や会計簿記の計算，記録が含まれるようになり，営利目的の社会の台頭とともに両者が分離したとされている．ドイツ語圏では17世紀頃から官房学体系が整備され，商取引や産業，企業活動など経済活動全般の管理経営が，国家統治に統合され体系化された．分枝としてのBetrieb研究は，やがてドイツ歴史学派経済学の企業研究や統計の手法，社会政策などに継承され，ヴェーバーらの経済社会学における経営や会計への関心へ発展したといえる．

　一方テイラーが活躍したのは，「アメリカ経済が南北戦争のあとで急速な工業化を遂げ，わずか半世紀ばかりの間にヨーロッパの先進工業国を抜いて世界最強の工業力をもつに至った時代」（北野編［1977］2009：2）であった．急速かつ大規模な生産力の拡大は労働にひずみをもたらし，テイラーが組織的怠業と呼ぶ停滞状態を生み出していた．彼は「マネジメントの目的は……雇用主に『限りない繁栄』をもたらし，併せて，働き手に『最大限の豊かさ』を届けることであるべ

だ」（テイラー 1911：10）として，専門的でない労働者が過度の無理なく人間的に働ける仕事量を計測し，目標を達成した場合の賃金設定を考えて，労働に関する計画・構想と実行の分離をうめる手法を考えた．これがテイラーシステムと呼ばれるマネジメント（科学的管理法）の考え方である．その発想は労働ばかりでなく，例えば企業内の配置，運搬，会計，事務方法，計画，送達，マーケティングなど技術一般にも適用されうる．

●拡大したマネジメント思想　ドイツではテイラーシステムをふまえてより広範な産業合理化運動が起こり，次第にヨーロッパ各国に広まった（塩沢 2002）．1927 年には国際連盟の主導する世界経済会議（ジュネーヴで開催）の最終決議は合理化と題し，「政府・公的諸機関・職業的諸団体・一般公衆にたいし，合理化の全面的採用を勧告」（同書：277）した．つまり諸団体組織や機関，さらには諸学問に対してもマネジメントの適用が一括して推奨されるに至った．

アメリカでは 1929 年以降の世界大不況後ニューディール政策という大規模な国家的マネジメントが展開された．そのブレイントラストのメンバーとなったアドルフ・A．バーリ（1895-1971）は，ガーディナー・C．ミーンズ（1896-1988）と『近代株式会社と私有財産』（1932）を著し，当時の 200 余りの大企業の実態を調査して，経済力の集中と株式所有の分散から所有と支配（コントロール）の分離を論じていた．同時期にはイタリアのファシズム，ドイツのナチズムなどが，自由主義的政治経済システムを否定する主張で広い支持を集めていた．そこに着眼したのがアメリカのジェームズ・バーナム（1905-87）であった．

バーナムは『経営者革命』（1941）を著し，世界は資本主義からマネジメント主義の時代に移行していると論じた．彼によれば，利潤を生むための商品生産や貨幣の自由な役割など資本主義のいくつかの特徴の重要性が低下し，従来はなかったマネジメント関連の多様な仕事とこれに従事する社会階層が増大している．ここでは独占・寡占状態の市場，資本主義，計画経済，全体主義などが同列に論じられる．バーナム自身の政治的スタンスの劇的な変動もあって著書の評価も大きく分かれたが，F．ハイエクや J．シュンペーター，K．ポランニーら同時代の一部の経済学者は，主に批判的な視点から注目した．

●マネジメント思想の確立と普及　しかしマネジメント思想が確立され普及したのは第二次世界大戦後であった．1970 年代に『マネジメント』（1974）を著した P.F．ドラッカー（1909-2005）は，大戦間期にはバーナムに着目した経済学者たちと知的土壌を共有してナチズムを批判する立場をとり，やがてアメリカで工場の現場を観察しながら次第に人間的経営を構想した．ドラッカーはテイラーのマネジメント思想の影響を強く受けていた．ドラッカーの時期のマネジメント思想はポスト・フォーディズムと位置づけられ高い評価を受けたが，やがてその反面，人間の情動までもが管理されることには批判も出るようになった．　［中山智香子］

社会政策

［独］Sozialpolitik　［英］social policy

　社会政策（Sozialpolitik）という言葉は，資本主義的工業化の過程で生じた「社会問題」に対して，社会主義的な革命ではなく，社会改良の立場から行われる諸施策を意味する．社会問題は19世紀ヨーロッパに共通の問題であったが，社会政策という言葉はドイツ独特の概念と理解されてきた．というのも英語圏の「社会政策（social policy）」が，市民革命や労働者の国民国家への社会的統合の後に，社会保障サービスの拡充という意味で使用されるのに対して，国民国家の形成が遅れたドイツでは，労働者・貧民の社会的統合と社会保障の拡充が同時に社会政策として語られたからである．

●**社会問題と社会政策**　ドイツでは社会問題という言葉は，1830年前後に初期工業化で生じた「大衆的貧困」を指して現れた．いわゆる産業革命は，短期間のうちに伝統的手工業を解体し，工場労働者を生み出したのではなく，市場経済の拡大によって問屋制家内工業や手工業的小経営をむしろ増加させ，農民解放とも相まって，浮浪する貧民としての「プロレタリア」を生み出し，また食糧暴動や疫病も引き起こした．この問題は既存の伝統的な相互扶助組織や救貧政策で解決することは不可能となり，1848年のドイツ三月革命の挫折後には，プロレタリアの社会的統合と社会の諸制度の近代化という課題が表面化した．

　社会政策という言葉は，民俗学者W. H. リールが1850年代に最初に使用したといわれている．ドイツの伝統的農村社会を国制の基礎と考えたJ. メーザーの系譜を引く保守主義者である彼にとって，社会問題は貴族・農民・市民といった社会諸階層の共同と有機的統一の解体を示すものであり，プロレタリアの出現は社会の道徳的退廃にほかならず，その解決は彼らを活力ある第4身分として民族の有機的統一性のうちに組み込むべき「倫理的問題」あった．これを遂行する国家は，L. v. シュタインによって社会問題を合理的な憲政・行政によって解決する「社会王制」として理論化されたが，今日でもドイツでは，福祉国家ではなく，社会国家という概念がよく用いられている．

●**社会政策学会の設立**　1860年代には社会問題の解決をめぐって，F. ラサールの国家的な労働者の生産組合論（国家救助）と，信用事業（預金業務と融資業務）を通じて小企業者を育成しようとする自由主義者F. H. シュルツェ=デーリッチュの信用協同組合運動（自助）が対立していた．しかし1870年頃からこの対立を乗り越え，国家的社会政策を要求する研究や著作が続々と現れ，その代表が手工業者の過剰の原因を追究したG. シュモラー（1838-1917）の『19世紀ドイツ小営業史』（1870）であった．こうした動きに反発したジャーナリストのH. オッペンハイムは，シュモ

ラー，H. レスラー，G. シェーンベルクらの要求を私有財産制度に対する攻撃ととらえ，「講壇社会主義者」と揶揄したが，後に彼らも自ら名乗るようになった．

オッペンハイムの批判を機として，シュモラー，L. ブレンターノ（1844-1931），A. ヴァーグナー（1835-1917）らは自由放任主義の修正と国家的社会政策を推進するための啓蒙的団体「社会政策学会」を 1873 年に結成し，これによって社会政策という言葉が一般化した．その目的は，工場法の制定・労働者の団結権の承認などの労働者保護，小営業者への技術の助成と教育の援助，住宅問題の解決などによって，平和な労使関係，公正な所得分配，健全な市場競争を実現し，経済的格差を縮小して彼らを国民経済と市民社会に包摂することであった．シュモラーはこうした政策を「倫理的社会政策」と呼んだために保守的な印象をもたれたが，講壇社会主義者たちはほとんどが E. エンゲル（1821-96）の主催するプロイセン統計学ゼミナールの出身であり，社会問題の解決のためにヨーロッパ全体に広がった最新の統計学や社会調査の手法を身につけていた．社会政策学会内部では，労働者保護に重点を置く主流派と国家社会主義的指向をもつグループが対立したが，彼らは工業化のもたらすさまざまな問題に関心を示し，20 世紀に入ると環境問題にも取り組んだ．

●ビスマルクとカトリック社会運動　O. ビスマルク（1815-98）によって 1880 年代に導入された世界最初の社会保険立法（疾病，災害，養老・廃疾）は，ヴァーグナーらの国家社会主義に近い発想であり，社会主義者（鎮圧）法による弾圧（アメとムチ）は，社会政策学会主流派の見解とは異なっていた．もっともビスマルクの背後には，三月革命以降のプロイセンにおける労働者保護と相互扶助制度の一定の進展が存在しており，ビスマルクは工場法の方が産業界にとって負担だと考えていたのであって，その意味で単なるアメではなかった．前述の社会政策学会の要求は，ビスマルク退陣後にようやく実現の緒に就き，ヴァイマル共和制，第二次世界大戦を経て福祉国家が実現する．こうした経緯を経てドイツは「福祉国家のパイオニア」となった．

ドイツの社会政策の展開にとって重要な役割を果たしたもう一つの勢力は，カトリック社会運動である．三月革命後にはカトリック司教 W. E. ケテラー（1811-77）が，神の絶対的「所有権」と人間に与えられた「利用権」を弁別し，後者を乱用する自由主義とこれを否定する共産主義をともに批判して，社会的正義と隣人愛に基づく財産利用権の行使を主張した．この観点を継承した教皇レオ 13 世は，1891 年の社会回勅で国家的社会政策の必要性と労働組合の承認を明確に表明し，さらに教皇ピウス 11 世の 1931 年の回勅では，国家的社会政策の原則が，社会的下位集団の自助を基本とし，国家が補足的に介入すべき「補完性原理」として定式化された．これは第二次世界大戦後の社会政策のみならず，今日の分権的社会・政治体制の重要な統合原則となっている．　　　　　［田村信一］

恐慌と政策
[英]crisis and its remedies

　恐慌という概念は数百年にわたって経済学者を魅了するほど，論争の的である．しかし，どのくらいの期間で何割の物価下落・生産減少があれば恐慌と呼ぶのか，そもそも何を指標とするのか，合意がほぼないことからわかるように，定義が曖昧である．

　●**恐慌の内容と歴史**　それでも好況が突然に崩壊することによって，信用収縮・生産激減・失業激増という破滅的な状況をもたらす経済現象とはいえる．恐慌を示す crisis（独 Krise）は「危機」とも訳されるが，この訳語では「恐慌」の深刻さは表せない．depression は不景気とも意気消沈とも訳されるが，景気後退 recession とは異なる．ただし，The Great Depression は世界大恐慌という 1929 年からの歴史的事象を指す．また，panic（突然の制御不能な恐怖と，それに伴う突発的な行動）という心理的な用語も「恐慌」の本質をうまく言い表している．

　資本主義の初期段階では，チューリップ恐慌（1637 年）や南海泡沫事件（1720 年）において，球根や株式の価値が信用取引によって暴騰したあげくに暴落し，多くの破産者をもたらした．産業革命後に工業制生産が確立すると，1825 年恐慌を皮切りに，過剰生産を特徴とする周期的な恐慌が発生した．当初イギリス一国にとどまる現象は，1857 年恐慌では主要国にも波及し，また 1907 年恐慌を典型に新興国アメリカに金融パニックをもたらした．1929 年ウォール街株価大暴落からの世界大恐慌（日本にも昭和恐慌として波及）によって，「恐怖が国民の心をわしづかみし，……ファシストによる解決の機が熟した」（ポランニー 1944：420）と評された．その反省と経済運営術の発展から，あからさまな恐慌は第二次世界大戦後にはなりを潜めたかにみえたが，「暗黒の月曜日」（1987 年），「アジア通貨危機」（1997 年），「世界金融危機」（2007/08 年）など，panic や crisis と呼ぶべき現象は根絶していない．

　●**経済学の二大潮流**　恐慌という現象を，資本主義に根ざす根本的な矛盾であると初めて説得的に唱えたのは S. シスモンディー（1773-1842）である．彼は生産・所得・支出・消費の間に円環（循環）運動を見出し，生産と消費，所得と資本，人口と所得などの各部門間に必然的な不均衡（＝市場の梗塞）が起こると論じた．つまり分業と機械化によって生産は増加するが，他方で労働者は失業に陥り困窮するために，経済全体として過少消費が生じる．より平等な分配によって労働者の消費を拡大させないかぎり，全般的な過剰生産による恐慌は必然であった．対照的なのは，同時代の J.-B. セイ（1767-1832）である．「販路説」——生産を完了した生産物は，まさにその瞬間に，その全価値分だけ，他の生産物に対する販路を提供する——を唱えたセイは，三つの仮定を施すことで，全般的な過剰

生産を否定した．すなわち，貨幣は単なる媒介手段（究極的には商品と商品の交換）であり，生産＝消費（つまり貯蓄＝投資は将来の確実な消費）であり，たとえ需給の不一致があっても企業家の市場対応能力で解消しうるのである．

　恐慌の原因は，古典的な実物重視とそれ以降の貨幣重視に分かれる．まず前者は，供給側を主要因とみる過剰投資説（近代特有の生産活動による錯誤や調整不良など）と，需要側を主要因とする過少消費説（過剰貯蓄や不平等な分配による消費減退など）にさらに分岐する．次に後者は，貨幣愛を究極の要因とする実物体系（雇用や所得）の攪乱・有効需要不足を説いたJ. M. ケインズ（1883-1946）の立場と，システミック・リスク，つまり資本主義の制度上の，あるいは病理が全身に浸透してしまう金融上のリスクを重視する立場に分かれる．世界大恐慌やリーマン・ショックをめぐっても，金融行政のミスなのか，リスクや道徳を過小評価した経営者・消費者の責任なのか，資本主義固有の欠陥なのか，論争は続いている．どれか唯一の原因があるというよりは，複合的な要因が絡まって累積的な変動を引き起こすととらえるべきだろう．

●**恐慌を避ける政策**　イギリスやアメリカにおいて典型だが，金融恐慌に対処するべく，中央銀行・連邦準備制度が徐々に確立されていった．20世紀に入ると，社会主義政権（ソ連）による計画経済が実行された．インフラが整っていなかった時代，重工業部門を中核とする五か年計画（1928年〜）などは世界大恐慌の影響を軽減させるなど大きな効力をもった．しかし，その後，経済の重点がサービス産業に移動するにつれ，硬直した計画と多様な需要が大きく乖離することになり，景気循環が緩和した代わりに，経済成長そのものが鈍化した．対するケインズは財政・金融・所得の各政策を個人の創意工夫・自由と抵触させない形で発動することによって，停滞に向かう成熟した経済を制御する具体的な技巧（art）を発案した．同時期，アメリカでもニューディール政策として，国家による大規模なインフラ整備・法律改正に舵を切っていた．第二次世界大戦後，福祉国家という混合体制が理念としても制度としても先進諸国に行き渡ったこともあり，ケインズ政策は社会保障政策と相まって，多くの人の所得水準・消費水準を支える働きも果たした．

　しかし，この「福祉国家の合意」（完全雇用と社会保障の相乗効果）も盤石ではなかった．実物経済の低成長が常態化した1980年代以降，金融商品の革新は租税回避行動と相まって，資産の極端な集中と流動化を招いた．H. P. ミンスキー（1919-96）が喝破したように，根拠なき楽観と累積的債務超過によって，経済はますます脆弱になる．いったんバブルがはじけると，I. フィッシャー（1867-1947）が論じた「負債デフレ」（債務の増大による物価・産出量の累積的な低下）が発生する．市場の力を重視する「見えざる手」なのか，政策担当者の知恵を重視する「巧妙な手」なのか，恐慌というテーマは経済学の二大潮流——つまり市場の社会からの自律性か依存性か——を意識させる喫緊の課題である．〔小峯　敦〕

開発・発展理論
［英］theory of development

　日本語では開発と発展という二つの概念の間には距離感があるが，英語では development の一語である．この語が「国民国家の『近代化』の状態を測る尺度であり，またその一過程（プロセス）でもある」（Srivatsan 2012：1）とされる定義のうち，「状態」が発展であり，過程が開発であるともいえる．ここで想定されているのは国民国家単位の発展だが，個別，具体的な開発は地域や都市の単位で行われるため，開発・発展理論は空間や都市の思想を生み出す源ともなってきた．歴史的にみると，発展を目指して行われる開発は資本主義経済の重要な過程であるとされてきたものの，19 世紀末以降には，これを単線的な前進として肯定的にとらえる思想と，結果として生まれる社会問題などから批判的にみる思想とに分岐した．また進化の概念ともからんで発展状態に優劣をみる優生学や人種主義，空間的拡張を基礎づける地政学がドイツ・ナチズムに利用されたことなどは，開発・発展に伴う思想的課題として浮上した．

●開発・発展思想の諸系譜　開発，発展について論じた初期の理論の一つは，主に 19 世紀のドイツに現れた経済発展段階論（説）であった．フリードリヒ・リスト（1789-1846）が示した国家の五段階（未開状態から牧畜状態，農業状態を経て，農工状態，農工商状態へ）や，カール・ビュッヒャー（1847-1930）による三段階（家内経済から都市経済を経て国民経済へ）など，ドイツ歴史学派の経済学者は近代化に「後発（後れて出発した）国」の理論として提示した．カール・マルクス（1818-83）が歴史上の生産様式を原始共同体から奴隷制，封建制，資本主義，社会主義へと区分したのも段階論の一例である．

　20 世紀に入ると，J. A. シュンペーター（1883-1950）が『経済発展の理論：企業者利潤・資本・信用・利子および景気の循環に関する一研究』（1912）を執筆し，発展を「経済が自分自身のなかから生み出す経済生活の循環の変化のことであり，外部からの衝撃によって動かされた経済の変化ではなく，『自分自身に委ねられた』経済に起こる変化」（同書：［上］174）と定義した．その中心には，企業家が技術革新によって静態的な経済循環に乱れを生じさせ，銀行からの信用創造の助けを得て，利潤を獲得する過程がある．ここでの技術革新は新結合である．新結合は新しい財（製品）やサービス，新しい生産方法を生み出すことだけでなく，新しい販路や原材料などの新しい供給源，新しい組織形態をも含み，それらを求める過程としての開発を含んでいる．新しい販路や原材料供給源の開発は当該の場所の土地利用を変化させ，新しい組織形態はそこで働く人びとの仕事のあり方を変化させる．シュンペーターは「経済発展とは本質的に現存の労働用役および

土地用役を他に転用することである」(同書:[上]251) と述べ, そこで古いあり方が否定され打ち捨てられる創造的破壊の側面があることに意識的であった. このように開発はやり方によって, 既存のものに対して暴力的, 強圧的にもなる. この時期, とりわけマルクス主義の立場から盛んに論じられた帝国主義論においては, 資本主義は発展過程の果てに暴力的な段階に至ると論じられた. やがて 1960 年代から 1970 年代にかけては, とりわけラテンアメリカやアフリカ諸国などの第三世界の現実に照らし, 開発とは当該の場所をむしろ低開発状態に押しとどめることであるとする従属理論が, A. G. フランクらによって提示された. そこから I. ウォーラーステインらの世界システム論なども分岐し, 長期の視点で資本主義的な開発・発展をとらえるグローバル・ヒストリーを描き出すようになった.

●**成長重視の時代**　発展や開発に関する見方が大きく広がり変化したことには, 資本主義的発展の後に国力を結集して戦う総力戦が展開され, 世界規模の戦争となった第一次世界大戦の影響が大きい. ヨーロッパは決定的に疲弊し, 米ソを二大超大国とする構造が潜在的に成立した一方, 宗主国のために人びとが兵士として戦ったアジアやアフリカの諸国では独立意識が高まった. 国際連盟の設立もあり, 少なくとも建前上は世界各国が「対等な」パートナーとして自由主義経済のネットワークを形成して, 国際貿易を行う枠組みが形成された. 帝国主義的世界観はその後も形を変えて存続するが, 植民地支配の大義は根底から揺らぎ始めた.

　一方, 足並みをそろえ諸国が競う体制においては, 国民総生産や国民所得, 外国との貿易額などを指標とする数量的伸長により発展を測定する手法が次第に整備された. 発展は成長とほぼ同義となり, 農業から工業への労働人口の移動による生産力の向上が重視された. コリン・クラーク (1905-89) が示した第一次・第二次・第三次産業という産業分類もこの方向性を継承している. また植民地諸国や後発国から宗主国・先進国の学問的成果に学んで理論を構築する論者たちも現れ, 日本では赤松要 (1896-1974) が雁行形態論として発展の継起をモデル化した.

　一方, 第二次世界大戦後には経済発展は経済成長のように一義的な量的変化ではなく質的変化であるという観点から, 国際連合が発展を「成長プラス社会的・文化的・経済的な変化の総体」と定義した (西川 1976). それでも開発は介入型資本主義, 計画経済, 開発独裁など多様な体制においてしばしば成長のみを目指して大規模に進められ, 理念としての発展と乖離したため, 代替的方向を模索する内発的発展論が現れて, 発展の質や人間的意義を問うようになった.

●**近年の動向**　1970 年代にローマクラブなどが成長の限界を主張した頃から, 脱成長とともに脱開発の思想, 持続可能な発展の考え方などが語られ, 行き過ぎた資本主義を見直して人間的な暮らしや経済を求めるようになった. しかしそれを体現する思想の展開は, 21 世紀に入ってもなお十分ではない.　　　[中山智香子]

都　市
［英］city　［仏］ville　［独］Stadt

　都市に決定的な定義はない．辞書的理解では「多数の人間が高密度に集まって暮らし働く場所」，「村落（農山漁村）と対照される人間居住の様式」，「行政，商業，交通のハブ」となるだろう．しかし，それだけでは不十分なので，第一に，都市の物理的構造・配置図が当該の歴史的社会の世界観や集団秩序と関連していること，第二に，その空間を統治する技術と思想が近代政治の土台をなしてきたことの意味を考えなくてはならない．

　●**古代と中世の都市観念**　古代の都市は，宗教的・宇宙論的な象徴秩序との関係において世界軸（Axis mundi）の貫通する土地として，世界の中心に位置する聖なる場所とされた．地上の都市は天上の都市を原型とし，その象徴秩序を具現するようにレイアウトされる．プラトンの理想都市もギリシア・ローマ都市の格子状パターンもこの図式の中にある．「ヨハネの黙示録」で天から下ってくる聖なるエルサレムは，円形の城壁に囲まれ十字路をもつ典型的イメージで表される．

　中世ヨーロッパは都市全体を計画しうる集中的権力を欠くため，都市は有機的に成長し，不規則に錯綜した内部空間を現出させる．他方で，外部を遮断する城壁は，封建制の隷属からの解放と農村部の不安全からの保護を意味する．M.ヴェーバー（1864-1920）は都市を定義するにあたり，相互防衛と相互扶助のために住民たちが宣誓して団結するコミューン，すなわち「何らかの範囲の自律権をもった団体，特別の政治的・行政的制度を備えたゲマインデ」にその本質を求めた（ウェーバー 1921d：25）．自治都市の理念は，アリストテレスが人間を，「善く生きる」ことを至上目的とするポリスの構成員「ポリス的動物」と規定したこととあわせて，近代政治に重要な思想的基盤を与えた．

　●**「社会問題」と「大都市」**　近代の産業化は地上の都市の様相を激変させた．農村部からの大量の人口流入により，都市は城壁で守られた自由と安全の象徴というより，貧困，犯罪，売春，疫病，階級闘争を露わにする「社会的不公正の劇場」と化した．これらの問題は，浮浪者など周縁的人口に限らず社会の主流をなす労働者階級を脅かし，社会の存立それ自体を再問に付す「社会問題」を惹起した．社会問題は，1830年代前後に慈善活動，警察，司法，公衆衛生の交わりに成立した「道徳統計」により定式化された．当時勃興しつつあった統計学と訪問調査を用いて事象をマッピングし，経験的事象をつうじて都市という抽象的なものを対象化する．ここに経験社会学的な認識の出発点をみることができる．

　都市人口の問題は，別の側面からみれば，かつてない規模の群集の出現だろう．G. ジンメル（1858-1918）は，それを城壁もゲマインデもない「大都市」と性格づ

けた．絶えず刺激的だが非人格的で匿名の群集の中で人が示す態度は，興奮への倦怠，隣人への冷淡さ，無関心の裏に秘めた嫌悪である．だが「大都市の生活形態において直接には解体とみえるものが，現実にはその根本的な社会化形式」（ジンメル 1903：194）であり，群集の感受性はその表れである．この洞察はシカゴ学派の都市生態学や W. ベンヤミン（1892-1940）の遊歩者論に受け継がれる．

●**二つの都市モデルとその批判**　以上の状況と認識から 20 世紀の都市計画につながる多様な批判的言説が現れる．理想都市は天上の原型ではなく空間と住民（人口）の関係に関する理論となった．F. ショエ（1925- ）によれば，それには進歩主義と文化主義の二つのモデルがある（Choay 1965）．

　進歩主義は，現実の都市の人間疎外に抗して普遍的人間を現実化することを志向する．その手段が，類型としての人間をもとに標準化され最大効率化されたユニットである．ル・コルビュジエ（1887-1965）の唱えた「輝く都市」構想は，都市を「住む，働く，楽しむ（余暇），往来する」の四つの機能（人間の欲求）を作動させる機械と解釈し，高層化と高密度化に来たるべき未来をみる．一方，文化主義によれば，都市は過密と過疎で毀損された住民の有機的一体性を回復しなくてはならない．それは画一的ユニットの反復拡張でなく，異質で多様な要素の有機的均衡でなくてはならない．E. ハワード（1850-1928）の唱えた「田園都市」は，円形の領域に都市のあらゆる構成要素（行政，商業，工業，農業）を備えた人口 3 万の小都市の分散ネットワークであったが，これは文化主義の典型である．

　二つのモデルは対照的だが対立しない．現実の都市開発が「輝く田園都市」と形容されるぐらいだ．共通性は都市の動態を阻害する外挿的介入でありうる点にある．そう批判を提起したのが J. ジェイコブズ（1916-2006）であった．例えば，ル・コルビュジエにとって街路は効率と安全の面で都市の弱点であり，速度別のゾーニングで置き換えるべきである．「大都市において人間の差し迫った死は，通りの死に取って代わられる．そのほうがずっといい！」（ル・コルビュジエ 1935：126）．ジェイコブズはゾーニングが都市の活力を殺ぐと批判する．「古い都市の，一見すると無秩序に見えるものの下には……街路の治安と都市の自由を維持するためのすばらしい秩序がある」（ジェイコブズ 1961：67）と述べ，見知らぬ他人の集まりにほかならない群集が自然発生的に織りなす「歩道のバレエ」を擁護する．つまり現実の都市がもつ潜在力を理想都市に対置するのだ．

　都市の空気は自由にする．この中世の法諺が西欧都市思想の根底にある．だが現在，大都市よりも巨大なメガシティの多くはアジアとアフリカにある．都市の思想はポストコロニアル状況と情報化された権力を前に更新される必要がある．また，ますます進む都市部への人口集中を考えると，廃棄物，環境汚染，気候変動が都市の限界を超えつつあり，重い思想的課題を突きつけている．　［宇城輝人］

民俗学と考現学
[英]folklore and modernology

　民俗学の源流の一つは，19世紀後半のイギリスにおいてであり，そこでは産業革命の進展によって伝統とよばれる古い生活様式が消えていく中で，ノスタルジーを含みながら自分たちの昔の姿を発見しようとして民俗の研究が開始された．フォークロアという言葉は，イギリスでは古い習俗や古謡の総称を意味した．またもう一つの源流であるドイツでは，グリム兄弟のメルヘン採集から出発し，民族文化全体を意味するフォルクスクンデ（Volkskunde）と呼ばれた．特にドイツでは政治課題としての民族統一と呼応し，民族の自己認識を目指す民俗学が成立した．一方，日本の民俗学の出発は古代の風習が田舎に残存しているという本居宣長に始まるといわれ，菅江真澄の風俗調査，屋代弘賢の風俗アンケート調査，平田篤胤の伝統的他界観調査などが行われた．特に18世紀後半の江戸に住む知識人たちのもう一つの世界への関心が反映しており，国学の影響の下に展開した．

●**柳田国男の民俗学**　日本の民俗学としての成立は柳田国男（1875-1962）による『後狩詞記』や『遠野物語』の刊行であり，その母体には1910年に成立した郷土会という研究集団が存在した．柳田国男は日本の「近代化」によって苦しめられている人びとの現実問題の解決を心指し農政官僚として出発するが挫折を味わい，そこから人びとの「精神世界」での「救済」を軸に民俗学を構想したが，彼の中には1930年代から60年代まで現実問題解決のための民俗学という実践的性格が一貫していた．それはいたずらに個々の民俗起源を探すのではなく，生活の具体的解答を示して未来の方策を考えるためであった．それは，日本の歴史学の理論中心の学風に対して「生活」を主題とし，「生活者」を担い手とする歴史の具体像を提起して大きな影響を与え，1930年代には「一国民俗学」の理念のもとで，日本民族の生活文化の歴史を研究することを通し現代を理解する学問として確立した．他方で郷土会の流れを汲む南方熊楠（1867-1941），折口信夫（1887-1953）や，渋沢敬三（1896-1963）らが独自の民俗学を推し進め，後世に大きな影響を与えた．

　柳田学は，1930年代以降，次第に学としての体系が整い，まがりなりにも市民権をもつようになるにつれ，社会・政治・国家などの現実問題への関心が希薄になっていった．加えて戦後の高度成長による都市化の波は，民俗資料の消滅を促し，かつて事実上農山漁村にみられる民俗事象を研究する学問としての性格に疑問も生まれた．現在の民俗学では，柳田の考えた「一国民俗学」への批判や方法としての「重出立証法」などの問題点も指摘され，文化人類学との方法的連携なども模索されている．さらに対象領域については都市民俗学という言葉も提唱さ

れ，都市を含めて農山魚村の民俗もを研究する現代民俗学なども提唱されている．問題はその意味で，例えば環境や過疎，老人，差別などを含む現在的問題をいかなる方法によって主題化するかにある．

●**考現学の成立**　考現学は，関東大震災の焼跡の中から生れた．今和次郎（1888-1973）はデザイナーとして出発するが，すでに1922年には柳田国男の影響も受けながら，鮮やかな筆致で描いた『日本の民家』を刊行している．しかし今和次郎と吉田謙吉（1897-1982）は震災の焼跡を歩きながら，ノートと鉛筆だけを頼りにスケッチを始めた．それはありあわせの残材で仮りの住まいや店をつくる人びとの工夫と独自の美学に生活の初源の姿を発見することであり，同時にそれは柳田の影響を受けた田舎の民家の「採集」から，都市の生活の「採集」への転回を意味していた．このため，今が考現学を提唱すると柳田との関係は決裂，破門されることになる．今は「考現学の思い出」の中に「民俗学は現在から過去の解明に，考現学は現在から未来の解明へと，分離して進むことになった」（今 1971）と書いている．今和次郎と吉田謙吉による震災以後の急激に変容する都市生活の記録は，共編著『モデルノロヂオ・考現学』（1930）と『考現学採集』（1931）としてまとめられ，考現学の誕生が告げられることになる．今はすでに1928年の論文「考現学とは何か」（『日本風俗史講座』第10号）において，それは「方法の学」であり，考古学が史学の補助学であるとすれば，考現学は社会学の補助学となるといい，Modernologio というエスペラント語で表現している．その研究対象は，「人の行動」「住居」「衣服」に関するものを主とし，その他のものという4分類になる．それは「現代人の生活ぶりのいつわらざる記録作成」であり，「ささいな事跡まで含めた現代生活の案内書」になるという．

　同時代の「採集」の作品としては，考現学の出発となった「一九二五初夏東京銀座街風俗記録」（1925年5月調査）があり，ここでは女性の洋服着用者がわずか1％という数字が記録されている．また家計調査への関心を示す「本所深川貧民窟付近風俗採集」（同年10月調査）や，「井の頭公園自殺場所分布図」（27年5月調査）や，「井の頭公園春のピクニック」（26年4月調査）などがあり，「同一の舞台で，同一の木のしたで，どんなに人びとの享楽とそして死とがとり行われているかがおわかりになるだろう．首を吊った木もまだ切りさられずに立っている」とのコメントが附けられている．それは昭和初期モダニズムの享楽と死の両極性の記録となっている．また「三七年五月午後三時から四時調査」と記されている「全国一九都市女性服装調査報告」では，「洋装化」率は全国平均26％，東京25％と記録され，また植民地などでは新京（32％），大連（28％），京城（40.7％），台北（46.6％）も入っている（ただし，洋服には「朝鮮服」「支那服」も含まれている）．これは植民地帝国日本のモダニズムを射程に入れた画期的な調査であり，考現学の力が有効に働いた事例であった．

〔安田常雄〕

余暇・奢侈・有閑階級
[英]leisure / luxury / leisure class

　余暇とは何もしない時間であり，奢侈とは贅沢であり，有閑階級とは社会の上層階級のことである，と一般には考えられている．しかしアメリカ制度派経済学者のソースタイン・ヴェブレン (1857-1929) は，その著『有閑階級の理論』で現代における有閑階級の制度として閑暇・消費を歴史的視点から発生論的に分析した．

●「余暇」　「余暇」は英語で leisure といい「閑暇」とも訳される．この閑暇（レジャー）と「学校」を意味する school とは，きわめて密接な関係がある．「学校」（スクール）の語源は "skhole"（スコーレ）である．このスコーレには，「労働をせずに，勉学や対話を学ぶ」という意味がある．古代ギリシアでは，労働は奴隷が行っていた．このため市民には，労働を休む「余暇」があった．市民はその余暇を使って「学び」，そしてより善き市民となる務めがあった．このように「余暇」には本来，奴隷が行う生産的な労働をしていない時間という意味が込められている．

　したがって余暇は労働と対置される．新古典派経済学に従えば家計は，余暇と労働から得られる所得との間で選択をし，最大の効用が得られるように余暇と労働の時間配分を行う．アダム・スミス (1723-90) は「労働」を「労苦と骨折り」（スミス 1776：52）とし，苦痛に満ちた労働に賃金が支払われるとした．通常，経済学では，労働は苦痛，余暇は効用（快楽）とみなされている．

　ヴェブレンは，「閑暇」を「時間の非生産的な消費」とした．閑暇を誉あるものとし，生産的労働が隷従や無能を示すとした．というのも有閑階級の制度のもとでは，「生産的な仕事はするに値しないという意識」が作用し，閑暇の享受は「何もしない生活を可能にする金銭的能力の証拠になる」（ヴェブレン 1899：52）からである．

●「奢侈」　「奢侈」とは，一般に過度な贅沢を意味し，過度な「消費」ともいえる．消費行動を経済学の視点から分析すれば，消費者は，自分の予算（所得）と選好に基づき合理的判断を行い，限られた予算の中で最大の効用を実現する消費を行う．それゆえ他人の目からみて，当人の消費が奢侈や贅沢であるとしても，当人にとって合理的な選択行動である．

　経済学では奢侈財を，需要の所得弾力性（所得の変化率で需要量の変化率を割った値）が 1 よりも大きな財とする．これは所得が変化する割合よりも，当該財の需要量が変化する割合が大きな財を意味する．

　経済学は奢侈を，時に肯定的に，時に否定的に論じてきた．否定的な議論は資源配分の誤りをもたらす，という議論である．端的にいえば，「無駄」や「浪費」とするものである．これに対し奢侈を肯定する議論には次のようなものがある．

社会が貧しく多数の失業者が存在する場合，一部の富者が「奢侈」を行えば，その奢侈財の生産と販売のために雇用が新しく生み出される．この新規雇用は，失業者に職を与え，所得をもたらす．するとその所得は消費支出の拡大を引き起こし，需要が増加する．増加した需要に対応すべく生産の拡大が起こる．生産を拡大するために生産に従事する雇用が増大する．雇用の増加は所得の増加をもたらす．このような好循環を通じ，社会全体に富裕が行き渡る．これは，富者の富が社会の下層まで「滴り落ちる」ことに擬えて「トリクルダウンの理論」とも呼ばれる．この理論は，現代の新自由主義思想を支える経済理論の一つでもある．奢侈が雇用を生み出し，社会の発展に寄与するという考え方には，古くは「悪徳は美徳」という B. マンデヴィル（1670-1733）の『蜂の寓話』がある．

　ヴェブレンは奢侈を「顕示的な消費」とし，他者との比較を通じ自己の優位を示す文化行動であるとした．顕示的消費は，当人の金銭支払い能力が高いことを示すだけでなく，社会的地位が高いことを示す「刻印」とみなされる．このため消費の対象となる財は高価でなければならない．換言すれば，そこで消費される財は，「社会的地位表示財」である．この考え方は，高価な「ブランド」がなぜ人びとに支持されるのかを解き明かすカギを提供する．

●「有閑階級」　「有閑階級」とは，通常，社会の上流階級を意味する．ヴェブレンは，この階級の経済的特徴を有用な生産的職業に従事していない，とした．有閑階級の職業を歴史的にみれば，政治，戦闘，スポーツ，宗教的儀式と結びついている．この4系統の職業に共通するのは，「あらゆる有用な職業からの顕示的回避」（ヴェブレン 1899：48）である．その職業は「本質的に略奪的な仕事であって，生産的仕事ではない」（同書：49）．これに対し下層階級の職業は，「生産的」であり，「産業的職業」とされる．

　ヴェブレンによれば，有閑階級の制度が最も発達しているのは，封建時代のヨーロッパや日本のような「野蛮時代の文化が高度化した段階」（同書：12）である．有閑階級の制度の登場は，所有権の発生と時を同じくしている．

　有閑階級の成員が自己の優位性・社会的名声を誇示するための究極的な基礎は，金銭的能力である．この金銭的能力を誇示する手段が閑暇や財の顕示的消費たる奢侈である．有閑階級の制度のもとでは，名声の観点から生産的労働は嫌悪され，閑暇と奢侈は高く評価される．人びとは他者との比較を通じて社会的名声を追求する．しかもそれは，証拠をもって誇示し続けなければ，維持することが難しい．このため社会の生産力が人びとの生存に必要なレベルを優に超えても，人びとの社会的名声を求める欲求は満たされない．有閑階級の制度に起因する生産的労働の嫌悪や顕示的消費という思考習慣は，現代においても往々にしてみられる．こうしたヴェブレンの観点から社会や経済をみれば，単純な経済合理性だけでは解明しきれない奇妙な様相が浮かび上がってくる．　　　　　［塚本隆夫］

社会学の成立
[英]origin of sociology

　社会学という学の構想は，19世紀において圧倒的な作用力をもって姿を現す現実の変容への，差異の幅も大きいが類似でもあった一連の反応への呼称である．

●**社会概念の時代**　19世紀の思想は，この変容を言語的に把握しそれに対処する課題に直面していた．一群の人びとは事態に社会という概念をもって対応しようとした．理性を備えた個々人が契約的につくる市民社会という18世紀的な社会概念の用法は，ブルジョア社会という意味ではなおも有効だったが，理性主義的概念としては説得力を失っていく．大衆が集合的に織りなす，とりわけ経済の影響力の増大，資本の成長と市場の自立，労働者の困窮，功利主義的人間像の普及などを核心とした錯綜した現実への対峙が，いまや問題だった．そこでは，経済を越えた人間の連帯性や共同性，倫理性の樹立が社会の名のもとにさまざまに企図される．R. オーウェンや Ch. フーリエの運動も，その一例である．この復古的，宗教的でもあれば，産業主義的でもあった運動の中で，社会主義という概念がしばしば使われはじめる．この概念は，認識の契機も認めていた．現実の複雑性が，その契機を欠いた運動概念をすでに許さなかったのである．19世紀中盤，A. コントは，市場や国家を包括する現実の全体を社会と呼ぶとともに，認識の契機を自然科学的方法に範をとって自立化させることを提唱することで，その学を社会学と命名した．彼自身は宗教的側面を混在させていたが，認識契機の実証主義的な方法論的自立の主張は，この世紀中葉以降の Ch. ダーウィンや H. スペンサーの進化論の流行，統計学や民族学による経験的なデータの累積，そして社会問題の解決自体が現実認識の一層の自立的な深化を要求していたことなどとも相まって，なおも進歩の観念と融合しつつではあったが，急速に広まっていく．

●**社会学の思想的構想**　社会学の構想は，最初から方法的，理論的，倫理的に解きがたい難問を内包していたが，A. シェッフレ，É. デュルケーム，G. タルド，F. テニエス，G. ジンメル，M. ヴェーバーらが，それにさまざまに対処を試みることで，思想的魅力を増大させていく．

　自然科学的方法の適用は，ロマン主義と歴史主義の伝統の強固なドイツにおいて激しい反発を引き起こし，対抗運動として精神科学の構想が提起される．社会学に加担する思想家たちは，象徴や表象，意志や精神，理念や意味の概念をその学問構想に持ち込むことで，実証主義と精神科学の対立を調停しようとした．

　現実全体を社会と規定しその構造と変動を説明しようという理論的立場も，重大な矛盾を内包していた．現実には市場の自立化の趨勢は強力であり，国家はそれに従属しつつあった．社会主義は，経済に対し，現実を実践的に社会へと変革

する運動であった．これに対し，現実の総体を最初から社会と呼ぶことは，現実が市場と国家を越えていることを与件にしている点で，一個の実践の裏づけなき倫理的な要請でもあった．経済と国家を越えた包括的全体の概念化には，小規模の氏族的集団か生物有機体との類比が援用された．後者から，後の社会学にとって最大の理論的装置となる分化概念が導き出される．この概念は，機能の多元性と個々の機能の自立化を前提とする．そのことで経済の自立化と，しかしそれの「一つの」機能でしかないものへの限定化を，理論上同時に充足しえた．社会的な行為と関係も，功利主義的動機を越えたものとして想定される．そこに象徴や意味，理念の非実証主義的な概念装置も絡んだ．

　とはいえ，現実全体を社会と規定することの倫理的含意は消えない．デュルケームやジンメル，ヴェーバーらは，強くそのことを自覚していた．社会学は，市場や国家，法による統合ではなく，連帯性や共同性，共通価値に基づく社会統合を想定せざるをえない．さもなくば，現実の総体を市場でも国家でもなく社会と呼ぶことの根拠が失われる．国家による福祉政策の遂行と経済の規制は，その統合をリアルとも思わせる面がたしかにあったが，政治的と社会的，この二つの統合は完全には重ならない．包括的な社会概念への理論的加担と社会主義的実践への距離は，現実と倫理の相違に論者をより鋭敏たらしめる．この感覚は，19世紀末における進歩概念の崩壊やF. ニーチェ受容などとも相まって，一層先鋭化した．そこにゲゼルシャフト，アノミー，相対主義，物象化，合理化，官僚制化などをめぐる，近代の性格へのさまざまの幻想なき批判的洞察が生み出された．その近代批判は，思想の根拠づけや啓蒙的進歩観と理性信仰に懐疑的になっていくその後の思想に，左右を問わず重大な影響を与えていく．

●**学科としての制度化**　学術組織における制度化は，別の事柄であり，その発展には，各国における共和制と民主主義の定着の度合い，社会主義概念の受容のいかん，宗教的な社会倫理の様態などが深く関わっていた．経済学がその後市場の学として自己を純化し，政治学が主に国家と法の学でありつづけたことにより，厖大な社会調査的な現象が社会学に委託されることになったことも，20世紀における社会学の制度的定着に好都合に働いた．制度化された社会学は，19世紀末から20世紀初頭にかけての社会学の思想的構想を「古典」として名指すことで，T. パーソンズの行為論がその模範的な型を示すが，自己とその形成史を正当化する．もちろんその「古典」の思想史的な文脈ならびに意味と学科のカノンとしてさまざまの変奏のもと反復される制度形成史的な読みとは，必ずしも一致しない．ともあれ，社会学は，調査データを「古典」を引照しつつ解釈することで，両者の間を往還しながら現実の理論的な説明を図るという言説の戦略をとった．この「古典」ナラティヴの戦略の有効性の是非は，モダンの変容論とグローバル化論の中で，今日問い直されつつある．　　　　　　　　　　　　　［廳　茂］

社会史

[英]social history　[独]Sozialgeschichte　[仏]histoire sociale

　歴史叙述が一個の学問としての体裁を整えるのは 18 世紀後半のドイツにおいてである．ただ，その歴史学の主要な対象はおおかたの場合，政治・外交・軍事にあった．ところが，20 世紀を迎えるとともに，そうした政治・外交・軍事中心の歴史学に対する批判の動きが方々から起こってくる．社会史と呼ばれる動きがそれである．

　日本でも，法制史家の三浦周行（1871-1931）が，1920 年に世に問うた『国史上の社会問題』を「一部の社会史」とみなすこともできるだろうと言明している．「従来の史家は余りに政治や軍事に重きを置き過ぎていた傾きがある」が，よくみると，「社会の裏面や下層に流れて居る暗流が，段々漲って来るにつれて，これまで表面勢力のあった上層のものも，いつしかそれに推し流され漸次下層と入れ替わる」というのが「ほとんど一定の常軌になっている」というのだった．

●**政治を除外した日常生活の歴史**　その社会史には，ヨーロッパの場合，大きくみて三つの流れがあった．一つはイギリスの歴史家ジョージ・マコーリー・トレヴェリアン（1876-1962）に代表される流れである．トレヴェリアンは『イギリス社会史』（1942）の序文で，「消極的に定義すれば，社会史とは政治を除外した一国民の歴史といってよいだろう」と述べたうえで，「それはまた独自の積極的意義と独特の関心をもっている」として，「一国の住民の過去における日常生活」が社会史の対象であるとしている．そして，そこには「種々の階層相互間の人間関係ならびに経済関係，家族生活や家事生活の特徴，勤労や閑暇の事情，自然に対する人間の態度，またこれらの全般的な生活条件から生じて絶えず変わりゆく姿を宗教，文学，音楽，建築，学術，思想に示す各時代の文化」が含まれるとしている．これは政治ないし国家を社会と対立するものととらえたうえで，社会史の守備範囲を後者に限定しようとするものであった．ちなみに，当時勢威を増しつつあった経済史については，これをトレヴェリアンは社会史の本格的な研究に大いに役立つとして歓迎している．

●**「全体史」への志向**　この一方では，1929 年にフランスの歴史家リュシアン・フェーヴル（1878-1956）とマルク・ブロック（1886-1944）によって創刊された雑誌『アナール』（『社会経済史年報』）のように，社会とは人間活動の総体であるとの観点に立ったところから，「全体史」としての社会史を構想しようとする流れも出てくる．例えばフェーヴルは 1941 年高等師範学校（エコル・ノルマル・シュペリウール）での講演「歴史を生きる」の中でこの点に触れて，次のように述べている．歴史家の対象は本来，生きた人間たちそのものである．そして，この人間をとらえるにあたっては，便宜

上，身体の一部分だけでつかまえることもできるだろうが，その部分を引き寄せるやいなや身体全体がついてくる．人間をばらばらにすることはできない．そんなことをすれば人間は死んでしまう．ところで歴史家には死骸の断片などまったく用はないのだ，と．

この『アナール』の二人の創刊者が目指した「全体史」の一つの具体的な見本を私たちはフェルナン・ブローデル（1902-85）の『フェリペ二世時代の地中海と地中海世界』（1949）のうちに見出すこととなる．そこでは，「構造」をなす長期持続的な「地理的時間」から始まり，経済や社会の「変動・景況」のうちにみてとることのできる中期持続的時間を経て，「事件」の短期持続的時間までが物理学の波動現象になぞらえつつ展開されているのが目を惹く．この方法については，ブローデルはフェーヴルの後を継いで自らが編集長を務めることになった『アナール―経済・社会・文明』の第13巻第4号（1958）に発表した「歴史と社会科学―長期持続」という論文の中で詳しく説明している．

『アナール』誌に結集したフランスの歴史家たちは，その後も，数量的方法による物価変動の時系列史的分析と歴史人口学，さらには心性史から歴史人類学へと，さまざまな実験を試みていく．これはたしかに社会史の深化を意味する動きではあった．しかし，扱う分野が拡散しすぎて，歴史学の「パン屑化」と揶揄されるような事態を招いていることも否めない．

●「構造史」および「歴史的社会科学」としての社会史　社会史の三つ目の流れは，1957年に――ブローデルからの一定の影響下で――ドイツの歴史家ヴェルナー・コンツェ（1910-86）が『ラントとヘルシャフト』（1939）で知られるオーストリアの中世史家オットー・ブルンナー（1898-1982）と共同で起ち上げた「構造史」的社会史のための研究グループから出てくる．そしてこれの影響を受けつつもこれとは一線を画して，1960年代以降，社会史を「歴史的社会科学」として理解しようとするユルゲン・コッカ（1941- ）とハンス＝ウルリヒ・ヴェーラー（1931-2014）に代表されるビーレフェルト学派が台頭する．コッカによると，社会史において重視されるのは，個々の事件や人物を超えた集合現象であり，社会を構成している人間集団の「構造」なのであって，そうした社会構造史としての社会史に求められるのは，考察対象となる諸現象においては社会経済的要因が卓越した影響力を保持しているという前提に立ちながらも，社会経済的要因が政治や文化その他の要因を一方的に規定しているなどと主張しないで，諸要因と諸次元が現実の中で複雑に絡まり合っている相互依存と相互作用のあり方をその歴史的変化の相において考察することなのだという．またヴェーラーも，社会科学の数量的かつ比較的な方法を用いた総合的歴史学の必要性を強調するとともに，従来のドイツ史学を現代の大衆社会現象を説明することができないでいるとして批判している．

［上村忠男］

エコロジー

[英]ecology　[独]Ökologie　[仏]écologie

　エコロジー（ecology）は，一方では生物と環境，生物と生物との相互関係を扱う生物学の一部門の「生態学」を指す．近年では動物の社会行動が自然選択のもとで進化してきたメカニズムを扱う進化生態学や，生態学的心理学なども議論されている．また，エコロジーには，人間と自然環境，文化，社会組織との相互作用を扱う学問として人間生態学という領域もある．他方，環境の保護や環境問題の解決を求める環境運動や思想を指す場合もあり，使い方は多様である．

●**生態学としてのエコロジー**　生物と環境を扱う学問の源流を遡るならば，近代ではリンネ，ビュフォン，A. フンボルト，Ch. ダーウィンといった博物学の代表者の名前が並ぶ．神の世界創造と自然から生物への影響，生物による自然の改変などが問われたのである．ギリシア語のオイコス（家政）とロゴス（学）を組み合わせてエコロジーという言葉を造語し，その方向を定めたのは19世紀のE. ヘッケル（1834-1919）である．彼は，「エコロジーということで，私たちは有機体と環境の関係に関する学を意味する．広義においては，この関係には生存のためのあらゆる条件が含まれる」（Haeckel 1866）とする．ただし，生態学の開始はふつうこの定義ではなく，20世紀初頭に置かれる．

　生態系の概念に話を絞るならば，この概念の成立にはH. スペンサー（1820-1903）の社会有機体論の影響がみられる．すでに19世紀終盤の動物学において，ある区域にいるあらゆる種が，捕食動物と被食動物の均衡によって維持される機能的な群集（今日の生物群集）に関連づけられることが主張されていた（ボウラー 1992：[Ⅱ] 267）．しかし，生態系の概念に先鞭をつけたのは20世紀初めの植物生態学である．F. E. クレメンツ（1874-1945）は，植物群集は相互利益のために協働する種の集合体以上の超有機体であり，物理的な諸条件に依存しつつ，特定の極相にまで発展する（遷移）とした（1916年）．こうした有機体論的な見解に対して，システム分析の考え方を導入して提示されたのが生態系の概念である．A. タンズリー（1871-1955）は陸水学での経験をもとに，生物の要素とともに生息場所をなす環境を形成する物理的要素を含めた系に対して「生態系」の概念を提示し（1935年），生態系を相対的に安定した動的平衡システムと考える．クレメンツのいう遷移もこの動的平衡に向かうシステムとして理解される（マッキントッシュ 1985：153）．こうして脱有機体論化された生態系の概念は1940年代には生態学の中心の一つとなり，G. E. ハッチンソンによるニッチ（生態的地位）概念の定式化や，E. P. オダムらによる，生態学とは「生態系を流れる物質とエネルギーの量と効率を扱う科学」であるとする定義づけがされると同時に，人

文，社会科学や環境運動にも大きな影響を与えることになる．
●**環境運動としてのエコロジー**　エコロジーのもう一つの側面は，ドイツの緑の党やNGOのグリーンピースに代表される政治的な環境運動，エコロジズムである．こちらもその起源も形態もきわめて多様である．環境思想の先駆けは，19世紀前半のフランスのP. L. クーリエらによる景観保護の活動や，19世紀後半のイギリスのギルバート・ホワイトやアメリカのH. D. ソローにみられる自然と人間が一体化したユートピアの思想など多様な思想にみることができる．これらの中には保守的なロマン主義的，宗教的な思想も含まれていたが，原生自然の主張などのかたちで1960年代，70年代の環境運動に少なからぬ影響を与えた．

　20世紀初め頃の環境思想としては，経済的エコロジズム，コミューン運動，ベジタリアン運動などをあげることができるが，特筆すべきは，A. レオポルド（1887-1948）の土地倫理であろう．レオポルドは当初，自然を適切な管理によって維持する環境保全主義の立場を学んだが，森林官助手として働くうち，人間の利益ではなく，生態系を重視する見解を抱くようになり，生物共同体の全体性，安定性，美観を保つような土地利用は妥当だが，そうでない場合は間違っている，とする土地倫理の立場を唱えた（レオポルド 1949）．

　環境が人間に対してもつ多様な関係を扱う（地理学を中心とする）人間生態学は1930年代に成立していたし，また生態学的考え方を人間環境の改善に役立てようとする動きは1960年代にあった．エコロジーが社会運動と関わりをもつ転機となったのは1970年代初頭の石油危機であり，資源問題に関する経済学的な議論と生物学の議論とが融合させられることになる．ローマクラブがまとめた『成長の限界』（1972）が鳴らした地球と人類は成長の限界に達するとする警鐘は，「資源枯渇への危機と緑の価値の融合」（ブラムウェル 1989：325）を表すものであった．思想的に顕著なのは，資本主義的な体制や近代科学に対するオルタナティヴを求める運動の潮流である．イギリスでは，E. F. シューマッハー（1911-77）らが大きいものはよいことだとする論理に対抗して中間技術を唱え，従来の技術の第三世界への輸出が現地の慣習や環境を破壊してきたことへの代替策としようとした．また，田園回帰を唱えるグループもあり，土壌協会のエコロジストたちは資源枯渇に対して，人口圧力ではなく，資源の不平等な分配の仕方こそが問題なのだとした．ドイツでは，当初，生態系の破壊という点で資本主義と共産主義は同様だとする保守色の強いグループが緑の党を結成したが，やがて左派グループが参入して「赤い緑」の路線が優勢になる．

　オルタナティヴを求める環境運動は，マルクス主義，アナキズム，自由主義，共同体主義，そして過去にはファシズムとも親和的でありえた．運動としてのエコロジーも，当初の生態学と同様に，有機体的全体性や生気論，神秘的合一との微妙な緊張関係のうちに展開してきている．

[直江清隆]

ジャーナリズム
［英］journalism

ジャーナリズムという言葉の語源は，フランス語のジュルナリスト（journaliste，1704 年初出．le grand Robert 辞典による）にある．新聞，雑誌（Journal，日刊新聞，雑誌）をつくり，刊行する人を指す言葉として出現し，その影響下で英語のジャーナリスト（journalist）という言葉が生まれた．イギリスで最初の日刊紙「デイリー・クーラント」が創刊されたのは，1702 年のことである．そして「ジャーナリストの仕事」を指す言葉として，フランス語でジュルナリスム（journalisme，1781 年初出）という用語が生まれた（ジャーナリズム［journalism］は，1833 年初出．OED による）．

いずれにせよ，ジャーナリズムという言葉は，18 世紀から 19 世紀にかけて誕生したのだが，近代ジャーナリズムと関係の深い，「大衆（マス）」メディアの登場は，アメリカにおいてであった．1833 年 9 月 3 日，ニューヨークで印刷工出身のベンジャミン・デイが出した『ニューヨーク・サン』は，1 部 1 ペニーという安値で街頭販売され，2 年たつと毎日 1 万 5000 部を発行する新聞となった．この成功は，同種の新聞を次々と生み出し，「ペニー・プレス」と呼ばれた．

●**マス・メディアの誕生**　「ペニー・プレス」は，それまでの新聞が取り扱わなかった庶民生活の出来事（結婚，離婚，強盗，姦通，殺人など）を主要なテーマとして取り上げた．それまでのニュースの概念を打ち破り，さまざまな社会の出来事を等価値として報道する近代の「ニュース」概念が生まれた．この「近代的ニュース」概念が「ジャーナリズム」という用語と密接に結びついた．「ペニー・プレス」は，実用化されたばかりの電信を利用したが，電信を手段として 1846 年にアメリカ最初の通信社 AP（Associated Press）が生まれた．

そして，19 世紀末になると，アメリカの二人の新聞王によって，20 世紀型のマス・ジャーナリズムが生み出される．『ワールド』の J. ピュリッツァーと『ニューヨーク・ジャーナル』の W. R. ハーストである．この両者の新聞販売競争は，ニュースを報道するよりも「ニュースをつくり出す」というセンセーショナリズムを生んだ（香内他 1987）．このようなジャーナリズムの状況をみつつ，フランスの社会学者 G. タルドは，『世論と群衆』（1901）の中で，「ジャーナリズムは，ニュースの吸い上げポンプであり押し上げポンプでもある」と書いた．

●**擬似環境と擬似イヴェント**　さらに，アメリカのジャーナリスト，ウォルター・リップマン（1889-1974）は，『世論』（1922）の中で，「擬似環境（pseudo-environment）」という概念を提起している．リップマンによれば，それぞれの人間は頭の中で生じるイメージ（擬似環境）をもとにして現実世界を理解しようと

する．現実世界そのものを正確に把握することが困難であるがゆえに，人は自らつくり上げたイメージの世界（擬似環境）によって物事を判断しようとするのである．また，リップマンは，我々は「見てから定義しないで，定義してから見る」という．ここで彼が生み出した概念が「ステレオタイプ（stereotype）」である．日常的な経験，知識，習慣が，ある現象を「そうであるに違いない」とみなす見方を生み出してしまうのである．

　リップマンは，ニュースと真実とは同一物ではない，という．そして「ニュースの働きは一つの事件の存在を合図することである」と主張する．ジャーナリストに可能なことは，人びとの意見形成のもとになる「いわゆる真実」なるものが，実は不確実な部分をもつものであることを理解させることである，とした．

　リップマンの時代は，新聞，雑誌の時代だったが，その後，ラジオが普及し，テレビが出現することになって，ジャーナリズムのあり方も激変する．写真，映画などの「複製技術」（W. ベンヤミン「複製技術時代の芸術作品」[1936]）をめぐるベンヤミン（1892-1940）と Th. W. アドルノ（1903-69）の論争で明白になった，活字メディアと異なる音響と映像による影響力の問題である（日本では長谷川如是閑（1875-1969）が，「ラヂオ文化の根本問題」（1936）でラジオ放送による「複製芸術」の問題を論じた）．

　新しいメディアの音響と映像による圧倒的な影響力の問題は，テレビの普及によって論議の対象となった．D. J. ブーアスティン（1914-2004）は，『幻影の時代（*The Image*）』（1962）で，「擬似イヴェント（pseudo-events）」という概念を用いて，メディアによってつくり出された虚像（ある日突然に有名人となる）が，人びとを支配する事態を憂えた．

●抵抗の主体？　さて，ドイツの H. M. エンツェンスベルガー（1929- ）は，「メディア論のための積木箱」（1970）という論考で，新しいメディアは，利用方法によっては，権力と闘うための民衆の武器にもなると論じた．異議申し立てをする人びととのネットワーク的コミュニケーション（フリージャーナリズム）という考え方は，1960年代の対抗文化を背景としていた．これに対してフランスのジャン・ボードリヤール（1929-2007）は，冷ややかに反論した．カメラなどをもつことは，冷蔵庫をもつことと同じであって，新たなジャーナリズムの登場などではない．誰もがカメラやビデオカメラをもったとしても，アマチュアリズムにすぎないと批判した（ボードリヤール 1982）．

　その後，インターネットの出現は，ポータブル・コンピュータ化したスマートフォンの普及によって，世界中のどこからでも写真，動画，文章を送れるアマチュア・ジャーナリズムの時代を生んだ．この新しいネット・ジャーナリズムが，ボードリヤールのいう「モデルの強制」というマス・メディアの特性を克服した新たなジャーナリズムを生み出すのかどうかは，まだ定かではない．　[桜井哲夫]

大衆（群衆）・群衆心理学

［英］mass（crowd）／mass psychology

　大衆は，英語では mass，フランス語では masse，ドイツ語でも Masse と表記されるが，社会科学用語としては，群衆（英語で crowd，フランス語で foule，ドイツ語で Menschenmenge）と基本的に同じ現象を意味している．大衆もしくは群衆という現象が，社会的に注目され始めたのは，19世紀以降のことである．その背景として，19世紀以降における地球規模の人口爆発がある．19世紀初頭には 10億人でしかなかった世界人口は，1930年までに 20億人を超えた．さらに 20世紀末には 60億人（1998年）に増大し，その後 70億人（2013年）にまで膨らんだ．

●**群衆への恐怖**　産業社会の成立と科学技術／医学の進歩・発展に伴って生じた人口爆発は，それまで人類が経験したことのない大規模な群衆現象を生み出した．とりわけ大都市への人口集中による群衆現象（ロンドンで 86万［1801年］→ 423万［1891年］，パリで 54万［1801年］→ 253万［1896年］）は，ヨーロッパの思想家や文学者たちに対して強烈な衝撃を与えた．フランスの詩人シャルル・ボードレール（1821-67）は，『パリの憂鬱』の中で「群衆に沐浴するというのは，誰にでもできる業（わざ）ではない．群衆を楽しむことは一つの術である．……孤独にして思索を好む散歩者は，この普遍的な融合から，一種独特な陶酔を引き出す」（ボードレール 1869）と書いた．またボードレールが絶賛したアメリカの作家エドガー・アラン・ポー（1809-49）には，『群衆の人』という作品があり，ロンドンで遭遇した群衆への強い驚きが描かれている．作家・夏目漱石（1867-1916）もまた，1900年から 2年間ロンドンに留学したが，後に「狼群（ろうぐん）に伍する一匹のむく犬の如く，あはれなる生活を営みたり．……五百万粒の油のなかに一滴の水となって辛うじて露命（つゆのいのち）を繋げる」と記した．ここにも都市群衆への恐怖がみられる（夏目 2007）．

　ドイツの哲学者 F. ニーチェ（1844-1900）は，群衆現象への強い嫌悪を書き記している．遺稿の中の「畜群」という草稿で，上位のもの，例外者に敵対し，同じ価値を共有する者たちだけの平等に固執するのが畜群（群居動物）だと書いた．（ニーチェ 1906）

●**群衆心理学の誕生**　そしてこのような群衆現象を心理学の対象として取り上げたのが，フランスのギュスターヴ・ル・ボン（1841-1931）である．ル・ボンは，『群衆の心理学』（1895）の中で「われわれが入る時代は，まさに群衆の時代となるであろう」と書いた．ル・ボンの議論の中心をなすのは，「暗示」という概念であり，当時，催眠術療法を実施していたフランスのナンシー学派（A.-A. リエボーが中心）やサルペトリエール学派（J.-M. シャルコーが中心）の影響だろうとみら

れる．セルジュ・モスコヴィッシ（『群衆の時代』1981）は，フランスで群衆心理学が成立したのは，群衆行動を生んだパリ・コミューンという政治・社会現象と催眠術学派の影響が連動した結果だとする．

一定の方向に向けての集団行動を「暗示」という概念で説明したル・ボンと異なって，社会学者のガブリエル・タルド（1843-1904）は，「模倣」という概念を提示した．『模倣の法則』（1890）の中で，タルドは，「社会とは模倣であり，模倣とは一種の社会的催眠である」（訳2007）と論じた．社会状態も催眠状態と同じく「夢の一形式」だとしたタルドが，ル・ボンと異なって「模倣」概念を提示したのは，生物学の生命現象の反復（生殖・遺伝）を社会学にも導入すべきだと考えたからである．タルドは，「模倣」現象は，個人間に限定されず，集団的な広がりをもつと論じた．

タルドの「模倣」概念は，精神分析の創始者S.フロイト（1856-1939）の「同一化」概念と類似しているだけではない．「父」を子どもにとっての最初の主人であり，司祭，モデルだと論じた点などもフロイト理論との類似性を感じさせる．そしてフロイトは，「集団心理学と自我分析」（1921）という論文の中で，集団内部の個人間の結合を説明するものとして「同一化」と「恋着」という概念を説明する．「同一化」は子どもが父（自我理想）を手本として自我形成を行うなどの場合のことであり，「恋着」は，模範とすべき対象（自我理想）を過大評価して自分の自我を犠牲にしてしまうような場合である．ここから，フロイトは，同一の対象を自我理想として取り込み，互いに同一化してしまう集団現象について論じた．集団内部の平等追求と指導者への服従の成立について，彼は次のように述べた．

「すべての個人は互いに対等であるべきだ．しかし，彼らは誰もが一人の人に支配されることを望むのだ」（フロイト 1921）．

かくてフロイトは，人間とは「群族をなす動物，一人の首領によって先導される群族に属する個体的存在」だとしたのである．

●**大衆社会の到来**　そして，スペインのオルテガ・イ・ガセ（1833-1955）は，『大衆の叛逆』（1930）の中で，皆と同じであることに疑問をもたず，それに快感をおぼえる人びとのことを「大衆」と呼んだ．

そして両大戦間期のファシズム・ナチズム現象を分析する中で，エーリッヒ・フロム（『自由からの逃走』1941），S. ノイマン（『大衆国家と独裁』1942）やテオドール・アドルノらの「権威主義的性格」論（『権威主義的パーソナリティ』1950）もまた，フロイトの集団心理分析（権力への一体化衝動）を継承している．さらにアメリカの社会学者デヴィッド・リースマン（1909-2002）は，『孤独な群衆』（1950）の中で，かつての禁欲的な「内面志向」に対して「他人指向」という新しい分析概念を提示した．タルドの「模倣」概念を継承させ，他人の動向に絶えず注意を払わずにはいられない大衆消費社会の人びとを解き明かした．　［桜井哲夫］

金融資本主義

[独]Finanzkapitalismus

　「金融資本主義」は，経済学の概念としては本来，19世紀末以降の「金融資本が支配する資本主義」という意味になりそうであるが，しかし実際にはそれとは異なった次元で，はるかに狭い意味で用いられている．2008年9月の「リーマンショック」を結果としてもたらした1980年代以降のアメリカ資本主義，すなわちRMBS（住宅ローン債権担保証券）という新たな金融商品の開発と金融工学（financial engineering）によるCDO（債務担保証券），CDS（クレジット・デフォルト・スワップ）などの創造を契機に引き起こされた金融部門（主体は日本の証券会社にあたる投資銀行）の猛烈な収益増・肥大化・競争激化・産業部門の再活性化，およびそれに遅れまいと金融構造改革を推進した欧日資本主義，この新たな金融リード型グローバル資本主義を指す時事的用語として，「金融資本主義」が用いられるのである．よりジャーナリスティックには，「カジノ資本主義」「マネー資本主義」「オフショア経済」などとも呼ばれる．

　経済学において「金融資本」概念を創造・確立したのはルードルフ・ヒルファーディング（1877-1941）である．しかしその主著『金融資本論（Das Finanzkapital）』（1910）では「金融資本主義（der Finanzkapitalismus）」という概念はまったく用いられず，「資本主義の最新の発展に関する一研究」とされているだけである．これは，半世紀前のカール・マルクス（1818-83）が主著『資本論（Das Kapital）』全3巻（1867, 1885, 1894）において「資本主義（der Kapitalismus）」という概念を用いなかった〔ただ1か所第2巻で例外的に使用（マルクス 1885：[Ⅱ]190）〕ことと共通している．両者とも理論の俗流化を避けたものと思われる．

●**金融資本とは**　ヒルファーディングは，銀行資本すなわち貨幣形態にある資本がその大半の資本を，19世紀末以降重化学工業化した産業が必要とする巨額な設備等に長期・固定的に融資するようになり，そのため自ら産業資本と一体化し，恒常的な利害共同体を形成している場合，それを「金融資本」と名づけた（ヒルファーディング 1910：89）．その前提は，マルクスの時代と異なり株式会社が鉄道のみならず普遍的な企業形態となって，「配当」が「利子」と区別される独自の範疇をなし，株式が証券取引所で常に売買可能となっていることである．これによって金融資本は，産業に固定的に融資しながらその企業の株式発行を引き受けることによって，その売買により貨幣形態の資本を取り戻すことができるのみならず，引受け株式販売価格総額（配当総額×「平均利子率の逆数」）とその額面価格総額（企業利潤×「平均利潤率の逆数」）との差額を「創業者利得」として入手することで，巨額の収益を得るのである．

ヒルファーディングは，また別の角度から「金融資本は資本の統一を意味する．かつては分離されていた産業資本・商業資本・銀行資本の領域が，今では金融貴族の共通の管理下に置かれている．金融貴族とは，産業の支配者たちと銀行の支配者たちとの緊密な人的結合体のことである」という．この結合の土台は，さまざまな大独占結合体の形成により私的個別企業の自由競争がなくなったことであり，金融貴族は国家権力を動かす力をもつ（ヒルファーディング 1910：209）．

　マルクスが「信用制度の中で起こる歪曲の完成」（マルクス 1894：[Ⅲ b] 826）と評した，国債のような債務の蓄積が債権者にとっては資本の蓄積であるという事実，すでに支出されてしまった資本と引き換えに交付された債務証書（消滅した資本の紙の複製）が販売可能な商品（金融商品）となり，資本に再転化され得るということ，これは，ヒルファーディングが強調した株式の売買による資本への再転化＋創業者利得と並んで「金融資本主義」にとっては初めの一歩にすぎない．

●**金融資本主義とは**　オーストリア人経済学者ヴァルター・オェチュ（1950- ）は，「金融資本主義」を「現下の資本主義形態」として，17のメルクマールにより説明しようと試みる（Ötsch 2014）．主要な論点は以下のとおり．

　(1) 金融部門の優勢，金融業・金融市場の爆発的成長（2005年世界金融市場における1日あたり売上高7兆8000億ドル，これは全工業諸国の1日あたりGDPの56倍）．(2) 一個の「借金経済」が生じ，それによって世界的な貨幣ベースが破壊される．(3) 経済の「金融化」：金融投資家が「実体」経済を支配する（短期の収益性が最優先；収益の大半を金融活動から獲得）等々．最後に金融資本主義はますます危機に陥りやすいシステムになっているとして，1987年10月19日ニューヨークの取引所恐慌（「ブラック・マンデー」）から始まる数年に一度の危機，そして2008年最大の危機「リーマンショック」，その結果としての2009年グローバル経済危機，ユーロ圏の引き続く銀行・国家債務危機＝「ユーロ危機」（2013年12月にひとまず終息）をあげている．

　アメリカでは，1980年代にRMBSを開発して爆発的ヒットを生み出し，投資銀行のあり方に革命をもたらしたソロモン・ブラザーズが，準大手からトップに躍り出て他のウォール街会社の全収益に匹敵するほどの利益を上げた後，1997年に破綻．その後CDO，CDSという新商品に賭けて競争を生き抜こうとした業界第5位の投資銀行ベアー・スターンズ，第4位の名門リーマン・ブラザーズが2008年3月と9月に相次いで破綻．さらに第3位メリルリンチも破綻．第1位ゴールドマン・サックスと第2位モルガン・スタンレーはそれぞれ商業銀行持ち株会社に転換．こうして米大手投資銀行はすべて消滅した（NHK取材班 2009）．

　大手金融業者の下での高度な金融商品の全面開花と金融市場争奪のための激烈な競争・破綻，国家による救済と再編，この繰り返しが「金融資本主義」である．

[黒滝正昭]

第3章

危機の中の文化

［編集担当：三島憲一・中山智香子・細見和之］

ニーチェ……………………………………544
ハイデガー…………………………………546
ベンヤミン…………………………………548
フロイト……………………………………550
ペシミズム…………………………………552
青年運動……………………………………554
多元論・多元主義…………………………556
生活改革運動………………………………558
アール・ヌーヴォー，ユーゲントシュティール……………………………………560
未来派，ダダ………………………………562
シュルレアリスム…………………………564
バウハウス…………………………………566
モダニズム…………………………………568
教育思想……………………………………572
否定神学・自由教会（無教会）運動………574
性科学………………………………………576
歴史言語学…………………………………578
ユダヤ神秘主義……………………………580
科学政策……………………………………582
科学史の成立と展開………………………584
オリンピック思想…………………………586
対外文化政策………………………………588
映像（イメージ）…………………………590
プロパガンダ………………………………592
記号論………………………………………594
解釈学………………………………………596
精神分析……………………………………598
現象学………………………………………600
近代の超克…………………………………602
人類学の思想………………………………604
ポランニーと経済人類学…………………606

ニーチェ
Friedrich Nietzsche

　F. ニーチェ（1844-1900）は牧師の息子としてライプツィヒ近郊に生まれ，ボンおよびライプツィヒの大学で古典文献学を専攻する．古典古代の書物の厳密な編纂と校定を目指す古典文献学は，19世紀における市民層の文化的アイデンティティを支える学問であった．だがやがて，自分たちの時代の理性やヒューマニズムの起源を古代ギリシアにみる自己満足的な歴史観を批判した．また，啓蒙主義によって力を失ったキリスト教は，植民地支配とともにグローバル化するヨーロッパの中で再宗教化され，同じくヨーロッパの欺瞞的なヒューマニズムの大きな柱となっていた．ニーチェは，牧師の家に育ちながら，そうした自己満足こそ「文明化された野蛮」とみた．労働運動には否定的だったが，ロシアのニヒリストにヒントを得てニヒリズム概念を展開し，また，初期フェミニズムの中心的存在で，アレクサンダー・ゲルツェン（1812-70）とも交流のあったマルヴィーダ・フォン・マイゼンブークとも親しかった．青年運動に大きな影響を与えた彼の思想は，19世紀の閉鎖的な市民社会からの解放運動の一貫でもある．

●**芸術による救済**　若くしてバーゼル大学に招聘されたニーチェは『悲劇の誕生』（1872）においてギリシア悲劇の成立と構造を，ディオニュソスとアポロによって説明してみせた．ディオニュソスは情念や欲望を，残虐や悲惨を，春の訪れと同じにどんな運命にも耐えて再生する生命力を，視覚ではとらえ難いその底知れなさを象徴する．アポロは，光と理性を，中庸と規律を，そして視覚的なものの優位を象徴する．ニーチェは，舞台の下のコーラスをディオニュソスの嘆きと喜びの歌とみて，舞台上の所作はそのディオニュソスがみる夢としてのアポロ的な視覚的幻想であるした．そうした解釈に依拠しながら，ソクラテスに始まる理性の文化を後ろ向きに乗り越えて，アルカイックな異教的ギリシアの再建を目指そうとした．

　そこには人生の空疎さを芸術によって救済するというショーペンハウアー的な思想も主導的モチーフとして作用していた．1848年の三月革命の失敗と産業社会の到来の中で，抗争と生存競争の場として社会が経験されるようになっていく中で，忘れられかけていたA. ショーペンハウアー（1788-1860）が広く読まれ，ニーチェもその熱烈な読者の一人だった．芸術による救済を唱えるショーペンハウアーを崇拝する，30年近くも年上のR. ヴァーグナー（1813-83）とすでに学生時代に意気投合し，彼の楽劇を通じて「現代ドイツに古代世界を再生させる」という文化的プログラムを構想していた．だが，ヴァーグナー自身の，芸術を口実にした商売人ぶりをみていると，ショー・ビジネスの次元でこうしたプログラム

を実現させることは不可能なことをニーチェは思い知らされた.

●既成の価値や想念への根底的な批判　こうした幻滅から芸術家,宗教家,そして学者たちの実態を心理的に分析したアフォリズムを書き始める.それらを集めたのが『人間的な,あまりに人間的な』『曙光』『悦ばしき知識』『善悪の彼岸』などである.大学もやめ一所不住の年金生活をしながらの作品群であるが,内奥は次第に心理的分析から,ヨーロッパ文化のあり方,キリスト教的生活の問題性,そしてプラトン以来のヨーロッパの真理観や価値の分析へと向かう.

　主導したのは,生活から芸術,学問,宗教にまで働く「力」ないし「権力」の分析である.19世紀において資本の運動と生活の隅々にまで働くその帰結(例えばフェティッシュとしての商品)を分析したのがK.マルクス(1818-83)であるとすれば,力の運動と文化的無意識の領域にまで及ぶその帰結(力の戦略としてのキリスト教的ヒューマニズム)を分析したのがニーチェである.

●力への意志　ニーチェは個人であれ,文化的ないし宗教的集団であれ,その奥底に働くのは優越への意志であるとみた.他者だけでなく,自己への優越も含んだ意志である.そうした意志は価値を生み出す.キリスト教においては,この世でなくあの世で優越するために自己の欲望を抑制する二重の優越への意志が働いているとニーチェはみた.この優越への意志,つまりこの世の勝者への逆恨みでもある意志をルサンチマンとよび,プラトニズムが打ち立てた価値も,「裏口」から力を得るための,同質の理想化であるとした.こうしたキリスト教的=プラトニズム的価値は,実際には虚無の上に打ち立てられた抑圧,何よりも自己への抑圧であった.その事態がキリスト教の中で培われた知的誠実(『喜ばしき知識』110番,357番)によって次第に暴かれてきた,という逆説がヨーロッパ文化の核心的プロセスであるとされる.ニヒリズムが露呈する歴史でもある.

●永遠回帰　こうした力の思想は,「主体」「精神」などをキーワードとした近代思想への批判であるが,同時に暗黙のうちにその継承でもあった.批判の側面は,ソクラテス以前の自然観・宇宙論へと立ち戻ろうとする永遠回帰の思想に現れている.力への意志を自然のうちにも読み込み,力とその特定の配列が永遠に回帰する,したがって永遠回帰を認識するその瞬間も回帰するという思想を晩年のニーチェは,『ツァラトゥストラはこう言った』などで展開する.また主体による認識の,そして価値の構築という点では,近代思想の継承でもあった.同じような永遠回帰の思想を,現実の歴史とは異なった無限にある別の世界の可能性として説いたのが同時代者のL. A. ブランキ(1805-81)である.W.ベンヤミンは『パサージュ論』で,永遠回帰の思想は,常に新しさを装う商品が,実際には同じものとして回帰しているだけの資本主義の市場への跪拝である,とみた.しかしブランキもニーチェも,跪拝の激しさによって資本主義を揺さぶったのだとユニークな解釈をベンヤミンはしている.

[三島憲一]

ハイデガー
Martin Heidegger

M. ハイデガー（1889-1976）はバーデン=ヴュルテンベルク州の田舎町メスキルヒに生まれ，文化的にも経済的にもカトリックの庇護のもと，成長する．成績優秀な奨学生として聖職者を目指すが，後に方針転換．フライブルク大学では神学部から哲学部に移り，中世神学者ドゥンス・スコトゥスに関する論文で教授資格を取得．1915年から同大学の私講師となる．研究の姿勢は，文献の精妙な分析や解釈を主軸に置く点で徹底していたが，それを導くパッションは時代を色濃く反映していた．理性中心の近代的価値観は，第一次世界大戦とその後の政治的・文化的混乱によって崩壊した．哲学に目下要請されているのはむしろ，自分たちがただ存在しているという生々しい経験に対峙することではないか．こうした問題意識を背景に，1920年代はI. カント，アリストテレスなどの古典読解に従事する．

●『**存在と時間**』**のセンセーション**　ハイデガーの初めての著作『存在と時間』（1927）は衝撃をもって迎えられた．この本で彼は人間を「現存在」と規定し，その実存論的分析を体系的に展開した．それは，我々と世界との関係をひと（主体）－もの（客体）という図式からとらえる従来の見方を刷新するのみならず，そうした図式の基底をなす伝統的な存在理解の解体を目指す，斬新な試みであった．さらにハイデガーは，公刊された『存在と時間』はこの解体のための前段にすぎず，続く後半部において，古代ギリシア以来の「在る」とは目の前にものが在り続けることだ，という現前性＝現在時中心の思考を根本から問いただす，と宣言していた．

●『**存在と時間**』**を超えて**　しかし『存在と時間』の続きはついに公刊されず，彼の構想は挫折する．その理由は諸説あるが，構想の主軸である現存在そのものが従来の主体概念の構造的残滓を抱えていた，という自己反省が大きく作用したようである．例えば『存在と時間』では，「もの」の総体として世界が現れる以前の根源的な経験を開示する道筋として，非本来的な日常生活から脱し，各自が自らの最も固有な存在可能性（＝死）を我有化する，という決意の重要性が主張されていた．C. シュミット（1888-1985）の決断主義とも交差するこうした本来性の言説は，しかしながら，1930年代以降，急速に表舞台から退いてゆく．

●**ハイデガーとナチズム**　とはいえ，思考の方法論が見直されても，それを主導するパッションは容易には変わらず，むしろラディカルになる．1933年にハイデガーはナチ・シンパの同僚たちに促される形でフライブルク大学総長に選出され，直後にナチ党に入党する．その折に行われた講演「ドイツ大学の自己主張」には，民族に固有な可能性の主体的引き受け，という決断主義があからさまに表

れている．歴史の転換点に立っているという自覚のもと新たな神を待望したF. ニーチェ（1844-1900）に寄り添いつつ，ハイデガーは時代の危機を古代ギリシアに淵源する知の在りようが忘却された頽落の結果とみなす．知に携わるドイツの大学人はこの危機に徹底して立ち向かう必要があるとされるが，それは彼によれば，ドイツ人こそが起源の呼び声への応答という運命を付託された者たちだからである．かくして，存在論の刷新という学問上の要請は歴史の刷新へと，そして歴史の刷新は，歴史を引き受ける民族の政治的決断の促しへと拡大解釈される．

●**時代から，時代とともにヘルダーリンを擁護する**　1934年，ハイデガーは総長職をわずか1年ほどで辞す．しかし時代に対する危機意識は一向に冷めやらない．ニーチェとF. ヘルダーリン（1770-1843）に取り組む中で，ハイデガーはニーチェに見切りをつけ，彼の教説を西洋の形而上学的思考のニヒリズム的完成とみなす．そしてその克服の処方箋をヘルダーリンの詩に求めるようになる．祖国ドイツを離れフランスに渡り，そこからの帰還を契機に数々の賛歌を構想したこの詩人を，ハイデガーは，形而上学とは別の思索のはじまりを告げ知らせる存在へと格上げする．ただしこの時期，ナショナリズムと結びついたヘルダーリン・ブームがあったことも指摘されねばならない．1943年には国内の約200か所で詩人の没後100年を祝祭するイベントが行われたが，P. J. ゲッベルスやナチの御用雑誌が主導する一連の文化政策により，祖国愛に殉じたヘルダーリン・イメージが浸透する．ハイデガーの詩人論はこうした安易な政治的プロパガンダとは一線を画すものであるが，にもかかわらずそこには思考のある種の限界がみて取れる．少なくとも，J.-J. ルソーを愛読し，フランス革命に熱狂し，ギリシア独立運動を支持した共和主義者ヘルダーリンの姿は，ハイデガーの言説からは削除されている．

●**発展的継承と批判的検証**　戦後のハイデガーは，西洋の歴史的行き詰まりを技術（テクネー）の問題として論じた．現前性に固執する思考は，あらゆるものを計測・利用する対象として目の前に引き出す総駆り立て体制に結集する．近代科学批判につながるこうした発想を含めて，ハイデガーの思想は戦後，急速に受容の幅を広げる（実存主義，現象学，解釈学，精神分析，プラグマティズム，等々）．特にフランスでは現前性批判のモチーフが，いわゆる脱構築に代表されるさまざまなポストモダン的発想として花開いてゆく．とはいえ，それは決して無批判的な継承ではなかった．例えばE. レヴィナス（1906-95）はハイデガーが無視した倫理学の構築を現象学的に試みた．また，根源思考や歴史哲学的視点を受け継ぎながらも，彼を反面教師として哲学と政治とのつながりを改めて批判的に検証しようとしたのはP. ラクー＝ラバルト（1940-2007）である．とりわけ政治の問題は，反ユダヤ主義的言説を含むハイデガーのテクスト（いわゆる「黒ノート」）が近年刊行されたこともあり，ハイデガー主義者にとって避けて通れないトピックとなりつつある．

［入谷秀一］

ベンヤミン
Walter Benjamin

　W. ベンヤミン（1892-1940）は，ベルリンの裕福なユダヤ系の家庭に生まれた．彼は当時のギムナジウムに馴染めず，私立学校「田園教育舎」に転校し，自由な生き方を求める青年運動に参加する．しかし，第一次世界大戦勃発に際して，青年運動の主流派が参戦の立場を取ったことにより，彼らと訣別．博士論文「ドイツ・ロマン主義における芸術批評の概念」に続いて教授資格申請論文として提出した「ドイツ悲劇の根源」が受理を拒否され，それ以降，不安定な文筆業で過ごすことになる．1930年代にはマルクス主義に近づき，ナチスの政権獲得後，パリに渡り，事実上の亡命生活に入る．デンマークのスヴェンボル，イタリアのサン・レモなどに滞在しながらも，ベンヤミンは基本的にパリで暮らしていたが，ドイツ軍の接近する中，スペインへ非合法での入国を試み，スペインの国境警備員に捕えられ，服毒自殺してしまう．生前は決して著名な批評家ではなかったが，戦後，ベンヤミンの知的後継者を自認するTh. W. アドルノ（1903-69）らの努力によって，ベンヤミンの思想はみごとに復活を遂げることになる．

●**前期と後期という大きな区分**　ベンヤミンの思想は実に多面的だが，大きくは『ドイツ悲劇の根源』に至る前期，それ以降の「パサージュ論」に取り組む後期に区分することができる．思想上ではマルクス主義に接近する以前と以後，生活上では大学の教授職を目指していた時期と不安定な文筆業を生業とする時期と重なる．書物としては1928年に刊行された『ドイツ悲劇の根源』は，W. シェイクスピア（1564-1616），P. カルデロン（1600-81）など，同時代のドイツ以外の戯曲家も対象としつつ，17世紀前後のドイツのバロック悲劇を論じたもの．そこには，初期の言語論，博士論文における批評概念，重要な翻訳論などが，きわめて難解な議論の中に組み込まれている．この著作でベンヤミンによってあらためて強い光をあてられたアレゴリー（寓意）という手法の意味は，それ以降のベンヤミンの思想のみならず，戦後，ベンヤミンの思想に注目が集まるとともに，さまざまな芸術批評の領域に影響を与えることになる．

　一方「パサージュ論」は，ベンヤミン自身が自らのライフワークと位置づけていながら，実際にはおびただしい断章，しかも大半は種々の著作，雑誌，新聞などの抜き書きからなる断章を残すのみで，著作としてはまとめられなかった仕事である．それがドイツで遺稿の集積として刊行されたのは，ベンヤミンの死から40年以上を経た1982年のことだった．それらの断章の中でベンヤミンは，19世紀に成立したガラスで天井を覆ったアーケード（パサージュ）を軸にして，19世紀という時代のさまざまなイメージを確認しようとしていた．19世紀後半，百貨

店には商品が溢れ，万国博覧会がロンドンとパリで交互に開催され，たしかに豊かなブルジョア世界が花開いた．しかし同時にベンヤミンは，そういう「進歩」の時代が第一次世界大戦で露呈するような「廃墟」へと至ることを読み取ろうとしていた．F. ニーチェ (1844-1900) の「永遠回帰」の思想や A. ブランキ (1805-81) が獄中で紡いだ「天体の永遠」という奇怪な観念は，19 世紀という進歩の時代が永遠の足踏みに行き着くことを暗示している，と彼は考えたのである．この仕事は断片の集積に終わったとはいえ，ベンヤミン後期の重要な作品のいくつかは「パサージュ論」の企図から派生したものでもあった．

●その思想の多面性　このような前期・後期という区分を背景として，ベンヤミンの思想は生涯にわたって多面性を保持していた．初期の言語論以来，ベンヤミンはユダヤ神秘主義の思想に惹かれ続け，それを大事なインスピレーションの源としており，彼の思想は時にオカルト的な様相さえみせる．その特徴は，後期においてマルクス主義への接近が生じても，彼の中から決して消え去りはしなかった．むしろ，ユダヤ神学とマルクス主義の接合は遺稿となった「歴史の概念について」(執筆 1939-40) に至るまで，ベンヤミンの個性的な思想の本質を形づくっている．一方，絵画をはじめ造形芸術の唯一性を重視する古典的な芸術概念に対して，写真とそれに基づく映画などの複製芸術を積極的に評価した「複製技術時代の芸術作品」(成立 1935) は，今では，その後多種多様な形で展開されてゆく映画論の先駆として位置づけられている．こちらのベンヤミンは現代的なメディア論のみならず，ポストモダニズムの先駆者という位置づけさえ与えられている．

そういうベンヤミンの思想の多面性は，交友関係の豊かさとしても存在していた．彼のユダヤ神秘主義への関心は生涯の友人で後にユダヤ思想の碩学となる G. ショーレム (1897-1982) との出会い抜きにはありえなかったし，彼のマルクス主義への接近はマルクス主義の立場にたった 20 世紀を代表する戯曲家 B. ブレヒト (1898-1956) との深い交友を背景としていた．また彼は 1933 年以来，アドルノを仲立ちとして，M. ホルクハイマー (1895-1973) が所長を務める社会研究所（そのメンバーが後にフランクフルト学派と呼ばれる）の研究員でもあった．さらに，パリに亡命しているあいだ，同じく亡命者としてパリに暮らしていた H. アーレント (1906-75) と彼は活動をともにしていた．ベンヤミンの死後，これらの人びとは，それぞれの記憶の中のベンヤミンを，心をこめて語ることになる．ショーレムにとってはユダヤ神秘主義への傾向をもつ思想家ベンヤミン，ブレヒトにとってはマルクス主義者ベンヤミン，アドルノにとっては『ドイツ悲劇の根源』の著者ベンヤミンが重要だった．アーレントはユダヤ系の「文人」としてのベンヤミンを強調した．対立し矛盾し合いもするそれぞれのベンヤミン像は，ベンヤミンという思想家の多面性の証言そのものとなっている．　　　　　［細見和之］

フロイト
Sigmund Freud

　S. フロイト（1856-1939）は医学者だが，心の病の治療を専門として選び，人間の心の分析に深く分け入る．病むのは個人の心でも，その症状発生のメカニズムは他者との関係の内にあり，つまり社会的素姓をもつ．人間の心は社会関係の内で形成され，したがって社会的存在なのだ——「個人心理学は同時に社会心理学でもある」（フロイト　1921：129）と確認される．

●**エディプス・コンプレクス**　その際考えられている社会とは，父-母-男の子の三者からなる関係（エディプス三角形と呼ばれる），最小単位としての家族である．フロイトにとって，人間とは欲動を本質とする存在である．すでに幼児が性（愛）的欲動を充たすことのできる対象を必要とする（欲動の対象が確保されることは，対象備給と表現される）．男の子と母の間には，通常，幸いなる対象備給の関係が成立しているのに対して，父との関係はそれほど単純ではない．男の子は，父のようでありたいとする同一化（Identifizierung）の欲望を抱くとともに，ある時点で，父が，母をめぐる強力な競争相手である事実に気づく．父と男の子の関係は，情愛，同一化の憧れ，競争相手への敵意という，正負両価的な情動によって重層的に刻印されたものとなる．父-母-男の子の間に成立するこの錯綜関係が生み出す男の子の心の状態がエディプス・コンプレクス（Ödipuskomplex）と呼ばれる（コンプレクスとは，情動・記憶・表象［言語表象を含む］の複合体という意味である）．フロイトの社会思想はすべて，エディプス・コンプレクスという事態をモデルに組み立てられる．エディプス・コンプレクスは，そこからの脱出が図られねばならない苦境である．父に対して勝ち目はないから，男の子は母への欲動を断念する．そして，同一化の対象である父を自らにとっての理想として内面化する．「自我理想」，後には「超自我（Überich）」と呼ばれるものだ．欲動断念と自我理想（超自我）の形成を首尾よく成し遂げた男の子は，思春期に至って，正常な愛情生活を送ることができる．母のような女性を，父のように愛することができる．このプロセスをたどり損なった男の子は，神経症をはじめとしてさまざまな症状に苦しむ患者（予備軍）となる．そのようにして，個人の心は他者との関係の中で形成されてゆく．個人の心は他者と社会によって構成されているのだ．

●**集団心理**　個人の心がすでに社会的存在である，ということとは別に，「社会の心」というものが考えられる．いわゆる「集団心理」である．集団の中では，諸個人は「ある集合的な心の持ち主となり，その心のおかげで彼らは，各人が一人で感じ，考え，行動するのとはまるで違った仕方で感じ，考え，行動するようになる」（フロイト　1921：132）．第一次世界大戦の経験を経て集団心理の問題と取

り組むフロイトが注目するのは，非定型の一時的集団（群衆）ではなく，持続性と秩序を備える集団，具体的には，軍隊と（カトリック）教会である．両者に共通するのは，強力な指導者の存在であり，集団の個々のメンバーの全員がこの指導者によって等しく愛されているという錯覚によって拘束され（結びつけられ）ている．フロイトは集団心理にも，愛（リビード）の関係を見出す．集団心理の謎とは，通常であればナルシシズム（Narziβmus）に囚われ互いに角突き合わせて生きている人びとが，集団の中では，なぜ敵対感情など存在しないかのように一体化できるのかという点にこそ存するのだが，それは，人びとが指導者と同一化すること（自らの自我理想を指導者という理想に置き換えること）により，理想を共有することで相互にも同一化することが可能になるからだ，というのだ．

●**社会の起源**　エディプス・コンプレックスをモデルに考えるフロイトにとって，指導者とは父親の代替物である．社会組織の成立もまた，このモデル，父と息子の関係から説明されてゆく．1912/13年に発表された『トーテムとタブー』では，「人間社会の原型は，一人の強力な雄のほしいままな支配を受けた群族だった，とするダーウィンの推理」（フロイト 1921：195）が取り上げられ，その家父長的群族がどのように兄弟的共同体へと転換したかのプロセスについて，文化人類学的「思弁」が逞しくされる．ここでは息子は複数である．彼らは力を合わせ，強力な父を殺すことができる．しかし，父殺しの罪の意識を共通の遺産とすることで，兄弟の中の誰一人，父に替わる存在の座につくことはできず，原父という集団理想に拘束される者たちの集団生活が維持されることになる．父を神に祀り上げることを通して宗教が誕生するのであり，殺すこと，姦淫することの禁止としての道徳の成立でもある．こうして，フロイトは，「エディプス・コンプレックスがあらゆる神経症の核を形成していることを精神分析は確認してきたが，この確認と全く一致する形で，宗教も，倫理も，社会や芸術もともにエディプス・コンプレックスから始まっているのである」（フロイト 1913：200）とすら断言する．

●**社会の抑圧的性格**　社会の根幹に欲動断念，父親殺しを想定することで，フロイトは，社会の抑圧的性格に光をあてる理論を提出した．文化は——社会は，と言い換えてもよい——欲動断念のうえに成り立つ，と．ここから，「市民社会（bürgerliche Gesellschaft）の抑圧的性格」という認識を引き出し，その変革の理論の中に精神分析を組み込もうとする試みに道が開かれた．もっとも，フロイト自身は，文化そのもの，社会そのものの抑圧的性格を抉り出したのであって，「市民社会」に限定したわけではない．けれども，フロイトが社会生活を断罪し，自然を理想化する自然主義者でなかったこともまた言うまでもない．「文化を廃止するのを目指すなどとは，なんと恩知らずで近視眼的なことだろう．その後に残るのは自然状態であり，こちらの方が遥かに耐えがたい」（フロイト 1927：14）ことはフロイトには自明だった．

　　　　　　　　　　　　　　　　　　　　　　　　　　　　［藤野　寛］

ペシミズム
［英］pessimism

　悲観主義，厭世観などの日本語も充てられ，オプティミズムの対蹠をなす．語源は「最悪」を意味するラテン語の pessimus による．現実およびその変革に対する否定的な情緒・態度に向けた粗放で日常的な使い方がしばしばされ，哲学的にも厳密な定義は広く共有されていない．A. ショーペンハウアー（1788-1860）の思想およびその影響のもとで語られる場合が多い．とりわけ19世紀末から20世紀前半にかけて文化ペシミズムないし歴史ペシミズムのかたちでひろがりをもった．19世紀以降のペシミズムには，近代の啓蒙・理性主義に拠って立つ進歩の思想に対する不信が根底にある．

● 19世紀以前　「ペシミズムという言葉が存在するはるか以前にその表すものはあった」(Marcuse 1953：13) とのとおり，古代ギリシア以降の一連の哲学的著作や文学作品の中に生をもっぱら否定的にとらえる「悲観」的な傾向をみてとり，これを広義のペシミズムと称することは可能である．ただそれらはむしろ，普遍的にありうる現世への否定感情一般というべきであって，一定の思想系譜をなしているわけではない．同様に，過去のある時期に理想を求めて現在をその堕落態であるととらえる歴史観も古来広く認められる．さらに，大乗仏教で顕著なように，現世で救いがないという認識は「来世」での救いへの期待にも通じ，「楽観／悲観」の規定もどこに視座を置くかによって必ずしも定かでない．また，ニヒリズム，懐疑主義，シニシズムなどと含意が重なるところもある．

　それに対して狭義では，社会の進歩をはじめとする「オプティミズム」的態度が一般化した事態の裏面として生じた近代思想をそう呼ぶ．この語の早い使われ方としては，ヴォルテール（1694-1778）が『カンディードあるいはオプティミズム』(1759) で作中人物に，この世の悲惨が積み重なるにもかかわらず「すべては最良だ」と繰り返し語らせ暗にライプニッツを揶揄したのに対して，作者が逆に「ペシミズム」との非難を受けた例 (Dienstag 2006：9)，1776 年にリヒテンベルク（1742-99）の用例があり (Pauen 1997：15)．さらに，キリスト教会の無根拠な楽観主義を反駁する際のヴォルテールにおける理性主義をも J.-J. ルソー（1712-78）が批判した．ここに近代哲学最初のペシミズムをみる論者もいる (Dienstag 2006：49)．こうした経緯からは，啓蒙思想のうちにすでに，理性の限界を問う要因が胚胎されていた様子がうかがえる．

● 19世紀　19世紀に入りより一般的になった社会の「進歩」への楽観視に G. レオパルディ（1798-1837）は懐疑の視線を向け，詩集『カンティ』，散文集『オペレッテ・モラーリ』などは，ショーペンハウアー，F. ニーチェからも支持された．

ショーペンハウアーが1819年に刊行した『意志と表象としての世界』は，その語自体を多用していないがペシミズムを基礎づけた著作とみなされている．彼は「主観／客観」の二元論に対して，世界とは「わたしの表象」にすぎないと考えるが，その際に理性を凌駕した「意志」の自己認識にいっさいが還元される．だが意志とは生を求める盲目的なものであり，その欲望は決して満たされず，ゆえに生は苦痛でしかない．そこから抜け出る領域としてとりあえず芸術が設定されるもののそれは一時的な救いでしかなく，究極においては意志の否定を通じた無為の「涅槃」的境地が求められる．当初は高い評価を得られなかったこの書物は，1848年三月革命後に，政治的挫折感に見合った諦念の思想として受け容れられた．

ニーチェは『悲劇の誕生』（1872）の中で人間の無力さに対する「悲劇的認識」というかたちでペシミスティックな態度に積極性をみており，それは後に同書に付された「自己批判の試み」（1886）では「強さのペシミズム」と呼ばれる．すでにこの時点でもニーチェは「ディオニュソス的」なものに肯定的な力をみており，それは後年「力への意志」と定式化される．また『ツァラトゥストラはこう語った』（1885）以後に示される「永遠回帰」概念は，不可逆的に前進する時間モデルの否定としてペシミズム的世界観を表すが，ニーチェはそこに生の強い肯定を求めている．こうした点に鑑みるなら，彼のニヒリズム思想はショーペンハウアー流の諦念を大きく踏み越えている．

●**文化ペシミズム**　ショーペンハウアーの思想を承け，形而上学的にはエードゥアルト・フォン・ハルトマン（1842-1906）が『無意識の哲学』（1869）でペシミズム論を展開している．ただそれよりも，19世紀後半の産業・経済や科学技術の飛躍的発展にともなって昂じる進歩信仰への反動として，その負の側面がさまざまに語られた．この傾向に向けられた「文化ペシミズム」という語自体多くは貶下の含意で使われている．拡大解釈して，進展する社会の近代化の否定面をも分析したF. テニエス，M. ヴェーバー，G. ジンメルらに，さらにはフロイトにもこの語が適用されもするが，他方で世紀末のデカダンス芸術などに向けられ，より顕著には，世紀末から20世紀初頭にかけて席捲した終末論的な歴史観に表れている．とりわけ西洋と他地域の文明史を対比考察し，西洋文明が自然過程として没落することを語ったO. シュペングラー（1880-1936）『西洋の没落』（1918, 1922）はドイツの第一次世界大戦敗戦を背景として一大センセーションを巻き起こした．こうした単純化された文明論は，20世紀末の冷戦構造解体後にもS. ハンティントンが「文明の衝突」を唱え，イスラーム文明などと対立する西欧文明の衰弱といったかたちで喧伝される．20世紀半ばでは，不条理からの逃れがたさを『シーシュポスの神話』（1942）などで語ったカミュ（1913-60），ニーチェをすらオプティミスティックにすぎるとしたE. M. チオラン（フランス語読みはシオラン，1911-95）などがペシミズムの思想家としてあげられる．　　　　　　　[初見 基]

青年運動
[独]Jugendbewegung

19世紀末から20世紀初頭のドイツ語圏で，都市部の中流市民階層の若者たちが山野を渡り歩く運動がブームとなった．後にワンダーフォーゲル（渡り鳥）と呼ばれるこの運動の参加者は主にギムナジウムの生徒で，大学生などの年長者のリーダーのもとでキャンプファイアーを囲んで歌を歌い，自炊し納屋やテントに泊まり集団生活を楽しんだ．当初は政治的意図とは無縁で，親や教師の監督を排した自主的活動だった．19世紀末の窮屈な市民的道徳に縛られた家庭や，権威主義的で軍国主義・愛国主義の強い学校教育への反発から，青年だけの世界を求めて各地にグループが結成された．明確な政治的方針はなく，近代化への批判からロマン主義に傾倒し，ノヴァーリスの小説中で夢の実現を示す「青い花」がシンボルとして好まれた．1890年頃～1920年初頭に生まれた市民階層の青年層の多くがこの運動に関わり，後に政治家，知識人らとして活躍した多くの人物が関わっている．例えばノーベル物理賞受賞者W. ハイゼンベルク，ナチスに抵抗し告白教会を組織した神学者H. ゴルヴィツァー，戦後の出版界の要となったP. ズーアカンプ，ユダヤ神秘主義の思想家G. ショーレム，またM. ハイデガーも妻の影響で一時参加していた．1967～68年の学生運動は青年運動の再来ともいわれる．

●ワンダーフォーゲルの時代　1896年ベルリンの大学生H. ホフマンが，生徒たちを連れて山野の渡り歩きを行ったのが運動の始まりである．親と学校の了承を容易にするために，1901年に社団登録して以降，会員規則や渡り歩きのスタイルが確立し，各地に同様の団体が広がったが，統一した方針も全国組織もなかった．当初は男子だけの運動だったが，1907年から女子の参加も許された．しかし禁欲主義的な傾向があり，恋愛は禁止され，禁酒・禁煙を原則とするグループもあった．近代への批判から民衆文化が再評価され，初期メンバーであったH. ブロイアーが古い民謡を集めて出版した歌集（"Zupfgeigenhansl"）は青年運動のシンボルとなった．

ほかにも労働組合や教会の青年組織に加え，イギリス陸軍の偵察と斥候術を青少年教育に適用したR. ベーデン=パウエルが1908年に設立したボーイスカウトの支部も1911年にドイツで設立されている．これらの青年組織が大人の指導による青年の育成を目指したのに対して，青年運動は親世代と決別し自己規律・自主運営を重視した点で異なる．しかし危険と隣り合わせの山歩きの経験はボーイスカウトとも共通する点があり，ドイツではボーイスカウトはワンダーフォーゲルの諸団体の一部として活動し，第一次世界大戦後には指導者への服従を求める

ボーイスカウト型が強い影響をもつようになった.

●**教育改革運動と青年文化運動**　知識偏重で権威主義的な学校教育に抗して，生徒の自主性と人格形成を重視する教育改革者による学校設立が1900年頃から相次いだ．H. リーツが設立したハウビンダ寄宿学校には，W. ベンヤミンが1905〜07年に学んでいる．この学校の教師だったG. ヴィネケンは1906年にヴィッカースドルフ自由学校共同体を設立し，男女共学と性教育を導入し，生徒の自主決定権を認め，「青年文化」の概念を定着させた．青年文化の媒体となった諸雑誌の中で『はじまり（Der Anfang）』(1913-14) は「青年のための青年による雑誌」という副題が添えられ，ラジカルな社会批判で時折物議を巻き起こした．ベンヤミンもアルドア（Ardor）のペンネームで寄稿している．ワンダーフォーゲルの音楽体験から，G. ゲッチュ (1895-1956) は生徒が自ら歌い弾く能動的な音楽教育を構想し，「青年音楽運動」を広めた.

●**ホーエ・マイスナー集会から「ブント」の時代へ**　初期青年運動の出身の大学生を中心に，組織の統一を求める声が高まり，対ナポレオン戦勝100年記念日の1913年10月10日，国家主導の愛国主義的祝祭に対抗する形で集会が開催された．各地からの特別列車の手配や，切符購入の郵便振込手続きなど，近代化批判を旨としたにもかかわらず近代的組織が存分に利用された．裸体主義や菜食主義に傾倒した画家フィードゥスによる裸体少年の絵《光の祈り》がカルト的な人気を博した．集会では年配の知識人も加わり3000人ほどが参加したとされるが，組織統合は実現しなかった．注目を集めたヴィネケンの演説は，安易な愛国心を批判し戦争反対の立場をとった．しかし彼は1914年秋の演説では青年に参戦を勧め，ベンヤミンなど反戦派の学生たちは離反した.

　青年運動に参加した若者の約1万4000人が戦地に赴き，4人に1人は戦死したという（ラカー 1962）．大戦後は青年運動内部での右派・左派の対立が激しくなり，「新ボーイスカウト」が影響力を持ち始め，1923年にはリベラル派の自由ドイツ青年団が消滅した．排他主義が強くなり，男女混合を許さず，男性メンバー同士の結束の強い集団（ブント）の青年運動（Bündische Jugend）が主力となる．彼らに指針を与えたのが詩人ゲオルゲの詩集『盟約の星』(1914) である．指導者に服従し新たな国を目指す新貴族というこの詩の内容は，男性同盟のイメージと重なる．H. ブリューアー (1888-1955) は，「男性同盟」を純粋で創造的と評価し，青年運動をエロティックな現象ととらえ，ホモエロティックな男性関係を国家の基盤とすべきと主張した.

　諸々の青年運動には愛国主義や指導者への服従の傾向がみられるために，ヒトラーユーゲントにつながるとみられることがあるが，直接的な連続性はない．ヒトラー政権の下でバルドゥーア・フォン・シーラッハが青年組織の強制的一元化を図り，それまでの多様な青年運動は消滅した.　　　　　　　　　　　[大貫敦子]

多元論・多元主義

［英］pluralism

　互いに排除しあう価値や規範，利害や宗教や世界観が別の，上位の反省的次元において，あるいは，全体の中の部分として共存しあえることを追求する思考．

　ルイ王朝下のフランスで成立した国家主権絶対論とは別に，主権国家の内部での多様な権力分散を可能とする考え方が，例えば中世以来の伝統的な，王と貴族と議会のバランスに依拠するイギリスなどで多元主義として強かった．その意味では宗教戦争終了後のウェストファリア体制における神聖ローマ帝国なども多元主義の例である．諸侯が並存し，カトリックとプロテスタントが共存していた．しかし，制度上は上位であるはずの神聖ローマ帝国の形骸化というコストを伴っていた．また20世紀のアメリカにおいてさまざまな社会的勢力が影響力を競い合うさまを多元支配（polyarchy）と名づけ，アメリカの長所とみる政治学者のロバート・ダール（1915-2014）などもいる．この考え方をグローバルに拡大すれば，国連に加盟している諸国は政治体制も多様で，しかもお互いに最低限の国際法上のルールを守りながらしのぎを削り合っている点で多元主義的体制とみなしうる．しかし，神聖ローマ帝国と同じに上位機関であるはずの国連の弱体化というコストも高い．

●**宗教的多元主義**　政治体制における事実上の多元主義を超えて重要なのが，宗教的多元主義である．宗教戦争の最中にフランス王アンリ4世（1553-1610）の発したナントの勅令によって，プロテスタントにもカトリックとほぼ同じ権利が与えられたのが，宗教的多元主義の一つの起源であるが，この勅令そのものは，1685年ルイ14世（1638-1715）によって廃止された．

　対立しあうキリスト教諸宗派間の寛容を本当に理論的な説得性をもって論じたのは，ジョン・ロック（1732-04）である．彼は，『寛容に関する書簡』（1689）で，典礼や教義をめぐる諸派の争いは，死後の魂の救いをそれぞれ目指しているためではなかろうか．それならば，争いに負けてうわべだけ他宗派の教義を信じたふりをし，典礼を模倣しても，それは心から発したものではない以上，魂の救済はかなうわけもない．救済を目指す道は相互の寛容以外にないと論じる．つまり，相争う宗派の根本の理由に焦点を絞ることで，抗争がいかに無意味であるかを説いた．政教分離の考え方の端緒である．

　啓蒙期には宗教的寛容の議論が進んだが，代表的なのは今でも上演されるG.E.レッシング（1729-81）の『賢者ナータン』（1779）である．三人の王子に王位継承権として与えた三つの指輪の二つはそれと見破ることのできない偽物だった．三人は裁判に訴えるが，裁判官は今後，多くの人から最も愛された王子のもつ指

輪が本物ということになろう，と裁定する．三人の王子はユダヤ教，キリスト教，イスラームを象徴するとされる．このようにしてレッシングは一種の多元主義を説く．だが，現代思想としての多元主義は，単に宗教の問題を超えて，文化的多元主義として強烈な政治的含みをもつことになる．

●**現代の文化的多元主義**　こうした方向はヨーロッパの文化や思想に潜むエスノセントリズムへの批判として，F. ニーチェとともにはじまる．ヨーロッパの一神教以前の，そしてプラトンの理性以前の太古のギリシアにその後のヨーロッパとは別の可能性をみようとする彼は，多神教の方が一神教より「自由精神に富み，多くの精神を宿しており」「多くの目を持ち，常に新たな目を持ち，より個性的な目を持ちうる」（『喜ばしき知識』143番）と論じる．パースペクティブによって物事は大きくも小さくもみえるし，重要にもどうでもいいものにもみえると彼は述べる．それぞれの文化には固有の見方と価値があるということである．

●**エスノセントリズムを自覚した多元主義**　このニーチェを民主主義に合わせてさらにラディカルにしたのが R. ローティ（1931-2007）の多元主義である．自らの文化がエスノセントリズムであることを自覚し，他の文化の独自性を承認しながらも，自らの文化がやはり他者に開かれた文化であるという穏やかな信念こそ多元主義の可能性であるとローティは論じる．「エスノセントリズムに疑いをいだくところまで到達した人びとからなる「我々」」（ローティ 1989：411）への信頼である．また，「連帯とは，伝統的な差異（種族，宗教，人種，習慣，その他の違い）を，苦痛や辱めという点での類似性と比較するならばさほど重要でないと次第に考えてゆく能力，私たちとはかなり違った人びとを「我々」の範囲の中に包含されるものと考えて行く能力」（同書：401）ともいわれる．普遍主義と融和的な多元主義である．

●**人権と多元主義のジレンマ**　カナダなどでは，ヨーロッパによる征服以前から居住していた人びとの集団的権利を認めるとともに，同じくケベック州などのフランス系住民の独自の文化を教育や政治の諸段階で承認する多文化主義の運動ともなる．チャールズ・テイラー（1931- ）もこうした動きを支持する．その際に問題になるのは，しばしばマジョリティが主張する人権の普遍主義がマイノリティにとって社会的・文化的な不正を覆い隠すか，あるいは補強してしまうことである．例えば，国内の移住の自由の原則に依拠して少数民族地域が主要民族に圧倒されてしまう場合であり，「マジョリティが当然のように享受している，自分の言語で生活し仕事をする機会」（キムリッカ 2001：113）がマイノリティに与えられないという頻繁なケースである．そのことについて判決を下す裁判所は多数派の法慣行によって運営されている．真の多元主義を実現するためには国際的な監視機関が必要だが，「民主主義国」の多数派がそれを受け入れる可能性は目下のところ低い．

［三島憲一］

生活改革運動
［独］Lebensreformbewegung

19世紀後半における科学技術の進歩と工業化の進展は，自然景観を変え，都市への人口集中と住環境の悪化をもたらした．近代化の弊害の原因が合理主義的思考による自然支配にあるとし，自然に回帰する生活によって人間の生き方を刷新することで社会の変革を求めたのが生活改革運動である．個人の生活スタイルの改革として始まったが，共同体や団体形成につながり，一つの社会運動となった．自然療法や菜食主義は19世紀半ばからアメリカやイギリスにもみられるが，特に1890年代以降のドイツでは生活改革運動が芸術や宗教革新運動などにも影響を与えた．ドイツでは人種主義，民族主義，反ユダヤ主義など，ナチスの思想との親和性を示すものもある．この傾向は，遅れて始まった近代化が急速に発展した歪みとみることができる．

●「生」と「自然」概念の思想的背景　菜食主義の思想的背景は，宗教的理由，個人的な道徳観など多様であるが，J.J.ルソーの『エミール』が菜食主義者に与えた影響は大きい．1890年代からはF.ニーチェのキリスト教批判，生の肯定の思想は大きな影響を与えた．『ツァラトゥストラ』に展開される超人の思想は，自己超克による新しい人間の形成を目指す生活改革運動と共鳴するものであった．また『善悪の彼岸』(230番)に記された「自然的人間(homo natura)」という表現は，自然を支配する人間のあり方を否定する思想として理解され，近代科学や医学による自然や身体の把握に否定的な生活改革運動の思想的基盤となった．さらに1880年頃から農業に従事しながら菜食主義と厳格な禁欲主義的な生活を送ったL.トルストイに感化された側面も大きい．

生活改革運動の中でも広く普及したのが菜食主義と自然治癒法である．宗教的な理由による菜食主義もあるが，生活改革運動における菜食主義の広がりは，宗教とは無関係に中間市民層を中心に広まった．自然治癒療法は，身体を全体としてとらえ，外界の自然との調和の中で身体が本来もっている自然の治癒力による健康の維持を目指すものである．日光浴，水浴療法，運動療法は近代医学からは似非医学として批判されたが，文明批判的理由から近代医学に懐疑的な市民階層のみならず，劣悪な住環境と労働条件で働く労働者階級にも広く支持された．自然治癒療法の中でもS.クナイプ(1822-97)が確立した水浴療法は次第に普及し，1930年頃までにはクナイプ運動協会の会員は5万人を超えた．

●身体意識の変化　裸体が羞恥心と結びついた市民階層の道徳観によって，19世紀末まで裸体での水浴はタブー視されていたが，その縛りが緩かったスカンジナビアから19世紀末に北ドイツに裸体水浴が導入されて以降，裸体文化(Freikörperkultur）が流行した．また自由な身体運動を求めた表現主義ダンス（Ausdruckstanz）は，自然への回帰によるギリシア的身体の取り戻しを求めたイサドラ・ダンカン（1878-1927），モンテ・ヴェリタでダンス教育を始めたルドルフ・フォン・ラバン（1879-1958），その弟子マリー・ヴィグマン（1886-1973）などによって展開した．

　市民社会的セクシュアリティ観からの解放の運動もおこり，ヘレーネ・シュトゥッカー（1869-1943）が1905年に設立した「母性保護と性生活改革のための団体」には，エレン・ケイ（1849-1926），S. フロイト，M. ヒルシュフェルト，マックス・ヴェーバーも会員に名を連ね，最盛時には4000人を超える会員を擁した．シュトゥッカーは，未婚の母とその子どもの保護を進め，性的快楽に対する男女対等の権利，婚外性交の自由，堕胎の自由を求めたほか，男性同性愛者を罰する刑法175条に反対した．また性科学研究所を1919年に設立したヒルシュフェルトは，セクシュアリティの多様性を主張し，異性装（transvestism），性転換（transsexualism）の用語を生み出した．だがシュトゥッカーともに社会進化論に基づく優生学と安楽死を支持したことは皮肉である．

●**共同体形成と田園都市**　生活改革運動の理念を共有する人びとは小規模な共同体を形成した．アスコナの共同体では，菜食主義・裸体文化が実践され，文明社会からの脱出と新しい人間を求めて多くの知識人や芸術家（M. バクーニン，P. クロポトキン，トルストイ，R. シュタイナー，H. ヘッセ，R. v. ラバン，パウル・クレーなど）が滞在・訪問している．ダルムシュタットの芸術家コロニーは，芸術による生の革新を掲げ，ユーゲントシュティールの建築家たちによる生活空間がつくり出された．ベルリンのフリードリヒスハーゲンには，心身一元論を提唱し社会ダーウィニズムを支持したE. ヘッケル，自然主義作家G. ハウプトマン，アナキストのE. ミューザムらが集まり，国家や大衆社会に背を向けた神秘主義的傾向をもつ共同体形成を目指した．郊外に形成された共同体は，イギリスのE. ハワードの田園都市構想の影響を受け，自然と共生した職住接近型の自律的コミュニティを理想とした．ヘレラウ（ドレスデン近郊）の田園都市は，劇場，手工芸工場，教育施設を備え，生活改革運動の思想を実現した．

●**ナチスとの親和性**　裸体文化の推奨者には裸体を人種判別に用いようとしたH. プードア（1865-1943）や，純粋ゲルマン民族の再生を求め，ナチス以前から反ユダヤ主義と人種主義を標榜した者もいたが，ナチスはこれらを過激思想として排除した．M. ヴィグマンがベルリン・オリンピックで演出した集団演技はナチス的身体観を具現したものである．生活改革運動の当事者の多くはナチスを新しい世界の到来として歓迎する傾向にあったが，ナチスは「ドイツ生活改革協会」に画一化を図り，これに同調できない者は脱退し，多彩であった運動は終焉を迎えた．

　　　　　　　　　　　　　　　　　　　　　　　　　　　　　　　　　［大貫敦子］

アール・ヌーヴォー，ユーゲントシュティール

[仏]art nouveau　[独]Jugendstil

　フランスでは，アール・ヌーヴォー，ドイツではユーゲントシュティール（青春様式）と呼ばれる潮流は，世紀末から第一次世界大戦までのヨーロッパおよびアメリカを席巻した巨大な芸術運動，文化運動であり，そうしたものとして社会運動でもあった．

●**様式としての歴史主義**　19世紀の市民の住居には，いわゆる「困惑の歴史主義」（H. プレスナー）が渦巻いていた．支配的な擬古典主義様式は，古典古代への思いと革命の理想の結合をすでに見失い，偽りの正当化に寄与するだけだった．さらには中世，ルネサンス，バロック，ロココなどの様式の模造も跋扈していた．F. ニーチェが「様式の仮装舞踏会」と侮蔑した混乱状態だった．また住居の内部は，空所補填症（horror vacui）とあなどられた，雑多な陳列品や収集品や，壁の緞帳な布地と外部から中がみえない鈍色の小さな窓を特徴としていた．それは，理性の透明性を忘れ，資本主義の暴力と労働者の反抗という外部の敵に身を閉ざし，内輪の談合と内面的教養に明け暮れる，ブルジョアの住居の城塞化であり，上層市民の「再封建化」（J. ハーバーマス）に対応する様式だった．

●**美による叛逆**　こうした住居の中で規則ずくめの生活に縛られた若い世代の反抗がアール・ヌーヴォーであり，青年様式であった．発端はラファエル前派に発するW. モリスやJ. ラスキンらのアーツ・アンド・クラフツ運動だった．

　パリ，ブリュッセル，ミュンヘン，ウィーンなどヨーロッパ各地で，全体に緩やかで優美な曲線の戯れ，生命の豊かさと多様性を象徴する家屋・調度・窓ガラスの花模様デザインが，また他方で機能性との一致，素材に適したデザインが追求された．それは退廃と美の結合であり，また遥か彼方への出発のモチーフであり，反逆と美の重ね合いであった．W. ベンヤミンは，『パサージュ』で，この様式を論じながら，A. ガウディの建築群のある「バルセロナほど，アール・ヌーヴォーの典型をもつ都市は存在しないだろう」とも書いている．

　こうした芸術家たちは，邸宅の外観のみならず，廊下，階段，窓，手すり，家具・調度品，食器，寝具に至るまで，ありとあらゆるものに新たな様式を追求した．建築家H. ムテジウス（1861-1927，明治20年代に日本政府に建築家として仕えたこともある）がいうように「ソファの枕から都市計画にまで」またがるものだった．時代の雰囲気は国家のトップも免れず，ドイツ皇帝ヴィルヘルム2世のサイン自体もユーゲントシュティール風となった．夢見るような甘い様式という点ではR. M. リルケの初期の詩などはまさにユーゲントシュティールである．

●**工芸の誕生**　こうしたデザイナーたちは，いわゆる傑作を目指す芸術中心主義

を放棄し，中世の職人たちにみた工芸的な，正確で素朴な仕事が住居や生活の全体にとって重要であると主張し，実践した．それは芸術の位置を低めることによって，実際には芸術を全体化し，高めるという帰結をもたらした．それは工業化によって大量に出回る安手の規格品への反抗でもあった．「芸術は精神の最高の規定からすれば，過去に属する」というG. W. F. ヘーゲルのテーゼに抗して，芸術や文化をいまいちど生活の中心に据えよう，いや，芸術や文化から生活の全体を変革しようという運動だった．O. ヴァーグナー（1841-1918）のウィーンの郵便貯金銀行のデザインとÉ. ガレ（1846-1904）のガラス細工が，そしてミュンヘンのF. シュトゥック（1863-1928）のヴィラが同じ精神に依拠していることが重要である．A. ヴァールブルクの博士論文が，彼らが理想としたS. ボッティチェリの「春」や「ヴィーナスの誕生」を扱ったのも同じ流れである．全体化という意味では，「ユーゲントシュティールの影響を追求すると青年運動に至る」とベンヤミンがいうとおりである．ドイツ青年運動は世紀転換期頃のドイツの反抗運動として1960年代の学生反乱の先駆でもあった．

●**思想的意義**　歴史主義からの離脱を共通の課題とする美術家，建築家，デザイナーたちからみれば，こうした新様式こそ「理性」の要請であった．ヴァン・デ・ヴェルデ（1863-1957）は1897年，彼らの運動の中心的雑誌『パン』に次のように書いた．「私の工芸および装飾の仕事のすべては，ただ一つの源泉に由来する．それは，理性という源泉だ．存在と仮象のいっさいにおける合理性だ．……新しい様式を作る意欲を抱ける新たな基盤が必要なのだ．この新たな様式の芽として，私の眼前に明確に自覚されているのは，理性的な存在理由をもたないものはいっさい作らない」ということだ．後にTh. W. アドルノが重視する芸術における「材料適合性（Materialgerechtigkeit）」はこの芸術運動に発する標語である．

当時のこうした運動を支えた動機の一つはニーチェの流行である．特に，青年への彼の呼びかけ，またツァラトゥストラの文体は，ユーゲントシュティールそのものだった．この運動におけるエロスの位置は「生殖の活動こそがいっさいの非=禁欲的宗教の秘密である．完成と秘密の計画の，そして未来の象徴である」というニーチェの言葉にも読み取れる．「線が語り」「曲線が色をもつ」ことを説いたニーチェの文章はこうした芸術家たちに愛され，ヴァン・デ・ヴェルデは『ツァラトゥストラ』の豪華本のデザインを紙質や活字の型に至るまで行っている．理性とエロスの統一の志向でもあった．

この運動はやがて，ドイツ工作連盟の設立をもたらし，その一部はW. グロピウスらのバウハウスの運動にも流れ込んでいき，いわゆるモダニズム芸術の開始を告げていた．ただ，「ブルジョアジーは，15年後に歴史が恐ろしい物音で彼らを目覚めさせるまで，ユーゲントシュティールのうちで夢見ていた」というベンヤミンの批判は重たい．

［三島憲一］

未来派，ダダ
［伊］futurismo　［英・独・仏］Dada

　イタリアの大金持ちの息子で詩人のF. T. マリネッティ（1876-1944）は，1909年2月20日，パリの『フィガロ』紙に「未来派宣言」なるものを発表した．この宣言では，古い伝統を体現する大小説，美術館や博物館との決別が告げられ，爆走，攻撃，戦争，アナキズム，破壊が美をもたらすのだ，と告げられている．「弾丸のように突っ走り咆哮する自動車は《サモトラのニーケ》よりも美しい」．「我々は戦争を讃える．世界の唯一の健康維持の手段である戦争を．……そのために死ぬことのできる美しき理念を讃える」．「我々はあらゆる種類の美術館，図書館，アカデミーをぶっ壊す」．

●未来派　パリ時代のマリネッティは，G. アポリネール（1880-1918），J.-K. ユイスマンス（1848-1907），S. マラルメ（1842-98）らと交際し，市民社会の退屈と真面目を蔑み，偽善と金銭崇拝を憎み，安定性を叩き壊すための暴力の凄みを讃えていた．『ツァラトゥストラ』に代表されるF. ニーチェの文体や表現の影響も大きい．これまでの一切の価値を葬り，新たな岸辺への出航を言祝ぐ言語と文体である．そうした気分の表現であった「未来派宣言」は，特に歴史や文化の重みにあえいでいたイタリアで，大きな力をもった．

　U. ボッチョーニ（1882-1916）やC. カッラ（1881-1966）やG. バッラ（1871-1958）の絵画作品には突っ走る蒸気機関車やレーシングカーなどが，スピードを表象する流動的な線とともに描かれ，風景画や室内人物といったこれまでの主題に根底的な別れが告げられている．

　絵画のみでなく，未来派はさまざまなジャンルにまたがる運動であろうとした．詩では，自国語の基本文法や綴りを無視した表現を重ねることで，それまでの文体論の破壊を試みた．建築では1914年にエンリコ・プランポリーニ（1894-1956）が建築における未来派宣言を行った．アントニオ・サンテラ（1888-1916）による駅，住宅，滑走路などを総合したまさに未来都市のデザインが——本人の戦死もあって——実現しなかったとはいえ，記念碑的な存在である．同じく未来派のA. マッツォーニはイタリア各地の郵便局や駅のデザインを行ったが，特にトリエントの駅は，こうした構想が実現した例である．

●政治化と振幅　だが，マリネッティは，第一次世界大戦後に急激に右傾化し，B. ムッソリーニにも近づいた．とはいえ，教会勢力の絶対的追放や王政の廃止といったラジカルな要求はムッソリーニの「現実主義」と相容れず，今度は左翼ナショナリズムに振れた．だが，1924年ムッソリーニ政権が安定するとまたファシズムとの連携を試みた．スピード，力，戦いの美学，伝統の破壊といった芸術目

標は，時の勢いで左右のどちらとも錯覚的に癒着しやすい．

●**ダダ**　だが，未来派よりももっと激しくこれまでの芸術上の暗黙の約束事と手を切ろうとしたのがダダの運動である．1916年春以降，フーゴー・バル (1886-1927)，リヒャルト・ヒュルゼンベック (1892-1974)，そして何よりもルーマニア出身のトリスタン・ツァラ (1896-1963) たちは，チューリヒのキャバレー・ヴォルテールで，さまざまなショーを展開する．初めは歌詞にわざと外れたピアノの伴奏をつけたり，無意味な叫び声を途中で入れたりする程度だったが，次第に，まったく無意味な詩をそれぞれが勝手に朗唱したり，途中で「ダダ」と叫んだり，また舞台装置も段ボールを使った衣装など常識を破るものばかりだった．意図は，これまでの高尚な芸術，臭いものに蓋のブルジョア的な言葉使いへの徹底的な挑発であった．求めるのは，スキャンダルであり，これまでの安定した空間や時間の概念の破壊である．またブルジョア的に制度化された芸術への反抗という点では未来派よりもずっとラジカルであった．未来派はそれなりに綱領をつくったが，ダダイストたちは一切の綱領をもたないことを，その意味では破壊の破壊を「綱領」とし，そのことを誇りにしていた．当時の中立国スイスには，戦争を逃れてきた異才が多く集まっていたことも背景にあろう．彼らの何人かは，W. カンディンスキーやパウル・クレーや G.d. キリコとも関係をもっていた．

その後ダダの運動はベルリンやハノーヴァー（画家 K. シュヴィッタース [1887-1948] が中心），パリへと拡大していった．ベルリンではチューリヒから戻ったヒュルゼンベックらの活動もあって，著しく政治化していた．「新たな現実」が唱えられ，ダダイズムによって「新たな騒音，新たな色彩，そして精神的リズム」が生まれるのだと宣言された（なお，ヒュルゼンベックはその後，運動から身を引き，医者となり船医として日本を訪れ回想録を書いている）．パリではトリスタン・ツァラを中心に，F. ピカビア (1879-1953) なども合流し，やがてアンドレ・ブルトン (1896-1966) らのシュルレアリスムに向かう政治と芸術の新たな次元での統一が試みられた．全体はナンセンス言語，新たな絵画手法，新たなコラージュやモンタージュ，ジャンルの混淆などが特徴である．

●**ベンヤミンの批判**　ちなみにヴァルター・ベンヤミンは，同じく第一次世界大戦中にスイスに亡命し，ベルンではフーゴー・バルと住居が隣同士だったが，ダダの運動には冷ややかだった．「複製技術時代における芸術作品」でベンヤミンはこうしたダダイズムの多様な動きは，その次の時代の技術的進展によって得られるものを「無理矢理」実現したものとみる．それゆえ基本的には複製技術時代における映画のもたらす効果を，詩や絵画によって何とか実現しようとしたものだと論じている．ダダイストたちの試みたスキャンダルは，娯楽による思考上の求心力の喪失（散漫［Zerstreuung］）という点で，映画と同じ効果をもつというのだ．芸術におけるアウラの崩壊の証言がダダイズムだということである．　［三島憲一］

シュルレアリスム
[英]Surréalisme

　20世紀を縦断した芸術・文化・思想運動として，西欧から東欧，南北アメリカ，日本など地球規模で展開されたシュルレアリスムは1924年10月パリで詩人・思想家アンドレ・ブルトン（1896-1966）が発表した『シュルレアリスム宣言』を起源とするが，その前史は第一次世界大戦に遡る．パリ大学医学部在学中動員され軍医補となったブルトンは，ヒステリー研究の先駆者J.-M. シャルコーの助手だったJ. ババンスキーの教えを受けた上官から戦線でS. フロイトの精神分析を学び，1919年春パリで詩人フィリップ・スーポー（1897-1990）と自動記述の最初の実験を行った．この出来事がシュルレアリスムの原点となり，チューリヒダダの創始者トリスタン・ツァラ（1896-1963）とともに1920〜22年に企てたパリ・ダダが無意味に執着するツァラと無意識に惹かれるブルトンの対立で壊滅する前後から，ブルトンはL. アラゴン，P. エリュアールらと夢や無意識の言語とイメージによる探求を試行する新しい芸術運動を目指した．Surréalismeは1922年のブルトンの評論「霊媒の登場」で「心的自動現象」を指して用いられていたが，この語は詩人G. アポリネール（1880-1918）の1917年6月初演の戯曲『ティレジアスの乳房』序文が初出である（彼が同年5月J. コクトーのバレー劇『パラード』に寄せた文中ではsur-réalisme）．日本では西脇順三郎『超現実主義詩論』（1929）などが最初期の紹介で，以後「超現実主義」の訳語が定着している．

●シュルレアリスムの定義と展開　1924年の宣言で，ブルトンはシュルレアリスムを「心の純粋な自動現象であり，あらゆる美的道徳的気遣いの外部で，理性による一切のコントロールが利かない状況でなされる思考の書き取り」と定義し，意識の支配から解放されて無自覚にペンを走らせる自動記述を彼らの運動の最初の武器として，「破壊と否定の大仕事」（ツァラ）を強調するダダと訣別した．ブルトンは宣言でフロイトの影響に言及したが，「自動記述」自体はフランスの心理学者ピエール・ジャネ（『心理的自動現象』1889）の用語．シュルレアリスムはアラゴン『パリの農夫』（1926），ブルトン『ナジャ』（1928），エリュアール『愛，詩』（1929）などの文学作品から，ドイツ出身のM. エルンスト，スペインのS. ダリ（『記憶の固執』），ベルギーのR. マグリット（『赤いモデル』）らの絵画，アメリカ出身のマン・レイの写真やスペインのL. ブニュエルの映画（『アンダルシアの犬』）など「ひとを仰天させるイメージの使用という悪徳」（アラゴン）を通じて国境と領域を超える活動を展開した．エリュアールの詩句「地球は一個のオレンジのように青い」（『愛，詩』）はその特徴をよく伝えている．

●政治参加への傾斜　最初の宣言と同時に機関誌『シュルレアリスム革命』が刊

行されたことからも明らかなように，シュルレアリスムは芸術上の新提案にとどまらず「生活を変えること」(A. ランボー)と「世界の変革」(K. マルクス)の一体化を目指した社会運動でもあった．シュルレアリストたちは20年代中頃から『クラルテ』グループとの協力をきっかけにフランス共産党に接近し，1927年にはブルトン，アラゴン，エリュアール，B. ペレらが入党したが，政治参加への傾斜は運動の内部でR. デスノスらの反発を招いた．混乱を収拾するためにブルトンは1930年に『シュルレアリスム第2宣言』を発表し，「そこからみれば現実界と想像界，過去と未来，伝えられることと伝えられないこと……が矛盾したものとして知覚されなくなるような精神の一点」の探求としてシュルレアリスムを再定義するとともに「史的唯物論の原則」と第三インターナショナル支持を表明，機関誌名を『革命に奉仕するシュルレアリスム』(SASDLR)に変更したのだった．

●**思想運動としての屈折**　ブルトンの思想的評論『通底器』(1932)は表題どおりシュルレアリスムを美の革命と社会革命の実践として同時に追求する意思表示であり，そこでは「来るべき詩人は行動と夢が取り返せないほど切り離されているという衰弱した思想を乗り越えるだろう」と述べられていたが，時代の振り子は政治優位に傾き，スターリン体制下のソ連を訪問したアラゴンが1932年にシュルレアリスムの政治的曖昧さを批判したため運動は分裂(アラゴン事件)，ブルトンはL. トロツキーへの共感を深めて共産党から除名される．その後スペイン内戦から第二次世界大戦に至る激動の時代に，シュルレアリスムは国際的にはブルトンらのチェコ訪問やロンドンのシュルレアリスム展など多彩な活動を展開したが，他方でG. バタイユらの「反撃」グループと共闘して左翼内反対派の傾向を強め，1938年ブルトンがメキシコのトロツキーを訪問するに至った．大戦中ブルトンはアメリカに亡命し42年からエルンスト，M. デュシャンらと雑誌VVV (Victory, View, Veilの意)を発行，『シュルレアリスム第3宣言か否かについての序論』を発表し，人智を越える異次元の「透明な巨人」の存在を「新たな神話」として模索した．

●**アナキズムへの共感**　戦後もブルトンはペレやR. シャールら戦前からのメンバーに加えてW. ラム(キューバ出身)やC. トワイヤン(チェコ出身)らの参加を得て活動を持続するが，彼自身はアナキズムへの共感を鮮明にしてアナキストの雑誌『リベルテール』などに寄稿，「シュルレアリスムがそれ自体を定義するはるか前から初めて自らの姿を認めたのはアナキズムの黒い鏡の中であった」(「明るい塔」1952)と明言していた．滞米中の作品『秘法17』に彼が「芸術と詩の上には赤と黒の旗が交互に翻っている」と記したことはこの点で意味深い．1966年ブルトン没後，彼を中心とした芸術と思想の運動は集団としては分裂したが，夢と現実を通底し，上述のランボーとマルクスの提言を一体化する企てとして，シュルレアリスムは現在なお世界的影響力を維持している．　　　　　　　　　　[塚原　史]

バウハウス
[独]Bauhaus

　1919年にドイツのヴァイマルに設立された造形学校．原語は「建築の家」を意味する造語．ドイツ・ヴァイマル時代の政治的激動に翻弄され，25年にデッサウ，32年にベルリンへと移転し，33年閉鎖される．多くの建築家，工芸家，美術家を集め，実用のための工芸と造形芸術，そのもととなる理論を総合的にとらえ，「未来の建築」の実現に努めた．学校方針の変遷は，出発当時の表現主義流ユートピア志向から，構成主義を経て，機能主義に基づく現実的な路線に至っている．ドイツ語圏にとどまらない20世紀の建築，工業デザイン，グラフィック・デザインなどに多大な影響を与えてきた．

●**ヴァイマル期**　ヴァイマル市にあった既存の工芸学校と芸術学校を統合した「国立バウハウス」が初代校長を務めるW. グロピウス（1883-1969）の主導のもとで1919年に発足．前身である工芸学校を指導していたH. ヴァン・デ・ヴェルデ（1863-1957）は，生活と芸術の統合を目指したウィリアム・モリス率いる英国でのアーツ・アンド・クラフツ運動の衣鉢を継いだヘルマン・ムテージウスとともに，ドイツ工作連盟の設立（1907年）に係わっており，バウハウスは彼の構想も採用して出発した．時代背景として，第一次世界大戦後の革命と共和国の樹立という政治的動向もあり，芸術と民衆の統一を謳ったブルーノ・タウトらの「芸術のための労働評議会」などとも連動している．

　グロピウスによる「バウハウス宣言」（1919）では「あらゆる造形活動の最終目標は建築（Bau）である」と謳われているように，ユートピア的な設定のもとで工芸製作と芸術と教育を「建築」のもとで総合的にとらえようとしている．教員として招聘された多くが表現主義芸術に係わっており，表現主義の雰囲気を共有した作業共同体による芸術と手工業の総合が目指された．構成員には職人制度を擬した「親方／職人／徒弟」などの称号が用いられたところにも，初期の手工芸的な志向性が表れている．半年間の予備課程，工房での3年間の形態ならびに工作教育，その後に建築教育が設けられた．草創期は，神秘主義的傾向をもつ画家J. イッテン（1888-1967）が予備教育を担当して主調を形成した．形態教育にはライオネル・ファイニンガー，ゲオルク・ムッヘ，P. クレー（1879-1940），O. シュレマー（1888-1943），W. カンディンスキー（1866-1944）らの芸術家が参画している．23年にイッテンが辞任，ハンガリーからの亡命者L. モホリ＝ナジ（1895-1946）がその後継者となり構成主義的な傾向が推進された．彼は実験的な写真も試みている．同時期，機能性を重視したオランダの造形運動「デ・ステイル」からの影響も表現主義的傾向からの脱却に与った．23年にバウハウス展を開

催，集合住宅のモデルから独自のタイポグラフィまで公開される．この際に制作されたカタログによって写真の重要性が認知される．24年には有限会社を設立し，家庭器具や印刷物などの製作物を販売する．マルセル・ブロイアーのデザインによる金属パイプを曲げて使用した椅子はことに有名で，現在でも使用されている．もとからの政治性への批判が強まり，右翼政権に代わった州政府から財政上の圧力も受けて1925年に閉鎖に至る．

●デッサウ期　同年，社会民主党が力をもつデッサウ市に移り再出発，26年「造形大学」の名称を得て職人制度的な称号を廃し，建築学部を新設．グロピウスが校長を退任した後をスイスの建築家ハネス・マイアー（1889-1954）が28年に襲い，機能主義，集産主義を推進する．労働者家庭での使用を念頭に置いた，規格化された大量生産品のモデル開発が大きな目標となり，社会的・政治的な方向性を強めた．そのため製品の美的要素は後退することになり，カンディンスキーやクレーは別枠で彫塑・絵画のゼミナールを開く．シュレマーのもとで舞踏をはじめとする舞台芸術にも力点が置かれることにもなった．移転前より企画のあった『バウハウス叢書』が25年に刊行開始され，30年までに14巻が出される．マイアーは社会主義的な思想信条ゆえに国民社会主義の政治力に圧され30年に解任，L. ミース・ファン・デル・ローエ（1886-1969）が校長就任．彼のもとで職業教育に重点が移され実際の生産活動は縮小，また非政治化も進められた．しかし32年デッサウ市議会選挙で勝利したナチ党により閉鎖が決定される．

　グロピウスの設計により26年に上棟した構成主義的な特徴をもつ校舎はバウハウスの代表的建築として知られ，45年に爆撃で一部破壊されるも76年に再建された．

●ベルリン期と廃校以後　1932年，ベルリンで私立学校として再出発を期するが，33年に成立したナチ政権のもとで弾圧を受け廃校を余儀なくされる．多くの教員は国外亡命をして，各地でバウハウスの理念を拡げる結果にもなる．

　アメリカ合衆国に亡命したモホリ=ナジはシカゴで1937年に「ニュー・バウハウス」を創立する．資金難で2学期で閉鎖するが，39年にシカゴ・デザイン学校として再出発，44年にシカゴ・デザイン研究所と改称して大学資格を得る．モホリ=ナジ没後の49年イリノイ工科大学に吸収される．モホリ=ナジの指導のもとで特に写真の分野で著名．1953年に西ドイツのバーデン=ヴュルテンベルク州でオトル・アイヒャー，インゲ・ショルらによって創立されたウルム造形大学は，バウハウスを継承するデザイン学校として国際的な名声を獲得し以後の造形大学の範となるが，財政難のため1968年に閉校．アイヒャーの手になるピクトグラム（絵文字）やルフトハンザ社，ブラウン社のロゴは広く知られる．

　日本からバウハウスで学んだ水谷武彦，山脇巌，山脇道子らは帰国後，建築，デザイン，フォトモンタージュなどを紹介，一定の影響力をもった．　　［初見　基］

モダニズム
[英]modernism

　モダニズム概念は主としてヨーロッパおよび北アメリカで建築，諸芸術など文化全般に広く用いられ，文学領域にあっても統一的で明快な定義に収まらない．最大公約数的に述べるなら，科学技術，産業，資本主義経済の発展，それに伴う大都市の出現，社会関係の流動化などへの反応が意識や感覚の変化として現れ，既存の形式，文体への省察が促され，伝統の枠を破る「より新しい」表現を求める潮流を促した，と表せる．広くは，19世紀半ばの象徴主義以降の動向を指すが，狭くは，第一次世界大戦前後の文学に出現した新奇な一定傾向を指し，とりわけ，未来主義，表現主義，ダダ，シュルレアリスムなどの「芸術的アヴァンギャルド」が最も明快に体現している．19世紀のリアリズム芸術で重きをなした客観性，調和や一体性に対して，主観が優位に置かれ不調和や断片性が形式においても内容においても，強調される．

●**背景**　「新しさ」に積極的価値を置く芸術観は歴史的にみて自明ではない．文学における新しさの自己主張という観点から一瞥するなら，17世紀末から18世紀にかけて交わされたフランスの新旧論争がまずはあげられる．そこでは近代文学が古典に対比されその優劣が議論されていた．また19世紀初頭にドイツ・ロマン派が打ち出した「ロマン的」という概念にあっては，古典作品の規範性を認めつつも新しい傾向に一定の積極的価値を見出そうという側面もあった．さらにCh.-P. ボードレール（1821-67）は美術批評「現代生活の画家」（1863）で，「永遠の美」に対して「風俗画」の存在意義を擁護し，「現代風」を積極概念として主張した．ただより明白に「新しさ」を求める20世紀のモダニズムにあっては，「神話」の引用が認められる例はあるものの，古典との対比意識も，自らもがやがては古典的な位置を獲得するという願望も稀薄で，「新しさ」は「より新しい」ものに常に取って代わられる不断の運動と自覚されている．

　19世紀半ば以降の科学技術・産業・経済・社会の急激な変化は，よりいっそう「新しい」ものを生み出す契機ともなる．加えて，ベルクソン哲学，世紀転換期ころよりのニーチェ哲学への注目，現代物理学やS. フロイトの精神分析理論の展開は，従来の合理性概念を掘り崩し，価値相対主義や整合的な世界観の疑問視を呼び，世紀末にはヨーロッパ文化の閉塞感，ひいては終末論意識をも引き起こした．さらに第一次世界大戦は近代兵器による大量虐殺の可能性を顕在化させ，欧米の思想・文化に深い傷跡を残し，ヨーロッパでの一連の流れを加速させ，アメリカでは「失われた世代」をも生んだ．こうした時代思潮の現れとしてモダニズム文学をとらえられる．また，19世紀初頭のフランスから拡がった「芸術のため

の芸術」という把握も,「真偽」の認識や「善悪」の道徳観からは相対的に自立した独自の内在的価値を有する領域と位置づけることで芸術を旧来のあり方から解放しており,モダニズム文学を用意する一要因となっている.

形式上は,規範的な定型の破壊,ないし新しい手法の考案が試みられ,とりわけ小説では成果を生んだ.内容面では,既存の道徳意識を逆撫でする「タブー破り」が稀でない.ボードレールは詩集『悪の華』(1857) で,醜いもの,例外をなす異常なもの,病的なもの,排斥されたものを好んで取り上げ,モダニズム詩の嚆矢とも位置づけられる.ただし彼の場合,形式的には韻文詩から散文詩への移行にとどまっていた.前モダニズムないしモダニズム初期の文学として,19世紀半ばのフランスで生じた象徴主義詩では,現実を言葉によってありのまま伝えうることを前提とする写実主義・自然主義に対して,主観主義的,神秘的な表現により社会から孤絶した美の世界が築かれた.フランスではボードレールの他,S. マラルメ,P. ヴェルレーヌ,J.-K. ユイスマンス,A. ランボー,P. ヴァレリー,イギリスでは W. ペイター,O. ワイルド,ドイツ語圏では S. ゲオルゲ,H. ホフマンスタール,R. M. リルケ,ベルギーでは M. メーテルリンクといった,世紀転換期に活躍した概して審美主義的な傾向が強い詩人たちの名があがる.演劇では,ノルウェーの H. イプセン,スウェーデンの A. ストリンドベリの社会批判性の強い戯曲は文学史的には自然主義に位置づけられるものの,市民道徳やキリスト教に対する「冒瀆」はモダニズム文学の先駆をなしている.

●**モダニズム作品** 小説というジャンルが19世紀のリアリズムでその最盛期を迎えたとすると,20世紀ではその解体の道筋が模索された.E. アウエルバッハは『ミメーシス』(1946) の最終章で両大戦間のリアリズム小説の特徴として,「多数の人物の意識描写,時間の重層化,外的な出来事における連関の緩やかさ,報告がされる立場の変換」をあげている.言い換えるなら,直線的で継起的な時間の流れ,統一的な語りの視点,明快な中心が薄弱になり,断片的性格を帯びている.加えてモダニズム文学の手法としてしばしば指摘されるのは,ウィリアム・ジェイムズ称するところの「意識の流れ」を記述する内的独白,あるいは体験話法など新規な語りの形式,引用,パロディ,モンタージュなどを通じて作者と作品の閉じた一体性に亀裂を生じさせる傾向などがある.意図的であるかどうかはともあれ,無意識,夢,狂気といった理性によって統御できない人間心理に踏み込もうという企ても散見される.M. プルースト (1871-1922) の『失われた時を求めて』(1913-27),J. A. A. ジョイス (1882-1941) の『ユリシーズ』(1922),V. ウルフ (1882-1941) の『灯台へ』(1927),W. フォークナー (1897-1962) の『響きと怒り』(1929) などの小説では,それぞれ語りの構造が独特で複雑になっている.J. ドス・パソス (1896-1970) の『マンハッタン乗換駅』(1925),A. デーブリーン (1878-1957) の『ベルリン・アレクサンダー広場』(1929) などは,個が

群衆の中に埋もれる都市を背景とするにとどまらず,むしろ都市そのものを描いた作品ともいえる.また,R. ムージル (1880-1942) の『特性のない男』,F. カフカ (1883-1924) の3作の長編小説の試み (『失踪者』『訴訟』『城』) のように,始まりがあり終わりがあるという継起的時間に則り一体性を有した作品を完結させることができず,内的必然性として未完のままにとどまる作品もあった.詩の場合には,形式を破壊した後には何によって「詩」が保証されるのか,という原理的問題があり,小説の場合ほどに顕著な成功は少ないが,T. S. エリオット (1888-1965) の長詩『荒地』(1922) は「意識の流れ」を描き,また断片的にしてさまざまな引用が散りばめられている点でも同時代の小説と共鳴している.さらに,『特性のない男』で端的になされているように,小説がそのうちに批評的要因を引き入れる一方で,批評ないし批評的エセーが,作品に対する従属的な位置から独自の価値をもつという,ロマン派の Fr. シュレーゲルが基礎づけた批評の自立化が強まった.

●芸術的アヴァンギャルド　モダニズム文学を最も鮮烈に体現したのは,20世紀初頭西欧における芸術的アヴァンギャルドになる.イタリアでは,1909年に「未来派宣言」を発表した詩人の F. T. マリネッティ (1876-1944) らの未来主義が G. ソレルの影響を受けつつ,文学にとどまらず美術や音楽とも連動して,既存の道徳意識を破壊し,暴力,戦争,機械文明などを讃えた.アメリカ合州国出身のエズラ・パウンド (1885-1972) は1910年代初頭から半ばにかけてイングランドで,キュビスムや未来主義の影響を受けたヴォーティシズム (渦巻き派) やイマジズムの中心的人物として活動し,それはアメリカにも波及した.ドイツ語圏では20世紀初頭より,美術,建築,演劇,映画など広範にわたり表現主義と呼ばれる芸術が起こる.詩人では G. トラークル (1887-1914) やエルゼ・ラスカー＝シューラー,Th. ドイブラーらが,小市民的な心性を厭い,終末論的な光景,あるいは「人類」といった壮大な抽象物を昂揚した調子で讃え,また G. ベン (1886-1956) やゲオルク・ハイムらが大都市の光景を形象化した.大戦中,チューリヒで T. ツァラ (1896-1963),フーゴ・バル,エミ・ヘニングスらによってキャバレー・ヴォルテールを拠点に音声詩やモンタージュを用いた挑発的な芸術運動が起こされ,16年ツァラによって「ダダ」と名づけられる.戦争体制に対する反撥が諷刺の装いをもって展開される.大戦後には,R. ヒュルゼンベック,J. ハートフィールド,G. グロス,R. ハウスマン,H. ヘヒ,ヴァルター・メーリングらの政治的な色合いの強いベルリン・ダダ,後にシュルレアリストとなるハンス・アルプ,マックス・エルンストらのケルン・ダダなども興る.また K. シュヴィッタースはコラージュ,モンタージュを駆使した造形活動のほか,視覚詩や「原ソナタ」(1923) をはじめとする音声詩など,「言葉の意味」の彼岸での詩作を試み,戦後の具象詩を先取りした.ダダとの人的なつながりをもちつつ,フランスでは A. ブルトン (1896-1966) を思想的主柱として,造形芸術,写真,映画などをも含むシュルレ

アリスムが，自動筆記さらに時には薬物なども使用して夢，陶酔といった非合理的領域に踏み込む表現を，審美性すらを放棄しつつ模索した．ブルトンは1924年に「シュルレアリスム宣言」を発表．L. アラゴン，P. エリュアール，F. スーポー，R. デスノスらが参加するが，共産党との関係，政治との距離のとり方の違いなどが離散を招く．戦中をアメリカ大陸で過ごしたブルトンが戦後パリで運動を再開するが，66年に彼が死去することで運動は実質的に終えている．またヴァイマル期ドイツでは，これらといささか趣を異にする新たなリアリズム文学として，新即物主義と呼ばれる傾向が都市に象徴される大衆社会，技術・物質文明における貧困や幻滅を醒めた視線で描いた．

　19世紀までの芸術潮流を表す「主義」等の名称はほとんど事後的に与えられた他称で，それも貶めるために選ばれたものも稀でないが，20世紀芸術的アヴァンギャルドにおける「主義」は，表現主義を例外として，自己主張を積極的に打ち出した運動として結社が組織され，しばしば「宣言」が発せられ，時として政治と意識的に結びついた点も著しい．個人の技量や才能を越えたものとして芸術活動がとらえられていたことがうかがえる．政治的にはマリネッティ，パウンドはイタリア・ファシズムに，ベンは初期のナチズムに積極的に加担した．これはたまたま生じた問題というより，ファシズムによる政治の審美化がモダニズム芸術と共鳴している一面を示すものである．

　日本では，1920年代初頭にベルリン滞在した村山知義をはじめアナキズムの影響を受けた辻潤，萩原恭次郎，岡本潤，さらに吉行エイスケらがダダに倣った活動をするが，一過性のものに終わる．また横光利一，川端康成ら「新感覚派」と称される作家が，表現主義，ダダなどに刺激を受け，雑誌『文藝時代』（1924 創刊）に拠り，隆盛を誇っていたプロレタリア文学と競合した．「機械」（1930）などの横光作品での「意識の流れ」にはプルースト，ジョイスからの影響が指摘される．31年の柳条湖事件以降は国家の戦争体制が強まり文学も国策に動員され，多くの文学者が「日本回帰」を果たしてモダニズムは実質的に消滅する．

●その後　1933年にドイツではナチが政権掌握．30年代終わりにはヨーロッパ全体が戦乱に巻き込まれ，芸術活動の余地そのものが大幅に限局され，モダニズム文学も退潮を余儀なくされる．戦後，フランスのヌーヴォ・ロマンやアンチ・ロマン，不条理演劇，ドイツ語圏での具象詩，アメリカ合州国から拡がる1960年代のハプニング芸術やビートニク，さらにはポストモダン文学に分類されることもあるポップ文学，サイバーパンクなどを，20世紀初頭からのアヴァンギャルド芸術の衣鉢を継いでいるとみなせる．ただし文学におけるポストモダニズムは建築などとは異なりその規定はよりいっそう不分明であり，モダニズム文学以前の近代文学へのアンチテーゼであるという点で，これをモダニズムの枠内，あるいはその延長上にとどまっているとする理解も可能だ．　　　　　　　［初見 基］

教育思想
［英］educational thought

　19世紀末から20世紀前半にかけては教育思想の大きな転換期であった．この時期の教育思想を方向づけたのは新教育の動向である．新教育とは，19世紀に実現していった全員就学の学校制度に対して，全員就学を実現した多くの国々で19世紀末から顕著になった批判と改革の試みの総称である．日本においても，初等教育段階の就学が飽和状態に達した大正期から昭和初年にかけて，新教育の試みが盛り上がりをみせた．

　●新教育——学校批判と学校改革の試み　全員就学の学校制度の創設はJ. A. コメニウス（1592-1670）以来の近代教育思想の夢であったが，この夢が実現するのとほぼ同時に，学校制度の欠陥や不備もまた意識されてくる．その最たるものは，勉強嫌いの子どもの存在である．本来好奇心旺盛で学びたがりの子どもたちが，学校に入ったとたんに勉強嫌いになってしまうとすれば，学校に根本的な欠陥がある——新教育の推進者たちはそう考えた．学校教育の画一的・注入的な性格が勉強嫌いをつくり出している元凶として批判され，子どもの自己活動な生（生活，生命）に立脚するような学校が求められた．

　こうした要請に応えて新教育の理論的・哲学的基盤をつくったのがJ. デューイ（1859-1952）である．子どもの生に立脚する新しい学校を実現するために，デューイは作業を学校に取り入れるべきことを主張する．活動的な作業を通して子どもたちが互いに協力しつつ学んでいく場としてデューイは学校を構想した．作業の導入によって学校は子どもが生き生きと生活する場となり，小型の社会ともなる（デューイ1898）．同様の新しい学校の構想は，ドイツにおけるG. ケルシェンシュタイナー（1854-1932）の作業学校論（1912）にもみられる．

　●〈子どもの自己活動の目的合理的統御〉としての教育　新教育においては，子どもの自己活動的な生を，単に尊重・賛美するだけではなく科学的に解明することが試みられた．大人とは異なる子どもの思考や感情の特質を解明していったJ. ピアジェ（1896-1980）の発達心理学は，新教育の文脈と深く結びついている（ワロン／ピアジェ訳1961）．本来好奇心旺盛で学びたがりだといった子どもについての見方は，デューイやピアジェの理論をその一部とする新教育の文脈の中で，子どもとはそもそもそういうものだという事実認識として通用していったのである．

　子ども中心の教育と子どもを対象とした科学的研究とは，対立するものではなく表裏一体の関係にある．新教育において，教育は子どもの自己活動的な生に立脚すべき営みとして理解された．子どもの生の実態を知ることは，それに立脚する教育を合理的に組織していくうえで不可欠の条件なのである．こうして，新教

育において教育は〈子どもの自己活動の目的合理的統御〉として理解されることになった．このような教育観は現在にまでつながっている．それは，「良い」教育とは何か，について考えをめぐらす際の規準であり続けている．新教育の時代に誕生した教育思想の枠内に，我々は依然としてとどまっているのである．

　子どもの生を科学的に解明しようとする努力は，子どもの潜在的な可能性を測定し特定するという方向にも向かった．その象徴的な場合が知能指数（IQ）の開発と利用である．A. ビネー（1857-1911）が特別の教育的援助を必要とする子どもを発見するために彼の知能テストを考案したのに対して，スタンフォード＝ビネー尺度を開発して IQ テストの標準型をつくり上げた L. ターマン（1877-1956）は，彼のテストが遺伝的に決定づけられた不変の能力を測定するものであり，したがって教育しても無駄な類いの子どもを特定できると主張した（グールド 1981）．IQ テストは，1920 年代以降，能力別カリキュラムを実施するためにアメリカで広く利用された．知能の遺伝決定論は優生学と通底しており，実際ターマンは優生学運動の支持者でもあった．その書名が新教育の格好のスローガンとなった E. ケイ（1849-1926）の『児童の世紀』（1900）に典型的にみられるように，優生学の思想は新教育に深く食い込んでいる．

●**大衆民主主義と総力戦の時代の教育**　以上のような新教育のさまざまな試みは，大衆民主主義と総力戦の時代における教育の新たな課題に応えようとするものだったとみることができる．19 世紀半ば以降，産業化の進んだ国々では次第に普通選挙――男子限定の場合が多かったが――が導入され，階層や教育の程度に関わりなく国民大衆が政治的決定に関与する状況が成立していく．主体的に国家を支える市民としての自覚が国民全体に求められるようになり，子どもを受動的状態に置く伝統的な学校教育は，主体的市民の育成という新たな課題を担うには不十分となる．一国の生産力が戦争の結果を左右する総力戦の状況が第一次世界大戦で露わになった後には，質の高い労働力の育成という課題も喫緊のものとして意識されてくる．新教育の登場と興隆の背景には，新な課題に対処できない学校教育の，正統性の危機があった．

　1930 年代以降，主体的な市民を育成するという新教育の試みは，全体として国家主導の総力戦体制の中に組み込まれていった．新教育は，いかなる政治体制にも奉仕しうる方法原理として通用することを実証したといえる．しかし，総力戦体制という点では互いに通底する部分をもつとしても，新教育が組み込まれた先が，民主主義的な政治体制であったか（アメリカの場合），そうではなかったか（ドイツや日本の場合）の違いは大きい．教育という領域が，政治や経済の単なる道具なのではなく相対的な自律性をもっているとすれば，異なる政治体制を生み出した要因として教育がどの程度，またどのように関わっていたかは，教育思想史の問題として改めて問われる必要があるだろう（今井 2015）．　　［今井康雄］

否定神学・自由教会（無教会）運動

［英］apophatic theology / free church movement　　［独］Negative Theologie / Freikirchliche Bewegung

　否定神学とは，神について論じる方法の一つであり，神体験の手法でもある．それは神認識の可能性の否定ではなく，人間が行う神認識のための努力，例えば概念や定義，言語活動によっては神をとらえることはできないという考えの総称である．その淵源は聖書にあり，古代の教父以来の主張でもある．しかし近代になると，教会の教義や制度，あるいは伝統や権威を批判，否定し教会制度に依存しないキリスト教を提唱する人びとの主張の根拠としても用いられるようになった．否定神学は，一方で言語や神学，制度を超えた神との直接的体験を重視する神秘主義を生み出し，他方では国民教会制度などの既存の教会制度を批判し，そこから分離する自由教会運動に支援を与える思想となった．

●否定神学の伝統　否定神学の起源は聖書に遡る．例えば十戒が神について「いかなるもののかたちもつくってはならない」（出エジプト記20章4節）と命じていることが，概念化，言語化による神認識の否定と理解された．

　教父たちはこの伝統に基づき否定神学を展開した．殉教者ユスティノス（100頃-162頃）は「神には名を与えることはできない」と主張した．またカパドキアの三教父は，エウノミオス（335頃-394頃）などが，人間は，神が自らについて認識しているのと同じ明瞭さをもって神を認識することができると主張したのに対して，神を言語や概念によって認識することの不可能性を指摘した．

　6世紀の前半に書かれたとされる偽ディオニュシオス・アレオパギタ（生没年不詳）による文書は，肯定神学と否定神学を区別した．肯定神学は世界との関係で開示された神を扱い，神は最高善，存在者と定義される．しかしこれは神の正しい名であるかもしれないが，限界性をもった人間の知識による仮の名にすぎず，神そのものではない．それ故に肯定神学は，否定神学への一つの導入にすぎないことになる．否定神学は，神は何でないかを論じ，人間の認識能力の限界を認識し，その限界を超えて神との合一へと至ることを目指している．

　神の超越性や絶対他者性の主張，人間による神の認識不可能性という思想の系譜は，近代の思想家にもさまざまな仕方で影響力を与えており，S. A. キルケゴール（1813-55）や F. W. J. シェリング（1775-1854），近年では M. ハイデガー（1889-1976）の哲学の隠れた源流の一つとしても指摘されている．

●自由教会運動　自由教会運動は，国教会制度，あるいは国民教会制度などのように一つの政治的支配領域に一つの宗派教会が存在する中で，その制度からの離脱，分離を試みる運動であり，E. トレルチ（1865-1923）の主張する「ゼクテ」型あるいは「神秘主義」型のキリスト教である．その淵源は，1555年のアウクスブ

ルク宗教平和によって領主の宗教がその領地の宗教になることが決定された後，体制側となった宗教改革運動から批判され，迫害された洗礼主義の運動などに遡るが，1834年にジュネーヴでH. M. ドビニェ（1794-1872）を指導者として国教会から離脱して成立した自由教会，1834年にオランダ改革派教会で起こった分離運動，1843年にT. チャーマーズ（1780-1847）を指導者としてスコットランドに誕生した自由教会，1835年にドイツのエルバーフェルト市でH. F. コールブリュッヘ（1803-75）の影響を受けた教会の国教会からの分離などが初期の形態である．

　近代の自由教会運動はいずれも既存の教会制度を批判している点では共通しているが，二つのタイプに分かれる．一つは啓蒙主義的な自由教会で，既存の教会制度だけではなく，伝統的な教義や教え，サクラメントなどを批判する．またその時代の読書階級や知識人と結びつき，聖職者中心主義や，権威への従順を要求する伝統的な宗教制度を批判する．もう一つは敬虔主義と結びつく自由教会である．宗教制度の官僚化によって，生きた宗教性が喪失している現状を嘆き，制度教会と距離を生き，独自の宗教性の獲得や修養に努力する．こちらの運動は宗教的大衆運動でもある．この自由教会は宗派間の対立などには無関心で，むしろ人類に共通の宗教性や普遍的な道徳などに関心が向けられている．またいずれの教会も伝統的な贖罪論よりも，神との無媒介的な関係が宗教性の中心になる．そして特定の教義や信条によって結びついているわけではないので，その代わりに教会を一つにする何か，例えば教養やナショナリズム，強力な指導者の影響力などによって自らの宗教的アイデンティティを形成することになる．G. ジンメル（1858-1918）はそのような教養主義的な宗教を「神秘主義」と呼んだ．

　日本には国民教会制度がないので，定義上自由教会は存在しないが，内村鑑三（1861-1930）に遡る無教会運動の伝統は，これらの形態との類似性を示している．E. ブルンナー（1889-1966）は，日本での経験から『教会の誤解』を書き，そのことを指摘した．無教会は国民教会制度への批判ではないが，外国の宣教師や宣教団体との強いつながりの中で活動する日本の教会への批判が源流にあり，伝統的制度を超えて，日本の精神的風土と深く結びついたキリスト教を主張した．

●否定神学と自由教会運動　自由教会運動に共通することは，既存の制度や伝統を批判するための無媒介的な神認識，伝統的な教義やサクラメントを媒介としない神学の形成であり，そこに否定神学との結びつきが見出される．しかし多くの場合この関係に無自覚である．両者の有機的関係に気がつき，両者を結びつけた出版活動を展開したのがオイゲン・ディーデリヒス（1867-1930）とその出版社である．彼はキルケゴールやL. N. トルストイ（1828-1910）の思想の中に否定神学的要素を見出し，それが既存の教会制度批判に役立つと考え，これらの思想家の翻訳を盛んに出版した．

［深井智朗］

性科学

[英]sexology　[独]Sexualwissenschaft

　性や性愛についての言説は，詩文にあるとおり古来より無数にあった．ギリシア演劇には，男女の交わりや浮気についての洒落た言説が多い．平安朝から江戸時代までの日本でも同じだ．しかし，そこでは，アモール，エロス，ミンネ（ドイツ中世），思いや色（日本）こそ語られるものの，「性」やセックスという問題のされ方はなかった．「性」が問題になり，しかもそれについて「学問的に」語ろうとする性科学が生まれたのは，19世紀ヨーロッパの市民社会の枠においてであった．もちろん，すでに18世紀末にサドのような議論や実践もあったが，それはまだ絶対主義の貴族の世界の試みでもあり，しかもはっきりセックスという問題設定ではなかった．すでに18世紀にスイスの医師ティッソーがオナニー有毒説を展開しているが，彼の標的はまだ貴族や上流階級の性生活だった．

●**性科学の始まり**　だが19世紀に入るとクラフト＝エビング（1840-1902）のような性行動研究が始まる．『性の精神病理』（1886）で彼は，ホモセクシュアリティ，サディズム，ネクロフィリアなどを造語した．性欲欠如を意味するアナステシア（冷感症）などもそうである．こうした倒錯の原因を身体的な理由に求めた彼は精神分析が花盛りになる中で忘れられるが，性行動の多様性に注目した功績は重要である．もっとも，家庭における「生産性」を伴わない性行動は男女の婚外セックスも含めてすべて「倒錯」とする点では時代の枠組みにとらわれていた．

　同性愛を性科学の重要なテーマにした点では，三島由紀夫も愛読したヒルシュフェルト（1868-1935）が重要だ．1919年に性科学研究所をつくった彼は，数％だが男女共に両性愛の傾向があるという経験調査から始まり，同性愛は決して変質や病気ではない，とした．異性の衣服を好むいわゆるトランス・ヴェスティットの概念は彼に由来する．しかし，世論は厳しくナチスの台頭に応じて1932年以降，ドイツに戻ることはなかった．戦後のアメリカで性行動について大規模な面談やアンケート調査を行ったA.キンゼイも性の経験科学化を推進した．男女別の自慰の頻度や年齢別の週あたりの性交回数など俗受けする話題もさることながら，バイセクシャルや同性愛の比率の調査とともに，こうした志向を「病気」としない議論を展開したが，教会や保守派からは凄まじい攻撃を受けた．

●**精神分析と性**　性に関する議論が渦巻いた世紀末のウィーンでS.フロイト（1856-1939）は長い試行錯誤の末に，セクシュアリティと精神疾患を結びつけた精神分析を創出した．無意識化されている幼少期の性的被害や幻想の対話による自覚という治療法がそれであった．また，父中心の超自我（文化）と下からのエスないし衝動の間で苦しむ自我という文化論的なモデルも考察した．これは基本

的には19世紀市民社会の世間体とお行儀に象徴される抑圧構造，いわゆるヴィクトリアン・モラルへの批判でもあった．一時はフロイトの弟子だったヴィルヘルム・ライヒ（1897-1957）も，ファシズム批判の中からこうした抑圧モデルからの解放やオルガスムスの哲学を説いた．オルガスムスに関連するオレゴンなる物質の発見と製造を自称したが，亡命先のアメリカでも抵抗が強く投獄された．しかし，1968年の学生反乱期のセクシュアル・レヴォリューションの中では広く読まれた．当時 H. マルクーゼ（1898-1979）も労働の抑圧による快楽の先送りという資本主義社会の現実原則に対抗する快楽原則を説いて，資本主義の克服を論じる学生たちに人気を博した．

●フーコーの議論　こうした一連の思考や生活実験は抑圧からの解放であり，結果として性的志向の多様性の承認でもあり，社会自身の変革でもあると考えられている．「性の解放」は「性による解放」の夢でもあった．この抑圧論に冷や汗を浴びせたのが M. フーコー（1926-84）である．「我らヴィクトリアン」という挑発的書き出しでフロイト的な精神分析を批判する彼は『性の歴史』の第一部「知への意志」で F. ニーチェに倣って，性科学の成立への問いを発する．なぜ，それまでは使われなかった言葉であるセックスについて議論が，しかも scientia sexualis として学問的なる議論が19世紀に横行し始めたのか，と．むしろ重要なことは，欲望（リビドー）が主体と結合されたことではないか，と．それに伴い，主体は自己の秘密を告白するようになり，性的なことこそ人生の隠れた意味であり，それをどう解釈するかが学問の意義となったことこそ問題なのだ，と彼は論じる．オナニー禁止なども，そうしたディスクールの付置としての権力の戦略の一環としてみるべきである．ただし，権力は必ずしも抑圧として体験されるのではなく，性の解放と思われているものもその戦略，つまり「生かしておく」「楽しませておく」ための戦略かもしれないのだ．性が学的な関心の対象ということの方が重要で，その中で抑圧か解放は大した問題ではないということだろう．

19世紀のディスクールの付置としてフーコーは4点をあげる．第1は女性の身体のヒステリー化である．ヒステリーを女性の「特権」とした点はフロイトも同じだが，彼にはそのことへの批判がないことはたしかである．第2に子どもの性が教育の対象となる．監視され，指導され，注意される．第3に性は生殖の手段として社会化される．確かに先の H. エビングハウスは生殖と無関係の性行動は「倒錯」としていた．第4には，倒錯の快楽が精神分析の対象とされるようになった．結果として規律的な側面が強くなったが，現在では同じ権力が規律よりも刺激による欲望の増大や快楽の深化として働いている．

このように議論しながらフーコーはやがて古典古代の愛のあり方，個人のスタイルや態度としての性愛の個性を思い起こす議論を展開することになる．

［三島憲一］

歴史言語学

[独]Historische Linguistik, Historische Sprachwissenschaft

　歴史言語学とは，一つの言語の歴史的変遷の研究を意味することもあるが，通常は，語彙や構文や音韻などに何らかの親縁性が認められるいくつかの言語が，もとの言語から分化・発展してきた経緯を種々の資料から再構成しようとする言語学的研究をいう．その過程で失われた言語や音素の痕跡をたどることもあれば，分化以前の原初的言語である基語ないし祖語を探索することもある．もっと下がって，例えば英語とドイツ語の分化を掘り起こすことも目指される．その意味では比較言語学とも，かなりの部分を共有している．いわゆるインド・ヨーロッパ言語（印欧語）の語族（Sprachfamilie）の発見がこうした歴史言語学のはじまりである．もちろん，厳密には比較言語学の発展とともに共通基語の再建の夢も揺さぶられたことも事実である（高津 1950）．

●歴史言語学の起源　サンスクリットとギリシア語やラテン語を含むヨーロッパ諸語とに語彙や構文に関してある種の類似性があるとの推測はすでに 17 世紀以来あった．サンスクリットで「父」を意味する pitar はラテン語では pater，ゴート語では fadar などである．これに関する大きなインパクトはベンガルの最高裁の判事のイギリス人ウイリアム・ジョーンズ（1746-94）に発する．すでにイギリスでペルシャ語を学んでいた彼は，ペルシャ語と英語が公用語であったベンガルの法廷に 1783 年に東インド会社から任命されていた．彼は，自らが創立したカルカッタのベンガル・アジア協会における 1786 年 2 月 2 日の講演で，サンスクリットとギリシア語，ラテン語，さらにはゴート語やケルト語との間の「とても偶然とは思えない」類似性を暗示的に指摘した．歴史言語学の誕生である．

●歴史言語学の拡大と深化　『アジア研究』誌に掲載されたこのテーゼは，ロマン主義的風潮の中でヨーロッパに拡大していった．特に功績のあったのがドイツ・ロマン主義である．フリードリヒ・シュレーゲル（1772-1829）の「インド人の言語と知恵について」（1808）が重要だが，言語学的には，フランツ・ボップ（1791-1867）の「ギリシア語，ラテン語，ペルシャ語およびゲルマン語との比較に依拠したサンスクリット語の動詞変化システムについて」（1816）が画期的であり，いわゆる印欧言語学（ドイツではインド・ゲルマン語学 Indogermanistik という）が生まれることになった．また音韻変化についても先の例にあるように語頭の [p] と [f] のようにある種の法則性を暗示するものが多かった．一連の研究の中で画期的なのは，ソシュール（1857-1913）による 1878 年の印欧語における 3 種類の喉頭音についての推定である．当初は批判も多かったこの推定は後にヒッタイトの資料の発見によって揺るがぬものとなり，20 世紀における印欧祖語

の再建努力に大きな位置を占めた．

　ただ，こうした一連の努力のロマン主義的な不問の前提は，古いものほど純粋であるという考え方である．これは，印欧祖語からサンスクリットやギリシア語，その他の言語が分化していったとする系統樹の発想を生み出した．それとともに金石文その他で知られている言語とともに，現在も使われている印欧諸語の種々の方言の中に古い言語の痕跡を認め，そうした知見を体系化する試みでもあった．印欧言語学が現在では歴史言語学とも比較言語学とも呼ばれる理由である．

●**歴史言語学の功罪**　同時に語族という考え方が生まれた．ゲルマン系の語族，ラテン語に発する南欧のロマンス語系の語族，それら全体が含まれる印欧語族などである．また，こうした考え方を受けて，日本語や朝鮮語を含むウラル・アルタイ系の言語家族（あるいはウラル語族とアルタイ語族）というような類比も行われることになったが，印欧語にあてはまる事象がどの程度他の言語家族にも言えるかはさだかでない．この考え方は，言語は話し手の考え方をも規定しているという文化本質主義と結びついて，印欧語諸民族と東洋の諸民族の文化との相互理解の不可能性という議論をも生んだ．主語を必要としない言語である日本語の話し手はヨーロッパ人に比べて自我意識の発展が乏しいなどという議論である．日本人でもヨーロッパ人でも我の強い人もいれば，気の弱い人もいるという単純な事実を無視した，日本人論にもみられるこうした議論は，百害あって一利なしである．

　サンスクリットとヨーロッパ諸語の類似関係はまた，多くのインド人に自信を植えつけた．植民地でありながら宗主国の文化の根源であるギリシア・ローマにもつながるさらなる根源，古典古代を成り立たしめている古代の古代がインドの古代であるという意識である．同じく，ヨーロッパでも，インドのいわば「株価」が上がり，世界の多くの植民地の中でもインドは自分たちに近く別格という考え方を生んだ．ヴァージニア・ウルフ（1882-1941）の夫の小説家レナード・ウルフの短編小説『真珠と豚』（1921）は，イギリスの植民地主義を告発した小説だが，その冒頭でも，ドーバー海峡沿いの保養地で談笑する紳士たちの一人がインド人のことを「われわれの従兄弟」と軽蔑の中にも好意を込めて形容するシーンがある．歴史言語学は肌の色に由来するレイシズムを相対化すると同時に，語族を文化的に強調し，レイシズムを固定化するという両面がある．

　しかし，一方で先のソシュールに発する構造主義言語学が発展し，他方で，より複雑化した文化理論においては文化と言語の相関性は無意味な推定となったこともあり，歴史言語学は19世紀の学問として衰退しつつある．歴史言語学がかつて最も発展していたドイツ語圏でも，印欧語学の教室をもつ大学は今ではいくらもなく，ベルリン自由大学では2013年に廃止された．　　　　　　　[三島憲一]

ユダヤ神秘主義
[英]Jewish mysticism

　神秘主義は多種多様な仕方で定義されてきたと同時に，定義すること自体が不可能な試みであるともいわれてきた．ユダヤ神秘主義研究の泰斗ゲルショム・ショーレム（1897-1982）が書いているように，神秘主義を抽象的・思弁的に定義することには大きな問題がある．「存在するのは，神秘主義それ自身ではなくて，何かの神秘主義，一定の宗教的なかたちをもった神秘主義，すなわちキリスト教の神秘主義，イスラム教の神秘主義，ユダヤ教の神秘主義といったものなのである」（ショーレム 1957：14）．その意味では，ユダヤ神秘主義に限らず，神秘主義とは一つの宗教的・歴史的現象である．

　ユダヤ神秘主義は，古代から近現代に至るまで，連続と不連続をはさみながらも，特定のコンテクストの中でそれぞれ独自の思想を生み出してきた．ヘブライ語聖書をはじめとしたユダヤ教のさまざまな聖典・文献や人間のイマジネーションを駆使しながら，ユダヤ神秘主義は神・世界・人間に関わる事柄を，時には秘教的な教えを用いながら解釈し，後代に伝えてきたのである．

●**古代と中世のユダヤ神秘主義**　ユダヤ神秘主義の起源は，常に論争の余地ある問題として残されている．ここではポスト聖書時代である，70年の第二神殿破壊以降のラビ・ユダヤ教の時代あたりに最初の表現をみる立場をとる．古代のユダヤ神秘主義として言及すべきはメルカバー神秘主義とヘイハロート文学である．メルカバーとは預言者エゼキエルがみた古代の神聖な戦車を意味し，またヘイハロートとは神が住まう天上の広間を指す．どちらもユダヤ神秘主義にとっては幻視体験や神への霊的接近（上昇）を示す一つの重要なモデルとなり，中世のユダヤ神秘主義カバラーを考えるうえでも重要な歴史的意義をもっていた．

　中世になると，『バヒールの書』や『ゾーハルの書』など中世ユダヤ神秘主義カバラーの重要文献が登場するが，後の影響も含めて特筆すべき思想は，16世紀のツファットに現れたイツハク・ルーリア（1534-72）のカバラーである．ルーリアとルーリア派のカバラーの特徴は「収縮（ツィムツーム）」，「容器の破裂（シュヴィラット・ハケリーム）」，「修復（ティクーン）」という三つの用語で，世界の創造と救済，悪の存在を描写したことである．神の収縮によって創造された世界の中で，神の光を受け取るために用意された容器は光を受け切れず破裂してしまう．しかし，このような破れた世界の修復こそ，個々のユダヤ人に課された使命であり，それは宗教的規律の遵守などによって成し遂げられるのである．こうしたメシア的なユダヤ神秘主義の背後に，1492年のスペインで生じたユダヤ人追放という危機的状況を読み取ることも可能であろう．

第Ⅳ部　近代の危機
——19世紀末から20世紀前半へ

● **近代のユダヤ神秘主義**　カバラーの時代を経た後，17世紀にシャブタイ・ツヴィ（1626-76）の偽メシア運動が起こる．メシアの改宗という驚くべき事態に直面しながらも，18世紀から19世紀にかけて東欧を中心にユダヤ神秘主義の大衆運動として出現したのがハシディズムである．ハシディズムの創始者はイスラエル・ベン・エリエゼル，通称バアル・シェム・トーヴ（1700頃-60）といわれている．さまざまな集団で展開されたハシディズムの特徴を説明することは難しいが，ここでは2点あげておこう．第一に，神との神秘的接触・神秘的合一である．これは特別な人間に限られた体験ではなく，信者が生活全体において達成すべき恒常的な状態であり，特に祈りの実践においては重要な位置を占めることになる．第二に，悪は善と同じ源に由来し，悪は善に転換されなければならないという考え方である．悪に対して能動的に関わることが求められ，特に祈りと神秘的接触の達成の間，信者は自らのうちにある悪を善へと引き上げなければならない（ダン 1988：202-204）．

● **20世紀のユダヤ神秘主義**　近代ユダヤ人にとってもっとも危機的な時代といえば，おそらく20世紀であろう．1901年に「ユダヤ・ルネサンス」を唱え，枯渇したユダヤ性を復活させようとしたマルティン・ブーバー（1878-1965）は，ハシディズムの伝統から大きな影響を受けていた．彼の主著『我と汝』（1923）においてその思想が直接的に表現されているわけではないが，ハシディズムを無視してはブーバーの対話的思想を解明できない．

　また，フランツ・ローゼンツヴァイク（1886-1929）が著した『救済の星』（1921）には，ルーリア的カバラーに由来する破裂と修復の弁証法や神秘的終末論がみられる．ローゼンツヴァイクは観念論的な哲学によって構築された世界を破裂させ，創造・啓示・救済というユダヤ宗教思想によって再び世界を修復するという壮大な体系を，ユダヤ神秘主義に着想を得ながら築こうとしたとも解釈できる．

　ショーレムによれば，神秘主義者はこれまで是認されてきた宗教的権威に自らを遡らせるという意味では保守的であるが，その宗教的権威に異議を唱えるために召喚されたと感じるという意味では革命的である（ショーレム 1960：11-12）．ユダヤ神秘主義の中にもこの両極は存在し，それは安定した時代よりも危機の時代にこそ力を発揮するものである．彼の指摘によって20世紀のユダヤ人思想家の中に，ユダヤ神秘主義が再び息を吹き返した理由も理解できるだろう．

　ユダヤ神秘主義研究は，依然としてショーレムの強い影響下にある．しかし，彼の描写はある運動が別の運動に対する批判として登場するという弁証法的イメージにとらわれており，対象の選択が恣意的だとする批判もある．ショーレム以後のユダヤ神秘主義研究はいかにしてショーレム・パラダイムを相対化するかという問題に直面している．

[佐藤貴史]

科学政策
[英]science policy

　国家による科学や技術に対する人的・物的な振興策や啓発・普及策などの政策分野を一まとめにして科学政策と呼ぶことが多い．経済成長や国民の福祉，さらに軍事などのための施策であることもある．science policy という言葉が使われ始めたのは第二次世界大戦末期から戦後にかけてであり歴史は短いが，その展開は国ごとに多様である．また，近年では，政策形成における活用を目指しての科学技術イノベーションのメカニズムの科学的解明も含めることもある．

●**アメリカにおける科学政策**　国家による研究開発への助成は，19 世紀末以来，ドイツをはじめヨーロッパ各国にその萌芽がみられる（リッター 1998）．しかし今日の有力なモデルを提供したのはアメリカである．アメリカの大学は伝統的に国家からの独立性が強かったが，科学者の動員への転機となったのは，第二次世界大戦中の原爆開発に関するマンハッタン計画（1941～46 年）である．このプロジェクトは，ルーズベルト大統領の承認のもとに決定された軍事プロジェクトであり，5 万人もの科学者や技術者が動員され，また産業界や政府の資源や予算が投入された未曾有のものであった．科学者たちは極秘につくられたニューメキシコ州の研究所に移住させられ，J. R. オッペンハイマーを中心に基礎研究から原爆の開発研究にまで従事することとなった．このプロジェクトはその後の国家主導型の研究開発のモデルとなり，戦後に宇宙開発・原子力開発などの巨大科学のプロジェクトが推し進められることとなった．

　戦後，研究開発に対する国家的な支援の体制も確立した．基礎的な研究開発を支援する国立科学財団（NSF）が 1950 年に設立された．研究目標は行政的ニーズに基づいて決めても，個々の研究プロジェクトの選定には専門分野を同じくする者同士が当たるピアレビューの方式が採用された（小林 2011）．ほかに，国立衛生研究所（NIH）や国防総省（DOD）の国防高等研究計画局（DARPA）をはじめ，航空宇宙局（NASA），エネルギー省（DOE），農務省（USDA）などの行政機関が，内部の研究機関での研究開発と同時に，大学などへの研究委託という形で，それぞれに研究開発の助成を行うようになった（2011 年の統計でみると，研究開発費全体では軍事関連が 50％を越えているが，大学への研究資金に限ってみた場合 NIH からの資金が 3 分の 2 を占めている）．

　1960 年代には冷戦の影響で軍事に関連した研究開発が進んだが，70，80 年代になると経済的な国際競争力が課題とされるようになり，上記の多元的な仕組みを発展させて，基礎研究，応用研究，開発研究をつないだ科学研究と産業界との結合が図られた．冷戦終結後にはイノベーションに重点が置かれるようになり，さまざまな国家的プロジェクトが推進された．こうした拡大動向とは逆に，60 年代末からは科学や技術に対する批判がなされるようになり，それを受けて議会にお

いては，技術に関するプログラムの重要性やメリットなどを評価するシステムとしてテクノロジーアセスメント（TA）が求められ，1972 年には政策立案のために技術の影響を客観的に予測するための機関として技術評価局（OTA）が設置された．これと同様のことはヨーロッパ各国でもみられた．

●**日本の科学政策**　日本での展開は少し異なる面がある．明治期の科学や技術の移植は富国強兵のためであり，科学や技術と国家とは始めから接近していた．1870 年に工部省が設置され，85 年には工部省を統合した商務省が産業技術を担当するようになる．その下でさまざまな試験研究機関が設置される．他方，1877 年には東京大学が設置され，理学部が設置される．ただし，その内実としては応用物理学や冶金学をはじめ工学的要素が多分に入っていた．「明治期の理学部は，純粋科学，基礎科学の研究というような目的で存在していたのではなかった」（廣重 2002 : 20）のである．1886 年には工部大学校が移管され工学部（正確には，改組でできた帝国大学の工科大学）となり，世界初の工学分野での学位授与機関となった．その後，大学は現場からやや距離を置いた研究の担い手となっていった．

　国家プロジェクトへの科学者や技術者の動員の萌芽は第一次世界大戦後にもみられるが，本格的に開始されたのはやはり第二次世界大戦に向けた総動員体制づくりにおいてであった．すでに 1932 年には経済的苦境からの脱出のための科学振興を目標に日本学術振興会がつくられていたが，38 年には科学政策の機関として内閣に科学審議会が置かれ，41 年には技官たちが中心に立案した「科学技術新体制確立要綱」が内閣で決定され，42 年には科学技術の新体制確立を目的とする「技術院」が設置される．科学と技術を一体にした「科学技術」という官僚用語が造語されたのもこの時期である．戦後になって技術院は廃止されるが，さまざまな経緯を経て，56 年には，科学技術政策，原子力政策，航空／宇宙政策などを担う科学技術庁が設置され，文部省などとともに科学技術政策の中心となる．また，59 年には総理大臣を議長とする科学技術会議が設置される．

　戦後当初の科学技術政策の主眼は，海外の技術のキャッチアップによる技術格差解消と自主技術の開発に置かれていた．特に資源とエネルギーが問題であった．70 年代に水俣病をはじめとする公害問題やさまざまな環境問題が発生し，環境や持続可能性への配慮が織り込まれたが，科学技術立国というスローガンには経済発展への指向が色濃い．近年ではイノベーションが強調されるが，原発事故による信頼失墜もあり，開かれた科学技術政策の必要性も唱えられている．

●**科学政策の新たな動向**　近年，EU では「責任ある研究とイノベーション（RRI）」と呼ばれるプロジェクトが進行している．RRI は，包括的で持続可能なデザインの発展を目的に，研究とイノベーションについて潜在的な影響や社会的期待を予期し，評価しようとするアプローチであり，社会的アクターとの応答的（responsive）で透明な相互作用が特徴である．TA や，EU で培われてきた市民参加の伝統をふまえて，社会的，倫理的価値に応えるかたちで科学の開放的なガバナンスを図る新たな科学政策の試みである．

[直江清隆]

科学史の成立と展開

[英]rise and development of history of science

　科学の歴史は人間の文化的，社会的営みの核心な部分であり，他の営みと密接な関わりをもっている．科学や技術が発展する現在において，科学史の探究は，科学の起源やさまざまな非西欧科学との比較，科学の諸概念の成り立ちやその含意の解明，社会的関係の中での科学の営みを把握などを通じて，科学に対して批判的な視線を向けて再構成し，より深い科学理解に到達することを可能にする．

●**科学史の成立**　科学の歴史に関しては，一般に進歩の過程であって文化や社会とは異質ととらえる傾向がみられる．18世紀以来散発的になされてきた個別科学の歴史がそれを裏書きしているようにみえる．20世紀の学問としての科学史の創始期の科学史家の一人であるG. サートンは，「現代の教養ある人間は，科学者の巨大な努力がまるで己に無関係であるかのように振舞うことはもはや出来なくなった．科学的精神は，宗教的精神，芸術的精神，正義の精神などと同一水準に立つのだ」（サートン 1931：xi）と述べ，ヒューマニティに対する科学史の役割を主張する．同じくH. バターフィールドも，科学革命が近代世界と近代精神の生みの親であるとし，科学史が思想・文化史の中でとりわけ重要な分野であることを強調する（『近代科学の誕生』1949）．科学史の探究は自らの足下を照らし出し，その存立基盤の由来を明るみに出す学問的な営みなのであって，英雄たちの事蹟をもとに科学的精神を啓蒙したり，歴史事例を通して科学の教育に貢献したりする有益さにその意義があるのではないわけである．

　戦前の科学史としては，F. ダンネマン『発展と関連から見た自然科学』（訳題『大自然科学史』）やJ. ニーダム『中国の科学と文明』といった大部の書物が有名であろう．しかし，方法論の観点からして留目に値する一つは，科学の一分野（ないしその一部）における科学理論や科学研究の変化に注目するP. デュエム，A. コイレらの研究である．例えば現象学者E. フッサールに学んだコイレは，『ガリレオ研究』において，ガリレオ・ガリレイが自然を数学的なイデアによって構築しなおそうとしたとする視点に立って，ガリレオにおける科学理論の内的な発展を描き出す．これは後の「内的科学史」につながる．いま一つは，科学が内的な要因だけではなく，さまざまな外的な力によって形成されてきたとするゲッセン（『ニュートン力学の形成—『プリンキピア』の社会的経済的形成』1931）やE. ツィルゼルらの研究である．ツィルゼルは『科学と社会』に収められた論考において，ガリレオが科学に導入した実験や観察について考察し，彼の数学的自然科学を可能にしたのが当時の高級職人の伝統であったことを主張する．これは後の「外的科学史」につながるのだが，注意すべきは，外的要因という場合，社会的な要因と

ともに宗教をはじめとする知的要因も含まれることである．外的と内的という議論の枠組みの違いはあるが，科学史は一つの思想史として成立することになる．

●**パラダイム論の衝撃**　科学史をより"正しい"理論への連続的な発展とみる歴史観は現在の視点から遡及した「勝利者史観」（バターフィールド）にすぎないとする議論を受け，T. クーンの『科学革命の構造』(1962) は，科学がその時々の科学者集団に担われた営みであるとする．この科学者集団が共有している枠組みがパラダイムと呼ばれる．パラダイムは科学教育の中で習得され，科学者集団の営みの中で補強，安定化された基礎であり，科学の通常の営み（通常科学）はパラダイム内でのパズル解きに準えられる．それまでの通念とは異なり，パラダイムはいつでも更新されるのではなく，むしろその転換は稀である．クーンは「その時代の科学伝統に固く基礎づけられた研究だけが，その伝統を打破し新しい伝統を招来し得る」（クーン 1977：284）として，パラダイムの転換として科学革命が遂行されるとする．

　パラダイムは1970年代以降一種のはやり言葉になって各方面に影響を及ぼしたが，その本来の意義は科学史への貢献にある．クーンの衝撃を通じて，科学史は進歩や成功の歴史ではなく，科学が営まれる実際の歴史，あるいは B. ラトゥールの言葉を借りれば「作成過程の科学」（ラトゥール 1987：6）を記述する学問となった．これは科学史が諸科学の"後づけ"から脱して，学問としての自立を遂げたものともいわれる．また，この"新しい"科学史は，科学の理論内容を科学外的な要因と結びつけるものであった．かくして「内的」科学史と「外的」科学史とが一体化されたアプローチがなされるようになった．19世紀の物理学の理論内容と制度的側面とを扱う分野形成史の研究などはその一例である．また，こうした動向は科学社会学にも影響を及ぼし，正しい信念と間違った信念が同じ説明様式で対称的に説明されるとするプログラムも提出されたが（ブルア 1976），その評価については議論が岐かれている．

●**日本科学史**　日本科学史では西洋からの影響以前に独自に発達した和算の歴史などがある一方，西洋諸科学の導入と国内における近代科学の成立・展開が扱われてきた．江戸期の蘭学や幕末期の洋学の歴史，進化論をはじめとする明治期の西洋諸科学の導入史や近代的な科学技術体制の成立史などがそのテーマである．2点だけ特筆するならば，一つは廣重徹の『科学の社会史』(1973) である．廣重は日本に近代科学を存立させ，展開させた歴史的・社会的条件をたどる外的科学史を精査し，「日本の科学は日本の資本主義的発展に深く組み込まれることによって今日の姿になってきた」（廣重 2002：iv）と主張する．いま一つは近年の金森修らの一連の科学思想史の試みであり，明治期以来の日本のさまざまな時代の科学について，純粋な記載的事実の列挙ではなく，「科学者の理論や概念，思想背景などに焦点を当て」て（金森 2011：2）解き明かしている．　　　　［直江清隆］

オリンピック思想
［英］modern Olympic

　近代オリンピックは，フランスのクーベルタン男爵ピエール・フレディ（1863-1937）の提唱で始まったとされる．彼の説く「オリンピック復興（ルネサンス）」は，1894年6月23日（現オリンピックデー），パリで開かれた競技スポーツの国際会議にて，満場一致で承認された．同時に，それを組織する国際オリンピック委員会（IOC）が設立され，ギリシアでの第1回大会（1896年），4年に一度，世界各都市での持ち回り開催なども決められた．

　とはいえ，近代オリンピック思想自体はクーベルタンの独創ではない．ギリシアの独立（1832年に正式承認），オリンピアの遺跡発掘調査などによって，19世紀半ばまでに，古代オリンピア競技祭への関心は高まっており，「オリンピック」を冠したイベントも，イギリスの「マッチウェンロック・オリンピック」（1850年開始）をはじめ，小規模ながら，すでにいくつも行われていた．

　こうした動きが，フランスの教育改革を模索するクーベルタンを刺激し，やがて広くスポーツをめぐる考え方を変えていくことになった．

●**オリンピアの発掘とギリシア崇拝**　紀元前8世紀以降，ペロポネソス半島の西北に位置するオリンピアでは，鍛え上げた肉体をオリンポスの山に住む全能の神ゼウスに捧げる神事として，4年に一度，競技祭が行われていた．その前後3か月間は相争うポリスが休戦して，ギリシア全土がこの祭典に参加した．ローマ帝国がキリスト教を国教化した4世紀末，祭典は閉幕し，オリンピアは破壊された．

　オリンピアの遺跡の一部が，イギリス人R. チャンドラー（1738-1810）によって発見されたのは，1776年のことである．彼の旅行記は各国語に訳されてギリシア旅行熱を煽り，ギリシアの独立運動を支える「ギリシア崇拝（フィルヘレニズム）」を触発した．古代ギリシア文化をヨーロッパの起源として理想化し賛美するこの動きは，イギリスの詩人バイロン（1788-1824），フランスの作家シャトーブリアン（1768-1848），画家のE. ドラクロア（1798-1863），ロシアの作家A. プーシキン（1799-1837）らの活躍により，1820年代，ヨーロッパ中の注目を集めた．

　独立後のギリシアでは，初代国王（バイエルン国王ルードウィヒ1世の次男オットー，ギリシア名オソン1世，在位1832-62）がギリシア文化の熱烈な崇拝者であったこともあり，ドイツの学術調査隊によって本格的な発掘作業が進められた．第2回オリンピア競技祭（1870年）の舞台となったパンアテナイ競技場は，古代オリンピアの競技場を復元したものであり，1896年の第1回オリンピック大会の会場ともなった．

●**競技スポーツと伝統スポーツ**　19世紀半ばのヨーロッパには，身体運動について大きく二つの流れが確認できる．一つは，勝利や記録，技術などを競い合う（いわゆる）競技スポーツである．パブリックスクールの一つ，ラグビー校の校長トマス・アーノルド（在職1828-42）の教育改革とともに広まったラグビー，フットボール，あるいはバドミントン，テニスといった競技スポーツは，19世紀後半のイギリスで統一ルール化が行われて大衆化し，植民地や海外へも広がっていった．

もう一つは，各地域の伝統文化の中で育まれ，「競うこと」には否定的な身体運動である．ドイツやスウェーデン，デンマークで編み出され，（競技化していく）器械体操とは別に，独自の発展を遂げた徒手体操はその好例だろう．この二つには，「国民の身体」の鍛え方の相違が反映されていると考えられる．

このうち，「スポーツ」という言葉はもっぱら前者にあてられた．クーベルタンが若者に与える教育効果を高く評価したのも，競技スポーツである．競争原理は，平和主義とともに，近代オリンピック思想の本質を成している．

●**クーベルタンの経験**　貴族の三男として，当初軍人の道を歩んでいたクーベルタンだが，普仏戦争（1870〜71年）の敗北による社会の閉塞性を打開する糸口を教育改革に見出し，20歳のときにイギリスに遊学した．視察したパブリックスクールの教育哲学，とりわけフェアプレイや集団精神，アマチュアリズムといった「競技スポーツの効用」に深い感銘を受けた，とされる．

その一方で，これらジェントルマン理念と重なるキリスト教ヒューマニズムの価値観は，平和主義を掲げるオリンピックがヨーロッパ以外の地域に拡大していく20世紀初頭にあって，「野蛮の文明化」という帝国主義の論理に寄与したことも看過できない．

1889年のアメリカ視察後，クーベルタンの目は，フランス一国の体育教育改革を超えて，より普遍的な理念，スポーツを通じた友好と世界平和を目指す国際運動である「オリンピック復興」へと向かっていく．

1896年，第1回アテネ大会の後，競技種目・形式，ルールなどの改革を通じて，脱ギリシア化が進められ，オリンピックの「近代性」が強調されていく．陸上，水泳，テニス，レスリングなどの競技では，オリンピックの拡大と並行して，国際的な組織化や競技ルールの統一・改編などが行われた．クーベルタン考案の五輪マークは，1914年6月，IOC創設20周年式典で披露され，1920年のアントワープ大会から開会式で使われている．

平和，友好，連帯，公平といった理想のもと，勝利と記録を競い合う近代オリンピック思想は，勝敗を確定し，記録を正確に測定する科学技術の発展と手を携えながら，スポーツ概念のみならず，人間の身体に対する認識をも変質させたといえるだろう．

［井野瀬久美惠］

対外文化政策

[独]Auswärtige Kulturpolitik

　自国の言語や文化を外国に紹介し，自国への理解を深めてもらう機関をつくり，さらには公的資金で留学生を招聘しはじめたのは，どの国でも比較的新しく，20世紀になってからである．それも本格的に「国策」の一部となったのは，第二次世界大戦前夜からである．以前は，文化や言語のヘゲモニーはおのずから定まっていた．例えば，絶対主義時代のヨーロッパにおいてはフランス語とフランス文化が圧倒的な支配力を有しており，フリードリヒ2世時代のプロイセンの王宮では，当のフリードリヒ2世をはじめ廷臣たちはドイツ語よりもフランス語の方が得意だったほどである．ナポレオン戦争の最中に「ドイツ国民に告ぐ」の演説で対フランスの気運を煽ったフィヒテがドイツ語を「生きた言語」，フランス語を「死んだ言語」と形容して，若者を鼓舞した話は有名だが，ナポレオンに勝利した後もドイツ語圏の上層市民階級や貴族はフランス語ができることが前提だった．ドイツ統一の宰相ビスマルク（1815-98）にしても抜群のフランス語能力を有していた．ドイツの上層の家庭では，フランス人女性が子どもの家庭教師として雇われているのが普通で，ヴァルター・ベンヤミンでもそのようにして子どもの頃からフランス語を身につけていた．対外文化政策などというのは，存在していなかった．

　その萌芽は1883年にパリで設立されたAlliance Françaiseである．1870年の普仏戦争に敗れたフランスは，自信を立て直すべく，資本主義の論理にも促されて，アフリカでの植民地獲得競争に向かう．獲得した地域でのフランス語普及を目指して，当初は民間のイニシアチブで創設されたのが，この組織である．スエズ運河開発に力のあったレセップス，フランスを代表する東洋研究者J. E. ルナン，著名な生物学者L. パスツールなどが積極的に後押しした．そこに働いていたのは，フランス型のヘゲモニー的普遍主義である．フランス語さえできれば，そしてフランス風の教養を示しうるなら，出身や肌の色の差別はない，とするものである．有名な例は，1983年にアカデミー・フランセーズに席を得たセネガルの元大統領L. S. サンゴール（1906-2001）である．またイギリスもインド植民地で英語の普及に努めた．歴史家のT. マコーレーはインドでの植民地官僚時代の1835年に「東洋の海における貿易を通じて英語は取引の言語となるであろう」と述べて，インドにおける英語教育を推進した．英語を自由に操るインドのエリートは多少の皮肉も込めて「マコーレーの子どもたち」と形容された．

●**戦争と対外文化政策**　しかし，本格的な対外文化政策のはじまりは，1917年にドイツのシュトットガルトで創設された対外関係組織（Institut für Auslandsbeziehungen, 略称 IfA) である．第一次世界大戦で地に落ちたドイツの評判を取り戻すと同時に，南米などに移住していたドイツ人の士気高揚を図ることが目的であった．1933年のナチス登場とともに対外宣伝機関となったこの組織が，イギリスの影響の濃いエジプトのカイロに最初の外国支部をつくったことが，イギリスを大いに刺激し，1935年にブリティッシュ・カウンシルが創設されることになった．創設式には皇太子も出席し，イギリス的なものを諸外国に理解してもらう必要性について熱弁をふるっている．少し前の1932年にはBBCの海外放送も始まっていた．植民地向けではない対外文化政策の開始である．

　同じ頃，つまり昭和9 (1934) 年には，日本でも外務省の肝いりで国際文化振興会が設立された．昭和6 (1931) 年の満洲事変と国際連盟脱退（昭和8 [1933] 年）以降の諸外国の対日不信に直面して，日本および東方文化なるものへの理解を深めてもらうためであった．また太平洋戦争開始後は，占領地での日本語普及も行った．この組織は戦後も内容を変えて存続した後，1972年に発展的解消をして国際交流基金となる．ドイツのIfAは，2017年の100周年にあたって組織の過去について厳しい自己批判を行っているが，国際交流基金にそのような動きはないようである．

●**文化政策と国益追求**　戦後いち早く対外文化活動を開始したのはアメリカ合衆国である．ヴォイス・オブ・アメリカ（VOA）のラジオ放送と並んで，世界各地にアメリカ文化センターを設け，西側の自由の盟主というイメージをつくり上げるべく，講演会・展覧会その他の活動を華々しく行った．1967年の学生反乱にあたって，ベトナム戦争に反対する西ベルリンの学生デモの向かった先がアメリカ文化センターであったのも，頷ける．また留学生の積極的受け入れも1910年にカーネギー財団が始めていたとはいえ，戦後はフルブライト留学生などの体系的な交流制度が整備され，相手国のエリート層におけるアメリカ・ファンの獲得に努めた．どの組織も政府からの一定の自立を謳っているが，ブリティッシュ・カウンシルにしても，国際交流基金にしてもトップは内部からの生え抜きではなく，外務省その他の政府組織からの「天下り」という点に，自立にも一定の限界があることがみえる．戦後のブリティッシュ・カウンシルの年次報告では，英語の拡大は北海原油よりも長期的な価値があると再三にわたって力説されている．

　ただ，対外文化政策も国によっては現代では大きく変わりつつあり，交流という名目で自国文化の宣伝にふけるやり方から，相手国と同じ目線での両方向の交流に変わりつつある．ドイツのゲーテ・インスティトゥートなどもそうだが，自国の抱えている問題やネガティヴな側面も扱い，また出先の国との共通の問題，例えば都市問題などを一緒に論じる対等性の原則への変化である．国際交流基金が，「世界が驚く日本文化」などというキャッチコピーで，日本がいかに素晴らしいかを臆面もなく言い立てているのとは大きな違いである．　　　　　　[三島憲一]

映像（イメージ）
［英］image

　日本語では通常，光学技術的に映し出された像を映像と呼び，心象，画像などと区別する．だが西洋概念としてはいずれも"image"（英語）であり，これは一般的には像（似姿，かたち）を意味している．後述するように，写真そして映画の出現は人間のイメージ経験に大きな変化をもたらし，その心理構成的役割を人間が技術をもって社会的に操作・活用し，あるいは享受できるようになった．その段階のイメージが映像として区別されるが，その変化は人間生活への工学技術の介入とその産業化に負っている．ということは，近代の個人意識と大衆化そしてメディアとコミュニケーション状況の変化とも不可分だということである．

●イメージの歴史　まずイメージ（像）について述べよう．イメージは言語とともに人間の表象世界を担ってきた．その表現・外化の古い痕跡はショーヴェやラスコーの洞窟絵画（それぞれ約3万年前，2万年前）に残され，後には絵画史の諸作品を通って，今日のデジタル画像となることで多様な様相を示してきた．

　イメージとはどのようなものなのか．ローマのプリニウス（23-79）は『博物誌』（77）で，その起源は壁に写った影や亡き人の面影にあると説いた．影をなぞり，面影を転写したのが肖像である．つまりイメージは肖像を原型とする．たしかにギリシア・ローマの古典期には肖像がその中軸をなしている．しかし洞窟絵画に人間の顔はおろかその形姿はほとんどない．その二つの時期の隔たりの間に，イメージ経験に大きな変化があり，それが人間を変えたとみることができる．端的にいえばそれは，鏡像を通しての人間の自己意識と世界像の成立である．オヴィディウス（43BC-17AD）『変身譚』（08）の名高いナルキッソスの寓話がその機制を物語っている．人は鏡（水面）に映った像を通して，自己と自己を取り巻く世界との関係を把握する．と同時に，それを「これが私だ」という言語的命題が支えることで理性の土台が置かれ，人間は言語とイメージからなる表象の世界に住まうようになる（P.ルジャンドル［1930-　］による）．ナルキッソスの狂気の物語は，イメージを介して成立するこのような理性の危うい機微を伝えている．

　言語はそれ自体コミュニケーション網をなして意識を人の内外に通わせ，文字によって外化され伝播されるが，イメージは見るという視覚的体験を通して，それを見る人びとを放射状に結びつける．そのためイメージは集団の凝集の結節点になる．肖像の最初の意義もそこにあった．古代ローマで一族を象徴的に結びつけていたのは死者（祖先，不在の長）の像（イマギネス）だった．逆にいえば，権威や権力はこのように現前するためにイメージを必要としているのである．

　絵画，とりわけ西洋の絵画は，肖像から人びとの集い，スペクタクルの表現を

通じて，権威のあり方や，人びとの結びつく共同性のあり方を表象してきた．宗教画の時代を経て，ルネサンス期には風景のうえに民衆の姿が現れ，フランス革命期にはナポレオンの戴冠が描かれて公衆に展示される．それは歴史への民衆の登場や，公共的な美術館の成立によってもたらされた民衆のイメージ経験と不可分だった．そして，近代に人びとの集合が親密性を欠いたものになると，肖像的イメージの役割は群衆を凝集するスペクタクルに，あるいはその中の偶像（アイドル）にとって代わられ，それが近代社会の無規定な人びとの凝集点となる．イメージはそのようにして共同性の核として働いてきたのである．

●**映像の時代** 19世紀中葉に L. ダゲール（1787-1851）らによってフォトグラフィー（光刻・写真）が発明されると，人間のイメージ経験は大きく刷新されることになった．これは科学技術的思考がもたらしたものだが，これ以後絵画は写実の役割から解放され，形と色彩の芸術として自立してゆく一方で，イメージは人間の外部に定着され，複製され，主観から離れて流通・拡散するようになり，産業・技術的に繁茂し，人びとの世界も心象もこの種のイメージで満たされるようになる．

そんなイメージへの埋没の中で，未知の驚きよりも，既知のメイージの確認が人びとの快楽となり，世界像（M. ハイデガー）の形成とともに，スペクタクルが全般的意味をもつ経験となり，観光というものも再認の娯楽として生まれてくる．

そこで映像は共同性の統治すなわち政治に活用され，個別化された人びとをつなぐ媒体つまりメディアとして決定的な役割を果たすようになる．政治がナショナルなもので，ネーションが区分された人びととからなっており，だから民主主義がその制度体制となるとするなら，映像化したイメージはそこで枢要な働きをする．この時代のイメージの変容について，W. ベンヤミン（1892-1940）が『複製技術時代の芸術作品』（1939）で重要な考察を行っている．

さらに，映画の発明は夢さえ外在的につくりうるものにし，人間の時間意識をも刷新した．映画技術が出現し，やがて操作可能なビデオが日常生活に浸透し，ついでその映像がデジタル処理されるようになると，もはや生なイメージというものは意味をなさなくなる．そのようなイメージのあり方を J. ボードリヤール（1929-2007）は「シミュラークル」，原本なき模像として解明しようとした．また，デジタル化したイメージは，いまやあらゆる形で加工し処理しうるものとなり，経験世界の確かさを揺るがすいわゆるヴァーチャル・リアリティをつくり出す．

その背後には，脳科学によって知覚プロセスを解明し，それをイメージ制作の技術に転写するという，認知科学的なアプローチがあるが，ヴァーチャルとリアルとをワープさせるこの「革新」は，すでに述べたようにイメージ領域独自の変化というより，人間の感覚的経験や現実の意味を解体してゆく先端テクノロジーの作用による効果のひとつとして考えるべきである． ［西谷 修］

プロパガンダ
［英］propaganda

　プロパガンダとは，17世紀にローマ教皇庁が設けた布教聖省（S. Congregatio de propaganda fide）の名称に示されるように，キリスト教の布教に関して用いられ，やがて政治上の宣伝や商業上の広告にも転用された，長い歴史と幅広い意味とを有する語である．その用法の歴史を概観し，多様な用例をふまえて包括的な定義を下すことは不可能であり，またここでは不要でもある．

●**啓蒙との緊張関係**　近代の危機という歴史的文脈においてプロパガンダを一つの問題として取り上げるべき理由は，啓蒙という近代の理想との間にそれが有する緊張関係にある．つまりマスメディアの発達と大衆民主主義の進展という，それ自体近代の経過に属する出来事が，大衆を対象とする効果的なプロパガンダを可能にし，かつまたそれを近代政治の必須条件ともする一方で，そのプロパガンダが大衆の啓蒙に寄与するよりもむしろ大衆のいっそうの蒙昧化に帰結しうる，という倒錯的な関係がそれである．I. カント（1724-1804）は，啓蒙を，「理性の公的使用」，すなわち「読者世界の全公衆」を対象とする理性の自由な使用を通じて，人間が次第にその精神的な未成年状態から抜け出る，全般的な進歩の過程として描いた（カント 1784：27）．知的公衆の自由な活動に期待するカントのこの理性主義的な啓蒙観との緊張関係に力点を置いて定義すれば，プロパガンダとは，選挙権の拡大と革命運動とによって公衆の資格を与えられた大衆を対象とし，その支持獲得や動員を目的として行われる操作的な宣伝活動であり，かつまた本・新聞・雑誌などの伝統的な活字メディアによる大衆の教育や説得などという理性的活動に終始せず，むしろ大衆の感情的性向を標的とし，ポスター・唱歌・映画・ラジオ・テレビなどの映像・音声メディア，さらには大集会・街頭行進・シュプレヒコール・テロ行為などの示威行動型メディアを駆使して大衆を煽動する，非理性的な宣伝活動である，といいうる．

●**リップマンの公衆観**　W. リップマン（1889-1974）の『世論』と『幻の公衆』は，20世紀の現実に即した冷静な公衆観に基づいてプロパガンダの本質解明に資する，有益な著作である．それらによれば，民主主義を，公衆の正論たる世論に基づく統治とみなす古典的な民主主義論こそが，公衆の現実の姿を無視して公衆を理想視し，公衆に実行不能の過大な役割を期待することによって，今日，公衆に無力感と幻滅をもたらす一方で，実際には異質な人びとの偶然の集まりにすぎない公衆を，国民や階級という力強い集団的主体の幻想へと誘惑する機会をも招来する．この点をとらえていえば，公衆の心の中に巧みにこの同一性幻想を喚起する宣伝活動がプロパガンダである．プロパガンダの作用を増大させる歴史的

社会心理学的な背景は，リップマンによると，第一に今日の社会が，一世紀前と比較にならぬほど広大で複雑な「大社会（the Great Society）」であること，第二に人間が公衆として社会の事柄に払いうる関心や時間が実際にはごく限られること，第三にこれらの事情に制約されるために，公衆の活動が，もっぱら理性的な現実認識に自らを基づかせられず，むしろ社会について公衆が心の中に描く，往々単純で歪んだイメージ，すなわち社会像に依存せざるをえないこと，これである．今日の公衆は，現実の社会に代替された内心の社会像への反応を通じて活動する．リップマンが公衆の活動と現実の社会との間に，心象からなるこの第三の次元を見出し，政治的コミュニケーションにおけるそれの決定的な意義を指摘したことは，プロパガンダの本質を考えるうえで大きな手がかりとなる．それによるとプロパガンダとは，公衆の活動を支配するため，この第三の次元，すなわち公衆の心象に作為的に働きかける宣伝活動なのである．リップマンによれば，共産主義者が今日展開するようなプロパガンダとは，「一つの社会様式に代えて別のものにするために，人びとが現在反応している社会像を変える努力」にほかならない（リップマン 1925：43）．当時リップマンはこの危険な努力の担い手を，共産主義者のほかに，ナショナリストにも見出していた．

●**ナチ・プロパガンダとそれへの対抗**　A. ヒトラー（1889-1945）のプロパガンダ論の基点は，リップマンが洞察した事柄，すなわち公衆の活動が彼らの内心にある社会像に依存しており，それゆえそれに巧みに働きかけることによって公衆の活動を支配することが可能となること，ほかならぬこの事柄を宣伝家の立場で直感したことにある．『我が闘争』の中でヒトラーはこれについてこう述べる．「プロパガンダの技術は，大衆の感情的な表象世界を把握することによって，まずは心理的に正しい形式で大衆の注意を引き，さらにはその心の中にまで入り込むこと，まさにここにある」（ヒトラー 1925：[上] 237-238）．リップマンと異なり，ヒトラーが公衆の活動に寄せる関心は，もっぱら権力の源泉としてのそれの意義にあった．ヒトラーによれば，大衆の心が「熱狂」で占められ，大衆が「ヒステリー」によって駆り立てられるとき，そこに「この世で最も巨大な変革の原動力」が生まれる（ヒトラー 1925：[上] 439）．こうしてナチ・プロパガンダとは，大規模な権力技術として躊躇なく公衆の活動に向けられ，心理的に巧みに展開された宣伝活動であった．

　佐藤卓己によれば，ヴァイマル共和国末期のドイツにおいてナチ・プロパガンダが猛威を振るう中，F. ラサール（1825-64）以来のプロパガンダの長い伝統をもつ社会民主党の側でも，ナチ党に対抗しうる効果的なプロパガンダの理論と実践が模索された（佐藤 2014）．しかし権力技術に徹底しえたナチ党と異なり，啓蒙の末裔としてプロパガンダと啓蒙との緊張関係の止揚に腐心した社会民主党には，結局のところそれが叶わなかった，といえよう．

［川合全弘］

記号論
[英]semiotics

　記号および記号体系の特性を研究する学．記号の問題は古代から19世紀に至るまでさまざまな思想家によって取り上げられてきたが，学としての「記号論」の必要性が唱えられたのは20世紀に入ってからである．1950，60年代には，とりわけフランスにおいて構造主義と連動するかたちで記号論ブームが起こる．1969年には国際記号学会が創設された．現在では記号論は世界的に広がり，アカデミーにも定着している．

●**先駆者**　代表的な提唱者は，スイスの言語学者F. ソシュール（1857-1913）とアメリカの哲学者・論理学者C. S. パース（1839-1914）であった．ソシュールは『一般言語学講義』（1916）において，「言語とは概念を表現する記号の体系であり，それによって文字，聾唖者用のアルファベット，象徴的な儀式，礼儀作法，軍隊の信号，などと比較できる．ただし，言語はそのような体系の中でも一番重要なものである」と述べるとともに，こうした「社会の中における記号の生活を研究するような一つの学」として「記号学（semiology）」が存在すべきであると述べていた．パースは，「人間が使っている言葉や記号こそ人間自身である」「思考はすべて記号である」と述べるだけでなく，世界，宇宙全体を記号とみるような「記号論（semiotics）」を早くから提唱していたが，このことが広く知られたのは没後20年以上経って公刊された著作を通してであった．ソシュールとパースの記号概念や対象領域には相違がみられるものの，今日ではいずれに関しても「記号論」という用語が使われることが多い．なお，「記号学」という用語も使われているが，使い分けの基準はさまざまである．

●**初期の実践**　構造主義の系譜を「ロシア・フォルマリズムからプラハ言語学サークルを経てフランス構造主義へ」とつなぐ見方があるが，記号論の実践の系譜もこれとほぼ重なっている．R. ヤコブソン（1896-1982）やV. シクロフスキー（1893-1984）に代表されるロシア・フォルマリズムの詩的言語論は，広義での記号論とみなせよう．V. プロップ（1895-1970）の『昔話の形態学』（1928）も，1950年代以降の物語論に大きな影響を与えた．また，思想史的にも重要なのはM. バフチン（1895-1975）の『マルクス主義と言語哲学』（1929）である．そこでは，「イデオロギー（芸術，宗教，道徳その他の観念形成体）の世界」を「記号の世界」ととらえる「イデオロギーに関する学としての記号論」の必要性が説かれていた．

　このとき強調されていた「モノ」と「記号」の区別が1930年代のプラハ言語学サークルに受け継がれている．なかでもP. ボガトゥイリョフ（1893-1971）の民俗衣裳論は，具体的な記号論的アプローチの先駆とされている．同サークルのJ.

ムカジョフスキー (1891-1975) は, 芸術作品を「著者の気分の直接的反映」や「環境のイデオロギー的, 経済的, 社会的, 文化的その他の直接的反映」とみなしたり, 逆にその形式面にのみ注目する立場から逃れるには, 記号論が欠かせないと述べていた. これに限らず同サークルは機関誌『言葉と文学』の創刊号 (1935) において, 「あらゆる現実は, 感覚的知覚からもっとも抽象的な思考に至るまで, 現代の人間にとっては, 複雑に組織された記号の領域としてあらわれる」と宣するとともに, 言語, 文学だけでなく, 衣裳, 演劇, フォークロア, さらには文化一般に対して記号論的アプローチを試みた. だがその成果のほとんどがチェコ語で発表されていたこと, またナチの侵入によりサークルそのものが分散せざるを得なかったこともあり, 当時は世界的に知られないままに終わった.

言語記号の研究という面では1930年代のコペンハーゲン言語学サークルやアメリカ構造主義言語学の成果, 記号分類では哲学者C.W.モリス (1903-79) の貢献もあげられよう.

●**文化解読装置** 1950～60年代には, さまざまな思想家が文化や社会の解読に記号論を取り入れるようになる. こうした動きは特にフランスで顕著にみられた. R. バルト (1915-80), C. レヴィ=ストロース (1908-2009), J. クリステヴァ (1941-), J. ボードリヤール (1929-2007) をはじめとして「フランス現代思想」の代表的人物の多くが, 多少の差はあれ, 記号論を活かしていた. この当時の記号論は, 言語, 文学, 芸術, モード, 親族体系その他さまざまな文化現象を解読するだけでなく, 文化・社会に対する批評性が際立っており, 「学」というよりも「思想」であった. 例えばバルトにとって記号論は, 歴史を自然へと転化する「現代の神話」の告発を科学的に展開するための手段であった. またボードリヤールは, 消費が「記号化された物を通じた差異化」と化している社会状況を解明した.

フランス以外では, 1970年代初頭に「文化の論理を求めて」を前面に打ち出したイタリアのU. エーコ (1932-2016) の多面にわたる成果や, やはり1970年頃からの「文化記号論」で知られるモスクワ・タルトゥ学派の記号論運動も, 見逃せない. 文化記号論は文学記号論, 映画記号論, 神話記号論等々の「個別記号論」とは異なり, 文化と非文化を対置させ, 文化全体を記号界としてとらえようとするものであった. 1970年代半ばには記号論は世界的な広がりをみせ, 日本でも記号論関係の出版が相次ぐようになる. 代表的な人物としては丸山圭三郎 (1933-93), 多木浩二 (1928-2011), 山口昌男 (1931-2013) らがあげられよう.

現在では, 記号論が扱う分野はきわめて多様化してきている. マンガ, アニメ, ゲームなどのサブカルチャー, いじめなどの社会問題, 精神医療, SNS, さらに広くは暴力, 法, その他も取り上げられている. エーコの『記号論』(1976) では, 「身振り学と近接学」「自然言語」「音楽的コード」「視覚的伝達」「テクスト理論」など, 19の分野に大別されていたが, 今では分類自体が不可能に近い. 　　　　[桑野 隆]

解釈学
[独]Hermeneutik　[英]hermeneutics

　テクストの解釈の技術・方法および技法論．より一般的に，解釈あるいは理解をめぐる哲学的理論や学問方法論である．

●**起源と一般解釈学の確立**　語源的には，解釈する，説明する，通訳するなどを意味するギリシア語の hermeneuein にまで遡ることができる．古代ギリシアでは，謎めいた部分を伴うのを常とする神託の意味を解き明かして理解可能なかたちに表現したり伝達することに端を発し，ホメロスらの詩文や宗教的文書，ひいては占いや夢判断にまで至る不分明な意味の解読と釈義に関する技術やそうした技術についての理論的反省が解釈術（hermeneutike techne）の名で呼ばれた．直訳すれば『解釈論』となるアリストテレスの *peri hermeneias* は『命題論』の邦題で知られるが，理解とその言語的表明の様式と構造とについての体系的な考察の嚆矢といえるだろう．キリスト教に支配された中世においては，解釈術（ars interpretandi）は聖書を中心とする宗教的テクストの釈義を主たる対象とするようになるが，普遍的な規則の特殊な状況への適用が問題となる法的文書も解釈術の対象へと含まれるようになる．宗教改革とルネサンス期の古典古代の文献への関心の高まりは解釈術の射程を拡大し，活版印刷の普及をはじめとする技術革新や科学革命による世界像の転換は解釈術のありようにも大きな影響を及ぼすことになる．17世紀前半には「解釈学（Hermeneutik）」という語が新造され，さらに神学，法学，文献学などの個々の学問領域を超えてあらゆる書かれたものを解読するうえで共通に妥当する原則や規則の体系化を目指す一般解釈学（allgemeine Hermeneutik）の構想が芽生えてくる．とはいえ，啓蒙主義の時代においても解釈学は依然として神学をはじめとする諸学の補助的学科という位置づけを脱することはできなかった．

●**哲学的解釈学の展開**　19世紀に入ると，解釈学はF. D. E. シュライアマハー（1768-1834）によって，文法的解釈と心理的解釈，理解，意図，自己移入，追構成などの伝統的概念の再解釈と再構成を加えられて独立した一つの学問として確立されるに至る．著者の意図を把握して著者にいわば成り代わることに理解の目標を設定するシュライアマハーの思想を継承したW. C. L. ディルタイ（1833-1911）は，自然科学的な「説明（定量的・法則定立的方法）」を唯一の学問的方法とする19世紀半ば以降の実証主義的趨勢に抗して，理解あるいは解釈を固有の方法とする精神科学（人文科学）の基礎づけを目指した．ディルタイにおいて解釈学は，もはや言語的テクストだけを理解すべき対象とするものではない．歴史的社会的現実の中にあるあらゆる「生」の表出から内なるものを理解する過程を

理論化した精神科学の認識論こそが解釈学とされる．

　一方，M. ハイデガー（1889-1976）はディルタイの生の哲学からも影響を受けながらもアリストテレス研究を通じて「事実性の解釈学」という着想を得，その延長線上に解釈学的現象学を方法とする『存在と時間』を著す．それによれば，解釈とは人間が日常的に漠然としたかたちにせよ抱いている存在についての自己理解を分節化し人間の存在構造を明るみに出すことを指している．解釈学とはここでは理解や解釈についての方法論や認識論ではなく，解釈の遂行そのもののことであり，ハイデガーにおける解釈学は人間存在の有限性の強調や鋭利な歴史主義批判などによって理論的な深化をみせる一方で，その存在論的な問題設定の圧力のもとで諸学との接続を失うという代償を支払うことにもなった．H.-G. ガダマー（1900-2002）は師ハイデガーの構想を存在の問いに直接結びつけないかたちで継承し，「哲学的解釈学の要綱」という副題をもつ『真理と方法』によって解釈学に再び脚光をあてた．ガダマーにおいて，理解は芸術，歴史，言語などの精神科学的対象を含んだ世界を経験する人間の存在様式であり，理解が遂行される解釈学的経験を可能にする諸条件が，先入見，影響作用史，地平の融合などの概念を駆使して精緻に記述される．理解とは，伝承されたテクストを解釈者が現在の先入見をもちつつ，その意味を現在の状況に適用することによって新たな意味を創造する，テクストと解釈者の対話的な行為であるという規範的および実践的な側面の強調もガダマーの解釈学の特徴といえる．

●**近年の動向**　諸学問の既成のあり方と価値が問い直され新しいパラダイムを模索する動きが顕在化する時代の中で，ガダマーによって先導された解釈学は多様な共鳴現象を引き起こし，その影響の範囲を容易に見定めがたいほど大きな波紋を広げた．P. リクール（1913-2005）はガダマーの解釈学やバンヴェニストの言語学を批判的に摂取しつつ独自の解釈学的現象学を打ち立て，その影響は例えば人間の行為をテクストとみなすことによって行為者の意図を出発点とする理解社会学を乗り越えようとする新しい社会学理論にもみられる．J. ハーバーマス（1929- ）はガダマーと厳しく対決しつつも，言語は社会生活をかたちづくる間主観性を存続させるメディアであるという解釈学の根本思想を共有している．R. ローティ（1931-2007）はガダマーの解釈学を積極的に受容することでプラグマティズムを徹底化させただけなく，その後の英米圏での解釈学研究の隆盛への道を拓いた．さらに，自らの置かれた歴史的状況の偶然性と被制約性を受け入れる「弱い思考」を提唱する G. ヴァッティモ（1936- ），Ch. テイラー（1931- ）らの政治哲学，R. ドゥオーキン（1931-2013）の法哲学，C. ギアツ（1926-2006）の文化人類学など，ガダマー以降の解釈学の影響を鮮明に示すものから理解や解釈を学的方法として重視して「解釈（学）的（hermeneutical/interpretative）」アプローチを標榜する社会科学に至るまで，解釈学は百花繚乱の展開をみせている．　　　　［山田正行］

精神分析
[独]Psychoanalyse　[英]psychoanalysis　[仏]psychanalyse

　精神分析は，精神医学の中で19世紀末にオーストリアの精神医学者ジークムント・フロイト（1856-1939）によって考案された精神療法の一形態である．この言葉を含む医学論文を，フロイトはドイツとフランスの雑誌に同時に投稿し，1896年にどちらも掲載されたが，フランス語の論文がわずかに早く公刊された．

●**言語活動としての精神分析実践**　フロイト自身の説明によれば精神分析は催眠療法の実践の中から生まれ，定式化された方法である．その際のフロイトの立場は，心に働きかける治療法は，言葉を介するしかあるまい，というはっきりしたものである．「言葉は元来魔術でした」という言い方にも示されるように，言葉の力に関してはまだ解明されていない部分があるという認識のもとに，彼は早くから，具体的な新しい治療法を言葉の平面でつくり出すことに取り組んだ．

　その方法は，自由連想という思考法，すなわち患者が，頭に浮かんだことを自己批判を交えずに言語化する，つまり，言葉の側の自律性に自由を与えて，言葉を使う主体がそれに従うことによって，一歩一歩真理に近づいて行くという方法である．むろんそこでの言語活動の主体は患者であって，何らかの症状に苦しめられているのであるから，この自由連想の内容はおのずから当該の症状に関連したものとなってくる．自由連想の中に夢が挟まることも多いが，それは睡眠中の夢といえども，やはりその症状について思考を紡いでいるからである．自由連想の間に，あるいは夢を通して，数多くの想起が促され語られることになる．

　患者の側の自由連想に対して，精神分析家の言葉による介入は，解釈としてなされる．優れた解釈は，引き続いて連想を導き出すような言葉である．それはある言葉と次の言葉の間の仲介者，あるいは翻訳者のような機能を果たす．

　解釈に助けられて，話す主体が近づいてゆくのは，治療に来るにあたって求められていること，つまり原因となる記憶の開示，あるいはその想起である．誰でも，自分自身の苦しみの原因を知りたいと思う，そしてそれを取り除いてほしいと思う．つまり医療というものの基本の一つとしての，原因の同定と除去という行為がそこに期待されている．その原因に至る道が，自由連想の言葉と，解釈の組み合わせによって敷かれてゆくのである．

●**原因をめぐる思考**　では，精神分析治療の主な治療対象となる神経症の原因は何であろうか．この点をめぐってフロイトの膨大な試行錯誤があり，その中にはそれまでの精神療法論の長い歴史が流れ込んでいる．なかんずく重要なのは，人間にとって，病気における因果律とはどのようなものであるのかということである．病気の原因があって，症状という結果がある．その間にどんな過程があるの

かが明らかにされなければならない．フロイトはどう考えたのであろうか．
　彼は初期の治療経験から，精神の病の原因として遺伝的なものを安易に持ち出すことを自らに諌め，代わって思春期以前に患者が受けた家族内の性的な心的外傷を見出す．これがヒステリーや強迫神経症の原因であるという彼の説は激しい道徳主義的非難にさらされたが，フロイトはそのあと素早く次の段階に進んだ．すなわち，彼は子ども自身における性的な想像の強大さを発見したのである．言語活動への参加とともに，子どもは，人間というものつまりは自分自身の，来し方行く末を疑問に思い，自分なりに考えを進める．その理論は，大人の常識と激しく食い違う．子どもたちは，人間の誕生について，独自の性理論をつくり，それによって一つの起源を定式化するのである．そこでは自分が現在あるようにあることの謎が問題である．自分が人間として存在しているということの自覚とともに，起源への問いとその答えの模索が始まる．そしてその答えはエディプス・コンプレクスという幻想の構造の形をとり，後年の神経症の原因として働くのである．このコンプレクスが世界中の文学作品の中に広がっていることは，子どもが言語活動に参画することが避けがたいのを考えれば，何ら不思議ではない．
　精神分析の治療論の概念として有名な「転移」は，こうした子ども時代の世界像が，時を超え場所を違えて，治療の場に再現し，反復強迫として経験されることを意味する．エディプスが神託あるいは運命と戦ったように，人間が今あるようにあるのは，特定の身体的条件や心的外傷が原因であるというよりも，人間の過去と未来を巻き込んで広がっている因果の網の目のせいである．ここで古来の因果論，とりわけ仏教の因果説が想い出されたとしても，それは理由のないことではない．古代の仏典に登場する阿闍世王の物語はエディプス神話と相同的な形をしており，この物語は，現代でも教団の教説に生きている．仏教もまた自分が今の自分でしかないことの深い悩みを，因果への洞察によって解こうとする．

●**因果論から構造論へ**　ここでフロイトの構造論的な思考が明らかになる．『夢解釈』において，彼は象徴作用の社会的な広がりをとらえ，象徴共同体は言語共同体よりも広いと述べたが，次いで1920年の「快原理の彼岸」では，生の欲動と死の欲動の二元論へと自らの理論全体を一変させた．彼は欲動論を「われわれの神話学」であるとし，精神分析の因果論全体をこの象徴作用のうえに位置づけた．ここから振り返れば，人間主体には言語に参入することによる第二の誕生日があることになる．欲動は人をこの誕生日に回帰させ，それ以前の非言語的な生をまるで死のように経験させる．こうして人間と言語との関係によって無意識を構造化することがフロイトの思想であり，この思想は，C. レヴィ＝ストロース (1908-2009) によって構造論的人類学の中に移植され，翻ってJ. ラカン (1901-81) の臨床的思索によって再発見されかつ体系化され，正しく精神分析の理論と実践の基礎に据えられた．

〔新宮一成〕

現象学

[独]Phänomenologie　[英]phenomenology　[仏]phénoménologie

　20世紀初頭にドイツの哲学者E.フッサール（1859-1938）によって提唱された哲学的立場および分析方法．現代哲学の潮流は，ヨーロッパを中心とする大陸哲学と，英米圏を基盤とする分析哲学とに大きく分かれる．前者の土台をなしているのが現象学および解釈学である．フッサールは数学者として歩み始めたが，F.ブレンターノ（1838-1917）の影響のもと哲学に転向し，数学的精密さ（精密学）とは異なる学問的厳密さ（厳密学）を哲学に求めた．そのために彼は，19世紀の知的世界を支配していた形而上学的独断からも実証科学的先入見からも自由な「無前提の哲学」を目指そうとした．その方法として導入されたのが，エポケー（判断停止）であり現象学的還元にほかならない．

●エポケーと還元　伝統的に西欧哲学は，現象（我々に現れる世界）と実在（それ自体として存在する世界）の二元論に立脚して展開されてきた．現象学はそれを拒否し，現象すなわち対象が我々に現出する仕方，つまり我々の直接的な知覚経験を先入見を交えずに記述するところから出発する．その背後や手前に真の実在が隠れていたり，鎮座しているわけではない．「事象そのものへ」という研究格率が，現象学のスローガンとして掲げられるゆえんである．

　だが，先入見を免れることはさほど簡単ではない．まずもって我々は，自分の意識を含めていっさいのものが「客観的世界」の中に存在していることを疑わない．この常識と科学に共通する思い込みをフッサールは素朴な「自然的態度」と呼び，その三人称の視点（パースペクティブ）からする世界定立の働きをいったん停止することを要求する．これが現象学的エポケー（判断停止）である．すると世界は「いま，ここ，私」という一人称の視点のもとに立ち現れる．それによって客観的世界は主観的意識作用との連関のもとに置かれ，両者の相関関係が主題化される．つまり，意識は単なる世界内部の心理作用ではなく，世界にあまねく意味と妥当性を与える「超越論的な場」にほかならないのである．この自然的態度から超越論的態度への根本的な態度変更は「現象学的還元」と呼ばれる．その方法論はフッサールの講義『現象学の理念』（1907）において初めて開陳され，『イデーン』第1巻（1913）において確立された．

●科学と生活世界　意識が常に「何ものかについての意識」であるという「志向性」をもつことは，主観（意識）と客観（対象）とが不即不離であり，意識は絶えず外部世界へ向かっていることを意味する．現象学から受けた衝撃をこの意識の脱自的構造に見出したのはサルトル（1905-80）であった．また，我々の認識が視点拘束性（パースペクティブ性）を免れないことは，意識が身体的主観であり，主観と同時に客観でもある両義的存在であることを示唆する．後期のフッサールは

コギト(我思う)の内閉性から抜け出すべく,「身体」「他者」「間主観性」「受動性」「生活世界」など,近代哲学が等閑に付してきた領域を強靭な鍬で耕していく.この方向を積極的に継承したのが M. メルロ=ポンティ(1908-61)にほかならない.

1933 年ナチスが政権を掌握すると,その反ユダヤ的人種政策によって,フッサールは大学教授のリストから抹殺され,ドイツ国内での言論活動も禁止された(その一端を担ったのは,ナチスの肝いりでフライブルク大学総長になったフッサールの弟子 M. ハイデガー[1889-1976]であった).そうした危機的境遇の中で,晩年のフッサールが最後の力を振り絞って書き上げたのが遺著『ヨーロッパ諸学の危機と超越論的現象学』(1936)であった.

この『危機書』の中でフッサールは,「単なる事実学は,単なる事実人をしかつくらない」(フッサール 1936:20)として,ヨーロッパの学問が実証科学によって支配され,学問が人間の生に対する意義を喪失してしまったことを厳しく批判した.彼によれば,その起点に位置するのが G. ガリレイ(1564-1642)による「自然の数学化」なのである.ガリレイは自然を数学的多様体へと変容させることによって,あらゆる学問の意味基底である「生活世界」を理念の衣,数式の衣によって覆い隠してしまった.それゆえガリレイは「発見する天才であると同時に隠蔽する天才でもある」(フッサール 1936:95)と指弾される.もちろん,隠蔽されたのは,現実の知覚によって経験される前学問的な「生活世界」にほかならない.そして生活世界こそは,すべての科学的認識を基礎づけ,それに意味を与える究極の源泉なのである.それゆえ,生活世界を忘却することは,人間性を忘却することに等しい.その意味で『危機書』は,フッサールによるヨーロッパの学問文化に対する現状批判であり,前途への警鐘でもあった.そしてこの書の最終節が「人類の自己省察としての,理性の自己実現としての哲学」と題されているのをみれば,それは現象学という方法による理性の再構築を未来に託した,フッサール自身の哲学的遺言でもあったのである.

●現象学運動 フッサールの死後,彼がガーベルスベルク型速記で書き遺した 4 万頁に及ぶ膨大な遺稿は,ベルギーの神父ヴァン・ブレダ(1911-74)の手によって,ナチスの目を逃れて国外に持ち出され,ルーヴァン大学にフッサール文庫として納められた.それをもとにした『フッサール全集』は現在もなお刊行が続けられている.それとともに,フッサール現象学はヨーロッパのみならず日本を含む世界各地へと散種されて豊かな芽を吹き,国際的な共同研究も盛んである.さらに現象学は人文社会科学の基礎理論としても甚大な影響を与えており,現象学的精神病理学,現象学的社会学,現象学的美学など具体的事象の分析手段として大きな成果をあげている.哲学の領域においても,実存主義やポスト構造主義の興隆は,現象学の存在抜きには考えることができない.フッサールが現象学の名とともに掲げた「知の究極的基礎づけ」という哲学的ラディカリズムの精神は,いまなお継承され続けているのである.　　　　　　　　　　　　　　　　[野家啓一]

近代の超克
[英]overcoming of modernity

「近代の超克」とは，1942年7月23日，24日に東京で開催された座談会のタイトルである．そこには当時の日本における思想・哲学・芸術・科学などの分野の代表的人物が選ばれて参加した．その人びとは主に三つの集団から結集し，それは亀井勝一郎，河上徹太郎，小林秀雄，中村光夫らの文学界グループ，西谷啓治，鈴木成高らの京都学派，そして亀井，林房雄らの日本浪漫派であった．日本浪漫派ではその指導者であった保田與重郎は参加していない．この座談会の記録は，参加者の論文を加えて，翌1943年に知的協力会議編『近代の超克』として刊行された．座談会の小見出しをみれば，その討論の主題はルネサンスの近代的意味，科学と神とのつながり，我々の近代，近代日本の音楽，歴史——移りゆくものと易らぬもの，文明と専門化の問題，明治の文明開化の本質，我々の中にある西洋，アメリカニズムとモダニズム，現代日本人の可能性が選択され，それは西欧近代のモダニティの限界を討論し，日本文化の優位性を導き出すという意味で「近代の超克」が意図されていた．

●竹内好の思想とその位置　戦後14年目に書かれた竹内好「近代の超克」は，戦後はじめて「近代の超克」を本格的に主題にした論文であり，今日でも古典的意味をもっている．その中で竹内は，「近代の超克」の座談会が「思想的に無内容」であることと「暴威をふるった」ことの相関をどのように考えるかを出発におき，次の三つの視角を提出している．その第一は「思想からイデオロギーを剥離すること」．それは戦後の「近代の超克」評価が左右ともにイデオロギー論であることをふまえ，「事実としての思想」を提起した．ここで「事実としての思想」とは「ある思想が何を課題として自分に課し，それを具体的な状況のなかでどう解いたか，また解かなかったかを見ることをいう」と書いていた．第二はこの座談会の底流にあった同時代の雰囲気を「十二月八日」の意味として抽出し，米英に対する宣戦布告を「胸のすく」（河上徹太郎）思いや「アメリカやイギリスが急に小さく見えてきた」（青野季吉）と書いた知識人に共通する思いであった．竹内はこうした知識人の反応を「知性の完全な放棄」ではないかと書いているが，その根拠には戦争の性質をどのように理解するかに関わっているとし，「大東亜戦争」の二重構造という仮説を導き出す．それは近代日本の戦争伝統に由来する性格であり「一方では東亜における指導権の要求，他方では欧米駆逐による世界制覇の目標であって，この両者は補完関係と同時に相互矛盾の関係にあった」．この竹内の仮説は後に左翼歴史家から批判の標的になったものだが，それは平易にいえば，植民地侵略戦争であると同時に，対帝国主義戦争でもあったということである．そし

て第三に，竹内論文では「総力戦」と「永久戦争」と「肇国」の思想の三者によって構成される戦争の思想体系が抽出され，京都学派はこの三つの柱の関係を，論理整合的に説明し得た最大の功労者とされ，また日本浪漫派については「保田は思想における近衛文麿であった」といわれている．これは保田與重郎の「終末論」的破壊力を戦争の意味転換に活用できなかったことである．こうして竹内好の「近代の超克」論は，文学界，京都学派，日本浪漫派三者の相互関係と対立関係の見取り図を描き，それが「いわば日本近代史のアポリア（難関）の凝縮であった」が，アポリアがアポリアとして認識の対象とされず，その解消に帰結し，「近代の超克」は公の戦争思想の解説版に止まってしまったと結論づけられた．

●**その後の推移**　その後の「近代の超克」論の推移については，磯前順一「「近代の超克」と京都学派」（酒井・磯前編 2010）が，やや言説中心に偏っているが，周到に論理の跡を追って有益である．それと同時に，同上書に収録された孫歌「「近代の超克」と中国革命」は，あらためて竹内好の発想と方法における細部へのこだわりを復元しようとしている．すでに孫歌は『竹内好という問い』において，「西洋型」と「西洋に対抗型」の二項対立を脱する第三の活路はどこにあるかが竹内の関心であったと書いていた．「竹内は生涯，このような二項対立を脱する第三の活路の可能性を模索し続けたが，これはつまり竹内が魯迅に見出した「自己であることを拒否し，同時に自己以外のものであることを拒否する」ような「夢から醒めた奴隷」の宿命であった」．この「第三の活路」への問題意識は「近代の超克」論をも貫いていたのである．

　この論文で竹内が注目したのは，「座談会の混乱ぶり」が暗示している当時の知識人の思想的立場の不一致であり，その不一致から，彼は太平洋戦争勃発という歴史的瞬間の中身に「一点の救済の余地」を求めていた．それは一言でいえば「欧米帝国主義」に対する「抵抗の心情」であり，その抵抗から協力への屈折の事例として，高杉一郎の場合が引かれている．当時『文芸』編集者の高杉は，12月8日の夜に家に戻り，ソヴィエトの『国際文学』特集号を取り出し，それと同じ形で特集をつくろうと決意した．それはソ連がドイツ軍からの攻撃を受けたときの特集であった．竹内は次のように書いている．「抵抗から協力への心理の屈折の秘密がここに見事に語られている．高杉は，独ソ戦について内心ソ連側に応援していた．それは彼の理性が，ナチへの嫌悪と，日本の対中国侵略を許しえないこととを同列におき，宣戦なき戦争の虚偽にひそかに抵抗していたことを示している．その彼を心理的に解放したものが太平洋戦争だった．あるいは，解放を待ちのぞむ心理が太平洋戦争を理想化した．だから反ファシズム戦争に動員されたソ連の「戦いの意志」が，ソ連の敵国ドイツの「盟邦」であった日本の「米英撃滅」にそのまま転用されることに彼は矛盾を感じなかった」．

　今日でも竹内好の提起した問題は，終ってしまったわけではない．　［安田常雄］

人類学の思想
[英]conceptions of anthropology

　人類学という学問領域については，欧米諸国でかつて2種類の理解があった．人間には生物としての自然的側面と人間独自の社会・文化的側面があるとみなしたときに，学の名称もこの二元論に沿って区分するか否かに応じた相違である．英語圏では，身体形質の研究も文化の研究も人類学と呼ばれ，ある時期から後者のみが，社会人類学（イギリス）や文化人類学（アメリカ）と呼ばれるようになった．ドイツやフランスでは，前者が人類学で，後者は民族学と呼ばれてきた．ただいずれにしろ，ギリシア語の「anthropos（人間）」に由来する「anthropology」は，18世紀のI.カントやJ.G.ヘルダーが哲学上の主題とした「人間学」と同一の概念であり，それが19世紀以降に個別科学として分岐発展したものが，日本には「人類学」の訳語で紹介されたことになる．

●分類から機能へ　大航海時代以降に本格化した非西洋世界との接触経験，17〜18世紀の啓蒙思想における一連の言語・社会起源論を経て，19世紀後半の欧米には，文化進化論の諸学説が展開した．イギリスではスコットランド啓蒙の社会観を受け継ぐE.B.タイラーや『金枝篇』の著者J.G.フレーザーが，アメリカではマルクス主義の史観に影響を与えたL.H.モーガンが，人類学史の源流に位置づけられる．

　人類史の再構成を図るこれらの理論は，だが西洋文明を常に進化の最高段階とみなす単線的な図式を想定するなど，全体に思弁性の強いものだった．むしろ，人間をめぐる知の制度を帝国主義の実利にあわせて編成するうえで，同時代の核心的な課題となったのは，人間の集合的同一性を確認できるような「実証的」基準の確立だった．とりわけ植民地住民を分類する基準は，身体形質上の「人種」，社会・文化的な「部族／民族」，あるいは言語のいずれかとなり，これらの基準ごとに人類学，民族学，言語学の各学会組織が成立した．

　人間の集合的同一性を探る発想は，内部に諸要素の機能連関を想定した有機体的社会観にも適合しやすい．進化論への批判が生じた20世紀前半には，「文化圏」の概念を提唱するW.シュミットらのウィーン学派が台頭したほか，特に1920年代以後のイギリスでは，B.マリノフスキーとA.ラドクリフ＝ブラウンを旗手とする機能主義（構造機能主義）の流れが生じた．調査地での長期的な参与観察をもとに民族誌を作成するという，フィールドワークの基本的な方法論もこのとき確立した．機能主義はÉ.デュルケムの理論を基盤としていたが，産業社会の有機的連帯は社会学の領分とみなして以後の考察から除外する一方，「未開」社会の機械的連帯を特徴づける社会構造の分析に自らの考察を特化すること

で，1940年代以降にモノグラフ生産の黄金期を迎えた．

●**変化から解釈へ**　戦後1950年代の人類学には，機能主義の乗り越えを図る新たな動向が生じた．「植民地状況」に注目する文化変容の研究がフランスで生じたように，イギリスでも機能主義の没歴史性や静態性を打破するために，社会の葛藤や動的なネットワークに着目し，植民地の労働力移動などを調査対象とするマンチェスター学派が形成された．

さらに，思想界全般に深い衝撃を与えたのは，C. レヴィ＝ストロースによる構造主義人類学の登場である．『親族の基本構造』から『野生の思考』『神話論理』へと至る一連の著作で，彼が機能主義との相違を際立たせながら呈示したのは，項や実体よりも関係性が先行する意味配列の分析を通じ，個人や集団の意識をこえた人間精神の普遍的な構造を抽出できるという発想である．構造主義がもたらした言語論的転回のもと，記号論や象徴論に依拠した分析手法がイギリス社会人類学にも流入し，政治システム（E. R. リーチ），認識・分類体系（R. ニーダム，M. ダグラス），儀礼過程（V. W. ターナー）などの領域で独創的な知見が生み出された．

戦間期のF. ボアズからR. F. ベネディクト，M. ミードに至るまで，文化の相対性を重視してきたアメリカ人類学には，1970年代にC. ギアツの思想が登場した．M. ヴェーバーの理解社会学やT. パーソンズの行為理論を独自に摂取しながら，異文化というテクストに「厚い記述」で応じ，意味と象徴の体系を丹念に読みとろうとする彼の手法は，解釈人類学の名で知られた．

●**解体から条件へ**　1980〜90年代に相次いで到来したポストモダニズム，ポストコロニアリズムの思潮のもと，人類学の思想を支えてきた制度的実践の基盤は，根底から揺るがされた．中でも，J. クリフォードらによる1986年の論集『ライティング・カルチャー』では，研究上の主体／客体をめぐる認識論的構図に内在してきた抑圧の政治性が「民族誌の著者の権威」として指弾された．同時に，実証的モノグラフであるべき民族誌の構築性が「部分的真実」の視座のもとで明るみに出され，リアリズムへの素朴な信頼は否定された．

従来の人類学で保持されてきた思想的基盤の解体は，人間の生を取り巻く「環境＝フィールド」が以後の30年間でいかに世界規模で変容し，またその激変ぶりに新たな「人間学＝人類学」がいかに応じられるかを，数々の課題や警告の形で告げていたことにもなるだろう．人類学の思想が人間の生そのものを宛先とするかぎり，人類学的フィールドの射程も，単に村落のコモンズからトランスナショナルな越境過程へと空間上の拡張を遂げただけでなく，情報・医療・生命などの科学技術を取り巻く精神性と物質性（人間と非人間）の連鎖系にまで及びつつある．人間に限らぬエージェント（主体）たちの多様な接続とアサンブラージュの中で当の人間存在を相対化する発想も含め，人類学はいま，H. アーレント以後の『人間の条件』を独自に構想しつつあるのかもしれない．

［真島一郎］

ポランニーと経済人類学
［英］Karl Polanyi and economic anthropology

　経済人類学とは人類学の一分枝であるが，経済学の主な流れが1870年頃から20世紀初頭にかけて次第に市場価格の理論へと収斂していった頃，これに批判的な立場の経済学者らが市場によらない経済活動を考察したことが知的源泉である．そこに特別な位置を占めるのが，中東欧出身の経済学者カール・ポランニー（1886-1964）である．彼は晩年にアメリカで共同研究を行ったが，メンバーには経済学者だけでなく人類学者や社会学者らが含まれており，やがて彼らが中心となって経済人類学という研究領域を確立することになった．

●ポランニーの略歴と思想　ポランニーはウィーンで生まれて幼少時はハンガリーで育ち，ブダペスト大学で法学，哲学，政治学などを学ぶかたわら，ガリレイ・サークルの一員として社会実践活動や雑誌の編集に携わった．第一次世界大戦が勃発すると参戦して負傷し，終戦後にハンガリーで革命が起きた際，ウィーンに戻った．1920年代にはオーストリア学派経済学の自由主義的市場理論，オーストロ・マルクス主義の思想，ドイツ歴史学派経済学などを学び，社会主義計算論争には独自の立場から参加した．論争では市場の機能や可能性など根本的な問題が論じられたが，ポランニーは当時独学でマルクスの著作を読み込み，またイギリスの社会主義思想に学んで，G. D. H. コール（1889-1959）らのギルド社会主義から影響を受けていた．ここにポランニーの非市場型経済のヴィジョンの原型がある．またこの頃から彼はオーストリアの経済雑誌の編集に関わり，時事的な短い論考を多数執筆している．1929年世界大恐慌に向かうバブルとその崩壊の時期，オーストリアはイタリア・ファシズムとドイツ・ナチズムに挟まれて1934年には議会が停止，オーストロ・ファシズム期に突入した．ポランニーは身の危険を感じてイギリスに亡命したが，海外特派員としてファシズム批判の立場から諸論考を送り続けた．1940年代にはアメリカとイギリスの間を行き来しながら，大戦間期における世界の危機的状況を分析した集大成『大転換』（1944）を刊行した．

　戦後の1947年には客員教授としてコロンビア大学に招聘され，1953年に退職するまで一般経済史の講義を行いながら，人類学者のC. M. アレンスバーグ（1910-97）らとともに，古今東西の経済制度に関する学際的共同研究を組織した．その成果として刊行した書籍が経済人類学の始まりとなった（Polanyi & Arensberg eds. 1957）．

●市場交換とは異なるシステム　しかしポランニーはすでに『大転換』においても経済人類学的な視点から考察を進めていた．19世紀末から1930年代頃までの市場経済のグローバルな発展と，その反動としておのずと生まれてくる社会運動

の現実を彼自身が体験し，メカニズムの解明を試みる一方でオルタナティヴを模索したからである．彼は M. ヴェーバー（1864-1920）の比較社会学の手法も視野に入れつつ，1930年前後に刊行された非市場型経済の諸研究，例えばポーランド出身のイギリスの人類学者 B. マリノフスキー（1884-1942）やオーストリアの人類学者 R. トゥルンヴァルト（1869-1954）らの仕事を参照した結果，等価交換による市場取引は経済活動において唯一ではまったくなく，むしろ贈与が大きな役割を果たすこと，また社会における物資のやり取りも，利潤動機よりはむしろ互酬や再分配の原理に基づいて広く行われていることを理解したのである．互酬とは文字どおり互いの報酬という意味だが，利己的人間同士のウィン・ウィンの原理とは異なり，例えば血縁集団で性別に割り振られた役割を果たした名声に応じて特定のメンバーに物資が与えられるなどの互恵的なあり方を指す．再分配とは生産物や物資がひとたび集められ，権力中枢から一定の原則に基づいてあらためて分配されるメカニズムである．これらの原理は実は未開社会に限らず，現代社会においても見受けられる．

　ポランニーは，所得を稼ぐ動機を突き詰めて考えた結果，「飢えと利得こそ，あらゆる経済システムを支える唯一の誘因であるという仮説は一見強力にみえるが，それにはなんの根拠もない」（ポランニー 1947：57）として，それらが人間のあらゆる活動を統括する原理ではなく，むしろ経済は社会の一部分に埋め込まれた領域にすぎないとして，人間の暮らし（livelihood）のための経済を構想した．そして歴史的な過程においてイギリス発の市場経済が世界各地に広がった際に深刻な変容を被ったのは，それまで各地に根づいていた社会制度や文化であり，またその崩壊が引き起こしたモラルの荒廃こそが，社会にとって致命的であったと論じた．ポランニーの見方は，経済的な要因だけで歴史を説明するあり方への批判的視座を提示する．この点において経済人類学はやがて，非市場型経済に限らず制度分析の一般理論としての意義を獲得し，狭義の経済学の枠組みを超えることになった．これはとりわけ，ポランニーも関心を持ち続けた貨幣制度や貨幣主権，債務などの分析において効力を発揮する．貨幣は市場と非市場，経済とその外部の境界に存在し，古今東西，現代に至るまで宗教や政治，文化と関わっている．

●**経済人類学の展開**　もちろんポランニーの経済人類学に批判的立場をとる論者もいた．とりわけ彼が節約という意味でのエコノミーを形式的，人間の暮らしの経済を実体的とした二分法については，激しい論争も展開された．フランスでは互酬とも通じる贈与の概念を考察した M. モース（1872-1950）らの影響もあり，必ずしもポランニーを源泉としない経済人類学の系譜も存在する．しかし狭義の経済学が人間の暮らしや社会のあり方と乖離していることへの批判的視点が思想発展の動機であったことは，そこでも同様である．　　　　　　　　　　　［中山智香子］

第V部

近代の転換
20世紀後半から21世紀へ

概説：近代の転換──20世紀後半から21世紀へ
[英]transformation of modernity

　膨大な犠牲者を出した二度の総力戦への反省にたって，国際人権規約を中心とする「人権レジーム」が構築されていくが，その一方で，1948年頃からアメリカとソ連を両極とする冷戦構造が形づくられた．それぞれのブロック経済をもつこの東西対立は，91年にソ連が崩壊するまで続いた．もちろん冷戦は熱戦を伴ったものであり，朝鮮戦争がもたらした分断やベトナム戦争の影響は今なお消えていない．19世紀末からの帝国主義によって植民地化されたアジア・アフリカの諸国は，大戦直後から50年代，60年代にかけて相次いで独立を果たしたが，その多くもこの両陣営のいずれかに組み込まれていった．

　戦後の経済復興はやがて50年代，60年代と続く経済成長につながり，「先進国」の人びとに物質的な豊かさをもたらした．反面，大量生産－大量消費のシステムは大量廃棄を伴うものであり，深刻な環境汚染を惹き起こした．たしかに経済成長は深刻な経済的不平等をもたらすことなく，ヨーロッパを中心に福祉国家の形成・拡充を支える基盤となった．とはいえ成長と社会保障による生活水準の向上はすべての市民にとって平等な自由の享受を可能にしたわけではなく，例えば50年代から60年代かけてのアメリカでの公民権運動，60年代末から本格化するフェミニズム運動は，人種差別，女性差別の規範がなおも根強いことを明るみにだした．

　金－ドル本位の固定相場制が終わり，第一次オイル・ショックが起きた70年代前半は大きな転機となった．70年代半ばから欧米や日本は低成長の局面に入り，70年代末からは英米に国家の再分配機能を縮減し，規制緩和を図る新自由主義政権が現れた．80年代以降日本も含め多くの国もそれに追随した政策をとるようになり，社会保障は後退し，経済格差が昂進していく．グローバル化した経済環境のもと産業構造もこの頃から変化し，生産拠点の海外移転は，「先進国」の脱工業化に拍車をかけた．情報技術（IT）の革新はインターネットを生み出し，90年代以降の情報機器の急速な普及とともに，多くの人びとが膨大な情報にアクセスすることを可能にし，コミュニケーションや消費のあり方を大きく変えた．

　89年から91年にかけて東欧の「ビロード革命」，ドイツの再統一，ソ連の崩壊が相次いで起こり，ポスト冷戦と呼ばれる時代を迎える．21世紀の幕開けの年にアメリカで同時多発テロ（9.11）が起こったことは記憶に新しいが，それ以来テロおよび対テロ戦争や内戦が頻発し，大量の難民を生み出してしている．難民問題とともに移民をめぐる問題が政治的争点としても先鋭化し，多くの移民を受け入れてきた諸国でも移民排斥の思潮が台頭している．こうした動きは，宗教や文化などの点で相容れないとみなされる者を排除することによって「真の」国民／

人民を再構築しようとするポピュリズムと重なっている．そしてそれは世界各地で権威主義的な動向とも結びつき，自由民主主義の「終焉」が語られるようにもなった．また，高度成長後も化石燃料に依存する経済は続いており，90年代には地球温暖化に対処する国際的な取り組みもはじまった．とはいえ，その取り組みはまだ実効的なものとはなっておらず，洪水や干ばつを惹き起こす気候変動がおさまる見通しは立っていない．

●**第V部の構成**　第1章「理性批判と規範の再／脱構築」では，自然・他者・内的自然を道具として支配するような理性のあり方を問い返す思想が取り上げられる（批判理論，ポスト構造主義，言語論的転回など）．そうした理性批判は，何らかの実体を中心として優位−劣位の秩序をつくるような諸規範に対する問い直しを導いてきた．例えば西洋，白人，男性，異性愛カップルなどを優位におく規範は，20世紀後半以降の思想や運動によって問い直されてきた（ポストコロニアリズム，フェミニズム，クィアスタディーズなど）．そして，そうした思想や運動は，多元的な生き方や価値観を抑圧しないような公正な制度の探求とも連動するものであった（リベラリズム，平等主義，立憲主義，共和主義など）．

　第2章「関係／秩序の変容と再編」では，20世紀後半以降，国家・市場・社会がどのように変容してきたかをとらえることが主題となる．新自由主義の台頭によって，社会保障は後退を強いられ，国民国家はグローバル化した経済のもとで市場に対する制御能力を次第に失っていった．社会についてみれば，生活水準の上昇，社会保障サービスの受給と引き換えに人びとが脱政治化していく大衆社会，消費社会の傾向が強まっていくが，他方で，コミュニティ，アソシエーションなど多元的な集団からなる市民社会としての側面もみせていく．市民社会は，国家や市場に抗して意見−意志形成が行われる場でもあり，「新しい社会運動」などさまざまな運動が展開される場となってきた．そして，国民国家の同質的な秩序が周辺化ないし排除してきたもの（認識，記憶，文化，地域など）も，その問題に注目や関心を惹こうとする多様な市民の実践が繰り返されることを通じて顕在化するようになった．

　第3章「環境の変化と権力の再編」では，温暖化，災害，テロ，伝染病，遺伝子操作など，人びとの生活環境に（潜在的な）脅威を与えるようになった種々のリスクと，それを管理しようとする権力の再編が取り上げられる．これらのリスクの多くは「グローバル・イシュー」とも呼ばれるように，一国の制度や政策では対応しがたい性質をもっている．人びとの生（生活／生き方）に介入し，それをコントロールしようとする権力はM. フーコーの言葉を用いて「生権力」と呼ばれるが，とりわけ人口の再生産や安全・移動に介入する権力は，少子化問題や移民問題，あるいは遺伝子の検査・管理などをめぐってその作用を強めつつある．

[齋藤純一・鵜飼 哲・大貫敦子・森川輝一]

第1章

理性批判と規範の再／脱構築

［編集担当：齋藤純一・鵜飼 哲・大貫敦子・森川輝一］

アーレント……………………614	平等主義……………………656
全体主義論…………………616	デモクラシー論の展開……658
実存主義……………………618	戦後民主主義………………660
批判理論……………………620	戦後マルクス主義…………662
20世紀のマルクス主義……622	合理化論……………………664
システム論…………………624	1968年の思想………………666
構造主義……………………626	日本人論・日本文化論……668
フーコー……………………628	ハーバーマス………………670
ポスト構造主義……………630	公共圏………………………672
デリダ………………………632	現代の共和主義……………674
ディスクール，エクリチュール……634	共同体・コミュニタリアニズム……676
言語論的転回………………636	立憲主義の現在……………678
ポストコロニアリズム……638	カトリック社会思想………680
ヘゲモニー論………………640	人権論の展開………………682
ポスト世俗社会……………642	フェミニズム・ジェンダー……684
世界システム論……………646	日本のフェミニズム………688
ロールズ……………………648	家　族………………………690
リベラリズムの現在………650	親密圏………………………692
ハイエク……………………652	クィア（LGBT）・スタディーズ………694
リバタリアニズム…………654	

アーレント
Hannah Arendt

　ハノーファー近郊のユダヤ人中流家庭に生まれ，ケーニヒスベルクで育つ．早くからギリシア・ラテンの古典に親しみ，14歳のとき哲学研究を志してI.カントを読み，マールブルク大学でM.ハイデガーに，ハイデルベルク大学ではK.ヤスパースに師事し，後者のもとで書き上げたアウグスティヌス論で博士号を取得．ナチスの台頭とともにシオニストの活動に関与するようになり，1933年のヒトラー政権成立後，暫時の逮捕拘留の後，パリに亡命するが，第二次世界大戦が始まると，フランス政府により敵性外国人として収容所に収監される．ドイツ軍侵攻の混乱の中フランスを脱出してニューヨークに渡り，戦後はアメリカを拠点に（51年アメリカ籍取得），政治思想家として独自の地歩を築いた．ユダヤ人難民として体験した国民国家秩序の崩壊と全体主義国家の出現，若き日に培った人文主義的教養とドイツ実存哲学，第二の祖国アメリカで出会った共和主義的立憲主義，といった複数の異なる要素のせめぎ合いが，ハンナ・アーレント（1906-75）の独特の思想世界を織り成していったのである．

●**全体主義論**　『全体主義の起原』（初版1951）が，政治思想家としてのアーレントのデビュー作となった．三部からなり，第1部「反ユダヤ主義」と第2部「帝国主義」で，全体主義に結晶化する諸要素を19世紀西欧世界の解体過程の中に跡づけたうえで，第3部「全体主義」において，孤立した大衆を動員し，絶対化されたイデオロギーを組織的テロルによって実現しようとする20世紀全体主義の特質が究明される．全体主義体制とは，支配の安定を目的に暴力手段を独占する旧来の専制や独裁とはまったく異なる，人間の共生空間の根絶を自己目的化した破壊の運動体であり，その完成形態が，人間存在のトータルな支配および抹殺を実現する収容所システムにほかならない．当初アーレントは，ナチスの絶滅政策の解明を企図して前半の二部を書き進めたが，第3部において，イデオロギーとテロルという構造上の同一性からソ連のスターリン体制を加え，ナチスともども全体主義として規定するに至る．これは，本書の歴史叙述としての整合性（特に前二部と第3部との連関）を損うことになった半面，イデオロギーの内容ではなく支配形態に定位して全体主義という現代特有の政治体制を把捉する視座を打ち出し，全体主義論というジャンルの成立に大きな影響を与えることになった．

●**活動的生**　全体主義以後の世界における共生空間の再生を目指し，続く『人間の条件』（1958）では，人間の生の構造と条件，およびその歴史的変遷とが，二つの軸から考察される．第一の軸は人間行為の三類型，すなわち，生命過程を維持するために同一の行動を反復する「労働」，目的合理的に人工物をつくり出す「仕

事（制作）」，複数の人びとが言葉と行為でかかわり合う「活動」，の三区分である．第二の軸は行為の場に関わり，各人が他の人びととの間に現れる「公的領域」，逆に隠れ去る「私的領域」，そしてこれら二つの区別を解体して人びとを画一的な行動へと動員する近代の「社会的なもの」の三つが対比される．アーレントはこれら二つを座標軸として，近代以降，資本と技術を推進力とする「社会的なもの」の膨張と「労働」の全面化のもとで，共生空間が衰亡してゆく過程を冷徹に照らし出すとともに，政治を支配者による秩序の「制作」とみなすプラトン以来の伝統的政治哲学を根底から批判し，政治的共生の原理を「公的領域」における自由な「活動」ととらえ直し，その源流を古代ギリシアのポリスに見出すのである．

●**自由の創設へ**　活動による公的領域の構成という観点から，『革命について』(1963)でアーレントは，フランス革命とアメリカ独立革命を比較する．ともに新たな憲法の構成（コンスティテューション）による共和政体の創設を目指しつつ，前者が貧民の救済という社会問題の解決に重点を移し，最終的には善なる人民の名によるテロルと独裁に陥ったのに対し，後者は，植民地期以来の自治の経験をベースに，討論と合意（契約）を積み重ねて平和裏に立憲政体の樹立に成功した，と高く評価される．アーレントのフランス革命論は，革命の本質を経済問題とは区別された政治的自由の制度化に求める共和主義的な立場からの，マルクス主義的革命理論への批判であり，また，政治秩序の構成を例外状態における決断に委ねるC.シュミット的な主権論の失効宣告でもある．他方，アメリカ革命論は，J.G.A.ポーコックらによるアメリカ革命の共和主義的解釈の先駆けであるとともに，19世紀帝国主義から20世紀全体主義に至る現実の近代がたどった系譜とは別の近代の可能性を，18世紀啓蒙期に探ろうとするアーレントの関心を示している．そうした関心は，カントの美的判断力を政治的判断力として読み直す晩年の試みにも引き継がれてゆく．

●**影響**　政治の固有性を，私的利益の調整や配分ではなく，また強制力による支配でもなく，対等な市民が自発的に参加する言論実践に位置づけたことは，参加民主主義論，中でもJ.ハーバーマスらの熟議民主主義論に大きな影響を与えた．だが，合意を志向する熟議を批判し，差異と抗争に民主主義の本質をみる闘技民主主義論でも広く参照されているように，アーレントの思想を特定の潮流に同定することは難しい．人種差別を非難しつつも政府による人種統合政策を批判してリベラル派を激高させ（リトルロック論争），ユダヤ人移送を担った元ナチス親衛隊幹部を「凡庸な悪」と規定して世界的な論争を巻き起こしたように（アイヒマン論争），彼女は既存の立場にとらわれず，所与の世界に外から到来したよそ者（ストレンジャー）として思考を続けた．アーレント再評価が本格化したのは冷戦対立が終結した90年代以降であり，近年新たな注目を集めるトピックの一つは，『全体主義の起原』第2部の中の「難民」をめぐる省察である．座標軸を失った世界を照らし出すよそ者の視線が，アーレント思想のアクチュアリティの源泉なのである．　　　［森川輝一］

全体主義論
[英]theories of totalitarianism

　全体主義とは一般に，個人に対する全体の絶対的優位を掲げて社会の全領域を全面的に支配しようとする20世紀の政治運動や体制を指す．主にイタリアのファシズム，ドイツのナチズム，ソ連のスターリニズムを指すが，毛沢東時代の中国やカンボジアのポル・ポト政権を含める場合もあり，何を全体主義と名指すかは論者や立場によって大きく異なる．全体主義という言葉は，自由を否定する政治体制を分析するための道具であるとともに，自由の敵を非難・告発する闘争の武器でもあり，価値中立的な概念ではありえないからである．20世紀中葉に現れたさまざまな全体主義論には，現代特有の政治的暴虐の解明を目指す思想的試みが，折々の政治的な対立や抗争と不可分なかたちで刻印されているのである．

●**全体主義論の起原**　ムッソリーニは，「全体（主義）的（totalitario）」という言葉で，「すべてが国家の内にある」ファシズム体制の優位を誇った．ナチスはこの語を用いなかったが，E. ユンガーやC. シュミットなどドイツの保守革命派もまた，「全体的（total）」という形容詞を，国家と社会（個人）の自由主義的区別の超克という肯定的な含意で用いた．これに対し，全体主義という言葉でファシズムやナチズムを論難する用法を定着させたのは，先駆的なナチズム研究である『ビヒモス』（1942）を書いたF. ノイマンなど，独伊から英語圏に逃れた亡命知識人たちである．39年の独ソ不可侵条約締結以降，ナチズムとスターリニズムを左右の全体主義として比較考察する研究が相次いで現れるようになるが，こうした全体主義論の枠組みの成立に決定的な影響を与えたのが，H. アーレントの『全体主義の起原』（1951）であった．同書の意義は，第一に，大衆を不断に動員する絶対的イデオロギーと，収容所を頂点とする組織的テロルという構造上の特質から，全体主義が旧来の専制や独裁とはまったく異なる新しい支配形態であることを示した点，第二に，その起原を西洋近代に求め，19世紀帝国主義をはじめとする近代世界の病理を剔抉することで，全体主義論の射程を，単なる政治体制論から西欧文明全体の再審という巨視的な問いへと拡張した点にある．これら二つを観測点として，40年代以降のさまざまな全体主義論を腑分けしてみよう．

●**展開1：思想史的省察**　大戦末期より，全体主義の起原を思想史的に究明しつつ，西欧世界のあり方を問い直す一群の古典的著作が登場する．近代合理主義の行き過ぎがもたらした「設計主義」に国家社会主義の起原を見出すハイエクの『隷属への道』（1944），プラトンからマルクス主義に至る「閉じた社会」の伝統に全体主義の淵源を求めるK. R. ポパーの『開かれた社会とその敵』（1945），ユダヤ人虐殺という現代の野蛮の来歴を，古代の神話から現代の文化産業を貫く理性に

よる自然支配に跡づける Th. W. アドルノと M. ホルクハイマーの『啓蒙の弁証法』（1947），などである．アーレントの『全体主義の起源』を含め，いずれもドイツ語圏出身の著者が英語圏で執筆した書であるが，前二者が近代自由主義を全体主義に対置するのに対し，アドルノらは自由主義を含む近代文明世界こそが全体主義を生み出したと考える（この点アーレントも同様である）．後者の流れに，大衆社会化，資本と技術の暴走，官僚制の浸透といった現代の病理現象を，全体主義（的）として分析・批判する議論を含めることができるだろう．代表的な著作に，道具的理性の支配による管理社会化を告発する H. マルクーゼの『一次元的人間』（1964）や，現代消費社会に「安楽」を求める「生活様式としての全体主義」を看取する藤田省三『全体主義の時代経験』（1995），などがある．

●**展開2：政治体制論** 他方，戦後のアメリカ政治学では，全体主義を政治体制の一類型と位置づけ，実証的に研究しようとする試みが盛んとなった．例えば K. J. フリードリヒは，全体主義体制の分析枠組みとして，(1) イデオロギー，(2) 一党支配，(3) 秘密警察のテロル，(4) メディアの統制，(5) 暴力の独占，(6) 統制経済，の六つの指標を提示する（Z. ブレジンスキーとの共著『全体主義的独裁と専制支配』，1956）．その狙いは，収容所支配の告発という道徳的関心から上記 (1) (3) の要素を強調するアーレントの全体主義論のようなバイアスを避け，東欧諸国やスペインのフランコ体制などを含む現代の非民主的な独裁体制を比較検証する，実証的な社会科学としての全体主義研究の確立にあった．この方向は，全体主義体制の要素を，①一元的だが一枚岩的でない権力中枢，②排他的イデオロギーの存在，③集団的活動への住民の動員，の三つに求め，権威主義体制や「スルタン支配」などの他の非民主的政治体制と区別する J. リンスの比較政治体制論などに引き継がれてゆくが，こうした価値中立的な社会科学を標榜する全体主義研究が，全体主義体制と自由民主主義体制の対置を自明の前提としていたことに留意せねばならない．それは，冷戦という文脈において，西側自由主義諸国の道徳的優位を誇示し，アメリカの対外政策を正当化するという機能を果たすことになった．

●**批判と反復** 1960年代以降，全体主義論というジャンルは，全体主義という概念ともども懐疑と批判にさらされるようになった．その理由として，ナチスやソ連の個別研究の進展と蓄積が，両者を全体主義と一括する視座に根本的な疑義を突きつけたこと，さらに，冷戦対立下でソ連をナチスと同じ全体主義と規定する視座のイデオロギー的含意が露わになったこと，があげられる．だが，冷戦末期の東欧諸国での民主化運動が「全体主義」対「市民社会」という枠組みで語られたように，自由と民主主義の敵を名指す概念としての命脈は断たれていない．その東欧はじめ世界各国で，市民社会の実在と自由民主主義の正統性が再審に付されている21世紀初頭の今日，自由の敵をめぐる知的格闘の所産たる20世紀の全体主義論は，なおも未完の問いとして遺されている，といえるだろう．　［森川輝一］

実存主義

[英]existentialism　[仏]existentialisme

　思想史において，ある潮流が一般に「〜主義」として語られる際，その思潮の主導者たちがそうした規定を拒否する事態がしばしば見受けられる．20世紀の実存主義はその典型であろう．K. T. ヤスパース（1883-1969），M. ハイデガー（1889-1976），G. マルセル（1989-73），A. カミュ（1913-60）らは実存主義者として語られてきたが，自らはその名を拒絶した．彼らが探究した本来的実存と，「〜主義」という一般的規定とは端的に矛盾するのである．よって厳密に「実存主義者」と呼ぶべきは，積極的にその名を標榜した第二次世界大戦後のJ.-P. サルトル（1905-80）とその同調者に限られよう．ただし，「実存は本質に先立つ」（サルトル 1946：39）というサルトルのテーゼもまた，実存を外部から一般規定することの欺瞞を暴くものであった．サルトルは，あえて「実存主義者」として自らをアンガージュすることで，その政治的効果を狙ったのである．

　よってここではまず，事典の一項目として，「実存主義」を一般規定することの意味が問われなければならない．ある思想を「実存主義」と規定する際の評価基準は存在するのか．本項では，実存主義の先駆者 S. A. キルケゴール（1813-55）に依拠しつつ，そうした基準の一端を，その限界とともに示したい．日本語の実存とは existence（英・仏），Existenz（独）の訳語であり，「現実存在」ないし「事実存在」の短縮形である．この語は，スコラ哲学における existentia に由来し，essentia（本質）との対比において論じられてきた．感覚に現れるかぎり現実存在は，本質に還元されえない偶然性・個別性を帯びるのであり，ゆえに普遍的真理を探究する哲学は，G. W. F. ヘーゲル（1770-1831）に至るまで，現実存在の優位を説くことはなかった．これに異を唱えたのが，まずは後期 F. シェリング（1775-1854）であり，次いでその影響下に，キルケゴールが実存をめぐる思索に決定的な転回をもたらした．彼によって，existence は事物の客体的存在ではなく，そのつど「この私」のあり方を問題化する人間存在を意味することとなり，「知」は実存と関係する場合にのみ意義を有することとなる．「真理は主体性にあり」とキルケゴールは唱えた．「この私」のあり方と無関係に妥当する普遍的真理などに意味はない．普遍と個別をめぐる伝統的な主従関係が逆転するとき，思想史上の実存主義が誕生する．キルケゴールのうちにはすでに，20世紀の実存主義を特徴づける当為命題，すなわち非本来性から本来性への回心が認められるのである．

●**実存主義の定式**　実存的回心は以下のように定式化される．まず，既存の意味秩序に安住する日常の生がある．「父としての私」「教員としての私」等々，自己の役割や地位は，他者たちに規定されたものである．だが人は，これを自己の本

質と受け止め，交換不可能な「この私」であることを直視しない．他者たちの中で，他者としての自己を生きるのである．なぜか．恐ろしいからである．私が交換不可能であること，これは，私がいかなる役割や意味にも回収不可能であること，過剰な余計者として実存させられていることを表す（被投性）．こうした実存の非根拠を直視しつつ行為するとき，私は全き自己責任において，正当化不可能なまま価値を選び出さなければならない．この目も眩む自由と責任から逃避すること，そのあり方が非本来性である．よって，非本来性とは，さし当たり必然的な存在様態といいうるが，しかしそこに安住することもまた必然的に不可能となる．人びとには「不安」がつきまとうからである．キルケゴールは，不安を「可能性としての自由の現実性」（キェルケゴール 1844：68）ととらえた．実存が非根拠である以上，私にはすべてが起こりうるし，私はすべてを選びうる，この全的な「可能性＝自由」がリアリティとして迫ること，これが不安にほかならない．

　不安が明かす実存の非根拠が回心への呼び水となる．非根拠という限界状況の中で，まずは既存の価値体系が滅却される（倫理の目的論的停止）．寄る辺を失った実存が絶望を覚悟するとき，その決断において本来性への回心が生じるのである．以上，実存主義を定式化すればこうなる．「日常性への頽落→不安→非根拠の露呈→絶望→決断＝回心→本来性」．例えば『存在と時間』が，ハイデガーの意図とは裏腹にこの定式の下に読まれるとき，それは実存主義の書として歓迎されることとなる．同じことは，ヤスパースの哲学やカミュの文学についてもいえようが，実存主義のこうした定式化は空しい．そこには，決断を可能にし，回心を導く「他なるもの」が欠けているからである．非根拠の決断はなぜ可能なのか．すべてが選択可能であり，したがって等価であるならば，何故選択が可能なのか——実存主義を考察する場合，思考すべきはこのアポリアについてであり，このアポリアへの対応によって，各思想家の社会思想もまた決定されるのである．

●**実存主義と社会思想**　だがそもそも，実存主義と社会思想は矛盾するのではないか．前者は「この私」を問題化し，後者は公共性を志向する．しかし，回心を導く「他なるもの」を考慮するとき，実存主義の社会思想への転回を確認できる．例えば，『存在と時間』に実存主義的解釈を施せば，本来性へと導く「他なるもの」とは「良心の呼び声」であり，それは共同体の来歴として現実化される．ゆえに，頽落した現状を滅却し，民族の本来性へと跳躍する保守革命の思想が必然化するのである．またサルトルの場合，回心を呼ぶ「他なるもの」とは「苦しむ他者のまなざし」であった．よって，鉄鎖以外に何ももたないプロレタリアートのまなざしとともに自己をアンガージュすることが必然化し，マルクス主義の革命理論を主体化するのである．世界大戦の時代，既存の意味秩序が融解する時代，実存主義は爆発的に流行した．実存主義の特性を「非根拠の露呈→決断」に認めるのであれば，それはまさしく「革命と戦争の世紀」の申し子だったのである．　［堀田新五郎］

批判理論

［独］Kritische Theorie　［英］critical theory

　批判理論とは，フランクフルト学派と呼ばれる思想家たちの理論的立場を表す呼称である．伝統的な哲学・社会理論が学知と生活世界との絡み合いを看過し，それゆえ社会の不正な現状を不問に付すのに対して，批判理論はそうした学知のあり方を批判の俎上に載せ，ユートピアへの志向を堅持する．この語はマックス・ホルクハイマー（1895-1973）の論考「伝統理論と批判理論」（1937）に登場して以降，学派のキャッチフレーズとして人口に膾炙するようになった．狭義にはホルクハイマー，テオドール・W. アドルノ（1903-69）ら学派の第一世代について用いられるが，第二・第三世代と目される思想家たちの理論についてこの語が用いられることも少なくない．もとより後続世代の思想は先行世代への仮借なき批判の上に成り立っており，彼らを簡単に一括りにできるわけでもない．それでも批判理論は，構造主義・ポスト構造主義などと並んで，20 世紀における近代批判の重要な水脈の一つであり続けたといえる．

●〈批判理論〉の構想と展開　批判理論は，カール・マルクス（1818-83）の経済学批判，ジークムント・フロイト（1856-1939）の精神分析理論，フリードリヒ・ニーチェ（1844-1900）の近代文化批判に大きく依拠しているとされる．彼らの理論は一見するかぎり各々まったく異なる発想から構築されているが，これらを統合することによって，ホルクハイマーらは何を目指そうとしたのか．

　もちろん，一般にフランクフルト学派が西欧マルクス主義の系譜に位置づけられるように，何よりもマルクスの唯物論的な社会理論が彼らの構想の中心にあったことは間違いない．しかし正統派マルクス主義の硬直した経済決定論は，およそホルクハイマーらには容認できないものだった．実際，当時の西欧社会では経済的な観点からすれば社会主義革命が起こる条件が整っていたにもかかわらず，資本主義社会の住人は相も変わらず当のシステムを唯々諾々として受け入れている．それはいったいなぜなのか．彼らによれば，この謎を解明するには個々人の体制順応的な心性が鍵となる．しかも，個々人の心性を特定の方向に向かわせているのが道徳・宗教・芸術などの広義の〈文化〉なのだとすれば，それがいかにして個々の主体の心的機制を規定するのかをこそ分析しなければならない．こうしてホルクハイマーらはマルクスの資本主義分析に精神分析学と文化理論を組み入れつつ，理性的に組織された社会への道筋を理論的に望見しうる，批判的な社会理論を築こうとしたのである．

　ところが 1930 年代末以降になると，彼らはこうした目論見を徐々に維持できなくなってゆく．その背景にあったのは〈文化〉の変容である．そもそもホルク

ハイマーらにとって文化領域とは，単に人びとに畜群道徳を植えつけるだけではなく，他方で現状肯定的なイデオロギーを越え出る批判のポテンシャルを育むものでもあった．例えば人間の自由を高らかに謳う近代の芸術文化は，自由な経済活動を求める市民層の利害関心を反映するものではあったが，しかしそれは同時に市民社会の不正な現状を乗り越えた理性的な社会を希求し，その意味では社会批判のポテンシャルを内包するものでもあった．しかし20世紀の大衆文化（文化産業）にはもはやそうしたポテンシャルはなく，むしろ人びとを束の間の享楽へ誘い体制順応的な心性を助長するだけの装置になっている．こうして当初のプロジェクトを断念したホルクハイマーらは『啓蒙の弁証法』（ホルクハイマー／アドルノ 1947）の執筆に取りかかり，人類史を道具的理性が貫徹するプロセスとみなす，トータルな文明批判へ向かうことになる．

● 〈啓蒙の弁証法〉以降の批判理論　『啓蒙の弁証法』はフランクフルト学派の思想の到達点として知られるが，しかしそれは実のところ批判理論のプロジェクトの逼塞の所産でもあった．一方，学派第二世代と目されるユルゲン・ハーバーマス（1929- ）の理論には，第一世代を積極的に継承しようとする側面もある．例えば『公共性の構造転換』（ハーバーマス 1962）は，初期近代の西欧社会に成立した〈公共圏〉のうちに社会批判のポテンシャルを見出そうとする点で，批判理論の系譜に連なっている．また，この時点のハーバーマスはアドルノらの文化産業論をふまえ，20世紀以降〈公共圏〉のポテンシャルは枯渇しつつあるとも考えていた．しかしハーバーマスはその後，そうした第一世代の思考枠組みを放棄し，コミュニケーション的理性の行使を通じて〈公共圏〉を再構築する可能性を追求するようになる．それは批判的理性のポテンシャルを救出しようとする点で，批判理論のアクチュアリティを再生しようとする試みでもあった．

他方，第三世代とも目されるアクセル・ホネット（1947- ）は，ハーバーマスの討議倫理をふまえつつ，そこに〈承認〉という契機を組み込むことで，形式主義的ともみえるハーバーマスの理論を乗り越えようとする．ハーバーマスにあっては主体相互のコミュニケーションを通じて理性的な合意が目指されるが，ホネットのみるところ，そうした相互行為を担う主体の根底には，自らが一つの人格として認められたいという承認欲求が横たわっている．承認をめぐる闘争こそがコミュニケーション的行為を支えている，というわけである．こうした構想には，ハーバーマスを批判的に継承するだけでなく，初期批判理論に含まれていたフロイト的契機に改めて目を向けるという意味合いも含まれているだろう（ホネット 2010）．さらに英米圏の社会理論には，批判理論に棹さしつつも，フェミニズムやポストモダニズムの視点からこれを批判的に乗り越えようとする動向もある．先行世代への内在的批判が不断になされることで，批判理論は現代の社会理論において依然として大きな位置を占め続けているといえよう．　　　［上野成利］

20世紀のマルクス主義

［英］Marxism in the twentieth century

　マルクス主義は，資本主義や帝国主義の世界的拡張とともに，19世紀末から20世紀にかけて世界中に広がった思想潮流の一つである．例えば日本の三木清（1897-1945）や戸坂潤（1900-45）が体現するように，マルクス主義は各地の思想と混ざり合い，思想的・社会的問題に取り組むための有力な方法となった．

●**ロシア・マルクス主義と西欧マルクス主義**　そうした展開の中でも，いわゆる西欧マルクス主義は特別の地位を占めてきた．V. I. レーニン（1870-1924）やN. ブハーリン（1888-1938）がロシアで展開したマルクス・レーニン主義と対比して，西ヨーロッパで展開されたマルクス主義は，フランクフルト学派に代表されるように，非教条主義的で開放的であるとされ，マルクス主義の二大傾向を形成した．だが近年は，「公式」マルクス・レーニン主義からは脱落していった，宇宙論や宗教論を含むロシア・マルクス主義への注目がされている．また，地理的特徴と理論的特徴が曖昧に重ねられた「西欧マルクス主義」の不明瞭さは再審されるべき時期に来ているだろう．しかし依然として，「西欧」で展開されたマルクス主義の理論的貢献は多大であり，以下ではこれを4点に絞って紹介する．

●**下部構造と上部構造**　生産諸関係（例えば資本主義）を示す下部構造と，人間の政治的・社会的活動が展開される上部構造という二つの構造の関係は重要な論点である．K. マルクス（1818-83）は『経済学批判』の「序言」（1859）において，生産諸関係からなる下部構造を歴史の最終審級として措定した．一方でこれは決定論的なマルクス解釈を招き，資本主義が発展を遂げると過剰生産と過小消費の間で自己矛盾が拡大し，恐慌を起こし自壊するという図式を支えた．こうした図式的議論は早くから疑問に付されていた．世紀転換期のイタリアにおいて，A. ラブリオラ（1843-1904）の著作をきっかけに起こった「マルクス主義の危機」論争では，上部構造が下部構造に対して一定の自律性をもって作用することが多くの論者によって主張された．1917年のロシア革命の直後にA. グラムシ（1891-1937）が書いた「『資本論』に反する革命」は，現実の社会主義革命が図式的議論と異なったことを指摘した．グラムシはその後『獄中ノート』（1929-35）において，上部構造に対する下部構造の基底性をマルクス主義の根幹と認めたうえで，下部構造が変化してなお自律的な影響力を発揮する上部構造に注目した（グラムシ 1929-35c：228）．L. アルチュセール（1918-90）は「重層的決定」の概念によってこの問題をさらに分節化した．そもそもある生産諸関係は自動的に決定されるわけではなく，上部構造の生み出すイデオロギーが下部構造に対して再帰的に作用するという循環関係がある．彼によれば，社会は一元的な基底性に

よって定義されえないのである（アルチュセール 1962：181-185）．

●**人間疎外論**　疎外論あるいは物象化論によって，資本主義社会での労働は人間存在を喪失させるというヒューマニスト的議論が展開された．人間は主体的活動を通じて客体的自然に介入しそれを改変する能力をもっていたが，資本主義的労働においては，労働者の主体的活動は利潤を生み出すための手段にすぎなくなり，資本の論理に従属するに至る．こうしたマルクスの疎外論は『資本論』（1867, 1885, 1894）にも部分的にみられるが，初期の著作『経済学・哲学草稿』（1844）が 1932 年に出版され，疎外論を大きく展開していることが知られたことで注目された．これに先立って，『資本論』に依拠しながら，初期マルクスの疎外論に通じる物象化論を展開したのが G. ルカーチ（1885-1971）の『歴史と階級意識』（1923）であった．ルカーチの物象化論によれば，資本主義は人間の労働を交換可能な「物」に変え，人の関係を物の関係に転化させてしまう．かくして，人は自らがつくり出した物に従属するという倒錯した関係が起こるのである（ルカーチ訳 1968：162-169）．ルカーチは，かかる倒錯した関係によって最も抑圧されているプロレタリアートこそが，この関係を最もよく理解しかつ解放しうる主体であるとした（ルカーチ 1923：137-141）．

●**革命と改革**　マルクス主義は来るべき社会とその実現方法に関する論争を伴う．労働者階級の生活状態の改善と中産階級の勃興を根拠に，革命ではなく議会を通じた漸次的改革を主張した E. ベルンシュタイン（1850-1932）は，K. カウツキー（1854-1938）らから修正主義と批判され，両者間で「修正主義論争」が起こった．R. ルクセンブルク（1871-1919）は，党による指導を要諦とするレーニン的革命論を批判し，大衆の自然発生的行動に革命の新しい形式の出現をみた（ルクセンブルク 1918：251-257）．20 世紀の後半には，アルチュセールや A. ネグリ（1933-　）がグラムシにおける革命の契機の不在を批判した．前者はグラムシが市民社会における大衆の同意を獲得する機能に注目した反面で，強制装置としての国家を破壊する視点を欠いたと指摘した．後者は戦後のイタリア共産党がとったキリスト教民主党との「歴史的妥協」路線を批判し，媒介よりも切断の重要性を論じた．

●**分析的マルクス主義**　20 世紀後半に英米圏に現れた，いわゆる分析的マルクス主義は，革命の非現実性と逆説性を受け止めて，マルクス主義の伝統的な革命論を放棄する．この潮流は，分析哲学を摂取しつつ，J. ロールズ（1921-2002）に端を発する現代正義論的平等論との対抗のうえに，マルクス主義的平等論を発展させようとする．J. ローマー（1945-　）は，マルクス経済学ではなく近代経済学を用いて，マルクス主義の主張してきた搾取の問題が資本主義経済に実在することを明らかにした．G. コーエン（1941-2009）は，ロールズの格差原理が原理的にはより平等主義的な立場を取りうるにもかかわらず，社会における最も不利なものの状況改善を優先するのみにとどまる立場を不徹底と批判した．　　　［千野貴裕］

システム論

[英]system theory　[独]Systemtheorie

　システムという術語の歴史は古代ギリシアまで遡る．もともとは「集積」や「配置」を意味する言葉で，社会的な事象にも使われていた．プラトン（427-347BC）の著作にも出てくるが，その「国家体制」という表現は常にその時々の支配体制，例えば「民主制」を指すが，社会構成体そのもの……を指すことはない」（リーデル 1987：326）．古典古代の代表的な社会構成体，現在でいうポリスの市民社会（koinonia politikē, societas civilis）は，当時の人びとにとっては「システム」ではなかったのである（リーデル 1987）．

　システムは元来，集積や配置であって，一つの固有な基体（主体，subject）をなすものではなかった．それが近代になって社会構成体を指すようになったのは，おそらく偶然ではないだろう．近代の社会思想に引き写せば，個人こそが本来の主体であり，その集積や配置である社会は本当の主体ではない．そう了解されているからこそ，その集積や配置があたかも主体のようにみえる事態を指す言葉として，「システム」が使われるようになったのではないか．

　その意味で，システムはいわば疑似主体であり，その疑似性を成立させるしくみを論理的に再構成するのがシステム論であった．それゆえ，システム論には相互排反的な二つの条件が課せられてきた．あたかも主体であるかのようにみえることと，にもかかわらずそれが本当は主体ではないことである．わかりやすくいえば，個人をこえた社会を何らかの形で想定せざるをえないが，そうであることは本来のあり方ではない．そう考えられていたからこそ，近代の社会思想や社会科学では，社会が特に「システム」として表象されてきたのだろう．

●**システム論の世代論**　「第一世代から第二世代を経て第三世代に至る」といわれるシステム論の展開も，そう考えれば理解しやすい（河本 1995）．

　第一世代のシステム論はそのしくみを，複数の要素（エレメント）間の相互作用による恒常性維持に見出した．すなわち，本来の存在は要素だけであり，その間の恒常的な相互作用が全体を主体らしくみせていると考えた．T. パーソンズ（1902-79）の社会システム論は行為を要素にしているが，基本的な論理は同じである．けれども，相互作用が恒常的にあることは，要素がそれだけでは恒常的でありえない可能性を示唆する．その点を掘り下げたのが第二世代のシステム論である．

　第二世代は自己組織（self-organization）を鍵言葉とする．自己触媒的なサイクルなどを事例にして，システムは均衡論的に安定しているのではなく，絶えず自らを生成・組織しつづけると考えた．この「自ら」にあたるものが何かに関しては第二世代ではまだ不明確であったが，第一世代さらには伝統的な「システム」で

は，本来存在するのは要素だと考えられていた．それゆえ，自己組織の発想をつきつめれば，要素こそがシステムの自己の本体にあたるものであり，かつその要素もまた自己組織的に成立する，と考えざるをえない．それが第三世代の自己産出（autopoiesis）につながる．

自己産出の考え方では，要素それ自体も要素間関係によって生成される．それを通じてシステムの自己，すなわち自己／非自己の境界もシステム自身によって決められていく．具体的にどんなしくみを想定できるかは，何が要素かによって変わってくる．生物学では細胞オートマトンによる自他境界生成などがモデルとされてきたが（鈴木 2013），社会の自己産出では，要素にあたる行為（またはコミュニケーション）が意味的なものであることに注目した．この場合，行為の意味が行為間関係によって再帰的に構成されるといえれば，最も基底的な水準で自己産出が成立する．それがコミュニケーションシステムでの「作動的な閉じ（operative closure）」にあたる（ルーマン 1997：78-79 など）．

第三世代のシステム論はこうした再帰性を反省的に理論化しようとした．要素が要素間関係から生成されるという事態を，より適切に定式化するだけでなく，システムがこのような論理構成をとらざるをえないことを，メタ理論的にも示そうとした．それゆえ，論理学や因果関係の同定といった，科学方法論の基本的な部分にも関心を寄せた．

自己産出論を最初に唱えた H. マトゥラーナと F. ヴァレラ（1980）にもその方向性はすでにみられるが，社会科学でこの理論化に取り組んだのが N. ルーマン（1927-98）である．パーソンズのシステム論では行為の本来の主体であった個人も，ルーマンの理論では別の自己産出的なシステムだとされる．さらにシステム論の展開そのものも，社会を観察し記述するゼマンティク（意味論）の歴史に包摂される（ルーマン 1980-99）．

●**自省的社会のシステム論**　近代の市民社会は個人を基本的な要素としながら，個人に還元できない制度も恒常的に運用せざるをえない．例えば，個人の権利を安定的に保護するためにも，法人のような機構が必要になる．近代的な国家は脱人格化された法人会社を母型にして成立し，そうした法人組織をさらに一般的な企業にも転用することで，産業社会は営まれてきた（佐藤 1993）．その中で，個人が主体であるという前提条件を正面から否定しない形で，このような制度の挙動を了解し，適切な運用を図ることが求められた．

システム論はそのための当事者水準の理論モデルの一つだったが，その展開は今や疑似主体というとらえ方を超えて，近代的な個人のあり方自体も自己産出的なものとして考えようとしている．現時点ではその行く末は予測できないが，個人を基本単位（エレメント）とする社会のあり方も，何らかの形でその影響を受けざるをえないだろう．それもまた現代の自省的な社会の一つの姿である．　　　　［佐藤俊樹］

構造主義

[仏]structuralisme　[英]structuralism

　構造主義とは，1960年代フランスにおいて隆盛を極め，人文科学全般に大きな影響を与えた思想運動である．哲学，文学，精神分析，人類学，社会理論などを横断する脱領域的な思想運動であった点に特徴がある．

●**構造主義の中心人物たち**　構造主義の原型は，言語学者フェルディナン・ド・ソシュール（1857-1913）によって形成された．ソシュールは『一般言語学講義』(1916)で言語を差異の体系として，また記号をシニフィアンとシニフィエの結合体として定義した．彼の理論は，個々の記号とその意味を一つの実体としてではなく，他の記号との関係性においてとらえる点において，構造主義の基礎を構築する．人類学者クロード・レヴィ＝ストロース（1908-2009）は，ソシュールやローマン・ヤコブソン（1896-1982）らの構造言語学，ブルバギの集合論に影響を受け，『親族の基本構造』(1949)，『構造人類学』(1958)，『野生の思考』(1962)で未開社会の親族構造や神話的思考を言語学，数学理論を用いて分析し，未開社会の思考が西洋近代の思考と共通の構造をもつことを示して，西洋の自民族中心主義を批判した．精神分析家ジャック・ラカン（1901-81）は，ソシュールやヤコブソンらの構造言語学に大きな影響を受け，フロイトの再解釈（「フロイトへの回帰」），とりわけ無意識をシニフィアン連鎖として再解釈する構造主義的精神分析理論によって，主体と無意識の理論を刷新した．彼の主要な論文は『エクリ』(1966)，セミナーの記録は『セミネール』（全27巻，1973-）にまとめられている．文学批評家・記号学者ロラン・バルト（1915-80）は，やはりソシュールの構造言語学に強い影響を受け，『エクリチュールの零度』(1953)で独自の「エクリチュール」概念を提唱し，「作者の死」を宣言して文学批評を伝統的研究から解放し（「作者の死」1967，『物語の構造分析』所収)，テクストそのもの，さらには写真，映画，演劇，広告，モードなど文化現象全般を構造主義的方法に基づいて分析した．マルクス主義哲学者ルイ・アルチュセール（1918-90）は，『マルクスのために』(1965)，『資本論を読む』（エティエンヌ・バリバール［1942-］，ロジェ・エスタブレ［1938-］，ピエール・マシュレ［1938-］，ジャック・ランシエール［1940-］との共著，1965）において，構造主義的方法を用いてマルクスを再解釈した．彼は「認識論的切断」という科学認識論の概念（ガストン・バシュラール［1884-1962］）を援用して，初期マルクスの疎外論に対して『ドイツ・イデオロギー』以後の社会的諸関係の理論を重視し，「重層的決定」「構造的因果性」概念によって，マルクス主義に執拗に取り憑くヘーゲル的目的論の残滓を批判した．哲学者・思想史家ミシェル・フーコー（1926-84）は，『言葉と物』(1966)で「エ

ピステーメー」概念を導入し，認識の歴史を単線的な進歩の歴史ではなく，非連続的で切断をはらんだそれとして描き出した．『知の考古学』(1969) では認識を言説理論によって基礎づけ，「言説実践」を通じて「言説形成体」が形づくられ，「アルシーヴ」——フーコー考古学の分析対象——が形成されると考えた．

●**構造主義とは何か**　ジル・ドゥルーズ (1925-95) は「何を構造主義として認めるか」(ドゥルーズ 1972) において，構造主義を特徴づける七つの規準——(1) 象徴的なもの，(2) 局所あるいは位置，(3) 差異＝微分と特異性，(4) 異化＝分化するもの，異化＝分化，(5) セリー，(6) 空白の桝目，(7) 主体から実践へ——を提示している．ドゥルーズによれば，構造主義とは想像的なもの，現実的なものに対して象徴的なもの，すなわち言語的構造の分析を優位に置く思考であり，関係性としての差異の原理から世界を把握する点に特徴がある．したがって，分析対象となる諸項は互いの関係性において把握され，それらの位置関係，差異，特異性，特異性の現働化 (異化＝分化)，セリー化，セリーを組織化する特権的項 (空白の桝目)，主体と実践の分析が重視される．例えば，ラカンの精神分析理論は無意識を言語構造，すなわちシニフィアン連鎖として把握する．したがって，無意識における諸々のシニフィアンの位置，それらの差異，特異性，特異性の現働化，セリー化が分析され，シニフィアン連鎖を組織化する特権的シニフィアンが「ファルス」あるいは「対象a」として抽出される．そして，そうした精神分析理論自体がまさしく主体の理論であり，(治療) 実践の理論なのである．

●**主体の理論**　その意味において構造主義は，一般にいわれるように「主体」概念を失効させたのではない．バリバールが「構造主義‐主体の罷免？」(Balibar 2005) で述べるように，構造主義は近代的な「構成的主体」概念を脱構築し，それを「構成された主体」概念へと再構築したのである．例えば，ラカンの精神分析理論は，近代的な意識主体の理論を脱構築し，そこから「無意識の主体」あるいは「脱中心化された主体」の理論，すなわち無意識の「効果」として構成された主体の理論を形成した．こうしたラカン的な主体の理論は，アルチュセール，フーコーらの権力理論に大きな影響を与えることになる．アルチュセールは，階級関係を再生産する「国家のイデオロギー諸装置 (AIE)」の理論を確立し，学校などの AIE におけるイデオロギー的実践によって，権力に服従化された主体が構成されると考えた (「イデオロギーと国家のイデオロギー諸装置」1970，『再生産について』所収)．フーコーは，「従順な主体」を形成する「規律権力」の理論を確立し，刑務所，軍隊，学校，病院のような権力諸装置における規律的実践によって，権力に服従化された主体が構成されると考えた (『監獄の誕生』1975)．これら権力諸装置への抵抗の問題は，その後のアルチュセール，フーコー，ドゥルーズ／ガタリらのポスト構造主義的思考に引き継がれ，論じられるだろう．

[佐藤嘉幸]

フーコー
Michel Foucault

　ミシェル・フーコー（1926-84）は，フランス・ポワチエの医師の家に生まれる．1946年高等師範学校に進み，1951年教授資格を取得した後，文化使節としての海外赴任や国内外での教職を経て，1970年コレージュ・ド・フランス教授に着任する．研究の傍ら，囚人や性的少数者，東側反体制派，ボートピープルといったポスト1968年の社会運動に積極的に関わる中で，法や正義を普遍的に語る知識人のあり方を批判し，職業的・専門的領域から権力と知の具体的ありようを問う「特定領域の知識人」の新たな意義を説いた．マルクス主義ヒューマニズムと疎外論への批判構造主義と非正統派マルクス主義の隆盛，議会外左翼と新しい社会運動の活発化，新自由主義の勃興を背景に，権力と知，主体をめぐる戦後社会哲学の旗手との評価が高まる最中，1984年にAIDS関連症候群で死去した．

●**考古学と人間主義批判**　高等師範学校では孤独なときも多かったが，復習教師となったL. アルチュセールとは生涯にわたる親交を結ぶ．その影響で共産党員になるも，ほぼ活動しないまま1952年には離党した．以後も現存社会主義には強く否定的だった．他方で現象学的人間学や心理学，精神分析の知的隆盛に影響を受け，哲学では特にI. カント，F. ニーチェ，M. ハイデガーに親しむ．また心理学と精神病理学も学び，L. ビンスワンガーなどの翻訳も行う．1950年代の著作には，精神病理学や精神分析への肯定的評価や現象学的アプローチと同時に，疎外論への好意的言及すらみられる．前衛文学とそのエクリチュールに対するかねてよりの強い関心は，言語の実験的使用と主体性批判を架橋する1960年代の著作に影響を与えるとともに，R. ルーセル，G. バタイユ，M. ブランショらを扱った文学論も生み出す．

　博士論文『狂気の歴史（狂気と非理性）』（1961）は，西洋社会における「狂気」とは不易の観念ではなく，歴史的「経験」であるとの基本的立場のもと，その変遷を論じた．狂気が宇宙ではなく理性との関わりで論じられる古典主義時代以降，理性を欠くとされた人びとは畏敬や放浪から，道徳的・経済的見地に基づく「狂人」＝社会的アウトサイダーとして管理収容の対象となる．18世紀後半の啓蒙主義と初期精神医学による狂気の医学化を経て，西洋近代は理性の「他者」たる「狂人」に人間の内面的真理を否定的に読み取ったのだ．芸術作品から学術書，史料など多様なテキストを読み解き，ある時代の知や実践の諸領域が密かに分けもつシステムとその非連続性を描く「考古学」は本作に始まる．

　構造主義による疎外論と実存主義への激しい批判の渦中に出版された『言葉と物』（1966）は，ある時代の人文科学の主体と対象，概念を，いわば無意識的に構

成する根本規則を「エピステーメ」と呼び，その歴史的変遷によって，言語・生命・富という人間科学の学的対象が示す，時代毎の異質性が説明できるとした．思想システム間の非連続性を強調し，目的論的歴史観と近代人間主義を退ける立場は，「近代人の消滅」論に象徴される．近代の人間概念とは，カントの批判哲学が象徴するような，人間をその有限性において認識の主体かつ客体として措定した「経験的－超越論的二重体」なる歴史的構成物にすぎず，20世紀思想が告げる近代のエピステーメの終焉に伴い，やがて消え去るというものだ．同書への反響と『知の考古学』(1969)での方法論的総括を経て，1970年代初頭には，ニーチェ哲学をふまえて「系譜学」が提唱される．議論の焦点は，社会統制と科学的認識との関係から，歴史分析における権力と真理，主体の問いへと深められる．

●**系譜学から統治性へ**　1970年代前半の監獄批判への実践的関与と，反乱や収容の歴史に関する系譜学的分析は，非マルクス主義型の近代社会論に結実する．『監獄の誕生』(1975)の規律権力論は，権力や法の作用を，抑圧や支配，解放ではなく，個人の日常的な訓育と行動の制御，すなわち「規律」を通じた，資本主義的生産に役立つ従順な主体の「生産」ととらえた．他方で『知への意志』(1976)などでの生政治論では，人間の生老病死と生活環境に対し，近代国家が科学技術を用いて行う介入が分析された．人間の管理統制を目的とした実践的な学知と技術との関係性，〈権力－知〉を軸とする権力論の特徴は，権力を社会に遍在する「関係」と規定したうえで，その主体化作用を重視する点にある．世俗化された「告白」を通して語られ，つくり出された個人の内面的「真理」と，科学が導く「正常」な基準によって人間の生に直接・間接に影響を及ぼす，ミクロかつマクロな「生権力」のありようは，キリスト教を直接意識して「司牧権力」とも呼ばれたが，セクシュアリティを切り口にした西洋の主体性の系譜学的分析という「性の歴史」の構想とも交錯し，1970年代末に「統治性」として一般化される．

　「統治」とは，真理を介して自己と他者の行動に影響を及ぼすことであり，統治性はそうした「導き」の様態を指す．統治性論では，まず個人の主体化から国家論に至る「他者の統治」について，キリスト教との密接な関連が論じられた．次いで，自己による自己の導きとしての「自己の統治」が，異教時代の哲学と社会を含めた長期的視点で分析される．統治性論は，権力論と主体論を同時に扱う「自己と他者の統治」論，主体性の系譜学的分析へと展開する．特に自己の統治論は，真理による自己統治としての「倫理」の問いに向かい，カント啓蒙論への肯定的評価を介して，自己が危険を冒して「真理」を語る言説実践である「パレーシア」の考察に至る．「性の歴史」は，『快楽の活用』と『自己への配慮』(ともに1984)が古代ギリシア・ローマを，絶筆を理由に未刊行だった最終巻『肉の告白』(2018)が教父時代と初期修道制を対象とし，全体として異教世界から中世キリスト教社会までの真理と主体性の関係性が論じられた． ［箱田　徹］

ポスト構造主義
[仏]post-structuralisme　[英]post structuralism

　1960年代後半から70年代にかけてのフランスで，構造主義を批判的に継承しようとした思想的潮流を指す．主に合衆国から広まった呼称．代表的な思想家として，M. フーコー，J. デリダ，G. ドゥルーズ，J.-F. リオタールらの名前があげられることが多いが，この呼び名を引き受けた者はいない．

　ポスト構造主義は，しばしばポストモダニズムと混同される．しかし両者は西欧近代への批判という点では重なるが，異なるカテゴリーである．ポスト構造主義が，あらゆる意味の源泉を主体とそのロゴス（言葉・論理）に求める考え方や制度への批判であるのに対して，ポストモダニズムとは，近代が前提としてきた合理性や科学の進歩といった普遍的価値の終焉と，価値の多様性を主張する立場である．

●**構造主義の批判的継承**　ポスト構造主義に明確な定義や体系は存在しないが，あえて定義するとすれば，構造主義が「後戻り不可能な革命」であったことを認めたうえで，それを批判的に継承しようとする思想的立場である．

　構造主義が革命的だったのは，主体にあらゆる意味の起源を求めてきた西欧近代の思想的前提に対して，言語や社会制度は，各要素が対立し合う全体としての構造をなしていること，また主体はこの構造を無意識のうちに前提にしていて，自由にすることはできないことを明らかにしたからである．

　ポスト構造主義が批判するのは，構造主義のうちに，客観性と合理性への確信によって世界認識の秩序を回復しようとする西欧形而上学の根強い伝統をみるからである．C. レヴィ＝ストロースがいうように，「構造とは要素と要素の間の関係からなる全体であって，この関係は一連の変形過程を通じて不変の特性を保持する」（『構造・神話・労働』1979）のだとすれば，そこでは構造の同質性が前提とされ，異質性は含まれないことになる．また，構造主義では，この構造がすでに現在の形で存在していたことが前提にされ，その構造がいかに生成し変化するかを問うことができない．ポスト構造主義は，構造主義が前提とするこのような構造の同一性に対して差異性を，不変性に対して生成変化を主張するのである．

●**ロゴス中心主義批判**　デリダは，『グラマトロジーについて』（1967）の中で，F. ソシュールやレヴィ＝ストロースもまた，二つの意味（音声と論理）でのロゴスを最終的な拠り所にしていると批判している．自分が話す声は同時に聞くことができるということから，音声言語が主体の思考の直接的な現れであると考える音声中心主義であり，自己の自己への直接的現前としての自己意識こそが真理の起源であるとする現前の形而上学であると，デリダは批判する．その意味で，構造

主義もまた，西欧形而上学が意識的，無意識的に前提にしてきたロゴス中心主義を免れていないということになる．またデリダは，西欧形而上学を解体して，そのかわりに構造という別の根拠を提示する構造主義の戦略に対して，できるかぎりその規則に従いながら，さまざまな矛盾を露わにすることによって，西欧形而上学に裂け目を入れ，外部に開いていく作業，つまり脱構築を対置する．なぜなら，ロゴスや構造のような唯一無二の根拠はなく，あえて根拠という言葉を使うなら，そこには隔たりと遅れを生む働き（差延）しかないからである．

●**フェミニズムとポストコロニアリズムへの影響** こうしたポスト構造主義の西欧近代批判は，1968年の五月革命の思想的基盤の一つとなった．またその批判は，硬直した正統マルクス主義にも向けられることになった．さらに社会思想史の視点からは，フェミニズムとポストコロニアリズムへの影響が見逃せない．

フェミニズムは，ポスト構造主義から，言語構造や宗教秩序，主体形成に根強く潜む男根ロゴス中心主義という批判の視座や，性差二元論の脱構築という戦略を受け継いだ．また，「一つしかない，真のフェミニズム」を目指すことは男根ロゴス中心主義的な思考法に基づいているとして，多様なフェミニズムの可能性を目指す立場に結びついた．

ポストコロニアリズムもまた，ポスト構造主義から，コロニアリズムの論理に対する批判的視点と，それを脱構築するための戦略を受け継いだ．例えば，G.C.スピヴァクがデリダから受け継ぐのは，西欧のロゴス中心主義な主体が，外部や非合理性といった他者を対置することで自己を確立してきたという視点である（『ポストコロニアル理性批判』1999）．そこから，コロニアリズムは被支配者という「他者」を対置したうえで，それらを回収・統合することによって初めて自らを「主体」として確立してきたのだという批判の根拠を引き出すことができる．

もう一方で，スピヴァクが戦略として受け継ぐ脱構築は，西欧の哲学者でありながら西欧の自民族中心主義を回避するために，またロゴス中心主義を回避しつつなお語るために，常に他者の余地を切り開いていく作業を意味する．その意味で，スピヴァクにとっての脱構築とは，男性に対する女性，西欧に対するオリエント，先進国に対する第三世界など根元的な他者の余地を切り開く理論にほかならない．

●**ポスト構造主義に対する批判** しかし，ポストコロニアリズムは，このようなポスト構造主義の議論を無批判に受け入れるわけではない．例えばスピヴァクは『サバルタンは語ることができるか』（1988）で，フーコーとドゥルーズに対して，新たな西欧的主体の復活であるとして痛烈な批判を行った．またデリダに対しても，脱構築は積極的な政治的基盤になりえないと批判し，そこからマルクス主義とフェミニズムを切り離すべきだと述べている． ［松葉祥一］

デリダ
Jacques Derrida

　ジャック・デリダ（1930-2004）は，フランスの植民地支配期のアルジェリアで，ユダヤ系フランス人として生まれるが，ヴィシー政権時代に市民権を剥奪される．フランス，ユダヤ，アラブという三つのコミュニティからの疎外を経験したデリダにとって，固有の言語をつくり出すことが生涯のテーマとなる．パリ高等師範学校（1952年）で L. アルチュセールや M. フーコーらの指導を受ける．教授資格試験合格（アグレガシオン）（1956年）後ハーバード大学に留学．帰国して軍事学校（1957～59年）やソルボンヌ大学（1960～64年）で教え始めた頃，P. ソレルスの主宰する「テル・ケル」グループに接近．高等師範学校（1964～84年），パリ社会科学高等研究院（1984～2004年）だけでなく，ジョンズ・ホプキンス大学など多くの大学で教壇に立った．40冊以上の著書や講演を通して，哲学や文学，人類学，歴史学，言語学，精神分析，建築学，法学，宗教学，政治学，フェミニズムなど多くの領域に，またヨーロッパだけでなくアメリカ，日本など世界中に影響を与え続けた．ポスト構造主義やポストモダンといった思想的潮流の代表的論者とみなされることがあるが，彼がこれらの呼び名を受け入れたことはない．

●**ロゴス中心主義批判**　デリダは現象学と構造主義から強い影響を受けつつ，両者を批判する中で思想を形成していった．最初，マルクス主義と現象学を結びつけようとしたチャン・デュク・タオの『現象学と弁証法的唯物論』（1951）に導かれて E. フッサールを読み始め，J.-P. サルトルや M. メルロ＝ポンティとは異なる読み方を探った結果，現象学の方法を文学に適用しようとした．やがてデリダは，意識への直接的な現れに基盤を置く現象学の方法を，現前の形而上学だと批判するようになる．現象学からその批判的検討へと向かったデリダの思考は，1967年に出版された『声と現象』『エクリチュールと差異』『グラマトロジーについて』の3冊において一つの頂点に達する．

　『グラマトロジーについて』が批判するのは，まず西欧の哲学や科学を支配してきた声は主体に絶対的に近いという考えである．自分が話す声は同時に聞くことができるということから，話し言葉（パロール）が，私の思考の直接的な現れであるという考えが生じた．それに対して書き言葉（エクリチュール）は私の外にあり，話し言葉に代わる「代補」にすぎないとされる．西欧哲学の伝統は，このような前提のうえに築かれてきた．そこでは，真理は常に自己への直接的現前という形式をとるものとされる．したがって，神の声あるいは神の理性，その写しである人間の理性，それに基づく論理などを意味するロゴスが，つねに真理の根拠とされてきた．こうしてデリダは，哲学，文学，科学など西欧のあらゆる知が，言葉と論理というこの二つの

意味のロゴスを最終的な拠り所とするロゴス中心主義だと批判するのである．

この批判のためにデリダは，脱構築と呼ばれる戦略をとる．これは，既存の思想やテクスト，制度を解体して，かわりに別のものを構築するのではなく，その中に入り込んで，できるかぎりその規則に従いながらその基盤を少しずつ解体し，最後には別の姿にしてしまう戦略である．そしてデリダは，存在者が自分自身といささかのずれもなく自己現前することは決してなく，したがって純粋の起源というものはなく，あえて起源という言葉を使うなら，そこには自己に対する隔たりと遅れを生む働きしかないという．デリダは，この差異と遅延を生じる働きを，原エクリチュールあるいは痕跡，最終的に差延（トラス）と呼ぶ．

●脱構築の実践　デリダは，「どれほど衝撃を受けたかわからない」という68年5月を経て，1970年代から80年代には，この脱構築をエクリチュールや教育制度に対して実践する．

1972年に出版された3冊，『散種』『余白』『ポジシオン』は，エクリチュールの脱構築作業である．デリダは，そのために，散種，余白，ミメーシスなどの「概念」を活用する．これらは一義的な意味決定が不可能であり，原物とその再現＝代理，本質と外見，起源と派生といった対立項によって支えられてきたロゴス中心主義を脱構築する機能がある．こうした作業の一つの到達点が『弔鐘』である．

またデリダは，1975年の哲学教育研究グループ（GREPH）の設立から，1979年6月の哲学三部会に至るまで，実質的にこのグループの理論的指導者の役割を果たした．このグループは，大学の教職員，大学生，高校生らが哲学教育を考える目的で組織され，高校における哲学の授業数を削減する法案が提出された際には反対運動の中心になった．1983年には国際哲学院が創設され，デリダが初代議長に就任した．

●政治的デリダ　デリダは1990年前後から「政治的転回」を行ったと評されることがある．確かにデモクラシー，責任，友愛，歓待，赦し，主権などのテーマを扱うテクストが増える．しかし彼の政治的関心は初期から一貫している．

『精神について』（1987）では，ナチス加盟以後「ドイツ的精神」を体現するかのような身振りを始めるというM. ハイデガーの変遷をたどりながら，デリダは人間と動物の分割，技術，哲学の本質としての問いの特権性の三つの要素を分析している．ほかにもマルクス思想を批判的に考察した『マルクスの亡霊たち』（1993），法の暴力性を論じた『法の力』（1994），友愛概念を扱った『友愛のポリティックス』（1994），シュミットの主権概念を論じた『ならずものたち』（2003）などがある．また同時にデリダは倫理学的・宗教学的な考察を深め，イサクの犠牲の問題を論じた『死を与える』（1992），『信と知』（2001）などを著した．没後も遺稿『動物を追う，ゆえに私は〈動物で〉ある』（2006）や講義録『獣と主権者』（2012）などが出版されている．　　　　　　　　　　　　　　　　　　　　　　［松葉祥一］

ディスクール，エクリチュール
[仏]discours　[独]Diskurs　[英]discourse／[仏]écriture

　ディスクールとエクリチュールは1960年代以降のフランス語の思想圏で，人文諸学における構造言語学の範型性からの脱却が課題となったとき多様な思考戦略の梃子となった概念である．語の構造，語義の変遷，各論者の企図，議論の文脈を照合しつつ思想史上の意義を検討することが要請される．

●**ディスクール（discours）**──**社会，歴史，知の生産**　ディスクール（discours）はラテン語で「駆け回ること」を意味するdiscursusから派生したフランス語である．16世紀以降「脈絡なく喋り散らす」という意味に転用され言語活動との接点が生じる．やがて「談話」の意味で用いられるようになり，ギリシア語のロゴスの訳語としても定着する．17世紀にはR.デカルトの『方法序説（*Le discours de la méthode*）』の表題が示すように合理性を主張する「秩序だった論述」という用法が現れ，「演説」などの語義もみられるようになる．

　F. ド・ソシュール（1857-1913）の『一般言語学講義』が人文諸学の範型として重視された1950年代，構造言語学の概念体系との関連でディスクールを位置づけるという課題が浮上した．E. バンヴェニスト（1902-76）は事実の純粋な記述である「物語（histoire）」に対し，人称構造が本質的要素として組み込まれた発話を「談話（discours）」と呼んだ．この概念は対話の相手に影響を及ぼそうとする話者の意図を含意する点で，言語を社会的な力の場に開くものだった（「フランス語の動詞における時制の諸関係」1959）．

　1960年代に入るとM. フーコー（1926-84）による近代諸学の形成史の研究の進展とともにディスクールの概念は根本的に刷新される．ある時代の言説群に固有の「合理性」は，普遍的理性の所産としてではなく，それらの間の還元不可能な「分散性」を通して産出された表面の効果として分析されることになる．「言説（discours）」は能記の背後に無尽蔵の所記を想定する注釈の対象である以前に，歴史上のある時点に出現した出来事である．複数の言説は互いの差異によって分節され，徐々にシステムを形成する．例えば臨床医学はその経験の領域（「見えるもの」）と合理性の構造（「言えること」）を同時に定義する特定の諸条件のもとに成立した（『臨床医学の誕生』1963）．

　60年代末にはこれらの条件は「歴史的アプリオリ」と命名され，言説の実践性，知の生産と権力作用の相関性が強調されていく（『知の考古学』1969）．言説群は偶然的な系列をなし，個々の独自性ではなくその形成の規則性によって特徴づけられる（『言説の領界』1971）．その可能性の条件には司法制度，病院や監獄の建築構造など，言語形成体とは異質な諸要素も含まれる．

フーコーの言説概念は歴史学，社会学，比較文学等に多大な影響を及ぼし，E. サイード（1935-2003）の『オリエンタリズム』（1978）のような植民地主義文化研究も強くそのインパクトを受けている．

●**エクリチュール（écriture）――文学的考察から遺伝子学へ**　一方エクリチュールはフランス語の動詞 écrire の名詞形であり書く行為と書かれたものの双方を意味する．代名動詞形は文法規範上三人称の主語を要求し受動的に用いられるが，19世紀半ば以降作者の意識的統制に服さない作品形成の契機が注目されるとともに，主に文学的考察の中で中動相的な用法が現れてきた．一次大戦後にシュルレアリスム運動が自動書記（écriture automatique）の手法を考案し，二次大戦後には R. バルト（1915-80）（『エクリチュールの零度』1953）や M. ブランショ（1907-2003）（『文学空間』1955）らが，言語の一般性と文体の個別性の中間領域でのテクスト形成や，作品に対する書き手の隔絶を記述するために多様なエクリチュール概念に訴えた．

これらの動向を継承しつつ，西洋におけるエクリチュール概念の自文化中心的傾向を剔抉することでこの概念の拡張を図ったのは 1960 年代後半の J. デリダ（1930-2004）の仕事である．彼によればアルファベットに典型的な表音文字の場合，書字は音声という感性的能記を表出する「能記の能記」となり，知性的所記から二重に隔絶した外部とみなされる．17 世紀以降の主観性の哲学の台頭とともに書字は真理に疎遠な道具とみなされ，異なる書字文化に対し内面的自己に近接的とされた表音文字文化の優位を主張する立場も現れた．

ソシュールもこのような音声中心主義に規定されて書字を言語学の体系から排除した．しかし彼自身認めるように記号は他の記号との差異においてしか意味をもたない．音声か描線かという記号の質量的規定に先行するこの形相的差異をデリダは「原エクリチュール（archi-écriture）」と呼ぶ．それ自体は時間的でも空間的でもないこの差異化の運動，すなわち「差延（différance）」によってのみ，発話も書字も，そして一方から他方への転化も可能となる．さらにそれは有機体と無機物，生と死の境界を横断する「痕跡（trace）」の経験に思考を開く（『グラマトロジーについて』1967）．記号概念のこのような「脱構築（déconstruction）」的転位は，人文諸学ばかりでなく，分子生物学による遺伝子情報の研究などとも接点を探る広がりをもって展開された．

戦後フランス語圏のエクリチュール論の蓄積の上に成立した学際的な人文学研究の成果は，A. ハティビ（1938-2008）『アラビア語カリグラフィ美術』（1980），B. スティグレール（1952- ）『技術と時間 1, 2』（1994, 1996）など数多い．G. スピヴァク（1942- ）の『サバルタンは語ることができるか』（1988）もまた，デリダのエクリチュール概念をふまえつつ，植民地状況における，主体の意志の発動とは異なる回路による抵抗の諸相を考察しようとした試みである．　　　　　　[鵜飼　哲]

言語論的転回
[英]linguistic turn　[独]linguistische Wende

　近代的な主体＝客体の二元論では，主体は対象をどのようにして認識すべきかを論じればすんだ．対象を直接論じるのでなく，その認識の条件について論じるというI. カント (1724-1804) がその代表である．認識の条件については，主体の超越論的反省によって明示が可能と思われていた．主体のことは主体自身が最もよくわかるはずだということである．

　だが，すでにK. マルクスは資本主義の経済構造から，F. ニーチェは力への意志から，そしてS. フロイトはセクシュアリティの側面から，そうした主体の自己過信を批判していた．さらには19世紀末から20世紀中葉にかけて言語の観点からこうした二元論的な見方への批判がなされるようになった．この流れを言語論的転回という．この表現そのものは，ウィーン出身の分析哲学者グスタフ・バーグマン (1905-87) によるが，人口に膾炙したのは，1967年にR. ローティが分析哲学の重要論文を編纂した論集のタイトルにしてからである．ただし，ローティはこの論集とともに狭義の分析哲学から離れ，M. ハイデガーを言語論的転回の好例として論じる解釈学的立場に移行する．

●**分析哲学・ハイデガー**　主体が対象認識を記述する言語にいかに不透明な要素が入り込んでいるかを，明らかにしたのが，G. フレーゲやB. ラッセル，初期のL. ウィトゲンシュタインたちによる分析哲学である．記号論理学によって日常言語の不透明性を除去することで，主体性哲学の「自分」中心主義を変革し，他者との間主観的な認識を確証しようと，彼らは試みた．

　それと別にニーチェは我々の認識や価値設定が，それぞれが置かれているパースペクティブにいかに依拠しているか，そして最終的には言語や感覚機能の「牢獄」にとらわれているかを巧みな文体で論じていた．そのニーチェを受けて，ハイデガーも西洋の形而上学と近代哲学の歴史が，「精神」「質料」「力」「生」「意志」「実体」「主体」などというキーワードの周りに形成されてきたと論じた．物の見方が，「存在」によってそのつどの「運命」として定められてきたということである．主体という虚妄は言語のゆえだというのだ．

●**ハイデガー・ローティ・文化相対主義**　このハイデガーの思想を存在史といったある種の形而上学から解き放ったのがH.-G. ガダマーである．彼は，我々が論じる問題がいかに伝統との対話の中で——そのことを意識していないところでこそ——生じているか，さらには世界の見方がいかに伝統の中で培われた言語性に依拠しているかを論じた．彼のいう解釈学的反省によって，いかに言語と対象（あるいは主題）が不可分に絡み合っているかがさらに明白になった．

さらにローティは，ロマン主義から現代のリベラル・レフトの語彙（そこにはハイデガーも含まれるところが重要だが）は，多くの語彙の可能性の一つにすぎないが，我々はその中にいる以上，それを重視しているにすぎない．語彙を共有しない異文化にもそれなりの正当性があり，自分たちの文化が優れているということはいえないが，自分たちはそれを抜け出る気はない，という議論で，文化相対主義と自文化中心主義を，言語論的転回を通じて共存させている．

●**ポスト構造主義と構築主義**　他方でポスト構造主義者の M. フーコーも，ニーチェ／ハイデガーを受けながら，我々のそのつどの問題設定を決めているディスクールという考え方を展開した．やはり主体中心主義，人間中心主義への挑発である．こうした言語の，あるいはディスクールの，そしてデリダのようにエクリチュールの網の目を重視する立場を極端に推し進めると，デリダのように「テクストの外部は存在しない」という議論となり，もはやテクストの外部で「真か偽か」「正しいか正しくないか」を論じることに意味がなくなってくる．またオリエントは西洋によって「構築」されたとするサイード的な構築主義も，こうした広義の言語論的転回を受けたものである．

　この議論は歴史学にも波及し，歴史的事実という概念は空疎であり，問題はテクストの強度であるといった考え方，あるいは，歴史は基本的には物語性を免れない，といった議論にも発展してきた．

●**言語行為論**　こうしたいわば言語運命論に依拠した，左派ヒューマニズムの能天気さへの批判と別に，分析哲学系でも，名辞や叙述文中心の言語分析に代わって言語の使用の規則の普遍性を論じる動きが生まれた．J. L. オースティンや J. R. サールの言語行為論である．「私は明日あなたのところに9時に行くよ」という文は，状況によって脅かしでもあれば，約束でもある．相互行為の参加者は相互の文章の交換の中で行為調整を行うわけである．もちろんその過程で，発話行為の内部で完結する発話内（illocutionary）言語行為もあれば，発話によって相手に特定の行為を引き起こさせる発話遂行的（perlocutionary）な言語行為もある．J. ハーバーマスは，言語分析から言語の使用の分析への転換はヨーロッパ思想において画期的なことであると論じ，自身のコミュニケーション的行為の理論に発話行為論を援用している．

　ハーバーマスは『真理と正当化』において，こうした言語論的転回の議論をふまえながら，それにもかかわらず，「真と偽」の，「正と不正」の区別が可能であるという日常生活における直感を，議論の潜在的参加者を含めての正当化手続きによって救い出そうとしている．同時に「真と偽」と「正と不正」の区別は質の異なるものであることも重視している．科学モデルで論じる「真と偽」と道徳や法に関する「正と不正」は同じモデルで分析してはならない，というのだ．言語論的転回以降の議論が一定の終結に達したとみてよい．　　　　　　　［三島憲一］

ポストコロニアリズム

［英］postcolonialism

　「植民地主義」の厳密な概念規定が存在していないため，「ポスト」という接頭辞が付された，「ポストコロニアリズム」の厳密な概念規定はいまだ存在してはいない．接頭辞の「ポスト」には，時間的・空間的な「〜以降」と，状況的な「〜を超える」（ポスト構造主義の場合など）の双方の意味が混在している．そこで，以下に一応の概念規定をしておきたい．

　ポストコロニアリズムとは，植民地からの政治的独立以降の，植民者および被植民者の諸社会において，政治・経済・歴史・文化などの多面にわたる領域で，旧植民者同士の社会的諸関係・旧被植民者同士の社会的諸関係・旧植民者たちと旧被植民者たちとの間に形成される社会的諸関係が根幹となり，植民地主義下で生起した諸問題が，より複雑化し絡み合って生起する事象の総体（アンサンブル）を指す．

　この規定に従えば，F. ファノン（1925-61）や A. セゼール（1913-2008）といった，ポストコロニアリズムに括られる思想家の著作は，植民地支配下で書き上げられた事実をふまえれば，植民地主義批判として考えられるべきである．

●ポストコロニアリズムの現状　ポストコロニアリズムを考察するには，まず，その焦点となる地域が考えられなければならない．19世紀後半に世界が（旧）宗主国と（旧）植民地とに二分された歴史的事実を思えば，ポストコロニアリズムの焦点となりうる地域は数多存在する．とはいえ，世界史上初の黒人共和国として独立したハイチは，「ポストコロニアリズム」の動向中でも周辺化されている．しかし，ハイチ革命の指導者トゥーサン・ルーヴェルチュール（1739?-1803）の資料は重要な研究対象である．また，19世紀に独立を果たしたラテンアメリカ諸国は，帝国主義的近代植民地からの解放の枠組みには入らないため，ポストコロニアリズムの対象としてほとんど扱われない．だが，アルゼンチンの D. F. サルミエント（1811-88）の思想はじめ，対象は数多ある．

　さらに，台湾に関わる思想も，なかなか対象化されていない．1948年に，北緯38線を境として分断樹立された大韓民国と朝鮮民主主義人民共和国や北アイルランドとアイルランド共和国，イスラエルとパレスチナも同様である．台湾の陳昭瑛（1957- ）による研究成果，アイルランドのエイモン・デ・ヴァレラ（1882-1975）やパレスチナのガッサーン・カナファーニー（1936-72）の論説など，取り組むべきものは多い．

　加えて，ソ連の「衛星国家」であった，北はバルト三国から南はブルガリアまでの諸国や，J. チトー（1892-1980）の死後に解体したユーゴスラヴィア社会主義連邦共和国から主権国家として分離独立した諸国における「ポスト社会主義」思

想も重要である．ポーランドの「連帯」で中心的な活動を続け，欧州議会議長を務めたイェジ・ブゼク（1940- ）の論説，「プラハの春」（1968 年）で「ニチ語宣言」を起草した作家ルドヴィーク・ヴァツリーク（1926-2015）の作品など，重要なものが数多ある．

●**ポストコロニアリズムの課題**　ポストコロニアリズムは，これまで英米圏に重点が置かれてきた．この事実を確認したうえで，社会思想史において意義あるものに成熟させるという課題を果たす必要がある．

英語圏で最も早くポストコロニアリズムを主題に置いた R. ヤングの『白い神話学』（1991）は，E. サイード（1935-2003）の『オリエンタリズム』（1978），G. スピヴァク（1942- ）の『サバルタンは語ることができるか』（1988），H. バーバ（1949- ）の『文化の場所』（1994）などの西洋中心主義批判に比肩される好例とされた．だが，社会思想史研究においては反応は鈍かった．なぜなら，ヤングの著作で扱われている諸思想が，社会思想史研究からすると十分対象化されていない，ととらえられたからである．ポストコロニアリズムの文脈で思想をとらえる際，精緻に対象化が行われているか，まず検討する必要がある．

そのうえで現状を顧みれば，『聖クルアーン』と『ハディース』を軸とする原点回帰主義的ないわゆる「イスラーム過激派」（サラフィーフ）に参入し，この間ヨーロッパ各地で「テロリズム」を起こしている，旧植民地出身の移民（の子孫）たちのジハード主義運動もまた，ポストコロニアリズムの一部をなすはずである．その運動の源流となった，例えばムスリム同胞団の思想は，創設者ハサン・バンナー（1906-49）の論考に端的に表現されている．

こうした姿勢は，シリアやリビアからの難民・移民に関しても同様である．故郷を捨てて異地へと向かう彼らの民衆思想も，彼らを受け容れようとする（または排除しようとする）欧州市民たちの思想動向も，いまだ対象化されてはいない．だが，市民権の思想史や民衆思想史にそれらは位置づけられ，社会思想史の対象として扱われて然るべきである．

ポストコロニアリズムを単なる流行用語のように濫用せず，学派・方法論・関心の違いを超えた普遍的かつグローバルな次元での真剣な研究が，社会思想史においても今後求められることだろう．

最後に特筆しておきたいのは，N. マンデラ（1918-2013）をはじめとする，かつての「第三世界」思想，既存社会主義体制崩壊後の諸思想，そしてイスラーム思想の研究である．日本の社会思想史研究には欧米偏重傾向があり，第三世界に関しては不十分な状況にある．特にアフリカに関しては，ごくわずかな成果があるのみである．それと同様に，イスラーム思想史研究は，ほとんど扱われていない．かかる限界を乗り越えて，社会思想史研究がさらなる広がりを獲得することが，大いに期待される．

［崎山政毅］

ヘゲモニー論

[伊]egemonia　[英]hegemony

　ヘゲモニー概念は A. グラムシ（1891-1937）の名前と同義であるかのように，しばしば両者はセットで論じられる．だが，グラムシ以前の用語法が彼の用語法を少なからず規定していることを確認しなければ，彼の独創性を判断することも難しいだろう．古典ギリシア語では，軍事的指導者を意味するἡγεμώνはホメロス『イーリアス』（2.365）にみられ，直接の語源であるἡγεμονίαは，ヘロドトス『歴史』（2.93）において，魚群の「先導」役が雄から雌へ変わるという話の中で登場する．その後この言葉は，ギリシア諸都市に対する主要都市の優位を表現し，あるいは同格者間の主導権を意味した．この語が近代的政治概念として登場したのは，19世紀に入り以下の三つの文脈において用いられてからであった．

●**三つの用語法**　第一の用法は国際関係用語としてであり，ある国家や都市が他の諸国家や諸都市に対する優位性を示した．19世紀後半の新聞にもみられるこの用法の洗練された表現は，B. クローチェ（1866-1952）の『十九世紀ヨーロッパ史』（1932）にみられる．彼によれば，リソルジメント（イタリア統一運動）に際して，C. カヴールら穏健派は，イタリア諸地域に対してサルデーニャ王国を優位に立たせるとともに，国際政治の舞台でうまく立ち回ることによって，当初は意図されていなかったイタリア統一を成し遂げた．これが穏健派のヘゲモニーと表現される．第二の用法は，言語的統一と，それがもたらす共通の道徳観念の下での国民統合を定義とする．この用語法は，リソルジメント穏健派の哲学者・政治家 V. ジョベルティ（1801-52）が『イタリアの市民的革新について』（1851）において展開した．ここには，暴力的強制力と自発的同意を対置したうえで，前者よりも後者，すなわちヘゲモニーによって統治が成り立つとするイタリアに特徴的な政治観念が表現されている．当時のイタリア国王やカヴールが標準イタリア語でのスピーチが満足にできなかったといわれる中で，言語統一が国民的心性の統一をもたらすことを強調したこの用語法は，複数の言語と制度が入り組んだ当時のイタリアの社会的・文化的状況を反映している．第三の用法は，諸階級に対するプロレタリアートの優位を説いたボリシェヴィキのものであった．例えばV. I. レーニン（1870-1924）は，ボリシェヴィキこそがブルジョアジーに対するプロレタリアートのヘゲモニーを実現できると論じた．

●**グラムシの用語法**　1926年に逮捕される以前のグラムシによるヘゲモニーの用語法は，上記した三つの用法の範囲内にあるといえる．とりわけ，ソ連から帰国した1924年以降，諸階級に対するプロレタリアートの優位という第三の用法によるヘゲモニーの用法が顕著になっていく（グラムシ　1926-35a：6）．

この用法がグラムシ独自のものへと変化するのは,『獄中ノート』(1929-35) においてである. 彼によるヘゲモニーの最も根本的な定義は, 従属的な諸社会集団が支配的な社会集団に与える「「自発的」同意」の創出である. 現代国家は, 軍隊や警察といった強制力よりも, 知識人を媒介として, 市民社会において形成される大衆の同意によってより良く統治の基盤を得る (グラムシ 1926-35：54-55). 強制と同意を対置させヘゲモニーを後者の問題圏に位置づける仕方は, ジョベルティに代表される用語法にもみられたが, ここには, 大衆が既存の統治に同意を与えるという機制を創出することが安定した統治の要諦となるという, グラムシの現代国家理解が反映されている. 彼によれば, ヘゲモニー的システムの中では支配的集団と従属的大衆の間に社会的流動性 (彼の言葉では「民主主義」) が存在する (グラムシ 1929-35a：101). こうした「民主主義」がこれら二つの基本的社会集団の間に存在せず, 統治にあたる支配的集団が大衆の自発的同意をもはや創出できなくなるとき,「ヘゲモニーの危機」を迎えるのである (グラムシ 1929-35b：174-175). このように, グラムシのヘゲモニー論は支配するものと支配されるものの社会関係の分析的表現となっている点が前述の三つの用法と異なる.

　なお, 指導階級の握る既存のヘゲモニーに対して「対抗ヘゲモニー」を対置するという発想は, グラムシのものではないことに注意が必要であろう. 議会が大衆と指導階級の出会う場とならず, むしろ第一次世界大戦後の社会混乱に拍車をかけたことに対して, 自身も下院議員であったグラムシは不信感をもっていた. 機能不全の議会に代わるものは, 人民的意志を体現する政党たる「現代の君主」とされた (グラムシ 1929-35b：74-79). しかし「現代の君主」においては, 上述した同意としてのヘゲモニーの基礎にある, 支配的集団と大衆という基本的社会集団の区分をもたず, いわば万人が統治に直接参加するだろう. 現在のヘゲモニー状況の分析をふまえて, 支配的集団と大衆の関係をどのように新しく創出するかという課題に対して, グラムシは思われているほど明確に回答していないのではないだろうか.

●**国際関係論とポスト・マルクス主義**　ヘゲモニーの語が人文社会科学の諸領域によって採用されるようになるのは, グラムシの死後に残された『獄中ノート』が出版され人びとに知られるようになってからである. 国際関係論では, 国家間の権力関係だけでなく, 支配的イデオロギーによって調達された同意を分析する批判理論の鍵概念となった. ポスト・マルクス主義を代表する E. ラクラウ (1935-2014) と C. ムフ (1943-) におけるヘゲモニー概念は, グラムシも含むマルクス主義が免れなかった階級本質主義を前提とせず, 多様で相互に異質な諸個人や諸社会実践が節合され, 事後的に自己の属する集団を解釈し, 新しい集合的アイデンティティを構築するため表現としてとらえ直された (ラクラウ／ムフ 2001：361-372).　　　　　　　　　　　　　　　　　　　　　　[千野貴裕]

ポスト世俗社会
[英]post-secular society

　ポスト世俗社会は，現代社会の世俗化という一般認識とは異なり，宗教が持続ないし復興した社会状況，さらにはこの状況に適合する社会と政治のあり方を指し示す概念である．この概念は，フランクフルト学派の哲学者 J. ハーバーマス（1929- ）によって広められ，現在では社会学，政治理論，宗教学，文学研究などで用いられている．さまざまな分野で使用されることで，この概念は幅広い意味を帯びるようになった．社会理論の観点から問題となるのは，この概念が，果たして世俗化した社会が宗教と共存する方向に変容するという事態を指すのか，それとも社会が一般の理解とは異なり，実際には世俗化しておらず，ポスト世俗社会の「ポスト」が宗教に対する意識の変化を意味するのか，という点である．また意識の変化は，社会全体の傾向を指すのか，それとも宗教に改めて着目し始めた社会科学の学問上の動向を指すのか，という点も問われる．政治理論の観点からは，ポスト世俗社会においても政治的世俗主義の原理が維持されるのか，それともポスト世俗主義の政治原理が採用されるのか，という点が大きな争点となる．さらには，「ポスト世俗社会」の概念が前提とする〈宗教／世俗〉の二分法そのものが問題をはらんでいるという指摘もある．

●**背景**　ポスト世俗社会論が登場する背景として，(1)「宗教の復興」論と，(2) 世俗化論の再検討がある．「宗教の復興」論は，宗教的差異が紛争の重要な要素となった 90 年代半ばの旧ユーゴの事例，イスラーム原理主義の台頭，中絶問題や同性愛者をめぐるアメリカにおけるキリスト教右派の政治的影響力，ヨーロッパにおけるムスリムの増加とそれに関連するスカーフ問題や強制結婚問題，中近東のイスラーム圏での政治動向，インド，トルコ，アラブ諸国における世俗主義をめぐる論争や対立などの現象を根拠として登場した．宗教の復興は，宗教問題をすでに解決済みとみなしてきた従来の見方に再考を迫ることになった．

　こうした状況は，一般に受容された世俗化論の再検討につながる．M. ヴェーバーの「脱魔術化」のテーゼが示すように，近代化の進展が社会の世俗化をもたらし，宗教の社会的および政治的な影響力ないし意義は失われる運命にある，というのが，社会科学の主流となる見解であった．世俗化論を再検討する J. カサノヴァ（1951- ）の議論は，この見解を修正する．これまで世俗化は，近代の不可避で本質的な条件とみなされてきた．これに対してカサノヴァは，世俗化論を分類し，種々の社会領域が宗教から差異化して自律性を獲得するという分化説，宗教が社会的影響力を失うという衰退説，宗教が個人の信仰問題に縮減されるという私事化説の三つに分ける．カサノヴァによれば，キリスト教が社会や政治の問題に関

与する「公共宗教（public religion）」としての役割をいまだ担っている点で，衰退説と私事化説は誤っており，正しいのは分化説だけである（カサノヴァ 1994）．

かくして，政治と宗教の関係についての再考が必要となる．近代の政治理論は，宗教改革に端を発する宥和不可能な宗教的対立に対する政治的解決策として登場した．解決の要は，宗教を政治から放逐して私的事柄として位置づけて，政治と宗教の相互不介入を制度的に確保し，なおかつ信教の自由を保障する点にあった．だが，宗教の復興と世俗化論の見直しは，「宗教と政治」という難問に対する有効かつ最終的な処方箋であるとみなされてきた政治的世俗主義の再検討という課題をもたらした．

●ハーバーマスのポスト世俗社会論　この理論は，論文「公共圏における宗教」（ハーバーマス 2005）を中心に展開されており，宗教の復興や世俗化論の見直しを背景として，政治の対応を扱う政治理論と市民の態度を扱う社会理論の二つの柱から構成される．政治理論に関するハーバーマスの主たる目的は，近代の成果としての政治的世俗主義の原理を維持しながらも，政治的公共圏における宗教の役割を積極的に認めるような理論的枠組みの構想にある．政治的世俗主義の核心は，一般に受容可能な理由を正統化の基盤とする点にあるとされる．よって宗教的理由に依拠する政治的決定は，正統性をもたないことになる．しかしながらこのことは，宗教的信条にしたがって生きる市民に対して本来の宗教的理由を断念させて，非宗教的理由の提示を要求すること，ひいては他の市民にはない格別の負担を課すことを意味する．この市民間の非対称的関係を解消して公共圏の多声性を確保し，なおかつ政治的世俗主義の原理を堅持するための構想が「制度的翻訳の付帯条件」論である．この構想の眼目は，公共圏を非公式の公的領域と公式の政治的領域に分けて，前者の段階で宗教的言語を世俗的言語に翻訳して，これを後者の段階で提示する点にある．この翻訳作業は，宗教的市民とともに世俗的市民も協力して取り組む課題である．このようにハーバーマスは，翻訳の過程を導入することで，政治的世俗主義の保持と宗教的市民の負担の軽減の双方を可能にできると考えるのである．

ハーバーマスの制度的翻訳論は，市民のあり方を考察する社会理論に向かうことになる．宗教的市民と世俗的市民の双方が一定の前提条件を満たすことなしには，翻訳の制度構想は機能しない．この条件は，宗教的な市民に関して，(a) 宗教的多元主義，(b) 近代科学，(c) 政治と法における世俗的理由の優位といった三つの点を受け容れることを意味する．世俗的市民が満たすべき条件は，(a) 宗教を科学の批判によって潰え去るべき前近代の遺物とみる世俗主義的態度をやめて，(b) 今後も宗教が存続し，なおかつ (c) 世俗的言語に翻訳可能な意味内容を宗教がもち，それによって宗教が公的領域での議論に貢献する可能性を受け容れることを意味する．この前提条件を満たす社会がポスト世俗社会であり，そこに

おいて翻訳の共同作業も可能となる，とハーバーマスは考える．
　上の議論は，「ポスト形而上学的な思考」としてハーバーマスが特徴づける哲学観に基礎をもつ．この思考は，宗教に対する両義的な態度を特徴とする．つまり宗教の真理に関して不可知論の立場をとるので，信仰と知を厳格に区別して，経験的世界を超越する宗教にアプリオリに確実な知を認めないが，宗教が関わる非日常的なものには関与しないので，宗教の代わりにはなりえない．したがってポスト形而上学的思考としての哲学は，宗教との共存を受け容れ，それゆえ宗教に存立の余地を認めない科学主義や自然主義の立場とは峻別される．こうした思考からみて宗教は，社会的連帯や正義への動機づけを与える「意味のポテンシャル」の源泉でもある．このポテンシャルは，宗教的言語から世俗的言語への翻訳のプロセスを通じて，広く社会において効力を発揮することになる．

●**ロールズとの比較**　ハーバーマスの制度的翻訳論の特徴は，J. ロールズ（1921-2002）の付帯条件論（ロールズ 1999）との共通点と相違点から明らかになる．ロールズの付帯条件論は，公共的理性に依拠する根拠をのちに提示するという条件のもとで，宗教の包括的教説に基づく発言を政治的討議の場で行うことを許すというものである．このようにハーバーマスとロールズは，政治的世俗主義の原理の制約内で宗教的な言説の余地を認める点で，共通の動機づけをもつ．しかし，両者の間には相違点もある．ハーバーマスの理解によれば，ロールズの付帯条件論では，宗教的根拠とともに非宗教的な根拠を提示するという要請を，宗教的市民自身が遂行するのに対して，ハーバーマスの場合，宗教的市民と世俗的市民との共同の翻訳作業がこの提示を行うことで，宗教的市民のみが担う負担が軽減される（ただしロールズは，だれが付帯条件を満たすのかについては明言していない）．しかしハーバーマスの場合，宗教的言語は，政治システムに入る前の段階で世俗的言語に翻訳されていなければならず，例えば宗教的な言説が議会で表明されることは許されない．これに対してロールズは，付帯条件が満たされるかぎり，政治的討議の場において宗教的言語による議論を許容する．この点に関して，ハーバーマスは，ロールズよりも宗教的市民の討議の場を制約しており，それゆえ政治的世俗主義の適用をより厳しく要求するものといえる．

●**批判**　ハーバーマスのポスト世俗社会論に対する批判は，構想の具体的な内容に関するものに限定するならば，(a) 翻訳，(b) 市民間の対称性，(c) 討議における戦略性，(d) 社会的文脈，(e) 宗教の特別扱いの5点に関わる．(a) に関して，世俗的言説への宗教的言説の翻訳が可能であるのか，という問いが提起される．ハーバーマスのいう翻訳においては，規範的根拠の宗教的意味（例えば神の啓示，戒律，教義）の同一性は維持されないであろう．(b) については，ポスト形而上学的な思考様式の要請が，不可知論を採用しえない宗教的市民には適用されないが，世俗的市民には適用されて，宗教の否定や拒絶も含む自分自身の認識

上の自由を制限されるという非対称性の問題が指摘される．(c) は，宗教的言語を避けて世俗的言語を用いる戦略的意図が，宗教的な市民によって追求された場合，合意が規範的安定性を欠いた妥協や暫定協定になってしまう問題に関わる．(d) は，社会に宗教的な多元主義が存在するのか，あるいは単一の宗教ないし教派が多数派を占めるのかという社会的文脈が，ハーバーマスの制度的翻訳論の成否を左右する，という問題を指す．(e) は，翻訳の付帯条件は宗教的言説に適用されるが，ロールズならば同様に付帯条件が課されるはずの哲学や道徳の「包括的教説」には適用されないという問題，つまり宗教の特別扱いの妥当性の問題に関わる．

●**課題** ポスト世俗社会論が依拠する前提をめぐる批判と課題が提起されている．その課題は，(a) ポスト世俗社会の現実性，(b) 宗教／世俗の二分法，(c) 政治的世俗主義の再検討の三つに大別される．(a) は，宗教との共存を受け容れる社会というポスト世俗社会の観念が，社会的実態を指す経験的概念として妥当であるかという問いに関わる．果たして宗教が復興したのか，あるいはこれまで意識しなかった宗教を意識するようになったのか，また意識の変化は社会全体の傾向を指すのか，それとも社会科学の学問上の動向を指すのか，という問いが提起されている．(b) は，ハーバーマスが暗黙の前提として依拠する宗教／世俗の二分法をめぐる問いに関わる．世俗と宗教の概念の無反省な使用に対して T. アサドが警告するように（アサド 2003），宗教と世俗の境界線は自明でない．一般に使用される宗教概念は，キリスト教を主要な宗教としてきた西洋の経験に根ざす特有の概念でないのか，という問題も提起されている．万人に理解可能な言語という点で非宗教的な言説を宗教的言説よりも優れているとする見方は，「啓蒙主義の神話」に囚われた思考であると，Ch. テイラーは主張する（テイラー 2011）．

(c) は，西洋内外の多様性の観点から政治的世俗主義を見直すという課題に関わり，「複数の世俗主義」というテーマとして論じられつつある．例えば，すでに西洋内部において，国教会の有無の違いが示すように，世俗主義の制度には多様性が存在することが指摘されている．また，宗教改革に起因する宗教戦争の克服という西洋固有の歴史的背景から生まれた政治的世俗主義を絶対視することは「物神化」であると，テイラーは指摘する（テイラー 2011）．世俗主義の多様性の観点は，世俗主義が植民地主義や帝国主義とともに到来するというイスラーム的近代の経験やイギリスの植民地主義とともに国民国家，世俗主義，西洋的な宗教のカテゴリーが導入されたインドの経験（木部 2013），インド固有の世俗主義や土着的世俗主義の論争（木部 2014），近代日本における宗教概念の導入と国家神道の形成をめぐる議論（磯前 2003）といった幅広い問題に結びついた重要な課題となりつつある． ［木部尚志］

世界システム論
[英]theory of world system

　世界システム論は，1960年代以降に登場した世界史に関する新しい見方である．主唱者としては，A. G. フランク，I. M. ウォーラーステイン，S. アミン，G. アリギなどがあげられることが多い．この4人は，共著で1982年に *Dynamics of Global Crisis*（Monthly Review Press），1990年に *Transforming the Revolution: Social Movements and the World-system*（Monthly Review Press）を出版したことで，揶揄的に「危機の4人組」と呼ばれているが，4人の世界認識は異なっているし，各個人の関心も多岐にわたり，それぞれが内的な理論的統一性を備えているわけではない．ここでは，網羅的な紹介ではなく，帝国主義認識・南北問題認識の観点から重要だと思われる論点についてのみ紹介する．

●**近代世界認識の問題点**　近代世界は，複数の国家が形成され，国際法という規範のもとに併存している．国際法では諸国家は対等であるという建前であるが，現実には政治的・経済的なヒエラルキー構造が存在し，強国による支配と弱国の従属とが厳然として存在している．ヒエラルキーの上部に位置する国家が政治的・経済的にも進んでいるというだけでなく，文化的・道徳的にも進んでいる「先進国」であり，ヒエラルキーの下部に位置する「後進地域」は上部の社会から学ぶべきだという考えは，いわば「国際常識」となっている．啓蒙思想における文明・野蛮・未開という序列はこのような常識のプロトタイプである．

　経済的発展の度合いが政治的・文化的な特徴を決定するという見方は，アメリカの政治問題担当国務次官のW. W. ロストウの『経済成長の諸段階』(1960)に端的に現れている．ロストウ的な歴史観は，ヒエラルキー構造の底辺の諸社会の貧困と人権抑圧の現状はその社会の経済発展の未熟さ（＝後進性）であり，上部に位置する諸国家・諸民族の繁栄と民主主義は経済発展の成果（＝先進性）であるというものであった．南北問題は「後進地域」への「先進国」の援助によって解決されるという論理が，「先進国」の介入を正当化していた．ロストウの社会発展観は，実はK. マルクスの『経済学批判』(1859)の社会発展図式を改作したものであった．

●**フランクの「低発展（低開発）の開発」論**　V. I. レーニン『帝国主義論』(1917)は，帝国主義的世界システムにおける従属地域・植民地の状況は資本主義的発展国による経済発展と表裏一体の関係にあることを見抜いたが，そのような関係が成立するのは「先進国」の経済発展が独占段階に達して以降であるという限定を伴っていた．

　フランクは『世界資本主義と低開発』(1976)において，南北問題を「中枢」と「衛星」の関係ととらえ直し，北の「発展」と南の「低発展（低開発）」とはコイ

ンの両面のようなものであると規定した．フランクでは，「衛星」（＝南）における「低発展」の状況は，世界資本主義の発展によって「開発」されたものであり，それは南北両地域の資本主義的発展の帰結であるとされる．レーニンの帝国主義論の資本主義史全般への拡張である．ここでは「低発展」状態は，「後進性」を表すものではなく，「周辺性」を表すものである．

●アミンによる「周辺資本主義構成体」論　フランクの含意を自覚的に体系化しようとしたのがアミンであった．彼は，南北関係の全歴史を「世界的規模の蓄積」の過程における「中心」-「周辺」関係としてとらえる．特に周辺部の社会構成体を「周辺資本主義構成体」と規定し，周辺部では「中心」と結びついた資本主義的生産様式と変形された「前資本主義的生産様式」とが接合されることなく（脱臼状態で）併存していて，求心的な国民経済の建設を妨げている．これが「低発展」状況として現れていると考えた．

異なった生産様式を内部に含む社会構成体という発想は，ロシア社会における多ウクラート併存という晩年のレーニンの認識を継承したものであるが，これを近代資本主義体制における周辺社会認識に拡張したものが，アミンの周辺資本主義構成体論である．彼の世界資本主義論は，南北の両極分解が固定され，覇権交替の動態の把握に難があったが，社会構成体というレベルに視野を広げることで，世界各地域の諸問題の体型的分析を可能にした．

●ウォーラーステインの「インターステイトシステム」論　ウォーラーステインの「近代世界システム」論は，近代世界における諸民族・諸国家・諸地域のヒエラルキー構造を，「中核-半周辺-周辺」の三層構造としてとらえた．このような把握により，個別の国家・地域の各層間移動，中核における覇権の交替を無理なく説明することが可能になった．

彼の近代世界認識で特徴的なのは国家の役割の重要さである．「インターステイト・システム（国家間システム）」という概念を用いることで，国家の内外の多様なあり方を歴史過程に即して分析することが可能になり，経済・政治・文化が相互依存的であるとともに，それぞれの領域が固有の動きをみせることを解明できた．また，カール・ポランニーの「二重運動」論にヒントを得たと思われる「反システム運動」という概念によって，社会諸勢力間の対抗の複雑な動態の理解が可能になり，経済決定論的な歴史把握を脱することができた．

「4人組」時代の世界システム論は，資本主義の一挙的な崩壊とか，南の北からのデリンキング（切り離し）という点で共通の展望をもっていたが，この展望は21世紀に入ると保持し得なくなった．最晩年のフランクとアリギは，アメリカの覇権の衰退を，世界システムそのものの危機だと誤解することで世界システム論から離れていった．アミンとウォーラーステインには，資本主義世界システムの強靭さをどう理解するかが問われている．　　　　　　　　　　　　　　　　［太田仁樹］

ロールズ
John Bordley Rawls

　20世紀アメリカの社会哲学者．1921年生まれ．43年プリンストン大学を卒業して陸軍へ入隊．ニューギニア，フィリピンと転戦し，占領軍の一員として山口県に進駐した後に除隊（45年）．原爆の攻撃により焦土と化した広島を帰国途上の車窓より目撃する．プリンストン大学院に進み，50年に博士号取得．62年ハーバード大学哲学教授．71年に『正義論』を上梓．91年同大名誉教授．93年『政治的リベラリズム』，99年『万民の法』公刊．2002年病没．

●**学部卒業論文と戦争体験**　卒論「罪と信仰の意味に関する考究」は，「自然主義」（欲求の主体たる人と欲求の対象との「自然本性的な」関係だけで，世界は一元的に織りなされるとする世界観）が埒外に置いてきた「交わりと人格性（community and personality）」という概念を重要視して，「罪」を「交わりの拒絶」，「信仰」を「交わりへの統合」として定義し直そうとするものだった．ところが戦場で痛苦な体験を積み重ね，ホロコーストから強い衝撃を受けたジョン・ロールズは正統派の信仰から離脱し，復員後に神学校へ進む計画を断念する．

●**功利主義の批判と社会契約論の再評価へ**　神学から倫理学へと転じたロールズは，19世紀以降の英語圏の社会思想を支配してきた功利主義の欠陥（「効用最大化」という個人の合理的な選択原理をそのまま社会に拡大適用しようとする論法）に気づかされ，J. ベンサム（1748-1832）が難じた自然権理論や社会契約論（J. ロック［1632-1704］，J.-J. ルソー［1712-78］，I. カント［1724-1804］と続く思想水脈）の再評価へと向かい，〈公正としての正義〉という社会正義の対抗構想を提起するに至る．

　自由かつ平等な契約当事者が一堂に集う「原初状態」――伝統的な社会契約論での「自然状態」を再構成した理論装置であり，そこでは自然権の保護ではなく自由や所得や自尊といった「社会的基本財」の分配が論議される――において全員一致で採択される「正義の二原理」が，この〈公正としての正義〉の実質を成す．すなわち，自分がどのような境遇にあるかに関する情報を遮断された（＝「無知のヴェール」をかけられた）当事者が，各自の暮らし向きの改善を冷静かつ合理的に追求すると想定したならば，全員が「基本的な権利および自由」を平等に分かち合うべきだとする第一原理と，社会的・経済的不平等を，(1)公正な機会均等および，(2)最も不遇な人びとの便益の最大化（「格差原理」）という二条件を満たすよう是正する第二原理とが選ばれる．

●**『正義論』の社会思想**　公民権運動，ベトナム反戦運動，学生叛乱に揺れる1960年代のアメリカ社会に向き合いながら，功利主義に取って代わるべき〈公正

としての正義〉を打ち出したロールズの営為を集大成したのが,『正義論』である.本書は「正義の二原理」の理論的導出を図る第一部,この原理を法・経済・政治の諸制度へと適用する第二部,社会の正義と人生の幸福とが合致する理路を示す第三部からなる.「正義の二原理」は,他の選択候補である功利主義,直観主義,卓越主義に内在する以下の弱点を免れている.すなわち,①功利主義には幸福の分配原理が欠落しており,②直観主義は論証抜きで自明とされる原理相互の優先順序を決定できない,③徳の達成度や学問・芸術の偉業への貢献度でもって幸福の多寡が決まるとする卓越主義は,幸福観の多様性を見落としている.

社会を「ましな暮らし向きの対等な分かち合いを目指す,協働の冒険的企て」(ロールズ 1971：第1節)と定義するロールズは,最終章の第79節では「自由な諸制度によって引き出された互いの卓越や個性を成員たちが享受しあう,人間共同体」(社会的な結合態 social union)という理想的な社会像を描き出すのである.

●**主著刊行後の論争とその後の展開** 『正義論』刊行によって活況を呈するようになった現代英語圏の社会正義論は,以下の六つの潮流に大別できるだろう——(1) P. シンガーら「ポスト・ロールズ派功利主義」,(2)ロールズや R. ドゥオーキンらの「福祉を志向するリベラリズム」,(3) R. ノージックに代表される「リバタリアニズム」,(4)共同体や伝統を重視する「コミュニタリアニズム」(M. サンデルや A. マッキンタイアほか),(5)男性中心主義の偏りを正し,依存やケアの価値を見直そうとする「フェミニズム」(E.F. キテイら),(6)「ケイパビリティ」という評価基準にのっとって人びとの暮しよさの増進を図る A. センら.

ロールズ自身は各陣営への応答を通じて,〈公正としての正義〉のゲーム理論的な正当化ではなく,この構想が現代の「穏当な価値多元状態の事実」および近代の民主主義的文化の基底をなす「重なり合う合意」や「公共的理由」によって支えられるとする論弁へと力点を移していった.これが『政治的リベラリズム』の根幹をなしている.

生前,政治的な発言をほとんど公にしなかった彼だが,スミソニアン博物館の原爆展示をめぐる論争の渦中にあって,広島への原爆投下が「正しい戦争のルール」にもとるものだったと裁断した(1995年).

最晩年のロールズは,『正義論』が棚上げしていた国際社会の「正義」と取り組んでいる.「国際法および国際慣行の原理や規範に適用される,正しさと正義の政治的構想」を展開した『万民の法』がその結実である.同書では(1)万民(=諸々の民衆)の自由と独立,(2)条約や協定の遵守,(3)万民の平等,(4)不介入の義務,(5)自衛権,(6)人権の尊重,(7)戦争遂行に課せられた制限事項の厳守,(8)不遇な条件下で暮らす他国民を援助する義務,といった原理が提示され,さらに正義の戦争の条件および国際的な分配のあり方,無法国家への対策なども論じられている.

[川本隆史]

リベラリズムの現在
［英］contemporary liberalism

　リベラリズムは多義的で論争的な概念である．現代において一般的にそれは，保守主義や原理主義との，さらには新自由主義やポピュリズムとの対比において，自由，平等，進歩，寛容といった価値を重んじると同時に，経済運営や社会保障における政府の役割を積極的に支持する立場として理解されている．

●ロールズ『正義論』とリベラリズム　学術的な文脈では，J. ロールズ（1921-2002）以降の正義論がリベラリズムを代表している．ところが，実はロールズ自身は『正義論』でリベラリズムという語をほとんど使っておらず，正義についての自らの立場をリベラルなものと称してもいない．むしろそれを古典的リベラリズムと区別して，「デモクラティックな平等」と呼んでいるのである．では，彼の立場がリベラリズムを代表するとみなされるようになったのはなぜか．

　それは彼の解釈者や批判者が彼の理論をリベラル・デモクラシーの哲学的正当化とみなしたからである．戦間期に目立つようになったリベラル・デモクラシーという観念は，冷戦期のアメリカで西洋文明自体を支える原理として擁護された．その中身は，J. ロック（1632-1704）にまで遡る自由，寛容，立憲主義といった古典的な要素と，世紀の前半の「ニュー・リベラリズム」が確立した再分配を行う福祉国家という（ヨーロッパの社会民主主義に近い）要素であった．

　『正義論』でロールズが示した正義の二原理は概ねこれら二つの要素に対応するとみなすことができた．第一原理は個人の基本的自由の不可侵性を，第二原理のうち公正な機会均等原理は機会の平等の原則を定め，さらに格差原理は最も不遇な階層の境遇の改善を要求しているからである．

　第一原理の辞書的優先性と，功利主義ではなく契約論によるその導出には，古典的リベラリズムからの継承がみられる．しかしながら，第二原理が福祉国家の正当化であったかは疑問の余地がある．公正な機会均等原理はアファーマティヴ・アクションを正当化するというよりも，そのような政策がもはや不要なほど平等な社会を追求する．格差原理は所得の再分配よりも，最も不遇な人びとの人生の見通し全体の改善を要求する．ロールズが後になって強調したところでは，正義の二原理に合致する体制は「財産所有のデモクラシー」と「リベラルな社会主義」の二つであり，「福祉国家型資本主義」は批判の対象となる．全体としてロールズの正義論は，リベラリズムを前提としたうえで平等を可能なかぎり追求する「リベラルな平等主義」の試みであり，既存のリベラリズムを超えようとしていたというべきである．この試みは一方ではリバタリアンによる右からの批判を呼び，他方では社会主義者による左からの応答を引き出した．

●**政治的リベラリズム**　80年代以降ロールズは自らの立場をリベラリズムと呼ぶようになる．その際に強調されるのはリベラリズムにおける多元性の尊重という要素である．多様な生の構想が共存する現代社会において，正義の訴えは市民から安定した支持を得られるかという問題と，政府による強制力の行使は正統でありうるかという問題に関心を移したロールズは，特定の哲学的，道徳的，宗教的世界観に依拠する「包括的リベラリズム」として自らの理論を導出することを差し控える．包括的リベラリズムは異なった世界観をもつ市民すべてから支持を得られる見込みがないからである．かわりにロールズは，特定の世界観に頼らずに，リベラルな社会の公共的政治文化の中で市民に共有された観念だけから構成された，言い換えれば「公共的理由」によって正当化された「正義の政治的構想」ならば，多様な世界観の間の「重なり合うコンセンサス」の対象となり，安定性を得られるだろうという期待を表明する．これが「政治的リベラリズム」である．

　重要なのは，リベラルな（理にかなった）正義の政治的構想は複数存在しうるのであって，ロールズの「公正としての正義」はその一つでしかない点である．ロールズはリベラルな正義の政治的構想の条件として，基本的自由のリストを含むこと，それらの自由に優先権を与えること，それらの自由を活用するための手段（基本財）を全市民に保証すること，の三つをあげている．強制力の行使はこれらの条件に合致するとき正統性を有する．これらの条件と正義の二原理との違いに注目してもらいたい．リバタリアニズムは退けられるが，かなり幅のある多様なリベラリズムが正統性の要求基準を満たすことが考えられる．正義の基準としての二原理が放棄されたわけではないが，完全に正義にかなってはいないとしても正統性のある体制というものが認められる可能性はある．

●**ロールズ以後のリベラリズム**　80年代から90年代にはコミュニタリアニズムがリベラリズムの人間観や社会観を批判したが，その批判の影響は今日では目立たない．2000年以降のリベラリズムは，ロールズの残した，リベラルな平等主義と政治的リベラリズムという二つの課題に沿って展開されていると思われる．前者に関しては，平等に分配されるべきものは何かについての「何の平等か」論争の過程で，「運の平等主義」と「関係論的平等主義」の対立が先鋭化した．後者に関しては，包括的教説に依拠せずに正当化される「公共的理性のリベラリズム」の可能性をめぐる論争や，人間の善についての特定の教説に依拠する「完成主義的リベラリズム」の是非をめぐる論争が存在する．

　もちろん二つの課題は重なり合っており，それらに対するリベラリズムの解答の試みは多様である．例えば，完成主義に限らず，フェミニズムや功利主義といった特定の包括的世界観にしたがって強力な平等主義を説く方向性もあれば，政治的リベラリズムの立場からさまざまな世界観と両立可能な仕方で平等より自由を重視する古典的リベラリズムを正当化する方向性もある．　　　　［谷澤正嗣］

ハイエク
Friedrich August von Hayek

　フリードリヒ・ハイエク（1899-1992）は，学者の家庭の一人としてウィーンに生まれ，当初は穏健な社会主義であるフェビアン主義に傾倒していた時期もあったが，ウィーン大学にてオーストリア学派の薫陶を受け，特にその代表者の一人，ミーゼス（1881-1973）のセミナーに参加したことにより自由主義経済学者としての研究活動を本格化させた．経済理論はもとより，経済学方法論，法哲学，社会哲学，思想史，心理学，科学哲学に至る広範囲な分野に功績をあげ，1974年にいわゆるノーベル経済学賞を受賞するなど，現代自由主義思想の理論展開において指導的な役割を果たした．

●**ケインズとの論争と社会哲学への転換**　ハイエクのキャリアは，経済への通時的な貨幣の影響を重視する景気循環論とそれに基づく資本蓄積論への理論的貢献から始まった．1931年にロンドンのLSEに招聘されL. C. ロビンズ（1898-1984）をはじめとするイギリス経済学界にも影響を与えるとともに，何より，1929年に勃発した大恐慌への対策として政府による積極的な介入を主張するJ. M. ケインズ（1883-1946）との論争で名を馳せた．ケインズが擁護する裁量的なマクロ経済政策に対して，ハイエクはそうした介入政策こそがより経済状況を悪化させると主張したが，当時はケインズ理論が恐慌や失業に対して直接的な処方線を与えるとして支持され，ハイエクの立場は広範の支持を得るには至らなかった．一方で彼は1920年代から1930年代にかけて，計画経済の手法として市場経済が有効か否かという問題をめぐって争われた社会主義経済計算論争にミーゼスとともに参戦した．ハイエクは，社会主義において中央経済当局が価格メカニズムを用いることによって計画的な資源の効率的配分を達成できるとするオスカー・ランゲ（1904-65）ら市場社会主義者に対して，中央当局が数多くの経済情報や統計データを組み合わせ無数の連立方程式として解くことの不可能性を厳しく指摘した．こうした論争を通じて彼は社会哲学へと研究の軸足を移していく．

●**「分散した知識」の重要性**　その要点は単なる経済計算の不可能性だけではなく，方程式やモデルで扱う情報すべてを果たして明示的なデータとして数値化できるのかという批判にあった．仮に高性能のコンピュータを用いて経済モデルを解くこと自体は技術的に可能だとしても，明示化できる情報とはほんの一部分であり，そのほとんどは言語化できない断片的，個人的であって直接共有できない．一般にもマニュアルを知ったからといってそれだけで実行できる行為はほとんど存在せず，知識とはあくまで「特定の時間と場所における特定の状況についての知識」であり，一般的，明示的，普遍的なものではない．ハイエクの主張は，近

代以降の理性主義は，情報や知識とは基本的に明示化されたものであり，それらを何らかの手段で組み合わせれば理想的な社会状態を設計できるという信仰に陥っているが，それは誤りであるだけではなく，設計を行う中央当局による専制を招き，ファシズムと同様に必然的に自由を抑圧するというものであった．

●「意見の形成過程」としての競争　ハイエクはこうした不完全かつ「分散した知識」の重要性という観点から，社会主義や功利主義に基づく直接的な制度設計（「設計主義」），あるいはケインズ的な介入主義だけではなく，完全情報・知識を前提とした主流派経済学の一般均衡理論の理論的有効性をも否定する．それはむしろ市場社会主義に適合的なものとみなされた．そのうえで彼は「分散した知識」が価格機構を通じて有効に使用できる唯一の場である「意見の形成過程」としての市場競争の重要性という独自の立場を強調した．「設計主義」に対する批判は『法と立法と自由』第2巻（1976）において「社会正義の幻想」への批判として現れる．戦後主流となった福祉国家体制は，平等や再分配といった社会正義の理念を標榜して社会の組織化を行うが，それらは価値観がきわめて多様化した「大きな社会」では正当化が困難な恣意的かつ相互対立的なものであり，最終的に特殊利害の誘導のみを目的とする民主主義の堕落，あるいは政府権力の際限のない肥大化をもたらす．こうした民主主義と自由主義の対立への警鐘も彼の大きな業績の一つである．

●**自生的秩序**　それに代わってハイエクが主張するのが，個人の自発的な「行為の結果ではあるが，設計の結果ではない」意図せざる結果としての「自生的秩序」の重要性である．すなわち，個人が自分の利害関心のみに基づいて行動することにより分散した知識が最も効率的に使用できる自由な社会が表れる．しかし，同時にそれは自由放任の擁護ではまったくない．自生的秩序としての自由社会を成立させるためには，習慣や伝統といった形で長期的に継承されてきたルールが重要であり，それに基づく「法の支配」こそが単一の理性による恣意性を排除し，各個人が自由に行動するための指針を与える．またそうした一般的なルールには最低所得補償や年金制度などを含む福祉政策も含まれる．彼の批判対象は，あくまで社会全体を特定の方向に導く危険をもった福祉国家体制であり，福祉政策そのものでは必ずしもなかった．むしろ労働基準法や独占禁止法をも含む経済秩序の法的枠組みを構築するための努力は積極的にとらえられている点は重要である．

　ハイエク思想は1970年代のオイルショックに端を発した福祉国家体制の行き詰まりやケインズ主義の退潮に代わり台頭した，サッチャリズムやレーガノミクスに代表されるいわゆる「新自由主義」に対して知的基盤を提供したと考えられ，復権を果たした．しかし，そうした国家主導型の自由経済政策と，独裁を防ぐために国家の主権概念をも解消すべきだとするハイエク本来の立場には齟齬があることも確かであり，近年では，むしろ彼の知識論は，旧来の左派の立場にも受け入れられるような一般的な広がりをもちつつある．　　　　　　　　　　　［太子堂正称］

リバタリアニズム
libertarianism

　リバタリアニズムとは自由主義から派生した思想であり，精神的自由，経済的自由などを含めてあらゆる面での個人的自由を尊重する立場である．自由至上主義などと訳されることもあるが，そのままリバタリアニズムとされることが多い．リバタリアニズムがあえて古典的な自由主義の立場（リベラル）から袂を分かつのは，リベラルが字義どおりの自由の尊重から乖離したからであるという．ただしその主張はあらゆる問題に関して統一的とは限らず，論点によっては主張が分かれる場合もある．なお類似した思想概念として新自由主義（ネオリベラリズム）があるが，どちらの側からもあまり類似性を強調しない．あえて区別するとすれば，リバタリアニズムは主に担い手自ら立場を明示する際に用い，ネオリベラリズムは批判する側によって用いられるといえるかもしれない．

●**思想的源泉**　社会思想史的な系譜としては，ルードヴィヒ・フォン・ミーゼス（1881-1973）の思想がリバタリアニズムの主な源泉である．ミーゼスはオーストリア学派経済学の第三世代に属すが，戦間期にファシズムを逃れてジュネーヴの国際研究大学院で数年間教授職に就いた後，1940年にさらにアメリカへと亡命した．第二次世界大戦後には，ニューヨークを拠点として客員教授や私的ゼミナールを主催し，『ヒューマン・アクション』(1949) の執筆によって，経済学の基礎づけとなる自由主義の考え方を人間行為全般に適用する社会科学的方法論としてプラクシオロジー（行為の論理学）を唱え，人間行為一般の学を打ち立てた．この考え方から強く影響を受けたのがリバタリアニズムの代表的論者となった M. ロスバード（1926-95）であり，賛同者はジャーナリストやビジネスマンにも広がった（尾近・橋本編著 2003）．1950年にニューヨークに設立されたミーゼス研究所は，ミーゼスの考え方を体系的に普及させる組織的な基盤となった（このため新オーストリア学派とされる場合もある）が，新自由主義を推進するモンペルラン協会とともに，時代的文脈の中でそれぞれ自由を規範とする「べき」論を推進する制度的基盤としても機能した．なおリバタリアンの代表的論者として R. ノジック（1938-2002）もあげられるが，彼はむしろミーゼスの弟子のハイエクから影響を受けている．

　ミーゼスは第一次世界大戦後，ソ連成立後の混乱した状況下で市場を擁護し，オーストロ・マルクス主義や社会主義・共産主義などにおける計画経済を批判的に分析する論考や著作を刊行して，社会主義計算論争における自由主義擁護の中心的役割を担った．またその後ファシズムの脅威に対し，ハイエクらとともに反計画主義，反全体主義の立場を鮮明にした．これらはやがてリバタリアニズムと

して結実する思想の時代背景である．

　他方で，リバタリアン自身の主張によれば，思想的源泉にあるのは古典的そして本来的な意味での自由主義の思想，例えばジョン・ロックやアダム・スミスの思想である．継承されていることの一つは，すべての人には生まれながらにしておのずと権利（自然権）が備わっているとする基礎づけである．もう一つ，帰結主義とも呼ばれるもので，個人的自由を保証することが結局最大多数の最大幸福，つまり社会全体の幸福や福祉を最も十全に達成するという功利主義の原理を継承する場合もある．

●**思想的特質**　リバタリアニズムにとって最も重要なのは個人的自由であり，自己所有である．個人が自己所有するものとは自らの身体と，個人の資産・財産である．後者には，自らの労働や発見などによって得られた価値が含まれている．そして自己所有を保証する法制度は私的所有制であると考えるが，法制度を国家制度の下位の派生的制度とはせず，むしろ独立させてとらえている．

　身体の自由はあらゆる拘束や監禁と対立し，基本的人権や生存権にも通底するが，リバタリアニズムは，個人的自由の原則から論理的に導かれるものをすべて無条件に認めるわけではない．例えばそれが認められるのは，他人の個人的自由を侵害しないかぎりにおいてである．また個々の論点に関して主張は一枚岩でなく，リバタリアン内部で意見が異なるものもある．例えば身体の一部である臓器を売買したり，自らを奴隷として販売したりすることは，原則的には認められるが，無条件にこれらを肯定しない場合もある（森村 2001）．さらに，自ら生み出した価値を個人の所有物であるとする原則に基づき，資源にひそむ潜在的な価値の発掘や利用を促すが，著作権や特許権，商標などの無体財産権はつくった者以外が利用しても創造者の利用を妨げないとして，認めにくいと考える論者も存在する（同書）．

　リバタリアニズムが個人的自由を侵害するものとして対置する論敵は，主に国家権力や中央政府であり，計画経済やケインズ主義的「大きな政府」，その典型例としての福祉国家のヴィジョンは批判対象である．しかし国家の廃絶や自由放任主義を究極的な理念とするアナルコ・キャピタリズムから，国家は個人的自由を保護し推進するために最低限の役割を果たすべきとする立場まで，多様な立場が存在する．またリバタリアニズムは個人の集合体が社会をなすことを否定しておらず，必ずしもすべてを市場の働きにまかせて調整すると考えるわけではないという点で，市場原理主義とも一線を画している．とはいえ市場の透明性や競争原理の過程がもたらす公正さはリバタリアンの理念に合致する．中央銀行による通貨発行権の独占や，銀行が預金の準備率が100％でない状態は私的所有制度への障害であるとされ，障害を取り除いて経済的自由を達成することは個人的自由を達成するための重要な点であるとされている．

　　　　　　　　　　　　　　　　　　　　　　　　　　　　　［中山智香子］

平等主義
[英]egalitarianism

　平等主義は，何らかの平等に一定の道徳的重要性を見出す理念である．この，古くからある理念は，今日において一つの社会思想の潮流を形成している．しかしその歴史をたどると，同じ理念とは思えないほど，その内実には違いがある．例えば，アリストテレスは平等を徳のバランスがとれた人間同士の関係としてとらえ，それに則した比例的分配を正しい分配とした．「等しきものは等しく」とする有名な命題も，そうした比例関係に基づいて謳われたものである．ジョン・ロックの時代になると，自然法の制約の下で，平等な自由を自然権として市民にあまねく保障しなければならないとする考え方が基調となった．合理的人格を有する市民が，善き意志を有する存在として（手段化されることなく）等しく尊重されるべきだとするイマヌエル・カントの議論は，そうしたロックの議論をさらに一層，世俗的な人間的平等の理念へと導く役割を果たした（White 2012）．

●ロールズのリベラルな平等主義　今日において，平等主義の影響力を決定的なものにしたのはジョン・ロールズ（1921-2002）である．ロールズは『正義論』（1971）において，すべての人間は等しく尊重されるべき存在であるというリベラルな平等主義の理念を背景に，生まれつきの才能や社会的身分の異なるいかなる人間にとっても理に適ったものとして受容しうる正義とは何かを探求した．そのために，人びとは平等な契約当事者として，自分の生来の能力や社会的地位について知らない状況に置かれる．すべての人が理に適ったものとして受け入れる正義の原理は，その無知のヴェールの背後で，自らの根本的利益を合理的に追求する観点から選定される．それは，平等に自由を保障し，そのうえで職位や公職への公正な機会を人びとに開かれたものにし，最後に能力的にも社会階層的にも最も不遇な者に最大限の利益が行き渡る事態を（不平等ながらも）正しいとする諸原理からなる．

●運の平等主義　ロールズのリベラルな平等主義に基づく分配的正義の構想は，能力差や地位といった自然的・社会的偶然性を可能なかぎり除去すべきだとする運の平等主義の潮流を生むきっかけとなった．運の平等主義は，最も不遇な者に利益が優先的に配分される事態を目指すだけでは自然的偶然性の影響が不十分にしか緩和されないとして，その可能なかぎりの除去を正しい平等の目的であると考える立場である．運の平等主義においては，そうした偶然性を，いかなる熟慮ある行動によっても回避できなかったリスク，すなわち自然的運と名づけ，それが当事者にとって中立的なものになるような分配構想が支持される．もっともその具体的な内容は，自然的運を選択の問題に組み替える（仮想）保険のスキーム

にこだわる論者（ロナルド・ドゥオーキン）から，すべての人に対し一定の厚生や根本的利益へのアクセスを等しいものにする福利へのアクセスの平等を謳う論者（リチャード・アーネソンやG. A. コーエン）に至るまで，多種多様である．

●**運の平等主義批判**　運の平等主義は，ロールズのリベラルな平等主義に基づく正義の考え方を発展させたものであるが，その反面，自然的運の除去を正義の一義的目標としてしまうがために，本当に「平等」主義的構想といえるのかが根源的に問われることになった．なぜなら運を除去したとしても，不平等が同様に除去されるかは一概にはいえないからである．にもかかわらず運の平等主義者は，運を除去すれば一定の平等が結実するとの（論理的に間違った）信念を保持しているように思われる．実際，運の平等主義者は，福利が均一な状態を出発点として，そこからの乖離にこそ運が介在すると（暗黙裡に）考えているところがある．問題は，そもそもなぜそのような均一の状態を出発点としなければならないのか，である．つまり，運の平等主義は一定の均一の状態を前提にしているだけで，それを正当化する議論を一切展開していないのである．

●**平等主義の価値論的分析**　この運の平等主義への批判は，平等主義をめぐる価値論的考察の意義を浮かび上がらせるものとなっている．平等主義の価値論的分析とは，いかなる分配のあり方にいかなる価値を見出せるかについての検討を行うものである．具体的には，運の平等主義が主発点とする均一分配それ自体に価値があるのか，もしそれ自体には価値がないとしたら，いかなる分配のあり方に内在的価値が随伴するのか等を検討するのが，平等主義の価値論的分析の特徴である．例えば，均一分配それ自体に価値があるとみる場合，人びとの福利水準が非常に低くても同じ状態ならば，その観点からみて価値があることになる．となれば，盲目の人に合わせてすべての晴眼者の目をくり抜くことも，その観点からは善いことになってしまう．このような水準低下の問題を深刻に受け止めて，最近は均一分配に内在的価値を見出すのではなく，例えば，より不遇な人，あるいは，ある一定の福利水準以下に陥っている人に利益供与することにこそ内在的価値があるとする議論が提起されている．前者が優先主義，すなわち，より不遇な人に利益供与することにより大きな価値を見出す考え方であり，後者は充分主義，すなわち，一定の福利水準を上回る利益供与に高い価値を見出す考え方である．均一分配は，価値があるとしてもあくまで道具的価値を伴うにすぎないものとなり，水準低下が常によいとする反直観的な価値評価を回避しうる．

となれば，平等主義は優先主義か充分主義によって代弁される理念として扱われてもおかしくない．しかし，優先主義や充分主義にも価値論的にみて問題点があることがわかっており，内容的に平等主義にとって代わる理念としてみなしうるかは定かではない（広瀬 2016）．いずれにしても，論争の行方が今後注目される．

［井上　彰］

デモクラシー論の展開
[英]democratic theories in progress

　第二次世界大戦後における欧米や日本のデモクラシーは，「リベラル・デモクラシー（liberal democracy）」として類型化されることが多い．(1)市場経済を前提として，(2)憲法による権利保障のもとで，(3)議会に代表を送ろうとする複数の政党間で有権者の支持をめぐる競争が行われる，というモデルである．一般の有権者は，政策内容を評価しうるだけの関心や情報はもたないものの，どの候補者に票を投じるべきかについては判断することができる，というJ.シュンペーター（1883-1950）の議論がその背景にある（シュンペーター 1942）．このモデルは，有権者の多数意思を選挙によって特定する集計デモクラシー（aggregative democracy）として特徴づけられる．こうしたデモクラシーの理解に対して，1960年代末頃から，参加デモクラシー（participatory democracy）の考え方がC.ペイトマン（1940- ）らによって示された（ペイトマン 1970）．これは，労働者による自主管理や同時代に現れた新しい社会運動などとも連携しながら，市民が，選挙の際に限らず，日々の政治過程に能動的に参加すること，それを通じて自己統治をできるだけ実質化していくところにデモクラシーの価値をみる議論である．

●熟議デモクラシー／闘技デモクラシー　1980年代末頃から，熟議デモクラシー（deliberative democracy）と呼ばれるデモクラシー理解が活発に論じられるようになった．この議論の展開を主導したのはJ.ハーバーマス（1929- ）やJ.コーエン（1951- ）である（ハーバーマス 1992；Cohen 2009）．熟議デモクラシー論の主要な特徴は，民主的な意思形成を法や政策を正当化する理由の検討によって媒介されたものにすることにある．集計デモクラシーが市民の意思を所与のものとして扱うのに対して，熟議デモクラシーでは，公共的な議論を通じて，理由の交換・検討が行われ，それを通じて市民の意思（選好）そのものも変容することが期待される．意思決定を正統化する力は，意思それ自体というよりもそれが形成される手続きにある，とみられるのである．

　その後，熟議デモクラシーは理論的に洗練されるとともに，市民の実践や研究者の実験を通じて検証されるようになった．市民を代表する人びとが争点（主題）に関して十分な情報と少人数による対話の機会を得た場合に，どのように意思を形成するか．それをめぐる実践や実験は，「ミニ・パブリックス（mini-publics）」と総称されている．ランダム・サンプリングによって市民の代表を選ぶ「討論型世論調査（deliberative poll）」もその一つである（フィシュキン 2009）．

　熟議デモクラシー論が法や政策を正当化する理由の検討を重視するのに対し

て，抗争（アゴーン）の契機を重視するのが「闘技デモクラシー（agonistic democracy）」と呼ばれる立場である．闘技デモクラシー論は，熟議を通じた合意形成というよりも既存の合意に対する異議申し立てが排除や周辺化に抗うデモクラシーを可能にする，と考える．例えば，C. ムフ（1943- ）は，デモクラシーを活性化するためには，対抗軸を形成して市民の感情にはたらきかけ，それを民主的に動員することが不可欠であるとする（ムフ 1993）．抗争の契機を重視する闘技デモクラシーも，リベラル・デモクラシーの制度を肯定しており，それを根底から覆そうとするものではない．

●デモクラシーの正当化　参加・熟議・闘技デモクラシー論などが，「どのようなデモクラシーが望ましいのか」についての議論であったとすれば，それとは対照的に，そもそも意思形成-決定の手続きとして「なぜデモクラシーが望ましいのか」という議論が近年活性化してきている．その代表的な論者としては D. エストランドがあげられる（Estlund 2008）．この議論は，一方では優れた知的能力をもつとされる知者の支配（epistocracy），他方では民主的な意思形成に非合理的な歪みをもたらす愚者の排除に対して，デモクラシーそれ自体を正当化する探求に取り組んでいる．民主的な意思形成手続きのもつ非道具的価値（包摂・平等・自律など）に訴えてデモクラシーを擁護するのか，それが認知的にみてより「正しい（correct）」決定内容を導くという道具的価値に訴えてデモクラシーを擁護するのか，それとも双方を重視するのかをめぐって論争が続けられている．

●ポピュリズムと代表　現実の政治に眼を向ければ，今世紀に入る頃から，「ポピュリズム（populism）」と呼ばれる思潮が世界各地に現れている．これは，移民の排斥，雇用や福祉の回復，既得権益やエリート支配の打破などを訴えて，現状にいだかれる不満・憤懣を動員する政治である．それが権威主義体制へと移行するケースも東欧などで現れている．ポピュリズムをデモクラシーの一形態としてみるか，それとも反民主的な思潮とみなすべきかについては意見が分かれている．先にあげたムフらは，それを代表されてこなかった者の声を代表させる回路をつくり出すものとしてみるのに対して，Y.-W. ミュラーらは，「反多元性」をポピュリズムの本質的特徴としてとらえ，それを反民主的であるとして批判する（ミュラー 2016）．

　代表（representation）とは何かという問いをめぐる議論もまた近年活性化してきている．代表については，H. ピトキン（1897-1975）の『代表の概念』（1967）という古典的研究があるが，近年の議論は，選挙を通じた代表形態の多元性や選挙以外の代表形態にも注目している．代表の欠損は，ある国家や国際機関の決定がグローバルな影響をもつ国際社会においても指摘されており，一国単位のデモクラシーを越えて，国際的に影響を及ぼすような意思決定をどのように民主的にコントロールできるかについて議論が深められつつある．　　　　　　［齋藤純一］

戦後民主主義

[英]democratic discourses in postwar Japan

　戦後民主主義とは，広くは戦争後に実現，発展した民主主義一般を指すが，現代日本では，第二次世界大戦後の日本における民主主義を指すことが多い．近代国家において，戦争は戦場の兵士のみならず，銃後で戦争遂行を支える多くの国民を動員する．国のために貢献した人びとは政治的発言権を主張し，権利の拡大を要求することから，戦争はしばしば民主主義の発展につながった．近代日本も例外ではなく，戊辰戦争後の明治維新，西南戦争後の自由民権運動，日露戦争と第一次世界大戦後の大正デモクラシーなど，「日本の歴史上の民主主義は，すべて「戦後民主主義」であった」という歴史家の評さえある（三谷 2016：249）．

●戦後民主主義の出発　日本の戦後民主主義の一つの特質は，それが敗戦によってもたらされたということである．連合国の占領下において獲得された自由を，「配給された自由」（河上徹太郎）ではないかと疑う意見は戦後直後から存在した．民主主義についても同様である．果たして戦後民主主義は真に自らの力で獲得したものなのか，あるいは「与えられた」ものにすぎないのか．同様の議論が幾度となく繰り返されることになった．もちろん，戦後民主主義はゼロから出発したものではない．自由民権運動や大正デモクラシーなど，明治憲法下において達成された一定の民主化の実現を受けてのものである．何より敗戦による混乱の中，戦前の軍国主義が崩壊したことによって得られた自由と解放感こそが，戦後民主主義の出発点であった．その意味で，国民主権，基本的人権の尊重，平和主義を基本的原理とする日本国憲法は，国民の支持を広く得ていたといえる．

　しかしながら，時間の経過によって戦後民主主義のイメージは変質していく．1955年には保守合同により自由民主党が成立，野党第一党の日本社会党とともにいわゆる55年体制を形成する．1956年には経済企画庁が経済白書を「もはや戦後ではない」という言葉で締めくくった．戦後復興が一段落し，高度経済成長が始まりつつあったこの時期，日本においても大衆社会が論じられるようになる．

　知識社会学者の小熊英二（1962-　）はこの時期に，戦後社会の大きな転換をみる．戦後直後の混乱と改革の「第一の戦後」が終わりを告げ，安定と成長の時代である「第二の戦後」が始まったというのである．1958年には岸信介内閣の下，警察官職務執行法の改正に対する市民の反対運動が高まると同時に，皇太子の婚約発表を受けて皇太子妃に対する「ミッチーブーム」が起きた．市民運動の高まりと大衆社会の進行がみられたのがこの時期の特徴である．

●戦後民主主義の問い直し　このような状況において，国家や民主主義という言葉の意味内容にも変化が生じていく．結果として，戦後民主主義に対する否定的

言説もみられるようになった．政治学者の丸山眞男（1914-96）が「大日本帝国の「実在」よりも戦後民主主義の「虚妄」の方に賭ける」（丸山 1996：184）という言葉を記したのは，1964年のことであった．敗戦直後の1946年，雑誌『世界』に発表した論文「超国家主義の論理と心理」によって，一躍論壇の中心的人物となり，まさに戦後民主主義を代表する論者とみなされていた丸山が，この言葉を発した背景には時代状況の変化があった．この時期，戦後民主主義とは敗戦直後のように，自由と解放を意味するものではなくなっていた．これから実現されるべきプロジェクトというよりは，乗り越えられるべき既成秩序としてとらえられていたのである．戦後民主主義の下で育ち，教育を受けた世代にとって，戦後民主主義がはらむ矛盾や現実との乖離こそが問題であった．新たな世代意識の覚醒とともに，先行する世代への批判が噴出し，ついには戦後民主主義を「虚妄」とする言説までもが登場した．危機感を覚えた丸山は，それが「虚妄」であるとしても，あえてコミットするという決意を示したのである．

　戦後民主主義を改めて問い直したこの時期を代表する論者の一人に，「ベトナムに平和を！市民連合（ベ平連）」の運動で知られる作家の小田実（1932-2007）がいる．小田は「制度としての民主主義」に比して，「原理としての民主主義」はむしろ経済成長によって形骸化したのではないかと問いかけた．経済大国化した日本がベトナム戦争に加担しているという主張と合わせ，「加害者としての日本」という問題意識が浮き彫りになったのもこの時期である（小田 1967）．

●**戦後民主主義論の現在**　高度経済成長により，日本社会は大きく変質する．1979年，アメリカの政治学者エズラ・ヴォーゲル（1930- ）による『ジャパン・アズ・ナンバーワン』の刊行により，日本社会をいまだ近代化を実現できない，封建社会の残滓のみられる社会としてとらえる視座は大きく後退していった．むしろ，石油危機をいち早く克服した日本社会やその組織のあり方こそが，世界の先端を走っているという議論さえ登場したのである．高度経済成長を経て日本社会が変容していく中，戦後民主主義をめぐる議論もまた変化していった．何より，戦後民主主義の出発点が敗戦にあったとすれば，戦争を記憶する世代の高齢化が進むにつれ，戦後民主主義の理解もまた変わらざるをえなかった．戦後民主主義論の内包する多様な要素は切り捨てられ，肯定するにせよ否定するにせよ，イメージの単純化が進んだのである．

　とはいえ，戦後民主主義論の出発点にあったのが，「与えられた」民主主義をいかにして自らのものとしていくか，それも単なる「制度としての民主主義」としてでなく，日常生活に定着したものとしていくか，という問題意識にあったとすれば，そのような問題はいまだに決着をみていない．丸山眞男が問題提起したように，民主主義が「永久革命」であるとすれば，戦後民主主義もまた未完のプロジェクトであり続けている．

[宇野重規]

戦後マルクス主義
[英]Marxism in postwar Japan

　戦後マルクス主義は，講座派マルクス主義という理論的枠組みによって強く規定されつつ始まっており，いわばそれとの格闘とともにその軌跡を描いてきた．野呂栄太郎，服部之総，平野義太郎，山田盛太郎らによる『日本マルクス主義発達史講座』(1932-33) に体現されている講座派の歴史像は，日本の近代化を不完全なものとして位置づけ，その社会経済体制は半封建的地主制であると規定した．そこから，来るべき日本の革命戦略は，直ちにプロレタリア革命によって資本制的生産様式を廃棄するのではなく，あくまで二段階戦略によるそれであると指示したコミンテルンの「32テーゼ」に合致したものであった．その発想においては，日本を特殊化して理解する特徴をもっており，そうであるかぎり，西洋近代を規範化し，それとの比較において日本の後進性を指摘していた丸山眞男 (1914-96) らの近代主義と，その発想構造において通底してもいた．敗戦とともに，超国家主義のもとでの唯一の政治的な抵抗者であったと受け止められたマルクス主義と，その体現者である日本共産党は，戦後直後の数年間に日本社会においてそれまでにない正当性を獲得するチャンスを手にしていたし，実際に一時的に国会で多くの議席を獲得した．それにもかかわらず，戦後マルクス主義の初発のあり方は，戦前からの講座派的な規定に深く縛られていたために，革命戦略面でも教条的でありたちまち大衆の信頼を失った．

●**戦後主体性論争**　他方，敗戦直後の思想状況の中で勃発した「戦後主体性論争」では，この講座派マルクス主義の特性や，ソ連邦のアカデミーによる客観主義的な唯物史観に対して，それらの理論と実践の中に主体性をめぐる欠落があるのではないか，という問いが投げかけられた．端緒を開いた哲学者の梅本克己 (1912-74) は，戦前の弾圧のなかで佐野学・鍋山貞親に代表される党の指導部も含めて転向していった現実を再想起させつつ，マルクス主義の妥当性を擁護しつつも，同時にそこにある違和感を，思想的な言語にしようと格闘していた．このような問いかけは，当時の主流派からは修正主義として激しく指弾された．しかし，この主体性論争がもつ含意は，1956年に明らかになったスターリン批判やその直後のハンガリー事件をめぐって，ソ連による一国社会主義や，日本共産党の組織指導と革命戦略に対する批判が噴出すると，あらためて批判を哲学的に根拠づける背景として再評価され，主体の契機を強調する新左翼マルクス主義として具体化されることになった．このマルクス主義は，『経済学・哲学草稿』などのK. マルクスの初期草稿に着眼しながら，若きマルクスの中に，疎外論的な理論構成を見出し，それを梃子に既存のマルクス主義を批判する．しかし，1959年に出版

された黒田寛一（1927-2006）の『現代における平和と革命』などの反スターリン主義マルクス主義は，スターリン批判やハンガリー革命を，最初から原理的な出発点として位置づけたため，本来は状況の中での政治的判断として可変的であるべき認識が，組織の政治的正当化のための神話となり，その理論は状況との適切な往還関係を失った．しかも，それが「戦後主体性論争」以来の革命的「主体」の論理に基礎づけられて，さらに自己目的にまで純化していくとき，そこからは主体を肥大化させ，目的のためには手段を選ばない硬直した組織戦術が出てくる．理論は直面する歴史的現実を適切に分析するためのものではなく，現実に直面する自己の思想性の確認や，他のグループとの区別立てのためのそれになってしまった．

● 〈物象化論〉以降の展開　講座派的な旧左翼に対する批判は主体性論派ばかりではない．マルクス主義研究の中からのいま一つの成果が廣松渉（1933-94）による物象化論である．廣松は，マルクスとF. エンゲルスの草稿群をV. アドラツキーが編集した『ドイツ・イデオロギー』（1932）を批判的に校訂し，そこに事実上の改ざんがあることを明らかにして『新編輯版ドイツ・イデオロギー』（1974）を公表した．そして，まさにこの『ドイツ・イデオロギー』の境位を手がかりに，物象化という論理構造を中心とする固有のマルクス主義理解を提示している．それは，あるものをあるものとして認識するときに，主観・客体いずれの側においても作用している認識論的形式であり，世界の共同主観的存在構造と呼ばれている．廣松よれば，マルクスの思想とは，その物象化の営みによってついに近代の主体・客体図式を克服したところに存立する別の地平を開く世界観であった．

マルクス主義のこうした流れは，たしかに60年代後半から70年代初頭にかけての時期には，青年反乱の拠りどころともなったが，新左翼運動そのものは，やがて70年に深刻な退潮局面をむかえ，党派間の抗争などに閉塞してしまい，自分たちが60年安保闘争などでつくり出した象徴的資源を自分で食いつぶしていった．主体性論や疎外論にしても，物象化論にしても，マルクス主義としてのその理論のうちに含まれている前衛党主義や生産力主義について，旧左翼と顕著に差異化されるような実践を提示することに失敗している．しかし，この点についての内在的な批判の中から，近年，新しい潮流も生まれている．それは，A. グラムシ（1891-1937）だけでなく，J. ラカン（1901-81）などの多様なテキストを読み直しつつ，文化的ヘゲモニーの実践としてのポストマルクス主義を提示するエルネスト・ラクラウ（1935-2014）やシャンタル・ムフ（1943- ）に代表される試みであるが，これらに影響された文化の解読が日本でも1990年代以後，ラディカルデモクラシーという旗幟とともに現れ，新しいマルクス主義の可能性としてむしろカルチュラル・スタディーズの文化実践と接合してきている．　　　　　[岩崎 稔]

合理化論

[独]Rationalisieung　[英]rationalization

　「合理的 (rational, rationnel)」という西洋語の核にある ratio というラテン語は「比」とか「計算」あるいは「理由」というほどの意味で，そこから，直感を排して意識的に筋道を立て，また一定の観点（目的や価値）に準拠しつつ首尾一貫して推論する思考態度，またそれに基づいて行動する態度がそのように名指されることになった．哲学史的にみると「合理性」の概念はイギリス経験論に対する大陸合理論の認識論においてまずは重視されるようになるとみてよいが，自然科学と実証主義の展開をみた19世紀を経て，さらに社会について「合理性」が問題とされる場面が開かれた．社会思想史での「合理化論」はこの文脈にある．

●**社会秩序の合理化論の生成**　「啓蒙とは何か？」という問いを立て，これに「未成熟状態からの脱却」と答えたのは18世紀ドイツのI. カント (1724-1804) であったが，この時代の啓蒙思想は一般に理性の力に信を寄せ，この力の展開を「成熟」とみなしてそれによる進歩の可能性を肯定した．この見地から，伝統的な権威主義を排除し，科学的知見を信頼して，理性による世界支配を求める合理主義の世界観が成立していくことになる．もっとも当のカントは，理性啓蒙への信頼を理性の限界への問い（理性批判）に基礎づけようとしたことにも注意すべきである．合理化への期待は，合理性の限界への問いを伴って成立しているのである．

　さて，19世紀になって展開した実証的な歴史・社会認識への関心は，社会秩序の構成原理の合理的な変容について類型論的理解を生み出した．まず，イギリスの歴史法学の創始者H. メーン (1822-88) が，法秩序の身分的拘束から合理的法律行為への転換を「身分から契約へ」と定式化し，またドイツのF. テニエス (1855-1936) は，社会的結合の意味変容を「ゲマインシャフトからゲゼルシャフトへ」と定式化して，ここから社会学という新しい学問への道が開かれる．その道を，社会秩序の合理的変容という同様な見通しから，社会的諸要素の「社会分化」を語るG. ジンメル (1858-1918) や，機械的連帯から有機的連帯に向かう「社会分業」の変化を語るÉ. デュルケーム (1858-1917) などが後続していくのである．この新しい学問の生成は同時に，社会の無規制状態を意味する「アノミー」をデュルケームがそこで論じたように，社会秩序の合理化に随伴する「社会問題」の発見をも意味していた．

●**ヴェーバー理解社会学と合理化の多義性**　このような学問系譜に接続しつつ，「合理化」概念を社会理論の基礎に全面的に据えたのがM. ヴェーバー (1864-1920) の理解社会学である．ヴェーバーはそこで，社会秩序の構成原理の類型論より進んでむしろその基礎にある行為に関心を定位し，この行為の動機理解を通

じて行為と秩序とが織りなす関係の動態を解明するという理解的方法を採用する．そしてそれと同時にヴェーバーが行った基礎作業が，合理性概念の多義的な構成なのであった．すなわち，行為のレベルでその動機である目的・価値と実際の行為遂行との合理的関係のいかんを問う「目的合理性と価値合理性」「目的合理性と整合合理性」という対概念，合理性という判断の適用形式を区別する「形式合理性と実質合理性」「実践的合理化と理論的合理化」という対概念，また文化領域によって異なる合理性の内容を区別する「経済的合理性」「宗教的合理性」など，ここで合理性という観点は行為遂行や秩序形成の多局面に及んで問われている．こうした合理性への多義的な視角からは，一方で近代的な「法秩序の形式的合理化」や「政治支配の官僚制化」などが立ち入って論じられるようになる反面，他方では非近代的な「呪術の合理的体系化」といった現象までもとらえられていて，それにより単一の合理性概念をもって社会秩序の単線的な発展段階を構成するようなそれまでの「合理化」論の枠組みは根本的に一新されたといえるだろう．資本計算に基づく合理的営利をこととする近代資本主義などをその社会編成の軸とする「近代」という時代は，ヴェーバーにとって検討すべき課題を多く抱える時代なのであり，だからこそ学問の基礎に「合理化」概念を据える際には，その「近代」の合理性自体を相対化し対象化できる論の構成が不可欠だったのである．

●**近代的合理化の一面性と別なる理性**　もっともこの合理化という概念は，その後一般的には，例えば労働生産性を高める企業管理や組織運営の効率化という意味に極限されたり，都合の悪い現実を事実と異なる言説を組み立てつつ正当化する心理的防衛機制の意味で使用されたりと，機能的に一面化された用法が支配的になって，ヴェーバーがみていたそんな多義性は見失われていく．そして思想史的には，そのような近代社会における合理化概念の一面化とそれがもたらす社会問題に対処するべく求められた，合理性の複合化の別なる試みが重要である．

　K. マンハイム（1893-1947）は，一連の行動が目的のために効率よく組織されるという観点からその全体と要素との関係の「機能的合理性」という視角を提示し，近代の産業化と分業の細分化に並行した機能的合理性の進展が実質的合理化に背反して社会的危機を生む事態を指摘した．また，Th. W. アドルノ（1903-69）と M. ホルクハイマー（1895-1973）は，近代化を現実に主導した合理性の道具的・技術的性格を指摘して，それが導く啓蒙の近代がファシズムの暴力に至る逆説を解明し，H. マルクーゼ（1898-1979）も同じく技術的理性に主導された産業化が「一次元的人間」を生み出すという時代診断を示して，1960年代後半の学生反乱に大きな影響を与えた．このフランクフルト学派の系譜に立つ J. ハーバーマス（1929-　）は，そんな道具的理性の支配に対抗して，コミュニケーションによる真理性の妥当要求とその承認に基礎を置く「コミュニケーション的合理性」の立場を宣揚し，ここから別なる合理化の道を示そうとしている．　　［中野敏男］

1968年の思想
［仏］1968 en philosophie française

　19世紀以来，体制転覆のような政治的変化に帰結する社会的騒乱には，貧困や戦争など，社会に内在的な原因があると考えることが一般的であった．そうした騒乱は，政治的帰結まで含み「革命」と呼ばれてきた．資本主義は労働者階級の絶対的窮乏化をもたらし，社会主義革命を招来せざるをえないとする K. マルクスの議論が典型である．この常識に照らせば，1968年に西側先進諸国を連続的に襲った騒乱は，革命であるかどうか疑わしいところをもっている．そして現にそれが問われる質をもった点に，事件としての「68年」（しばしば歴史的固有名詞としてこう呼ばれる）の思想史的な意味を求めることができる．

●「68年思想」としてのフランス現代思想　騒乱の発端はどこの国においても，学生層の同じでも一つでもない諸問題であり，大きく焦点化した社会問題ではなかった．さらに，騒乱の主導勢力を形成した学生たちが騒乱によって呼応しようとしたのは，遠く離れたベトナムにおける戦争であった．そして騒乱の結果が政治的体制変化に結びついた国はなかった．こうした点をもって「68年」の革命性を否定し，それを「若者の反乱」と規定する言説は当時から存在した．

　しかし反乱の世界同時性と激しさを「革命的なもの」ととらえ，「68年」を自らの思考に深く反響させようとした哲学者や思想家も多い．その広がりは，世界的影響力を物差しに測れば，フランスにおいて最も大きいだろう．L. アルチュセール（1918-90），M. フーコー（1926-84），G. ドゥルーズ（1925-95）・F. ガタリ（1930-92），J. デリダ（1930-2004）など，日本において今日まで「現代思想」と総称されている思想家群ほぼ全体をカバーする．彼らはみな，革命のような何かが突発的に，ほとんど原因なく生起した事実を重く受け止めようとする．

　こうした共通性ゆえに，彼らを「68年思想」として一括りにして批判する言説もまた，1980年代には現れた．この批判（フェリー／ルノー　1988）は，「68年思想」における「反人間主義」をニヒリズムであると断罪したが，俎上に上せられた哲学者たちが問題にしたのは，「主体」すなわち「原因としての人間」であり，力点はあくまで「原因」の方に置かれている．実際，アルチュセールの弟子であるエティエンヌ・バリバール（1942-　）は，師の「理論的反人間主義」は「実践的・政治的人間主義」であったとしており，論点はすれ違っていたというべきだろう．アルチュセールは60年代前半から「理論的反人間主義」を標榜していたが，そこで主張されていたのは，そもそもロシア革命や中国革命がマルクスの『資本論』に反する革命であったこと，革命の原因は経済という「最終審級」（マルクス的歴史観における究極原因）にではなく，あくまで重層的に決定される

「状況」に求められねばならない，ということだった．アルチュセールによる定式化では「最終審級が孤独に時を告げる鐘はけっして鳴らない」（アルチュセール 1962：185）となる．当時は多元的な決定論つまり原因論の変種と受け取られたこの「状況」論は，次第に強く，諸要素の「偶然の出会い」すなわち原因の不在を主張するようになっていく．

●出来事としての「68年」　革命における原因の不在を直接「68年」と結びつけて主張したのが，「68年」に対する否定的評価が強まっていた80年代に，ドゥルーズ／ガタリが書いた「68年5月は起こらなかった」という時論である（ドゥルーズ／ガタリ 1984）．そこでは，「68年」は革命ではなかったという言説を逆手に取り，革命があったかなかったが事後的に政治上の争点になるからこそ「68年」はフランス革命やロシア革命と並ぶ革命であったと示唆され，出来事に原因を求める歴史家的身振りは，「存在」の決定不可能性を本質とする「出来事」を理解していないと批判される．ドゥルーズは1988年には，「存在」をまるごと「出来事」に置き換える形而上学的宇宙論を発表する（『襞──ライプニッツとバロック』）．彼はすでに1969年に，「68年」への言及のない『意味の論理学』において，「出来事」論の系譜を哲学と文学の中に探っていた．

　デリダはドゥルーズの死に寄せた追悼文において，彼を「出来事の思想家」と呼び，その点に自分との近さを認めている．ドゥルーズの生前に二人の対話は実現しなかったものの，デリダ哲学の鍵概念である「差延」は実際，「ものが存在する」ということを，時間的・空間的差異を発生させる「出来事」として把握している．デリダに「68年」を主題とする論考はないが，デリダ派のジャン=リュック・ナンシー（1940-）とフィリップ・ラクー=ラバルト（1940-2007）は，自らの「68年」経験に深く根ざしつつ，「国家主権」の概念を脱構築した政治的共同体論を展開している．

　フーコーは1968年5月当時チュニジアに滞在しており，パリの騒乱には立ち会わなかった．しかし帰国後，彼は「68年」的政治に最もコミットした思想家となる．政治犯の救援活動に加わり，「監獄情報グループ（GIP）」の設立と活動に深く関与しつつ独自の権力理論を構築していった．『監視と処罰』（フーコー 1975）に結晶するそうした70年代の理論活動のみならず，「統治性」を問題にした晩年の講義草稿においても，「すべては政治である」という「68年」のスローガンを取り上げ，「統治性」への「抵抗」として政治を定義する命題とみなしている．さらに，イラン革命（1979年）にも「68年」の残響を聞き取っている．彼の「権力」と「抵抗」，「統治性」と「政治」は互いに相似形をなすため，フーコーにおける「抵抗の政治」の不可能性が語られることも多いが，相似形をなす二つのものが分離し，激突する点に彼が「出来事」をみていたことは，彼の精神医学史が描き出す「理性」と「狂気」の関係からもうかがえる．

［市田良彦］

日本人論・日本文化論
Nihonjinron ［英］discorses on Japanese civilization

　明治以降，日本人について，日本文化について，日本語について，さまざまなかたちで，議論がなされてきた．総括して日本人論・日本文化論と称する．欧米の日本研究では，そうした議論を「ニホンジンロン」と呼んでいる．

●**アジアを代表する日本の自己主張**　初期の代表は『茶の本』の岡倉天心（1863-1913）である．当時の西洋の応接間が装飾品に溢れていたのに対して，簡素な茶室で客に茶を振る舞う静謐の瞬間に顕現する天地自然が対比される．「明るい午後の日は竹林にはえ，泉水はうれしげな音をたて，松籟はわが茶釜に聞こえている」（岡倉1906：31）．こうした議論のほとんどは，そのつど一面的に理解された西欧近代文化なるものに対抗して，自分たちの特性を確認し，自他に対して誇示するものであった．「いつになったら西洋が東洋を了解するであろうか」（同書：23）．アジア大陸の文化に対しては，一段も二段も低いものとみていた．和辻哲郎が『風土』の中で「シナ人」の「無感動性」を論じ，ただ壮大なだけの中国の宮殿建築に対して日本の建築の「繊細さ」を論じる手前味噌はその典型である．あるいは，日本は，アジア各地の優れた文化的所産を吸収して独自の文化を生み出したと称し，東アジアを代表して，西洋に対する東洋を特記する．岡倉はほとんどの著作で，中国やインドの文化が，いやアジアのすべてが日本に流入して独自のかぐわしい文化をつくった，と論じるが，そうしたアジアの覇者日本が西洋に対抗する，という思考パターンである．特徴は，西洋の複雑性を無視した一元的理解による文化本質主義であるが，それは同じく日本についてもいえる．階級社会や地域的多様性の問題はそっくり抜け，主として西洋のエリートの自文化理解に日本のエリートが，自分たちがそこからは決別することでエリートになったはずの日本の文化を誇示する文化的自己主張のかたちをとる．そこにはコンプレックスと，その裏返しの空威張り，逆恨みと優越感が常に共在している．

●**国際派と純粋派**　もう一つのパターンは『武士道（*Bushido*）』（1900，日本語版1908）の新渡戸稲造（1862-1933）である．彼は武士道を飾るさまざまな美談が実はギリシアやローマの偉人のエピソードとも共通するという議論によって西洋人に日本を理解してもらうという，いわば国際派の戦略をとった．

　また，明治以降の日本は混合文化になってしまったと嘆き，純化を強く促す議論も一つのパターンである．戦時下の「近代の超克」（1942年）でもビルの中の数寄屋造りの座敷に様式の混淆をみる議論があるが，戦後の三島由紀夫（1925-70）でも「すきや造りの一間にテレビがあったりすることはゆるさない」（三島2003：271）といった式の議論がみられる．北一輝などにも明治以降の近代天皇制

そのものを西欧思考の官僚のこしらえものとする糾弾と純粋主義がある．

●**雑種文化論**　これに対して，「雑種文化」に日本近代化の独自性をみて，そこに副題のとおり「小さな希望」をみようとしたのが加藤周一（1919-2008）である（『雑種文化―日本の小さな希望』1956）．イギリスやフランスの「純粋文化」とは違って和洋混合の日本の文化のあり方を大衆は進んで選択した．こうした文化のあり方は日本だけであり，ここにこそ日本の希望があるという議論である．「日本の文化問題は，日本の文化が雑種的であるという事実を認めることに始まり，その事実に積極的意味をみつけることで終わる」（加藤　1956：58）．「雑種文化」のこうした肯定は，それまでの議論を一歩超えている．とはいえ，英仏を「純粋」とする誤解，それに日本の特殊性を強く打ち出し，人類の新たな希望にするところは，それまでのパターンとあまり変わらない．すでに内村鑑三（1861-1930）が，富のために堕落している西洋のキリスト教に対して，日本人こそが真のキリストの精神を展開しうるという議論をしている．

●**経済成長後の自慢**　加藤の議論は必ずしも経済成長後の日本人論を先取りするものではなかったが，結果としてその後の，独自性のゆえに日本は優れているとする優越性誇示の流れを先取りすることになった．ヨーロッパ市民社会をモデルにして日本の後進性を論じるいわゆる市民社会派（大塚史学，一部は丸山政治学）とは別に，人類学やディレッタント的文明論に由来する日本人論が経済成長とともに登場する．中根千枝（『タテ社会の人間関係』1967），梅棹忠夫（『文明の生態史観』1967），イザヤ・ベンダサンこと山本七平（『日本人とユダヤ人』1970），土居健郎（『「甘え」の構造』1971），木村敏（『人と人との間．精神病理学的日本論』1972），村上泰亮・公文俊平・佐藤誠三郎（『文明としてのイエ社会』1979）などがそれである．そのどれも，日常生活の観察と大きな文明論とを独自のやり方で結びつけたものであるが，中根千枝の精緻な分析を除くと長期的な社会の変化に耐えられないものが多い．特に『文明としてのイエ社会』は，「日本的な」生涯雇用などを M. ヴェーバーの近代化論に対抗して持ち出しているが，その後の経済構造の変化を促すさまざまな政治的決定によって反証されている．

●**多系的近代化論**　こうした議論のほとんどが，西欧に対する日本という図式でそれまでの否定を肯定に転化するだけで，アジア諸国の近代化をはじめ，世界の他の地域の近代化への視線がほとんどない．S. N. アイゼンシュタット（1923-2010）に始まる多系的近代化（multiple modernities）の方向などとはまったく無縁である．また，人間関係重視の文化という議論が韓国でも自文化についてなされていることなどにも目が届いていない．茶道，禅，サムライ，富士山，桜，紅葉，そしてきめ細かさ，気配り，思いやり，自然との親しさなどが相も変わらず，日本の特徴として論じられる無邪気さとは訣別すべきすべき時である．

［三島憲一］

ハーバーマス
Jürgen Habermas

　1929年ドイツのデュッセルドルフに生まれる．少年期をヒトラーユーゲントの一員として過ごし，終戦を迎える．1954年ボン大学より博士号取得．博士論文執筆と並行して書評，批評活動を行い，そうした活動がTh. W. アドルノに注目された縁で1956年よりフランクフルト大学の社会研究所で助手を務める．しかし，彼の政治的ラディカルさを危険視したM. ホルクハイマーとの関係が悪化，1959年に職を辞し，1961年マーブルク大学のW. アーベントロートのもとで教授資格請求論文として『公共性の構造転換』を執筆，教授資格を得る（翌年出版）．1961年ハイデルベルク大学教授に就任するが，1964年ホルクハイマーの後継教授としてフランクフルト大学教授に就任，以降フランクフルト学派第二世代の中心的理論家とみなされる．1971年から1981年までマックス・プラン研究所所長を務めた後，フランクフルト大学に復帰，1994年の退職まで哲学・社会学の教授を務める．彼はドイツ，そしてヨーロッパ言論人としての一面ももち，1960年代から70年代にかけての学生運動の擁護とその過激化への批判，1980年代の市民的不服従をめぐる論争，歴史家論争，ドイツ統一をめぐる論争，1990年代にはコソボ空爆の擁護で物議をかもした．

　●**初期の公共圏論と論争を通じた理論発展**　ハーバーマスは，彼の名を一躍有名にした『公共性の構造転換』で，宮廷などの示威的（repräsentative）公共圏に代わって，近代に市民的公共圏が新たに成立した一方，社会国家の進展に伴い再封建化していった歴史的経緯を明らかにした．市民的公共圏は，成立時には私人たる市民（市民社会）が公共の関心事を議論する，批判的公開性を原理とする討論空間であった（その理想としてI. カントの「理性の公共的使用」の議論が参照される）．しかし，市民が公共の関心を失いクライエント化する中で逆に公開性に依拠した操作が行われ，新たな示威的公共圏が成立したとされた．

　こうした議論は，第一世代の影響のもと，K. マルクス，G. W. F. ヘーゲル，S. フロイトに依拠したもので，イデオロギー批判をその立論の中心に置いていた．しかし，K. ポパー，H. アルバートとの実証主義論争，H.-G. ガダマーとの解釈学論争，N. ルーマンとのシステム論争を通じて独自の理論を発展させる．実証主義論争，システム論争では，従来の科学での観察者視点と区別された，生活世界の当事者視点の意義が強調される一方，解釈学論争では当事者視点の強調で生じる過度のコンテクスト主義が批判される．当事者視点に立ちつつなお普遍性への志向を保持する独自の方向性が模索され，言語実践において不可避に想定される普遍的条件の再構成に基づく普遍的語用論を盟友たるK.-O. アーペルとともに定式化していく．

● **『コミュニケーション的行為の理論』**　こうした理論展開は最終的にコミュニケーション的行為を中心とした社会理論へと結実する．コミュニケーション的行為とは，当の社会で妥当しているもの（Geltung）に適合しているがゆえに妥当性をもつという主張（妥当要求）を相互に提起しあう中で相互理解を目指す行為である．コミュニケーション的行為は，そのうちに反省形態たる討議（Diskurs）への契機を内包し，そこにおいては現に妥当している認識，規範そのものの妥当性（Gültigkeit）が問い直される．コミュニケーション的行為は討議を通じてそのうちに合理性をもち，この討議への契機が先の当事者視点と普遍性への志向を媒介する．

この観点からすれば，近代化とは，もっぱら道具的合理性に依拠した M. ヴェーバーと異なり，相互主観的なコミュニケーション的行為に基づく合理性が展開していく過程であり，コミュニケーション的行為の背景かつ資源である生活世界の合理化としてとらえ直される．しかし生活世界の合理化は近代化の一面でしかなく，社会の複雑性の増大という問題を伴う．そのため，貨幣をメディアとする経済システムと権力をメディアとする行政システムを通じたシステム統合が必要となり，システムが生活世界から分離していく．分離が進み，生活世界にシステムを繋留できなくなると，逆にシステムの論理に生活世界が支配される「生活世界の植民地化」が法化を中心として生じるという後期近代社会の病理が示される．

● **独自の規範理論の構築**　ハーバーマスは，社会規範をめぐるコミュニケーション的行為と討議との関係から討議倫理（Diskursethik）と呼ばれる規範理論を構想する．その根幹には「討議を経た規範のみが妥当性をもつ」という討議原理があり，その討議の場で判断の基準となるのが普遍化原理である．1980 年代後半には，新アリストテレス主義，フェミニズムなどからの批判に応える中で道徳と区別された倫理の次元が導入され，その立場は一部修正されているが，普遍主義の立場は堅持されている．

討議倫理の延長線上に法・政治についての規範理論も展開される．『事実性と妥当』では，人権を重視するリベラリズムと人民主権を重視する共和主義のどちらにも与せず，法（＝権利）が政治過程の中で互いを前提としつつ生み出されていくプロジェクトとして法治国家を示した．その前提には，生活世界の植民地化を生み出す法というこれまでの評価の転換があり，法が社会統合のメディアとしてとらえ直され，討議を通じた立法が植民地化への対抗策としてとらえ直される．自由な議論が営まれる公共圏と政治的決定を行う議会などを中心とする政治システムが全体として討議過程として機能する二回路モデルが示され，討議で蓄積された理由がコミュニケーション的権力として法制定を導き，その法のうちに示された理由の枠内に行政システムを制約し，行政システムを通じて経済システムをも制御する構図が提示される．こうした議論は，その後の熟議デモクラシー論の源流の一つとなり，この文脈でリベラリズムを代表する J. ロールズとの論争も生じた．　　　［田畑真一］

公共圏

[独]Öffentlichkeit　[英]public sphere　[仏]sphère publique

　公共圏とは，自立した市民たちが公衆として集合し，社会問題について討議を交わし共同の見解に至り，政治的主張を行い，政治的に働きかける社会的空間である．戦後日本において，公共は「公共の利益」や「公共事業」などにみられるように，私的ではなく国家や自治体の管轄下にあるものを意味していた．しかし，20世紀末になってNPO法の成立にみられるように，市民ネットワークも活発になる中で，公共圏が，普遍的課題に関わるが，国家ではなく市民の側から形成されたものという理解が広がった．また，後期資本主義体制の中で，経済格差，環境破壊，戦争の危機等のさまざまな問題が噴出するとき，公共圏が自立的な市民によるものでありながら，現実の体制と区別されそれに対抗する理念となり，新しい社会運動が展開する場を指し示す概念となった．90年以降，新保守主義の側が意図的に，国家主義の側から公共を提唱するようになり，愛国心教育，国旗・国歌というシンボルの称揚を計っている．それに対して，現在，市民の側から構成され，権力に対抗する公共圏の理論・運動を提起することが必要とされているだろう．

●**ハーバーマスの公共圏論**　ユルゲン・ハーバーマス（1929-）は，市民的公共圏の理念を『公共性の構造転換』（1962）において西欧市民社会史の中で再構成した．新興市民階級が余暇の時間を手にして相異なる職種を越えて集まり国家・経済全体の問題について討議したのが，市民的公共圏の始まりである．市民達は音楽・演劇などを鑑賞し，書籍・新聞を読み，サロン・コーヒーハウス・読書クラブなどに集まってそれらについて討議を行った（文芸的公共圏の成立）．これらの討議が次第に政治的となり私人が集合して公衆となり，政治的公共圏を形成した．公共圏は，公権力との交渉においてそれに対峙し圧力をかけるようになり，市民革命を経て権力を獲得し，次第に法制化を行うことによって近代市民国家が成立した．

　しかし，市民的公共圏は19世紀末に本質的な「構造転換」に至る．つまり，国家が社会に干渉するようになると同時に，国家などの公的領域に属していた権限が，政党や圧力団体などの民間団体に移譲されるようになる．するとあらゆる公共的な問題が，国家の官僚組織と，政党や中間圧力団体，または文化産業やメディア権力などによって処理されるようになる．その結果，市民的公共圏は縮小ないし機能停止に至り，市民間の自発的な討議は窒息させられ，市民は消費文化を享受し福祉政策を受動的に受けるクライエントへと矮小化される．ハーバーマスは，市民的公共圏を再活性化する二つの方途として，(1) 中間領域に属する諸

組織が「公開性」の原則を徹底させること，(2) 福祉国家における公衆の国家政策への参加を徹底したものとすることを提起し，公共圏の再生を今後の課題とした．

●ハーバーマスの公共圏論のその後の展開　1989 年に『構造転換』の英訳が出版され英米圏においてラディカル・デモクラシーの立場から盛んに議論されたこと，同年からの東欧革命において市民運動が大きな役割を果たすことを眼前にしたことなどによって，ハーバーマスの公共圏論はいっそうの展開をみせることになる．そこでは，「自由な基盤にもとづく非国家的かつ非経済的な結合関係とアソシエーション」(ハーバーマス 1992：443) をその制度的核心とする「市民社会 (Zivilgesellschaft, civil society)」が重視されるに至る．この新しい市民社会概念は，市場経済を含んだヘーゲルの経済的概念とは異なり，経済活動を行う諸団体を含まず自発的な政治的な市民組織をアクターとするという特徴をもつ．そのようなアクターとしては，市民運動の諸団体，アソシエーション，職業団体，労働組合，マスメディアの自律的組織などが考えられる．『事実性と妥当性』における公共圏論は，このような展開を結実させたものである．そこでは公共圏は，民主的法治国家における政治的意思形成の一翼を担っており，この意思形成は，国家等の政治的システムにおけるフォーマルなものと，インフォーマルな市民的公共圏におけるものに区分される．そこでは公共圏は，社会全体に関わる危機を日常生活において感知する警報システムの役割を果たし，諸問題をコミュニケーションにおいて交差させ世論を形成し，政治システムにもたらし法制定の議事日程に押しあげる役割をもつ．この政治的意思形成過程の全体が活性化されて始めて，民主的法治国家も十全に機能しうる．

●公共圏論において今後検討すべき課題　ハーバーマスの公共圏論は，現代社会理論における論争の中でさまざまな方向に発展させられている．ハーバーマスが，公共圏を，個々の民主的法治国家の内部としてとらえていたのに対して，N. フレイザー (1947-) は公共圏を，国境を越えたグローバルな視点からとらえようと試みる (フレイザー 2008：19)．またハーバーマスが，公共圏を単一で抽象的な普遍性をもったものとしてとらえる傾向があるのに対して，フレイザーの「下位の対抗的諸公共圏」(フレイザー 1997：123) の構想は，公共圏をその中にさまざまな対立とせめぎ合いをもったものとして把握するものである．ハーバーマスの公共圏論は，理性的な認知主義的な傾向があり，当事者たちのエモーショナルな要素を重視していなかったのに対して，A. ホネット (1949-) は参加者の怒りや気遣いの情動性から来る闘争をも含んだ理論，J.C. アレクサンダー (1947-) はオーディエンスのパフォーマンスの積極性をとらえる理論を提起している．さらに，公共圏論を，インターネットなどの電子メディアの観点からとらえてその新たな特徴を分析する試みも行われている．

[日暮雅夫]

現代の共和主義

[英]contemporary republicanism

　現代において共和主義が語られる場合，二つの解釈を区別することが重要である．第一にJ. G. A. ポーコックの影響下で共和主義の伝統をアリストテレスにまで遡り，共和国における政治参加と政治的徳の重要性を説く解釈がある．第二に，古代ローマ共和国の制度に発する伝統を重視し，共和国に独特の市民の自由の構想と，それを保護する法の支配の重要性を強調する解釈がある．ネオ・ローマ的とも称される第二の解釈を代表するのが，フィリップ・ペティット（1945- ）とクエンティン・スキナー（1940- ）である．ここではペティットに依拠して，リベラリズムともコミュニタリアニズムとも異なるネオ・ローマ的共和主義の特質と，それに固有の制度構想を明らかにする．

●**支配の不在としての共和主義的自由**　ペティットとスキナーは，古代ローマ共和国において市民が自由であり奴隷が不自由であったのはいかにしてかという点に注目する．それは市民が自らの持ち主であったのに対して，奴隷は他人の持ち物であった点においてである．言い換えれば，奴隷は持ち主である主人の恣意的な干渉の可能性に常にさらされていたからこそ不自由だったのである．

　重要なのは，主人が実際には干渉しない場合でさえも，恣意的な干渉の可能性があるかぎり，奴隷は不自由だという点である．主人はたまたま温厚な性格で奴隷を大事に扱い，その生活に干渉しないかもしれない．奴隷は主人に巧みに取り入って寵愛を勝ち取り，好きなように振る舞うかもしれない．にもかかわらず，奴隷が奴隷である以上，「自由である」とはいえないだろう．主人は気分が変われはいつでも好きなように干渉できるのであって，その場合ただの持ち物である奴隷に抵抗のすべはない．このように誰かの恣意的な干渉の可能性にさらされていることをペティットらは支配（domination）を受けている状態と呼ぶ．不自由とは支配されることであり，自由とは支配の不在（non-domination）である．

●**リベラリズム，コミュニタリアニズム，共和主義**　ペティットらは，支配の不在と，介入または干渉の不在（noninterference）の違いを強調する．彼らによれば，T. ホッブズや19世紀のリベラルにみられるように，リベラリズムの伝統は自由をもっぱら干渉の不在として理解してきた．アイザイア・バーリン（1909-97）の消極的自由の構想もこの伝統のうちにある．

　この伝統の問題点は，干渉がなくても不自由な場合，そして干渉があっても自由な場合を認めることができないことである．主人に気に入られている奴隷は前者の例である．現代的な例をあげれば，夫の寛大さに依存せざるをえない妻，経営者の好意に助けられている被雇用者，多数派のお目こぼしにあずかっている少

数派などが考えられる．こうした人びとは，目下のところ干渉を受けていなくても，いつ干渉を受けるかわからないという意味で支配されているのであり，不自由である．こうした人びとの不自由の訴えに対して，自由を干渉の不在と同一視するリベラリズムは感度をもたない．他方，後者の干渉があっても不自由とはいえない事例が，共和国において適切な法の支配 (rule of law) の下にある市民である．共和国の法の立法，執行，そして司法が，市民自身によってコントロールされているならば，市民にとってそうした法の支配は，実際の行動に干渉してくるとしても，恣意的な干渉と理解されるべきではないだろう．つまり共和国の市民は行動が法によって規制されていても不自由ではない．ところがリベラズムは，法による干渉が常に自由を削減すると考えるので，法と自由が両立する可能性，さらには法が自由を守り生み出す可能性を認めることが困難である．

　このように現代の共和主義はリベラリズムの消極的自由の構想を批判する．しかし，共和主義的自由はバーリンのいう積極的自由，特にそのコミュニタリアン的解釈と混同されるべきではない．ペティットらの共和主義は市民の間での特定の生き方や意見の共有を必要としない．とりわけ，共和国において熱意をもって政治参加する市民の一般意志に各人が従うことが自由であるというルソー的な構想を，ネオ・ローマ的共和主義は退ける．共和国の政治は自由を実現するための手段であって，目的ではない．そして共和国の制度は，共和国の政府自体が市民を支配することがないように設計されなければならない．

●**共和主義の制度構想**　ペティットは市民が頑健で幅広い自由を享受できるための制度構想を詳細に展開した．共和主義の政府は，一部の市民が他の市民を支配することがないように，個人の権利の強力な保護と，幅広い社会的インフラストラクチャーの整備を行うべきである．政府が脆弱な市民を守り彼らに力を与えることで，すべての市民が「互いの目を見て話す」ことが可能となるときこそ，市民は自由である．しかし同時に，政府自体が自由の脅威にならないためには，政府はその活動範囲を憲法によって制約され，その政策運営を市民によってコントロールされなければならない．そこで共和主義の伝統にのっとって提案されるのは，ある種の混合政体である．市民の意志は，単一の制度や運動によって体現されるのではなく，複数の，抑制均衡し合う代表システムを通じて政府に影響力を行使する．選挙で選ばれた議会に加えて，選挙以外の方法で選出された人や団体が，少数派の利益を守るために整備されるべきである．加えて，市民は活発に政治運動を展開して，政府を厳しく監視し批判すべきである．その結果市民は，たとえ自分の利益に反する政策が採用されたとしても，誰かに支配されたわけではなく，純粋に「運が悪かった」と考えることが可能になるだろう．ペティットはこうした政治の構想を「異議申し立てデモクラシー」と呼ぶ．さらにペティットは，複数の共和国どうしがお互いに支配することのない国際関係も展望している．　　　　　［谷澤正嗣］

共同体・コミュニタリアニズム

[英]community / communitarianism

　ジョン・ロールズ（1921-2002）『正義論』の，主としてその人格構想や主体観に対して批判を加えた，マイケル・サンデル（1953- ）やチャールズ・テイラー（1931- ），アラステア・マッキンタイア（1929- ），マイケル・ウォルツァー（1935- ）らの立場を総称したものがコミュニタリアニズムである．その思想的な特徴は，人間主体の既存の共同体への被投性とそれに伴う思想・道徳的判断の存在被拘束性の強調，政治における共通善の重視などである．

●**リベラル=コミュニタリアン論争**　1982年，サンデルが発表した『リベラリズムと正義の限界』が，ロールズのリベラリズムに対するコミュニタリアン的批判と呼ばれるものの典型をなしている．同書においてサンデルは，ロールズが正義の原理を導出する際に用いた「原初状態」の当事者たちは，具体的な歴史的文脈を欠いた「負荷なき自我」にすぎず空虚な主体であるとしたうえで，このような誤った主体観を前提とした方法論によっては，正義の原理は不十分にしか擁護できないと批判した．また，ロールズが依拠したもう一つの方法論的前提である「善に対する正義の優先性」または正義の中立性に関しても，諸々の政治的「正しさ」はそれを基礎づける「共通善」への参照が不可欠であるがゆえに，方法論的に善と正を切り離すことはできないと指摘した．すなわち，第一に人間主体を抽象化された個体とみなしてよいのか否かという「主体観」をめぐる論点，第二に正義の原理は中立でありうるかという「中立性」をめぐる論点が，サンデルによるコミュニタリアン的批判の要諦なのである．サンデルはこうした批判の着想を，テイラーの人間論（『哲学論集』Ⅰ・Ⅱ［1985］や『自我の源泉』［1989］で展開されたもの）と政治論（批判の矛先はロールズその人ではなくカナダの大政治家ピエール・エリオット・トルドー［1919-2000］らに向けられたものであった）から得ており，この意味でサンデルによるコミュニタリアン的批判はその哲学的源泉をテイラーに負っている．また，マッキンタイアが『美徳なき時代』で展開したロールズならびにリベラリズム一般に対する批判は，彼の近代啓蒙主義批判と自身のアリストテレス的卓越主義の立場からなされたものであり，哲学的な源泉とその批判の射程においてサンデルによるコミュニタリアン的批判とは異なるものの，とりわけ上述の二つの論点に関していえば，その批判の多くを共有していると述べることができる．

　ウォルツァーが『正義の領分』において展開したロールズ批判は，サンデル，テイラー，マッキンタイアらと異なり，その人格構想に対する批判を含まない点で独特である．しかし彼もまた第二の論点，すなわち正義の中立性への批判を共

有しているだけでなく，さらにその先へと議論を展開している．すなわちウォルツァーは，リベラリズムの正義論が明確に中立性を主張しえないのであれば，擁護可能な正義の原理はいかなる方法論にのっとって導出可能なのかを問題としているのである．ウォルツァーが提示する複合的平等という構想は，諸々の政治的共同体における善の理念の構成が異なっていることを前提として，それぞれの共同体における「善」の理念に相応する分配の原理を導出すべし，というものである．ウォルツァーによれば，「何が」「どのように」再分配されるべきであるかという問いは，帰属している共同体の善の構想を参照するほかなく，それゆえ普遍的かつ画一的な答えを提示できない問いなのである．

●「論争」以後　ここまでの議論からも明らかなように，ロールズ（あるいはリベラリズム）に対する「コミュニタリアン的批判」なるものは，決して何か一つの哲学的立場あるいはイデオロギーに基づく一枚岩的な批判ではなかった．「論争」を概括した著書の中で，スティーヴン・ムルホール（1962-）とアダム・スウィフト（1961-）は，それらの批判の間に「家族的類似性」が存在していることを指摘しているが，その思想的背景までふまえて考えればそれらの類似性が「家族的」なものであるかさえ疑わしいといわざるをえない．また，マッキンタイアを除く三者についていえば，彼らはロールズ的なリベラリズムの核心にある社会的な再配分を擁護しているがゆえに，ロバート・ノージックらリバタリアンよりも，ロールズ的リベラリズムに親和的な議論を展開しているとさえ述べうる．この限りにおいて「リベラル＝コミュニタリアン論争」は，少なくともその当事者たちにとってみればあくまで左派リベラリズムの枠内における方法論的・存在論的な異議申し立て以上のものではない．そのことは，上述した4人の思想家のいずれも自らの立場を明示的に「コミュニタリアニズム」として位置づけていないことからも明白である．

　この意味で，初期のいわゆる「コミュニタリアン」たちの議論に，「コミュニティ（共同体）」をめぐるまとまった考察が存在していないことは驚くにあたらない．むしろこの「論争」をふまえたうえで，後にさまざまな論者たちが「コミュニティ（共同体）」の意義や重要性をめぐって議論を展開していくことになるのである．

　例えばアミタイ・エツィオーニ（1929-）に代表される自称コミュニタリアンは，個人主義に対してコミュニティの共通善の優先性を明確に主張し，それを基礎として自らの政治理論を展開している．あるいはジェラート・デランティ（1960-）は，上述の「論争」やそれ以降に展開された多文化主義をめぐる議論などもふまえつつ，差異の政治の観点からコミュニティをめぐる思索を展開している．このように，コミュニティをめぐる今日のさまざまな議論は，リベラル＝コミュニタリアン論争で示された諸論点を――「論争」そのものの評価は異なっていたとしても――さらに深化させるようなかたちで展開されているのである．　　［高田宏史］

立憲主義の現在
[英]contemporary constitutionalism

1990年代から「世界的に立憲主義が台頭している」(Ackerman 1997：771) といわれることが多い．このようにいわれるとき，台頭している立憲主義とは，単に国家権力を法によって縛ることを意味しているわけではない．その意味での立憲主義なら中世における「法の支配」の伝統にも見出すことが可能である．中世においても，「国王といえども神と法の下にある」(H. ブラクトン)にあるとの考え方が成立していた．しかし，中世の立憲主義は，専制君主に対抗するものとして，貴族層によって担われたものであり，そこでは身分制が前提とされていた．1215年のマグナ・カルタは，国王と封建諸侯の間の権力の多元的並存という力関係を前提に身分的自由を保障するものであった．

これに対して，今，台頭している立憲主義とは近代立憲主義を意味している．その典型は，1789年の「人および市民の諸権利の宣言」(いわゆるフランス人権宣言)の16条に見出すことができる．16条は「権利の保障が確保されず，権力の分立が定められていない社会は，憲法をもたない」と定めているが，この「権利」とは，身分的自由ではなく，身分から解放された諸個人が有する，人一般の権利としての「人権」であり，身分的利益の代表ではなく国民の代表である議会による議会制民主主義が前提にされている．こうした前提に立つ憲法は「立憲的意味の憲法」と呼ばれる．

●**立憲主義のグローバル化** 二つの世界大戦と一つの冷戦を経て，現在，立憲主義はグローバル・スタンダードとなりつつある．二つの世界大戦を経て，西側社会では「個人の尊厳」を究極の価値とする「人権」は「普遍的価値」とみなされ，世界人権宣言や国際人権規約などを通じて国際的に保障されるものとなった．リージョナルに立憲主義を実現しようとする試みも行われており，ヨーロッパではヨーロッパ人権条約が締結され，加盟国に属する個人は，ヨーロッパ人権条約違反がある場合，国内での救済措置を尽くせばストラスブールにあるヨーロッパ人権裁判所に出訴することが可能であり，ヨーロッパ人権裁判所の判断は加盟国の人権状況に大きな影響を及ぼしつつある．また，冷戦の終焉により，それまで「人権」はブルジョアジーの搾取する自由にすぎないとの批判をしていた旧社会主義諸国でも，体制転換にともなって制定された新たな憲法典には，多数者によっても侵しえないものとしての「人権」が刻印され，それを担保するための装置としての違憲審査制が導入されている．ドイツの著名な憲法学者は，西側の価値であった近代立憲主義を東側が「継受」した結果として，東西の間での「憲法ゲマインシャフト」の成立を語っている (樋口 1996：3-6)．

●**立憲主義と民主主義**　「人権」によって国家権力を縛ろうとするとする近代立憲主義の場合，立憲主義と民主主義は微妙な関係に立つことになる．「人権」が多数者といえども侵してはならない個人の権利を意味するとすれば，それは多数者による統治としての民主主義さえ制約することになるからである．立憲主義と民主主義の間の緊張関係は，二つの形で顕在化する．一つは，違憲審査制と民主主義の対立である．選挙で選ばれるわけではなく政治責任を負わない裁判官が，選挙で選ばれた国会議員によって構成される国会の制定した法律が憲法に違反していると判断すれば，法律を無効にできるというのが違憲審査制であり，裁判官が違憲審査制を積極的に行使すれば違憲審査制と民主主義の緊張関係が顕在化する．実際，アメリカでは，1930 年代に国民の大多数が支持するニューディール立法を裁判所が違憲としたことで，政治部門と最高裁の対立が大きな政治問題になったことがある．政治的には，この場合，保守的な価値を体現した裁判所による司法積極主義に対して，リベラル派の側から司法消極主義が提唱された．他方で，1960 年代にウォーレン・コートが人種の平等や刑事手続の保障などリベラル派の価値を体現する形で違憲審査権を積極的に行使したことに対しては，保守派の側から司法消極主義が提唱された．これが違憲審査制と民主主義の対立の問題である．もう一つは，硬性憲法の是非をめぐる形で立憲主義と民主主義の対立が顕在化する．硬性憲法は多くの場合，国民の多数が憲法を変えたいと思っていても，それだけでは憲法の改正が不可能な形をとることが多い．そこで硬性憲法は民主主義と矛盾するのではないかということが問題となる．アメリカでは，憲法制定時に，後に大統領となる T. ジェファーソン（1743-1826）が硬性憲法は死者による現在の多数者の支配を認めることになる（死者が墓場から手を伸ばして支配するという意味で，「死者の手問題 [dead hand problem]」と形容される）として反対して以来，この問題は論じられてきた．これは立憲主義それ自体と民主主義の対立という問題である．

●**立憲主義のかたちをめぐる選択**　立憲主義といっても国によってそのかたちが異なる場合があり，グローバル化が進展する中でどのような立憲主義を選択するのかが問われることも少なくない．ムスリムのスカーフに対して宗教的シンボルを公共空間に持ち込むことで政教分離が脅かされると考えるのか，あるいはムスリムのスカーフを公共空間のありように対する異議申し立てとして積極的に受けとめるか，また不特定多数に向けられたヘイトスピーチを表現の自由の乱用として規制するか，あるいはそうしたヘイトスピーチもまた表現の自由として保障しようとするかは，それぞれの国がどのような立憲主義のかたちを選択してきたかによって異なるだけでなく，どのような立憲主義のかたちを今後選択するのかによっても異なってくる．立憲主義は未完のプロジェクトである．　　　［阪口正二郎］

カトリック社会思想

［英］Catholic social thought

　一般にカトリック社会思想とは，カトリック教会が信仰者のみならず，全世界に向けて発信する社会教説を意味している．カトリック教会の社会思想を遡れば，聖書やアウグスチヌス（354-430）やトマス・アクィナス（1225頃-74）の思想に行きつくが，近代の社会情勢に対する積極的な発言は，1891年にローマ教皇レオ13世（1810-1903，在位1878-1903）によって発布された社会教説（回勅）『レールム・ノヴァルム』を嚆矢と考えることができよう．

　この社会教説は，当時の自由放任主義的資本主義と無神論的社会主義の双方を批判し，階級闘争ではなく，富める者の義務を含むあらゆる人びととの協調によって社会的弱者の権利を保護することを強調した．しかしながら本来，国家を超えた意義をもつはずのこのメッセージは，20世紀の二つの大戦を防ぐ社会的力にはなりえなかった．

●**第二バチカン公会議とそれ以降**　そうした反省をふまえ，ヨハネ23世（1881-1963，在位1958-63）が立案し1962年から65年まで開かれたバチカン公会議は，従来のカトリック社会思想を刷新する教説が次々と打ち出された．それは，ヨハネ23世の『マーテル・エト・マジストラ』と『パーチェム・イン・テリス（地上の平和）』のほか，彼の後任のパウロ6世（1897-1978，在位1963-78）による公会議の最終成果『現代世界憲章』などに代表される．それらはカトリック信者だけでなく，善意あるすべての人びとに向けられたメッセージとして発布された．その後パウロ6世は，1967年に『ポプロールム・プレグレシオ』を発布し，また「平和と正義委員会」を設立して，貧しい地域の発展と国際規模での社会正義の推進を訴えた．1979年に教皇となったヨハネ・パウロ2世（1920-2005，在位1978-2005）は，1988年に『真の開発とは』を発布し，全人的な発展こそが経済開発の目的であると宣言した．その後継者であるベネディクト16世（1927-，在位2005-13）も『真理に根ざした愛』（2009）で，そのような社会思想の継承を訴え，現教皇フランシスコ（1936-，在位2013-）は『ラウダート・シ』（2015）で，新たにエコロジカルな社会思想を打ち出している．

●**根本的な人間観と社会論**　こうした回勅で表された主要な人間観と社会論は，次のようにまとめられる．

　人間は，神の似姿としてつくられたかけがいのない独自性をもつ存在として，また他者との関係なしには生きることも才能を発揮することもできない社会的存在者であり，公正な社会は人間の超越的尊厳の尊重を基礎として成り立つ（『教会の社会教説綱要』：131-132）．「社会とは一人ひとりを超える一致の原理によって

有機的に結ばれた人間の集合体であり，人間の社会的本性に由来する」(同書：149)と考えるカトリック思想は，人間を非社会的な孤立的個人を前提とする社会契約説にも，個人の独自性を無視する全体主義にも対峙する．カトリックの人権思想は，人間存在のかけがえのなさに立脚するが，人間を「受精から自然死に至るまでの生存権」を有する存在と考える故に，堕胎と積極的安楽死に反対する(同書：155)．

　カトリック社会論の根本を成すのは，トマス・アクィナスに由来する「共通善」思想である．共通善とは，「家族から経済事業，都市，地域，州，国家に至る諸集団とその構成員とが，より完全に，より容易に自己の完成に達成することができるような社会生活の諸条件の総体」と定義される．国家の目的は共通善の実現のためであり，財貨は万人のためにあるがゆえに，国家は，特定の人間や階級によって独占されないように市場を制御し，富の分配に努めなければならない．この点を強化するのが，補完性原理，連帯，正義などの理念である．補完性原理とは，高次の集団がより低い地位の集団に対して補助や支援を行う姿勢を意味し，連帯とは，強い決意をもって一致へと向かう人間同士，民族同士の共通の道を探る姿勢を意味し，正義は共通善を実現するための交換的正義，配分的正義，法的正義から成り立つ．そしてそれらは究極的に，イエスが説いた「隣人愛」という内なる源泉に由来する(同書：164-208)．国際共同体においては，特に平和という共通善が重要である．人間は原罪を有するがゆえに，互いに憎しみ合い，敵対する悲劇も生じるが，それを赦しや和解などによって乗り越え(同書：428以下)，正義と愛の果実としての最高善たる平和が実現するよう訴える(同書：494以下)．

●**最近の社会思想**　カトリック社会思想の概略は，おおよそ以上のようにまとめられるが，前述した『ラウダート・シ』では，現代の地球的な環境危機に直面して，「統合的(integral)エコロジー思想」が強調されている．それは人間が自然の一員であることを自覚しつつ，文化的，歴史的，社会的観点を統合しながら危機を乗り越える思想であり，前述の意味での共通善の原理に立脚して，世代間の連帯をも要求している．この回勅で原発問題は言及されていないが，日本司教団はこの回勅を援用しつつ，独自の判断として原発廃止を呼びかける公式声明と文書を刊行した．

　宗教間対話に関しては，第二バチカン公会議以降，他宗派のキリスト教との教会一致運動(エキュメニズム)が推進されており，キリスト教以外の宗教に対しても，他宗教に敬意を表し，平和や共通善実現のために積極的に対話を行う基本思想を打ち出している．そして，カトリック教徒の割合が0.35％前後にすぎない日本では，日本カトリック司教会議が信徒向けに独自の諸宗対話の手引を刊行している．

[山脇直司]

人権論の展開
[英]theories of human rights

　人権とは一般に,年齢,性別,国籍などのいかんを問わず,人間であるかぎり誰でも正当に要求できることがらを指す.さらに進めて,人権という言葉が「人間らしい暮らしを続ける上で不可欠な,複数の属性を確実に保護してくれるよう訴え求める」働きを有する点に注目した M. フリーデン (1944-) の分析 (『権利』) をふまえるならば,〈それを失うと自分が自分でなくなり,それを奪うと相手が相手でなくなるような大事なことがら〉(具体的には「生命」,「自由」および「人間に固有の属性 [property]」) を尊重せよとの訴えが,人権の核心をなすものと考えてよい.

●**人権概念の源流と普及・定着**　人権の淵源を,オッカムを嚆矢とする中世の「自然権 (ius naturale)」に遡及する見解やマグナ・カルタ (1215 年) 以降の権利章典に見出す説もあるが,社会思想史の視座に立てば,自然権を「各人が,彼自身の自然すなわち自分の生命を保全するために,彼自身の力を思うままに用いる自由である」(『リヴァイアサン』第 1 部第 14 章) と明言した T. ホッブズ (1588-1679) から始めるのが妥当であろう.次いで J. ロック (1632-1704) が,こうした「自然権」を誰にも譲り渡すことの出来ない「生命・自由・財産」(その総称が各人に「固有なもの [property]」) に対する権利であると敷衍し,政治的共同体を結成する主たる目的がこの「固有なもの」の保全にあると見定めた (『統治二論』後篇).

　ホッブズ,ロック,J.-J. ルソー (1712-78) らの自然権思想によって先導された近代市民革命において,アメリカ独立宣言 (1776 年) やフランス人権宣言 (1789 年) などの人権文書が策定された.前者においては「造物主によって付与された,一定の不可譲の権利」として「生命,自由および幸福の追求」が掲げられ,後者においては「自由・所有権・安全および圧制への抵抗」が「消滅することのない人間の自然権」であると謳われる.次いで 19 世紀以降の立憲主義の一定の浸透を経て,人権は各国憲法における自由権および社会権の保障へと法制化されていく.

　そして 20 世紀前半の「全体主義の時代経験」(藤田省三) を超克する指針たらんとしたのが,「世界人権宣言」(1948 年) である.その前文は「人類社会のすべての構成員の固有の尊厳と平等で譲ることのできない権利とを承認することは,世界における自由,正義及び平和の基礎である」と説き起こし,「すべての人間は,生れながらにして自由であり,かつ尊厳と権利とについて平等である.人間は,理性と良心とを授けられており,互いに同胞の精神をもって行動しなければならない」(第 1 条) に始まる 13 の条項が列記されている.ここにおいて人権は,人類普遍に妥当する要求事項として定着をみるところとなり,その特徴として①制度的側面,②道徳的側面,③普遍性,④平等性,⑤不可譲性,⑥切り札性,⑦

一応性，⑧歴史性があげられるに至っている（深田 1999）．

●**人権批判の系譜**　人権が自覚的に主張され始めた当初から，この語句は激しい攻撃にさらされてきた．時系列順に瞥見しておく．まずフランス革命の翌年，保守主義者 E. バーク（1729-97）が，過去から継承されてきた伝統や制度を持ち上げて，抽象的な人権や民主制，平等主義を貶めた（『フランス革命の考察』1790）——バークの糾弾に対しては，その論述の非合理性を衝いたトマス・ペイン（1737-1809）が，フランス革命および人権擁護の論陣を張っている（『人間の権利』1791-92）．功利主義者 J. ベンサム（1748-1832）は，権利は政府の存在を前提するとの立場から，当代の人権思想が「無政府主義的な誤謬」に陥っていると断じ，「生来の不可侵の権利とは，レトリックが生んだ《大言壮語のナンセンス》に過ぎない」と痛罵する（『無政府主義的な誤謬』1795執筆）．フランス人権宣言における「人間（l'Homme）」が女性を除外している点に気づいたオランプ・ド・グージュ（1748-93）は，『女性および女性市民の権利宣言』（1791）を起草して，第一波フェミニズム運動の先駆けとなった．さらに若き K. マルクス（1818-83）は「人権のどれ一つとして，利己的な人間，すなわち自分自身にだけ閉じこもり，共同体から分離された個人であるような人間を超え出るものではない」と看破したのである（「ユダヤ人問題に寄せて」1844）．人権に対するこうした一連の批判言説は，20世紀を経て文化相対主義やコミュニタリアニズム，ポストモダニズムといった新たな意匠を凝らしながら，多彩な展開を示してきた．その一部には，人権思想の硬直化・教条化を正すうえでの有効な示唆が含まれている．

●**人権論のフロンティア**　人権に対する批判や懐疑，さらには大小さまざまの人権蹂躙を見据えることにより，人権論は新たな地平を拓きつつある．三つの動向に注目しておこう．第一に，人権の理論的基礎を人間の合理性に置くのではなく，感傷性（sentimentality）に訴えかける——具体的には人権を奪われた人びとの身に生じた悲しい物語を聞かせる——ことで「人権文化」の伸張を図ろうとする，哲学者 R. ローティの講演（『人権について』所収）．第二に，これまで先進国を中心に展開されてきた普遍主義的人権観の押しつけがましさを是正し，途上国も含めた世界の多様な文明の間で通用する「文際的人権観」への転換を説く，国際法学者・大沼保昭の著作（『人権，国家，文明』）．最後に，人権の「偶像崇拝」を戒め，言われなき苦しみを軽減するための道具として人権の語を用いよと勧める思想史家 M. イグナティエフの『人権の政治学』——彼が範と仰ぐのが，自然権としての「人権」の終焉を見届け，「複数の権利をもつ権利」の創出を遠望した H. アーレントの人権論（『全体主義の起源』第二部最終章）なのである．

人権は，イギリスの社会哲学者 W. B. ガリー（1912-98）が形容した「本質的に論争的な概念（essentially contested concepts）」の典型にほかならず，人間の生き方と社会のあり方を探究する者たちの間の論議を今なお挑発してやむところがない．　［川本隆史］

フェミニズム・ジェンダー
［英］feminism / gender

〈人は生まれながらにして自由かつ，平等である〉．フェミニズムがいつ，なぜ生まれたかを問うならば，近代自然権思想へと遡る必要があるだろう．この単純明快で，革命的な思想は，性別よりも階級によって社会が階層化されていた時代以上に，女性たちに困難を強いた．例えばフランス革命以前，僧侶や貴族の女性たちは，当時の議会である三部会に代表者を選出する権利をもっていた．

ところが，革命後は，後のナポレオン法典にも代表されるように，女性たちには教育を受ける権利も，財産権も，そして参政権も認められなかった．正確にいえば，自然の名の下に，男性には認められた権利を女性であるという理由で，主には男性ほどの理性を備えていないという理屈で剥奪されていくのだ．したがって，フェミニズムは皮肉な意味で，近代の思想である．そして，その始まりから，社会的に烙印を押される女とは何か，理性と対置される女の身体や性とは何かという問いが，フェミニズム思想の基調にこだますることになる．

すでに，同時代にフランス革命を経験したイギリスの思想家メアリ・ウルストンクラフト（1759-97）は『女性の権利擁護』（1792）において，普遍的理性に照らして，女性というだけの理由で，幸福を求める自由が認められないのはなぜかと厳しく問うた．彼女自身もまた，男性と異なってみえる女性をいかに理解するべきかという葛藤を抱えることになる．その葛藤は，〈差異か平等か〉という，その後のフェミニズムを悩ます課題の一つであり続けている．

●**第一波フェミニズムから，第二波フェミニズムへ**　ウルストンクラフトは，同時代の男性思想家を批判しつつも，理性への信頼は失わなかった．したがって，彼女は，男性に開かれた公教育を女性にも要求したのだった．彼女は，男性と女性を単純に同じ存在だと考えていたわけではないが，女性もまた理性的存在であるとする主張は，参政権運動や労働運動に参加し，公的領域への参加を求める第一波フェミニズム運動へと結実していく．

19世紀末から二つの世界大戦を経る中で，欧米諸国では女性に参政権が認められるようになるが，なお社会的・文化的に根深い女性差別は解消されなかった．

女性に対する抑圧の根源的（ラディカル）な原因は，女の特性なのか，あるいは社会の偏見や構造なのか．シモーヌ・ドゥ・ボーヴォワール（1908-86）は，女性もまた実存的存在として，自由な未来へと解放されるべきだと主張すると同時に，生殖能力や性に還元されてきた女性たちの抑圧の歴史に向き合った．彼女の大著『第二の性』（1949）は，「人は女に生まれるのではない，女になるのだ．……文明全体が，男と去勢者の中間物，つまり女と呼ばれるものをつくり上げるのである」と論じ，

生物学的決定論を批判し，社会的に構築される性差という，後のジェンダー概念に通じる考え方を提示した．文化人類学，精神分析，歴史，宗教に表象される女らしさを詳細に分析した本書は，60年代に世界的に開花する第二波フェミニズム運動へと継承されていく．

●**第二波フェミニズム運動** 第二次世界大戦の敗北によって天皇制家制度から解放され参政権を獲得した日本女性と異なり，すでに参政権を獲得していた欧米の女性にとって，戦後は反動の時代だった．戦時の総動員体制下で，男性中心の職場にも女性は進出したが，男たちが戦場から帰還するや，家庭こそが女の場所，家事・育児は女の天職であるという，性別役割分業論が再強化されるからである．

例えば合衆国では，女性の高等教育進学率は女子大を中心に高かったものの，卒業後は主婦になる傾向が強く，名のない不満を抱いていた．ベティー・フリーダン（1921-2006）は，自らの経験でもある女の葛藤を『新しい女性の創造』（1963）において告発し，1966年には全米女性機構（NOW）を立ち上げた．他方で，60年代学生を中心とした新左翼運動に参加した女性たちは，運動内での女性差別の経験に根づいた新しい思想の必要性を痛感する．そして，「個人的なことは，政治的である」というスローガンの下に，男性中心社会から女性たちを解放せよと訴え始める．

第二波フェミニズム運動では，アメリカ社会の本流に女性も参入することを目的とする，NOWに象徴されるリベラル・フェミニズムと，階級闘争や婚姻制度批判に取り組み，社会の構造変革を唱えたラディカル・フェミニズムが活躍する．ラディカル・フェミニストたちは，新左翼運動の中で無視されてきたセクシュアリティと身体こそが女性抑圧の根源だと考えた．そこで，社会規範の内面化から集団で解放されようとする意識変革を目指す意識高揚（コンシャスネス・レイジング）運動が，フェミニズムの方法論として定着していく．

女性自身の内面に向けられる分析は，ラディカル・フェミニストの代表作であるシュラミス・ファイアストン『性の弁証法』（1970）が，女性抑圧と異性愛中心主義を支えてきた元凶として，フロイトを厳しく批判したことにも現れている．その後，精神分析の批判的受容は，欧米フェミニストの一翼を担うようになる．

●**マルクス主義と近代家父長制批判** 著書のタイトルにも示唆されるように，ファイアストンは，マルクス／エンゲルスも批判的に継承していた．女性抑圧の根源を問い返す中で，批判的視座をマルクスに学びつつ，ラディカル・フェミニストは，家庭の内外で女性の労働，セクシュアリティ，身体を支配する装置としての近代家父長制に直面する．父権のアナロジーによって公的支配権力を正当化したかつての家父長制と異なり，近代家父長制は，私的領域の男性支配を公的には不問に付すことで女性を抑圧する装置として再発見される．その際，マルクス主義の再生産労働概念は，家事労働概念の発見につながると同時に，マルクス主

義における生産中心主義に対する批判的視座をもフェミニストに与えた.

　資本主義が克服されれば女性抑圧も解消されると考えるマルクス主義に対して，種を再生産する活動を労働ととらえたマルクス主義を批判的に継承したフェミニストたちは，合衆国では社会主義フェミニストとして，その後理論的な発展を遂げる．リディア・サージェント編『マルクス主義とフェミニズムの不幸な結婚』(1981)には，労働概念の再考，社会的定義としての母親業の発見，ケア労働と資本主義との矛盾の指摘，公私二元論の克服などをめぐり，アイリス・ヤングらの先見的な論考が収められている．ヤングはその後，変革の主体として労働者階級のみを想定したマルクス主義を乗り越え，配分的正義批判，差異の政治へと踏み出していく．

●**精神分析**　意識高揚が60年代フェミニズム運動と理論を支えたように，フェミニストたちは女性の内面にも考察の射程を広げていく．社会の中で，とりわけ家庭内での立場や養育の結果，いかに自己が形成されたのか．身体と密接に関わる性自認や他者関係，さらに言語や身振りの習得といった，それまで生物学的性差へと還元され，女性の所与とされていたものを分析（解体）しようとするフェミニストは，精神分析に訴えざるをえない．フェミニズムが女とは何かを問い返す理論であるかぎり，精神の構造を紐解いていく精神分析は必須のツールである．

　ゲイル・ルービンの論文「女たちによる交通」(1975)は，エンゲルスの再生産労働，C.レヴィ=ストロースの親族関係，そしてフロイトとラカンによるエディプス・コンプレックスといった概念を，セックス・ジェンダー体制がいかに社会的に構築されるかという視点から批判的に再読する．彼女によれば，セクシュアリティは，近親姦のタブー，強制された異性愛，性の非対称な分割によって歴史的に構築されており，自然の衝動ではなく，社会の中心に位置づけられた親族関係に従属している．ルービンの論考は，ナンシー・チョドロウ『母親業の再生産』(1978)らの関係対象理論や，関係性のあり方と道徳発達の関連性の中からケアの倫理を見出していくキャロル・ギリガン『もうひとつの声』(1982)，そして，その後のクィア理論にも大きな影響を残すことになる．

●**ポストモダン／ポスト構造主義**　近代自然権思想との両義的な関係から始まったフェミニズムは，公私二元論や心身二元論こそが，性差を社会的に構築していると批判してきた．しかしながら，解放の運動・理論を目指した70年代までは，フェミニズムもなお近代的な思考の枠に収まっていたといえる．

　しかしながら，80年代以降，近代批判はさらに根本的に，M.フーコーやJ.デリダの影響を受けつつ，主体批判，身体の再解釈，さらにはジェンダー概念の再考に至る．その中で，ジュディス・バトラー『ジェンダー・トラブル』(1990)は，主体の同一性や起源（の真正さ）を攪乱し，〈女であること〉は本質や基盤をもたない，言説実践だと明らかにした．セックス（自然）のうえに構築される

ジェンダー（社会文化）という概念もまた，女（自然）を支配する男（社会）といった二元論の限界内にとどまっているとバトラーは批判する．

「セックスは，定義からいっても，これまでずっとジェンダーだった」と看破したバトラーの議論は，行為の前に行為者は存在しないとする彼女のパフォーマティヴィティ論とともに，解放を目指すフェミニズムを否定しているのではないかと多くの論争を呼んだ．しかし，言語・文化・社会，そして〈わたし〉という意識さえも何らかの法によって規定・制限されている現在，無垢な起源（＝自然／主体）を求めることは，逆に解放の失敗を自然（＝自己）に帰す危険な傾向を呼び起こしてしまうことを，バトラーはいち早く批判したのだった．

法に呼びかけられる行為媒体として〈わたし〉をとらえ，その行為の結果として主体を理解することは，主体が呼びかけに応えるとき，何があらかじめ排除され，禁止されているか，そのプロセスの分析と新たな責任論に道を開いた．

●**二元論に支えられた支配批判**　身体性や自然へと還元されてきた女の歴史に対して，ユートピアを目指すのでも，被害者としての連帯をすべての女性に呼びかけるのでもない，新しいフェミニズムを提唱したのは，ダナ・ハラウェイの「サイボーグ宣言」(1985)である．ポスト構造主義を経たフェミニズムは，身体や自己を存在論的に探求するのではなく，認識論の範疇で理解する．〈あらゆる意味は応用〉だとするハラウェイによれば，国際的な女性運動が「女性の経験」を構築したように，自己も何かとつながることで，再構築可能である．

もはやテクノロジーから離れて生きていけない人間社会において，自然と人為を区別する必要はない．ならば，すでに人間はサイボーグといってよく，サイボーグであるならば，男と女を区別する理由もない．無機物や自然，動物との境界を揺るがしつつ，彼女が提唱するのは，つながりを求めつつ，二元論がもたらしてきた，人種・階級・ジェンダー支配の構造を転覆するツール（＝物語）によって世界を描きなおすことである．

●**ドメスティック・イデオロギーを越えて**　近代自然権思想は，男一般に自由意志と幸福追求権を平等に認める一方で，暴力装置を核とする主権国家の絶対性をも基礎づけた．フェミニズム運動は，主権に与る男を 家庭内（ドメスティック）で支えるよう馴致（ドメスティケイティッド）されてきた女を問い返すために，国家の枠を超えた運動を展開してきた．

21世紀に入り，グローバルな市場経済が国家を凌駕し始める中で，国民と外国人，ジェンダー規範や人種による国民の同一性を求める勢力が台頭している．

竹村和子によれば，ドメスティック・イデオロギーが，公私（国内／家庭内）をはじめとする二元論により構造化された近代国家を貫いている．国内／外の境界を強化しようとする欲望は，国内の異質性を排除する．女とは誰か・何かを社会構造の中で問い返してきたフェミニズムは，ドメスティックな境界を越え，軍事性暴力やケア労働不足など，今後もグローバルなイシューとも向き合っていくことになる．　　［岡野八代］

日本のフェミニズム
［英］feminism in Japan

　フェミニズムとは性を理由とする差別・抑圧からの女性の解放を目指す思想であり，近代において，女性解放のための実践的な運動と密接に結びつきながら発展した．先進国を中心に展開したフェミニズム運動には二つの波があった．すなわち，19世紀後半から20世紀初頭までの女性参政権運動を中心とする第一の波と1960年代に始まる女性解放運動（women's liberation movement）の第二の波である．通常，公的領域を中心として男女平等を目指した前者と，私的領域を中心として性分業・性役割からの解放を目指した後者の差異が強調される．こうした理解は日本のフェミニズム史にも概ね妥当するが，特に戦前の日本のフェミニズムは女権運動に収斂しない多様性もはらんでいた．この点からも明らかなように，日本のフェミニズムは，欧米のフェミニズムの影響を受けながらも，独自の展開をたどった．

●**戦前期日本のフェミニズム**　日本のフェミニズムの萌芽は，自由民権運動に参加し，男女同権を主張した岸田俊子（中島湘烟，1864-1901），福田（景山）英子（1865-1927）らに見出すことができる．自由民権運動の挫折後，福田英子は平民社に加わって社会主義者となり新聞『世界婦人』（1907-09）を発行した．大正デモクラシー期における雑誌『青鞜』（1911-16）の創刊は，女性を抑圧的な家族制度に囲い込む旧民法制定（1898年）や良妻賢母思想の台頭がもたらした閉塞状況に風穴を開ける画期的な出来事だった．『青鞜』は，創刊の辞「元始女性は太陽であった」を執筆した平塚らいてう（1886-1971）をはじめとする若い女性を中心に，与謝野晶子（1878-1942）ら著名な女性作家の賛助も得て，文芸雑誌として創刊された．『青鞜』は，徐々にフェミニズム的な問題意識を深化，顕在化させ，貞操論争，堕胎論争，廃娼論争など女性のセクシュアリティをめぐる激しい論争の場ともなり，伊藤野枝（1895-1923）や山川菊栄（1890-1980）らを世に出す役割も担った．

　『青鞜』終刊後，フェミニズムの舞台は文学運動から社会変革を目指す実践運動の場に移行した．与謝野晶子，平塚らいてう，山川菊栄らによる母性保護論争はその第一歩となったが，女権主義・母性主義・社会主義へのフェミニズムの分化も印象づけた．1919年，平塚らいてうは市川房枝（1893-1981）らと新婦人協会を設立し，1922年には女性の政談集会への参加を禁じた治安警察法第5条2項の撤廃を実現させた．市川は，アメリカ滞在を経て，1924年に婦人参政権獲得期成同盟会（翌年婦選獲得同盟と改称）の結成に加わり，以後女性参政権運動の中心的な存在になった．山川菊栄は，社会主義女性団体である赤瀾会の設立に関わる一

方で，無産政党や労働組合に「婦人の持殊要求」を持ち込むべく論争を挑むなど，社会主義フェミニズムの代表的な論客として活躍した．高群逸枝（1894-1964）は，アナキズムの立場から新女性主義を標榜し，山川らマルクス主義フェミニストとアナ・ボル論争を展開した．高群は，1930年代初頭に無産婦人芸術連盟の運動に参加した後は日本女性史の研究に専心し，『母系制の研究』（1938），『招婿婚の研究』（1953）などを著し古代の日本に家父長制的でない婚姻制度が存在したことを立証しようとした．

●戦後日本のフェミニズム　敗戦後の占領軍主導の社会改革は，家族制度の民主化，女性参政権，教育における男女平等などを実現し，女性の社会的地位を著しく向上させた．1950年代に昂揚した革新運動には多くの女性が参加し，インフォーマルな女性グループを足場として，後のウーマン・リブに通じる問題提起が行われることもあった．九州で雑誌『サークル村』（1958-61）の運動に携わった森崎和江（1927-　）は，女性交流誌『無名通信』（1959-61）を主宰して家庭内，労働運動内の性役割を問い，『第三の性――はるかなるエロス』（1965）では男女の性愛について先駆的な考察を行った．

　1950年代半ばに始まる高度経済成長は「男は仕事，女は家庭」という近代的な性分業を定着させたが，性役割やセクシュアリティを正面から問い直すウーマン・リブ（女性解放運動）の引き金ともなった．1970年頃から，新左翼運動への参加経験をもつ女性を中心に，各地に草の根グループが組織され，参加者の意識変革に力点を置く活動を展開した．同時に広汎なネットワークを基盤として，合宿や集会，優生保護法改悪反対運動などの共同行動も試みられた．ぐるーぷ・闘う女，リブ新宿センターのリーダーとなった田中美津（1943-　）は，『いのちの女たちへ――とり乱しウーマン・リブ論』（1972）を執筆し，幼少期の性暴力の被害に向き合いつつ，女性を〈娼婦〉と〈母親〉に分断する男性中心の社会における女性の生き難さを訴え，女性同士が出会うシスターフッドの可能性を提起した．他方で，1973年に始まるキーセン観光反対運動を契機として，侵略戦争・植民地支配をめぐるアジアにおける日本人女性の加害責任を問い直す動きも生まれた．ジャーナリストの松井やより（1934-2002）を中心に組織されたアジアの女たちの会は，アジアの諸地域の女性と連帯する活動を展開し，日本軍「慰安婦」問題をめぐる海外からの問いかけに日本のフェミニズムが応答する基盤をつくり出した．他方で，1970年代半ば以降，女性学が生まれるなど，ウーマン・リブの達成を制度化する動きが活発化した．国連の女性差別撤廃条約（1979年採択）への参加は，こうした動きに拍車をかけた．フェミニストの発言力の強まりは，性差別的な法制度，社会慣行を改善する大きな力となる一方で，フェミニスト間の立場の違いを浮かび上がらせ，性差別の原因や構造，目指すべき女性解放のイメージ，個別的な問題の解決策をめぐってさまざまな論争も発生した．　　　　　［水溜真由美］

家　族
[英]family

　家族という社会集団は，ほぼすべての人間が所属した経験をもつものである．私たちの社会で家族は「近代家族」と呼ばれ，家族史の観点からすれば特徴として以下の八つがあげられる．すなわち，①家内領域と公共領域との分離，②家族構成員相互の強い情緒的関係，③子ども中心主義，④公共的／家内領域への男女の間の性別分業，⑤家族の集団性の強化，⑥社交の衰退とプライバシーの成立，⑦非親族の排除，⑧核家族である（落合 2004：103）．それゆえ，日本の「近代家族」は第二次世界大戦以降の産物である．つまり，家族の中心に恋愛から結婚に至った一組の夫婦がいて，夫は職場労働，妻は家内労働（家事，育児，介護）に勤しむ家族像は決して古くはない．また，この家族像は，人間にとって普遍的な生活のあり方でもない．一夫多妻制がアフリカやイスラームの社会に特殊ではなく，歴史的には一部のキリスト教にも存在したこともあれば，性別分業や父母の役割についても普遍的類型は存在しない．家族は，宗教，経済，政治，科学技術，文化に左右され変容し続けている．ここではいわゆる欧米型の近代化に伴う家族の傾向について述べる．そもそも「家族（family）」概念はラテン語（familia）に由来し，ギリシア語における「オイコス（οἶκος）」に相当していた．この「オイコス」は成員のみならず，「住居」や「世帯」，「家族共同体」をも含む包括的な意味をもっていた．婚姻関係を法権利との関連で説明を試みたI. カント（1724-1804）とG. W. F. ヘーゲル（1770-1831）の間にも，家族概念の変化をたどることができる．

●**理念としての家族**　カントとヘーゲルが目指したのは，近代化の過程で高まってきた個人主義における自由と権利を，法というかたちで定義することであった．背景には市民社会（die bürgerliche Gesellschaft）の登場があった．この社会の成立には資本主義的な生産のあり方の展開が不可欠であった．この中で次第に生活領域から，生産，労働，政治の領域が公的領域として自立したのである．家族はその他方の極である私的領域の核心である．そしてここにおいて親密性が，その構成原理として析出してきた．

　『人倫の形而上学』（1797）においてカントは，家族の基礎を一対の男女の間の婚姻とした．この関係をカントは，あくまでも相互的な占有の関係であるとみなしていた．私法においてカントは，家族をめぐる権利を主体の権利のうちでも，他者を物件として占有し，人格として使用する権利（物権的債権）とし，婚姻関係を他の権利を越える人間性の法則に従う関係だと考えた．夫は妻と性共同体を築き，互いに性器と能力を使用することができるが，それは動物的自然本性ゆえではなく，子どもを産み育てるという自然の目的を果たすためである．

しかしこのカントの家族観とは異なり，ヘーゲルは婚姻関係の基礎として，両者の「同意」を，すなわち互いに寄せ合う愛情を重視した．そして，ヘーゲルは『法の哲学』(1821) において，人倫 (die Sittlichkeit) を人間がともに生きる世界における自由の理念の現実態とし，家族，市民社会，国家を人倫の三つの契機とみなした．家族はヘーゲルによると，一夫一婦制による婚姻と，所有と財産，そして子どもの教育とその独立（家族の解体）という三つの構成要件を含んでいる．個人は倫理的愛に満ちた家族で育まれ，その個人は市民社会において自らの欲望に忠実に，そして互いに敵対的に振る舞い，そして国家はこれらを包摂し個と全体との間に宥和をもたらして自由を実現するとされた．

●**近代家族への批判的視点** こうした家族のあり方は，家父長的権力関係を自明とする．しかし，J. J. バッハオーフェン (1815-87) の『母権論』(1861) は地中海社会の古代に，母性優位の社会が存在したことを指摘した．『母権論』は後に人類学者 L. H. モーガン (1818-81) に広められ，F. エンゲルス (1820-95) は彼の影響下で家族制度を，労働様式とともに階級関係を支え，資本主義国家の形成を助けるとみた．

M. ホルクハイマー (1895-1973) はフランクフルト学派の共同研究である『権威と家族』(1936) において，この家父長的権威構造が，資本主義社会の展開とともに変容していることに着眼した．家族内ではまだ家父長の権威が維持されていたが，家族の生産機能の喪失は，家長の権威が外部の政治権力と経済的必然性に従属し，対外的な弱体化を招く．つまり，家長は家族の「主人」として妻と子どもに対し支配的であり続けたが，それは社会の代理人でもあるという，二重の意味をもっていた．ホルクハイマーはここに自発的服従が働き，資本主義的国家体制と家父長的権威両方の自己保存に貢献していることを暴こうとした．

ヘーゲルやホルクハイマーのように，家族をめぐってソフォクレスの悲劇『アンティゴネー』を扱う思想家が多い中でも，J. バトラー (1956-) の解釈は，自明視されてきた近代家族の核心に揺すぶりをかける．ジェンダーこそがセックスを規定するとみるバトラーからみれば，性別分業，役割配置はすでに基礎を失っている．また，アンティゴネーを中心に「父にして兄」のオイディプス，「母にして祖母」のイオカステー，「甥でもある」兄弟たちからなる親族関係の豊かさは，生物学的性に縛られた近親婚タブーの規範から力を奪う．そしてアンティゴネーが，性をめぐる支配言語に服従していながらも，さまざまな禁止に反抗する（「乱交的服従」）ことに注目する．この現象は性をめぐる規範性自体が虚構であるために，パフォーマティヴに遡及的に確認される．そしてこの性規範の攪乱から近代家族の変容をめぐって示唆されるのは，セックスや血縁に縛られない関係に基づく，現在すでに現れつつある多様な共生のあり方を「家族」と呼ぶ，そうした家族の理念の変容にほかならない．

[宮本真也]

親密圏

[英]intimate sphere

　親密圏は，具体的な他者との間の，生／生命への関心と配慮・世話（ケア）によって結びつく関係を指す．依然として男女の性愛によって結びつく関係を指して用いられることが多いものの，男女の婚姻や家族という制度には限定されない，さまざまな性愛や関心・配慮によって結びつく人びとの関係を指す用法も近年定着してきた．

　親密圏は，近代の市民社会の成立とともに現れる関係のあり方であり，自由意志によって結びつく男女とその子どもたちからなる小家族を指す用法が一般的であった．J. ハーバーマス（1929-　）は，この小家族＝「市民的家族」を親密圏と呼び，それを，政治的・経済的な強制から部分的に解放され，文芸的ないし政治的公共圏に向けて人びとを陶冶する教養形成が行われる場所として描いた（ハーバーマス1962）．H. アーレント（1906-75）は，親密圏を，「社会的なもの（the social）」の画一化に抗する仕方で形成される空間，一般に妥当している正常化の圧力を逃れる関係としてとらえたが，同時にそれが公共圏にとっては不可欠な人びとの間の距離を欠いたものとみた（アレント1958）．親密圏は，アーレントからみれば，複数性（plurality）という点では限界があり，政治性という点では無力なものにとどまる．

●家族と親密圏　親密圏は，家父長制のもとでの家族形態とは区別された小家族（核家族）や外部に対して閉じられた少人数の内密な関係を指す言葉として用いられてきたが，まず前者の意味での親密圏のとらえ方には次のような批判が提起されてきた．

　第一に，人びとの性愛は異性愛に限定されるものではなく，異性愛カップルにのみ正統性を認め，婚姻した男女に制度上の種々の特権を与える異性愛中心主義（heterosexism）は，それとは異なった性的指向をもつ人びと（LGBTを含む）を対等な市民として尊重しているとはいえない．第二に，人びとの間に親密な関係を築き，維持する媒体は性愛にはかぎられず，例えば親の子に対するケア，友人相互のケア，あるいは同じような生の困難（例えば依存症など）を抱えている人びと相互のケアなども持続的な関係をつくり出しており，具体的な他者への配慮や関心は多様な形をとりうる．第三に，親密な関係は単数のものとはかぎらず，人びとは家族のほかにも複数の親密な関係をもちうる．近年は単身で生きる人（単身世帯）の増加が顕著になってきているが，家族をもたない単身者でも複数の親密圏をもつ場合がある．

　たしかに家族は親密圏がとりうる形態の一つであるが，すべての家族が親密圏

であるわけではない．現実の家族は，逆に，DVや虐待，ネグレクトなどの暴力が常態化する場でもありうる．「家族」を多義的なものにすることによって，具体的な他者の生／生命への配慮を媒体とする関係を描くことも可能ではある．だが，家族という言葉は，例えば「家族の価値 (family value)」を称揚するイデオロギーとも結びつきうるものであり，記述的にもまた規範的にもこの言葉には限界がある．そのように考えるJ. バトラー（1956- ）は，親密圏を指すのに"kinship"という言葉を用いる（バトラー 2000b）．

●**親密圏の特徴**　親密圏は，身体をもった具体的な他者との間に成り立つ関係であり，共通の問題ないし関心事をめぐって形成される公共圏とは異なった特徴をもっている．必ずしも対等な者どうしの関係であるとはかぎらないという非対称性，誰に対しても開かれているわけではないという準閉鎖性，関係から思いのままには離脱しがたいという被縛性，そして，生ける身体をもった他者に関わるという間身体性といった点がその特徴としてあげられる．親密圏は，特定の目的や価値を追求するために結びつくアソシエーションとも異なるし，特定の善の構想や生き方を成員が共有するような共同体やコミューンからも区別されるが，その区別は分析的なものであり実態としては重なりうる．

親密圏にあるとき，人びとは他者と代替不可能な者として承認される関係，その必要に応じるような配慮やケアが提供されるような関係のうちに身をおくことができる．それは，身体を備え，それゆえ他者からの配慮やケアの提供を必要とする者として承認される関係である（ホネット 1992）．また，親密圏には大切なものとして共有されてきた物 (things) があることも多く，そうした物をめぐる記憶や物語が人びとをつなぐ媒体ともなる．だが，応答を返し，ケアを提供してくれるような具体的な他者を欠く「孤独 (loneliness)」が増えていることにもみられるように，親密圏に生きることは自明なことではなくなっている．

●**親密圏と公共圏**　S. ベンハビブ（1950- ）は，アーレントが描いたある種の親密圏（サロン）が外に対してもある程度開かれたいわば準-公共圏としての機能をもつことに注目した（Benhabib 1993）．公共圏へのアクセスは誰に対しても同等に開かれているわけではなく，相対的に安全であると感じられる親密圏での他者との交わりの経験があってはじめて，公共圏へのアクセスが促される場合もある．

親密圏は，定義上誰に対しても開かれることはないが，完全に内閉したものであるとはかぎらない．むしろ，その一部は，自らが直面している困難や課題について公衆の関心や対応を喚起するために同時に公共圏としての機能を果たすこともある．例えばLGBTが形成する集団は，互いの必要や困難に応じるという点では親密圏としての機能をもち，同時に他方で，婚姻資格など制度による差別的な扱いに異議を申し立て，その是正を求めるという点では公共圏としての機能を果たしている．

［齋藤純一］

クィア（LGBT）・スタディーズ

[英]queer (LGBT) studies

　クィア（LGBT）・スタディーズとは，性やジェンダーをめぐる文化や社会，歴史，人間の自我やアイデンティティなどを研究対象とする学問分野である．特に「LGBT スタディーズ」と呼ばれるとき，LGBT の頭文字であるレズビアン（女性同性愛者）・ゲイ（男性同性愛者）・バイ（両性愛者）・トランスジェンダー（性別越境者）などの性的少数者やその文化，運動史を中心に取り組むものが多い．
　クィア（LGBT）・スタディーズの起源は，レズビアン／ゲイ・スタディーズである．レズビアン／ゲイ・スタディーズは，1970 年代にアメリカで広まったレズビアン・ゲイ解放運動の中で生まれ，次第に大学で学問として受け入れられるようになった．しかし，1980 年代にアメリカを襲ったエイズ危機や「フェミニスト・セックス戦争」と呼ばれるフェミニズム内でのポルノ表現やサド・マゾヒズムなどの性行為をめぐる論争で，性的指向によるアイデンティティ主義の問題とそれによる学問的分業体制の限界，SM 愛好者や性別越境者など必ずしも「レズビアン」や「ゲイ」といったアイデンティティ・カテゴリーにあてはまることのない人びとの排除の問題に包括的に取り組む必要性が明らかになった．それに呼応するかたちで，性やジェンダー表現によって社会的に蔑まれ，周縁化されている人びとを「クィア」として包括するアプローチのアクチュアリティが増していった．「クィア」とは，主に男性同性愛者への侮蔑語として使われてきた言葉であり，クィア・スタディーズは「クィア」という言葉の社会における蔑称的な意味合いを継承し，性やジェンダー表現による排除とその社会構造を批判的に検証しようとした．このような背景から，1990 年代に特定の人びとを周縁化する社会規範そのものを問い直すクィア・スタディーズやクィア理論が成立していった．

●**クィア理論の成立と展開**　クィア理論とは，J. デリダ（1930-2004）や M. フーコー（1926-84）などのポスト構造主義の影響下で，普遍的で自然化された異性愛（異性愛規範）やジェンダー化された身体，性的アイデンティティのカテゴリーの自明性とその生成過程などを批判的に問い直そうとする批評理論である．著名なクィア理論家として文学研究者のイヴ・セジウィック（1950-2009）や哲学者のジュディス・バトラー（1956- ）らがいる．
　セジウィックは，異性愛と同性愛の境界の曖昧さや不安定さに注目することで近代西洋の古典的文学作品を解釈し直した．セジウィックは，『男たちの絆』（1985）で男性同性間の緊密な社会的結びつきや関係性を「ホモソーシャリティ」と呼び，近代西洋の家父長制社会において男性同性間の結びつきを保つためにミソジニー（女性嫌悪）が，そのような男性同性同士の結びつきへの欲望を異性愛

的なものとして維持するためにホモフォビア（同性愛嫌悪）が機能していることを論じた．また，後期のセジウィックは，恥などの感情の心的作用に注目し情動論を発展させることで，フーコーの権力論や精神分析によるセクシュアリティ論の限界を乗り越えようとした．

バトラーは，『ジェンダー・トラブル』（1990）において，フェミニズムで想定される一枚岩の「女性」というアイデンティティや「セックス」と「ジェンダー」の区分，男女二元論が暗黙裡に前提とする異性愛主義を批判した．バトラーは，J. L. オースティン（1911-60）の言語行為論のデリダによる批判的解釈を継承し応用するかたちで「ジェンダー・パフォーマティヴィティ」論を展開し，フェミニズム全体にも大きな影響を及ぼした．「ジェンダー・パフォーマティヴィティ」論とは，ジェンダーの生成過程を規範の引用と反復によるものだとする理論であり，ジェンダーの起源として想定される「セックス」は事後的につくり出された言説的構築物であるとみなすものである．性器の形状やセックスのような自然的本質にジェンダーの根拠を求めない「ジェンダー・パフォーマティヴィティ」論は，1990年代後半から発展したトランスジェンダー・スタディーズの理論的基盤の一つにもなった．また，1980年代にクィア・コミュニティが経験したエイズ禍による「弔われることのない死者たち」という問題は，バトラーの議論において「ジェンダーのメランコリー論」として結実している．2000年代以降になると，それはアメリカのテロとの戦いやイラク戦争などの考察として発展してゆき，バトラーの議論は政治学や倫理学にも影響を与えている．

● **2000年代以降のクィア・スタディーズの発展**　翻訳やLGBTの政治の国際化に伴いクィア・スタディーズも国際的に受容されていった．1990年代後半になると，治療薬の開発でエイズパニックも落ち着き，欧米においてゲイ・アクティヴィズムはネオリベラリズムの中で消費主義を取り込むかたちで主流化していった．リサ・デュガン（1954- ）は，アメリカの主流化した性の政治における「平等」の概念が経済的平等から切り離され，軍隊に入る権利や婚姻の平等のみに集中していった同性愛者の政治のあり方を批判し，「ホモノーマティヴィティ」と名づけた．さらに，ジャスビル・プア（1967- ）は，9.11同時多発テロ以降の同性愛者の政治が，反イスラームや反移民などのレイシズムを伴う欧米諸国のナショナリズムと親和性をもつ現象を指して，「ホモナショナリズム」と概念化した（puar 2007）．

一方，1990年代後半頃から，エイズ危機に強い影響を受けたクィア・スタディーズと障害学との接合の模索も行われ始めた．ロバート・マクルーア（1966- ）は，クィア・スタディーズと障害学との近接性として，異性愛／同性愛や健常／障害などの境界の問い直す点と，正常性や規範をつくり出すことで人びとを周縁化する制度や権力のメカニズムを批判する点を指摘し，両者を架橋する理論としてクリップ理論（Crip Theory）を展開している（McRuer 2006）．　　　　［川坂和義］

第2章
関係／秩序の変容と再編

［編集担当：齋藤純一・鵜飼 哲・大貫敦子・森川輝一］

- 福祉国家・社会国家……………………698
- グローバル化と市場の再編……………702
- 新自由主義………………………………706
- 福祉社会の再編…………………………708
- ケ ア……………………………………710
- 大衆社会論………………………………712
- ポピュリズム……………………………714
- 消費社会論………………………………716
- 市民社会…………………………………718
- カルチュラル・スタディーズ…………720
- 教育・学校………………………………722
- ポスト冷戦下の世界……………………724
- 国民国家の行方…………………………726
- ナショナリズム論の展開………………728
- 移民問題…………………………………730
- 多文化主義………………………………732
- 集団的記憶・歴史修正主義……………734
- 歴史認識と和解…………………………736
- 先住諸民族………………………………738
- 沖　縄……………………………………740
- 解放の神学………………………………742
- 公民権運動………………………………744
- 反戦平和運動……………………………746
- 市民運動・住民運動……………………748
- グローバル・ジャスティス運動………750

福祉国家・社会国家
［英］welfare state ［独］Sozialstaat

　福祉国家とは第二次世界大戦後の西側諸国で一般化した国家のあり方を指す．その起源やあり方は多様であるが，歴史的にみた特徴としては，(1) 市場の自由が貫徹し，封建的身分や同業組合（ギルド）から自由な個人が析出された後，(2) 民主主義の拡大によって市民間の不平等が政治問題へと転化し，(3) 貧困が個人の責任ではなく「社会問題」として認識されたことにより，(4) 国家が働けない個人への最低生活保障のみならず，社会保険を通じた市民全体の生活保障（失業，労働事故，病気，老齢，家族扶養の際の所得・サービス保障）への責任を担うようになった，という点があげられる．第二次世界大戦後の福祉国家は，冷戦を背景とした労使和解体制，ケインズ主義的雇用政策，男性稼ぎ主型家族の普及といったさまざまな要因に支えられていた．したがって1970年代以降のケインズ主義の退潮，労使協調の終焉，家族の変容，とりわけ1990年代以降のグローバル化の進展によってその基盤は浸食されつつあり，今日福祉国家は根本的な再編の途上にある．

●**福祉国家の思想的起源**　中世ヨーロッパにおいて慈善・救貧活動を主に担っていたのは宗教組織や上層身分であった．およそ16世紀以降，社会の世俗化，商業の発達にともなって宗教的・身分制的秩序（中世自然法秩序）が動揺していく．代わって世俗権力への集権化が進むと，救貧行政も拡大していった．最も早い例は16〜17世紀のイングランドのエリザベス救貧法であるが，フランスやプロイセンでも18世紀の絶対王政の下で救貧院がつくられていった．これらは個人の自然権・生存権に基づく対応ではなく，浮浪者の監禁や就労可能な貧民への労働強制など，秩序維持を目的とした抑圧的な性格を伴っていた．

　救貧政策の転換の画期となったのは，商工業の発展を背景とした自由な市場の形成である．アダム・スミスは『国富論』(1776) の中で関税や同業組合を批判し，自由な市場こそ社会の繁栄と貧困問題の解決をもたらす，と主張した．市場の発展を背景として身分制的秩序から個人が解放されていくと，自然権を有する個々人の契約による国家権力の正統化という論理が導かれる．フランス革命期の1791年憲法では，こうした論理にしたがって国家による自然権・生存権の保障（公的扶助の義務）が明記された．ただし，経済的な自由主義原理と国民もしくは人民の主権という民主主義原理との間には埋めがたい乖離が存在した．

　工業化の進む19世紀において，都市労働者層の間に出現した膨大な貧困は「大衆的貧困」，後に「社会問題」と称されていく．その認識と対応は主たる政治勢力に応じて国ごとに多様であった．(1) ドイツでは経済的自由主義を掲げるドイ

ツ・マンチェスター学派と社会主義の双方に対抗して1872年に社会政策学会が設立される．その主導者グスタフ・フォン・シュモラー（1838-1917），アドルフ・ヴァーグナー（1835-1917）らは，階級対立を緩和する国家官僚の役割を重視し，1880年代のビスマルク社会保険を準備した．(2) フランスでは1890年代の中小生産者を支持基盤とする急進共和派によって「連帯主義（solidarisme）」が提唱された．その代表者であるレオン・ブルジョア（1851-1925）は，職業組合や共済組合などの中間集団による相互扶助を国家が補完するという社会像を提示し，1910年労農年金法を初めとする社会保険を準備した．(3) イギリスではJ. A. ホブスン（1858-1940），L. A. ホブハウス（1864-1929）らの「ニュー・リベラリズム」によって経済的自由主義が修正される．個々人の人格的発展を保障するためには，自由な市場を前提としつつも国家による最低生活保障や労働権の保障を組み合わせる必要があると主張された．彼らの思想は自由党政治家ロイド＝ジョージによる20世紀初頭の社会保険法を準備した．(4) スウェーデンでは社会民主党のペール・アルビン・ハンソン（1885-1946）首相が「国民の家」という理念を唱え，社会民主主義の基盤を労働者階級から国民全体へと拡張した．この理念は1930〜40年代の社民党政権下での普遍主義的な社会保険を準備した．

以上のように，福祉国家の思想的起源は単一ではなく，官僚層，使用者層，中産階級，労働者層のそれぞれに発する潮流が存在し，社会カトリシズムも重要な役割を果たした．ただし，2度の世界大戦を経て国家の社会経済領域への介入が拡大すると，第二次世界大戦後は福祉国家への広範な合意が成立する．イギリスのウィリアム・ベヴァリッジ（1879-1963）が『社会保険および関連サービス』（1942，通称ベヴァリッジ報告書）で力説したとおり，公的扶助と社会保険を通じた市民への所得保障だけでなく，公衆衛生，医療サービス，教育サービス，住宅供給，家族政策，完全雇用政策も国家の役割とみなされていく．これらの政策はイギリスで「福祉国家（welfare state）」と総称されていくが，ドイツでは主に「社会国家（Sozialstaat）」，フランスでは「社会保護（protection sociale）」と呼ばれるなど，歴史的経緯に応じてその呼称はさまざまであった．

●**福祉国家をめぐる論争**　OECD諸国では1970年代半ばまで「黄金の30年」と呼ばれる長期の経済成長が実現し，福祉国家も拡大を続けた．福祉国家の解釈をめぐっては複数の対立する学説が生まれた．(1) およそ1970年代まで有力であったのは，近代化・産業主義論である．これらによれば，近代化，とりわけ経済発展に伴う都市化，伝統的家族や共同体の衰退，高齢人口の増加などの社会学的要因によって，福祉国家は必然的に拡大する．この立場を代表するハロルド・ウィレンスキー（1923-2011）は，先進国と途上国60か国以上を比較し，経済成長の水準が福祉国家の発展を規定する，と結論づけた．しかしこうした収斂論は先進国間の違いを過小評価しているとして1970年代以降に批判にさらされる．

(2) ネオ・マルクス主義者は国家が資本主義から相対的自律性をもち，福祉政策を通じて階級対立を緩和する，と論じた．ジェイムズ・オコンナー（1930-　）は『現代国家の財政危機』(1973) の中で，資本主義国家の機能として資本の蓄積機能，社会秩序を維持するための正統化機能（福祉）の二つをあげた．両者の間には矛盾が存在するため現代国家は必然的に財政危機に陥る，という．しかしこうした危機論も1980年代以降の福祉国家の拡大という事実に反するとして批判を受けた．(3) 1990年代以降に隆盛となる新政治経済学では，政治と経済が相互に自律したメカニズムをもつと想定される．資本主義の下では階級対立が生じるが，労働者階級が議会制民主主義を通じて政治に参与することにより，資本家階級のヘゲモニーは修正される．労働者階級は他の階級と政治的に連合することで，階級利益を越えた市民全体の社会権を推進する．この潮流を代表するイェスタ・エスピン＝アンデルセン（1947-　）は『福祉資本主義の三つの世界』(1990) において，福祉国家の主たる役割をカール・ポランニー（1886-1964）に倣って「脱商品化」と定義した．脱商品化とは，市民が失業・病気・老齢などにより市場での労働から離脱しても一定の生活水準を権利として保障されることを指す．脱商品化の範囲と水準は制度によって異なるため，福祉国家が市民間に不平等（階層化）をつくり出すこともある．エスピン＝アンデルセンは脱商品化と階層化という二つの指標から先進国を自由主義，保守主義，社会民主主義という三つの福祉レジーム（公的・私的福祉制度の組み合わせ）に分類した．エスピン＝アンデルセンのレジーム論は多くの研究者に受容されたが，今日までその修正も活発に行われている．フェミニズム研究者はジェンダー間の権力関係が軽視されていると批判し，脱商品化に「脱家族主義（de-familialization）」という指標を加えた新たな分類を提起している．さらに三つのレジーム以外に南欧型レジーム，東アジア型レジーム（後発国レジーム）を加える議論もある．

●**福祉国家の再編**　類型の違いにかかわらず，先進国の福祉国家は1970年代後半から再編期に入る．福祉国家再編をめぐっては大きく二つのとらえ方がある．

(1) 一つは資本主義が国家の規制を離れてグローバルに展開し，福祉国家を浸食しつつある，という理解である．1970年代には新自由主義，マルクス主義の双方から福祉国家批判が展開された．これらは福祉国家の拡大が資本主義のメカニズムと抵触し，財政危機や経済不況をもたらした，と主張する点で共通する．F. ハイエク（1899-1992），M. フリードマン（1912-2006）ら新自由主義者は，福祉国家のもとで官僚の恣意的な統制が肥大化し，市場や個人の自由を抑圧している，と批判した．彼らの主張は80年代の英米に受容され，公的福祉の削減，公営企業の民営化などの政策を導いた．マルクス主義によれば，この時期に金融を中心とした資本の再編が起こり，国境を越えた資本移動の自由化（グローバル化）が進むことで，労資の権力関係に根本的な変容が起こった．労働者は国境を越えて移

動することが困難であるが，資本は自由に行き来できるため，資本権力が優位となる．グローバル化の下でどの国でも公的福祉の縮減，労働規制の撤廃，法人税・所得税の引き下げが進み，先進国と途上国は「底辺への競争」へと向かう，という．マルクス主義を代表するボブ・ジェソップ（1946- ）は，福祉政策が経済的な競争政策へと従属することで「ワークフェア」へと収斂している，と論ずる．ワークフェアとは公的扶助・失業給付などの受動的給付を縮小し，就労を条件とした給付へと転換することで，すべての人に就労を強制する政策を指す．

　（2）もう一つは，福祉国家が浸食されるというよりも，個々人の多様なライフスタイルやニーズに対応する形へと変容しつつある，という理解である．戦後の福祉国家は男性稼ぎ主型家族を前提とし，製造業労働者の蒙る定型的リスク（失業，労働事故，老齢，病気など）に対応するものであった．ドイツ批判理論を代表するクラウス・オッフェ（1940- ）やユルゲン・ハーバーマス（1929- ）は，フーコー（1926-84）の権力論を参照しつつ，福祉国家が画一的な就労・生活スタイルを個人に強制している，と批判した．70～80年代に先進国で登場したフェミニズム，マイノリティ運動，地域主義，エコロジーなどの「新しい社会運動」は，こうした規律権力に対抗し，生活様式を自ら選択・決定できることを求める運動であったと解釈される．また1990年代には就労・家族形態の多様化とともに「新しい社会的リスク」の登場が指摘される．産業構造が製造業から情報・サービス業へと移行し，多様な働き方，短期雇用などが拡大する．女性の就労が進むと男性稼ぎ主型家族は少数となり，一人親，単身世帯が増加する．これらの変化により，従来の定型的リスクに対応した社会保険からもれ落ちて貧困リスクにさらされる若年層，女性，低教育層が増加している，という．社会学者のエスピン＝アンデルセン，アンソニー・ギデンズ（1938- ）は，今日の福祉政策の役割を「社会的投資」と規定する．すなわち子ども・若年層・女性・低所得層の人的資本に投資（教育，職業訓練）を行い，その潜在能力を引き上げて「就労可能性」を高めることで，各人が「新しいリスク」に対処できるよう支援することである．こうした「投資」という考え方に対しては，福祉と就労を切り離し，すべての人に無条件で基礎的な生活所得（ベーシック・インカム）を保障すべきだ，と考える論者もいる．

　以上のように，福祉国家は再編途上にあり，その将来像は未確定なままにとどまっている．とはいえ，既存の理論によってその全体像をとらえることが困難となりつつあるのは確かである．現象的には，国家の機能が超国家的なレベル（OECD，IMF，世界銀行，ILO，EUなど）と下位レベル（地方政府，NPOなど）へと重層化し，福祉国家は「福祉レジーム」「福祉ガバナンス」へと変容しつつある．理論的には，移民など国境を越えた人の移動が激しくなり，ナショナルな同質性を前提とした連帯とは異なる連帯原理が模索されている．これらはいずれも今後さらに検討されるべきチャレンジングな理論的課題である．　　　　［田中拓道］

グローバル化と市場の再編
[英]globalization and market reorganization

　グローバル化とは，国境を越える商品・貨幣・労働力・情報・技術の動きの拡大であり，それらの地球的次元での一体化という現象である．しかし，実際にはグローバル化は，先進資本主義国の社会システム，すなわち近代的な生産技術・市場経済・自由民主主義を世界に拡大していく過程であった．しかも多くの場合，それは民営化・規制緩和・自由貿易といった政策からなる新自由主義に基づいている．その推進主体は，多国籍企業の資本家・経営者，この政策を推進する政治家・官僚，IMF（国際通貨基金）・世界銀行のような国際機関の指導者，それを推奨する研究者・思想家たちである．

　そして冷戦終結後グローバリズムは，共産主義国家が資本主義化する中で，資本主義が世界中を覆い尽くすべきであるという含意をもつことになる．この結果，発展途上国や旧共産主義国においては新自由主義的経済政策が採用され，先進国の福祉国家体制も新自由主義の影響を受けつつ再編されていく．つまり現行のグローバル化は世界の新自由主義化を意味する．

●**新自由主義**　グローバル化を推進する新自由主義の最も有力な根拠は，新旧の古典派経済学に求められる．その第一は，A. スミス（1723-90）によって「神の見えざる手」として示唆された考え方で，後に新古典派によって，完全競争経済において価格メカニズムによって達成される配分はパレート効率的であるという厚生経済学の第一定理として定式化される．これにより開発途上国や旧共産主義国の市場経済化を推進し，地球全体が市場経済によって覆われることが目標とされる．第二は，この原理の国際版ともいえる，D. リカード（1772-1823）が提唱した比較優位説である．例えば2国間の国際分業においてあらゆる産業で絶対劣位にある国であっても比較優位をもつ産業に特化すれば，両国とも利益を得ることができる．この学説は新古典派貿易理論の基礎をなし，関税障壁などによる保護主義を排して自由貿易を世界中に拡大すべきであるという主張の最大論拠となっている．

　新自由主義によれば，途上国への多国籍企業の進出によって新たな雇用機会が生まれ，国民所得が拡大し，中産階級が育成されていく．改革開放路線による市場経済化が，中国が経済大国となった原因であるし，かつては途上国だったNIES（新興工業経済地域）が高度成長を達成したことは自由貿易の利益を実証した．全世界が市場経済と自由貿易を通じて結びつき，商品・資本・労働力の移動が進むことによって，一時的には発展の度合いに相違があったとしても，最終的にはすべての人びとの経済厚生が改善され，それにともなって人権・民主主義と

いった政治的分野でも進歩が見込まれることになる（バグワティ 2004）．

●反グローバル化とオルタ・グローバル化　こうしたグローバル化の流れに逆行する動きも1990年代末から現れた．南米ではIMFが主導する民営化や規制緩和などの新自由主義的政策の結果，自国の産業が衰退し，失業と格差が増大して国民の不満が高まった．1998年にベネズエラで反米と「21世紀の社会主義」を掲げるH. チャベス（1954-2013）が大統領に就任して以降，続々と左派政権が誕生して新自由主義的グローバル化に対抗した．またグローバル化の中でEUでは新自由主義の勢いが強くなり，特に南欧が緊縮政策を押しつけられてきたのだが，これに反発した国民は選挙を通じ，ギリシアでは急進左派連合を政権につかせ，スペインでも左派政党ポデモス（「私たちはできる」の意）を躍進させた．このようにグローバル化に反対する動きも強まってきた．

　グローバル化に反対する運動は大きく二分される．一つはグローバル化そのものに反対する運動であり，経済・政治・文化の面で各地に固有な伝統を保護しようとする．それは保守主義・ナショナリズム・民族主義・宗教原理主義と結びつく傾向が強い．これはたしかに文字どおり「反グローバリズム」と呼ぶにふさわしい流れである．もう一つは，地球規模での交流の拡大というグローバル化は認めながら，新自由主義こそが貧困・格差・環境破壊などの新たな問題を引き起こしている元凶であるとしてこれに反対する運動である．したがってそれは反グローバル化ではなくてオルタ・グローバル化であるといった方が正確である．現実の反グローバリゼーション運動は，これら両者が未分化のまま並存している場合が多いが，理論的には二つに分析することができる（ジョージ 2004）．

●「資本の文明化作用」と『帝国主義論』　K. マルクス（1818-83）の生きた19世紀と現代では，グローバル化の内容がまったく異なることはいうまでもない．しかし彼は，資本主義にはそもそも世界市場を形成しようとするグローバルな性格があり，しかもそれは進歩的な役割を果たすという「資本の文明化作用」という観点をとっていた．マルクスは，自由貿易によってローカルな伝統的産業は打撃を受けることを認めるが，資本主義の十全な発展を基礎にしてはじめて社会主義は可能であるという理由から自由貿易にむしろ賛同している．

　V.I. レーニン（1870-1924）の『帝国主義論』は，20世紀初頭の世界情勢をマルクス主義の観点から描写したものであり，当時のグローバル経済論である．帝国主義の指標は，独占の成立，金融資本，資本輸出，世界市場のカルテル分割，領土的分割と植民地支配である．マルクス学派の多くは，現代のグローバル化を帝国主義の一環としてとらえる．すなわち上記の五つの指標のうち，四つ目までは今日でも妥当するし，植民地支配はなくなったとしても多国籍企業・銀行やIMF・世界銀行などの国際機関が実質的なガバナンス権力を保持している．世界大戦は勃発していないが，アメリカの相対的な地位が低下する中で新たな紛争・

戦争が起きている．このようにグローバル化の本質は資本主義の最高段階としての帝国主義なのである．

●**不均等発展と世界システム**　マルクス主義経済地理学者 D. ハーヴェイ（1935-　）は，グローバリゼーションを「時間-空間の圧縮」ととらえ，資本主義の地理的不均等発展という側面を強調する．競争の強制法則のもとで資本は自ら地理的制限を構築するとともにそれを回避しようとするので，あらゆる空間すなわち都市・地域・国家の発展は不均衡に進行せざるをえない．特に現行のグローバル化の過程では一方における新自由主義的市場経済化と他方における「略奪による蓄積」が同時に進行する「新帝国主義」が出現する．そこでこの流れに対抗するには資本主義の内外で被害を受けた主体が同盟する「共-革命的」過程が必要である（ハーヴェイ 2010）．

I. ウォーラーステイン（1930-　）の世界システム論からすれば，グローバル化は16世紀から始まったのであり，決して今日に始まった新しい現象ではない．それでは今日のグローバル化はどのように説明されるのか．世界システム論は世界システムの実体を国際分業と理解しており，その変容からグローバル化も説明する．1960年代以降，半周辺・周辺諸国では輸出指向型工業化路線が採用され，新国際分業といわれていた．しかし1990年代以降，多国籍企業が主導するグローバル化のもとでそれは大きく変容し，ポスト新国際分業と呼びうる段階に入った．中核では脱工業化・金融化と新自由主義のもとで労働のフレキシビリティ化が進み，包摂から排除への転換がなされる．周辺・半周辺からは移民労働者が中核に流入し，増加するサービス部門に参入する．現行の世界システムに反抗する多様な運動は反システム運動としてとらえられる．周辺におけるイスラーム原理主義の台頭は文化的伝統に依拠した反システム運動の一環である．中核では従来のビジネスユニオニズムにかわって移民労働者を包摂する社会運動ユニオニズムが台頭する．また反WTO（世界貿易機関）運動や世界社会フォーラム運動は，周辺と中核の反システム運動を統合する可能性をはらんでいる（山田 2012）．

●**モダニティと「帝国」**　A. ギデンズ（1938-　）はグローバル化をモダニティ論の面から分析する．モダニティの制度は，資本主義，産業主義，監視，軍事力からなり，そもそもグローバル化する傾向がある．その結果として，世界資本主義経済，国際的分業，国民国家システム，世界の軍事的秩序が登場する．グローバル化が進展し，モダニティの制度がさらに拡大していくと，経済成長メカニズムの破綻，生態系の荒廃や惨禍，全体主義的権力の増大，核戦争や大規模戦争という重大なリスクが待ち受けている．グローバル化によって生じたハイモダニティの時代を超える世界的なポストモダニティの秩序は，ポスト希少性システムと表現され，社会化された経済組織，地球環境介護システム，一元化された世界秩序，戦争の超克として構想される（ギデンズ 1990）．

A. ネグリ（1933- ）と M. ハート（1960- ）は『帝国』において，グローバル化を通じて生じつつある世界秩序を次のように描写した．「帝国」はレーニンのいう帝国主義とは異なり，特定の大国がその領土と主権を拡張しようとするものではない．それは中心のないネットワーク状の支配装置である．したがってそれに対抗する主体も国民国家の枠内にある均質化された労働者や国民ではなくて，多様性を特色とするマルチチュードとなる．資本主義の発展がその墓掘人たるプロレタリアートを生み出すとマルクスが考えたように，グローバル化による「帝国」の拡張はそれを転覆する可能性をもったマルチチュードを生み出す．近年のグローバル資本主義に対抗する運動はこのマルチチュードによって支えられている（ハート／ネグリ 2000）．

●**グローバル・ジャスティス論とグローバル・ガバナンス論**　グローバル化は自由主義の政治哲学にも影響を及ぼした．1970年代以降，J. ロールズ（1921-2002）をはじめとする正義論の展開は，高度成長期の倫理学として栄えた功利主義を批判的に乗り越え，福祉国家のヴァージョンアップを目指していた．それゆえグローバル化の中で正義の位置づけが議論となった際には，ロールズは国境を越える社会的協働が存在しないことを理由に，主権国家の枠組みを越えた国際社会については分配的正義の存在を否定した．これに対し P. シンガー（1946- ）は功利主義の立場から途上国における貧困に対する先進国民の援助義務論を唱えた．T. ポッゲ（1953- ）はロールズの正義論をコスモポリタニズムの観点から再構成し，地球規模の税制度によるグローバルな正義を訴えた．またロールズの資源主義を批判してケイパビリティ・アプローチを対置した A. セン（1933- ）や M. ヌスバウム（1947- ）はそれをグローバルな次元に適用する．このようなグローバル・ジャスティス論の生成はロールズのいう社会的協働がグローバルな次元に拡大したという現実を反映している（小田川他編 2011：54-85）．

　グローバル化の進展の中でグローバル・イシューにどう対処していくのかという問題が1990年代以降，浮上してきたが，地球次元では現在のところ世界政府は存在しない．そこで「政府なき統治」としてのグローバル・ガバナンス論が台頭しつつある．それは四つに類型化することができる．第一はリベラルな国際主義で，現在の主権国家を前提としつつ，国連を中心として漸進的な改革を図る．第二はコスモポリタン・デモクラシーで，国家よりもコスモポリタンな民主的法を優先し，そのもとで市民による民主的自律化を推進しようとする．第三はグローバルな熟議デモクラシーで，利害当事者（stake holder）全員が参加する直接民主主義が目標とされる．第四はラディカルな民主的多元主義で，世界秩序構想が放棄され，地域・アソシエーションによる多様な自主的統治の並存が志向される．第一から第四に進むにつれてトップダウンよりもボトムアップの性格が強くなる（小田川他編 2011：155-182）．　　　　　　　　　　　　　　　　［松井　暁］

新自由主義
[英]neoliberalism

　新自由主義（ネオリベラリズム）とは，古典的な自由主義から区別される20世紀固有の思想潮流であり，特に1980年代前後から21世紀初めにかけて，広く世界に普及した．その源泉は20世紀半ば頃の反ファシズム，反全体主義の思想にあるとされているが，1970年代後半ぐらいから，しばしば批判的観点から論じられるようになった．国際関係論の分野においては，国際制度秩序を重視する立場を新自由主義とするが，これは現実主義に対置される理想主義とほぼ同義であり，力点をやや異にする．なお，20世紀初頭のイギリスにおいて，古典的な自由放任型資本主義が引き起こした社会問題に直面し介入型へと修正を試みたニューリベラリズム（訳せば同じく新自由主義となる）は異なる思想潮流であり，むしろ逆の方向性をもつため，ここでは扱わない．

●**思想的源泉**　新自由主義の思想的源泉は通常，大戦間期から戦時期にかけてのヨーロッパにあるとされる．1929年のニューヨーク株式市場の株価大暴落の影響は世界中に及んで大恐慌となり，金本位制を軸とした自由主義に基づく国際経済体制は機能不全に陥った．イタリアに続いてドイツやオーストリアでも一国主義・保護主義的内向きの体制が生まれ，自由主義は存亡の危機に瀕していた．その頃1938年に自由主義を理念として掲げる（主に欧米の）知識人たちが結集し，危機を乗り越えてグローバルな自由主義のネットワークを築いてゆくことを約束した．これが戦後1947年にF. A. ハイエク (1899-1992) らを中心に結成されたモンペルラン協会の発端であり，新自由主義の源泉といわれている（Mirowski & Plehwe 2011：45-67）．モンペルラン協会にはM. フリードマン (1912-2006) らアメリカの知識人も参加していたが，やがてハイエクをはじめ多くの知識人が新大陸へ移住し，戦後の新自由主義の拠点はアメリカへと移動した．冷戦構造の形成された時期，ソ連の計画主義体制はドイツ・ナチズムとともに全体主義と位置づけられ，新自由主義は反計画主義，反全体主義のイデオロギーとなって，ハイエクの戦時期の著作『隷従への道』(1944) は著者自身も驚くほどに好評を博した．またフリードマンの『資本主義と自由』(1962) は，刊行当時はあまり評判とならなかったものの，ナチズムとソ連の全体主義，ケインズ主義をも介入型自由主義として計画経済体制に含めて批判する立場を示していた．

　アメリカは開発援助体制や奨学金制度の枠内で，ハイエクやフリードマンが教鞭をとっていたシカゴ大学を通じ，特に南米や東南アジア，アフリカの第三世界からの留学生の教育に尽力し，当該国における後世の政策決定者集団を育成した．チリで1973年9月11日に軍事クーデターが起こると，こうした教育を受け

たシカゴボーイズが経済運営に携わり，アメリカをはじめとする国際社会からきわめて高く評価された一方で，チリ国内の一部の経済学者たちの厳しい批判の対象となった．新自由主義という概念が初めて明示的に批判的なトーンで用いられたのは，この批判においてであった．

●**思想の特質とレトリック**　1980年前後にイギリスのM. H. サッチャー，アメリカのR. W. レーガンはそれぞれ，政府の役割，公共事業や財政の肥大化を批判して政権の座についた．これはフリードマンが著書で強調した論点であり，民営化（私営化）の主張に通じている．しかしこの民営化という概念が，新自由主義思想のレトリックを端的に示している．政府，国家の政策を批判する立場は，権力や体制に不満をもつ人びとの共感を呼び，私的領域の確保という個人的自由はおそらく多くの個人にとって大切な理念である．ところが民営化は実際には，それまで国家（政府）が行っていた事業を民間（私）企業，とりわけ大企業の手に委ねることを意味する場合が多く，その恩恵が直接に個人の私的領域へと及ぶことは少ない．どの企業に委ねるかの決定権はたいてい政府の側にあり，実質的には政府と大企業の権限の強化である．このような意味で，大きな政府／小さな政府という二分法は，実はしばしば新自由主義に好都合なレトリックであった．

　また新自由主義は社会的な再分配に批判的である．それは世界で初めての実験場となったチリの新自由主義が，社会主義政権に対するクーデターで生まれたときから明らかであった．財政緊縮が福祉や社会保障，教育費などの切り詰めを意味するとすれば，個人へのサービスはむしろ減少し，恩恵どころか生活条件の悪化をもたらすリスクが増大する．もちろん個人的自由の理念に基づいて，人びとにはさまざまな挑戦の可能性が開かれるが，失敗したときに依るべきセーフティネット（安全網）は取り払われており，あらゆる結果は自己責任となる．それは政府の側からみれば，人びとを競争に駆り立てるだけで責任を取らずに済む，安上がりな統治システムであるが，問題を抱えた人びとに救済措置がないため，結果的に社会における不平等や貧困が拡大するリスクがある．

●**新自由主義の人間観**　歴史的にみると新自由主義は金融市場の自由化，金融化と連動したが，これは偶然ではない．フリードマンは企業の社会的責任について問われた際に，企業は生産サイドの市場原理に基づき利潤を最大化することで，所有者たる株主に対する責任を果たすと述べた．利潤最大化原理に照らすなら，物質的な制約のない貨幣や金融商品は物質的な不確定要因が少なく，経済活動には投機が大きな役割を果たすことになる．人間もまた利潤を生み出す源泉の一つとして，人的資本であるとされることになる．これはまさにシカゴ大学でフリードマンから教えを受け，思想を引き継いだG. S. ベッカーの思想の核心部分であった．しかし自由の名の下で自己責任において闘い続けることは，人間と社会の致命的な疲弊を招く危険があることには注意しなければならない．　　　［中山智香子］

福祉社会の再編
[英]reorganizing the welfare society

　戦後，福祉国家は先進各国に共通して形成・拡大されてきたが，その成熟とともに，また経済が低成長期に入ると，さまざまな批判にさらされるようにもなった．とりわけ批判のターゲットとなったのは，福祉や社会保障を国家が担うことによって生み出される諸問題である．したがって，その批判を克服するような再編への構想も，国家を相対化し社会的領域の機能を重視するような，福祉社会の再編としての性格をもつようになった．

●**福祉国家に対する批判**　福祉国家に対する批判の多くは，国家批判とつながっていた．まず，福祉を国家が担うことによる非効率性への批判である．効率性という観点からみれば，福祉国家による行政的・官僚制的な資源配分は，市場に基づく資源配分よりも劣るうえに，福祉サービスの受給者の選択の自由をも制限している．これらの批判は，最小国家を唱えるリバタリアンの潮流や，市場の機能を最も重視するニュー・ライトの勢力によって主に行われた．

　また，福祉国家が市民社会を侵食しているという批判もある．福祉国家の発展は，かつて福祉を担ってきた相互扶助団体を衰退させ，人びとの連帯への精神をも侵食しているのではないだろうか．また，国家が福祉の機能を独占することによって，人びとは画一的に扱われるとともに，政治権力が国家に集中する危険性もある．このような批判は，コミュニタリアンを中心に行われた．

　これとも関連するが，福祉国家の肥大化にともなって国家権力による人びとへの介入が増加することに対する懸念も，幅広い論者から指摘された．福祉国家は社会統制的な性格をもち，人びとの自律性が侵食される．これらの問題は，J. ハーバーマス（1929- ）の行政国家論やM. フーコー（1926-84）の生権力論とも結びついて展開された．

●**ワークフェアと福祉の社会化**　現在ではこれらの福祉国家批判をふまえる形で，さまざまな福祉社会の再編への展望が議論されている．その一つは，市場やその効率性との和解を目指すような構想である．これは，市民を国家からの一方的な分配の受給者とするような，対症療法的かつ受動的な格差や貧困への対処ではなく，より積極的に市場に参加しうる能力を支援することで，これらの問題を解決しようとする考え方に基づく．具体的には，教育や職業訓練を通じて，より積極的に自立・自律を支援しようとする．これらはワークフェアと呼ばれ，アメリカのクリントン民主党政権（1992～2000年）や，イギリスのブレア労働党政権（1997～2007年）など，従来のリベラルや社会民主主義的な立場を維持しつつも，市場の役割をも強調することで刷新を果たした政治勢力によって，実際に採用さ

れた政策でもある．ただしこのワークフェア政策に対しては，教育や職業訓練が失業給付受給の条件とされるなど，就労への強制性が強く，新たなパターナリズムを生んでいるという批判もなされている．

　また，コミュニタリアンの立場から，福祉の社会化を主張する論者も存在する．M. ウォルツァー（1935-）は，すべての財を平等に分配する「単一的平等」の考え方を批判し，財の配分原理は多様であるべきであると論じた．とりわけ人びとのニーズに応じた配分が重視され，そのためには，自分たちがどのようなニーズをもっているのかについての解釈をしたり，それに基づいて配分したりする権限を，国家から社会レベルへと委譲する必要がある．このように社会化された配分は，地域ごとに，多様な参加者の意見を反映して決定されるだろう．その過程では，ボランティア団体やNPO，地域コミュニティの活躍が想定できる．そのことにより，「単一的平等」の限界を乗り越え，「社会的財の多様性を映し出す多様な配分基準」が可能となるとしたのである（ウォルツァー 1983：41）．

●ベーシック・インカムと参加所得　しかし，福祉社会においても国家の役割は重要となる．国家による生活保障を維持しつつも，権力による介入を最小化する構想として，ベーシック・インカムがある．ベーシック・インカムとは，すべての男性・女性・子どもに対して，定期的に無条件で，一定の所得を平等に，国家が給付するというものである．その際，年金や失業給付などの社会保険制度は廃止されることが前提となり，「就労」や「社会参加」といったすべての条件性を廃して，一定の所得を給付する（フィッツパトリック 1999）．その利点の一つは，市民に対する国家の介入が最小化されるという点にある．なぜなら，無条件に所得を給付し，その後の使い道はその人次第ということになれば，人びとの自律性に最大限配慮し，国家のパターナリズム的な性格を極小化することができるからである．人びとは，その人が望む可能性のある多様な生き方から選択する自由を獲得するのである（ヴァン・パリース 1995：53）．

　ベーシック・インカムに対しては，サーフィンばかりしている人にも所得を保障することは正当化できるかという，J. ロールズによる「サーファー問題」批判に典型的なように，その無条件性ゆえにフリー・ライダーを生み出すことへの懸念がつきまとった．また，その個人主義的性格のために，人びとが社会とのつながりを失ってしまう可能性も指摘されている．とはいえ，ワークフェアのように就労の条件性をつけた場合には，新たなパターナリズムへとつながってしまうだろう．これらの問題をふまえ，参加所得と呼ばれる提案もなされている．その基本的特徴は，有給の就労だけではなく，家事やボランティアなどの多様な活動と所得とを結びつけ，それらの活動を条件として一定の給付を行っていく点にある（福士 2009）．この構想において人びとは，社会的参加を維持しながら，基礎的な所得を保障されることになるだろう．

[近藤康史]

ケア

[英]care

　配慮や心配，世話などを意味するごく日常的な単語（動詞および名詞）であるが，齋藤純一によれば，「他者の生命／身体にはたらきかけ，その必要を満たすケアという活動様式」は①間身体性，②非限定性，③他者志向性，④感情労働という四つの特徴を備えている（齋藤 2003）．ケアの営み（とりわけその規範的核心）が広範な関心対象となったのは，発達心理学者キャロル・ギリガン（1937- ）の『もうひとつの声』（1982）の問題提起に負うところが大きい．

●二つの声／二つの倫理　フェミニズムの「知識批判」を遂行する本書は，道徳発達理論が隠し持つ男性中心主義を剔抉し，男性の発達を範型とする E. H. エリクソン（1902-94）や L. コールバーグ（1927-87）の理論では女性の発達が把握し切れないと断じる．そして女性たちの声に伴う「一種独特の響き」に耳を傾けた著者は，「道徳上の諸問題をめぐる語り方にも，他者と自己との関係を記述する様式にも，二つの種類がある」と思い至る．従来の心理学は，そのうちの一つを標準としていたため，「もうひとつの声」の方には十分な注意が払われず，二つの声の違いを発達段階の差へと誤って還元してきたのではないか，と．

　ギリガンは，二つの声のそれぞれに「正義の倫理」「ケアの倫理」という名前を与えて，両者を対比した．〈何が正義にかなうか〉という問いに主導される「正義の倫理」によれば，道徳の問題は複数の権利の競合から生じるものとされ，形式的・抽象的な思考でもって権利間の優先順位を定めることで解決が図られる．またこの倫理の基底には，他者から「分離」した「自律」の主体として自己をとらえる見方が横たわっている．これとは対照的に「ケアの倫理」では，〈他者のニーズにどう応答すべきか〉という問いかけや他者の苦しみを緩和する責任が重視される．そして複数の責任が拮抗する場合には，ニーズが生じる前後の事情を当事者ごとに把握することで折り合いを図らざるをえない．さらにこの倫理によれば，自己とは他者との「相互依存性」やネットワークの中に居場所を有するものとされる．

●統合と成熟のヴィジョン　ギリガンは「ケアの倫理」の弁証を二つの方向から進める．その一つは，「ケアの倫理」も「正義の倫理」とほぼ同型的な発達を経ることの証し立てである．彼女はそこで，妊娠中絶をめぐる苦しい選択に追い込まれた女性たちが「個人の生存」にひたすら関心を向けるだけのレベルから，他者をケアしようとする責任感をバネにして「自己犠牲としての善良さ」のレベルに進み，さらに自己への責任という視座を獲得して「ケアを自他の相互性に即して理解する」第三のレベルに到達する，という筋道を描き出した．「ケアの倫理」は

因習的な「女らしさの美徳」に回収されるものではなく，ケアと責任のとらえ返しを通じて「誰も傷つけられるべきではない」との普遍的な道徳的命法（非暴力の倫理）を自覚する境地にまで成長する，というのである．

　二つ目が，「ケアの倫理」と「正義の倫理」との統合によって，人間としての成熟が達成されるとの展望である．つまり，前者が第三のレベルに移行するためには後者の中核にある「権利」という用語を体得することが欠かせないし，同様に後者も「責任」という観点を含み込むことにより，他者の実在性や現実の多様性を捨象して権利や平等を頭ごなしに言い立てる態度を脱却しうる．二つの倫理が補い合うこうした次元こそが，成熟の目標となるのではないか，と．

　ギリガンのコールバーグ批判は，心理学界の内部抗争に終始することなく，ケアと正義をめぐる活発な論議をもたらした．「ケアの倫理」は，「フェミニズムの倫理学」という新たな学問領域を創出し，看護や教育をケアの観点から見直すための立脚点になるとともに，従来の法的思考の偏りを性差の視点から是正しようとする「ジェンダー法学」(M. ミノウラ) や自然への責任やケアを重んじる「エコフェミニズム」にも深い示唆を与えたのである．

●**ネオリベラリズム批判へ**　「ケアの倫理」のその後の展開を見ておこう．アメリカの教育哲学者ネル・ノディングズ (1929-) は，「ケアする人」と「ケアされる人」との間に成立する「助け合い (reciprocity)」という相互的な関係性に着目しつつ，ケアリングに準拠した道徳教育の組み換えを説き (ノディングズ 1984)，そこから進んで「ケアし合う社会」という構想を打ち出して，リベラリズムに領導されてきた従来の社会政策の限界を突破しようと企てた (Noddings 2002)．

　アメリカの哲学者エヴァ・キテイ (1946-) は，母親のつぶやきと重度の障碍をもつ長女の養育とを足場に，「つながりを基盤とする平等」(「私たちは皆等しく母である誰かから産まれている」との端的な事実に依拠する平等) および人間の基礎経験である「依存」およびケア関係の再評価へと歩み出た (キテイ 1999)．さらに彼女は，他者に依存する者，その介助者，ケアを提供する組織・制度，納税者＝市民が相互に支え合っていることを見極めながら，J. ロールズの「正義の二原理」を補正する〈ケアに対する社会的責任の原理〉を提案するに至った．

　「ケアの倫理」を社会思想史のアリーナに配置したのが，フランスの哲学者ファビエンヌ・ブルジェール (1964-) である．彼女は「ケアの倫理」を「人間の絆は商品の交換には還元できないと主張する思想の流れ」の中に定位し，「私たちの社会における商品化と官僚制化に対して警戒を怠らない」姿勢を堅持するこの倫理が，「目の前の他者のニーズを集団として承認し，社会的な正義を政治の回路を通じて実現せよと要求するものであって，世界に拡散した均質的なネオリベラリズムへの対抗構想となる」と喝破している．

[川本隆史]

大衆社会論
[英]theories of mass society

　一義的な定義は困難であるが，広義には，民主化，産業化，都市化といった近代化の進展，とりわけ大衆デモクラシー，大量生産，マスメディアの発展にともなって生じたとされる社会と人間のあり方の変化を，共同体の喪失とアトム化の進展，権威と道徳の衰退，デモクラシーの機能不全，疎外，精神の凡庸化，画一主義の蔓延といった側面に着目して批判する社会批判，およびそれらの現象を記述分析する社会理論を指す．

　こうした議論は，E. バーク（1729-97）〔『フランス革命の省察』：以下人名後の（　）では関連する代表的著作を示す〕，A. トクヴィル（1805-59,『アメリカのデモクラシー』），J.S. ミル（1806-73,『自由論』）といった思想家に代表されるように，19世紀さらには18世紀末にまで遡ることができる．もっとも大衆社会論という用語は，もっぱら19世紀末以降とりわけ20世紀に展開された諸理論に用いられるのが通例であり，先にあげた思想家たちは，大衆社会論の先駆者たちとして位置づけられることが多い．

●**大衆社会論の展開**　大衆社会論の初期の代表的な理論家としては，まず，G. ル・ボン（1841-1931,『群衆心理』），J.G. タルド（1843-1904,『模倣の法則』），J. オルテガ・イ・ガセ（1883-1955,『大衆の反逆』）といった人びとがあげられるが，G. ウォーラス（1858-1932,『政治における人間性』）や W. リップマン（1889-1974,『世論』）もここに加えることができよう．彼らは，男子普通選挙の実現という意味で大衆デモクラシーが現実のものとなりつつあった，19世紀末から20世紀初頭のヨーロッパやアメリカ合衆国の社会状況を背景に議論を展開した．

　しかし大衆社会論の最盛期は1940～50年代であり，代表的論者にはK. マンハイム（1893-1947,『変革期における人間と社会』），E. レーデラー（1882-1939,『大衆の国家』），S. ノイマン（1904-62,『大衆国家と独裁』），H. アーレント（1906-75,『全体主義の起原』），E. フロム（1900-80,『自由からの逃走』）といった，ナチズムを逃れた亡命知識人が多く含まれる．彼らは，第一次世界大戦以降のヨーロッパの状況を前提に，全体主義に対する強烈な批判的問題関心に基づいて，現代社会の政治的，社会的，精神的状況を論じた．1940年代以降における大衆社会論の隆盛は，全体主義を生み出したものは何か，全体主義の再登場の兆候はないか，全体主義の出現を阻むには何が必要かといった関心と不可分であったといっても過言ではない．

　他方で，C. ライト ミルズ（1916-62,『パワー・エリート』）やD. リースマン

(1909-2002, 『孤独な群衆』) のように, アメリカ合衆国出身でアメリカ合衆国の社会そのものを対象に大衆社会化を論じる人びとも現れた. 彼らは直接に大衆社会と全体主義の関係を論じたわけではないが, 彼らの議論もまたそうした時代状況と無関係ではない.

●**大衆社会とデモクラシー** 大衆社会論が近代化の引き起こす諸問題への批判的探求である以上, それは, 近代化の政治的側面の最重要要素である民主化に対してもしばしば懐疑ないし批判の目を向ける. 実際, 大衆社会批判には, 「多数者の暴政」批判のように, 古典古代にまで遡りうるデモクラシー批判の残響がうかがえる. しかし他方で, デモクラシーそのものに彼らが反対しているかというと, 多くの論者, とりわけ20世紀の論者のほとんどはそうではなく, むしろ, 現代社会がデモクラシーのあるべき姿から逸脱している現実を批判する.

デモクラシーに対するこうした両義的な態度に注目しつつ, 大衆社会論を集大成したのが W. A. コーンハウザー (1925-2004) の『大衆社会の政治』(1959) である. 彼はそれまでの大衆社会論の議論を, エリートの閉鎖性が失われて大衆の影響にさらされることを批判する議論と, 反対に大衆がエリートに操縦されやすいことを批判する議論という二つのタイプに大別し, 前者を大衆社会に対する「貴族主義的批判」, 後者を「民主主義的批判」と呼んだ. 「貴族主義的批判」型の大衆社会の概念を特色づけるのは「平等主義の増大 (伝統的権威の喪失)」「反貴族主義的な支配形式であれば, すぐにとびつく軽率さの普及 (大衆の権威の追求)」「大衆による支配 (擬似的権威による支配)」である. それに対して「民主主義的批判」型の大衆社会の概念は「アトム化の増大 (共同体の喪失)」「新しいイデオロギーにとびつく軽率さの普及 (共同体の追求)」「全体主義 (疑似共同体による全体的支配)」によって特色づけられる.

そして, コーンハウザー自身は, この両者を総合する大衆社会概念の構築を主張し, そのうえで, この2種の理論に由来する「エリートへの接近可能性」と「非エリートの操縦可能性」という二つの尺度を用いて, 前者も後者も低い共同体的社会, 前者も後者も高い大衆社会, 前者が低く後者が高い全体主義社会, 前者が高く後者が低い多元的社会という社会の諸類型を案出した.

しかし1960年代に入ると, 大衆社会論には, D. ベル (1919-2011, 『イデオロギーの終焉』) らをはじめとする有力な批判が多く現れるようになった. そしてナチズムやスターリニズムといった全体主義の脅威が社会理論の中心的関心から後退するとともに, 大衆社会論も徐々に下火になり, 世界的にみれば1970年代には退場する. けれども, 他方では, 大衆社会論が批判し問題視した状況そのものが解消したわけではなく, その問題関心は, 1960年代以降今日に至るまで, 管理社会論, 消費社会論, 市民社会論, 社会資本論, ポピュリズム論などに, さまざまな形で引き継がれている.

[川崎 修]

ポピュリズム
[英]populism

　ポピュリズムの概念は，学問的に確立しているとは言い難いが，今日たいていは民主主義の病理を示すことばとして，メディアや政治的言論，そして学問上も広く使われている．すなわち，大衆に迎合して人気を博するとともに，恣意的かつ独裁的に支配する政治家の統治手法を指していわれるが，同時にそうした政治家を支持する民衆のありようもまたポピュリズムと呼び習わされる．こうした用法が定着したのは最近であり，それまでは比較的限定された地域での政治体制や運動を示すのに固有名詞的に用いられた．

　その発端の一つはアメリカの19世紀末に起こったポピュリストを自称する農民運動であり，独占企業を批判して借金の取消やインフレ政策を要求した．当時のアメリカの寡頭的な二大政党に代表されない利益を直接に表現する点で，後の民主主義的改革の先駆でもあったが，文化的には保守的傾向を有した．

　もう一つの起源は20世紀半ばのラテンアメリカに多くみられた独裁政権である．特にアルゼンチンのペロン政権は，これまでの地主中心の寡頭政治から遠ざけられていた，成長しつつある労働者階級に支持されて絶大な支持を得た．この政権はファシズムとの親近性を指摘されることもあったが，むしろ政策は左翼的であり，西欧諸国に対して，ナショナリズムを動員して対抗する面を有した．

●**先進諸国のポピュリズム**　1980年代以後に論じられるようになるポピュリズムは，これらの先行するポピュリズムとはかなり異なった性格を有する．それは，R. W. レーガンやM. H. サッチャーの新保守主義政権に発端があり，ついでヨーロッパにおいては，移民排斥を主張する極右勢力の運動が次第に広汎な民衆の支持を得て既成の政治勢力を脅かすようになり，これらもポピュリズムと呼ばれることが多くなった．

　これら近年のポピュリズムは先進諸国にみられる現象であり，またイデオロギー的には右派に属するものが多い．これらは，民衆の不安を煽るとともに，その不安の原因を外部の敵（例えば労働組合，福祉の受給者，移民，外国人，「イスラーム」など）に求めて支持をえる．その際，政治の争点の極端な単純化，善悪二元論，メディアの利用による劇場政治化，民意に支えられていることの誇示，などの手法を顕著に伴うことが多い．

　20世紀後半になって先進諸国を含めてポピュリズム的な統治手法が一般化してきたのには，20世紀を特徴づけてきた政治や社会のシステムがうまく機能しなくなったことが関係している．1970年代以後の先進諸国での景気低迷と重税感，人種平等化政策の行き詰まりなどから生じた政治不信を栄養源として，保守のポ

ピュリズム化が進行し，アメリカではレーガンの「保守革命」の成就に至る．これは共和党の党内基盤の中心が，東部のエスタブリシュメントから中西部や南部の白人などの層に移ったこと，そして宗教的右派の諸勢力の増大とも関連していた．

ヨーロッパでのポピュリズムの進展は，移民流入や欧州統合への反対と結びつくことが多い．極右政党は移民の増大やイスラーム原理主義が脅威とみられるようになって，次第に国民的支持を得るようになり，ポピュリズム的傾向を強め，国政においても無視できない勢力となっている．また2016年にイギリスで行われた国民投票の結果，イギリスのEU離脱が決まったが，移民に不安をもつ労働者層も多くが労働党の残留支持に反して離脱を支持した．そして同年のアメリカ大統領選挙では，移民やイスラームの排除を公言するドナルド・トランプ候補が予想に反して当選したが，このケースでも反グローバリズムがポピュリズム支持と結びついている．最近のポピュリズムでは資本主義そのものではないがグローバル化した資本主義には反対する傾向が強まってきており，これは左翼の立場とも一部で重なる．

●ポピュリズムの意義と限界　ポピュリズムがこのように左右のイデオロギー対立を横断することについては，ポストマルクス主義の理論家 E. ラクラウ（1935-2014）の説明が示唆的である．ラクラウによれば，現代社会では「人民」「労働者階級」といった，民主主義を担う実体的な主体は存在しない．主体は政治に先だってあるのではなく，政治的言説によって構成されるものと説かれる．ばらばらの人びとを統合する内容は前もって決まっておらず，この普遍性を埋めるものは「空虚なシニフィアン」でしかないが，この空虚を埋めるヘゲモニーの闘争こそ「政治的なもの」であり，「政治的なもの」の最も純粋な形態がポピュリズムだとされる．こうしてラクラウは，ポピュリズムをその主張する内容と関係なく，形式的に定義し，かつその意義を肯定する．

現状を変革することが重要だとする人びとにとって，既存の政治勢力は人びとの不満に応えて改革をする能力も意欲もないと映る．そうであれば，ポピュリズムに期待をかける議論が，右派のみならず左派からも出てきてもおかしくない．実際，ギリシア，スペイン，イタリアなど比較的経済が弱体なところで，左派のポピュリズムが広がっている．

ポピュリズムは統一的な主体が存在しないところで暫定的な同意をえるには好都合な手法であるかもしれない．しかしそのことが同時に脆弱性を含んでいる．ポピュリズム的な統治は，利害の共通性の乏しいばらばらの人びとの期待に応えようとして一貫性のないものとなり，また支持者間の分裂を招きやすい．ポピュリズムは一時的には政治への期待を高めるが，長期的には政治への信頼を失墜させる可能性が高い．

［森　政稔］

消費社会論

[英]theories of consumer society

　消費社会論とは産業構造の高度化と大衆社会の到来を背景に，消費活動を単なる経済活動の一局面としてだけでなく，社会におけるその機能や意味合いに注目して論じるものである．人間の消費活動の実質的側面だけでなくその社会的文脈への依存性や文化的・儀礼的・象徴的性質に注目し，その前面化が社会にもたらす影響を広範に論じるのが特色といえる．

　産業化や大衆化の進展に伴う変化をふまえての本格的な消費社会論の興隆は，一般に1970年代以降のものとされる．しかし経済活動の一環としての消費についての分析は経済学において，また消費活動における象徴性や社会性の介在という認識は社会学や人類学において，長い議論の歴史をもっている．その意味では，消費社会論の源流は社会思想史の中にさまざまなかたちで見出すことが可能である．

●**消費社会論の源流**　例えばT.B.ヴェブレン（1857-1929）は1899年の『有閑階級の理論』において，非生産的職業に従事する上層階級による他者の目を意識したみせびらかしの消費行動を，「顕示的消費」と名づけた．上層階級の華美な服装や豪華な調度品は単なるモノの実用的な消費ではなく，労働する必要がなく無駄にすらみえる消費行動を行う自らへの他者からの評価を得ることに主眼がある．こうしたヴェブレンの指摘は文明論的な観点から一部特権階級の消費の儀礼的性格を強調したものだが，消費の社会的・観念的性質を強調したという意味では，その後の大衆消費の一つの局面を指摘したものととらえられるだろう．

　経済学者のW.W.ロストウ（1916-2003）は，1960年の『経済成長の諸段階』で経済発展を五つの段階に分類したうえで，「高度大衆消費社会」を，消費水準が基礎的な衣食住を超え，耐久消費財とサービスの大衆的消費が産業を主導する社会としている．20世紀のアメリカのように大量生産大量消費の時代が到来すると，消費する主体としての消費者が注目され，その消費のあり方が注目されるようになった．

　こうして到来した大衆消費社会のありように対し，消費の自律性という観点から批判的な視線を向けたのが経済学者のJ.K.ガルブレイス（1908-2006）である．彼は1958年の『ゆたかな社会』において，人びとの消費活動が大企業の宣伝・広告に依存したものとなってしまっている事態を「依存効果」と呼んだ．これは経済学が一般に想定する「消費者主権」といった能動的で自律的な消費活動とは正反対のものといえる．ガルブレイスはこうして，大衆消費社会における消費の他律化を問題視したといえるだろう．

●**消費社会論の展開** 1970年代以降に本格的に展開された消費社会論の代表としては，消費の対象であるモノを記号として消費する現代社会のありようを指摘したフランスの社会学者 J. ボードリヤール（1929-2007）があげられる．彼は 1970 年に出版された『消費社会の神話と構造』において，独自の記号論的な社会理論に基づき，消費するモノに対する消費者の関係性の変化を分析した．ボードリヤールによれば，現代社会において消費とはもはやモノの機能的な使用や所有ではないし，また消費はもはや個人や集団の単なる権威づけの機能を担うだけのものでもない．洗濯機や冷蔵庫や食器洗い機は道具としての有用性といった意味とは別の記号としての意味をもっている．消費者は消費対象であるモノとその有用性ゆえに関わるのではなく，それが一部をなす全体としての意味のパッケージに関わることになる．消費とは，そうしたコミュニケーションと交換のシステムとして，絶えず発せられ受け取られ再生される記号のコードとして，つまり言語活動として定義されるというのだ．つまり消費の主体はもはや消費者ではなく，消費者が否応なしに関わることになる記号の秩序それ自体だというのである．ここでも消費者は必ずしも自律的とはいえない存在として表象されているといえるだろう．

●**日本における消費社会論** 日本でも 1980 年代に消費社会論が興隆した．その代表が 1983 年に出版された山崎正和『柔らかい個人主義の誕生―消費社会の美学』である．劇作家であり評論家でもあった山崎は現代社会の変化を，抽象的な組織のシステムより個人の顔のみえる人間関係が重視される社会の到来と考えた．山崎は，国家や企業や家族といった紐帯の力が弱まりつつある脱産業化社会において，積極的な新しい個人主義の萌芽は，生産でなく消費に見出しうるとした．人びとの消費は，物質的な商品よりもより個別的な嗜好に基づく個別的なサービスへと向かいつつあり，前産業社会においては「誰でもないひと（nobody）」とされ，産業化社会では「誰でもよいひと（anybody）」とされた人びとは，いまや「誰かであるひと（somebody）」であると主張するのだ．こうして山崎はこの「顔のみえる大衆社会」における人間生活の消費的側面に，目的志向と競争と硬直した信条の個人主義に対するより柔軟な美的趣味と開かれた自己表現の個人主義を見出したのである．こうした画一的な大衆消費とは異なる消費のあり方は，「少衆」論や「分衆」論といったかたちで，マーケティング論の分野でも論じられることになる．

　消費社会論は，以上でみてきたように経済発展と高度大衆消費社会の到来とともに消費活動における象徴的で記号的な性質が前面化していった特定の時代的文脈を背景にしたものである．しかしその核心に見出せる消費における自律性と他律性をどのように理解するかという問いの系譜は，経済成長の世界的な停滞や環境制約が主題となる現在においても，繰り返し参照されてしかるべきものといえる．

[佐藤方宣]

市民社会

[英]civil society　[独]Zivilgesellshaft

　市民社会（civil society）の概念は，近年多用されるようになっているが，その用法は論者によってかなり差があり，時代や文脈によっても異なる．単に「社会」ではなく「市民社会」と呼ばれる際には，そこに何らかの規範的・理念的要請が込められていることが多い．

　もともとこの概念はラテン語の societas civilis に由来し，本来は国家（政治社会）である civitas とほぼ同義であった．アリストテレスが，ポリスを家（オイコス）から区別され自由人（家長）によって構成される，「よく生きる」ための共同体とした．これはヨーロッパの伝統としての societas civilis へと継承された．

　この概念的伝統は，社会契約説をはじめ近代においても基本的に変わらず，カントにまで継承される．だが，18世紀になると，国家とは区別された市民社会概念が現れはじめる．その先駆はスコットランド啓蒙を中心に論じられた「文明社会（civilized society）」という意味での市民社会である．それまで家の中で行われていた生産が工場において行われ，また商業・交易が共同体の内部にも浸透したのを背景に，家と政治社会（ポリス）のいずれにも属さない社会領域が広汎に現れてくる．この領域は同時に，野蛮と対比される文明化の洗練に浴する領域としてもとらえられた．

●ヘーゲルとマルクスの市民社会概念　しかし，国家と市民社会との概念的分離は，ある意味では皮肉なことであるが，当時後進的であったドイツで，しかも自由主義的とも民主主義的とも言い難い哲学者 G. W. F. ヘーゲル（1770-1831）によってもたらされた．ヘーゲルは『法の哲学綱要』で，社会的な倫理である Sittlichkeit を三つに分け，「市民社会」を「家族」と「国家」の間の「差異」として把握した．市民社会はまず「欲求の体系」として，個人の多様な利己的・特殊的な活動が営まれる相互依存領域としてとらえられるが，同時に社会問題の発生など堕落や解体の要因も含まれる．ヘーゲルは救済策として，同業組合（コルポラツィオン）によって市民社会に陶冶と自己組織化をもたらすとともに，ポリツァイによって秩序化され国家（普遍性）へと高まっていく構想を描いた．

　次いで K. マルクスは，ヘーゲルにおける国家と市民社会の地位を逆転し，市民社会の解放こそが目指されなければならないと論じた．しかし現実の市民社会は，人間疎外に覆われたブルジョア社会でしかない．それゆえ以後のマルクスの関心は「市民社会の解剖学」としての経済学批判に移っていくわけであるが，マルクスの「市民社会」の用法の中には，『ドイツ・イデオロギー』で「人類史の真の動力機関」として描かれるような，解放へのポテンシャルを有するものも存在した．

その後，例えばカール・レーヴィット（1897-1973）によって，全体主義へと向かいつつあるドイツにおける市民社会の崩壊史が描かれた．一方マルクス主義，特にレーニン主義などにおいては，市民社会はブルジョア社会と同義とされ克服の対象でしかなかった．しかし，正統派から少し距離を取ったイタリアのA.グラムシによって，市民社会は教育や宗教などのヘゲモニー闘争の領域として重要な意義を与えられ，先進国革命の課題と結びつけて論じられた．また日本でも，上部構造を重視する講座派の影響を受けた，内田義彦，平田清明ら「市民社会学派」のマルクス主義者によって，肯定的な意味を含む市民社会概念の再発見が精力的に行われることになる．

●**現代の市民社会論** これらの伝統的用法に対して，1990年代には市民社会論のルネサンスとでも呼ぶべき新しい用法が急速に浸透する．その契機の一つは東欧革命にあった．この革命は，中央権力を奪取しようとする古典的革命とは対照的に，フォーラム型の市民の水平な政治参加によってもたらされた．この経験をもとに，新しい民主主義のモデルとして「市民社会」的な関係が注目されるようになる．この市民社会論では東欧革命を資本主義的な市場化とみる立場とは一線を画し，市民社会とは，国家以外に市場や企業組織とも区別される中間集団（特に自発的結社［voluntary association］）の活動領域として特徴づけられた．

この新しい市民社会論では，旧来のヘーゲル（欲求の体系）やマルクス（ブルジョア社会）を中心とした市民社会の用法から意図的に自らを区別し，モンテスキュー(1689-1755)やトクヴィル(1805-59)にその古典的なモデルを求めることが多い．これらでは，市民社会領域は私的所有や市場に求められるのではなく，政治的機能をなお残す中間集団（結社）が中心となる．市民社会論の意図は変化し，国家のみならず，資本主義やそれと結びつきやすい過度の個人主義からも距離を取り，市民による公共的な利益を目的とする活動に重点が置かれるようになった．

この新版の市民社会論は20世紀末からの脱産業化の文脈で，コミュニケーションを中心とするポスト物質主義的な性格を有している．それが現代社会において重要な意義をもつことはたしかであり，市民社会概念は実証的な社会科学（政治学，社会学）にも影響を与え，R.パットナムの人間の信頼関係を軸としたソーシャルキャピタル論などへも応用されている．

しかし，問題もまた指摘できる．新自由主義のもとで政府は縮小されても公的機能を削減することは困難であり，政府に頼ることができなくなった福祉サービスなどは民間に委ねるしかなくなり，この部分を市民社会セクターが担っている．すなわち，市民社会は現実には新自由主義の補完物となっていることも多い．また自発的な中間集団という形式的規定だけで市民社会の理念を満たすことができるかにも疑問がある．現代では排外主義的な運動が市民的結社の形態を取ることも珍しくはないからである．

［森 政稔］

カルチュラル・スタディーズ

[英]cultural studies

　カルチュラル・スタディーズを「文化研究」と直訳せず，あえてカタカナ書きで表記することは定着しているが，そのようにするのは，「文化」といっても，言葉の意味と用法に根本的転換が起こっており，旧来のそれとは違った位相，異なった連関が問われているという自覚があるからである．もともと「耕す」という語源から発する「文化」という語彙が，「教養形成」という含意と密接に連関しつつ，包括的な社会事象を表す概念として用いられるようになるのは，概ね19世紀前半である．しかし，この意味での「文化」は，この時期に顕著になる「想像の共同体」としての国民国家への同調圧力のために，それ自体が集合的な国民的共同性の表現であり，国民的であることの本質を体現する精神的なものとしてとらえられていた．しかし，その後，そのような国民文化の同一性に亀裂を入れる政治的な抗争が，時代を経るごとに明示化されていくのであり，階級，人種，ジェンダーにおいて多様で複雑な文化が争点となるとともに，それが20世紀におけるカルチュラル・スタディーズの成立と重なり合っている．

●**カルチュラル・スタディーズの成立**　R. ウィリアムズ (1921-88) の『文化と社会』(1958) は，文化概念の決定的な変化を明らかにしたカルチュラル・スタディーズの古典的作品であるが，そこでは「文化」とは生活様式全体を表しているものとして理解されている．『文化と社会』は，1956年のスターリン批判を転機とする正統派マルクス主義に対する批判や，そこからの訣別の時期に成立していることは偶然ではなく，その仕事はニューレフトの成立史とも相関している．ウィリアムズと同様，労働者階級に出自をもつR. ホガート (1918-2014) の『読み書き能力の効用』(1957) も，1950年代の労働者階級の文化史を明らかにし，読み書きの能力が階級的な文化の差異を可視化させるとともに，その他方で，資本によって与えられる大衆文化が画一的な表象を拡散させ，労働者の独自の文化に破壊効果を及ぼすことを明らかにしていた．もっとも，カルチュラル・スタディーズが明示的に知的潮流として登場したのは，バーミンガム現代文化研究センター (Centre for Contemporary Cultural Studies : CCCS) をS. ホール (1932-2014) らが設立したことによってであり，そのためにカルチュラル・スタディーズは狭義にはこのバーミンガム学派に始まると説明されることも多い．

　カルチュラル・スタディーズは，新しい文化概念に依拠しつつ，さしあたって労働者文化の読解に優れた力を発揮した．例えばウィリアムズは，オックスフォードにおいて成人教育に従事しており，つまり狭い知識人の科学共同体の中ではなく，労働者階級の教育にコミットしていたのだった．カルチュラル・スタ

ディーズは，そのような労働者階級や少なくとも被支配的階級における言語表現と文化実践をめぐるポリティクスを可視化し，それを通じて国民文化に対する批判となるだけでなく，それはまた資本制的生産様式のもとでの文化的支配や馴致にとっての主体的な抵抗者あるいは敵対者となる．同じように古典的な名著とされるP. ウィリス（1950-）の『ハマータウンの野郎ども』(1977) に描かれる若者たちは，「男らしさ」という価値づけによって，結果として自分自身を労働者階級の共同性の中に組み込み，それによって文化的再生産が行われる過程を明らかにした．こうした視角は，さらにその「男らしさ」の表象をめぐって作用する力を解明しつつ，ジェンダー研究にも新しい境地を開いている．

●カルチュラル・スタディーズの展開　カルチュラル・スタディーズは，フランクフルト学派からの展開にしろ，ウィリアムズの丁寧な分析にしろ，文化と生産という局面における同化，馴致，抵抗，敵対といった現象をとらえるものであり，またそこに介入し，時には適切な関係を再構築する実践である．そこでは近代の内部に内在しつつ言語化をそのつど妨げられてきた声が，例えばジェンダーやセクシュアリティをめぐる政治が，あるいはポストコロニアリズムの政治が，問われることになる．しかし，きわめて多様な文化実践のすべてが，カルチュラル・スタディーズの現場となるために，おのずからそれは，階級をめぐる文化的再生産だけではなく，メディアを介した支配的な文化をめぐるヘゲモニー抗争の場である消費にも深く沈潜していかざるをえない．時にはこうした事態の中で，消費社会の変容のうちにカルチュラル・スタディーズが取り込まれ，単に現象の多様性と新奇性をなぞるばかりに無害化される危険性も存在している．

　日本では，実践として実際にカルチュラル・スタディーズが市民権を得ていくのは，1990年代の半ばからであるが，それに先立って，東アジア全域では，陳光興らによる雑誌 *Inter-Asia Cultural Studies* やセミナーがカルチュラル・スディーズの実践例として先行的に展開されていた．カルチュラル・スタディーズを標榜した最初の東京での国際会議 (1996年) とその成果出版物は『カルチュラル・スタディーズとの対話』(花田他編 1999) であるが，それに影響を受ける形で，またそれをより大きな文化実践の運動として乗り越えるために，2003年からカルチュラル・タイフーンという文化実践が始まったことは，日本におけるカルチュラル・スタディーズにとって大きな転機となった．カルチュラル・タイフーンは，既存の学術的な学会やその年次大会の様式とは自らを差異化し，学際的かつ国際的に実施されるだけでなく，アカデミズムとアクティヴィストとの出会いや協働も目指した．このタイフーン自体が，カルチュラル・スタディーズの定着と拡大に大きく寄与することになった．さらに2012年には，カルチュラル・スタディーズの批判性と開放性を維持しつつ，学会として発足させる試みが始まり，現在でもカルチュラル・スタディーズ学会としてタイフーンを毎年実現し続けている．　　　　［岩崎　稔］

教育・学校
[英]education / school

　社会は自らを維持するために，これまでの経験の蓄積，すなわち知識・技術・規範・慣習などをその成員に伝達し，その社会に適応するように意識的に働きかける．一方，これらの知識・技術・規範・慣習を獲得した個人は，その過程で社会への適応を果たすと同時に，自らが新たな認識や価値観を発見することによって，新たな社会を創造する．社会の側からの維持の作用と，個人の側からの適応・創造という二つの作用を弁証法的に実現する社会的な営みが教育である．教育には多様な種類の活動が含まれるが，人格の形成を目指す「陶冶」と必要とされる知識・技術の「教授」を主要な活動としている．

　生活のための労働から解放された場で，成長中の世代に教育を行うために組織された施設が学校である．School はギリシア語で閑暇（スコレー）に由来し，自由人であったギリシア上層階級の人びとが閑暇をさまざまな学問的対話に費やしたことに端を発している．人類の初期の段階では，教育の営みや役割は日常生活や日々の仕事を通じて行われていた．やがて，共通文化の蓄積や複雑化は，一定期間，組織的な教育を行う学校形式を必要とし，文字の発明はそれを可能にした．古代文化の栄えたエジプト，バビロニア，ギリシア，中国などですでに，読み書き，数学，天文学などの教授が行われた．

　近代社会以前においては，学校に通えるのは，それぞれの時代と社会における支配階級の子どもにほぼ限られており，学校もそれに対応して組織されていた．学校が大衆的な教育施設となるのは近代以降である．

●**近代以降の教育と学校**　近代の市民革命と産業革命は，身分差別の撤廃によって教育の平等化をもたらし，産業社会のための人材育成の必要性を高めた．そこで発展したのが，義務教育制度であった．義務教育とは，子どもに教育を受けさせるために一定の期間，学校への就学を保護者に義務づける学校制度のことを意味する．

　義務教育は歴史的には，産業革命後の大工場における児童保護政策の一環として立法化されてきた．1833年のイギリスの工場における児童青年の労働を制限する法律において，12歳未満の子どもは1日2時間の就学をさせなければ雇用してはならないと規定されたことは，義務教育制度が経済の論理と子どもの保護との間で，強い葛藤を引き起こしながら発展してきたことを示している．

　その後，近代社会における個人の自由の承認と人権の思想の発展によって，教育は近代の諸権利の一つとして認識され，子どもを教育することによって，権利の主体としての人間をつくる営みとしてとらえられるようになった．

もう一方で19世紀に学校教育が義務教育として制度化されていくときに，重要な思想として影響を与えていたのが，国民教育である．国民教育を論じる際に重要なのがJ. G. フィヒテ（1762-1814）である．フィヒテはカント哲学の影響を受け，ベルリン大学の初代総長を務めた．

当時のドイツは，プロイセンなどいくつかの領邦国家に分裂していて，統一国家にはなっていなかった．その結果，ドイツはフランスに占領される．この状況に危機感を抱いたフィヒテがフランス軍占領下のベルリンで行った連続講演が，「ドイツ国民に告ぐ」であった．そこで彼は，教育によってドイツ国民をつくり，そのドイツ国民によって統一ドイツ国家を建設することを呼びかけたのである．

フィヒテにとって国民とは，国家にとって不可欠の構成員であり，しかもあらかじめ存在するものではなく，教育によってつくり出される存在であった．彼は，教育によって国民（nation）と国家（state）をつくり出すことを主張した．ここで国民を構成員とする国家である国民国家（nation state）が構想される．

こうした思想に基づきながら，19世紀後半以降，各国で国民教育制度としての公教育が普及していく．教育によって共通の言語・規範・価値観などを人びとに普及させることは，国民国家形成のための重要な手段であった．公教育制度は軍隊と並んで，国民国家を形成・維持する主要な装置としての役割を果たした．

●**中等教育・高等教育の大衆化と近代教育への批判**　第二次世界大戦以後，経済成長と同時に，先進各国における教育の量的拡大は爆発的に進んだ．後期中等教育や高等教育のレベルでも大衆化が進んだ．後期中等教育や高等教育の量的拡大は教育の機会均等の進展であると同時に，試験選抜の強化や教育内容の空洞化などの問題を生み出した．これらの問題は，現代の学校教育が，一人ひとりの知識の習得や人格の形成を行うと同時に，現代社会における人材配分や管理統制の機能を果たしていることから引き起こされている．

1960年代後半以降，各先進諸国において大学における学園闘争の激化，中等教育における学校不適応の増加などさまざまな教育問題や教育病理が顕在化した．この時期以降，近代教育に対するさまざまな批判が盛んとなった．

R. ドーア（1925- ）は，教育が「学歴稼ぎ」のための手段となっていることを国際比較の幅広い視点から明らかにした（『学歴社会―新しい文明病』）．I. イリイチ（1926-2002）は，学校教育の普及が，教育サービス依存によって学習者の自律性を奪っていることを指摘し，脱学校論を展開した（『脱学校の社会』）．M. フーコー（1926-84）は，近代教育が規律訓練型権力として子どもたちの主体を従属化させるメカニズムを考察した（『監獄の誕生』）．P. ブルデュー（1930-2002）は，近代教育が教育の機会均等と能力主義を標榜しているものの，実際には出身階層の再生産を行っている構造を実証的に明らかにした（『再生産』）．

［大内裕和］

ポスト冷戦下の世界
[英]the post-cold war world

　冷戦終結後の世界の基調をなしたのは，金融自由化の力を背景とした新自由主義的グローバル化であり，その進展と矛盾の集積が多様なダイナミズムを生んだ．それを支えたイデオロギーと政治経済軍事的な力の態様からこの時代を俯瞰すると，1990年代から2000年代半ばまでは，自由主義・民主主義のイデオロギー的優越性と政治軍事的な力のアメリカへの一極集中を背景とした，新自由主義的グローバル化の高揚期であった．2000年代半ば以後は，その矛盾が顕在化し，イデオロギー的相対化と力の拡散が進行した．2010年代に入ると，新自由主義に対する多様な異議申し立てが顕在化し，将来を見通すことが困難となっている．

●冷戦と冷戦終結の意味　「平和は不可能だが，戦争も起こりえない状態」(Raymond Aron) と特徴づけられた冷戦は，軍事的対立とイデオロギー対立が絡み合ったグローバルな紛争であった．軍事面では，米ソ間に激しい核兵器開発競争が展開し，核抑止の下で人類全体が滅亡の危機に常に直面することになった．それと同時に，アメリカは資本主義・市場経済・複数政党制による自由民主主義を，ソ連は社会主義・計画経済・共産党一党支配下の民主主義を，普遍的原理として唱えた．そのため，米ソ冷戦は，各国に政治経済体制の選択の問題として波及し，とりわけ植民地解放闘争や新興独立国における紛争と連動した．冷戦がグローバルな性格をもたざるを得なかった理由である．

　冷戦は，ソ連共産党による国内改革の延長上に行われた革新的な外交イニシアティブがもたらした米ソ間の相互信頼の確立によって終焉を迎えた．しかし，社会主義圏に属した東欧諸国が複数政党制による民主化と市場経済化へと邁進したことや，ソ連自体がその後崩壊したこともあり，冷戦は，社会主義の全面的な失敗，自由民主主義のイデオロギー的勝利として終わったと位置づけられた．

●新自由主義的グローバル化への展開　資本主義世界では，すでに1970年代前半の危機への対応の中から新自由主義が影響を強めていた．新自由主義は，市場メカニズムの悪影響を緩和する国家の役割を積極的に評価していたケインズ主義を批判した．具体的には国家による積極的財政政策や所得再分配，労働市場における規制を通じた弱者保護を批判し，資源配分を市場の自律性に委ねることを主張し，「小さな政府」を提唱した．冷戦が自由民主主義の勝利で終わったとされたことで，新自由主義に対する抵抗は一層弱まった．さらに，同時期に急速に進行した情報通信革命が市場内プレイヤーとりわけ金融業の力を強化した．先進国でも新興経済諸国（新たに市場経済化した諸国や途上国）でも，国家を市場からの保護者ではなく市場の保護者とする再定義が進行した．結果として，資本・も

の・情報・サービスのグローバルな移動への制限が大幅に緩和され，国家や労働者勢力に対する市場の優位が固定化された．これを新自由主義的グローバル化と呼ぶ．

政治軍事面では，湾岸戦争における圧倒的勝利の後，情報通信革命の成果を積極的に吸収したアメリカの他国に対する優越性が強化された．同時期のアメリカは製造業での優越性を維持していたわけではないが，情報通信と金融における優位を国力に反映させ，経済面でも一極優位の状態をつくり出した．さらに，それを支持する勢力の間では多様なトランスナショナルな連携関係も形成された．

●**アメリカ一極秩序の崩壊と資本主義の危機**　2011年9月11日に起こったアメリカにおける同時多発テロ事件は，盤石と思われたアメリカ一極秩序に大きな衝撃を与えた．しかし，この秩序を崩壊させたのはテロ事件そのものではなく，正当性を欠いたアメリカの軍事行動と新自由主義の矛盾の蓄積であった．

アメリカは，アフガニスタンのタリバン政権のみならず，テロに無関係のイラクのサダム・フセイン政権を崩壊させたが，秩序の回復と正当性のある政権の樹立にはてまどり，軍事力行使の非正当性と非実効性が際立つことになった．経済面でも，2000年代半ばには住宅バブルの維持が困難となっていたが，2008年にはリーマン・ショックが起こった．資本主義の中枢から発生した危機に対して，先進資本主義諸国は，国際協調によって世界恐慌の再来を回避することには成功したが，危機の根本原因にある矛盾を解決する能力は欠いていた．

その矛盾とは，既得権をもつ少数者に有利な政治経済制度の運用による格差の拡大，政治社会の安定性を支える中間層の弱体化，既得権から排除された多数の人びとの不満の蓄積である．こうした問題への対処は行わず，むしろ既得権を持つ金融業の力を回復させる形で危機の収束が図られた．金融経済危機は，少数の弱体な諸国に局地化されたが，構造的な問題は残されたままである．

●**2010年代以後**　アメリカの国力は相対的に後退しつつあるが，軍事・人工知能・コンピュータ・情報産業などで依然として相当な優位にあり，近い将来大きな変化はないであろう．しかし，新自由主義的グローバル化の中で，人権と民主主義を抑圧しつつ台頭した中国は，独自ルールの適用範囲を拡大しようとしている．また，富の産出や秩序維持に失敗した地域からは合法非合法の移民や難民が流出し，周辺諸国や先進国に負荷を与えている．そうした圧力の中，アメリカを含む先進国でも，新自由主義的グローバル化への反発が，自国中心主義や排他的ナショナリズム，時代錯誤の地政学的思考といった形をとって定着しつつある．

少数の富裕層の利益を優先し格差を拡大してきた新自由主義的グローバル化の構造的問題点が明らかになる中で，人権・民主主義・平等と開放的な世界経済との両立を可能にする構造的転換が求められている．それを遂行する政治的指導力を民主主義の下でいかに形成するかが大きな課題である．　　　　　　　　　［遠藤誠治］

国民国家の行方
[英]the future of nation states

　我々は，地表が国民国家というユニットによって分割されているようなイメージで国際社会をとらえがちである．しかし実際には，欧州の国民国家とは形態も発展段階も異なった擬似国民国家，準国民国家，国民不在国家，領土なき国民が世界に存在しており，国際法上の「主権平等」とは裏腹に，国家と呼ばれるものの中には国民国家の範疇に当てはまらないほど基盤が脆弱なものも多い．
　例えば，国家として独立する際，宗主国の引いた境界をそのまま踏襲したアフリカの一部地域では，国民アイデンティティが育つことはなく，それゆえ統治の枠がうまく機能せず，各民族が武力を使って首都と主権を奪い合う事態が続いている．また，アフガニスタン，ソマリア，南スーダン，シリアは，そこに領土区画があるものの，長引く民族紛争，武力紛争で国家機能が消失し，破綻国家としか形容するほかない状態に陥っている．
　このような状況に照らすと，国民国家の行方について一般的に語ることはできないというべきだろう．しかしそのことを前提としたうえで，非西欧の途上国にはどのような変化が起こり得るか，また，西欧その他の先進デモクラシー地域で国民国家はどう組み変わるのか，という形に主題を読み替えるならば，いくつかの展望を述べることはできる．

●グローバル化の中での持続と変容　まずアジア，中東，アフリカの途上国においては，建国から数十年しか経ていない国家，いまだに全土の実効支配が叶わない国家，それゆえ国民意識が未成熟な段階にある国家が多数存在する．それらの国の政府や国民は，グローバル化時代のこれからも，治安，安全の確保，国民市場の形成，国民意識の醸成など，国民国家の基盤整備に取り組み続けることになろう．結果としてそれらの国家は，先進民主主義国家をモデルとした「強い政府の樹立」という方向に進んで行く．
　さらに，破綻国家，腐敗国家，分裂国家とみなされている国家の中には，一地域を分離独立させるしか問題解決の手立てのないパレスチナ地域のような事例がある．他方で，ソマリアのように国境と民族の境界が一致していない場合，国境の変更は現実的なオプションではないため，既存の国家的枠組みの中で異民族を共存させる仕組み，つまり連邦国家，地方分権国家などを設計できるかどうかが，国家の行方を占う際の鍵となる．
　一方，先進民主主義国においては，国家の三要件といわれた領土，国民，中央権威（主権）がグローバル化の中で実体性を奪われ，そのことが国家の行方を不確かなものにしている．すなわち，治安，安全，環境などの問題の越境的性格に

より，政府による領土の一元的管理や管轄権保持が困難となりつつある．さらにまた，政府は経済国境の希薄化によって，領土内のモノ，金融のフローをコントロールする能力を喪失しかけている．

　主権についていえば，国際規範や条約などの外圧により，政府が専管として決定できるものがますます限定されてきた．加えて，これまで領土内の公共財の護り手として，その任務を果たすための施策を決定し執行してきた政府は，財政リソースの欠如から，また福祉や社会投資より国内の市場安定を優先しなければならないという事情により，ガバナンス能力の低下に悩まされている．いずれにしてもここでの国家の行方は，失いつつある政府の権威を，他国との，あるいは地域内での政策協調の成果によってどこまで回復できるかにかかっている．

　国民に関しては，伝統的な国民概念が多かれ少なかれ排他性を特徴とするため，今日のリベラルが説く「選択の自由」や人権の要請とは相容れないものになりつつある．それを受けて西欧先進諸国の中には，単一国民国家という考え方を諦め，カナダやベルギーのように国家内で複数のネイションが共存できるような多文化主義，多民族共存，多極共存を国是として採用し推進する国家も増えてきている．

●なぜ，国家へ回帰するのか　このように，先進民主主義諸国において国民国家は諸要素の実体性を奪われ，むしろ理念型でしかなくなりつつある．しかしその一方で，グローバル化の進展によって，国民国家のユニットを外面的に維持ないし強化しなければならない理由が余計に生まれたという事実も無視できない．その理由の一つが，国際社会の安定性を損なうおそれのあるグローバル資本や格づけ会社などの私的権威へ有効に対処できるのが，ひとり強制力をもつ国家，とりわけ国民の支持を背にした民主的な国家政府だけだという点だ．

　アメリカ，ロシア，中国のような超大国，イギリスのような中規模国が，国家的なスタンスを逆に強化するという現象が起こるのも，それゆえであろう．なぜならば大国は，たとえ一時的な効果しかないにせよ，主権を楯にして単独で行動し，自由貿易や国際協調，またグローバル化に背を向けることができるからである．ブレクジット（イギリスのEUからの離脱）やトランプ政権誕生も，グローバル化の中で制御能力や自律性を国家単位で回復したいという願望が生み出したとものといえるだろう．

　いずれにしても，現下の国連や国際機関，地域機関，世界市民ネットワークなどが，テロや組織的犯罪の取り締まり，また多国籍企業の監視や規制，さらには移民・難民のフローの抑制などの役割を，国家政府より効果的に果たすことはできそうもない．その意味で，領土と国民を構成要素とし，中央政府をその要件とする国民国家は，その機能が低下しているとはいえ，なお世界に治安や秩序，そして正義をもたらし得る存在であり続けるだろう．

〔押村　高〕

ナショナリズム論の展開
[英]comptemporary theories of nationalism

　ナショナリズムとは，何よりもまず，ネイションという集団なくしてはありえない．したがって，ナショナリズムとは何かという問いは，必然的にネイションとは何かという問いにつながる．事実，ナショナリズム研究は，ネイションの起源や生成のプロセスをめぐる歴史社会学的な研究が主流を占めてきた．しかし近年，そうした歴史社会学的な関心に基づく研究とは異なり，規範理論との関わりでナショナリズムが論じられることも多くなってきている．ここでは，そうしたナショナリズム研究史を概観しよう．

●**歴史社会学的研究**　ネイションの起源をめぐる歴史社会学的な研究は，ハンス・コーン（1891-1971）やE. H. カー（1892-1982），エリ・ケドゥーリ（1926-92）らの研究を先駆けとし，とりわけ1980年代にナショナリズムに関する現代の古典とでもいうべき金字塔的著作が相次いで発表された．

　アーネスト・ゲルナー（1925-95）は，主著『民族とナショナリズム』（1983）において，ネイションは「産業社会化」の帰結として生じたと論じた．近代的な経済社会体制の確立は，これまでの静的な伝統社会の解体と，いわゆる「大社会」の形成を促す．その過程で，多数の異なる文化的背景を有する人びととの交流が増し，そうした人びとと協働してゆかねばならない局面が増加する．したがって，コミュニケーションを円滑にするための共通の読み書き能力などの習得およびそうした能力の教育が要請される．よって，国家が公教育を整えることで，ばらばらであった人びとが標準語などの習得を契機に統合されていく．このようにして文化的に同質なネイションが形成されるというのである．

　ベネディクト・アンダーソン（1936-2015）は，「産業社会化」以前にも看取されていた「出版資本主義」の発達こそがネイションを生み出したという．アンダーソンの主著『想像の共同体』（1983）によれば，ネイションとは「イメージによって描かれた想像の共同体」であり，そのような「想像」を可能にしたのが，出版メディアの発達であった．例えば，マルティン・ルターによるドイツ語訳聖書の出版・普及がその語のドイツ語の標準化に一役買ったことは周知の事実だが，同じ言語を媒介にして同じ事象を理解する他者の存在を人びとが意識するようになる．このことに出版メディア，とりわけ「出版資本主義」の発達および「出版国民語」の成立の果たした役割は，きわめて大きいというのである．

　ただし，ゲルナーとアンダーソンは，ネイションとは近代化の産物だと論じる点で概ね一致する．ゆえに彼らの議論，とりわけゲルナーの議論は「近代主義」と呼ばれる．それに対して，近代になってネイションが生じ得たのは，それ以前

に何らかの源泉がすでに存在していたからであり，だとすれば，ネイションを純粋に近代的な現象だとはいえないという反論がなされる．その代表的論客が，ゲルナーの弟子でもあったアンソニー・スミス（1939-2016）である．

スミスの著書『ネイションのエスニック的起源』（1986）によれば，ネイションの生成過程における近代化の役割を軽んじるわけにはいかないが，そればかりがネイションの発生要因ともいえない．そこでスミスは，これまでのナショナリズム研究における「原初主義」の成果を導入する．「原初主義」とは，ネイションの生成要因として，近代以前から連綿と継承されてきた，当該集団のアイデンティティを形づくるうえで欠かせない神話や象徴などに着目する議論である．とりわけスミスは「神話-象徴複合体」としての「エトニ」という集団の存在を指摘する．「エトニ」とは，「共通の祖先，歴史，文化をもち，ある特定の領域との結びつきをもち，内部での連帯感を有する名前をもった人間集団」である．こうした近代以前から存在した歴史的・文化的集団が，近代化を一つの契機として，ネイションという政治的な単位に発展したというのである．

●**規範理論的研究**　1990年代以降は，規範理論との関係でナショナリズムが論じられることも多い．その主たるものが，自由民主主義の諸理念との関わりで，ネイションが有する規範的な意義をある程度積極的に評価しようとするリベラル・ナショナリズム論である．その代表的論客であるデイヴィッド・ミラー（1946-　）は，著書『ナショナリティについて』（1995）において，自由民主主義における重要な価値における社会正義や民主主義を安定的に実行するうえで，再分配や民主的な審議の動機の源泉として機能する，ネイションの一員であるという人びとの倫理的な結びつき，すなわち「ナショナリティ」の重要性を指摘する．ただし，だからといって，リベラル・ナショナリズムはいかなるナショナリズムに対しても絶対的な評価を与えるわけではない．リベラル・ナショナリズムはあくまで「リベラル」なのであって，リベラリズムの要請する「公正さ」の原則から，ナショナリティのあり方に制約を求めるのである．

これまでの歴史社会学的研究の知見は，とりわけポストコロニアリズムの知見と共振し，ネイションが意図的に構築されたフィクションであり，その構築のプロセスにおいて，マイノリティに対する抑圧や暴力を伴うものであった点が指摘されてきた．しかし他方で，政治理論的には，リベラル・デモクラシーの政治枠組みを文化的に中立的なものだと想定することも，マイノリティの文化的な権利要求をある意味で隠ぺいするように機能してきたことも指摘されている．リベラル・ナショナリズム論はこれらの議論を継承し，自由民主主義の政治におけるナショナリティの意義を評価するとともに，ネイション構築の作法をリベラルな制約という形で示すものだといえよう．

［白川俊介］

移民問題
[英]migration problems

　20世紀以前にも人の移動に関する諸問題についての哲学的な議論はまったくなかったわけではないが（I. カントの訪問権の議論や H. シジウィックの議論），稀であった．だが，今日的な意味での移民問題についての哲学的な議論がされるようになるのは1980年代以降である．この背景には，欧州での外国人労働者の定住化やハイチ難民危機におけるアメリカでの論争など，人の移動に関する諸問題への関心の高まりがあった．哲学における議論は移民をめぐる一般的な言説とは異なり，単に個別の政策の妥当性を検討するだけなく，多くの人びとが当然視している主権国家体制の基本的枠組みに対する根本的な問い直しまでも含むものである．以下では，そのような根本的な論点を二つあげる．

●**移民制限政策の正当性**　第一の論点は，移民制限政策の正当性についてのものである．この論点は，英語圏における移民問題についての哲学的な議論の嚆矢である M. ウォルツァー（1935-）が提起したものである．一般的な言説においては，主権国家が移民希望者を選別して一部の人びとの入国を拒否する権限をもつことはしばしば当然視されている．しかしながら，もしも入国拒否の決定が，その国の市民の事情だけを考慮し，移民を希望している人びとの事情をまったく無視したものであるなら，その決定は正義に適うものではない．したがって，移民制限政策を正当化するためには，移民希望者の要求も考慮しても，それでもなお移民制限の実施が道徳的に許容される根拠が提示されねばならない．

　この論点についてウォルツァー自身は，それぞれの国の市民による集合的な自己決定（self-determination）の価値に訴えることで，移民制限政策を正当化している（ウォルツァー 1983：106）．同様の主張はその後，D. ミラー（1946-）によってさらに展開されている（Miller 2016：62）．彼らの主張は，移民制限についての国家裁量を広範に認める点においてコミュニタリアン的な立場であるといえる．それに対して，J. H. カレンズ（1945-）は，移動の自由は原則的に尊重されるべきであるという根拠から，移民制限はより限定的な範囲でしか許容されないというコスモポリタン的な立場をとっている．

　これら二つの立場はそれぞれ国境閉鎖論と国境開放論と呼ばれる．だがこれらの名称は次の点において誤解を招きやすいので注意が必要である．一方で国境閉鎖論者は，国境の完全閉鎖を政策として提唱としているわけでも，現在の先進国の入管政策を追認しているわけでもない．むしろほとんどの論者は，移民希望者の道徳要求が無視されているという点で，現在の政策実践に対して批判的である．他方の国境開放論者の多くもまた，移民制限の撤廃という意味での国境の開

放を政策として支持しているわけではない．例えばカレンズは，国境開放論は，あくまで現在の政策慣行がどの程度不正であるかを測定する規準を提示するための議論であることを強調している（Carens 2013：296）．

●**移民希望者の発言権**　第二の論点は，移民政策の決定手続きにおいて発言権が制度的に保障される人びとの範囲に，移民や（まだ入国していない）移民希望者が含まれるべきかである．この論点はデモクラシー論において民主主義の境界問題と呼ばれている．

　リベラル・デモクラシーにおいては通常，法による個人の自由の制限は，その法の制定手続きにおいて制限を受けることになる当事者の（意見表明や投票といった）発言権の行使が制度的に保障されているという条件のもとでのみ，許容されている．だが移民政策はこの原則から逸脱している．なぜなら，移民政策に関する立法は，移民希望者の自由を制限するにものであるにもかかわらず，当事者である移民希望者はその国の成員ではないため法の制定手続きにおいて発言権が保障されていないからである．そうであるならば，リベラル・デモクラシーは，移民政策の制定手続きにおいては移民希望者にも発言権を保障すべきというラディカルな含意をもつのだろうか．

　この論点については，リベラル・デモクラシーは移民希望者にまで発言権を保障することは要請しないという見解が多く提示されてきた．例えば S. ベンハビブ（1950- ）は，討議理論の観点から討議においては市民と移民希望者の双方にとって受容可能な理由を提示するという道徳的要請がすべての人に課されると主張する一方で，発言権を保障される人びとの範囲はすでにその国に居住する市民に不可避的に限定されざるをえないと主張している（ベンハビブ 2004）．しかしながら彼女の議論に対しては，結局のところ市民だけが発言権を保障されるという既存の制度を単に追認しているだけであるという批判が提起されている．この立場に依るならば，移民希望者に対しても発言権を保障する何らかの国境横断的な制度の実現が原理的には要請される．

●**近年の動向**　英語圏における移民問題に焦点をあてた哲学的な議論は，90年代までは決して多くなかった．しかし，2000年頃より次第に増加し，2010年代には専門書の出版も相次ぐなど活発化している．この中で注目すべき動向として次の三つがある．第一に，外国籍居住者への権利保障，国籍取得要件，難民受け入れ政策などといった個別の政策分野に焦点を絞った研究が増加している．第二に，頭脳流出問題など，移民を受け入れる先進国の人びとだけでなく移民を送り出す途上国の人びとの観点により自覚的な研究が試みられるようになっている．第三に，ジェンダー・人種・エスニシティに起因する社会的経験の違いや，植民地主義・帝国主義の歴史的文脈の重要性も改めて強調されている．以上から，哲学的議論と実証的移民研究の統合が今後進むことが予想される．　　　　　　［岸見太一］

多文化主義
[英]multiculturalism

　多文化主義は概括的にいうと，国民国家を前提として，一国内で複数の文化・言語が公的に承認され，マイノリティの文化・言語もマジョリティの文化・言語と対等な地位を与えられ，存続を保障されるべきだとする思想を指す．とはいえ，多文化主義は統一的な定義がなく，上記のような含意をもつ諸々の思想に対するレッテルないし一連の思潮と考えるべきであろう．

　多文化主義が政治哲学上の重要なテーマになるのは1990年代である．カナダの政治哲学者Ch.テイラー（1931- ）による講演「承認の政治（the Politics of Recognition）」を収録した『マルチカルチュラリズム』（テイラー他 1992）の出版が一つの重要な契機であった．その後，この本はJ.ハーバーマス（1929- ）やK.アッピア（1954- ）らの論考を加えて1994年に再版された．

　植民地主義，人種差別，先住民，少数民族，移民などの問題はたいていの国家が抱えている．英米圏に始まった多文化主義の議論は，ポストコロニアリズムやフェミニズムとも呼応しながら英米圏を超えて近代思想に根底から反省を迫る．

●**議論の主要領域**　多文化主義は主としてアカデミズムと教育，国民国家の統合政策，リベラリズムをめぐる政治哲学の三つの領域で議論された．

　アカデミズムと教育の領域では，研究・教育の主題をめぐって議論がなされた．それらの主題は主流文化の規準で選ばれていないか．この異議申し立ては，E.サイード（1935-2003）のオリエンタリズム批判などと呼応し，とりわけ人文科学に衝撃を与えた．大学ではマイノリティの言語や歴史，カルチュラル・スタディーズなどが教えられるようになり，中等教育以下でもマイノリティについて学ぶ機会が増えた．他方，この趨勢は人文科学の危機と受け取られる面もあった．

　政策の領域では，主流文化への同化を求めて集団間対立を助長するよりは，マイノリティの文化・言語に一定の公的地位を与えて保護し，文化的多様性から利益を引き出し，国民国家の統合を維持する政策が主張された．複数の公用語，少数民族や先住民の自治権，マイノリティの文化・言語の保護などがその例である．カナダやオーストラリアは1970年代から公式に多文化主義的政策をとっている．

　政治哲学の領域では，多文化主義はリベラリズムとは何かをめぐる問題となった．リベラルな国家は個人の善き生の構想への介入を避けて中立でなくてはならないとすれば，特定の文化について特別の扱いを求める多文化主義はリベラリズムの中立国家の理念に反するのではないか．

　テイラーは「承認の政治」で，近代ヨーロッパの思想史において生じた人間の尊厳（dignity）の観念と真正さ（authenticity）の理念に着目する．平等な尊厳を

めぐる政治は，一方で尊厳の観念から普遍主義的な諸権利の平等を，他方で真正さの理念からアイデンティティの承認を要求する．彼は一見矛盾するこれら二つの要求の両立可能性を論じ，「差異を顧慮しない」リベラリズムではなく，差異の承認に立脚するリベラリズムを提唱する．彼はカナダのケベック州政府のフランス語文化保護政策に関し，住民が集団として文化の保護と存続を求めるのは正当だと主張した．ただし，テイラーがコミュニタリアンであるとしても，この主張は個人の自律性を否定して共同体の価値を優先せよというものではない．

●**多文化的シティズンシップ** カナダの政治哲学者 W. キムリッカ（1962- ）は，マイノリティの権利に関する論争を「コミュニタリアニズム対リベラリズム」という図式でとらえるのは誤りだという（キムリッカ 2001）．文化・言語の承認と保護を求めるマイノリティは，リベラリズムからの離脱を求めているわけではない．

キムリッカは『多文化時代の市民権』(1995) において集団別市民権（group-differentiated citizenship）を論じた．この構想では二つの区別が要点となる．第一に，マイノリティ集団は民族的マイノリティ（national minorities）とエスニック集団（ethnic groups）とに区別され，前者はより多くの権利をもつ．民族的マイノリティは一定領域に居住し，独自の言語，文化，歴史をもつ共同体であり，言語や土地利用に関して諸権利を有する．エスニック集団は主に移民によって形成されるため，ホスト社会への統合が主要な課題となり，諸権利は限定的であってよい．集団別権利には，文化集団の自己決定権としての自治権，文化集団が文化の承認と一定の保護を得るエスニック文化権，政治過程で意思表明を行うための特別代表権があり，特に自治権はエスニック集団には認められない．

第二に，文化集団が主張する権利について，対内的制約（internal restrictions）と対外的保護（external protections）が区別される．リベラリズムは個人の自律性を最優先することから，集団が構成員個人の自己決定に対して制約を加える対内的制約は認められず，集団の文化を保護するために，個人の選択の余地を残すかたちで行使される対外的保護のみを認めるべきである．

●**9.11 以後の多文化主義** 2001 年 9 月 11 日のアルカイダによるテロ攻撃以降，欧米ではムスリム嫌悪が拡大した．そうした中，英独仏の政治的リーダーによって次々と多文化主義の失敗が語られた．またシリアの内戦とそれに乗じて勢力を拡大した「イスラム国」のために大量の難民がヨーロッパ各国に押し寄せた．移民や難民への排斥が広がる現実を前に，多文化主義はこのような政治的課題に対処できるのかという疑問も出てきている．

日本でも文化的多様性を称揚する人びとは少なくないが，その一方で，在日コリアンに対するヘイトスピーチの横行など，特に東アジア系外国人への風当たりが強まっており，あらためて多文化主義の意義が問われている． ［時安邦治］

集団的記憶・歴史修正主義

［英］collective memory / historical revisionism

　歴史記述は後の時代の視点からなされる以上，書き手の価値観，社会的帰属性，研究方法，新たな史料の発見などによって異なりうるものであり，修正（revision）の可能性を常に持ちうる．しかし歴史修正主義（historical revisionism）は史実に基づいた修正ではなく，史実の否認，歪曲，相対化によって，国家的犯罪や加害国としての戦争責任を否定ないし矮小化する歴史観である．ホロコーストを否認し，ナチスを正当化する言説は，反ユダヤ主義および極右の論者による非学術的な言説である．

　一方ドイツにおける歴史家論争の場合には，ホロコーストを否認はしないが相対化しようとする歴史学者の修正主義史観が問題となった．1990年代の日本で登場した歴史修正主義は，南京虐殺の事実や慰安婦制度への国家関与を否認し，加害責任を忌避し，国家主義的歴史観による教科書出版などを通じて歴史の塗り替えを意図する．またホロコーストや慰安婦をめぐる問題では，史料として記録されていない当事者の証言や記憶と歴史記述の関係性も焦点化され，集団的記憶の研究への展開がみられた．

●ホロコースト否認論　ホロコースト否認論は，反ユダヤ主義，ネオナチ，反共主義の論者によって発信されてきた．ホロコーストに関する事実をすべて否定ないし改竄する修正主義者を「記憶の暗殺者」として批判したP. ヴィダル=ナケは，否認論者の主張を次のようにあげている．(1) ユダヤ人の証言はシオニストによる嘘か作り話，(2) ガス室での大量殺人は技術的に不可能，(3) ガス室はその存在を証明できないがゆえに存在しなかった，(4) ユダヤ人犠牲者の数はいわれているほど多くないうえに，かなりのユダヤ人は収容所ではなく連合軍の爆撃で死亡した．ホロコースト否認論は歴史学界では学術的に認められていない．

●旧西ドイツにおける歴史家論争　旧西ドイツでは特に1960年代後半のいわゆる学生運動世代の反権威主義運動や Th. W. アドルノらの言説の影響のもとで，ナチスとの批判的対峙が政治や教育において規範的な歴史観をなしてきた．しかし1980年代には加害国としての歴史認識からの脱却を目指す歴史観が主張され始める．1982年発足のコール政権の新保守主義はこの傾向を強め，1986年に相次いで発表された歴史家の論文への J. ハーバーマスの批判に端を発し，2年にわたって「歴史家論争」が展開した．ハーバーマスが新保守主義の修正主義として批判を向けたのは，ナチス以前の歴史との連続性から国家アイデンティティを構築することが歴史家の役割であるとした M. シュトゥルマー，ユダヤ人の虐殺を単に「終焉」と表現する一方で，東部戦線におけるドイツ軍の「英雄的」戦いと

敗退，東部地域からのドイツ人の追放という自国の被害者の観点を重視すべきだとした A. ヒルグルーバー，ナチスのユダヤ人絶滅政策の原型はスターリンの粛正であり，カンボジアのポル・ポト政権下での虐殺と比較可能だとした E. ノルテらである．彼らの修正主義的歴史観はホロコーストを否認はしていない．ハーバーマスが批判したのは，加害責任を軽減し，都合のよい歴史的連続性を語ることで国家主義イデオロギーの復活を図る「歴史学の道具化」である．ハーバーマスは，ホロコーストという「道徳的破滅」を招いた国家にとって，負の過去への反省に基づいた戦後の憲法を遵守する「憲法愛国心」がアイデンティティの源泉となるべきだとした．歴史家 H. U. ヴェーラーや H. モムゼンはハーバーマスの側に立ち，ユダヤ系作家 R. ジョルダーノは，ナチスの罪から目を背ける修正主義を「第二の罪」だと主張した．

●歴史と記憶　実証主義的歴史研究では客観性に欠けるがゆえに信頼できる史料とされなかった記憶が注目されるのは，1970年頃からである．その背景には，ホロコーストの生存者の証言（例えば C. ランズマンの映画《ショアー》[1985]）や戦争体験者の証言への着目，ポストモダン思想や構築主義に基づく規範的歴史観の相対化，歴史と物語の境界線の曖昧化がある．記憶研究に先鞭をつけた M. アルヴァックスはすでに 1939 年に，個人の記憶が社会的に媒介されて形成される集団的記憶の概念を提唱している．

1980 年代には J. アスマンと A. アスマンが集団的記憶を細分化し，コミュニケーション的記憶（口承で伝えられ 3 世代程度の短期的な記憶）と文化的記憶（メディアや制度，儀式，記念碑などによって世代を超えて継承される記憶）の概念を導入した．記憶の共有と継承は集団のアイデンティティ形成に影響を与えるが，その集団は宗教，地域，使用言語，加害者，被害者など多様であり，それらの集団的記憶が相反しあい，また相互に抗争することもある．国民国家レベルでの集団的記憶の形成には，儀式，教育，メディアを通じた政治的作用が関わり，特定の集団的記憶が強く保持される．

フランスの国民意識と文化的記憶の関係を具体的事例で検証したのが P. ノラの主導によるプロジェクト『記憶の場』（全 7 巻, 1984-92）である．建築物，共和制の象徴，食文化までも含めてフランスのナショナル・アイデンティティにつながる文化的記憶に関する膨大な資料である．同様の試みをドイツに関して行ったのが H. シュルツ, E. フランソワ編集の『ドイツの記憶の場』（全 3 巻，2001-02）である．ドイツ版ではほとんどの項目で，ナチス，分断国家，ドイツ統一による歴史の断絶に言及されており，ドイツにおける集団的記憶が連続性では語れないことが示されている．記憶研究へのシフトは，規範的歴史記述（マスター・ナラティヴ）の消滅への反応とみることもできるが，逆に規範的歴史記述の形成メカニズムの分析が記憶研究から可能となるだろう．　　　　［大貫敦子］

歴史認識と和解
［英］historical recognition and reconciliation

　中国漢代の『史記』など，王朝の交代がしばしば新たな正史の編纂を伴っていたように，国家など包括的な共同社会においては，一定の社会秩序の存立はそれに対応する歴史認識のカノン（正典）を求めるというのが一般的である．一時代の歴史認識はそれに対応する社会秩序の正当化の言説と結びつきつつ生成するわけだが，それゆえに，国家間の戦争や集団間の紛争は，それが和解に導かれない場合には，当事者となった集団にそれぞれ異なった歴史認識をもって記憶されることになる．であればこそ，集団間の「和解」には，歴史認識をめぐる抗争が不可避であり，それを相互了解へと進めるプロセスが不可欠になるのである．

●**古代帝国と近代帝国主義**　征服戦争をもって勢力拡張を図る古代帝国の拡大には，服属する各政治集団がそれぞれ祀る集団神を配下に位置づけ，それらを再構成された神話に正統的に序列編成する「万神殿形成（Panthonbildung）」を伴う場合が多くあった（M. ヴェーバー『宗教社会学』参照）．もちろんその構成原理は，徳治論や一神教に一元化された構成からコスモロジーや機能神信仰に多元化された編成までさまざまでありえたし，そこに位置づけられる神々の権能も，作動する思考様式や関与する集団の勢力状況に応じて多様な内実をとりえた．とはいえ歴史的にみれば，このような神話（＝歴史）の再創成とその相互承認が，時々の状況に対応した新秩序の正当化＝「和解」の形式であったといえる．

　これに対して近代帝国主義は，軍事的・経済的・技術的な力による支配を基盤としつつ，その力を占有しそれにより覇権を行使する支配を一次元的な「開発」や「進歩」を語る近代文明の物語をもって正当化するという形式を採った．このときに，世界は文明と野蛮，開明と未開，先進と後進といったリニアーな尺度で整序され，人間も人種・民族・ジェンダー・階級などのカテゴリーを編成しつつ同様な尺度に合わせて序列化されて，そこに近代的レイシズムが生成する．

　近代帝国主義は，この近代的レイシズムの基盤のうえで，帝国本国と植民地そして純労働力としての奴隷の供給地を帝国の版図として構造化した．それにより奴隷貿易はかつてなく大規模にかつ純営利的に行われえたし，植民地もまた，植民者の帝国となった一例を除き，偏頗で自立不能な植民地的構造をもって帝国全体の政治経済の一要素に機能的に組み込まれたのである．しかもそこで重要なのは，歴史を語る主権が帝国本国・本国人そして植民者に独占されたことだ．被植民者や奴隷は，近代文明の主体たる帝国の近代化プロジェクトに従属的に参与するコラボレーターであるか，でなければ「未開」にとどまる歴史なき民とされて，この前提の下では相互主体的な承認も和解も成り立ちえないのである．

●**植民地責任と移行期の正義**　そこで「国民的主体」たることを求める植民地独立への希求が生まれ，帝国主義戦争の渦中から実際の独立戦争が進展する．もっとも，第二次世界大戦後に成立した多くの新興独立国では，植民地だった被支配圏域に合わせて「国境線」を定め，「東西冷戦」という厳しい時代環境の中で国家建設を強いられたから，植民地支配が培養していた「人種対立」「民族対立」などの社会矛盾を払拭するのが困難となり，それが旧宗主国の介入や東西両陣営の支援を背景にしばしばさらに激しい国内対立にまで発展した．そこに，各地で内戦や虐殺が頻発し，軍事独裁体制が乱立し，人種隔離政策が横行したゆえんがある．

それに対して「東西冷戦」が収束に向かった1990年代は，多くの国々でそれまでの抑圧的体制の民主化が進んで，近代帝国主義の植民地支配とそれに続く脱植民地化過程の暴力と葛藤を和解に導く〈過去清算〉が課題となった．もっとも，南アフリカのアパルトヘイト体制からの転換がその典型であったが，基本的には植民地時代の社会矛盾を国内に色濃く引きずる社会体制の転換であっただけに，加害者と被害者が現に共存して過去のすべてを一気には清算しえない「移行期」という歴史認識を受け入れ，「真実と和解」という原則にたって「移行期の正義（transitional justice）」を実現する和解の形になった．とはいえこの〈過去清算〉の流れは，2001年には南アフリカのダーバンで国連の主催による「人種主義，人種差別，排外主義および関連した不寛容に反対する国際会議」が開催されるまでに進展し，ここでは奴隷制と奴隷貿易が「人道に対する罪」と公式に認定され，植民地支配についても同様な罪との認識が国際社会に広く受け入れられた．

●**日本における戦後史認識と未解決の戦後責任**　もっとも，敗戦により植民地を失った日本帝国の場合は，中国内戦から朝鮮戦争へと続く東アジアの「熱戦」激化の中で，日本自体がアメリカ主導の占領と講和により西側の一員として日米安保体制に編入され，旧植民地の方は分断を強いられたから，植民地独立をめぐる葛藤に直面せず，和解を切実な政治的・思想的課題としないまま「戦後」を生きることになった．しかも，朝鮮戦争からベトナム戦争へつづくアジア地域での戦争は日本にとって特需を生み，日本の役務や生産物で支払うと指定された「戦後賠償」も日本経済にとっては特需として働いていて，第二次世界大戦後の東アジアにおける戦争と軍事独裁との関係は，日本にとっては「戦後復興」と「経済成長」の基盤になった．皮肉なことに，このような過去清算を経ないままの戦争と独裁との連携の戦後史を，日本は「戦後平和主義」・「戦後民主主義」と自認したのである．そこで，1990年代以降に訪れた〈過去清算〉の時代に，植民地責任を含む日本の〈加害〉についての歴史認識の欠落が問われ，それとともに日本軍「慰安婦」問題をはじめとする未解決の戦後補償の問題がいくつも提起された．そしてこの時になって，国家間の「和解」に還元しえない個人への戦後補償＝〈和解〉の次元がまた意識されることになった．

[中野敏男]

先住諸民族
[英]indigenous peoples

　先住諸民族について現存するのは，国連人権特別報告者 J. R. マルティネス゠コボによる1982年の「報告書」をふまえた法的規定のみだが，定住生活への偏りが批判されている．定住生活に拠らない「先住性」は規定が困難なうえ，先住民族集団は非常に多様で多元的なため，社会思想史的な概念規定はほとんど不可能である．

●**新大陸到達から17世紀まで**　「先住諸民族」が認められるようになったのは，コロンブスの新大陸到達（1492年）にはじまる植民地化の結果である．16世紀で重要なものは，ラス・カサス（1484-1566）の「インディオ」擁護論と，神学者・法学者のセプールベダ（1490-1573）の「インディオ」征服＝正戦論との間での「バリャドリド論争」（1550-51）である．征服された側の記録では，「最初のメスティーソ」インカ・ガルシラーソ・デ・ラ・ベーガ（1539-1616）の『インカ皇統紀』（1609），先住民族の記録者ワマン・ポマ・デ・アヤラ（1535頃-1616）の『最初の新たな記録と良き統治』（1615頃）が不可欠といえる．

　16世紀では，ミシェル・ド・モンテーニュ（1533-92）の『エセー』（1595）第 I 巻第 XXX 章「食人種について」が重要である．ブラジル植民地のトゥピナンバ民族を書いた同章では，食人習慣は野蛮で許し難い行為ではなく，固有の儀礼的重要性をもつものとされている（モンテーニュ 1595：64-73）．

　17世紀で重要なものは，トマス・ホッブズ（1588-1679）が，『リヴァイアサン』（1651）第 I 部第 XIII 章で「アメリカの…野蛮人」を「残忍なやりかたで生活している」とする叙述である（ホッブズ 1651：212-213）．この「自然状態」は，共通の統治権力がなければ，「万人の万人に対する戦争」に巻き込まれ，「暴力と詐欺」に押し潰されてしまう，とホッブズはいう（同書）．ホッブズが「自然状態」の無惨さを強調している点からすれば，新大陸の先住諸民族の様相を鏡として，ヨーロッパにおける体制を批判することが本意だったといえる．

●**啓蒙期から19世紀まで**　J.-J. ルソー（1712-78）は『人間不平等起源論』（1754）で，ホッブズを批判し，ベネズエラの「野生人」カライブ民族を例にあげて述べている．「……自然状態にもっとも近い暮らしをしているカライブ族が，愛においてはもっとも穏やかで，もっとも嫉妬に駆られることの少ない民族であることからも，このこと［ホッブズの誤謬］は明らかである」（ルソー 1754：112）．

　19世紀前半にほとんどのラテンアメリカ植民地は政治的独立をはたすが，先住諸民族は国民あつかいをされず，その結果，先住諸民族をめぐる思想はきわめて限定されている．だが，1847年にメキシコでマヤ系諸民族が起こした大反乱（カ

スタ戦争）は，反乱指導者 J. M. バレラが，十字架が刻まれた樹からマヤ支配の復活を告げる「語る十字架の託宣」(1850) を耳にし，その託宣がバレラ自身による文書として残されている点で，特異な例外といえる．

●**20世紀の思想**　20世紀初頭にアマゾン上流プトゥマヨ河流域で，ロンドンに本社を置く「ペルー・アマゾン会社」が，先住諸民族を酷使・虐殺している，というスキャンダルがあった．英国議会は R. ケースメント (1864-1916) を調査にあたらせ，1913 年に政府の「青書」として結果が公表された (Casement 1912)．これは先住諸民族のジェノサイドの史上初の公的記録であり，資料としても第一級のものである．

第一次世界大戦以降，先住諸民族に関する思想は，ペルーやメキシコに多く見出される．ペルーの思想家 J. C. マリアテギ (1894-1930) のマルクス主義的分析を基礎とした主著『ペルーの現実解釈のための七試論』(1928) がその代表例である．彼らは「インディオ」の社会的権利を主張した「インディヘニスモ」潮流に位置づけられている．

先住諸民族自身の思想としては，グァテマラのマヤ系先住諸民族の苛烈な生と闘争を語った，R. メンチュウ (1959-) の自伝的証言『私の名はリゴベルタ・メンチュウ』(1983) が知られている．ラテンアメリカの先住諸民族は軍政下での大量虐殺を経験しており，暴力を生き延びた彼らの記憶は，1990 年代半ばに各国で同名で刊行された証言録『二度とふたたび』に見出される．

ラテンアメリカに比して，アフリカやアジア・オセアニア州の研究は少ない．ケニアのングギ・ワ・ジオンゴ (1938-) がキクユ語で著した小説『十字架の上の悪魔』(1980) や評論『精神を脱植民地化する』(1986) などから，抑圧に立ち向かう主体性の思想を読み取っていく，学際的な試みが代表例といえよう．

●**アイヌ民族と沖縄**　帝国日本政府は「北海道旧土人保護法」を明治32 (1898) 年に制定したが，その内実はアイヌの抑圧・収奪であった．平成9 (1997) 年にいわゆる「アイヌ文化振興法」が可決され，「旧土人保護法」は廃止されたが，新法はアイヌを民族とは認めず，その存在を「文化と伝統」に切り縮めている．アイヌ思想史を研究するならば「文化と伝統」の制限を超えて，知里幸恵・知里真志保姉弟の著作集や，「アイヌ解放同盟」の指導者・結城庄司の『アイヌ宣言』(1980)，「北海道ウタリ協会」で活動した萱野茂 (1926-2006) の『アイヌ歳時記』(2000) や野村義一 (1914-2008) の『アイヌ民族を生きる』(1996) に取り組む必要がある．また，沖縄人を先住民族として承認させる運動が興っている．国連も沖縄人に先住民族としての諸権利を保証するよう，2014 年に日本政府に対して勧告を行った．だが，伊波普猷 (1876-1947) が展開した「日琉同祖」＝非先住民族論を克服して沖縄人の独自性を明確化せずに，沖縄人を先住民族として承認させるのは困難である．今後の研究に期待したい．　　　　　　　　　　［崎山政毅］

沖　縄
Okinawa

　地上戦と占領そして現在も継続する軍事基地の重圧にさらされ続けてきた沖縄社会は，そこに通底する支配構造からの脱却・解放を希求する思想を粘り強く紡いできた．

　敗戦直後の日本社会において，沖縄はその存在さえも忘却されていたといっても過言ではない．1951年の講和会議を前にした議論においても沖縄の占領継続をめぐる論点は存在せず，徐々にその占領の実態に関心が向けられるようになったのは，自由人権協会の報告書をもとにした55年の新聞報道（朝日新聞記事「米軍の『沖縄民政』を衝く」）の頃からであったといえる．そして翌56年に軍用地問題を契機として沖縄現地で「島ぐるみ闘争」がわき起こると，占領下に放置されてきた「同胞」の訴えを伝えようとする報道が相次いだ．それ以降，地上戦の惨禍とともに沖縄を想起する言葉が氾濫し，アメリカ占領への批判が高まる一方で，沖縄戦における「犠牲」を殉国美談として提示しようとする風潮も広まった．そして「島ぐるみ闘争」において発せられていた訴えには，それまで沖縄に駐留していなかった米海兵隊が日本本土から移駐してくるという「しわ寄せ」の解消を求める言葉が含まれていたが，同時期に米軍基地の大幅な縮小が始まった日本本土においてそれが受け止められることはなかった．

　1960年代後半になると日米政府は施政権返還に向けた交渉に乗り出し，69年の日米共同声明において3年後の施政権返還が打ち出されたが，そこでは同時に沖縄の米軍基地を長期的に維持していくことが宣言された．折しも同年に発刊された大田昌秀『醜い日本人』は，沖縄が背負ってきた歴史的な支配を「差別」として告発し，「日本人」の責任について問いかける姿勢を明確に打ち出していた（大田 1969）．その後，基地の維持を既定路線として沖縄返還協定が調印された1971年をピークとして，沖縄と日本の関係をめぐる広範な議論が展開され，日本政府が打ち出した「核抜き本土並み返還」の欺瞞性を批判する声が高まったが，72年5月の施政権返還とともに日本社会の関心は大きく低下していった．

●**戦場体験の思想化**　施政権返還によって再び日本国家に組み込まれることになった沖縄では，戦場体験の意味を問い直す動きが活発となった．1971年に琉球政府が発刊した『沖縄戦記録』は，一般住民の戦場体験を多数収録することによって，「日本軍とともに戦った住民」という従来のイメージから明確に距離をおき，戦場における日本軍と住民との関係を問い直す視点が定着していくための起点となった（琉球政府文教局編 1971）．そして戦場体験を問い直す動きは，日本国家との関係性や自らの国民意識を批判的に抉り出す言葉を生み出し，その代表

的な論集である『叢書わが沖縄』では，天皇制や共同体意識などの問いをめぐる議論が展開された（谷川編 1970）．そこで中心的な執筆者となった新川明・川満信一・岡本恵徳らは，50年代前半には雑誌『琉大文学』の発刊をめぐって占領下の弾圧を経験しており，60年代末からは復帰運動とその思想を批判的に問い直す「反復帰論」の担い手として活躍した．

1970年代以降の沖縄社会では戦場体験の証言の掘り起こしが継続的に行われ，沖縄戦をめぐる日本国家との緊張関係が浮き彫りになっていった．それを象徴する出来事となったのが1982年の教科書検定をめぐる問題であり，日本軍による住民殺害の記述を削除させようとする文部省の修正意見に反発して，沖縄戦を特徴づける歴史的事実として住民殺害を重視する声が高まった．それは84年以降の家永・教科書裁判第三次訴訟においても「集団自決」の記述をめぐる問題として引き継がれ，日本軍による強制と誘導が重要な論点となった．また80年代後半には，教育現場における「日の丸」「君が代」の徹底的な強制が波紋を広げた．これらの動きは，地上戦の惨禍と基地の重圧を連続的にとらえ，日本国家との関係に刻み込まれている支配の問題を直視する議論を生み出していった．

●**基地固定化に抗して**　1995年の米兵による暴行事件が発生した沖縄では，冷戦終結後も基地が固定化されることに対する反発と，軍隊が生み出す性暴力に目を向けようとする動きが強まった．大田昌秀知事（当時）は，施政権返還後に繰り返されてきた軍用地の強制使用を黙認できないとして代理署名の手続きを拒否したため，日本政府が県知事を訴える職務執行命令訴訟が起こされた．その裁判における沖縄県の主張は，基地負担という「不利益」を沖縄に集中させ，それを黙認してきた日本社会の心性に対する不信感を表明していた．

沖縄社会の反発を受けて日米政府は1996年にSACO合意を発表し，沖縄の米軍基地を統合する方針を示したが，返還計画の大半は県内に代替施設を用意することが条件とされ，実質的には沖縄基地の固定化を意味していた．施政権返還以前から沖縄現代史を記述し続けていた新崎盛暉は，この時期から「構造的沖縄差別」という言葉を用いて，沖縄に基地を置き続けることを当然視する思考停止状態こそが「沖縄差別」であると主張するようになった（新崎 2012）．そして90年代末から辺野古の新基地建設計画が具体化し，さらに2010年代に入って日本政府がより強硬な姿勢で新基地建設を推し進めている状況に対して，それを拒否する沖縄の主体性は，自立・自己決定・独立などの言葉を含むものとなっている．

1995年から明確になったもう一つの思想的な展開は，軍隊と性暴力の関係を問う視点の顕在化である．軍隊が不可避的に有する暴力性と頻発してきた性暴力との関係を構造的にとらえ直し，さらに性暴力をめぐる社会の意識を批判的に問い直す視点は，「基地・軍隊を許さない行動する女たちの会」をはじめとする諸活動によって，重要な問題提起を生み出している．　　　　　　　　　　　［鳥山 淳］

解放の神学

［西］teología de la liberación　［ポ］Teologia da Libertação　［英］liberation theology

　解放の神学（ポルトガル語 Teologia da Libertação，スペイン語 teología de la liberación，英語 liberation theology）は，ラテンアメリカ諸国において 1960 年代に被抑圧者との連帯を掲げて出現したキリスト教神学の潮流である．ラテンアメリカで生まれたこともあり，カトリック教会とその神学者や信徒が中心的役割を担ったが，一部，プロテスタント教会も加わって 20 世紀の後半に大きな神学運動，実践運動となり，世界各地のキリスト教会と神学のあり方に影響を与えた．

　解放の神学は，第二バチカン公会議（1962～65 年）によって先鞭をつけられたカトリシズムの自己変革の運動を基盤として生まれた．この公会議ではキリスト教の原点としての聖書への復帰と現代世界へのキリスト教の有意性の回復という二大目標が提示された．600 人余りのラテンアメリカの司教たちが参加したこの会議が呼び水となり，カトリック教会の改革運動が推進されていき，この動きは第三世界の各地域の教会や神学に多大な影響を与えることになった．

　第二バチカン公会議の精神の下に 1968 年にはメデジン会議が開催されたが，その声明文はラテンアメリカの民衆の社会的・経済的・文化的抑圧からの解放を謳っており，ここには解放の神学の輪郭が明確に示された．神学の教義の探究とその実践とは，被抑圧者と貧窮者の視点からなされるべきことが確認された．

●**解放の神学の基本的特徴**　ラテンアメリカの解放の神学の最盛期は，1960 年代後半から 1980 年代末までといえるだろう．その後はバチカンの方針や世界の神学的思潮の変化もあり下火になっていったが，しかしその遺産は，後に触れるキリスト教基礎共同体の思想と実践にみられるように，ラテンアメリカの国々に定着した．その最盛期には G. グティエレス，J. L. セグンド，S. ガリレア，J. ソルビーノなどのカトリックの神学者たち，さらには J. M. ボニーノ，P. アルヴェスなどのプロテスタントの神学者たちも健筆を振るった．彼らの議論は，世界のカトリック教会とラテンアメリカ世界を二分するほどの賛否両論を引き起こした．

　解放の神学の三つの基本的特徴を指摘しておきたい．

　（1）解放の神学は，1960 年代以降，世界各地で展開された政治的・実践的神学の一類型である．当時，公共的領域や政治的領域を神学的考察と実践の場としてとらえた神学には，北アメリカの黒人解放の神学，女性解放の神学，革命の神学などがあり，ヨーロッパでは政治神学や女性解放の神学などがあった．西洋経由の伝統的神学との対比において，個人の魂の救済という従来の救済論から，救済は人間の身体を含み，全人性および人びとの公共性全体に有機的に関連するという包括的救済論へと展開していった．ここに解放の神学の特徴があった．

(2) 解放の神学においては神のイメージの転換がみられたのであり，もはや神は天高く座する神というよりは，苦難の民衆を約束の地へと導く解放の神と理解された．こうして，直接的暴力や構造的暴力や文化的暴力からの人間解放，被抑圧者や貧窮者への預言者的コミットメントが神学的主題となった．神学的考察や実践が，マルクシズムや従属論の視座に依拠した社会分析や歴史分析と有機的に結合する論拠がここにはみられた．それゆえにグティエレスは，解放の神学を「歴史的実践に関する批判的考察」として理解し，「人類の歴史の解放的変革を目標とする神学」と規定する．

　(3) 解放の神学は，ラテンアメリカや第三世界の貧窮者の苦難，闘い，希望という観点から従来のキリスト教の使信と教会の役割を批判し，同時に新たにそれらの再解釈と再構築を目指した．同時にそれは，貧困や抑圧をつくり出す権力やイデオロギーを批判し克服する神学のあり方（オルト・ドクシー／正しい教義）と実践（オルト・プラクシス／正しい行為）を模索した．

●**キリスト教基礎共同体**　解放の神学は，韓国の民衆神学への影響など，世界各地のキリスト教界に大きなインパクトを与えた．特筆すべきは，そこから生まれたキリスト教基礎共同体の考え方と実践である．ブラジルをはじめとするラテンアメリカの国々では，キリスト教基礎共同体の営みが継続しており，今日なお草の根の聖書学習運動やボランティアの社会奉仕活動などを通じて地域の住民に多大な貢献を果たしている．

　キリスト教基礎共同体の背景には，多くの神父や修道者が地元の教区に入り込み，住民たちと共同生活を通じて福音の伝道と社会的抑圧や貧困の解決に生涯を捧げるという長年の献身的な営みがあった．またその背景には知識と実践と技法の次元で，教育学者パウロ・フレイレ（1921-97）の「被抑圧者の教育学」とそこから派生した「意識化」の営みがあった．1960年代にはラテンアメリカ諸国では軍事政権が成立し，反体制側に立つカトリック教会とその営みへの弾圧が加えられ，多くの聖職者や信徒が投獄され，殺害された．しかし，そうした苦難の下でもキリスト教基礎共同体は，地元住民の生活を支え，信仰の深まりと人権擁護の砦として機能してきた．キリスト教基礎共同体は，解放の神学の生んだ遺産であり，ラテンアメリカ諸国に実践的な政治文化を植えつけ定着させた．

　解放の神学は，今日，よく指摘されるように，バチカンとの関係において両義的であり，是々非々の関係にある．解放の神学の将来は，キリスト教基礎共同体の営み——その生命線とみられている——にその理論と実践の確固たる基盤を保持できるかどうかにかかっていると指摘されている．解放の神学者の間では，従来どおり聖書理解の掘り下げをさらに継承していく課題の重要性については合意がみられる．これも解放の神学の生命線であるといえよう．　　　　　［千葉　眞］

公民権運動

[英]civil rights movements

広義には，時代や地域を超えて，国内法のもとでの平等の権利，とりわけマイノリティの権利保障を目指す市民運動や社会運動を指す．狭義には，アメリカ合衆国内の公民権（civil rights）の確立と合法的差別の撤廃を目指してアフリカ系アメリカ人（アメリカ黒人）を中心とした有色人種やそれに賛同する白人およびユダヤ人たちによって実践された一連の取り組みや活動を指し，中でも特に「1964年の公民権法」と「1965年の投票権法」，「公正住宅法を含む1968年の公民権法」などの成立に先立って起きた社会運動（social movements）を意味することが多い．ここでは後者の，アフリカ系アメリカ人の公民権運動について書く．

●**歴史的背景** ヨーロッパ移民の入植が始まる17世紀以降19世紀まで，アメリカ社会を支えたのは奴隷制（slavery）だった．その存続・廃止をめぐって国内を二分して争われた南北戦争が終結した後，奴隷制を禁じた憲法修正第13条（1865年），元奴隷の市民権の制限を禁じた憲法修正第14条（1868年），選挙権の人種による制限を禁じた憲法修正第15条（1870年）の三つの修正条項によって「1866年の公民権法」は守られるべきはずだった．しかし，修正第14条は私人による差別を禁じていないとする最高裁判決（1883年）や，鉄道乗客の人種分離の違法性を争ったプレッシー対ファーガソンの裁判で「分離すれども平等」という，隔離政策を事実上容認する最高裁判決（1896年）が出ると，各地で「ジム・クロウ法」と呼ばれる一連の黒人差別法が通過し，レストランや学校，バスなどさまざまな空間で合法的差別が浸透した．また，住宅購入や教育・雇用の機会，投票権の行使についても合法的な妨害が起きた．そればかりかこの時期，奴隷解放に最後まで反対した南部州を中心に，黒人に対するリンチや暴行や殺人などが相次いだ．こうした流れの中で，1909年，黒人社会学者であったW. E. B. デュボイス（1868-1963）が白人やユダヤ人らとともに全国黒人向上協会（NAACP）を設立し活動を始めると，職業訓練に重点を置いてタスキーギ大学を設立したブッカー・T. ワシントン（1856-1915）の主張に共鳴した人びとが，1911年に全国都市同盟（NUL）を組織し別路線での活動を展開した．

1950年代に入ると重要な判決と運動の展開があった．公立学校の人種分離撤廃を訴えて争われた裁判「ブラウン対トピーカ教育委員会」の最高裁判決（1954年）では，それまでの「分離すれども平等」の法理を覆し，教育機関での分離を違法とした．その判決をもって即時差別の撤廃とはならなかったものの，ブラウン判決と呼ばれるこの判決の意義は大きかった．1955年には，ローザ・パークス（1913-2005）が，白人に席を譲れとのバス運転手による指示を拒否して逮捕され

たのをきっかけに，バス乗車のボイコット運動が展開され，これは翌 56 年にバス車内の差別を禁じる法案通過に結びつき成果を得た．さらにこの運動によって，南部キリスト教指導者会議（SCLC）を創設し代表を務めることになるマーチン・ルーサー・キング・ジュニア牧師（1929-68）の名が知れ渡ることになった．1963 年 8 月には，「私には夢がある」のスピーチが読まれるワシントン行進が多くの人を集め，翌 64 年に公民権法が通過した．その他にも，1961 年のフリーダム・ライダーズを呼びかけた人種平等会議（CORE）や学生非暴力調整委員会（SNCC）など複数の組織が公民権運動に関わっており，多様な活動の連なりが公民権法通過だけでなく，人びとの価値意識や慣習行動に変化を促した点も見逃せない．

●**運動の変容と現在**　1960 年代半ばになると公民権運動にも変化が訪れる．インドの独立運動を率いたマハトマ・ガンディー（1869-1948）の非暴力主義に影響を受けたキングは，同主義のもとで人種統合を説き，その後ノーベル平和賞を受賞したが，北部州都市部での差別の烈しさに絶望感を強めると同時にベトナム戦争反対を表明するようになった．そして 1968 年，「私は山頂に立った」と名づけられた象徴的スピーチの翌日，暗殺された．この時期にはキングらの非暴力直接行動に希望を見出せなくなった黒人の若者層がブラック・パワー（black power）を唱え始めていた．ブラック・パワーは，キングとは対照的にみえる戦略をとったマルコム X（1925-65）や彼の入信していたネイション・オブ・イスラーム（NOI）の主張に影響されたものととらえることもできる．だがマルコム X は，NOI から離脱後，独自の思想展開をみせ，キングを含む公民権運動のリーダーや全世界の黒人との共闘の可能性を模索していた．そしてその矢先に凶弾に倒れる．

このように書くと，歴史を著名な人物・組織や出来事によって単線的にとらえてしまう．だが実際には，「無名」の人びとによる地道な取り組みがあり，他方でこれを認めまいとする者による幾度もの妨害があった．人種に基づき座席を分離するレストランへの座り込み（シット・イン），雇用差別を行う店や会社のボイコット，路上でのデモ，制度や慣習を相手取った訴訟，テレビ・新聞・ラジオを用いた広報，サボタージュや市民的不服従（civil disobedience）など，取り組みの方法や場所は多岐にわたった．そして，妨害や抑圧，暴力も多種多様だった．リンチ，教会の爆破，警察犬や消火用ホースや警棒による攻撃，FBI による監視（surveillance）や盗聴，脅迫状や情報操作による活動のかく乱などが有名な例である．また，公民権法が施行されてアファーマティヴ・アクション（affirmative action）などの措置が取られ，法や制度上の差別是正は進んだが，1964 年から 50 年以上が経った現在でも，ヘイトクライムや，警官による黒人や先住民の殺害・暴行・不当逮捕が後を絶たない現実は，公民権運動が取り組んできた問題が現在進行形で存在していることを示している．警察の軍隊化やマイノリティの犯罪者化が指摘される中，運動もかたちを変えて継続している．　　　　　　　［中村　寛］

反戦平和運動

［英］antiwar movements

　反戦平和運動は，近代戦争の副産物であり，20世紀に大衆的な広がりをもった．この時期に，近代国家間で大規模な戦争が繰り返されたが，その戦争は，職業軍人以外の人びとも巻き込む総力戦であった．反戦平和運動は，戦争を止めるという政治的な成果に即座に結びついたわけではない．しかし，中長期的にみれば，運動が世論に影響を与え，政治家に圧力をかけ，その選択に影響を与えることも少なくなかった．運動の成果には，政治的な側面だけでなく，文化的な側面もある．反戦平和を題材にした文学，音楽，写真，映像，演劇などは，人びとに戦争の現実を伝え，その記憶を残すことで，反戦意識を広げる役割を果たしている．

●**冷戦時代の反戦平和運動**　二つの世界大戦は，反戦平和運動の台頭のきっかけになった．両大戦間期に大国間の緊張が高まる中，日本でも社会主義者や共産主義者が中心になって反戦の行動が組織された．彼らの思想と行動に理論的な根拠を提供したのは，マルクス主義である．政府による厳しい弾圧に直面しながら，彼らは，戦争の原因が資本主義にあると考え，反戦平和の実現には経済や社会の全面的な変革が必要であるという論理を示し，行動した．

　第二次世界大戦後，総力戦に動員された人びとの間に，戦争を忌避する心情が広がった．とりわけ原子力爆弾を落とされた広島と長崎の犠牲は甚大であり，核兵器に対する恐怖が世界中で共有された．それでも，第二次世界大戦の終わりは，戦争の終わりを意味しなかった．冷戦時代には，朝鮮半島のような冷戦の最前線だけでなく，その後方に位置していた日本でも，米軍基地が配備され，軍人からの暴力や土地収用など，人びとの生活の脅威は続いたのである（吉見 2007）．戦争の記憶は，彼らを反戦の行動に導いた．反戦平和運動は，軍事化を進める政治指導者の行動を彼らの意思に従わせることを目指していたがゆえに，民主化運動と合流することになった．日米安全保障条約の改定交渉をめぐって繰り広げられた「60年安保闘争」は，このような反戦平和と民主化を求める動きの結節点に位置づけられる（高畠 2009）．

　工業国が経済成長を遂げ，国内の貧困や飢餓の問題が後景に退き，広範な層が消費文化を享受するようになった1960〜70年代は，ベトナム反戦運動が各国で展開された時期でもある．ベトナム戦争は，1964年のアメリカと北ベトナムとの間の軍事衝突をきっかけに深刻化し，テレビや新聞を通して世界中に伝えられた（ヘイブンズ 1987）．日本でも，1965年に作家の小田実らが呼びかけて始まった「ベ平連（ベトナムに平和を！市民連合）」を中心に，反戦運動が広がる（小熊 2002）．それは，新宿駅西口地下広場におけるフォークソング集会のような文化

的な活動と結びつくことで，若者を引きつける力をもつ運動であった．

　日本において，ベトナム反戦運動は，次の3点で反戦平和運動に転換をもたらした．第一に，「ふつうの市民」と呼ばれた，政党や労組などの組織に所属していない人びとに参加する方法を提供した．特定のグループに入っていなくても，反戦平和の思いさえあれば，デモのような反戦の行動に参加できるという形式は，その後の運動の中で繰り返し用いられる．第二に，「被害」と「加害」の重なり合う関係の発見である．戦後初期の反戦平和運動では，戦争による被害の恐怖が動員を支えていたのに対して，ベトナム反戦運動では，日本がアメリカの支援を通してベトナムへの攻撃に加担するという側面に光があてられた．戦後復興を経て東アジアの大国の座に復帰しつつあった日本の国際的な地位の変化に合わせて，反戦の焦点に推移が生じた．第三に，学生運動とも共鳴しながら，「戦後」や「近代」を問い直したことである．そこでは，戦前の植民地主義，さらに戦後にその責任を十分に引き受けてこなかった歴史に光があてられた．1970〜80年代にかけて，ベトナム反戦運動の流れを汲み，人権や環境の問題に関わるグループが組織されたが，その活動は，こうした歴史認識を基盤にしていた．

●**変わりゆく戦争と反戦平和運動**　1991年1月に始まった湾岸戦争は，ベトナム戦争の時期よりもさらに「メディアの中の戦争」という性格を色濃くしていた．テレビ映像では，多国籍軍の爆撃の様子が流されるが，そこには映らない被害は見落とされた．人びとが得る戦争の情報は，マスメディアに強く規定され，反戦平和運動の動員とその性格に，メディア報道の与える影響が強まった．

　さらに，2003年に始まったイラク戦争では，民間軍事会社やゲリラ組織が戦争において重要な役割を果たすようになった（モーリス=スズキ 2004）．この「戦争の民営化」は，「経済的徴兵制」と深く関係しており，アメリカなどでは貧しい若者が経済的なインセンティブに導かれて軍隊に入り，戦場に向かっている（堤2008）．このように，国民皆兵のもと，すべての国民が平等に戦うことを建前とする総力戦の時代とは，戦争の様相が変わってきている．21世紀の戦争は，貧困や格差のような社会問題と深く関連しており，反戦平和運動は，戦争と他の諸課題とを有機的に結びつけるという難問に直面している．

　戦争の変化は，反戦平和運動の衰退を意味してはいない．イラク戦争の開戦の直前には，世界中で1000万を超える人びとが反戦行動に参加したといわれる．日本においても，2015年には安保法制への反対運動が広がった．学生グループの「SEALDs（自由と民主主義のための学生緊急行動）」は，安全保障のような戦争に直接関わるイシューを，格差の拡大や雇用の不安定化の問題を解決するための公正な分配と社会保障に結びつけた．このように，社会問題が複雑に分岐する時代に，反戦平和運動は，反戦と社会変革との新たな接続の仕方を模索している．

〔安藤丈将〕

市民運動・住民運動
［英］citizens' movements／residents' movements

　「市民運動」は，日本における市民社会の歴史の中で特別な意味を付与されてきた言葉である．英語圏に類似した言葉がないわけではないが，それは「社会運動（social movements）」の中に含まれるのが一般的である．

　「市民」という言葉は，規範的な意味を含んでいる．市民の原型として想起されるのは，古代ギリシアのポリスやアメリカのニューイングランドのタウンミーティングに参加し，価値観の異なる他者と討論しながら，共通の問題に対する理解を深め，集合的な決定をつくり出す人びとである．

　その一方で，「市民」という言葉は，それ自体が政治的な性格を有している．市民に何が含まれて，何が外されるのかは，歴史的な変遷の中で常に変化するため，「誰が市民であるか」をめぐり，常にヘゲモニー争いが存在するからである．ゆえに，市民運動を論じる際には，市民の境界をめぐる線引きを分析する必要がある．

●「市民運動」の内と外　以下，日本の歴史的文脈の中での「市民」の位置づけに焦点をあてることで，市民運動が何を意味していたのかをみていこう．戦後の民主化運動に強い影響を与えたマルクス主義のもとでは，社会変革の主体は労働者や農民であるとみなされたため，「プチブル」という蔑称に示されるように，市民という言葉は否定的なニュアンスを帯びていた（コシュマン 1996）．

　60年安保闘争で都市のミドルクラスの政治的な役割に注目が集まり，市民という言葉が肯定的な意味に転換された．松下圭一は，西洋近代をモデルにしながら，日本社会に残存する封建的な文化を打破し，自治を実現する担い手として市民という言葉を使っている（松下 1994）．この時期に，市民運動という言葉は，戦後の民主化運動において中心的な役割を担った革新政党やその組織に所属していない人びとのネットワークを指すものとして用いられるようになる．

　この言葉は，かなり広い意味で使われたが，大きく分けて以下の三つのネットワークを指していた．第一に，反戦平和のネットワークである．例えば，ベ平連（ベトナムに平和を！市民連合）は，「ふつうの市民」を自称する人びとから構成されていた（小熊 2002）．第二に，自治体改革を求める住民のネットワークである．彼らは，騒音や汚染のような都市の生活環境の劣悪さの改善に尽力し，その動きは，革新自治体の誕生につながる場合もあった（原 2012）．第三に，消費者のネットワークである．生協の組合員がそうであるように，このネットワークの中心は女性であり，消費を通して社会の問題の所在を知り，その解決に関わっていった（ルブラン 1999）．これら三つのネットワークは，1970年代以降も，市民運動の指示対象であり続けた．

しかし，市民運動には含まれない社会運動も存在した．その一つは，対決的な行動を展開する学生運動である．1960 年代には，警察との衝突も辞さない対決的な直接行動を繰り広げる学生たちも，反戦平和運動の一部を担っていた．しかし，1970 年代初め，警察は，利己的で攻撃的な「過激派」という学生の表象をつくり出し，自分たちを「過激派」の暴力から市民を守る存在と位置づけた（安藤 2013）．以上のような争いを経て，市民，さらには市民運動という言葉は，穏健な抗議行動をするグループを指すようになり，対決的なグループは，その言葉の指示対象から外れることになった．

● **「市民」と「住民」との間**　「住民運動」という言葉は，市民運動という用語法の定着と同時期に使われるようになる．住民運動は，大規模な地域開発によって引き起こされた生活被害に対するローカルな抗議者を指す．1960～70 年代には，政府主導の開発プロジェクトが全国で行われており，それに対する地域住民の抵抗も各地に広がっていた．住民運動という言葉は，そうした個別に分岐した抵抗をつなぐ緩やかな「プラットホーム」として機能した（道場 2015）．

この言葉は，土地を離れて普遍的な価値を追求する市民運動とは区別して使われ，自分の暮らしてきた土地に対する愛着が運動の共通のアイデンティティとされた．1970 年代に入ると，横浜新貨物線反対運動のように，住民運動が地域開発を推進する革新自治体と対立するケースも出てくる（道場 2002）．このように，地域開発に抵抗する住民と自治体改革の一翼を担う市民との間に緊張関係が生じ，それが両者の用語上の区別の強調につながっていった．

近年，市民運動という言葉は，今までにない使われ方をしている．それは，広義の革新的なグループを指す言葉であったが，在特会（在日特権を許さない市民の会）のように，排外主義的な保守グループの自称に用いられている（樋口 2014）．その用語法によれば，在日コリアンのような外国人の「特権」を告発し，彼らを排斥するために行動するのが市民とされる．

市民と住民との間の緊張関係も，形を変えて姿を現している．福島第一原発事故後，多数の都市住民が原発の廃炉のために行動するようになり，メディア上では，新しい市民運動として表象されている．福島の汚染被害の深刻さを強調する市民と，自分の暮らしてきた土地に対する愛着から福島を離れることの難しい住民．両者の間に横たわる溝は深い．

二つの事例は，「誰が市民（運動）に含まれるのか」という分析的な視点が，市民運動を論じるときには不可欠であることを再確認させる．市民の境界は，政府と運動の力学，運動の内部の力学でつくり出される．他方，市民（運動）の規範的な側面も，無視できない．自分とは異なる利害関心や価値意識をもつ人びとにヘイトスピーチをするグループが市民運動という言葉を横領している状況の中で，市民とはいかにあるべきかという，古くて新しい問いが浮上している．　　[安藤丈将]

グローバル・ジャスティス運動
[英]global justice movements

　グローバル・ジャスティス運動（GJMs）は，企業主導のグローバル化に反対する，国境を越えた社会運動のネットワークである．ナオミ・クライン（1970- ）は，GJMs の中で広く読まれた『ブランドなんか，いらない』で，有名企業のブランド製品の生産や流通の過程における労働者の搾取，環境破壊などの問題を暴き出す．これらの製品は，アジアや南米の途上国の搾取工場で生産され，工業国の契約社員の手を経て，広告攻勢にさらされた人びとに消費される（クライン 2000）．企業の国境を越える活動から生まれる不正義は，国民国家を基礎とする政治体制では十分に扱われてこなかった．国境を越える不正義は，国内におけるそれとは異なり，責任を正す根拠やプロセスが不明確であったからである．

　これに対して，アイリス・マリオン・ヤング（1949-2006）は，国境を越えた不正義を正す根拠を提示した．彼女は，自分たちの行為が不正な結果をもたらすプロセスに関与する場合，それを改善する責任があるという（ヤング 2011）．ヤングによれば，たとえ搾取労働が自国の外で生じていたとしても，その製品の消費者は，不正義と無関係でない．グローバル企業の製品は，帰属する国家に関係なく，その商品に関わる人びととの間に「社会的なつながり」をつくり出している．これこそが，GJMs の国境を越えた連帯の基盤である．

● GJMs のネットワーク構成　GJMs の原型は，19～20 世紀における国際的な労働運動や反植民地主義の運動である．近年，運動が注目されるようになったのは，1999 年 11 月末，アメリカ・シアトルの WTO（世界貿易機関）閣僚会議に対する抗議行動を契機とする．この行動をきっかけに，抗議者のネットワークは，GJMs，「オルター・グローバリゼーション運動」「反グローバリゼーション運動」を自称するようになる．

　GJMs は，運動参加者の多様さで知られ，「複数の運動からなる一つの運動（a movement of movements）」といわれる．その運動の源流は，大きく三つに区分できる．一つ目は，「グローバル・サウス」と呼ばれる途上国のグループである．債務帳消運動の場合，これらの国では，1980 年代に財政危機に直面し，世界銀行から貸し付けを受ける条件として，構造調整と呼ばれる政策を実施した．その結果，生活基本品の高騰や公共サービスの切り下げを引き起こし，暮らしの基盤を揺るがされた人びとが，「不当な債務」の帳消しを求め，運動が形成された（ミレー & トゥーサン 2005）．

　二つ目は，「新しい社会運動」と呼ばれる，環境や人権の問題に取り組む工業国のグループである．その多くは 1970 年代以降に組織され，政策提言や当事者支

援の活動に取り組んできた．1980年代以降，その活動は政府や企業も無視できないほどの影響力をもつようになり，政策作成に際してパートナーとして認知されるグループも出てくる（安藤 2010）．これらのグループは，GJMsのネットワークに加わる中で，政府や企業の活動に対する対決的な姿勢を取り戻していった．

三つ目は，「サウス（南）」化する「ノース（北）」の人びとである．1980年代以降，工業国では，不安定な雇用，低賃金，福祉の削減により生活難にさらされる人びとの不満が高まってきた．彼らは，資本主義とあらゆる支配の拒否を掲げており，そこにはアナキズムの影響を見て取れる（グレーバー 2002）．それは，イデオロギーというよりも，日常的実践としてのアナキズムであり，その影響は，自らアナキストを名乗らない人びとにも及んでいる．

●ネオリベラリズムを超えて　多様な運動を結びつけているのは，「ネオリベラリズム（新自由主義）」に対する批判というフレームである．それは，金融の規制緩和，貿易の自由化，軍事主義，公共部門の民営化，農業の解体を含む市場主義的な政策パッケージを指す（栗原 2008）．このフレームは，多様なイシューを一つの原因のもとにとらえ，広範な運動の連携を可能にする知的基盤を生み出した．

また，国際的な抗議イベントの存在は，GJMsのアクティヴィストたちが共通のアイデンティティを構築するのに役立っている．このイベントは，二つの側面がある．一つは，WTO，IMF，世界銀行，G8（G7）のような国際経済機関に対する示威である．彼らは，各国の閣僚が結集する会合をターゲットにして，会議室の外側でデモや座り込みをし，メディアを通して国際経済機関の政策を問題にした．

もう一つは，対抗的空間の創出である．そのシンボルとして，「世界社会フォーラム（WSF）」があげられる．2001年1月，ブラジル・ポルトアレグレに始まるWSFは，「もうひとつの世界は可能だ」というスローガンのもと，新自由主義の代案を提示することを目指している（セン他 2004）．そこでは，国境を越える資本投機に課税するトービン税が提案されたり，WSFなどの会場やその周辺で共同生活をし，暮らしや人と人の関係のあり方のモデルが提案されたりしてきた．

GJMsの最も大きな成果は，国際経済機関の影響力を削いだことであろう．WTOのドーハラウンド交渉は難航し，G8も，かつてのような存在感を失った．現在，WSFには2000年代初めほどの求心力がないが，ネオリベラリズムに対する異議申し立ては，アラブの春やオキュパイ・ウォールストリートのような近年のグローバルな抵抗に引き継がれている．他方，ナショナリズムやレイシズムをあおり立て，社会の閉そく感の原因を少数者に押しつけて有権者の人気取りをする政治家は後を絶たない．こうした状況において，社会の閉塞感を生み出す原因を直視し，国境を越えた連帯をいかにして構築するのか．グローバル・ジャスティス運動のゆくえが注目される．

[安藤丈将]

第 3 章

環境の変化と権力の再編

［編集担当：齋藤純一・鵜飼 哲・大貫敦子・森川輝一］

リスク社会……………………………754
安全保障………………………………756
テロリズムと対テロ戦争……………758
災害と防災……………………………760
伝染病と防疫…………………………762
生権力…………………………………764
格差社会と隔離………………………766
情報化とインターネット……………768
公　害…………………………………770
環　境…………………………………772
テクノロジー…………………………774
生命倫理………………………………776

リスク社会
［独］Risikogesellschaft ［英］risk society

　1986年，ドイツの社会学者ウルリッヒ・ベック（1944-2015）は『リスク社会』という著書を出版した．折しもこの年は，チェルノブイリ原子力発電所の大事故や，スペースシャトル「チャレンジャー号」の墜落事故などが起こっており，科学技術の発展に対する懐疑的な見方が広がりつつあったことから，同書は学術界のみならず一般社会においても大きな関心を呼んだ．こうして，「リスク社会」に関する議論が各方面で惹起され，現在に至るまで，幅広く，人文・社会科学の多分野に影響を与えてきたといえる．ここでは，このベックの提示した当初の議論を中心に，その概要を紹介する．

●「リスク社会」の出現　いうまでもなく，人類社会が何らかの意味で危険性を伴っているのは，現代に特有なことではない．むしろ近代以前の方が，飢饉や流行病，災害など，さまざまな危険性と隣り合わせであったといえる．ではなぜ今が「リスク社会」であるとベックは主張したのだろうか．まず彼は，近代の初期を産業社会（industrial society）と規定する．そこでは，富（wealth）の生産と分配に人びとは関心をもち，もっぱら不平等の解決が社会的課題の中心であった．20世紀における共産主義や社会主義の台頭も，その点ではこの産業社会における現象であったと考えられるだろう．しかし近代化が進んでくると，人びとは富の拡大よりも，そこに付随する「リスク」の発生に注目するようになる．これによって，モノの生産からリスクの処理へと，社会の中心的な課題がシフトした「リスク社会（risk society）」が出現すると彼は主張したのである．

　ベックは，社会がそのような段階に至る条件として，大きく二つをあげている．一つは，「人と技術の生産性の向上，そして，法的並びに福祉国家的な保護と規制により，客観的にみれば，本当の物質的貧困は軽減され，社会から取り除かれる」ことである（ベック 1986）．これは，近代化が一定程度達成されて初めて，人びとの認識がリスクへと向かうという側面について述べている．そしてもう一つは，「近代化のプロセスにおいて，生産力が指数関数的に増大するとともに，ハザードと潜在的な脅威が，かつてないほど著しく顕在化する」ことであると指摘した（同書）．ここで彼が強調しているのは，近代化そのものが，むしろ新たな危険性を生み出すという，近代批判的な視点である．

　さらにその背景には，「再帰的近代化」と呼ばれる状況がある．これは一言でいえば，すでに近代化されたものが，再度，近代化の対象となってしまうことである．例えば地球温暖化問題は，いわば「近代化のプロジェクト」の結果として生じた新たなリスクである．そして私たちは，科学技術や国際政治などの近代的な

アプローチによって，この問題に対処していくことを余儀なくされる．だがそれらの解決策すらも，また新たなリスクを派生させてしまうかもしれない．事実，石油に代わるエネルギー源についての議論は，しばしば深刻な意見対立を生む．

また，リスクの原因は科学技術だけでなく，社会制度にも求められる．例えば私たちは近代化のプロセスにおいて，古い因習を打破し，個人の権利を拡大する努力を続けてきた．だがその結果，家族や労働に関する新たな問題が続発しているのは，周知のとおりである．私たちはこれらの課題を，再度，近代的な方法で解決しようと奮闘している．このように，近代自体が高度化し，再帰的な段階に入ったことにより，いたるところでリスクが社会的課題となったと考えられるのだ．

●リスク社会の特徴　このような再帰的近代におけるリスクの性格を，彼は詳細に議論しているが，その一部を紹介しておこう．まず，彼は「貧困は階級的で，スモッグは民主的」（ベック 1986）という言葉で，新しい時代のリスクを表現する．これは，環境問題は，貧富の差とは基本的には関係なく，等しく人類にリスクを及ぼすということを意味している．また，地球環境問題のようなグローバルなリスクは，かつての公害問題とは異なり，加害者と被害者の区別が曖昧になる傾向をもつ．すなわち，誰もが加害者であり，また被害者であるというのが，リスク社会の特徴なのである．彼はこれを「ブーメラン効果」と呼ぶ．それはあたかも天に唾するように，リスクを発生させた私たちのところに，リスクがまた戻ってくるからである．

だが彼は，それによってリスクに関する不平等が解決するというような，楽観的な予想はたてない．例えば，リスクは国境を越えてグローバル化していくが，それは南北間格差を拡大する方向に作用するだろうと彼は予想する．さらにリスクの不平等は，国家だけの問題ではなく，結局は個人に帰着されるということも彼は明確に予見していた．すなわち，かつての福祉国家の時代においては「社会的なもの」と理解されていた，例えば結婚や就職，病気や老いなどに伴うさまざまなリスクも，「個人の自由意思に基づく選択の結果」とみなされる傾向が強まるだろう，というのである．この趨勢は「リスクの個人化」と呼ばれ，本邦でもますます強まっていると考えられる．例えば，近年の「自己責任」論の拡大も，そのことの一つの表れととらえることは可能だろう．

このように，ベックの提示した見立ては，大局的な視点からの，時代状況に対する警鐘として機能したと考えられる．だが一方で彼の議論は，社会理論として体系化していくという方向性とは，あまり馴染まなかったといえるかもしれない．だがそれでも，さまざまな分野を架橋する力をもった彼の言葉は，依然としてアクチュアリティをもっており，リスク社会論は現代社会を理解するうえで，無視できない重要な鍵概念の一つとなったことは間違いないだろう．　［神里達博］

安全保障

[英]security

　安全保障（[英]security [仏]sécurité）の標準的な定義は，「既得価値に対する脅威の欠如」（Wolfers 1952：485）であろう．ただし，この概念には，その既存価値が何か，脅威の欠如をいかに実現するか，対象や手法の特定がなく，「曖昧なシンボル」（同書）であり続けている．結果的に，何か他の価値を高める派生的な役割を担い，その言葉の前に「国家」「軍事」「経済」「環境」「人間」などの接頭語がつくとき，その概念により推進したい価値や手法が可視化される．

●**概念の起源・変容・機能**　言葉はラテン語の sē-cūra に由来する．sē は「～から自由であること」，cūrā は cura の奪格形（～から）で「不安・心配」を意味し，あわせて「不安や心配から自由であること」を指す．古代ギリシアのストア派の言説では心の平穏を意味したが，次第に社会的，政治的な意味あいが強まって安全を表すようになり，また取引上の保証や担保などの法律用語にもなっていく一方，それゆえの慢心や油断などをも含みおくようになった．

　変化がみられるのは戦間期である．第一次世界大戦の惨禍に衝撃を受け，とりわけフランスがドイツがもたらす不安に対して保証（sécurité）を求めたことから，純粋な「国防」とは異なる多くの動きがみられた．侵略国に共同で対処する集団安全保障（sécurité collective）の議論が高まり，その理念に基づく国際連盟が設立され，ロカルノ体制が模索されたのは，その例である．日本語の辞書にも「安全保障」なる訳語が1931年に登場し，現代と類似した形で使われ始めた．

　第二次世界大戦後，アメリカの影響が圧倒的になるに従い，同国における軍事重視の国家安全保障イメージが長らく支配的になった．日本では，日米安全保障条約（と憲法9条）の下でアメリカに軍事を外部委託した結果，一般に「アンポ（安保）」がそのまま日米安全保障条約（体制）のことを指すに至った．それと表裏一体だが，日本における安全保障論が国家，軍事，アメリカに重きを置き，安保条約賛成派によって担われた一方，リベラル左派の指導理念は「平和」となり，憲法9条をシンボルとした．結果として，安全保障という言葉を使うこと自体に一定のイデオロギー的な負荷がかかることになった．

　安全保障の意味内容は曖昧でも，その言葉には強力な正統化作用がある．その際，概念的曖昧さは，それを扱う政治家や官僚からすると好都合ですらある．安全保障についての体系的な研究を残したバリー・ブザンが述べたように，それは曖昧であればあるほど「政治・軍事エリートにとって権力を最大化する余地をもたら」し，「政策や行為を正当化する事由として国の安全保障に訴えかけることは，（中略）圧倒的に便利な政治的道具となる」（Buzan 1983：9）のである．

●**概念の拡大と深化**　つまり，誰にとってのどんな脅威に対し，どの主体が，どのように，どこまで安全を保障するのか，自らの頭で詰めて考えないかぎり，この概念はいとも簡単に操作されうる．このことを冷戦末期から冷戦後にかけて学術的に再考したのが，いわゆるコペンハーゲン学派の学者たちである．論者や時期によって違いはあるものの，そこでは安全保障の対象として，国家を守るべきとされた言説が相対化され，第一義的に守るべきは人間や社会だと考え方が示された．言い換えれば，その対象を国家から人間や社会へ「深化（deepening）」させたのである．また，安全保障の手段や射程が軍事分野に偏っているのを，経済，環境その他の領域に「拡大（broadening）」するよう企図した．その延長上に，国家中心の軍事安全保障が，人間中心の安全にとって逆機能しうることも明瞭に意識された．

　安全保障の対象を人間へと「深化」させる動きは，冷戦後，政策的な潮流になった．1994年の国連「人間開発報告書」は，アマルティア・センのケイパビリティ論に触発され「人間の安全保障」論を本格的に展開した．それによれば，「人間の安全保障」とは「選択権を妨害されずに自由に行使でき，しかも今日ある選択の機会は将来も失われないという自信をもたせること」（国連開発計画 1994：23）である．その後，地雷など直接の脅威の除去を目指すカナダ政府や開発・発展を重視する日本政府など，人間を対象とした安全保障の試みが続き，安全保障の理論と実践に重要な問いかけを残した．

　他方，安全保障の対象を国家から人間のレベルに下すことは，論理的に脅威（認識）の多様化をもたらす．人によって，「脅威」の形はさまざまだからである．並行して実際に，グローバル化の下でリスクが多岐にわたり，拡散している．資本，情報，技術のみならず疫病やテロまでもが容易に越境し，食料やエネルギーの分野でも相互依存のリスクが高まっている．東日本大震災と福島における原発事故は，地震や原発のリスクもまた，現に存在する脅威であることを改めてみせつけた．これらの多様なリスクが，個人レベルで「脅威」となる／認識される不確実な時代が到来したといえよう．

　逆説的だが，これらの多様化し不確実化した脅威（認識）を集約する装置として，国家の重要性は減じていない．どの人間（集団）の「脅威」を優先すべきか，紛争の余地が残るからである．また，世界的な主権国家システムが健在であるなか，おのおの最高の存在と自認する主権国家同士が互いにオオカミになり，領土を争ったり，核ミサイルを向け合ったりする可能性も消えていない．そうした中，所属する国家を守らなければ，それを構成する人間の安全を守れないという側面もまた残っている．そうであるからこそ，安全保障概念は取り扱い要注意であり続ける．誰にとってのどんな脅威に対し，どの主体がいかにどこまで安全を保障するのか，常に問い直す必要があろう．

〔遠藤　乾〕

テロリズムと対テロ戦争
[英]terrorism and war on terror

　テロリズムの語はフランス革命期に生まれた．政敵を次々に断頭台に送るロベスピエール（1958-94）の手法が「恐怖（テロル）による支配」として恐れられ，彼の失脚後，反動で各地のジャコバン派が一掃されたとき，彼らが恐怖政治に与した者（テロリスト）と呼ばれて糾弾されたのが始めである．

　その後の長い政治秩序変動の中で，この用語は少数派の企てる暗殺や破壊活動に対して使われるようになった．公衆の不安や恐怖を誘って既成秩序の安寧を揺るがす行為とみなされたからである．

●**テロリズムの両義性**　20世紀には革命運動や植民地独立運動の過程で起きた破壊活動がテロリズムとして断罪された．それは一般に左翼運動とみなされるが，私的暴力による秩序の侵害という点で，右翼活動にもこの語は用いられる．日本の五・一五事件，あるいは右翼青年が社会党委員長の浅沼稲次郎を殺害した事件などもその例とされる．

　しかし，語の発祥にも刻まれているように，テロリズムは権力を保持する側が敵対者の暴力を指弾するためのレッテルとして用いられ，用法に権力のベクトルが働いている．テロリストを自称する例が稀なのはそのためである．数少ない例外は，ロシア革命前夜の社会革命党の地下組織 SR 戦闘団の場合で，その指導者ボリス・サヴィンコフ（1879-1925）は「革命の大義」を掲げ，「未来を開く正義」を主張する手記を残している（『テロリスト群像』）．

　20世紀中葉の植民地独立運動においても，非合法活動を敢行する者たちは宗主国権力によってテロリストと指弾されたが，独立が果たされると同じ人物は国家の英雄や要人となる．要するにテロリズム・テロリストとは，誰がそう規定するのかがいつも問われるような，状況依存的な用語なのである．

　そのため，既成秩序や権力に対するあらゆる抗議表明を，潜在的な脅威としてテロリズムに結びつける傾向をも生む．秩序の暴力的侵害である以上，テロリズムは民主主義に敵対するものだといえるが，その指弾を権力の側は恣意的に利用することもできる．その意味で，この語の使い方には慎重でなければならない．

　日本語の場合は「テロ」と短縮されるのが通例だが，これは「エロ，グロ」などの短縮形と同じで，侮蔑や嫌悪の感情をこめた一種の俗語であり，学術用語としては不適切だが，日本では何の思慮もなくこの語が常用されている．

●**国際テロリズム**　20世紀後半にはテロリズムは国際化する．冷戦下では米ソ両陣営の諜報機関が絡んで，戦略的位置にある国々で要人殺害や秩序壊乱が繰り返された．その代表は1969年末にイタリアのミラノで起こったフォンターナ広

場爆破事件で，その後イタリアの政治は10年余にわたってテロリズムに翻弄される「鉛の時代」を経験した．また一方，1968年に始まるパレスチナ・ゲリラによるハイジャック事件，1972年にミュンヘン・オリンピックでのイスラエル選手団襲撃事件は国際テロリズムと呼ばれるが，これは加害行為そのものを超えて，メディアを通してパレスチナ問題の可視化を狙ったものだった．

それ以降，テロリズムの指弾を脱政治化する試みが生じ，犯罪学は侵害行為そのものを類型化して政治的コンテクストから切り離すようになった．ユナボーマ事件や日本のオウム真理教の地下鉄サリン事件をテロリズムの典型とし，政治的意図をもつ事件も同列に括るようになったのである．以後，テロリズムはそう規定されるだけで文明社会に敵対する極悪非道の犯罪とみなされるようになった．

●**対テロ戦争**　1979年のイラン・イスラーム革命以来，イスラーム過激派が各地で米軍や米政府関係施設を襲撃するようになり，それがテロリズム的行為とみなされる．その文脈の延長上で，2001年アメリカを9.11事件が襲った（日本ではこれを「同時多発テロ」と呼ぶが，それは日本独自の呼称である）．

これをアメリカはただちに戦争行為とみなし，「テロとの戦争」を発動した．つまり国内を非常事態下に置き，国家の軍隊を動員して，「敵」がいるとみなされたアフガニスタンの攻撃を始めた．戦争とは従来国家間の武力抗争であり，国際法の拘束を受けていたが，事件を敵の宣戦布告と受け止めたアメリカは，国家ではない無限定な「敵」との戦争を，21世紀型の「非対称的戦争」として開始したのである．そしてこれを国際社会に受け容れさせ，「ウェストファリア体制はもう古い」（ラムズフェルド国防長官）として，国家間戦争の時代の終焉を告げた．

この「戦争」では，敵は犯罪者とみなされ，当事者資格は認められず，ところかまわず一方的に攻撃され殲滅される．テロリストと名指された集団はただ殲滅の対象になる．その体制が超国家的に敷かれるこの態勢は，戦争を発動しうる国家（大国とその同志国）が秩序壊乱勢力を駆逐するグローバルな体制で，新たな世界統治の一様態とみなしうる．

こうしてテロリズムは一国政治の枠を超えた概念となり，「テロとの戦争」では，国内法で処断されるべきものが，そのまま国際法領域に浸透することになり，国家間関係の外の抗争領域を開くことになる．それにより，事実上「人類（文明）の敵」という概念が創出され，国民国家をユニットとしてきた国際法の規範体系が溶解する一方で，強国が国家間秩序を無視かつ活用しながら，国内的にも国外的にも強権を振るうことが可能となった．それが「安全保障」の名目で正当化され，戦争と平和との分節もなくなった．「テロとの戦争」とは，予防を掲げて不断の脅威に備える恒常的なセキュリティ態勢でもある．折からの社会全般のIT化とも呼応して，以後，安全保障は国家的要請となり，情報管理も含めた「セキュリティ国家」の時代が到来することになった．　　　　　　　　　［西谷　修］

災害と防災
[英]natural disaster and its management

　人間の営みを自然への抵抗として理解するかぎりにおいて，災害と防災は，自然と人為という対概念のもとで理解される．だが，こうした発想は自明なものではない．長きにわたって人びとは，災害を超越的存在の意思の発露として理解するよりほかなかった．代表的な例として，旧約聖書における洪水の伝説がある．『ギルガメシュ叙事詩』として知られている粘土板の再構成と解読（1880年）は，この伝説が東地中海世界の諸民族に共通の記憶であることを明らかにした．そこでは都市の「雑踏と喧噪」の懲罰として，神は疫病と日照り，飢饉（ききん）によって人間を減らし，洪水によって都市を破滅に至らしめる．人間は，無力かつ受動的な存在として，その惨劇を船上からただ見守るしかない（ボテロ　1987：362）．現世は黙示録以後の時代として誕生する．この伝説はイスラエルとローマ帝国を経て，我々の近代を生み出したキリスト教ヨーロッパ世界に手渡され，神の懲罰としての災害は罪深き人間にとって避けがたい運命となる．

●密集と分散　とはいえ，ある哲学者が，新鮮な水と空気は，都市にとって「第一の必要事」であると書いたように（アリストテレス　訳2001），農耕と牧畜がもたらした集住と人口の増加以来，公衆衛生による飢饉と疫病への対策は，あらゆる都市そして国家にとっての重要な課題であった．健康と衛生状態の悪化は，伝染病への脆弱性を高めるからである．防災という観点から注目すべき制度的な対策の萌芽は，14世紀，ペストの大流行を契機としたイタリア諸都市における防疫および公衆衛生を管轄する臨時の官職の設立にその端緒が求められよう．こうした都市行政組織は，その後，常設の役職の設立へと向かう．画期をなすのはパリ市ポリス代官職の設立（1667年）である．ルイ14世による司法改革の一環として設置されたこの職には，都市化に伴う衛生，貧困，犯罪問題の解決，さらには交通行政など，いわゆる都市行政について，少なくとも形式的には強力な権限が付与され，近代的内務行政の起源となる．奇しくもそれはその密集ゆえに都市の不燃化を深刻な政治課題としたロンドン大火の翌年のことであった．

　一方，古典学の展開，そして宗教改革の衝撃を受けて進んだ聖書の合理的な読解の試み，さらには自然現象の体系的かつ合理的説明を志向した理神論的発想は，啓蒙の時代，災害についての神話的解釈を掘り崩す．中心となるのは天文学および地質学である．とはいえ，それはいまだ仮説の域を出ない．モーペルチュイ（1698-1759）は，ノアの洪水の原因がハレー彗星にあるとする論考を発表するも，パニックを引き起こす以外のことはなしえない．だが，空間と時間とが無限の延長として思惟され，世界の起源についての聖書の合理的読解が限界に達する

とき，懲罰としての災害に苦しむ罪人としての人間という図式もその支配力を失う．それを象徴的に物語るのが，リスボン大地震（1755 年）を契機とした F.-M. A. ヴォルテール（1694-1778）による G. W. ライプニッツ（1646-1716）批判である．この世界が最善の世界であるとすれば，なぜかくも多くの人びとがリスボンで死なねばならなかったのか．しかし J.-J. ルソー（1712-78）はその有名な書簡で，災害の真の原因は都市とその密集にあると反論した（ルソー 1756）．ここには自然と融和した小共同体の理想化という志向がある．続く世紀，この思想は都市の密集の告発とともに，小都市の田園への分散（地域主義）という発想を伝えるだろう．

●**自然の改変**　しかし衛生管理と防疫が真に有効なものとなるには，細菌学と医学の発展を待つ必要があったように，17 世紀にめざましい進展をみた田園における河川の改修，そして密集に苦しむ都市の再生も，やはり鉄とコンクリートの大規模な利用，つまり 19 世紀における土木工学の成立と発展を待つ必要があった．G. E. オスマン（1809-91）による大規模なパリ改造（都市計画）の後，F. L. オルムステッド（1822-1903）による都市内における大規模緑地帯の建設，そして都市と田園の結合を目指した P. A. クロポトキン（1842-1921）の分散都市ネットワーク構想を受け継いだ E. ハワード（1850-1928）の田園都市は，いずれも都市の脆弱性に対する工学的解決の試みであった．20 世紀，土木工学による都市の再生は，居住空間の改善と，より高度な不燃化と耐震化をもたらし，地域計画（国土計画）のもと建設される巨大なアーチ・ダムは，洪水を防止し，農地の拡大によって飢饉をも根絶するはずであった．人間は受動的な立場を脱したのである．

しかし人類が手にしたこの巨大な力は，自分自身にその刃を向ける．まずそれは戦争の変容によって可視化される．毒ガスが医療と衛生とを無効にし，大規模な空襲は耐震化と不燃化をあざ笑った．そして核兵器とともに，人間は神のみに許されていたはずの，悪しき現世を刷新する暴力すら手にする．「ラッセル＝アインシュタイン宣言」（1955 年）における軍縮と核兵器の廃絶，核の平和利用という提言は，その恐怖の表現であった．だが，スリーマイル（1979 年），チェルノブイリ（1986 年）そして福島（2011 年）と続いた原発事故は，その試みに深刻な嫌疑を投げかけた．それらはリスク管理による事故の統御についての限界事例となる．しかも阪神・淡路大震災（1995 年）が，大都市のさらなる耐震化と不燃化を課題として突きつけたとすれば，この福島第一原発の過酷事故をもたらした東日本大震災（2011 年）は，数次にわたる国土計画によって整備された交通網および情報ネットワークの脆弱性をも明らかにした．防災は，人と物の流動，そして情報流通の保証をもその課題とし，その規模を拡大しつつある．いまや工業化は，その廃熱によって環境問題を地球規模にまで拡大しようとしている．京都議定書（1997 年）に結実するその統御の試みもまた端緒についたにすぎない．［前川真行］

伝染病と防疫
[英]epidemics and prevention

　感染症の中で人から人への感染が繰り返されて流行するもの（伝染病，疫病）について，その発生および伝搬による流行を予防することを防疫と呼ぶ．防疫には，感染源への対策（患者の隔離や検疫など），感染経路への対策（検疫や媒介動物の駆除など），個人の感染しやすさへの対策（予防接種など）の三つが含まれる．

　患者の移動制限で伝染病流行を予防できることは古くから知られていた．代表的な防疫手法である検疫（quarantine）は，ペスト（黒死病）対策として14世紀イタリアで他国から入港する船舶を40日間（quarantina）停留させて隔離したことに由来する．今日でいえば，潜伏期の患者が発病するかを確認して感染源の侵入を防いだことになる．なお，ペストはもともとネズミの伝染病でノミを介して人間に感染する．そのため，ノミやネズミの駆除という感染経路対策がペスト防疫では重視される．また，予防接種の代表例は天然痘に対する種痘である．牛痘による種痘は19世紀にE. ジェンナー（1749-1823）により実用化されたが，それ以前からわざと天然痘に感染させて免疫を獲得させる手法は使われていた．

　伝染病と防疫が国家レベルでの社会問題となったのは，19～20世紀初頭に繰り返し世界的大流行（パンデミック）を生じたコレラを契機とする．コレラはインドの一地方の風土病として存在していたが，インドがイギリスの植民地となった後に伝搬が世界的になった．西欧諸国では，コレラ予防を目的として上下水道整備などの都市衛生政策や患者発生の監視と強制隔離制度の創設が行われた．

　防疫は，公衆衛生の観点から伝染病を集合的リスクとみなしてコントロールすることを目的とする点（社会防衛論）で，個人の病気を治療する医療とは異なる．

●**感染源への対策としての隔離収容**　日本の近代的衛生制度は，1880年前後のコレラ流行の頻発に対する「虎列刺病予防法心得」（1877年公布）が始まりとされる．当時は，西洋医や警察官吏が避病院（伝染病院）への患者収容と家屋の消毒を強制的に行った．しかし，治療法はなく隔離目的だったため民衆の反発は強く，明治政府批判や医師への襲撃を含む「コレラ一揆」となることもあった．こうした反乱は，民衆と国家エリートの社会的対立，家族看護を規範とする伝統社会と個人の病院収容を是とする近代西洋医学の文化的対立を含んでおり，無知からの暴動というよりも明治期日本での社会的矛盾から生じた多様な民衆運動の一つとみることができる．このように，時に感染源への防疫対策は，患者としての病者のケアよりも，危険な感染源としての病者に対する監視と強制隔離を重視するものとなった．だが，人権やプライバシーに配慮しない過酷な防疫が行われた

場合，病者は医療を拒否して潜伏するため，かえって流行予防の目的を達成できない．

●**スティグマとしての伝染病**　防疫が過酷になるかどうかは必ずしも重篤度や感染力とは相関しない．病気がスティグマ（烙印，恥ずべき性質）とみなされ，病者が異質な他者として差別される場合，防疫は忌避と排除の別名となる．例えば，感染力の弱いハンセン病（「らい」）は「業病」「天刑病」と呼ばれ，日本では1907年から「らい予防法」廃止（1996年）まで強制隔離政策が継続した．病者を患者とみるか感染源とみなすかはジェンダーの影響も強く受ける．その典型は，伝染病ではないが同様の防疫が要請される性行為感染症である．日本では19世紀半ばから，梅毒コントロールの目的で公娼（女性）だけを感染源とみなした強制的検査（検梅）が行われた．

性行為感染症の一種 HIV 感染についても同様の差別的な社会的対応がみられた．HIV 感染は，現在ではコントロール可能な慢性疾患だが，1990年代半ばまでは，男性同性愛行為と強く関連づけられ，エイズを経て免疫不全での死に至る病であった．当時のアメリカでは，エイズはマイノリティの病気と考えられ，そのリスク集団は4H（ホモ［同性愛者］，ヘモフィリア［血友病］，ハイチ人，ヘロイン中毒の頭文字）としてスティグマ化された．日本では，1986年に松本市在住のフィリピン女性が帰国後 HIV 感染者と判明して，集中的な暴露報道が行われた．それは感染予防のための報道との名目だったが，実際にはセックスワーク差別や外国人差別に満ちた「エイズ・パニック」であった．同様のパニックは，1987年に神戸で日本人「初」の女性患者が報告された際（「エイズ元年」）にも繰り返された．

●**防疫・国家主権・移民**　強権的防疫（例えば厳しい国境管理）への傾向が新型インフルエンザ流行（2009年）の際に各国で生じたことは，伝染病と防疫をめぐる諸問題は今日にも継続していることの証左である．移民へのスティグマや差別は，しばしば移民が外部から病気をもたらすイメージと結びつく．これは，近代社会での防疫が国境で行われ，我々と他者の境界の生産と密接に関連しているためだ．時に，他者の住む地域は伝染病の蔓延する未開地とみなされた（熱帯的他者性，アーノルド1996）．そして，伝染病を予防し国内の健康を保つことは良き統治と近代化の指標ともみなされた（衛生的近代性，Rogasky 2004）．19世紀日本が西洋医学導入と防疫政策の構築を急いだのはそのためであり，その結果，20世紀の日本は検疫権を含む国境管理の主権を得たのである（不平等条約の改正）．

最後になるが，医学思想史の観点からは，防疫は，現代社会で広がりつつある医学——個々人の生活習慣に介入する健康増進によって病気のリスクに先制攻撃して予防しようとする「リスクの医学」——の先駆の一つとみることもできる（美馬 2015：123-168）．

［美馬達哉］

生権力

[仏]biopouvoir　[英]biopower

　生権力（biopouvoir）とは，近代統治権力の特質を人の「生」への積極的介入としてとらえるため，ミシェル・フーコー（1926-84）が1970年代半ばに提起した概念である．フーコーによれば，近代における人の統治を支えるのは〈権力-知〉，人間を個人かつ集団として管理統制するための実践的な学知と技術の複合体である．生権力は二つの種別的な権力技術，すなわち『監獄の誕生』（1975）で詳述される個人の身体への「規律」と，『知への意志』（1976）第5章および，同書刊行に先立つ1975年度コレージュ・ド・フランス講義『社会は防衛しなければならない』（1997）最終回で導入された，人間集団への「調整」あるいは「生政治」とを一体としてとらえる概念である．なお後者は，直後の1977～79年度講義『安全・領土・人口』（2004）と『生政治の誕生』（2004）の主題の一つ「安全」概念へと展開し，統治という着想の核である司牧権力論に接続する．その後のフーコーのコーパスに生権力の語はあまり登場しないが，生（ビオス）の管理を近代統治性の特質とみなす立場は最後まで変わらない．生権力論はフーコー権力論の柱である権力の抑圧仮説批判の核心部分も構成するのである．

●**権力概念の転換と生権力の台頭**　西洋社会の統治権力には，古典主義時代を境に生と死への権利をめぐる大きな転換があったとフーコーはいう．支配者の主権を特徴づける生殺与奪の権利は，被治者から生を含めたすべてのものを奪うことに基礎づけられていた．だが17世紀以後，国力の増強を旨とする主権国家の政治権力は，人びとの「生き方」に関心の軸を移し，さまざまな介入を試みるようになる．こうして生と死への権利は「死なせるか，生かしておく」ものから「生かしておくか，死なせておく」ものへと変質する．この動きは抑圧や禁止を軸とする法的な権力観では説明不要な事態であり，異なる権力メカニズムの出現であるとフーコーは考えた．そして主権を権力の一様態としたうえで，生命をめぐる認識の転換によって対象化された生を介入の対象とする権力，生権力こそ近代主権国家の政治権力に固有のメカニズムだと論じた．

●**二つの構成要素——規律と調整（生政治）**　生権力は17世紀以降，種別的な二つの権力技術のもとで発展したとフーコーはとらえる．個人の身体を機械とみなしたうえで，その力を最大化させ，最大限の効果を引き出そうとする「規律」と，生老病死や事故などの偶発的事象にまつわる生物学的な偶然のプロセスを必ず経験する，一定空間内の人間集団を対象とした調整あるいは生政治だ．規律が学校や病院，兵舎，工場などの施設という限られた空間で実践され，有用で従順な個人をつくり出すことを目的とした「人間身体への解剖政治」であるなら，調整あるい

は生政治とは，人間集団に一定割合で出現する現象に間接的に介入することから「種としての人への生政治」である．その対象範囲は，統計学や医学生物学，公衆衛生学など18〜19世紀に急発達する学知を活用し，国家発展の礎となる出生率の上昇と平均余命の向上，一定割合で生じる事故や疾病，障害に備える保険や貯蓄制度の整備，また人口増加に伴う都市問題の改善など内政（ポリス）全般に及ぶ．

生権力が行う2種類の介入の核には正常・標準（ノルム）という発想がある．規律は個人の正常な行動を訓育により確保し，調整＝生政治は統計上の標準値にしたがって集団の偶然性を管理する．標準化する権力としての生権力にとってセクシュアリティは特権的な領域を構成する．子どもの自慰の禁止や「異常者」への医学－行政的管理など，個人の性行動への統制が規律型介入であれば，国民の福利厚生と世代再生産を保障する政策は住民の性行動全般への生政治型介入なのだ．

●**優生思想と人種主義** 生権力は生かす権力でありながら，戦争や虐殺により史上最悪の殺戮をもたらすと同時に，核兵器や生命工学のように生命を根絶あるいは改変する可能性をもつ．この点で生権力は，殺す権力である主権よりも過剰といえる．フーコーは福祉国家と総力戦を表裏一体とみなす立場を取りつつ，生権力の論理の中核には優生思想と国民主義が結合した近代人種主義があるとする．近代の人種概念は，一定地域の集団内部に序列を設けて差別と支配を合理化すると同時に，「劣等」人種の物理的排除を通じた，種としての集団の「純化」を正当化する．生権力の究極目標は集団全体の生存であって，国家主権の法的存続は副次的なものにすらなりうる．「劣等」とレッテルを貼った社会集団のみならず，「自民族」の究極的浄化＝全滅へと突き進んだナチス・ドイツはその極北である．

●**概念の受容** フーコー研究において生権力概念への言及は1980年代初頭からみられるが，この概念が人口に膾炙するようになった主なきっかけは二つある．一つはジョルジョ・アガンベン（1942- ）の『ホモ・サケル』（1995）が，独自の終末論的な主権論と新自由主義批判を展開する中で，法と政治をそこからの排除によって逆説的に基礎づける「剥き出しの生」なる概念を導入したこと，もう一つはアントニオ・ネグリ（1933- ）とマイケル・ハート（1960- ）の『〈帝国〉』（2000）がグローバルな社会運動と新自由主義批判の興隆をマルチチュードとグローバル権力との抗争として分析し，現代的な知的資本主義における生権力と生政治の二項対立図式で描いたことだ．このほか人類学やポストコロニアル研究では，特に住民の同定や管理をめぐり，生権力論と植民地主義批判を架橋する批判的分析が行われてきた．統治性と生権力に関する現代社会学的研究はニコラス・ローズらが1980年代後半に先鞭をつけた．日本では優生思想批判の歴史的蓄積を背景にした社会学的研究で早くから取り上げられる一方，生命倫理への展開もみられる．このほか情報社会論や監視社会論を含め，現在では多岐にわたる分野で言及される． ［箱田 徹］

格差社会と隔離
[英]unequal society and segregation

「格差」とは経済的・社会的不平等を指し，「格差社会」とは再生産されるそうした不平等によって人びとの関係や制度が規定されるようになる社会を指す．経済的・社会的不平等は政治的な影響力の違いに転換されるだけではなく，教育や雇用などの機会への人びとのアクセスを左右する．

1980年代以降日本国内においても，ジニ係数などの指標が示すように，格差が拡大している（橘木 2016）．B. ミラノヴィッチらが指摘するように，グローバルにみても格差は拡大しており，欧米や日本では，富裕層の所得・資産がさらに増大する一方で中間層のそれは減少する傾向にある（ミラノヴィッチ 2016）．拡大した格差は空間的にも表現されるようになり，しばしば生活空間の分断・隔離（segregation）を惹き起こしている．

●**格差の問題** J. ロールズ（1921-2002）や T. M. スキャンロン（1940- ）によれば，経済的・社会的不平等の問題は概ね次の点にある．(1) 格差が政治的影響力の違いに転換され，それが当の格差を維持ないし拡大する仕方で行使される．(2) 政治以外においても，対等な関係が損なわれることによって，一方が他方を恣意的にコントロールしうる支配-被支配の条件が生じる．(3) 優位-劣位の関係が固定されることによって，劣位にある者の「自尊（self-respect）」の条件が損なわれる．(4) 居住空間をはじめとして人びとの生きる生活空間に分断・隔離が生じることによって，社会統合（社会的連帯）を維持していくための基盤が蚕食されるようになる（ロールズ 2001; Scanlon 2018）．これら以外にも，社会における格差の拡大と人びとの健康の悪化の相関関係を実証的に分析する研究も出てきている（マーモット 2004）．格差は，人びとが実際にアクセスしうる機会を異なったものにするだけではなく，ロールズのいう「人生の見通し（prospect of life）」にも影響を及ぼし，人びとのライフチャンスを大きく左右する．

●**不平等と貧困への理論的対応** 不平等（格差）と貧困はしばしば混同されるが，分析概念としては両者は異なったものである．前者は比較的（comparative）な観点からみた問題（対等であるべき関係の毀損）であり，後者は非比較的（non-comparative）な観点からみた問題（充たされるべき必要や福祉の欠損）である．H. フランクファートらの「十分主義（すべての人びとの福利を十分な水準に引き上げる）」や D. パーフィットらの「優先主義（最も福利水準の低い人びとの欠損への対応を優先する）」は，非比較的な観点から必要や福祉の欠損という不正義に対応しようとするものであり，不平等それ自体を不正義としてとらえるものではない．他方，関係論的平等主義と呼ばれる立場は，不平等が人びとの平等な関係

を毀損し，優位-劣位の非対称性がつくられていくことそれ自体を不正義とみなす．ロールズやスキャンロンのほか，S. シェフラーや E. アンダーソンらはこの立場に立つ．

何をもって比較的ないしは非比較な不正義の問題とみなすかについては論争があるものの，教育のように「位置財（positional goods）」の性質をもつ問題には明らかに比較的な観点が妥当する．「位置財」とは，ある財を所有することの絶対的価値が他の所有者との関係によって規定される相対的な所有量に依存する側面をもつ財である．例えば教育水準が全般的に向上した（全員が大学卒）としても優位-劣位の格差（どの大学を卒業したか）が解消されることはない．教育格差はメリトクラシー（学歴支配）を導くが，貧困層に開かれる教育機会を拡充するだけでは富裕層による追加的な教育投資を避けることはできない．教育格差が再生産される問題に対処するためには，「水準低下（leveling down）」によって位置の開きを狭めるほかはないという議論も提起されている．

●分断・隔離　格差の効果が眼に見えやすいのは，教育機会へのアクセスとも密接に関係する居住地の分断・隔離の現象である．それをつくり出している要因は，もちろん，経済的・社会的なものに限られない．人種的，宗教的，言語的要因などもそれに複合している．例えばアメリカ合衆国では，E. アンダーソンが指摘するように，人種的要因が経済的要因以上に人びとがどのような機会にアクセスしうるかを今なお強く規定している（Anderson 1999）．

富裕層が自分たちの居住地を囲い込む「ゲイティド・コミュニティ」や富裕な地域が分離・独立する「ゲイティド・シティ」と呼ばれる現象も指摘されるようになってきている．R. パットナム（1940- ）らの調査が示すように，同じ都市においても，富裕な地域と貧しい地域は事実上分断され，その溝はますます深まっている．アクセスできる資本形成の機会は，経済資本のみならず，人的資本（教育），文化資本（ライフスタイル），社会関係資本（互酬性のある人的ネットワーク）のどれをとっても，一方には開かれ他方には閉じられがちである（パトナム 2017）．両者の接点が失われることによって，富裕層は再分配政策を支持するような動機づけを失い，むしろ，社会保障や公共インフラなどへの資源の再分配に抵抗を示すようになる．誰もがアクセスしうる公共的なもの（学校・病院・図書館・公園など）は劣化し，富裕層が公共的なものから自己を排除する動きが指摘されてから数十年が経つが，この傾向に変化はみられない．

分断・隔離は，人びとを物理的のみならず心理的にも分け隔てることによって，格差（不平等）や貧困の問題に対処しようとする動機づけを損なっている．富裕層の政治的影響力が増大していることは実証的な研究によっても明らかにされており（Gilens 2014），経済的・社会的な不平等と政治的なそれとの連動は断ち切られてはいない．

［齋藤純一］

情報化とインターネット
［英］informatization and internet

　いったい何が情報化を推進しているのだろうか．21世紀で重要なのは情報であり，特にインターネットが鍵をにぎるという考え方は，もはや常識となった．学問，政治，経済，軍事，文化その他，人間の社会生活のあらゆる面で，インターネットは基盤となりつつある．これは，1960年代にアメリカ国防総省がスポンサーとなり，アメリカのいくつかの大学研究機関を連結したコンピュータ・ネットワークから始まったが，現在では世界各国の人びとの端末を結ぶネットワークに発展した．特にコンピュータ科学者ティム・バーナーズ=リー（1955- ）が1990年代に発案したワールド・ワイド・ウェブは，インターネット上で展開されるハイパーテキストであり，ユーザは地球上の文字，画像，音声，映像などの諸情報を自分の端末から自在に検索し交換することができる．以前は，新聞，テレビ，書籍，映画などは紙や電波などのメディアで別々に流通していたが，これらを0／1のデジタル信号として統一的に送受信することが可能になったわけだ．こういうマルチメディア処理を可能にしたのが，1940年代半ばの発明以来，急速に進歩したコンピュータの技術にほかならない．コンピュータは，正確にはデジタル信号をプログラムにしたがって論理操作する機械だが，情報を処理する機械と位置づけられている．

●**情報科学の誕生**　歴史的には，情報という概念が注目されたのはそれほど遠い昔ではなく，20世紀初めのことだった．19世紀に主流だったのは，物質とエネルギーが世界の根底にあるという古典力学的な科学思想である．量子論や相対論の出現とともに，世界を観察している視点が問われるようになり，対象を認知するという主体的行為の重要性とともに情報という概念が浮上することになった．20世紀半ばの情報科学の誕生は，このような新たな科学思想と呼応するものといえる．情報科学の支柱をなすものとして，第一に，数学者アラン・チューリング（1921-54）やジョン・フォン・ノイマン（1903-57）によるコンピュータ科学があげられる．第二の支柱としては，通信工学者クロード・シャノン（1916-2001）による情報理論があげられるだろう．これらが，デジタル信号を論理的に処理し，送受信し，蓄積するための理論的根拠を与えたことは間違いない．しかし，こういった情報科学の発展はあくまで，理系のコンピュータ科学や通信工学の分野の成果であり，メディア論やコミュニケーション論など文系を含めた広い情報の学問との間には壁があるという点には，十分な留意が必要である．特にシャノンの情報理論は，意味内容をもつ情報ではなく信号の伝送効率についての議論だったが，この点が曖昧にされ，後に誤解と混乱を招く原因になった．

●**生命体のコミュニケーション**　コンピュータ科学やシャノン情報理論が扱うのは，機械的な情報（データ）である．一方，言語や画像，音声などによる人間のコミュニケーションは，社会的な意味をもつ情報に基づいて行われる．さらにその根底には，多様な生命体が生きるためのコミュニケーションがある．人間の社会的活動も，生命活動の一環以外のものではない．情報という概念が世界の対象を認知するという主体的行為と関連しており，それを実行するのが生命体であるとすれば，まず生命的な情報に注目しなくてはならない．人間が扱う社会的な情報や，コンピュータが処理する機械的な情報は，生命的な情報の延長上にあるのである．こういった観点からすると，生命体に関する情報の議論が不可欠であることは間違いない．実際，1940年代末には，コンピュータ科学や情報理論とならぶ情報科学の第三の支柱として，数学者ノーバート・ウィーナー（1894-1964）によるサイバネティクスが誕生した．これは，動物と機械を結ぶ制御と通信の一般理論であり，ここで生命体と機械の間に，情報概念をふまえた架橋が試みられたのである．さらに加えて，同じ頃，生命体の遺伝情報についてのDNA二重らせんモデルが提唱され，分子生物学が誕生したことも，20世紀半ばの情報科学の成果の一つとして位置づけられるかもしれない．とはいえ，正確にいえば，これらは情報をめぐる先駆的な思想とはいえ，まだ機械的な世界観にとどまっているとみなされるだろう．すなわち，機械的情報処理と生命的情報処理を分かつ境界線の克服は容易ではないのである．

●**人工知能の挑戦と限界**　日進月歩のコンピュータ技術と急速なインターネットの拡大が2010年代になってもたらしたのは，人工知能への大きな期待である．特にインターネットで集められた大量のビッグデータを統計的に処理することにより，外国語の機械翻訳や画像音声の分類など，パターン認識を中心とした新たな応用が注目を集めている．現状は特定目的に向けた専用機能に限られるが，やがて自我意識をもち，人間のあらゆる知的活動を代替する汎用人工知能，さらには，人間の能力をしのぐ知性をもつ超人工知能が出現するという声も無いではない．しかし，こういう予測は，生命的かつ社会的な意味をもつ情報の処理を，100％機械的なデータ処理で置き換え可能だという安易な仮定に基づいている．これは大胆すぎる仮定であり，情報をめぐる機械と生命体の差異については，いっそう踏み込んだ議論が不可欠といえよう．この問題については，20世紀末に出現したネオ・サイバネティクス，そしてその一環である基礎情報学が参考になる．そこでは，ウィーナーの古典的なサイバネティクスが乗り越えられ，生命体はそれぞれ，機械的ルールに従う対象ではなく，世界を観察し構成する自律的な主体として位置づけられる．人工知能技術を活用したインターネット社会を構築するには，高効率な機械を，人間の生命的柔軟さで適切に統御し補完する仕組みが重要なのである．

［西垣　通］

公害
[英]environmental pollution

　公害とは，行政の施策，企業や組織の産業活動，大衆の消費活動などが自然環境と生活環境を侵害して，人びとの生命と生活，地域と文化を破壊する社会的災害．その拡大と深化は近代の産業化以降である．生命と尊厳と環境を守る反公害住民運動が展開された．

●**近代日本の公害**　公害という言葉は，公益に対置して，足尾鉱毒事件（明治10[1877]年～）以来使われてきた．古河鉱業が経営する足尾銅山は，煙害と鉱毒の流出によって，足尾連山と渡良瀬川流域の自然環境と農・漁業を壊滅させた．その延長上に，谷中村は遊水池化されて廃村を強制された．銅山の操業停止を求め，廃村に抵抗する被害民と田中正造は，反公害運動を展開した．

　公害の始点において，生産至上主義，政府による加害企業の擁護，反公害運動の治安問題としての弾圧，そして棄民政策といった「富国強兵」の政治が展開され，「銅は国益＝公益」という官許の公共性の論理が国の施策を正当化した．被害民の側からは，人間存在の根こぎ，および生活・地域・文化の根こぎという公害の核心部分から立ち上がって，人間存在を取り戻す営み，すなわち生命を養う食べ物を生産し，美村をつくることこそ生に直接的な「公益」という，人びとの根源的な公共性の論理が提起された．

　近代日本国家の優先事項だった「生産増強」と戦争と植民地主義は，炭塵爆発などの産業公害と「最大の公害」といわれる戦争公害を国の内外に簇生させた．相次ぐ炭塵爆発の中でも，1942年4月，日本の大倉鉱山が経営する中国の本渓湖炭鉱の炭塵爆発は，死者1527人に上る世界最大の事故だった．死屍累々たる戦争公害の中でも，究極のそれは，1945年8月の広島・長崎への原爆投下である．それは，戦後に持続する原子力公害の始まりでもあった．

●**公害の原点・水俣病事件**　水俣病とは，熊本県水俣市の日本窒素（チッソ）水俣工場から不知火海に無処理で放流された工場排水中の猛毒有機水銀が魚介類に蓄積され，摂取した住民に発生した中枢神経疾患のこと．水俣病患者は，劇症型から慢性型，遅発型までの振り幅があり，胎児性水俣病患者も生まれた．

　1956年，水俣病の公式発見，59年，原因の特定があってなお，65年に至るまで工場排水のたれ流しは続き，行政も何の対策もとらず，水俣病の発生を放置したから，汚染住民20万人の人類史上最大の公害となった．68年に公害病と認定後も，政府は認定の要件として複数の症状を求める「77年判断基準」を設定して，棄却の山を築いた．公害の根底には，産業の発展を優先させ，人を人と認めない差別があり，被害民を打ち棄てる排除の政治がある．2004年，関西訴訟最高裁判

決によって国と県の責任が確定しても，行政は「77年判断基準」を堅持して認定を打ち切ったから，全面救済から遠く，水俣病問題は終わらない．

水俣病患者は，人間存在を奪われながら尊厳を失わず，自主交渉や裁判闘争や個人の闘いで，自他に人間を取り戻す「舫い」と共生を求めた．水俣病の極北の思想は，女島の漁師・緒方正人がいう，誇りに思うこと三つである．（1）毒魚と知ってなお魚を食べ続けたこと，（2）胎児性水俣病患者が生まれてもなお子を生み育てたこと，（3）チッソに殺されてもなおチッソを殺さなかったこと．すなわち，自然との共生，人と人との共生，究極の他者との共生である．

水俣病の語り部，石牟礼道子は『苦海浄土』で，近代と資本によってつながりを断ち切られた地獄の底に，いのちの舫いに充ちた美しい幻想の世界と，引き裂かれた魂の深さを描いて，市民社会に衝撃を与えた．初出の文章は，アメリカの農薬公害に警鐘を鳴らしたR.カーソン（1907-64）の『沈黙の春』（1962）とほぼ同時期だった．また，能『不知火』で，「受難の引き受けにおいて廃墟と化した世界を救う者」というメッセージを不在の魂たちに届けた．

●**戦後日本の公害と反公害住民運動**　明治期の「富国強兵」に始まり，戦中期の「生産増強」，戦後復興の「追いつき，追いこせ」を経て，「所得倍増論」そして「アベノミクス」に至るまで，生産力至上主義，経済成長至上主義は，近代日本を一貫する国是だった．とりわけ，1955年起点の，自民党一党支配下の高度経済成長は，大量生産・大量消費の大衆社会を構築し，耐久消費財満載の「豊かな社会」，便利で快適な都市型社会をつくり出す一方，1960年代後半以降，公害をはじめ，社会的格差の拡大，地域の切り捨てといった社会的矛盾を噴出させた．

三井三池炭鉱の炭塵爆発，四大公害訴訟に至る四日市ぜんそく・イタイイタイ病（富山）・新潟水俣病・熊本水俣病，カネミ油症，土呂久ヒ素中毒，光化学スモッグなど，多発する公害の全過程に，経済成長至上主義とともに，植民地主義（例えば，九州に公害多発，福島に原発災害，公害輸出など），棄民政策，公害隠蔽の政治が関与している．公害は政官財学によるシステム公害でもある．

反公害住民運動は，「革新首長」や「シビル・ミニマム」による対応を超えて，住民自らが生命・生活と環境の保全を求める住民主体の運動であり，「私」の転生，否定の強さ，自己決定の重視で際立ち，経済成長至上主義に逆立する．生存と共生と人間存在の回復を柱とするもう一つの公共性を追求する「人間の政治」を提起する．今日，持続する四大公害は，アスベスト事件，水俣病事件，福島原発災害，沖縄の基地問題である．さらに，発展途上国への公害輸出，地球温暖化，原発公害，マイクロプラスチック公害など，地球規模の公害が拡大している．国際的な取り組みが急務である．ここでも「システムの政治」と「人間の政治」のせめぎ合いが通底している．

［栗原　彬］

環　境
[英]environment

　環境とは，一般に生物や人間をめぐり囲む外囲（環界）のうち，その生存，行動，進化に影響を及ぼし，またこれらを規定する諸条件・諸要素の総体を指す．環境の概念史に関していえば，旧くは18世紀フランスの『百科全書』から19世紀の生物学や進化学説，人文・社会地理学への導入，さらに20世紀初頭の地政学での使用などに遡ることができるが，環境に対するより広範な社会的関心が高まりをみせたのは，1950年代から60年代にかけての急速な経済成長と大衆消費社会化にともなって発生した環境汚染・公害問題，資源・エネルギー問題に象徴されるように，まさにその危機を契機としてであった．

●「ヒト」という種の相対化　中でもレイチェル・カーソン（1907-64）の『沈黙の春』（1962）は化学薬品や化学合成物質の濫用がもたらす生物を取り巻く生態環境への深刻な脅威を「核兵器とならぶ現代の重要な問題」として告発するものとして広く衝撃を与えた．これを機に，人間もまた他の生物種とともに自然生態系の有機的な関係性にうちに存することが自覚され，ユージン・P. オダム（1913-2002）やバリー・コモナー（1917-2012）を先駆として，自然科学の一分野であった生態学（ecology）が社会科学の領域へ意識的に導入され始めたことが注目される．以後，「環境」や「エコロジー」を掲げる多様なかたちの思想・運動が登場し，これらの語は急速に政治的・規範的な意味合いを帯びるに至った．

　生態学の知見がもたらした生態系における人間という種の相対化は，とりわけ西洋近代の人間中心主義／ヒューマニズムに対する強い反省を促してきた．「ディープ・エコロジー」運動を主導した哲学者アルネ・ネス（1912-2009）の「生命圏平等主義」（人間を含むあらゆる生物に平等な生存・繁栄への権利を認める）にみられるように，人間にとっての手段的有用性の観点からのみ他の自然物を評価する道具主義的な態度や，人間存在の動物性（必然性）をもっぱら克服の対象とみなし，そこに主体の自由や解放を見出す諸思想がいずれも懐疑の対象とされた．また生態系の複雑な相互依存関係に対する人間の「無知」や「理性の限界」が強調され，環境をその外部に立って合理的に操作・制御可能な対象とみるデカルト的な合理主義や二元論が批判されたのである．

●環境の有限性　60年代後半以降には，全球的な人口と資源・エネルギー消費，汚染の幾何級数的成長の限界点を予測したローマ・クラブの『成長の限界』（1972）に象徴されるように，生態学的な知見が社会・経済システムにも適用され，人類社会の存立条件である生態環境の全体的な「有限性」が焦点化された．この「環境収容力（carrying capacity）」の認識は，経済成長や乱開発に伴う膨大

な社会的・環境的コストを自覚させ，エルンスト・シューマッハー（1911-77）の『スモール・イズ・ビューティフル』（1973）など経済学者の中からも，成長を無批判に肯定する従来の経済学の価値意識を根本から疑う議論がさまざまに提起された．国連に設置された「環境と開発に関する世界委員会」の報告書（1987）の中で提唱された「持続可能な発展」の理念は成長の問題についてかなり折衷的な立場を採ったものといえるが，成長と環境や福祉との関係を見直す現在まで継続する議論の起点ともなった．同時に環境収容力の概念は，生物学者ギャレット・ハーディン（1915-2003）の「救命艇の倫理」のように人口爆発の只中にあった第三世界への食糧援助に反対する根拠ともなりえ，それは T. R. マルサス（1766-1834）の人口論との類比から「ネオ・マルサス主義」と呼ばれた．

●**環境正義**　もっとも，環境制約の視点から従来の正義や公正といった規範を積極的に問い直す議論も数多く生まれている．先駆的には「ソーシャル・エコロジー」を掲げたアメリカのアナキズムの思想家マレイ・ブクチン（1921-2006）が，従来の環境運動における人間社会内部の不平等や権力関係への視点の欠落を批判して，「人間による自然の搾取」の根底にさまざまなレベルの「人間による人間の支配と搾取」が存在することを強調した．事実，アメリカでは 1980 年代に貧しいアフリカ系アメリカ人や先住民の居住地域に有毒廃棄物処理場の建設が集中したことを背景に「環境正義（environmental justice）」運動が展開され，環境被害が人種差別や経済的な不平等と構造的に結びついている実態が浮き彫りとなった．地球環境問題はしばしばその影響の全体性・普遍性が強調されがちだが，先進国から低開発地域への工場・廃棄物の越境的な移転（公害輸出）にみられるように，植民地主義時代の経済的収奪から継続する中核-周辺のグローバルな経済構造を反映して，環境上の受益と受苦・負担の分配には歴史的に累積する共時的・通時的な不均衡が存在している．

●**環境史からの問い**　こうした関心を一つの背景として，近年では「グローバル・ヒストリー」の分野を中心に「環境史」をふまえた西洋の歴史的発展や植民地支配の再解釈が盛んになりつつある．さらに自然科学者の側からも，産業革命期ないし 20 世紀後半以降の時代を「人新世（Anthropocene）」――人類種が地球の生態環境を大規模かつ不可逆的に改変するに至った新たな地質時代――として超長期の時間軸の中で相対化する課題が提起され，現在，人文・社会科学を含めた議論が継続している（ボヌイユ／フレソズ 2018）．外部環境との相互作用という視点から人類史や経済制度をとらえなおす試みは，進化論や熱力学の進展を背景に遅くとも 19 世紀後半には登場しており，カール・マルクス（1818-83）の労働過程論の主軸をなす「物質代謝（Stoffwechsel）」概念もその一つとして注目される．現在の環境危機の本質と帰趨を見通すためにも，長期の歴史的な視座をふまえて思想史を広く再考する作業が求められる．　　　　　　　　　　［桑田　学］

テクノロジー
［英］technology

　「技術」が思想上のテーマとして本格的に議論されるようになったのは，比較的最近のことである．その理由の一つとしては，ギリシア以来の西洋思想の伝統の中で，技術は理論の応用や，目的に対する手段にすぎず，哲学における本質的な課題とはみなされてこなかったことがあげられる．現代において技術と関係の深い「科学」に関しては，20世紀に入って「科学哲学」という独立した学問分野が成立した．両者の扱われ方の違いは，この点でも際立っているといえる．

　しかし，社会における広範な領域にテクノロジー（ここでは「科学技術」の意味で使う）が入り込む現代においては，人間にとってそれがいかなる存在であるかを根底的に考察することは，重要な課題である．ここでは，近代以降，「技術」あるいは「テクノロジー」がいかにとらえられてきたか，概観してみたい．

　●ベーコン主義とテクノロジーの前景化　近代思想の系譜において，技術の重要性について最初に強調した人物としては，まずはF. ベーコン（1561-1626）に注目する必要があろう．彼は「知は力なり」という言葉で有名だが，人間にとって有用な知識を得るためには，自然を単に眺めているだけでは足りないと考え，積極的に自然に働きかけることにより，自然法則などの新たな知識を獲得すべきだと主張した．この考え方は，彼の代表的な著書である『ノヴム・オルガヌム（新機関）』にみられるものだが，アリストテレス以来の演繹的・観想的な姿勢とは大きく異なる態度である．それは「実験」によって科学的知識を得ることを目指している点で，「技術によって科学する」態度とも考えられるが，その目的はあくまで，自然を人間の便益のために利用することにこそある．その意味で，彼の思想は産業主義の萌芽ととらえることも可能だろう．

　しかし，このベーコンの構想が現実になるのは，何世紀も後のことであった．実験や観察によって得られた科学的知識に基づいて，技術開発がなされるという事例が現れるのは，19世紀半ば以降の化学工業におけるものが最初である．広く知られているように産業革命も，一般市民の中から育っていった起業家・発明家と呼ぶべき人びとの創意工夫によって推し進められたのであって，それ自身が近代科学の成果とはいえない．逆に，技術的製作物に対する観察から新しい科学が生まれるケースは，比較的早期に認められる．典型的な例としては，熱機関の発明が，物理学としての「熱力学」の成立を促した事例などを指摘できるだろう．

　その後，世紀転換期の頃から，技術革新の側から科学への期待が高まり，また産業主義が本格的に動き出したことにより，科学と技術の相互交流が進み，テクノロジーが社会において全面化していく．そこには，二つの世界大戦における，

国家的な科学技術の動員体制が影響したことも忘れてはならないだろう．

● **「技術決定論」から「技術の社会的構成」へ**　こうしてテクノロジーが社会に直接的な影響を与え始めると，技術そのものを思想的に考究する動きがようやく現れてくる．古典的なものとしては，まず K. マルクス（1818-83）の技術観が想起される．彼は，技術が生産力と生産関係を規定し，それによって間接的に文化や社会のあり方が決まっていくという考え方を重視しており，技術を独立変数として社会を説明しようとする点で「技術決定論」の一つとされている．

この種の考え方は後の，M. ハイデガー（1889-1976），M. ホルクハイマー（1895-1973），Th. W. アドルノ（1903-69），また H. マルクーゼ（1898-1979）などにもみられる．彼らの議論においては，技術をいわば，社会の外部に存在する自律的な存在とみなす傾向があるわけだが，この理屈を推し進めると，社会の側が技術に働きかける手段を持ちえないことになり，ある種の運命論的な世界観に導かれる．この姿勢は，有名なハイデガーの『技術への問い』などにおいても顕著である．

しかし現実には，技術も社会の中の一つの営みであるはずだ．この見方に基づき，技術に対する社会的な影響についての研究が，1970 年頃から技術史的な手法で進められていった．例えば W. E. バイカー（1951- ）らは，自転車の形成過程を詳細に跡づけることにより，自転車の形態や構造が，単に技術的な合理性だけで決定されたのではなく，その時代の社会的な価値観（例えば，男性的・女性的な価値といった要素など）を反映しながら決まっていったことを明らかにした（Bijker et al. 1987 : 17-50）．したがって，少なくとも技術の成立過程においては，技術は社会的に開かれた存在であるといえる．だがいったん，それが完成すると，その技術がさまざまな社会的な影響を受けて決まったことは忘れられ，ある種の「ブラックボックス」として機能するようになるというのである．

このように，技術の中身にまで分け入ってミクロな視点で分析することにより，技術と社会の相互作用を明らかにするこの研究スタイルは，「技術の社会的構成（Social Construction of Technology : SCOT）」と呼ばれている．ただし，社会的「構成」という表現から誤解されやすいが，これは決して，技術がもっぱら社会的に決まると主張するものではない．そのような考え方は，逆の意味での決定論にすぎないのであって，SCOT はそのような態度も退ける．

以上のように現代の技術哲学は，政治・経済・文化にまたがる広範なネットワークの中で技術をとらえる基盤を提示するに至った．このことは，既存の技術に対して，その変革の道筋を示す役割を，技術哲学が果たしうる可能性が出てきたことを意味する．エネルギー問題や生命科学など，現代のテクノロジーは政治的な論争を伴うことが多いが，より民主的かつ倫理的な技術のあり方を追求していくうえで，技術の哲学は今後，さらに注目されていくと考えられる．　　［神里達博］

生命倫理
［英］bioethics

　bioethics は ethics（倫理）に bio（生命，生物）を冠した造語で，1970 年代初頭のアメリカで使われ始めた．「医学と生物科学の倫理的側面の研究」を指し，「良き医療者」の義務や資質を説く伝統的な医療倫理とは区別される（Reich 1978）．日本には 70 年代後半から 80 年代にかけて輸入・紹介され，90 年代には学問として，また医学・医療やバイオテクノロジーに関わる制度として定着した．主要なテーマに，インフォームド・コンセント，中絶と出生前診断，生殖技術，脳死と臓器移植，尊厳死・安楽死と治療停止，遺伝子診断，医療資源の配分などがあり，さらに iPS 細胞や再生医療のように，新たな研究・技術開発によってその範囲は広がり続けている．

●**生命倫理の成立**　生命倫理の揺籃から成立までには複数の要因・背景がある．まず（1）第二次世界大戦後の分子生物学の登場に象徴される「生物学革命」により，生命操作・生物改変という問題系が現実化するとともに，医学が生物医学へと変容し始める．また（2）新たな治療方法・技術，医療機器の開発により，延命の是非といった生と死のジレンマをめぐる問題系や，希少な医療資源の公正な配分という問題系が前景化する．ここに（3）人口爆発や食糧不足，エネルギーの枯渇，自然破壊・汚染による人類の生存そのものへの危機意識が重なり，1960 年代には科学・医学の「進歩」が端的に善であるという考えが疑問に付されてゆく．

　こうした新たな問題系は医療者・医学研究者だけが関与する従来の医療倫理の限界を露わにしたが，当時は（4）公民権運動，ベトナム反戦運動，学生運動，女性運動，消費者運動が個人の自由と自律，平等に基づく社会変革を希求した時代でもあり，そのことが医学の専門家支配，医療のパターナリズムへの批判を後押しする．そして折しも，（5）ナチスの医学犯罪を裁いた当のアメリカで，戦前・戦後にタスキギー梅毒研究をはじめとする非人道的な医学実験が行われていたことが明るみに出て，被験者・患者の権利とその保障という問題系がクローズアップされる．こうして 70 年代初頭にかけて，民間のヘイスティングス・センターとケネディ倫理学研究所を主な拠点として，生命倫理が誕生することになった．

　その後 70 年代を通じて，生命倫理はアメリカで発展を遂げる．それは（6）生物医学に根ざす先端医療技術が実験段階から実用段階に移行し，上のような新たな問題系がますます先鋭化したからでもあるが，その背景にはニクソン政権による宇宙開発から医学研究・バイオテクノロジー開発への国策の転換があったことを見逃してはならない．こうして民間の研究拠点だけでなく，大統領の下に組織された各種の委員会において生命倫理の理論化が進められるとともに，法律・制

度へのその具体化が図られ，生命倫理は 80 年代初頭に知的・社会的な制度として確立されるに至った．

●**生命倫理の意義と問題点**　生命倫理はその成立の要因・背景からして，医療者・医学研究者の専権事項に属するものではありえず，当初から神学者，哲学者，社会学者，法学者などをも含めた超領域的ないし学際的な知的営為の様相を呈した．それは医学・医療の倫理的諸問題を対自化し，時には批判して，それらの解決を目指そうとする「メタ」医学・医療の営為であった．インフォームド・コンセントに象徴されるように医療が患者の主体性尊重を指向する形で再編されたこと，さまざまな法律・ガイドラインや IRB 制度にみられるように医学研究・バイオテクノロジー開発が一定の規制の下に置かれたことなどは，そうした営為の成果として積極的に評価されうるだろう．

他方で，生命倫理はアメリカで誕生し確立されたことから，その思考枠組みにも価値体系にも当地の社会・文化の特殊性が刻印されている．しかるにそのことへの自覚は低く，1990 年代に近づくと，自己決定権のような個人の権利や自律の偏重，人格の定義の狭さなどに対してアメリカ内部でも批判が提起される（フォックス 1990）．また日本にも，彼の地の議論とその結果の上澄みばかりを取り入れ，日本の医学・医療に固有の問題や構造，歴史には手をつけようとしない生命倫理の輸入・紹介のあり方への批判が現れる（米本 1988）．もっとも，そうした批判が問うのは，医学・医療やバイオテクノロジーをめぐるさまざまな変化をいかに受容するかの方法であって，必ずしも受容の可否そのものではなかった．

しかし 2000 年代に入ると，生命倫理は果たして「倫理」なのかというより根源的な問いが提起される．例えば，生命倫理が初期の知的営為にもかかわらず，それ自体が制度化される中で，医学・医療の「メタ」から「サブ」へと変貌し，「倫理的なお墨つき」を与えることで問題化を抑制する形式的な手順の総体になりつつあるとの指摘がある（金森 2013）．また，既存の生命倫理は，医学・医療やバイオテクノロジーが (1) いかなる未来もたらすかを問う文明論的視点，(2) いかなる前提や構造に基づくかを省察する歴史的視点，(3) どれほど科学的に妥当かを検証するメタ科学の視点，(4) 経済政策と結び生老病死のあり方を規定する現実へと踏み込む経済批判の視点，(5)「誰が生きるに値するか」の弁別に果たす機能と効果を剔抉する生権力の視点を欠くとして，それらの批判的視点を内在させた新たな生命倫理の構築を模索する動きもある（小松・香川 2010）．

こうした批判に照らすなら，生命倫理をただ「倫理」とみることは，政治や経済，科学技術の下で今日「生命」「人体」「人間」がいわば「資源」とみなされ，もっぱら生産性や有用性の観点から価値づけられ，消費される事態を合理化し，強化することへとつながりかねない．その意味で，生命の倫理はどうあるべきかを問いなおすことは，現代の重要な思想的課題の一つになっている．　［田中智彦］

参照引用文献

本事典に収められた各項目の解説文中で参照・引用されている文献をここに収録した．各文献の最後に明記してある数字は参照・引用している項目の最初のページ数を表す．収載した文献は「章」単位でまとめ，著者名の50音順・アルファベット順で配列した．それぞれの項目に関する最も重要な基本文献のリストとして積極的に活用されたい．なお，[ ]で括った発行年は初版発行年を表す．

■社会思想史への誘い──方法・視座・アクチュアリティ

アーレント, H., 1951.『全体主義の起原』1-3, 新版, 大久保和郎他訳, みすず書房, 2017.……32
アレント, H., 1958.『人間の条件』志水速雄訳, ちくま学芸文庫, 1994.……36
アルチュセール, L., 1970.「イデオロギーと国家のイデオロギー諸装置──探求のためのノート」『再生産について』下, 西川長夫他訳, 平凡社ライブラリー, 2010, pp.165-250.……32
石田 雄, 1984.『日本の社会科学』東京大学出版会.……4
今村仁司他編, 2008.『社会思想事典』岩波書店.……4
内田義彦, 1962.『経済学の生誕』増補版, 未來社.……22
内田義彦, 1971.『社会認識の歩み』岩波新書.……22
オースティン, J., 1962.『言語と行為』坂本百大訳, 大修館書店, 1978.……14
小野寺研太, 2015.『戦後日本の社会思想史』以文社.……4
坂本達哉, 2014.『社会思想の歴史』名古屋大学出版会.……22
社会思想研究会編, [1948] 1967.『社会思想十講』社会思想社.……4
社会思想史学会編, 1977.『社会思想史研究』創刊号.……4
スキナー, Q., 1988.『思想史とはなにか』半澤孝麿・加藤 節訳, 岩波書店, 1990.……14
高島善哉, 1950.『社会科学への道』弘文堂.……4
高島善哉他, 1962.『社会思想史概論』岩波書店.……4
高畠素之, 1925.『社会進化思想講話』アテネ書院.……4
田中正司, 1997.『アダム・スミスの倫理学』上・下, 御茶の水書房.……22
田村秀夫・田中 浩編, 1982.『社会思想事典』中央大学出版部.……4
トクヴィル, A. de, 1835（第1巻）, 1840（第2巻）.『アメリカのデモクラシー』第1巻上・下, 第2巻上・下, 松本礼二訳, 岩波文庫, 2005-08.……32
南原 繁, 2004.『わが歩みし道』東京大学出版会.……26
ネグリ, A./ハート, M., 2000.『〈帝国〉──グローバル化の世界秩序とマルチチュードの可能性』水嶋一憲他訳, 以文社, 2003.……32
ノージック, R., 1974.『アナーキー・国家・ユートピア』嶋津 格訳, 木鐸社, 1992.……36
野呂栄太郎編, 1932-33.『日本資本主義発達史講座』岩波書店.……4
ハーシュマン, A. O., 1977.『情念の政治経済学』佐々木 毅他訳, 法政大学出版局, 1985.……14
ハーバーマス, J./デリダ, J. 他, 2003.『テロルの時代と哲学の使命』藤本一勇・澤里岳史訳, 岩波書店, 2004.……32
ハーバーマス, J., 1981.『コミュニケイション的行為の理論』上・中・下, 河上倫逸他訳, 未來社, 1985-87.……36
ハーバマス, J., 1985.『近代の哲学的ディスクルス』Ⅰ・Ⅱ, 三島憲一他訳, 岩波書店, 1990（再版2014）.……32
バトラー, J., 1990.『ジェンダー・トラブル──フェミニズムとアイデンティティの攪乱』竹村和子訳, 青土社, 1999.……36

ピケティ, T., 2013.『21世紀の資本』山形浩生他訳, みすず書房, 2014.……36
日高六郎, 1964.「近代主義」『現代日本思想大系』34, 筑摩書房, p.25.……26
福澤諭吉, 1875.『文明論之概略』.……4
フーコー, M., 1969.『知の考古学』慎改康之訳, 河出文庫, 2012.……14
フーコー, M., 1976.『性の歴史Ⅰ 知への意志』渡辺守章訳, 1986.……32
ポーコック, J. G. A., 1985.『徳・商業・歴史』田中秀夫訳, みすず書房, 1993.……14
ポッゲ, T., 2002.『なぜ遠くの貧しい人への義務があるのか―世界的貧困と人権』立岩真也監訳, 生活書院, 2010.……36
ホルクハイマー, M./アドルノ, Th. W., 1947.『啓蒙の弁証法―哲学的断想』徳永恂訳, 岩波文庫, 2007.……32
ボルケナウ, F., 1934.『封建的世界像から市民的世界像へ』水田洋他訳, みすず書房, 1965.……14
真木悠介, 1981.『時間の比較社会学』岩波書店.……36
マルクス, K., 1852.『ルイ・ボナパルトのブリュメール18日』植村邦彦訳, 平凡社ライブラリー, 2008.……14
マルクス, K., 1859.「経済学批判」『マルクス・エンゲルス全集』13, 杉本俊朗訳, 大月書店, 1964.……14
丸山眞男, 1952.『日本政治思想史研究』東京大学出版会.……14
マンハイム, K., 1929.『イデオロギーとユートピア』高橋徹・徳永恂訳, 中公クラシックス, 2006.……14
水田洋, 1954.『近代人の形成―近代社会観成立史』東京大学出版会.……14
水田洋, [1951] 2006.『社会思想小史』新稿, ミネルヴァ書房.……4
水田洋, 2009.『アダム・スミス論集』ミネルヴァ書房.……22
ミル, J. S., 1859.『自由論』塩尻公明・木村健康訳, 岩波文庫, 1971；山岡洋一訳, 日経BP社, 2011；斎藤悦則訳, 光文社古典新訳文庫, 2012.……32
ラヴジョイ, A., 1936.『存在の大いなる連鎖』内藤健二訳, ちくま学芸文庫, 2013.……14
ラヴジョイ, A., 1948.『観念の歴史』鈴木信雄他訳, 名古屋大学出版会, 2003.……14
リーデル, M., 1990.『市民社会の概念史』河上倫逸・常俊宗三郎編訳, 以文社. ……14
ロールズ, J., 1971.『正義論』改訂版, 川本隆史他訳, 紀伊國屋書店, 2014.……36
Fleischacker, S., 2005. *On Adam Smith's Wealth of Nations*, Princeton University Press.……22
Hont, I., 2015. *Politics in Commerciual Society*, Harvard University Press.……22
Koselleck, R., 1972. "Einleitung", Brunner, O. u. a. (Hrsg.), *Geschichtliche Grundbegriffe: Historische Lexikon zur politisch-sozialen Sprache in Deutschland*, Bd. 1, Klett-Cotta.……14
Raulff, U. et al. 2007. "Einen Anfang Machen: Warum wir eine Zeitschrift für Ideengeschichte gründen", *Zeitschrift für Ideengeschichte*, Heft I, Bd. 1, C. H. Beck.……14
Rawls, J., 1994（expanded ed. 1996）. *Political Liberalism*, Columbia University Press.……36
Whatmore, R., 2016. *What is Intellectual History?*, Polity Press.……14

■第Ⅰ部 近代の形成――ルネサンス期から17世紀へ

【第1章 ルネサンス】
会田由他, 1965-70, 1979-92.『大航海時代叢書』第Ⅰ期（全12巻）・第Ⅱ期（全25巻）, 岩波書店.……74
ウォーカー, D. P., 1972.『古代神学―十五‐十八世紀のキリスト教プラトン主義研究』榎本武文訳, 平凡社, 1994.……70
ウォーラーステイン, I., 1974.『近代世界システム』川北稔訳, 岩波書店, 1981.……74
カルヴァン, J., 1536.『キリスト教綱要（1536年版）』久米あつみ訳, 教文館, 2000.……50
カルヴァン, J., 1559.『キリスト教綱要 改訳版 第1篇～第4篇』渡辺信夫訳, 新教出版社, 2007-09.……50
カント, I., 1784.『啓蒙とは何か 他四篇』篠田英雄訳, 岩波文庫, 1974.……68
コイレ, A., 1939.『ガリレオ研究』菅谷暁訳, 法政大学出版局, 1988.……70
ゴールディ, M. 編, 1997.『ロック政治論集』山田園子・吉村伸夫訳, 法政大学出版局, 2007.……54
酒井潔, 2014.『ライプニッツ』新装版, 清水書院.……58
酒井潔他, 2012.『ライプニッツ読本』法政大学出版局.……58
佐々木毅, 2000.『プラトンの呪縛―二十世紀の哲学と政治』講談社学術文庫.……70

社会思想史学会編, 2008.「〈特集〉共和主義と現代―思想史的再考」『社会思想史研究』32.……66
シュミット, C., 1950.『大地のノモス―ヨーロッパ公法という国際法における』上・下, 新田邦夫訳, 福村出版, 1976（新装, 慈学社出版, 2007）.……74
スキナー, Q., 1978.『近代政治思想の基礎』門間都喜郎訳, 春風社, 2009.……64
スピノザ, B., 1663.『デカルトの哲学原理』畠中尚志訳, 岩波文庫, 1995.……56
スピノザ, B., 1670.『神学政治論』畠中尚志訳, 岩波文庫, 2004.……56
スピノザ, B., 1677a.『エチカ』畠中尚志訳, 岩波文庫, 1996.……56
スピノザ, B., 1677b.『往復書簡集』畠中尚志訳, 岩波文庫, 2005.……56
スピノザ, B., 1677c.『神・人間及び人間の幸福に関する短論文』畠中尚志訳, 岩波文庫, 2005.……56
スピノザ, B., 1677d.『国家論』畠中尚志訳, 岩波文庫, 1995.……56
スピノザ, B., 1677e.『知性改善論』畠中尚志訳, 岩波文庫, 1995.……56
スミス, A., 1762-63.『アダム・スミス法学講義 1762〜1763』水田 洋他訳, 名古屋大学出版会, 2012.……72
ダーントン, R., 1982.『革命前夜の地下出版』関根素子・二宮宏之訳, 岩波書店, 1994.……68
ダン, J., 1984.『ジョン・ロック』加藤 節訳, 岩波書店, 1987.……54
ディドロ, D., 1755.「百科全書」『哲学II』ディドロ著作集 2, 小場瀬卓三・平岡 昇監修, 法政大学出版局, 1980.……68
冨田恭彦, 2017.『ロック入門講義』ちくま学芸文庫.……54
原田慶吉, 1955.『ローマ法』有斐閣.……72
プーフェンドルフ, S. v., 1673.『自然法にもとづく人間と市民の義務』前田俊文訳, 京都大学学術出版会, 2016.……72
船田享二, 1968-72.『ローマ法』岩波書店.……72
ポーコック, P. G. A.,［1975］2003.『マキァヴェリアン・モーメント―フィレンツェの政治思想と大西洋圏の共和主義の伝統』田中秀夫他訳, 名古屋大学出版会, 2008.……66
ボーツ, H. 他, 1997.『学問の共和国』池端次郎・田村滋男訳, 知泉書館, 2015.……68
ホッブズ, T., 1640.『法の原理』田中 浩他訳, 岩波文庫, 2016.……52
ホッブズ, T., 1642.『市民論』本田裕志訳, 京都大学学術出版会, 2008.……52
ホッブズ, T., 1651.『リヴァイアサン』全4巻, 水田 洋訳, 岩波文庫, 1992.……52
ホッブズ, T., 1682.『ビヒモス』山田園子訳, 岩波文庫, 2014.……52
マキァヴェッリ, N., 1513 脱稿, 1532 刊行.『君主論』池田 廉訳, 中公文庫, 1995.……60
マキァヴェッリ, N., 1531.『ディスコルシ』永井三明訳, ちくま学芸文庫, 2011.……66
マキァヴェッリ, N., 1532 脱稿, 1532 刊行.『フィレンツェ史』上・下, 齊藤寛海訳, 岩波文庫, 2012.……60
ライプニッツ, G. W.『弁神論』ライプニッツ著作集 6・7, 佐々木能章訳, 工作舎, 1990-91.……58
ライプニッツ, G. W.『法学・神学・歴史学』ライプニッツ著作集第II期, 2, 酒井 潔・佐々木能章監修, 工作舎, 2016.……58
ルター, M.『ルター著作選集』徳善義和他訳, 教文館, 2012.……48
ロック, J., 1689.『統治二論』加藤 節訳, 岩波文庫, 2010.……54
Hankins, J., 1990. *Plato in the Italian Renaissance*, 2 vols., E.J. Brill.……70
O'Doherty, M. and Schmieder, F. eds., 2015. *Travels and Mobilities in the Middle Ages: From the Atlantic to the Black Sea*, Brepols.……74

【第2章 宗教と科学】
アウグスティヌス, A., 388-395.『自由意志論』今泉三良・井澤彌男訳, 創造社, 1973.……88
エックハルト『エックハルト説教集』田島照久訳, 岩波文庫, 1990.……102
大西克智, 2014.『意志と自由――一つの系譜学』知泉書館.……88
カステリョ, S., 1554.「異端は迫害されるべきか」『カルヴァンとその周辺 II』宗教改革著作集 10, 出村 彰訳, 教文館, 1993, pp.37-103.……84
クザーヌス, N.『神を観ることについて 他二篇』八巻和彦訳, 岩波文庫, 2001.……102
セクストス・エンペイリコス『ピュロン主義哲学の概要』西洋古典叢書, 金山弥平・金山万里子訳, 京都大学学術出版会, 1998.……94
セネカ, L. A., 55-56 頃.「寛恕について」『セネカ哲学全集 2』小川正廣訳, 岩波書店, 2006, pp.103-163.……84

セルヴェトゥス, M., 1531.「三位一体論の誤謬について」『カルヴァンとその周辺 II』宗教改革著作集 10, 出村 彰訳, 教文館, 1993, pp.5-35.……84
田口啓子監修, 2000.『近世のスコラ学』中世思想原典集成 20, 平凡社.……84
デカルト, R., 1637.『方法序説』野田又夫訳, 中央公論社, 1974；谷川多佳子訳, 岩波文庫, 1997.……92, 94
トマス・アクィナス, 1267 頃.『君主の統治について——謹んでキプロス王に捧げる』柴田平三郎訳, 岩波文庫, 2009.……96
トレルチ, E., 1906.『プロテスタンティズムと近代世界 I』トレルチ著作集 8, 堀 孝彦他訳, ヨルダン社, 1984.……96
パスカル, B., 1670.『パンセ』全 3 冊, 塩川徹也訳, 岩波文庫, 2015-16.……94
ブラウン, W., 2010.『寛容の帝国——現代リベラリズム批判』向山恭一訳, 法政大学出版局, 2010.……84
プラトン『法律』上・下, 森 進一他訳, 岩波文庫, 1993.……84
プラトン, 375 頃 BC（完成）.『国家』藤沢令夫訳, 岩波書店, 1979.……92
ブリックレ, P., 1991.『ドイツの宗教改革』田中真造・増本浩子訳, 教文館, 1991.……82
ベーメ, J., 1612.『アウローラ』ドイツ神秘主義叢書, 薗田 坦訳, 創文社, 2000.……102
ベルナール『ベルナール』キリスト教神秘主義著作集 2, 金子晴勇訳, 教文堂, 2005.……102
マルクーゼ, H., 1965.「抑圧的寛容」大沢真一郎訳『純粋寛容批判』せりか書房, 1968, pp.107-151.……84
モンテーニュ, M., 1588.『エセー』全 6 冊, 原 二郎訳, 岩波文庫, 1965-67.……94
ライプニッツ, G. W., 1765（完成 1704）.『人間知性新論』米山 優訳, みすず書房, 1987.……92
ロック, J., 1681.「MS Locke c.34 ジョン・ロックの教会論稿」『ジョン・ロックの教会論』山田園子訳, 渓水社, pp.121-219.……96
ロック, J., 1689.「寛容についての書簡」生松敬三訳『世界の名著 27 ロック ヒューム』大槻春彦責任編集, 中央公論社, 1968, pp. 347-402.……86, 96
Abellán, J. L., 1979. *Historia crítica del pensamiento español*, t. 2, Espasa Calpe.……84
Mullett, M. A., 1999. *The Catholic Reformation*, Routledge.……84

【第 3 章　近代国家の胎動】

アリストテレス『政治学』山本光雄訳, 岩波書店, 1961.……112
グローチウス, H., 1625.『戦争と平和の法』全 3 巻（復刻版）, 一又正雄訳, 酒井書店, 1996.……116, 122, 126
佐々木 毅, 1973.『主権・抵抗権・寛容——ジャン・ボダンの国家哲学』岩波書店.……108, 124
シィエス, E. J., 1789.『第三身分とは何か』稲本洋之助他訳, 岩波文庫, 2011.……108
下川 潔, 2000.『ジョン・ロックの自由主義政治哲学』名古屋大学出版会.……122
シュミット, C., 1928.『憲法理論』尾吹善人訳, 創文社, 1972.……124
スキナー, Q., 1978.『近代政治思想の基礎——ルネッサンス, 宗教改革の時代』門間都喜郎訳, 春風社, 2009.……124
ダントレーヴ, A. P., 1967.『国家とは何か』石上良平訳, みすず書房, 1972.……108
ディオゲネス・ラエルティオス『ギリシア哲学者列伝』上・中・下, 加来彰俊訳, 岩波文庫, 1994.……114
バーク, E., 1790.『フランス革命の省察』半澤孝麿訳, みすず書房, 1978.……120
ハミルトン, A. 他, 1787-88.『ザ・フェデラリスト』斎藤 眞・中野勝郎訳, 岩波文庫, 1999.……120
ビトリア, F., 1539.『〈インド人について〉の特別講義』『ビトリアの国際法理論』伊藤不二男訳, 有斐閣, 1965, pp.193-291.……112
ペイン, T., 1791.『人間の権利』西川正身訳, 岩波文庫, 1971.……120
ボダン, J., 1576.「国家論」平野隆文抄訳『フランス・ルネサンス文学集 1 学問と信仰と』宮下志朗他編訳, 白水社, 2015, pp.169-202.……108
ボッテーロ, G., 1589.『国家理性論』石黒盛久訳, 風行社, 2015.……110
ホッブズ, T., 1640.『法の原理』田中 浩他訳, 岩波文庫, 2016；高野清弘訳, 行路社, 2016.……118
ホッブズ, T., 1642.『市民論』本田裕志訳, 京都大学学術出版会, 2008.……118
ホッブズ, T., 1651.『リヴァイアサン』全 4 巻, 水田 洋訳, 岩波書店, 1954-85（改訳 1992）；I・II, 永井道雄・上田邦義訳, 中公クラシックス, 2009.……112, 116, 118, 126
マイネッケ, F., 1924.『近代史における国家理性の理念』I・II, 岸田達也訳, 中央公論新社, 2016.……110
マキアヴェリ, N., 1532.『新訳 君主論』池田 廉訳, 中公文庫, 2002.……110

マクゥルワイン, C. H., 1940.『立憲主義その成立過程』森岡敬一郎訳, 慶應通信, 1966.……120
マルクス, K., 1841.「デモクリトスの自然哲学とエピクロスの自然哲学との差異」『マルクス＝エンゲルス全集』40, 大内兵衛・細川嘉六監訳, 大月書店, 1975, pp.185-292.……114
モンテーニュ, M., 1580-88.『エセー』全6冊, 原 二郎訳, 岩波文庫, 1965-67.……114
ルクレーティウス『物の本質について』樋口勝彦訳, 岩波文庫, 1961.……114
ロック, J., 1690.『全訳 統治論』伊藤宏之訳, 柏書房, 1997；『完訳 統治二論』加藤 節訳, 岩波文庫, 2010.……116, 118, 122, 126
Kroeber, A. L. and Kluckhohn, C., 1963. *Culture: A Critical Review of Concepts and Definitions*, Ramdom House.……112
Pufendorf, S., [1688] 1995. *De Jure Naturae et Gentium Libri Octo*, The Classics of International Law, 2 vols., translation by Oldfather, C. H. and Oldfather, W. A., William S. Hein.……116
Shimokawa, K., 2013. "The Origin and Development of Property: Conventionalism, Unilateralism, and Colonialism", Anstey, P. ed., *The Oxford Handbook of British Philosophy in the Seventeenth Century*, Oxford University Press.……122
Tully, J., 1993. *An Approach to Political Philosophy: Locke in Contexts*, Cambridge University Press.……124

■第Ⅱ部　近代の確立——18世紀から19世紀初頭へ

【概説】
イスラエル, J., 2010.『精神の革命——急進的啓蒙と近代民主主義の知的起源』森村敏己訳, みすず書房, 2017.……130
ヴェントゥーリ, F., 1971.『啓蒙のユートピアと改革』加藤喜代志・水田 洋訳, みすず書房, 1981.……130
ゲイ, P., 1969.『自由の科学——ヨーロッパ啓蒙思想の社会史』1・2, 中川久定他訳, ミネルヴァ書房, 1982-86.……130
ポーコック, J. G. A., 1985.『徳・商業・歴史』田中秀夫訳, みすず書房, 1993.……130

【第1章　文明社会の出現】
芦名定道, 2007.『自然神学再考——近代世界とキリスト教』晃洋書房.……164
天羽康夫, 1993.『ファーガスンとスコットランド啓蒙』勁草書房.……180
荒井 明・鎌井敏和編, 1988.『信仰と理性——ケンブリッジ・プラトン学派研究序説』御茶の水書房.……160
安藤隆穂, 1989.『フランス啓蒙思想の展開』名古屋大学出版会.……144
安藤隆穂, 2007.『フランス自由主義の成立』名古屋大学出版会.……144
安藤隆穂編著, 2003.『フランス革命と公共性』名古屋大学出版会.……144
イスラエル, J., 2010.『精神の革命——急進的啓蒙と近代民主主義の知的起源』森村敏己訳, みすず書房, 2017.……140
ヴァイグル, E., 1997.『啓蒙の都市周遊』三島憲一・宮田敦子訳, 岩波書店, 1997.……154
ヴァイナー, J., 1972.『キリスト教と経済思想』根岸 隆・根岸愛子訳, 有斐閣, 1980.……164
ウートラム, D., 2013.『啓蒙』田中秀夫監訳, 法政大学出版局, 2017.……140
ヴェントゥーリ, F., 1946.『百科全書の起原』大津真作訳, 法政大学出版局, 1979.……140
ヴォルテール, 1734.『哲学書簡 哲学辞典』中川 信・高橋安光訳, 中公クラシックス, 2005；『哲学書簡』林達夫訳, 岩波文庫, 1980.……134, 160
ヴォルテール, 1763.『寛容論』中川 信訳, 中公文庫, 2011.……134
ヴォルテール, 1764.『哲学辞典』高橋安光訳, 法政大学出版局, 1988.……134
大津真作, 1986.『啓蒙主義辺境への旅』世界思想社.……164
隠岐さや香, 2011.『科学アカデミーと有用な科学』名古屋大学出版会.……156
カッシーラー, E., 1932.『啓蒙主義の哲学』中野好之訳, 紀伊國屋書店, 1962.……144
カント, I., 1784.『啓蒙とは何か』篠田英雄訳, 岩波文庫, 1950；「啓蒙とは何か」『カント全集14 歴史哲学論集』福田喜一郎訳, 岩波書店, 2000, pp.23-34.……140, 154
グローチウス, H., 1625.『戦争と平和の法』全3巻（復刻版）, 一又正雄訳, 酒井書店, 1972.……168

ゲイ, P., 1969.『自由の科学』I・II, 中川久定他訳, ミネルヴァ書房, 1986.……144
ケイムズ, 1751.『道徳と自然宗教の原理』田中秀夫訳, 2016.……148
ケネー, F., 1765.『農業・商業・財政評論』ケネー全集 3, 島津亮二・菱山 泉訳, 有斐閣, 2001.……140
スピノザ, B., 1677.『エチカ』畠中尚志訳, 岩波文庫, 1951.……166
スミス, A., 1759.『道徳感情論』水田 洋訳, 岩波文庫, 2003.……148
スミス, A., 1762-63.『アダム・スミス法学講義 1762〜1763』水田 洋他訳, 名古屋大学出版会, 2012.……168
スミス, A., 1766.『法学講義』水田 洋他訳, 岩波文庫, 2005.……168
スミス, A., [1776] 1789.『国富論』全4巻, 水田 洋監訳, 杉山忠平訳, 岩波文庫, 2000-01.……148, 160
田中敏弘, 1996.『マンデヴィルの社会・経済思想―イギリス一八世紀初期社会・経済思想』有斐閣.……138
塚田 理, 2006.『イングランドの宗教―アングリカニズムの歴史とその特質』教文館.……160
柘植尚則, 2016.『良心の興亡』山川出版社.……172
トーランド, J., 1696.『秘儀なきキリスト教』三井礼子訳, 法政大学出版局, 2011.……164
新村 聡, 1994.『経済学の成立―近代自然法学とアダム・スミス』御茶の水書房.……168
新村 聡, 2017.「ホッブズの権利論」田上孝一編著『権利の哲学入門』社会評論社, pp.56-70.……168
ハーシュマン, A. O., 1977.『情念の政治経済学』佐々木 毅他訳, 法政大学出版局, 1998.……172
ハチスン, F., [1725] 1738.『美と徳の観念の起原』山田英彦訳, 玉川大学出版部, 1983.……136, 170
ハチスン, F., 1747.『道徳哲学序説』田中秀夫・津田耕一訳, 京都大学学術出版会, 2009.……136, 148
パニッカル, K. M., 1953.『西洋の支配とアジア―1498-1945』左 久梓訳, 藤原書店, 2000.……162
バンガート, W., 1972.『イエズス会の歴史』上智大学中世思想研究所監修, 岡安喜代・村井則夫訳, 原書房, 2004.……162
ハンター, M., 1992.『イギリス科学革命―王政復古期の科学と社会』大野 誠訳, 南窓社, 1999.……156
ヒューム, D., 1739-40.『人間本性論』1-3, 木曽好能他訳, 法政大学出版局, 1995-2012. ……148, 170
ヒューム, D., 1751.『政治論集』田中秀夫訳, 京都大学学術出版会, 2011.……148
ヒューム, D., 1757.『宗教の自然史』福鎌忠恕・齋藤繁雄訳, 法政大学出版局, 1972.……166
ヒューム, D., 1779.『自然宗教に関する対話』福鎌忠恕・齋藤繁雄訳, 法政大学出版局, 1989.……166
ブラムフィット, J. H., 1972.『フランス啓蒙思想入門』清水幾太郎訳, 白水社, 1985.……144
フリードリヒ二世, 1740.『反マキアヴェッリ論』大津真作監訳, 京都大学学術出版会, 2016.……140
ベール, P., 1696.『歴史批評辞典』ピエール・ベール著作集 3-5, 野沢 協訳, 法政大学出版局, 1982-87.……140, 166
ベッカリーア, C., 1764.『犯罪と刑罰』小谷眞男訳, 東京大学出版会, 2011.……152
ペティ, W., 1690.『政治算術』大内兵衛・松川七郎訳, 岩波文庫, 1955.……178
ポーコック, J. G. A., [1975] 2003.『マキァヴェリアン・モーメント―フィレンツェの政治思想と大西洋圏の共和主義の伝統』田中秀夫他訳, 名古屋大学出版会, 2008.……174
ホント, I. 編著, 1983.『富と徳―スコットランド啓蒙における経済学の形成』水田 洋・杉山忠平監訳, 未來社, 1990.……148, 174
ホント, I., 2005.『貿易の嫉妬―国際競争と国民国家の歴史的展望』田中秀夫監訳, 昭和堂, 2009.……174
マンデヴィル, B., [1714] 1723.『蜂の寓話―私悪すなわち公益』新装版, 泉谷 治訳, 法政大学出版局, 2015.……138, 170
マンデヴィル, B., 1729.『続・蜂の寓話―私悪すなわち公益』新装版, 泉谷 治訳, 法政大学出版局, 2015.……138
村松茂美, 2013.『ブリテン問題とヨーロッパ連邦―フレッチャーと初期啓蒙』京都大学学術出版会.……180
森村敏己, 1993.『名誉と快楽―エルヴェシウスの功利主義』法政大学出版局.……172
ラヴジョイ, A. O., 1961.『人間本性考』鈴木信雄他訳, 名古屋大学出版会, 1998.……172
ランゲ, S.-N.-H., 1768.『市民法理論』大津真作訳, 京都大学学術出版会, 2013.……140
リード, T., 1764.『心の哲学』朝広謙次郎訳, 知泉書館, 2004.……148
レーナル, G.-Th., 1780.『両インド史』大津真作訳, 法政大学出版局, 2009.……140
ロック, J., 1689.『統治二論』加藤 節訳, 岩波文庫, 2010.……168
Butler, J., [1726] 1729. *Fifteen Sermons Preached at the Rolls Chapel*, Roberts, T. A. ed., S. P. C. K., 1970.……170
Davenant, C., 1771. *The Political and Commercial Works of that Celebrated Writer Charles D'avenant, LL,*

D./Relating to the Trade and Revenue of England, the Plantation Trade, the East-India Trade, and African Trade, 5 vols., London.……178
Klemme, H. F. and Kuehn, M. eds., 2010. *The Dictionary of Eighteenth-Century German Philosophers*, 3 vols., Continuum.……154
McCulloch, J., [1824] 1995. *A Discourse on the Rise, Progress, Peculiar Objects and Importance of Political Economy*, Routledge/Thoemmes Press.……158
Shaftesbury, Anthony Ashley Cooper, third Earl of, 1711. *Characteristics of Men, Manners, Opinions, Times*, Klein, L. E. ed., Cambridge University Press, 1999.……170
Stewart, D., [1814] 1994. *Elements of the Philosophy of the Human Mind*, vol.2, Thoemmes Press.……158
Whately, R., [1832] 1966. *Introductory Lectures on Political Economy*, Augustus M. Kelley.……158

【第2章　文明社会の擁護】
天羽康夫, 1993.『ファーガスンとスコットランド啓蒙』勁草書房.……210
安藤隆穂, 2007.『フランス自由主義の成立』名古屋大学出版会.……212
安藤裕介, 2014.『商業・専制・世論——フランス啓蒙の「政治経済学」と統治原理の転換』創文社.……204, 208
犬塚 元, 2004.『デイヴィッド・ヒュームの政治学』東京大学出版会.……186
イム・ホーフ, U., 1993.『啓蒙のヨーロッパ』成瀬 治訳, 1995.……212
ヴォルテール, 1756.『歴史哲学——諸国民の風俗と精神について』序論」安藤和雄訳, 法政大学出版局, 1990.……218
大野 誠編, 2009.『近代イギリスと公共圏』昭和堂.……212
金子晴勇, 2001.『宗教改革の精神——ルターとエラスムスとの思想対決』講談社学術文庫.……198
岸野浩一, 2015.「勢力均衡」押村 高編『政治概念の歴史的展開』7, 晃洋書房, pp.203-222.……206
キャルホーン, C., 1992.『ハーバーマスと公共圏』山本 啓・新田 滋訳, 未來社, 1999.……212
ケネー, F., 1758-59.『経済表』平田清明・井上泰夫訳, 岩波文庫, 2013.……208
小林 昇, 1977.『イギリス重商主義研究 (2)』経済学史著作集Ⅳ, 未來社.……204
コンディヤック, 1746.『人間認識起源論』上・下, 古茂田 宏訳, 岩波文庫, 1994.……200
坂本達哉, 1995.『ヒュームの文明社会』創文社.……186
坂本達哉, 2011.『ヒューム 希望の懐疑主義——ある社会科学の誕生』慶應義塾大学出版会.……186, 210
スミス, A., 1759, 1790.『道徳感情論』上, 水田 洋訳, 岩波文庫, 2003.……188, 194, 196, 198
スミス, A., 1761.「諸言語の最初の形成および本源的ならびに複合的諸言語の特質の違いについての諸考察」『道徳感情論』下, 水田 洋訳, 岩波文庫, 2003.……200
スミス, A., 1762-63.『アダム・スミス法学講義 1762〜1763』水田 洋他訳, 名古屋大学出版会, 2012.……188, 210
スミス, A., 1766.『法学講義』水田 洋他訳, 岩波文庫, 2005.……188, 210
スミス, A., [1776] 1789.『国富論』全4巻, 水田 洋監訳, 杉山忠平訳, 岩波文庫, 2000-01；全3巻, 大河内一男監訳, 中央公論社, 1976.……188, 208, 210
竹本 洋・大森郁夫編著, 2002.『重商主義再考』日本経済評論社.……204
柘植尚則, 2003.『良心の興亡——近代イギリス道徳哲学研究』ナカニシヤ出版.……198
ディドロ, D., 1751-65.『哲学Ⅱ』ディドロ著作集2, 法政大学出版局, 1980.……190
ディドロ, D., 1769.『ダランベールの夢』新村 猛訳, 岩波文庫, 1958.……192
ディドロ, D., ダランベール編, 1751-65.『百科全書——序論および代表項目』桑原武夫訳編, 岩波文庫, 1971.……190
デュボス, C., 1719.『詩画論』1・2, 木幡瑞枝訳, 玉川大学出版部, 1984.……218
ドルバック, 1770.『自然の体系』全2巻, 高橋安光・鶴野 陵訳, 法政大学出版局, 1999-2001.……192
永井義雄, 2000.『自由と調和を求めて——ベンサム時代の政治・経済思想』ミネルヴァ書房.……216
新村 聡, 1994.『経済学の成立——近代自然法学とアダム・スミス』御茶の水書房.……188
ハーバーマス, J., [1962] 1990.『公共性の構造転換』第2版, 細谷貞雄訳, 未來社, 1994 (初版 1973).……212
ハチスン, F., [1725] 1738.『美と徳の観念の起原』山田英彦訳, 玉川大学出版部, 1983.……194, 196
ヒューム, D., 1739-40.『人間本性論』1-3, 木曾好能他訳, 法政大学出版局, 1995-2012.……186, 194, 196
ヒューム, D., 1748.『人間知性研究』斎藤繁雄・一ノ瀬正樹訳, 法政大学出版局, 2004.……186

ヒューム, D., 1752.『政治論集』田中秀夫訳, 京都大学学術出版会, 2010.……186, 210
ヒューム, D., [1741-42, 1758] 1777.『道徳・政治・文学論集』完訳版, 田中敏弘訳, 名古屋大学出版会, 2011.
　　……186, 206, 218, 220
ヒューム, D., 1777.『奇蹟論・迷信論・自殺論』福鎌忠恕・斎藤繁雄訳, 法政大学出版局, 2011.……186
ヒューム, D., 1779.『自然宗教に関する対話』福鎌忠恕・斎藤繁雄訳, 法政大学出版局, 2014.……186
ファーガスン, A., 1767.『市民社会論』天羽康夫・青木裕子訳, 京都大学学術出版会, 2018.……210
フォーブズ, D., 1975.『ヒュームの哲学的政治学』田中秀夫監訳, 昭和堂, 2011.……186
フーコー, M., 1966.『言葉と物——人文科学の考古学』渡辺一民・佐々木明訳, 新潮社, 1974.……224
夫馬 進, 1997.『中国善会善堂史研究』東洋史研究叢刊之五十三, 同朋舎出版.……214
ブリュア, J., 1989.『財政＝軍事国家の衝撃』大久保桂子訳, 名古屋大学出版会, 2003.……204
プルースト, J., 1965.『百科全書』岩波書店, 1979.……190
逸見龍生・小関武史編, 2018.『百科全書の時空』法政大学出版局.……190
星野彰男, 2010.『アダム・スミスの経済理論』関東学院大学出版会.……210
ホッブズ, T., 1651.『リヴァイアサン』改訳版, 全4巻, 水田 洋訳, 岩波文庫, 1982-92.……198, 220
前田 勉, 2012.『江戸の読書会』平凡社選書.……214
マグヌソン, L., 1994.『重商主義』熊谷次郎・大倉正雄訳, 知泉書館, 2009.……204
マルサス, T. R., 1798.『人口論』永井義雄訳, 中公文庫, 1973.……216
丸山眞男, 1952.『日本政治思想史研究』東京大学出版会.……214
マンデヴィル, B., [1714] 1723.『蜂の寓話——私悪すなわち公益』新装版, 泉谷 治訳, 法政大学出版局, 2015.
　　……220
マンデヴィル, B., 1729.『続・蜂の寓話——私悪すなわち公益』新装版, 泉谷 治訳, 法政大学出版局, 2015.
　　……220
ミーク, R. L., 1976.『社会科学と高貴ならざる未開人』田中秀夫監訳, 昭和堂, 2015.……202
溝口雄三, 1995.『中国の公と私』研文出版.……214
溝口雄三, 1996.『公私（一語の事典）』三省堂.……214
三谷 博編, 2004.『東アジアの公論形成』東京大学出版会.……214
モーゲンソー, H. J., [1948] 1978.『国際政治——権力と平和』上・中・下, 原 彬久監訳, 岩波文庫, 2013.……206
モンテスキュー, C., 1734.『ローマ人盛衰原因論』田中治男・栗田伸子訳, 岩波文庫, 1989.……184
モンテスキュー, C., 1748.『法の精神』上・中・下, 野田良之他, 岩波文庫, 1989.……184, 218
山崎正一・串田孫一, 2014.『悪魔と裏切者』ちくま学芸文庫.……186
山田勝芳, 2001.『中国のユートピアと「均の理念」』汲古選書, 汲古書院.……214
ラ・メトリ, J. O. de., 1747.『人間機械論』杉 捷夫訳, 岩波文庫, 1957.……192
リード, T., 1764.『心の哲学』朝広健次郎訳, 知泉書館, 2004.……198
ルソー, J.-J., 1755.『人間不平等起源論——付「戦争法原理」』坂倉裕治訳, 講談社学術文庫, 2016；『人間不平等
　　起原論』本田喜代治・平岡 昇訳, 岩波文庫, 1972.……200, 218
歴史と方法編集委員会編, 1996.『日本史における公と私』青木書店.……214
Berry, C., 2013. *The Idea of Commercial Society in the Scottish Enlightenment*, Edinburgh University Press.……202
Ferguson, A., 1792. *Principles of Moral and Political Science: Being Chiefly a Retrospect of Lectures Delivered in the College of Edinburgh*, A. Strahan, T. Cadell and W. Creech.……196
Hutcheson, F., 1728. *An Essay on the Nature and Conduct of the Passions and Affections, with Illustrations on the Moral Sense*, Garrett, A. ed., Liberty Fund, 2002.……194
Reid, T., [1788] 2010. *Essays on the Active Powers of Man*, Haakonssen, K. and Harris, J. A. eds., Edinburgh University Press.……196, 198
Susato, R., 2016. *Hume's Sceptical Enlightenment*, Edinburgh University Press.……186

【第3章　文明社会の危機】
アーミテイジ, D., 2000.『帝国の誕生』平田雅博他訳, 日本経済評論社, 2005.……258
アーミテイジ, D., 2007.『独立宣言の世界史』平田雅博他訳, ミネルヴァ書房, 2012.……250
アーレント, H., 1982.『カント政治哲学の講義』浜田義文監訳, 法政大学出版局, 1987.……230

池田浩太郎・大川政三，1982.『近世財政思想の生成―重商主義と官房学』千倉書房.……264
犬塚 元，2012.「時間軸において「伝える」こと ―西洋政治思想史における「伝統」をめぐるナラティブ」『伝える ―コミュニケーションと伝統の政治学』風行社, pp.205-235.……256
井柳美紀，2011.『ディドロ―多様性の政治学』創文社.……242
ヴェントゥーリ, F., 1971.『啓蒙のユートピアと改革』加藤喜代志・水田 洋訳, みすず書房, 1981.……238
苅谷千尋，2013.「エドマンド・バークの帝国論」『イギリス哲学研究』36：43-58.……258
河野健二編，1989.『資料フランス革命』岩波書店.……254, 262
川又 祐，2009.「第1章 官房学」田村信一・原田哲史編『ドイツ経済思想史』八千代出版, pp.1-30.……264
カント, I.『カント全集』全22冊+別巻1冊, 坂部 恵他訳, 岩波書店, 1999-2006.……232
カント, I., 1764.「美と崇高の感情にかんする観察」『カント全集』2, 前批判期論集Ⅱ, 久保光志訳, 岩波書店, 2000.……260
カント, I., 1781.『純粋理性批判』上・中・下, 有福孝岳訳, 岩波書店, 2001-06.……230
カント, I., 1784a.「啓蒙とは何か」『歴史哲学論集』福田喜一郎訳, 岩波書店, 2000, pp.23-34.……230
カント, I., 1784b.「世界市民的見地における普遍史の理念」『歴史哲学論集』福田喜一郎訳, 岩波書店, 2000, pp.1-22.……230
カント, I., 1785.『道徳形而上学原論』篠田英雄訳, 岩波文庫, 1976；『道徳形而上学の基礎づけ』平田俊博訳, 岩波書店, 2000；中山 元訳, 光文社古典新訳文庫, 2012.……230, 232
カント, I., 1790.『判断力批判・上』『カント全集』8, 牧野英二訳, 岩波書店, 1999.……260
カント, I., 1793.「理論と実践」『歴史哲学論集』北尾宏之訳, 岩波書店, 2000, pp.159-223.……230
カント, I., 1795a.『永遠平和のために』宇都宮芳明訳, 岩波文庫, 1985；「永遠平和のために」『歴史哲学論集』遠山義孝訳, 岩波書店, 2000, pp.247-315；『永遠平和のために・啓蒙とは何か：他』中山 元訳, 光文社古典新訳文庫, 2006.……230, 232
カント, I., 1795b.「第一部 法論」加藤新平・三島淑臣訳,「第二部 徳論」森口美都男・佐藤全弘訳,『人倫の形而上学』世界の名著39, 野田又夫責任編集, 中央公論社, 1972.……232
カント, I., 1797.『人倫の形而上学』カント全集11, 樽井正義・池尾恭一訳, 岩波書店, 2002.……230
グローチウス, H., 1625.『戦争と平和の法』一又正雄訳, 酒井書店, 1949-51.……240
桑島秀樹，2008.『崇高の美学』講談社選書メチエ.……260
ゲイ, P., 1969.『自由の科学―ヨーロッパ啓蒙思想の社会史』全2巻, 中川久定他訳, ミネルヴァ書房, 1986.……242
コンドルセ他『フランス革命期の公教育論』阪上 孝編訳, 岩波書店, 2002.……254
斉藤 眞，1992.『アメリカ革命史研究―自由と統合』東京大学出版会.……250
坂部 恵，1976.『理性の不安―カント哲学の生成と構造』勁草書房.……260
佐々木健一，1995.『美学辞典』東京大学出版会.……260
シィエス, E. J., 2011.『第三身分とは何か』稲本洋之助他訳, 岩波文庫, 2011.……254
柴田三千雄，1968.『バブーフの陰謀』岩波書店.……254
社会思想史学会，2008.『社会思想史研究』(特集・共和主義と現代), 32, 藤原書店.……238
シュトライス, M., 1987.『一七・一八世紀の国家思想家たち―帝国公(国)法論・政治学・自然法論』佐々木有司・柳沢正治訳, 1995.……264
スコフィールド, P., 2009.『ベンサム―功利主義入門』川名雄一郎・小畑俊太郎訳, 慶應義塾大学出版会, 2013.……236
スミス, A., 1776.『国富論』全3巻, 大河内一男訳, 中公文庫, 1978.……244
セシル, H., 1912.『保守主義とは何か』栄田卓弘訳, 早稲田大学出版部, 1979.……256
田中秀夫・山脇直司編, 2006.『共和主義の思想空間』名古屋大学出版会.……238
永井義雄, 1982.『ベンサム』人類の知的遺産44, 講談社.……236
中村睦男, 1997.「一七八九年と一七九三年の人権宣言について」『フランス革命の光と闇』勁草書房, pp.147-151.……262
ニコルソン, M. H., 1959.『暗い山と栄光の山』クラテール叢書13, 小黒和子訳, 国書刊行会, 1989.……260
バーク, E., 1757.『崇高と美の観念の起原』中野好之訳, みすずライブラリー, 1999；「崇高と美の起源」『第4巻ゴシック オトラント城／崇高と美の起源』英国十八世紀文学叢書, 大河内昌訳, 研究社, 2012.……260

バーク, E., 1790.『フランス革命の省察』半澤孝麿訳, みすず書房, 1978.……256
ハーバーマス, J., 1962.『公共性の構造転換』細谷貞雄・山田正行訳, 未來社, 1994.……230
バウチャー, D.／ケリー, P. 編, 1994.『社会契約論の系譜—ホッブズからロールズまで』飯島昇藏・佐藤正志訳者代表, ナカニシヤ出版, 1997.……234
ヒューム, D., 1739-40.『人間本性論』全3巻, 木曾好能他訳, 法政大学出版局, 2011-12.……234
ヒューム, D., 1777.『道徳・政治・文学論集』田中敏弘訳, 名古屋大学出版会, 2011.……234
深貝保則・戒能通弘編, 2015.『ジェレミー・ベンサムの挑戦』ナカニシヤ出版.……236
フーコー, M., 2004.『生政治の誕生』ミシェル・フーコー講義集成8, 慎改康之訳, 筑摩書房, 2008.……248
フュレ, F.／オズーフ, M.編, 1988.『フランス革命事典5 思想1』河野健二他監訳, みすず書房, 2000.……262
フュレ, F.／オズーフ, M.編, [1988] 1992.『フランス革命事典』全7冊, 河野健二他監訳, みすず書房, 2000.……254
フリードリヒ二世, 1740.『反マキアヴェッリ論』大津真作監訳, 京都大学学術出版会, 2016.……242
ベッカリーア, C., 1764.『犯罪と刑罰』小谷眞男訳, 東京大学出版会, 2011.……246
ベンサム, J., 1789.「道徳および立法の諸原理序説」『世界の名著49 ベンサム／J.S. ミル』山下重一訳, 中央公論社, 1979, pp.69-210.……246
ポーコック, J. G. A., 1975.『マキァヴェリアン・モーメント—フィレンツェの政治思想と大西洋圏の共和主義の伝統』田中秀夫他訳, 名古屋大学出版会, 2008.……238
ポーコック, J. G. A., 2005.『島々の発見—「新しいブリテン史」と政治思想』犬塚 元監訳, 名古屋大学出版, 2013.……250, 258
ホッブズ, T., 1651.『リヴァイアサン』全4巻, 水田 洋訳, 岩波文庫, 1954-85（1,2分冊改訳 1992）.……240
マルサス, T. R., 1798.『人口論』斉藤悦則訳, 光文社古典新訳文庫, 2011.……244
ミル, J. S., 1848.『経済学原理』全5巻, 末永茂喜訳, 岩波文庫, 1959-63.……244
リカードウ, D., 1817.『経済学および課税の原理』全2巻, 羽鳥卓也・吉澤芳樹訳, 岩波文庫, 1987.……244
リハ, T., 1985.『ドイツ政治経済学—もうひとつの経済学の歴史』原田哲史他訳, ミネルヴァ書房, 1992.……242, 264
ルソー, J.-J.,『ルソー全集』全14冊＋別巻2冊, 小林善彦他訳, 白水社, 1978-84.……232
ルソー, J.-J., 1750.『学問芸術論』前川貞次郎訳, 岩波文庫, 1968.……228
ルソー, J.-J., 1755.『人間不平等起原論』本田喜代治・平岡 昇訳, 岩波文庫, 1972；中山 元訳, 光文社古典新訳文庫, 2008.……228, 232
ルソー, J.-J., 1762a.『社会契約論』桑原武夫・前川貞次郎訳, 岩波文庫, 1954；『社会契約論・ジュネーヴ草稿』中山 元訳, 光文社古典新訳文庫, 2008.……228, 232, 240
ルソー, J.-J., 1762b.『エミール』上・中・下, 今野一雄訳, 岩波文庫, 1962-64.……228
ロールズ, R., 1971.『正義論』川本隆史他訳, 紀伊國屋書店, 2010.……232
Bentham, J., [1776] 1988. *A Fragment on Government*, Cambridge University Press.……246
Dickinson, H. T., 1985. *British Radicalism and the French Revolution*, Basil Blackwell.……248
Goodwin, A., 1979. *The Friends of Liberty: The English Democratic Movement in the Age of the French Revolution*, Hutchison of London.……248
Jones, E., 2017. *Edmund Burke and the Invention of Modern Conservatism, 1830-1914: An Intellectual History*, Oxford University Press.……256
Paley, W., [1785] 2002. *The Principles of Moral and Political Philosophy*, Liberty Fund.……246
Philp, M., 2014. *Reforming Ideas in Britain: Politics and Language in the Shadow of the French Revolution, 1789-1815*, Cambridge University Press.……248

■第Ⅲ部　近代の矛盾――19世紀前半から世紀後半へ

【概説】

ウォーラーステイン, I., 2011.『近代世界システムⅣ—中道自由主義の勝利 1789〜1914』川北 稔訳, 名古屋大学出版会, 2013.……272
河野健二, 1982.『現代史の幕開け—ヨーロッパの1848年』岩波新書.……272
フーコー, M., 1975.『監獄の誕生—監視と処罰』田村 俶訳, 新潮社, 1977.……272

ホブズボーム, E. J., 1962.『市民革命と産業革命——二重革命の時代』安川悦子・水田 洋訳, 岩波書店, 1968. ……272
ホブズボーム, E. J., 1975.『資本の時代——1848〜1875』全2冊, 柳父國近・松尾太郎他訳, みすず書房, 1981-82. ……272
ホブズボーム, E. J., 1987.『帝国の時代——1875〜1914』全2冊, 野口建彦・野口照子訳, みすず書房, 1993-98. ……272

【第1章 国家と社会】
アロン, R., 1967.『社会学的思考の流れ』1・2, 北川隆吉他訳, 法政大学出版局, 1974-84. ……284
家永三郎他, 1967.『明治前期の憲法構想』福村出版. ……312
板垣退助監修, 1900.『自由党史』全3冊, 板垣退助監修, 岩波文庫, 1957. ……312
ヴァリツキ, A., 1969.『ロシア資本主義論争——ナロードニキ社会思想史研究』日南田静真他訳, ミネルヴァ書房, 1975. ……308
ウォーリン, S., 2004.『政治とヴィジョン』尾形典男他訳, 福村出版, 2007. ……282
エンゲルス, F., 1865.『プロイセンの軍事問題とドイツ労働者党』マルクス＝エンゲルス全集16, 土屋保男訳, 大月書店, 1966. ……314
エンゲルス, F., 1884.『家族, 私有財産および国家の起源』マルクス＝エンゲルス全集21, 村田陽一訳, 大月書店, 1971. ……314
川上洋平, 2013.『ジョゼフ・ド・メーストルの思想世界——革命・戦争・主権に対するメタポリティークの実践の軌跡』創文社. ……288
グレイ, J., 1996.『バーリンの政治哲学入門』河合秀和訳, 岩波書店, 2009. ……282
古賀秀男, 1975.『チャーティスト運動の研究』ミネルヴァ書房. ……292
小関 隆, 1993.『1848年——チャーティストとアイルランド・ナショナリズム』未來社. ……292
ゴデショ, J., 1961.『反革命——理論と行動 1789-1804』平山栄一訳, みすず書房, 1986. ……288
作田啓一, 1981.『個人主義の運命』岩波新書. ……280
佐藤正志／ケリー, P. 編, 2013.『多元主義と多文化主義の間——現代イギリス政治思想史研究』早稲田大学出版部. ……282
ジョーンズ, G. S., 1983.『階級という言語——イングランド労働者階級の政治社会史 1832-1982』長谷川貴彦訳, 刀水書房, 2010. ……292
スペンサー, H., 1851.『ハーバート・スペンサー コレクション』森村 進編訳, ちくま学芸文庫, 2017. ……282
関 嘉彦編, 1979.『世界の名著 49 ベンサム／J.S.ミル』中央公論社. ……286
髙山裕二, 2015.「奇妙なリベラリズム？——無力な個人の生きる術」『アメリカにおけるデモクラシーについて』中公クラシックス, pp.1-34. ……280
都築忠七編, 1975.『イギリス初期社会主義——オーエンとチャーティズム』平凡社. ……292
堤林 剣, 2009.『コンスタンの思想世界——アンビヴァレンスのなかの自由・政治・完成可能性』創文社. ……288
トクヴィル, A. de, 1835.『アメリカのデモクラシー』1, 松本礼二訳, 岩波文庫, 2005. ……276, 284
トクヴィル, A. de, 1840.『アメリカのデモクラシー』2, 松本礼二訳, 岩波文庫, 2008. ……276, 280, 284
トムスン, D., 1884.『チャーティスト——産業革命期の民衆政治運動』古賀秀男・岡本充弘訳, 日本評論社, 1988. ……292
永井義雄, 1982.『人類の知的遺産44 ベンサム』講談社. ……286
ハート, H. L. A., 1987.『権利・功利・自由』小林 公・森村 進訳, 木鐸社, 1987. ……286
バーリン, I., 1969.『自由論』新装版, 小川晃一他訳, みすず書房, 2018. ……282
ハイエク, F. A., 1973.『市場・知識・自由——自由主義の経済思想』田中真晴・田中秀夫編訳, ミネルヴァ書房, 1986. ……282
ハイエク, F. A., 1976.『自由の条件 I——自由の価値』気賀健三・古賀勝次郎訳, 春秋社, 2007. ……282
バジョット, W., 1865-67.『イギリス憲政論』小松春雄訳, 中公クラシックス, 2011；添谷育志「世論」『近現代英国思想研究, およびその他のエッセイ』風行社, [1999] 2015. ……306
ホブハウス, L. T., 1911.『自由主義——福祉国家への思想的転換』吉崎祥司・社会的自由主義研究会訳, 大月書

店, 2010.……282
松本三之介・山室信一校注, 1990. 『言論とメディア』日本近代思想大系 11, 岩波書店.……312
マルクス, K., 1844. 『ユダヤ人問題によせて／ヘーゲル法哲学批判序説』城塚 登訳, 岩波文庫, 1974.……302
マルクス, K., 1852. 『ルイ・ボナパルトのブリュメール 18 日』植村邦彦訳, 平凡社ライブラリー, 2008.
　……314
丸山眞男, 2015.「反動の概念――ひとつの思想史的接近」古矢 旬編『超国家主義の論理と心理 他八篇』岩波
　文庫.……288
ミハイロフスキー, N., 1869.「進歩とは何か」石川郁男訳, 成文社, 1994.……308
ミル, J. S. 『功利主義論集』川名雄一郎・山本圭一郎訳, 京都大学学術出版会, 2010.……278, 286
ミル, J. S., 1859. 『自由論』斉藤悦則訳, 光文社古典新訳文庫, 2012；塩尻公明・木村健康訳, 岩波文庫, 1971.
　……278, 282, 306
ミル, J. S., 1861. 『代議制統治論』水田 洋訳, 岩波文庫, 1997.……278
ミル, J. S., 1873. 『ミル自伝』朱牟田夏雄訳, 岩波文庫, 1960.……278
森 達也, 2018. 『思想の政治学――アイザィア・バーリン研究』早稲田大学出版部.……282
米原 謙, 2015.「自由民権運動と明治初期の言論空間」『国体論はなぜ生まれたか――明治国家の知の地形図』
　ミネルヴァ書房.……312
良知 力・廣松 渉編, 1986. 『ヘーゲル左派論叢第 3 巻 ユダヤ人問題』御茶の水書房.……302
ロールズ, J., 1999. 『万民の法』中山竜一訳, 岩波書店, 2006.……314
ロック, J., 1689a. 『寛容についての手紙』加藤 節・李 静和訳, 岩波文庫, 2018.……282
ロック, J., 1689b. 『完訳 統治二論』加藤 節訳, 岩波文庫, 2010.……282
和田春樹, 2000. 『ロシア史』新版世界各国史 22, 岩波書店.……308
渡辺孝次, 1994. 『時計職人とマルクス――第一インターナショナルにおける集権主義と連合主義』同文舘.
　……298
Boehlich, W. (Hg.), 1988. *Der Berliner Antisemitismusstreit*, Insel.……302, 308
Bonaparte, N.-L., 1839. *Des idées napoléoniennes*, Henri Colburn, Libraire.……314
Freeden, M., 2015. *Liberalism: A Very Short Introduction*, Oxford University Press.……282
Freymond, J. éd., 1962-71. *La Première Internationale, Recueil dedocuments*, I-IV, (t.1 + 2) Droz, 1962, (t. 3 + 4) Inst. Univ. de hautes Études internationales, 1971.……298
General Council of the First International, 1864-72. *Minutes*, 5 vols, Moscow, 1963-68.……298
Green, T. H., 1886. "Lectures on the Principles of Political Obligation", Nettleship, R. L. ed., *Works of Thomas Hill Green*, vol. II, Longmans, Green, pp.334-553. (Reprinted from Cambridge University Press, 2011.) ……294
Guillaume, J., 1905-10. *L'Internationale. Documents et souvenirs (1864-1878)*, 4 tomes. (rpt. vol. I (t.1 + 2) Grounauer, 1980； vol. II (t.3 + 4) Gérard Lebovici, 1985.) ……298
Hugo, V., 1852. *Napoléon le Petit*, Jeffs Libraire-Éditeur.……314
Madame de Staël, 1979. *Des circonstances actuelles qui peuvent terminer la Révolution et des principes qui doivent fonder la république en France*, Droz.……284
Marr, W., 1879. *Der Sieg des Judenthums über das Germanenthum. Vom nicht confessionellen Standpunkt aus betrachtet*, Rudolph Costenoble.……308
Piguet, M.-F., 2008. "Individualisme: origine et réception initiale du mot", *Œuvres et critiques, Revue internationale d'étude de la réception critique des œuvres littéraires de langue française*, 33 (1)： 39-60.……280
Pipes, R., 1964. "Narodnichestvo: A Semantic Inquiry", *Russia Observed：Collected Essays on Russian and Soviet History*, Westview Press, 1989, pp. 103-121.……308
Proudhon, P.-J., 1852. *La Révolution sociale démontrée par le coup d'État du 2 décembre*, Deuxième Édition, Garnier Frères.……314
Stöcker, A., 1880. *Das Moderne Judenthum in Deutschland, besonders in Berlin*, Verlag von Wiegandt und Grieben.……308
Swart, K. W., 1962. ""Individualism" in the Mid-Nineteenth Century (1826-1860)", *Journal of the History of Ideas*, 23 (1)： 77-90.……280

Treitschke, H. v., 1879. "Unsere Aussichten", Boehlich, W.（Hg.）, *Der Berliner Antisemitismusstreit*, Insel, 1988, S.7-14.……308

【第2章　資本主義と社会主義】
石井洋二郎, 2009.『科学から空想へ──よみがえるフーリエ』藤原書店.……324
巖谷國士, 1992.『反ユートピアの旅』紀伊國屋書店.……324
ウェーバー, M., 1904-05.『プロテスタンティズムの倫理と資本主義の精神』大塚久雄訳, 岩波文庫, 1989.……354
宇賀　博, 1995a.『アソシエーショニズム──アメリカ社会学思想史研究』人文書院.……324
宇賀　博, 1995b.『コミュニタリアニズム──初期アメリカ社会主義の研究』晃洋書房.……324
エンゲルス, F., 1844-45.『イギリスにおける労働者階級の状態』全2巻, 一條和生・杉山忠平訳, 岩波文庫, 1990.……370
エンゲルス, F., 1859.「カール・マルクス『経済学批判』」『マルクス=エンゲルス全集』13, 松村一人訳, 大月書店, 1964.……356
エンゲルス, F., 1874.「ブランキ派コミューヌと亡命者の綱領」『マルクス=エンゲルス全集』18, 大内兵衛・細川嘉六監訳, 大月書店, 1971.……342
エンゲルス, F., [1847] 1970.「エンゲルス（在パリ）からマルクス（在ブリュッセル）へ［1847年11月23／24日］」『マルクス=エンゲルス全集』27, 岡崎次郎訳, 大月書店, 1971.……332
オウエン, R., 1813.「社会にかんする新見解」『オウエン　サン・シモン　フーリエ』世界の名著42, 白井　厚訳, 五島　茂・坂本慶一編, 中央公論社, 1980.……326
オーエン, R., 1820.『ラナーク州への報告』永井義雄・鈴木幹久訳, 未來社, 1970.……326
重田園江, 2010.『連帯の哲学I──フランス社会連帯主義』勁草書房.……368
ガーネリ, C. J., 1979.『共同体主義』宇賀　博訳, 恒星社厚生閣, 1989.……324
鹿島　茂, 2004.『怪帝ナポレオンIII世』講談社.……364
カステル, R., 1995.『社会問題の変容──賃金労働の年代記』前川真行訳, ナカニシヤ出版, 2012.……336
鎌田武治, 2000.『市場経済と協働社会思想』未來社.……340
河野健二編, 1979.『資料フランス初期社会主義──二月革命とその思想』平凡社.……324
倉塚　平, 1990.『ユートピアと性──オナイダ・コミュニティの複合婚実験』中央公論社.……324
グレイ, J., 1825.『人間幸福論』社会思想名著選集2, 五十嵐　喬訳, 鬼怒書房, 1949.……340
コール, G. D. H., 1944.『協同組合運動の一世紀』中央協同組合学園コール研究会訳, 家の光協会, 1975.……328
阪上　孝, 1981.『フランス社会主義──管理か自立か』新評論.……330
阪上　孝, 1999.『近代的統治の誕生──人口・世論・家族』岩波書店.……336
サン=シモン, 1821.「産業体制論（第一部）」『サン・シモン著作集』4, 森　博編・訳, 恒星社厚生閣, 1988, pp. 21-230.……364
シェリング, F. W. J., 1797.『自然哲学』シェリング著作集1b, 松山壽一編訳, 燈影舎, 2009.……344
シェレール, R., 1993.『歓待のユートピア──歓待神礼讃』安川慶治訳, 現代企画室, 1996.……324
シェレール, R., 1996.『ノマドのユートピア』杉村昌昭訳, 松籟社, 1998.……324
篠田浩一郎, 1981.『空間のコスモロジー』岩波書店.……324
シャルレティ, S., 1931.『サン=シモン主義の歴史──1825-1864』沢崎浩平・小杉隆芳訳, 法政大学出版局, 1986.……330
スミス, A., 1776.『国富論』全4巻, 水田　洋監訳, 杉山忠平訳, 岩波文庫, 2000-01；全3巻, 大河内一男監訳, 中公文庫, 1978.……340, 352, 370
関　嘉彦編, 1963.『イギリスの社会主義思想』河出書房新社.……374
田中拓道, 2006.『貧困と共和国──社会的連帯の誕生』人文書院.……368, 370
田中ひかる, 2002.『ドイツ・アナーキズムの成立-『フライハイト』派とその思想』御茶の水書房.……362
田中ひかる, 2004.「反グローバル化運動におけるアナーキズム──「真のグローバル化」を模索するアナーキストたちによせて」『現代思想』2004年5月号：37-87.……362
田畑　稔, 2015.『マルクスとアソシエーション』増補新版, 新泉社.……322
チェシコフスキ, A. v., 1838.「歴史知序論」柴田隆行訳『ヘーゲル左派論集』2, 良知　力・廣松　渉編, 御茶の

水書房, 2006.……346
角山 栄他, [1975] 2014.『産業革命と民衆』生活の世界歴史 10, 河出文庫.……364
鶴見俊輔, 1991.『方法としてのアナキズム』鶴見俊輔集 9, 筑摩書房.……362
ドゥブー, S., 1978.『フーリエのユートピア』今村仁司他訳, 平凡社, 1993.……324
トクヴィル, A. de., 第 1 巻 1835, 第 2 巻 1840.『アメリカの民主主義』松本礼二訳, 岩波文庫, 第 1 巻上・下, 2005；第 2 巻上・下, 2008.……322
トロツキー, L., 1933.「蜂起の技術」『マルクス主義軍事論』中村丈夫編, 鹿砦社, 1969.……342
トンプソン, W., 1824.『富の配分の諸原理』1・2, 鎌田重治訳, 京都大学学術出版会, 2011-12.……340
中村貞二, 1999.『増補 マックス・ヴェーバー研究—ドイツ社会政策思想史研究』未來社.……374
バクーニン, M. A., 1842.「ドイツにおける反動」左近 毅訳『バクーニン著作集』1, 白水社, 1973.……346
バザール, S.-A., 他, 1828-29.『サン=シモン主義宣言—「サン=シモンの学説・解義」第一年度 1828-1829』野地洋行訳, 木鐸社, 1982.……322, 330
バーチャル, J., 1994.『コープ—ピープルズ・ビジネス』中川雄一郎・杉本貴志訳, 大月書店, 1997.……328
ハラスティ, Z., 1940.『ブルック・ファームの牧歌—アメリカ社会学思想史余滴』宇賀 博編訳, 恒星社厚生閣, 1991.……324
バルト, R., 1971.『サド, フーリエ, ロヨラ』篠田浩一郎訳, みすず書房, 1975.……324
ビーチャー, J., 1986.『シャルル・フーリエ伝—幻視者とその世界』福島知己訳, 作品社, 2001.……324
ヒルファディング, R., 1910.『金融資本論』岡崎次郎訳, 岩波文庫, 1982.……354
フィヒテ, J. G., 1794.『初期知識学』フィヒテ全集 4, 隈元忠敬他訳, 哲書房, 1997.……344
フーコー, M., 2004.『安全・領土・人口—コレージュ・ド・フランス講義 1977-1978 年度』高桑和己訳, 筑摩書房, 2007.……336
フーリエ, Ch., 1808.『四運動の理論』上・下, 巌谷國士訳, 現代思潮新社, 2002.……324, 352
ブランキ, A., 1848.「赤旗のために」『革命論集』上, 加藤晴康訳, 現代思潮社, 1967.……358
ブランキ, A., 1834.「スープはつくった者が飲むべきである」『革命論集』全 2 巻, 加藤晴康訳, 現代思潮社（古典文庫）, 1968.……342
ブローデル, F., 1972.『交換のはたらき（物質文明・経済・資本主義 15〜18 世紀）』1・2, 山本邦一訳, みすず書房, 1986.……354
フント, M., [1973] 1985.『『共産党宣言』はいかに成立したか』橋本直樹訳, 八朔社, 2002.……334
ヘーゲル, G. W. F., 1807.『精神の現象学』上・下, 金子武蔵訳, 岩波書店, 1971-79.……318, 344
ヘーゲル, G. W. F., 1821.『法の哲学』Ⅰ・Ⅱ, 藤野 渉・赤沢正敏訳, 中公クラシックス, 2001.……318
ベーム=バヴェルク, E. v., 1896.『マルクス体系の終焉』木本幸造訳, 未来社, 1969.……354
ベル, D., 1990.『二十世紀文化』正慶 孝訳, ダイヤモンド社, 1990.……324
ベンヤミン, W., 1982.『パサージュ論』今村仁司他訳, 岩波現代文庫, 2003.……324
ホジスキン, T., 1825.「労働擁護論」安藤悦子訳『イギリスの近代経済思想』世界思想教養全集 5, 河出書房新社, 1964.……340
ホネット, A., 2005.『物象化』辰巳伸知・宮本真也訳, 法政大学出版, 2011.……350
ホブズボーム, E. J., 1964.『イギリス労働史研究』鈴木幹久他訳, ミネルヴァ書房, 1968.……366
ホブスン, J., 1902.『帝国主義論』矢内原忠雄訳, 岩波文庫, 1951.……354
ホリヨーク, G. J., 1892.『ロッチデールの先駆者たち』協同組合経営研究所訳, 協同組合経営研究所, 1968.……328
ホルクハイマー, M.／アドルノ, Th. W., 1947.『啓蒙の弁証法』徳永 恂訳, 岩波文庫, 2007.……350
マルクス, K., 1843a.「第 6 回ライン州議会の議事 第 3 論文 木材窃盗取締法にかんする討論」『マルクス=エンゲルス全集』1, 平井俊彦・細見 英訳, 大月書店, 1959.……320
マルクス, K., 1843b.「ユダヤ人問題によせて」『ユダヤ人問題によせて；ヘーゲル法哲学批判序説』城塚 登訳, 岩波書店, 1974.……348
マルクス, K., 1844a.「ヘーゲル法哲学批判序説」『ユダヤ人問題によせて：ヘーゲル法哲学批判序説』城塚 登訳, 岩波文庫, 1974.……320
マルクス, K., 1844b.『経済学・哲学草稿』城塚 登・田中吉六訳, 岩波文庫, 1964.……320
マルクス, K., 1848.「六月革命」『マルクス=エンゲルス全集』5, 中原稔生訳, 大月書店, 1960.……358
マルクス, K., 1852a.「マルクスからヨーゼフ・ヴァイデマイアーへ．1852 年 3 月 5 日付」良知 力訳『マル

クス=エンゲルス全集』28, 大月書店, 1971, pp.405-408.……352
マルクス, K., 1852b.『ルイ・ボナパルトのブリュメール18日』植村邦彦訳, 平凡社ライブラリー, 2008. ……352
マルクス, K., 1857-58a.『マルクス資本論草稿集1 1857-58年の経済学草稿』資本論草稿集翻訳委員会訳, 大月書店, 1981.……348, 350
マルクス, K., 1857-58b.『マルクス資本論草稿集2 1857-58年の経済学草稿』資本論草稿集翻訳委員会訳, 大月書店, 1993.……350, 356
マルクス, K., 1859.「経済学批判」『マルクス=エンゲルス全集』13, 杉本俊朗訳, 大月書店, 1964.……320, 356
マルクス, K., 1867.『資本論―経済学批判』『マルクス=エンゲルス全集』23, 岡崎次郎訳, 大月書店, 1965；国民文庫版, 1972；『初版 資本論』江夏美千穂訳, 幻燈社書店, 1983.……320, 352, 354
マルクス, K., 1871.「フランスにおける内乱」『マルクス=エンゲルス全集』17, 村田陽一訳, 大月書店, 1966. ……320
マルクス, K., 1875.『ゴータ綱領批判』望月清司訳, 岩波文庫, 1975；「ドイツ［社会主義］労働者党綱領にたいする評注［ゴータ綱領批判］」『ゴータ綱領／エルフルト綱領批判』後藤 洋訳, 新日本出版社, 2000. ……320, 332
マルクス, K., 1881.「ザスーリッチの手紙への回答の下書き」『マルクス=エンゲルス全集』19, 平田清明訳, 大月書店, 1968.……356
マルクス, K.／エンゲルス, F., 1848.「共産党宣言」『共産党宣言／共産主義の諸原理』服部文男訳, 新日本出版社, 1998.……332
美馬孝人, 2000.『イギリス社会政策の展開』日本経済評論社.……372
宮本憲一, 2007.『環境経済学』新版, 岩波書店.……366
メーリング, F., [1897] 1960.『ドイツ社会民主主義史』上, 足利末男他訳, ミネルヴァ書房, 1968.……334
メンガー, A., 1899.『労働全収権史論』森田 勉訳, 未来社, 1971.……340
森下宏美, 2001.『マルサス人口論争と「改革の時代」』日本経済評論社.……372
柳父圀近, 1992.『エートスとクラトス―政治思想史における宗教の問題』創文社.……374
安川悦子, 1982.『イギリス労働運動と社会主義―「社会主義の復活」とその時代の思想史的研究』御茶の水書房.……366
ユゴー, V., 1862.『レ・ミゼラブル』4, 西永良成訳, ちくま文庫, 2013.……358
良知 力・廣松 渉編, 1986-2006.『ヘーゲル左派論叢』全4巻, 御茶の水書房.……346
リカードウ, D., [1817] 1821.『経済学および課税の原理』全2巻, 羽鳥卓也・吉沢芳樹訳, 岩波文庫, 1987. ……352
ルソー, J.-J., 1762.『社会契約論』桑原武夫他訳, 岩波文庫, 1954.……322
レーニン, V. I., [1917] 1920.『帝国主義論』聴濤 弘訳, 新日本出版社, 1999.……354
レーニン, V. I., 1905.『民主主義革命における社会民主党の二つの戦術』レーニン全集9, マルクス=レーニン研究所編, レーニン全集刊行委員会訳, 大月書店, 1955.……352
レーニン, V. I., 1902.『何をなすべきか』村田陽一訳, 国民文庫, 1971.……366
渡辺 慧, 1990.『フランスの社会主義の進化―渡辺慧初期論文集』思想の科学社.……324
Andréas, B., 1963. *Le Manifeste Communiste de Marx et Engels. Histoire et Bibliographie 1848-1918*, Feltrinelli-Milano.……332
Böhm-Bawerk, E. v., 1884-1921. *Kapital und Kapitalzins*, 3 Bde, Gustav Fischer.……354
Bourgeois, L., 1895. *Solidarité*, A. Colin.……370
Diderot, D. et d'Alembert, Jean Le Rond, 1751. *L'Encyclopédie ou Dictionnaire raisonné des sciences, des arts et des métiers*, Tome 3, Paris.……352
Dommanget, M., 2006. *Histoire du drapeau rouge*, Librairie de l'Étoile, 1966. Rééd., Le mot et le reste. ……358
Hobsbawm, E. J., 1948. *Labour's Turning Point 1880-1900*, Harvester Press.（2nd ed., 1974）……366
Leo, H., 1838. *Die Hegelingen*, E. Anton.……346
Michelet, K. L., 1843. *Entwicklungsgeschichte der neuesten deutschen Philosophie*, Duncker & Humblot. ……346
Musso, P., 1999. *Saint-Simon et le saint-simonisme*, P. U. F.……330

Proudhon, P.-J., 1852. *La RévoluRévolution démontrée par le coup-d'État du Deux-décembre*, Garnier Frères.……354
Saint-Simon, Claude-Henri de Rouvroy de Comte de, 1816. *L'Industrie, ou Discussions politiques, morales et philosophiques*, Tome 1, Hachette, 2013.……352
Thompson, W., 1825. *Appeal of One Half the Human Race, Women, Against the Pretensions of the Other Half, Men, to Retain Them in Political, and Thence in Civil and Domestic, Slavery*.……340

【第3章　科学と芸術】
アダム, M. B. 編, 1990.『比較優生学史―独・仏・伯・露における「良き血筋を作る術」の展開』佐藤雅彦訳, 現代書館, 1998.……390
阿部良雄, 1975.『群衆の中の芸術家』中央公論社.……394
アルチュセール, L., 1970.『再生産について―イデオロギーと国家のイデオロギー諸装置』西川長夫他訳, 平凡社ライブラリー, 2010.……380
イヴァーノフ=ラズームニク, 1953.『監獄と流刑―イヴァーノフ=ラズームニク回想記』松原広志訳, 成文社, 2016.……382
伊東道生, 2015.『哲学史の変奏曲―文学と哲学, ドイツとフランスが交錯する19世紀』晃洋書房.……396
ヴィンデルバント, W., 1884.『プレルーディエン（序曲）』上・下,（上巻）河東 涓訳・（下巻）篠原英雄訳, 岩波書店, 1926-27.……416
エイブラムズ, M. H., 1953.『鏡とランプ―ロマン主義理論と批評の伝統』水之江有一訳, 研究社出版, 1976.……406
エイブラムズ, M. H., 1971.『自然と超自然―ロマン主義理念の形成』吉村正和訳, 平凡社, 1993.……406
大久保健晴, 2016.「権利」米原 謙編著『「天皇」から「民主主義」まで』政治概念の歴史的展開第9巻, 晃洋書房, pp.204-232.……424
堅田 剛, 1985.『法の詩学―グリムの世界』新曜社.……426
河上徹太郎・竹内 好, 1979.『近代の超克』冨山房百科文庫.……418
クリッチリー, S., 2001.『ヨーロッパ大陸の哲学』佐藤 透訳, 岩波書店, 2004.……406
クリューガー, R. 他編, 1987.『確率革命―社会認識と確率』近 昭夫他訳, 梓出版社, 1991.……422
クロポトキン, P., 1902.『相互扶助論』増補修訂版, 大杉 栄訳, 新時代社, 2012.……386
ゲルツェン, A., 1850.『向こう岸から』長縄光男訳, 平凡社, 2013.……406
コウルリッジ, S. T., 1983.『文学的自叙伝―文学者としての我が人生と意見の伝記的素描』東京コウルリッジ研究会訳, 法政大学出版局, 2013.……406
コーエン, H., 1896.「F. A. ランゲ『唯物論の歴史とその現代における意義の批判』への序論並びに批判的補遺」（邦訳書『新理想主義哲学序論』）兒玉達童訳, 大村書店, 1921.……416
コーエン, H., 1904.『純粋意志の倫理学』村上寛逸訳, 第一書房, 1933.……416
ザイツ, G., 1984.『グリム兄弟』高木昌史・高木万里子訳, 青土社, 1999.……426
坂本達哉・長尾伸一編, 2015.『徳・商業・文明社会』京都大学学術出版会.……406
シュレーゲル, F., 1797-1800.『ロマン派文学論』山本定祐訳, 冨山房百科文庫, 1978.……410
ジンメル, G., 1918.『生の哲学』ジンメル著作集9, 茅野良男訳, 白水社, 1994.……412
ダーウィン, Ch., 1859.『種の起源』上・下, 渡辺政隆訳, 光文社, 2009.……384
田村信一, 1993.『グスタフ・シュモラー研究』御茶の水書房.……402
田村信一, 2018.『ドイツ歴史学派の研究』日本経済評論社.……402
田村信一・原田哲史編著, 2009.『ドイツ経済思想史』八千代出版.……402
ディルタイ, W., 1958.『精神科学における歴史的世界の構成』尾形良助訳, 以文社, 1981.……412
デザイン史フォーラム編, 藤田治彦責任編集, 2004.『アーツ・アンド・クラフツと日本』思文閣出版.……420
デュルケーム, É., 1893.『社会分業論』田原音和訳, ちくま学芸文庫, 2017.……378
デュルケム, É., 1895.『社会学的方法の規準』宮島 喬訳, 岩波文庫, 1978.……378
デュルケーム, É., 1897.『自殺論』宮島 喬訳, 中公文庫, 1985.……378
デュルケム, É., 1912.『宗教生活の原初形態』古野清人訳, 岩波文庫, 1975.……378
冨田恭彦, 2016.『ローティ―連帯と自己超克の思想』筑摩書房.……406
トレルチ, E., 1922.『歴史主義とその諸問題』トレルチ著作集4, 上, 近藤勝彦訳, ヨルダン社, 1980.……404

夏目漱石, 1986.「現代日本の開化」『漱石文明論集』岩波文庫, pp.8-38. ……418
ニーチェ, F., 1874.「生に対する歴史の利害について」『反時代的考察』ニーチェ全集 4, 小倉志祥訳, ちくま学芸文庫, 1993, pp.117-231.……404
ニーチェ, F., 1886.『善悪の彼岸』ニーチェ全集 11, 信太正三訳, ちくま学芸文庫, 1993.……412
ニーチェ, F., 1887.『道徳の系譜』ニーチェ全集 11, 信太正三訳, ちくま学芸文庫, 1993.……412
ネイラー, G., 1990.『アーツ・アンド・クラフツ運動』川端康雄・菅 靖子訳, みすず書房, 2013.……420
ノヴァーリス, 1798-1802.『夜の讃歌・サイスの弟子たち他一篇』今泉文子, 岩波文庫, 2015.……410
ハッキング, I., 1990.『偶然を飼いならす—統計学と第二次科学革命』石原英樹・重田園江訳, 木鐸社, 1999.……422
ハッキング, I., 2006.『確率の出現』広田すみれ・森元良太訳, 慶應義塾大学出版会, 2013.……422
フーコー, M., 2004.『安全・領土・人口—コレージュ・ド・フランス講義　1977-1978 年』高桑和己訳, 筑摩書房, 2007.……422
福澤諭吉, 1958.『西洋事情 外編』福澤諭吉全集 1, 岩波書店.……418
藤田治彦, 1996.『ウィリアム・モリス—近代デザインの原点』鹿島出版会.……420
ブルガーコフ, S. 他, 1909.『道標—ロシア革命批判論文集』長縄光男他訳, 現代企画室, 1999.……382
ベニシュー, P., 1973.『作家の聖別—フランス・ロマン主義』1, 片岡大右他訳, 水声社, 2015.……408
ボウラー, P. J., 1984.『進化思想の歴史』上・下, 鈴木善次他訳, 朝日新聞社, 1987.……384
ポーター, T., 1995.『統計学と社会認識—統計思想の発展　1820-1900 年』長屋政勝他訳, 梓出版社, 1995.……422
ボベロ, J., 2008.『フランスにおける脱宗教性の歴史』三浦信孝・伊達聖伸訳, 白水社, 2009.……398
ボルタンスキー, L./シャペロ, E., 1999.『資本主義の新たな精神』上・下, 三浦直希他訳, ナカニシヤ出版, 2013.……408
マイネッケ, F., 1936.『歴史主義の成立』上, 菊盛英夫・麻生 建訳, 筑摩書房, 1968.……404
松浦和宏, 2004.『『ボヴァリー夫人』を読む—恋愛・金銭・デモクラシー』岩波書店.……394
松原洋子, 2002.「優生学の歴史」廣野喜幸他編『生命科学の近現代史』勁草書房, pp.199-226.……390
マルクス, K., 1852.『ルイ・ボナパルトのブリュメール 18 日』植村邦彦訳, 平凡社ライブラリー, 2008.……380
マルクス, K., 1859.「経済学批判」杉本俊朗訳『マルクス＝エンゲルス全集』13, 大月書店, 1964, pp.5-163.……380
マルクス, K./エンゲルス, F., 1845-46.『ドイツ・イデオロギー』新編輯版, 廣松 渉編訳, 小林昌人補訳, 岩波文庫, 2002.……380
マンハイム, K., 1929.『イデオロギーとユートピア』高橋 徹・徳永 恂訳, 中公クラシックス, 2006.……380
宮村治雄, 2005.『日本政治思想史—「自由」の観念を軸にして』新訂, 放送大学教育振興会.……424
ミル, J. S.『ベンサムとコウルリッジ』松本啓訳, みすず書房, 1990.……406
ミル, J. S.『J・S・ミル初期著作集　第 1 巻　1809〜1829 年』杉原四郎・山下重一編, 御茶の水書房, 1979.……406
ミル, J. S.『J・S・ミル初期著作集　第 2 巻　1830〜1834 年』杉原四郎・山下重一編, 御茶の水書房, 1980.……406
ミル, J. S., 1859.『自由論』斉藤悦則訳, 光文社古典新訳文庫, 2012.……406
ミル, J. S., 1865.『コントと実証主義』村井久二訳, 木鐸社, 1978.……392
ミル, J. S., 1873.『ミル自伝』村井章子訳, みすず書房, 2008.……406
明治文化研究会編, 1967.『明治文化全集　第二十四巻　文明開化篇』日本評論社.……418
メンガー, C., 1883.『経済学の方法』福井孝司・吉田昇三訳, 日本経済評論社, 1986.……402
森元良太・田中泉吏, 2016.『生物学の哲学入門』勁草書房.……384
モルガン, L. H., 1877.『古代社会』青山道夫訳, 岩波文庫, 1958-61.……386
柳父 章, 2003.『翻訳とはなにか—日本語と翻訳文化』新装版, 法政大学出版局.……424
山下雅之, 1996.『コントとデュルケームのあいだ』木鐸社.……392
米本昌平他, 2000.『優生学と人間社会—生命科学の世紀はどこへ向かうのか』講談社現代新書.……390
ラヴェッソン, F., 1868.『19 世紀フランス哲学史』杉山直樹・村松正隆訳, 知泉書館, 2017.……396
ラヴジョイ, A. O., 1948.『観念の歴史』鈴木信雄他訳, 名古屋大学出版会, 2003.……406

ラマルク, 1809.「動物哲学」『ラマルク』木村陽二郎編, 高橋達明訳, 朝日出版社, 1988.……384
ランゲ, F. A., 1866.『唯物論史』1・2, 賀川豊彦訳, 春秋社, 1929-30.……416
リヴィングストン, K., 2008.「モリスから民芸まで――イギリス, ヨーロッパおよび日本におけるアーツ・アンド・クラフツ運動」安藤京子訳『生活と芸術……Mingei』展覧会カタログ, 朝日新聞社他編, 朝日新聞社, 2008, pp.10-24, 242-250.……420
ルカーチ, G., 1923.『歴史と階級意識』城塚 登・古田 光訳, 白水社, 1991.……380
レモン, R., 2005.『政教分離を問いなおす――EUとムスリムのはざまで』工藤庸子・伊達聖伸訳, 青土社, 2010.……398
ローグ, W., 1983.『フランス自由主義の展開 1870～1914――哲学から社会学へ』南 充彦他訳, ミネルヴァ書房, 1998.……396
ローティ, R.『ローティ論集』冨田恭彦, 勁草書房, 2018.……406
ワーズワース, W. ／コールリッジ, S. T., 1798-1802.『抒情歌謡集』宮下忠二訳, 大修館書店, 1984.……406
Gierke, O., 1868. *Das Deutsche Genossenschaftsrecht Bd. 1: Rechtsgeschichte der deutschen Genossenschaft*, Weidmannsche Buchhandlung.……388
Gierke, O., 1880. *Johannes Althusius und die Entwicklung der naturrechtlichen Staatstheorien*, Koebner. ……388
Gierke, O., 1883. "Labands Staatsrecht und die deutsche Rechtswissenschaft", *Jahrbuch für Gesetzgebung, Verwaltung und Volkswirtschaft im Deutschen Reich*, Neue Folge, 7. Jahrgang, Heft 4, S. 1097-1195. ……388
Livingstone, K. and Parry, L., 2005. "Introduction: International Arts and Crafts", Livingstone, K. and Parry, L. eds., *International Arts and Crafts*, V & A Publications, pp.10-37.……420
Löwy, M. et Sayre, R., 1992. *Révolte et mélancolie. Le romantisme à contre-courant de la modernité*, Payot. ……408
Morrow, J., 1990. *Coleridge's Political Thought: Property, Morality and the Limits of Traditional Discourse*, Palgrave Macmillan.……406
Nicolet, C., 1982. *L'idée républicaine en France（1789-1924）: Essai d'histoire critique*, Gallimard.……398
Preuß, H., 1889. *Gemeinde, Staat, Reich als Gebietskörperschaften: Versuch einer deutschen Staatskonstruktion auf Grundlage der Genossenschaftstheorie*, Julius Springer.……388
Spencer, H., 1966a. *The Principles of Sociology*, 3 vols., 1876-96. *The Works of Herbert Spencer*, vol. VI-VIII, Otto Zeller.……386
Spencer, H., 1966b. *The Principles of Ethics*, 2 vols., 1879-93. *The Works of Herbert Spencer*, vol. IX-X, Otto Zeller.……386
Thomas, W., 1979. *The Philosophical Radicals: Nine Studies in Theory and Practice*, Oxford University Press.……406
Vaillant, A., 2016. *Qu'est-ce que le romantisme ?*, CNRS Éditions, coll. « Biblis ».……408
Weill, G., [1929] 2004. *Histoire de l'idée laïque en France au XIXe siècle*, Hachette.……398

■第Ⅳ部　近代の危機――19世紀末から20世紀前半へ

【第1章　イズム（主義）の時代】
アドルノ, Th. W., 1955.『プリズメン』渡辺祐邦・三原弟平訳, ちくま学芸文庫, 1996.……490
アーレント, H., 1951.『全体主義の起原』3, 大久保和郎・大島かおり訳, みすず書房, 1974.……480
アーレント, H., 1969.『暴力について』山田正行訳, みすず書房, 2000.……450
アンダーソン, B.,［1983］2006.『定本 想像の共同体――ナショナリズムの起源と流行』白石 隆・白石さや訳, 書籍工房早山, 2007.……458, 466
いいだもも編訳, 1980.『民族・植民地問題と共産主義』社会評論社.……458
石井一也, 2014.『身の丈の経済論――ガンディー思想とその系譜』法政大学出版局.……434
市野川容孝, 2006.『社会』岩波書店.……436
ヴァリツキ, A., 1963, 1977.『ロシア社会思想とスラヴ主義』今井義夫訳, 未來社, 1979.……486
ヴェーバー, M., 1919.『職業としての政治』脇 圭平訳, 岩波文庫, 1980;『仕事としての学問　仕事としての

政治』野口雅弘訳, 講談社学術文庫, 2018.……450
ウォーラーステイン, I., 1974-2011.『近代世界システム』川北 稔訳, 名古屋大学出版会, 2013.……464
ヴォーリン, 1947.『知られざる革命―クロンシュタット反乱とマフノ運動』野田茂徳・野田千香子訳, 国書刊行会, 1975.……438
ウルストンクラーフト, M., 1792.『女性の権利の擁護―政治および道徳問題の批判をこめて』白井堯子訳, 未來社, 1980.……462
エンゲルス, F., 1884.『家族・私有財産・国家の起源』戸原四郎訳, 岩波書店, 1965.……462
大杉 栄, 1920.『クロポトキン研究』アルス.……438
太田雅夫, 2001.「社会民主党の誕生」「社会民主党百年」資料刊行会編『社会主義の誕生―社会民主党100年』論創社, pp.1-90.……436
オーキン, S. M., 1979.『政治思想のなかの女―その西洋的伝統』田林 葉・重森臣広訳, 晃洋書房, 2010.……462
小野清美, 2004.『保守革命とナチズム―E. J. ユングの思想とワイマル末期の政治』名古屋大学出版会.……456
カー, E. H., 1951-53.『ボリシェヴィキ革命』1-3, 宇高基輔他訳, みすず書房, 1967-71.……442
カー, E. H., 1982.『コミンテルンの黄昏』内田健二訳, 岩波書店, 1986.……476
上条 勇, 1994.『民族と民族問題の社会思想史―オットー・バウアー民族理論の再評価』梓出版社.……472
神近市子, 1974.『女性思想史』亜紀書房.……462
ガーンディー, M. K., 1909.『真の独立への道―ヒンド・スワラージ』田中敏雄訳, 岩波文庫, 2001.……446
カント, I., 1795.『永遠平和のために』宇都宮芳明訳, 岩波文庫, 1985.……446
クラウゼヴィッツ, 1832.『戦争論』上・中・下, 篠田英雄訳, 岩波文庫, 1968.……466
倉田 稔, 1984.『若きヒルファディング』丘書房.……472
グラムシ, A., 1954.『革命論集』上村忠男訳, 講談社学術文庫, 2017.……438
グラムシ, A., 1975.『新編現代の君主』上村忠男編訳, ちくま学芸文庫, 2008.……480
ケイ, K., 1903-06.『恋愛と結婚』小野寺 信・野寺百合子訳, 新評論, 1997.……462
ケイ, K., 1909.『児童の世紀』小野寺 信・小野寺百合子訳, 冨山房, 1979.……462
ケインズ, J. M., 1919.『平和の経済的帰結』ケインズ全集第2巻, 早坂 忠訳, 東洋経済新報社, 1977.……470
ゲラン, D. 編, 1970.『神もなく主人もなく II』江口 幹訳, 河出書房新社, 1973.……438
ケレンスキー, A., 1965.『ケレンスキー回顧録』倉田保雄訳, 恒文社, 1979.……442
香内信子編・解説, 1984.『資料母性保護論争』ドメス出版.……462
小中村義象, 1888.『大政三遷史』吉川半七.……460
昆野伸幸, 2008.『近代日本の国体論―〈皇国史観〉再考』ぺりかん社.……484
佐藤 優, 2016.『現代の地政学』晶文社.……454
サルトル, J.-P., 1954.『ユダヤ人』安堂信也訳, 岩波新書, 1956.……452
シュガー, P. F. 他編, 1969.『東欧のナショナリズム―歴史と現在』東欧史研究会訳, 刀水書房, 1981.……486
シュペングラー, O., 1918.『西洋の没落』村松正俊訳, 中央公論新社, 2017.……466
シュミット, C., 1950.『大地のノモス―ヨーロッパ公法という国際法における』新田邦夫訳, 慈学社出版, 2007.……466, 470
シュミット, C., 1963.『パルチザンの理論』新田邦夫訳, ちくま学芸文庫, 1995.……466
鈴木正幸, 2000.『国民国家と天皇制』校倉書房.……484
須藤博忠, 1995.『オーストリアの歴史と社会民主主義』信山社.……472
スミス, A., 1759.『道徳感情論』上・下, 水田 洋訳, 岩波文庫, 2003.……446
ソレル, G., 1908.『暴力論』上・下, 今村仁司・塚原 史訳, 岩波文庫, 2007.……450
ゾントハイマー, K., [1962] 1968.『ワイマール共和国の政治思想―ドイツ・ナショナリズムの反民主主義思想』河島幸夫・脇 圭平訳, ミネルヴァ書房, 1976.……456
谷川 稔, 1983.『フランス社会運動史―アソシアシオンとサンディカリズム』山川出版社.……438
デ・グラツィア, V., 1981.『柔らかいファシズム―イタリア・ファシズムと余暇の組織化』豊下楢彦他訳, 有斐閣, 1989.……480
デ・フェリーチェ, R., 1969.『ファシズム論』藤沢道郎・本川誠二訳, 平凡社, 1973.……480
デリダ, J., 1994.『法の力』堅田研一訳, 法政大学出版局, 1999.……450

徳永 恂, 2004.『ヴェニスからアウシュヴィッツへ―ユダヤ人殉難の地で考える』講談社学術文庫.……452
栃木利夫・坂野良吉, 1997.『中国国民革命』法政大学出版局.……444
トロツキー, L., 1933.『ロシア革命史』1-5, 藤井一行訳, 岩波文庫, 2000-01.……442
トロツキー, L., 1937.『裏切られた革命』藤井一行訳, 岩波書店, 1992.……480
長尾 久, 1973.『ロシア十月革命の研究』社会思想社.……442
中西 功, 1946.『中国共産党史』北斗書院.……444
西川正雄, 1989.『第1次世界大戦と社会主義者』岩波書店.……476
ハイデガー, M., 1927.『存在と時間』熊野純彦訳, 岩波文庫, 2013.……466
ハイデッガー, M., 1953.『技術への問い』関口 浩訳, 平凡社ライブラリー, 2013.……466
バウマン, Z., 1989.『近代とホロコースト』森野典正訳, 大月書店, 2006.……490
バーク, E., 1774.「アメリカの課税についての演説」中野好之訳『バーク政治経済論集』法政大学出版局, 2000, pp.87-150.……446
バーク, E., 1775.「植民地との和解決議の提案についての演説」中野好之訳『バーク政治経済論集』法政大学出版局, 2000, pp.167-237.……446
バーク, E., 1783.「フォックスのインド法案についての演説」中野好之訳『バーク政治経済論集』法政大学出版局, 2000, pp.453-534.……446
バーク, E., 1790.「フランス革命の省察」『世界の名著 41 バーク マルサス』水田 洋訳, 中央公論社, 1980.……462
ハーフ, J., 1984.『保守革命とモダニズム―ワイマール・第三帝国のテクノロジー・文化・政治』中村幹雄他訳, 岩波書店, 1991.……456
パクパハン, R., 1999.『東ティモール―独立への道』インドネシア民主化支援ネットワーク訳, インドネシア民主化支援ネットワーク, 1999.……446
長谷川亮一, 2008.『「皇国史観」という問題―十五年戦争期における文部省の修史事業と思想統制政策』白澤社.……484
バリバール, E., 1998.『市民権の哲学』松葉祥一訳, 青土社, 2000.……436
ビトリア, F. de, 1539.「インディオについて」『人類共通の法を求めて』佐々木 孝訳, 岩波書店, 1993.……446
姫野順一, 2010.『J.A.ホブスン 人間福祉の経済学―ニューリベラリズムの展開』昭和堂.……478
ヒルファディング, R., 1910.『金融資本論』林 要訳, 大月書店, 1952.……464
ファーガソン, N., 2006.『憎悪の世紀』上・下, 仙名 紀訳, 早川書房, 2007.……488
ファシズム研究会編, 1985.『戦士の革命・生産者の国家』太陽出版.……480
ファノン, F., 1961.『地に呪われたる者』新装版, 鈴木道彦・浦野衣子訳, みすず書房, 2015.……450, 458
藤江昌嗣・杉山光信編, 2015.『アジアからの戦略的思考と新地政学』芙蓉書房出版.……454
藤田久一, 1995.『戦争犯罪とは何か』岩波新書.……470
船橋洋一, 2016.『21世紀 地政学入門』文春新書.……454
フレドリクソン, G. M., 2002.『人種主義の歴史』李 孝徳訳, みすず書房, 2010.……440
ブレナン, G., 1943.『スペインの迷路』鈴木 隆訳, 合同出版, 1967.……438
フロイト, S., 1932.『人はなぜ戦争をするのか』浅見昇吾訳, 講談社学術文庫, 2016.……466
フロム, E., 1941.『自由からの逃走』日高六郎訳, 東京創元社, 1951.……480
ベーベル, A., 1879.『婦人論』上・下, 草間平作訳, 岩波文庫, 1971.……462
ベンツ, W., 2005.『反ユダヤ主義とは何か』斉藤寿雄訳, 現代書館, 2013.……452
ベンヤミン, W., 1921.「暴力批判論」『暴力批判論 他十篇』野村 修訳, 岩波文庫, 1994；『ドイツ悲劇の根源』下, 浅井健二郎訳, ちくま学芸文庫, 1999；『ベンヤミン・アンソロジー』山口裕之編訳, 河出文庫, 2011.……450
ボーヴォワール, S. de, 1949.『第二の性』生島遼一訳, 人文書院, 1966.……462
ホブスン, J. A., 1902.『帝国主義論』矢内原忠雄訳, 岩波文庫, 1951-52.……464
ホブハウス, L. T., 1911.『自由主義』吉崎祥司監訳, 大月書店, 2010.……478
ホルクハイマー, M./アドルノ, Th. W., 1947.『啓蒙の弁証法』徳永 恂訳, 岩波文庫, 2007.……490
牧野雅彦, 2009.『ヴェルサイユ条約―マックス・ヴェーバーとドイツの講和』中公新書.……470
マルクス, K., 1848.『共産主義者宣言』金塚貞文訳, 平凡社ライブラリー, 2012.……446

マルクス, K., 1866.「個々の問題についての暫定中央評議会代議員への指示 9.ポーランド問題」『マルクス=エンゲルス全集』16, 村田陽一訳, 大月書店, 1966, pp.197-198.……446
マルクス, K., 1870.「総務委員会からラテン系連合評議会への回状」『マルクス=エンゲルス全集』16, 内山敏訳, 大月書店, pp.381-383.……446
丸山眞男, 1953.「ファシズムの現代的状況」『超国家主義の論理と心理 他八篇』古矢 旬編, 岩波書店, 2015, pp.217-243.……480
丸山眞男, 1956-57.『現代政治の思想と行動』上・下, 未來社.……480
水田珠枝, 1979.『女性解放思想史』筑摩書房.……462
ミル, J. S., 1869.『女性の解放』大内兵衛・大内節子訳, 岩波文庫, 1957.……462
森 まり子, 2008.『シオニズムとアラブ』講談社選書メチエ.……492
ヤスパース, K., 1946.『われわれの戦争責任について』橋本文夫訳, ちくま学芸文庫, 2015.……496
山田辰雄, 1980.『中国国民党左派の研究』慶應通信.……444
山之内 靖, 2015.『総力戦体制』ちくま学芸文庫, 2015.……466
ユンガー, E., 1932.『労働者—支配と形態』川合全弘訳, 月曜社, 2013.……456
米原 謙, 2015.『国体論はなぜ生まれたか—明治国家の知の地形図』ミネルヴァ書房.……484
ルクセンブルク, R., 1913.『資本蓄積論 第三篇』小林 勝訳, 御茶の水書房, 2013.……446
レヴィ=ストロース, C., 1952.『人種と歴史』荒川幾男訳, みすず書房, 2008.……440
レーニン, V. I., 1917.『帝国主義論』宇高基輔訳, 岩波文庫, 1956.……464
Bauer, O., 1975-80. *Otto Bauer: Werkausgabe*, Bd. 1-9, Europaverlag.……472
Breuer, S., 1993. *Anatomie der Konservativen Revolution*, Darmstadt.……456
Butler, K. D., 2001. "Defining Diaspora, Refining Discourse", *Diaspora*, 10（2）：189-219.……474
Diderot, D., 1770. *Histoire philosophique et politique des établissements et du commerce des Européens dans les deux Indes*, Amsterdam.……446
Gandhi, M. K., 1922. *Hind Swaraj or India Home Rule*, 5th ed., Ganesh.……434
Gobetti, P., 1924. *La rivoluzione liberale. Saggio sulla lotta politica in Italia*, Cappelli.……480
Gandhi, M. K., 1928. *Satyagraha in South Africa*, Forgotten Books, 2018.……446
Hannaford, I., 1996. *Race: The History of an Idea in the West*, Johns Hopkins University Press.……440
Hübinette, T., 2006. *Comforting an Orphaned Nation: Representations of International Adoption and Adopted Koreans in Korean Popular Culture*, Jimoondang.……474
Klemperer, K. v., [1957] 1972. *Germany's New Conservatism: Its History and Dilemma in the Twentieth Century*, Princeton University Press.……456
Kolb, E., 2005. *Der Frieden von Versailles*, C. H. Beck.……470
Leser, N., 1968. *Zwischen Reformismus und Bolschewismus*, Europa Verlag.……472
Miles, M. and Brown, M., 1989. *Racism*, Routledge.……440
Mill, J., 1826. *The History of British India*（third edition in 6 volumes）, Baldwin, Cradock and Joy.……446
Mohler, A., 1950. *Die Konservative Revolution in Deutschland 1918-1932. Grundriß ihrer Weltanschauungen*, Stuttgart.……456
Mussolini, B. [Gentile, G.], 1932. "Fascismo", *Enciclopedia italiana*, vol. XIV, Treccani, pp.848.……480
Safran, W., 1991. "Diasporas in Modern Societies: Myth of Homeland and Return", *Diaspora*, 1（1）：83-99.……474
Schieder, W., 1984. "Sozialismus", Brunner, O. u.a. (Hrsg.), *Geschichtliche Grundbegriffe*. Bd. 5, Klett-Cotta (Stuttgart), pp.923-996.……436
Tocqueville, A. de, 1837-47. *Sur l'Algérie: Lettre sur L'Algérie, 1837. Notes du voyage en Algérie, 1841. Rapports sur l'Algérie, 1847. Souvenirs et récits d'Auguste Bussière*, Flammarion, 2003.……446

【第2章 さまざまな社会理論の時代】
今村仁司, 1996.『群衆—モンスターの誕生』ちくま新書.……538
ウェーバー, M., 1903-06.『ロッシャーとクニース』松井秀親訳, 未來社, 2001.……500
ヴェーバー, M., 1904.『社会科学と社会政策にかかわる認識の「客観性」』富永祐治・立野保男訳, 折原浩補訳, 岩波文庫, 1998.……500

ヴェーバー, M., 1904-05.『プロテスタンティズムの倫理と資本主義の精神』大塚久雄訳, 岩波文庫, 1989. ……500
ヴェーバー, M., 1913.『理解社会学のカテゴリー』海老原明夫・中野敏男訳, 未來社, 1990. ……500
ヴェーバー, M., 1915.『儒教と道教』木全徳雄訳, 創文社, 1971. ……500
ヴェーバー, M., 1916-17.『ヒンドゥー教と仏教』深沢 宏訳, 東洋経済新報社, 2002. ……500
ヴェーバー, M., 1917-19.『古代ユダヤ教』上・中・下, 内田芳明訳, 岩波文庫, 1996. ……500
ヴェーバー, M., 1921a.『社会学の基礎概念』阿閉吉男・内藤莞爾訳, 恒星社厚生閣, 1987. ……500
ヴェーバー, M., 1921b.『支配の社会学 I』世良晃志郎訳, 創文社, 1962. ……512
ヴェーバー, M., 1921c.『官僚制』阿閉吉男・脇 圭平訳, 恒星社厚生閣, 1987. ……512
ヴェーバー, M., 1921d.『都市の類型学』世良晃志郎訳, 創文社, 1964. ……524
ヴェブレン, T., 1899.『有閑階級の理論——附論 経済学はなぜ進化論的科学でないのか』増補新訂版, 高 哲男訳, 講談社学術文庫, 2015. ……528
NHK 取材班, 2009.『NHK スペシャル マネー資本主義——暴走から崩壊への真相』日本放送出版協会. ……540
エンツェンスベルガー, H. M., 1970.『メディア論のための積木箱』中野孝次・大久保健治訳, 河出書房新社, 1975. ……536
川越 修, 1988.『ベルリン——王都の近代』ミネルヴァ書房. ……518
川添 登, 1987.『今和次郎——その考現学』シリーズ民間日本学者 9, リブロポート. ……526
北野利信編, [1977] 2009.『経営学説入門』有斐閣新書. ……516
木村周市朗, 2000.『ドイツ福祉国家思想史』未來社. ……518
ケインズ, J. M., 1973.『雇用・利子および貨幣の一般理論』塩野谷祐一訳, 東洋経済新報社, 1983. ……502
香内三郎他, 1987.『現代メディア論』新曜社. ……536
コッカ, J., 1977.『社会史とは何か——その方法と軌跡』仲内英三・土井美徳訳, 日本経済評論社, 2000. ……532
今 和次郎, 1971.『考現学』今和次郎集 1, ドメス出版. ……526
佐藤健二, 1994.『風景の生産・風景の解放——メディアのアルケオロジー』講談社選書メチエ. ……526
ジェイコブズ, J., 1961.『新版 アメリカ大都市の死と生』山形浩生訳, 鹿島出版会, 2010. ……524
塩沢由典, 2002.『マルクスの遺産——アルチュセールから複雑系まで』藤原書店. ……516
塩野谷祐一, 2009.「平凡社ライブラリー版解説——怠惰礼讃」ラッセル, B.『怠惰への賛歌』堀 秀彦・柿村 峻訳, 平凡社, pp.262-271. ……528
シュンペーター, J. A., 1912-26.『経済発展の理論——企業者利潤・資本・信用・利子および景気の循環に関する一研究』上・下, 塩野谷祐一他訳, 岩波文庫, 1977. ……522
新川敏光他, 2004.『比較政治経済学』有斐閣. ……504
ジンメル, G., 1903.「大都市と精神生活」『現代社会学体系 1 社会文化論・宗教社会学 新編改訳』居安 正訳, 青木書店, 1998. ……524
スミス, A., 1776.『国富論』大河内一男訳, 中央公論社, 1988. ……528
セイ, J. B., 1819.『經濟學』増井幸雄訳, 岩波書店, 1983. ……520
大陽寺順一, 1997.『社会政策論の歴史まで』千倉書房. ……518
田村信一, 1993.『グスタフ・シュモラー研究』御茶の水書房. ……518
タルド, G., 1890.『模倣の法則』池田祥英・村澤真保呂訳, 河出書房新社, 2007. ……538
タルド, G., 1901.『世論と群衆』稲葉三千男訳, 未來社, 1964. ……536
テイラー, F. W., 1911.『新訳 科学的管理法——マネジメントの原点』有賀裕子訳, ダイヤモンド社, 2009. ……516
ドスタレール, G., 2007.『ケインズの闘い』鍋島直樹・小峯 敦監訳, 藤原書店, 2008. ……502
ドラッカー, P. F., 1974.『マネジメント——課題・責任・実践』ドラッカー名著集 13-15, 上・中・下, 上田惇生訳, ダイヤモンド社, 2008. ……516
トレヴェリアン, G. M., 1942.『イギリス社会史』1, 藤原 浩・松浦高嶺訳, みすず書房, 1971. ……532
夏目漱石, 2007.『文学論』上, 岩波文庫. ……538
ニーチェ, F., 1906.「畜群」『権力への意志』上, 原 佑訳, ちくま学芸文庫, 1993, pp.279-280. ……538
西川 潤, 1976.『経済発展の理論』日本評論社. ……522
橋川文三, 1977.『柳田国男——その人間と思想』講談社学術文庫. ……526

パーソンズ, T., 1937.『社会的行為の構造』第 1-5 分冊, 稲上 毅他訳, 木鐸社, 1976-89.……510
パーソンズ, T., 1951.『社会システム論』佐藤 勉訳, 青木書店, 1974.……510
パーソンズ, T., 1956.『経済と社会』I・II, 富永健一訳, 岩波現代叢書, 1958-59.……510
ハーバーマス, J., 1985.『近代の哲学的ディスクルス I』三島憲一他訳, 岩波書店, 1990.……506
ハイエク, F., 1995.『ケインズとケンブリッジに対抗して』小峯 敦・下平裕之訳, 春秋社, 2012.……502
バチェラー, R., 1994.『フォーディズム――大量生産と 20 世紀の産業・文化』楠井敏朗・大橋 陽訳, 日本経済評論社, 1998.……504
ヒルファーディング, R., 1910.『金融資本論』2, 林 要訳, 国民文庫, 1964.……540
ブーアスティン, D. J., 1962.『幻影の時代』星野郁美・後藤和彦訳, 東京創元社, 1964.……536
フェーヴル, L., 1953.『歴史のための闘い』長谷川輝夫訳, 平凡社ライブラリー, 1995.……532
福田アジオ, 1984.『日本民俗学方法序説――柳田国男と民俗学』弘文堂.……526
ブラムウェル, A., 1989.『エコロジー――起源とその展開』金子 務監訳, 河出書房新社, 1992.……534
フロイト, S., 1921.『集団心理学と自我分析』フロイト全集 17, 藤野 寛訳, 岩波書店, 2006.……538
ブローデル, F., 1949.『地中海』全 5 巻, 浜名優美訳, 藤原書店, 1991-95.……532
ボウラー, P. J., 1992.『環境科学の歴史』1・2, 小川眞理子他訳, 朝倉書店, 2002.……534
ボードリヤール, J., 1972.『記号の経済学批判』今村仁司他訳, 法政大学出版局, 1982.……536
ボードレール, Ch., 1869.『パリの憂鬱』ボードレール全詩集 II, 阿部良雄訳, ちくま文庫, 1998.……538
ホネット, A., 2000.「世界の意味地平を切り開く批判の可能性」『正義の他者』加藤泰史他訳, 法政大学出版局, 2005, pp.72-92.……506
ポラニー, K., 1944.『[新訳] 大転換』野口建彦・栖原 学訳, 東洋経済新報社, 2009.……520
ホルクハイマー, M.／アドルノ, Th. W., 1947.『啓蒙の弁証法』徳永 恂訳, 岩波文庫, 2007.……506
マートン, R., [1949] 1957.『社会理論と社会構造』森 東吾他訳, みすず書房, 1961.……510
マターニュ, P., 2002.『エコロジーの歴史』門脇 仁訳, 緑風出版, 2006.……534
マッキントッシュ, R. P., 1985.『生態学――概念と理論の歴史』大串隆之他訳, 思索社, 1989.……534
マルクス, K., 1885, 1894.『資本論』II・III b, 資本論翻訳委員会訳, 新日本出版社, 1997.……540
三浦周行, 1920.『国史上の社会問題』岩波文庫, 1990.……532
宮田 登, 1985.『日本の民俗学』講談社学術文庫.……526
ミンスキー, H. P., 1982.『投資と金融』岩佐代市訳, 日本経済評論社, 1988.……520
モスコヴィッシ, S., 1981.『群衆の時代』古田幸男訳, 法政大学出版局, 1984.……538
山田鋭夫・須藤 修編著, 1991.『ポストフォーディズム――レギュラシオン・アプローチと日本』大村書店.……504
吉田謙吉, 藤森照信編, 1986.『考現学の誕生』吉田謙吉 Collection I, 筑摩書房.……526
リップマン, W., 1922.『世論』掛川トミ子訳, 岩波文庫, 1987.……536
ル・コルビュジエ, 1935.『輝ける都市』白石哲雄訳, 河出書房新社, 2016.……524
レオポルド, A., 1949.『野生のうたが聞こえる』新島義昭訳, 講談社学術文庫, 1997.……534
Choay, F., 1965. *L'urbanisme, utopies et réalités*, Seuil.……524
Comte, A., 1830-42. *Cours de philosophie positive*, 6 vols., Bachelier.……530
Deegan, M. J., 2012. *Self, War, & Society: George Herbert Mead's Macrosociology*, Transaction Publisher.……508
Dewey, J., [1882-98] 1967-72. *The Early Works of John Dewey, 1882-1898*, 5 vols, Boydston, J. A. ed., Southern Illinois University Press.……508
Dewey, J., [1899-1924] 1976-83. *The Middle Works of John Dewey, 1899-1924*, 15 vols, Boydston, J. A. ed., Southern Illinois University Press.……508
Fischer, M. and Whipps, J. D. eds., 2003. *Jane Addams's Writings on Peace*, 4 vols, Thoemmes.……508
Haeckel, H., 1866. *Generelle Morphologie der Organismen*, Bd. 2, G. Reimer.……534
Ötsch, W., 2014. Was ist Finanzkapitalismus? 17 Merkmale, http://www.walteroetsch.at/was-ist-finanzkapitalismus-17-merkmale/.……540
Schneider, D., 1981. *Geschichte betriebswirtschaftlicher Theorien*, Oldenbourg.……516
Srivatsan, R. ed., 2012. *History of Development Thought: A Critical Introduction*, Routledge.……522
Wehrer, H.-U., 1973. *Geschichte als historische Sozialwissenschaft*, Suhrkamp.……532

【第3章　危機の中の文化】
アウエルバッハ, E., 1946.『ミメーシス』篠田一士・川村二郎訳, ちくま学芸文庫, 1994.……568
阿部良雄, 1995.『シャルル・ボードレール―現代性の成立』河出書房新社.……568
稲垣正浩他, 2009.『近代スポーツのミッションは終わったのか―身体・メディア・世界』平凡社.……586
今井康雄, 2015.『メディア・美・教育―現代ドイツ教育思想史の試み』東京大学出版会.……572
エーコ, U., 1976.『記号論』池上嘉彦訳, 岩波現代選書, 1980.……594
金森 修, 2011.『昭和初期の科学思想史』勁草書房.……584
カント, I., 1784.「啓蒙とは何か」『カント全集』14, 福田喜一郎訳, 岩波書店, 2000, pp.23-34.……592
キムリッカ, W., 2001.『土着語の政治』栗田佳泰他訳, 法政大学出版局, 2012.……556
グールド, S. J., 1981.『人間の測りまちがい―差別の科学史』上, 鈴木善次・森脇靖子訳, 河出文庫, 2008.……572
クーン, T., 1977.『本質的緊張』2, 安孫子誠也・佐野正博訳, みすず書房, 1992.……584
クリフォード, J.／マーカス, G.編, 1986.『文化を書く』春日直樹他訳, 紀伊國屋書店, 1996.……604
ケイ, E., 1900.『児童の世紀』小野寺 信・小野寺百合子訳, 冨山房百科文庫, 1979.……572
ケルシェンシュタイナー, G., 1912.『労作学校の概念』東岸克好訳, 玉川大学出版部, 1970.……572
高津春繁, [1950] 1992.『比較方法と歴史言語学』『比較言語学入門』岩波文庫.……576
小林信一, 2011.「科学技術政策とは何か」『科学技術政策の国際的な動向』国立国会図書館, pp.7-34.……582
サートン, G., 1931.『科学史と新ヒューマニズム』森嶋恒雄訳, 岩波新書, 1938.……584
酒井直樹・磯前順一編, 2010.『「近代の超克」と京都学派―近代性・帝国・普遍性』以文社.……602
佐藤卓己, 2014.『増補　大衆宣伝の神話―マルクスからヒトラーへのメディア史』ちくま学芸文庫.……592
芝崎厚士, 1999.『近代日本と国際文化交流―国際文化振興会の創設と展開』有信堂高文社.……586
ショーレム, G., 1957.『ユダヤ神秘主義―その主潮流』山下 肇他訳, 法政大学出版局, 1985.……580
ショーレム, G., 1960.『カバラとその象徴的表現』小岸 昭・岡部 仁訳, 法政大学出版局, 1985.……580
ジンメル, G., 1918.「現代文化の葛藤」生松敬三訳『ジンメル著作集』第6巻, 白水社, 1976, pp.237-277.……574
菅 香子, 2017.『共同体のかたち―イメージと人々の存在をめぐって』講談社選書メチエ.……590
杉本俊多, 1979.『バウハウス―その建築造形理念』鹿島出版会.……566
スピーゲルバーク, H., [1959] 1982.『現象学運動』上・下, 立松弘孝監訳, 世界書院, 2000.……600
ソシュール, F., 1916.『一般言語学講義』小林英夫訳, 岩波書店, 1972.……594
孫 歌, 2001.『竹内好という問い』清水賢一郎・鈴木将久訳, 岩波書店, 2005.……602
竹内 好, 1959.「近代の超克」竹内 好他編『近代日本思想史講座』7, 筑摩書房, pp.225-281.……602
ダン, J., 1988.「ユダヤ神秘主義―歴史的概観」『ユダヤ思想』2, 岩波講座 東洋思想第2巻, 岩波書店, pp.115-217.……580
ツァラ, T., 1916-22.『ムッシュー・アンチピリンの宣言―ダダ宣言集』塚原 史訳, 光文社古典新訳文庫, 2010.……564
ディクソン, D., 1984.『戦後アメリカと科学政策』里深文彦・増田祐司訳, 同文館, 1988.……582
デューイ, J., 1898.『学校と社会』宮原誠一訳, 岩波文庫, 1957.……572
ディディ=ユベルマン, G., 1990.『イメージの前で―美術史の目的への問い』江澤健一郎訳, 法政大学出版局, 2012.……590
利光 功, 1988.『バウハウス―歴史と理念』美術出版社.……566
利光 功他編, 1925-30.『バウハウス叢書』1-14巻, 別巻2, 中央公論美術出版, 1991-99.……566
ドロステ, M., 1998.『バウハウス』Mariko Nakano訳, タッシェン・ジャパン, 2002.……566
ニーチェ, F., 1872.『悲劇の誕生』秋山英夫訳, 岩波文庫, 2010.……544
ニーチェ, F., 1882.『悦ばしき知識』ニーチェ全集8, 信太正三訳, ちくま学芸文庫, 1993.……544
ハルトゥーニアン, H., 2000.『近代による超克』上・下, 梅森直之訳, 岩波書店, 2007.……602
ヒトラー, A., 1925.『わが闘争』上, 平野一郎・将積 茂訳, 角川文庫, 1973.……592
廣重 徹, [1973] 2002.『科学の社会史』上, 岩波現代文庫.……582, 584
廣松 渉, [1980] 1989.『〈近代の超克〉論』講談社学術文庫.……602
ブーバー, M., 1952.『ハシディズム』ブーバー著作集3, 平石善司訳, みすず書房, 1969.……580
深井智朗, 2011.『思想としての編集者』新教出版社.……574

フッサール, E., 1913.『イデーン』Ⅰ, 渡辺二郎訳, みすず書房, 1979.……600
フッサール, E., 1936.『ヨーロッパ諸学の危機と超越論的現象学』細谷恒夫・木田 元訳, 中公文庫, 1995.……600
ブランキ, A., 1872.『天体による永遠』浜本正文訳, 岩波文庫, 2012.……544
ブルア, D., 1976.『数学の社会学』佐々木 力・古川 安訳, 培風館, 1985.……584
ブルトン, A., 1924.『シュルレアリスム宣言・溶ける魚』巌谷國士訳, 岩波文庫, 1992.……564
ブルトン, A., 1924-30.『超現実主義宣言』生田耕作訳(「第2宣言」を含む), 中公文庫, 1999.……564
ブルンナー, E., 1951.『教会の誤解』酒枝義旗訳, 待晨堂, 1955.……574
フロイト, S., 1913.『トーテムとタブー』フロイト全集12, 門脇 健訳, 岩波書店, 2009.……550
フロイト, S., 1921.『集団心理学と自我分析』フロイト全集17, 藤野 寛訳, 岩波書店, 2006.……550
フロイト, S., 1927.『ある錯覚の未来』フロイト全集20, 高田珠樹訳, 岩波書店, 2011.……550
ベンヤミン, W., 1936.『複製技術時代の芸術』佐々木基一編集解説, 晶文社, 1991.……590
ポランニー, K., 1947.『経済の文明史』玉野井芳郎・平野健一郎編訳, 石井 溥他訳, ちくま学芸文庫, 2003.……606
マカルーン, J. J., 1984.『オリンピックと近代―評伝クーベルタン』柴田元幸・菅原克也訳, 平凡社, 1988.……586
ムカジョフスキー, J., 1930-40.『チェコ構造美学論集―美的機能の芸術社会学』平井 正・千野栄一訳, せりか書房, 1975.……594
モース, M., 1950.『社会学と人類学』Ⅰ・Ⅱ, 有地 亨他訳, 弘文堂, 1973-76.……604
モダニズム研究会, 1994.『モダニズム研究』思潮社.……568
望田幸男・村岡健次監修, 2002.『スポーツ』近代ヨーロッパの探究8, ミネルヴァ書房.……586
山本伸一, 2015.『総説カバラー―ユダヤ神秘主義の真相と歴史』原書房.……580
ラカー, W., 1962.『ドイツ青年運動』西村 稔訳, 人文書院, 1985.……554
ラトゥール, B., 1987.『科学が作られているとき』川崎 勝・高田紀代志訳, 産業図書, 1999.……584
リッター, G. A., 1973.『巨大科学と国家―ドイツの場合』浅見 聡訳, 三元社, 1998.……582
リップマン, W., 1922.『世論』上, 掛川トミ子訳, 岩波文庫, 1987.……592
リップマン, W., 1925.『幻の公衆』河崎吉紀訳, 柏書房, 2007.……592
レヴィ=ストロース, C., 1973.『裸の人(1・2)―神話論理Ⅳ』吉田禎吾他訳, みすず書房, 2008-10.……604
ロースキィ, V., 1944.『キリスト教東方の神秘思想』宮本久雄訳, 勁草書房, 1986.……574
ローティ, R., 1989.『偶然性・アイロニー・連帯』齋藤純一他訳, 岩波書店, 2000.……556
渡辺公三, 2003.『司法的同一性の誕生―市民社会における個体識別と登録』言叢社.……604
ワロン, A./ピアジェ, J.『ワロン・ピアジェ教育論』竹内良知訳, 明治図書出版, 1961.……572
Dienstag, J. F., 2006. *Pessimism. Philosophy, Ethic, Spirit*, Princeton University Press.……552
Marcuse, L., 1953. *Pessimismus: Ein Stadium der Reife*, Rowohlt.……552
Pauen, M., 1997. *Pessimismus. Geschichtsphilosophie, Metaphysik und Moderne von Nietzsche bis Spengler*, Akademie Verlag.……552
Polanyi, K. and Arensberg, C. M. eds., 1957. *Trade and Market in the Early Empires: Economies in History and Theory*, Free Press.……606

■第Ⅴ部　近代の転換――20世紀後半から21世紀へ

【第1章　理性批判と規範の再／脱構築】

アサド, T., 2003.『世俗の形成』中村圭志訳, みすず書房, 2006.……642
アーレント, H., 1951.『全体主義の起原』1～3, 大久保和郎他訳, みすず書房, 1972-74.……614, 616
アレント, H., 1958.『人間の条件』志水速雄訳, ちくま学芸文庫, 1994.……614, 692
アレント, H., 1963.『革命について』志水速雄訳, ちくま学芸文庫, 1995.……614
浅田 彰, 1983.『構造と力―記号論を超えて』勁草書房.……630
アミン, A., 1970.『世界的規模における資本蓄積』1～3, 野口 祐他訳, 新評論, 1979-81.……646
アリギ, G., 2007.『北京のアダム・スミス―21世紀の諸系譜』中山智香子他訳, 作品社, 2011.……646
アルチュセール, L., 1962.「矛盾と重層的決定」『マルクスのために』河野健二他訳, 平凡社ライブラリー,

1994, pp.149-203.……666
アルチュセール, L., 1965.『マルクスのために』河野健二他訳, 平凡社ライブラリー, 1994.……622
イグナティエフ, M., 2001.『人権の政治学』ガットマン, A.編, 添谷育志・金田耕一訳, 風行社, 2006.……682
磯前順一, 2003.『近代日本の宗教言説とその系譜』岩波書店.……642
ウェーバー, M., 1913.『理解社会学のカテゴリー』海老原明夫・中野敏男訳, 未來社, 1990.……664
ヴォーゲル, E., 1979.『ジャパン アズ ナンバーワン—アメリカへの教訓』広中和歌子・木本彰子訳, TBSブリタニカ, 1979.……660
ウォーラーステイン, I., 1974-2013.『近代世界システム』1〜4, 川北 稔訳, 名古屋大学出版会, 2013.……646
ウォルツァー, M., 1983.『正義の領分—多元性と平等の擁護』山口 晃訳, 而立書房, 1999.……676
梅本克己, 1949.『唯物史観と道徳』三一書房.……662
ウルストンクラフト, M., 1792.『女性の権利擁護』白井堯子訳, 未來社, 1980.……684
大沼保昭, 1998.『人権、国家、文明—普遍主義的人権観から文際的人権観へ』筑摩書房.……682
岡倉覚三, 1906.『茶の本』村岡 博訳, 岩波文庫.……668
小熊英二, 2002.『〈民主〉と〈愛国〉—戦後日本のナショナリズムと公共性』新曜社.……660
尾近裕幸・橋本 努編著, 2003.『オーストリア学派の経済学—体系的序説』日本経済評論社.……654
小田 実, 1967.「原理としての民主主義の復権」『展望』1967年8月号：16-45.……660
落合恵美子, 2004.『21世紀家族へ』有斐閣選書.……690
カサノヴァ, J., 1994.『近代世界の公共宗教』津城寛文訳, 玉川大学出版部, 1997.……642
加藤周一, [1956] 1974.『雑種文化—日本の小さな希望』大日本雄弁会講談社.……668
河本英夫, 1995.『第四世代オートポイエーシス』青土社.……624
カント, I., 1797.『人倫の形而上学』カント全集11巻, 樽井正義・池尾恭一訳, 岩波書店, 2000.……690
ギデンズ, A., 1992.『親密性の変容—近代社会におけるセクシュアリティ・愛情・エロティシズム』松尾精文・松川昭子訳, 而立書房, 1995.……692
木部尚志, 2013.「政治と宗教」古賀敬太編『政治概念の歴史的展開』5, 晃洋書房, pp.59-77.……642
木部尚志, 2014.「多文化の共存—宗教的多元主義と世俗主義の相克」川崎 修編『政治哲学と現代』岩波講座政治哲学第6巻, 岩波書店, pp.173-193.……642
キムリッカ, W., 2002.『新版 現代政治理論』千葉 眞他訳, 日本経済評論社, 2005.……650
教皇庁正義と平和協議会, 2006.『教会の社会教説綱要』シーゲル, M.訳, カトリック中央協議会, 2009.……680
教皇フランシスコ, 2015.『回勅ラウダート・シ—ともに暮らす家を大切に』瀬本正之・吉川まみ訳, カトリック中央協議会, 2016.……680
ギリガン, C., 1982.『もうひとつの声—男女の道徳観のちがいと女性のアイデンティティ』岩男寿美子訳, 川島書店, 1986.……684
キェルケゴール, S., 1844.『不安の概念』斎藤信治訳, 岩波文庫, 1979.……618
キルケゴール, S., 1845.『哲学的断片への結びとしての非学問的あとがき』杉山 好・小川圭治訳, 白水社, 1969.……618
グラムシ, A., 1926-35.『知識人と権力』上村忠男編訳, みすず書房, 1999.……640
グラムシ, A., 1929-35a.『グラムシ選集』4, 山崎 功監修, 合同出版, 1978.……640
グラムシ, A., 1929-35b.『新編 現代の君主』上村忠男編訳, ちくま学芸文庫, 2008.……640
グラムシ, A., フォーガチ, D.編, 1929-35c.『グラムシ・リーダー』東京グラムシ研究会監修・訳, 御茶の水書房, 1995.……622
黒田寛一, 1959.『現代における平和と革命』現代思潮社.……662
サージェント, L., 1981.『マルクス主義とフェミニズムの不幸な結婚』田中かず子訳, 勁草書房, 1991.……684
サイード, E. W., 1978.『オリエンタリズム』上・下, 今沢紀子訳, 板垣雄三・杉田英明監修, 平凡社ライブラリー, 1993.……634, 638
齋藤純一編, 2003.『親密圏のポリティクス』ナカニシヤ出版.……692
佐藤俊樹, 1993.『近代・組織・資本主義』ミネルヴァ書房.……624
サルトル, J. P., 1946.『実存主義とは何か』伊吹武彦訳, 人文書院, 1996.……618
サンデル, M., 1982.『リベラリズムと正義の限界』菊池理夫訳, 勁草書房, 2009.……676

シュタマー, O., 1965.『ウェーバーと現代社会学』下, 出口勇蔵監訳, 木鐸社, 1980.……664
シュティグレール, B., 1994.『技術と時間 1―エピメテウスの過失』石田英敬監修, 西 兼志訳, 法政大学出版局, 2009.……634
シュンペーター, J. A., 1942.『資本主義・社会主義・民主主義』中山伊知郎・東畑精一訳, 東洋経済新報社, 1995.……658
スキナー, Q., 1998.『自由主義に先立つ自由』梅津順一訳, 聖学院大学出版会, 2001.……674
鈴木 健, 2013.『なめらかな社会とその敵』勁草書房.……624
スピヴァク, G. C., 1976.『デリダ論―『グラマトロジーについて』英訳版序文』田尻芳樹訳, 平凡社ライブラリー, 2005.……630
スピヴァク, G. C., 1988.『サバルタンは語ることができるか』上村忠男訳, みすず書房, 1998.……630, 634, 638
セジウィック, E., 1985.『男同士の絆―イギリス文学とホモソーシャルな欲望』上原早苗・亀澤美由紀訳, 名古屋大学出版会, 2001.……694
髙木八尺ほか編, 1957.『人権宣言集』岩波文庫.……682
チョドロウ, N., 1978.『母親業の再生産―性差別の心理・社会的基盤』大塚光子訳, 新曜社, 1981.……684
テイラー, Ch., 2011.「なぜ世俗主義を根本的に再定義すべきなのか」『公共圏に挑戦する宗教』箱田 徹・金城美幸訳, 岩波書店, 2014, pp.33-62.……642
デリダ, J., 1967a.『グラマトロジーについて』足立和浩訳, 現代思潮社, 1972.……630, 632
デリダ, J., 1967b.『エクリチュールと差異』合田正人・谷口博史訳, 法政大学出版局, 2013.……632
デリダ, J., 1993.『マルクスの亡霊たち』増田一夫訳, 藤原書店, 2007.……632
デリダ, J., 1994.『法の力』堅田研一訳, 法政大学出版局, 1999.……632
テンニエス, F., 1887.『ゲマインシャフトとゲゼルシャフト』上・下, 杉之原寿一訳, 岩波文庫, 1957.……664
ドゥルーズ, G., 1972.「何を構造主義として認めるか」『ドゥルーズ・コレクション I 哲学』小泉義之訳, 河出文庫, 2015, pp.54-101.……626
ドゥルーズ, G.／ガタリ, F., 1984.「68年5月は起こらなかった」杉村昌昭訳『狂人の二つの体制 1983-1995』河出書房新社, 2004, pp.51-56.……666
日本カトリック司教協議会, 2016.『今こそ原発の廃止を』カトリック中央協議会.……680
日本カトリック司教協議会諸宗教部門, 2009.『カトリック教会の諸宗教対話の手引』カトリック中央協議会.……680
ハイエク, F., 1944.『ハイエク全集 別巻 隷属への道』西山千明訳, 春秋社, 2008.……652
ハイエク, F., 1960.『ハイエク全集 自由の条件』I―Ⅲ, 気賀健三・古賀勝次郎訳, 春秋社, 2007.……652
ハイエク, F., 1976.『ハイエク全集 法と立法と自由Ⅱ―社会正義の幻想』篠塚慎吾訳, 春秋社, 2007.……652
ハティビ, A.『マグレブ 複数文化のトポス―ハティビ評論集』澤田 直編訳, 福田育弘訳, 青土社, 2004.……634
バトラー, J., 1990.『ジェンダー・トラブル―フェミニズムとアイデンティティの攪乱』竹村和子訳, 青土社, 1999.……684, 694
バトラー, J., 2000a.『アンティゴネーの主張』竹村和子訳, 青土社, 2002.……690
バトラー, J., 2000b.『偶発性・ヘゲモニー・普遍性―新しい対抗政治への対話』竹村和子・村山敏勝訳, 青土社, 2002.……692
バーバ, H. K., 1994.『文化の場所―ポストコロニアリズムの位相』本橋哲也訳, 法政大学出版局, 2012.……638
ハーバーマス, J., 1962.『公共性の構造転換―市民社会の一カテゴリーについての探究』第二版, 細谷貞雄・山田正行訳, 未來社, 1994（新版, 2002）.……620, 670, 672, 692
ハーバーマス, J., 1981.『コミュニケイション的行為の理論』上・中・下, 河上倫逸他訳, 未來社, 1985-87.……664, 670
ハーバーマス, J., 1982.『道徳意識とコミュニケーション行為』三島憲一他訳, 岩波書店, 2000.……670
ハーバーマス, J., 1992.『事実性と妥当性―法と民主的法治国家の討議理論にかんする研究』上・下, 河上倫逸・耳野健二訳, 未來社, 2002-03.……658, 670, 672
ハーバーマス, J., 2005.『自然主義と宗教の間』庄司 信他訳, 法政大学出版局, 2014.……642
ハラウェイ, D., 1991.『猿と女とサイボーグ』高橋さきの訳, 青土社, 2000.……684

バルト, R., 1953.『エクリチュール零度』森本和夫・林 好雄訳注, ちくま学芸文庫, 1999.……634
バンヴェニスト, É., 1966, 1974.『一般言語学の諸問題』岸本通夫監訳, みすず書房, 1983.……634
バンナー, H., 1928-49.『ムスリム同胞団の思想―ハサン・バンナー論考集』上・下, 北澤義之訳, 岩波書店, 2015-16.……638
樋口陽一, 1996.『転換期の憲法？』敬文堂.……678
ピトキン, H., 1967.『代表の概念』早川 誠訳, 名古屋大学出版会, 2017.……658
広瀬 巌, 2016.『平等主義の哲学―ロールズから健康の分配まで』齊藤 拓訳, 勁草書房.……656
廣松 渉, 2017.『世界の共同主観的存在構造』岩波書店.……662
ファイアーストン, S., 1970.『性の弁証法―女性解放革命の場合』林 弘子訳, 評論社, 1972.……684
ファインマン, M., 1995.『家族, 積みすぎた箱船―ポスト平等主義のフェミニズム法理論』上野千鶴子監訳, 学陽書房, 2003.……692
フィシュキン, J., 2009.『人々の声が響き合うとき―熟議空間と民主主義』曽根泰教監修, 岩本貴子訳, 早川書房, 2011.……658
フーコー, M., 1961.『狂気の歴史―古典主義時代における』田村 俶訳, 新潮社, 1974.……628
フーコー, M., 1963.『臨床医学の誕生』神谷美恵子訳, みすず書房, 1969.……634
フーコー, M., 1969.『知の考古学』慎改康之訳, 河出文庫, 2012.……634
フーコー, M., 1971.『言説の領界』慎改康之訳, 河出文庫, 2014.……634
フーコー, M., 1975.『監獄の誕生―監視と処罰』田村 俶訳, 新潮社, 1977.……628, 666
フーコー, M., 1976.『性の歴史Ⅰ 知への意志』渡辺守章訳, 新潮社, 1986.……628
フーコー, M., ブリヨン, F./アルクール, B. E.編, 2012.『悪をなし真実を言う―ルーヴァン講義1981』市田良彦他訳, 河出書房新社, 2015.……628
フェリー, L./ルノー, A. 1988.『68年の思想』小野 潮訳, 法政大学出版局, 1998.……666
深田三徳, 1999.『現代人権論―人権の普遍性と不可譲性』弘文堂.……682
藤田省三, 1995.『全体主義の時代経験』みすず書房.……616
フランク, A. G., 1967.『世界資本主義と低開発―収奪の《中枢-衛星》構造』大崎正治他訳, 柘植書房, 1976.……646
ブランショ, M., 1955.『文学空間』粟津則雄・出口裕弘訳, 現代思潮社, 1962.……634
フリーデン, M., 1991.『権利』玉木秀敏・平井亮輔訳, 昭和堂, 1992.……682
フレイザー, N., 1997.『中断された正義―「ポスト社会主義的」条件をめぐる批判的省察』仲正昌樹監訳, 御茶の水書房, 2003.……672
フレイザー, N., 2008.『正義の秤―グローバル化する世界で政治空間を再想像すること』向山恭一訳, 法政大学出版局, 2013.……672
ペイトマン, C., 1970.『参加と民主主義理論』寄本勝美訳, 早稲田大学出版部, 1977.……658
ヘーゲル, G. W. F., 1821.『法の哲学』ヘーゲル全集9a/b, 上妻 精他訳, 岩波書店, 2000-01.……690
ボーヴォワール, S. de, 1949.『決定版 第二の性』「第二の性」を原文で読み直す会訳, 新潮文庫, 2001.……684
ホネット, A., 1992.『承認をめぐる闘争―社会的コンフリクトの道徳的文法』山本 啓・直江清隆訳, 法政大学出版局, 2003.……692
ホネット, A., 2010.『私たちのなかの私―承認論研究』日暮雅夫他訳, 法政大学出版局, 2017.……620
ホルクハイマー, M., 1936.「権威と家族」『批判的社会理論―市民社会の人間学』森田数実編訳, 恒星社厚生閣, 1994, pp.1-91.……690
ホルクハイマー, M., 1937.「伝統的理論と批判的理論」『批判的理論の論理学』角 忍・森田数実訳, 恒星社厚生閣, 1998, pp.169-229.……620
ホルクハイマー, M./アドルノ, Th. W., 1947.『啓蒙の弁証法―哲学的断想』徳永 恂訳, 岩波文庫, 2007.……620
マッキンタイア, A., 1981.『美徳なき時代』篠崎 榮訳, みすず書房, 1993.……676
マトゥラーナ, H./ヴァレラ, F., 1980.『オートポイエーシス』河本英夫訳, 国土社, 1991.……624
丸山眞男, 1996.『丸山眞男集』9, 岩波書店.……660
三島由紀夫, 2003.『決定版 三島由紀夫全集』34, 新潮社.……668
三谷太一郎, 2016.『戦後民主主義をどう生きるか』東京大学出版会.……660

ミュラー, Y.-W., 2016.『ポピュリズムとは何か』板橋拓己訳, 岩波書店, 2017.……658
ムフ, C., 1993.『政治的なるものの再興』千葉 眞他訳, 日本経済評論社, 1998.……658
森村 進, 2001.『自由はどこまで可能か』講談社現代新書.……654
ヤング＝ブルーエル, E., 1982.『ハンナ・アーレント伝』荒川幾男他訳, 1999.……614
ラクラウ, E.／ムフ, C., [1985] 2001.『民主主義の革命—ヘゲモニーとポスト・マルクス主義』西永 亮・千葉 眞訳, ちくま学芸文庫, 2012.……640, 662
リーデル, M., 1987.「システムと構造」戸田正三郎・岩倉正博訳『市民社会の概念史』河上倫逸編, 以文社, 1990, pp.311-380.……624
ルカーチ, G., 1923.『歴史と階級意識』ルカーチ著作集 9, 城塚 登・古田 光訳, 白水社, 1968.……622
ルクセンブルク, R., 1918.「ロシア革命論」『ローザ・ルクセンブルク選集 第 4 巻』清水幾太郎訳, 1970, pp. 226-264.……622
ルーマン, N., 1980-99.『社会構造とゼマンティク』1, 徳安 彰訳, 2011;『社会構造とゼマンティク』2, 馬場靖雄他訳, 2012;『社会構造とゼマンティク』3, 高橋 徹他訳, 法政大学出版局, 2013.……624
ルーマン, N., 1997.『社会の社会』1・2, 馬場靖雄他訳, 法政大学出版局, 2009.……624
ローティ, R., 1989.『偶然性・アイロニー・連帯—リベラル・ユートピアの可能性』齋藤純一他訳, 岩波書店, 2000.……636
ロールズ, J., 1971.『正義論』改訂版, 川本隆史他訳, 紀伊國屋書店, 2010〔訳書底本は 1999 年刊行の原著改訂版〕.……648, 650, 656
ロールズ, J., 1995.「原爆投下はなぜ不正なのか」川本隆史訳,『世界』1996 年 2 月号：103-114.……648
ロールズ, J., 1999.『万民の法』中山竜一訳, 岩波書店, 2006.……642, 648
ロールズ, J., 2001.『公正としての正義 再説』田中成明他訳, 岩波書店, 2004.……650
ロールズ, J., 2007.『ロールズ政治哲学史講義』Ⅰ・Ⅱ, 齋藤純一他訳, 岩波書店, 2011.……650
ロールズ, J.他, 1993.『人権について—オックスフォード・アムネスティ・レクチャーズ』シュート, S.／ハーリー, S.編, 中島吉弘・松田まゆみ訳, みすず書房, 1998.……682
ロスバード, M., [1973] 1978.『新しい自由のために—リバタリアン宣言』岩倉竜也訳, デザインエッグ社, 2016.……654
Ackerman, B., 1997. "The Rise of World Constitutionalism", *Virginia Law Review*, 83：771.……678
Balibar, É., 2005. "Structuralisme: Une destitution du sujet ?", *Revue de métaphysique et de morale*, 45：5-22.……626
Benhabib, S., 1993. *The Reluctant Modernism of Hannah Arendt*, Rowman & Littlefield Publishers.……692
Cohen, J., 2009. *Philosophy, Politics, Democracy: Selected Essays*, Harvard University Press.……658
Estlund, D. M., 2008. *Democratic Authority: A Philosophical Framework*, Princeton University Press. ……658
McRuer, R., 2006. *Crip Theory: Cultural Signs of Queerness and Disability*, New York University Press. ……694
Pettit, P., 1997. *Republicanism*, Oxford University Press.……674
Pettit, P., 2014. *Just Freedom*, W. W. Norton.……674
Puar, J., 2007. *Terrorist Assemblages: Homonationalism in Queer Times*, Duke University Press.……694
White, M. J., 2012. *Political Philosophy: A Historical Introduction*, 2nd ed., Oxford University Press. ……656

【第 2 章　関係／秩序の変容と再編】
アスマン, A., 2007.『記憶のなかの歴史—個人的経験から公的演出へ』磯崎康太郎訳, 松籟社, 2011.……734
アビト, R.／山田経三, 1985.『解放の神学と日本』明石書店.……742
新崎盛暉, 2012.『新崎盛暉が説く構造的沖縄差別』高文研.……740
アルヴァックス, M., 1939.『集合的記憶』小関藤一郎訳, 行路社, 1989.……734
アンダーソン, B., [1983] 2006.『定本 想像の共同体—ナショナリズムの起源と流行』白石さや・白石 隆訳, 書籍工房早山, 2007.……728
安藤丈将, 2010.「社会運動は公共性を開く」齋藤純一編『公共性の政治理論』ナカニシヤ出版, pp.223-241. ……750

安藤丈将, 2013.『ニューレフト運動と市民社会—「六〇年代」の思想のゆくえ』世界思想社.……748
イリッチ, I., 1971.『脱学校の社会』東 洋・小沢周三訳, 東京創元社, 1977.……722
ヴァン・パリース, P., 1995.『ベーシック・インカムの哲学』後藤玲子・齊藤 拓訳, 勁草書房, 2009.……708
ヴィダル=ナケ, P., 1987.『記憶の暗殺者たち』石田靖夫訳, 人文書院, 1995.……734
ウィリアムズ, R., 1958.『文化と社会』若松繁信・長谷川光昭訳, ミネルヴァ書房, 2008.……720
ウィリス, P., 1977.『ハマータウンの野郎ども』熊沢 誠・山田 潤訳, ちくま学芸文庫社, 1996.……720
ウェーバー, M., 1922.『宗教社会学』武藤一雄他訳, 創文社, 1976.……736
ヴェブレン, T., 1899.『有閑階級の理論』増補新訂版, 高 哲男訳, 講談社学術文庫, 2015.……716
ウォルツァー, M., 1983.『正義の領分』山口 晃訳, 而立書房, 1999.……708, 730
エスピン-アンデルセン, E., 1990.『福祉資本主義の三つの世界—比較福祉国家の理論と動態』宮本太郎監訳, ミネルヴァ書房, 2001.……698
大田昌秀, 1969.『醜い日本人—日本の沖縄意識』サイマル出版会.……740
小熊英二, 2002.『〈民主〉と〈愛国〉—戦後日本のナショナリズムと公共性』新曜社.……746, 748
オコナー, J., 1973.『現代国家の財政危機』池上 惇・横尾邦夫監訳, 御茶の水書房, 1981.……698
小田川大典他編, 2011.『国際政治哲学』ナカニシヤ出版.……702
萱野 茂, 2000.『アイヌ歳時記—二風谷のくらしと心』平凡社新書.……738
ガルシラーソ・デ・ラ・ベーガ, I., 1609.『インカ皇統記』全4巻, 牛島信明訳, 岩波文庫, 2006.……738
ガルブレイス, J. K., 1958.『ゆたかな社会』決定版, 鈴木哲太郎訳, 岩波現代文庫, 2006.……716
キテイ, E. F., 1999.『愛の労働あるいは依存とケアの正義論』岡野八代・牟田和恵監訳, 白澤社, 2010.……710
ギデンズ, A., 1990.『近代とはいかなる時代か—モダニティの帰結』松尾精文・小幡正敏訳, 而立書房, 1993.……702
ギデンズ, A., 1998.『第三の道—効率と公正の新たな同盟』佐和隆光訳, 日本経済新聞社, 1999.……698
キムリッカ, W., 1995.『多文化時代の市民権—マイノリティの権利と自由主義』角田猛之他監訳, 晃洋書房, 1998.……732
キムリッカ, W., 2001.『土着語の政治—ナショナリズム・多文化主義・シティズンシップ』岡崎晴輝他監訳, 法政大学出版局, 2012.……732
ギリガン, C., 1982.『もうひとつの声—男女の道徳観のちがいと女性のアイデンティティ』生田久美子・並木美智子訳, 川島書店, 1986.……710
グティエレス, G., 1971.『解放の神学』関 望・山田経三訳, 岩波書店, 2000.……742
クライン, N., 2000.『ブランドなんか, いらない』松島聖子訳, 大月書店, 2009.……750
栗原 康, 2008.『G8サミット体制とはなにか』以文社.……750
グレーバー, D., 2002.「新しいアナーキストたち」安藤丈将・栗原 康訳『現代思想』32 (6): 26-36.) ……750
ゲルナー, E., 1983.『民族とナショナリズム』加藤 節訳, 岩波書店, 2000.……728
コシュマン, J. V., 1996.『戦後日本の民主主義革命と主体性』葛西弘隆訳, 平凡社, 2011.……748
コーンハウザー, W., 1959.『大衆社会の政治』辻村 明訳, 東京創元社, 1961.……712
齋藤純一, 2003.「依存する他者へのケアをめぐって—非対称性における自由と責任」『年報政治学』54, 岩波書店, pp.179-196.……710
坂本義和, 1997.『相対化の政治学』岩波新書.……724
坂本義和, 2015.『権力政治を超える道』岩波現代文庫.……724
サッセン, S., 1996.『グローバリゼーションの時代—国家主権のゆくえ』伊豫谷登士翁訳, 平凡社, 1999.……724
ジェソップ, B., 2002.『資本主義国家の未来』篠田武司他訳, 御茶の水書房, 2005.……698
ジョージ, S., 2004.『オルター・グローバリゼーション宣言—もう一つの世界は可能だ!もし……』作品社, 2004.……702
スミス, A., 1986.『ネイションとエスニシティ—歴史社会学的考察』巣山靖司他訳, 名古屋大学出版会, 1999.……728
セプールベダ, J. G. de, 1550.『征服戦争は是か非か』染田秀藤訳, 岩波書店, 1992.……738
セン, J. 他, 2004.『世界社会フォーラム—帝国への挑戦』武藤一羊他訳, 作品社, 2005.……750
高畠通敏, 2009.『高畠通敏集1—政治理論と社会運動』栗原 彬・五十嵐暁郎編, 岩波書店.……746

谷川健一編, 1970.『叢書わが沖縄 第6巻 沖縄の思想』木耳社.……740
知念真志保著作集編集委員会編, 1953, 1954, 1962.『知念真志保著作集』第3・4巻, 平凡社（オンデマンド）, 2000.……738
知里幸恵, 1923.『注解 アイヌ神謡集』北道邦彦編注, 北海道出版企画センター, 2003.……738
堤 未果, 2008.『ルポ貧困大国アメリカ』岩波新書.……746
テイラー, Ch. 他, [1992] 1994.『マルチカルチュラリズム』佐々木 毅他訳, 岩波書店, [1996] 2007. ……732
ドーア, R. P., 1976.『学歴社会 新しい文明病』松居弘道訳, 岩波書店, 1978.……722
ノディングズ, N., 1984.『ケアリング―倫理と道徳の教育 女性の観点から』立山善康他訳, 晃洋書房, 1997. ……710
野村義一, 1996.『アイヌ民族を生きる』草風館.……738
ハイエク, F. A., 1944.『隷従への道』村井章子訳, 日経BP社, 2016.……706
ハーヴェイ, D., 2005.『新自由主義―その歴史的転回と現在』渡辺 治監訳, 森田成也他訳, 作品社, 2007. ……706
ハーヴェイ, D., 2010.『資本の〈謎〉―世界金融恐慌と21世紀資本主義』作品社, 2012.……702
バグワティ, J., 2004.『グローバリゼーションを擁護する』日本経済新聞社, 2005.……702
バーダマン, J. M., 2007.『黒人差別とアメリカ公民権運動―名もなき人々の戦いの記録』水谷八也訳, 集英社新書.……744
服部四郎他編, 1911, 1924, 1925.『伊波普猷全集』6・7, 平凡社, 1976.……738
ハート, M./ネグリ, A., 2000.『〈帝国〉― グローバル化の世界秩序とマルチチュードの可能性』水島一憲他訳, 以文社, 2003.……702
花田達朗他編, 1999.『カルチュラル・スタディーズとの対話』紀伊國屋書店.……720
ハーバーマス, J., 1985.『新たなる不透明性』上村隆広他訳, 松籟社, 1995.……698
ハーバーマス, J., 1987.『過ぎ去ろうとしない過去―ナチズムとドイツ歴史家論争』徳永 恂他訳, 人文書院, 1995.……734
原 武史, 2012.『団地の空間政治学』NHKブックス.……748
バレラ, J. M., 1850.「ユカタン・カスタ戦争における語る十字架の託宣（1850年）」初谷讓次訳『天理大学学報』50（2）: 239-247, 1999.……738
樋口直人, 2014.『日本型排外主義―在特会・外国人参政権・東アジア地政学』名古屋大学出版会.……748
フィッツパトリック, T., 1999.『自由と保障』武川正吾・菊地英明訳, 勁草書房, 2005.……708
フーコー, M., 1975.『監獄の誕生―監視と処罰』田村 俶訳, 新潮社, 1977.……722
福士正博, 2009.『完全従事社会の可能性』日本経済評論社.……708
フリードマン, M., 1962.『資本主義と自由』村井章子訳, 日経BP社, 2008.……706
ブルジェール, F., 2011.『ケアの倫理―ネオリベラリズムへの反論』原山 哲・山下りえ子訳, 白水社, 2014. ……710
ブルデュー, P., 1970.『再生産』宮島 喬訳, 藤原書店, 1991.……722
ヘイブンズ, T., 1987.『海の向こうの火事―ベトナム戦争と日本 1965-75』吉川勇一訳, 筑摩書房, 1990. ……746
ベヴァリッジ, W., 1942.『ベヴァリッジ報告―社会保険および関連サービス』森田慎二郎他訳, 法律文化社, 2014.……698
ベリマン, P., 1987.『解放の神学とラテンアメリカ』後藤政子訳, 同文舘, 1989.……742
ベンハビブ, S., 2004.『他者の権利―外国人・居留民・市民』向山恭一訳, 法政大学出版局, 2006.……730
ボードリヤール, J., 1970.『消費社会の神話と構造』新装版, 今村仁司・塚原 史訳, 紀伊國屋書店, 2015. ……716
ホガード, R., 1957.『読み書き能力の効用』香内三郎訳, 晶文社, 1974.……720
ホッブズ, T., 1651.『リヴァイアサン』第1巻, 水田 洋訳, 岩波文庫, 1992, pp.207-215.……738
本田創造, 1991.『アメリカ黒人の歴史』新版, 岩波新書.……744
松下圭一, 1994.『戦後政治の歴史と思想』ちくま学芸文庫.……748
松本 昇他編, 2006.『アフリカ系アメリカ人ハンディ事典』南雲堂フェニックス.……744
マリアテギ, J. C., 1928.『ペルーの現実解釈のための七試論』原田金一郎訳, 柘植書房, 1988.……738
道場親信, 2002.「一九六〇年代における「地域」の発見と「公共性」の再定義―未決のアポリアをめぐって」

『現代思想』30 (6): 97-130.……748
道場親信, 2015.「戦後日本の社会運動」大津 透他編『岩波講座日本歴史 19 近現代 5』岩波書店, pp. 113-148.……748
ミラー, D., 1995.『ナショナリティについて』富沢 克他訳, 風行社, 2007.……728
ミラノヴィッチ, B., 2016.『大不平等—エレファントカーブが予測する未来』立木 勝訳, みすず書房, 2017.……766
ミレー, D.／トゥーサン, E., 2005.『世界の貧困をなくすための 50 の質問—途上国債務と私たち』大倉純子訳, 柘植書房新社, 2006.……750
メンチュウ, R., 1983.『私の名はリゴベルタ・メンチュウ—キチェ族インディオ女性の記録』高橋早代訳, 新潮社, 1987.……738
モーリス=スズキ, T., 2004.『自由を耐え忍ぶ』辛島理人訳, 岩波書店.……746
モンテーニュ, M. de, 1595.『エセー』2, 宮下志郎訳, 白水社, 2007, pp.59-86.……738
山崎正和, 1987.『柔らかな個人主義の誕生—消費社会の美学』中公文庫.……716
山田信行, 2012.『世界システムという考え方—批判的入門』世界思想社.……702
山田竜作, 2004.『大衆社会とデモクラシー』風行社.……712
ヤング, I. M., 2011.『正義への責任』岡野八代・池田直子訳, 岩波書店, 2014.……750
結城庄司, 1980.『アイヌ宣言』三一書房.……738
吉見俊哉, 2000.『カルチュラル・スタディーズ』岩波書店.……720
吉見俊哉, 2007.『親米と反米—戦後日本の政治的無意識』岩波新書.……746
ラス・カサス, B. de, 1527-59.『インディオは人間か』染田秀藤訳, 岩波書店, 1995.……738
リッター, G. A., 1989.『社会国家—その成立と発展』木谷 勤他訳, 晃洋書房, 1993.……698
琉球政府文教局編, 1971.『沖縄県史第 9 巻各論編 8 沖縄戦記録 I』琉球政府.……740
ルソー, J.-J., 1754.『人間不平等起源論』中山元訳, 光文社古典新訳文庫, 2008.……738
ルブラン, R. M., 1999.『バイシクル・シティズン—「政治」を拒否する日本の主婦』尾内隆之訳, 勁草書房, 2012.……748
ロドリック, D., 2012.『グローバリゼーション・パラドクス—世界経済の未来を決める三つの道』柴山桂太・大川良文訳, 白水社, 2013.……724
ングギ・ワ・ジオンゴ, 1986.『精神の非植民地化—アフリカ文学における言語の政治学』第三書館, 2010.……738
Carens, J. H., 2013. *The Ethics of Immigration*, Oxford University Press.……730
Casement, R., 1912. *Correspondence Respecting the Treatment of British Colonial Subjects and Native Indians Employed in the Collection of Rubber in the Putumayo District*, House of Commons Sessional Papers. (14 February 1912 to 7 March 1913) ……738
Miller, D., 2016. *Strangers in Our Midst*, Harvard University Press.……730
Mirowski, P. and Plehwa, D., 2011. *The Road from Mont Pèlerin: The Making of the Neoliberal Thought Collective*, Harvard University Press.……706
Ngũgĩ wa Thiong'o, 1980. *Devil on the Cross*, Serpell, N. (trans.), Penguin Books, 2017.……738
Noddings, N., 2002. *Starting at Home: Caring and Social Policy*, University of California Press.……710

【第 3 章　環境の変化と権力の再編】
アーノルド, D., 1996.『環境と人間の歴史—自然, 文化, ヨーロッパの世界的拡張』飯島昇蔵・川島耕司訳, 新評論, 1999.……762
アガンベン, G., 1995.『ホモ・サケル—主権権力と剥き出しの生』高桑和巳訳, 以文社, 2003.……764
アリストテレス『政治学』西洋古典叢書, 牛田德子訳, 京都大学学術出版会, 2001.……760
石田 淳, 2014.「安全保障の政治的基盤」遠藤誠治・遠藤 乾編『安全保障とは何か』岩波書店, 第 2 章.……756
石牟礼道子, 1969.『苦海浄土—わが水俣病』講談社文庫. (新装版, 2004) ……770
宇井 純, 1968.『公害の政治学』三省堂.……770
ウィーナー, N., [1948] 1961.『サイバネティックス』池原止戈夫他訳, 岩波文庫, 2011.……768
遠藤誠治・遠藤 乾編, 2014-15.『日本の安全保障』全 8 巻, 岩波書店.……756

カーソン, R., 1962.『沈黙の春』青樹築一訳, 新潮文庫, 1974.……772
金森 修, 2013.「虚構に照射される生命倫理」粟屋 剛・金森 修編『シリーズ生命倫理学 20 生命倫理のフロンティア』丸善出版, pp.1-20.……776
栗原 彬, 2005.『「存在の現れ」の政治―水俣病という思想』以文社.……770
ゴオー, G., 1987.『地質学の歴史』菅谷 暁訳, みすず書房, 1997.……760
国連開発計画, 1994.『人間開発報告書一九九四 日本語版』国際協力出版会.……756
古関彰一, 2013.『安全保障とは何か―国家から人間へ』岩波書店.……756
小松美彦・香川知晶, 2010.『メタバイオエシックスの構築へ―生命倫理を問いなおす』NTT 出版.……776
シャノン, C./ウィーバー, W. 1949.『通信の数学的理論』植松友彦訳, ちくま学芸文庫, 2009.……768
セン, A.『人間の安全保障』東郷えりか訳, 集英社, 2006.……756
橘木俊詔, 2016.『21 世紀日本の格差』岩波書店.……766
ドゥウォーキン, R., 2000.『平等とは何か』小林 公他訳, 木鐸社, 2002.……766
中西 寛, 2007.「安全保障概念の歴史的再検討」赤根谷達雄・落合浩太郎編『「新しい安全保障」論の視座』増補改訂版, 亜紀書房, 第 1 章.……756
西垣 通, 2004.『基礎情報学』NTT 出版.……768
西垣 通, 2008.『続 基礎情報学』NTT 出版.……768
ネグリ, A./ハート, M., 2000.『〈帝国〉―グローバル化の世界秩序とマルチチュードの可能性』水島一憲他訳, 以文社, 2003.……764
ハイデッガー, M.『技術への問い』関口 浩訳, 平凡社, 2009.……774
パトナム, F. W., 1997.『解離―若年期における病理と治療』新装版, 中井久夫訳, みすず書房, 2017.……766
原田正純, 2007.『豊かさと棄民たち―水俣学事始め』岩波書店.……770
広瀬 巌, 2016.『平等主義の哲学―ロールズから健康の分配まで』齊藤 拓訳, 勁草書房.……766
フォックス, R. C., 1990.「アメリカにおけるバイオエシックスの「進化」―社会学の視座から」『みすず』田中智彦訳, 42（7）：2-10, 42（8）：58-74, 2000.……776
フーコー, M., 1976.『性の歴史Ⅰ 知への意志』渡辺守章訳, 新潮社, 1986.……764
フーコー, M., 1997.『社会は防衛しなければならない―コレージュ・ド・フランス講義 1975-1976 年度』石田英敬・小野正嗣訳, 筑摩書房, 2007.……764
ブクチン, M., 1990.『エコロジーと社会』藤堂真理子他訳, 白水社, 1996.……772
ベーコン, F., 1620.『ノヴム・オルガヌム（新機関）』桂 寿一訳, 岩波文庫, 1978.……774
ベック, U., 1986.『危険社会―新しい近代への道』東 廉・伊藤美登里訳, 法政大学出版局, 1998.……754
ベック, U., 1999.『世界リスク社会』山本 啓訳, 法政大学出版局, 2014.……754
ボテロ, J., 1987.『メソポタミア―文字・理性・神々』松島英子訳, 法政大学出版会, 2009.……760
ボヌイユ, C./フレソズ, J-B., 2016.『人新世とは何か―〈地球と人類の時代〉の思想史』野坂しおり訳, 青土社, 2018.……772
マーモット, M., 2004.『ステータス症候群―社会格差という病』鑑森定信・橋本英樹監訳, 日本評論社, 2007.……766
美馬達哉, 2015.『生を治める術としての近代医療』現代書館.……762
宮本憲一, 2014.『戦後日本公害史論』岩波書店.……770
ミラノヴィッチ, B., 2016.『大不平等―エレファントカーブが予測する未来』立木 勝訳, みすず書房, 2017.……766
村田純一, 2009.『技術の哲学』岩波書店.……774
メドウズ, D. H. 他, 1972.『成長の限界―ローマ・クラブ「人類の危機」レポート』大来佐武郎監訳, ダイヤモンド社, 1972.……772
米本昌平, 1988.『先端医療革命―その技術・思想・制度』中公新書.……776
ルソー, J.-J., 1756.「ヴォルテール氏への手紙」『ルソー・コレクション 文明』川出良枝選, 浜名優美訳, 白水社, 2012, pp.282-314.……760
ロールズ, J., 2001.『公正としての正義 再説』田中成明他訳, 岩波書店, 2004.……766
Anderson, E., 1999. "What is the Point of Equality", *Ethics*, 109：287-337.……766
Bijker, W. E. et al., 1987. *The Social Construction of Technological Systems: New Directions in the Sociology and History of Technology*, MIT Press.……774

Buzan, B., 1983. *People, States and Fear: The National Security Problem in International Relations*. Harvester Wheatsheaf.……756
Gilens, M., 2014. *Affluence and Influence: Economic Inequality and Political Power in America*, Princeton University Press.……766
Reich, W. T., 1978. "Introduction", *The Encyclopedia of Bioethics*, vol.1：XV-XXII.……776
Rogasky, R., 2004. *Hygienic Modernity: Meaning of Health and Disease in Treaty-Port China*, University of California Press.……762
Scanlon, T. M., 2018. *What Does Inequality Matter?*, Oxford University Press.……766
Wolfers, A., 1952. ""National Security" as an Ambiguous Symbol", *Political Science Quarterly*, 67（4）：481-502.……756

リーダーズ・ガイド

「参照引用文献」に掲載されていない重要な基本文献，理解を深めるのに有用と思われる研究書・解説書・概説書等をここに収録した．「参照引用文献」に最も重要な文献があげられていることを念頭に置きつつ，それを補完するものとして本ガイドを活用されたい．なお，一般読者にとっての利便性を考慮し，ここでは日本語で読むことのできる文献のみを取り上げることにした．収載した文献は「部」単位でまとめ，著者名の50音順で配列した．

■社会思想への誘い──方法・視座・アクチュアリティ

【社会思想史の方法】
コゼレック, R., 1959. 『批判と危機─市民的世界の病因論』村上隆夫訳, 未來社, 1989.
ヒューズ, S., 1958. 『意識と社会─ヨーロッパ社会思想 1890-1930』生松敬三・荒川幾男訳, みすず書房, 1970.
ブルンナー, O., 1968. 『ヨーロッパ─その歴史と精神』石井紫郎他訳, 岩波書店, 1974.
ホブズボーム, E., 2010. 『いかに世界を変革するか─マルクスとマルクス主義の 200 年』水田 洋他訳, 作品社, 2017.
丸山眞男, 1972. 「歴史意識の『古層』」『忠誠と反逆─転形期日本の精神史的位相』ちくま学芸文庫, 1998, pp. 353-423.
レーヴィット, K., 1941. 『ヘーゲルからニーチェへ─十九世紀思想における革命的断絶』上・下, 三島憲一訳, 岩波文庫, 2015-16.
ロールズ, J., 2007. 『ロールズ 政治哲学史講義』Ⅰ・Ⅱ, フリーマン, S. 編, 齋藤純一他訳, 岩波書店, 2011.

【なぜ〈近代〉を問うのか】
ウェーバー, M., 1915（1920 改訂）．『世界宗教の経済倫理─比較宗教社会学の試み 序論・中間考察』中山 元訳, 日経BP社, 2017.
植村邦彦, 2001. 『「近代」を支える思想─市民社会・世界史・ナショナリズム』ナカニシヤ出版.
ギデンズ, A., 1990. 『近代とはいかなる時代か？─モダニティの帰結』松尾精文・小幡正敏訳, 而立書房, 1993.
テイラー, Ch., 2004. 『近代 想像された社会の系譜』上野成利訳, 岩波書店, 2011.
ハーバーマス, J., 1981. 『近代 未完のプロジェクト』三島憲一訳, 岩波現代文庫, 2000, pp.3-45.
フーコー, M. ／渡辺守章, 1978. 『哲学の舞台』渡辺守章訳, 朝日出版社, 2007（増補改訂版）.
フクヤマ, F., 1992. 『歴史の終わり』上・下, 渡部昇一訳, 三笠書房, 2005.
ベック, U., 1986. 『危険社会─新しい近代への道』東 廉・伊藤美登里訳, 法政大学出版局, 1998.
三島憲一, 2011. 『ニーチェ以後─思想史の呪縛を超えて』岩波書店.
リオタール, J.-F., 1979. 『ポスト・モダンの条件─知・社会・言語ゲーム』小林康夫訳, 水声社, 1989.

■第Ⅰ部 近代の形成──ルネサンス期から 17 世紀へ

井川義次, 2009. 『宋学の西漸』人文書院.
池上俊一監修, 2010. 『原典 イタリア・ルネサンス人文主義』名古屋大学出版会.
池上俊一監修, 2017. 『原典 ルネサンス自然学』上・下, 名古屋大学出版会.
イスラエル, J., 2010. 『精神の革命─急進的啓蒙と近代民主主義の知的起源』森村敏己訳, みすず書房, 2017.
ヴェーバー, M., 1920. 『プロテスタンティズムの倫理と資本主義の精神』大塚久雄訳, 岩波文庫, 1989.

内田義彦, 1971.『社会認識の歩み』岩波新書.
梅田百合香, 2005.『ホッブズ 政治と宗教——『リヴァイアサン』再考』名古屋大学出版会.
エイトン, E. J., 1985.『ライプニッツの普遍計画』渡辺正雄他訳, 工作舎, 1990.
加藤 節, 2018.『ジョン・ロック——神と人間との間』岩波新書.
金子晴勇, 2012.『キリスト教霊性思想史』教文館.
カメン, H., 1967.『寛容思想の系譜』成瀬 治訳, 平凡社, 1970.
ガレン, E. 編, 1988.『ルネサンス人』近藤恒一・高階秀爾他訳, 岩波書店, 1990.
菊池理夫, 1987.『ユートピアの政治学——レトリック・トピカ・魔術』新曜社.
木部尚志, 2000.『ルターの政治思想——その生成と構造』早稲田大学出版部.
グリーンブラット, S., 2011.『一四一七年、その一冊がすべてを変えた』河野純治訳, 柏書房, 2012.
クーン, T., 1962.『科学革命の構造』中山 茂訳, みすず書房, 1971.
佐々木 毅, 1970.『マキアヴェッリの政治思想』岩波書店.
柴田寿子, 2000.『スピノザの政治思想——デモクラシーのもうひとつの可能性』未來社.
下川 潔, 2000.『ジョン・ロックの自由主義政治哲学』名古屋大学出版会.
シュトラウス, L., 1952-63.『ホッブズの政治学』添谷育志他訳, みすず書房, 1990.
シュミット, C. B. 他, 1992.『ルネサンス哲学』榎本武文訳, 平凡社, 2003.
スクリブナー, R. W. ／ディクソン, C. S., 2003.『ドイツ宗教改革』森田安一訳, 岩波書店, 2009.
関谷 昇, 2003.『社会契約説の原理——ホッブズ・ロック・ルソー像の統一的再構成』東京大学出版会.
田中秀夫・山脇直司編, 2006.『共和主義の思想空間——シヴィック・ヒューマニズムの可能性』名古屋大学出版会.
田中 浩, 2016.『ホッブズ——リヴァイアサンの哲学者』岩波新書.
塚田富治, 1996.『ベイコン（イギリス思想叢書）』研究社.
徳善義和, 2012.『ルター——ことばに生きた改革者』岩波新書.
トレルチ, E., 1897-1913.『ルネサンスと宗教改革』内田芳明訳, 岩波文庫, 1959.
中村雄二郎, 1964.『パスカルとその時代』東京大学出版会.
西本晃二, 2015.『ルネッサンス史』東京大学出版会.
深井智朗, 2017.『プロテスタンティズム——宗教改革から現代政治まで』中公新書.
福田歓一, 1971.『近代政治原理成立史序説』岩波書店.
藤原保信, 1974.『近代政治哲学の形成——ホッブズの政治哲学』早稲田大学出版部.
ヘンリー, J., 2002.『十七世紀科学革命』東 慎一郎訳, 岩波書店, 2005.
ペンローズ, B., 1960.『大航海時代——旅と発見の二世紀』荒尾克己訳, 筑摩書房, 1985.
ポーコック, J. G. A., 1975.『マキァヴェリアン・モーメント——フィレンツェの政治思想と大西洋圏の共和主義の伝統』田中秀夫他訳, 名古屋大学出版会, 2008.
ボッビオ, N., 1989.『ホッブズの哲学体系——「生命の安全」と「平和主義」』田中 浩他訳, 未來社, 2018.
前田俊文, 2004.『プーフェンドルフの政治思想』成文堂.
松枝啓至, 2016.『懐疑主義』京都大学学術出版会.
松森奈津子, 2009.『野蛮から秩序へ——インディアス問題とサラマンカ学派』名古屋大学出版会.
水田 洋, 1954.『近代人の形成——近代社会観成立史』東京大学出版会.
水地宗明他編, 2014.『新プラトン主義を学ぶ人のために』世界思想社.
リドルフィ, R., 1954.『マキァヴェッリの生涯』須藤祐孝訳・注解, 岩波書店, 2009.
渡辺一夫, 1992.『フランス・ルネサンスの人々』岩波文庫.

■第Ⅱ部　近代の確立──18世紀から19世紀初頭へ

青木裕子, 2010.『アダム・ファーガソンの国家と市民社会』勁草書房.
網谷壮介, 2018.『カントの政治哲学入門——政治における理念とは何か』白澤社.
磯江景孜, 1999.『ハーマンの理性批判——十八世紀ドイツ哲学の転換』世界思想社.
犬塚 元編, 2014.『岩波講座 政治哲学（第2巻）啓蒙・改革・革命』岩波書店.
ヴェントゥーリ, F., 1970.『百科全書の起源』再版第2版, 法政大学出版局, 1979.
ヴェントゥーリ, F., 1971.『啓蒙のユートピアと改革』加藤喜代志・水田 洋訳, みすず書房, 1981.

大津真作, 2016. 『異端思想の 500 年—グローバル思考への挑戦』京都大学学術出版会.
小畑俊太郎, 2013. 『ベンサムとイングランド国制—国家・教会・世論』慶應義塾大学出版会.
川出良枝, 1996. 『貴族の徳, 商業の精神—モンテスキューと専制批判の系譜』東京大学出版会.
コリーニ, S. 他, 1983. 『かの高貴なる政治の科学—19 世紀知性史研究』永井義雄他訳, ミネルヴァ書房, 2005.
篠原 久, 1986. 『アダム・スミスと常識哲学—スコットランド啓蒙思想の研究』有斐閣.
シュナイダース, W., 1990. 『理性への希望—ドイツ啓蒙主義の思想と図像』村井則夫訳, 法政大学出版局, 2009.
スタロバンスキー, J., 1957. 『ルソー—透明と障害』山路 昭訳, みすず書房, 1993.
鷲見洋一, 2009. 『『百科全書』と世界図絵』岩波書店.
竹本 洋, 2005. 『『国富論』を読む』名古屋大学出版会.
田中正司, 2003. 『アダム・スミスの自然法学—スコットランド啓蒙と経済学の生誕』第 2 版, 御茶の水書房.
田中秀夫, 1991. 『スコットランド啓蒙思想史研究—文明社会と国制』名古屋大学出版会.
田中秀夫, 1998. 『共和主義と啓蒙—思想史の視野から』ミネルヴァ書房.
柘植尚則, 2009. 『イギリスのモラリストたち』研究社.
寺田元一, 2003. 『「編集知」の世紀——一八世紀フランスにおける「市民的公共圏」と『百科全書』』日本評論社.
堂目卓生, 2008. 『アダム・スミス—『道徳感情論』と『国富論』の世界』中公新書.
富永茂樹編, 2011. 『啓蒙の運命』名古屋大学出版会.
ドラテ, R., [1950] 1970. 『ルソーとその時代の政治学』西嶋法友訳, 九州大学出版会, 1986.
永見文雄他編, 2014. 『ルソーと近代—ルソーの回帰・ルソーへの回帰』風行社.
ホーコンセン, K., 1981. 『立法者の科学』永井義雄他訳, ミネルヴァ書房, 2001.
ホール, D. D., 2011. 『改革をめざすピューリタンたち—ニューイングランドにおけるピューリタニズムと公的生活の変貌』大西直樹訳, 彩流社, 2012.
保苅瑞穂, 2009. 『ヴォルテールの世紀—精神の自由への軌跡』岩波書店.
堀田誠三, 1996. 『ベッカリーアとイタリア啓蒙』名古屋大学出版会.
マイネッケ, F., 1924. 『近代史における国家理性の理念』全 2 巻, 岸田達也訳, 中央公論新社, 2016.
マウス, I., 1994. 『啓蒙の民主制理論—カントとのつながりで』浜田義文・牧野英二訳, 法政大学出版局, 1999.
マルサス学会編, 2016. 『マルサス人口論事典』昭和堂.
水田珠枝, 1994. 『女性解放思想史』ちくま学芸文庫.
水田 洋, 1997. 『アダム・スミス—自由主義とは何か』講談社学術文庫.
森岡邦泰, 2003. 『深層のフランス啓蒙思想—ケネー ディドロ ドルバック ラ・メトリ コンドルセ』増補新版, 晃洋書房.
森村敏己, 1993. 『名誉と快楽—エルヴェシウスの功利主義』法政大学出版局.
山﨑耕一・松浦義弘編, 2013. 『フランス革命史の現在』山川出版社.

■第Ⅲ部　近代の矛盾——19 世紀前半から世紀後半へ

イーグルトン, T., 1991. 『イデオロギーとは何か』大橋洋一訳, 平凡社ライブラリー, 1999.
五十嵐元道, 2016. 『支配する人道主義—植民地統治から平和構築まで』岩波書店.
伊坂青司, 2000. 『ヘーゲルとドイツ・ロマン主義』御茶の水書房.
伊坂青司・原田哲史編著, 2007. 『ドイツ・ロマン主義研究』御茶の水書房.
石塚正英, 2010. 『近世ヨーロッパの民衆指導者』増補改訂版, 社会評論社.
井上 康・崎山政毅, 2017. 『マルクスと商品語』社会評論社.
岩淵慶一, 2007. 『マルクスの疎外論』時潮社.
ヴィアール, V., 2010. 『100 語でわかるロマン主義』小倉孝誠・辻川慶子訳, 白水社文庫クセジュ, 2012.
植村邦彦, 1993. 『同化と解放—19 世紀「ユダヤ人問題」論争』平凡社.
ウエルタ・デ・ソト, J., 2000. 『オーストリア学派—市場の秩序と起業家の精神』蔵 研也訳, 春秋社, 2017.
ヴァイトリング, W. 1838. 「人類, その現状と未来像」宮野悦義訳『資料 ドイツ初期社会主義—義人同盟と

ヘーゲル左派』良知 力編, 平凡社, 1974.
内田義彦, 1966.『資本論の世界』岩波新書.
宇野重規, 2007.『トクヴィル—平等と不平等の理論家』講談社.
宇野重規他編, 2011.『社会統合と宗教的なもの—十九世紀フランスの経験』白水社.
宇野重規他編, 2015.『共和国か宗教か, それとも—十九世紀フランスの光と闇』白水社.
蛭原良一, 1995.『リカード派社会主義の研究—イギリス初期社会主義論』世界書院.
大石高久, 1997.『マルクス全体像の解明』八朔社.
大野達司編, 2011.『フーゴー・プロイスと民主主義の現在 主権のゆくえ』風行社.
カルドーゾ, F. H. ／ファレット, E., 1979.『ラテンアメリカにおける従属と発展—グローバリゼーションの歴史社会学』鈴木 茂他訳, 東京外国語大学出版会, 2012.
川名雄一郎, 2012.『社会体の生理学—J・S・ミルと商業社会の科学』京都大学学術出版会.
キュール, S., 1994.『ナチ・コネクション』麻生九美訳, 明石書店, 1999.
久保陽一, 2012.『ドイツ観念論とは何か』ちくま学芸文庫.
古賀秀男, 1994.『チャーティスト運動の構造』ミネルヴァ書房.
児玉 聰, 2012.『功利主義入門—はじめての倫理学』筑摩書房.
小峯 敦編, 2010.『福祉の経済思想家たち』増補改訂版, ナカニシヤ出版.
コンパニョン, A., 2005.『アンチモダン—反近代の精神史』松澤和宏監訳, 名古屋大学出版会, 2012.
佐々木照央, 2001.『ラヴロフのナロードニキ主義歴史哲学—虚無を超えて』彩流社.
佐藤恵子, 2015.『ヘッケルと進化の夢—一元論, エコロジー, 系統樹』勁草書房.
塩川伸明, 2008.『民族とネイション—ナショナリズムという難問』岩波新書.
杉浦秀一, 1999.『ロシア自由主義の政治思想』未來社.
スミス, A. D., 1986.『ネイションとエスニシティ』巣山靖司・高城和義他訳, 名古屋大学出版会, 1999.
滝口清榮, 2016.『ヘーゲル哲学入門』社会評論社.
伊達聖伸, 2018.『ライシテから読む現代フランス』岩波新書.
田畑 稔, 2004.『マルクスと哲学』新泉社.
トクヴィル, A. de, 1856.『旧体制と大革命』小山 勉訳, ちくま学芸文庫, 1998.
ドゥルーズ, G., 1965.『ニーチェ』湯浅博雄訳, ちくま学芸文庫, 1998.
成沢 光, 1997.『現代日本の社会秩序—歴史的起源を求めて』岩波書店.
野村真理, 1992.『西欧とユダヤのはざま—近代ドイツ・ユダヤ人問題』南窓社.
ハーシュマン, A. O., 1991.『反動のレトリック』岩崎 稔訳, 法政大学出版局, 1997.
バリバール, É. ／ウォーラーステイン, I., 1988.『人種・国民・階級—「民族」という曖昧なアイデンティティ』若森章孝他訳, 唯学書房, 2014.
ベネット, T. et al., 2008.『文化・階級・卓越化』磯 直樹他訳, 青弓社, 2017.
ポランニー, K., 1977.『人間の経済』1・2, 玉野井芳郎・栗本慎一郎訳, 岩波現代選書, 1980.
ポリアコフ, L., 1968.『反ユダヤ主義の歴史 第Ⅲ巻 ヴォルテールからヴァーグナーまで』菅野賢治訳, 筑摩書房, 2005.
松沢裕作, 2016.『自由民権運動—〈デモクラシー〉の夢と挫折』岩波新書.
松本礼二, 2011.『トクヴィルで考える』みすず書房.
三浦信孝編, 2010.『自由論の討議空間—フレンチ・リベラリズムの系譜』勁草書房.
御子柴道夫, 2011.『ウラジーミル・ソロヴィヨフ—幻視者・詩人・哲学者』岩波書店.
御崎加代子, 1998.『ワルラスの経済思想——一般均衡理論の社会ヴィジョン』名古屋大学出版会.
ルナン, E. ／フィヒテ, J. G. 他『国民とは何か』鵜飼 哲他訳, インスクリプト, 1997.
若森みどり, 2011.『カール・ポランニー—市場社会・民主主義・人間の自由』NTT出版.

■第Ⅳ部 近代の危機——19世紀末から20世紀前半へ

イーグルトン, T., 1983.『文学とは何か—現代批評理論への招待』上・下, 岩波文庫, 2014.
石井知章, 2012.『中国革命論のパラダイム転換—K. A. ウィットフォーゲルの「アジア的復古」をめぐり』社会評論社.
石田勇治・武内進一編, 2011.『ジェノサイドと現代世界』勉誠出版.

伊東光晴, 2006.『現代に生きるケインズ―モラル・サイエンスとしての経済理論』岩波書店.
井上勝生, 2013.『明治日本の植民地支配―北海道から朝鮮へ』岩波書店.
イリイチ, I., 1981.『シャドウ・ワーク―生活のあり方を問う』玉野井芳郎・栗原彬訳, 岩波現代文庫, 2006.
上野成利, 2006.『暴力』岩波書店.
上山安敏,［1984］2001.『神話と科学―ヨーロッパ知識社会 世紀末〜20世紀』岩波現代文庫.
宇野弘蔵,［1953］2010.『恐慌論』岩波文庫.
カー, E. H., 1939.『危機の二十年―理想と現実』原 彬久訳, 岩波文庫, 2011.
鹿野政直, 2002.『日本の近代思想』岩波新書.
ギアーツ, C., 1983.『ローカル・ノレッジ―解釈人類学論集』小泉潤二他訳, 岩波書店, 1991.
木田 元,［1983］2004.『ハイデガー』岩波現代文庫.
木畑洋一, 2014.『20世紀の歴史』岩波新書.
栗本慎一郎,［1979］2013.『経済人類学』講談社学術文庫.
ゲイ, P., 1988.『フロイト』1・2, 鈴木 晶訳, みすず書房, 1997-2004.
ゲール, M., 1997.『ダダとシュルレアリスム』巌谷國士・塚原 史訳, 岩波書店, 2000.
ジェイ, M., 1973.『弁証法的想像力―フランクフルト学派と社会研究所の歴史 1923-1950』荒川幾男訳, みすず書房, 1975.
ジェイ, M., 1986.『永遠の亡命者たち―知識人の移住と思想の運命』今村仁司他訳, 新曜社, 1989.
塩沢由典, 2002.『マルクスの遺産―アルチュセールから複雑系まで』藤原書店.
シュトレーク, W., 2013.『時間稼ぎの資本主義―いつまで危機を先送りできるか』鈴木 直訳, みすず書房, 2016.
ショーレム, G., 1973.『ユダヤ教神秘主義』高尾利数訳, 河出書房新社, 1975.
ジンメル, G., 1890.『社会分化論』居安 正訳『社会分化論 社会学』青木書店, 1970, pp.3-173所収；石川晃弘・鈴木春男訳『社会的分化論―社会学的・心理学的研究』中公クラシックス（中央公論新社), 2011.
スタイナー, G., 1978.『マルティン・ハイデガー』岩波現代文庫, 2000（岩波書店, 1980).
高田珠樹, 2014.『ハイデガー―存在の歴史』講談社学術文庫.
竹沢尚一郎, 2007.『人類学的思考の歴史』世界思想社.
塚原 史, 2003.『ダダ・シュルレアリスムの時代』ちくま学芸文庫.
鶴見俊輔,［1950］2008.『アメリカ哲学』こぶし書房.
富永健一, 2008.『思想としての社会学―産業主義から社会システム理論まで』新曜社.
長崎暢子, 1996.『ガンディー―反近代の実験』岩波書店.
中野敏男, 2013.『マックス・ウェーバーと現代』増補版, 青弓社.
西谷 修, 1998.『戦争論』講談社学術文庫.
日本植民地研究会編, 2018.『日本植民地研究の論点』岩波書店.
野家啓一, 2013.『科学の解釈学』講談社学術文庫.
野口雅弘, 2011.『官僚制批判の論理と心理―デモクラシーの友と敵』中公新書.
バウアー, O., 1907.『民族問題と社会主義』丸山敬一他訳, 御茶ノ水書房, 2001.
初見 基, 1998.『ルカーチ―物象化』講談社.
細見和之, 2004.『アドルノの場所』みすず書房.
細見和之, 2014.『フランクフルト学派―ホルクハイマー, アドルノから21世紀の「批判理論」へ』中公新書.
三島憲一, 1987.『ニーチェ』岩波新書.
三島憲一, 2019.『ベンヤミン―破壊・収集・記憶』岩波現代文庫.
山口 定,［1979］2006.『ファシズム』岩波現代文庫.
山之内 靖, 2015.『総力戦体制』ちくま学芸文庫.
ルジャンドル, P., 2004.『西洋が西洋について見ないでいること』森元庸介訳, 以文社, 2004.
レーニン, V., 1916-21.『帝国主義と民族・植民地問題』川内唯彦訳, 国民文庫（大月書店), 2000.
和田春樹, 2018.『ロシア革命―ペトログラード1917年2月』作品社.
木田 元, 1970.『現象学』岩波新書.

■第V部　近代の転換——20世紀後半から21世紀へ

アーレント, H., 1960. 『活動的生』森 一郎訳, みすず書房, 2015.
市田良彦・王寺賢太編, 2016. 『現代思想と政治—資本主義・精神分析・哲学』平凡社.
植村邦彦, 2010. 『市民社会とは何か—基本概念の系譜』平凡社新書.
オークショット, M., 1962. 『政治における合理主義』増補版, 嶋津 格ほか訳, 勁草書房, 2013.
大澤真幸編, 2002. 『ナショナリズム論の名著50』平凡社.
緒方正人, 2001. 『チッソは私であった』葦書房.
岡野八代, 2012. 『フェミニズムの政治学—ケアの倫理をグローバルな社会へ』みすず書房.
重田園江, 2013. 『社会契約論—ホッブズ, ヒューム, ルソー, ロールズ』ちくま新書.
川崎 修, 2014. 『ハンナ・アレント』講談社学術文庫.
川本隆史, 2005. 『ロールズ—正義の原理』現代思想の冒険者たち Select, 講談社.
木前利秋, 2014. 『理性の行方—ハーバーマスと批判理論』未來社.
金 富子・中野敏男編, 2008. 『歴史と責任「慰安婦」問題と一九九〇年代』青弓社.
キング, M. L. Jr. 『黒人はなぜ待てないか』中島和子・古川博巳訳, みすず書房, 2000.
クライン, N., 2007. 『ショック・ドクトリン—惨事便乗型資本主義の正体を暴く』上・下, 幾島幸子・村上由見子訳, 岩波書店, 2011.
栗原 彬, 2002. 『証言 水俣病』岩波新書.
桑田 学, 2014. 『経済的思考の転回—世紀転換期の統治と科学をめぐる知の系譜』以文社.
黄 俊傑, 2010. 『東アジア思想交流史—中国・日本・台湾を中心として』藤井倫明・水口幹記訳, 岩波書店, 2013.
小杉 泰, 2006. 『現代イスラーム世界論』名古屋大学出版会.
齋藤純一, 2000. 『公共性』岩波書店.
酒井隆史, 2004. 『暴力の哲学』河出書房新社.
阪口正二郎, 2001. 『立憲主義と民主主義』日本評論社.
佐藤嘉幸, 2008. 『権力と抵抗—フーコー・ドゥルーズ・デリダ・アルチュセール』人文書院.
ジェイ, M., 1973. 『弁証法的想像力—フランクフルト学派と社会研究所の歴史 1923-1950』荒川幾男訳, みすず書房, 1975.
スピヴァク, G. Ch., 1999. 『ポストコロニアル理性批判—消え去りゆく現在の歴史のために』上村忠男・本橋哲也訳, 月曜社, 2003.
高橋哲哉, 2015. 『デリダ—脱構築と正義』講談社学術文庫.
高増 明・松井 暁編, 1999. 『アナリティカル・マルキシズム』ナカニシヤ出版.
竹村和子, 2000. 『フェミニズム』岩波書店.
田中拓道, 2017. 『福祉政治史—格差に抗するデモクラシー』勁草書房.
田中将人, 2016. 『ロールズの政治哲学—差異の神義論＝正義論』風行社.
徳永 恂, 2002. 『フランクフルト学派の展開』新曜社.
ドムナック, J.-M. 編, 1963. 『構造主義とは何か』伊東守男・谷亀利一訳, 平凡社ライブラリー, 2004.
トラヴェルソ, E., 2002. 『全体主義』桂本元彦訳, 平凡社新書, 2010.
トリン, T. M., 2010. 『ここのなかの何処かへ—移住・難民・境界的出来事』小林富久子訳, 平凡社, 2014.
中山智香子, 2013. 『経済ジェノサイド—フリードマンと世界経済の半世紀』平凡社新書.
西谷 修, 2006. 『〈テロル〉との戦争』以文社.
ヌスバウム, M. C., 2006. 『正義のフロンティア—障碍者・外国人・動物という境界を越えて』神島裕子訳, 法政大学出版局, 2012.
ハーバーマス, J. 他編, 2005. 『ポスト世俗化時代の哲学と宗教』三島憲一訳, 岩波書店, 2007.
日暮雅夫, 2008. 『討議と承認の社会理論—ハーバーマスとホネット』勁草書房.
藤原保信, 1993. 『自由主義の再検討』岩波新書.
ブラウン, D., 1970. 『わが魂を聖地に埋めよ—アメリカ・インディアン闘争史』上・下, 鈴木主税訳, 草思社文庫, 2013.
フリートランダー, S. 編, 1992. 『アウシュヴィッツと表象の限界』上村忠男他訳, 未來社, 1994.
ヘイナー, P. B., 2001. 『語りえぬ真実—真実委員会の挑戦』阿部利洋訳, 平凡社, 2006.

ベルジー, C., 2002.『ポスト構造主義』折島正司訳, 岩波書店, 2003.
保苅 実, 2018.『ラディカル・オーラル・ヒストリー——オーストラリア先住民アボリジニの歴史実践』岩波現代文庫.
丸川哲史, 2000.『台湾, ポストコロニアルの身体』青土社.
マルクーゼ, H., 1962.『一次元的人間』生松敬三・三沢謙一訳, 河出書房新社, 1980.
森川輝一, 2010.『〈始まり〉のアーレント——「出生」の思想の誕生』岩波書店.
山本 圭, 2016.『不審者のデモクラシー——ラクラウの政治思想』岩波書店.
ワプショット, N., 2011.『ケインズかハイエクか——資本主義を動かした世紀の対決』久保恵美子訳, 新潮文庫, 2016.

事項索引

* 「五十音見出し語索引」は xxi 頁参照．見出し語の掲載頁は太字で示してある．
なお，事項の英語表記等については項目執筆者による訳語を採用し，統一は必要な場合にとどめた．
欧文表記については，英語は無印，ドイツ語は［独］，フランス語は［仏］，ロシア語は［露］，イタリア語は［伊］，スペイン語は［西］，ポルトガル語は［ポ］，ギリシア語は［ギ］，ラテン語は［ラ］，チェコ語は［チェ］，中国語は［中］，日本語は［日］とした．

■数字，A～Z

1968 年　1968　339, 431, 577, 628, 631, **666**, 744
60 年安保闘争　Anpo protests of 1960　11, 663, 746, 748
9.11　nine-eleven（9.11）　399, 610, 695, 733, 759
AGIL 図式　the AGIL scheme　510
HIV　Human Immunodeficiency Virus　763
LGBT　Lesbian, Gay, Bisexual, Transgender　**694**

■あ

アイデンティティ　identity　381, 474, 694, 733, 735, 749
アウシュヴィッツ　［独］Auschwitz　453, 490
赤いウィーン　［独］Rotes Wien　473
アカデミー　academy　68, 141, 145, **156**, 594
赤旗　［仏］drapeau rouge　358
アジア主義　Asianism　448
アソシアシオン（協同）　［仏］association　280, **322**, 330, 339, 360, 365
アーツ・アンド・クラフツ運動　Arts and Crafts Movement　420, 560, 566
アナキズム（無政府主義）　anarchism　7, 341, 360, **362**, 387, **438**, 565, 689, 751
アナール学派　Annales School［仏］L'école des Annales　354, 405
アナルコ・キャピタリズム　anarcho capitalism　655
アナルコ・サンディカリスム　anarco-syndicalism［仏］anarco-syndicalisme　361, 439, 450
アノミー　［仏］anomie　379, 531, 664
アファーマティヴ・アクション　affirmative action　85, 650, 745
アメリカ合衆国憲法　Constitution of the United States　187
アメリカ（独立）革命　American Revolution　109, 121, 153, **250**, 304, 615
アメリカ問題　problem of America　304
アール・ヌーヴォー　［仏］art nouveau　401, **560**
暗示　［仏］suggestion　538
安全　security　764
安全保障　security　**756**, 759

■い

イエズス会　［ラ］Societatis Iesu　42, 78, 85, 89, 116, 134, 160, 162
イギリス観念論　British idealism　283, **294**
イギリス急進主義　British radicalism　248
イギリス自由主義　British liberalism　7, **282**
イギリス・ロマン主義　British romanticism　406
違憲審査制　judicial review　121, 678
移行期の正義　transitional justice　737
意識の流れ　Stream of consciousness　569
異種混淆性　hybridity　475
イスラモフォビア　［仏］islamophobie　399
依存効果　dependent effect　716
異端審問　inquisition　85
一国民俗学　national folklore　526
一般意志　general will［仏］volonté générale　119, 229, 230, 232, **240**, 254, 283, 285, 322, 675
イデオロギー　ideology［独］Ideologie　14, 34, 99, 107, 120, 269, 308, 351, 357, **380**, 409, 440, 484, 492, 594, 602, 621, 622, 626, 641, 687, 724
遺伝学　genetics　390, 440
イノベーション　innovation　582
移民　migrant(s)　474, 610, 639, 714, 725, **730**,

763
イラク戦争　Iraq War　695, 747
イラン・イスラーム革命　Iranian Islamic Revolution　759
因果律　causality　598
イングランド国教会　Church of England　161, 164, 250
インターナショナリズム　internationalism　298
インターネット　internet　38, 537, **768**
インテリゲンツィア　[露]intelligentsiya　382, 483, 486

■う

ヴァイマル共和国　[独]die Weimarer Republik　389, 456, 593
ウィッグ　Whig　186, 245, 307
ウィーン会議　Congress of Vienna, 1814-15　301
ウェストファリア条約　Treaty of Westphalia　28, 43, 74, 82, 264
ウェストファリア体制　Westphalian sovereignty　467, 470, 556, 759
ヴェルサイユ体制　Treaty of Versailles [独]Versailler Gesellschaft　**470**
ヴェール問題　[仏]question du voile　399
ウォーレン・コート　Warren Court　679
美しき魂　[独]die schöne Seele　261
運の平等主義　luck egalitarianism　651, 656

■え

永遠回帰　[独]die ewige Wiederkehr des Gleichen　29, 545, 549
映画　cinema　480, 549, 563, 590
エイズ（AIDS）　Acquired Immunodeficiency Syndrome　694, 763
衛生的近代性　hygienic modernity　763
映像（イメージ）　image　536, **590**, 746, 768
エキュメニズム　ecumenism　68, 97, 681
エクリチュール　[仏]écriture　626, 632, **634**, 637
エコノミスト　[仏]économiste　213
エコロジー　ecology [独]Ökologie [仏]écologie　339, 437, 507, **534**, 772
エス・エル（社会主義者・革命家党）　[露]Partiya Sotsialistov-Revolyutsionerov　442
エスニシティ　ethnicity　296, 475, 731
エスニック・ナショナリズム　ethnic nationalism　297
エスノセントリズム　ethnocentrism　30, 557
エディプス・コンプレクス　Oedipus complex [独]Ödipuskomplex　550, 599, 686
エピクロス主義　Epicureanism　46, 54, **114**, 117
エピステーメ　[仏]épistémè　225, 629
エポケー（判断停止，判断の保留）　[独]Epoche [ギ]epokhé　94, 600
エリート　elite　306, 310, 668, 712, 756
遠近法　perspective　60

■お

オイクーメネー　ecumene　74, 112
オイコス　oikos　516, 534, 690, 718
オーウェン主義　Owenism　279, 322, **326**
王権神授説　divine right of kings theory　55, 61, 108, 120, 228
王立科学アカデミー　[仏]Académie des science　99, 156, 190
オーガスタン時代　Augustan Age　174
沖縄　Okinawa　447, 739, **740**
オーストリア学派　Austrian school　472, 479, 652, 654
オーストリア社会民主党（SPÖ）　[独]Die Sozialdemokratische Partei Österreichs　472
オーストリア・スラヴ主義　Austroslavism　487
オーストロ・マルクス主義　Austro-Marxism [独]Austromarxismus　**472**, 606
オートポイエーシス（自己産出）　autopoiesis　625
オリエンタリズム　Orientalism　219, 223, 297, 732
オリンピア　Olympia　586
オリンピック思想　modern Olympic　**586**
音声中心主義　phonocentrism [仏]Phonocentrisme　630, 635
恩寵　[ラ]gratia　48, 58, 88

■か

懐疑主義（懐疑論）　skepticism [仏]scepticisme [独]Skeptizismus　94, **166**, 186, 552
階級　class [仏]classe [独]Klasse　352, 359
階級闘争　class struggle　352, 359, 374, 381, 463, 685
解釈　interpretation　598, 626

解釈学　hermeneutics［独］Hermeneutik　29, 413, **596**, 600, 670
解釈人類学　interpretive anthropology　605
回勅　Encyclica, encyclical　519, 680
開発・発展理論　theory of development　**522**
解放の神学　liberation theology［西］teología de la liberación［ポ］Teologia da Libertação　**742**
快楽主義　hedonism　114, 278, 286
カエサル主義　［仏］césarisme［伊］cesarismo　315, 481
科学　science　156, 392, **582**, **584**, 600, 774
科学革命　scientific revolution　90, **98**, 144, 160, 166, 210, 585
科学史　history of science　98, 393, **584**
科学政策　science policy　**582**
科学的管理法　scientific management　517
科学哲学　philosophy of science　774
格差社会　unequal society　766
学生反乱　［独］Studentenrevolte　12, 28, 561, 589, 665
隔離　segregation　**766**
囲い込み　enclosure　106, 216, 340
カースト制度　caste system　435
家族　family　212, 266, 278, 324, 330, 334, 369, 370, 387, 390, 688, **690**, 692, 698, 718
価値多元論　value pluralism　282
価値論　axiology　657
学校　school　**722**
合邦　Union of England and Scotland　149, 175, 180
カデット（立憲民主党）　［露］Konstitutsionno-demokraticheskaya partiya　443
カトリック　Catholic　42, 48, 50, 55, 78, 82, 84, 86, 97, 160, 162, 166, 398, 519, 680, 742
カトリック社会思想　Catholic social thought　**680**
家父長制　patriarchy　55, 463, 685, 689, 692, 694
ガリカニズム　［仏］gallicanisme　398
カリスマ　［独］Charisma　514
カルヴァン主義（カルヴィニズム）　Calvinism　82, 136, 161
カルチュラル・スタディーズ　cultural studies　507, **720**, 732
カルチュラル・タイフーン　cultural typhoon　721

環境　environment　384, 534, **772**
環境正義　environmental justice　773
雁行形態論　flying geese model　523
監視　surveillance　237, 513, 704, 745, 762
間接立法　indirect legislation　236
完全権　perfect rights［ラ］jura perfecta　73, 117, 126
歓待　hospitality　35, 325, 633
観念連合　association of ideas［仏］liaison des idées　91, 200, 278
観念論　idealism［独］Idealismus［仏］idéalisme　56, 71, 77, 91, **294**, 344
官房学　［独］Kameralistik, Kameralwissenschaft　153, 242, **264**, 402, 516
寛容　toleration［仏］tolérance［独］Toleranz　35, 55, 83, **86**, 135, 144, 161, 167, 220, 242, 304, 478, 556, 650
管理経済　managed economy　502
管理的な（経営者の）革命　the managerial revolution　502
官僚制　bureaucracy［独］Bürokratie　33, 212, 264, 351, 375, 479, 501, **512**, 531, 617, 665, 708

■き

気　［中］Qi　76, 78
危害原理　harm principle　279
飢餓の40年代　Hungry Forties　293
記号学　［仏］sémiologie　594
記号論　semiotics［独］Semiotik　29, **594**, 717
記号論理学　symbolic logic　636
擬似イヴェント　pseudo-events　536
擬似環境　pseudo-environment　536
技術決定論　technological determinism　775
技術の社会的構成　social construction of technology　775
義人同盟　［独］Bund der Gerechten［仏］fédération des justes　332, 334
機能主義　functionalism　510, 604
機能的先行要件　functional prerequisites　510
帰納法　induction　90, 92, 278
基本的自然法　the fundamental law of nature　117, 168
義務感　sense of duty　171, 198
義務論　deontology　230, 233, 287
急進主義　radicalism　23, 48, 235, 248

救貧法　Poor Law　217, 287, 292, 370, **372**, 698
救貧法論争　Poor Law Controversy　372
脅威　threat　126, 336, 756
教育　education　113, 160, 172, 313, 329, 334, 375, 378, 484, **572**, **722**, 766
教育思想　educational thought　**572**
教育勅語　imperial edict on education　313, 484
教会　church　48, 50, 52, 58, 82, 84, 86, 96, 103, 160, 164, 166, 256, 331, 574, 680, 742
共感（同感）　sympathy　24, 148, 169, 186, 188, 194, 197, 199, 223
恐慌　depression　520
共産主義　communism［独］Kommunismus［仏］communisme　16, 32, 107, 273, 320, **332**, 334, 338, 358, 360, 369, 459, 473, 481, 702, 746
共産主義者同盟　［独］Bund der Kommunisten　332, 334
共生　living together　771
競争心　emulation　172
共通善　common good　66, 120, 294, 478, 676, 681
協同（アソシアシオン）　［仏］association　280, **322**, 328, 330, 339, 360, 365
協同組合運動・協同組合思想　co-operative movement/co-operative thought　328
共同体（共同性）　community　68, 73, 116, 214, 232, 256, 280, 308, 311, 332, 334, 368, 388, 474, 558, 591, **676**, 690, 712, 718, 733
京都学派　the Kyoto school　602
京都議定書　Kyoto Protocol 1997　761
恐怖政治　［仏］Terreur　255, 262, 288, 758
共和主義　republicanism　43, 47, 65, **66**, 70, 146, 149, 174, 229, **238**, 248, 250, 272, 358, 393, 409, 436, 614, **674**
共和政　republic, commonwealth［仏］république　52, 238, 253
極東国際軍事裁判（東京裁判）　International Military Tribunal for the Far East　471, 497
ギリシア崇拝（フィルヘレニズム）　philhellenism　586
キリスト教　Christianity　49, 50, 56, 63, 68, 70, 78, 82, 85, 96, 102, 112, 114, 160, 162, 164, 166, 206, 220, 222, 308, 346, 368, **374**, 384, 399, 427, 492, 544, 552, 556, 574, 586, 642, 742
キリスト教共同体　corpus christianum　85, 86, **96**, 206

キリスト教社会主義　Christian socialism　374
キリスト教ヒューマニズム　Christian humanism　587
規律化　［独］Disziplinierung　419
規律訓練型権力　disciplinary power　723
ギルド社会主義　guild socialism　606
近代化　modernization［独］die Modernisierung　4, 22, 26, 29, 77, 150, 266, 418, 448, 461, 500, 522, 642, 665, 671, 690, 712, 754
近代の超克　overcoming of modernity　**602**, 668
金融化　fiancialization　541, 704, 707
金融工学　financial engineering　540
金融資本主義　Financial Capitalism［独］Finanzkapitalismus　431, **540**
金融商品　financial instrument　540
勤労　industry　148, 186, **210**, 254

■く

クィア（LGBT）・スタディーズ　queer studies　**694**
偶然性　contingency　115
グラスゴウ大学　Glasgow University　72, 149, 196, 198
クリップ理論　crip theory　695
グリム兄弟　［独］Brüder Grimm　426
グローバル・ガバナンス　global governance　705
グローバル・ジャスティス　global justice　362, 705, **750**
グローバル化（グローバリゼーション）　globalization　75, 297, 441, **702**
郡県　［日］*Gunken*　419
群衆（大衆）　crowd（mass）　32, **538**, 660, **712**, 717
群衆心理学　mass psychology　538
君主政　universal monarchy　121, 180, 184, 238, 264, 388

■け

ケア　care　686, **710**
経営管理（マネジメント）　management　516
経験主義（経験論）　empiricism　23, 54, **90**, 92, 134, 140, 150, **158**, 186, 392, 502, 664
敬虔主義　［独］Pietismus　154, 575
経済人類学　economic anthropology　606
経済成長　economic growth　504

経済成長至上主義　economic growth supremacim　771
経済的社会構成体　［独］die ökonomische Gesellschaftsformation　357
経済発展段階論（説）　theory of economic stages　522
啓示神学　revealed theology　166
芸術のための芸術　［仏］l'art pour l'art　568
形成（陶冶）　［独］Bildung　319, 345, 718, 722
刑罰　punishment　126
系譜学　genealogy［仏］généalogie　629
啓蒙　Enlightenment［仏］Lumières［独］Aufklärung　23, 28, 68, 93, 98, 113, 130, 139, **140**, **144**, **148**, **152**, **154**, 160, 163, **166**, 174, 176, 191, 192, 202, 213, 219, **222**, 231, **242**, 246, 250, 273, 302, 313, 342, 351, 384, 388, 440, 452, 478, **506**, 552, 575, 592, 628, 664, 676
啓蒙専制　enlightened despotism［独］aufgeklärter Herrscher　142, 153, **242**, 418
啓蒙とは何か　What is Enlightenment?［独］Was ist Aufklärung?　**140**, 155
啓蒙の弁証法　dialectics of Enlightenment［独］Dialektik der Aufklärung　29, 93, 143, 223, 491, **506**, 617, 621
契約論　contractarianism　73, 117, 169, 650
ゲゼルシャフト　［独］Gesellschaft　531, 664
決断　decision　619
決定論　determinism　88
ゲッティンゲン7教授事件　［独］Göttinger Sieben　426
ゲーム理論　game theory　53, 649
ゲルマニスティク　［独］Germanistik　426
ケルムスコット・プレス　Kelmscott Press　421
検疫　quarantine　762
言語起源論　origin of languages［仏］origin du langage　200
言語行為論　speech act theory　637
言語論的転回　linguistic turn［独］linguistische Wende　293, 605, **636**
原始主義　primitivism　113
顕示的消費　conspicuous consumption　172, 529, 716
原子・爆弾（原子力爆弾）　atomic bomb　**494**, 496
現象学　phenomenology［独］Phänomenologie［仏］phénoménologie　597, **600**, 632

原初主義　primordialism　729
原子力発電所　nuclear power plant　754
原子論　atomism　115, 294
現前性　［独］Anwesenheit　546
ケンブリッジ・プラトニスト　Cambridge Platonist　161
憲法愛国心　［独］Verfassungspatriotismus　735
権利　rights　116, 122, 126, 168, 230, 248, 254, 266, 280, 294, 302, 312, **424**, 446, 462, 478, 556, 678, 682, 684, 690, 710, 733, 739, 744, 764
原理主義　fundamentalism　642, 650, 703, 715
権力　power［仏］pouvoir　21, 34, 46, 53, 57, 82, 86, 108, 111, 117, 118, 120, 126, 144, 184, 212, 214, 230, 232, 238, 249, 252, 254, 267, 299, 337, 362, 398, 424, 478, 514, 545, 577, 593, 627, 672, 698, 758, 764
権力分立　separation of powers　109, 144, 184, 253

■こ

合意　convention　93, 117, 122, 169, 240, 615, 621, 645, 649
行為による宣伝　propaganda by the deed［伊］propaganda col fatto　438
公益　public good　770
公害　environmental pollution　**770**
公共圏（公共性）　public sphere［独］Öffentlichkeit［仏］sphère publique　143, 212, 214, 621, 643, 670, **672**, 770
公共宗教　public religion　643
考現学　modernology　526
考古学　archeology［仏］archéologie　628
皇国史観　the historical view of *Kokoku Shikan*　485
講座派　Koza school　8, 418, 719
公私　public and private　214, 686
公衆　the public　69, 212, 592, 672
工場評議会運動　［伊］Movimento dei Consigli di fabbrica　439
構造機能主義　structural-functionalism　**510**, 604
構造史　［独］Strukturgeschichte　533
構造主義　structuralism［仏］structuralisme　34, 579, 594, 605, 620, **626**, 628, 630, 686
講壇社会主義者　［独］Kathedersozialist　519
高等法院　parlement　213

幸福　happiness　114, 136, 165, 172, 177, 196, 236, 242, 246, 264, 278, 286, 462, 649, 655
公平な観察者　impartial spectator　24, 169, 189, 195
公民権運動　civil rights movements　744
合理化　rationalization［独］Rationalisieung　33, 99, 264, 351, 440, 500, 506, 517, 531, **664**, 671, 765
功利主義　utilitarianism　137, 153, 230, 235, 236, 238, **246**, 267, 279, **286**, 406, 424, 530, 648, 650, 653, 705
合理主義（合理論）　rationalism［独］Rationalismus［仏］rationalisme　90, **92**, 144, **158**, 164, 166, 194, 399, 664
合理性　rationality［独］Rationalität　27, 36, 93, 99, 479, 500, 507, 512, 630, 634, 664, 671, 683
公論　public opinion　69, 145, 147, 155, 212, 215
五月革命　［仏］révolution du mai　325, 631
国王至上令　act of supremacy　106
国際関係論　international relations　641
国際協同組合同盟（ICA）　International Co-operative Alliance　328
国際交流基金　The Japan Foundation　589
国際文化振興会　The Society for Promotion of International Cultural Relations　589
国際法　international law　109, 116, 424, 470, 496, 646, 759
国際連盟　League of Nations　466, 470, 476, 496, 756
国制　constitution　180, 238, 248, 289, 306
国籍　nationality　731
国体論　discourses on *Kokutai*　484
国土計画　Spacial planning　761
国民　［英・仏］nation　109, 111, 120, 126, **218**, 254, 273, 296, 302, 307, 314, 369, 419, 441, 444, 448, 452, 458, 467, 480, 484, 515, 678, 698, 702, 715, 723, **726**, 765
国民国家　nation-state　256, 296, 419, 448, 468, 475, 518, 522, 704, 723, **726**
国民性　national characters　**218**
互酬　reciprocity　607
個人主義　individualism　257, **280**, 378
国家　state　30, 34, 47, 52, 55, 108, **110**, 116, 120, 126, 130, 184, 206, 212, 215, 230, 233, 240, 242, 252, 257, 258, 262, 272, 290, 294, 296, 298, 302, 308, 314, 319, 346, 370, 387, 388, 452, 454, 458, 466, 470, 478, 480, 484, 492, 518, 530, 614, 646, 653, 672, **698**, 702, 708, 718, 723, **726**, 732, 758
国家安全保障　national security　756
国会開設　establishment of the diet　312
国家理性　reason of state［仏］raison d'État［独］Staatsräson　47, **110**, 327, 422
国権主義　jurisdictionalism［伊］giurisdizionalismo　152
骨相学　phrenology　219
古典主義　classcism　406
古典派経済学　classical political economy　188, 211, **244**, 340, 373
子どもと家庭のメールヒェン　［独］Kinder-und Hausmärchen　427
コナトゥス　［ラ］conatus　57
コペルニクス的転回　［独］Kopernikanische Wendung　344
コミュナリズム（宗派主義）　communalism　435
コミュニケーション　communication　93, 593, 621, 625, 637, 665, 671, 673, 769
コミュニタリアニズム　communitarianism　649, 651, 674, **676**, 733
コミンテルン　［露］Communist International　299, 333, 444, 459, 476
コモン・センス　common sense　151, 198, 249
コモン・ロー　common law　236, 250
コルベルティスム　［仏］Colbertisme　204
コンヴィヴィアリティ（自立共生的関係）　conviviality　434
混合政体　mixed government, mixed constitution　47, 67, 120, 238, 675
コンコルダート　concordat　398
コンフレリィ（兄弟団）　［仏］confrérie　369

■さ

差異　deference　267, 440, 462, 595, 626, 630, 633, 634, 684, 686
災害　natural disaster　**760**
財貨共有制（財産共同体）　［独］Gütergemeinschaft　334
再帰的　recursive　625
再帰的近代化　reflexive modernization　754
財政軍事国家　fiscal-military state　55
再生産　reproduction　244, 266, 268, 352, 723

再生産労働　reproductive work　685
最大多数の最大幸福　the greatest happiness of the greatest number　69, 136, 236, 247, 286
最適者生存　survival of the fittest　386
サイバネティクス　cybernetics　769
再分配　redistribution　607
サイボーグ　cyborg　687
催眠　hypnosis　598
差延　difference［仏］différance　631, 633, 635
作業　Arbeit［独］occupation［仏］travaille　572
搾取　exploitation［独］Ausbeutung　623
差別　discrimination　87, 266, 301, 303, 434, 440, **462**, 492, 684, 688, 740, 744, 763
サラマンカ学派　School of Salamanca　85, 446
三月革命　［独］Märzrevolution　518, 544
参加民主主義　participatory democracy　339
産業化　industrialization　**364**
産業革命　Industrial Revolution　130, 301, 364, 366, 372, 518, 722, 774
産業社会　industrial society　538, 754
産業主義　industrialism　364, 774
産業的中産層　industrious middle class　375
産業の社会化（国有化）　socialization of industries　437
産業の民主化　industrial democracy　437
サン=シモン主義　［仏］Saint-Simonisme　280, 324, **330**, 365, 392
三十年戦争　［独］Der Dreißigjährige Krieg　264
サンディカリズム　［仏］syndicalisme　299, 338, 393, 438, 450
三民主義　(Sun Yat-sen's) Three Principles of the People　215

■し

慈愛　［ラ］caritas　59
私悪すなわち公益　Private Vices, Public Benefits　138, 171, 174
シヴィック・ナショナリズム　civic nationalism　297
ジェノサイド　genocide　**488**, 739
ジェノサイド条約　Genocide Convention　440, 488
ジェンダー　gender　30, 35, 269, **684**, 691
ジェンダー・パフォーマティヴィティ　gender performativity　695
ジェントルマン理念　the Gentleman Ideal　587
シオニズム　Zionism［独］Zionismus［仏］sionisme　453, **492**
自我　［独］Ich　345
シカゴ学派（社会学）　Chicago school（sociology）　525
四季協会　［仏］Société des Saisons　342
自己愛　self-love［仏］amour-propre　135, 138, 170, 173, 194, 220, 232
志向性　［独］Intentionalität　600
自己産出（オートポイエーシス）　autopoiesis　625
自己責任　self-responsibility　755
自己組織　self-organization　624
自己保存　［独］Selbsterhaltung　53, 108, 115, 168, 172, 220, 260, 506
四書　［日］Sisho　78
市場原理主義　market fundamentalism　655
事象そのものへ　［独］zu den Sachen selbst　600
システム論　system theory［独］Systemtheorie　624
自省的（自省性）　reflective　625
自生的秩序　spontaneous order　232, 653
自然権　natural right　52, 57, 66, 108, 118, 121, 125, 126, 168, 232, 248, 340, 648, 655, 656, 682, 698
自然支配　［独］Naturbeherrschung　506
自然宗教　natural religion　164
自然状態　state of nature　52, 108, 111, 113, 117, 118, 127, 168, 228, 230, 232, 648, 738
自然神学　natural theology　137, **164**, 166, 384
自然的秩序　［仏］Ordre naturel　208
自然哲学　natural philosophy［独］Naturphilosophie　196, 410
自然法（自然法学）　law of nature［ラ］lex naturae［独］Naturrecht［仏］droit naturel　23, 43, 52, 54, 59, 72, 93, 108, **116**, 118, 122, 125, 126, 137, 150, **168**, 175, 228, 240, 392, 424, 446
持続可能な発展　sustainable development　773
自治の共和国　self-government republic　66
七年戦争　Seven Years' War　22
実験的方法　experimental method　90
実証主義　postivism［仏］positivisme［独］Positivismus　330, 378, **392**, 530, 596
実践理性　practical reason［独］praktische Ver-

nunft　233
実存　[独]Existenz　345
実存主義　existentialism [仏]existentialisme　12, 547, **618**
シティズンシップ（市民権）　citizenship　72, 294, 462, 639, 733, 744
自動記述　[仏]l'écriture automatique　564
支配服従契約　contract of government　118
ジハード　jihad　639
死亡表　bills of mortality　422
資本主義　capitalism [独]Kapitalismus [仏]capitalisme　4, 28, 42, 130, 213, 244, 272, 305, 320, 332, 339, 350, 352, **354**, 356, 364, 366, 372, 403, 430, 464, 472, 500, 502, 504, 516, 520, **540**, 620, 622, 646, 700, 702, 706
市民　citizens　10, 19, 61, 64, 66, 72, 112, 120, 174, 212, 230, 233, 240, 262, 276, 323, 478, 554, 651, 670, 672, 674, 718, 730, 748
市民運動　citizens' movements　660, 673, 744, **748**, 749
市民革命　bourgeois revolution　43, 121, 266, 682, 722
市民権（シティズンシップ）　citizenship　72, 294, 462, 639, 733, 744
市民社会　civil society [独]Zivilgesellshaft　10, 32, 130, 212, 319, 348, 551, 617, 624, 641, 670, 673, 690, **718**, 748
市民的公共圏　[独]bürgerliche Öffentlichkeit　191, **212**, 670, 672
市民的人文主義　civic humanism　63, 64, 66, 175, 407
市民的不服従　civil disobedience　745
邪悪な利益　sinister interest　237
社会学　sociology　15, 378, 387, 392, 500, **530**, 539, 716, 728
社会契約説（社会契約論）　social contract theory [仏]théorie du contrat sociale [独]Vertragstheorie　43, 55, 91, 109, 113, **118**, 120, 137, 153, 186, 229, **232**, **234**, 241, 248, 322, 425, 648, 718
社会国家　[独]Sozialstaat　368, 670
社会史　social history [独]Sozialgeschichte [仏]histoire sociale　**532**
社会システム理論　theory of social system　510
社会主義　socialism [独]Sozialismus [仏]socialisme　5, 106, 229, 257, 262, 279, 311, 320, 330, 332, **338**, 340, 348, 360, 364, **374**, 417, 421, 436, 442, 444, 472, 514, 530, 650, 724
社会主義計算論争　socialist caliculation debate　516, 606, 654
社会主義リアリズム　socialist realism　395
社会進化論　social evolutionism　113, 283, 295, **386**
社会政策　social policy [独]Sozialpolitik　518
社会政策学会　[独]Verein für Sozialpolitik　519
社会ダーウィン主義（社会ダーウィニズム）　Social Darwinism [独]Sozialdarwinismus　386, 391, 559
社会的　[英・仏]social [独]sozial　368
社会的市場経済　[独]Soziale Marktwischenschaft　479
社会的排除　social exclusion　371
社会民主主義　social democracy [独]Sozialdemokratie [仏]social-démocratie　338, **436**, 650, 699
社会問題　social question [仏]question sociale　5, **336**, 340, 371, 518, 524, 698
社会有機体論（社会有機体説）　theory of social organism [独]Organismustheorie der Gesellschaft [仏]théorie du organisme social　294, **388**, 534
社会連帯主義　[仏]solidarité sociale　479
社交性　sociability [ギ]oikeiosis [ラ]appetitus societatis　116, **172**
ジャコバン主義　[仏]jacobinisme　262
奢侈　luxury [仏]luxe　135, **176**, 528
写実主義（リアリズム）　realism [仏]réalisme [独]Realismus　394
奢侈論争　Luxury debate　139, **176**
写真　photography　590
ジャーナリズム　journalism　536
ジャンセニスム（ジャンセニスト）　[仏]Jansénisme, Jansenist　89, 160
主意主義　voluntarism　54, 93
自由意志　free will [ラ]liberum arbitrium [仏]libre arbitre　88
自由学芸　liberal arts　69
自由教会（無教会）運動　free church movement [独]Freikirchliche Bewegung　574
宗教改革　[英・独]Reformation [仏]Réforme

42, 48, 50, **82**, 84, 86, 97, 120, 124, 160, 166, 645
宗教的社会主義　religious socialism　375
集合意識　conscience collective　378
私有財産制批判　［独］Kritik des Privateigentums **334**
集産主義（集産化）　collectivism, collectivization　439, 503
自由主義（リベラリズム）　liberalism　59, 93, 149, 187, 212, 257, 272, 276, **282**, **284**, 303, **478**, 503, **650**, 706
重商主義　mercantilism　23, 55, **204**, 211, 216, 264
囚人のディレンマ　prisoners' dilemma　53
従属理論　dependency theory　29, 523
集団安全保障　collective security　756
集団的記憶　collective memory　**734**
集団別権利　group-differentiated rights　733
自由党　Liberal Party　312
重農主義（フィジオクラシー）　physiocracy　177, 187, **208**, 243
重農主義者（フィジオクラート）　physiocrats　146, 213
住民運動　residents' movements　**748**
自由民権運動　freedom and people's rights movement　**312**
自由連想　free association　598
儒教　Confucianism　43, **76**, 78, 163, 215
主権　sovereignty　［仏］souveraineté　［独］Souveränität　32, 43, **108**, 119, 120, 127, 184, 206, 231, 241, 252, 254, 285, 424, 484, 726, 730, 757, 764
朱子学　the Zhu-Xi school of Neo-Confucianism　76
主体　subject　［仏］sujet　32, 88, 249, 287, 344, 349, 545, 546, 573, 577, 598, 620, 624, 626, 628, 630, 632, 636, 686
主体の理論　［仏］Théorie du sujet　627
主知主義　intellectualism　93
シュトゥルム・ウント・ドラング　［独］Sturm und Drang　412
シュルレアリスム　surrealism　［仏］Surréalisme　431, 563, **564**, 568
商業　commerce　74, 135, 144, 152, 174, 176, 180, 210, 324, 541, 592
情動　affect　170, 550

情動論　affect theory　695
承認　recognition　294, 319, 351, 369, 557, 621, 732
情念　［英・仏］passion　［独］Affekt, Leidenschaft　138, **170**, 172, 186, 324
常備軍　standing army　180
消費社会論　theories of consumer society　**716**
情報化　informatization　768
勝利者史観（ホイッグ史観）　whiggish historiography　585
植民地　colonies　9, 22, 30, 130, 147, 205, 207, 222, 250, **258**, 300, 434, **446**, 448, 454, **458**, 466, 497, 588, 638, 645, 703, 731, 736
女性解放運動　women's liberation movement　688
女性解放思想　emancipation of women　266
女性協同組合ギルド　Women's Co-operative Guild　329
女性参政権　women's suffrage　267, 688
所有権　property　［仏］propriété　［独］Eigentum　55, 72, 117, **122**, 127, 168, 208, 254, 348, 360, 519
ジロンド派　Girondins　147
仁愛　benevolence　73, 136, 171, 194, 196
進化　evolution　295, 387, 478, 522
進化論　evolution theory　384, 386, 390, 440
新カント派　neokantianism　［独］Neukantianismus　**416**, 472
新救貧法　1834 English New Poor Law　292, 370, 372
新旧論争（古代・近代論争）　Ancient-Modern Controversy　［仏］Querelle des Anciens et des Modernes　**100**, 203, 216, 218, 260, 568
新教育　progressive education　［独］Reformpädagogik　［仏］éducation nouvelle　572
神経症　neurosis　598
人権　human rights　［独］Menschenrechte　254, 266, 557, **682**
人権宣言（人間と市民の権利の宣言）　［仏］Déclaration des Droits de l'Homme et du Citoyen　121, 241, 254, 263, 266, 288, 302, 678, 682
人工知能　artificial intelligence　769
信仰復興運動（大覚醒）　Great Awakenings　250
人口論争　population debate　101, **216**
新左翼（ニューレフト）　new left　339, 367, 685

真実和解委員会　Truth and Reconciliation Commission　489
新自由主義（ネオリベラリズム）　neoliberalism　269, 297, 373, 478, 514, 653, 654, 700, 702, 704, **706**, 711, 719, 724, 751, 765
人種主義（人種差別）　racism　29, 386, **440**, 452, 482, 522, 765
人新世　Anthropocene　773
新即物主義　［独］Neue Sachlichkeit　571
人的資本　human capital　707
人道に対する罪　crime against humanity　488, 497, 737
神秘主義　mysticism［独］Mystik［仏］mysticisme　70, 85, **102**, 575, 580
神秘的合一　［ラ］unio mystica　103
新プラトン主義　neoplatonism　**70**, 103
人文主義　humanism　47, 49, 61, 62, **64**, 70
新保守主義　neoconservatism　714
新マルサス主義　neo-Malthusianism　217
親密圏　intimate sphere　**692**
人民憲章（ピープルズ・チャーター）　People's Charter　292
人民主権　popular sovereignty　32, 109, 229, 241, 360
人民戦線　［仏］Front Populaire　477
人倫　［独］die Sittlichkeit　691
人類学　anthropology　**604**

■す

推測的歴史　conjectural history　**202**, 210
崇高　the sublime［独］das Erhabene　**260**
スカーフ事件　［仏］affaire du foulard　399
スコットランド啓蒙　Scottish Enlightenment　23, 26, 136, **148**, 161, 166, 175, 181, 185, 186, 221, 282, 306, 718
スコットランド常識哲学　Scottish Common Sense Philosophy　198
スコットランド道徳哲学　Scottish moral philosophy　**196**, 210
スコラ神学　scholastic theology　48
スターリニズム　stalinism　33, 34, 481, 616
ストア主義　Stoicism　137
ストア派　Stoa, Stoics　116
スピリチュアリズム（唯心論）　［仏］spiritualisme　393, **396**

スペイン内戦　Spanish Civil War［西］Guerra Civil Española　481
スラヴ主義　slavofilism［露］slavyanofil'stvo　**486**

■せ

西欧マルクス主義　Western Marxism　620, 622
性科学　sexology［独］Sexualwissenschaft　**576**
性格形成原理　the principle of the formation of the human character　326
生活改革運動　［独］Lebensreformbewegung　**558**
生活世界　［独］Lebenswelt　27, 600, 620, 670
生活様式　manners　150, **218**
正義　［ラ］justitia　59, 116, 126, 148, 169, 188, 212, 233, 286, 648, 650, 656, 676, 681, 705, 710, 750
生権力　biopower［仏］biopouvoir　629, **764**, 777
政治経済学　political economy［仏］économie politique　148, 158, 174, 208, 337, 341, 421
政治算術　political arithmetic　158, **178**
政治的公共圏　［独］politische Öffentlichkeit　212, 643, 672
政治文化　political culture　213
精神分析　psychoanalysis［独］Psychoanalyse　506, 551, 576, **598**, 620, 626, 628, 685
生政治　biopolitics　629, 764
正戦論　just war theory　126, 738
生態系　ecosystem　535
生得観念　innate idea　59, 91, 92, 164
聖なるもの　［仏］sacré　379
西南戦争　Satsuma Ribellion　312
青年運動　［独］Jugendbewegung　554
青年ヘーゲル派　［独］Junghegelianer　346
生の哲学　［独］Lebensphilosophie　412, 450, 597
生の躍動　［仏］élan vital　450
生命倫理　bioethics　765, **776**
勢力均衡　balance of power　187, **206**, 467, 470
世界システム論　theory of world system　464, 523, **646**, 704
世界大恐慌　The Great Depression　520
世界戦争　world war　**466**, 469
セクシュアリティ　sexuality　576, 629, 636, 685, 686, 765
世俗化論　secularization theory　642
世俗国家　secular state［仏］État séculier　398
世俗社会　secular society　398, **642**

絶対主義　absolutism　101, 118, 125, 238, 284, 304, 388, 418
絶滅収容所　［独］Vernichtungslager　490
全インド・ムスリム連盟　All India Muslim League　435
全国憲章協会　National Charter Association　293
戦後主体性論争　debate on subjectivity in postwar　663
戦後責任　postwar war responsibility　496
戦後マルクス主義　marxism in postwar Japan　662
戦後民主主義　democratic discourses in postwar Japan　660
先住民　indigenous peoples　113, 126, 304, 489, 732, **738**
戦争状態　state of war　53, 108, 127
戦争責任　war responsibility　［独］Kriegsschuld　496
戦争と平和　war and peace　［ラ］bellum et pax　126
戦争の権利　the right of war　127
全体史　［仏］histoire totale　532
全体主義　totalitarianism　33, **480**, 614, **616**, 682, 704, 712
全労働収益権　the right to the whole produce of labor　341

■そ

ソヴィエト　Soviet　338, 438, 442
相互扶助　mutual aid　169, 328, 338, 366, 369, 387, 518, 699, 708
創造的破壊　creative destruction　523
想像の共同体　imagined communities　419, 720, 728
相対主義　［独］Relativismus　405, 568
相対的剥奪　relative deprivation　371
ソヴナルコム（人民委員会議）　［露］Sovnarkom　443
総評議会　the general council　298
贈与　gift　607
総力戦　total war　207, 269, **466**, 480, 496, 573, 746
疎外　［独］Entfremdung　319, 320, 345, 347, **348**, 623, 628
疎外論　theory of alienation　［独］Theorie der Entfremdung　**348**, 351, 623
ソーシャル・セツルメント　social settlement　508
ソッツィーニ主義　Socinianism　164
ソフィスト　sophist　62

■た

第一インターナショナル　The First International　436
第一次世界大戦　World War I　430, 470, 508
対外文化政策　［独］Auswärtige Kulturpolitik　588
代議制（代表制）民主主義　Representative Democracy　248, 430
大航海時代　Age of Great Navigations　74, 112, 162, 440, 446
対抗宗教改革　Counter Reformation　［独］Gegenreformation　［仏］Contre-réforme　82, **84**, 152
第三世界　The Third World　459, 523, 639, 742
大衆（群集）　mass［crowd］　32, **538**, 660, **712**, 716
大衆社会論　theories of mass society　**712**
大衆の貧困　［仏］paupérisme　336, 370, 518
大衆文化　popular culture　305, 621
大衆民主主義（大衆デモクラシー）　mass democracy　480, 573, 592, 712
大正デモクラシー　Taisho Democracy　4, 461, 484
大数の法則　law of large numbers　［仏］loi des grands nombres　423
対テロ戦争　war on terror　**758**
第二インターナショナル　The Second International　333, 476
第二次世界大戦　World War II　430, 459
第二帝政　［仏］le Second Empire　315
第二バチカン公会議　Second Vatican Council　742
大日本帝国憲法　Constitution of the Empire of Japan　425
多系的近代化　multiple modernities　30, 669
多元的国家論　political plularism　375
多元論（多元主義）　pluralism　291, **556**, 643
ダダ　［英・仏・独］Dada　**562**, 564
脱学校論　deschooling　723
脱構築　［仏］déconstruction　29, 35, 547, 627,

631, 633, 635
脱産業化社会　post-indnstrial society　717
脱自　［ギ］exstasis　102
脱商品化　decommodification　700
脱植民地　post-colonial　449
他人指向　other-directed　539
多文化主義（マルチカルチュラリズム）　multi-culturalism　339, 557, 677, **732**
男根ロゴス中心主義　［仏］phallogocentrisme　631
男女差別　gender discrimination　462
男女平等　gender equality　462
単独行動主義　unilateralism　122
耽美主義（唯美主義）　aestheticism［独］Ästhetizismus［仏］esthétisme　400

■ち

治安維持法　maintenance of public order law　485
力への意志　［独］Der Wille Zur Macht　29, 412, 545, 636
地球温暖化　global warming　754
知識社会学　sociology of knowledge［独］Wissenssoziologie　15, 106, 381
知識人　intellectuals　16, 64, 144, 160, 382, 706
地政学　geopolitics［独］Geopolitik　454, 522
知能指数（IQ）　intelligence quotient　573
チャーティスト　Chartist　292, 327
チャーティスト運動（チャーティズム）　Chartism　**292**, 366
中間技術　intermediate technology　535
中間集団　intermidiate group　280, 719
中国革命　Chinese Revolution　444
中流階級　middle class　306
超越主義　transcendentalism　414
長期持続　［仏］longue durée　533
超国家主義　transnationalism　475
超自我　［独］Überich　550, 576
超人　［独］Übermensch　29
朝鮮実学　［日］*chousenjitsugaku*　77

■つ

通俗哲学　［独］Popularphilosophie　155
通常科学　normal science　585

■て

ディアスポラ　diaspora　**474**
抵抗権　right of resistance［仏］Résistance à l'oppression［独］Widerstandsrecht　55, 116, 120, **124**, 127, 425
帝国　empire　112, 258, 272, 442, 446, 448, 458, 464, 472, 474, 496, 736
帝国主義　imperialism　258, 355, 390, 444, 458, **464**, 476, 496, 523, 587, 614, 616, 646, 703, 731, 736
ディスクール　discourse［仏］discours［独］Diskurs　577, 627, **634**, 637
底辺への競争　race to the bottom　701
適応策　accomodation　78, 85
適正（適宜性）　propriety　188
テクノロジー　technology　591, **774**, 776
デザイン論証　argument from design　164
哲学的急進主義　Philosophic Radicalism　245
デモクラシー　democracy　32, 57, 121, 284, 515, 650, **658**, 660, 671, 712, 729
デュルケーム学派　［仏］école durkheimienne　378
テロリズム　terrorism　758
転移　transference　599
田園都市　garden city　525
伝染病　epidemics　**762**
天文学　Astronomy　98
典礼論争　Rites Controversy　78

■と

ドイツ観念論　［独］Deutscher Idealismus　229, 283, **344**, 380
ドイツ工作連盟　German Association of Craftsmen［独］Deutscher Werkbund　421, 561, 566
ドイツ神秘主義　［独］Deutsche Mystik　103
ドイツ青年運動　［独］Jugendbewegung　561
ドイツ農民戦争　［独］Deutscher Bauernkrieg　49
ドイツ歴史学派　［独］Historische Schule der deutschen Nationalökonomie　402, 522
ドイツ・ロマン派　［独］Deutsche Romantik　410
同一化　identification［独］Identifikation　539, 550
統一戦線　united front　444

同化　assimilation　449
同感（共感）　sympathy　24, 148, 167, 186, 188, 194, 197, 199, 223
道教　Taoism　76
東京裁判（極東国際軍事裁判）　International Military Tribunal for the Far East　471, 497
道具的理性　instrumental reason　［独］instrumentelle Vernunft　33, 431, 617, 621
統計革命　statistic revolution　422
統合的エコロジー　integral ecology　681
投資銀行　investment bank　541
統治性　governmentality　［仏］gouvernementalité　336, 629, 667, 764
道徳感覚　Moral Sense　91, 136, 171, 188, **194**, 197, 198, 221
道徳感情　moral sentiment　188, 195, 199, 279
道徳哲学　moral philosophy　73, 137, 148, 188, 196, 198, 230
道徳統計　［仏］statistique morale　423, 524
陶冶（形成）　［独］Bildung　319, 345, 718, 722
独裁　dictatorship　338, 714
独断主義　［仏］dogmatisme　94
都市　city　［仏］ville　［独］Stadt　33, **524**
都市生態学　urban ecology　525
都市民俗学　urban folklore　526
土台–上部構造　［独］Basis und Überbau　356
ドナトゥス派　Donatists　96
ドーポラヴォーロ　dopolavoro　480
トマス主義　Thomism　160
「富と徳」論争　wealth-and-virtue debate　**174**
トーリー　Tory Party　55, 245
奴隷解放運動　abolitionism　**300**
奴隷制　slavery　300, 415, 744
トレード・ユニオニズム　Trade Unionism　366
ドレフュース事件　Dreyfus Affair　492
トレント公会議　Council of Trent　84

■な

内国植民地　internal colony　449
内発的発展論　theory of endogenous development　523
ナショナリズム　nationalism　204, 257, 272, **296**, 311, 361, 410, 419, 430, 452, 457, 460, 492, 509, 703, 714, **728**
ナチス　［独］Nationalsozialistische Deutsche Arbeiterpartei　389, 391, 440, 471, 480, 488, 490, 558, 601, 614, 734
ナチズム　［独］Nationalsozialismus　33, 391, 456, 482, 506, 616, 712
ナルシシズム　［独］Narzißmus　551
ナロードニキ　［露］narodniki　**310**
ナントの勅令　［仏］Édit de Nantes　55
難民　refugee(s)　430, 474, 493, 639, 730

■に

二月革命　February Revolution　339, 360
日米安全保障条約　Japan-US security treaty　756
ニヒリズム　［独］Nihilismus　29, 544, 547, 552
日本資本主義論争　the Debate on Japanese Capitalism　7, 461
日本人論　discorses on Japanese civilization, Nihonjinron　579, **668**
日本文化論　discorses on Japanese civilization　**668**
日本浪漫派　the Japanese romantic school　602
ニューディール　New Deal　679
ニュー・リベラリズム　new liberalism　283
ニュルンベルク裁判　the Nuremberg trials　［独］Nürnberger Prozess　471, 488
ニューレフト（新左翼）　new left　339, 367, 685
人間生態学　human ecology　534
人間性に関する原理　the principle on human nature　326
人間知識の体系図解　［仏］Système figuré des connaissances humaines　191
人間中心主義　anthropocentrism　772
人間と市民の権利の宣言（人権宣言）　［仏］Déclaration des Droits de l'Homme et du Citoyen　121, 241, 254, 263, 266, 288, 302, 678, 682
人間の安全保障　human security　757
人間の政治　human politics　771

■ね

ネイション（国民／民族）　nation　296, 441, 727, 728
ネオ・スラヴ主義　Neoslavism　487
ネオリベラリズム（新自由主義）　neo-liberalism　269, 297, 373, 478, 514, 650, 653, 654, 700, 702, **706**, 711, 719, 724, 751, 765

■は

バイオテクノロジー　biotechnology　776
排外主義　exclusionism　441
バウハウス　［独］Bauhaus　421, **566**
パクス・アメリカーナ　Pax Americana　455
博物学　natural history　［仏］histoire naturelle　**224**
パターナリズム　paternalism　257, 282
発達心理学　developmental psychology　710
パノプティコン　panopticon　237
パラダイム　paradigm　585
パリ・コミューン　Paris Commune　361
バロック　Baroque　85
パン・スラヴ主義　Panslavism　486
反革命　［仏］contre-révolution　288, 361
反革命・反動の思想　［仏］contre-révolution réaction　**288**
反教権主義　［仏］anticléricalisme　393, 398
反グローバリゼーション運動　anti-globalization movement　703, 750
反啓蒙　［仏］anti-Lumières　143
反公害住民運動　anti-pollution resident's movement　770
汎神論　［独］Pantheismus　56, 140, 392, 411
反戦運動　anti-war movement　476
反戦平和運動　antiwar movements　**746**
反帝国主義連盟　the Anti-Imperialist League　508
反デカルト主義　Anti-Cartesianism　290
万人の万人に対する戦争　the war of all against all　［ラ］bellum omnium contra omnes　127, 738
反復強迫　repetition compulsion　507, 599
万民法　the law of nations　［ラ］jus gentium　72, 116
反ユダヤ主義　anti-Semitism　［独］Antisemitismus　［仏］antisémitisme　29, 303, **308**, **452**, 480, 492, 507, 558, 734
販路説　［仏］la loi des débouchés　520

■ひ

美　the beautiful　［独］das Schöne　260, 400, 560
ピアレビュー　peer review　582
比較歴史社会学　［独］vergleichende historische Soziologie　31
東インド会社　East India Company　204, 259, 446, 578
ヒステリー　hysteria　577, 599
否定神学　apophatic theology　［独］Negative Theologie　**574**
批判的理性　critical reason　［独］kritische Vernunft　154, 621
批判理論　critical theory　［独］Kritische Theorie　**620**, 641
ピープルズ・チャーター（人民憲章）　People's Charter　292, 366
非暴力　non-violence　434
百科全書　encyclopedia　［仏］Encyclopédie　69, 91, 140, 141, 153, **190**, 213, 224, 392
ヒューマニズム　humanism　42, 368, 544, 772
評議会共産主義　Council Communism　［独］Räte Kommunismus　439
表現主義　［独］Expressionismus　406, 568
平等主義　egalitarianism　650, **656**
ヒラーファト運動　Khilafat Movement　435
貧困　poverty　［仏］pauvreté　［独］Armut　83, 216, 322, 336, 364, **370**, 372, 698, 743, 766
貧民　Pauper　320, 336, 366, 370, 372, 518, 698

■ふ

ファシズム　fascism　29, 33, 450, 477, **480**, 562, 616, 714
ファランジュ　［仏］Phalange　324
不安　［独］Angst　619
フィジオクラシー（重農主義）　physiocracy　［仏］physiocratie　177, 187, **208**, 243
フィジオクラート（重農主義者）　physiocrate　146, 185, 213
フィロゾーフ　philosophe　69, 141, 222
風土　climate　218
フェデラリスト　Federalists　**252**
フェミニズム　feminism　39, 213, 235, 339, 437, 463, 507, 621, 631, 649, **684**, **688**, 710, 732
フェビアン協会　The Febian Society　375
フォーディズム　Fordism　**504**
福祉国家（福祉社会）　welfare state　［独］Sozialstaat　369, 371, 372, 390, 502, 512, 518, 521, 650, **698**, 708, 754, 765
福島第一原発事故　Fukushima Daiichi Nuclear accidents　495, 749

普通選挙　universal suffrage　292
仏教　[日]bukkyo　76
物象化（物化）　[独]Versachlichung　350, 409, 531, 623, 506, 663
物理神学　physical theology　69
普仏戦争　The Franco-Prussian War　298, 587
普遍主義　universalism　[独]Universalismus　458, 557, 683, 699
プラクシオロジー　praxeology　654
プラグマティズム　pragmatism　12, 290, 407, 508
ブラック・パワー　black power　745
プラハ言語学サークル　[チェ]Pražská lingvistická škola　594
ブランキ主義　Blanquism　342
フランクフルト学派　Frankfurt school　[独]Frankfurter Schule　27, 34, 351, 452, 506, 549, 620, 622, 642, 670, 691
フランス革命　French Revolution　[仏]Révolution française　[独]Französische Revolution　23, 109, 121, 125, 130, 144, 157, 209, 229, 233, 241, 248, 254, 262, 266, 276, 280, 284, 288, 302, 306, 318, 336, 344, 358, 392, 396, 398, 406, 452, 758
フランス啓蒙　French enlightenment　23, 144, 160, 166
フランス啓蒙思想　French Enlightenment　[仏]Lumières　144
フランス・ロマン主義　[仏]romantisme français　408
フーリエ主義　[仏]Fouriérisme　324
プルードン主義　Proudhonism　360
プロテスタンティズム　protestantism　50
プロテスタント　protestant　42, 48, 51, 55, 82, 84, 86, 160, 162, 355, 398, 742
プロパガンダ　propaganda　592
プロレタリアート　[独]Proletariat　332, 352, 445, 450, 623, 640
文化記号論　cultural semiotics　595
文化産業　culture industry　[独]Kulturindustrie　507, 616, 621, 672
文化進化論　cultural evolutionism　604
文化人類学　cultural anthropology　526, 597, 604
文化相対主義　cultural relativism　636
文化ペシミズム　[独]Kulturpessimismus　552
文化本質主義　cultural essentialism　31, 579, 668

分業　division of labour　123, 139, 148, 189, 210, 248, 349, 378, 421, 688, 690, 702
文芸共和国　republic of letters　[仏]république des lettres　68
文芸的公共圏　[独]literarische Öffentlichkeit　212, 672
分析的マルクス主義　analytical Marxism　623
分析哲学　analytic philosophy　623
文明　civilization　4, 22, 75, 99, 112, 140, 142, 148, 176, 218, 222, 232, 272, 304, 387, 418, 430, 434, 446, 506, 553, 669, 718, 736
文明開化　civilization and enlightenment　418

■へ

平和学　peace research, peace studies　489
平和主義　pacifism　476, 509, 737
ヘゲモニー　hegemony　[伊]egemonia　311, 381, 481, 588, 640, 715
ベーシック・インカム　basic income　701, 709
ペシミズム　pessimism　552
ベトナム戦争　Vietnam War　746
ベ平連　[日]Beheiren　661, 746, 748
弁証法　[独]Dialektik　319, 506

■ほ

ホイッグ　Whig Party　55
防疫　prevention　762
暴君放伐論　monarchomachia　120
防災　natural disaster management　760
暴政　tyranny　127, 323
法治国家　[独]Rechtsstaat　479
法の支配　rule of law　23, 119, 144, 186, 238, 451, 653, 674
方法論争　[独]Methodenstreit　402
亡命者同盟　[独]Bund des Geächteten　[仏]fédération des bannis　334
暴力　violence　127, 223, 434, 440, 450, 488, 507, 614, 687, 738, 745, 758
補完性原理　subsidiarity　[独]Subsidiarität　519, 681
保護主義　protectionism　204
保守革命　[独]konservative Revolution　456
保守主義　conservatism　[仏]concervatisme　[独]Konservatismus　256, 280, 285, 456, 650
ポスト形而上学的な思考　[独]postmetaphysis-

ches Denken　644
ポスト構造主義　poststructuralism　[仏]poststructuralisme　620, 627, **630**, 632, 637, 638, 686
ポストコロニアリズム　postcolonialism　29, 35, 605, 611, 631, **638**, 721, 732
ポスト世俗社会　post-secular society　**642**
ポスト・フォーディズム　post-fordism　504, 517
ポスト・マルクス主義　post-marxism　641, 663, 715
ポストモダニズム（ポストモダン）　postmodernism, postmodern　35, 57, 93, 362, 547, 549, 571, 605, 621, 630, 632, 686, 735
ポスト冷戦　the post-cold war　610, **724**
ボナパルティズム　Bonapartism　[仏]bonapartisme　**314**, 353, 365
ポピュリズム　populism　38, 311, 514, 650, 659, 713, **714**
ホモソーシャリティ　homosociality　694
ボリシェヴィキ　[露]Bol'sheviki　333, 353, 383, 439, 442, 481, 640
ホロコースト　[英・独]Holocaust　29, 391, 451, 453, 482, 488, **490**, 513, 734
本人のもの　what is one's own　[ラ]suum　116, 122, 126
本来性　[独]Eigentlichkeit　546, 618

■ま
マグナ・カルタ　[ラ]Magna Carta　250, 678, 682
マネジメント（経営管理）　management　516
マルクス主義　Marxism　6, 26, 268, 273, 311, 315, 320, 338, 348, 355, 356, 361, 381, 408, 436, 442, 450, 463, 465, 472, 548, 620, **622**, 626, 641, **662**, 685, 700, 719, 739, 746, 748
マルチカルチュラリズム（多文化主義）　multiculturalism　339, 557, 677, **732**
満洲　Manchuria　447, 448, 471
マンチェスター学派　Manchester school　282
マンハッタン計画　Manhattan Project　582

■み
見えない手　invisible hand　189, 521, 702
ミッション　missionary　85, **162**
水俣病患者　Minamata sufferers　770
ミメーシス　[独]Mimesis　506

未来派（未来主義）　[伊]futurismo　562, 568
民芸運動　Mingei Movement　420
民衆　people　4, 57, 62, 67, 68, 108, 208, 212, 255, 263, 306, 358, 363, 382, 388, 442, 460, 554, 639, 714, 762
民主主義　democracy　67, 131, 187, 212, 248, 279, 291, 292, 323, 334, 338, 368, 394, 436, 444, 462, 478, 557, 592, 615, 641, 660, 678, 698, 702, 714, 718, 724, 729, 731
民族　[独]Volk　8, 112, 218, 296, 302, 308, 426, 441, 442, 444, 446, 458, 470, 472, 474, 479, 486, 488, 500, 526, 546, 557, 604, 726, 728, 732, 736, 738
民俗学　folklore　426, **526**
民兵　militia　66, 148, 174, **180**, 211
民兵論争　miltia controversy　**180**

■む
無神論　atheism　[仏]athéisme　56, 78, 115, **166**, 229, 398
無政府主義（アナキズム）　anarchism　7, 360, **362**, 387, **438**, 565, 689, 751

■め
明治維新　Meiji Restoration　5, 313, 418, 448, **460**
名誉　honor　[仏]honneur　172, 185, **220**, 247
名誉革命　Glorious Revolution　22, 149, 164, 187, 248, 250, 266
メシアニズム　messianism　451
メンシェヴィキ　[露]Men'sheviki　353, 442

■も
モダニズム　modernism　461, 527, 561, **568**
モナド　[仏]monade　59, 79
模倣　[仏]imitation　539, 712
舫い　mooring　771
モラル・サイエンス　moral science　502
モンペルラン協会　Mont Pèlerin Society　654, 706

■や
野蛮　barbarism　33, 75, **112**, 162, **222**, 446, 491, 506

事項索引　837

■ゆ

唯心論（スピリチュアリスム）［仏］spiritualisme　393, **396**

唯美主義（耽美主義）　aestheticism［独］Ästhetizismus［仏］esthétisme　**400**

唯物史観　materialist view of history［独］die materialistische Geschichtsauffassung　320, **356**, 662

唯物論　materialism［独］Materialismus［仏］matérialisme　114, **192**, 229, 320, 344, 356, 416, 620

友愛　［仏］fraternité　368, 633

有閑階級　leisure class　**528**

有機的連帯　［仏］solidarité organique　338, 369, 378

優生（学）　eugenics［独］Eugenik, Rassenhygiene　385, 386, **390**, 440, 522, 573, 765

優生思想　eugenics concept　390, 440, 765

優先主義　prioritarianism　657, 766

ユーゲントシュティール　［独］Jugendstil　401, 560

ユダヤ神秘主義　Jewish mysticism［独］jüdische Mystik　451, 549, **580**

ユダヤ人問題　Jewish question［独］Judenfrage　302, 452, 490

ユートピア　utopia［独］Utopie［仏］utopie　15, 43, **106**, 142, 216, 332, 566, 620

ユニテリアニズム　unitarianism　414

■よ

陽明学　［日］*youmeigaku*　77, 214

余暇　leisure　**528**, 672

抑制均衡　checks & balances　253, 675

欲望（リビドー）　［ラ］libido　550, 577

予定説　predestination　50, 500

世論　public opinion［仏］opinion publique　141, 153, 186, **306**, 592, 658

■ら

ライシテ　［仏］laïcité　302, **398**

ラッセル＝アインシュタイン宣言　Russell-Einstein Manifesto 1955　477, 494, 761

ラディカル・デモクラシー　radical democracy　663, 673

■り

理　［中］Li　76, 78

理解社会学　［独］Verstehende Soziologie　500, 664

リカード派社会主義　Ricardian socialism　**340**

利己心　self-love　145, 148, 171, **172**, 186, 188, 196, 220, 232, 326

理神論　［仏］déisme　92, 135, 140, **164**, 167, 392

リスク社会　risk society［独］Risikogesellschaft　39, **754**

理想主義　［独］Idealismus　410, 416, 470, 706

リソルジメント　［伊］Risorgimento　361, 640

立憲主義　constitutionalism［仏］constitutionnalisme　43, 108, 119, **120**, 125, 253, **678**

リバタリアニズム　libertarianism　649, 651, **654**, 708

リベラリズム（自由主義）　liberalism　8, 38, 59, 93, 149, 187, 212, 257, 272, 276, **282**, 284, 303, 340, 388, **478**, 503, 616, 649, **650**, 652, 671, 674, 676, **706**, 711, 732

リベラル＝コミュニタリアン論争　liberal-communitarian debate　676

リベラル・ナショナリズム　liberal nationalism　729

良心　conscience　51, 97, 195, 197, **198**, 249, 682

■る

ルサンチマン　［独］Ressentiment　413, 545

ルネサンス　［伊］Rinascimento［英・仏・独］Renaissance　42, **60**, 62, 64, 66, 70, 86, 100, 152, 400

■れ

レイシズム（人種主義，人種差別）　racism　386, **440**, 482, 579, 695, 736, 765

歴史学派　［独］Historische Schule　402, 404

歴史家論争　［独］Historikerstreit　491, 734

歴史言語学　［独］Historische Linguistik, Historische Sprachwissenschaft　578

歴史社会学　［独］historische Soziologie　31, 728

歴史修正主義　historical revisionism　734

歴史主義　［独］Historismus　388, **404**, 560

歴史的アプリオリ　historical a priori［仏］a priori historique　634

歴史的社会科学　［独］historische Sozialwissenschaft　533
歴史認識　historical recognition　**736**
歴史法学　historical jurisprudence　388, 424
レギュラシオン　［仏］régulation　504
レコンキスタ　［西］reconquista　74
レトリック　rhetoric ［仏］rhétorique ［独］Rhetorik　43, **62**, 64
レーニン主義　Leninism　436, 719
連合主義　［仏］la fédéralisme　299, 361
連帯の思想（連帯主義）　［仏］solidalité, solidarisme　368, 371, 699

■ろ

労働運動　labour movement　299, 320, 331, 341, 359, **366**, 472, 750
労働者階級　working class　14, 279, 292, 298, 332, 337, 340, 353, 367, 444, 447, 458, 473, 476, 558, 623, 666, 699, 714, 720
労働所有権論　labour theory of property　122
労働取引所　［仏］Bourse de Travail　438

ロゴス中心主義　［仏］logocentrisme　630, 632
ロシア革命　Russian Revolution　320, 436, **442**
ロッチデール原則　Rochdale Principles　328
ロッチデール公正先駆者組合　Rochdale Equitable Pioneers Society　328
ローマ法　Roman law　43, 58, **72**, 118, 234, 388
ロマン主義（ロマン派）　romanticism ［独］Romantik ［仏］romantisme　115, 143, 281, 388, **406**, **408**, **410**, 513, 554, 578
ロマン連合　［仏］la Fédération romande　298
ロンドン王立協会（ロイヤル・ソサイエティ）　Royal Society　99, 156, 178
ロンドン通信協会　London Corresponding Society　248
ロンドン労働者協会　London Working Men's Association　292

■わ

和解　reconciliation　489, **736**
ワークフェア　workfare　701, 708
湾岸戦争　Gulf War　725, 747

人名索引

*見出し語になっている人名の掲載頁は太字で示してある．カタカナ人名はローマ字による原綴を表示した．人名の後には生没年を示す．

■あ

アイゼンシュタット　Shmuel Noah Eisenstad, 1923-2010　30, 669
アイネシデモス　Ainêsidemos, 80頃-130頃　94
アイヒマン　Adolf Eichmann, 1906-62　490
アウグスティヌス　Aurelius Augustinus（Augustine of Hippo）, 354-430　50, 88, 96, 126, 200
アーガイル公爵（第3代）　Archibald Campbell, 3rd Duke of Argyle, 1682-1761　150
赤松要　1896-1974　523
アガンベン　Georgio Agamben, 1942-　765
アクサーコフ　Ivan Sergeevich Aksakov, 1823-86　382
アグリエッタ　Michel Aglietta, 1940-　504
アグリッパ　Agrippa, 1世紀頃　94
アサド　Talal Asad, 1932-　645
アースキン　Thomas Erskine, 1750-1823　248
アステル　Mary Astell, 1666-1731　267
アスマン　Aleida Assmann, 1947-　735
アスマン　Jan Assmann, 1938-　735
アダムズ　Jane Addams, 1860-1935　508
アッヘンヴァル　Gottfried Achenwall, 1719-72　243
アードラー　Max Adler, 1873-1937　417, 472
アドルノ　Theodor Wiesengrund Adorno, 1903-69　27, 33, 59, 93, 350, 491, 506, 537, 548, 617, 620, 665, 670, 775
アーネソン　Richard Arneson, 1945-　657
アーノルド　Matthew Arnold, 1822-88　407
アーノルド　Thomas Arnold, 1795-1842　587
アポリネール　Guillaume Apollinaire, 1880-1918　562
アミン　Samir Amin, 1931-　646
新川明　1931-　741
アラゴン　Louis Aragon, 1897-1982　564

新崎盛暉　1936-2018　741
アリギ　Giovanni Arrighi, 1937-2009　646
アリストテレス　Aristotélēs, 384-322BC　46, 62, 64, 71, 112, 120, 218, 656, 674, 774
アルヴァックス　Maurice Halbwachs, 1877-1945　735
アルチュセール　Louis Althusser, 1918-90　34, 381, 622, 626, 628, 666
アルニム　Achim von Arnim, 1781-1831　410, 426
アルノー　Antoine Arnauld, 1612-94　89
アレクサンダー　Jeffrey C. Alexander, 1947-　673
アーレント　Hannah Arendt, 1906-75　26, 35, 36, 231, 451, 483, 490, 513, 549, **614**, 616, 692, 712
アロン　Raymond Aron, 1905-83　285
アンスコム　Elizabeth Anscombe, 1919-2001　495
アンダース　Günther Anders, 1902-92　494
アンダーソン　Benedict Anderson, 1936-2015　728
アンダーソン　Elizabeth S. Anderson, 1959-　767
アンファンタン　Barthélemy Prosper Enfantin, 1796-1864　330, 365

■い

イヴァーノフ=ラズームニク　Ivanov Razumnik Vasil'evich, 1878-1946　383
イエス（ナザレの）　Jesus of Nazareth, 7〜3BC-30〜33AD　96
イェーリング　Rudolf von Jhering, 1818-92　425
石牟礼道子　1927-2018　31, 771
イスラエル　Jonathan Israel, 1946-　130
イソクラテス　Isokratēs, 436-338BC　62
板垣退助　1837-1919　312
イッテン　Johannes Itten, 1888-1967　566
イーデン　Frederic Morton Eden, 1766-1809　217

伊藤博文　1841-1909　313, 425
井上毅　1844-95　484
猪俣津南雄　1889-1942　461
伊波普猷　1876-1947　739

ヴァイトリング　Wilhelm Christian Weitling, 1808-71　334
ヴァーグナー　Adolf Heinrich Gotthilf Wagner, 1835-1917　436, 519, 699
ヴァーグナー　Otto Wagner, 1841-1918　561
ヴァーグナー　Richard Wagner, 1813-83　427, 544
ヴァッティモ　Gianni Vattimo, 1936-　597
ヴァッテル　Emer de Vattel, 1714-67　116
ヴァッラ　Lorenzo Valla, 1407-57　64, 114
ヴァルレ　Jean Varlet, 1764-1832　241
ヴァン・デ・ヴェルデ　Henry van de Velde, 1863-1957　561, 566
ヴァン・ブレダ　Herman Leo Van Breda, 1911-74　601
ヴィグマン　Mary Wigman, 1886-1973　559
ウィクリフ　John Wycliffe, 1320 頃-84　82, 97
ヴィーコ　Giambattista Vico, 1668-1744　101, 404
ヴィダル=ナケ　Pierre Vidal-Naquet, 1930-2006　734
ウィーナー　Norbert Wiener, 1894-1964　769
ヴィネケン　Gustav Wyneken, 1875-1964　555
ウィーラー　Anna Doyle Wheeler, 1785-? (1848-51)　341
ウィラー　Anna Wheeler, 1780 頃-1848　267
ウィリアムズ　Raymond Henry Williams, 1921-88　720
ウィリアムズ　Roger Williams, 1603-83　75
ウィリス　Paul Willis, 1950-　720
ウィルソン　Thomas Woodrow Wilson, 1856-1924　470, 477
ヴィルヌーヴ=バルジュモン　Le vicomte de Jean-Paul-Alban Villeneuve-Bargemon, 1784-1850　370
ウィルバフォース　William Wilberforce, 1759-1833　301
ウィレンスキー　Harold L. Wilensky, 1923-2011　699
ヴィンデルバント　Wilhelm Windelband, 1848-1915　416
ウェイトリ　Richard Whately, 1787-1863　159
植木枝盛　1857-92　313, 425
上杉慎吉　1878-1929　484
ウエッブ　Beatrice Webb, 1858-1943　391
ウエッブ　Sidney James Webb, 1859-1947　391
ヴェッリ　Pietro Verri, 1728-97　152
ヴェーバー　Max Weber, 1864-1920　22, 26, 33, 43, 51, 350, 355, 365, 374, 403, 450, **500**, 506, 510, 512, 516, 524, 607, 642, 664, 671
ヴェブレン　Thorstein Bunde Veblen, 1857-1929　528, 716
ヴェーラー　Hans-Ulrich Wehrer, 1931-2014　533
ウエルズ　Herbert George Wells, 1866-1946　391
ヴェントゥーリ　Franco Venturi, 1914-94　130
ヴォーゲル　Ezra Vogel, 1930-　661
ウォーバートン　William Warburton, 1698-1779　200
ウォーラス　Graham Wallas, 1858-1932　712
ウォーラーステイン　Immanuel Wallerstein, 1930-　29, 272, 646, 704
ウォリス　John Wallis, 1616-1703　200
ウォルツァー　Michael Walzer, 1935-　495, 676, 709, 730
ヴォルテール　François-Marie Arouet Voltaire, 1694-1778　26, 59, 60, 115, **134**, 140, 144, 177, 190, 202, 207, 216, 219, 242, 276, 552, 761
ヴォルフ　Christian Wolff, 1679-1754　58, 79, 92, 154
ウォルポール　Sir Robert Walpole, 1676-1745　205
ウォレス　Robert Wallace, 1697-1771　101, 216
内田義彦　1913-89　10
内村鑑三　1861-1930　669
梅棹忠夫　1920-2010　30
梅原猛　1925-　30
梅本克己　1912-74　662
ウルストンクラフト　Mary Wollstonecraft, 1759-97　27, 39, 248, 267, 462, 684
ウルフ　Leonard Woolf, 1880-1969　579
ウルフ　Virginia Woolf, 1882-1941　569, 579

エカテリーナ2世　Yekaterina II Alekseyevna, 1729-96　242

人名索引　841

エーコ　Umberto Eco, 1932-2016　595
エスピン=アンデルセン　Gøsta Esping-Andersen, 1947-　700
エストランド　David Estlund　659
エツィオーニ　Amitai Etzioni, 1929-　677
エックハルト　Meister Eckhart, 1260 頃-1328 頃　103
エティエンヌ　Henri Estienne, 1528-98　95
エドモンズ　Thomas Rowe Edmonds, 1803-89　340
エピクロス　Epicurus, 341 頃-270 頃 BC　114
エマーソン　Ralph Waldo Emerson, 1803-82　414
エラスムス　Desiderius Erasmus Roterodamus, 1466-1536　42, 49, 50, 63, 65, 68, 86, 89, 114
エリオット　Thomas Stearns Eliot, 1888-1965　570
エリュアール　Paul Eluard, 1895-1952　564
エルヴェシウス　Claude-Adrien Helvétius, 1715-71　172, 187, 193, 246
エンゲル　Ernst Engel, 1821-96　519
エンゲルス　Friedrich Engels, 1820-95　15, 268, 315, 320, 332, 343, 347, 356, 364, 380, 463, 691
エンツェンスベルガー　Hans Magnus Enzensberger, 1929-　537

オーウェン　Robert Owen, 1771-1858　322, 326, 328, 339, 341, 367
大江健三郎　1935-　28, 495
大川周明　1886-1957　485
大河内一男　1905-84　8
大杉栄　1885-1923　28
大田昌秀　1925-2017　740
大塚久雄　1907-96　10
岡倉天心　1863-1913　668
緒方貞人　1953-　771
岡本恵徳　1934-2006　741
荻生徂徠　1666-1728　215
オークショット　Michael Joseph Oakeshott, 1901-90　93, 187, 257
小熊英二　1962-　660
オコナー　Arthur O'Connor, 1763-1852　248
オコナー　Feargus O'Connor, 1794-1855　292
オースティン　John Langshaw Austin, 1911-60　20, 37, 695

小田実　1932-2007　661
オダム　Eugene Pleasants Odum, 1913-2002　772
オッカム　William of Ockham, 1285-1347　682
小野梓　1852-86　425
折口信夫　1887-1953　526
オルテガ・イ・ガセ　José Ortega y Gasset, 1883-1955　539, 712
オルムステッド　Frederick Law Olmsted, 1822-1903　761

■か

カウツキー　Karl Johann Kautsky, 1854-1938　15, 356, 465, 623
カエサル　Gaius Iulius Cæsar, 100-44BC　315
カサノヴァ　José Casanova, 1951-　642
カステリョ　Sebastian Castellio, 1515-63　86
カーソン　Rachel Louise Carson, 1907-64　771, 772
ガダマー　Hans-Georg Gadamer, 1900-2002　597, 670
ガタリ　Félix Guattari, 1930-92　666
ガッサンディ　Pierre Gassendi, 1592-1655　15, 52, 114
カッシーラー　Ernst Cassirer, 1874-1945　416
加藤周一　1919-2008　669
加藤弘之　1836-1916　389, 425
カフカ　Franz Kafka, 1883-1924　513, 570
カブラル　Amílcar Lopes Cabral, 1924-73　447
カーマイケル　Gershom Carmichael, 1672-1729　73, 122
カミュ　Albert Camus, 1913-60　618
カーライル　Alexander Carlyle, 1722-1805　181
カーライル　Thomas Carlyle, 1795-1881　407, 414
ガリアーニ　Ferdinando Galiani, 1728-87　209
ガリーノ　Maurizio Garino, 1892-1977　439
ガリレイ　Galileo Galilei, 1564-1642　52, 601
ガル　Franz Joseph Gall, 1758-1828　219
カール 5 世　Karl V, 1500-58　48, 82
カルヴァン　Jean Calvin, 1509-64　42, **50**, 82, 86, 97, 124
ガルトゥング　Johan Galtung, 1930-　489
ガルブレイス　John Kenneth Galbraith, 1908-2006　716

人名索引

カレン　William Cullen, 1710-90　158
カレンズ　Joseph H. Carens, 1945-　730
河合栄治郎　1891-1944　8
河上徹太郎　1902-80　660
川島武宜　1909-92　10
河野健二　1916-96　272
川満信一　1932-　741
ガンディー　Mohandās Karamchand Gāndhī, 1869-1948　434, 447, 451, 745
カンディンスキー　Wassily Kandinsky, 1866-1944　566
カント　Immanuel Kant, 1724-1804　27, 38, 59, 68, 141, 154, 187, 222, **230**, 233, 234, 238, 260, 318, 344, 350, 446, 592, 614, 628, 648, 656, 670, 690
カンバーランド　Richard Cumberland, 1632-1718　123

ギアツ　Clifford Geertz, 1926-2006　597, 605
キケロ　Marcus Tullius Cicero, 106-43BC　46, 62, 64, 92, 116, 120, 126, 137
ギゾー　François Guizot, 1787-1874　276, 284
北一輝　1883-1937　28, 484
キテイ　Eva Feder Kittay, 1946-　711
ギデンズ　Anthony Giddens, 1938-　701, 704
ギボン　Edward Gibbon, 1737-94　222
木村敏　1931-　30
キムリッカ　Will Kymlicka, 1962-　733
キュヴィエ　Georges Cuvier, 1769-1832　225
ギヨーム　James Guillaume, 1844-1916　299
ギリガン　Carol Gilligan, 1937-　39, 686, 710
ギールケ　Otto von Gierke, 1841-1921　388
キルケゴール　Søren Aabye Kierkegaard, 1813-55　319, 345, 574, 618
ギルマン　Charlotte Perkins Gilman, 1860-1935　462
キレーエフスキー　Ivan Vasil'evich Kireevskii, 1806-56　486
キング　Gregory King, 1648-1712　178
キング　Martin Luther King Jr., 1929-68　745
キング　William King, 1786-1865　327, 328

グイッチャルディーニ　Francesco Guicciardini, 1483-1540　110, 206
クザーヌス　Nicolaus Cusanus, 1401-64　103

クーザン　Victor Cousin, 1792-1867　396, 414
グージュ　Olympe de Gouges, 1748-93　266, 462
クセノフォン　Xenophon, 430-354BC　46
グティエレス　Gustavo Gutiérrez, 1928-　742
クナイプ　Sebastian Kneipp, 1822-97　558
クニース　Karl Gustav Adolf Knies, 1821-98　403, 500
クプレ　Philippe Couplet, 1624-92　79
クーベルタン男爵　Pierre de Frédy, Baron de Coubertin, 1863-1937　586
クーム　Abram Combe, 1785-1827　327
クライン　Naomi Klein, 1970-　750
クライン　Viola Klein, 1908-73　269
グラガウ　Otto Glagau, 1834-92　309
クラーク　Colin Grant Clark, 1905-89　523
クラークソン　Thomas Clarkson, 1760-1846　301
グラツィア　Victoria de Grazia, 1946-　482
クラフト=エビング　Richard Freiherr von Krafft-Ebing, 1840-1902　576
クラマーシュ　Karel Kramář, 1860-37　487
グラムシ　Antonio Gramsci, 1891-1937　381, 439, 481, 504, 622, 640, 719
グラント　John Graunt, 1620-74　178
クリフォード　James Clifford, 1945-　605
グリム　Jacob Grimm, 1785-1863　426
グリム　Wilhelm Grimm, 1786-1859　426
グリーン　Thomas Hill Green, 1836-82　283, 294, 478
クールベ　Gustave Courbet, 1819-77　394
クレー　Paul Klee, 1879-1940　566
グレイ　John Gray, 1799-1883　340
クレヴクール　Michel Jean de Crèvecœur, 1735-1813　304
グレーツ　Heinrich Graetz, 1817-91　309
黒田寛一　1927-2006　663
クローチェ　Benedetto Croce, 1866-1952　481, 640
グロティウス　Hugo Grotius, 1583-1645　23, 43, 72, 93, 116, 122, 126, 137, 168, 241, 258
グロービウス　Walter Gropius, 1883-1969　566
クロポトキン　Pjotr Aleksejevich Kropotkin, 1842-1921　363, 387, 761
クーン　Thomas Kuhn, 1922-96　585

ケアード　Edward Caird, 1835-1908　294

人名索引

ケアリー　John Cary, ?-1720 頃　204
ケイ　Ellen Karolina Sofia Key, 1849-1926　462, 573
ゲイ　John Gay, 1699-1745　246
ゲイ　Peter Gay, 1923-2015　130
ケイムズ卿　Henry Home, Lord Kames, 1696-1782　148
ケインズ　John Maynard Keynes, 1883-1946　37, 391, 471, **502**, 521, 652
ゲッチュ　Georg Götsch, 1895-1956　555
ケテラー　Wilhelm Emmanuel Ketteler, 1811-77　519
ケトレー　Adolphe Quetelet, 1796-1874　423
ケネー　François Quesnay, 1694-1774　24, 142, 177, 188, 208, 216, 243, 352
ゲバラ　Ernesto Che Guevara, 1928-67　447, 459
ケルシェンシュタイナー　Georg Kerschensteiner, 1854-1932　572
ゲルツェン　Aleksandr Ivanovich Gertsen, 1812-70　383, 544
ゲルナー　Ernest Gellner, 1925-95　728
ケレンスキー　Alexandr Fyodorovich Kerenskii, 1881-1970　443

コイレ　Alexandre Koyré, 1892-1964　585
幸徳秋水　1871-1911　6, 28, 321, 464
コーエン　Gerald Cohen, 1941-2009　623, 657
コーエン　Hermann Cohen, 1842-1918　416
コーエン　Joshua Cohen, 1951-　658
コゼレク　Reinhart Koselleck, 1923-2006　18
コッカ　Jürgen Kocka, 1941-　533
コットン　John Cotton, 1585-1652　75
後藤新平　1857-1929　449
ゴドウィン　William Godwin, 1756-1836　217, 248, 406
ゴビノー　Joseph Arthur Comte de Gobineau, 1816-82　219
コブデン　Richard Cobden, 1804-65　282
ゴベッティ　Piero Gobetti, 1901-26　481
コメニウス　Johannes Amos Comenius, 1592-1670　572
コモナー　Barry Commoner, 1917-2012　772
コラール　Ján Kollár, 1793-1852　487
ゴーリキー　Maksim Gorkii, 1868-1936　395
コリングウッド　Robin George Collingwood, 1889-1943　295
コール　George Douglas Howard Cole, 1889-1959　606
ゴルヴィツァー　Helmut Gollwitzer, 1908-93　554
ゴールドマン　Emma Goldman, 1869-1936　363
ゴルトン　Francis Galton, 1822-1911　423
コールバーグ　Lawrence Kohlberg, 1927-87　710
コルベール　Jean-Baptiste Colbert, 1619-83　204
コールリッジ　Samuel Taylor Coleridge, 1772-1834　406, 414
コロンブス　Christopher Columbus, 1451 頃-1506　74
コンシデラン　Victor Considerant, 1808-93　322
コンスタン　Benjamin Constant, 1767-1830　255, 280, 284, 288
コンツェ　Werner Conze, 1910-86　533
コンディヤック　Étienne Bonnot de Condillac, 1715-80　200
コント　Auguste Comte, 1798-1857　185, 279, 283, 289, 378, 386, 392
コンドルセ　Marie Jean Antoine Nicolas de Caritat, marquis de Condorcet, 1743-94　146, 157, 202, 217, 255, 304
コーンハウザー　William Alan Kornhauser, 1925-2004　713
コンブ　Émile Combes, 1835-1921　398
今和次郎　1888-1973　527

■さ

サイード　Edward Wadie Said, 1935-2003　639, 732
サヴォナローラ　Girolamo Savonarola, 1452-98　46, 82
サヴァリ・デ・ブリュロン　Jacques Savary des Brûlons, 1657-1716　190
サヴィニー　Friedrich Carl von Savigny, 1779-1861　426
堺利彦　1871-1933　321
ザスーリチ　Vera Ivanovna Zasulich, 1849-1919　310
サッチャー　Margaret Hilda Thatcher, 1925-2013　37, 707
サド　Marquis de Sade, 1740-1814　576

サートン　George Sarton, 1884-1956　584
サハロフ　Andrei Dmitrievich Sakharov, 1921-89　383
ザビエル　Francisco de Xavier, 1506-52　78
サルターティ　Lino Coluccio Salutati, 1331-1406　63, 64
サルトル　Jean-Paul Sartre, 1905-80　27, 452, 600, 618, 632
サンゴール　Léopold Sédar Senghor, 1906-2001　586
サン=シモン　Claude Henri de Rouvroy de Saint-Simon, 1760-1825　267, 322, 330, 338, 352, 360, 364, 392
サンデル　Michael Sandel, 1953-　676

シィエス　Emmanuel Joseph Sieyès, 1748-1836　109, 254
ジェイ　John Jay, 1745-1829　252
ジェイコブズ　Jane Jacobs, 1916-2006　525
ジェイムズ　William James, 1842-1910　290, 508
ジェノヴェージ　Antonio Genovesi, 1713-69　152
ジェファーソン　Thomas Jefferson, 1743-1826　252, 679
シェフラー　Samuel Sheffler, 1951-　767
シェリー　Percy Bysshe Shelley, 1792-1822　406
シェリング　Friedrich Wilhelm Joseph von Schelling, 1775-1854　56, 318, 344, 410, 574
ジェンティーレ　Giovanni Gentile, 1875-1944　480
ジークフリート　André Siegfried, 1875-1959　305
シジウィック　Henry Sidgwick, 1838-1900　286
シスモンディー　Jean-Charles-Léonard Simonde de Sismondi, 1773-1842　520
ジッド　Charles Gide, 1847-1932　369
シドナム　Thomas Sydenham, 1624-89　54
渋沢敬三　1896-1963　526
シモン　Jules Simon, 1814-96　397
ジャクソン　Andrew Jackson, 1767-1845　304, 415
シャッパー　Karl Christian Friedrich Schapper, 1812-70　334
ジャネ　Paul Janet, 1823-99　396
シャノン　Claude Elwood Shannon, 1916-2001　768

シャフツベリ　Anthony Ashley Cooper, Third Earl of Shaftesbury, 1671-1713　136, 170, 194
ジャンノーネ　Pietro Giannone, 1676-1748　152
シャンフルーリ　Champfleury, 1821-89　394
シュヴァリエ　Michel Chevalier, 1806-79　330
シュスター　Karl Wilhelm Theodor Schuster, 1808-?　334
ジュースミルヒ　Johann Peter Sussmilch, 1701-67　422
シュタイン　Lorenz von Stein, 1815-90　518
シュッツ　Alfred Schütz, 1899-1959　27
シュティルナー　Max Stirner, 1806-56　26, 347, 362
シュテッカー　Adolf Stöcker, 1835-1909　309, 453
シュトゥッカー　Helene Stöcker, 1869-1943　559
シュピツェル　Gottlieb Spitzel, 1639-91　78
シュペングラー　Oswald Spengler, 1880-1936　553
シューマッハー　Ernst Friedrich Schumacher, 1911-77　435, 535, 773
シュミット　Carl Schmitt, 1888-1985　125, 289, 471, 546, 615, 616
シュモラー　Gustav von Schmoller, 1838-1917　374, 402, 518, 699
シュライアマハー　Friedrich Daniel Ernst Schleiermacher, 1768-1834　411, 596
シュルツェ=デーリッチュ　Franz Hermann Schulze-Delitzsch, 1808-83　329
シュレーゲル　August Wilhelm von Schlegel, 1767-1845　406
シュレーゲル　Friedrich Schlegel, 1772-1829　406, 410, 412, 578
シュレマー　Oskar Schlemmer, 1888-1943　566
シュンペーター　Joseph Alois Schumpeter, 1883-1950　355, 522, 658
ジョイス　James Augustine Aloysius Joyce, 1882-1941　569
ショエ　Françoise Choay, 1925-　525
ジョクール　Louis de Jaucourt, 1704-79　191
ジョフロワ=サンティレール　Étienne Geoffroy Saint-Hilaire, 1772-1844　225
ジョベルティ　Vincenzo Gioberti, 1801-52　640
ショーペンハウアー　Arthur Schopenhauer, 1788-1860　59, 412, 544, 552

ショーレム　Gershom Gerhard Scholem, 1897-1982　549, 580
ジョーンズ　Ernest Jones, 1819-69　293
ジョーンズ　William Jones, 1746-94　578
シラー　Johann Christoph Friedrich von Schiller, 1759-1805　261
城塚登　1927-2003　26
シンガー　Peter Singer, 1946-　287, 705
ジンナー　Muhammad Ali Jinnah, 1876-1948　435
ジンメル　Georg Simmel, 1858-1918　413, 524, 575, 664

スアレス　Francisco Suárez, 1548-1617　54, 126
スウェーデンボルグ　Emanuel Swedenborg, 1688-1772　415
スキナー　Quentin Skinner, 1940-　19, 674
スキャンロン　Thomas Michael Scanlon, 1940-　766
スターリン　Iosif Vissarionovich Stalin, 1879-1953　356, 445, 481, 488
スタール夫人　Anne-Louise-Germaine, Madame de Staël, 1766-1817　255, 284
スタンダール　Stendhal, 1783-1842　305, 394
ステュアート　James Steuart, 1713-80　24, 216
ステュアート　Dugald Stewart, 1753-1828　148, 158, 245
スピヴァク　Gayatri Chakravorty Spivak, 1942-　29, 631, 639
スピノザ　Baruch de Spinoza, 1632-77　43, **56**, 58, 92, 166, 318, 344, 392, 411
スペンサー　Herbert Spencer, 1820-1903　283, 294, 378, 386
スミス　Adam Smith, 1723-90　22, 26, 32, 73, 136, 139, 148, 155, 160, 169, 173, 174, 176, 179, 181, 185, 187, **188**, 194, 197, 198, 200, 203, 208, 210, 221, 223, 244, 259, 265, 282, 319, 340, 352, 370, 446, 502, 528, 702
スミス　Anthony Smith, 1939-2016　729
スローン卿　Sir Hans Sloane, 1660-1753　224

セイ　Jean-Baptiste Say, 1767-1832　520
セクストス・エンペイリコス　Sextus Empiricus, 2-3世紀頃　94
セジウィック　Eve Kosofsky Sedgwick, 1950-2009　694
セゼール　Aimé Fernand David Césaire, 1913-2008　447, 638
ゼッケンドルフ　Veit Ludwig von Seckendorff, 1626-92　264
セネカ　Lucius Annaeus Seneca, 1頃BC-65AD　50
セプルベダ　Juan Ginés de Sepúlveda, 1489-1573　75
セルヴェ　Michel Servet, 1511頃-53　51
セルヴェトゥス　Michael Servetus, 1511-53　86
セルウォール　John Thelwall, 1764-1834　248
セルデン　John Selden, 1584-1654　123, 258
セン　Amartya Sen, 1933-　39, 705, 757

ソクラテス　Socrates, 469-399 BC　116
ソシュール　Ferdinand de Saussure, 1857-1913　578, 594, 626
ソルジェニーツィン　Aleksandr Isajevich Solzhenitsyn, 1918-2008　383, 482
ソレル　Georges Sorel, 1847-1922　361, 438, 450
ソロー　Henry David Thoreau, 1817-62　414
ゾンネンフェルス　Joseph von Sonnenfels, 1732/33-1817　265
ゾンバルト　Werner Sombart, 1863-1941　305, 403
孫文　1866-1925　215, 444

■た

ダイチ　Thomas Dyche, ?-1733頃　190
大道安次郎　1903-87　8
ダーウィン　Charles Darwin, 1809-82　165, 283, 385, 386, 390, 425
ダヴナント　Charles Davenant, 1656-1714　179, 259
高島善哉　1904-90　8, 26
高群逸枝　1894-1964　689
ダグラス　Frederick Douglass, 1818-95　415
竹内好　1910-77　602
竹村和子　1954-2011　687
タッカー　Abraham Tucker, 1705-74　246
田中正造　1841-1914　31, 770
田中美津　1943-　689
ターマン　Lewis Terman, 1877-1956　573

ダランベール　Jean Le Rond D'Alembert, 1717-83　140, 145, 185, 187, 190, 225
タルド　Jean Gabriel Tarde, 1843-1904　536, 539, 712

チェシコフスキ　August Cieszkowski, 1814-94　346
チェルヌィシェフスキー　Nikolai Gavrilovich Chernyshevskii, 1828-89　383
チェンバーズ　Ephraim Chambers, 1680頃-1740　190
チトー　Josip Tito, 1892-1980　638
チャアダーエフ　Pyotr Yakovlevich Chaadaev, 1794-1856　486
チャドウィック　Edwin Chadwick, 1800-90　287
チャニング　William E. Channing, 1780-1842　414
チューリング　Alan Turing, 1921-54　768
チュルゴ　Anne Robert Jacques Turgot, 1727-81　146, 187, 188, 202
張居正　1525-82　79
チョドロウ　Nancy Chodorow, 1944-　686
知里真志保　1909-61　739
知里幸惠　1903-22　739

ツァラ　Tristan Tzara, 1896-1963　563, 570, 564
ツヴィングリ　Huldrych Zwingli, 1484-1531　49, 82
津田真道　1829-1903　424
鶴見俊輔　1922-2015　363

ディー　John Dee, 1527-1609　258
ディッケンズ　Charles Dickens, 1812-70　304
ティッソー　Samuel Auguste Tissot, 1728-97　576
ディドロ　Denis Diderot, 1713-84　26, 69, 141, 145, 187, 190, 192, 222, 228, 240, 243, 446
テイラー　Charles Margrave Taylor, 1931-　597, 645, 676, 732
テイラー　Frederick Winslow Taylor, 1856-1915　516
テイラー　Harriet Taylor Mill, 1807-58　267
ディルタイ　Wilhelm Christian Ludwig Dilthey, 1833-1911　404, 412, 596
ティレル　James Tyrrell, 1642-1718　123

デカルト　René Descartes, 1596-1650　15, 56, 58, 90, 92, 95, 166, 186, 192
デッラ・カーサ　Giovanni Della Casa, 1503-56　110
テニエス　Ferdinand Tönnies, 1855-1936　664
デフォー　Daniel Defoe, 1660-1731　180
デュアメル　Georges Duhamel, 1884-1966　305
デューイ　John Dewey, 1859-1952　291, 508, 572
デュシャン　Marcel Duchamp, 1887-1968　565
デュピュイ　Jean-Pierre Dupuy, 1941-　495
デュボイス　William Edward Burghardt Du Bois, 1868-1963　744
デュボス　Jean-Baptiste Dubos, 1670-1742　218
デュランティ　Louis-Emile-Edmond Duranty, 1833-80　394
デューリンク　Eugen Karl Dühring, 1833-1921　303
デュルケーム　Émile Durkheim, 1858-1917　22, 185, 338, 368, **378**, 392, 510, 664
デリダ　Jacques Derrida, 1930-2004　27, 35, 36, 451, 630, 632, 666, 694
テンプル　William Temple, 1628-99　101

ドゥオーキン　Ronald Myles Dworkin, 1931-2013　597, 656
トゥキュディデス　Thucydides（Thukydides）, 460頃-395BC　46
ドゥルーズ　Gilles Deleuze, 1925-95　225, 630, 666
トクヴィル　Alexis Charles Henri Maurice Clérel de Tocqueville, 1805-59　32, **276**, 281, 284, 304, 323, 394, 447, 712, 719
戸坂潤　1900-45　622
ドッズリ　Robert Dodsley, 1703-64　260
トーニー　Richard Henry Tawney, 1880-1962　295, 375
ドバントン　Louis Jean-Marie Daubenton, 1716-1800　225
ドブロフスキー　Josef Dobrovský, 1753-1829　487
トマージウス　Christian Thomasius, 1655-1728　154
トマス・アクィナス　Thomas Aquinas, 1225頃-74　54, 116, 126, 160, 680
ドーム　Christian Wilhelm von Dohm, 1751-1820

302
トュキュディデス　Thucydides, 460頃-395BC　52
トライチュケ　Heinrich von Treitschke, 1834-96　303, 309, 453
ドライデン　John Dryden, 1631-1700　101
トラークル　Georg Trakl, 1887-1914　570
トラシー　Antoine-Louis-Claude Destutt de Tracy, 1754-1834　380
ドラッカー　Peter Ferdinand Drucker, 1909-2005　517
トーランド　John Toland, 1670-1722　59, 164
トルストイ　Lev Nikolayevich Tolstoy, 1828-1910　575
ドルバック　Paul Henri Thiry, baron d'Holbach, 1723-89　187, 192
トレヴェリアン　George Macaulay Trevelyan, 1876-1962　532
トレルチ　Ernst Troeltsch, 1865-1923　97, 405, 574
トレンチャード　John Trenchard, 1668/9-1723　180
トロツキー　Lev Davidovich Trotsky, 1879-1940　343, 444, 481, 565
トロロープ　Frances Trollope, 1779-1863　304
トンプソン　William Thompson, 1775-1833　267, 327, 328, 340

■な

ナウマン　Friedrich Naumann, 1860-1919　374, 479
中江兆民　1847-1901　5, 312, 425
夏目漱石　1867-1916　418
ナポレオン　Napoléon Bonaparte, 1769-1821　255, 302, 380, 398, 314
成島柳北　1837-1884　419
ナンシー　Jean-Luc Nancy, 1940-　667
南原繁　1889-1974　26

ニコル　Pierre Nicole, 1625-95　54
西周　1829-97　424
西尾幹二　1935-　30
西田幾多郎　1870-1945　30
西脇順三郎　1894-1982　564

ニーチェ　Friedrich Nietzsche, 1844-1900　27, 34, 59, 115, 391, 404, 412, 457, 506, 538, **544**, 547, 549, 552, 558, 560, 568, 577, 620, 628
新渡戸稲造　1862-1933　668
ニュートン　Isaac Newton, 1642-1727　23, 54, 98, 134, 137, 144, 165, 190, 200
ニューマン　John Henry Newman, 1801-90　407

ヌスバウム　Martha Nussbaum, 1947-　705

ネグリ　Antonio Negri, 1933-　623, 705, 765
ネス　Arne Næss, 1912-2009　772
ネッケル　Jacques Necker, 1732-1804　209
ネルー　Jawaharlal Nehru, 1889-1964　447
ネルヴァル　Gérard de Nerval, 1808-55　408

ノイマン　Sigmund Neumann, 1904-62　712
ノヴァーリス　Novalis, 1772-1801　410, 412
ノエル　Francisco Noël, 1651-1729　79
ノジック　Robert Nozick, 1938-2002　37, 654
ノディングズ　Nel Noddings, 1929-　711
ノラ　Pierre Nora, 1931-　735
野呂栄太郎　1900-34　461

■は

バアル・シェム・トーヴ　Baal Shem Tov, 1700頃-60　581
ハイエク　Friedrich August von Hayek, 1899-1992　37, 187, 257, 282, 355, 616, **652**, 700, 706
バイカー　Wiebe Bijker, 1951-　775
ハイゼンベルク　Werner Karl Heisenberg, 1901-76　554
ハイデガー　Martin Heidegger, 1889-1976　27, 59, 494, **546**, 574, 597, 601, 614, 618, 633, 775
ハイネ　Heinrich Heine, 1797-1856　427
バイロン　George Gordon Byron, 1788-1824　406
バウアー　Bruno Bauer, 1809-82　303, 346
バウアー　Otto Bauer, 1881-1938　472
ハーヴェイ　David Harvey, 1935-　704
ハウスホーファー　Karl Ernst Haushofer, 1869-1946　454
ハウプトマン　Gerhart Hauptmann, 1862-1946　391

バウマン　Zygmunt Bauman, 1925-2017　491, 514
ハウレット　John Howlett, 1731-1804　217
パウロ6世　Paulus VI, 1897-1978　680
パウンド　Ezra Weston Loomis Pound, 1885-1972　570
バーク　Edmund Burke, 1729-97　121, 235, 257, 259, 260, 289, 446, 683, 712
パークス　Rosa Parks, 1913-2005　744
バクーニン　Mikhail Alexandrovich Bakunin, 1814-76　298, 361, 363
バークリ　George Berkeley, 1685-1753　91
ハクルート　Richard Hakluyt, 1522頃-1616　258
ハーシュマン　Albert Otto Hirschman, 1915-2012　21
バジョット　Walter Bagehot, 1826-77　307
パース　Charles Sanders Peirce, 1839-1914　290, 508, 594
パスカル　Blaise Pascal, 1623-62　15, 89, 95, 135
ハースト　Paul Hirst, 1946-2003　323
長谷川如是閑　1875-1969　537
パーソンズ　Talcott Parsons, 1902-79　53, 510
バーダー　Franz Xaver von Baader, 1765-1841　411
バタイユ　Georges Bataille, 1897-1962　27
バターフィールド　Herbert Butterfield, 1900-79　98
ハチソン　Francis Hutcheson, 1694-1746　73, 122, 136, 148, 155, 170, 176, 186, 188, 194, 196, 221, 234
パーチャス　Samuel Purchas, 1577頃-1626　258
ハッキング　Ian Hacking, 1936-　422
パットナム　Robert Putnam, 1940-　719
バッハオーフェン　Johan Jakob Bachofen, 1815-1887　691
ハーディ　Thomas Hardy, 1752-1832　248
ハーディン　Garrett Hardin, 1915-2003　773
バーデット　Sir Francis Burdett, 1770-1844　248
バトラー　Joseph Butler, 1692-1752　165, 167, 171
バトラー　Judith P. Butler, 1956-　39, 686, 691, 693, 694
ハートリブ　Samuel Hartlib, 1600頃-62　178
バートン　John Hill Burton, 1809-81　418
バーナーズ=リー　Timothy John Berners-Lee, 1955-　768
バーナム　James Burnham, 1905-87　517
パノフスキー　Erwin Panofsky, 1892-1968　60
ババ　Homi Bhaba, 1949-　29
ハーバート（チャーベリーの）　Herbert of Cherbury, 1583-1648　164
ハーバーマス　Jürgen Habermas, 1929-　34, 36, 93, 212, 231, 491, 507, 597, 615, 621, 642, 658, 665, **670**, 672, 692, 701, 708, 732, 734
パーフィット　Derek Parfit, 1942-2017　766
バフチン　Mikhail Mikhailovich Bakhtin, 1895-1975　594
バブーフ　François Noël Babeuf, 1760-97　255, 263, 342
バーボン　Nicholas Barbon, 1637-98　259
ハーマン　Johann Georg Hamann, 1730-88　155, 345
ハミルトン　Alexander Hamilton, 1755-1804　121, 252
ハミルトン　Archibald James Hamilton, 1793-1834　327
林房雄　1903-75　418
ハラウェイ　Donna Haraway, 1944-　687
パラツキー　František Palacký, 1798-1876　487
バーリ　Adolf Augustus Berle, 1895-1971　517
ハリス　John Harris, 1666-1719　190
バリバール　Étienne Balibar, 1942-　29, 666
バーリン　Isaiah Berlin, 1909-97　283, 674
ハリントン　James Harrington, 1611-77　66
パルヴス　Parvus (Israel Lazarevich Helphand), 1867-1924　465
バルザック　Honoré de Balzac, 1799-1850　394
バルト　Roland Barthes, 1915-80　626
バルベイラック　Jean Barbeyrac, 1674-1744　122
ハワード　Ebenezer Howard, 1850-1928　525, 761
パンクック　Charles Joseph Panckoucke, 1736-98　190

ピアジェ　Jean Piaget, 1896-1980　572
ピケティ　Thomas Piketty, 1971-　39
ピコ　Giovanni Pico della Mirandola, 1463-94　71
ビスマルク　Otto Eduard Leopold Fürst von Bismarck-Schönhausen, 1815-98　315, 436,

人名索引

519, 586
日高六郎　1917-2018　26
ピトキン　Hanna Fenichel Pitkin, 1931-　659
ヒトラー　Adolf Hitler, 1889-1945　482, 593
ビトリア　Francisco de Vitoria, 1492頃-1546　84, 113, 126, 446
ビネー　Alfred Binet, 1857-1911　573
ヒューウェル　William Whewell, 1794-1866　279
ビュシェ　Philippe Joseph Benjamin Buchez, 1796-1865　365
ビュデ　Guillaume Budé, 1467-1540　65
ビューヒャー　Karl Bücher, 1847-1930　403
ビュフォン　Georges-Louis Leclerc, Comte de Buffon, 1707-88　146, 222, 224
ヒューム　David Hume, 1711-76　23, 26, 90, 101, 122, 136, 148, 153, 161, 165, 166, 171, 174, 176, 185, **186**, 188, 194, 197, 199, 203, 207, 210, 216, 218, 220, 223, 232, 234, 286
ピュロン　Pyrrōn, 365-275 BC　94
平塚らいてう　1886-1971　9, 463, 688
ヒルシュフェルト　Magnus Hirschfeld, 1868-1935　559, 576
ヒルデガルド・フォン・ビンゲン　Hildegard von Bingen, 1098-1179　103
ヒルデブラント　Bruno Hildebrand, 1812-78　403
ヒルファーディング　Rudolf Hilferding, 1877-1941　355, 465, 472, 540
廣松渉　1933-94　28, 663

ファイアストン　Shulamith Firestone, 1945-2012　685
ファーガソン　Adam Ferguson, 1723-1816　148, 155, 181, 185, 196, 203, 210, 223
ブーアスティン　Daniel Joseph Boorstin, 1914-2004　537
ファノン　Frantz Omar Fanon, 1925-61　31, 447, 451, 459, 638
ファン・デン・エンデン　Franciscus van den Enden, 1602-74　56
ファン・ノイマン　John von Neumann, 1903-57　768
フィチーノ　Marsilio Ficino, 1433-99　64, 70
フィッシャー　Irving Fisher, 1867-1947　521
フィッセリング　Simon Vissering, 1818-88　424

フィードゥス　Fidus〔本名：Hugo Reinhold Karl Johann Höppener〕, 1868-1948　555
フィヒテ　Johann Gottlieb Fichte, 1762-1814　319, 344, 410
フィランジェーリ　Gaetano Filangieri, 1753-88　152
フィルマー　Robert Filmer, 1588-1653　55, 108, 123, 282
フェーヴル　Lucien Febvre, 1878-1956　532
フェッレーロ　Pietro Ferrero, 1892-1922　439
フェヌロン　François de Salignac de La Mothe-Fénelon, 1651-1715　206
フェネダイ　Jakob Venedey, 1805-71　334
フェリー　Jules Ferry, 1832-93　398
フォイエルバッハ　Ludwig Andreas Feuerbach, 1804-72　26, 319, 345, 346, 348
フォード　Henry Ford, 1863-1947　516
フォルボネ　François Véron-Duverger de Forbonnais, 1722-1800　177
フォン・ゾネンフェルス　Joseph Freiherr von Sonnenfels, 1733-1817　242
フォントネル　Bernard le Bovier de Fontenelle, 1657-1757　98
フォン・ユスティ　Johann Heinrich Gottlob von Justi, 1717-71　242
ブーガンヴィル　Louis Antoine de Bougainville, 1729-1811　147
福沢諭吉　1835-1901　5, 28, 215, 285, 313, 418, 424
ブクチン　Murray Bookchin, 1921-2006　773
フーコー　Michel Foucault, 1926-84　21, 27, 34, 213, 225, 273, 336, 507, 626, **628**, 630, 666, 694, 708, 764
ブザン　Barry Buzan, 1946-　756
フス　Jan Hus, 1369頃-1415　82
フッサール　Edmund Husserl, 1859-1938　27, 59, 404, 600, 632
ブーバー　Martin Buber, 1878-1965　581
ブハーリン　Nikolai Ivanovich Bukharin, 1888-1938　465, 622
プーフェンドルフ　Samuel von Pufendorf, 1632-94　59, 72, 117, 122, 168, 228
フュレ　François Furet, 1927-97　409
プライス　Richard Price, 1723-91　216, 248
ブライト　John Bright, 1811-89　282

ブラウン　John Brown, 1715-66　246
ブラクトン　Henry de Bracton, ?-1268　678
ブラックストン　William Blackstone, 1723-80　425
ブラッドリー　Francis Herbert Bradley, 1846-1924　294
プラトン　Platōn, 427-347BC　46, 62, 65, 70, 86, 156, 338, 615
ブラン　Louis Jean Joseph Blanc, 1811-82　354
ブランキ　Louis Auguste Blanqui, 1805-81　342, 359, 361, 545, 549
フランク　Andre Gunder Frank, 1929-2005　523, 646
フランクファート　Harry Gordon Frankfurt, 1929-　766
フランクリン　Benjamin Franklin, 1706-90　153, 252, 304
フランシスコ　Franciscus, 1936-, 在位 2013-　680
フーリエ　Francois Marie Charles Fourier, 1772-1837　267, 322, 339, 352
プリーストリ　Joseph Priestley, 1733-1804　248
フリーダン　Betty Friedan, 1921-2006　269, 685
ブリッソー　Brissot de Warville, 1754-93　304
フリードマン　Milton Friedman, 1912-2006　37, 700, 706
フリードリヒ2世　Friedrich Ⅱ, 1712-86　111, 134, 154, 242
フリードリヒ・ヴィルヘルム1世　Friedrich Wilhelm Ⅰ, 1688-1740　264
プリニウス　Gaius Plinius Secundus, 23-79　224
ブリューアー　Hans Blüher, 1888-1955　555
ブルクハルト　Jacob Burckhardt, 1818-97　60
ブルジェール　Fabienne Brugere, 1964-　711
ブルジョア　Léon Victor Auguste Bourgeois, 1851-1925　369, 371, 699
プルースト　Marcel Proust, 1871-1922　569
ブルトン　André Breton, 1896-1966　563, 564, 570
プルードン　Pierre Joseph Proudhon, 1809-65　298, 315, 322, 354, 362
ブルーニ　Leonardo Bruni, 1369-1444　63, 64
ブルーノ　Giordano Bruno, 1548-1600　71
ブルンチュリ　Johann Kaspar Bluntschli, 1808-81　388

ブルンナー　Otto Brunner, 1898-1982　533
ブレイ　John Francis Bray, 1809-97　340
フレイザー　Nancy Faser, 1947-　673
プレイス　Francis Place, 1771-1854　248, 340
フレイレ　Paulo Freire, 1921-97　743
フレーザー　James George Frazer, 1854-1941　604
フレッチャー　Andrew Frecher of Soulton, 1653-1716　174, 180
プレハーノフ　Georgii Valentinovich Plekhanov, 1856-1918　311, 356, 442
ブレヒト　Bertolt Brecht, 1898-1956　549
ブレンターノ　Clemens Brentano, 1778-1842　426
ブレンターノ　Franz Brentano, 1838-1917　600
ブレンターノ　Lujo Brentano, 1844-1931　402, 519
ブロイアー　Hans Breuer, 1883-1918　554
プロイス　Hugo Preuß, 1860-1925　389
フロイト　Sigmund Freud, 1856-1939　506, 539, 550, 568, 576, 598, 620
プロースト　Jonas Proast, 1640-1710　55
ブロック　Marc Bloch, 1886-1944　532
プロティノス　Plotinus, 205 頃-270　103
ブローデル　Fernand Braudel, 1902-85　354, 533
フローベール　Gustave Flaubert, 1821-80　395
フロム　Erich Fromm, 1900-80　482, 539, 712
フロレンスキー　Pavel Aleksandrovich Florenskii, 1882-1937　383

ペイトマン　Carole Pateman, 1940-　658
ペイリー　William Paley, 1743-1805　165, 246, 372
ペイン　Thomas Paine, 1737-1809　121, 239, 248, 251, 367, 683
ベヴァリッジ　William Henry Beveridge, 1879-1963　269, 699
ヘクシャー　Eli F. Heckscher, 1879-1952　204
ヘーゲル　Georg Wilhelm Friedrich Hegel, 1770-1831　26, 37, 56, 99, 111, 121, 211, 235, 318, 344, 348, 350, 411, 500, 561, 670, 690, 718
ベーコン　Francis Bacon, 1561-1626　68, 90, 92, 144, 156, 178, 190, 774
ヘス　Moses Hess, 1812-75　346
ベーズ　Théodore de Bèze, 1519-1605　124

ベッカー　Gary Stanley Becker, 1930-2014　707
ベッカリーア　Cesare Bonesana Beccaria, 1738-94　152, 247
ベック　Ulrich Beck, 1944-2015　39, 754
ヘッケル　Ernst Haeckel, 1834-1919　535, 559
ベッヒャー　Johann Joachim Becher, 1635-82　265
ペティ　William Petty, 1623-87　178, 259, 422
ペティット　Philip Pettit, 1945-　674
ペトラルカ　Francesco Petrarca, 1304-74　64
ベニシュー　Paul Bénichou, 1908-2001　409
ベネディクト16世　Benedictus XVI, 1927-, 在位2005-13　680
ベーベル　August Bebel, 1840-1913　268, 309, 463
ベーム=バヴェルク　Eugen von Böhm-Bawerk, 1851-1914　354, 472
ベーメ　Jakob Böhme, 1575-1624　103
ペラギウス　Pelagius, 354頃-418以後　88
ベル　Daniel Bell, 1919-2011　713
ベール　Pierre Bayle, 1647-1706　38, 59, 115, 166
ベルクソン　Henri-Louis Bergson, 1859-1941　387, 396, 413
ベルジャーエフ　Nikolai Aleksandrovich Berdyaev, 1874-1948　383
ヘルダー　Johann Gottfried Herder, 1744-1803　58, 404
ヘルダーリン　Johann Christian Friedrich Hölderlin, 1770-1843　318, 344, 547
ヘルツル　Theodor Herzl, 1860-1904　492
ペルーティエ　Fernand Pelloutier, 1867-1901　438
ヘルニク　Philipp Wilhelm von Hörnigk, 1640-1714　264
ベルンシュタイン　Eduard Bernstein, 1850-1932　339, 623
ペロー　Charles Perrault, 1628-1703　100
ベン　Gottfried Benn, 1886-1956　570
ベンサム　Jeremy Bentham, 1748-1832　121, 137, 235, **236**, 247, 267, 278, 286, 373, 406, 502, 648, 683
ベンハビブ　Seyla Benhabib, 1950-　693, 731
ベンヤミン　Walter Benjamin, 1892-1940　450, 537, **548**, 555, 560, 563, 586
ヘンリー8世　Henry VIII, 1491-1547　160

ボアロー　Nicholas Boileau-Despréaux, 1636-1711　260
ホイヘンス　Christiaan Huygens, 1629-95　54
ボイル　Robert Boyle, 1627-91　54, 115
ボーヴォワール　Simone de Beauvoir, 1908-86　269, 463, 684
ホガード　Richard Hoggard, 1918-2014　720
ボガトゥイリョフ　Petr Grigor'evich Bogatyrev, 1893-1971　594
ポーコック　John Greville Agard Pocock, 1924-20, 66, 130, 174, 259, 615, 674
ボザンケ　Bernard Bosanquet, 1848-1923　294
ホジスキン　Thomas Hodgskin, 1787-1869　340
ボシュエ　Jacques-Bénigne Bossuet, 1627-1704　135
ボダン　Jean Bodin, 1530-96　43, 65, 108, 241, 264
ホー・チ・ミン　Hồ Chí Minh, 1890-1969　447
ボッカリーニ　Traiano-Boccalini, 1556-1613　100
ポッゲ　Thomas Winfried Menko Pogge, 1953-38, 705
ポッジョ・ブラッチョリーニ　Gian Francesco Poggio Bracciolini, 1380-1459　64, 114
ボッテーロ　Giovanni Botero, 1544頃-1617　65, 110
ボップ　Franz Bopp, 1791-1867　578
ホッブズ　Thomas Hobbes, 1588-1679　15, 26, 32, 43, **52**, 56, 58, 65, 73, 93, 108, 115, 117, 118, 122, 126, 136, 166, 168, 170, 186, 198, 220, 228, 230, 232, 241, 244, 319, 674, 682, 738
ボードリヤール　Jean Baudrillard, 1929-2007　537, 717
ボードレール　Charles-Pierre Baudelaire, 1821-67　289, 568
ボナルド　Louis Gabriel Ambroise de Bonald, 1754-1840　280, 289
ホネット　Axel Honneth, 1949-　351, 507, 621, 673
ポパー　Karl Raimund Popper, 1902-94　616
ホブズボーム　Eric John Ernest Hobsbawm, 1917-2012　272
ホブスン　John Atkinson Hobson, 1858-1940　283, 355, 464, 478, 699
ホブハウス　Leonard Trelawny Hobhouse, 1864-1929　37, 283, 295, 478, 699

ホミャコーフ　Aleksei S. Khomyakov, 1804-60
　486
ポランニー　Karl Polanyi, 1886-1964　408, 647
ポリュビオス　Polybius, 200頃-120BC　46, 120,
　184
ホルクハイマー　Max Horkheimer, 1895-1973
　27, 33, 93, 350, 491, 506, 549, 617, 620, 665, 691,
　775
ボルケナウ　Franz Borkenau, 1900-57　15
ボルタンスキー　Luc Boltanski, 1940-　408
ボワイエ　Robert Boyer, 1943-　504
ボワロー　Nicholar Boileau-Despréaux,
　1636-1711　101
ボーン　Randolph Bourne, 1886-1918　509
ホーン＝トゥック　John Horne Tooke, 1736-1812
　248

■ま

マイアー　Hannes Meyer, 1889-1954　567
マイネッケ　Friedrich Meinecke, 1862-1954　405
マカロク　John Ramsay McCulloch, 1789-1864
　159, 245
マキァヴェッリ　Niccolò Machiavelli, 1469-1527
　26, 42, **46**, 56, 61, 63, 64, 66, 110, 179, 259
マクスウェル　James Clerk Maxwell, 1831-79
　423
マサリク　Tomáš Garrigue Masaryk, 1850-1937
　487
マーシャル　Alfred Marshall, 1842-1924　502
松井やより　1934-2002　689
マッキンダー　Halford John Mackinder,
　1861-1947　454
マッキンタイア　Alastair MacIntyre, 1929-
　676
松下圭一　1929-2015　515
マッツィーニ　Giuseppe Mazzini, 1805-72　361
マッテオッティ　Giacomo Matteotti, 1885-1924
　480
マディソン　James Madison, 1751-1836　121,
　239, 252
マーティノー　Harriet Martineau, 1802-76　304
マートン　Robert King Merton, 1910-2003　510
マハン　Alfred Thayer Mahan, 1840-1914　454
マフノー　Nestor Ivanovych Makhno, 1889-1935
　439
マブリ　Gabriel Bonnot de Mably, 1709-85　200,
　209, 304
マラテスタ　Errico Malatesta, 1853-1932　438
マラルメ　Stéphane Mallarmé, 1842-98　562
マリアテギ　José Carlos Mariátegui, 1894-1930
　739
マリネッティ　Filippo Tommaso Marinetti,
　1876-1944　480, 562, 570
マリノフスキー　Bronislaw Malinowski,
　1884-1942　604, 607
マル　Wilhelm Marr, 1819-1904　303, 308, 452
マルクス　Karl Heinrich Marx, 1818-83　15, 26,
　32, 37, 115, 192, 211, 298, 303, 315, 319, **320**,
　323, 332, 335, 343, 345, 347, 350, 352, 355, 356,
　359, 360, 365, 370, 380, 444, 447, 500, 515, 540,
　545, 620, 622, 646, 670, 683, 703, 718, 773, 775
マルクス＝アウレリウス　Marcus Aurelius Antoninus, 121-180　137
マルクーゼ　Herbert Marcuse, 1898-1979　577,
　617, 665, 775
マルコム X　Malcolm X, 1925-65　745
マルサス　Thomas Robert Malthus, 1766-1834
　216, 245, 370, 373, 385, 387, 773
マルシリウス（パドヴァの）　Marsilio da Padova
　（Marsilius Patavinus）, 1275/80-1342/43　61
マルセル　Gabriel Marcel, 1889-1973　618
マルティーニ　Martino Martini, 1614-61　78
マルブランシュ　Nicolas de Malebranche,
　1635-1715　240
丸山眞男　1914-96　9, 16, 28, 215, 483, 661
マン　Thomas Mun, 1571-1641　204
マンデヴィル　Bernard de Mandeville, 1670-1733
　136, **138**, 170, 176, 220, 529
マンデラ　Nelson Mandela, 1918-2013　639
マンハイム　Karl Mannheim, 1893-1947　15, 27,
　257, 269, 381, 665, 712

三浦周行　1871-1931　532
三木清　1897-1945　622
三島由紀夫　1925-70　28, 668
ミシュレ　Jules Michelet, 1798-1874　60
水田珠枝　1929-　12
水田洋　1919-　11, 15, 26
ミース・ファン・デル・ローエ　Ludwig Mies van

人名索引　853

der Rohe, 1886-1969　567
ミーゼス　Ludwig Heinrich Edler von Mises, 1881-1973　355, 652, 654
ミード　George Herbert Mead, 1863-1931　508
南方熊楠　1867-1941　526
蓑田胸喜　1894-1946　485
美濃部達吉　1873-1948　484
ミハイロフスキー　Nikolai Konstantinovich Mikhailovskii, 1842-1904　311
ミヘルス　Robert Michels, 1876-1936　512
ミュラー　Adam Müller, 1779-1829　411, 659
ミュンツアー　Thomas Müntzer, 1489-1525　49
ミラー　David Miller, 1946-　729, 730
ミラー　John Millar, 1735-1801　148, 221
ミラノヴィッチ　Branko Milanović, 1953-　766
ミラボ　Victor de Riqueti, marquis de Mirabeau, 1715-89　177
ミル　James Mill, 1773-1836　53, 245, 278, 306, 340, 446
ミル　John Stuart Mill, 1806-73　26, 32, 217, 219, 244, 267, 276, **278**, 283, 285, 287, 306, 392, 406, 425, 462, 712
ミルズ　Charles Wright Mills, 1916-62　712
ミーンズ　Gardiner Coit Means, 1896-1988　517
ミンスキー　Hyman Philip Minsky, 1919-96　521

ムカジョフスキー　Jan mukařovský, 1981-1975　595
ムージル　Robert Musil, 1880-1942　570
ムッソリーニ　Benito Amilcare Andrea Mussolini, 1883-1945　480, 562
ムーニエ　Jean Joseph Mounier, 1758-1806　254
ムフ　Chantal Mouffe, 1943-　641, 659, 663
ムラトーリ　Lodovico Antonio Muratori, 1672 - 1750　152
ムロン　Jean Francois Melon, 1675-1738　179

メーザー　Justus Möser, 1720-94　518
メーストル　Joseph-Marie de Maistre, 1753-1821　280, 288
メドヴェージェフ兄弟　Roy and Žores Medvedev, 1925-　482
メーヌ・ド・ビラン　François Pierre Gontier Maine de Biran, 1766-1824　396
メランヒトン　Philipp Melanchthon, 1497-1560　49
メルセンヌ　Marin Mersennne, 1588-1648　52
メルロ＝ポンティ　Maurice Merleau-Ponty, 1908-61　27, 601, 632
メーン　Henry James Sumner Maine, 1822-88　664
メンガー　Carl Menger, 1840-1921　354, 402
メンチュウ　Rigoberta Menchú, 1959-　739
メンデルスゾーン　Moses Mendelssohn, 1729-86　56, 155

モア　Thomas More, 1478-1535　42, 63, 65, 338
モイル　Walter Moyle, 1672-1721　180
毛沢東　1893-1976　445, 488
モーガン　Lewis Henry Morgan, 1818-81　387, 691
モーゲンソー　Hans Joachim Morgenthau, 1904-80　53, 207
モース　Marcel Mauss, 1872-1950　607
モスト　Johann Joseph Most, 1846-1906　362
モーペルチュイ　Pierre-Louis Moreau de Maupertuis, 1698-1759　760
モホリ＝ナジ　László Moholy-Nagy, 1895-1946　566
モミリアーノ　Arnaldo Dante Momigliano, 1908-87　202
モーラー　Armin Mohler, 1920-2003　456
森有礼　1847-89　425
森鴎外　1862-1922　219
森崎和江　1927-　689
モリス　William Morris, 1834-96　420, 560, 566
モールズワース　William Molesworth, 1810-55　53
モンテスキュー　Charles-Louis de Secondat, baron de la Brède et de Montesquieu, 1689-1755　121, 144, 172, **184**, 186, 191, 209, 213, 216, 218, 239, 252, 265, 276, 284, 719
モンテーニュ　Michel de Montaigne, 1533-92　42, 95, 113, 114, 738

■や

ヤコービ　Friedrich Heinrich Jacobi, 1743-1819　56, 318, 344, 411
保田與重郎　1910-81　602

ヤスパース　Karl Theodor Jaspers, 1883-1969　31, 494, 496, 614, 618
安丸良夫　1934-2016　12, 461
柳田国男　1875-1962　526
山川菊栄　1890-1980　463, 688
山口義三（孤剣）　1883-1920　464
山崎正和　1934-　717
ヤング　Arthur Young, 1741-1820　179, 216
ヤング　Iris Marion Young, 1949-2006　686, 750
ヤンセン（ヤンセニウス）　Cornelius Otto Jansen (Jansenius), 1585-1638　89

ユイスマンス　Joris-Karl Huysmans, 1848-1907　562
ユゴー　Victor Marie Hugo, 1802-85　281, 314, 359
ユスティ　Johann Heinrich Gottlob von Justi, 1720頃-71　265
ユンガー　Ernst Jünger, 1895-1998　457, 616
ユンク　Robert Jungk, 1913-94　495
ユング　Edgar Julius Jung, 1894-1934　456

横山源之助　1871-1915　5
与謝野晶子　1878-1942　463
吉田謙吉　1897-1982　527
吉野作造　1878-1933　484
吉本隆明　1924-2012　28
ヨーゼフ2世　Joseph Ⅱ, 1741-90　242
ヨハネ23世　Johannes XXⅢ, 1881-1963　680
ヨハネ・パウロ2世　Johannes Paulus Ⅱ, 1920-2005　680

■ら

ライヒ　Wilhelm Reich, 1897-1957　577
ライファイゼン　Friedrich Wilhelm Raiffeisen, 1818-88　329
ライプニッツ　Gottfried Wilhelm Leibniz, 1646-1716　27, **58**, 78, 92, 345, 392, 761
ライリー　Patrick Riley, 1941-2015　59
ラヴェッソン　Félix Ravaisson, 1813-1900　396
ラヴェット　William Lovett, 1800-77　292, 327
ラヴジョイ　Arthur Onken Lovejoy, 1873-1962　16
ラヴローフ　Pyotr Lavrovich Lavrov, 1823-1900　310, 383
ラカン　Jacques Lacan, 1901-81　599, 626
ラクー=ラバルト　Philippe Lacoue-Labarthe, 1940-2007　547, 667
ラクラウ　Ernesto Laclau, 1935-2014　641, 663, 715
ラサール　Ferdinand Lassalle, 1825-64　359, 518, 593
ラス・カサス　Bartolomé de Las Casas, 1484/5-1566　75, 738
ラスキン　John Ruskin, 1819-1900　420, 560
良知力　1930-85　12
ラッセル　Bertrand Russell, 1872-1970　476, 494
ラッツェル　Friedrich Ratzel, 1844-1904　454
ラバン　Rudolf von Laban, 1879-1958　559
ラファイエット　Marquis de La Fayette, 1757-1834　254, 304
ラブリオーラ　Antonio Labriola, 1843-1904　356, 622
ラブリオーラ　Arturo Labriola, 1873-1959　438
ラブレー　François Rabelais, 1494頃-1553　65
ラマルク　Jean-Baptiste, Chevalier de Lamarck, 1744-1829　225, 384, 387
ラムネ　Félicité Robert de Lamennais, 1782-1854　280
ラ・メトリ　Julien Offray de La Mettrie, 1709-51　166, 192
ラ・リヴィエール　Paul Pierre Le Mercier de la Rivière, 1719-1801　209
ランゲ　Friedrich Albert Lange, 1828-75　416
ランゲ　Oskar Lange, 1904-65　652
ランゲ　Simon-Nicolas-Henri Linguet, 1736-94　143, 223
ランズマン　Claude Lanzmann, 1925-　491
ランダウアー　Gustav Landauer, 1870-1919　363
ランデリア　Shalini Randeria, 1958-　30

リウィウス　Titus Livius, 59頃BC-17AD　46
リオタール　Jean-François Lyotard, 1924-98　261, 630
リカード　David Ricardo, 1772-1823　244, 340, 352, 354, 702
リクール　Paul Ricoeur, 1913-2005　597
リシュリュー　Armand Jean du Plessis de Richelieu, 1585-1642　111, 179

人名索引

リスト　Friedrich List, 1789-1846　522
リースマン　David Riesman, 1909-2002　539, 712
リーツ　Hermann Lietz, 1868-1919　555
リッケルト　Heinrich Rickert, 1863-1936　416
リッチー　David George Ritchie, 1853-1903　294
リッチ　Matteo Ricci, 1552-1610　78
リップマン　Walter Lippmann, 1889-1974　536, 592, 712
リーデル　Manfred Riedel, 1936-2009　19
リード　Thomas Reid, 1710-96　148, 187, 196, 198
リトレ　Émile Littré, 1801-81　393
リプシウス　Justus Lipsius, 1547-1606　65, 111
リンカーン　Abraham Lincoln, 1809-65　301
リンネ　Carl von Linné（Carl Linnaeus）, 1707-78　224

ルイ14世　Louis XIV, 1638-1715　135, 184
ルイ15世　Louis XV, 1710-74　134
ルイ=ナポレオン（ナポレオン3世）　Charles Louis-Napoléon Bonaparte, 1808-73　277, 314, 331, 365
ルイ・ブラン　Louis Blanc, 1811-82　360
ルカーチ　Lukács György, 1885-1971　27, 350, 381, 623
ルクセンブルク　Rosa Luxemburg, 1871-1919　31, 437, 447, 465, 476, 623
ルクレティウス　Titus Lucretius Carus, 96頃-55頃BC　46, 64, 114
ルーゲ　Arnold Ruge, 1820-80　346
ル・コルビュジエ　Le Corbusier（Charles-Édouard Jeanneret）, 1887-1965　525
ルソー　Jean-Jacques Rousseau, 1712-78　23, 26, 32, 38, 51, 56, 73, 109, 119, 125, 142, 144, 173, 177, 185, 187, 191, 200, 209, 213, 219, 220, 222, **228**, 230, 232, 238, 240, 267, 285, 318, 322, 425, 552, 648, 675, 738, 761
ルター　Martin Luther, 1483-1546　42, **48**, 82, 86, 89, 97, 124, 198
ルッジェーリ　Michele Ruggieri, 1543-1607　78
ルナン　Joseph Ernest Renan, 1823-92　586
ルヌーヴィエ　Charles Renouvier, 1815-1903　378
ルービン　Gayle Rubin, 1949-　686
ル・ボン　Gustave Le Bon, 1841-1931　538, 712

ルーマン　Niklas Luhmann, 1927-98　511, 670
ルムンバ　Patrice Emery Lumumba, 1925-61　447
ルーリア　Isaac Luria, 1534-72　580
ルルー　Pierre Leroux, 1797-1871　281, 331, 365

レヴィ　Michael Löwy, 1938-　408
レヴィ=ストロース　Claude Lévi-Strauss, 1908-2009　599, 605, 626, 630
レーヴィット　Karl Löwith, 1897-1973　719
レヴィナス　Emmanuel Lévinas, 1906-95　547
レオ13世　Leo XIII, 1810-1903　680
レオパルディ　Giacomo Leopardi, 1798-1837　552
レオポルド　Aldo Leopold, 1887-1948　535
レオポルド　Pietro Leopoldo, 1747-92, 在位1765-90　153
レオミュール　René-Antoine Ferchault de Réaumur, 1683-1757　190
レーガン　Ronald Wilson Reagan, 1911-2004　37, 707
レクシス　Wilhelm Lexis, 1837-1914　423
レーザー　Norbert Leser, 1933-2014　473
レッシング　Gotthold Ephraim Lessing, 1729-81　56
レーデラー　Emil Lederer, 1882-1939　712
レナル　Guillaume-Thomas Raynal, abbé de Raynal, 1713-96　147, 304
レーニン　Vladimir Il'ich Lenin, 1870-1924　339, 353, 355, 356, 367, 437, 443, 444, 447, 458, 465, 476, 481, 622, 640, 646, 703
レムキン　Raphael Lemkin, 1901-59　488
レンナー　Karl Renner, 1870-1950　472

ロイ　Manabendra Nath Roy, 1887-1954　459
ロイヒリン　Johannes Reuchlin, 1455-1522　49
ロストウ　Walt Whitman Rostow, 1916-2003　646, 716
ロスバード　Murray Rothbard, 1926-95　654
ローゼンツヴァイク　Franz Rosenzweig, 1886-1929　416, 581
ロック　John Locke, 1632-1704　23, 26, 38, 43, **54**, 59, 73, 87, 91, 93, 97, 115, 117, 118, 120, 122, 125, 127, 130, 134, 136, 144, 164, 167, 169, 186, 190, 192, 200, 223, 230, 232, 234, 251, 260, 282,

648, 650, 656, 682
ロッシャー　Wilhelm Georg Friedrich Roscher, 1817-94　402, 500
ローティ　Richard Rorty, 1931-2007　407, 597
ローバック　John Arthur Roebuck, 1802-79　406
ロバートソン　John Mackinnon Robertson, 1856-1933　464
ロバートソン　William Robertson, 1721-93　148, 161
ロビンズ　Lionel Charles Robbins, 1898-1984　652
ロベスピエール　Maximilien François Marie Isidore de Robespierre, 1758-94　241, 255, 262
ローマー　John Roemer, 1945-　623
ロールズ　John Bordley Rawls, 1921-2002　36, 283, 495, 623, 644, **648**, 650, 656, 671, 705, 709, 766

■わ

我妻栄　1897-1973　389
ワシントン　Booker T. Washington, 1856-1915　744
ワシントン　George Washington, 1732-99　251, 304
ワーズワース　William Wordsworth, 1770-1850　406
和辻哲郎　1889-1960　30
ワルラス　Marie Esprit Léon Walras, 1834-1910　354

■ん

ンクルマ　Kwame Nkrumah, 1909-72　447

社会思想史事典

平成31年1月31日　発行

編　者　　社 会 思 想 史 学 会

発行者　　池　田　和　博

発行所　　丸善出版株式会社
〒101-0051　東京都千代田区神田神保町二丁目17番
編集：電話(03)3512-3264／FAX(03)3512-3272
営業：電話(03)3512-3256／FAX(03)3512-3270
https://www.maruzen-publishing.co.jp

©The Society for the History of Social Thought, 2019

組版印刷・精文堂印刷 株式会社／製本・株式会社 松岳社

ISBN 978-4-621-30341-2　C 3530　　　　　Printed in Japan

JCOPY 〈(一社) 出版者著作権管理機構　委託出版物〉

本書の無断複写は著作権法上での例外を除き禁じられています．複写される場合は，そのつど事前に，(一社) 出版者著作権管理機構 (電話 03-5244-5088, FAX5244-5089, e-mail：info@jcopy.or.jp) の許諾を得てください．